Vernooij • Einführung in die Heil- und Sonderpädagogik

Monika A. Vernooij

Einführung in die Heil- und Sonderpädagogik

Theoretische und praktische Grundlagen der Arbeit mit beeinträchtigten Menschen

8., überarbeitete und erweiterte Auflage

Quelle & Meyer Verlag • Wiebelsheim

Zur Autorin:

Prof. Dr. Monika A. Vernooij, geb. 1945. Studium für das Lehramt an Grund-, Haupt- und Sonderschulen. Seit 1977 Diplom-Pädagogin, seit 1978 Diplom-Psychologin. 1980 Promotion im Fach Psychologie, 1981/1985 Abschlussprüfung zur Psychotherapeutin/Psychoanalytikerin DGIPP. 1986 Habilitation, 1991 Ernennung zur Apl. Professorin der Universität Hannover. 1992 Berufung auf eine C-4-Professur an der Justus-Liebig-Universität Gießen, 1993-1996 Dekanin des Fachbereichs Erziehungswissenschaften in Gießen. Seit 1997 ist Frau Prof. Vernooij Inhaberin des Lehrstuhls Sonderpädagogik I an der Universität Würzburg.

Bibliografische Information Der Deutschen Bibliothek
Die Deutsche Bibliothek verzeichnet diese Publikation in der Deutschen Nationalbibliografie; detaillierte bibliografische Daten sind im Internet unter http://dnb.ddb.de abrufbar.

8., überarbeitete und erweiterte Auflage 2007

Umschlagfoto: Wohngemeinschaft Heidehort, Altenwahlingen
Satz/DTP: Susanne Blomenkamp, Mainz
Druck und Verarbeitung: C. H. Beck, Nördlingen
Printed in Germany/Imprimé en Allemagne

ISBN-10: 3-494-01425-6
ISBN-13: 978-3-494-01425-8

Inhalt

Vorwort zur 8. Auflage

Die 8. Auflage des Buches „Einführung in die Arbeit mit behinderten Menschen“ stellt eine von mir umfänglich überarbeitete, wesentlich erweiterte (Kap. 3 und 14) und bezogen auf nationale und internationale Tendenzen und Daten aktualisierte Fassung dar, die aufgrund veränderter Sichtweisen von und Einstellungen zu Behinderung auch einer inhaltlichen Neustrukturierung sowie eines angemessenen Titels bedurfte.

Mit dem Titel „Einführung in die Heil- und Sonderpädagogik – Theoretische und praktische Grundlagen der Arbeit mit beeinträchtigen Menschen“ sind sowohl theoretische als auch praxisbezogene Grundlagen unter fächerübergreifender Perspektive (medizinisch, psychologisch, soziologisch, sonder- und sozialpädagogisch) subsumiert.

Inhaltlich besteht das Buch aus drei Teilen:

I. Theoriebildung und Praxisentwicklung

II. Beeinträchtigungen und Behinderungen im Überblick

III. Ausgewählte Einzelaspekte der Sonderpädagogik,

die in ihrer Vernetzung dem Leser sehr kompakt einen grundlegenden Überblick zu Theorie und Praxis der Sonderpädagogik mit ihren unterschiedlichen Teilbereichen vermitteln.

Während in Teil I im Wesentlichen die theoretischen Grundlagen der Disziplin – national und international – sowie die Entwicklungen in der Praxis – vorschulisch und schulisch – dargelegt werden, vermittelt Teil II einen umfassenden Einblick in die verschiedenen Behinderungsformen und Beeinträchtigungen bei Kindern und Jugendlichen. In Teil III werden spezifische Problemfelder der Sonderpädagogik näher beleuchtet.

Ziel ist es unter anderem, unterschiedlichen Berufsgruppen sowie interessierten Laien eine gut verständliche Einführung in die Sonderpädagogik – einer Pädagogik im Kontext von Beeinträchtigungen – zu geben.

Für Studierende der Sonder-, Sozial- und Heilpädagogik stellt das Buch ein umfassendes Kompendium des Faches dar, im Sinne eines Lehrbuches.

Nicht versäumen möchte ich an dieser Stelle, all jenen zu danken, die mich bei der schwierigen und langwierigen Bearbeitung des Buches ideell und praktisch unterstützt haben. Mein besonderer Dank gilt Katharina Novotny für monatelange sorgfältige Korrektur- und Recherchearbeiten. Ohne ihre geduldige, engagierte Mitarbeit wäre das Buch in der vorliegenden Fassung kaum gelungen.

Würzburg, Dezember 2005

Prof. Dr. Monika-Anna Vernooij

I Theoriebildung und Praxisentwicklung

1 Einführung

Seit den 1970er Jahren sind die Probleme behinderter Menschen in den Blickpunkt des öffentlichen und wissenschaftlichen Interesses gerückt (vgl. Bärsch et al. 1973b, Klee 1974, 1976, 1980).

Nicht unwesentlich für diese Bewusstseinsschärfung war wohl die Diskussion um die so genannten Conterganakinder, die zu Beginn der 1960er Jahre mit Gliedmaßenfehlbildungen zur Welt kamen, wobei sich die medizinische Diskussion um Ursache und angemessene Behandlung und der juristische Rechtsstreit um eine finanzielle Entschädigung über Jahre hingezogen hat (vgl. Kap. 4.7).

Wichtiger allerdings dürfte die allgemeine Öffnung für Randgruppenprobleme zu Beginn der 1970er Jahre gewesen sein, die nach Gastarbeitern, Strafentlassenen, psychisch Kranken, Obdachlosen und Nichtsesshaften schließlich auch die Behinderten einbezog und für sie Interesse weckte (vgl. Essinger 1977). An den Aktivitäten sozialer Arbeitskreise in den Hochschulstädten, am sprunghaften Anstieg der Studentenzahlen in den Fächern Sozial- und Sonderpädagogik, an der zunehmenden Häufigkeit einschlägiger Presse- und Rundfunkbeiträge ließ sich diese Entwicklung ablesen, die bis heute kontinuierlich fortgeschritten ist. Für den Studiengang Sonderpädagogik bestehen inzwischen an den meisten Universitäten Zulassungsbeschränkungen.

Manche der maßgeblichen Institutionen bemühten sich zunächst vorrangig um das Sammeln von Spendengeldern und den Bau gut ausgestatteter Beschulungs- und Versorgungseinrichtungen für Behinderte. Dabei darf nicht übersehen werden, dass die beschämenden und traumatisierenden Ereignisse während der Zeit des Nationalsozialismus im Zusammenhang mit behinderten Menschen nach 1945 eine verstärkte Tendenz hervorriefen, beeinträchtigten und behinderten Menschen nicht nur Gerechtigkeit, sondern verantwortungsvolle Hilfe, Förderung, Erziehung und Bildung zukommen zu lassen. Nach dem Kenntnis- und Forschungsstand der damaligen Zeit schien dies am ehesten gewährleistet in gut ausgebauten Institutionen. Gleichzeitig erkannten einige, dass die sozialpsychologische Seite der Problematik, entstanden durch systematische Ausgrenzung, damit nicht gelöst war, im Gegenteil, sie wurde teilweise verschärft. Für die gesellschaftliche Akzeptanz und Eingliederung behinderter Menschen erwiesen sich die großen Behindertenzentren am Stadtrand eher als hinderlich denn als förderlich: Sachzwänge waren durch hohe Investitionszwänge geschaffen worden, an denen die (Sonder)Pädagogik mit ihren sich wandelnden Konzeptionen nicht vorbei konnte. Insbesondere für Kinder mit geistiger Behinderung, die als schulbildungsunfähig galten, war die Bildungssituation unbefriedigend.

Es wurde deutlich, dass Selbstorganisation und Eigeninitiative von Menschen mit Behinderungen und deren Eltern die behördlichen und institutionellen Maßnahmen ergänzen mussten. 1958 bereits war die „Lebenshilfe für geistig Behinderte" als Elternvereinigung gegründet worden: inzwischen ist sie mit einer Vielzahl weiteren Organisationen in der „Bundesarbeitsgemeinschaft Hilfe für Behinderte" (vgl. Dörr 1973) zusammengeschlossen. In zahlreichen Städten der Bundesrepublik haben sich Behindertenklubs, Krüppelinitiativen und Selbsthilfegruppen gebildet (vgl. Klee 1976, 182ff.). Zwischen 1960 und 1965 begann der Auf- und Ausbau der Sonderschulen für Kinder mit Geistiger Behinderung, nachdem in den Bundesländern zeitlich verschoben Sonderschulgesetze entstanden, in denen das Bildungsrecht geistigbehinderter Kinder festgeschrieben wurde (vgl. Speck [8]1997). Damit verfügte die BRD seit den 1960er Jahren über ein außerordentlich differenziertes Sonderschulwesen (vgl. Abb. 1), zumal auch die Schulen für Erziehungshilfe, welche Kinder mit psychogenen Lern- und Leistungsstörungen sowie Verhaltensauffälligkeiten bei durchschnittlicher Intelligenz aufnehmen, seit ca. 1961 aufgebaut wurden (vgl. Vernooij 1984a; 1998d).

Im Zusammenhang mit der differenzierten Sonderbeschulung war die wissenschaftliche Sonderpädagogik zur Sonder-Schul-Pädagogik mutiert. Die Studiengänge für das Lehramt an Sonderschulen, zunächst postgradual, d.h. nur für Volksschullehrer bzw. Grund- und Hauptschullehrer mit einschlägiger Praxis, als Erweiterungsstudium zu absolvieren, entwickelten sich zu einem differenzierten, äußerst komplexen grundständigen Studienfach, das, im Gegensatz zur früheren Hilfsschulpädagogik, die Erziehung und Rehabilitation aller Behinderten zum Gegenstand hatte (vgl. Stadler 1976a; Vernooij 1997b; 1998d).

Selbstverständlich sind in die wissenschaftliche und praktische Arbeit auch Forschungsergebnisse aus Soziologie, Philosophie, Anthropologie, Sozialrecht etc. einzubeziehen. In die Teamarbeit eingebunden sind diese Disziplinen jedoch i.d.R. nicht.

Krankengymnasten, Logopäden, Sozialpädagogen oder Heilpädagogen sind in fast allen Praxisfeldern der Sonderpädagogik dringend erforderlich. Die Psychologie ist oft aufgerufen, in größeren Forschungsprojekten die differentiell-psychologischen Fragestellungen wie etwa nach Persönlichkeits- oder Intelligenzmerkmalen behinderter Menschen zu beantworten oder diagnostische Instrumente speziell bezogen auf Beeinträchtigungen zu entwickeln. Diese Aufgabe wird im Wesentlichen von (sonder-)pädagogischen Psychologen übernommen (vgl. Abb. 2).

SONDERSCHULE

- für **Sprachbehinderung** in den meisten Bundesländern nur für den Grundschulbereich; Richtlinien und Lehrpläne der Grundschule
- für **Erziehungshilfe** (Verhaltensstörungen), als Durchgangsschule konzipiert; Richtlinien und Lehrpläne für Grund- und Hauptschulen
- für **Geistigbehinderte**, (in Hessen für Praktisch Bildbare); eigene Richtlinien und Lehrpläne
- für **Lernbehinderte** / für **Lernhilfe / Förderschule**; eigene Richtlinien und Lehrpläne
- für **Schwerhörige**; Richtlinien und Lehrpläne für Grund- und Hauptschulen
- für **Gehörlose**; Richtlinien und Lehrpläne ausgerichtet an der Regelschule
- für **Sehbehinderte**; Richtlinien und Lehrpläne der Regelschule
- für **Blinde**; Richtlinien und Lehrpläne ausgerichtet an der Regelschule
- für **Körperbehinderte**, häufig große Schulzentren mit Klassen für Schwer- bzw. Mehrfachbehinderte und für Körperbehinderte mit Intelligenzminderung; je nach Klasse Richtlinien der Regelschule oder der Schule für Lernhilfe bzw. für Geistigbehinderte

Abb. 1: Behinderungsspezifische Sonderschultypen in der BRD (Vernooij 1997a, 46)

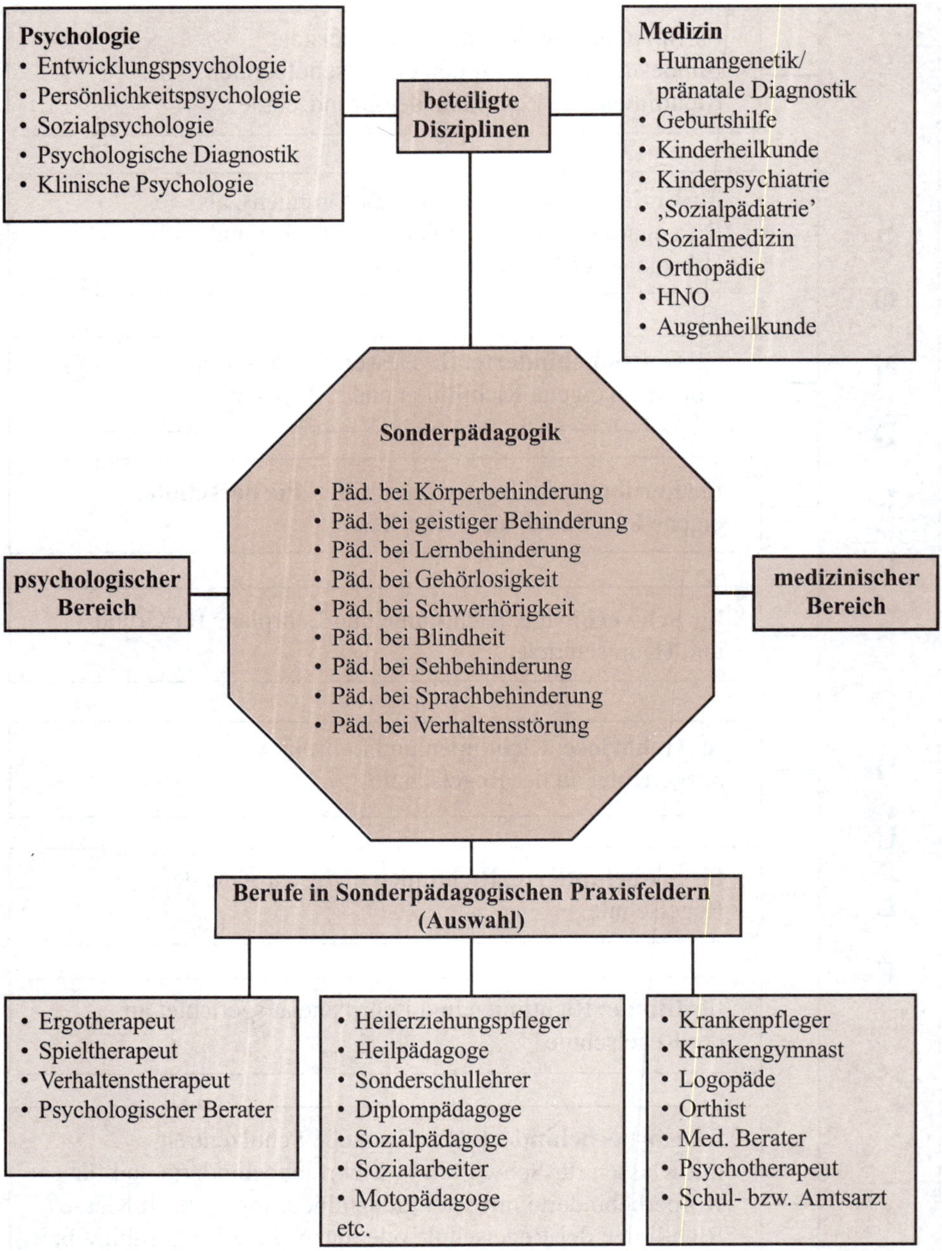

Abb. 2: Standort der Sonderpädagogik.

Es wäre nun aber eine verkürzte Darstellung, wollte die Einführung an dieser Stelle enden. Das differenzierte Sonderschulsystem in Deutschland ist nur eine Seite der Erziehung, Bildung und Förderung von behinderten Kindern. Die andere Seite ist gekennzeichnet durch den Begriff „Integration". Besser ist es, von „gemeinsamer Erziehung und Bildung" behinderter und nichtbehinderter Kinder in Kindergarten und Schule zu sprechen.

Ausgehend von der „Aktion Sonnenschein" (München 1968), der ersten integrativen Vorschuleinrichtung in der BRD, entstand eine kontroverse Diskussion hinsichtlich der gemeinsamen Erziehung und Bildung von beeinträchtigten Kindern in der Allgemeinen Schule, die nach zahl-

Exkurs zur Geschichte sonderpädagogischer Institutionen:

In einer chronologischen Übersicht soll die Entwicklung von Institutionen für behinderte Kinder und Jugendliche bis zum heutigen Stand (Abb. 3) kurz dargestellt werden. Genannt werden jeweils die ersten „Bildungs"-Einrichtungen für die jeweilige Behinderungsart.

Es würde an dieser Stelle zu weit führen, die historische Entwicklung für alle Behinderungsbereiche zu dokumentieren. Von der ersten hier genannten Institution bis zur heutigen Sonderschulform hat in den letzten 150-200 Jahren eine kontinuierliche Entwicklung zu qualifizierter Allgemein- und Ausbildung stattgefunden, unterschiedlich nach Behinderungsart, wobei die Schule für Geistigbehinderte und die Schule für Verhaltensgestörte/Erziehungshilfe in der heutigen Form die zuletzt entstandenen sind.

In der Medizin nehmen sich eine Vielzahl von Teildisziplinen, wie etwa die Pädiatrie und die Orthopädie, der Abklärung und Versorgung von Behinderungen an. Als einschlägiges Spezialfach entstand die Sozialpädiatrie, die kindliche Entwicklungsstörungen im größeren Kontext der Lebenssituation sieht; ausgehend von Mainz und München ist sie inzwischen an fast allen Universitäten mit eigenen Abteilungen vertreten (vgl. Kap. 3.1).

Auch die Psychologie hat sich in den letzten 15 Jahren stärker dem Thema Behinderung gewidmet. In der Regel werden ihr diagnostische oder psychotherapeutische Aufgaben zugesprochen, wobei die theoretischen Grundlagen der Psychologie, insbesondere der differentiellen Psychologie, für die sonderpädagogische Arbeit unverzichtbar sind.

Die effektive und angemessene Förderung, Erziehung und Bildung, Betreuung und Pflege von behinderten Menschen kann nur gewährleistet werden, wenn Experten aus unterschiedlichen Disziplinen gleichberechtigt zusammenarbeiten. Die historische Konkurrenzsituation zwischen Medizin und Pädagogik möchte ich hier nicht erörtern (vgl. Bleidick 1972, Möckel 1988). Sonderpädagogische Arbeit, Arbeit mit behinderten Menschen ist Teamarbeit von (Sonder-)Pädagogen, Medizinern, Psychologen, Therapeuten und Pflegekräften. Den Standort der Sonderpädagogik verdeutlicht Abb. 2.

Frühe Institutionen

GEISTIGE BEHINDERUNGEN

- 1816 Schule für Schwachsinnige Hallstein/Salzburg
- 1841 Heilanstalt für Kretinen und blödsinnige Kinder Interlaken
- 1856 Heilpflege- und Erziehungsanstalt Levana Baden b. Wien (Georgens/Deinhardt)

- 19. Jh. Nachhilfeklassen an Volksschulen
- 1867 Nachhilfeschule Dresden
- 1879 Hilfsklasse, später Hilfsschule Elberfeld
- 1881 Hilfsschule Braunschweig

KÖRPERLICHE BEHINDERUNGEN

- 1816 Heilanstalt für Krüppel Würzburg
- 1823 Heilanstalt für arme verwachsene Kinder Berlin
- 1832 Erziehungs- und Bildungsanstalt für krüppelhafte Knaben München
- 1872 Ambulatorium für Krüppel Kopenhagen
- 1886 Krüppelfürsorgestätte Potsdam/ Babelsberg
- 1900 Krüppelheim Oberlandzendorf/ Nd.Österreich

SINNESBEHINDERUNGEN

- 1784 Blindenschule Paris
- 1791 Blindenschule Liverpool
- 1804 Blindenbildungsinstitut Wien
- 1806 Blindenanstalt Berlin

- ca. 1770 Taubstummenschule Paris
- 1778 Taubstummenschule Leipzig
- 1779 Taubstummenanstalt Wien

- 1894 Private Lehr- und Erziehungsanstalt für Schwerhörige und Ertaubte Jena
- 1902 Öffentliche Schwerhörigenklasse Berlin
- 1907 Erweiterung zur Schwerhörigenschule Berlin

- 1907 Schule für Sehschwache Mühlhausen/Elsass
- 1908 Sight-Saving-Class London

SOZIALE/KOMMUNIKATIVE BEHINDERUNGEN

- 1883 Heilkurse für sprachgebrechliche Schüler/ Stotterer Braunschweig
- 1887 Heilkurse für sprachgebrechliche Schüler/ Stotterer Potsdam
- 1888 Heilkurse für sprachgebrechliche Schüler/ Stotterer Elberfeld
- 1910 Sprachheilklassen im Elementarbereich Erste Sprachheilschule Halle
- 1912 Sprachheilklassen im Elementarbereich Sprachheilschule Hamburg

---

- 19. Jh. Besserungsanstalten (Zwangserziehung)
- 1833 Rauhes Haus Hamburg (Rettungshausbewegung)
- 1918 Anstalt für verwahrloste Knaben Oberhollabrünn/ Österreich
- 1926 Beobachtungsklassen für psychopathische Kinder Zürich
- 1928 Erziehungsklassen für schwererziehbare Kinder Berlin

Abb. 3: Chronologische Übersicht der Entwicklung von Institutionen für Behinderte

reichen Modellprojekten zu einer Situation führten, in der – so der heutige Stand – sowohl integrierte als auch Sonderbeschulung für beeinträchtigte Kinder möglich ist (vgl. Kap. 3.2.3).

Im KMK-Gutachten von 1983 werden noch Vorbehalte gegenüber der integrativen Beschulung behinderter Kinder formuliert, mit der Begründung, die Erfahrungen aus den damaligen Schulversuchen seien unzureichend. In den Empfehlungen der KMK von 1994 werden integrative Bestrebungen im Schulwesen der BRD befürwortet. Die Ambivalenz und die Zweifel hinsichtlich einer gemeinsamen Erziehung und Bildung behinderter und nicht-behinderter Kinder, die in den Gutachten deutlich werden, bestehen bis heute, auch bei so genannten sonderpädagogischen Experten, insbesondere bezogen auf nicht ausreichende Rahmenbedingungen an den Allgemeinen Schulen. Im internationalen Vergleich befindet sich Deutschland daher hinsichtlich des prozentualen Anteils von integrierter Bildung im unteren Drittel, bezogen auf die Mitgliedsstaaten der OECD (vgl. Kap. 2.4.3.2/ auch Kap. 3.2.3).

Der Gedanke der sozialen Integration behinderter Menschen beeinflusste auch die Überlegungen zu Wohnformen erwachsener Menschen mit Behinderungen, vornehmlich Körper- oder Geistigbehinderter. Erste Versuche zum betreuten Wohnen in Stadtkernen wurden durchgeführt. Die allgemeine Tendenz war, Behinderte nicht mehr separiert, randständig zu fördern und unterzubringen, sondern inmitten der Gesellschaft, als akzeptierte und gleichberechtigte Mitglieder eines Staatsgebildes.

2 Begriffe, Definitionen, theoretische Grundlegung, Daten

2.1 Begriff der Behinderung

2.1.1 Entwicklung des Begriffs

Bei Fachbegriffen ist es sinnvoll, sie bis zu ihren Wurzeln rückzuverfolgen. Für den Begriff der Behinderung hat dies Schworm (1975) getan. An seine Ausführungen soll die folgende Darstellung sich anschließen.

Sowohl das Substantiv „Behinderung" wie auch das Verb „behindern" sind relativ junge Termini: von zwei niederdeutschen Autoren des 18. Jahrhunderts verwendet, wurde der Ausdruck „behindert" in einer Tübinger Ausgabe des gleichen Werks noch durch „gehindert" ersetzt. Dann fand er zunächst als juristischer Begriff Eingang in die Prozessordnung und spielt noch heute in § 1 der Straßenverkehrsordnung eine wichtige Rolle. Das Wort, von dem er abgeleitet ist („hindern"), hatte dabei ursprünglich die räumliche Bedeutung von „eine Sache nach hinten stellen", so etwa im Mittelhochdeutschen noch bei Luther.

Erst zu Beginn des 20. Jahrhunderts wurde der Terminus schließlich auf seinen jetzigen Gegenstandsbereich und in der Sonderpädagogik angewandt. Noch 1906 hatte Bielsalski nicht etwa eine Körperbehinderten-, sondern eine „Krüppelzählung" durchgeführt, um alle von Geburt an mit körperlichen Mängeln Behafteten zu erfassen.

Als wesentlicher Anstoß für eine begriffliche Neubestimmung sind die Kriegsbeschädigten des 1. Weltkrieges (1914-1918) anzusehen, die die Bezeichnung „Krüppel" nach ihrem Dienst am Vaterland als diskriminierend empfanden. Außerdem deckte der „Krüppel"-Begriff nicht die ebenfalls auf dem Felde erlittenen andersartigen Schädigungen ab, z.B. Sinnesschädigungen.

„Denn auch ein Mann, der ein Auge oder sein Gehör verlor oder sich ein dauerndes inneres Leiden zugezogen hat, ist beschädigt und doch nicht verkrüppelt. Hierunter versteht man eine schwere Beeinträchtigung der Bewegungsmöglichkeiten und der Körperhaltung" (Bielsalski 1915, zitiert nach Schworm 1975).

Etwa seit dieser Zeit beginnt der Behinderungs-Begriff sich einzubürgern. 1938 spricht das Reichsschulpflichtgesetz in § 6 von der „Schulpflicht geistig und körperlich behinderter Kinder" und verwies sie auf die Hilfsschulen sowie die Schulen für Krüppel, Blinde, Taubstumme und ähnliche Gruppen. 1950 ersetzte die Kasseler Fassung eines dann 1957 verabschiedeten Körperbehindertengesetzes das Wort „Krüppel" konsequent durch „Körperbehinderte". Allmählich setzte sich der Begriff auch für die anderen Behinderungsgruppen durch. Zuletzt geschah dies über eine bewusste Angleichung des Sprachgebrauchs: so bei den Sprachbehinderten, die zuvor meist als Sprachgestörte bezeichnet worden waren. Der Begriff Verhaltensbehinderte setzte sich weder im allgemeinen Sprachgebrauch noch als Fachterminus durch. Der 1950 auf dem 1. Internationalen Kongress für Psychiatrie festgelegte Begriff „Verhaltensgestörte“ blieb für diese Gruppe von Kindern führend. Lediglich in medizinischen Gutachten findet sich i.d.R. die Bezeichnung „seelisch behindert“, insbesondere im Zusammenhang mit den §§ 39-41 BSHG bzw. mit §2 des SGB IX (2001). Nachdem sich der Behinderungsbegriff schließlich für die Hauptgruppen der Sonderpädagogik durchgesetzt hatte, nahm die Tendenz, ihn noch weiter auszudehnen, kontinuierlich zu. Teilweise werden – neben den Lernbehinderten – auch Kinder mit speziellen Schulleistungsschwächen einbezogen, wie etwa die Lese-Rechtschreib-Schwachen; teilweise werden – insbesondere von ärztlich-sozialpädiatrischer Seite – Kinder mit minimalen zerebralen Dysfunktionen (MCD) oder mit leichten orthopädischen Haltungsschäden unter den Behindertenbegriff subsumiert; teilweise werden die psychisch Kranken einbezogen, um so eine Nebeneinanderstellung von körperlich, sinnesmäßig, geistig und seelisch Behinderten zu erzielen und damit dem BSHG zu entsprechen. Dort lautete die Definition: Als behindert gelten „Personen, die nicht nur vorübergehend körperlich, geistig oder seelisch wesentlich behindert sind“ (BSHG 1994, § 39).

Die Ausweitung des Begriffs findet ihren vorläufigen Endpunkt im SGB IX (2001).

- Einerseits erfolgt die Formulierung in Ausrichtung auf die ICF (vgl. Abs. 2.1.3);
- andererseits wird eine Angleichung an Formulierungen in den entsprechenden Gesetzen anderer europäischer Länder angestrebt (vgl. Abs. 2.4.1).

In §2 (SGB IX) wird der Personenkreis wie folgt beschrieben:

„Menschen sind behindert, wenn ihre körperliche Funktion, geistige Fähigkeit oder seelische Gesundheit mit hoher Wahrscheinlichkeit länger als sechs Monate von dem für das Lebensalter typischen Zustand abweichen und daher ihre Teilhabe am Leben in der Gesellschaft beeinträchtigt ist. Sie sind von Behinderung bedroht, wenn die Beeinträchtigung zu erwarten ist.“

Mit dieser Formulierung verlagert sich der Schwerpunkt vom „Wesentlich-behindert-Sein“ (§ 39 BSHG) auf die „Teilhabe-Beeinträchtigung“. Auch wenn die Begrifflichkeit insgesamt an Trennschärfe verliert – mit steigender Extension des Geltungsbereichs eines Begriffs nimmt seine Intension, sein spezifischer Sinngehalt ab (vgl. STEGMÜLLER 1975, 419) – lässt diese Formulierung hoffen, dass der bereits im Titel des SGB IX „Rehabilitation und Teilhabe behinderter Menschen“ dokumentierten Tendenz der gesetzlichen Vorgaben besser und bezogen auf den Personenkreis umfänglicher entsprochen werden kann.

2.1.2 Definition und vorläufige Kennzeichnung

In seiner Empfehlung „Zur pädagogischen Förderung behinderter und von Behinderung bedrohter Kinder und Jugendlicher“, verabschiedet am 12./13. Oktober 1973, definiert der DEUTSCHE BILDUNGSRAT (1973, 32) Behinderung folgendermaßen:

„Als behindert im erziehungswissenschaftlichen Sinne gelten alle Kinder, Jugendlichen und Erwachsenen, die in ihrem Lernen, im sozialen Verhalten, in der sprachlichen Kommunikation oder in den psychomotorischen Fähigkeiten so weit beeinträchtigt sind, daß ihre Teilhabe am Leben der Gesellschaft wesentlich erschwert ist. Deshalb bedürfen sie besonderer pädagogischer Förderung.

Behinderungen können ihren Ausgang nehmen von Beeinträchtigungen des Sehens, des Hörens, der Sprache, der Stütz- und Bewegungsfunktionen, der Intelligenz, der Emotionalität, des äußeren Erscheinungsbilds sowie von bestimmten chronischen Krankheiten. Häufig treten auch Mehrfachbehinderungen auf...."

Versuchen wir, die einzelnen Bestimmungsstücke dieser sozialpolitisch-pädagogischen Definition näher zu analysieren. Im Grun-

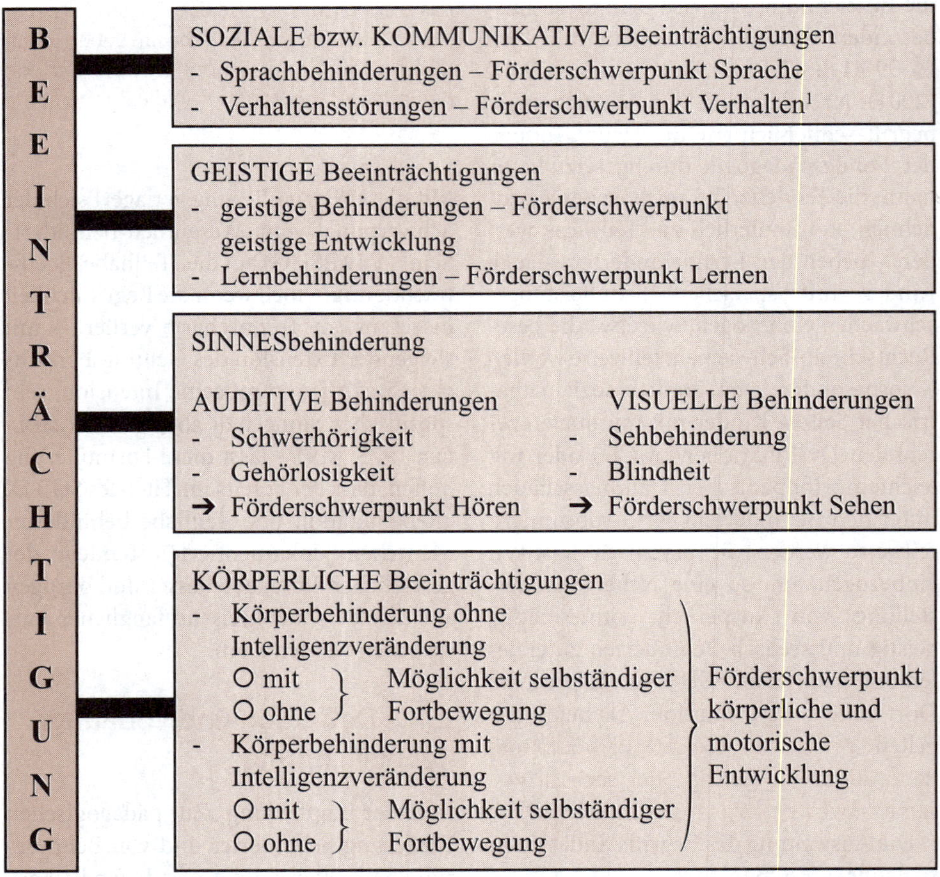

Abb. 4: Aufschlüsselung des Phänomens Behinderung nach Schädigungsbereichen (in Erweiterung von Vernooij 1997a, 45).

[1] In den KMK-Empfehlungen heißt dieser Förderschwerpunkt „emotionale und soziale Entwicklung" (2000).

de haben wir eine doppelte Definition vor uns. Zunächst wird Behinderung deduktiv bestimmt (nach dem genus proximum-differentia specifica-Schema) als Beeinträchtigung, die die „Teilhabe“ am Leben der Gesellschaft wesentlich erschwert. Die Kennzeichnung von „Behinderung“ als „Beeinträchtigung“ ist hier nicht wie eine leere Tautologie zu verstehen. Der Nachsatz gibt zum einen das Kriterium an, mit dem das Ausmaß dieser Beeinträchtigung final bestimmt wird, zum anderen muss zwischen Behinderung und Schädigung im Sinne von Beeinträchtigung unterschieden werden, um die soziale Komponente im Behinderungsbegriff erfassen zu können (s.u.).

Zur näheren Kennzeichnung unterschiedlicher Formen von Beeinträchtigung soll die folgende Abbildung dienen. Neben der Behinderungsart werden die in den KMK-Empfehlungen (1996-2000) vorgeschlagenen Förderschwerpunkt-Bezeichnungen (vgl. Kap. 3.2.) genannt.

2.1.3 Behinderung, Schädigung und Benachteiligung

Bei der quasi-offiziellen Definition des BILDUNGSRATS ist festzuhalten, dass zwar die Aufzählung einzelner Behinderungsbereiche darin beibehalten ist, jedoch einem finalen Kriterium untergeordnet wird: Behinderung ist nicht durch die bloße **Funktionsbeeinträchtigung** bereits eine Behinderung, sondern erst durch die Erschwerung der gesellschaftlichen Partizipation, die diese mit sich bringt. Merkmale der Behinderung und Merkmale einer Gesellschaft bewirken also erst gemeinsam das Phänomen der Behinderung (vgl. BÄRSCH 1973a, 7).

1977 führen BLEIDICK/HAGEMEISTER diese Dichotomie näher aus und kommen zu der Aussage, dass Behinderung ein relatives Merkmal sei. Der Zusammenhang zwischen einer (körperlichen, geistigen oder seelischen) Schädigung und der eigentlichen Behinderung führt zwangsläufig

- zur Beschränkung der individuellen Lebensfunktionen einerseits, und
- zu sozialen Folgewirkungen im Sinne von beschränkter Teilhabe am gesellschaftlichen Leben andererseits.

In diesem Zusammenhang ist es notwendig, ihre sonderpädagogische Definition von Behinderung zu betrachten. Drei Schädigungsbereiche werden in ihrer Konsequenz für die individuelle und die kollektive Lebensführung benannt.

„Als behindert gelten Personen, die infolge einer Schädigung ihrer körperlichen, geistigen oder seelischen Funktionen soweit beeinträchtigt sind, daß ihre unmittelbaren Lebensverrichtungen oder ihre Teilhabe am Leben der Gesellschaft erschwert werden“ (BLEIDICK/HAGEMEISTER 1977, 9/BLEIDICK 1992, 12).

Damit wird die Definition außerordentlich weit gefasst und unscharf, was sich bei einem Oberbegriff für ein so komplexes phänomenologisches Feld kaum vermeiden lässt. Auch die Relativität von Behinderung lässt sich nur bei einer so weit gefassten Definition begründen (vgl. auch HAEBERLIN 1996). In der überarbeiteten Fassung stellen BLEIDICK/HAGEMEISTER die Relativität von Behinderung deutlich heraus:

„Die Tatsache, daß Behinderungen in unterschiedlichem Maße, im unmittelbaren Lebensvollzug und in sozialer Hinsicht wirksam werden, bedingt das Merkmal der Relativität einer Behinderung. Eine Schädigung kann einen Menschen in geringerem oder in stärkerem Maße behindern" (BLEIDICK/HAGEMEISTER 1992, 19).

An anderer Stelle führen sie aus:

„[...] inwieweit Behinderung existent wird, hängt mit davon ab, wie das soziale Umfeld auf Defekte, Mängel, Schädigung und Behinderung reagiert und wie der davon Betroffene selbst mit seinem Behindertsein fertig wird" (a.a.O., 20).

Hier sind bereits die wesentlichen Bestimmungselemente enthalten, die Behinderung ausmachen:

- eine **Schädigung** in wesentlichen Funktionsbereichen;
- die **Behinderung** der individuellen Lebensführung, d.h. die unmittelbare Auswirkung für das Individuum, psychisch und pragmatisch;
- die **Erschwerung** der kollektiven Lebensführung, d.h. die mittelbaren Auswirkungen im gesellschaftlichen Leben, sozio-emotional und pragmatisch.

Deutlich geworden ist bisher: Behinderung ist nicht mit der Schädigung identisch, durch die sie zustande gekommen ist. Sie ist allerdings ebenso wenig nur mit den gesellschaftlichen Wertungen identisch, die sich als Folge daraus ergeben.

RIVIERE (zitiert nach BÄRSCH 1973a, 7) hat 1970 folgende Unterscheidung vorgenommen:

„Schädigung (impairment) ist jede Abweichung von der Norm, die sich in einer fehlerhaften Funktion, Struktur, Organisation oder Entwicklung des Ganzen oder eines seiner Anlagen, Systeme, Organe, Glieder oder von Teilen hieraus auswirkt.

Behinderung (disability) ist jede Beeinträchtigung, die das geschädigte Individuum erfährt, wenn man es mit einem nicht geschädigten Individuum des gleichen Alters, Geschlechts und gleichem kulturellen Hintergrund vergleicht.

Benachteiligung (handicap) ist die ungünstige Situation, die ein bestimmter Mensch infolge der Schädigung oder Behinderung in den ihm adäquaten psychosozialen, körperlichen, beruflichen und gesellschaftlichen Aktivitäten erfährt."

In der Praxis kann eine solche Unterscheidung kaum so klar durchgehalten werden; sie besitzt eher heuristisch-theoretischen Wert. Allerdings hat die WHO 1980 die Dreiteilung RIVIERES in ähnlicher Form übernommen:

Impairment (Schädigung)	Schädigung bzw. Funktionsstörung auf der organischen Ebene
Disability[2] (Behinderung) (Unzulänglichkeit)	Funktionsstörungen auf der individualen und personalen Ebene
Handicap (Benachteiligung)	Beeinträchtigungen/ Konsequenzen auf der sozialen Ebene

[2] Das in der deutschsprachigen Literatur meistens mit Behinderung übersetzte Wort „Disability" bezieht sich im Englischen wesentlich auf Körperbehinderung. In einem allgemeineren Sinne heißt es „Unvermögen", Unzulänglichkeit, Rechtsunfähigkeit" (vgl. CASSELLS Wörterbuch 1980, 138).

Theoretisch ließe sich demnach

Impairment als eher medizinisches Problem
Disability als eher psychologisches Problem
Handicap als eher soziologisches bzw. sozialpolitisches Problem

beschreiben. Auch diese Unterscheidung hat eher heuristisch-theoretischen Wert. Allerdings gestattet eine Betrachtung in dieser Differenziertheit die Explikation von Einstellungen, Meinungen, Werthaltungen bezogen auf das Problem Behinderung. Dies wird deutlich an der 1997 modifizierten Fassung der WHO-Klassifikation, die auf der Basis veränderter Sichtweisen von Behinderung und ihren psychischen und sozialen Auswirkungen entstanden und seit 1998 allgemein zugänglich ist. Die folgende Gegenüberstellung (Abb. 5) zeigt beide Fassungen im Vergleich (die fettgedruckten Begriffe im Mittelkasten dienen der Kennzeichnung der Neufassung).

Dominierte in der Fassung von 1980 deutlich eine **individuumzentrierte** Sichtweise mit einer **defizitorientierten** Bewertung der je individuellen Situation, so herrscht in der Neufassung von 1998 eine **systemorientierte** Betrachtung vor, die Behinderung immer auch im sozialen und institutionellen Kontext sieht, unter Herausstellung der **positiven Möglichkeiten** innerhalb des jeweiligen engeren und weiteren Lebensraumes eines behinderten Menschen. Die ganzheitliche Förderung behinderter Menschen muss auf allen drei genannten Ebenen stattfinden, allerdings in koordinierter Form bei interdisziplinärer Zusammenarbeit aller Fachkräfte (vgl. Abb. 2), möglichst in Zusammenarbeit der beteiligten medizinischen, sozialen und pädagogischen Institutionen. Die differenzierte WHO-Klassifikation von 1997 sollte dabei als theoretische Basis hilfreich sein.

Sie kann allerdings weder als Diagnoseinstrument, noch als Methode zur Be-

Fassung 1980		Fassung 1998
Impairment	**Schädigung** - körperliche (med.) Ebene - (organisch, geistig, psychisch)	**Impairment**
Disability	**Fähigkeits-** } (Einschränkung) **Aktivitäts-** } **Möglichkeiten** - personale (psychol./päd./prag.) Ebene -	**Activity**
Handicap	Beeinträchtigung/Benachteiligung **Teilhabe** - gesellschaftlich - soziale (soziolog.) Ebene-	**Participation**

Abb. 5: WHO-Internationale Classification of Impairments, Disabilities and Handicaps (ICIDH). Internationale Klassifikation von Behinderung

schreibung und Beurteilung der Behinderungssituation dienen. Sie bietet eher eine theoretische Vorlage zur Weiter- und Neuentwicklung von Beschreibungsmethoden und Diagnose-/ Analyseinstrumenten (vgl. SCHUNTERMANN 2001, auch EGLI 2000; STEINKE 1995).

Insofern wundert es nicht, dass bereits 2001 von der WHO eine völlig modifizierte Form der Klassifikation veröffentlicht wurde, die„International Classifikation of Funktioning, Disability and Health", kurz ICF, die als Nachfolge-Fassung der ICIDH von 1980, über den Zwischenschritt der ICIDH von 1997, angesehen werden kann

Dies macht deutlich, dass der Fassung von 2001 mehrjährige Entwicklungs- und Modifizierungsprozesse vorausgingen, die u.a. eine Erweiterung des noch 1997 zugrundeliegenden Bio-psycho-sozio-Modells zur Folge hatte. Mit dieser Erweiterung sollte eine bessere Anpassung an die Lebenswirklichkeit behinderter Menschen erreicht und nach Möglichkeit „der gesamte Lebenshintergrund der Betroffenen berücksichtigt" werden (vgl. DIMDI 2004, 4).

Bereits die begriffliche Veränderung im Titel der Klassifikation macht ihre Einbettung in ein „Konzept der funktionalen Gesundheit" deutlich, welche den biologischen, psychologischen und sozialen Aspekten von Gesundheit Rechnung trägt, unter Einbezug individueller persönlicher und Umweltfaktoren sowie deren wechselseitigen Verschränkungen.

Von der Grundorientierung her kann

- die Fassung der ICIDH von 1980 als **defizitorientiert**,
- die Fassung der ICIDH von 1997 als **fähigkeitsorientiert**,
- die Fassung der ICF von 2001 sowohl als **ressourcenorientiert** als auch als **defizitorientiert**

eingestuft werden.

Die sehr einseitigen Grundorientierungen der beiden ICIDH-Fassungen werden zugunsten einer realistischen Situationsanalyse des Gesundheitszustandes und den mit der Gesundheit zusammenhängenden Komponenten, Zuständen und Determinanten aufgegeben bzw. mit einander verbunden.

Deutlich wird dabei, dass die ICF als Klassifikation von „Komponenten der Gesundheit" nicht nur für Menschen mit Behinderungen Geltung hat. Sie kann vielmehr in Zusammenhang mit jedem gesundheitlichen Problem angewendet werden (vgl. DIMDI 2004, 9ff.). Die ICF „wurde als eine der sozialen Klassifikationen der Vereinten Nationen anerkannt... [und] enthält die Rahmenbestimmungen für die Herstellung von Chancengleichheit von Personen mit Behinderungen" (DIMDI 2004, 11).

Seit 2004 liegt eine offizielle deutschsprachige Fassung der ICF vor, die von einem Arbeitskreis aus medizinischen, pädagogisch-psychologischen und sozialpolitischen Experten der deutschsprachigen Länder (CH/A/D) erstellt wurde. Die Rechte an dieser Fassung liegen bei der Bundesrepublik Deutschland, vertreten durch das Deutsche Institut für Medizinische Dokumentation und Information (DIMDI). Der Gesamttext ist übers Internet (http://dimdi.de) abzurufen.

Es würde den Rahmen dieses Kapitels sprengen, wollte man die ICF in ihrer Differenziertheit darstellen. Die wesentliche ICF-Struktur soll jedoch anhand von Tabelle 1 verdeutlicht werden.

Tab. 1: Allgemeine Grundstruktur des ICF (2001 – nach DIMDI 2004, 5-23).

Teile des ICF	Begriffsklärungen
Teil 1:	
Funktionsfähigkeit und	alle Aspekte der funktionalen Gesundheit
Behinderung	Oberbegriff zu Beeinträchtigungen der Funktionsfähigkeit
Komponenten des 1. Teils	
Körperfunktionen und	Physiologische und psychologische Funktionen von Körpersystemen
Körperstrukturen	Körperanatomie (Organe, Gliedmaßen)
Aktivitäten und	Handlungsdurchführung/ Aktion
Partizipation	Teilhabe, das Einbezogensein in eine Lebensgesamtsituation
Teil 2:	
Kontextfaktoren	repräsentieren den Lebenshintergrund eines Menschen, sowohl sozio-ökonomisch, sozio-kulturell als auch umfeld- und personenbezogen
Komponenten des 2. Teils	
Umweltfaktoren	materielle, soziale, wertungs- und einstellungsbezogene Faktoren
Personenbezogene Faktoren	individuell spezifischer Lebenshintergrund • Personendaten • Lebensbewältigungsformen • Persönlichkeitsmerkmale • Erfahrungshintergrund

Wesentlich ist, dass jede Komponente in positiver oder in negativer Form beschrieben werden kann.

Körperfunktionen Körperstrukturen	können ohne Abweichung bzw. gesund sein (positiv), oder Störungen und/ oder Schädigungen aufweisen (negativ).
Aktivitäten	können problemlos durchgeführt werden (positiv), oder mehr oder weniger umfänglich beeinträchtigt sein (negativ).
Partizipation	kann ohne Einschränkung möglich sein (positiv), oder aus unterschiedlichen Gründen problematisch, beeinträchtigt oder gering sein (negativ).
Umweltfaktoren	Können förderlich (positiv) oder wenig förderlich bzw. deprivierend (negativ) für eine Person sein.
Personenbezogene Faktoren	Beeinflussen die Situation eines Menschen, seine Befindlichkeit und alle Teilbereiche der vorgenannten Komponenten in unterschiedlicher Weise. Sie sind jedoch weder objektiv definierbar noch in ihren Wirkungen eindeutig zu erforschen.

Bis auf die personenbezogenen Faktoren enthält die Gesamtfassung der ICF zu allen Komponenten differenzierteste Klassifikationen, soll heißen systematisch strukturierte Listen z.B. von Körperfunktionen, von Aktivitäten, von Umweltfaktoren etc. Die ICF wird damit zu einem differenzierten Instrument zur Analyse von Lebenssituationen im Spannungsfeld von Gesundheit und Krankheit, von körperlicher Integrität und Schädigung. Sie ermöglicht sowohl nationale als auch internationale Datenvergleiche, was bisher aufgrund unterschiedlicher Begrifflichkeiten und politischer Vorstellungen und Systeme kaum sinnvoll möglich war (vgl. Abs. 2.4.1/2.4.2).

Um die Ebene der reinen Deskription zu verlassen – sie würde der ICF nicht gerecht werden – soll in einer Grafik die wechselwirkungsbedingte Prozesshaftigkeit des WHO-Modells verdeutlicht werden (Abb. 6).

Die Wechselwirkungen zwischen den verschiedenen Komponenten bedingen unter systemischem Aspekt die Veränderung **aller** bei abweichender Wirkungs- bzw. Funktionsbeschreibung innerhalb einer Komponente. Nach diesem Modell lassen sich nicht nur Lebenssituationen im Zusammenhang mit Krankheit oder Behinderung differenziert analysieren, sondern auch regelhafte, aber je individuelle sowie leicht abweichende Lebenssituationen. Unter medizinischem, psychologischem und sonder- bzw. sozialpädagogischem Aspekt bietet das Modell differenzierte Möglichkeiten konkreter Situationsbeschreibungen.

Dabei mag die Frage erlaubt sein, ob und inwieweit dabei konkrete Beeinträch-

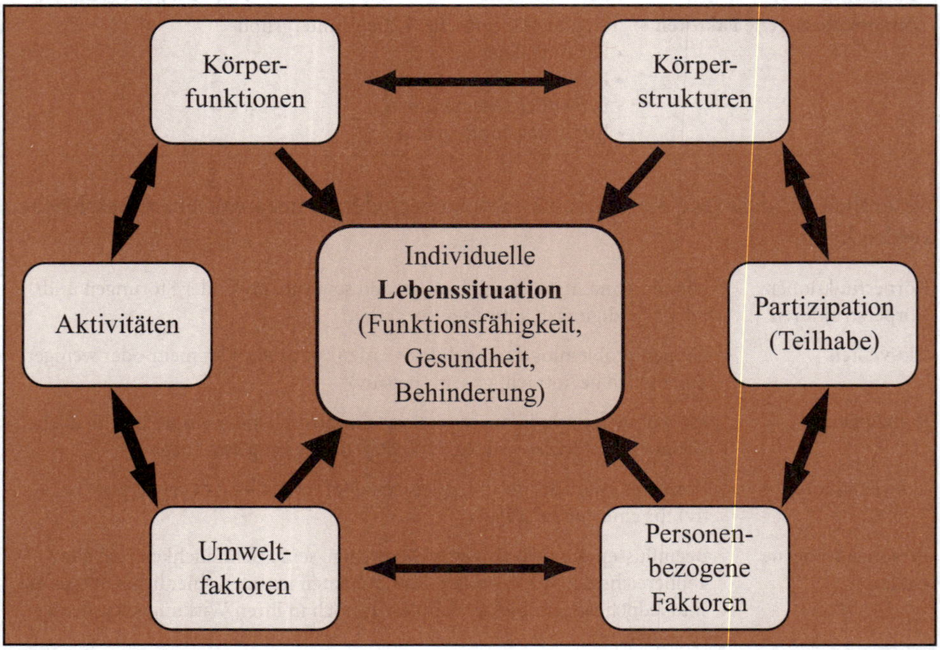

Abb. 6: Die Lebenssituation von Individuen im Spannungsfeld von Gesundheit und Krankheit, von physisch-psychischer Integrität und Schädigung bzw. Störung (Zusammenfassung der ICF-Grundstruktur).

tigungen u.U. aus dem Fokus geraten, was zumindest bezogen auf sonderpädagogische Interventionen nicht immer wünschenswert und für die Betroffenen sinnvoll ist.

2.1.4 Behinderung und Krankheit

Dass die Abgrenzung von Behinderung und Krankheit nicht immer trennscharf möglich ist, haben die voraufgegangenen Ausführungen zur ICF bereits gezeigt. Ein breiter Überschneidungsbereich bedingt einerseits eine genaue Diagnose, andererseits einen differenzierten Maßnahmenkatalog bezogen auf medizinische, sonderpädagogische, therapeutische und sozialpolitische Hilfen.

Der Behinderungsbegriff ist kein medizinischer Begriff sondern ein sozialpolitischer und sonderpädagogischer. Er ist daher abzugrenzen vom medizinischen Krankheitsbegriff. Idealtypisch könnte man sagen: Behinderung fängt dort an, wo Krankheit aufhört. Ein Beeinträchtigungszustand liegt vor, ein Endzustand nach u.U. vorausgegangenem Krankheitsgeschehen, der bei weiterer Behandlung keine Besserung verspricht, irreversibel ist. Allerdings gilt dies nicht für alle Formen von Schädigung, z.B. bei genetisch oder durch äußere Einwirkung (perinatal) bedingten. Dennoch ist in vielen Fällen Behinderung eine weitere mögliche Folge von Krankheit neben Gesundung, Sterben und Krankbleiben, den Enke und seine Mitarbeiter (1977, 353ff.) von chronischer Krankheit abzugrenzen versäumt haben. Ärztliche Maßnahmen haben allenfalls noch stützenden Wert, das Schwergewicht muss in der Bewältigung des gegebenen Zustands liegen; auch medizinischerseits wird in diesem Zusammenhang angeraten, spezifische Fördermaßnahmen, sonderpädagogische Maßnahmen nunmehr in den Vordergrund zu stellen. Der behinderte Mensch ist als solcher nicht im medizinischen Sinne krank; ein Rollstuhlfahrer z.B. mag aktuell gesund sein, während sein Begleiter aktuell etwa an einem Schnupfen oder einer Grippe leidet.

Einerseits sind Krankheiten nach der ICD-10 zu diagnostizieren. Andererseits gibt es Überschneidungen mit der ICF, da beide Klassifikationsschemata an körperlichen und psychischen Systemen ansetzen. Allerdings verwendet die ICD-10 Störungen, Schädigungen, Fehlfunktionen im Sinne von medizinischen Befunden und Symptomen, als Elemente einer Konstellation, die eine Krankheit konstituieren (vgl. DIMDI 2004, 9). Sie stellt ein Diagnoseschema für Krankheiten und Gesundheitsstörungen im medizinischen Sinne dar, während die ICF eher Informationen zur Funktionsfähigkeit in einem je individuellen Lebenszusammenhang ermöglicht – sicher deutlich ausgerichtet auf subsidiäre, sozialstaatliche Hilfen, aber nicht ausschließlich, wie Abb. 6 verdeutlichen sollte.

Die Abgrenzung von Behinderung und Krankheit bleibt auch im Zusammenhang mit langfristig Kranken idealtypisch. Sie passt nicht auf die Gruppe der chronisch Kranken, die einerseits stetiger ärztlicher Behandlung bedürfen, andererseits jedoch für lange Zeit, wenn nicht für den Rest ihres Lebens, nur noch unter erheblich erschwerten Bedingungen am Leben der Gesellschaft teilnehmen können. Bei einer Diabetes oder einer Epilepsie zum Beispiel mag die ärztliche Behandlung mit einer guten medikamentösen „Einstellung“ weitgehend abgeschlossen sein; die Diätvorschriften, die Reglementierung des Tagesablaufs, die Medikamenteneinnahme und deren unumgängliche Nebenwirkungen bedeuten aber eine behinderungsähnliche Beeinträchtigung für die Betroffenen. Bei anderen chronischen Krankheiten, wie etwa Tuberkulose, steht auch langfristig der pathologische Prozess im Vordergrund; dann wäre eher von einer Krankheit zu sprechen. Die idealtypische Aussage, dass Behinderung dort anfängt, wo Krankheit aufhört, bedeutet also nicht, dass es auch in der praktischen Realität keinen Überschneidungsbereich und keine Grenzfälle gäbe (vgl. auch Kap. 5).

2.1.5 Heilpädagogik, Sonderpädagogik, Behindertenpädagogik, Rehabilitationspädagogik

Wie bereits erwähnt, ist diejenige wissenschaftliche Disziplin, die sich im Wesentlichen mit Behinderung befasst, die Sonderpädagogik. Die Termini „Heilpädagogik“ und „Sonderpädagogik“ wurden in den letzten Jahren vielfach synonym verwendet; beide erscheinen beispielsweise im Namen einiger Ausbildungsstätten für Sonderpädagogik an den Universitäten und Pädagogischen Hochschulen, wobei es letztere nur noch in Baden-Württemberg gibt. Allerdings finden sich, wenn auch seltener, ebenfalls Rehabilitationspädagogik und Behindertenpädagogik als Institutionsbezeichnungen.

Heilpädagogik ist, historisch gesehen, der älteste der vier Begriffe. In der pädagogischen Literatur wird er erstmals 1861/1863 in der zweibändigen Schrift von J.D. Georgens (1823-1886) / H.M. Deinhart (1821-1880) „Die Heilpädagogik mit besonderer Berücksichtigung der Idiotie und der Idiotenanstalten“ verwendet. Vorher hatten bereits J.A. Komensky (Comenius 1592-1670) und J. Locke (1632-1704) den Begriff des „Heilens“ in die pädagogische Literatur eingebracht. Ersterer im Zusammenhang mit geistigbehinderten Kindern, letzterer wesentlich im Zusammenhang mit „kindlichen Untugenden“, also mit Verhaltensstörungen (vgl. Kobi 1993). Der Begriff blieb in der Pädagogik sehr umstritten, da er einerseits ein medizinischer Begriff war, andererseits auch eine theologische Komponente hatte. „Heilung“ im medizinischen Sinne ist bei organischen Schädigungen nicht möglich, schon gar nicht mit pädagogischen Mitteln. Im günstigsten Falle können Verhaltensauffälligkeiten bei Kindern in unauffälliges Verhalten überführt werden, d.h., die Störungen der Kinder werden „geheilt“ im Sinne von „korrigiert“. Dies entspricht aber nicht dem medizinischen Begriff des Heilens. „Heilung“ oder besser „Heilsbringung“ im theologischen Sinne ist gerichtet auf eine transzendente Kategorie im Zusammenhang mit einem göttlichen Heilsplan. Dies konnte und kann jedoch nicht allgemeingültige Grundlage für eine Heilpädagogik als Teil der Pädagogik sein. Widmer geht aus vom „Heilsein“ als einer Befindlichkeit, in der Geborgenheit trotz Versehrtheit gegeben ist. Dies sieht er als wesentlichen Sinn einer Heilpädagogik, „... dem entwicklungsgehemmten Kind trotz der Bedrohung .... eine zuversichtliche Geborgenheit zu ermöglichen“ (Widmer 1966, 17).

Bei aller Kritik ist der Begriff jedoch aus der Disziplin nicht wegzudenken. Es scheint sogar in den letzten Jahren eine Rückbesinnung zu erfolgen, bei der in Abgrenzung zum technisiert-therapeutischen Umgang mit Behinderung, in dem das behinderte Kind, der behinderte Mensch Objekt spezifischer Maßnahmen ist, mehr der behinderte Mensch als Subjekt in den Vordergrund gerückt wird (im Sinne WIDMERS), seine spezifischen Bedürfnisse, sein subjektives Wohlbefinden (vgl. VERNOOIJ 1998b). Anzumerken ist noch, dass im deutschsprachigen Ausland (Schweiz, Österreich) der Begriff Heilpädagogik trotz kritischer Reflexion (MOOR 1958, 1965/ WIDMER 1966) zu keiner Zeit durch einen anderen ersetzt worden ist. Bereits 1941 schlug HANSELMANN den Begriff „Sondererziehung" vor, benutzte ihn jedoch selbst kaum.

Der Begriff Sonderpädagogik impliziert einerseits die Besonderheit der Adressatengruppe, die „Sonderstellung des behinderten Menschen" (BLEIDICK 1974), andererseits wird die Besonderheit der für die angemessene Erziehung und Bildung behinderter Kinder notwendigen Methoden, Einrichtungen und Maßnahmen deutlich. Da letzteres nach 1945 in der BRD vorrangig war, kann man über viele Jahre eher von einer Sonder-Schul-Pädagogik sprechen. Heute geraten auch andere Praxisfelder der Sonderpädagogik wieder mehr ins Blickfeld, so dass eine Sonderpädagogik im eigentlichen Sinne reaktiviert werden könnte, durchaus in der Tradition der Heilpädagogik.

Dabei ist anzumerken, dass behinderte Kinder und Jugendliche keine besonderen Kinder sind. Es sind Kinder, die aufgrund unterschiedlicher Behinderungen in ihrer Entwicklung beeinträchtigt sind, Kinder, die nur unter erschwerten individuellen Bedingungen lernen können. Kinder, die dem technisierten und professionalisierten Schulalltag in der Regelschule einerseits nicht gewachsen sind, die andererseits aber ein Recht auf Bildung unter Berücksichtigung ihrer je individuell erschwerenden Bedingungen haben.

Diesen erschwerenden Bedingungen trägt eine Sonderpädagogik Rechnung. Nach BLEIDICK ist der Begriff „Sonderpädagogik" das „logische Pendant zur Allgemeinen Pädagogik" (1974, 54f.). In Anlehnung an GROOTHOFF (1969, 2454) führt er aus, dass „Pädagogik zunächst eine normale Jugend voraussetze" (BLEIDICK 1974, 55). Er schlägt deshalb vor, da Sonderpädagogik „eine Pädagogik der konstitutionellen Abnormität" darstellt, den Terminus **„Behindertenpädagogik"** zu verwenden.

Der Begriff war und ist sehr umstritten, zum einen, weil Sonderpädagogik eben nicht eine Pädagogik der Abnormität ist, sondern eine Pädagogik der besonderen Methoden und Maßnahmen; zum anderen, weil der Begriff „Behindertenpädagogik" zwar die Adressatengruppe klar benennt, aber dennoch nicht das ganze Spektrum der besonderer Methoden bedürftigen Kinder abdeckt, z.B. Kinder mit Verhaltensstörungen (vgl. VERNOOIJ 1986c). In seiner umgangssprachlichen Verwendung wird noch heute mit dem Begriff „Behinderung" am ehesten Körperbehinderung assoziiert, was sich vielleicht teilweise auch durch eine dahin gehende Berichterstattung in den Medien erklären lässt: im Hintergrund steht dort vielfach das Bild des Rollstuhlfahrers, auch wenn dieser nur einen Typus von Körperbehinderung und die körperbehinderten Menschen wiederum nur eine zahlenmäßig geringe Gruppe innerhalb der Gesamtheit aller behinderten Menschen darstellen. In der wissenschaftlichen Terminologie konnte sich der Begriff „Behindertenpädagogik" nicht durchsetzen. BLEIDICK, der den Begriff 1972 einführte, stellt im Zusammenhang mit systemisch-ökologischen Aspekten (vgl. SPECK 1988; 2003) und mit zunehmend integrativen Zielsetzungen auch im Bildungsbereich fest, dass „die ‚Pädagogik der Behinderten' eher einer vergangenen Phase der Wissenschaft angehört" (1988, 827, auch SCHLEY 1991).

Nach dem 2. Weltkrieg setzte sich der Begriff Sonderpädagogik in der BRD durch, während in der ehemaligen DDR und in den meisten osteuropäischen Staaten (Ungarn behielt die Bezeichnung „Heilpädagogik" bei) der Begriff „Rehabilitationspädagogik" als offizielle Bezeichnung eingeführt wurde.

Dass sich der Begriff „Sonderpädagogik" für die Disziplin offiziell etabliert hat, wird im Titel der KMK-Empfehlungen nochmals deutlich: „Empfehlungen der Kultusministerkonferenz zur Sonderpädagogischen Förderung in den Schulen der Bundesrepublik Deutschland" (1994).

Zeitweise stellte die Sonderpädagogik – quantitativ mit vollem Recht – die Gruppe der lernbehinderten Kinder ins Zentrum ihrer Bemühungen. Auch heute noch machen die Kinder mit Lernbeeinträchtigungen allein die Hälfte aller behinderten Kinder und Jugendlichen aus; Lernbehindertenpädagogik wird an jeder sonderpädagogischen Ausbildungsstätte vertreten, während die Pädagogik der Sinnesbehinderungen beispielsweise nur vereinzelt angeboten wird. Der Begriff „Sonderschule", ursprünglich stark mit der früheren Hilfsschule assoziiert, ist inzwischen durch andere Bezeichnungen ersetzt worden, z.B. „Förderschule" in Bayern; Schule für Lernhilfe, für Erziehungshilfe, für Körperbehinderte usf. in anderen Bundesländern.

Im Zusammenhang mit den KMK-Empfehlungen werden in jüngster Zeit die Schulen in einigen Bundesländern entsprechend der Förderschwerpunkte bezeichnet.

Der Begriff der „Rehabilitationspädagogik" stellt die Bedeutung gesellschaftlicher Zurüstung und Produktivitätsbefähigung in den Vordergrund.

„Rehabilitation ist die zweckgerichtete Tätigkeit eines Kollektivs in medizinischer, pädagogischer, sozialer und ökonomischer Hinsicht zur Erhaltung, Wiederherstellung und Pflege der Fähigkeiten des geschädigten Menschen, aktiv am gesellschaftlichen Geschehen teilzunehmen" (BECKER et al. 1979, 159).

Im Zusammenhang mit einer sozialistischen Gesellschaftsordnung führen BECKER et al. aus:

„Für die in ihrer Leistungsfähigkeit Geminderten gilt das sozialistische Prinzip, daß die Arbeit primäres Lebensbedürfnis wird. Dazu bedarf es der besonderen Entwicklung, Förderung und Lenkung ihres Arbeitsvermögens" (1979, 160).

Nach dem Fall der Mauer und der danach erfolgenden Wiedervereinigung der beiden deutschen Staaten stellte sich die Aufgabe, die Sonderpädagogik westlicher Prägung und die Rehabilitationspädagogik östlicher Prägung konstruktiv miteinander zu verbinden, sowohl auf der theoretischen als auch auf der institutionell-praktischen Ebene.

„Nur wenn wir bereit sind, kritisch die Position der deutschen Heilpädagogik aufzuarbeiten,

[....] werden wir in der Lage sein, eine neue Identität deutscher Behindertenpädagogik in der Mitte Europas zu entwickeln" (ELLGER-RÜTTGARDT 1994, 102).

Nach nunmehr 15 Jahren hat sich in Deutschland eine Sonderpädagogik etabliert, die in den Bundesländern unterschiedlich – aufgrund der Kulturhoheit der Länder – in ständiger Dynamik unterschiedliche Konzepte entwickelt unter zwei von allen Bundesländern verfolgten Zielsetzungen:

1. Die Erziehung, Bildung und Förderung beeinträchtigter Kinder und Jugendlicher ist ein wesentlicher Bestandteil des deutlichen Bildungssystems.
2. Der integrativen schulischen Möglichkeiten soll Vorrang eingeräumt werden.

Zu dieser gemeinsamen Grundhaltung haben nicht zuletzt die KMK-Empfehlungen (1994) einen entscheidenden Beitrag geleistet (vgl. Kap. 3.2.1/ 3.2.4).

Bevor wir uns der theoretischen Grundlegung der Sonderpädagogik zuwenden, erscheint es notwendig, den Begriff inhaltlich näher zu bestimmen.

Nach DUPUIS/KERKHOFF bezeichnet Sonderpädagogik die „Theorie, Forschung und Praxis der Erziehung Behinderter" (1992, 593) – ANTOR/BLEIDICK (2001, 60) sehen „Behindertenpädagogik" als „Oberbegriff für die Pädagogik bei behinderten Menschen", die sich in einzelne behindertenspezifische „Unterbegriffe" aufgliedert, bei denen die Theorie und Praxis einer Pädagogik für die jeweilige Gruppe (Körperbehinderung, Sprachbehinderung, Sinnesbehinderung etc.) den wissenschaftlichen Gegenstand klar bestimmt. Sonderpädagogik stellt dabei ein Synonym für Behindertenpädagogik dar.

Sehr allgemein ließe sich daraus für eine umfassende Sonderpädagogik ableiten:

... die Theorie und Praxis der Pädagogik bei in unterschiedlicher Weise behinderten Kindern.

Zieht man eine sehr frühe Definition HANSELMANNS (1930, Nachdruck 1976, 11) heran, so findet sich dort die Formulierung: Heilpädagogik (heut synonym: Sonderpädagogik) ist „die Lehre vom Unterricht, von der Erziehung und Fürsorge aller jener Kinder, deren körperlich-seelische Entwicklung dauerhaft durch individuale und soziale Faktoren gehemmt ist".

Auch wenn die Formulierung „Theorie und Praxis" die von HANSELMANN genannten Einzelfaktoren einschließt, erscheint es mir notwendig, die Definition von Sonderpädagogik so zu differenzieren, dass das komplexe Forschungs- und Aufgabenfeld zumindest annähernd sichtbar wird:

Sonderpädagogik umfasst die Theorie und Praxis der Bildung, Erziehung, Förderung und Fürsorge von Kindern, die aufgrund körperlicher, geistiger und/ oder seelischer Beeinträchtigungen in ihrer Entwicklung und in ihrem Lernen gehemmt bzw. behindert sind und deshalb einen besonderen Bildungsbedarf haben (vgl. VERNOOIJ 2005b, 79).

Dabei können die Beeinträchtigungen individualer (organischer/geistiger/psychischer) oder sozialer Natur sein. Dass es dabei notwendigerweise in der Praxis breite Überschneidungsbereiche mit der Sozialpädagogik einerseits, mit der Schulpädagogik andererseits gibt, steht außer Frage und muss nicht eigens betont werden.

2.2 Theoretische Grundlegung der Sonderpädagogik

2.2.1 Paradigmata in der Sonderpädagogik

Ein Paradigma (griech.) stellt ein Muster, ein Beispiel innerhalb eines größeren Zusammenhanges dar. Im wissenschaftlichen Bereich stellt das Paradigma einen theoretischen Ansatz, ein Erklärungsmodell dar.

„Paradigma bezeichnet im wissenschaftstheoretischen Sinne primär eine konkrete Vorlage, welche für eine Betrachtungsweise grundlegende (eben: beispielhafte, exemplarische) Bedeutung besitzt" (Kobi 1981, 11).

Mit Hilfe des Paradigmas werden die anerkannten Fragestellungen, Ziele und Methoden eines Wissenschaftsgebietes bestimmt. Diese Bestimmung hat keinen Endgültigkeitscharakter. Das Paradigma ist vielmehr offen für Veränderung, für die Verarbeitung neuer wissenschaftlicher Erkenntnisse. 1976 hat Bleidick vier verschiedene und gleichzeitig konkurrierende Paradigmata für die Sonderpädagogik vorgestellt (411 ff. vgl. auch Bleidick 1977, 207ff. Bleidick/Hagemeister 1977, 65ff.), durch die allerdings wesentlich der Behinderungsbegriff bestimmt wird (vgl. Tab. 2).

Ab 1985 nimmt er eine Erweiterung des interaktionistischen Paradigmas dahingehend vor, dass gesellschaftstheoretische Zuschreibungs- und Stigmatisierungsprozesse mit erfasst sein sollten (vgl. 1985, 254). So verbleiben drei Paradigmata, die jeweils bezogen werden auf einen der drei Termini (vgl. Kap. 2.1.3), die jene pädagogische Disziplin bezeichnen können, welche sich befasst mit

„der Förderung, der Erziehung und Bildung, der Betreuung und Pflege all jener Menschen, deren körperlich-geistig-seelische Entwicklung, und damit deren selbständige, sozialintegrierte Lebensführung vorübergehend oder dauerhaft durch individuale und soziale Faktoren gehemmt ist" (Vernooij 1998b, 57.).

Demnach
- hat Heilpädagogik als medizinisches Modell einen weitgehend personenorientierten Behinderungsbegriff;

Tab. 2: Vier konkurrierende Paradigmata der Behinderung (nach Bleidick 1976, 412; 1977, 208; Bleidick/Hagemeister 1977, 66).

Behinderung ist ...	Behinderung als ...	Bezeichnung
1. ein medizinisch fassbarer Sachverhalt	Medizinische Kategorie	personenorientiertes Paradigma
2. eine Zuschreibung von sozialen Erwartungshaltungen	Etikett	interaktionistisches Paradigma
3. ein Systemerzeugnis schulischer Leistungsdifferenzierung	Systemfolge	systemtheoretisches Paradigma
4. durch die Gesellschaft gemacht	Gesellschaftsprodukt	politökonomisches Paradigma

- basiert Sonderpädagogik als systemsoziologisch fassbares Modell auf Institutionendifferenzierung im systemtheoretischen Sinne;
- wird Behindertenpädagogik als interaktions- und gesellschaftstheoretisches Modell begriffen.

Abgesehen davon, dass damit eine Verengung, insbesondere des Begriffs Heilpädagogik erfolgt, wird diese ursprüngliche Absicht, „Definitionen von Behinderung, die auf pädagogische Relevanz abheben" (Bleidick 1977, 66) differenzierend darzustellen, ohne nähere Begründung aufgegeben. Nach Cloerkes sind sowohl die Zusammenlegung so genannter kritischer Ansätze (interaktionistisches und gesellschaftskritisches Paradigma), als auch der stillschweigende Übergang vom Begriff Paradigma zum Begriff Modell weder berechtigt noch zulässig (vgl. 1997, 10f.). Dass für das systemtheoretische Paradigma, ursprünglich deutlich bezogen auf die Gruppe der zahlenmäßig dominierenden Lernbehinderung, eine Erweiterung der theoretischen Grundlage vorgenommen wurde, ist hingegen auch im Zusammenhang mit anderen Behinderungsarten sinnvoll.

Die folgende kurze Charakterisierung der Paradigmata geht von der ursprünglichen Anzahl (4) aus.

Das **personenorientierte Paradigma** (auch individualtheoretisches P., individuumzentriertes P. oder medizinisches Modell) sieht Behinderung als medizinische Kategorie, als medizinisch fassbaren Sachverhalt, im Sinne von organischer Störung (vgl. Impairment).	Obwohl Einigkeit darüber besteht, dass dies eine verkürzende Sichtweise ist, scheint sie nach wie vor für die sonderpädagogische Praxis wesentlich zu sein. Verbunden mit dieser medizinisch einseitigen Betrachtung ist die Zuordnung des „Defekts" als individuelles, persönliches, mehr oder weniger veränderbares Merkmal. Gesellschaftlichen Zusammenhängen und Aspekten der Relativität von Behinderung bezogen auf personale und soziale Folgen (vgl. ICF) für das Individuum wird kaum Beachtung geschenkt.
Das **interaktionistische Paradigma** (auch interaktionstheoretisches P.) sieht Behinderung nicht im Sinne von Schädigung und damit als vorgegebenen Zustand, sondern als Folge einer Zuschreibung sozialer Erwartungshaltungen durch andere (vgl. Goffman 1967).	Behinderung ist demnach eine Etikettierung, eine Typisierung, eine Stigmatisierung, ein von sozialen Reaktionen herbeigeführter Status.

Das **systemtheoretische Paradigma** sieht Behinderung als mehr oder weniger gerechtfertigte Ausdifferenzierung innerhalb eines Gesellschafts- und insbesondere eines Bildungs- und Ausbildungssystems, in dem Leistung der Maßstab für Qualifikation und Selektion ist.	Das komplexe System Bildung z.B. umfasst verschiedene Subsysteme auf unterschiedlichen Ebenen. Durch die Differenzierung in verschiedene Schularten wird dieses komplexe System überschaubarer und damit handlungsfähig, sowohl auf der organisatorischen als auch auf der inhaltlichen Ebene. Im Zuge dieser Differenzierung entstanden im Laufe der Schulgeschichte, vorwiegend in den letzen 150 Jahren, Schulen für behinderte Kinder (vgl. Kap. 1). Ein behindertes Kind wird einem bestimmten Subsystem des Gesamtsystems Schule zugewiesen. „Das System Schule erzeugt qua Komplexitätsreduktion Behinderte“ (BLEIDICK 1995, 69). Hierbei ist anzumerken, dass Behinderung im Sinne von „Handicap“, nicht im Sinne von „Impairment“ erzeugt bzw. verstärkt wird. Durch die Weisungsgebundenheit gegenüber dem Schulsystem ist bei diesem Differenzierungsprozess der Handlungsspielraum des einzelnen Lehrers, aber auch die Wahlfreiheit von Eltern eingeengt. Sonderschulen haben ursprünglich Entlastungsfunktion für andere Subsysteme des Bildungssystems.
Das **politökonomische Paradigma** (auch gesellschaftstheoretisches P., materialistisches P.), sieht Behinderung als Gesellschaftsprodukt, als Resultat einer kapitalistischen Gesellschaft, die Behinderte in besonderen Schulen für minderqualifizierte und ebenso bezahlte Arbeit ausbildet.	Wesentlicher Vertreter dieser Auffassung ist JANTZEN, der davon ausgeht, dass „das Existentwerden von Behinderung [...] abhängig von den sozioökonomischen Bedingungen der Gesellschaft“ ist (1973, 156). „Behinderung entsteht nicht naturwüchsig, d.h. nicht weil jemand diesen oder jenen abzugrenzenden Defekt hat, wird er in jedem Fall behindert“ (JANTZEN 1974, 19).

Betrachtet man die verschiedenen Paradigmata, so wird der Versuch einer Verknüpfung von interaktionistischem und politökonomischem Paradigma insofern verständlich, als beide Behinderung begründet sehen in Zuschreibungsprozessen und Erwartungshaltungen von nichtbehinderten Personen, also in sozialen Reaktionen. Dennoch sind die Vertreter beider Richtungen deutlich voneinander zu unterscheiden. Es besteht ein sehr gravierender Unterschied zwischen Behinderung aufgrund soziologischer und sozialpsychologischer Zuschreibungsprozesse einerseits und der ausschließlichen Ableitung von Behinderung aus gesellschaftlichen Produktions- und Klassenverhältnissen andererseits. Dabei darf nicht verkannt werden, dass beide miteinander und mit dem systemtheoretischen Paradigma interdependent verbunden sind, d.h., dass sie in wechselseitiger Abhängigkeit zueinander stehen, in Korrelation mit dem personenorientierten Paradigma, denn ohne den objektivierbaren Defekt, ohne die individuelle, wie auch immer geartete Abweichung von der Norm, wären die Paradigmata 2. bis 4. gegenstandslos.

2.2.2 Modelle in der Sonderpädagogik

Wie bereits erwähnt besteht zwischen den Begriffen Paradigma und Modell ein nicht unwesentlicher Unterschied. Der Schweizer Wissenschaftler Kobi konstatiert, dass Paradigma und Modell zwar zusammenhängen, dass ein Paradigma jedoch eher die Sichtweise, ein Modell eher die Handlungsweise bestimmt (vgl. Kobi 1977; 1981, 11).

„Unter einem Modell verstehe ich in diesem Zusammenhang einen formalen Raster, eine Passform zur Problemerfassung und -bearbeitung. Es ist das Grundmuster, nach welchem für den konkreten Einzelfall schließlich Handlungskonzepte und -strategien entwickelt werden" (Kobi 1981, 11).

Für die sonderpädagogische Arbeit erstellt er fünf Modelle:

- Das **Caritative Modell** stellt ein christliches Modell dar. Caritas als „tätige, opfernde Nächstenliebe im Auftrage einer transzendenten (oder transzendierten) Instanz" (Kobi 1977, 12). Dabei hat der Bedürftige, der Beeinträchtigte, immer die untergeordnete Rolle als der Empfangende, der Nehmende. Jeder caritative Akt ist eine Hilfe, die nicht auf Veränderung der Situation zielt, sondern auf Annahme des Schicksals und Linderung der individuellen Situation. „Solches Helfen benötigt keine Theorie im wissenschaftlichen Sinne; seine Begründung und Rechtfertigung ist vorgegeben religiöser Art" (Kobi 1977, 13). Die Wohlfahrtspflege im 18. und 19. Jahrhundert war durch das caritative Modell bestimmt. Noch heute sind soziale Institutionen implizit davon geprägt, auch wenn sich die Struktur und das Management der Institutionen sehr gewandelt haben (vgl. Kobi 1977, 12ff.).
- Das **Exorzistische Modell** entstand auf der Grundlage der Vorstellung, Personen mit Abweichungen seien besessen von einem unreinen Geist. Nach Kobi ist dieses Modell ein archaisches Modell, welches mit rationalisierenden Zusätzen bis heute mancherorts wirksam ist. Handlungskonzepte sind Formen des „Ausheilens" oder des „Austoben-Lassens". Beide Begriffe haben einen festen Platz in unserem alltäglichen Sprachgebrauch.
- Das **Rehabilitations-Modell** legt Maßnahmen nahe, die behinderte Menschen für bestimmte Lebensbereiche, insbesondere die Arbeitswelt, wieder funktional machen. Die „Reparation", die „prothetische Versorgung", das Training beeinträchtigter Körperfunktionen ist hier das Ziel. Im Gegensatz zum caritativen Modell soll hier die Situation des Individuums gezielt verändert, verbessert wer-

den, mit dem Ziel der (Wieder-)Eingliederung in den normalen Lebens- und Arbeitsprozess.

„Rehabilitation bezeichnet in diesem Sinne die Wiedergewinnung des (oder eines) Funktionswertes einer Person, wo eine Heilung nicht unbedingt erforderlich" (KOBI 1977, 13) und häufig auch nicht vollständig möglich ist. Rehabilitation bedeutet so „Integration in den bürgerlich-ökonomischen Verwertungszusammenhang" (MOLLENHAUER 1973).

- **Das Medizinische Modell** legt Maßnahmen nahe, die eine Heilung von Krankheiten herbeiführen. Nach KOBI entstand die Heilpädagogik im Zusammenhang mit der „Sozialgeschichte der Medizin" Mitte des 19. Jahrhunderts (KOBI 1977, 14ff.), wobei dies nur **eine** Wurzel der Entstehung der Heilpädagogik ist. Eine andere ist zweifellos im Caritativen Modell zu finden (vgl. Kap. 2.1.5). Wesentliche Aspekte im medizinischen Modell sind einerseits:
  - Krankheiten haben eine Ursache, äußern sich in Symptomen und haben typische Verläufe;
  - Krankheiten sind im Individuum lokalisiert, haben objektive Indikatoren und sind weitgehend unabhängig vom subjektiven Erleben des Patienten.

Andererseits gibt es beachtenswerte Aspekte im Zusammenhang mit der sozialen oder interaktiven Dimension:

- Die Kommunikation zwischen Heilendem und Krankem ist unpersönlich; von Seiten des Heilenden vorrangig auf die Krankheit, Störung ausgerichtet.
- Das Beziehungsverhältnis ist ein hierarchisches: Der Wissende vermittelt dem Laien Handlungsstrategien bzw. er erteilt bestimmte Anordnungen, denen der Laie, der Kranke, Folge zu leisten hat.
- Die Kommunikation ist nicht partnerschaftlich, entsprechend des Beziehungsverhältnisses.

Nach KOBI ist eine so gestaltete medizinische Heilpädagogik bis heute nicht überwunden.

Gründe hierfür sind:

- Das Medizinische Modell erlaubte relativ emotionsfreien Praktizismus.
- Medizinische Fortschritte und Erfolge führten zu einer Fortschrittsideologie, die auch für die Heilpädagogik große Anziehungskraft hatte.
- Trotz vielfältigen Bemühens gelang es der Heilpädagogik nicht, ein medizinunabhängiges Selbstverständnis zu entwickeln.
- Das heilpädagogische Theoriedefizit resultiert u.a. aus der Weigerung der Allgemeinen Pädagogik, sich mit gestörten Erziehungs- und Bildungsprozessen zu befassen.

- Das **Interaktionsmodell** legt Maßnahmen nahe, die auf gestörte Interaktionsprozesse, wie sie zwischen Nichtbehinderten und Behinderten bestehen, verbessernd einwirken. KOBI verweist auf die Kommunikationstheorie WATZLAWICKS (1974), und auf dessen Theorie der Kreisförmigkeit von Interaktionen. Jedes Verhalten ist dabei Ursache **und** Wirkung, jeder Interaktionspartner ist Subjekt **und** Objekt zugleich. Das hat zur Folge, dass der behinderte Mensch nicht nur als Objekt, sondern als personhaftes Subjekt betrachtet und behandelt werden muss (vgl. KOBI 1977, 18ff.). Der Umgang von behinderten und nichtbehinderten Personen im Sinne von nicht-hierarchischer, menschlich gleichwertiger

Kommunikation als anzustrebendes Ziel könnte gleichzeitig die Chance bieten für die Sonderpädagogik, Behinderung in seinem Gesamtzusammenhang, nicht defektorientiert, nicht caritativ, sondern menschlich-kommunikativ zu sehen, was keinesfalls gleichzusetzen ist mit sozialpathetischer Subjektivität.

Betrachten wir diese Modelle, so haben sie, bei aller Abgrenzung zu Paradigmata doch auch Ähnlichkeiten. Jedem Modell liegt ein Paradigma, eine exemplarische Sichtweise des jeweiligen Phänomens zugrunde. Das daraus zu entwickelnde Modell handhabt das Phänomen auf einer anderen Ebene. Es ergänzt sich nicht mit dem Paradigma, sondern es stellt eine andere tektonische Sicht dar, eine Überlagerung im Hinblick auf praktisches Handeln (vgl. Kobi 1977, 11f.).

2.2.3 Die Paradigmendiskussion in der Sonderpädagogik?

2.2.3.1 Notwendige Ergänzung der Paradigmata

Die vorgenannten Paradigmata (vgl. Tab. 2) sind wesentlich unter dem Aspekt der Bestimmung des Behinderungsbegriffs zu sehen. Seit Mitte der 1980er Jahre wird im Zusammenhang mit der Integrationsbewegung in der Sonderpädagogik ein „integratives" Paradigma als einzig gültiges propagiert. Angedacht von Bleidick entsteht allerdings eine Begriffsverwirrung dahingehend, dass vom bisherigen Gebrauch des Begriffs „Paradigma" abgewichen wird. Ohne hinreichende theoretische Fundierung wird nicht mehr die Bestimmung des Begriffs Behinderung, sondern die Bestimmung des Fachgebietes Sonderpädagogik mit Hilfe eines Paradigmas versucht (vgl. Eberwein 1990, Cloerkes 2001).

„Gegenwärtig ist vermehrt von einem weiteren Paradigma die Rede, dem ‚integrativen' als Gegensatz zum ‚sonderpädagogischen' " (Cloerkes 2001, 10).

Allerdings hat in der Fachliteratur die Bezeichnung „integratives Paradigma" eher Schlagwortcharakter. Eine angemessene Füllung des Paradigmas – klar, knapp, präzise – findet sich nicht.

Eberwein übt Kritik an einem „sonderpädagogischen Paradigma" (1995), welches es aber in dieser Singularität nie gegeben hat. Folgerichtig würde diese oberflächliche Inhaltsverschiebung dazu führen, dass an die Stelle der Disziplin Sonderpädagogik die Disziplin „Integrationspädagogik" treten müsste, was von einigen Fachvertretern auch gefordert wird (vgl. Eberwein 1994, 1995; Jantzen 1995; Moser 1997). Bisher haben sich weder der Begriffswechsel, noch die damit verknüpfte inhaltliche Dimension durchsetzen können und zwar aus folgenden Gründen:

- Der Begriff „Integration" ist vielschichtig und mehrdeutig. Zudem ist er inzwischen zu einem ideologiebefrachteten Schlagwort geworden. Ihn in der o.g. Form zu gebrauchen, hieße, die Mehrperspektivität des Begriffs in unzulässiger Weise zu reduzieren auf eine (sonder-)schulpädagogische Kategorie.
- **Ein** „integratives Paradigma" an die Stelle bisheriger Grundlagenforschung in der Sonderpädagogik zu setzen, hieße nicht nur, die Theoriebildung der letzten 50 Jahre ad absurdum zu führen. Es würde damit auch bereits vom Ansatz

her eine Diskrepanz zwischen der theoretisch-normativen Setzung und deren bildungspolitisch-praktischen Realisierung postuliert.

- Die Tendenz zur sozialen Integration behinderter Menschen ist nicht nur national, sondern auch international (vgl. Kap. 2.4) wesentlicher Motor für die Entwicklung neuer Konzepte, Organisationsformen und Methoden hinsichtlich der Förderung, Erziehung, Bildung und Lebensgestaltung behinderter Menschen. Die Reduzierung der – auch bei dem Ziel sozialer Integration – notwendigen sonderpädagogischen Arbeit auf ein „integratives" Paradigma, könnte den besonderen Förderbedürfnissen behinderter Menschen dabei nicht gerecht werden.
- Bei aller berechtigten Kritik an den vorhandenen, den Behinderungsbegriff umschreibenden Paradigmata, hieße es, das Kind mit dem Bade ausschütten, wollte man sie zugunsten eines neuen, nicht das Phänomen, sondern die Disziplin umschreibenden Paradigmas eliminieren.

Sowohl bei vorhandenen Paradigmata als auch bei Modellen zeigt sich, dass, wenn überhaupt, nur in der Zusammenschau mehrerer, nicht in deren Verknüpfung, komplexe Phänomene wie Behinderung in ihrer Ganzheit erfasst und pädagogisch gehandhabt werden können.

Jedes Paradigma beleuchtet einen bestimmten Aspekt des vielschichtigen Phänomens Behinderung. Gleichwohl sind die bisherigen Paradigmata ergänzungsbedürftig, da die personale Ebene kaum berücksichtigt ist.

Setzt man die Paradigmata, gleichgültig ob vier oder drei nach BLEIDICK´scher Diktion in Bezug zur 1. WHO-Klassifikation von 1980, so erstaunt es sehr, dass sowohl „Impairment" als auch „Handicap" hinlänglich abgedeckt scheinen. „Disability", die Störung auf der individualen und personalen Ebene, bleibt jedoch weitgehend unberücksichtigt. Aspekte der psychischen Befindlichkeit behinderter Menschen, Aspekte der psychischen Entwicklung, der Identitätsbildung geraten kaum ins Blickfeld wissenschaftlich-sonderpädagogischer Literatur. „Impairment" und „Handicap" gestatten uns in unserer Forschung den behinderten Menschen als Objekt zu betrachten, ihn zu betreuen, zu fördern, zu bilden – nach unseren Vorstellungen und Maßstäben. Richteten wir unser Augenmerk stärker auf „Disability", so würde der behinderte Mensch ein Subjekt, ein gleichwertiges Gegenüber, dessen psychischer Befindlichkeit wir Rechnung tragen, den wir fragen müssten. BITTNER hat als einer der wenigen 1973 in Zusammenhang mit Verhaltensauffälligen anstelle von „Behinderung" den Begriff „beschädigte Identität" als angemessen vorgeschlagen. Seine Abhandlung „Behinderung unter dem Aspekt der Persönlichkeitsentwicklung" steht bis heute relativ singulär in der Fachliteratur.

Vor dem Hintergrund der internationalen Entwicklungen in der sonderpädagogischen Theorie und Praxis, die u.a. in der 2. und 3. WHO-Klassifikation ihren Ausdruck finden (vgl. Abs. 2.1.3), sowie angesichts der aktuellen Situation in der Bundesrepublik Deutschland:

- am 15. November 1994 wurde Art. 3 Abs. 3 des Grundgesetzes um einen 2. Satz erweitert: „Niemand darf wegen seiner Behinderung benachteiligt werden";

- am 5./6. Mai 1994 wurden die Empfehlungen der Kultusministerkonferenz beschlossen;
- am 8. Oktober 1997 traf der 1. Senat des Bundesverfassungsgerichtes eine Grundsatzentscheidung hinsichtlich dieses Benachteiligungsverbotes bezogen auf die schulische Förderung behinderter Kinder;
- am 19. Juni 2001 trat das Sozialgesetzbuch (SGB) Neuntes Buch (IX) – Rehabilitation und Teilhabe behinderter Menschen – in Kraft (letzte Änderung am 23.04.2004)

scheint es notwendig, von einem zusätzlichen Paradigma auszugehen:

Behinderung ist ...	Behinderung als...	Bezeichnung
5. besonderer pädagogischer Förderbedarf	Erziehungs- und Bildungskategorie	(gleichberechtigt-) begabungsorientiertes Paradigma

(Ergänzung zu Tab. 2)

Im Vordergrund steht hier die personale Ebene im Sinne von Aktivitätsmöglichkeiten und -begrenzungen, von Funktionsfähigkeiten und -beeinträchtigungen (vgl. ICIDH 1997/ICF 2001) als besondere Herausforderung für die (Sonder-)Pädagogik und für die Bildungspolitik. Gemäß dem Prinzip der begabungsgerechten Förderung für **alle** Kinder verbunden mit weitestgehender Nicht-Aussonderung, wäre eine größtmögliche Partizipation unter Berücksichtigung der besonderen physischen, kognitiven, psychischen und sozio-emotionalen Bedürfnisse des behinderten Kindes gewährleistet, wobei diese Bedürfnisse nicht selbstverständlich von außen festzulegen sind. Das behinderte Kind als gleichwertiges Gegenüber hat ein „Mitspracherecht", wie jedes andere Kind auch. Das dialektische Verhältnis von Selbstbestimmung und Fremdbestimmung bedarf in diesem Zusammenhang einer grundsätzlichen und kritischen Klärung in der Sonderpädagogik, wollen wir nicht Gefahr laufen, dass

„im Zweifelsfall die Verortung der Grenzen der Selbstbestimmung ... dem Begleiter überlassen [bleibt], ohne daß dieser eine andere Orientierung als seine eigenen `privaten´ Handlungsmaximen hätte" (Lindmeier 1998, 45; auch Thimm 1997).

Nicht zu verkennen ist allerdings, dass auch dieses Paradigma nur teilweise Sonderpädagogik als Wissenschaft kennzeichnet. Bezogen auf die eingangs (Abs. 2.1.5) formulierte Definition wird wesentlich der Praxisaspekt, weniger der Theorieaspekt angesprochen.

2.2.3.2 Paradigmenwechsel in der Sonderpädagogik?

Gab es in der Sonderpädagogik einen Paradigmenwechsel in den 1990er Jahren?

Um diese Frage zu beantworten, muss zum einen der Begriff „Paradigmenwechsel" näher betrachtet werden, zum anderen sind die Entwicklungen auf der juristischen Ebene in den letzten 15 Jahren von zentraler Bedeutung und daher näher zu beleuchten.

■ Es scheint, als finde der Begriff Paradigmenwechsel in der Alltagssprache Anwendung in Situationen, in denen sich etwas ändern sollte, oder in Situationen, in denen sich Grundlegendes geändert hat.

In jedem Fall hat er mit wesentlicher Veränderung zu tun,

- mit noch nicht vollzogener aber durch den Begriff suggerierter,
- mit im Vollzug befindlicher, oder
- mit bereits vollzogener.

Nachdem er zwischen 1998 und 2002 häufig und wenig reflektiert benutzt wurde, ist der Begriff inzwischen zur Kennzeichnung einer Veränderung in der Sonderpädagogik etabliert. Er setzt sich zusammen aus zwei Substantiven: Dem Begriff **Paradigma**, was im griechischen soviel heißt wie Beispiel, Muster und dem Begriff **Wechsel**.

Zunächst möchte ich kurz beim Begriff Paradigma verweilen. Eine wissenschaftstheoretische Bearbeitung der inflationären Verwendung des Begriffs legt HILLENBRAND (1999) vor. Er kommt, gestützt auf KUHN, zu dem Schluss: „Die Sonderpädagogik rezipiert einen Begriff ohne den entsprechenden Inhalt. Sie verzerrt und verfälscht den wissenschaftstheoretischen Inhalt“ (1999, 245), wobei es hier eigentlich heißen müsste: Sie verzerrt und verfälscht den wissenschaftlichen **Gehalt**. Die so modifizierte Aussage mag, legt man die wissenschaftsphilosophische Sichtweise KUHNS zum Paradigma zugrunde, durchaus richtig sein. Zu fragen ist nur, ob man beim frühen sonderpädagogischen Gebrauch des Begriffs Paradigma (z. B. BLEIDICK 1976, 1977, 1985) davon ausgehen kann, dass diese Begriffsbestimmungen zugrunde gelegt **wurde**. Tut man der Sonderpädagogik nicht 28 Jahre nach Einführung des Begriffs Unrecht, wenn man tiefschürfende wissenschaftstheoretische Überlegungen unterstellt, wo vielleicht nur die Kenntnis des Griechischen und der mit dem Begriff verbundene wissenschaftliche Anstrich für die Wortwahl ausschlaggebend waren?

Ausgehend von praktischen Erfordernissen, zusätzlich motiviert durch die beschämenden Geschehnisse während des Nationalsozialismus, wurde die Sonderpädagogik nach dem 2. Weltkrieg mit Enthusiasmus, Idealismus und auch mit wissenschaftlicher Naivität wieder auf- und ausgebaut, praxisorientiert, im Sinne einer **Sonderschulpädagogik**, die sich bestenfalls als Erfahrungswissenschaft verstand. Diesen wenig theoriegeleiteten, teilweise naiv erscheinenden Neubeginn nach 1945 könnte man der Sonderpädagogik vorwerfen. Das allerdings ist ebenso müßig, wie die Unterstellung falscher Wissenschaftlichkeit, zumal Weiterentwicklungen in einer Wissenschaft nicht unbedingt vom Niveau der Anfangsphase abhängig sind.

Das zweite Substantiv heißt „Wechsel“. In seiner allgemeinsten Form bedeutet es Veränderung. In Zeiten von Unzufriedenheit, Stillstand, Misserfolg wird gerne die Veränderung beschworen oder propagiert um sich und anderen den Eindruck von (Ver-) Besserung zu suggerieren. Paradigmenwechsel kann in dieser allgemeinen Form eine Richtungs-, Standort- oder Einstellungsveränderung beinhalten, was für die Sonderpädagogik nach den KMK-Empfehlungen (1994) sicherlich unumgänglich war (vgl. Kap. 3.2.1). Zu fragen ist allerdings, ob und wenn ja – in welcher Form dieser Paradigmenwechsel erfolgt ist. Bezogen auf die Entwicklungen der letzten Jahre scheint es eher so zu sein, dass der Begriff lediglich eine Worthülse darstellt, die auf verschiedenen Ebenen mit unterschiedlicher Intention und mit weitgehend diffusem Inhalt ohne wissenschaftstheoretische Fundierung Anwendung fand.

Dass in der sonderpädagogischen Praxis gravierende Veränderungen stattgefunden haben, steht außer Zweifel. Ob die sonderpädagogische Theoriebildung den Veränderungen in der Praxis angemessen gefolgt ist, mag allerdings bezweifelt werden, abgesehen von der Rezeption der modifizierten internationalen Klassifikation von Behinderung (WHO – vgl. Abs. 2.1.3).

Eher scheint es so zu sein, dass aufgrund administrativer und juristischer Veränderungen zunächst in der Praxis und erst dann in der Theorie der Sonderpädagogik Veränderungen reaktiver Art eingeleitet bzw. entwickelt wurden. Um die Zusammenhänge zu verstehen, ist es notwendig, die Entwicklungen in den letzten 15 Jahren auf der juristischen Ebene kurz zu betrachten.

■ Artikel 3 des Grundgesetzes der Bundesrepublik Deutschland wurde am 15.11.1994 in Abs. 3 um einen Satz erweitert. Der Artikel 3 besteht aus 3 Absätzen:

Abs. 1: Alle Menschen sind vor dem Gesetz gleich.

Abs. 2: Männer und Frauen sind gleichberechtigt.

Abs. 3.1: Niemand darf wegen seines Geschlechts, seiner Abstammung, seiner Rasse, seiner Sprache, seiner Heimat und Herkunft, seines Glaubens, seiner religiösen oder politischen Anschauungen benachteiligt oder bevorzugt werden.

NEU 3.2: Niemand darf wegen seiner Behinderung benachteiligt werden.

Diese Erweiterung, kurz „Benachteiligungsverbot" genannt, führte zu einer Grundsatzentscheidung des Bundesverfassungsgerichtes vom 08. Oktober 1997, die Auswirkungen hat

- auf die Beschulung beeinträchtigter Kinder,
- und damit indirekt auf die Bestimmung des schulischen Lernortes dieser Kinder,
- sowie auf die Erstellung des sonderpädagogischen Gutachtens, d. h. auf die Feststellung des „sonderpädagogischen Förderbedarfs" (vgl. Abs. 3.2.1).

Als wesentliche Aussagen dieser Grundsatzentscheidung können gelten:

- dass die einfache Formel: – Behinderung + Lernen = Sonderschule – keine Gültigkeit mehr hat.
- dass die Bildung eines behinderten Kindes an einer Sonderschule nicht a priori eine Benachteiligung darstellt.
- dass aber die Möglichkeit zielgleicher oder zieldifferenter integrativer Beschulung gleichberechtigt neben der Bildung an einer Sonderschule steht.
- dass weder Art und Schwere der Behinderung , noch Vorstellungen und Wünsche von Eltern eines behinderten Kindes bzw. Wünsche des Kindes selbst als Entscheidungskriterien angesehen werden können, sondern
- dass bei einer Lernortentscheidung auch die organisatorischen, personellen und sächlichen Gegebenheiten bezogen auf eine Erziehung und Bildung in der Regelschule überprüft werden müssen.
- dass der Staat grundsätzlich gehalten ist, schulische Einrichtungen bereitzuhalten, die auch behinderten Kindern und Jugendlichen eine sachgerechte, begabungsangemessene schulische Erziehung, Bildung und Ausbildung ermöglichen.
- dass aber, bezogen auf die Kulturhoheit der Bundesländer, kein Bundesland gezwungen werden kann, Formen integrativer Beschulung bereitzustellen.

- dass eine Lernortentscheidung gegen den erklärten Willen der Betroffenen (Eltern und Kind) einer sorgfältigen, fundierten und justitablen Begründung bedarf, in der intersubjektiv überprüfbar und juristisch nachvollziehbar die Gegebenheiten, Faktoren, Daten dargelegt werden, die einer Entsprechung des Eltern-/ Kindeswillens entgegen stehen (vgl. VERNOOIJ 2002a, 103ff.).

■ Als wesentlicher Meilenstein sozialrechtlicher Art muss auch das am 01. Juli 2001 in Kraft getretene Sozialgesetzbuch IX (SGB IX) angesehen werden. Nach langjähriger Arbeit und Diskussion in Expertengremien wurde das SGB IX

- zum einen als Weiterentwicklung des Rehabilitations- und Behindertenrechts,
- zum andern als Zusammenfassung vielfältiger Gesetze und Verordnungen des Sozialrechts mit Bezug auf Behinderung/ Schwerbehinderung in einem eigenen Sozialgesetzbuch

vorgelegt.

Sowohl die angemessene Umsetzung des Art. 3 Abs. 3 Satz 2 GG, als auch nationale und internationale Entwicklungen im Zusammenhang mit behinderten Menschen, z.B. die Diskussionen der WHO bezogen auf eine neue Internationale Klassifikation (ICF 2001 – vgl. Abs. 2.1.3) fanden darin Berücksichtigung.

Dabei stehen im SGB IX nicht die konkreten Leistungsinhalte im Vordergrund sondern die Leitidee,

„… die Integration von Menschen mit Behinderungen in die Familie, in den Beruf, in das tägliche Leben zu fördern" (FUCHS 2004, XX).

Das Benachteiligungsverbot des GGs sollte durch vielfältige konkrete Handlungsmöglichkeiten und unterschiedliche staatliche Leistungen eine Umsetzung in die gesellschaftliche Wirklichkeit erfahren bzw. die Umsetzung sollte gesetzlich verankert und unterstützt werden.

„Bisher in diesem Zusammenhang bestehende Hemmnisse und Defizite sollen durch umfassende, bürgernahe und gemeinsame, auf die Integration ausgerichtete Beratung der Rehabilitationsträger, durch unbürokratischere, schnellere und zielgerichtetere Einleitung gebotener Maßnahmen sowie durch eine bessere Koordination und Kooperation der beteiligten Rehabilitationsträger, u.a. auch hinsichtlich der Inhalte und der Qualität der Leistungen abgebaut werden" (FUCHS 2004, XX).

Durch die Einbeziehung der Sozialhilfeträger in den Kreis der Rehabilitationsträger (z.B. auch die Jugendhilfe) sollte eine Ungleichbehandlung aufgrund verschiedener Leistungsträger vermieden werden. Diese Veränderung sowie die Orientierung an der ICF führten dazu,

- dass die negative Wechselwirkung von gesundheitlichen Problemen und Kontextfaktoren bezogen auf die Funktionsfähigkeit und auf die soziale Teilhabe stärker berücksichtigt wird;
- dass neben der medizinischen Rehabilitation auch psychologische und pädagogische Hilfen in den Leistungskatalog aufgenommen wurden, „weil diese in besonderem Maße zur Aufarbeitung von Aktivitäts- und Partizipationsstörungen geeignet sind" (vgl. § 26 Abs. 3 sowie FUCHS XXI).

Letzteres spielt insbesondere bei der Früherziehung und Frühförderung von

Kindern ohne Impairment aber mit Entwicklungsverzögerungen und Lernbeeinträchtigungen aufgrund negativer Wechselwirkungen bio-sozialer Art, bei Menschen mit psycho-emotionalen Störungen und bei Kindern und Jugendlichen mit deutlich normabweichendem Verhalten unterschiedlicher Genese eine Rolle (vgl. Kap. 3.1/ auch VERNOOIJ 2005a, Kap. 2-4).

■ Ein weiterer Impuls für Veränderungen in Theorie und Praxis der Sonderpädagogik waren die KMK-Empfehlungen (1994) und die Ergänzungsempfehlungen (1996-2000), die neben theoretischen Weiterentwicklungen, und praktischen Neustrukturierungen auch zu administrativen Modifizierungen führten (vgl. Kap. 3.2.1/ 3.2.2).

Wollte man die Entwicklungslinien der letzten 30, insbesondere aber der letzten 15 Jahre kurz benennen, so könnte man sagen, sie vollziehen sich in Richtung

- verstärkter sozialer Akzeptanz behinderter Menschen anstelle sozialer Ausgrenzung und Benachteiligung;
- horizontaler Strukturen gleichberechtigter Interaktion anstelle von caritativ-hierarchischen Umgangsstrukturen;
- individueller, subjektbezogener Fähigkeitsorientierung anstelle von objektbezogener Defizitorientierung;
- gleichberechtigter Begabungsorientierung im schulischen Bereich anstelle von primärer Beeinträchtigungs- und Institutionenorientierung.

Insbesondere die Erziehung, Bildung und Förderung beeinträchtigter Kinder und Jugendlicher wird variationsreicher und bedürfnis- bzw. begabungsorientierter möglich. Bei der Pluralisierung der Lernorte (vgl. Kap. 3.2.1) muss allerdings auf die Erhaltung der Förderqualität und -quantität geachtet werden, da in Zeiten knapper öffentlicher Kassen die Gefahr besteht, dass

Tab. 3: Aktuelle Tendenzen in der Sonderpädagogik unter Einbezug verschiedener Ebenen.

Ebenen	Entwicklungstendenzen
Theoretische Ebene	• Fähigkeits- statt Defizitorientierung • Soziale Teilhabe statt Benachteiligung • Besonderer pädagogischer Förderbedarf statt je spezifische Schädigung • Maximale Selbstbestimmung (Mitspracherecht) behinderter Menschen
Juristische Ebene	• Erweiterung des Art. 3 Abs. 3 des GG's (15.11.1994) • Grundsatzentscheidung des BVG's (08.10.1997) • SGB IX (01.07.2001)
Praktische Ebene	• Präferenz integrativer Beschulungsformen • Kooperative und separative Reschulungsformen • Präventive schulische Maßnahmen (Vorschulklassen/ SVE, Veränderungen in der Schuleingangsphase, z.B. Diagnose- und Förderklassen)
Administrative Ebene	• Flexibilisierung des Bildungswesens • Begabungsgerechte Förderung für alle Kinder • Annäherung von Regel- und Sonderschule, bessere Verzahnung und Kooperation • Größeres Mitspracherecht der Betroffenen (Eltern und Kinder)

z.B. in der Bildungspolitik Einsparmaßnahmen als willkommener Nebeneffekt von Reformen mitgedacht werden.

Abschließend soll der aktuelle Stand der Sonderpädagogik unter Beachtung unterschiedlicher Ebenen tabellarisch dargestellt werden (s. Tab. 3).

■ Fazit:
Auch wenn der Begriff „Paradigmenwechsel“ offenbar in der sonderpädagogischen Fachliteratur etabliert ist, bleibt er aus meiner Sicht eine Worthülse. Nach 1945 hat sich die Sonderpädagogik kontinuierlich weiterentwickelt, nicht systematisch sondern mit Brüchen und Stockungen, aber

- von der Separation zur Integration;
- von caritativ-hierarchischer zu gleichberechtigter Kommunikation und Interaktion;
- von Defizit- zu Fähigkeitsorientierung;

und in der Praxis

- von Institutionen- zu Begabungsorientierung.

Diese Entwicklung ist noch nicht abgeschlossen. Für die Zukunft bleibt abzuwarten, in wieweit auch Allgemeine und Sozialpädagogik einerseits, gesellschaftliches Bewusstsein und Bildungspolitik andererseits reformwillig und veränderungsaktiv sind, um als gleichberechtigte Partner zum Wohle beeinträchtigter Kinder und Jugendlicher wirken zu können. Die Sonderpädagogik mit ihren vielfältigen wissenschaftlichen, sozialen und politischen Verflechtungen befindet sich in einem dynamischen Prozess, dessen Ende nicht abzusehen, dessen Ziel jedoch vorgegeben ist: die Förderung, Unterstützung und gesellschaftliche Integration behinderter Menschen.

Diese Entwicklung bedeutet nicht die langsame Auflösung der Sonderpädagogik, sondern eher das Gegenteil. Sonderpädagogische Kompetenz, Forschung und Praxis erhalten ein größeres Gewicht. Allerdings nicht im Sinne einer isolierten Einzelwissenschaft, sondern als Teilbereich der Pädagogik in enger Vernetzung mit Schul- und Sozialpädagogik sowie mit der Allgemeinen Erziehungswissenschaft. Eine Erneuerung auf der Basis des „begabungsorientierten“ Paradigmas unter dem Gleichberechtigungsaspekt ist notwendig und möglich. Sie wird die (sonder-)pädagogische Aufgabe der Zukunft sein; allerdings hat diese Zukunft bereits begonnen!

2.3 Daten und Fakten im europäischen Vergleich

2.3.1 Allgemeine Datenerhebung in der Bundesrepublik Deutschland

Differenzierte Angaben statistischer Art zu erhalten, ist in der BRD gar nicht so einfach. Zum einen gibt es keine Meldepflicht für Behinderungen, zum anderen werden statistische Erhebungen häufig unter bestimmten Gesichtspunkten durchgeführt, die für allgemeine bzw. pädagogik-relevante Aussagen schwerlich verwendet werden können.

Das Statistische Bundesamt führt alle zwei Jahre, seit 1979, eine Bundesstatistik über Behinderungen durch. Seit dem Berichtsjahr 1985 wurden, in Zusammenhang mit der Neufassung des Schwerbehindertengesetzes von 1986 nur noch Erhebungen über Schwerbehinderte mit einem Behinde-

Tab. 4: Schwerbehinderte Menschen in Deutschland.

Schwerbehinderte Menschen am 31.12.2003						
	Insgesamt		Deutsche		Nicht-Deutsche	
	absolut	in %	absolut	in %	absolut	in %
Männlich	3.485.341	8,6	3.315.862	9,1	169.479	4,4
Weiblich	3.153.551	7,5	3.051.936	7,9	101.615	2,9
Insgesamt	6.638.892	8,0	6.367.798	8,5	271.094	3,7

rungsgrad von 50% und mehr veröffentlicht. Die differenzierenden Kriterien (z.B. Funktionseinschränkung, Verlust/Teilverlust von Gliedmaßen und anderen Körperteilen) bezogen sich weitgehend auf Erwerbstätigkeit bzw. deren Einschränkung. Prozentuale Angaben wurden nicht gemacht.

Auf der Basis des SGB IX sind die inzwischen vorliegenden Statistiken etwas differenzierter, wobei nach wie vor wesentlich „schwerbehinderte Menschen" (ab einem Grad der Behinderung von 50, vgl. § 2 Satz 2 SGB IX) erfasst sind.

Die folgenden Daten wurden entnommen aus: Statistisches Bundesamt (2005): „Schwerbehinderte Menschen 2003" und um prozentuale Werte ergänzt.

Tabelle 4 gibt zunächst einen Überblick über die Gesamtzahl von Menschen mit schweren Behinderungen in Deutschland, aufgeschlüsselt nach Geschlecht und Staatsangehörigkeit (Deutsche/ Nichtdeutsche Bürger).

Am Jahresende 2003 waren insgesamt 6,64 Millionen schwerbehinderte Menschen in der Bundesrepublik Deutschland registriert, das sind 8 % der Gesamtbevölkerung. Nicht erfasst sind dabei alle Menschen unterhalb des Grades der Behinderung von 50, ein Teil der behinderten Kinder sowie alle „von Behinderung bedrohten" Kinder.

Aufgeschlüsselt nach Altersgruppen zeigt Tabelle 5, dass in der Altersgruppe ab 55 Jahren der prozentuale Anteil an Schwerbehinderung erheblich ansteigt.

Die Verteilung von Schwerbehinderungen auf die einzelnen Bundesländer zeigt Tabelle 6.

Die Länder Berlin, Mecklenburg-Vorpommern und Hessen weisen den höchsten prozentualen Anteil bezogen auf die

Tab. 5: Schwerbehinderte Menschen nach Altersgruppen in Bezug zur Bevölkerungszahl der Altersgruppe, der Gesamtzahl der Schwerbehinderten und der Gesamtbevölkerungszahl.

Altersgruppe	absolut	Anteil an der Altersgruppe in %	Anteil an der Anzahl der Schwerbehinderten in %	Anteil an der Gesamtbevölkerung in %
unter 4	15.276	0,5	0,2	0,02
4 – 15	108.709	1,2	1,6	0,13
15 – 25	146.680	1,5	2,2	0,18
25 – 35	210.406	2,0	3,2	0,25
35 – 45	476.492	3,4	7,2	0,57
45 – 55	770.516	6,7	11,6	0,93
55 – 65	1.485.261	15,0	22,4	1,79
65 und mehr	3.425.552	23,1	51,6	4,13
Insgesamt	6.638.892	-	100,0	8,00

Tab. 6: Schwerbehinderte Menschen nach Bundesländern.

Bundesländer	Anzahl absolut	Anteil an der Bevölkerung des Bundeslandes in %
Baden-Württemb.	691.210	6,5
Bayern	1.009.348	8,1
Berlin	326.323	9,6
Brandenburg	190.681	7,4
Bremen	58.296	8,8
Hamburg	132.222	7,6
Hessen	562.223	9,2
Mecklenburg-Vorp.	161.540	9,3
Niedersachsen	608.229	7,6
Nordrhein-Westf.	1.617.939	8,9
Rheinland-Pfalz	334.424	8,2
Saarland	85.727	8,1
Sachsen	274.585	6,4
Sachsen-Anhalt	168.445	6,7
Schleswig-Holst.	225.794	8,0
Thüringen	191.896	8,1

Gesamtbevölkerung des jeweiligen Bundeslandes auf, Sachsen, Baden-Württemberg und Sachsen-Anhalt den niedrigsten. Betrachtet man die Zahlen aufgeschlüsselt nach dem Grad der Behinderung, so zeigt sich, dass 71 % aller schwerbehinderten

Tab. 7: Schwerbehinderung nach Grad der Behinderung (GdB).

Grad der Behinderung (GdB)	Anzahl absolut	Anteil an der Gesamtzahl der Schwerbehinderten in %
50	2.039.827	30,7
60	1.062.939	16,0
70	756.466	11,4
80	815.512	12,3
90	343.392	5,2
100	1.620.756	24,3

Menschen einen Grad der Behinderung von 50, 60 oder 100 aufweisen, während die Grade 70-90 bei 29 % der behinderten Menschen vorliegen (vgl. Tab. 7).

Fasst man die sehr differenzierten Daten des statistischen Bundesamtes bezogen auf die Art und Ursache der Behinderung zusammen, so ergeben sich vier Gruppierungen bezogen auf die Art der Behinderung. Bezogen auf die Ursache soll zunächst nur die Anzahl angeborener Behinderungen gesondert erfasst werden.

Tabelle 8 zeigt, dass bei den geistig-seelischen Behinderungen 15,2 % als angeboren angesehen werden können, während dies bei körperlichen Behinderungen nur

Tab. 8: Schwerbehinderung nach Art und Ursache der Behinderung oder Störung.

Art der Behinderung oder Störung	Anzahl		davon angeboren	
	Anzahl absolut	Anteil an der Gesamtzahl der Schwerbehinderten in %	Anzahl	in %
Körperliche Behinderungen	2.135.086	32,2	52.161	2,4
Geistig-seelische Behinderungen	1.136.049	17,1	172.731	15,2
Behinderungen aufgrund organischer Krankheiten	1.747.996	26,3	13.972	0,8
Sinnesbehinderungen	617.267	9,3	42.742	6,9
Sonstige	1.003.494	15,1	30.540	3,0

Tab. 9: Schwerbehinderung nach Ursache der Behinderung oder Störung.

Ursachen / Art der Behinderung oder Störung	angeboren		Unfall (Arbeits-, Verkehrs-, häusliche und sonstige Unfälle)		Kriegs-, Wehr- oder Zivildienstbeschädigung		Allgemeine Krankheit (einschließlich Impfschaden)		Sonstige Ursachen	
	Anzahl absolut	in %	Anzahl absolut	in %	Anzahl absolut	in %	Anzahl absolut	in %	Anzahl absolut	in %
Körperliche Behinderungen	52.161	2,4	108.144	5,1	68.193	3,2	1.761.241	82,5	145.347	6,8
Geistig-seelische Behinderungen	172.731	15,2	20.554	1,8	7.861	0,7	860.963	75,8	73.940	6,5
Behinderungen aufgrund organischer Krankheiten	13.972	0,8	5.589	0,3	12.971	0,7	1.589.008	90,9	126.456	7,2
Sinnesbehinderungen	42.742	6,9	9.387	1,5	7.494	1,2	518.620	84,0	38.024	6,2
Sonstige	30.540	3,0	19.987	2,0	24.080	2,4	816.687	81,4	112.200	11,2

bei 2,4 % der Fall ist. Angeborene Sinnesbehinderungen machen 6,9 % aus.

Betrachtet man die Art der Behinderung bezogen auf die Gesamtzahl schwerer Behinderungen, so ergibt sich folgendes Ranking:

- körperliche Behinderungen 32,2 %
- Behinderungen aufgrund organischer Krankheiten 26,3 %
- Geistig-seelische Behinderungen 17,1 %
- Sinnesbehinderungen 9,3 %

Eine Aufschlüsselung nach weiteren Ursachen (Tab. 8) zeigt, dass Allgemeine Krankheiten außerordentlich häufig Ursache für Behinderungen sind, zwischen 76 und 91 %, je nach Art der Behinderung.

2.3.2 Datenerhebung zur Sonderpädagogischen Förderung

Bezogen auf den Schulbesuch beeinträchtigter Kinder und Jugendlicher liegen zuverlässige Daten bis 2003 vor (vgl. KMK 2005a).

In einer Vergleichstabelle sollen die Schülerzahlen von 1997, 1999, 2001 und 2003 erfasst werden unter dem Aspekt der Entwicklungen in Sonderschulen in Deutschland.

Jahr	Schülerzahlen	
	Abs.	%
1997	44.600	4,8
1999	45.900	4,8
2001	51.900	5,2
2003	52.100	5,4

Tab. 10: Entwicklung der Schülerzahlen in Sonderschulen am Beispiel der Klassenstufe 8.

Der prozentuale Wert bezieht sich jeweils auf die Schülergesamtzahl des Jahrgangs.

Die Vergleichstabelle zeigt, dass der Prozentsatz von Schülern, die in Sonderschu-

Tab. 11: Anzahl der Schüler in Sonderschulen, aufgeschlüsselt nach Bundesländern.

Bundesland	Schülerzahlen/ Jahr					
	2000		2001		2002	
	abs.	%	abs.	%	abs.	%
Baden-Württemberg	52.003	4,3	53.501	4,4	54.565	4,5
Bayern	63.233	4,7	63.792	4,7	63.956	4,6
Berlin	13.697	4,1	13.769	4,2	13.744	4,4
Brandenburg	15.834	5,2	15.172	5,5	14.261	5,7
Bremen	2.664	4,1	2.578	4,0	2.417	3,7
Hamburg	7.429	4,9	7.526	4,9	7.570	4,9
Hessen	23.394	3,7	24.654	3,9	25.579	4,0
Mecklenburg-Vorpommern	14.328	6,7	13.709	7,0	13.218	7,4
Niedersachsen	36.819	4,1	38.041	4,2	39.301	4,3
Nordrhein-Westfahlen	94.391	4,5	97.979	4,7	102.627	4,9
Rheinland-Pfalz	16.498	3,6	16.951	3,7	17.416	3,8
Saarland	3.694	3,3	3.851	3,5	3.989	3,6
Sachsen	24.898	5,4	23.721	5,7	22.834	5,9
Sachsen-Anhalt	20.130	7,0	19.278	7,3	18.523	7,7
Schleswig-Holstein	12.501	4,1	12.526	4,0	12.382	3,9
Thüringen	18.231	7,0	17.635	7,4	17.058	7,8

len unterrichtet werden, von 1997 bis 2003 um 0,6 % gestiegen ist – trotz deutlicher Formalpräferenz der integrativen Beschulung beeinträchtigter Kinder und Jugendlicher in der Allgemeinen Schule.

Tabelle 11 zeigt die Schülerzahlen in Sonderschulen aufgeschlüsselt nach Bundesländern. Auch hier soll ein Vergleich der Jahre 2000, 2001 und 2002 (für 2003 liegen prozentuale Daten nicht vor) die Tendenz verdeutlichen.

In fast allen Bundesländern zeigt sich eine steigende Tendenz des prozentualen Anteils an Sonderschülern. Bezugsgruppe ist die in den Bundesländern gegebene Gesamtzahl der Personen im schulpflichtigen Alter (6-15 Jahre).

In allen Bundesländern macht mindestens die Hälfte aller Sonderschüler die Gruppe der Schüler im Förderschwerpunkt Lernen aus (Schule zur Lernförderung/

Tab. 12: Schüler mit Förderschwerpunkt Lernen in entsprechenden Sonderschulen der Bundsländer (2002).

Bundesland	Schülerzahlen 2002	
	abs.	%
Baden-Württemberg	26.694	2,2
Bayern	25.148	1,8
Berlin	6.711	2,1
Brandenburg	9.812	3,9
Bremen	647	1,0
Hamburg	4.174	2,7
Hessen	14.375	2,2
Mecklenburg-Vorp.	8.889	5,0
Niedersachsen	25.997	2,9
Nordrhein-Westfahlen	51.119	2,4
Rheinland-Pfalz	10.905	2,4
Saarland	2.179	2,0
Sachsen	15.077	3,9
Sachsen-Anhalt	12.570	5,2
Schleswig-Holstein	8.165	2,6
Thüringen	8.640	3,9

Tab. 13: Prozentualer Anteil von Schülern in Sonderschulen, aufgeschlüsselt nach Förderschwerpunkten.

Förderschwerpunkt	Sonderschulbesuchsquoten (%)			
	1996	1998	2000	2002
Lernen	2,4	2,4	2,5	2,6
Sehen	0,05	0,05	0,06	0,05
Hören	0,12	0,11	0,12	0,12
Sprache	0,34	0,35	0,38	0,39
Körperliche und motorische Entwicklung	0,22	0,23	0,23	0,25
Geistige Entwicklung	0,63	0,67	0,71	0,77
Emotionale und soziale Entwicklung	0,24	0,25	0,28	0,33
Förderschwerpunktübergreifend bzw. ohne Zuordnung	0,25	0,31	0,2	0,2
Kranke	0,09	0,09	0,1	0,11
Gesamt	4,3	4,4	4,6	4,8

Förderschule). Insofern ist es aufschlussreich, diese Gruppe gesondert zu betrachten (vgl. Tab.12).

Die prozentualen Werte schwanken zwischen 1,0 und 5,2 % der Schülergesamtheit des jeweiligen Bundeslandes. Im Durchschnitt besuchen 2,9 % der Schüler eines Bundeslandes eine Schule zur Lernförderung. Im Jahr 2002 war der Anteil mit 5,0 respektive 5,2 % in Mecklenburg-Vorpommern und in Sachsen-Anhalt sehr viel höher als in anderen Bundesländern. Allerdings kommen Zahlenschwankungen auch dadurch zustande, dass die Beschulungsangebote für beeinträchtigte Kinder und Jugendliche in den einzelnen Bundesländern sehr unterschiedlich sind (vgl. auch Abs. 3.2.4).

Der Durchschnitt der Schülerzahl in Sonderschulen liegt, ohne Förderschwerpunktdifferenzierung, im Jahr 2002 bei 5,1 % (vgl. Tab. 11).

Die bundesweiten Ergebnisse einer Datenerhebung für alle Förderschwerpunkte liegen nur prozentual, d.h. als „Sonderschulbesuchsquoten" (vgl. KMK-Statistik 2005) vor. Um einen Vergleich zu ermöglichen, erfasst Tabelle 13 die Jahre 1996, 1998, 2000 und 2002.

Entgegen offizieller Verlautbarungen im Zusammenhang mit der integrativen Erziehung und Bildung beeinträchtigter Kinder zeigt die Tabelle, dass in allen Förderschwerpunkten die Tendenz der Sonderbeschulung geringfügig steigend ist. Lediglich im Förderschwerpunkt Sehen bleibt der prozentuale Wert annähernd gleich. Im „Förderschwerpunkt ohne Zuordnung" sind im Wesentlichen Kinder mit autistischem Verhalten sowie schwer zuzuordnende Mehrfachbehinderungen erfasst. Das Sinken des Prozentsatzes in dieser Zeile kann bedeuten, dass die Kinder zunehmend bestimmten Schwerpunkten zugeordnet und dementsprechend sonder-beschult werden. Die stärkste Zunahme, absolut gesehen handelt es sich um eine geringe Zahl, ist in den Förderschwerpunkten Sprache (0,34-0,39), geistige Entwicklung (0,63-0,77) und emotionale und soziale Entwicklung (0,24-0,33) zu verzeichnen. Insgesamt erhöht sich der prozentuale Anteil von Kindern, die eine Sonderschule besuchen von 1996 bis 2002 von 4,3 auf 4,8 %.

Zieht man Daten von 1992 heran (vgl. HENSLE/VERNOOIJ 2002, 30), so zeigt sich für die einzelnen Förderschwerpunkte teilweise eine deutliche Veränderung, teilweise ein Gleichstand zu 2002.

Die bereits in Tabelle 13 sichtbar gewordenen Tendenzen werden im 10-Jahres-Vergleich 1992/2002 bestätigt. Offenbar haben rechtliche, wissenschaftliche und internationale Entwicklungen bezogen auf die Bildungspolitik im Zusammenhang mit Behinderung in der Sonderschulpraxis zumindest statistisch noch keinen Niederschlag gefunden.

Allerdings können die vorgelegten Daten, insbesondere die Tabellen 11-14 nicht als Grundlage zur Vorkommenshäufigkeit der einzelnen Behinderungsarten herangezogen werden, da ein geringer Teil aller beeinträchtigten Kinder (ca. 6,5 % - vgl. Abs. 3.2.3) in Allgemeinen Schulen unterrichtet werden.

Die statistischen Daten zu Schulentlassungen erfassen die Sonderschulabsolventen nicht mehr gesondert. Lediglich die Zahl der Schulabgänger ohne Hauptschulabschluss kann für 2003 mit 84 200 angegeben werden. Dies sind 1,4 % weniger als im Jahr 2002 (vgl. KMK 2005, XV).

Tab. 14: Prozentualer Anteil von Schülern in Sonderschulen im 10-Jahres-Vergleich, aufgeschlüsselt nach Förderschwerpunkten.

Förderschwerpunkt	Sonderbeschulungsquote (%)	
	1992	2002
Lernen	2,4	2,6
Sehen	0,05	0,05
Hören	0,12	0,12
Sprache	0,33	0,39
Körperliche und motorische Entwicklung	0,22	0,25
Geistige Entwicklung	0,57	0,77
Emotionale und soziale Entwicklung	0,23	0,33
Kranke und „ohne Zuordnung“	0,23	0,31
Gesamt	4,3	4,8

Die Klassenstärke in Schulen zur Lernförderung erhöhte sich von 1996 bis 2003 von 10,9 auf 11,7 im durchschnitt aller Bundesländer. Sonderschulen mit anderen Förderschwerpunkten haben eine erhebliche Zunahme der Klassenstärke zu verzeichnen, zwischen 1996 bis 2003 von 7,5 auf 11,2. Allerdings sind die Schülerzahlen pro Klasse in den verschiedenen Bundesländern sehr unterschiedlich. Im Jahr 2003 lagen die Zahlen zwischen 7,1 im Saarland und 10,4 in Bayern.

2.4 Sozial- und Bildungspolitik im internationalen Vergleich

Statistische Daten zu Behinderungen bei Personen unter 20 Jahren liegen für die Europäische Gemeinschaft (EU) nicht vor. Unter Verwendung verschiedenster Quellen, u.a. auch Schätzungen, errechnet BÜRLI (1997a, 63) einen europäischen Mittelwert von 8 %.

Tabelle 15 macht die nationalen Unterschiede hinsichtlich des prozentualen Anteils behinderter Menschen an der jeweiligen Gesamtbevölkerung deutlich.

Berücksichtigt werden muss dabei, dass die Daten u.a. auf unterschiedlichen Definitionen von Behinderung basieren und die statistischen Erhebungsverfahren im Vorfeld nicht vereinheitlicht wurden. Insofern können die hier von der EG-Kommission vorliegenden Daten keinen wirklichen

Tab. 15: Prozentualer Anteil Behinderter an der Gesamtbevölkerung (vgl. BÜRLI 1997a, 63).

EG-Staat	Behinderte in %
Belgien	2,4
Dänemark	7,9
Deutschland	10,4
Griechenland	keine Angaben
Spanien	14,9
Frankreich	9,7
Irland	2,6
Italien	2,5
Luxemburg	keine Angaben
Niederlande	11,6
Portugal	6,4
Großbritannien	11,7

Aufschluss über den Behinderungsanteil in der jeweiligen Gesamtpopulation geben. Legt man ein europäisches Mittel von 8 % zugrunde (s.o.), so ergäbe dies für die Mitgliedsstaaten im Jahr 1992 (12 Staaten) eine Gesamtzahl von ca. 35 Millionen Menschen mit Behinderungen (vgl. BÜRLI a.a.O.). Tabelle 15 zeigt unter diesen Vorbehalten den Anteil behinderter Menschen an der Gesamtbevölkerung der ursprünglich 12 EU-Staaten (vgl. BÜRLI 1997a, 63).

2.4.1 Behinderungsbegriff und Sozialgesetzgebung

Da für statistische vergleichbare Datenerhebung neben der Vereinheitlichung von Datenerhebungsverfahren die Sichtweisen und Definitionen von Behinderung und deren annähernde Übereinstimmung eine wesentliche Rolle spielen, soll die Problematik an der Unterschiedlichkeit von letztgenanntem verdeutlicht werden.

2.4.1.1 Allgemeine Überlegungen

Sichtweisen und Definitionen von Behinderung bestimmen den Umgang mit behinderten Menschen in einer Kultur, in einem Staat.

- Bildungspolitisch werden je nach Sichtweise Institutionen für die Erziehung, Bildung, Förderung und Fürsorgen (vgl. VERNOOIJ 2005a) von beeinträchtigten Kindern und Jugendlichen mehr oder weniger differenziert geschaffen.
- Sozialpolitisch werden Gesetzestexte zu Sozialfürsorge und Beschäftigung durch die jeweilige Sichtweise geprägt.
- Gesellschaftspolitisch bestimmen die öffentlichen Sichtweise von Behinderung, die Gesetzgebung im Zusammenhang mit Behinderung sowie der subjektiv gefühlte Grad an Wohlstand, in demokratischen Staaten i.d.R. über unterschiedliche Medien implizit oder explizit vermittelt, die soziale Situation von Behinderten in der Gesellschaft, den Grad an Akzeptanz und gesellschaftlicher Integration (zur Sozialpolitik in Europa vgl. VERNOOIJ 2005a, 26ff.).

Eine vergleichende Analyse der Definitionen von Behinderung in den Mitgliedstaaten der EU zeigt,

- dass die Kriterien, die einer Definition zugrunde gelegt werden, sehr unterschiedlich sind;
- dass die darauf basierende Bildungspolitik eng mit sozialpolitischen Kategorien verknüpft sind;
- dass in Sozial- und Bildungsgesetzen verankerte Definitionen von Behinderung „ ... Grenzen aufzeigen und skizzieren, wer in die ausgewiesene Kategorie einzuordnen ist" (EUROPÄISCHE KOMMISSION 2002, 21).

Sozialpolitische Definitionen von Behinderung sind präziser und restriktiver als solche in der Sonderpädagogik. Zum einen, weil es in Sozial- und Bildungspolitik wesentlich darum geht, begrenzte staatliche Mittel an Menschen mit anerkannten Beeinträchtigungen und Bedürfnissen zu verteilen. „Anerkannte Beeinträchtigungen" jedoch bedürfen eines vorher festgelegten Kategoriensystems, innerhalb dessen relativ klar und zweifelsfrei Zuordnungen getroffen werden können.

Zum anderen, weil in der Sonderpädagogik eine zunehmende, unzweifelhaft wichtige Antidiskriminierungstendenz seit den 1970er Jahren dazu führte, das eher euphemistische Begriffe, sehr allgemeine Formulierungen, Mischformen von konkreten Umschreibungen eines Phänomens und Aussagen zu seiner Verursachung als „Definitions"-Ersatz entstanden, wobei die Mischform oft noch die konkreteste Arbeitsgrundlage darstellte. Beispiele für euphemistisch verfehlte Begrifflichkeiten und Umschreibungen liefern die Ergänzungsempfehlungen zu einzelnen Förderschwerpunkten (1996-2000):

- FS körperliche und motorische Entwicklung (1998), im Klartext: Körperbehinderung
- FS geistige Entwicklung (1998), im Klartext: geistige Behinderung
- FS emotionale und soziale Entwicklung (2000), im Klartext: Verhaltensstörungen

Nicht nur für die begründete Verteilung öffentlicher Mittel, sondern auch für die Entwicklung von Förderkonzepten im Zusammenhang mit bestimmten Beeinträchtigungen, Störungen oder Behinderungen, ist eine konkrete, auf sozial beobachtbaren und/oder medizinisch nachweisbaren Fakten beruhende Definition nicht nur hilfreich sondern wissenschaftlich notwendig!

2.4.1.2 Ansätze und Kriterien zur Definition von Behinderung

Alle EU-Staaten (Bericht einschließlich Norwegen) befinden sich bei der sozialpolitischen Feststellung von Behinderung auf einem Kontinuum zwischen

- dem Grad der medizinischen Festlegung und
- dem aufgrund bestimmter Zusatzkriterien gegebenen Ermessensspielraum bei der Entscheidungsfindung (vgl. a.a.O., 14).

Das heißt, Definitionen basieren in unterschiedlicher Schwerpunktsetzung

- auf medizinischen Fakten,
- auf sozialen (zusätzlichen) Daten.

Im EU-Bericht wird daher vom „Medizinischen Ansatz" und vom „sozialen Ansatz" gesprochen, deren jeweilige Relevanz für die Mittelvergabe in den einzelnen EU-Staaten sehr unterschiedlich ist (vgl. a.a.O., 63ff.).

Als Kriterien für den sozialen Ansatz können insgesamt vier genannt werden:

1. der Grad der Erwerbsfähigkeit (gestuftes System zur Einkommenssicherung → Ersatzleistung);
2. der Grad an Erfolgsaussicht einer beruflichen (Wieder-)Eingliederung;
3. der Grad an prognostizierter und tatsächlicher Benachteiligung/Diskriminierung bezogen auf den Arbeitsmarkt und bezogen auf den Zugang zu öffentlichen Einrichtungen und Angeboten;
4. der Grad an Hilfebedarf bei grundlegenden Alltagshandlungen und selbständiger Lebensführung.

Nicht zu übersehen ist bei diesen Kriterien, dass sie sowohl hinsichtlich ihrer Differenziertheit als auch hinsichtlich ihrer Reichweite unterschiedlich bewertet und zur Anwendung gebracht werden können.

Mit Blick auf Kapitel 14 soll hier exemplarisch auf das 4. Kriterium eingegangen werden.

In den Mitgliedsstaaten (2002 = 15 Staaten) scheint hinsichtlich eines Kerns an grundlegenden Alltagshandlungen Einigkeit zu bestehen (vgl. a.a.O., 41). Hierzu gehören sog. Allgemeine Bewegungsabläufe zur Abdeckung der Grundbedürfnisse (persönliche Hygiene, Essen, Schlafen).

Häufig wird die Feststellung interner Mobilität (Bewegung innerhalb der Wohnung) als ausreichend erachtet, während Bedürfnisse nach externer Mobilität ignoriert werden.

Nicht sehr einheitlich berücksichtigt werden „externe Mobilität und beförderungsbezogene Tätigkeiten sowie weit gefasste >soziale< Aktivitäten, wie Hausarbeit und Haushaltsführung, Kommunikation und Aspekte der gesellschaftlichen Partizipation. Zuweilen werden letztere Aktivitäten auch als instrumentelle Alltagshandlungen im Gegensatz zu den grundlegenden Alltagshandlungen bezeichnet" (a.a.O., 41), was i.d.R. zu Schwierigkeiten bei der Gewährung von Hilfen führt.

In einigen Ländern (z.B. Dänemark, UK, Frankreich, Belgien) gibt es für Leistungen nach dem Kriterium „Alltagshandlungen/ Lebensführung" eine Altersbegrenzung zwischen 60 und 67 Jahren. Begründet wird diese Begrenzung zum einen damit,

- dass das „normale Aktivitätsspektrum" welches den Alltagshandlungen zugrunde liegt, altersabhängig sei;

  zum anderen
- dass die „Gesamtlebensperspektive" sich im Alter (nach der Berufstätigkeit) verringere (vgl. a.a.O., 43f.).

Inwieweit solche Argumente ethisch vertretbar und akzeptabel sind, soll hier nicht diskutiert werden. Deutlich wird in diesem Beispiel jedoch, dass qualitative Kriterien (sozialer Ansatz) weniger eindeutig sind als quantitative (medizinischer Ansatz) und damit Interpretationsspielräume schaffen, die in vielen Fällen nicht zugunsten behinderter Menschen genutzt werden.

2.4.1.3 Feststellungspraktiken in den Europäischen Staaten

Aufgrund der Komplexheit der jeweiligen staatlichen (Sozial-)Systeme ist dem vorliegenden Bericht der Europäischen Kommission nicht zweifelsfrei zu entnehmen, in welcher Weise die Feststellung und damit die Mittelvergabe in den einzelnen Staaten erfolgt.

Eine vage Einteilung erfolgt nach der Gewichtung medizinischer und sozialer Kriterien. Dabei wird der Ermessensspielraum durch den sozialen Ansatz bestimmt. Vier mögliche Gewichtungsformen werden im Bericht unterschieden (a.a.O., 64f.):

1. Wenige medizinische Beweise/ viel Ermessensspielraum (z.B. in Skandinavischen Ländern),
2. wenige medizinische Beweise/ wenig Ermessensspielraum (z.B. UK, Irland, Niederlande, in Teilbereichen Österreich, Deutschland),
3. viele medizinische Beweise/ viel Ermessensspielraum (z.B. Frankreich, Deutschland, Belgien, Österreich),
4. viele medizinische Beweise/ wenig Ermessensspielraum (z.B. Portugal, Griechenland, in einigen Staaten in „ordnungspolitischen" Feldern, z.B. Ausstellung eines Behindertenausweises).

Eindeutig nur einer Form zuzuordnen ist keiner der europäischen Staaten. Lediglich die Präferenz der Gewichtung scheint relativ deutlich zu sein. In verschiedenen sozialpolitischen Feldern kann die Feststellungspraxis jedoch zwischen zwei Formen variieren.

Die Schlussfolgerung der Europäischen Kommission ist daher:

„Es gibt keine ideale Methode, in der Sozialpolitik Grenzen zwischen behinderten und nicht behinderten Menschen zu ziehen. Die Systeme, die weniger Wert auf medizinische Beweise legen [Formen 1 und 2], messen dem Kriterium der sozialpolitischen Relevanz viel Bedeutung bei. Die stärker medizinisch ausgerichteten Systeme hingegen können sich größerer Legitimation erfreuen [Formen 3 und 4]" (a.a.O., 70). Die Überlegungen zur 4. Form sind dahingehend,

- dass „die Feststellung eines allgemeinen Behindertenstatus" hier am ehesten schlüssig möglich ist,
- dass diese Form jedoch wesentlich in „ordnungspolitischen" Bereichen Anwendung findet, „wo wenig Wert auf eine wirksame, zielgerichtete Verwendung knapper Mittel gelegt wird" (a.a.O., 70).

Als allgemeines Fazit des Vergleichs stellt die EK ernüchternd fest:

„Die Festlegung eines allgemeinen Behindertenstatus scheint nicht mit der zielgerichteten Vergabe von Ressourcen an jene vereinbar zu sein, die sie am dringendsten benötigen, was ein Hauptziel budgetorientierter Maßnahmen" sein sollte (a.a.O., 70).

2.4.1.4 Ländervergleich bezogen auf Unterstützung bei grundlegenden Alltagshandlungen und bei der Förderung eines selbständigen Lebens (vgl. Europäische Kommission 2002, 217 – 257).

Die Tabellarische Darstellung basiert auf den Daten und Aussagen der Europäischen Kommission (2002, 220ff.). Die Förderungsbereiche sind häufig nicht eindeutig zu bestimmen. Pflegegelder, Rente, Betreuungs- und Eingliederungshilfen, Mobilitäts- und Selbständigkeitshilfen sind aufgrund der jeweiligen Gesetze in unterschiedlicher Form möglich.

Die Tabelle spiegelt die Problematik eines europaweiten Vergleichs im Bereich der Sozialpolitik im Kontext von Behinderung wieder.

- Das komplexe Geflecht der Sozialgesetzgebung eines Staates ist von außen schwer zu durchschauen.
- Welche Gesetze in welcher Weise für welchen Personenkreis gelten kann bei einem Ländervergleich nur dann ermittelt werden, wenn die gesetzlichen Grundlagen für spezifische, in allen Ländern vorhandene Maßnahmen betrachtet werden, d.h. wenn eine Fokussierung auf eng eingegrenzte Sozialleistungen erfolgt, durch die eine Vergleichbarkeit möglich wird. Dies ist im Bericht der Europäischen Kommission (2002) offenbar nicht durchgängig der Fall.
- Dennoch zeigen die vorliegenden Daten, dass die Struktur von Gesetzesgeflechten in den einzelnen Staaten sehr unterschiedlich ist. Von einem umfänglichen Gesamtgesetz über Richtgesetze mit

Tab. 16: Ländervergleich der 15 EU-Staaten bezogen auf den Behinderungsbegriff in Zusammenhang mit speziellen Sozialleistungen (Unterstützung bei Alltagshandlungen/ Förderung eines selbständigen Lebens).

Staat	Festlegung des Behinderungsbegriffs/ Anspruchsvoraussetzungen	Spezifizierung von Schädigungen Altersbegrenzung
Österreich	Anspruchsvoraussetzungen sind erfüllt, „…wenn auf Grund einer körperlichen, geistigen oder psychischen Behinderung oder einer Sinnesbehinderung der ständige Betreuungs- und Hilfsbedarf (Pflegebedarf) voraussichtlich mindestens sechs Monate andauern wird…" (§4 BPGG).	Feste Pflegegeldstufen für vier spezifizierte Schädigungen, z.B. Stufe 5: • Blindheit • Gehörlosigkeit Keine Altersbegrenzung
Belgien	Beihilfen für Menschen, „deren Fähigkeit zu einem selbständigen Leben beeinträchtigt ist" (EK 2002, 222). Es muss eine Behinderung vorhanden sein, die als „langfristige und wesentliche Beeinträchtigung der Möglichkeiten einer sozialen Integration aufgrund geminderter geistiger, psychischer, körperlicher oder sensorischer Fähigkeiten" definiert ist (Bundeseingliederungshilfe und Flämischer Fond für die soziale Eingliederung behinderter Menschen).	Keine Altersbegrenzung 65 Jahre
Dänemark	Als Menschen „mit vorübergehenden oder dauerhaften Schädigungen der körperlichen oder geistigen Funktionen" und im Bereich der „Entwicklung von Fertigkeiten" sind Personen gemeint, „mit speziellen Bedürfnissen aufgrund wesentlich geschädigter körperlicher oder geistiger Funktionen oder besonderer sozialer Probleme" (Gesetz über Sozialdienstleistungen).	Besonders genannt werden • Blinde • Gehörlose Altersbegrenzung 65/67 Jahre
Finnland	Als behindert gelten Personen, „die aufgrund von Schädigung oder Krankheit langfristig Schwierigkeiten haben, normale Alltagshandlungen zu verrichten" (vgl. §2 des Gesetzes über die Erbringung von Dienstleistungen für behinderte Menschen).	Erwähnt werden: • Mobilitätsschädigung • Schwere Sprachstörungen Keine Altersbegrenzung
Frankreich	Voraussetzung für Hilfsleistungen ist ein ständiger Grad an Behinderung von 80 %+, die die Hilfe eines anderen bei mindestens einer grundlegenden Alltagshandlung notwendig macht (vgl. Europäische Kommission 2002, 229 f.).	Blinde werden gesondert erwähnt Altersbegrenzung 60 J.
Deutschland	Die Europäische Kommission richtet sich nach der deutschen Pflegeversicherung, die den Begriff Behinderung nicht benutzt. Es bedarf daher einer Ergänzung: Nach § 2 SGB IX gelten Menschen als behindert, „wenn ihre körperliche Funktion, geistige Fähigkeit oder seelische Gesundheit mit hoher Wahrscheinlichkeit länger als sechs Monate von dem für das Lebensalter typischen Zustand abweichen und daher ihre Teilhabe am Leben in der Gesellschaft beeinträchtigt ist. Sie sind von Behinderung bedroht, wenn die Beeinträchtigung zu erwarten ist."	Keine Altersbegrenzung

Staat	Festlegung des Behinderungsbegriffs/ Anspruchsvoraussetzungen	Spezifizierung von Schädigungen	Altersbegrenzung
Griechenland	Wesentlicher Bezug ist hier die Pflege- und Betreuungsnotwendigkeit für Personen, die vollständig behindert sind, d.h. bei denen ein ständiger Bedarf an Beaufsichtigung, Pflege oder Hilfe durch Dritte vorliegt.	Als spezifische Schädigungen werden genannt: • Paraplegie • Tetraplegie Sondermaßnahmen für • Blinde • Menschen mit spastischer Enzephalopathie • Thalassämie • AIDS • Hausen'scher Krankheit • Schwerer geistiger Behinderung • Taubstumme	Zur Altersbegrenzung keine Informationen
Irland	Ein „Mobilitätszuschuss" wird gewährt, wenn eine Person „unfähig ist zu laufen, auch mit Hilfe künstlicher Gliedmaßen oder anderer geeigneter Hilfsmittel, oder sie in einem solchen Gesundheitszustand ist, dass die für das Laufen erforderliche Anstrengung gefährlich wäre" (vgl. Europäische Kommission 2002, 237).	Spezielle Maßnahmen für • Blinde • Sehbehinderte	Altersbegrenzung 66 J.
Italien	Wesentliches Kriterium ist die „Vollinvalidität", bei der die betreffende Person nicht in der Lage sein darf, „ohne Hilfe einer Begleitperson zu laufen oder grundlegende Alltagshandlungen zu verrichten" (Europäische Kommission 2002, 240). Eine Einstufung in leichte, mittelschwere, erhebliche oder schwere Behinderung kann von medizinischen Ausschüssen vorgenommen werden. In den Geltungsbereich des Gesetzes fallen nur „schwere Behinderungen".	Eine Begrenzung der Leistungen auf Körperbehinderungen wurde verworfen, so dass auch Menschen mit geistiger Behinderung in den Geltungsbereich der Maßnahmen fallen.	Keine Altersbegrenzung
Niederlande	Als behindert gilt eine Person, „die infolge von Krankheit oder Gebrechlichkeit nachweisbare Beeinträchtigungen im täglichen Leben oder bei der Fortbewegung innerhalb und außerhalb der Wohnung erlebt" (WVG Art.1 Abs.1).	Es gibt ein Klassifizierungsprotokoll, das ähnlich wie das ICD 10 schädigungsbezogene Überschriften und anschließende Beeinträchtigungsanalysen enthält. Es ähnelt dem WHO Disability Assessment Schedule (WHODAS II)	Keine Altersbegrenzung
Norwegen (ass. Mitglied)	Maßnahmen für schwerbehinderte Menschen, die „aufgrund von Krankheit, Behinderung, Alter und aus anderen Gründen einen besonderen Hilfebedarf haben müssen" (Gesetz über Sozialdienstleistungen, 4.2).	Wesentliche Projekte bezogen sich auf Körperbehinderungen. Die Maßnahmen sind jedoch nicht auf spezifische Schädigungen beschränkt. Sonderfall: Bewilligung der Maßnahme bei Lernbeeinträchtigung	Keine Altersgrenze

Staat	Festlegung des Behinderungsbegriffs/ Anspruchsvoraussetzungen	Spezifizierung von Schädigungen Altersbegrenzung
Portugal	Menschen, die vorübergehend oder ständig wegen körperlicher, intellektueller oder sozialer Beeinträchtigung einen geringen oder erheblichen Pflegebedarf haben (vgl. Europäische Kommission 2002, 248).	Genannt werden: • schwere Demenz • AIDS • MS Hier sind Eilanträge möglich. Keine Altersbegrenzung
Spanien	Personen, die aufgrund anatomischer oder funktioneller Beeinträchtigungen die Hilfe von anderen bei der Verrichtung grundlegender Alltagshandlungen benötigen → Behinderungsgrad von 75%+.	Keine Bei Neubewilligung Altersbegrenzung bei 65 J.
Schweden	• Mehrere Maßnahmenstufen, von der Pflege über Teilhilfen bis hin zu Unterstützung selbständiger Lebensführung. Die Art der Maßnahme ist abhängig vom Grad der Behinderung bzw. der Beeinträchtigung. Die Funktionsfähigkeit einer Person muss während eines bedeutenden Zeitraums soweit gemindert sein, dass die Hilfe eines anderen bei ihren Alltagshandlungen benötigt wird und erhebliche zusätzliche Lebenshaltungskosten entstehen. Ärztliche Bescheinigungen spielen bei der Entscheidung eine untergeordnete Rolle. Entscheidungsfunktion haben Mitarbeiter der Sozialversicherungsanstalten. • Für die Gewährung persönlicher Hilfen (neben oder zusätzlich zu finanziellen) gilt als behindert, „wer auf Dauer große Schwierigkeiten bei der Bewältigung des Alltags“ hat. • Im Antidiskriminierungsgesetz von 1999 wird Behinderung definiert als eine „dauernde körperliche oder geistige oder auf Lernbehinderung basierende Beeinträchtigung der Funktionsfähigkeit, die von Geburt an vorhanden ist oder später erworben wurde oder die voraussichtlich infolge einer Verletzung oder Krankheit auftreten wird“.	• Blinde • Gehörlose • Schwer Hörgeschädigte haben Anspruch auf soziale Hilfsleistungen. Unter Umständen können diese auch bei schwerer Alkoholabhängigkeit gewährt werden. Drei Untergruppen von Schwerbehinderten: • Personen mit intellektueller Schädigung • Personen mit dauerhafter geistiger Dysfunktion aufgrund von Hirnschädigung durch Gewalteinwirkung oder Krankheit • Personen mit anderen geistigen oder körperlichen Behinderungen die nicht mit dem „normalen“ Alterungsprozess in Zusammenhang stehen. Je nach Maßnahme Altersbegrenzung bei 64/65 J.
United Kingdom/ Großbritannien	Mobilitätshilfen für Personen, die Schwierigkeiten bei der Erledigung ihrer Alltagsverrichtungen haben. Nach dem DDA (1995) ist Behinderung „eine körperliche oder geistige Schädigung die wesentlich und langfristig nachteilige Auswirkungen auf die Fähigkeit eines Menschen hat, normale Alltagshandlungen zu verrichten“.	Automatisch anspruchsberechtigt sind • Blinde • Gehörlose • Menschen, die ihre Beine verloren haben Altersbegrenzung bei 65 J.

spezifischen Unterabteilungen bis hin zu einer Fülle von Sozialgesetzen, zusammengefasst in einem Sozialgesetzbuch (z.B. Deutschland) reicht die Palette.

Dies führt bezogen auf die vorliegenden Daten der EUROPÄISCHEN KOMMISSION, die in der Tabelle ihren Niederschlag finden, dazu

- dass von Gesetzen unterschiedlicher Reichweite ausgegangen wurde;
- dass einige der gesetzlichen Grundlagen sich im Wesentlichen mit der „Unterstützung bei grundlegenden Alltagshandlungen“ im Sinne von Pflege und Betreuung befassen, andere „die Förderung einer selbständigen Lebensführung“ im Sinne von unterschiedlich betreuten Wohnformen (vgl. Kap. 14) mit einschließen.

Deutlich wird bei den vorliegenden Daten auch,

- dass die im Rahmen der Europäischen Kommission zu vergleichende Sozialgesetzgebung sich wesentlich auf Existenzsicherung, berufliche (Wieder-) Eingliederung oder Invalidität bezieht;
- dass Behinderung in Zusammenhang mit Erziehung und Bildung von Kindern und Jugendlichen als jeweilige nationalstaatliche Aufgabe kaum ins Blickfeld der EUROPÄISCHEN KOMMISSION gerät (vgl. VERNOOIJ 2005a, 26ff.);
- dass Behinderung und Beeinträchtigung im Zusammenhang mit spezifischen Maßnahmen (vgl. Tab. 16) sehr unterschiedlich definiert bzw. umschrieben wird;
- dass die Gewichtung medizinischer Fakten dabei unterschiedlich ist;
- dass Blindheit und Gehörlosigkeit bei mindestens 1/3 der Staaten (Blindheit 7/ Gehörlosigkeit 5) für die Bewilligung von Leistungen besonders hervorgehoben wird;
- dass in vielen Staaten (7) Altersbegrenzungen für diese Maßnahmen bestehen (zwischen 60 und 67 Jahren).

Letzteres bedeutet nicht, dass behinderte Menschen jenseits dieser Grenze keine Sozialleistungen mehr erhalten. In allen Ländern mit Altersbegrenzung gibt es gesonderte, in der Regel finanziell mehr oder weniger reduzierte, Maßnahmen für diesen Personenkreis.

2.4.2 Sonderpädagogik im internationalen Vergleich

Europaübergreifende internationale Daten werden regelmäßig von der OECD (Organization for Economic Cooperation and Development) zu unterschiedlichen Politikbereichen herausgegeben. Dabei treten bezogen auf vergleichbare Gesetze (vgl. Abs. 2.4.1) und Daten häufig Probleme auf, die entstehen

- aufgrund unterschiedlicher Definitionen und Zuordnungen von Beeinträchtigungen,
- aufgrund kultureller, nationaler Sichtweisen und Einstellungen im Zusammenhang mit behinderten Menschen,
- und aufgrund unterschiedlicher Erhebungs- und Erfassungsmethoden.

Bereits hinsichtlich der Definition von Sonderpädagogik (D), Heilpädagogik (A, CH), Special Education (engl.), Orthopedagogik (NL, B) oder pédagogic spéciale (franz.)

etc. bestehen deutlich divergierende, kultur- und wissenschaftsspezifisch geprägte Formulierungen. Bezogen auf beeinträchtigte Kinder und deren Erfassung bzw. Zuordnung beispielsweise zeigt sich, dass nur wenige Länder Kinder mit leichteren Lern- und Verhaltensproblemen zur Gruppe der Menschen mit Behinderungen zählen. Zu dieser Gruppe wurden und werden offenbar nur schwerer behinderte Menschen zugeordnet (vgl. Bürli 1997a, 64f.). Die Vergleichbarkeit von statistischen Daten, z.B. zu Bildungsangeboten für beeinträchtigte Kinder in verschiedenen Ländern, war dadurch bisher nur bedingt möglich.

Aufgabe einer vergleichenden Sonderpädagogik ist zum einen der Aufweis von Gemeinsamkeiten und Unterschieden hinsichtlich der theoretischen und praktischen Strukturen und Aktivitäten im Zusammenhang mit Behinderung. Zum anderen sind angesichts zunehmender Globalisierung und Internationalisierung übergreifende Perspektiven und Empfehlungen sowie Kooperations- und Aktionsprogramme Ziel der vergleichenden Forschung. Dabei spielt auch der Aspekt der internationalen Verständigung eine nicht unwesentliche Rolle, was nicht heißt: größtmögliche internationale Gleichschaltung (vgl. Klauer/Mitter 1987, 11ff.). Seit den 1950er Jahren haben sich in den Industriestaaten, insbesondere der westlichen Welt, die Auffassungen und Konzepte bezogen auf Behinderung und damit verbunden die Formen der Behandlung, Betreuung, Förderung und Unterstützung behinderter Menschen wesentlich verändert. „Normalisierung", „Solidarität", „Integration" waren Schlagworte, die in den 1960er und 1970er Jahren nicht nur zu umfassenden Rehabilitations- und Bildungsprogrammen führten, sondern auch die Sozialpolitik in den jeweiligen Staaten mehr oder weniger stark zugunsten behinderter Menschen beeinflussten. Von einer stark individuumzentrierten Sichtweise ging die Entwicklung in den 1970er Jahren langsam aber stetig in Richtung Umfeld-, Gesellschafts-, Systemzentrierung (vgl. Kap. 2.2). Das internationale Jahr des Behinderten (1981) war ebenso Ausdruck dieser Tendenz wie die Erklärung von Salamanca (1994). Weltweiten Aktionsprogrammen der UN (1983) folgte das Jahrzehnt des Behinderten (1983-1992). Die revidierte Fassung der WHO-Klassifikation (1998), insbesondere aber deren völlige Neufassung (ICF) von 2001, spiegelt diese Entwicklung wider (vgl. Kap. 2.1.3).

Bezogen auf die bisherige Auffassung von Behinderung im Rahmen internationaler Sonderpädagogik werden in einer OECD-Studie von 1993 vier Modelle beschrieben (vgl. S. 50).

In allen Staaten sind die dargestellten Sichtweisen mit unterschiedlicher Gewichtung vorhanden, überlappen bzw. mischen sich. Dennoch scheint die weitgehend statisch medizinische Sichtweise von Behinderung als unveränderlichem, personenimmanentem Tatbestand, der ein spezifisches, festgelegtes Interventionsprogramm notwendig macht, und der eine Desintegration unausweichlich zur Folge hat, dahingehend überwunden, dass neben behinderungsspezifischen Maßnahmen ein vielfältiges Angebot zur Bildung, Förderung und Lebensgestaltung behinderter Menschen zur Verfügung steht, welches die Möglichkeit selbständiger und sozialintegrierter Lebensführung einbezieht (vgl. Trommsdorff 1987, 29f.; Bürli 1997a, 47).

Das **Medizinische Modell**	mit Ausrichtung auf organisch-funktionale Ursachen und im Einklang damit weitgehend medizinisch orientierter Behandlung.
Das **Sozialpathologische Modell**	mit Ausrichtung auf die Problematik sozialer Integration und dem Interventionsziel der Aufhebung von Desintegration durch therapeutische Anpassung und „Normalisierung" des behinderten Menschen.
Das **Umweltmodell**	mit Ausrichtung auf die Veränderung des Umfeldes, insbesondere der Schule unter dem Aspekt der angemesseneren Bildung und Förderung behinderter Kinder.
Das **Anthropologische Modell**	mit Ausrichtung auf die interpersonale Kommunikation und Interaktion mit dem Ziel der Akzeptanz und Respektierung der Behinderung sowohl auf Seiten des behinderten Menschen selbst als auch auf Seiten der Nichtbehinderten, und einer identitätsgerechten Bildung und Förderung des behinderten Kindes (vgl. OECD 1993, 11ff.).

Betrachtet man die Situation zwischen 1993 und 2003, so kann konstatiert werden:

- Als allgemeines Prinzip konsensfähig und in der nationalen wie internationalen Sonderpädagogik in der Diskussion ist das Integrationsprinzip, welches sich aus der eingangs beschriebenen Entwicklung, und vor dem Hintergrund allgemeiner gesellschaftlicher Tendenzen in westlichen Staaten (Aufhebung der Rassentrennung, Bürgerrechtsbewegung, Deinstitutionalisierung, Demokratisierung weltweit) zwingend ergibt.
- Hinsichtlich der praktischen Umsetzung dieses Prinzips herrschte allerdings Uneinigkeit. Am weitesten fortgeschritten ist die Diskussion bezogen auf schulische Maßnahmen und Modelle.
- Betrachtet man allerdings die schulische Wirklichkeit in Europa, so kann festgestellt werden, dass der Prozentsatz der behinderten Kinder, die integrativ beschult werden, z.B. in den EG-Staaten unterschiedlich hoch ist. Er schwankt zwischen 1 % für Belgien und 97 % für Italien. In Deutschland (4 %), den Niederlanden (4 %) und Frankreich (6 %) liegt der Prozentsatz relativ niedrig. Portugal und Spanien hingegen liegen mit 78 % und 60 % relativ hoch, gefolgt von Großbritannien (32 %) und Dänemark (28 %) (vgl. Bürli 1997, 66).
- Abgesehen davon, dass auch diese Zahlen aufgrund der vorgenannten Einschränkungen sehr problematisch sind, scheinen zwischen offiziellen Angaben und der tatsächlichen Praxis häufig große Diskrepanzen zu bestehen, z.B. sagt Schröder (1999, 140f.) bezogen auf Italien:

„Die Einschätzung des Schulsystems ist in Italien selbst ziemlich schlecht. Der große Unterschied zwischen den normativen Aussagen von Gesetzen usf. und der alltäglichen Wirklichkeit wird heftig beklagt, sowohl von der Gesellschaft allgemein als auch von den Lehrpersonen selbst."

Auch muss zwischen integrativen Klassen und dem – aus unterschiedlichen Gründen praktizierten – Konzept der Nichtaussonderung unterschieden werden.

Von der EU (Kommission 1992, 137) werden drei Grundmuster schulischer Bildung vorgeschlagen:

- besondere Bildungsgänge und Institutionen,
- ins Regelsystem eingegliederte Bildungsgänge,
- Mischformen.

In einer Vergleichsstudie bezogen auf acht Länder (Belgien, Deutschland, Dänemark, Großbritannien, Italien, Niederlande, Schweden, USA) kommen die Autoren ebenfalls auf drei mögliche Formen der Beschulung für behinderte Kinder:

- gemeinsame Unterrichtung mit nichtbehinderten,
- besondere, zeitweilige oder dauerhafte Hilfsmaßnahmen außerhalb des gemeinsamen Unterrichts, z.B. in Spezialklassen,
- Kooperation von Regel- und Sonderschulen (vgl. Pijl/Meijer 1991, 108f.).

Eine Vielzahl unterschiedlicher Beschulungsformen ist vor diesem Hintergrund nicht nur denkbar, sondern in den Ländern divergierend entstanden. Das Spektrum reicht von der Sonderschule mit Kooperation über die Sonderklasse mit und ohne Kooperation bis hin zur Regelklasse mit Zusatz- oder Stützunterricht mit besonderen Rahmenbedingungen (z.B. reduzierte Klassenstärke) und fachkompetenter Beratung (vgl. Bürli 1997a, 71).

Gerade die Vielfältigkeit theoretischer und praktischer Ansätze im Zusammenhang mit behinderten Kindern ist in der internationalen Zusammenarbeit für alle Beteiligten Bereicherung und Herausforderung zugleich. Bei einem gemeinsamen Ziel, nämlich der Optimierung der individuellen Entwicklung sowie der sozialen Situation behinderter Menschen, ist die Auseinandersetzung mit verschiedenen sozial- und bildungspolitischen Systemen in historisch-kulturell unterschiedlichen Kontexten sinnvoll und notwendig.

Der Tendenz, auf der Basis international konsensfähiger Standards die Zusammenarbeit staatenübergreifend zu verbessern und weltweit annähernd vergleichbare Entwicklung-, Bildungs- und Lebensbedingungen für behinderte Menschen zu schaffen, wurde in den letzten 15 Jahren vielfältig Rechnung getragen.

Ein Meilenstein ist dabei die Neukonzipierung der Internationalen Klassifikation der Funktionsfähigkeit, Behinderung und Gesundheit (ICF) der WHO von 2001 (International Classification for Functioning, Disability and Health).

Sie kann als „länder- und fachübergreifende einheitliche Sprache zur Beschreibung des funktionalen Gesundheitszustandes, der Behinderung, der sozialen Beeinträchtigung und der relevanten Umgebungsfaktoren einer Person“ angesehen werden (DIMDI 2004, 1).

Wesentliche Aspekte der ICF sind – wie bereits gezeigt wurde (vgl. Abs. 2.1.3/ 2.4.1) – in die gesetzlichen und administrativen Vorgaben zahlreicher Staaten eingegangen.

2.4.3 Erziehung und Bildung von Kindern mit besonderem Bildungsbedarf

Für die Erziehung und Bildung beeinträchtigter Kinder und Jugendlicher im internationalen Vergleich stellt die Bildungspolitische Analyse der OECD von 2003 eine wesentliche Grundlage dar (in deutscher Fassung abrufbar unter: http://www.bmbf.de).

2.4.3.1 Allgemeine Überlegungen

Der OECD gehören 30 demokratische Staaten an, die eine Zusammenarbeit in ökonomischen, sozialen und Umweltfragen anstrebt bzw. praktiziert vor dem Hintergrund einer globalisierten Welt mit zahlreichen (neuen) Herausforderungen.

„The Organisation provides a setting where governments can compare policy experiences, seek answers to common problems, identify good practice and work to co-ordinate domestic and international policies" (OECD 2005, 2).

Bezogen auf den Bereich Bildung wurde 2002 innerhalb der OECD eine eigenständige Abteilung (Direction) gegründet. Dies verweist zum einen auf die zentrale Rolle, welche die OECD-Mitglieder dem Bildungswesen beimisst, zum anderen ist die Gründung einer eigenen Abteilung zum gegenwärtigen Zeitpunkt auch Ausdruck dafür,

- dass aufgrund wirtschaftlicher und gesellschaftlicher Veränderungen das Ziel lebenslangen Lernens für alle Menschen die Neudefinierung des Bildungswesens notwendig macht;
- dass nur eine enge bildungspolitische Zusammenarbeit und Verzahnung der demokratischen Staaten sowie die Verknüpfung des Bildungswesens mit anderen politischen Entwicklungen eine optimale Bildung der Menschen weltweit gewährleisten kann (vgl. OECD 2003, 1).

„Die Arbeit der OECD in den Bereichen Bildungsindikatoren, Forschung und bildungspolitische Analysen soll die Mitgliedsländer dabei unterstützen, die Wissensgrundlage in diesen und anderen zentralen Bereichen auszubauen und damit eine bessere Grundlage für die Entwicklung entsprechender politischer Ansätze und Maßnahmen zu bieten" (OECD 2003, 3).

Die vorliegende Bildungspolitische Analyse enthält 4 umfängliche Kapitel, deren erstes den schulischen Möglichkeiten von „Kindern mit besonderem Bildungsbedarf" gewidmet ist (neben Berufsberatung – Kap. 2; Hochschulpolitik – Kap. 3 und lebenslanges Lernen von Erwachsenen – Kap. 4).

Damit wird deutlich, dass in der internationalen Diskussion der Erziehung und Bildung beeinträchtigter Kinder und Jugendlicher große Bedeutung beigemessen wird, unter dem Leitgedanken „Vielfalt, Integration und Chancengleichheit", wie es in der Kapitelüberschrift heißt (vgl. OECD 2003).

Hinsichtlich der Chancengleichheit stellt Demeuse et al. (2001) vier Formen der Chancengleichheit heraus, die hier nur kurz genannt werden sollen:

1. Chancengleichheit bezogen auf den Zugang zu Bildungsressourcen bzw. -systemen;
2. Chancengleichheit bezogen auf gleichwertige Lernbedingungen;
3. Chancengleichheit bezogen auf das Erzielen gleichwertiger Bildungsergebnisse;
4. Chancengleichheit bezogen auf die (berufliche) Nutzung von Bildungsabschlüssen

(a.a.O., 248, OECD 1993).

Verbindungen sowohl zur ICF als auch zu den Ergebnissen und Kommentierungen der Pisa-Studien (2001/2005) sind evident.

Der Problematik der Vergleichbarkeit von Daten zum Bildungsangebot unterschiedlicher Staaten trägt die OECD dahingehend Rechnung, dass für die Erhebung drei länderübergreifende Kategorien

(A-C) gebildet wurden, die gewährleisten sollten, dass in der Zusammenschau alle Kinder mit Beeinträchtigungen bzw. mit besonderem Bildungsbedarf erfasst werden konnten.

In einer OECD-Studie von 2005 (S. 3) werden diese Kategorien in Übereinstimmung mit der UNESCO genauer definiert (Übersetzung M.A.V.):

- Kategorie A:
  Kinder mit medizinisch definierten Schädigungen oder Behinderungen, deren besonderer Bildungsbedarf sich wesentlich im Zusammenhang mit diesen Behinderungen ergibt (cross-national category: „A/ Disabilities");
- Kategorie B:
  Kinder mit emotionalen, Lern- oder Verhaltensschwierigkeiten, deren besonderer Bildungsbedarf sich wesentlich aufgrund von Schwierigkeiten in sozialen und unterrichtlichen Kontexten ergibt (cross-national category: „B/ Difficulties");
- Kategorie C:
  Kinder mit Benachteiligungen, welche ihnen aufgrund sozio-ökonomischer, kultureller und/ oder sprachlicher Gegebenheiten erwachsen, und deren besonderer Bildungsbedarf wesentlich in der Kompensation dieser Benachteiligungen bzw. Deprivationen besteht (cross-national category: „C/ Disadvantages").

Zusammenfassend ergeben sich so als länderübergreifende Kategorien
A – Behinderungen
B – Schwierigkeiten
C – Benachteiligungen.

Eine ähnliche Einteilung, schlug Bach (1976/1985) für die deutsche Sonderpädagogik vor. Mit Blick auf bestimmte Gruppen von Kindern, die zweifelsfrei dem Gegenstandsbereich der Sonderpädagogik zuzurechnen aber nicht im eigentlichen Sinne als behindert zu bezeichnen sind, mahnte er eine begriffliche Differenzierung an nach Ausmaß und Schweregrad der Beeinträchtigung:

- Gefährdung
- Störung
- Behinderung

(vgl. Vernooij 2005b, 97).

Unschwer ist die Übereinstimmung mit dem Kategoriensystem der OECD zu erkennen. Leider konnte sich vor 20 Jahren diese Einteilung, die eine differenziertere Betrachtung unter dem Oberbegriff der „Beeinträchtigung" ermöglicht hätte, in der Bundesrepublik Deutschland nicht durchsetzen. Das OECD-Kategoriensystem legt jetzt eine Auseinandersetzung mit diesen Differenzierungen erneut nahe.

2.4.3.2 Bildungsangebote für Schüler mit besonderem Bildungsbedarf

Hinsichtlich der Vergleichbarkeit der Daten wird in der OECD-Studie (2003, 37ff.) deutlich, dass die Kategorien A und B in den Mitgliedsstaaten weitgehend übereinstimmen.

In die Kategorie B fallen fast ausnahmslos Kinder mit Lern- und/ oder Verhaltensstörungen, d.h. Schüler im Förderschwerpunkt Lernen und Schüler im Förderschwerpunkt emotionale und soziale Entwicklung.

Unscharf und wenig übereinstimmend gestaltet sich die Zuordnung zur Kategorie C. Von der Definition her würden sowohl Kinder mit wenig förderlichem Sozialisationshintergrund als auch Kinder von Zuwanderern, Immigranten, Umsiedlern zu dieser Gruppe gehören. Die meisten Länder scheinen bei der Zuordnung allerdings den Schwerpunkt auf „sprachliche Benachteiligung" im Sinne von Fremdsprachlichkeit bezogen auf die Schulsprache zu legen.

Lediglich wenige Länder beziehen soziokulturell benachteiligte Kinder ein. Nachfolgende Tabelle führt diese Länder und die jeweilige Formulierung für Kategorie C auf, die über „Fremdsprachigkeit" hinausgehen. Von den im Anhang der OECD-Analyse aufgeführten 22 Ländern berücksichtigt knapp die Hälfte (10 Staaten) in Kategorie C auch Kinder mit sozio-kulturellen Defiziten.

Tab. 17: Zuordnung zu Kategorie C aufgrund soziokultureller Benachteiligung (vgl. OECD 2003, 37-41).

Land	Kategorie C
Belgien (fläm. Teil)	Vom Jugendgericht in Heime eingewiesene Kinder
Frankreich	Benachteiligte Kinder (aus sozialen Brennpunkten)
Irland	Kinder aus benachteiligten Wohngegenden
Luxemburg	Soziale Störungen (in Kat. B sind hier nur Kinder mit Lernschwierigkeiten)
Mexiko	Kompensatorischer Bildungsbedarf (Wohngebiet)
Niederlande	Kinder mit benachteiligtem sozialen Hintergrund
Polen	Soziale Benachteiligung, Verhaltensprobleme
Spanien	Schüler mit kompensatorischem Bildungsbedarf
Tschechische Republik	Sozial benachteiligte Kinder, Vorbereitungsklassen in der Regelschule
Ungarn	Benachteiligte/ gefährdete Kinder

Für Deutschland werden
in Kategorie B
- Lernstörungen,
- Verhaltensstörungen,
- Förderunterricht,

in Kategorie C
- Kinder von Reisenden (gemeint sind nicht-sesshafte Familien)
- Deutsch für Nicht-Muttersprachler

genannt.

Die statistischen Erhebungen zum Bildungsangebot in dem OECD-Mitgliedsstaaten beziehen sich auf Kinder und Jugendliche zwischen 6 und 16 Jahren. Für einige Mitgliedsstaaten waren keine oder nur regionale Daten verfügbar, z.B. für Belgien Daten des flämischen Teils, für Kanada Daten der Provinz New Brunswick (NB). Die Erhebungen wurden im Wesentlichen 1999 auf der Basis der vorgenannten Kategorien durchgeführt.

Tab. 18: Prozentualer Anteil von Schülern der Kategorie A, die zusätzliche Förderung während der Schulpflichtzeit erhalten (Bezugsgröße: Schülergesamtzahl des jeweiligen Landes).

Land	Schüler mit Behinderung (%)
Mexiko	0,6
Japan	1,1
Finnland	1,5
Deutschland	1,5
Schweiz	1,7
Schweden	1,8
Niederlande	1,9
Italien	2,1
Luxemburg	2,1
Spanien	2,3
Großbritannien	2,7
Kanada (NB)	3,2
Belgien (fläm.)	3,6
Tschechische Rep.	3,8
USA	4,6

■ Kinder mit **Schädigungen/Behinderungen** (Kategorie A)

Sicher ist die Spanne von 0,6 % in Mexiko und 4,6 % in den USA nicht auf eine große Varianz hinsichtlich der Anzahl behinderter Kinder zurückzuführen. Eher spiegeln sich – trotz internationalem Kategoriensystem – nationale Unterschiede in der Definition von Behinderung, in der Identifizierung bzw. Erfassung, in den Bildungssystemen sowie in nationalen Prioritätensetzungen in diesen Unterschieden wider. Betrachtet man den Lernort von behinderten Schülern im Ländervergleich, so ergibt sich folgendes Bild:

Abbildung 7 zeigt, dass die schulische Situation von Kindern mit Behinderungen im internationalen Vergleich zwischen separierter Erziehung und Bildung in speziellen Schulen und völliger schulischer Integration (Belgien/ Kanada) schwankt, wobei zwischen diesen Polen unterschiedlichste schulische Formen möglich sind. Die nachfolgende Tabelle 19 zeigt die prozentualen Anteile der unterschiedlichen schulischen Formen.

Tab. 19: Prozentualer Anteil unterschiedlicher Lernorte von behinderten Kindern im internationalen Vergleich (1999 – entnommen aus OECD 2003, 42).

Land	Spezielle Schulen	Spezielle Klassen in Regelschulen	Regelklassen
Belgien (fläm.)	96,8 %	–	3,2 %
Tschech. Rep.	89,1 %	2,6 %	8,3 %
Deutschland	83,6 %	–	16,4 %
Niederlande	82,4 %	–	17,7 %
Frankreich	70,3 %	17,2 %	12,5 %
Luxemburg	58,7 %	1,3 %	40,1 %
Schweden	57,7 %	–	42,4 %
Finnland	57,5 %	34,9 %	7,5 %
Großbritannien	35,1 %	–	64,9 %
Mexiko	32,2 %	11,8 %	56,1 %
Japan	23,2 %	56,0 %	20,8 %
Spanien	16,5 %	–	83,5 %
USA	4,3 %	22,3 %	73,4 %
Italien	1,7 %	0,2 %	98,1 %
Kanada	–	–	100,0 %

Von den 15 aufgeführten Staaten verfügen sechs über drei mögliche Bildungsformen mit unterschiedlicher Frequentierung

- Bildung in speziellen Schulen
- Bildung in speziellen Klassen in der Regelschule
- Bildung in Regelklassen.

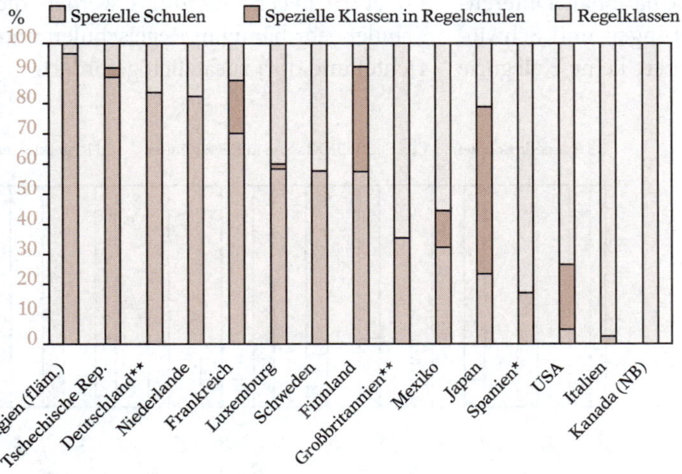

Abb. 7: Lernorte von Schülern mit Behinderungen im internationalen Vergleich (1999 – entnommen aus OECD 2003, 13).

Während Belgien (flämischer Teil) überwiegend die Bildung in speziellen Schulen praktiziert, präferiert Japan deutlich die Bildung in speziellen Klassen in der Regelschule, während Italien die Bildung in der Regelschule zu fast 100 % praktiziert. Nur in Kanada (Provinz New Brunswick) erfolgt die Bildung behinderter Kinder ausschließlich in der Regelschule.

■ Kinder mit je **spezifischen Schwierigkeiten** (Kategorie B)

Nicht alle Länder haben innerhalb ihres nationalen Bildungssystems eine Ressourcenkategorie, die der länderübergreifenden Kategorie B zugeordnet werden kann. Bei der Erhebung 1999 wurden Länderangaben zu Schülern mit Lern- und/ oder Verhaltensschwierigkeiten der Kategorie B zugeordnet.

Nachfolgende Tabelle 20 zeigt den prozentualen Anteil von Schülern, die aufgrund bestimmter (Lern-)Schwierigkeiten zusätzliche Förderung während ihrer Schulpflichtzeit erhalten. Für Italien, Japan und Polen gibt es keine nationale Differenzierung von Behinderungen und Schwierigkeiten, d.h. es existiert keine Kategorie B. In der Türkei fällt in die Kategorie B nur die Gruppe der hochbegabten Kinder.

Tab. 20: Prozentualer Anteil von Schülern der Kategorie B, die zusätzlich Förderung während der Schulpflichtzeit erhalten (1999).

Land	Schüler mit Schwierigkeiten (%)
Luxemburg	0,5
Mexiko	1,3
Frankreich	1,7
Spanien	2,0
Deutschland	2,6
Tschechische Rep.	5,3
Niederlande	6,5
USA	6,6
Kanada (NB)	8,3
Belgien (fläm.)	9,3
Großbritannien	14,1
Finnland	19,7

Verglichen mit den prozentualen Anteilen in der Kategorie A scheint die Anzahl von Schülern, die aufgrund spezifischer Schwierigkeiten in Lernen und Verhalten besondere Förderung erhalten sehr viel höher zu liegen, allerdings werden diese Schüler sehr häufig in Regelschulen unterrichtet und dort zusätzlich gefördert.

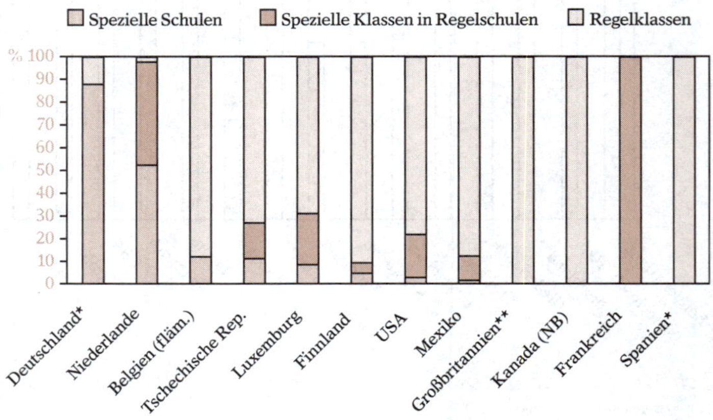

Abb. 8: Lernorte von Schülern mit bestimmten Schwierigkeiten im internationalen Vergleich (1999 – OECD 2003, 16).

Analog zu Abbildung 7 zeigt die vorstehende Abbildung 8 die möglichen Lernorte für Schüler mit (Lern- und/oder Verhaltens-)Schwierigkeiten.

Wie die Abbildung zeigt, besuchen in Deutschland diese Schüler zu 88 % spezielle Schulen (vgl. auch Abs. 3.2.3), während in den Niederlanden etwa die Hälfte der Schüler in speziellen Schulen, ca. 48 % in speziellen Klassen und ca. 2 % in Regelklassen unterrichtet und zusätzlich gefördert wird. In Frankreich besuchen alle Kinder mit Schwierigkeiten (im Lernen und Verhalten) spezielle Klassen in der Regelschule während in Großbritannien, Kanada (NB) und Spanien die Kinder in der Regelklasse verbleiben und dort zusätzliche Förderung erhalten.

In beiden Kategorien wurden von der OECD auch Daten zu geschlechtsspezifischen Unterschieden erhoben, deren Ergebnis hier nur kurz genannt werden soll. Für beide Kategorien konstatieren die Berichterstatter, dass der Anteil männlicher Schüler höher liegt als der Anteil weiblicher.

- Bei Schülern mit Behinderungen (Kat. A) ist das Verhältnis länderübergreifend etwa 60 zu 40, d.h. das Verhältnis von männlichen und weiblichen Schülern mit Behinderungen liegt bei 3 : 2.
- Bei Schülern mit (Lern- und/oder Verhaltens-)Schwierigkeiten (Kat. B) ist das Verhältnis länderübergreifend etwa 65 zu 35. Für alle Lernorte liegt der Prozentsatz von männlichen Schülern mit Schwierigkeiten zwischen 60 und 70.

Folgt man den Ausführungen der OECD hinsichtlich der Gründe für den länderübergreifend hohen Anteil von Jungen in der Gruppe von Kindern mit bestimmten Schwierigkeiten (Kat. B), so finden sich dort im Wesentlichen vier Begründungen (vgl. OECD 2003, 20f.):

- Jungen sind offenbar anfälliger für Krankheiten und Traumata, insbesondere während der frühen Entwicklungsjahre.
- Jungen gehen eher extrinsisch mit ihren Gefühlen um, d.h. sie machen durch ihr Verhalten eher auf sich aufmerksam.
- Das Schulsystem weist zum einen international eine Tendenz zur „Verweiblichung“ auf, d.h. der Anteil weiblicher Lehrkräfte ist insbesondere im Primarbereich erheblich höher als der Anteil männlicher Lehrkräfte. Zum anderen erfährt der Unterricht durch eine Schwerpunktverschiebung auf kognitives Lernen eine Reduzierung von praktischen Tätigkeiten, von den OECD-Berichterstattern als „traditionelle männliche Aktivitäten“ (2003, 20) bezeichnet. Beides könnte dazu führen, dass sich bei Jungen eher Lernschwierigkeiten entwickeln.
- Nach wie vor scheint es – laut OECD – so zu sein, dass „der Erziehung und Bildung von Jungen höhere Priorität zugemessen wird als der von Mädchen“ (OECD 2003, 21). Entspräche diese Aussage der Realität, so könnte eine mögliche Folge die frühere Feststellung besonderer Bildungsbedürfnisse bei Jungen sein, eine weitere die raschere und umfänglichere Bereitstellung von Ressourcen für Jungen mit besonderem Bildungsbedarf.

■ Kinder mit **Benachteiligungen** (Kategorie C)

Mit den bereits genannten Vorbehalten gegenüber der Kategorie C aufgrund der uneinheitlichen Zuordnung seien die wesentlichen Ergebnisse kurz vorgestellt.

Tab. 21: Prozentualer Anteil von Schülern der Kategorie C, die zusätzliche Förderung während der Schulpflichtzeit erhalten (1999 – OECD 2003, 18).

Land	Schüler mit Beeinträchtigungen (%)
Tschechische Rep.	0,1
Japan	0,2
Deutschland	0,3
Kanada (NB)	0,3
Finnland	1,0
Spanien	2,6
Belgien (fläm.)	6,3
Frankreich	11,1
Niederlande	16,5

Lediglich für acht Länder liegen prozentuale Daten bezogen auf Schüler vor, die aufgrund unterschiedlicher Gegebenheiten als benachteiligt gelten und infolgedessen zusätzliche Förderung erhalten.

Einerseits spiegeln sich hier der hohe Ausländeranteil in Frankreich und in den Niederlanden sowie die Problematik der Zweisprachigkeit in Belgien. Andererseits umfasst die Kategorie C in Belgien (fläm. Teil), Frankreich, den Niederlanden, Spanien und der Tschechischen Republik auch Kinder mit sozio-kulturellen Benachteiligungen (vgl. Tab. 17).

Für Deutschland zeigt die Tabelle, dass trotz hohen Ausländeranteils in der Bevölkerung nur außerordentlich wenige Kinder ausländischer Mitbürger zusätzliche Förderung erhalten.

Hinsichtlich der Lernorte werden Kinder der Kategorie C in der Tschechischen Republik ausschließlich in speziellen Schulen unterrichtet und gefördert, in Belgien (fläm. Teil) und Frankreich werden weniger als 1 % der Kinder in speziellen Klassen, alle anderen in Regelklassen zusätzlich gefördert. In allen anderen Ländern besuchen die Kinder die Regelschule und erhalten mehr oder weniger an spezieller Förderung.

2.4.4 Bildungsgerechtigkeit für Kinder mit besonderem Bildungsbedarf

Die vorliegende Bildungspolitische Analyse der OECD (2003) verfolgt das Ziel, auf der Basis international akzeptierter allgemein gefasster Kategorien einerseits vergleichbare Daten zu erhalten, andererseits die Mitgliedsstaaten darin zu unterstützen, „ein gerechtes Bildungsangebot für immer unterschiedlichere Schüler“ (vgl. a.a.O., 25) bereitzustellen. Gerechtigkeit kann dabei nicht heißen

- gleiche Bildungsergebnisse für alle Schüler,
- sondern bedürfnisgerechte Bildung mit den je spezifisch notwendigen Ressourcen.

Bildungsgerechtigkeit sollte als ein Prozess betrachtet werden, bei dem sicherzustellen ist, „daß besonders darauf geachtet wird, denjenigen zusätzliche Ressourcen zur Verfügung zu stellen, die diese während der Zeit der Schulausbildung benötigen“ (OECD 2003, 25).

Von der OECD werden integrative schulische Systeme präferiert. Auf der Basis zahlreicher Erfahrungen und Studien in insgesamt acht Ländern werden zehn Bedingungen herausgestellt, die einerseits bei der Entwicklung integrativer Schulen von Bedeutung sind, die andererseits auch als Voraussetzungen für eine allgemeine Verbesserung des Bildungsangebots für alle Schüler gelten können.

Diese Bedingungen werden im Folgenden genannt und nach Möglichkeit auf bundesdeutsche Verhältnisse bezogen.

- Die bei den Schülern vorhandene **Vielfalt** hinsichtlich physischer, psychischer, kognitiver, sozialer und pragmatischer Gegebenheiten **erkennen** und bei schulischen Konzepten **berücksichtigen**.
- **Überprüfungen** (Rechenschaftspflichten) und **Evaluierungen** als Ansatz zur Verbesserung der Bildungssituation. Gemeint sind hier sowohl Schulinspektionen als auch Leistungs-Ergebnis-Vergleiche nach nationalen (oder internationalen) Standards. Dabei sind nicht nur absolute Maßstäbe für Schülererfolge zu berücksichtigen sondern auch der individuelle Bildungs- und Entwicklungszuwachs eines Kindes. Vor dem Hintergrund schulischer Rahmenbedingungen kann diese „Mehrwert-Perspektive" im Zusammenhang mit Integrationsbemühungen auch zusätzliche Ressourcen, z.B. kleinere Klassen, begründen. Wobei nach einer angemessenen Zeit der Nachweise einer Verbesserung von der Schule erbracht werden muss (vgl. a.a.O., 26).
- **Qualifizierte Ausbildung** und **kontinuierliche Weiterbildung** aller im Bildungswesen Beschäftigten, insbesondere auch bezogen auf die integrative Bildung beeinträchtigter Kinder. Neben der Reflexion von Einstellungen und Rollenaspekten ist hier sicherlich die Verbesserung und Modifizierung unterrichtlicher Methoden, die Teamfähigkeit sowie die förderdiagnostische Kompetenz (für deutsche Verhältnisse) zu nennen.
- **Externe Unterstützungsdienste** für integrative Schulen/ Klassen in umfänglichem Maße. Für Deutschland heißt das: neben mobilen sonderpädagogischen Diensten sind für Schüler mit besonderem Bildungsbedarf unterschiedliche Fachkräfte (verschiedenste Therapeuten, Schulpsychologen, Sozialarbeiter, Pflegekräfte etc.) zur Verfügung zu stellen, was in vielen anderen Ländern, z.B. Kanada (NB), Italien, USA, Spanien teilweise bereits Standard ist.
- **Innerschulische Unterstützungsdienste** beziehen sich sowohl auf die schulinterne Organisation im Zusammenhang mit beeinträchtigten Schülern (z.B. Lehrer/ Schüler-Relation, Team-Sitzungszeiten, Supervisionen) als auch auf zur Schule gehörende Fachexperten (z.B. Sonderschullehrer als Mitglieder des Kollegiums einer Grundschule – vgl. auch Abs. 3.2.3).
- **Schulübergreifende Zusammenarbeit**, d.h. Kooperation unterschiedlicher Schulen miteinander, aber auch Kooperation der Schule mit anderen Institutionen (z.B. Vorschuleinrichtungen, Betrieben, Jugendamt).
- **Einbezug von Eltern** auf unterschiedlichen Ebenen (Entscheidungsebene, Schulverwaltungsebene, Weiterbildungsebene, Schulentwicklungsebene). Bei integrativer Bildung sind hier nicht nur die Eltern von Schülern mit besonderem Bildungsbedarf gemeint sondern auch die Eltern nichtbeeinträchtigter Kinder. Als günstig für eine erfolgreiche integrative Bildung hat sich vielerorts auch der Einbezug des lokalen Gemeinwesens erwiesen, insbesondere bezogen auf die berufliche Ausbildung und Eingliederung von beeinträchtigten Jugendlichen.
- **Flexibilisierung von Schulorganisation und Schulleitung**, dahingehend, dass für eine erfolgreiche integrative Bildung die ganze Schule und nicht nur einzel-

ne Lehrer verantwortlich sind. Die in Deutschland stattfindende Diskussion zur Schulprofilierung entspricht in etwa diesem internationalen Trend. Wichtig ist dabei u.a.

- dass Schulen neuen Ansätzen gegenüber offen sind;
- dass über den traditionellen Fachunterricht hinaus soziale und emotionale Aspekte der Entwicklung stärker berücksichtigt werden;
- dass alternative Bildungsangebote und alternative Bildungsstrukturen (z.B. Schüler-Tutoriate) erprobt und evaluiert werden;
- dass die Lehrerdominanz zugunsten stärkerer Schülerbeteiligung (auf unterschiedlichen Ebenen) zurückgenommen wird.

- **Lehrplanentwicklung** unter Berücksichtigung der **Schülervielfalt**, d.h. unter Berücksichtigung von Behinderungen, Schwierigkeiten und Benachteiligungen bei Schülern mit besonderem Bildungsbedarf. Auch bei Lehrplananpassungen für beeinträchtigte Schüler liegt der Schwerpunkt für alle Kinder auf einer „erfolgsorientierten Schulbildung" (vgl. OECD 2003, 32). Wesentlich im Zusammenhang mit der Lehrplanentwicklung ist die Bereitstellung von vielfältigen, variationsreichen Materialien und Medien, die das Lernen von Schülern aktivieren, unterstützen und auch differenzieren können.
- **Modifizierung der Unterrichtsorganisation im Klassenzimmer** heißt einerseits, bei integrativer Bildung mindestens eine Hilfsperson (Schulassistent, auch engagierte Eltern) in der Klasse zu haben, andererseits ein flexibles Methodenrepertoire in Anwendung zu bringen.

Diese Voraussetzungen sind aus der Sicht der OECD einerseits notwendig, um den besonderen Bildungsbedürfnissen beeinträchtigter Schüler gerecht zu werden, andererseits können sie die Bildungssituation für alle Schüler optimieren. Anzumerken bleibt am Schluss dieses internationalen Reports, dass aus der Sicht der OECD Bildung nicht nur für beeinträchtigte Kinder ein komplexer, vielschichtiger Prozess ist, der kontinuierlicher und systematischer Überprüfung und Evaluation bedarf, d.h. Schule ohne Bildungsforschung kann nur eingeschränkt effektiv sein (vgl. OECD 2003, 33).

Die Bildungspolitische Analyse von 2003 ist ein Anfang auf dem Weg zu einer internationalen bildungspolitischen Verzahnung – nicht Gleichschaltung – der durch weitere Vergleichs- und Evaluationsstudien ergänzt werden muss, um einer weltweiten optimalen Bildung für alle Kinder näher zu kommen.

„Trotz der ermutenden Ergebnisse gibt es noch sehr viel mehr zu tun. Die nationalen Datenbanken eignen sich oft nicht für ausgefeilte internationale Analysen [wie die vorgestellten Daten zeigen, M.A.V.], insbesondere wenn es um die Verknüpfung von Art und Kosten eines Bildungsangebotes einerseits, mit Kennzahlen für die Bildungserfolge von Schülern mit Behinderungen, Schwierigkeiten und Benachteiligungen andererseits geht. Die OECD arbeitet mit den Mitgliedsländern daran, entsprechende Forschungsarbeiten zu unterstützen und die Datenbasis für diesen zentralen bildungspolitischen Bereich weiter auszubauen" (OECD 2003, 34).

3 Förderung, Erziehung und Bildung beeinträchtigter oder behinderter Kinder und Jugendlicher

3.1 Die interdisziplinäre Frühförderung

Der in der Sonderpädagogik allgemein gebräuchliche Begriff der Förderung weicht insofern vom allgemeinen Sprachgebrauch ab, als hier Maßnahmen gemeint sind, die über eine regelhafte Förderung hinausgehen. Förderung allgemein bedeutet „ein unterstützendes, helfendes Einwirken auf Weiterentwicklung und Fortschritt" (VERNOOIJ 2005a, 35), welches sich sowohl auf die individuelle als auch auf die materiell-ökonomische Entwicklung ausrichten kann, z.B. Protektionen im beruflichen Feld im Sinne von Beförderung.

Pädagogisch meint Förderung die unterstützende, helfende Einwirkung auf die kindliche Entwicklung mit dem Ziel, die optimale Entfaltung der individuellen Anlagen zu forcieren. Der Förderung in diesem allgemeinpädagogischen Sinne bedürfen alle Kinder, unabhängig davon, ob sie beeinträchtigt bzw. behindert sind oder nicht. Förderung im sonderpädagogischen Sinne meint zusätzliche, besondere Maßnahmen, i.d.R. je spezifische, individualisierte Hilfen vor dem Hintergrund der jeweils diagnostizierten Beeinträchtigungen bzw. Behinderungen (vgl. VERNOOIJ 2005a, 37f.).

Es steht außer Frage, dass aufgrund von Beeinträchtigungen erschwerte Lebens-, Entwicklungs- und Lernsituationen besonderer unterstützender Maßnahmen bedürfen. Diese besonderen, je spezifischen Maßnahmen ersetzen jedoch die allgemeine Erziehung und Bildung von Kinder nicht, sie ergänzen und unterstützen beide lediglich (vgl. VERNOOIJ 2005a, 41). In Einzelfällen ermöglichen sie eine allgemeine Erziehung und Bildung durch frühestmögliche gezielte Fördermaßnahmen in unterschiedlichen Entwicklungsbereichen.

Eine bundesweit ausgebaute vorschulische Form der besonderen, individuellen Entwicklungsförderung ist die **institutionalisierte Frühförderung**. Sie sollte frühestmöglich, unter Einbezug verschiedenster Perspektiven (medizinische, psychologische, soziologische, pädagogische, therapeutische) einsetzten, um Beeinträchtigungen auszugleichen, Folgen von Behinderungen zu minimieren und trotz (je spezifisch) erschwerter Bedingungen eine annähernd altersangemessene Entwicklung zu gewährleisten bzw. ein Entwicklungsoptimum vor dem Hintergrund der Behinderung anzustreben.

Die Bezeichnung „Frühförderung“ versteht sich als „ein Hilfsangebot für Kinder im Säuglings-, Kleinkind- und Kindergartenalter, die behindert oder von Behinderung bedroht sind“ sowie für deren Eltern bzw. Personsorgeberechtigten (vgl. THURMAIR/NAGGL 2000, 13).

Frühförderung ist ein Sammelbegriff für institutionalisierte unterschiedlichste Hilfeangebote im frühen Kindesalter mit dem Ziel

- Behinderungen frühestmöglich zu erkennen,
- Entwicklungsgefährdungen zu eliminieren, zu regulieren oder auszugleichen,
- Folgebeeinträchtigungen zu verhindern oder zu minimieren (vgl. VERNOOIJ 2005a, 122f.).

Frühförderung ist damit ein sonderpädagogischer Terminus technicus, der nicht mit Früherziehung oder Frühpädagogik verwechselt werden darf.

3.1.1 Organisationsformen der Frühförderung im Rückblick

Als ein wesentlicher Impuls zur Entwicklung eines umfassenden und flächendeckenden Frühförderungssystems gelten frühe Maßnahmen zur Förderung gehörloser Kleinkinder in den 1950er Jahren. In der Pädiatrie wurde in den 1960er Jahren das Konzept der „Risikokinder“ entwickelt, mit dem Ziel, Kinder mit Behinderungen/ Beeinträchtigungen, sog. Risikokinder möglichst früh zu erfassen, um Entwicklungsverzögerungen und/ oder Fehlentwicklungen frühestmöglich entgegenzuwirken.

In den Empfehlungen des DEUTSCHEN BILDUNGSRATES (1974, 44-65) „Zur pädagogischen Förderung behinderter und von Behinderung bedrohter Kinder und Jugendlicher“ wurde erstmals der Frühförderung breiten Raum gewidmet. Ihre Realisierung wurde mittels eines längerfristigen Stufenplans angestrebt.

Diese Realisierung erfolgte über viele Jahre zweigleisig

- einerseits als medizinisches Modell,
- andererseits als sonderpädagogisches Modell.

3.1.1.1 Das Medizinische Modell

1968 entstand in München die erste medizinische Einrichtung zur Frühförderung (HELLBRÜGGE), das **Sozialpädiatrische Zentrum**. 1971 folgte in Mainz eine ähnliche Einrichtung (PECHSTEIN), welche sich **Kinderneurologisches Zentrum** nannte.

In interdisziplinärer Zusammenarbeit verschiedener Berufsgruppen und Experten sollten

- Risikokinder
- Überwachungskinder
- behinderte Kinder

mehrperspektivisch, d.h. über eine medizinische Behandlung hinaus, betreut und gefördert werden. Während bei den Risikokindern die Belastung oder Beeinträchtigung bereits unmittelbar nach der Geburt erfasst wird, treten bei Überwachungskindern die entwicklungshemmenden Auffälligkeiten, im Wesentlichen neurologischer Art, erst im Laufe der ersten beiden Lebensjahre auf oder können erst in diesem Zeitraum erfasst werden (vgl. PECHSTEIN 1975, 25). Die Einführung von regelmäßigen Vorsorgeuntersuchungen seit 1971 (U1-U7), die von den gesetzlichen Krankenkassen getragen werden, ab 1974 auch über das BSHG für Kinder, deren Eltern nicht krankenversichert sind, schafft eine realistische Möglichkeit, Auffälligkeiten, Beeinträchtigungen und Behinderungen frühzeitig zu erkennen und entsprechende Fördermaßnahmen einzuleiten.

Allerdings birgt die Freiwilligkeit der Inanspruchnahme von Vorsorgeuntersuchungen die Gefahr, dass z.B. Eltern aus unteren Sozialschichten diese Möglichkeit für ihre Kinder nicht oder nur sporadisch wahrnehmen, obwohl diese Vorsorgeuntersuchungen von jedem Kinderarzt durchgeführt werden können.

Pechstein schlägt als personelles Grundteam für Sozialpädiatrische Zentren vor,

- einen neuropsychiatrisch erfahrenen Kinderarzt,
- einen Kleinkindpsychologen,
- einen Physiotherapeuten,
- einen Logopäden,
- einen heilpädagogischen Experten

fest einzustellen.

Gegebenenfalls kann das Grundteam erweitert werden durch

- einen Sozialarbeiter,
- einen Sonderpädagogen,

die als freie Mitarbeiter stundenweise einbezogen werden (vgl. Pechstein 1975, 59, auch Vernooij 2005a, 125f.). Hierbei ist anzumerken, dass die Heilpädagogenausbildung wesentlich auf den Vorschulbereich ausgerichtet ist, während der Sonderpädagoge i.d.R. ein Studium zum Sonderschullehrer absolviert hat.

Bereits in den ersten Jahren zeigte sich, z.B. im SPZ in Mainz, dass aufgrund der hohen Kinderzahlen (ca. 800 ambulante Neuaufnahmen pro Jahr) das o.g. Grundteam verfünffacht werden musste, um den Aufgaben angemessen gerecht werden zu können.

Zu diesen Aufgaben gehören:

- Eine **umfängliche Diagnostik**, insbesondere im neurologischen und psychologischen Bereich, wobei eine allgemeine organisch medizinische Diagnostik Voraussetzung ist.
- Die **Anbahnung** je spezifischer **Behandlungs- und Therapiemaßnahmen**, zum einen medizinischer Art (operative, medikamentöse, diätische), zum anderen im Sinne von Lern- und Entwicklungstherapie (z.B. Krankengymnastik, Logopädie, Spieltherapie).
- Sozialpädagogische Betreuung (z.B. in sozialen Brennpunkten).
- Die **spezielle Schulung** (Fort- und Weiterbildung) von Kinderärzten, Sozialarbeitern Erziehern vor Ort.

Die ersten Einrichtungen dieser Art (München/ Mainz) stellten Modelleinrichtungen dar mit einem entsprechend großen Einzugsbereich. Aus der ganzen BRD kamen Eltern, meistens Mütter, mit ihrem Kind für einige Tage, maximal eine Woche, stationär in das SPZ, wo eine gründliche, alle Bereiche umfassende Untersuchung vorgenommen wurde. Aufgrund der personellen Gegebenheiten konnten unterschiedliche Bereiche von entsprechenden Experten untersucht und ohne organisatorische und kommunikative Probleme eine Gesamtdiagnose erstellt werden. Da das SPZ als medizinische Einrichtung unter der Leitung eines medizinischen Direktors stand, wurden die Kosten problemlos von den gesetzlichen

Krankenkassen übernommen.

Als Nachteile des SPZ können gelten:

1. Anreise und Verweildauer sind mit erheblichen zeitlichen und finanziellen Aufwendungen verbunden, da häufig eine weite Anreise und eine mehrtägige Unterkunft für Begleitpersonen notwendig wurden.
2. Folgebehandlungen können in der Mehrzahl der Fälle nur delegiert werden (Wohnortnähe).
3. Eine umfassende Diagnose, bei Untersuchungen über mehrere Tage in fremder Umgebung, ist für die betroffenen Säuglinge und Kleinkinder außerordentlich anstrengend und überfordernd.
4. Die Frühförderung in einem SPZ bringt bei der Einschulung Probleme mit sich, da die dann zuständigen Sonderpädagogen an der vorschulische Förderung gar nicht oder nur marginal beteiligt waren.

Auf die kontroverse Diskussion in den 1970er Jahren Mediziner/Sonderpädagogen in Zusammenhang mit der Frühförderung kann hier nicht näher eingegangen werden (siehe Vernooij 2005a, 127). Sie führte allerdings zu einem Alternativ-Konzept in der institutionalisierten Frühförderung, welches nicht primär medizinisch ausgerichtet war.

3.1.1.2 Das Sonderpädagogische Modell

Das Alternativmodell setzte u.a. an den o.g. Kritikpunkten an und basiert auf einem Konzept von Speck (1974, 44ff.) „Früherkennung und Frühförderung behinderter Kinder", welches der Deutsche Bildungsrat 1973 beraten und 1974 veröffentlicht hat.

Diese Einrichtungen, zunächst „Frühpädagogische Stationen" genannt, sollten wohnortnah möglichst flächendeckend aufgebaut werden. Die Aufgaben entsprechen weitgehend denen des SPZ:

- Früherkennung und Diagnostik
- Beratung und Anleitung von Eltern
- Spezifische Frühfördermaßnahmen

Das Spezifikum des Sonderpädagogischen Modells war die „Hausfrühförderung", bei der sonderpädagogische Experten in die Familie kamen um einerseits Frühfördermaßnahmen beim Kind durchzuführen, andererseits Eltern (im wesentlichen Mütter) zu beraten und anzuleiten, die notwendige Förderung ihrer Kinder zu unterstützen bzw. selbst durchzuführen. In sozialen Brennpunkten wurden zusätzliche Eltern-/Kind-Gruppen eingerichtet, um Lern- und Verhaltensstörungen bei den Kindern zu verhindern oder zumindest zu minimieren.

Der Grundgedanke der Prävention (Primäre Prävention = Verhinderung von Störungen, Auffälligkeiten) wird hier in besonderem Maße deutlich, wiewohl der Angebotscharakter, d.h. die Freiwilligkeit der Teilnahme bedingt, dass ein Großteil bedürftiger Kinder aus unteren Sozialschichten nicht erfasst werden konnte. Eine enge Zusammenarbeit mit Kinderärzten, zur Erstellung einer medizinischen Diagnose, war auch im sonderpädagogischen Modell unabdingbar. Ebenso war die Mitarbeit von psychologischen, therapeutischen und sozialpädagogischen Experten vorgesehen. Im Gegensatz zum SPZ mit Chefarztsystem oblag die Leitung der Frühpädagogischen Stationen einem Sonderpädagogen, was für die Kostenübernahme nicht unproblematisch war, zumindest in den ersten Jahren.

3.1.2 Das Frühfördersystem im 21. Jahrhundert

Nach Angaben des BMAS (2001) ist heute der Auf- und Ausbau der institutionalisierten Frühförderung nahezu flächendeckend erfolgt. Die Dichte des Frühfördernetzes ist zwar in den Bundesländern unterschiedliche; die Frühförderung behinderter und von Behinderung bedrohter Kinder ist jedoch überall in Deutschland ohne größere Probleme gewährleistet.

Dabei bestehen Sozialpädiatrische Zentren und (Sonder-)Pädagogische Frühförderstellen nebeneinander bzw. in intensiver Vernetzung. In fast allen Bundesländern gibt es – je nach Fläche – mehrere Sozialpädiatrische Zentren, teilweise mit Außenstellen in verschiedenen Kinderkliniken und flächendeckend Frühförderstellen. So hat z.B. Bayern als Flächenstaat zwölf Sozialpädiatrische Zentren und 149 Frühförderstellen, während der Stadtstaat Bremen ein Sozialpädiatrisches Zentrum und vier Frühförderstellen aufweist (vgl. BMAS 2001, 10ff.; Vernooij 2005a, 130ff.).

Sozialpädiatrische Zentren und Frühförderstellen arbeiten mehr oder weniger eng zusammen, vom reinen Informationsaustausch über Förderabsprachen bis hin zu regelmäßigen Teamkonferenzen. Die Intensität der Zusammenarbeit ist sowohl abhängig von den räumlichen Entfernungen als auch von der personellen Besetzung der jeweiligen Einrichtungen.

Betrachtet man die vielfältigen Organisationsformen der Frühförderung heute, so lassen sich grob etwa fünf unterscheiden, je nach Bundsland und Trägerorganisation (vgl. BMAS 2001, 10ff.)

1. **Frühförderstellen im ursprünglichen Sinne**, die sowohl ambulant als auch mobil (Hausfrühförderung) arbeiten.
2. **Frühförderstellen**, die an Kindergärten, Kindertagesstätten oder (Sonder-) Schulen **ausgegliedert** sind (häufig z.B. in den neuen Bundesländern).
3. **Frühförderstellen**, mit **behinderungsspezifischer Ausrichtung** (regional und überregional), z.B. mit Spezialisierung auf Sinnesbeeinträchtigungen oder auf Autismus.
4. **Frühförderangebote** im Rahmen kinder- und jugendpsychiatrischer Einrichtungen.
5. **Sozialpädiatrische Zentren**, teilweise mit Neben- und Außenstellen in anderen (Kinder-) Kliniken (vgl. Vernooij 2005a, 133).

Der überwiegende Teil der Frühförderstellen ist in freier Trägerschaft (z.B. Lebenshilfe, AWO, Diakonie, Caritas).

3.1.3 Ziele und Aufgaben der Frühförderung

Nach Thurmair/Naggl (2000) lässt sich zwischen kindbezogenen und elternbezogenen **Zielen** unterscheiden.

- Als **kindbezogenes Ziel** kann die allgemeine Entwicklungsförderung eines Kindes durch unterschiedliche, beeinträchtigungsbezogene Fördermaßnahmen, sowie die Unterstützung bzw. Förderung der Integration in seine Lebenswelt angesehen werden.
- **Elternbezogene Ziele** beinhalten zum einen die Erweiterung der Erziehungskompetenzen von Eltern, zum anderen sind sie auf die Beratung und Unterstüt-

zung von Eltern im Zusammenhang mit der je spezifischen Situation ausgerichtet, z.B. als beratende Begleitung (vgl. THURMAIR/NAGGL 2000, 21ff.).

Problematisch ist die Situation bezogen auf Kinder ohne wahrnehmbares Impairment (vgl. Abs. 2.1.3).

BACH ([15]1976, 1985, 1993) schlägt eine begriffliche Differenzierung vor, die in der deutschen Sonderpädagogik wenig Beachtung fand, die aus meiner Sicht jedoch von weitreichender Bedeutung ist, nicht nur bezogen auf die Frühförderung. Im Zusammenhang mit neueren internationalen Klassifikationsversuchen (vgl. Kap. 2.1.3) wird die Bedeutung einer Differenzierung nach dem Schweregrad einer Beeinträchtigung erneut in die Diskussion gebracht.

Ausgehend vom Oberbegriff der Beeinträchtigung differenziert er drei Ausprägungsgrade:

- Gefährdung,
- Störung,
- Behinderung.

In der Frühförderung finden sich wesentlich Kinder mit Störungen (z.B. neurologischer Art) und mit Behinderungen in unterschiedlichen Bereichen. Kinder mit Entwicklungs-Gefährdungen, d.h. Kinder, die als potentiell Lern- oder Verhaltensauffällig gelten können, z.B. aufgrund deprivierender Sozialisationsbedingungen, werden selten früh erfasst. Zum einen, weil Eltern und Erzieher die Notwendigkeit nicht sehen, zum anderen, weil infolge mangelnder medizinischer Indikation die Kostenübernahme für Fördermaßnahmen problematisch ist (vgl. VERNOOIJ 2005a, 137f.). Sowohl eine allgemeine Entwicklungsförderung als auch eine Beratung und Unterstützung der Eltern wäre bei diesen Kindern notwendig und erfolgversprechend, bezogen auf die Ermöglichung von Chancengleichheit bzw. auf die Verhinderung von Sonderschulkarrieren.

Eine Kostenübernahme der Frühförderung wäre für diese Kinder über das KJHG (§§22-24) bzw. über das SGB IX (§26 Abs. 3) möglich. Hierbei bedarf es besonderer Anträge, die für Eltern oft schwierig, bei Vorschul-Erziehern häufig nicht bekannt sind.

Als wesentliche **Aufgaben** der Frühförderung lassen sich vier herausstellen:

- Früherkennung
- Früherfassung
- Frühdiagnostik
- Frühförderung/ Frühbehandlung/ Frühtherapie (vgl. HEESE 1978; WAGNER-STOLP 1999; SOHNS 2000; THURMAIR/NAGGL 2000).

Als wichtige Maßnahme der Früherkennung kann die bereits erwähnte Einführung der Vorsorgeuntersuchungen angesehen werden. Inzwischen sind es statt sieben neun Untersuchungen, ergänzt durch eine zehnte zwischen dem 10.-13. Lebensjahr.

Die nachfolgende Tabelle 22 zeigt die zeitliche Abfolge der Vorsorgeuntersuchungen im frühen Kindesalter, d.h. im Vorschulalter:

Ab der 3. Vorsorgeuntersuchung wird i.d.R. der Kinderarzt konsultiert. Bei Kindern mit angeborenen bzw. bei der Geburt festgestellten Behinderungen oder organischen Störungen finden die Folgeuntersuchungen häufig in der Geburts- oder Kinderklinik statt.

Sowohl die Gesamtverfassung/ Gesamtentwicklung als auch spezifische Funktionen (insbesondere der Sinnesorgane) sollten bei den Vorsorgeuntersuchungen

Tab. 22: Vorsorgeuntersuchungen in zeitlicher Abfolge.

Untersuchung	Lebensalter	Ort
U 1	Neugeborenenuntersuchung	Geburtsklinik
U 2	3. – 10. Lebenstag	Geburtsklinik
U 3	4. – 6. Lebenswoche	Kinderarzt/ Klinik
U 4	3. – 6. Lebensmonat	Kinderarzt
U 5	6. – 7. Lebensmonat	Kinderarzt
U 6	10. – 12. Lebensmonat	Kinderarzt
U 7	21. – 24. Lebensmonat/ 2. Lebensjahr	Kinderarzt
U 8	Ende 4. Lebensjahr	Kinderarzt
U 9	Ende 5. Lebensjahr	Kinder-/Hausarzt
U 10	10. – 13. Lebensjahr	Hausarzt

erfasst werden. Außerdem sollten Ernährungs- und Hygieneaspekte berücksichtigt werden.

Da die Inanspruchnahme der Vorsorgeuntersuchungen – wie bereits erwähnt – in Deutschland auf Freiwilligkeit beruht, d.h. die Vorsorgeuntersuchungen als **Angebot**, nicht als Verpflichtung zu verstehen sind, nimmt die Inanspruchnahme kontinuierlich, ab U 3, ab. Insbesondere ab U 7 lässt die Beteiligung deutlich nach. Nach Klein (2002, 58) werden ca. 10 % der 3-4-Jährigen, 28-30 % der 5-Jährigen nicht mehr untersucht.

Aus der relativ hohen Inanspruchnahme der Vorsorgeuntersuchungen bis zum Ende des 1. Lebensjahres (bis U 6), die bei ca. 95 % liegt (Sozialministerium Baden-Württemberg 1998, Stand 1996), lässt sich allerdings nicht folgern, dass bei festgestellter Störung oder Entwicklungsverzögerung, oder bei prognostizierter Gefährdung Frühfördermaßnahmen in Anspruch genommen werden, da auch diese als Angebot, d.h. auf freiwilliger Basis, zu verstehen sind. **Selbst Kinder mit klar diagnostizierter Behinderung müssen nicht an Frühfördermaßnahmen teilnehmen**, d.h. die Inanspruchnahme ist in das Ermessen der Eltern (der Personensorgeberechtigten) gestellt.

Im Gegensatz zur ehemaligen DDR, die über ein gut funktionierendes Frühfördersystem verfügte (vgl. Koch 1999, 205f.) gibt es im vereinigten Deutschland weder eine Meldepflicht der Kinderärzte, noch finanzielle Anreize für Eltern, Frühförderinstitutionen aufzusuchen. Insofern ist die Früherkennung und Früherfassung eines Teils der Kinder, insbesondere derjenigen Kinder mit milieubedingten Entwicklungsgefährdungen, in Deutschland nicht gewährleistet.

Nur diejenigen Kinder, die in Frühförderinstitutionen (SPZ oder FS) vorgestellt werden, können mit Hilfe einer umfassenden Frühdiagnostik im Sinne einer Feststellungsdiagnostik und im weiteren Verlauf mit Hilfe einer Entwicklungs- oder Begleitdiagnostik – beides auf interdisziplinärer Basis – spezifisch behandelt gefördert bzw. therapiert werden.

Für die **Frühdiagnose** bilden sowohl medizinische als auch psychologische Untersuchungsergebnisse wichtige Bestandteile, die durch (sonder-)pädagogische Ergebnisse und Aspekte ergänzt werden.

Wesentlich im Blick sind dabei Entwicklungsprozesse in allen Bereichen frühkindlichen Wachsens und Lernens (körperlich, geistig, seelisch). „Vorwiegend geht es dabei um die Feststellung eines momentanen Zustandes in unterschiedlichen Bereichen" (Vernooij 2005a, 147), wobei als jeweilige Bezugsgröße der durchschnittliche Entwicklungsstand der Altersgruppe gilt.

Mit Hilfe unterschiedlicher (psychologischer) Diagnoseverfahren können

- die **allgemeine** Entwicklung,
- die **kognitive** Entwicklung,
- die **motorische** Entwicklung,
- die **sensomotorische** Entwicklung,
- die **sprachliche** Entwicklung und
- die **psycho-soziale** Entwicklung

im Einzelnen untersucht werden, wobei ein Teil der Verfahren erst ab dem Alter von 2-3 Jahren, andere erst ab 4 Jahren einsetzbar sind (Verfahren vgl. VERNOOIJ 2005a, 148f.).

Neben dem medizinischen Befund sind Informationen

- zur Grob- und Feinmotorik,
- zur Wahrnehmungsfähigkeit (z.B. visuell, auditiv),
- zum Denken bzw. zur geistigen Wachheit und Aktivität,
- zum Sprach- bzw. Sprechvermögen,
- zu sozio-emotionalen Strukturen und Mustern

von entscheidender Bedeutung, um – im Bedarfsfall – individuelle Behandlungs- und/ oder Förderpläne entwickeln zu können. Dass zur Abrundung des Gesamtbildes frühzeitig auch Gespräche mit den Eltern geführt werden müssen, versteht sich von selbst. Nur sie können Auskunft geben

- über anamnestische Fakten,
- über die Familiensituation,
- über das Alltagsverhalten des Kindes.

Häufig haben bestimmte Beobachtungen oder Sorgen der Mütter im Zusammenhang mit der Entwicklung ihres Kindes Schlüsselfunktion bezogen auf die Richtung der Untersuchungen.

Besondere Sensibilität erfordert das Gespräch mit den Eltern am Ende des Diagnoseprozesses dann, wenn die Enddiagnose bezogen auf die kindlichen Beeinträchtigungen gravierender ist als vorher angenommen (vgl. SOHNS 2000; HINZE 1992; EULITZ-GEBHARDT 1996; VERNOOIJ 1998; 2005a; LENHARD u.a. 2005; auch Kap.15).

Wichtig ist es, die Mitteilung der Diagnose zu verbinden mit differenzierten, sachlichen Informationen einerseits, und mit konkreten Vorschlägen für das weitere Vorgehen andererseits. Beispielsweise können individuell für das Kind entwickelte Förderkonzepte die psychische Belastung der Eltern dahingehend auffangen bzw. reduzieren, dass die Hoffnung und die Zuversicht in ihnen zum Ausdruck kommen, die Situation des Kindes, seine Entwicklung noch beeinflussen, zumindest aber konstruktiv handhaben zu können (vgl. VERNOOIJ 2005a, 150f.).

3.1.4 Frühförderung konkret

Bei den Förderkonzepten im Rahmen der Frühförderung von Kindern mit mehr oder wenig ausgeprägter Beeinträchtigung stehen jeweils vier Zielfunktionen im Vordergrund (vgl. VERNOOIJ 1987, 2003, 2005a, 2006):

- die **Unterstützung** der allgemeinen Entwicklung in ganzheitlicher Weise;
- die **Verhütung** von Fehlentwicklungen, Beeinträchtigungen, Auffälligkeiten so weit möglich;
- die **Regulierung** oder Korrektur fehlgelaufener Entwicklungsprozesse;
- der **Ausgleich** von vorhandenen Defiziten durch die Förderung in anderen Entwicklungsbereichen.

Ob die Maßnahmen ambulant oder in der häuslichen Umgebung des Kindes erfolgen, richtet sich nach den Gegebenheiten in der Familie und nach den vor Ort vorhandenen Organisationsformen der Frühförderung.

Bedeutsam bei der Konzeptentwicklung und -realisierung ist die interdisziplinäre **Zusammenarbeit** von Experten verschiedener Berufsgruppen. Das heißt, Mediziner, Psychologen, Sonderpädagogen, spezifische Therapeuten (z.B. Physiotherapeuten, Logo- und/ oder Motopädagogen) sollten **nicht nebeneinander** sondern im Austausch **miteinander** tätig werden.

Für die regelmäßige Förderung im o.g. Sinne ist allerdings auch die Mitarbeit der Eltern unverzichtbar. Im Laufe der Entwicklung der Frühfördersysteme hat sich die Rolle der Eltern bezogen auf die Zusammenarbeit deutlich verändert.

Drei Modelle lassen sich im Laufe der Zeit auffinden (vgl. Speck 1989, 15f.):

- Das **Laienmodell**, bei dem die Eltern als „Laien" Informationen und Handlungsvorschläge von den „Fachexperten" erhalten.
- Das **Kotherapeutenmodell**, bei dem die Eltern (i.d.R. die Mütter) Handlungsanweisungen zur Unterstützung und Fortführung bestimmter Fördermaßnahmen erhalten.
- Das **Kooperationsmodell**, welches eine gleichberechtigte Zusammenarbeit anstrebt, bei der die Eltern als „Experten" für die Entwicklung ihres Kindes gesehen werden (vgl. Schlack 1989, 17).

Während in den beiden erstgenannten Modellen eine klar-hierarchisch strukturierte Situation entsteht, bilden die Eltern/ Mütter im Kooperationsmodell gleichberechtigte Mitglieder eines Teams, welches seine Überlegungen und Handlungen an den Entwicklungsbedürfnissen und -möglichkeiten des Kindes orientiert.

„Es wird **mit** dem Kind und seinen Eltern gearbeitet, nicht **an** ihnen" (Vernooij 2005a, 159).

Gegenwärtig finden weder das Laien- noch das Kotherapeutenmodell in der Praxis noch Anwendung, zumal auch die eher technokratisch-funktionsorientierte Herangehensweise einer eher ganzheitlich-integrativen Form der Förderung gewichen ist.

3.1.5 Rechtliche Aspekte der Frühförderung

Wie bereits eingangs verdeutlicht, war zu Beginn der Entwicklung von Frühförderstellen der Leistungs- und Finanzierungsrahmen nicht ganz eindeutig. Hier sind inzwischen rechtlich klare Regelungen getroffen worden, die nicht nur medizinische Maßnahmen berücksichtigen.

Drei Gesetzeswerke stecken den Bildungs- und Finanzierungsrahmen für die Frühförderung ab und legen die Kostenträger fest.

1. Das **fünfte Sozialgesetzbuch** (SGB V) regelt den Aufgaben- und Leistungsbereich der gesetzlichen Krankenversicherungen.

   Alle ärztlichen Maßnahmen in der Frühförderung, auch ärztlich verordnete oder delegierte, werden von den gesetzlichen **Krankenkassen** übernommen.
2. Während das BSHG (Fassung v. 1994) die Kostenübernahme im Rahmen der „Eingliederungshilfe für Behinderte"

regelte (§§ 39/40), werden seit dem 19. Juni 2001 Maßnahmen zur „Rehabilitation und Teilhabe“ über das SGB IX abgerechnet. Sehr deutlich werden in Teil I pädagogische und psychologische Hilfen als „Leistungen zur (medizinischen) Rehabilitation“ genannt (§ 26). In Kap. 7 (SGB IX) „Leistungen zur Teilhabe am Leben in der Gemeinschaft“ werden in § 56 „Heilpädagogische Leistungen“ erwähnt, allerdings in Zusammenhang mit „schwerstbehinderten und schwerstmehrfachbehinderten Kindern“. Seit dem 24. Juni 2003 ist eine eigene „Frühförderverordnung (FrühV)“ in Kraft, die sich in § 6 darauf bezieht, indem „Heilpädagogische Leistungen“ als Maßnahmen genannt werden, „die die Entwicklung des Kindes und die Entfaltung der Persönlichkeit mit pädagogischen Mitteln anregen…“ (vgl. SGB IX, FrühV, § 6).

Bei Maßnahmen der Rehabilitation und Maßnahmen zur Förderung der Teilhabe von behinderten Menschen, werden auf o.g. Grundlage die Kosten vom **Sozialleistungsträger** (Sozialamt) übernommen.

3. Hilfen für sozial-benachteiligte, entwicklungsgestörte oder -gefährdete Kinder fallen unter bestimmten Bedingungen in den Zuständigkeitsbereich der **Jugendhilfe**. Die Gesetzliche Grundlage ist hier das **Kinder- und Jugendlichenhilfegesetz** (Fassung von 1996) welches in §35a auf die Eingliederungshilfe Bezug nimmt und notwendige „Hilfen zur Erziehung“ in entsprechende Einrichtungen und Dienste verweist, zu denen auch die Sonderpädagogische Frühförderung als Institution gehört.

Aufgrund der Kulturhoheit der Bundesländer gestaltet sich die Zuordnung der Sonderpädagogischen Frühförderung in Deutschland nicht einheitlich.

Festzuhalten ist aber, dass – je nach gesetzlicher Grundlage bzw. Zuständigkeit – die Kostenübernahme erfolgen kann

- durch die gesetzliche Krankenversicherung (SGB V),
- durch das Sozialamt (SGB IX),
- durch das Jugendamt (SGB VIII).

3.2 Schulische Erziehung und Bildung im Kontext von Behinderung

Ein wesentlicher Meilenstein auf dem Weg zu einer flexibleren Erziehung und Bildung von Kindern mit Behinderungen bzw. Beeinträchtigungen sind die „Empfehlungen der Kultusministerkonferenz zur sonderpädagogischen Förderung in den Schulen der BRD“ von 1994 (Beschluss vom 5./6. Mai 1994).

Der Titel macht bereits deutlich:

- Im Blickfeld sind nicht nur **Sonderschulen** sondern alle Schulen.
- Dabei geht es jedoch um den sonderpädagogischen Anteil schulischer Bildung bei Kindern und Jugendlichen mit Behinderungen/ Beeinträchtigungen an unterschiedlichen Lernorten.

In den Empfehlungen wird die schulische Erziehung und Bildung beeinträchtigter Kinder, auf der Basis veränderter Einstellung zu und veränderter Sichtweisen von Behinderung und Beeinträchtigung mehrperspektivisch betrachtet.

Konkret bedeutet dies eine **Pluralisierung** der Bildungsmöglichkeiten für behinderte Kinder und Jugendliche. Der Zusammenhang von Behinderungsart und (Sonder-) Schultyp wird weitgehend aufgehoben zugunsten einer flexibleren, an den individuellen Möglichkeiten und Bedürfnissen des Kindes orientierten Lernortbestimmung.

Dabei spielt die seit den 1980er Jahren in der Praxis erprobte und zunehmend erweiterte Möglichkeit der gemeinsamen Unterrichtung von behinderten und nicht behinderten Kindern eine wesentliche Rolle. Zumal auch international die Tendenz zu „Inklusion" deutlich an Realisierung gewonnen hat, anstelle einer separierten Erziehung und Bildung beeinträchtigter Kinder und Jugendlicher (vgl. Kap. 3.2.3).

Die in den KMK-Empfehlungen genannten vier Möglichkeiten schulischer Bildung repräsentieren unterschiedliche Grade gemeinsamer (integrierter) bzw. separierter schulischer Bildung

- **Gemeinsamer Unterricht** in der Regelschule (Integration-/integrative Klassen).
- **Kooperative schulische Strukturen**, d.h. Sonder- und Regelschule kooperieren so miteinander, dass behinderte und nicht behinderte Schüler in bestimmten Fächern und bei bestimmten Aktivitäten miteinander Lernen und agieren.
- Unterricht in **Sonderpädagogischen Förderzentren**, die in einigen Bundesländern so aufgebaut sind, dass bezogen auf den Primarbereich (Klasse 1-4) Sonder- und Regelklassen dort gemeinsam untergebracht bzw. im Satellitensystem miteinander vernetzt sind. Die Kooperation von Sonderpädagogen verschiedener Spezialisierung (z.B. Förderschwerpunkte Lernen, Verhalten, Sprache) mit Grundschullehrern ist hier besonders eng.
- Unterricht in der **Sonderschule**.

Diese vier Formen bestehen gegenwärtig mehr oder weniger ausgebaut in den Bundesländern nebeneinander.

Die Zuweisung zu einer Bildungseinrichtung orientiert sich zum einen am Ausmaß des Förderbedarfs eines Kindes, zum anderen an den personellen und sächlichen Gegebenheiten der in Frage kommenden Schulen, in denen dem kindlichen Förderbedarf entsprochen werden muss (vgl. KMK-Empfehlungen von 1994, in: DRAVE/RUMPLER/WACHTEL 2000, 27ff.).

Nach 1994 erschienen in unsystematischer Folge zwischen 1996 und 2000 Ergänzungsempfehlungen zu jeder Behinderungsart, in den Empfehlungen „Förderschwerpunkte" genannt, bei denen die schulische Bildung im Kontext spezifischer Beeinträchtigungen im Zentrum der Betrachtung steht.

Eine wesentliche Veränderung stellt dabei u.a. die Begrifflichkeit dar.

Mit der Bezeichnung **„Förderschwerpunkt" statt Behinderungsart** (z.B. Körperbehinderung → Förderschwerpunkt körperliche und motorische Entwicklung; Lernbehinderung → Förderschwerpunkt Lernen) geht auch sprachlich eine Entwicklung von der **Sonderschulbedürftigkeit** zum **besonderen pädagogischen Förderbedarf** einher, durch den eine Förderschwerpunkt je spezifisch gekennzeichnet ist.

Mit einem kurzen Blick auf die historische Entwicklung der Sonderpädagogik sollen im Folgenden die wesentlichen Veränderungen am Beispiel des Förderschwerpunktes Lernen verdeutlicht werden, da

Schüler mit Lernbeeinträchtigungen/ Lernbehinderungen die zahlenmäßig größte Gruppe von Kindern mit besonderem Förderbedarf darstellen (vgl. Kap. 10).

3.2.1 Die KMK-Empfehlungen von 1994 im historischen Kontext

Die ersten 20 Jahre nach dem 2. Weltkrieg, d.h. von ca. 1947-1965, waren in der BRD im Bereich der Sonderpädagogik dem Auf- und Ausbau unterschiedlicher Sonderschularten gewidmet (vgl. Kap.1). Die vielfältigen Aktivitäten zielten im Wesentlichen auf eine Optimierung der schulischen Förderung behinderter und von Behinderung bedrohte Kinder. Ausgehend von der Tatsache, dass beeinträchtigte Kinder, Kinder mit körperlicher, geistiger, psycho-emotionaler oder soziokultureller Behinderung und/ oder Benachteiligung in ihrer Entwicklung und in ihrem Lernen besonderer Förderung bedürfen, entstand ein außerordentlich differenziertes Sonderschulsystem, welches in Europa und auch außerhalb Europas einmalig war.

Es kann auch heute kein Zweifel daran bestehen, dass die individuelle, je spezifische Lebens- und Lernsituation beeinträchtigter Kinder zu teilweise erheblich erschwerten Bedingungen im Zusammenhang mit ihrer Entwicklung und ihrem Lernen führt. Die Kinder können zu einem großen Teil nur mit spezifischen Hilfen bzw. unter veränderten Rahmenbedingungen geistig lernen und wachsen.

Diesen erschwerten Bedingungen in vielfältig variabler Weise Rechnung zu tragen, ist **eine** wesentliche Aufgabe der Sonderpädagogik. Der Erfüllung dieser Aufgabe waren die engagierten Aktivitäten sonderpädagogischer Fachvertreter zwischen 1947 und 1970 im Wesentlichen gewidmet. Dabei wurde einerseits davon ausgegangen, dass ein Lernen in möglichst homogenen Gruppen für alle Kinder sehr effizient sei. Andererseits konnte die Regelschule notwendige Rahmenbedingungen für die Unterrichtung behinderter und beeinträchtigter Kinder nicht erfüllen. Zum dritten ging man von der Notwendigkeit spezieller sonderpädagogischer Qualifikationen für diejenigen Lehrer aus, die in der Erziehung und Bildung behinderter und von Behinderung bedrohter Kinder tätig sein sollten.

3.2.1.1 Sonderschulbedürftigkeit

- Die angenommene **Notwendigkeit homogener Lerngruppen**,
- das **Nichtvorhandensein behinderungsspezifischer Rahmenbedingungen** in der Regelschule,
- die **Notwendigkeit spezifisch qualifizierter Lehrer**

führten zu einer separierten Betrachtung und einer spezifizierten Beschreibung von behinderten und beeinträchtigten Kindern, differenziert nach Art der Behinderung bzw. der Beeinträchtigung. Als sonderschulbedürftig galten alle Kinder, die aufgrund einer Behinderung oder einer Störung (z.B. Lern- und/oder Verhaltensstörungen) in ihren Entwicklungs- und Lernmöglichkeiten so beeinträchtig sind, dass sie im Unterricht der Regelschule nicht angemessen gefördert werden konnten, oder – etwas schärfer ausgedrückt – alle Kinder, die den reibungslosen Ablauf des Regelschulunterrichts behinderten.

Bei Mehrfachbehinderung war **der** Sonderschultyp zu wählen, der der Primärbehinderung eines Kindes am besten gerecht werden konnte.

Obwohl die Möglichkeit der (Rück-) Überweisung in die Regelschule in einigen Sonderschultypen vorgesehen oder zumindest eine diesbezüglich regelmäßige Überprüfung empfohlen war (z.B. Schule für Erziehungshilfe/ Schule für Lernbehinderte, heute: Schule zur Lernförderung) blieb die Anzahl rückgeschulter beeinträchtigter Kinder gering.

In der ENZYKLOPÄDIE DER SONDERPÄDAGOGIK, der Heilpädagogik und ihrer Nachbargebiete von 1992 findet sich unter dem Stichwort „Sonderschulen, Verweildauer“ folgender Eintrag: „Die meisten Sonderschüler verweilen bis zum Ende ihrer Schulpflichtzeit in der Sonderschule; Rückschulungen in die allgemeine Schule sind statistisch gesehen die Ausnahme“ (SANDER 1992, in: DUPUIS/KERKHOFF, 596).

Ein Verweis auf das Stichwort „Regelschule, Rückführung von Sonderschülern“ führt zu der Erklärung: „Die Schulen für Sprachbehinderte, für Verhaltensgestörte und für Kranke führen den Großteil ihrer Schüler in die Regelschule zurück. Sie sind >Durchgangsschulen<“ (a.a.O. 1992, 522). Im Zusammenhang mit Verhaltensgestörten Schülern war diese Aussage 1992 (und ist es bis heute) eine unrealistisch-geschönte. Die Rückschulungsquote von Schülern der Schule für Verhaltensgestörte (Schule für Erziehungshilfe) liegt im Bundesdurchschnitt bei 10-12%. Für alle anderen Gruppen von behinderten und beeinträchtigten Kindern, auch für Kinder mit Lernbehinderungen galt und gilt ohnehin: Einmal Sonderschule – immer Sonderschule! Obwohl insbesondere für die letztgenannte Gruppe eine regelmäßige Überprüfung vorgesehen war und ist.

3.2.1.2 Besonderer pädagogischer Förderbedarf oder sonderpädagogischer Förderbedarf?

Nachdem der Warnock-Report 1978 erstmals von „special educational needs“ sprach, fand sich in den 1980er Jahren vermehrt die eingedeutschte Fassung „sonderpädagogischer Förderbedarf“ in der Sonderpädagogik.

Wie häufig bei anglo-amerikanischen Fachbegriffen gibt es für die Übersetzung jedoch Spielräume.

Bei „special educational needs“ gibt es zumindest zwei Möglichkeiten der Übersetzung:

- Sonderpädagogischer Förderbedarf
- Besonderer pädagogischer Förderbedarf

Die zweite Möglichkeit der Übersetzung wurde zunächst ignoriert, wobei das englische Wort „needs“ sowohl Bedürfnis/Bedarf als auch Notwendigkeit heißt (neben Mangel, Armut, Bedrängnis). Zwischen Erziehung und Bildung wird im Englischen nicht unterschieden. Beides fällt unter den Begriff „education“. Förderung hingegen ist je nach Schwerpunktsetzung mit den Verben „to promote/ to support“ auszudrücken bzw. zu übersetzen.

Erst in den KMK-Ergänzungsempfehlungen von 1998 zum „Förderschwerpunkt Unterricht kranker Schülerinnen und Schüler“ erhält diese Unterscheidung deutlich Gewicht.

In den allgemeinen KMK-Empfehlungen wird ausschließlich von „sonderpädagogischem Förderbedarf“ gesprochen. In den Empfehlungen heißt es:

„Sonderpädagogischer Förderbedarf ist bei Kindern und Jugendlichen anzunehmen, die in ihren Bildungs-, Entwicklungs- und

Lernmöglichkeiten so beeinträchtigt sind, dass sie im Unterricht der allgemeinen Schulen ohne sonderpädagogische Unterstützung" nicht hinreichend gefördert werden können" (KMK-Empfehlungen 1994, in: DRAVE/RUMPLER/WACHTEL 2000, 28f)

Diese Definition stellt eine Erweiterung der Definition von „Sonderschulbedürftigkeit" dar, erweitert um den Passus „sonderpädagogische Unterstützung" in der allgemeinen Schule. Die Zwangsläufigkeit einer Sonderbeschulung bei Beeinträchtigung oder Behinderung ist damit zumindest in Frage gestellt.

Dennoch bleibt die Definition sehr allgemein und damit unscharf. Die Gefahr, dass bei einem Teil der Kinder, z.B. Kinder mit Lernbehinderungen, d.h. schulleistungsschwache Kinder, der besondere pädagogische Förderbedarf nicht mehr wahrgenommen wird, hebt STOELLGER (2000, 5f.) sehr deutlich hervor. „Das Diffuse am Begriff des sonderpädagogischen Förderbedarfs verschleiert die Sicht auf die wahre Problemlage". Er befürchtet, dass gerade Kinder mit einer „erheblich reduzierten Lernbasis", Kinder aus wenig förderlichem sozialen Milieu, nicht mehr als Kinder mit „sonderpädagogischem" Förderbedarf wahrgenommen werden. „Ihr Anspruch auf spezielle pädagogische Hilfe, die ja auch ein Stückweit Nachteilsausgleich ist, ..., droht unterzugehen" (STOELLGER 2000, 7).

Insofern ist es wichtig, den Begriff „ sonderpädagogischer Förderbedarf" zu präzisieren. Allerdings erscheint es mir im Hinblick auf eine breite, institutionenübergreifende Anwendung sinnvoll, diesbezogen „besonderen pädagogischen Förderbedarf" zu tun statt generell von „sonderpädagogischem Förderbedarf" zu sprechen; zumal auch die OECD in ihrer „Bildungspolitischen Analyse" in 30 Mitgliedsstaaten von Kindern mit „besonderem Bildungsbedarf" spricht (vgl. Kap. 2.4.2).

Bei differenzierter Betrachtung ist besonderer pädagogischer Förderbedarf bzw. „besonderer Bildungsbedarf" dann gegeben,

- „wenn physische oder emotionale Beeinträchtigungen eines Kindes seine Entwicklung und sein Lernen erschweren;
- wenn Begabungen, Fähigkeiten und Interessen eines Kindes als außerhalb des altersgemäßen Durchschnitts liegend eingestuft werden können, und dadurch Probleme im schulischen Lernen, in der Motivation und/ oder in der geistigen Entfaltung entstehen;
- wenn sozio-kulturelle, sozio-emotionale und/ oder sozio-ökonomische Gegebenheiten im Lernumfeld des Kindes seine Entwicklung und sein Lernen beeinträchtigen.

Hinzukommen müsste als 4. Punkt

- wenn die biographischen Fakten oder die familiale Situation eines Kindes Benachteiligungen impliziert, die seine Entwicklung ungünstig beeinflussen können (z.B. Kinder ausländischer Familien; weltanschauliche Aspekte, beispielsweise bezogen auf die Geschlechterdifferenzierung → Benachteiligung von Mädchen)" (VERNOOIJ 2002, 370; 2005a, 206f.)

In all diesen Fällen besteht die Notwendigkeit, besondere Maßnahmen zur Unterstützung des Erziehungs- und Bildungsprozesses von Kindern einzuleiten. Ob diese Maßnahmen spezifisch sonderpädagogischer Art sein müssen, zeigt sich häufig erst zu einem späteren Zeitpunkt.

Erst wenn dem besonderen Förderbedarf mit den Mitteln allgemeinpädagogischer Maßnahmen nicht entsprochen werden kann, d.h.

- wenn das Ausmaß der Beeinträchtigung sehr hoch ist, so dass intensivste Maßnahmen zur Entwicklungs- und Bildungsförderung notwendig werden,
- wenn die Art der Beeinträchtigung spezifische Maßnahmen erfordert, die nur durch Lehrer mit einer entsprechend spezialisierten Ausbildung geleistet werden können,

sollte von „sonderpädagogischem Förderbedarf" gesprochen werden.

Quantität und Qualität der notwendigen Hilfen sind bei „sonderpädagogischem Förderbedarf" von Grund- und Hauptschullehrern nicht zu gewährleisten

- aufgrund schulstruktureller und zeitlicher Gegebenheiten und
- aufgrund fehlender Qualifikation, bezogen auf deutlich abweichende Entwicklungs- und Lerngegebenheiten bei beeinträchtigten Kindern.

Die Maßnahmen im Zusammenhang mit **„besonderem pädagogischen Förderbedarf"** sind allerdings **genuine Aufgabe der Regelschullehrer**.

In wie weit die Feststellung eines **„sonderpädagogischen Förderbedarfs"** in der Praxis **nicht** doch gleichgesetzt wird mit „Sonderschulbedürftigkeit", wird die Zukunft erweisen, wobei die schulische Situation für Kinder mit Behinderung und/oder Beeinträchtigungen in den verschiedenen Bundesländern unterschiedlich ist.

Zur Unterscheidung der beiden möglichen Übersetzungen von „special educational needs" möchte ich zudem an die Ausführung HEIDES (2000, 156f) im Zusammenhang mit dem Förderschwerpunkt „Unterricht kranker Schülerinnen und Schüler" anknüpfen. Er führt hierzu aus:

„Da es Schülerinnen und Schüler mit unterschiedlichen Begabungen in verschiedenen Bildungsgängen gibt, die für eine bestimmte Zeit oder an regelmäßig wiederkehrenden Tagen krank sind, wurde grundsätzlichen zwischen einem „Besonderen Förderbedarf" und „Sonderpädagogischem Förderbedarf" unterschieden".

Diese grundsätzliche Unterscheidung gilt nicht nur im Zusammenhang mit kranken Kindern. Schulpflichtige Kinder mit besonderem pädagogischem Förderbedarf benötigen im Unterricht spezifische pädagogische Hilfen, die jedoch im Rahmen regelschulpädagogischer Förderung beachtet und gegeben werden können.

Erst wenn eine angemessene Förderung des Kindes **ohne** sonderpädagogische Hilfen nicht gewährleistet ist, sollte der sonderpädagogische Förderbedarf festgestellt und sonderpädagogische Betreuung in das Gesamtkonzept einbezogen werden (vgl. HEIDE 2000, 157).

Wird der Begriffwechsel von der Sonderschulbedürftigkeit zum besonderen pädagogischem Förderbedarf nicht nur als neues Etikett für einen bekannten Tatbestand benutzt, sondern inhaltlich neu gefüllt, so müsste nach Feststellung desselben zunächst objektiv überprüft werden, ob die Regelschule diesem besonderen pädagogischen Förderbedarf gerecht werden kann. Ist dies nicht der Fall bzw. ist der Förderbedarf sehr hoch, dann ist möglicherweise sonderpädagogischer Förderbedarf gegeben, der allerdings ebenfalls **nicht** mit Sonderschulbedürftigkeit identisch ist!

Bei besonderem pädagogischem Förderbedarf verbleibt das Kind in der Regelschule und erhält dort spezifische pädagogische Hilfen.

Bei sonderpädagogischem Förderbedarf **kann** das Kind in der Regelschule verbleiben und erhält, neben speziellen pädagogischen Hilfen zeitweilig sonderpädagogische Betreuung, z.B. durch Mobile sonderpädagogische Dienste, die auch die Regelschullehrkraft beraten bzw. mit ihr gemeinsam ein Förder- oder Stützprogramm erarbeiten.

Erst wenn diese oder ähnliche Maßnahmen keine Aussicht auf Erfolg zu haben scheinen, bedeutet sonderpädagogischer Förderbedarf die Überweisung in ein sonderpädagogisches Förderzentrum bzw. in eine entsprechende Sonderschule.

3.2.1.3 Aspekte der Lernortentscheidung

Die KMK-Empfehlungen von 1994 (Allgemeiner Teil) machen deutlich, dass die Erziehungs- und Bildungslandschaften für Kinder mit Beeinträchtigungen und Behinderungen vielfältiger geworden sind (vgl. VERNOOIJ 2000; 2004; 2005a; 2005d).

„Die wachsende Vielfalt der Organisationsformen und der Vorgehensweisen in der pädagogischen Förderung, die Erfahrung mit gemeinsamem Unterricht behinderter und nichtbehinderter Kinder, erziehungswissenschaftliche Denkanstöße und schulpolitische Schwerpunktsetzungen in den einzelnen Ländern lassen heute vielfältige Übereinstimmungen erkennen; sie sind Zeichen für eine eher personenbezogene, individualisierende und nicht mehr vorrangig institutionsbezogene Sichtweise sonderpädagogischer Förderung" (DRAVE/ RUMPLER/ WACHTEL 2000, 26f.).

Aus der Sonder-**Schul**-Pädagogik der letzten 35 Jahre, der Jahre nach 1945, ist offenbar eine Sonderpädagogik geworden, die zumindest teilweise in der Lage ist, den je spezifischen Bedürfnissen behinderter Kinder in flexibler nicht-separierender (schul-) pädagogischer Weise Rechnung zu tragen.

Ausdrücklich verweisen die Empfehlungen auf die „Subsidiarität" sonderpädagogischer Aufgaben, was einmal mehr den Vorläufigkeitscharakter jeglicher Sonderschulbildung verdeutlicht (KMK-Empfehlungen 1994, in: DRAVE/ RUMPLER/WACHTEL 2000, 31).

Subsidiarität bedeutet u.a., dass das Ziel aller Hilfen ein emanzipatorisches ist, d.h. subsidiäre Maßnahmen sind als vorübergehend zu sehen. Sie sind Hilfe zur Selbsthilfe und streben eine weitestgehende Selbständigkeit, Selbstverantwortlichkeit und Hilfe-Unabhängigkeit der momentan Hilfsbedürftigen an (vgl. VERNOOIJ 2005a, 15f.).

Im Zusammenhang damit wird klargestellt, dass sich eine sonderpädagogisch ausgerichtete Erziehung und ein nach sonderpädagogischen Prinzipien gestalteter Unterricht „nicht prinzipiell von allgemein pädagogischer Arbeit" unterscheiden.

Folgerichtig wird herausgestellt, dass die Bildung behinderter Kinder und Jugendlicher in verstärktem Maß „Aufgabe für grundsätzlich **alle** Schulen" sei. Die Weiterentwicklung der allgemeinen Schulen im Zusammenhang mit der **gemeinsamen** Erziehung und Bildung behinderter und nichtbehinderter Kinder ist dabei eine notwendige Voraussetzung.

Als zu beachtende Kriterien werden in den KMK-Empfehlungen hervorgehoben:

- Die erforderliche Qualität und Quantität der Fördermaßnahmen müssen gesichert sein.
- Die Flexibilität des Förderangebotes muss gewährleistet sein, und zwar „ in einem System gestufter und miteinander verbundener Hilfen".
- Unabhängig von Ort und Form der Förderung sollen Kinder mit besonderem pädagogischem Förderbedarf „möglichst gleiche Bildungschancen" erhalten.
- Alle an der Förderung beteiligten Personen und Institutionen sollen zusammenarbeiten (ähnlich wie bei Jugendhilfemaßnahmen).

Die Möglichkeit gleicher Bildungschancen ist insbesondere für Kinder aus soziokulturell schwachem Milieu von großer Bedeutung und – wie die Pisa-Studien (2000/2005) zeigen – in Deutschland keineswegs gegeben!

Wenn die Förderung behinderter junger Menschen „als gemeinsame Aufgabe für grundsätzlich alle Schulen" anzusehen ist (vgl. KMK-Empfehlungen 1994, a.a.O.), dann kann die Sonderpädagogik nur als „eine notwendige Ergänzung und Schwerpunktsetzung der allgemeinen Pädagogik" verstanden werden. Das heißt allerdings nicht, dass erreichte Bildungsstandards aufgegeben werden sollen, wie oben genannte Kriterien zeigen. Vielmehr geht es darum, „ausgehend vom heute erreichten Standard in der Behindertenförderung die Weiterentwicklung der schulischen Förderung aller behinderten und von Behinderung bedrohten Kindern abzusichern" und die Bemühungen um eine gemeinsame Erziehung und Bildung behinderter und nichtbehinderter Kinder und Jugendlicher zu unterstützen (KMK-Empfehlungen von 1994, in: Drave/Rumpler/Wachtel 2000, 27).

Als Orientierungspunkte sind dabei zu beachten:

- das Recht beeinträchtigter Kindern auf eine ihnen angemessene schulische Erziehung und Bildung;
- die je individuelle Lebens- und Lernsituation des Kindes.

„Begleitende spezifische Hilfen" oder „sonderpädagogische Förderung" sollen Beeinträchtigungen und Hemmnisse reduzieren bzw. weitgehend überwinden.

Der Begriff Förderung, ein sonderpädagogisch nur einseitig definierter Begriff, ist nicht unumstritten (vgl. Kanter 2000, 52; Speck 1995, 176f., Vernooij 2005a, 35ff.), kann hier jedoch nicht näher beleuchtet werden. Lediglich soll darauf hingewiesen werden, dass Förderung kein spezifisch sonderpädagogischer Begriff ist, sondern im allgemeinen Sprachgebrauch bezogen auf Personen heißt, jemanden:

- in seiner Entwicklung
- bei seiner Entfaltung
- bei materiellen/ finanziellen Angelegenheiten

unterstützen, helfend einwirken, auf Weiterentwicklung, Entfaltung, Fortschritt hin intervenieren, und dies nicht eingeschränkt auf behinderte oder beeinträchtigte Menschen, sondern allgemein (vgl. Vernooij 2005a, 36).

Damit ist der Begriff Förderung weder defizitorientiert, noch ist er ausschließlich pädagogisch zu verstehen.

Der Feststellung des Förderbedarfs (im Wesentlichen sonderpädagogischem) wird in den Empfehlungen viel Raum gegeben. Letztlich unterscheiden sich die

Ausführungen nur geringfügig von den Begutachtungen zur Sonderschulbedürftigkeit. Lediglich die Ausrichtung auf eine „Kind-Umfeld-Analyse“, bei der die Familie ebenso einbezogen werden sollte, wie das schulische Umfeld des Kindes, stellt eine gewisse Erweiterung dar. Neu ist nur die bereits erwähnte Lernortpluralität, der in verstärktem Maße Rechnung getragen werden muss.

Der langjährige Automatismus Behinderung → Sonderbeschulung greift nicht mehr ohne weiteres, da dem besonderen und auch dem sonderpädagogischen Förderbedarf unter Umständen auch in anderen schulischen und unterrichtlichen Formen entsprochen werden könnte. Um hier eine differenzierte und je individuelle Schullaufbahnprognose geben zu können, müssen ganz sicher bisherige Diagnosekonzepte überdacht, die formale Diagnose- und Entscheidungspraxis muss neu strukturiert und geplant werden.

Allerdings scheint es, als setze sich langsam ein „gleichberechtigt begabungsorientiertes Paradigma“ durch (vgl. 2.2.3.1), bei dem die Tendenz von der separierten Sonderbeschulung zur integrierten schulischen Bildung, d.h. zur gemeinsamen Unterrichtung beeinträchtigter und nichtbeeinträchtigter Kinder in der Regelschule führt.

Begabungsgerechte Förderung heißt, Förderung der je individuellen Fähigkeiten und Möglichkeiten von Kindern von dem Hintergrund ihrer je spezifischen persönlichen und sozialen Gegebenheiten und Bedingungen (vgl. Vernooij 2002, 166).

3.2.2 Die Ergänzungsempfehlungen (1996-2000)

In Ergänzung zu den KMK-Empfehlungen von 1994, die rechtlich nicht verbindlich sind, jedoch die gemeinsamen, konsensfähigen Vorschläge zur Erziehung und Bildung behinderter und beeinträchtigter Kinder und Jugendlicher der 16 Kultusministerien der Bundesländer darstellen, erschienen in unsystematischer Folge acht weitere Empfehlungen, die je spezifisch bestimmte Förderschwerpunkte fokussieren.

Dabei wurden Blindheit und Sehbehinderung zum Förderschwerpunkt Sehen, Gehörlosigkeit und Schwerhörigkeit zum Förderschwerpunkt Hören zusammengefasst. Der Erziehung und Bildung langfristig/ chronisch kranker Kinder sowie autistischer Kinder und Jugendlicher wurden je eigene Empfehlungen gewidmet.

Exemplarisch sollen hier die Ergänzungsempfehlungen zu den **Förderschwerpunkten Lernen** und **geistige Entwicklung** kurz beleuchtet werden.

3.2.2.1 Die Ergänzungsempfehlungen im Förderschwerpunkt Lernen (1999)

Die Ausführungen zu den KMK-Empfehlungen von 1994 zeigen, dass insbesondere bezogen auf Kinder mit Lernstörungen und Lernschwächen, wesentlich im Verbund mit sozio-kultureller Benachteiligung, die in den KMK-Empfehlungen angeregten Veränderungen von Vorteil sein könnten, wenn sie begabungsangemessen und einstellungsverändert Anwendung finden würden. Der Konjunktiv ist hier sehr bewusst gewählt, denn dieser Nachweis wurde in der Praxis bisher nicht hinreichend erbracht.

Bereits bei der Skizzierung der Ausgangslage finden sich in den Ergänzungsempfehlungen zwei Aussagen, die von bisherigen öffentlich-administrativen Äußerungen abweichen:

1) „Sonderpädagogische Förderung unterstützt und begleitet die Schülerinnen und Schüler durch **möglichst früh** einsetzende Hilfen."
2) „Sonderpädagogische Förderung im Bereich des Förderschwerpunktes Lernen orientiert sich grundsätzlich an Bildungs- und Erziehungszielen der allgemeinen Schule" (vgl. KMK-Empfehlungen 1999, in: DRAVE/RUMPLER/WACHTEL 2000, 300)

ad 1: Die Probleme bei der frühen, im Wesentlichen vorschulischen Erziehung von soziokulturell benachteiligten Kindern sind vielfältig. Wie bereits in Kapitel 3.1.3 angesprochen, kann gerade die Gruppe von Kindern aus sozialschwachem und wenig entwicklungsförderlichem Milieu selten früh erfasst und gefördert werden. Hierzu kommt das Problem fehlender oder nicht auf kognitive Förderung angelegter pädagogischer Konzepte im Kindergarten, welches weder die Sozial- noch die Bildungspolitiker in den letzten 30 Jahren interessiert zu haben scheint. Nach der Geburt „kümmert sich der Staat sechs Jahre lang überhaupt nicht um die Bildung des Nachwuchses". In „teueren" Kindergärten werden die Kinder „vor allem betreut, also aufbewahrt. ...von systematischer Förderung keine Rede" (WÜLLENWEBER/LUX/WACHE, STERN Nr. 30, 2003, 34f.; vgl. auch VERNOOIJ 2005a, 51ff.).

Da im Empfehlungstext von „Schülerinnen und Schüler" gesprochen wird bleibt die Forderung nach „möglichst früh einsetzenden Hilfen" offensichtlich eine Aktualfloskel, was durch die außerordentlich nichts sagenden Äußerungen bezogen auf „vorbeugende Maßnahmen" (KMK-Empfehlungen 1999, a. a. O., 309) bestätigt wird (vgl. VERNOOIJ 2005a, 2.3.1f.).

ad 2: Die bisherige sonderpädagogische Förderung lernschwacher bzw. lernbehinderter Kinder orientierte sich wesentlich an den Lehrplänen der Förderschule (Schule für Lernbehinderte), nicht an denen der Regelschule. Im Empfehlungstext wird von „Bildungs- und Erziehungszielen" gesprochen, was sich auch lediglich auf die sehr allgemeinen Aufgaben von Schule beziehen könnte, und damit Präambel-Charakter hätte. „Als Präambel bezeichnet man eine i. d. R. wortgewaltige und edel formulierte Vorrede, deren Inhalt mangels konkreter Aussagen für die praktische Umsetzung eher leichtgewichtig ist" (VERNOOIJ 2005a, 2.3.1).

Die Umschreibung des Personenkreises im Förderschwerpunkt Lernen in den Empfehlungen ist eher allgemein: „Sonderpädagogischer Förderbedarf ist bei Kindern... gegeben, die in ihrer Lern- und Leistungsentwicklung so erheblichen Beeinträchtigungen unterliegen, dass sie auch mit zusätzlichen Lernhilfen der allgemeinen Schulen nicht ihren Möglichkeiten entsprechend gefördert werden können" (vgl. KMK-Empfehlungen 1999, a.a.O., 302; auch VERNOOIJ 2005a, 232; vgl. auch Kap. 10).

Bemerkenswert ist, dass es nicht heißt, lernbeeinträchtigte Schüler können **in** der Regelschule nicht gefördert werden. Lediglich die dort möglichen Lernhilfen werden als nicht ausreichend eingestuft, was eine Ergänzung durch sonderpädagogische Maßnahmen erfordert, die u.U. durch den MSD (Mobiler Sonderpädagogischer Dienst) geleistet werden könnten.

Hingewiesen wird darauf, dass gravierende Beeinträchtigungen insbesondere im schulischen Lernen häufig mit Beeinträchtigungen im motorischen, sensorischen, kognitiven, sprachlichen und im sozio-emotionalen Bereich einhergehen, was darauf hindeutet, dass wesentliche Entwicklungsbereiche mit betroffen sind (vgl. a. a. O., 301). Eine wesentliche **Konsequenz daraus wäre die frühestmögliche, vorschulische Entwicklungsförderung**, die im Text jedoch nicht diskutiert bzw. herausgestellt wird.

Für die Ermittlung des sonderpädagogischen Förderbedarf wird eine Kind-Umfeld-Analyse empfohlen, d.h. eine „an förder- und entwicklungsdiagnostischen Kriterien“ orientierte Vorgehensweise, bei der das unmittelbare und das weitere soziale, sowie das schulische Umfeld zu berücksichtigen sind (vgl. a. a. O., 303f.). Die Höhe des Förderbedarfs ist von hierfür qualifizierten Sonderschullehrkräften zu ermitteln.

Unabhängig vom gewählten Lernort wird die Einheit von Erziehung und Unterricht vor dem Hintergrund der je individuellen Lernausgangslage als Voraussetzung für eine bestmögliche Förderung gesehen, insbesondere auch bezogen auf die Persönlichkeitsentwicklung. Als übergeordnetes Ziel im Förderschwerpunkt Lernen wird die Entwicklung der Kinder und Jugendlichen „zu handlungsfähigen, selbstständigen und eigenverantwortlichen Persönlichkeiten“ genannt, wobei die „gesellschaftliche Eingliederung“ und die Vorbereitung „auf Beruf- und Arbeitsanforderungen“ einen besonderen Stellenwert erhalten (vgl. a. a. O., 306/305), allerdings in berufsbildenden Institutionen.

Die Vorschläge zur Methodik bei Lernbeeinträchtigten sind

- Handlungsorientierung,
- Fächerübergreifender Unterricht,
- Binnendifferenzierung/ Individualisierung,
- Wissensfestigung durch Übung,
- Strukturierung und Veranschaulichung der Inhalte,
- Vielgestaltiger Medieneinsatz/ Sinnesschulung,
- Wechsel der Unterrichtsformen bzw. Wechsel von Anspannung und Entspannung
- Bewegungsimpulse bzw. -möglichkeiten (z.B. im Zusammenhang mit rhythmisch-musikalischem und mit Sportunterricht).

Bei einem sorgfältigen Vergleich mit frühen und klassischen Konzepten für den Unterricht bei lernschwachen Schülern (Stötzner 1864, Fuchs 1899, Klauer 1966, Bleidick 1968, Bach 1971), würde sich zweifelsfrei ergeben, dass diese methodischen Hinweise bereits dort als unterrichtlich-methodische Prinzipien zu finden sind, lediglich ergänzt durch aktuelle Medien.

Wenn dem sonderpädagogischen Förderbedarf in der Regelschule nicht angemessen entsprochen werden kann, ist die Sonderschule als Lernort zu wählen. Sie wird als Schulform dargestellt, deren Aufgabe es ist, lernbeeinträchtigten Kindern „die Teilhabe am gesellschaftlichen Leben zu ermöglichen und ihre Integration mit Blick auf ein selbstbestimmtes Leben zu fördern“ (a. a. O., 310).

Auf der Basis individueller Förderpläne – im Rahmen der Lehrpläne der Förderschule/ Schule für Lernbehinderte (die

Bezeichnung der Schulform ist in den Bundesländern unterschiedlich) – sollen die Schüler möglichst so zu einem Schulanschluss geführt werden, dass ihnen die Möglichkeit des Erwerbs eines Hauptschulabschlusses nicht verwehrt ist.

Ein Wechsel in die Regelschule sollte während der gesamten Sonderschulzeit angestrebt werden und bei Realisierung sollte dieser sonderpädagogisch begleitet werden. Die bisherige Praxis ist von dieser Empfehlung, die seit Jahrzehnten besteht, noch relativ weit entfernt (vgl. Kap. 3.2.1.1).

Als besonders günstig für eine angemessene und ganzheitliche Förderung wird die Schule in Ganztagsform angesehen (vgl. a. a. O., 311), wobei hier eher die Sonderschule gemeint ist.

Die Zusammenarbeit von Sonderpädagogen im Förderschwerpunkt Lernen mit Kollegen im Förderschwerpunkt Sprache und im Förderschwerpunkt emotionale und soziale Entwicklung wird als unerlässlich hervorgehoben, was einmal mehr deutlich macht, dass Kinder mit Lernbeeinträchtigungen häufig auch Beeinträchtigungen im sprachlichen und im Bereich des Sozialverhaltens haben. Diese Zusammenarbeit lässt sich, aus Sicht der Empfehlungen am ehesten in einem Sonderpädagogischen Förderzentrum verwirklichen (vgl. Kap. 3.2.4).

Auf die große Heterogenität des Personenkreises wird nicht explizit hingewiesen.

Im Zusammenhang mit „besonderen Regelungen für den Schulbesuch“ wird die Gesamttendenz der Empfehlungen in Richtung Sonderschule relativ deutlich:

„Für Schülerinnen und Schüler mit Beeinträchtigungen im Bereich des Lernens ist eine differenzierende und in besonderem Maße individualisierende Förderung notwendig, die auf die jeweiligen Lernvoraussetzungen und Lerngegebenheiten eingeht. Die Unterrichtführung bedarf eines schulischen Gestaltungsrahmens, der entsprechende pädagogische Freiräume ermöglicht“ (a. a. O., 313).

In der Regelschule heutiger Prägung, insbesondere in der Grundschule, sind die dafür notwendigen personellen, sächlichen und organisatorischen Möglichkeiten kaum gegeben.

Aus der Sicht der Autoren der Empfehlungen haben sich im Vergleich zu den Empfehlungen von 1977 „wesentliche Änderungen“ ergeben (vgl. SCHLICHTING/SCHULZ 2000, 317). Diese Aussage ist insofern richtig, als es sich 1977 um „Empfehlungen für den Unterricht an der Schule für Lernbehinderte (Sonderschule)“ handelte. Die vorliegenden Empfehlungen zum Förderschwerpunkt Lernen mussten einer Pluralisierung der Lernorte Rechnung tragen, da diese in den allgemeinen Empfehlungen (1994) ein wesentliches Element darstellt.

Im Zusammenhang mit dieser Gesamttendenz ergeben sich Veränderungen

- bezogen auf die Feststellung des besonderen pädagogischen Förderbedarfs
- bezogen auf die Ziele und Aufgaben der Unterrichtung lernbeeinträchtigter Kinder, je nach Lernort,
- bezogen auf die symptom- bzw. defizitorientierte Beschreibung des Personenkreises.

Letztere ist in der sonderpädagogischen Theorie seit Jahren einer eher fähigkeitsorientierten Umschreibungen gewichen, was allerdings in der heutige Situation vermehrt die Gefahr in sich birgt, dass Kinder ohne nachweisliches, d.h. medizinisch feststellbares Impairment (vgl. WHO-Klassifikation 1980/1998, auch Kap. 2.1.3) durch das Raster des sonderpädagogischen Förderbedarfs fallen. Kinder, die kein sichtbares Defizit haben bzw. deren Defizite aus ideologischen Gründen nicht mehr benannt werden, stellen eine Gruppe dar, deren besonderer pädagogischer Förderbedarf nach außen nur schwer überzeugend zu begründen ist. Zu dieser Gruppe gehören Kinder mit mehr oder weniger ausgeprägten Beeinträchtigungen im Lernen, in der Sprache und/ oder Verhalten; nach der bisherigen Terminologie Kinder mit Lernstörungen, mit Sprachstörungen, mit Verhaltensstörungen. Die Gefahr, dass „die Notwendigkeit spezifischer sonderpädagogischer Förderung nicht mehr gesehen wird" (Stoellger 2000, 5f.; Kanter 2000, 53) ist gerade bei Kindern mit Lernbeeinträchtigungen besonders groß. Von der eindeutigen, justitiablen Feststellung eines sonderpädagogischen Förderbedarfs hängt aber, z.B. beim gemeinsamen Unterricht, die Genehmigung besonderer personeller und sächlicher Ressourcen in der Regelschule ab, die für die angemessene Förderung der Kinder unerlässlich sind (vgl. Vernooij 2002; 2005a, 235f.).

Die Gesamttendenz des Empfehlungstextes weist zwar in Richtung gemeinsamer Unterricht in der Regelschule. Die deutlich herausgestellten besonderen pädagogischen Rahmenbedingungen und Maßnahmen als Basis sonderpädagogischen Vorgehens verweisen jedoch implizit darauf, dass dem sonderpädagogischen Förderbedarf der Kinder im Förderschwerpunkt Lernen in der Regelschule nur mir einem erheblichen Mehraufwand, personell, unterrichtsplanerisch, organisatorisch und sächlich entsprochen werden kann (vgl. Vernooij 2005a, 236).

Das wesentliche Problem dieser Empfehlungen liegt allerdings meines Erachtens in **der Ausblendung der vorschulischen** Förderung.

„Möglichst früh einsetzende Hilfen", wie es zu Beginn des Textes heißt, sind Hilfen im Vorschulbereich! Wenn von Schülern und Schülerinnen gesprochen wird, ist ein Zeitpunkt ab der Zurückstellung vom Schulbesuch oder ab der Einschulung im Blickfeld, d.h. ab dem **6. oder 7. Lebensjahr**. Nicht nur für Kinder mit Entwicklungsverzögerungen und mit Lernbeeinträchtigungen ist dieser **Zeitpunkt zu spät**. Möglicherweise beziehen die Empfehlungen den Vorschulbereich nicht ein, weil dieser Bereich in vielen Bundesländern nicht dem Kultus -sondern dem Sozialministerium zugeordnet ist. Zusätzlich wird die Gefährdung von Kindern im Vorschulbereich aus Gründen der Vermeidung frühzeitiger Etikettierung und mit Verweis auf die eigenständige Institution der Frühförderung unter schulischen Gesichtspunkten weitgehend sowohl von Politikern als auch von (Sonder-) Pädagogen ignoriert. Die Problematik der Frühförderung für diese Kinder wurde bereits in Kapitel 3.1.3 erörtert.

„Eine wirkliche Neuerung wäre es gewesen, wenn die KMK basierend auf dem Begriff des sonderpädagogischen Förderbedarfs den Vorschulbereich explizit einbezogen hätte. Gerade unter dem Dach des sonderpädagogischen Förderbedarfs – es heißt sehr bewusst nicht sonderschulpädagogischer Förderbedarf - wären Vorschläge für eine tatsächlich frühzeitige besondere Förderung angemessen und sinnvoll bei von „Lernbehinderung" bedrohten Kindern" (Vernooij 2005a, 236).

Die Forderung bundesweiter vorschulischer Einrichtungen für gefährdete Kinder ohne Impairment, aber mit besonderem Förderbedarf,

- um deren Entwicklung zu fördern,
- um Sozialisationsdefizite auszugleichen,
- um Erschwernisse in bestimmten Bereichen zu reduzieren bzw. abzubauen,

wäre ein Schritt in Richtung Benachteiligungsausgleich, Chancengleichheit und Integration gewesen. Einem Teil der Kinder würde damit eine schwierige Situationen bereits im Vorfeld von Schule erspart werden. Die Chance einer regelhaften schulischen Bildung würde sich bei kompensatorisch ausgerichteter Früherziehung deutlich erhöhen.

Zu diesem Schritt konnte sich die KMK wohl nicht entschließen, wobei man nicht sicher sein kann, ob sie überhaupt darüber nachgedacht hat, da die Fixierung auf „... Schulen der BRD“ vorgegeben war. Dennoch: Eine nicht genutzte Chance für die betroffenen Kinder und für eine Reform des Bildungssystems in Deutschland!

Nach einem neueren Verständnis von Lernen als „aktiv-eigenständigem Aneignungsprozess“, der aber nicht ohne Unterstützung stattfinden kann (vgl. WYGOTSKI 1978; auch VERNOOIJ 2005a, 67ff.), bleibt allerdings als Faktum, dass relativ autonome Entwicklungs- und Aneignungsprozesse weit vor dem Schulalter beginnen. Dabei ist es eine Frage der Möglichkeiten **und** der gezielten Förderung, inwieweit ein Kind wirklich Gestalter seiner Entwicklung, über ein vorgegebenes Milieu hinaus sein kann. Das frühzeitige komplexe Zusammenspiel von genetischen Faktoren und soziokulturellen bzw. psychosozialen Faktoren des Entwicklungsumfeldes kann nur mit Hilfe systematischer frühpädagogischer Förderung in eine chancengleiche Richtung gebracht werden (vgl. Kap. 10.5).

Der gravierende Mangel der Ignorierung der Bedeutung vorschulischer kompensatorischer Erziehung und Bildung kennzeichnet die Pädagogik bei Lernbeeinträchtigungen seit ihrer Konstituierung. Es scheint, als blieben die zweifelsohne positiven neueren Entwicklungen in den KMK-Empfehlungen bezogen auf soziokulturell benachteiligte Kinder doch in einer Sonder-Schul-Pädagogik verhaftet, mit der Konsequenz, dass wertvolle Erziehungs- und Bildungsmöglichkeiten in den ersten 6 Lebensjahren für diese Gruppe nicht genutzt werden. Damit bleibt deren bildungsmäßige Chancengleichheit Utopie, wie die Pisa-Studien (2000/2005) eindrucksvoll belegen.

Es wäre eine dringende Neuerung, den Vorschulbereich dem Bildungs- nicht dem Sozialsystem zuzuordnen, um eine wirklich frühzeitige Erziehung, Bildung und Förderung nicht nur sozial - benachteiligter Kinder unter primär präventiven Aspekt zu gewährleisten. Dies ist in unseren europäischen Nachbarländern (Frankreich, Belgien, Niederlande) seit Jahrzehnten Normalität. Die in Deutschland vorherrschende Aversion gegen eine frühe kognitive Bildung von Kindern widerspricht nicht nur internationalen Forschungs- und Erfahrungsergebnissen, sondern verhindert für einen Großteil von Kindern bildungsmäßige Chancengleichheit! Gestalter der eigenen Entwicklung unter schlechten Bedingungen zu sein, kann über das eigene Sozialmilieu nicht hinausführen. Der Reproduktionskreislauf, den THIMM bereits 1974 beschrieb, wird durch den theoretischen Übergang von der Sonderschulbedürftigkeit zum besonderen pädagogischen Förderbedarf für soziokulturell benachteiligte Kinder auch nicht ansatzweise unterbrochen (vgl. VERNOOIJ 2005a, 80ff.).

Wirkliche Chancengleichheit kann nur vor Schuleintritt angebahnt werden. Alle noch so progressiven Maßnahmen danach sind lediglich Symptombehandlung ohne Aussicht auf wie auch immer geartete „Heilung“!

3.2.2.2 Die Ergänzungsempfehlungen im Förderschwerpunkt geistige Entwicklung

Zunächst fällt auf, dass zu Beginn relativ allgemein ausgeführt wird, dass „das Recht auf Bildung“ für den Personenkreis „mit Beeinträchtigungen im Bereich der geistigen Entwicklung“ Bestandteil einer umfassenden Eingliederungsmaßnahme sei (vgl. KMK-Empfehlungen 1998, a.a.O., 266).

Dass in diesen Ergänzungsempfehlungen das Bildungsrecht von Kindern und Jugendlichen mit geistiger Beeinträchtigung explizit hervorgehoben wird, mag eine Folge davon sein, dass dieses Bildungsrecht in der BRD erst seit ca. 1960 (uneinheitlich in den unterschiedlichen Bundesländern) gesetzlich verankert wurde (vgl. Kap. 9.2).

Die Gruppe der Kinder und Jugendlichen mit geistiger Behinderung ist sehr heterogen

- bezogen auf den Grad der Behinderung,
- bezogen auf das Erscheinungsbild und auf mögliche Komorbidität,
- bezogen auf Entstehungsursachen bzw. Entstehungsbedingungen und -faktoren.

Die pädagogische Förderung wird als ganzheitliche Erziehung gesehen, d.h. sie umfasst alle Entwicklungsbereiche.

Dabei liegt der Schwerpunkt des Empfehlungstextes auf dem Bereich der praktischen Lebensbewältigung, d.h.: eine wesentliche Zielsetzung sollte die Befähigung zu „weitestgehend selbständiger Lebensbewältigung“ sein (vgl. auch Kap. 14).

Die Aussage in den Empfehlungen (a.a.O., 266), dass „die Lebens- und Lernsituation dieser Kinder vielfach … durch körperliche, psychische und soziale Beeinträchtigungen zusätzlich erschwert“ wird, verweist nochmals auf die Heterogenität sowie auf mögliche Mehrfachbehinderungen bei diesem Personenkreis. Damit wird auf die Problematik der Erziehung und Förderung bzw. die Problematik der Entwicklungs- und Lernsituation der Kinder (vgl. auch Kap. 8 und 9) abgehoben.

Für die Entsprechung des bestehenden besonderen/ sonderpädagogischen Förderbedarfs, der in multiarealer Weise gegeben sein kann, ist die Kooperation unterschiedlicher Experten und Institutionen i.d.R. notwendig, was bereits bei der Feststellung des besonderen pädagogischen bzw. sonderpädagogischen Förderbedarfs häufig gegeben, zumindest aber sinnvoll ist (vgl. VERNOOIJ 2005a, 225).

Die wesentlichen Bereiche einer allgemeinen schulischen Förderung werden in den Empfehlungen sehr allgemein und begrifflich teilweise unscharf angesprochen (vgl. KMK-Empfehlungen 1998, 274 ff.). Zum besseren Verständnis seien die Ausführungen hier transformiert in ein Kompetenz-Konzept. Bei der Förderung von Kindern und Jugendlichen im Förderschwerpunkt geistige Entwicklung wären demnach (in Anlehnung an die KMK-Empfehlungen, s.o.) fünf Kompetenzbereiche von besonderer Bedeutung

- Bewegungskompetenz
- Wahrnehmungskompetenz
- Sprachkompetenz
- Denkkompetenz
- Sozialkompetenz

und dies wesentlich im Hinblick auf Selbständigkeit und allgemeine Lebensgestaltung und -bewältigung.

Dass in einer so heterogenen Gruppe die Erstellung individueller Förderpläne notwendig ist, erscheint nach den bisherigen Ausführungen selbstverständlich.

Im Zusammenhang mit der schulischen Förderung ist, neben dem Prinzip der Handlungsorientierung, welches in den KMK-Empfehlungen favorisiert und mit dem Prinzip des schrittweisen Vorgehens vermischt wird (a.a.O., 273), erhält m.E. das Prinzip der **Inneren Differenzierung** großes Gewicht (vgl. Vernooij 2002, 375 ff.).

In allen Lerngruppen, in denen die Lernausgangslagen und die Lernmöglichkeiten von Kindern sehr differieren, kann die methodische Umsetzung des Prinzips der Binnendifferenzierung dazu beitragen, den individuellen Lerngegebenheiten der Kinder gerecht zu werden.

Darauf wird in den KMK-Empfehlungen zunächst nur mit einem Satz eingegangen (KMK-Empfehlungen 1998, a.a.O., 273).

Differenzierende Maßnahmen sind möglich und sinnvoll bezogen

- auf den zu vermittelnden Inhalt
- auf den Schwierigkeitsgrad der Aufgaben
- auf den Medieneinsatz
- auf die Lern- bzw. Handlungsformen
- auf die Sozialformen

innerhalb des Unterrichtes.

Erst bei der Erörterung der Möglichkeit des gemeinsamen Unterrichts (a.a.O., 276 ff.) wird deutlich auf die Notwendigkeit der Individualisierung und auf Formen der (inneren) Differenzierung hingewiesen.

Besonders hervorgehoben wird im Zusammenhang mit der integrativen Beschulung, dass sowohl die nichtbehinderten Kinder als auch Kinder mit geistiger Behinderung von der jeweils anderen Gruppe Lernanregungen erhalten können.

„Durch Beobachtungslernen können alle Schülerinnen und Schüler ihre Verhaltensmuster in Kommunikation und Sprache, in Bewegung und [im] Umgang miteinander erweitern und differenzieren" (a.a.O., 277).

Um dem sonderpädagogischen Förderbedarf der Kinder im Förderschwerpunkt geistige Entwicklung gerecht werden zu können, sind

- unterrichtsbegleitende und/ oder therapeutsche Hilfen
- die Kooperation aller beteiligten Fachkräfte
- die Zusammenarbeit mit den Eltern
- und ggf. der Einbezug anderer Fachdienste und Insitutionen

unerlässlich.

Die Unterrichtung von Kindern mit geistiger Behinderung sollte nur dann in der Regelschule erfolgen, wenn dort „die notwendigen sächlichen, räumlichen und personellen Voraussetzungen gegeben sind" (a.a.O., 272).

Die Sonderschule als Lernort für Kinder mit geistiger Behinderung ist dann zu wählen, wenn eine angemessene Förderung in der Regelschule nicht in ausreichendem Maße gewährleistet werden kann, **oder** „wenn die Eltern diesen Lernort für ihre Kinder wünschen" (a.a.O., 278).

Neben der Sonderschule wird als fachgerechter Lernort auch das Sonderpädagogische Förderzentrum genannt, welches den Vorteil hat, dass dort i.d.R. unterschiedliche Förderschwerpunkte berücksichtigt und auch der vorschulische Bereich (z.B. in Form von schulvorbereitenden Einrichtungen, vgl. Kap. 3.2.4; VERNOOIJ 2005a, 93f.) einbezogen werden kann.

Auf das Sonderpädagogische Förderzentrum wird im Abschnitt 3.2.4 näher eingegangen.

Zusammenfassend lässt sich zu den Ergänzungsempfehlungen zum Förderschwerpunkt geistige Entwicklung sagen:

- Die Entwicklungen der letzten 20 Jahre in der Sonderpädagogik und insbesondere innerhalb der Pädagogik bei geistiger Behinderung finden in den Empfehlungen ihren Niederschlag.
- Nicht die theoretische und praktische Fundierung der „Schulbildungsfähigkeit" von Kindern mit geistiger Behinderung, die in den KMK-Empfehlungen von 1979 noch im Vordergrund stand, bildet den Schwerpunkt der Erörterung, sondern
- die gleichberechtigte Teilhabe an dem unterschiedlich gestaltbaren Bildungsprozess, auf den alle Kinder – behindert oder nichtbehindert – ein Anrecht haben.
- Dabei stehen die Möglichkeiten einer gemeinsamen Unterrichtung mit Nichtbehinderten und die Befähigung zu einer möglichst selbständigen Lebensführung im Vordergrund (vgl. auch Kap. 3.2.3).
- Konsequent wird die auch für Kinder mit geistiger Behinderung geltende allgemeine Pluralisierung der Förderorte hervorgehoben und diskutiert, wobei die gemeinsame Unterrichtung „als Kernstück weiterer sich entwickelnder Formen der Zusammenführung" (vgl. BURBAT 2000, 287) eingeschätzt wird.
- Insbesondere die durchgängig sichtbare Ausrichtung der Empfehlung auf das Bildungsziel „größtmögliche Selbständigkeit" markiert ein Umdenken von der karitativen Versorgung und Betreuung geistig behinderter Kinder und Jugendlicher zu deren auf Minimierung der Abhängigkeit ausgerichteten Erziehung und Bildung, bei der die individuelle Förderung und die notwendige Fürsorge in je angemessener Form das Angebot ergänzen (vgl. VERNOOIJ 2005a,, 227ff.; auch Kap. 8).

Eher kritisch betrachten DREHER/HEIMEN/MÜNCH (2000, 291f.) die Empfehlungen zum Förderschwerpunkt geistige Entwicklung. Sicher ist nicht zu leugnen,

- dass einzelne Aussagen sehr allgemein sind,
- dass es begriffliche Unschärfen gibt,
- dass der Begriff „Förderung" eine größere Rolle zu spielen scheint, als Erziehung und Bildung (vgl. VERNOOIJ 2005a; 2005b),
- dass für die effektive integrative Unterrichtung von behinderten und beeinträchtigten Kindern das allgemeine Schulsystem in Deutschland noch nicht gut gerüstet ist.

Dennoch ist insbesondere im Zusammenhang mit geistiger Behinderung die Entwicklung „von der Bildungsunfähigkeit über ausschließliche Sonderschulbildung [bis hin] zum Regelschulbesuch" eine in besonderer Weise außergewöhnliche jedoch in sich stimmige Entwicklung, die bisher weder in der theoretischen Fundierung noch in der praktischen Umsetzung abgeschlossen ist.

3.2.3 Integration – Inklusion Die gemeinsame Unterrichtung von behinderten und nichtbehinderten Kindern

Die gemeinsame Erziehung und Bildung von behinderten und nichtbehinderten Kindern wird seit ca. 35 Jahren im Elementarbereich, seit ca. 25 Jahren im Primarbereich mehr oder weniger intensiv diskutiert, erprobt bzw. als regelhafte Alternative zur Grundschule praktiziert. Während sich Formen gemeinsamer Erziehung im Kindergarten relativ flächendeckend in den meisten Bundesländern durchgesetzt haben, wurden bezogen auf den schulischen Bereich die mit einer integrativen Beschulung scheinbar einhergehenden Probleme, z.B.

- Senkung des Klassengesamtniveaus
- Überforderung der behinderten Kinder
- Unterforderung sehr begabter Kinder
- Problematik zieldifferenten Unterrichtens
- Überforderung der Grundschullehrerschaft

häufig nach kurzer Diskussion als Begründung **gegen** integrative Settings angeführt (in den 16 Bundesländern uneinheitlich).

Im Zuge allgemeiner Mittelverknappung sind neue Impulse vonnöten und so wird nicht nur für einen Teil der Bildungspolitiker deutlich,

- dass der internationale Wettbewerb (Bildungsvergleich Tims 1996; Pisa 2001; OECD 2004; Pisa 2005) dem Image der Bildungspolitik in Deutschland schadet;
- dass eine grundlegende Reform des deutschen Bildungswesens notwendig wäre, die aber kostenneutral nicht durchführbar ist;
- dass mit dem bisher als vorbildlich geltenden, differenzierten Sonderschulsystem international – zumindest offiziell – nicht mehr Bildungsqualität und Bildungsfortschritt verbunden sind,
  - weil Selektions- und Separationsmechanismen unter anthropologisch-humanistischen Aspekten als Instrumente der Benachteiligung und Diskriminierung gesehen werden;
  - weil unter pädagogisch-psychologischem Aspekt sowohl behinderte/beeinträchtigte als auch nichtbehinderte Kinder durch das gemeinsame Aufwachsen entwicklungsfördernde Impulse erhalten, insbesondere im emotionalen und sozialen Bereich.

Als eines der letzten Bundesländer hat auch Bayern mit der Novellierung des BayEUG zum 01.08.2003 die Möglichkeit zieldifferenter gemeinsamer Unterrichtung von behinderten und nichtbehinderten Kindern geschaffen.

Wie in anderen Bundesländern auch liegen Schüler mit Lernbeeinträchtigungen, mit Sprachstörungen und mit Verhaltensstörungen dabei im Focus der Betrachtung, denn diese drei Gruppen, von denen die der lernbeeinträchtigten Kinder innerhalb der Sonderpädagogik die größte ist, bieten aus Sicht von Bildungspolitikern bei integrativer Beschulung, d.h. bei Verbleib in der Regelschule, auf längere Sicht quasi als Nebenprodukt die Möglichkeit einer enormen Kostenersparnis im Bildungsbereich durch Schließung der entsprechenden Sonderschulen. Dies wäre allerdings eine bildungspolitische Fehlentscheidung, wie das Beispiel Hamburg zeigt. Der Stadtstaat, der in den 1980er Jahren die Anzahl der Schulen für Lernbehinderte (Förderschulen) drastisch reduzierte zugunsten „integrativer Regelklassen", d.h. Nichtaussonderung im Primarbereich, reaktiviert seit dem Schuljahr 2005/06 wieder Förderschulunterricht bereits im Grundschulbereich. (Dass seit Ende 1980 ein Großteil der lernbehinderten Kinder Sondergrundschulen im benachbarten Niedersachsen besuchten, ist möglicherweise nur ein böswilliges Gerücht!)

3.2.3.1 Historische Rückblende zur gemeinsamen Unterrichtung

Nach dieser etwas provokativen Einführung soll zunächst eine kurze Rückblende bezogen auf die Gemeinsame Unterrichtung von behinderten und nichtbehinderten Kindern vorgenommen werden.

■ Die Integrationsbewegung bis ca. 1990

Trotz des o. g. Auf- und Ausbaus eines differenzierten Sonderschulsystems nach 1945 wurden relativ bald Stimmen von Sonderpädagogen laut, die bezweifelten, dass die separierte Bildung und Erziehung behinderter und nichtbehinderter Kinder der richtige Weg sei.

Ausgehend von der „Aktion Sonnenschein", ein 1968 in München auf Initiative des Mediziners Theodor HELLBRÜGGE entstandenes Kindergartenprojekt, bei dem auf der Basis der Montessori-Pädagogik die gemeinsame Erziehung von behinderten und nicht behinderten Kindern im Elementarbereich modellhaft durchgeführt wurde, entstanden einerseits auf der wissenschaftlichen Ebene intensive Diskussionen zum Thema „Separation versus Integration". Auf der praktischen Ebene entstanden andererseits in den verschiedenen Bundesländern zeitlich wie organisatorisch unterschiedliche Modellversuche zur gemeinsamen Erziehung und Unterrichtung, sowohl im Elementar- wie auch im Primarbereich. Auf dem Höhepunkt der Diskussion stellten profilierte Vertreter des Integrationsgedankens die separierte Erziehung und Bildung behinderter Kinder nicht nur in Frage (vgl. FEUSER 1984; EBERWEIN 1988; PREUSS-LAUSITZ 1981). Sie forderten die Abschaffung bestimmter Sonderschultypen, insbesondere der Schulen für Lernbehinderte, für Sprachbehinderte und für Verhaltensgestörte (vgl. VERNOOIJ 2000a; 2005a).

Grundlage für die Diskussion um integrative Erziehung in den 1980er Jahren war zum einen, die Reflexion des impliziten Menschenbildes im Rahmen der Pädagogischen Anthropologie, zum anderen die im Zusammenhang mit der Errichtung der Gesamtschule formulierte Maxime „Gleiche Bildungschancen für alle". Hinzu kam die sozialpolitisch wichtige Forderung, Ausgrenzungen und Diskriminierungen von Minoritäten in einer Gesellschaft zu vermeiden oder zumindest zu minimieren. Die allgemeine Tendenz war, Behinderte nicht mehr separiert, randständig zu fördern und unterzubringen, sondern inmitten der Gesellschaft, als akzeptierte und gleichberechtigte Mitglieder (vgl. auch Kap.2/ 14).

Drei Phasen lassen sich bei der Entwicklung integrativer Beschulung unterscheiden (vgl. EBERWEIN 1988, 1994):

- Etwa 1970-1975 wurde einerseits versucht, durch besondere Maßnahmen eine Sonderschulkarriere gefährdeter Kinder zu verhindern. Andererseits schien die Errichtung von Gesamtschulen eine gute Möglichkeit zu bieten, behinderte und beeinträchtigte Schüler zu integrieren. Letztere Möglichkeit wurde nie realisiert. Die Diskussion verblieb auf der theoretisch-wissenschaftlichen Ebene.

- Die zweite Phase, etwa von 1975-1982, wurde gestützt durch die 1973 veröffentlichten Empfehlungen des Deutschen Bildungsrates, die sich mit der pädagogischen Förderung behinderter und von Behinderung bedrohter Kinder und Jugendlicher befassen, und zwar nicht nur bezogen auf Formen sonderschulischer Förderung. Integrierte Fördermöglichkeiten wurden dort zumindest genannt (vgl. DEUTSCHER BILDUNGSRAT 1974).
- Nach EBERWEIN leitete das Modellprojekt Uckermark-Grundschule in Berlin, begonnen 1982, die dritte Phase der Integration ein, da es den ersten Versuch darstellte, integrative Erziehung und Bildung in einer Grundschule, nicht nur in einer Klasse, durchzuführen. Im Sinne einer stadtteilbezogenen und wohnortnahen Integration wurden im Laufe von 5 Jahren (1982-1987) alle Klassen dieser Grundschule in das Projekt einbezogen.
- Bereits 1979 hatte in Berlin ein Modellversuch in der Fläming-Grundschule begonnen, bei dem aber die Aufnahme geistig behinderter Kinder ausgeschlossen wurde, d.h. das Konzept sah nur lernzielgleiche Integration vor.

Mit der schulischen Integrationsbewegung, wie sie sich seit Beginn der 1980er Jahre darstellt, waren anfänglich keine spezifischen Konzepte verbunden, da es weder in der Sonderpädagogik noch in der allgemeinen Pädagogik verbindliche Grundsätze gab, die eine theoretische Fundierung gemeinsamer Unterrichtung von behinderten und nicht behinderten Kindern hätte leisten können (vgl. EBERWEIN 1984; FRAGNER 1983; PREUSS-LAUSITZ 1989; MUTH 1988/[4]1997; PRENGEL 1988/[4]1997; LERSCH/VERNOOIJ 1992). Aufbauend auf den Erfahrungen im Elementarbereich gingen die Impulse für eine gemeinsame Erziehung und Bildung in der Schule wesentlich von Eltern und einem kleinen Kreis engagierter Sonderpädagogen aus (vgl. z. B. FEUSER 1984; SANDER 1985; WOCKEN 1987). In der Allgemeinen Schulpädagogik und in der Grundschulpädagogik wurden die Innovationen zunächst ignoriert.

1992 fand erstmals im Rahmen des Kongresses der Deutschen Gesellschaft für Erziehungswissenschaft ein gemeinsames Symposion von Schul- und Sonderpädagogen statt, welches aus der Sicht der Veranstalter, „ein wichtiger Schritt zur längst überfälligen Überwindung einer jahrzehntelangen erfolgreichen wechselseitigen Verdrängung" sein sollte (LERSCH/VERNOOIJ 1992, 5). Obwohl inzwischen zahlreiche Veröffentlichungen zu wissenschaftlich begleiteten Modellversuchen zur gemeinsamen Unterrichtung behinderter und nicht behinderter Kinder vorlagen, wurde in Befragungen von Lehramtsstudierenden in Gießen und Koblenz (Sonderschule/Grundschule) im Wintersemester 1991/92 deutlich,

- dass bezogen auf Integration der Wissensstand nicht sehr hoch war;
- dass große Skepsis – wesentlich aufgrund individueller Ängste und Überforderungsgefühle – bestand;
- dass eine insgesamt abwehrende Haltung, bei grundsätzlicher Akzeptanz des Anliegens (besondere Förderung ohne Aussonderung), durchgängig sichtbar wurde (vgl. LERSCH/VERNOOIJ 1992, 11 ff.).

Einer Minderheit der Befürworter stand

die Mehrheit der einschränkenden „Wenn" und „Aber" gegenüber, und man konnte sich des Eindrucks nicht erwehren, „dass **ein** „schlagendes" Argument zur Abwehr des Integrationsgedankens wohl bei nicht wenigen für heftige Erleichterung gesorgt hätte" (LERSCH/VERNOOIJ 1992, 16).

Seitdem hat sich in der Grundschulpädagogik jedoch ein Wandel hinsichtlich der Akzeptanz gemeinsamer Unterrichtung von behinderten und nicht behinderten Kindern vollzogen, der 1996 seinen Niederschlag fand in einem Buch des Arbeitskreises Grundschule (FAUST-SIEHL et al. 1996), mit dem Titel: „Die Zukunft beginnt in der Grundschule". Die Ausführungen sind als „Empfehlungen zur Neugestaltung der Primarstufe" zu verstehen.

Bereits im Geleitwort wird die „Einschulung ohne Auslese" als Forderung des Grundschulverbandes herausgestellt. Ein eigenes Kapitel ist Kindern „in besonderen Lebenslagen" (a.a.O., 128f.) gewidmet. Hier wird der Separierung von behinderten und von Kindern anderer Nationalitäten eine klare Absage erteilt. Im Zusammenhang mit „integrativer Pädagogik" heißt es: „Integrativer Unterricht orientiert sich nicht als erstes an den Besonderheiten, Beeinträchtigungen oder Behinderungen der Kinder". Er versucht vielmehr „**alle** Schüler, auch das schwerstbehinderte Kind, primär als Persönlichkeiten zu begreifen, die **alle** – wenn auch in unterschiedlichem Ausmaß – im Stande sind, vorhandene (...) Interessen und Lernmöglichkeiten zu aktivieren und zu erweitern" (a.a.O., 131).

2002 forderte der AK Grundschule im Grundschulverband e.V. den „Vorrang des gemeinsamen Unterrichts". Die Grundschule sollte eine Schule „der Vielfalt in der Gemeinsamkeit" werden. „Die Integration von Kindern in besonderen Lebenslagen und mit besonderem Förderbedarf muss selbstverständliche Aufgabe der allgemein bildenden Schule werden" (2002, VII).

Zwar ist die Grundschule heutiger Prägung noch weit entfernt vom Image der „Schule für alle Kinder". Die Forderung, zu einer solchen zu werden, und damit die grundsätzliche Bereitschaft zur gemeinsamen Beschulung von behinderten und nicht behinderten Kindern lässt jedoch hoffen, auch wenn die Einstellungen und Wertungen der Schulpädagogischen Experten mit denen der Praktiker vor Ort nicht ganz übereinstimmen.

Als wesentlicher Fortschritt kann jedoch gesehen werden, dass – zumindest in der Theorie – Sonderpädagogen und (Grund-)Schulpädagogen in die gleiche Richtung zu gehen scheinen, nämlich in Richtung „Einschulung ohne Auslese" bzw. „Gemeinsame (Grund-)Schule für alle Kinder".

■ Stand der Integration zu Beginn des 21. Jahrtausends

Heute, mehr als 10 Jahre nach dem vorgenannten Symposium sind nicht nur die Kenntnisse größer sondern eine Realisierung des gemeinsamen Unterrichts ist in fast allen Bundesländern *möglich*. Abwehr und Ängste scheinen jedoch nicht völlig überwunden, obwohl administrative Vorgaben die Möglichkeit gemeinsamer Unterrichtung in der Regelschule als sinnvolle Alternative zur Sonderschulbildung ansehen, und obwohl sich die Ausbildungscurricula sowohl in der Grundschul- als auch in der Sonderpädagogik inhaltlich stärker auf den Unterricht in heterogenen Gruppen bzw. auf die gemeinsame Unterrichtung von behinderten und nicht behinderten Kindern beziehen. Wurden im

KMK-Gutachten von 1983 noch Vorbehalte gegenüber der integrativen Beschulung behinderter Kinder formuliert, mit der Begründung, die Erfahrungen aus den damaligen Schulversuchen seien unzureichend, so werden in den Empfehlungen der KMK von 1994 integrative Bestrebungen im Schulwesen der BRD befürwortet. Die Ambivalenz und die Zweifel hinsichtlich der Realisierung einer gemeinsamen Erziehung und Bildung behinderter und nicht behinderter Kinder, die in den Gutachten deutlich werden, bestehen allerdings bis heute.

Eine kritische Analyse der heutigen Situation der gemeinsamen Erziehung und Bildung beeinträchtigter Kinder in Deutschland liefert SANDER (2002, 146 ff.). Ausgehend von begrifflichen Unterschieden in der nationalen und in der internationalen Diktion macht er deutlich, dass der international gebräuchliche Begriff „inclusion" nicht identisch ist mit dem deutschen Fachbegriff „Integration".

Als (sonder-)pädagogischer Fachterminus meint Integration „das gemeinsame Lernen und Leben nicht behinderter und behinderter Kinder und Jugendlicher in Regelklassen, erforderlichenfalls mit fachlicher Unterstützung" (SANDER 2002, 146), wobei „fachlich" hier wohl sonderpädagogisch heißen soll.

Mit Bezug auf BINTINGER/WILHELM (2001) und HINZ (2000) kann Inklusion als „eine verbesserte, weiterentwickelte, von Fehlformen bereinigte Integration" gesehen werden (SANDER 2002, 147), die als neue Entwicklung in der Integrationspraxis und in der Sonderpädagogik allgemein verstanden werden kann.

„Inklusion" setzt einen **insgesamt veränderten Unterricht** voraus. Die KMK-Empfehlungen (1994) weisen zumindest implizit auf die Veränderung der Regelschule hin (vgl. DRAVE/RUMPLER/WACHTEL 2000, 26 f.). Ob und wann diese Veränderung realisiert werden wird, bleibt zumindest in Zeiten leerer öffentlicher Kassen fraglich, denn Inklusion ist nicht kostenneutral in der Regelschule zu realisieren!

Für SANDER (a. a .O.) ist eine gemeinsame Unterrichtung von behinderten und nicht behinderten Kindern, bei der „die zusätzliche Unterstützung streng auf das behinderte Kind fokussiert wird, während der Unterricht sich insgesamt nicht ändert", eine bloße „Addition von sonderpädagogischen Hilfen" in einer nicht reformierten Regelschule (vgl. SANDER 2002, 146 f.). Erst eine „optimierte Integration", d. h.

- ein gemeinsamer Unterricht in ganzheitlich verbesserter und veränderter Form,
- der die Bedürfnisse aller Schüler im Blick hat,

verdient die Bezeichnung „Inklusion" (vgl. SANDER 2002, 146 f.)

Anhand historischer Phasen schulischer Bildung von behinderten Kindern lässt sich der aktuelle Stand integrativer schulischer Praxis verdeutlichen. Basierend auf BÜRLI (1997) und BINTINGER/WILHELM (2001) können international fünf Phasen progressiver Entwicklung einer (gemeinsamen) Erziehung und Bildung genannt werden:

1. **Exklusion**, d. h. behinderte Kinder sind vom Schulbesuch ausgeschlossen, gelten als schulbildungsunfähig.
2. **Separation/Segregation**, d. h. behinderte Kinder besuchen spezifische, von der Regelschule getrennt Bildungseinrichtungen oder spezifische Klassen innerhalb der Regelschule (vgl. auch VERNOOIJ 1982/1984; 2005b).

3. **Integration**, d. h. behinderte Kinder besuchen die Regelschule und erhalten dort sonderpädagogische Hilfen.
4. **Inklusion**, d. h. **alle** behinderten Kinder besuchen die Regelschule, in der besonderen pädagogischen **und** sonderpädagogischen Bedürfnissen Rechnung getragen wird.
5. **„Vielfalt in Gemeinsamkeit“** (Preuss-Lausitz 1992) wird zum Normalfall, d. h. außerordentlich heterogene Gruppen sind in der gemeinsamen schulischen Bildung zur Selbstverständlichkeit geworden.

Mit letzterem werden Begriffe wie Integration oder Inklusion überflüssig (vgl. auch Sander 2002, 147).

Der **aktuelle Stand** der gemeinsamen Erziehung und Bildung in der BRD ist wohl **Phase 3**, d.h. dort, wo gemeinsamer Unterricht stattfindet, handelt es sich um „eine Addition von sonderpädagogischen Hilfen“ in einer weitgehend unveränderten Regelschule.

Dabei ist die Problematik des zieldifferenten Unterrichts – Markowetz spricht von „zieldifferenter Integration“ (2001, 176) – sicher mit ein Grund, der – neben Reformunwilligkeit des Regelschulsystems – Inklusion (d. h. Phase 4!) be- bzw. verhindert.

Betrachtet man den Stand der gemeinsamen Unterrichtung von behinderten und nicht behinderten Kindern in Deutschland aufgrund (weniger) vorliegender Datum, so zeigt sich

- dass die Bilanz ca. 25 Jahre nach dem Beginn integrativer Bemühungen relativ ernüchternd ist;
- dass eine bundesweit exakte Datenerhebung in Zusammenhang mit integrativer Beschulung erst seit 1999 existiert;
- dass der prozentuale Anteil integrativ beschulter beeinträchtigter Kinder nicht nur in den 16 Bundesländern erheblich differiert, sondern auch bezogen auf die Förderschwerpunkte;
- dass seit einigen Jahren in vielen Bundesländern eine Stagnation, teilweise ein Rückschritt hinsichtlich integrativer Organisationsformen aufgrund finanzieller Engpässe zu verzeichnen ist, da die gemeinsame Erziehung und Bildung von behinderten und nicht behinderten kostenneutral nicht zu realisieren ist.

Während Sander (2002, 147 f.) von 11,6 % beeinträchtigter Kinder ausgeht, die in Regelschulen mit entsprechender sonderpädagogischer Unterstützung unterrichtet werden – das entspricht den KMK-Daten von 1999 – in der Regelschule lässt eine halbwegs passable Auflistung der Integrationsquoten in Markowetz (2001, 177 ff.) den Schluss zu, dass je nach Bundesland zwischen 2 % und ca. 14 % der beeinträchtigten Kinder eine Regelschule besuchen. Die Daten stimmen allerdings nicht mit Angaben des Bundesministeriums für Arbeit- und Sozialordnung (1998, 44) überein. Nach dortigen Angaben werden lediglich 4 % der beeinträchtigten Kinder in der Regelschule integrativ unterrichtet.

Eine neuere statistische Erhebung der KMK (2005b) lässt relativ differenziert für die einzelnen Förderschwerpunkte Vergleiche zwischen

- Regeschul- vs. Sonderschulbildung
- Prozentualen Daten von 1999 vs. 2002

zu (vgl. Tab. 23).

Die Vergleichsdaten zeigen, dass zwischen 1999 und 2002 der Anteil gemeinsamer schulischer Bildung in der Regelschule in

Beeinträchtigung/ Förderschwerpunkt	Schulform			
	Sonderschule (%)		Allgemeine Schule (%)	
	1999	2002	1999	2002
FS Lernen	89,5	88,1	10,5	11,9
FS Sehen	72,1	72,0	27,9	28,0
FS Hören	79,2	76,4	20,8	23,6
FS Sprache	79,9	78,5	20,1	21,5
FS körperliche und motorische Entwicklung	85,0	83,8	15,0	16,2
FS geistige Entwicklung	97,2	97,2	2,8	2,8
FS Verhalten	77,0	71,3	23,0	28,7
ohne FS-Zuordnung	92,5	92,6	7,5	7,4
insgesamt	88,4	86,7	11,6	13,3

Tab. 23: Beschulungsform bezogen auf verschiedene Förderschwerpunkte (Quelle: KMK 2005b, 3).

allen Förderschwerpunkten außer dem Förderschwerpunkt geistige Entwicklung leicht gestiegen ist.

In einem Ranking bezogen auf den Anteil von beeinträchtigten Kindern in der Allgemeinen Schule zeigt sich für 2002 folgendes Bild:

Tab. 24: Prozentualer Anteil von beeinträchtigten Schülern in der allgemeinen Schule 2002 (Quelle: KMK 2005b, 3).

Beeinträchtigung/ Förderschwerpunkt	Anteil (%) integrativ beschulter Kinder
FS Verhalten	28,7
FS Sehen	28,0
FS Hören	23,6
FS Sprache	21,5
FS körperliche und motorische Entwicklung	16,2
FS Lernen	11,9
FS geistige Entwicklung	2,8

Die niedrigste Quote bezogen auf gemeinsame Unterrichtung in der Allgemeinen Schule weisen die Förderschwerpunkte auf, die sich auf Kinder mit geistigen Beeinträchtigungen (vgl. Abb. 4, Kap. 2.1.2) beziehen, nämlich Kinder mit Lernbehinderungen und Kinder mit geistigen Behinderungen.

Inwieweit es sich um in die Regelschule rückgeschulte Kinder handelt, oder um „nicht ausgesonderte“, ist den vorliegenden Daten nicht zu entnehmen.

Die Zahlen zeigen jedoch, dass bis heute der überwiegende Teil behinderter bzw. beeinträchtigter Kinder und Jugendlicher offenbar in separierter Form, d.h. in sonderpädagogischen Einrichtungen unterrichtet wird, je nach Förderschwerpunkt zwischen 97,2 und 71,3 %. Im durchschnitt befinden sich 2002 13,3 % der beeinträchtigten Kinder und Jugendlichen (allgemein) in der Regelschule, was zu 1999 ein Anstieg um 1,7 % ist.

3.2.3.2 Juristische Aspekte im Zusammenhang Behinderung

In den 1990er Jahren aktualisierte sich die Diskussion bezogen auf die gemeinsame Unterrichtung von behinderten und nicht behinderten Kindern insbesondere auch aufgrund gesetzlicher Veränderungen bzw. verfassungsrichterlicher Entscheidungen.

Ob mit der Erziehung und Bildung von beeinträchtigten Kindern in der Regelschule ein Paradigmenwechsel bildungspolitischer Art stattgefunden hat (vgl. Kap. 2.2.3), mag begründet bezweifelt werden. Ebenso erscheint es fraglich, ob die handlungsleitenden Theorien sowohl in der Sonderpädagogik als auch in der Grundschulpädagogik in den letzten 20 Jahren eine grundlegende Veränderung erfahren haben.

Fakt ist jedoch heute, dass vermehrt Kinder mit Lern-, mit Sprach-, mit Verhaltensstörungen in der Regelschule verbleiben bzw. verbleiben sollten, und zwar ganz wesentlich auf der Basis veränderter juristischer und administrativer Vorgaben, die Veränderungen reaktiver Art in der Bildungspraxis unumgänglich machen (vgl. Kap. 2.2.3). Insbesondere die **Grundsatzentscheidung des Bundesverfassungsgerichtes** (08. Okt. 1997) hatte Auswirkungen

- auf die Beschulung beeinträchtigter Kinder,
- und damit indirekt auf die Bestimmung des pädagogischen Lernortes dieser Kinder,
- sowie auf die Erstellung des sonderpädagogischen Gutachtens, d.h. auf die Feststellung des „sonderpädagogischen Förderbedarfs".

Auf der Basis dieser Grundsatzentscheidung ist die Beschulung eines beeinträchtigten Kindes in der Regelschule nicht mehr ein Akt des „good-will" eines Schulbezirks, auch nicht mehr Ausdruck einer progressiven Bildungspolitik eines Bundeslandes, und damit eher eine zufällige Möglichkeit in Abhängigkeit des Wohnortes. Aufgrund der Bundesverfassungsentscheidung haben alle betroffenen Kinder und ihre Eltern das Recht auf eine gründliche und transparente Überprüfung der Möglichkeit einer Unterrichtung in der Regelschule.

Anzumerken ist allerdings, dass Kinder mit unterschiedlichen Behinderungen bereits seit Beginn der 1990er Jahre relativ problemlos einzelne Regelschulen besuchen können,

- wenn zielgleiches Lernen möglich ist, d.h. wenn keine wesentliche intellektuelle Minderleistung zu erwarten ist;
- wenn vorhandene baulich-räumliche Gegebenheiten angemessen sowie technisch-apparative Hilfen ohne zusätzlichen Kostenaufwand zu beschaffen sind;
- wenn keine zusätzlichen personellen Ressourcen notwendig werden.

3.2.3.3 Von der Integration zur Inklusion

Als wichtige administrative Vorlage können die bereits dargelegten KMK-Empfehlungen von 1994 sowie die Ergänzungsempfehlungen (1996-2000) gelten (vgl. Abs. 3.2.1/ 3.2.2). Die dort sichtbare mehr oder weniger vorsichtige Präferierung der integrativen Beschulung von behinderten oder beeinträchtigten Kindern orientiert sich am Grundsatz der „begabungsgerechten Förderung".

Das heißt, die Förderung der je individuellen Fähigkeiten und Möglichkeiten von Kindern vor dem Hintergrund ihrer spezifischen persönlichen und sozialen Gegebenheiten und Bedingungen. Dies gilt nicht nur für beeinträchtigte, sondern für alle Kinder, z.B. auch für hoch- bzw. spezialbegabte (vgl. Vernooij 2004, 166). Dabei kann Integration um jeden Preis, wie es in den Anfängen der Integrationsbewegung oftmals praktiziert wurde, nicht das Ziel sein. Hier verweisen auch die KMK-Empfehlungen auf die unbedingte Erhaltungspflicht der bisherigen Qualitätsstandards, auf die Sicherstellung der erforderlichen Qualität und Quantität zusätzlicher sonderpädagogischer Fördermaßnahmen (vgl. KMK-Empfehlungen, in Drave/ Rumpler/ Wachtel 2000, 27ff.).

Damit scheint sich die anfängliche Euphorie und Ideologiebetrachtung bezogen auf die gemeinsame Beschulung von behinderten und nichtbehinderten Kindern in der Praxis langsam einer realistischen und verantwortungsvollen Bildungspolitik anzunähern.

Nur auf der Basis fundierter fachtheoretischer Erkenntnisse und sachlich-realistischer Situationsanalyse lassen sich die notwendigen Reformen des Bildungssystems konzipieren, erproben und endgültig realisieren. Dabei müssen die Bedürfnisse von Kindern, vor dem Hintergrund von Behinderungen und Beeinträchtigungen, aber auch vor dem Hintergrund besonderer Begabungen und Fähigkeiten Berücksichtigung finden.

Eine Schule der Zukunft muss die Erziehung und Bildung aller Kinder im Blick haben und Möglichkeiten der besonderen Förderung und Fürsorge einschließen.

Eine Schule der Zukunft in einer globalisierten Bildungs- und Wirtschaftslandschaft wird eine Leistungsschule sein müssen, die sich im internationalen Vergleich (z.B. Pisa I und II) behaupten kann. Sollen in dieser Schule behinderte, beeinträchtigte, durchschnittlich und hochbegabte Kinder unterrichtet werden, dann bedarf es eines Systems gestufter Bildungsstandards, z.B. im Sinne

- eines Minimallevels
- eines Optimallevels
- eines Maximallevels.

Die Realisierung einer solchen Schule erfordert strukturelle, organisatorische und personelle Reformen tiefgreifender Art, verbunden mit einer radikalen Veränderung der Ausbildung von Vorschulerziehern, Lehrern und Sonderpädagogen.

Soll die gemeinsame Unterrichtung von behinderten und nicht behinderten Kindern mehr sein als ein bloßes Nebeneinander mit zusätzlichen sonderpädagogischen Hilfen für einige Kinder, dann wird sich das Schulsystem zumindest in einer gemeinsamen Grundstufe sehr verändern müssen.

3.2.3.4 Kinder mit Lern- und/oder Verhaltensstörungen in der Grundschule

Bis ein Schulsystem entstanden ist, in dem Inklusion nicht nur möglich sondern selbstverständlich ist, werden noch einige Jahre vergehen.

Vor uns liegt ein langer Prozess schulischer Reformen, der in der öffentlichen Diskussion – vor dem Hintergrund der beiden Pisa-Studien – behinderte und/ oder beeinträchtigte Kinder gar nicht mit einbezieht. Bei den theoretischen Diskussionsbeiträgen von Politikern und sog. Bildungsexperten gewinnt man den Eindruck, dass die Tendenz eher in Richtung Separation von – zumindest intellektuell – beeinträchtigten Kindern geht.

Die momentane Realität ist jedoch, dass in fast allen Bundesländern vermehrt Kinder mit Lern- und/ oder Verhaltensstörungen in die Grundschule eingeschult werden und nach Möglichkeit dort verbleiben sollen.

Je nach Art und Schwere der Beeinträchtigung bzw. Störung sind Kinder mit Lern- und/oder Verhaltensstörungen Kinder

- mit besonderem pädagogischem Förderbedarf oder
- mit sonderpädagogischem Förderbedarf.

Beide Gruppen lernen unter **erschwerten Bedingungen**, d.h. sie sind in einer **besonderen** – von der Regelsituation abweichenden – **Lernsituation**.

Dieser Situation gerecht zu werden, erscheint in der Grundschule heutiger Prägung in besonderem Maße schwierig, aus folgenden Gründen:

- Die Heterogenität der Schülerschaft ist groß, d.h. die Lernausgangslagen sind außerordentlich verschieden, sowohl kognitiv und sozial als auch emotional und motorisch. Diese Heterogenität wird in so genannten integrativen Settings zusätzlich vergrößert.
- Die Schülerzahl in den einzelnen Klassen ist relativ hoch, was die Möglichkeiten der Lehrkräfte, individuell auf Schüler einzugehen erheblich erschwert.
- Die Anzahl der Förderstunden ist i. d. R. relativ niedrig, d.h., dem besonderen Förderbedarf einzelner Kinder kann nur bedingt entsprochen werden.
- Die bisherige Ausbildung von Grundschullehrern/-lehrerinnen bereitet nicht in ausreichendem Maße auf den pädagogischen Umgang mit und die gezielte Förderung von Schülern mit Lern- und/oder Verhaltensstörungen vor.
- Die Grundschule ist – wie in allen hoch industrialisierten Leistungsgesellschaften – eine Leistungsschule. D.h. am Ende der Grundschulzeit, ob vier oder sechs Jahre, muss ein gewisser Leistungsstandard erreicht sein, um auf dem Bildungsweg fortschreiten zu können.
- Diese Leistungsbezogenheit ist auch aus wissenschaftlicher Sicht unabdingbar notwendig. Neuere Forschungen (Hasselhorn/Grube 2003) legen nahe, die ersten 10 Lebensjahre als unbedingte Lern- und Leistungsjahre zu sehen.
- Bezogen auf die unterschiedlichen Lernausgangslagen hat die Grundschule oft mit erheblichen Versäumnissen im vorschulischen Feld zu kämpfen, sowohl bezogen auf kognitive Förderung als auch bezogen auf allgemeine Erziehungspraktiken. Dies gilt insbesondere für Kinder mit wenig förderlichen Sozialisationsbedingungen, zu denen beispielsweise ein Großteil der lernbeeinträchtigten Kinder gehört.

Bei allem Engagement der meisten Grundschullehrkräfte ist es doch unmöglich frühe Anregungsdefizite auszugleichen, Erziehungsnachlässigkeiten oder -fehler zu korrigieren, familiäre Problemlagen und die sich daraus ergebenden psychischen Schwierigkeiten für die Kinder pädagogisch aufzufangen und zu mildern.

Selbst wenn man diese möglichen Anforderungen außer acht ließe und sich „nur" auf das Unterrichten beschränkte, ergäben sich in sehr heterogenen Gruppen, von hochbegabten über normalbegabte bis hin zu lernschwachen Kindern, erhebliche Veränderungsnotwendigkeiten

- hinsichtlich der inhaltlichen Auswahl,
- hinsichtlich des methodischen Vorgehens,
- hinsichtlich der Leistungsbewertung.

Gemeint ist hier noch nicht zieldifferentes Lernen, sondern zielgleiches Lernen!

Über die genannten Felder hinaus vergrößern sich die Probleme bezogen auf das Lernen von Kindern

- hinsichtlich der Allgemeindisziplin,
- hinsichtlich des Arbeitsverhaltens,

- hinsichtlich der Motivation und damit
- hinsichtlich der Aufmerksamkeit und Konzentration.

Die Grundschullehrerschaft befindet sich in einer Situation, in der das bisherige unterrichtspädagogische Handwerkszeug nicht mehr ausreicht.

- Die Lebenswelt- und Handlungsorientierung der Inhalte,
- die innere Differenzierung bis hin zur Individualisierung sowie die Flexibilisierung von Unterrichtsmethoden und -formen,
- die Ziffernbewertung nach allgemeinen Standards

funktionieren nur dort, wo Kinder

- ein Minimum an Regelverständnis und -befolgung, d.h. Selbststeuerung aufweisen
- arbeitswillig und arbeitsfreudig sind,
- über Konzentrationsfähigkeit und Aufmerksamkeitsdisziplin verfügen.

Hieraus folgt, dass in sehr heterogenen Gruppen die Erziehungsmaßnahmen neben denen der schulischen Bildung zumindest in den ersten Wochen eines Schuljahres breiten Raum einnehmen müssen, um eine klare Struktur für alle, insbesondere bezogen auf Sozial- und Lernverhalten, einzuüben. Hierbei ist ein System von Regeln und von Konsequenzen bei deren Einhaltung oder Übertretung sehr hilfreich. Die konsequente Beachtung der Regeln ist dabei von entscheidender Bedeutung, insbesondere bei Kindern mit Verhaltensauffälligkeiten.

■ Heterogene Gruppen und zieldifferentes Lernen

Im Zusammenhang mit der gemeinsamen Erziehung von beeinträchtigten und nicht beeinträchtigten Kindern sowie im Zuge zunehmender Individualisierungsforderungen im Rahmen der schulischen Bildung müsste auch über die Zielsetzung von Unterricht neu nachgedacht werden. Ausgehend von einer weitgehenden Homogenität der Schüler einer Jahrgangsstufe war bis in die 1980er Jahre das Unterrichtsziel für alle Schüler einer Klasse gleich gesetzt, festgelegt in den Richtlinien und Lehrplänen der jeweiligen Schulform, und dort für die verschiedenen Jahrgangsstufen.

Eine Zielbeschreibung des Unterrichts sollte möglichst konkret, d.h. „operationalisiert" erfolgen. Sie beinhaltet Kenntnisse, Tätigkeiten und/oder Leistungen, die Schüler am Ende eines Unterrichtsprozesses haben bzw. erbringen sollen. „Eine Zielbeschreibung bezeichnet ein beabsichtigtes Ergebnis von Unterricht – es beschreibt nicht den Ablauf des Unterrichts" (Mager ^{2}1977, 5). Unterschieden werden muss zwischen angestrebten Lehrzielen und tatsächlich erreichten Lernzielen, da diese zumindest teilweise voneinander abweichen können (vgl. Böhm ^{15}2000, 547).

Befinden sich in einer Klasse Kinder mit und Kinder ohne Beeinträchtigungen/ Behinderungen, ist die – ohnehin illusionäre – Homogenität nicht mehr gegeben. Dementsprechend kann nicht mehr von einer gleichen Zielsetzung ausgegangen werden, zumal u. U. unterschiedliche Lehrpläne für die Unterrichtsplanung zugrunde gelegt werden müssen (z.B. wenn ein Kind mit geistiger Behinderung oder ein stark lernbeeinträchtigtes Kind in der Regelklasse integrativ beschult wird).

Mit Hilfe innerer Differenzierung sollen und können alle Kinder in deutlich heterogenen Gruppen begabungsgerecht gefördert werden, was eine individuelle, d.h. differente Zielbeschreibung für die Schüler notwendig macht.

- Zielgleiches Lernen heißt, dass alle Schüler einer Klasse das gleiche Unterrichtsziel, auf der Basis des gleichen Lehrplans möglichst in der gleichen Zeit, erreichen sollen.
- Zieldifferentes Lernen heißt, dass die Schüler einer Klasse individuell festgelegte Ziele u. U. auf der Basis unterschiedlicher Lehrpläne und unter Berücksichtigung ihrer je spezifischen Fähigkeiten und Möglichkeiten erreichen sollen.

Dass die Unterrichtsplanung bei zieldifferentem Lernen schwieriger ist, als eine Unterrichtsplanung bei zielgleichem Lernen, ist unschwer zu erkennen.

Einer begabungsgerechten Förderung aller Kinder in der Regelschule stand das zieldifferente Lernen in einigen Bundesländern lange Zeit entgegen. In Bayern, als letztem Bundesland, trat zum 01.08.2003 ein Erziehungs- und Unterrichtsgesetz in Kraft, welches auch zieldifferentes Lernen in der Regelschule möglich macht.

Mit der Einführung des Prinzips des zieldifferenten Lernens ergeben sich für Grundschullehrkräfte sehr schwierige „aber, wie praktische Versuche mit Integrationsklassen seit dem Beginn der 1980er Jahre gezeigt haben, durchaus leistbare Aufgaben" (Faust-Siehl et al. 1996, 133). Das wesentliche Problem besteht wohl darin, beeinträchtigten Kindern einerseits gleiche Entwicklungschancen zu geben, sie andererseits aber nicht zu überfordern.

■ Innere Differenzierung als wesentliches Prinzip

Wichtigstes pädagogisches Rüstzeug für Lehrkräfte ist in heterogenen Gruppen zweifelsohne die profunde theoretische Kenntnis und die Befähigung zu flexibler praktischer Anwendung des Prinzips der Differenzierung. Dass eine effektive Binnendifferenzierung besser zu realisieren ist in einem Mehrpädagogen-System, steht außer Frage. Da wir in der aktuellen Situation i. d. R. weit davon entfernt sind – ein Zwei- oder Mehrpädagogenunterricht ist sehr kostenintensiv – sollte sich auch die einzelne Lehrkraft, als Alleinunterrichtende, mit dem Prinzip der Differenzierung befassen. In der Vorbereitung arbeitsintensiver, erleichtert es doch den Unterrichtsablauf erheblich und wird einer begabungsgerechten Bildung von Kindern mit sehr unterschiedlichen Lernausgangslagen am ehesten gerecht.

Bereits 1823 formulierte Hebart in einem Bruchstück „über die allgemeine Form einer Lehranstalt":

> „Die Verschiedenheit der Köpfe muss zuerst in Betracht gezogen werden. Verschiedenheit des Alters, der Fähigkeit (...), Verschiedenheit angenommener Sitten und Meinungen, Verschiedenheit der Vorbereitung, der frühen Bildung oder Vernachlässigung. Unvermeidliche Ungleichheit der Laune und Aufgelegtheit der Schüler." (238)

„Die Verschiedenheit der Köpfe" sollte heute durchaus berücksichtigt werden, denn die Schulgesetze sehen eine „begabungsgerechte Förderung" vor. Das Hindernis bei der Realisierung dieser begabungsgerechten Förderung scheint eher – neben schulischen Rahmenbedingungen – die Unkenntnis hilfreicher organisatorischer und methodischer Möglichkeiten zu sein.

Als Definition von **innerer Differenzierung** kann formuliert werden: Innere Differenzierung meint die Unterrichtsorganisation, die sich am Entwicklungs-, Begabungs- und Leistungsgefälle der Schüler orientiert und in der Aufgaben, Medien und Arbeitsformen personen- und zeitvariabel eingesetzt werden, um jedem Schüler ein zielerreichendes Lernen zu ermöglichen. Als Sonderform kann innere Differenzierung für bestimmte Schüler eine Individualisierung des Unterrichts darstellen.

Beim binnendifferenzierten Unterricht können Partner-, Gruppen- und Einzelarbeit flexibel eingesetzt werden, wobei

- die Aufgaben in Quantität und Qualität dem Leistungsstand der jeweiligen Schüler angepasst werden (leichtere, schwerere und/oder Sonderaufgaben),
- die Arbeitszeit variabel gehalten wird (i. d. R. durch die Aufgabenmenge),
- zusätzliches oder alternatives Lehrmaterial zur Verfügung gestellt wird,
- methodische Variationen bei der Aufgabenbearbeitung möglich sind.

Mit der Variabilität bzw. Unterschiedlichkeit von Aufgabenstellung, Bearbeitungszeit, Arbeitsmaterial, Arbeits-/Lernmethode und Sozialform ist eine Unterschiedlichkeit bezogen auf den Grad an Selbständigkeit und Selbststeuerung für die Schüler gegeben, was sowohl für lernschwache als auch für hochbegabte Kinder bedeutsam ist, insbesondere im Zusammenhang mit der Lernmotivation. Je nach Kenntnis- und Leistungsstand können Arbeits-, Leistungs-, Interessen- oder Übungsgruppen gebildet werden.

Zusätzliche Lernangebote

- für lernschwächere Kinder zur Überwindung von Lernblockaden und zum Ausgleichen von Lernrückständen,
- für sehr begabte Schüler zur besonderen Förderung, Vertiefung und Erweiterung der Fähigkeiten und Kenntnisse in einem Aufgabengebiet,

verhindern Misserfolge, Frustrationen, Langeweile. Die Lehrerhilfe sollte ausgerichtet sein auf den individuellen oder auf den jeweiligen Gruppenbedarf. Es würde den Rahmen dieses Beitrags sprengen, die aktuellen Formen der Unterrichtsgestaltung, z.B. **handlungsorientierten, problemzentrierten** oder **offenen** Unterricht darstellen zu wollen. Bei **allen** Unterrichtskonzepten ist jedoch die Möglichkeit innerer Differenzierung mehr oder weniger ausgeprägt gegeben.

Deshalb würde ich innere Differenzierung als **Organisation 1. Ordnung** innerhalb eines Klassenverbandes bezeichnen. Formen der äußeren Differenzierung stellen hingegen eine **Organisation 2. Ordnung** dar. Zwischen beiden liegen vielfältige unterrichtsmethodische Möglichkeiten innerhalb des Klassenverbandes (vgl. Vernooij 2002, 374).

■ Das Mehrpädagogensystem

Die Modellversuche zur integrativen Beschulung von behinderten und nicht behinderten Kindern in den 1980er Jahren zeigen, dass ein Zwei-Pädagogen-System zu den wesentlichen Voraussetzungen effektiver und qualitätvoller Integrations-Schul-Pädagogik gehört. Auch wenn diese Forderung in der augenblicklichen schwierigen Situation der Staats- und Landesfinanzen nicht durchsetzbar ist, soll doch kurz darauf eingegangen werden.

Denkbar sind folgende Formen:

- ein Regelschullehrer und ein sonderpädagogisch ausgebildeter Stützpädagoge (i. d. R. Diplompädagoge) sind in der Integrationsklasse tätig;
- ein Regel- und ein Sonderschullehrer unterrichten gemeinsam eine integrative Klasse;
- ein Regelpädagoge und ein Schulassistent mit Heilpädagogischer Ausbildung (z.B. Heilpädagoge, Heilerziehungspfleger) arbeiten gemeinsam in einer Integrationsklasse;
- der Regelschullehrer wird unterstützt durch einen an der Grundschule tätigen Sonderschullehrer (i. d. R. tage- oder stundenweise).

Letztere Möglichkeit wäre sicher die am ehesten realisierbare Möglichkeit: ein Sonderschullehrer, ausgebildet in mindestens zwei der folgenden Fachrichtungen: Pädagogik bei Lernbeeinträchtigung, Pädagogik bei Verhaltensstörung, Pädagogik bei Sprachstörungen, ist fest an der Grundschule angestellt und leistet für mehrere Klassen

- Beratung
- Sonderpädagogische Förderung
- Lernprozessbegleitende Diagnostik.

In allen Fällen verändert sich die Situation von Lehrern erheblich. Sie werden von „Einzelkämpfern" zu Teamarbeitern; denn ein Mehrpädagogensystem kann nur effektiv sein, wenn die Zusammenarbeit zumindest auf der Sachebene gut funktioniert.

3.2.3.5 Resümee und Ausblick

Eine Schule der „Vielfalt in der Gemeinsamkeit" (Preuss-Lausitz 1992; Grundschulverband 2002, VII) hat weitreichende Konsequenzen

- für den Unterricht,
- für die Lehrerrolle von Grund- und Sonderschullehrern
- für die Leistungsbewertung von Schülern bei zieldifferentem Unterricht.

Grundlage für den Unterricht nach dem Prinzip innerer Differenzierung ist eine fundierte Lernbegleitdiagnostik individuell für jeden Schüler. Bezogen auf die Leistungsbewertung finden sich in der neueren schulpädagogischen Literatur teilweise abenteuerliche Vorschläge. Zu ihnen gehört die Auflösung eines allgemeinen Bewertungsmaßstabs, sowie die Auflösung der Ziffernnoten (Winter 2002, 48ff./ Sacher 2001, 78ff.). Leistungsbewertung erfolgt individuell bezogen auf den jeweiligen Leistungsfortschritt. Abenteuerlich nenne ich diese Vorschläge deshalb, weil es **eine** Aufgabe von Schule ist, die Schüler so zu erziehen und zu bilden, dass sie auf die nachschulische Realität gut vorbereitet und zu einer eigenen Form der Lebensgestaltung in der Lage sind.

Schule ist kein realitätsferner Raum bzw. sie sollte es nicht sein. Insofern muss die Effektivität individualorientierter Leistungsbewertung sehr kritisch betrachtet werden. In einer Leistungsgesellschaft vollziehen sich Personenbewertungen im interindividuellen Vergleich! Kein Lehrherr wird die Leistung eines Lehrlings bewerten auf der Basis von dessen individueller Entwicklung. Leistungsbewertung erfolgt im Vergleich zu anderen Individuen in ähnlichen Lern-/Ausbildungssituationen. Es wäre für die Schüler eine Katastrophe, sollte integrative Beschulung zu einer Abkoppelung von allgemeinen gesellschaftlichen Standards führen. Sowohl nicht behinderte als auch behinderte Jugendliche sollten auf die nachschulische Realität so vorbereitet sein, dass sie sich in ihr halbwegs erfolgreich bewegen können.

Da die Diskussion um Leistungs-/ Bildungsstandards erst in den Anfängen ist, besteht die Hoffnung, dass realitätsferne, theoretische Wunschkonstrukte, bei denen die Bedürfnisse von Schülern – mit und ohne Beeinträchtigungen – sowie die Erfordernisse des nachschulischen Lebens offenbar aus dem Blick geraten sind, sich nicht durchsetzen oder schleunigst korrigiert werden.

3.2.4 Das Sonderpädagogische Förderzentrum

In engem Zusammenhang mir der gemeinsamen Unterrichtung von beeinträchtigten/behinderten und nicht behinderten Kindern stehen schulstrukturelle Veränderungen und Weiterentwicklungen in der sonderschulischen Praxis.

- Präventive schulische Organisationsformen (z.B. Schulvorbereitende Einrichtungen, veränderte Schuleingangsstufen) versuchen, die Chancengleichheit bezogen auf die Bildung für alle Kinder zu realisieren, zumindest aber „Sonderschulkarrieren" zu verhindern, durch relativ frühe, systematische, ganzheitlich ausgerichtete Förderung, vorschulisch und in den ersten Grundschuljahren.
- Integrative, kooperative und Sonder-Beschulungsformen stehen als gleichberechtigte Bildungsmöglichkeiten, orientiert am jeweiligen Förderbedarf des Kindes, nebeneinander.
- Mobile bzw. ambulante sonderpädagogische Dienste unterstützen den Erfolg schulischer Bildung von beeinträchtigten Kindern nicht nur in der Regelschule.

Förderzentren stellen eine mehr oder weniger veränderte schulische Organisationsform dar, die in vielfältiger Weise versucht, dem jeweiligen besonderen Förderbedarf einerseits, den schulischen Erfordernissen mit Blick auf die nachschulische Lebensgestaltung der Schüler andererseits gerecht zu werden.

3.2.4.1 Die Entwicklung des Sonderpädagogischen Förderzentrums

Bereits 1973 wurde in den Empfehlungen der Bildungskommission die „gemeinsame Unterrichtung von Behinderten und Nichtbehinderten" als wünschenswert empfohlen (Deutscher Bildungsrat 1974, 15). Zur Realisierung dieser Empfehlung wurde die Entwicklung von „kooperativen Schulzentren" vorgeschlagen, eine Organisationsform, in der Allgemeine Schulen und Sonderschulen sich zu einem Fördernetzwerk zusammenschließen sollten. Als wesentliche Neuerung und gleichzeitig als Kernstück eines solchen Zentrums ist die „Behindertenspezifische Hilfe" anzusehen, zu der es im Gutachten heißt:

> „Für Schüler, die trotz drohender oder bereits gegebener Behinderung [...] gemeinsam mit nichtbehinderten Schülern unterrichtet werden, sind behindertenspezifische Hilfen und Therapie zusätzlich zum allgemeinen Unterricht vorzusehen" (a.a.O., 15f.).

Diese Hilfen bzw. Therapien sollten von der dem Schulzentrum angehörigen Sonderschule organisiert werden.

> „Diese zusätzlichen und ergänzenden Fördermaßnahmen werden durch Sonderpädagogen der betreffenden Fachrichtungen [z.B. Sprachbehinderten-, Lernbehinderten-, Kör-

perbehindertenpädagogik, d.Verf.] oder Therapeuten [...] durchgeführt." Dabei stellt das Kollegium der Sonderschule „einen oder mehrere Sonderpädagogen für die behindertenspezifische Hilfe in der allgemeinen Schule frei" (a.a.O.).

Weiterhin schlägt der Deutsche Bildungsrat besondere Förderstunden und Förderkurse vor, die ebenfalls vornehmlich von Sonderpädagogen in der Allgemeinen Schule durchgeführt werden sollen.

Obwohl das Gutachten von 1973 mit großem Interesse aufgenommen wurde, zumal es dem epochalen Trend einer Reduzierung von schulischer Aussonderung entsprach, vergingen, bis auf wenige Modellversuche (z.B. die Pädagogische Station in Essen-Vogelheim, Springer 1981), etliche Jahre bis zur konkreten Umsetzung der Vorschläge. Erst in den 1980er Jahren wurde – insbesondere im Zusammenhang mit kritischen Diskussionen zur Sonderbeschulung von Kindern mit Lernbeeinträchtigungen, mit Verhaltensauffälligkeiten und /oder mit Sprachstörungen (vgl. Sander 1982, Wocken 1982, Klein 1985) – verstärkt nach neuen Möglichkeiten der Erziehung und Bildung von beeinträchtigten Kindern gesucht. Dabei spielten die inzwischen in mehreren Bundesländern begonnenen Modellversuche zur integrativen Beschulung von behinderten und nichtbehinderten Kindern (z.B. in Berlin, Bremen, Hamburg, Saarland, Hessen) eine wesentliche Rolle. Zur Gewährleistung einer angemessenen Bildung und Förderung beeinträchtigter Kinder in der Grundschule (die Versuche fanden zunächst nur dort statt) bedurfte es der Mithilfe und Betreuung durch Sonderpädagogen, was organisatorisch neue Überlegungen erforderlich machte, z.B. Formen ambulanter/mobiler Dienste.

Etwa ab 1990 finden in den Bundesländern unterschiedliche Schritte zur Bildung bzw. Entwicklung Sonderpädagogischer Förderzentren statt. So führte Schleswig-Holstein mit Schulgesetz von 1990 zunächst die Bezeichnung „Förderzentrum" für alle Sonderschulen ein, während im Saarland unter der wissenschaftlichen Begleitung von Sander ein Modellversuch zu einem neuartigen „Sonderpädagogischen Förderzentrum" begann. Bayern unternahm von 1989/90 bis ca. 1995 sog. Feldforschungen (Schor 2001) im Zusammenhang mit einem Schulversuch, bei dem sowohl der Zusammenschluss unterschiedlicher Sonderschulformen, als auch neue Organisationsformen mit präventivem und kompensatorischem Charakter (Schulvorbereitende Einrichtung; Diagnose- und Förderklassen) zu einer sehr komplexen Organisationsform mit mehreren Teilbereichen und personeller Kompetenzbündelung führten (vgl. Abs. 3.2.4.4).

Die KMK-Empfehlungen von 1994 beziehen das Sonderpädagogische Förderzentrum bereits als vorhandene neue Organisationsstruktur zur sonderpädagogischen Förderung in ihre Überlegungen ein, obwohl deren Entwicklung in den 16 Bundesländern sowohl zeitlich als auch konzeptionell große Unterschiede aufweist (vgl. Abs. 3.2.4.3).

In den Empfehlungen heißt es:

„Die Angebotsvielfalt sonderpädagogischer Förderung führt immer häufiger zur Herausbildung von Sonderpädagogischen Förderzentren. Es lassen sich dabei verschiedene Richtungen ausmachen, die einer fachlichen und organisatorischen Weiterentwicklung der Sonderpädagogischen Förderung Rechnung tragen. Dabei sollen Sonderpädagogische Förderzentren als regionale und überregionale Einrichtungen einzelnen oder mehreren Förderschwerpunkten entsprechen und Sonderpädagogische Förderung von präventiven, integrativen, stationären und kooperativen Formen möglichst wohnortnah und fachgerecht sicherstellen" (KMK-Empfehlungen 1994 in: Drave/Rumpler/Wachtel 2000, 36).

Obwohl man sich bei manchen Konzeptionen fragen kann, ob mit den als Sonderpädagogisches Förderzentrum bezeichneten Einrichtungen wirklich etwas Neues entstanden ist (vgl. Vernooij 1992), so muss man doch konstatieren, dass in nahezu allen Bundesländern zumindest neue Teilbereiche oder strukturelle Veränderungen stattgefunden haben.

Relativ übereinstimmend

- finden die Förderschwerpunkte Lernen, emotionale und soziale Entwicklung (Verhalten[1]), Sprache besondere Beachtung;
- wird eine Kompetenzpluralisierung/Kompetenzbündelung in den Sonderpädagogischen Förderzentren angestrebt;
- wird die sonderpädagogische Unterstützung integrativer Settings in der Allgemeinen Schule als eine wesentliche Aufgabe angesehen.

1 Zur besseren sprachlichen Handhabung wird im Folgenden von Förderschwerpunkt Verhalten gesprochen.

3.2.4.2 Ambulante und mobile Sonderpädagogische Dienste

Zum besseren Verständnis ist es sinnvoll, auf die dritte Gemeinsamkeit „Unterstützung integrativer Settings" kurz einzugehen.

Bereits im Gutachten des Deutschen Bildungsrates (1974) wurde die Notwendigkeit „behindertenspezifischer Hilfen" bei der gemeinsamen Unterrichtung von beeinträchtigten und nichtbeeinträchtigten Kindern in der Allgemeinen Schule herausgestellt. Um dem sonderpädagogischen Förderbedarf von Kindern in der Allgemeinen Schule gerecht werden zu können, ist die sonderpädagogische Unterstützung von Lehrkräften und die Betreuung und spezifische Förderung der Schüler unumgänglich.

Die Organisationsform, die solche Hilfen gewährleistet, ist heute der Mobile Sonderpädagogische Dienst (in manchen Bundesländern: Sonderpädagogische Ambulanz, Ambulanter Dienst, Sonderpädagogischer Dienst).

Der Mobile Sonderpädagogische Dienst (MSD – Bayern) kommt zum Einsatz, um beeinträchtigten Kindern und Jugendlichen, d.h. Schülern mit sonderpädagogischem Förderbedarf den erfolgreichen Verbleib in der Allgemeinen Schule zu sichern. In Bayern wird vom MSD im Plural gesprochen, weil es für die meisten Förderschwerpunkte einen eigenen, fachkompetenten MSD gibt.

Mit Blick auf die unterschiedlichen Konzeptionen der einzelnen Bundesländer sollen nur diejenigen Aufgabenfelder des MSD genannt werden, über die in allen Bundesländern weitgehend Einigkeit herrscht:

- Diagnostik
- Sonderpädagogische Förderung,
  je spezifisch auf den Förderschwerpunkt und den individuellen Förderbedarf ausgerichtet - aber je nach zeitlichen Ressourcen
- Planung und Koordinierung der Förderung
- Beratung
  (von Schülern , Lehrkräften und Erziehungsberechtigten)
- Fortbildung für Lehrkräfte.

Die Intensität der Aufgabenerfüllung ist abhängig von den jeweiligen zeitlichen Ressourcen, die den MSD-Lehrkräften zur Verfügung stehen. Die Spanne reicht von zwei Stunden pro Schüler/Woche bis zur Möglichkeit von Doppelunterrichtung (z.B. im Saarland mit 13 Wochenstunden bei mehreren beeinträchtigten Kindern in einer Regelklasse).

In einigen wenigen Bundesländern, z.B. in Bayern, wird unter präventivem Aspekt auch die Kooperation mit Kindergärten forciert.

Neben dem MSD gibt es in Bayern beispielsweise die MSH – Mobile Sonderpädagogische Hilfe, die bei Bedarf von der Kindergartenleitung angefordert werden kann. Die Aufgaben werden wahrgenommen von Heil- und Sonderpädagogen aus der Pädagogischen Frühförderung oder aus Sonderschulen. Diagnostik, Beratung und Fördersequenzen (z.B. bei Sprachstörungen eines Kindes) gehören zum Hilfeangebot des MSH (vgl. VERNOOIJ 2005a, 94).

3.2.4.3 Überblick über die Situation in den 16 Bundesländern Deutschlands

Aufgrund der Kulturhoheit der Bundesländer ist die Entwicklung des Sonder-Schul-Wesens und damit die Entwicklung und Etablierung von Sonderpädagogischen Förderzentren in den letzten 25 Jahren sehr unterschiedlich verlaufen.

Für die neuen Bundesländer sind die teilweise gravierenden Veränderungen sonderpädagogischer Förderung, die zur Entwicklung von Sonderpädagogischen Förderzentren führte, erst seit 1990 in Gang gekommen, wobei die heutige Situation zeigt, dass ein erhöhte Flexibilität und das Fehlen sonder-schul-pädagogischer Verkrustungen, wie sie in den alten Bundesländern teilweise vorhanden waren, schulstrukturelle Veränderungen und Entwicklungen nicht nur ermöglicht sondern unterstützt haben.

Die teilweise erheblichen Unterschiede in den 16 Bundesländern bezogen auf Sonderpädagogische Förderzentren werden in der nachfolgenden tabellarischen Darstellung verdeutlicht. Es wird für jedes Bundesland die aktuelle Situation beleuchtet (Stand 2004/05), auf der Basis von Materialien der jeweiligen Landesministerien, im Internet zur Verfügung gestellter Informationen und bezogen auf verfügbare Veröffentlichungen, die jeweils genannt werden.

Tab. 25: Sonderpädagogische Förderzentren – Situation in den 16 Bundesländern.

Bundesland	Zielgruppen	Struktur/Teilbereiche
Baden-Württemberg Prinzip: Kooperation statt Integration	Förderschwerpunkt Lernen Förderschwerpunkt Verhalten	**Sonderpädagogische Dienste** • „geöffnete Förderschulen“ als Teil eines schulischen Netzwerks • „Förderzentrum“ als Bezeichnung nicht im Schulgesetz verankert aber gelegentlich benutzt • Aufgaben des Sonderpädagogischen Dienstes entsprechen denen Mobiler Sonderpädagogischer Dienste oder/und denen der Förderzentren in anderen Bundesländern
Bayern (Schor 2001; Karl/Graf 2003)	Förderschwerpunkt Lernen Förderschwerpunkt Verhalten Förderschwerpunkt Sprache	**Sonderpädagogische Förderzentren** • vorschulisch: - Schulvorbereitende Einrichtung (4-7 Jahre) - evtl. Pädagogische Frühförderung - mobile sonderpädagogische Hilfe (Kindergarten) • schulisch: - Diagnose- und Förderklassen (Klassen 1-1A-2) - Grund- und Hauptschulklassen (Klassen 3-6) - Förderklassen (Klassen 3-9) • Zentrum-übergreifend: - Mobiler Sonderpädagogischer Dienst → sonderpädagogische Unterstützung in der allgemeinen Schule (Schüler, Lehrer, Eltern)
Berlin (Stoellger 1992, 1997; Rasper 1996, 1997)	Förderschwerpunkt Lernen Förderschwerpunkt Sprache Förderschwerpunkt geistige Entwicklung Förderschwerpunkt körperliche und motorische Entwicklung Förderschwerpunkt Hören Förderschwerpunkt Sehen	**Sonderpädagogische Förderzentren** (alle ehemaligen Förderschulen) • schulischer Teil: - sonderpädagogische Förderklassen (1-2) für Schüler mit Teilleistungsstörungen, evtl. mit Integrationspotenz → Grundschulabteilung des Förderzentrums - Sonderklassen für unterschiedliche Förderschwerpunkte • integrativer Teil: - Integrationsklassen (2-Lehrer-System) - Einzelintegration in allgemeiner Schule - Kooperation SFZ/ Allgemeine Schule • Serviceteil (schulübergreifend): - Beratungslehrer für die Grundschule - Ambulanzlehrer für Förderschwerpunkt Verhalten - Lehrer als Begleiter und Übergangshelfer (für Berufs- und Arbeitswelt) - Koordinierung des Schulhelfereinsatzes (für Hilfe- und Pflegebedarf bei Schülern) - Förderausschusskompetenz (Einberufung und Diagnosedurchführung → Lernortentscheidung) - Sonderpädagogische Fort- und Weiterbildung von Lehrkräften der Allgemeinen Schule - Außerschulische Kooperation (Jugendhilfe, Beratungsstellen, Kinder- und Jugendpsychiatrie, Arbeitsamt, Öffentlichkeitsarbeit)

Fortsetzung Tab. 25.

Bundesland	Zielgruppen	Struktur/Teilbereiche
Branden-burg	alle Förderschwer-punkte	**Sonderpädagogische Förder- und Beratungsstellen** (ohne Klassen) • keine Sonderpädagogischen Förderzentren • weitgehende integrative Beschulung erwünscht • Förderschulen für alle Förderschwerpunkte • Schulversuch „FLEX" (1999/2000) flexible Eingangsphase, d.h. die Klassen 1+2 sind in 1-3 Jahren zu durchlaufen (Schuljahr 2003/2004 – Modell versuch abgeschlossen, heute für 76 Grundschulen verbindliches Konzept) • Beratungssystem zur Unterstützung der integrativen Settings in der Allgemeinen Schule – Sonder- + Regelpädagogen • spezielle Integrationsberater – Lehrkräfte mit Integrationserfahrung
Bremen (KLEINERT-MOLITOR 1998)	Förderschwerpunkt Lernen Förderschwerpunkt Verhalten Förderschwerpunkt Sprache in einem Sonderpädag. Förderzentrum Eigene Sonderpädagogische Förderzentren für alle anderen Förderschwerpunkte	**Sonderpädagogische Förderzentren** – als Kompetenzzentren ohne Klassen • Sonderpädagogische Lehrkräfte für Lernen, Verhalten, Sprache • Unterstützung der Allgemeinen Schule → Kinder mit Sonderpädagogischem Förderbedarf • Koordination von allgemeinen schulischen Anforderungen und je spezifischem Förderbedarf • zusätzliche Beratungsstellen, Beratungslehrer für Verhalten und Sprache • Unklar bleiben Möglichkeiten und Formen von Sonderbeschulung → Vorrang von integrativer Beschulung
Hamburg	alle Förderschwer-punkte	**keine** Sonderpädagogischen Förderzentren • Vorrang von integrativer Beschulung • Regionale Beratungs- und Unterstützungsstellen (REBUS) - multiprofessionelle sonderpädagogische Dienste - Unterstützung der Integrations- und der integrativen Regelklassen - Integrationsklassen – Aufnahme von behinderten Kindern - Körperbehinderung, Geistige Behinderung, Seh-/Hörschädigung; - Integrative Regelklassen – Nichtaussonderung in der Grundschule – Lernbehinderung, Verhaltensauffälligkeit, Sprachbehinderung • Aufgaben entsprechen denen des Mobilen Sonderpädagogischen Dienstes
Hessen (SEEBERGER 2003)	alle Förderschwer-punkte, Förderschwerpunkte Lernen, Verhalten und Sprache regional zusammengefasst	**Beratungs- und Förderzentren** (BFZ) • aus Weiterentwicklung von Sonderschulen entstanden • Ziel: Erhaltung des Lernorts Allgemeine Schule für möglichst viele beeinträchtigte Schüler • Aufgaben entsprechen denen des Mobilen Sonderpädagogischen Dienstes • Vorrang integrativer Beschulung, Sonderschule als Durchgangsschule

Fortsetzung Tab. 25.

Bundesland	Zielgruppen	Struktur/Teilbereiche
Mecklenburg-Vorpommern (REUTER 1996)	alle Förderschwerpunkte	**Sonderpädagogische Förderzentren** • Verbund unterschiedlicher Förderschulen/Allgemeiner Schulen • Eigenspezifische Profilierung aller beteiligten Schulen – schulrechtliche Autonomie • Bereitstellung regionaler schulischer/sonderpädagogischer Serviceangebote à ambulante, mobile Dienste • Fachkompetenzen in Diagnostik, Beratung, spezieller Förderung à Kompetenzzentren • Einsatz von Koordinatoren in den Sonderpädagogischen Förderzentren • Stufen-Interventions-Modell - I. Regelbeschulung, evtl. mit Hilfe des Mobilen Sonderpädagogischen Dienstes - II. Regelschulbesuch bei intensiver Zusammenarbeit von Lehrkräften der Allgemeinen Schule und des Sonderpädagogischen Förderzentrums - III. Bei umfänglichem Förderbedarf ggf. Förderschule als Lernort • Kooperation mit außerschulischen Institutionen (z.B. Jugendamt, Arbeitsamt, Schulpsychologischem Dienst etc.) • **Besonderheit** in Mecklenburg-Vorpommern: Berufsschulförderzentrum (BFZ) - Einrichtung zur Benachteiligtenförderung bezogen auf Berufsfindung und -eingliederung - Schulverbund von Förder-, Haupt- und Berufsschulen
Niedersachsen (WERNING, 2006 i. Dr.)	alle Förderschwerpunkte Sonderpädagogische Grundversorgung in der Grundschule für die Förderschwerpunkte - Lernen - Verhalten - Sprache	**Sonderpädagogische Förderzentren** – Umbenennung aller Sonderschulen in Sonderpädagogisches Förderzentrum • Vorrang integrativer Beschulung → Unterstützung integrativer Settings • Zusammenarbeit der Lehrer unterschiedlicher Schulformen • Kooperation von Sonder- und Allgemeinen Schulen • Aufgaben entsprechen Mobilem Sonderpädagog. Dienst • Konzept der „Sonderpädagogischen Grundversorgung" - Unterstützung in der Grundschule: Kinder mit Förderschwerpunkten Lernen, Verhalten, Sprache - präventive, interventive, beratende und diagnostische Aufgaben - Diagnostik eher als Lernbegleitdiagnostik, weniger als Selektionsdiagnostik - Einsatz von Sonderschullehrkräften mit voller Lehrverpflichtung in der Grundschule möglich → Stammschulzugehörigkeit (SFZ) bleibt erhalten - Ziel: Auflösung der Primarstufen im Sonderpädagogischen Förderzentrum (für die Förderschwerpunkte Lernen, Verhalten, Sprache) • Lehrerfortbildung für Sonderpädagogen schulintern im SFZ

Fortsetzung Tab. 25.

Bundesland	Zielgruppen	Struktur/Teilbereiche
Nordrhein-Westfalen	**Förderschulen:** Zusammenschluss • Förderschwerpunkt Lernen • Förderschwerpunkt Verhalten • Förderschwerpunkt Sprache Zusammenschluss • Schule für Blinde • Schule für Sehbehinderte → Förderschwerpunkt Sehen Zusammenschluss • Schule für Gehörlose • Schule für Schwerhörige → Förderschwerpunkt Hören- und Kommunikation	**keine** Sonderpädagogischen Förderzentren • stattdessen: Modelversuche zu **neuer Form** von Sonderschule → **Förderschule** • Verbesserung der Sonderpädagogischen Förderung durch **Kompetenzbündelung** (z.B. Lernen, Verhalten, Sprache) an Förderschulen • Integrative Beschulung ist möglich • Zusätzliche **Zwischenformen:** **1. Sonderpädagogische Fördergruppe** - maximal 8 Kinder mit unterschiedlichen Beeinträchtigungen - Klasse ist Teil der Grundschule - Kooperation mit anderen Klassen, gemeinsame unterrichtliche und außerunterrichtliche Angebote bzw. Veranstaltungen - Jahrgangsbezogenen und Jahrgangsübergreifende Klassenbildung möglich - Dauer: 2-3 Jahre - Ziel: gemeinsamer Unterricht in der Regelklasse - Unterrichtsdurchführung durch Sonderschullehrkräfte → Zugehörigkeit zu Kollegium der Allgemeinen Schule **2. Sonderschulklassen an der Allgemeinen Schule** - quasi Dependancen der Sonderschule - jahrgangsübergreifende Klassenbildung möglich • Wenn ambulante Sonderpädagogische Unterstützung bei integrativen Settings nötig wird, dann durch Sonderpädagogen vor Ort, oder durch Kollegen einer Förderschule → kein gesetzlich verankertes System sonderpädag. Dienste
Rheinland-Pfalz (Bach/Pfirrmann 1994; Wache u.a., o.J.)	Prinzipiell alle Förderschwerpunkte, **wesentlich aber** Förderschwerpunkt Lernen Förderschwerpunkt Verhalten Förderschwerpunkt Sprache Förderschwerpunkt geistige Entwicklung Förderschwerpunkt körperliche und motorische Entwicklung	**Förderschule als Förderzentrum** – Worms-Dauner-Modell • Kompetenzbündelung von Fachkräften für Lernen, Sprache, Verhalten, geistige Entwicklung, körperliche Entwicklung u.a. • Kooperation mit Schulkindergarten oder eigenem Förderschulkindergarten • Bereitstellung sonderpädagogischer Unterstützung in der Allgemeinen Schule durch „Förderlehrer" → Koordinierungsstelle für integrierte Förderung in der Allgemeinen Schule (Aufgaben entsprechen denen des Mobilen Sonderpädagogischen Dienstes) • Schülerschaft: Kinder mit schwereren, komplexen Beeinträchtigungen • neben Unterricht verstärkte therapeutische Angebote (z.B. Logopädie, Ergotherapie, Physiotherapie etc.) • möglichst intensive Förderung mit Blick auf Rückführung der Kinder in die Allgemeine Schule • Zwei-Pädagogen-System in Integrationsklassen → Förderlehrer = Sonderschullehrer in der integrierten Förderung) • Kennzeichen des Förderzentrums: „… es ist eine hinsichtlich Schülerschaft, Aufgaben, Struktur, Ausstattung usw. neuartige Schule für Kinder mit besonders umfänglichem und speziellen Förderbedarf" (Bach 1994, XII)

Fortsetzung Tab. 25.

Bundesland	Zielgruppen	Struktur/Teilbereiche
Saarland (SANDER 1990, 1992, 1995)	alle Förderschwerpunkte	**Sonderpädagogische Förderzentren** ohne Klassen • angegliedert an jeweils einer Schule für Lernbehinderte • Kompetenzbündelung durch Sonderpädagogen möglichst vieler Fachrichtungen • Ambulanzlehrersystem zur Begleitung des integrativen Unterrichts (Stundenressourcen sehr unterschiedlich) • Aufgaben entsprechen in etwa denen des Mobilen Sonderpädagogischen Dienstes, aber - verstärkte unterrichtl. Förderung einzelner Kinder möglich, - Zwei-Pädagogen-System für mindestens 13 Wochenstunden bei Klassen mit mehreren beeinträchtigten Schülern • Integration in gestuftem System hat Vorrang
Sachsen	alle Förderschwerpunkte, teilweise fachrichtungs-übergreifend	**Sonderpädagogische Förderzentren** – hervorgegangen aus der Weiterentwicklung von Förderschulen (aller Förderschwerpunkte) • Erweiterung um - Schulsozialarbeit - Fortbildung in der Lehrerlernwerkstatt • Integration in der Grundschule (zieldifferent) hat Vorrang • Teilbereiche - Klassen für den jeweiligen Förderschwerpunkt - Service-Abteilung ▹ Beratungsstelle ▹ Elternarbeit ▹ Lehrerfortbildung (Lehrerlernwerkstatt) ▹ Interdisziplinäre Zusammenarbeit - Diagnostik-Abteilung - Ambulanzabteilung à Begleitung von integrativen Settings - Therapie-Abteilung - Abteilung für Schulsozialarbeit und Kooperation (mit außerschulischen Institutionen) • Lehrerlernwerkstatt - Materialienreservoir für den Unterricht an Grund- und Förderschulen - Technische Ausstattung für die Herstellung/Vervielfältigung von Unterrichtsmaterialien - Fortbildungsschwerpunkte ▹ Integrationsbegleitung ▹ Methodik/Technik schülerorientierter Unterrichtsformen ▹ Individualisierte, spezifische Förderung in unterschiedlichen Bereichen • Therapieangebote als breit gefächerte Unterstützungsmöglichkeiten, z.B. - Lese-Rechtschreib-Therapie - Wahrnehmungsförderung - Spiel-/Verhaltenstherapie - Sozialtraining - Aufmerksamkeits-/Konzentrationstraining - Sprachtherapie

Fortsetzung Tab. 25.

Bundesland	Zielgruppen	Struktur/Teilbereiche
		• Schulsozialarbeit als subsidiäre Hilfe bei Erziehungs-, Familien-, Sozial- und ggf. Beziehungsproblemen • Besonderheit: **Förderschulzentren** - Organisatorischer Zusammenschluss mehrerer Förderschulen (vorwiegend im ländlichen Raum) - Bündelung verschiedener Fachkompetenzen → Fachbereichsleiter für jeden Förderschwerpunkt - Unterrichtsbegleitende Maßnahmen bei integrativer Beschulung - Förderschulklassen in Allgemeinen Schulen als Neben-/Außenstelle des Förderschulzentrums
Sachsen-Anhalt	alle Förderschwerpunkte	Inhaltlicher und organisatorischer Systemwechsel seit 2004 **Sonderpädagogische Förderzentren (in Planung)** 1. Schritt: Weiterentwicklung der Sonderschulen zu, teilweise fachrichtungsübergreifenden Förderschulen → verstärkte Prävention von Lernstörungen → verstärkte Nicht-Aussonderung weniger schwer beeinträchtigter Kinder 2. Schritt: Weiterentwicklung der Förderschulen zu Sonderpädagogischen Förderzentren → verbindliche Kooperation einer Förderschule mit (mindestens) einer Allgemeinen Schule → Unterstützung von Kindern mit sonderpädagogischem Förderbedarf in der Allgemeinen Schule → Schulleiterteam mit gemeinsamer Verantwortung für präventive und integrative Maßnahmen • Neben regionalen Sonderpädagogischen Förderzentren (s.o.) sollen wenige überregionale Sonderpädagogische Förderzentren entstehen • Aufgaben (insbesondere bei sinnesgeschädigten Kindern und Jugendlichen) - Schulvorbereitung - Schulische Nachsorge - Kooperation mit heilpädagogischen und rehabilitativen Einrichtungen • Bestehende sonderpädagogische Beratungsstellen sollen in die Förderzentren eingehen • Ambulante Dienste im Sinne des Mobilen Sonderpädagogischen Dienstes sollen von den Sonderpädagogischen Förderzentren durchgeführt und organisiert werden

Fortsetzung Tab. 25.

Bundesland	Zielgruppen	Struktur/Teilbereiche
Schleswig-Holstein (OTTE 1989, 1996; PLUHAR 1995, 1998; WALDNER 1997)	Förderschwerpunkt Lernen Förderschwerpunkt Sprache ggf. Förderschwerpunkt Verhalten	**Sonderpädagogische Förderzentren** (zwei Formen – ohne Klassen/mit Klassen) 1. Sonderpädagogisches Förderzentrum **ohne** eigene Schülerschaft • Kompetenzzentrum zur Begleitung integrativer Settings • Aufgaben: - Betreuung und Förderung von beeinträchtigten Schülern in der Allgemeinen Schule → Koordinierung der Förderung - Frühe Schullaufbahnberatung (Eltern/ Kinder/Lehrer) - Sonderpädagogische Diagnostik - Spezifische Förderangebote (z.B. Psychomotorik, Sprachförderung) - Lese-Intensivkurse für Kinder der Allgemeinen Schule • Umgestaltung der Schuleingangsphase → Nichtaussonderung (insbesondere Förderschwerpunkte Lernen, Sprache, Verhalten) 2. Sonderpädagogisches Förderzentrum **mit** eigener Schülerschaft → Förderschulen für Schüler mit Förderschwerpunkt Lernen → Angebote auch für Förderschwerpunkt Sprache und Förderschwerpunkt Verhalten • Aufgaben wie Sonderpädagogisches Förderzentrum 1. → Für beide Formen des Sonderpädagogischen Förderzentrums sind die Bereiche - Prävention - Integration - Unterricht die wesentlichen Felder sonderpädagogischer Arbeit • **Besonderheit** (Sonderpädagogisches Förderzentrum 2): Landesprojekt „Fördernetzwerke zur Integration benachteiligter Jugendlicher in die berufliche Bildung (FÖN)" - Förderzentren (seit 1995) und Allgemeine Schulen (seit 1998) bilden regionale Netzwerke mit Arbeitsamt, Handwerkskammern, Arbeitgebern und anderen Institutionen (Europäischer Sozialfonds) → Verbesserung der Ausbildungschancen beeinträchtigter/benachteiligter Jugendlicher → Vermeidung von Ausbildungs-/Maßnahme-Abbrüchen - Einrichtung von „Schülerbegleitenden Hilfen" (SbH) → Sozialpädagogen in der Oberstufe (Berufsvorbereitung) → Nachschulische Betreuung → regelmäßige Ehemaligentreffen zum Austausch und zur Unterstützung

Fortsetzung Tab. 25.

Bundesland	Zielgruppen	Struktur/Teilbereiche
Thüringen (BENKMANN 1998, 2000)	Förderschwerpunkt Lernen Förderschwerpunkt Verhalten Förderschwerpunkt Sprache	**Sonderpädagogische Förderzentren** nach Bayerischem Vorbild im Aufbau (BENKMANN 2000 – kein ministerielles Informationsmaterial) • Integration im Wesentlichen zielgleich • Alle Förderschulen sind Sonderpädagogische Förderzentren • Die Förderschwerpunkte Lernen, Sprache, Verhalten, teilweise erweitert um manifeste Behinderungsarten (z.B. Körperbehinderung) werden im Primarbereich in den Sonderpädagogischen Förderzentren zusammengefasst

Zusammenfassung:

Bei genauer Betrachtung der Situation in den verschiedenen Bundesländern zeigt sich zum einen, dass vier Bundesländer

- Baden-Württemberg
- Brandenburg
- Hamburg
- Nordrhein-Westfalen

keine Förderzentren im eigentlichen Sinne haben, sondern eine andere Struktur sonderpädagogischer Förderung präferieren (Baden-Württemberg: Sonderpädagogische Dienste; Brandenburg: Sonderpädagogische Förder- und Beratungsstellen; Hamburg: Regionale Beratungs- und Unterstützungsstellen – REBUS; Nordrhein-Westfalen: neustrukturierte Förderschulen).

Zum anderen lassen sich **drei Typen** von Sonderpädagogischen Förderzentren unterscheiden:

1. Das Sonderpädagogische Förderzentrum als **Kompetenzzentrum ohne eigene Schüler**.
   - Bremen
   - Saarland
   - Schleswig-Holstein (teilweise)
2. Das Sonderpädagogische Förderzentrum als Sonder-/**Förderschule** mit **erweiterten Aufgaben**.
   - Hessen (Beratungs- und Förderzentren)
   - Mecklenburg-Vorpommern
   - Niedersachsen
   - Rheinland-Pfalz
   - Sachsen
   - Sachsen-Anhalt (im Aufbau)
   - Schleswig-Holstein (teilweise)
3. Das Sonderpädagogische Förderzentrum als **multiinstitutionelle Bildungseinrichtung**
   - Bayern
   - Berlin (teilweise)
   - Thüringen (im Aufbau)

3.2.4.4 Exemplarische Darstellung von Typen Sonderpädagogischer Förderzentren

Im Folgenden soll exemplarisch je ein Sonderpädagogisches Förderzentrum jeden Typs näher beleuchtet werden:

1. Sonderpädagogisches Förderzentrum als Kompetenzzentrum ohne Schüler am Beispiel Saarland
2. Sonderpädagogisches Förderzentrum als Förderschule mit erweiterten Aufgaben am Beispiel Sachsen
3. Sonderpädagogisches Förderzentrum als multiinstitutionelle Bildungseinrichtung am Beispiel Bayern

■ Saarland – Sonderpädagogisches Förderzentrum als Kompetenzzentrum ohne Schüler

Im Saarland arbeiten seit 1999 sechs Sonderpädagogische Förderzentren. Sie sind jeweils an einer Schule für Lernbehinderte angegliedert und bilden ein Zentrum, zu welchem Sonderpädagogen unterschiedlicher Fachrichtungen im Sinne eines Ambulanzlehrersystems gehören. Ihre Aufgaben stehen unter dem Motto: Unterstützung, Begleitung und Erhaltung der integrativen schulischen Bildung für Kinder mit Beeinträchtigungen. Die Aufgaben entsprechen denen anderer mobiler Dienste, erweitert jedoch um Möglichkeiten verstärkter unterrichtlicher Förderung von Kindern mit Sonderpädagogischem Förderbedarf in der Regelschule. Je nach Höhe des Förderbedarfs und je nach der Anzahl beeinträchtigter Kinder in einer Regelklasse sind folgende Einsatzformen – neben allgemeiner Betreuung und Unterstützung von Kindern und Lehrern – vorgesehen:

- Einsatz als Ambulanzlehrer in einer Regelklasse für mehrere Unterrichtsstunden
  - Unterstützung des beeinträchtigen Kindes (stunden-, fachweise) während des allgemeinen Unterrichts, und/oder
  - gezielte Förderstunden für das Kind ein- oder mehrmals wöchentlich.
- Einsatz als zweiter Pädagoge in einer Regelklasse, in der mehr als ein beeinträchtigtes Kind unterrichtet wird. Das Zwei-Pädagogen-System sollte für mindestens die Hälfte der Wochenstunden gebildet werden.

Anzumerken ist bezogen auf die schulische Situation im Saarland,

- dass „Integration als Weg" (SANDER 1999, 99) alle Allgemeinen Schulen in die Verantwortung für die Bildung beeinträchtigter Kinder einbezieht (SchoG §4, Abs.1);
- dass bereits 1986 im Schulordnungsgesetz festgelegt wurde, dass Sonderschulen auf eine Eingliederung ihrer Schüler in Allgemeine Schulen hinzuwirken haben (SchoG 1986/1992, §4, Abs.4);
- dass ein **gestuftes System** der Bildung und Erziehung für beeinträchtigre Kinder im Saarland besteht, welches – orientiert an Förder- und Rahmenbedingungen – einen steigenden Integrationsgrad bzw. steigende Integrationsintensität aufweist:

Unterricht	• in einer Sonderschule mit Integrationsauftrag
Allgemeine Schule	• in einer Sonderklasse an einer Allgemeinen Schule • in einer Regelklasse mit zwei-Pädagogen-System • in einer Regelklasse mit Unterstützung durch den Ambulanzlehrer • in der Regelklasse, ggf. mit Betreuung, Beratung durch den Ambulanzlehrer

Von der Intention her würde SANDER die Reihenfolge umgekehrt vorschlagen, da die Unterrichtung in einer Sonderschule als am wenigsten wünschenswert gesehen wird (vgl. SANDER 1995; 2002).

Als Folge der Modellversuche zum Sonderpädagogischen Förderzentrum in den 1980er Jahren, haben offiziell bis heute Sonderschulen den erweiterten Auftrag, auf Integration hinzuwirken, sich an der Planung und Durchführung von gemeinsamen Unterricht zu beteiligen, sowie Eltern und Kinder hinsichtlich integrativer Möglichkeiten (s. Stufensystem) zu beraten.

Inwieweit die im Sonderpädagogischen Förderzentrum arbeitenden Ambulanzlehrer an eine Stammschule angebunden bleiben und ggf. mit wenigen Wochenstunden auch dort tätig sind, war den vorhandenen Unterlagen nicht zweifelsfrei zu entnehmen.

■ Sachsen – Sonderpädagogisches Förderzentrum als Förderschule mit erweiterten Aufgaben

Die Sonderpädagogischen Förderzentren in Sachsen sind aus der Neustrukturierung und Weiterentwicklung von Sonderschulen hervorgegangen, die auf der Basis der KMK-Empfehlungen (1994) erfolgte. Alle Sonderschulen heißen einheitlich Förderschulen. Deren Weiterentwicklung im Rahmen einer Schulentwicklungskonzeption zu Sonderpädagogischen Förderzentren ist noch nicht abgeschlossen.

Bei der Erziehung und Bildung von beeinträchtigten Kindern hat die gemeinsame Unterrichtung in der Grundschule unbedingten Vorrang, wie die Schulintegrationsverordnung (SchIVO) von 1999 verdeutlicht.

Darauf sind alle Teile des Sonderpädagogischen Förderzentrums ausgerichtet.

Die einzelnen Strukturelemente/Abteilungen ergeben zusammen eine komplexe, multikompetente Institution mit vielfäl-

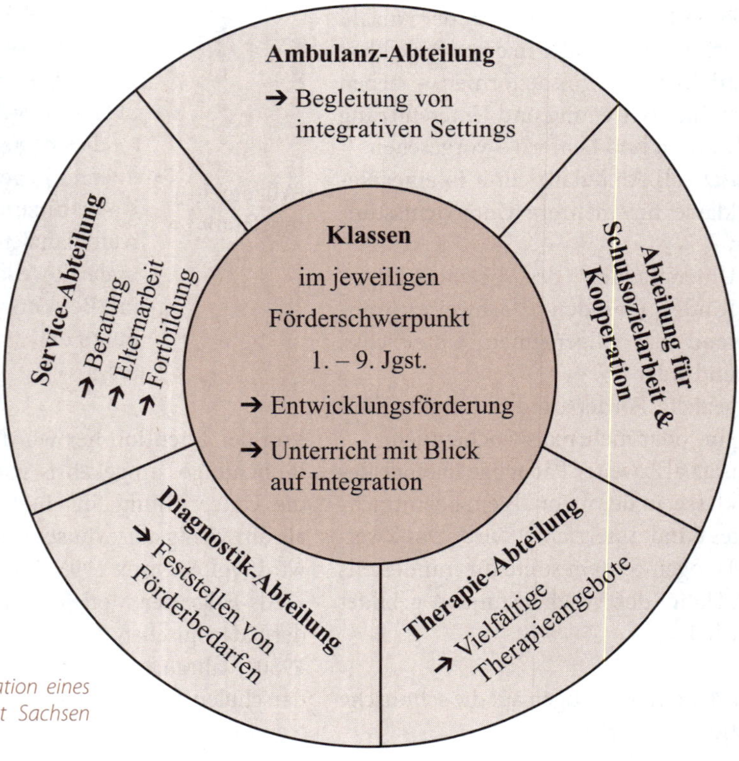

Abb. 9: Organisation eines SFZ im Freistaat Sachsen (idealtypisch).

tigen Aufgaben und Angeboten in Zusammenhang mit schulischen und außerschulischen Feldern.

Im Vergleich zu anderen Sonderpädagogischen Förderzentren dieses Typs finden sich zwei neuartige Elemente, auf die kurz eingegangen werden soll.

- Als erstes ist hier die **Schulsozialarbeit** zu nennen. Sie wurde entwickelt aufgrund individueller und gesellschaftlicher Veränderungen, die – eigentlich in allen Bundesländern – zu einem erhöhten Bedarf bezogen auf sozialpädagogische Betreuung und Unterstützung von Kindern und Familien geführt haben.
- Die Schulsozialarbeit versteht sich als Hilfe für Schüler mit problematischen Sozialisationshintergründen. Intensive Familienbetreuung und Elternarbeit, Gewaltprävention, Freizeitberatung und -angebote sind nur einige der Aufgaben, die neben einer engen Kooperation mit außerschulischen Institutionen (Jugendhilfe, Gesundheitsamt, Sozialpädiatrische Zentren, Schulpsychologischer Dienst etc.) zu leisten sind. Hierfür gehören dem Team des Sonderpädagogischen Förderzentrums Sozialarbeiter/Sozialpädagogen an.
- Die zweite Neuerung ist der Service-Abteilung zugeordnet und dient der Fortbildung von Lehrern aller Schultypen, die **Lehrerlernwerkstatt**. Sie ist ausgestattet mit vielfältigen Materialien (Unterrichts-, Fördermaterial) für den Förderschul- und Grundschulbereich. Interessierte Lehrkräfte können sich hier informieren, Anregungen finden und Unterrichts- und Fördermittel herstellen bzw. vervielfältigen. Regelmäßig finden thematische Konferenzen, Pädagogische Tage und ein- oder mehrtägige Fortbildungsveranstaltungen unter fachkundiger Leitung statt.

Zur Service-Abteilung gehört neben der Lehrerberatung und -fortbildung auch die Schullaufbahnberatung von Schülern und Erziehungsberechtigten sowie auf Lernen und Entwicklung bezogene allgemeine Beratung für Kinder, Jugendliche und Eltern im Rahmen einer Beratungsstelle.

Nicht zu verwechseln mit dem Sonderpädagogischen Förderzentrum in Sachsen ist das **Förderschulzentrum** (FSZ). Es bildet eine eigene Organisationsform, insbesondere im ländlichen Raum, bei der mehrere Förderschulen mit unterschiedlichen Förderschwerpunkten organisatorisch vernetzt sind. Auf diese Weise entsteht eine Kompetenzenbündelung unter dem Aspekt, spezifische Hilfen für Kinder in integrativen Klassen anzubieten und/oder Förderschulklassen in allgemeinen Schulen zu bilden und diese fachrichtungsübergreifend zu unterstützen. Die wesentlich vertretenen Förderschwerpunkte sind i.d.R.

- Förderschwerpunkt Lernen
- Förderschwerpunkt Sprache
- Förderschwerpunkt Verhalten
- Förderschwerpunkt geistige Entwicklung.

Zieldifferente Integration ist in Sachsen möglich (vgl. Mahnke 2004). Sie wird begleitet und unterstützt (je nach Region) von Sonderpädagogen eines Sonderpädagogischen Förderzentrums oder eines Förderschulzentrums.

■ Bayern – Sonderpädagogisches Förderzentrum als multiinstitutionelle Bildungseinrichtung

Das Bayerische Gesetz über das Erziehungs- und Unterrichtswesen (12. März 2003) unterscheidet zwischen Förderzentren und Sonderpädagogischen Förderzentren. Während Förderzentren Förderschulen mit erweiterten Aufgaben sind, die es für jeden Förderschwerpunkt gibt (z.B. im Zusammenhang mit dem MSD), stellen Sonderpädagogische Förderzentren Kompetenzzentren mit mehreren Förderinstitutionen und Schulformen dar, die sich etwa seit 1989/90 langsam entwickelt haben. In der „Experimentier-Phase" (vgl. Schor 2001, 12) zwischen 1989 und 1996 wurden neue Schul- und Förderformen konzipiert und erprobt, die dann in das Sonderpädagogische Förderzentrum eingegangen sind. Drei Förderschwerpunkte werden hier gebündelt:

- Förderschwerpunkt Lernen
- Förderschwerpunkt Verhalten
- Förderschwerpunkt Sprache.

Da der Freistaat Bayern erst mit der Gesetzesnovellierung von 2003 die Möglichkeit zieldifferenter integrativer Settings in der Allgemeinen Schule eröffnet hat, waren die frühen Schulversuche Ausdruck bildungspolitischer Bemühungen, ohne zieldifferenten gemeinsamen Unterricht die Integration behinderter Kinder und Jugendlicher zu fördern. Sätze wie:

- Integration durch Prävention
- Integration durch Kooperation

bildeten den Rahmen für die Entwicklung von Schulvorbereitenden Einrichtungen (SVE) und Sonderpädagogischen Diagnose- und Förderklassen (DFK), deren Konzepte von einigen Bundesländern (z.B. Berlin, Thüringen) teilweise übernommen bzw. als Vorbild genutzt wurden. Beide Organisationsformen können als präventive und kompensatorische Institutionen angesehen werden, mit dem Ziel, möglichst vielen beeinträchtigten Kindern den Besuch der Allgemeinen Schule (in Bayern: Volksschule) zu ermöglichen.

Das daraus entstandene Sonderpädagogische Förderzentrum hat sich „dem Prozeß moderner Entwicklung folgend – mit einem spezifischen Schulprofil [...] etabliert" (Schor 2001, 12), wobei es sich in Bayern eher um eine außerordentlich komplexe Bildungseinrichtung handelt, in der unterschiedliche Institutionen und Organisationsformen aufeinander bezogen sowohl schulische Bildung als auch sonderpädagogische Förderung leisten.

Die folgende Abbildung 10 zeigt die „multiinstitutionelle Bildungseinrichtung" (modifiziert nach Schor 2001, 14):

Abbildung 10 macht deutlich, dass in diesem Typ des Sonderpädagogischen Förderzentrums sonderpädagogisch/pädagogische Angebote für Kinder von der Geburt bis zum Schulabschluss gebündelt sind.

Bis zum Schuleintrittsalter überwiegen Fördermaßnahmen mit präventiver und kompensatorischer Ausrichtung. Die **SVE** (Frühförderung vgl. Abs. 3.1) bietet quasi eine intensivierte und systematisierte Kindergartenerziehung und -förderung unter dem Aspekt, Kindern mit Beeinträchtigungen, Entwicklungsverzögerungen, soziokulturellen Defiziten Entwicklungsmöglichkeiten zu eröffnen. Ganzheitliche Entwicklungsförderung, Vorbereitung auf den Schuleintritt, Ausgleich von Erziehungs- und Anregungsdefiziten finden in spielerischer, altersgerechter

<table>
<tr><th colspan="4">Sonderpädagogisches Förderzentrum (Förderschwerpunkte L, V, S)</th></tr>
<tr><td>Pädagogische (Interdisziplinäre) Frühförderung</td><td rowspan="2">Sonderpädagogische Diagnose- und Förderklassen (DFK)</td><td>Abteilung GHS (Volksschule/ Allgemeine Schule)</td><td rowspan="2">Abteilung LF
⇩
Kooperation mit Volksschulen</td></tr>
<tr><td>Schulvorbereitende Einrichtung (SVE)</td><td>Abteilung Lernförderung (LF) (Förderschule)</td></tr>
<tr><td>Alter
0 – 3; 4 – 6/7</td><td>Jahrgangsstufen
1, 1A, 2</td><td>3 – 6</td><td>7 – 9</td></tr>
<tr><td>Mobile Sonderpädagogische Hilfe (MSH)</td><td colspan="3">• Mobile Sonderpädagogische Dienste (MSD)
→ FS Lernen, Sprache, Verhalten
• Krankenhaus-/ Hausunterricht
• Kooperation mit außerschulischen Institutionen</td></tr>
</table>

Abb. 10: Organisation eines Sonderpädagogischen Förderzentrums im Freistaat Bayern (idealtypisch).

Form statt. Besonderes Augenmerk liegt dabei auf den Bereichen

- Wahrnehmung
- Motorik
- Kognition
- Sprache
- Emotionalität
- Sozialverhalten.

Kinder, die eine SVE besuchen, sind keine Schüler. In Absprache mit den Eltern ist eine weitestgehende Regelmäßigkeit des SVE-Besuchs zu gewährleisten.

Die **DFK** sind seit 1994 im Bayerischen Erziehungs- und Unterrichtsgesetz verankert. Auf der Basis neuropsychologischer Erkenntnisse (Graichen 1989/Ayres 1984) und unter dem Aspekt der besonderen Problematik der Schuleingangsstufe, kann – fakultativ – der Stoff der ersten beiden Schuljahre auf drei Jahre verteilt werden, bei durchgängiger Begleit- bzw. Prozessdiagnostik und zusätzlicher Förderung bei Bedarf, insbesondere in o.g. Bereichen. Ziel ist es, ab Klasse 3 am Unterricht in der GHS-Abteilung oder in einer anderen Grundschule teilnehmen zu können. Kinder mit erheblichem Förderbedarf im Förderschwerpunkt Lernen haben sowohl die Option in der Volksschule mit Unterstützung durch den MSD, als auch im Sonderpädagogischen Förderzentrum in der Förderschulabteilung zu lernen, wenn dem Sonderpädagogischen Förderbedarf in der allgemeinen Schule nicht entsprochen werden kann.

Der im Sonderpädagogischen Förderzentrum angesiedelte **MSD** ist über die Hilfen innerhalb des Zentrums hinaus zuständig für die Unterstützung von Kindern mit Beeinträchtigungen in den Volksschulen der Region. Die Koordinierung der

Einsätze findet durch die Zentrumsleitung statt.

Ein so gestaltetes Sonderpädagogisches Förderzentrum gewährleistet im Sinne der KMK-Empfehlungen (1994)

- die Qualität und Vielfalt von Bildungsangeboten
- eine Vielfalt an Fördermöglichkeiten bezogen auf unterschiedliche Beeinträchtigungen
- die Vorläufigkeit und Revidierbarkeit von Schullaufbahnentscheidungen durch eine erhöhte Durchlässigkeit bezogen auf unterschiedliche Lernorte
- eine Kompetenzverdichtung durch die Kooperation unterschiedlicher Fachrichtungs- und Förder-/Therapieexperten vor Ort.

■ Bezogen auf die Bundesländer ohne Sonderpädagogisches Förderzentrum ist anzumerken, dass auch dort in anderen Organisationsformen, mobile oder ambulante Dienste die integrative Unterrichtung begleiten, unterstützen und koordinieren.

Sonderpädagogische Dienste in Baden-Württemberg, Sonderpädagogische Förder- und Beratungsstellen in Brandenburg oder Regionale Beratungs- und Unterstützungsstellen in Hamburg arbeiten vor dem Hintergrund präferierter Integration in den jeweiligen Ländern entsprechend der im Sonderpädagogischen Förderzentrum organisierten mobilen Dienste in anderen Bundesländern.

Erstaunlich bleibt bei der Fülle an schulorganisatorischen und konzeptionellen Veränderungen allerdings, dass der überwiegende Teil von Kindern mit Beeinträchtigungen **nicht** in der Allgemeinen Schule unterrichtet wird (Ø 86,7%, vgl. Abs. 3.2.3.2/ Tab. 23).

3.2.4.5 Zusammenfassung

In einem föderalistischen Staat wie Deutschland, in dem die Kulturhoheit, das heißt u.a. die Bildungspolitik bei den jeweiligen Landesregierungen liegt, kann es nicht verwundern, dass es eine Fülle unterschiedlicher Konzeptionen und dementsprechend Institutionen zur sonderpädagogischen Förderung gibt.

Sehr allgemein lässt sich aber sagen:

- Alle Bundesländer sind auf je eigene Weise bemüht, die Empfehlungen der KMK, die als Konsensergebnis der Beratungen von Vertretern aller Bundesländer angesehen werden können, umzusetzen.
- Auch wenn die Entwicklungen gemeinsamer Unterrichtung quantitativ und qualitativ sehr unterschiedlich sind, so ist die Möglichkeit integrativer Beschulung doch in allen Bundesländern gegeben.
- Begleitende und unterstützende Dienste – ob Mobile Sonderpädagogische Dienste oder Ambulanzen – stellen in allen Bundesländern sicher, dass dem Sonderpädagogischen Förderbedarf von beeinträchtigten Kindern weitestmöglich entsprochen wird.
- Auch wenn die (idealtypischen) Konzeptionen (noch) nicht überall in der Praxis effektiv und zufriedenstellend umgesetzt sind, so kann man aber konstatieren, dass die Sonderpädagogische Praxis in Bewegung geraten ist und eine eigene mehr oder weniger deutliche Dynamik entfaltet.

Die augenblicklichen Entwicklungen werden die Sonderpädagogik inhaltlich verändern und eine Standort-Neubestimmung innerhalb des Bildungssystems notwendig machen.

Nicht nur der kontinuierlich stattfindende Kompetenztransfer zwischen Lehrkräften unterschiedlicher Schulformen, sondern auch die Wahrnehmung neuer Aufgaben durch Sonderpädagogen im Zusammenhang mit der gemeinsamen Unterrichtung von behinderten und nicht behinderten Kindern und Jugendlichen wird das Berufsbild des Sonderpädagogen verändern.

In den Sonderpädagogischen Förderzentren verbinden sich didaktisch-methodische Aufgaben und diagnostisch-beraterische mit sozialpädagogisch-therapeutischen zu einem Kompetenz-Kumulations-Modell in der Professionalität, Teamfähigkeit und das Verfolgen annähernd gleicher Ziele die Qualität und Effektivität der Arbeit bestimmen (vgl. VERNOOIJ 2005, 163f.).

Nicht die Ideologisierung, z.B. von Integration, sondern nur die sachlich-nüchterne Betrachtung der Gegebenheiten mit der Zielsetzung einer intensiven, möglichst optimalen Förderung von beeinträchtigten Kindern, kann zur Ausschöpfung aller Ressourcen, sowohl beim Lehrenden als auch beim Lernenden führen.

Zurüstung für das spätere Leben durch Erziehung, Bildung, Förderung und ggf. Fürsorge (vgl. VERNOOIJ 2005, 46ff.) ist die Aufgabe von Pädagogen und Sonderpädagogen. Bildung, Selbstständigkeit, Problemlösefähigkeit sind Voraussetzungen für Lebensqualität (unter anderem, vgl. Kap.14). Es scheint als nehme die Sonderpädagogik diese Ziele auch für Beeinträchtigte heute stärker in den Blick. Sonderpädagogische Förderzentren als Institutionen im Überschneidungsfeld von Separation und Integration können einen wesentlichen Beitrag dazu leisten, die Erziehung und Bildung, Förderung und Fürsorge (nicht Überbehütung) von beeinträchtigten Kindern und Jugendlichen zu optimieren.

II Beeinträchtigungen und Behinderungen im Überblick

Nachdem bisher im Wesentlichen von Beeinträchtigung/ Behinderung allgemein gesprochen wurde, zum einen im Zusammenhang mit der sonderpädagogischen Theoriebildung, zum anderen bezogen auf die sonderpädagogische Förderung, vorschulisch und schulisch, sind die folgenden Kapitel der differentiellen Sonderpädagogik gewidmet.

Die genauere Betrachtung der verschiedenen Behinderungsarten stellt den klassischen Zugang zum Problem der Beeinträchtigung dar; ältere Werke beschränken sich teilweise ganz auf diese Form der Darbietung, und auch in heutigen Kompendien wie etwa bei Bach (1977a; Klauer 1992; Bleidick et al. 1995) nimmt die „Differentielle Sonderpädagogik“ den größeren Teil des Umfangs ein.

Wenn die heutige Sichtweise von Behinderung auch eher von einer wie immer geartete Mehrfachbehinderung ausgeht und gruppenübergreifende Fragestellungen wie die Frühförderung oder die sozialpsychologische Situation der behinderten Menschen in den Vordergrund rücken, so kann doch auf den klassischen Zugang als Grundlagenwissen nicht verzichtet werden; eine Mehrfachbehinderung adäquat zu erfassen gelingt eben nur, wenn die sich überlagernden Behinderungen im Einzelnen bekannt sind. Erst auf der Basis dieser Kenntnisse kann der individuelle Förderbedarf und der angemessene Förder- bzw. Lernort für ein behindertes Kind festgestellt werden.

Im Folgenden sollen daher die einzelnen Behinderungsgruppen in knapper Form vorgestellt werden, wobei jeweils Formen, Häufigkeit, Ursachen, soziale Einschätzung, psychologische Merkmale sowie praktische Aufgabenstellungen zu diskutieren sind, ohne dass dieser Aufbau starrschematisch eingehalten würde. Langfristig kranke Kinder finden als Randgruppen im Zusammenhang mit Behinderung deshalb eine Darstellung in gleichem Umfang, weil pädagogisch-sonderpädagogische Aspekte auch hier große Bedeutung haben (vgl. Kap. 5).

Ob für die Gruppen der

- Sprachbehinderten,
- Lernbehinderten
- Verhaltensgestörten („psychisch Behinderten“)

der Begriff „Behinderung“ angemessen ist, mag dahingestellt bleiben. Als Fachrichtungen in der sonderpädagogischen Ausbildung sind sie an fast allen Studienstätten vertreten. Als Zielgruppen für die sonderpädagogische Förderung bilden sie die zahlenmäßig größten Personengruppen. Eine Begriffsdiskussion kann auch deshalb vernachlässigt werden, weil in den KMK-Empfehlungen von 1994 der Begriff „Behinderung“ kaum mehr benutzt wird.

Oberbegriff für alle Behinderungsarten ist „Beeinträchtigung". Die Kennzeichnung der je spezifisch-individuellen Behinderung/ Beeinträchtigung erfolgt über „sonderpädagogische Schwerpunkte" bezogen auf die Bereiche Förderung, Erziehung und Bildung. Der Begriff „Sonderschulbedürftigkeit" wurde ersetzt durch „Sonderpädagogischer Förderbedarf" (vgl. Abs. 3.2.1; Vernooij 2005a, 201ff.; 2005b, 317ff.).

In der Medizin, in der sonderpädagogischen Theorie sowie in der Sozialgesetzgebung bleiben die ursprünglichen Begriffe allerdings erhalten. Die Geistige Behinderung beispielsweise, wird in der universitären Ausbildung in der wissenschaftlichen Fachrichtung Geistigbehindertenpädagogik erfasst und in ihren wesentlichen theoretischen Grundlagen gelehrt. Der damit angesprochene Personenkreis ist in der sonderpädagogischen Praxis dem Förderschwerpunkt Geistige Entwicklung zugeordnet.

Die folgenden Kapitel sind jeweils mit beiden Bezeichnungen überschrieben.

4 Körperbehinderung – Förderschwerpunkt körperliche und motorische Entwicklung

4.1 Häufigkeit

Beim Hören des Begriffs „behindert" dürfte ein Großteil der Bevölkerung in erster Linie an Körperbehinderung denken, hierin unterstützt durch das geläufige Bild des Rollstuhlfahrers als Symbol für den Behinderten schlechthin. Vielfach wird von „behindertengerechtem Bauen" gesprochen, wenn im Grunde lediglich Menschen mit Körperbehinderungen gemeint sind; sie stehen sozusagen im Mittelpunkt der öffentlichen Bekanntheit von Behinderung.

Im Kindesalter jedoch bilden die Körperbehinderten unter den Behinderten insgesamt nur eine „kleine" Gruppe. Ihr Anteil wird von Sander (1973, 85) mit 0,3 % eines Jahrgangs angegeben. Bei einer Totalerhebung im Bundesland Niedersachsen ermittelte Török (1977) einen Anteil von 0,46 %. Stadler gibt einen Prozentsatz von 0,3-0,5 % stark körperbehinderter Kinder eines Jahrganges an (vgl. 1995, 88). Werden auch leichtere Formen funktionaler Bewegungsbeeinträchtigung und Störung hinzugenommen, so liegt der Prozentsatz bei bis zu 10 % (vgl. 1992, 96f.). Bei dieser Zahl sind alle diejenigen Kinder eingeschlossen, die begleitend zum Besuch der Regelschule besonderer medizinischer, psychologischer und pädagogisch/sonderpädagogischer Maßnahmen bedürfen.

Behinderung und Schädigung der Gliedmaßen einerseits und Schädigung der für die Bewegungssteuerung zentralen Systeme des Gehirns und des Rückenmarks andererseits bilden mit etwa zwei Drittel der Gesamtzahl die größte Gruppe der Körperbehinderungen (vgl. von Pawel 1989, 77; Leyendecker 1992, 97; Stadler 1995, 88).

Steinhausen und Wefers (1977, 60) fanden in ihrer Hamburger Stichprobe von 104 mindestens durchschnittlich intelligenten körperbehinderten Kindern und Jugendlichen folgende Diagnosen:

Zerebralparesen	29 %
Dysmelien	16 %
Hüftgelenksfehlbildungen	10 %
Regionäre Lähmungen	9 %
Progressive Muskeldystrophie	9 %
Poliomyelitis	9 %
Systemerkrankungen	6 %
Kombinierte Missbildungen	5 %
Skoliose	4 %
Beinamputation	2 %
Klumpfuß und and. Missbildungen	3 %

Obwohl die Untersuchung schon 30 Jahre alt ist, gibt sie doch einen Einblick in die prozentuale Verteilung verschiedener Arten von Körperbehinderung, zumal neuere Untersuchungen dieser Art nicht vorhanden sind.

4.2 Geschichte

Bereits im 8. Jahrhundert fanden ausgesetzte Krüppel in Findelhäusern Aufnahme und Versorgung im Sinne einer Verwahrung. Die Erziehung und Bildung verkrüppelter Kinder begann aber erst 1000 Jahre später. 1779 wurde in der Schweiz die erste orthopädische Heilanstalt von J.A. Venel gegründet. 1816 wurde in Würzburg eine Heilanstalt für Krüppel von I.G. Heine errichtet, in der auch Unterricht am Krankenbett stattfand. Ihr folgte 1823 die „Heilanstalt für arme, verwachsene Kinder" in Berlin, initiiert durch J.G. Blömer. In der Folgezeit entstanden in Deutschland vermehrt Erziehungs- und Bildungsanstalten für Krüppel, u.a. 1832 in München für „krüppelhafte Knaben". Diese Erziehungs-, Unterrichts- und Bildungsanstalt, gegründet von Nepomuk Edler von Kurz wurde ca. 15 Jahre später (lt. Kaiser 1854, lt. Speck 1844) vom Staat übernommen (Kaiser 1969, 1772; Speck 1995, 152). 1841 wurden in Ludwigsburg eine Stiftung, 1843 in Stuttgart das Paulinenstift, eine „Armenheilanstalt für Verkrümmte", eine Anstalt in Kopenhagen, 1886 eine Krüppelfürsorgestätte in Nowawes bei Potsdam gegründet. Seit 1848 gab es in Berlin eine Anstalt für „verkrümmte kleine Mädchen". Erst zu Beginn dieses Jahrhunderts wurden die Krüppel auch Gegenstand preußischer und deutscher Sozialpolitik. Nach der ersten allgemeinen Krüppelzählung im Deutschen Reich 1906, angeregt durch Biesalski, ärztlicher Direktor des Oskar-Helene-Heimes (entstanden durch eine Stiftung des Fabrikantenehepaares Oskar und Helene Printsch), wurde die seit 1905 in Preußen mäßig betriebene Krüppelfürsorge intensiviert. 1920 wurde das preußische Krüppelfürsorgegesetz erlassen 1924 wurde in den „Reichsgrundsätze(n) über Voraussetzung, Art und Maß der öffentlichen Fürsorge" in § 10 festgelegt, dass „bei körperbehinderten Minderjährigen die Hilfe so bemessen sein muß, daß eine gründliche und dauerhafte Abhilfe geschaffen werden kann und auch schulische und berufsbildende Erziehung gewährleistet ist" (Kaiser 1969, 1773). Dies führte zu einer deutlichen Ausweitung der Krüppelpädagogik und -fürsorge. Standen 1906 für etwa 80 000 Krüppel 27 Anstalten, 1 500 Betten und 83 Lehrer zur Verfügung, so waren es 1927 78 Heime mit insgesamt 11 000 Betten. Für die Unterrichtung verkrüppelter Kinder standen 277 Lehrer zur Verfügung (vgl. Kaiser 1969, 1773). Während der Zeit des Nationalsozialismus wurde die Krüppelpädagogik, wie alle Formen besonderen pädagogischen Engagements, völlig eliminiert. Erst nach 1950 wurden in der damaligen BRD Tagesheimschulen für Körperbehinderte eingerichtet, deren Vorbild skandinavische und anglo-amerikanische Einrichtungen waren. Das Körperbehindertengesetz vom 27.02.1957 bildete eine erste Grundlage für die Körperbehindertenfürsorge und -pädagogik. Es wurde durch das am 30.06.1961 erlassene BSHG abgelöst, das sehr viel umfänglicher nahezu alle Behindertengruppen sozialgesetzlich erfasste. 1962 wurde das Recht auf (Sonder-)Beschulung in den Gesetzen der einzelnen Bundesländer verankert. Auch die spezielle Ausbildung von Lehrern an Körperbehindertenschulen nahm zu diesem Zeitpunkt ihren Anfang.

In der ehemaligen DDR wurden 1954 zwei Verordnungen grundlegend für die Körperbehindertenpädagogik bzw. für die Rehabilitationspädagogik allgemein. Zum einen die „Anordnung über die Meldung der Körperbehinderungen, geistigen Störungen, Schädigungen des Sehvermögens und Schädigung des Hörvermögens" vom 12. Mai 1954; zum anderen speziell für die Körperbehindertenpädagogik die „Anordnung über die Durchführung der orthopädischen Betreuung von Kindern und Jugendlichen" vom 15. Mai 1954. Die Erziehung und Bildung körperbehinderter Kinder in Deutschland erfolgt heute zum größten Teil in gut ausgebauten Sonderschulen bzw. Sonderpädagogischen Förderzentren, teilweise mit Realschulzweig, zu einem sich erhöhenden Prozentsatz in integrativen Klassen. Die gymnasiale Bildung körperbehinderter Kinder erfolgt weitgehend integrativ, soweit die baulich-räumlichen Gegebenheiten der Beeinträchtigung angemessen sind bzw. entsprechend geschaffen werden können. Dies gilt ebenso für entsprechende technische Hilfen.

4.3 Formen der Körperbehinderung

Im Folgenden sollen die wichtigsten Formen von Körperbehinderung etwas näher charakterisiert werden.

• **Zerebrale Bewegungsstörungen**: Kinder mit diesem Störungsbild sind vor, während oder kurz nach der Geburt von einer Schädigung des Gehirns betroffen worden, die sich später in gestörten, funktionsinadäquaten, unwillkürlichen Bewegungsabläufen manifestiert. Im allgemeinen Sprachgebrauch wird häufig von „spastischer Lähmung" oder abwertend von „Spastikern" gesprochen. Damit wird allerdings nur der Aspekt der Spastik hervorgehoben, obwohl zum einen die Athetose (unablässige geschraubte oder krampfhafte Bewegungen insbesondere der Finger und Zehen infolge von Nervenschädigung) und zum anderen die Ataxie (Störungen der Muskelkoordination) ebenfalls zu diesem Störungsbild gehören. Häufig wird auch von (zerebraler) Kinderlähmung gesprochen. Kinder mit Zerebralparese sind in vielen Fällen mehrfachbehindert: Sprachbehinderung, Lernbehinderung und Sinnesstörungen können mit der Körperbehinderung ein multiples Schädigungssyndrom bilden; zusätzliche Folgebehinderungen können hinzutreten. Von der Zerebralparese wird deshalb im Zusammenhang mit Schwerbehinderung/ Mehrfachbehinderung noch die Rede sein.

• **Dysmelien** (Gliedmaßenfehlbildung) hat es in äußerster Seltenheit immer gegeben. Als Folge von Conterganschäden wurden jedoch in den Geburtsjahrgängen 1960 bis 1962 etwa 3 000 Kinder mit Gliedmaßenfehlbildungen geboren. Sie lösten eine große Zahl begleitender wissenschaftlicher Untersuchungen im gesamten Bundesgebiet aus; die relativ homogene Gruppe gleichartig oder ähnlich Geschädigter bot sich hier – bei starkem Interesse der Öffentlichkeit und Bereitstellung besonderer Forschungsgelder – für eine Längsschnittstudie geradezu an. Einige Befunde dieser Studien sollen auch hier, in einem besonderen Teil dieses Kapitels wiedergegeben werden (vgl. Abs. 4.7).

Bei den Dysmelien können wesentlich unterschieden werden:

- Amelien (Fehlen von Gliedmaßen)
- Peromelien (Fehlen von Gliedmaßenteilen, isolierte Hand- und Fußmissbildungen, Gliedmaßenverkümmerungen)

• **Poliomyelitis** (Spinale Kinderlähmung): Hier handelt es sich um eine Virusinfektion des Rückenmarks oder des Stammhirns. Die Poliomyelitis war als Zivilisationskrankheit insofern anzusehen, als bei schlechten hygienischen Verhältnissen – wie sie in Entwicklungsländern herrschen – der Erstkontakt mit den Krankheitserregern bereits im ersten Lebensjahr stattfand, so dass der Säugling – noch unter dem Schutz mütterlicher Antikörper stehend – eine eigene Immunität aufbauen konnte, ohne die Krankheit selbst durchzumachen. Erst die verbesserte Hygiene schob den Erstkontakt auf spätere Lebensjahre hinaus, doch auch dann erkrankte nicht jeder Infizierte, sondern - je nach spezifischem Virustyp - nur jeder 400ste, 1000ste beziehungsweise 5000ste der Infizierten (vgl. Wiesmann 1974, 266). Nach einer zehntägigen Latenzzeit gelangen die Viren aus dem Darm ins Blut und nach weiteren fünf Tagen ins Nervensystem, wo sie – besonders durch die Zerstörung der motorischen Vorderhornzellen – ausgedehnte Lähmungen hervorrufen; durch Befall der Atemmuskulatur oder des Atemzentrums kann sogar der Tod eintreten. Mit Hilfe der seit 1954 möglichen aktiven Schutzimpfung – meist mit trivalentem Impfstoff gegen alle drei Virustypen zugleich – konnte die Poliomyelitis nahezu ausgerottet werden, die Erkrankungshäufigkeit sank von etwa 3000 pro Jahr auf nur 29 Fälle 1973 ab (vgl. Hansen 1977, 155). 1949/50 war die spinale Kinderlähmung noch für 38 Prozent der sonderbeschulten Körperbehinderten verantwortlich gewesen, 1965 nur noch für 13 Prozent (vgl. Bläsig 1967, 24). In den letzten Jahren ist die Zahl der Erkrankungen geringfügig gestiegen, offenbar infolge eines erhöhten Sicherheitsgefühls und damit abnehmender Impfbereitschaft.

Dies zeigt, dass die Impfung nicht überflüssig geworden ist. Überall dort, wo sie – etwa aus religiösen Gründen – abgelehnt oder ungenügend betrieben wird, treten neue Polio-Erkrankungen auf. Die Impfung wird dreimal im ersten Lebensjahr und nochmals um das zehnte Lebensjahr durchgeführt; spätere Auffrischungen werden empfohlen.

• **Progressive Muskeldystrophie**: Hier handelt es sich um eine Muskelerkrankung, die zum Schwund der quergestreiften Muskulatur führt. Die Krankheit ist erblich, beginnt allerdings erst im Kleinkindalter, gewöhnlich von den Beinen zum Schultergürtel hin aufsteigend. Von den unterschiedlichen Formen der Muskeldystrophie sollen hier zwei besonders hervorgehoben werden.

- Die **Infantile Beckengürtelform** (Typ Duchenne) wird geschlechtsgebunden vererbt auf männliche Nachkommen. Sie stellt die bösartige Form dar. Sie beginnt in den ersten fünf Lebensjahren und führt häufig bereits im frühen Schulalter zum Verlust der Gehfähigkeit und später zu allgemeiner Bewegungsunfähigkeit.
- Die **Juvenile Schultergürtelform** wird dominant an beide Geschlechter vererbt. Sie beginnt nach dem 7. Lebensjahr, i.d.R. zwischen 7 und 25 Jahren, mit zunehmender Bewegungsbeeinträchtigung

im oberen Schulterbereich. Sie schreitet nur langsam fort.

Beim Typ Duchenne sterben die Kranken im allgemeinen vor dem 20. Lebensjahr (vgl. DOOSE 1977, 353), bei den anderen Krankheitstypen ist der Verlauf langsamer, die Lebenserwartung u.U. kaum eingeschränkt. SCHMEICHEL (1978, 88) hat die besondere Situation von Jugendlichen mit absehbarer Lebensperspektive (Duchenn´sche Krankheit) analysiert und als „Zielkrise" interpretiert, die „sich unter der progressiven Ausgrenzung von körperlichen Leistungen zur Identitätskrise" verschärft. Herkömmliche Pädagogik müsse bei ihnen, da zukunftsorientiert, versagen. Der Pädagoge solle sein Handeln darauf ausrichten, „mit seiner Gegenwart die isolierende Macht einer Grenzsituation zu überwinden, indem er das Schweigen über sie aufhebt" (SCHMEICHEL 1978, 95).

Die häufigsten Typen der progressiven Muskeldystrophie sind X-chromosomal-rezessiv (wie die bekanntere Bluterkrankheit). Damit sind also in aller Regel nur Jungen betroffen: ihr krankes X-Chromosom wird nicht durch ein gesundes dominiert. Hat ein Ehepaar bereits einen muskeldystrophischen Sohn, so wird ein zweiter Sohn mit 50%iger Wahrscheinlichkeit ebenfalls betroffen sein. Allerdings ist die Krankheit pränatal nicht diagnostizierbar, lediglich das Geschlecht des Feten lässt sich feststellen.

Im Sinne einer Prävention künftiger Behinderungen könnte man es für sinnvoll erachten, nicht nur Jungen-, sondern auch Mädchengeburten zu vermeiden, da jede zweite Tochter als Konduktorin, obgleich selbst gesund, das kranke X-Chromosom an die Hälfte ihrer Kinder weitergibt, wobei wiederum die Jungen erkranken werden, die Mädchen gesunde Konduktorinnen bleiben. Unter ethischen Gesichtspunkten ist dies jedoch nicht zu vertreten. Eine umfängliche genetische Beratung ist aber unabdingbar.

- **Spina bifida** (Myelomeningozele): Meist im Bereich der Lendenwirbel oder des Kreuzbeins liegt hier eine Hemmungsmissbildung der Wirbelsäule vor. Die Wirbelbögen haben sich nicht vollständig um den Rückenmarkskanal geschlossen, die Rückenmarkshäute und teilweise auch das Rückenmark selbst stülpen sich bruchsackartig aus, entweder überhäutet oder offen. Bei der offenen Form liegt das Rückenmark flächenförmig frei, nur eine Frühoperation in den ersten 24 Stunden kann das Leben dieser Kinder erhalten. Die neurologischen Ausfälle bleiben jedoch gewöhnlich irreversibel, sie entsprechen im Großen und Ganzen einem Querschnittssyndrom: schlaffe Lähmungen und Sensibilitätsausfall unterhalb des betroffenen Rückenmarksabschnittes, Ausfall der Schließmuskelbeherrschung bei Harnblase und Darm (vgl. DOOSE 1977, 330).

- **Hüftgelenksdysplasie**: Die Hüftgelenksdysplasie, aus der bei Belastung die Hüftgelenksluxation (-verrenkung) resultieren kann, ist eine der häufigsten angeborenen Fehlbildungen. Sie soll unter 400 Geburten einmal auftreten, wobei Mädchen häufiger betroffen sind als Jungen. Sie kann allerdings bereits bei der Neugeborenen-Basisuntersuchung erkannt und anschließend mit einer Spreizhose behandelt werden.

- **Klumpfuß**: Der Klumpfuß (pes equinovarus) soll unter etwa 700 Geburten einmal auftreten und Jungen häufiger als Mädchen betreffen.

Bei Schädigungen wie den beiden zuletzt genannten, die eventuell eine längere klinische Behandlung in den ersten Lebensjahren erfordern, ist es wichtig, nicht nur auf die Folgen der Schädigung selbst, sondern auch auf mögliche Hospitalismusschäden zu achten. Neben der krankengymnastischen Förderung sollte eine pädagogisch-psychologische Entwicklungsförderung frühzeitig eingeleitet werden.

• **Skoliose und Kyphose**: Bei der Skoliose handelt es sich um eine S-förmige, bei der Kyphose um eine buckelförmige Verformung der Wirbelsäule. Die Behandlung erfordert jeweils langfristige orthopädische Maßnahmen, teilweise unter Verwendung spezieller, äußerlich entstellender Apparaturen, was insbesondere bei Jugendlichen – die Behandlung wird häufig um das Pubertätsalter durchgeführt – sehr belastend wirken und zu psychischen Störungen führen kann.

• **Knochen- und Gelenktuberkulose**: Wenn die Tuberkelbakterien auf dem Blutweg in das Skelett eindringen, sind besonders oft die unteren Brust- und die oberen Lendenwirbel betroffen. Durch Zusammenbrechen ganzer Wirbel kann es hier zu einer spitzwinkligen Kyphose kommen. Bei einer Tuberkulose des Hüft- oder Kniegelenks bilden sich die dem betroffenen Gelenk benachbarten Muskeln zurück; Gelenkversteifung und Gliedmaßenverkürzung können Folgezustände darstellen. Unabhängig von der entstandenen Körperbehinderung muss die Tuberkulose medikamentös ausgeheilt werden. Die Schutzimpfung gegen Tuberkulose, die BCG-Impfung im ersten Lebensmonat, ist besonders bei Kindern in gefährdetem Milieu sinnvoll (vgl. Seelemann/Stickl 1977a, 131).

• **Chondrodystrophie**: Hier handelt es sich um eine Systemerkrankung des Skeletts, bei der eine Wachstumsstörung des knorpelig vorgebildeten Knochenbaus vorliegt. Sie führt zu Deformation der Extremitäten, insbesondere der Beine mit Verminderung des Längenwachstums → Zwergwuchs.

• **Osteogenestis imperfecta** („Glasknochenkrankheit"): Osteogenesis heißt Knochenbildung. Die unvollkommene Ausbildung des Knochengewebes mit erhöhter Knochenbrüchigkeit kennzeichnet diese Krankheit. Sie ist erblich und beginnt extrauterin oder im frühen Kindesalter. Die Instabilität der Knochen führt zu Brüchen, Verbiegungen und Deformationen sowie zu teilweise erheblichen Bewegungseinschränkungen. Ein Stillstand bzw. eine Besserung der Krankheit nach der Pubertät ist möglich.

• **Amputationen und Unfallschäden**: Während sich Kopfverletzungen langfristig eher in intellektuellen Beeinträchtigungen äußern, führen im Bereich der Körperbehinderungen Unfälle am ehesten zum Verlust von Gliedmaßen oder zu Querschnittslähmungen (vgl. Pampus 1978). Allerdings wird der Anteil der Unfallgeschädigten an den Körperbehinderten von der Bevölkerung eher überschätzt. Laut den Angaben des Statistischen Bundesamtes in Wiesbaden sind 2,8 % der Schwerbehinderten aufgrund von Unfällen, und zwar

- Arbeits- / Wegeunfall
- Verkehrsunfall
- häuslicher Unfall
- nicht näher bezeichneter Unfall

in diese Lage gekommen. Der Anteil der Kriegs- bzw. Wehrdienstgeschädigten beträgt 4,9 % (vgl. Statistisches Bundesamt 1996, 50). Amputationen sind teilweise auch die Folge rasch wachsender bösartiger Tumoren des Binde- und Stützgewebes (Sarkome), denen nur durch radikale Entfernung der betroffenen Extremität Einhalt geboten werden kann.

4.4 Die These einer spezifischen Behindertenpersönlichkeit

Zwischen Alltagstheorie und Wissenschaft angesiedelt sind die zahlreichen Versuche, eine spezifische Behindertenpersönlichkeit zu postulieren (womit auch hier wiederum meist zuallererst die Körperbehinderten gemeint sind). Ohne die Aussagen empirisch zu untermauern, kommen sie im Allgemeinen auf eher spekulativ-deduktivem Weg zustande. SEYWALD (1977) würde die Mehrzahl von ihnen wohl unter dem Stichwort „Ressentimentverdacht" subsumieren. Unter wissenschaftlichen Gesichtspunkten bleiben solche vermuteten Kausalzusammenhänge zwischen Behinderung und psychischer Besonderheit in höchstem Maße umstritten (vgl. JANSEN et al. 1983, 27).

Vorwissenschaftlich ergibt sich die „Behindertenpersönlichkeit" aus der Annahme, die körperlich Behinderten müssten mit Neid auf die körperliche Integrität der Nichtbehinderten herübersehen und das eigene Gefühl von Unzulänglichkeit dann in Verhaltenszüge wie Aggressivität oder Isolationstendenzen transformieren. Es wird eine erhebliche Wechselwirkung zwischen körperlicher Beeinträchtigung und psychischen Verhaltensweisen, teilweise sogar eine Disposition zur Neurose oder zu neurotischer Persönlichkeitsentwicklung im Zusammenhang mit Körperbehinderung angenommen. Vermutlich geht diese Sichtweise auf die Theorie Alfred ADLERS (1870-1937) zurück. Allerdings finden sich bereits in der frühen Literatur Beispiele für diesen postulierten Zusammenhang z.B. bei Shakespeare (1564-1616) - Richard III, Victor Hugo (1802-1885) - Der Glöckner von Notre Dame (1831), auch in der Oper, z.B. Guiseppe Verdi (1813-1901) - Rigoletto (1851).

Die wichtigsten und in diesem Zusammenhang meist genannten Autoren seien nun kurz aufgeführt (vgl. ESSER 1975, 4 ff.; D. A. JANSEN 1975, 11 ff.; G. W. JANSEN 1972, 19 ff.).

- ADLERS (1907, Repr. 1927 / 1977) Theorie von der Organminderwertigkeit dürfte durch die allgemeine Verbreitung der Tiefenpsychologie zu Beginn dieses Jahrhunderts zu erheblichem Einfluss gelangt sein. Danach kann ein voll ausgeprägtes Gemeinschaftsgefühl nur entwickeln, wer sich der ihn umgebenden Gemeinschaft gleichwertig fühlt. Dies aber ist bei Funktionsmängeln irgendwelcher Organe oder Körperteile nicht der Fall; es entwickelt sich ein Minderwertigkeitsgefühl, das die Fähigkeit zur Soziabilität, zu positiv-sozialem Verhalten beeinträchtigt (vgl. VERNOOIJ 1992a, 57f.) Die Folge kann Resignation sein, oder – und dies findet ADLERS (1928, Repr. 1972) besonderes Interesse – es setzen Kompensationsmechanismen ein, die zu Geltungsstreben und überhöhtem Ehrgeiz führen. Gerne wird hierbei von ADLER der Stotterer Demosthenes zitiert, dem als späterem großen Redner sogar eine Überkompensation seiner Behinderung gelang. Entmutigter Ehrgeiz kann sich in einer Neurose niederschlagen. Die verbreitete Auffassung, dass Behinderte zu extremen Reaktionsweisen neigen, Resignation oder Überkompensation, Leistungsversagen oder übersteigertes Leistungsstreben, scheint hier eine Begründung zu finden. Von der Soziabilität – bei ADLER sozusagen ein Kriterium psychischer Gesundheit – schlössen sie sich damit jedoch aus und seien in dieser oder jener Richtung zur Neurose besonders disponiert. Innerhalb der Gemeinschaft seien sie nicht natürlich integriert.

- Als Vertreter eines „sozialbiologischen" Standpunktes wird ESSER (1975, 4) genannt. Diesem zufolge führt eine körperliche Hemmung zwangsläufig zur seelischen Abweichung von der Norm, wobei proportional mit dem Ausmaß der Behinderung seelische Schädigungen und charakterliche Minderwertigkeit entstehen, bis hin zum vollständig Bewegungsgehemmten, der als seelisch „unheilbar" anzusehen ist. Wegen der Spannungen zur Umwelt, für die er keine wirtschaftliche und i.d.R. auch keine soziale Funktion wahrnimmt, wird er dadurch zum „Soziopathen".

- Auch die „Krüppelpsychologie" von WÜRTZ (1921) nimmt seelische Fehlhaltungen der Körperbehinderten an, am ehesten in Richtung auf Aggression oder Regression. Mehr als andere reflektiere der Behinderte über sich selbst, was zu Spannungen innerhalb der Persönlichkeit und zu einem eingeengten Erlebnisfeld führe; der eigene Defekt und das vermeintliche Mehr-Können der anderen stünden im Vordergrund.

- BRIEFS (1954) konstatiert wohl noch abnorme seelische Reaktionen der Körperbehinderten, führt sie jedoch auf das Spannungsverhältnis zwischen Behindertem und Umwelt zurück, weniger auf den Defekt selbst. Ablehnende Umwelthaltung bewirke ein personales Minderwertempfinden des Behinderten. Dieses bedinge eine Ablehnung der Gemeinschaft, bzw. die „ethische Fehlhaltung" einer Vernachlässigung sozialer Verpflichtungen.

- Stärker sozialpsychologisch ist die Perspektive von BARKER (1953). Danach stellen die Körperbehinderten eine ähnliche Minorität dar wie unterprivilegierte ethnische oder religiöse Minderheiten. Nun fühlt sich der Behinderte allerdings nicht nur als Behinderter, sondern wie die anderen Mitglieder der Gesellschaft hat auch er weitere zusätzliche Bezugsgruppen, die sich aus seiner Alters-, Geschlechts- und Berufsposition ergeben und in denen er ebenfalls einen Anspruch auf Anerkennung und Integration hat. Zwischen den Normen dieser unterschiedlichen Bezugsgruppen, den unterschiedlichen Rollenerwartungen, wird es mit großer Wahrscheinlichkeit zu Diskrepanzen und Konflikten kommen. Als ‚marginal man' bleibt der Behinderte häufig zwischen der Identität des Behinderten – über die sein Anerkennungsbedürfnis hinausreicht – und der des Gesunden – die er aufgrund seiner körperlichen Beeinträchtigung nicht erreichen kann. Gesteigerte Leistungen oder Frustrationserscheinungen wie Aggression, Resignation und innere Spannung werden als Folge genannt.

- Der Gleichsetzung von Behinderten mit ethno-religiösen Minoritäten stellt JORDAN (1963) das Konzept der „disadvantaged group“ (benachteiligte Gruppe) gegenüber. Während Minoritäten sich als feste Gruppe darstellen, bei der die Zugehörigkeit gewöhnlich mit der Geburt feststeht und ein enger innerer Zusammenhalt gepflegt wird, haben Behinderte lediglich das akzidentielle Merkmal der Behinderung gemeinsam; keine gemeinsamen Traditionen, wie z.B. in einer schwarzen Subkultur, verbinden sie. Da die Binnenkommunikation die äußere Isolierung nicht aufwiegt bzw. in vielen Fällen gar nicht stattfindet, ist die Interaktionsmöglichkeit des Behinderten im Gegensatz zu Minoritäten stärker eingeschränkt. Auch werden ihm nahezu ausschließlich negative, einschränkende Verhaltenserwartungen entgegengebracht, während ein Minoritätsangehöriger immerhin im Rahmen bekannter Klischees einen vollwertigen Sozialpartner darstellt.
- Auf DOLLARD und seine Mitarbeiter (1971) geht die bekannte Frustrations-Aggressions-Theorie zurück, nach der Aggression und Gewalt das Ergebnis von Frustrationen sein kann, bei denen ein Individuum an der Erreichung eines Ziels gehindert wird. In diesem Sinn könnte nun auch die Situation des Körperbehinderten aufgefasst werden. Er sieht sich situationalen Barrieren gegenüber (etwa wenn ein Gebäude seinem Rollstuhl keine Zufahrtsmöglichkeit bietet), intrapersonalen Barrieren (etwa wenn seine Schädigung ihn daran hindert, mit seinen Altersgenossen Sport zu treiben) sowie schließlich auch interpersonalen Barrieren (wenn er bei seinen Mitmenschen auf Ablehnung stößt). Die Befriedigung wesentlicher Grundbedürfnisse wird durch die Behinderung ganz oder teilweise verhindert, der Aktionsradius wird eingeengt. Als primäre Reaktion auf diese Frustrationen könnte eine offen geäußerte Aggression erfolgen. Hemmungsmechanismen können diese primäre Aggression modifizieren, in Ersatzreaktionen umwandeln, zum Beispiel kann die Aggression vom eigentlichen Objekt auf das Selbst verschoben werden, oder die Aggressionshandlung wird als Verbal- oder Phantasieaggression geäußert. Die ursprünglich linear-kausale Frustrations-Aggressions-Hypothese wurde in einer späteren Fassung dahingehend erweitert, dass außer Aggression auch andere Reaktionen auf eine Frustration möglich sind; Rückzug, Depression und Regression sind dabei die wichtigsten.
- Während die bisher genannten Autoren aus der Behinderung persistierende Persönlichkeitszüge abgeleitet haben, postuliert MIERKE (1978) in seiner Überforderungstheorie einen phasischen Ablauf, der immer dann eintreten soll, wenn die Grenze der individuellen Belastungsfähigkeit oder Leistungsbeanspruchung eines Individuums überschritten ist. Drei Phasen werden beschrieben:
  - die **Aggression**sphase ist gekennzeichnet durch affektive Entladungen, ungesteuertes Sozialverhalten, impulsive Fehlhandlungen und auffallende Leistungsschwankungen;
  - die **Regression**sphase ist gekennzeichnet durch Einschränkung von Sozialbezügen und von Interessen, starke Resignation, Aufgabe von Wert- und Gewissensbindungen und steiles Absinken der Leistungskurve;

- die **Restitution**sphase ist dadurch gekennzeichnet, dass sich das Persönlichkeitsgefüge wieder verfestigt und die Leistungsfähigkeit ansteigt.

Dieses Phasenschema beschreibt hauptsächlich die Anpassung an plötzlich eingetretene Behinderungen, wie sie besonders durch Unfälle, aber auch durch Krankheiten zustande kommen. Auf von Geburt an vorhandene Behinderungen dürfte es kaum anwendbar sein. Bei der Bewältigung einer spät sich ergebenden Behinderung spielen sich wohl ähnliche, teils phasenhafte, teils sich überlagernde Reaktionsweisen ab, wie sie KÜBLER-ROSS (1969; 1974) für Sterbende beschrieben hat: Nicht-wahr-haben-wollen, Auflehnung, Mit-dem-Schicksal-verhandeln-wollen, Depression, Akzeptierung. Ebenso, wie man den Tod als Verlust des Selbst und der Identität deuten kann, so bedeutet eine Behinderung den Verlust wesentlicher Teile der eigenen Identität, der mit ähnlichen Trauer- und Anpassungsreaktionen beantwortet wird (vgl. auch Kap. 13.4).

Zusammenfassend kann aus heutiger Sicht die These einer spezifischen Behindertenpersönlichkeit bezogen auf körperbehinderte Menschen nicht bestätigt werden. Die sowohl quantitativ wie auch qualitativ eingeschränkte motorische Erfahrung, sowie die allgemeine Einschränkung perseptiver und sozialer Erfahrung kann psychische Fehlentwicklungen hervorrufen oder begünstigen. Eine „Verursachung mit Ausschließlichkeitscharakter bei der Entstehung psychischer Auffälligkeiten" (G.W. JANSEN et al.1983, 28) kann daraus jedoch nicht abgeleitet werden.

4.5 Empirische Untersuchungen der Merkmale von Menschen mit Körperbehinderung

Gegenüber solchen teilweise spekulativen Versuchen, die Persönlichkeit körperbehinderter Menschen zu erfassen, wird seit den 1970er Jahren auch auf diesem Gebiet ein empirisches Vorgehen bevorzugt. Dabei legt ein Untersucher gewöhnlich psychodiagnostische Verfahren, die sich als brauchbar zur Erfassung von Persönlichkeitsmerkmalen erwiesen haben, sowohl Behinderten wie auch einer Kontrollgruppe von Nichtbehinderten vor, um statistisch signifikante Abweichungen bei Behinderten zu ermitteln. Nur zwei der nach diesem Design durchgeführten Studien können hier Erwähnung finden.

D. A. JANSEN (1975) untersuchte 98 in der Rehabilitation befindliche, meist jugendliche und zu 81 Prozent männliche Körperbehinderte mit Hilfe einer größeren Testbatterie, wobei zur Erfassung der Persönlichkeit das Freiburger Persönlichkeits-Inventar (FPI) diente.

Die Körperbehinderten beschrieben sich gegenüber der Norm als signifikant stärker aggressiv und weniger maskulin der Interessenlage nach. In den zehn weiteren überprüften Dimensionen im FPI ergaben sich jedoch, wie JANSEN betont, keine Unterschiede, so dass für sie damit eher die Übereinstimmung als die Divergenz der Persönlichkeit Behinderter nachgewiesen ist; folglich sei es „zulässig, psychologische Theorien (zum Beispiel aus der Persönlichkeits- oder Sozialpsychologie), die für Nichtbehinderte konzipiert wurden, auch auf Körperbehinderte zu übertragen" (D. A. JANSEN 1975, 121). Die „sprichwörtliche Passivität, Antriebs- oder Interesselosigkeit" von Körperbehinderten erscheine dann viel eher als „eine Rolle, in die sie von der sie umgebenden nichtbehinderten Umwelt gedrängt werden" (JANSEN 1975, 122).

Eine weitere Studie an körperbehinderten Kindern und Jugendlichen haben STEINHAUSEN und WEFERS (1977) vorgelegt. Bei 104 körperbehinderten und 104 „gesunden" Hamburger Kindern von 9 bis 16 Jahren erhoben sie Intelligenz, Persönlichkeitsmaße, Eltern-Kind-Beziehung sowie Idealbild-Realbild-Diskrepanzen. Nur solche Kinder wurden in die Körperbehinderten-Stichprobe aufgenommen, denen vom Lehrer ausreichendes sprachliches Verständnis für die Beantwortung der Fragebögen attestiert worden war und die außerdem Intelligenzwerte von mindestens 85 aufwiesen. Damit ist die „Repräsentativität der ermittelten Befunde auf den Bereich normal intelligenter, körperbehinderter Kinder in einem großstädtischen Siedlungsraum eingegrenzt" (STEINHAUSEN & WEFERS 1977, 94).

Trotz dieser Vorselektion ergaben sich jedoch in allen Untertests des Leistungs-Prüf-Systems (LPS) signifikante Unterschiede zu ungunsten der körperbehinderten Probanden; ihr Intelligenzprofil verläuft um einen halben bis zwei Zentilwerte (entsprechend 4 bis 15 IQ-Punkten) unter dem der Nichtbehinderten:

„Verballeistungen wie Wort- und Sprachverständnis, Wortflüssigkeit und verbales Ausdrucksvermögen sind bei körperbehinderten Kindern und Jugendlichen in gleicher Weise beeinträchtigt wie Denkfähigkeit und eine Reihe verschiedener Wahrnehmungsleistungen, nämlich Raumvorstellung, Veranschaulichung, Flexibilität und Geschwindigkeit der Gestalterfassung sowie Wahrnehmungstempo" (STEINHAUSEN & WEFERS 1977, 94).

Wohl stellen die Autoren in Rechnung, dass das LPS als ausgesprochen geschwindigkeitsabhängiger Test von den Körperbehinderten mit mehr Unlust, Missmut und Verärgerung beantwortet wurde als von den Nichtbehinderten; manches spreche für die Annahme, „daß körperbehinderte Kinder sowohl eher ausweichend auf Leistungsanforderungen reagieren wie auch wenig stark intrinsisch leistungsmotiviert sind" (STEINHAUSEN & WEFERS 1977, 95). Hinzu komme durch die gleichzeitige Unterrichtung mit auch geistig behinderten Kindern der „Faktor eines pädagogisch generell niedrigen Anspruchsniveaus" (a.a.O., 96).

Vergleicht man die einzelnen Gruppen Körperbehinderter, so

„fällt insbesondere die defizitäre Wahrnehmungsstruktur cerebralparetischer Kinder auf, die sich in Schwierigkeiten beim gedanklichen Bewegen von Symbolen, Mangel an räumlichen Vorstellungsvermögen, ungenügendem Erkennen wesentlicher Beziehungen und niedriger Wahrnehmungsgeschwindigkeit beim Erkennen von Unvollständigkeiten bzw. Fehlern im Testmaterial manifestiert" (a.a.O., 96 f.).

Es sei zu vermuten, „daß die Auswirkungen einer sog. funktionellen Defizienz, also einer Cerebralparese, auf die kognitive Entwicklung wesentlich stärker zu veranschlagen sind als die einer nicht cerebral bedingten motorischen Defizienz" (a.a.O., 97). Der Vergleich der Persönlichkeitsprofile – sie waren mit CATTELLS Childrens Personality Questionnaire (CPQ) ermittelt worden – zeigte

„eine geringe Ausprägung von Extraversion und emotionaler Stabilität und höhere Ausprägung von Sanftmut, Feinfühligkeit sowie zweifelnden, reflektierenden und zögernden Verhaltensbereitschaften bei körperbehinderten Kindern" (a.a.O., 112).

Bemerkenswerterweise kamen die stärkere Ausprägung von Feinfühligkeit sowie die niedrigere Gespanntheit „insbesondere mit steigendem Alter in der Pubertät zur Ausprägung" (S. 113), so dass hier wohl eher an eine indirekte, Selbstreflexion voraussetzende Folge der Körperbehinderung zu denken ist. In der Häufigkeit bestimmter für Neurosen charakteristischer Persönlichkeitskonstellationen, in der Beurteilung des elterlichen Erziehungsverhaltens, im Selbst- und Idealbild unterschieden sich die körperbehinderten Kinder nicht nachweisbar von den nichtbehinderten. Die Mütter von Körperbehinderten erwiesen sich als „stärker nondirektiv, weniger dominant, weniger offen und weniger extravertiert" (a.a.O., 113) gegenüber den Müttern von Nichtbehinderten.

4.6 Soziale Einschätzung

Ein weiterer Befund von Steinhausen und Wefers leitet über zum sozialen Stereotyp von Körperbehinderten: das Fremdbild, das gesunde Kinder von körperbehinderten hatten, war nämlich dem Selbstbild der behinderten Kinder genau gegenläufig.

„Das gesunde Kind betrachtet das körperbehinderte Kind nicht nur als leistungsunfähig, sondern auch als einsam, introvertiert und ohne positive Emotionalität. Damit wird dem körperbehinderten Kind jegliche soziale und persönliche Attraktivität durch das gesunde Kind abgesprochen" (1977, 109).

G. W. Jansen (1972) hat in einer umfangreichen Studie, auf die noch in anderem Zusammenhang eingegangen werden wird, die Einstellungen der Bevölkerung gegenüber Körperbehinderten untersucht. Bein- und Armamputation, Verkrüppelung, Lähmung und Conterganschäden wurden am häufigsten als Körperbehinderung bezeichnet (G. W. Jansen 1972, 84); das Bild des Körperbehinderten war „gekennzeichnet durch folgende Momente:

- verändertes, u. U. abstoßendes äußeres Erscheinungsbild - gesellschaftliche Isolation
- eingeschränkte Berufs- und Lebensmöglichkeiten - Leiden, auch auf seelischem Gebiet
- starke Kompensationsmechanismen bei der Verarbeitung der Behinderung
- charakterliche Veränderungen und besondere Begabungsausstattungen" (G. W. Jansen 1972, 91).

Auch von Bracken (1976, 286) weist auf die den Körperbehinderten vielfach zugeschriebenen besonderen Begabungen hin und bringt sie mit dem alten Aberglauben von ihren außergewöhnlichen Kräften in Zusammenhang. Die Vorstellung, der Betroffene leide mehr an seiner Behinderung, sei hier stärker ausgeprägt als bezüglich anderer Behinderungen; Körperbehinderung wird – neben der Blindheit – als schwerste Behinderung für ein betroffenes Kind eingestuft, nicht aber für die Umwelt.

Schließlich hat von Bracken auf die Diskrepanz zwischen der „Nahbeurteilung" und der „Fernbeurteilung" Körperbehinderter hingewiesen.

„Aus der Ferne gesehen gilt es (ein körperbehindertes Kind) zwar als sympathisch und ruhig. Nähern sich die Menschen aber, werden sie oft durch ein unangenehmes Äußeres abgestoßen und finden auch ungünstige

Charaktereigenschaften, die dann leicht in übertriebener Weise verallgemeinert und mit überkommenen abergläubischen Vorstellungen verbunden werden. Die Mitmenschen halten dann nach Möglichkeit soziale Distanz ..." (1976, 289).

Zur Vertiefung der Thematik sei noch auf einige weitere Veröffentlichungen hingewiesen: LEYENDECKER/NEUMANN (1983) befassen sich schwerpunktmäßig mit der Entwicklung der Wahrnehmung, des Lernens, der Intelligenz und des Gedächtnisses bei körperbehinderten Kindern. G. JANSEN (1983) untersucht deren emotional soziale Entwicklung. Auch FRIES (1991) betrachtet in einer Studie die Persönlichkeitsmerkmale körperbehinderter Menschen, allerdings im Zusammenhang mit Einstellungen Nichtbehinderter. KUCKHERMANN/NITSCHE/V. MUELLER (1991) befassen sich in einer vergleichenden Untersuchung von körperbehinderten und nichtbehinderten Jugendlichen mit dem Stellenwert von Intelligenz bei der erfolgreichen Orientierung in einem komplexen Lebensraum. Eine Studie von LEYENDECKER (1992) hebt auf positive Bewältigungsstrategien körperbehinderter Jugendlicher und junger Erwachsener ab. Eine umfassende Untersuchung zu Einstellungen und Verhalten gegenüber körperbehinderten Menschen legt FRIES (2004) vor.

4.7 Forschungen zu Dysmelien im Zusammenhang mit Thalidomid-Geschädigten

4.7.1 Erscheinungsbild

Dysmelien, angeborene Gliedmaßenfehlbildungen, wurden in geringem Ausmaß immer schon beobachtet; ihre aufsehenerregende Häufung in den Jahren 1960 bis 1962 ließ jedoch nach einer spezifischen Ursache forschen, die auch bald in dem Beruhigungs- und Grippemedikament Thalidomid (Handelsnamen: Contergan, Distaval, Tensival, Valgraine, Asmaval) gefunden wurde, genauer: in der Einnahme thalidomidhaltiger Medikamente zwischen dem 34. und 50. Tag nach der letzten Monatsregel, also in der vierten oder fünften Entwicklungswoche des Embryos (vgl. v. PAWEL 1977, 45).

Die Herstellerfirma bestritt lange Zeit diesen Zusammenhang; nach langwierigen Prozessen war sie erst 1971 zu einem Vergleich bereit, der zur Zahlung von 100 Millionen Mark in eine zu errichtende ‚Stiftung Hilfswerk für behinderte Kinder' führte; ein ebenso hoher Betrag wurde von Seiten der Bundesregierung beigesteuert.

Die verdächtigen Medikamente waren allerdings bereits am 25.11.1961 aus dem Handel gezogen worden; der schlagartige Rückgang dysmeler Geburten von 1962 auf 1963 konnte so als weiterer Beweis für den Zusammenhang dienen. Von der teratogenen Wirkung in der Frühschwangerschaft abgesehen, ist das Thalidomid - ähnlich wie das Rötelnvirus - gänzlich ungefährlich; es wird heute im Ausland zum Beispiel bei der Therapie der Lepra wieder eingesetzt.

Da in der Bundesrepublik keine Meldepflicht für behinderte Kinder besteht, lagen lange keine anerkannten Zahlen über die Anzahl der betroffenen Kinder vor. Nach Bläsig und Schomburg (1966, 38) sprachen die Kultusministerien von etwa 2 000, der Elternverband von etwa 4 000 Kindern; richtig dürfe man von etwa 3 000 Dysmeliekindern ausgehen. In den Jahren 1960 bis 1962 mit jeweils einer Million Geburten war also jedes tausendste Kind betroffen; auf 20 000 Einwohner kam ein „Contergankind", wobei großstädtische Gebiete stärker, ländliche weniger stark berührt wurden.

Ein gewisser Teil der Dysmeliekinder verstarb in der frühen Kindheit. Bei Strasser et al. (1968, 3) verringerte sich die Zahl von 121 zur Untersuchung vorgesehenen Kindern durch Tod auf 98 (19 %). Seit Herbst 1973 wird wiederholt die Zahl von 2 415 überlebenden thalidomidgeschädigten Kindern genannt (v. Pawel 1977, 45). Typischerweise wurden durch die Thalidomid-Embryopathie die oberen Extremitäten geschädigt, außerdem kamen vor:

- Schädigungen der unteren Extremitäten (meist zusätzlich)
- Schädigungen des Gehörorgans (zusätzlich oder isoliert)
- Schädigungen innerer Organe (zusätzlich).

Schönberger (1971, 26) gibt folgende Verteilung an:

Schädigungstyp	**abs.**	**in %**
keine Gliedmaßenschädigung (isolierte Schädigung des Gehörorgans)	30	7,2
nur Schädigung der oberen Extremitäten	288	68,9
Schädigung der oberen und der unteren Extremitäten	94	22,5
nur Schädigung der unteren Extremitäten	6	1,4
Insgesamt	418	100,0
keine Angaben	12	(2,8)

Damit wird deutlich, dass die Begriffe „Dysmelie" und „Thalidomidschädigung" strenggenommen nicht synonym gebraucht werden dürften. Gliedmaßenschädigungen müssen nicht durch Thalidomid verursacht sein, und Conterganschäden können auch in einer isolierten Hörschädigung bestehen, vom Fehlen der Ohrmuschel bis zur Gehörlosigkeit durch Fehlen des Innenohrs. Haupt (1974, 23) stellte 1969 fest, dass von 219 eingeschulten Dysmeliekindern 22 (10 %) Gehörlosen-, fünf (2,3 %) Schwerhörigenschulen besuchten. So ergibt sich auch hier, wie bei der Zerebralparese, in vielen Fällen das Problem der Mehrfachbehinderung.

Bei den eigentlichen Dysmelien kommen mannigfaltige Fehlbildungen vor. Da die medizinischen Termini hierfür häufig in der Literatur benutzt werden, seien sie auch hier kurz erläutert (vgl. Sievert 1968, 93):

- Amelie: vollständiges Fehlen von Gliedmaßen,
- Peromelie: amputationsähnliche Fehlbildung, d. h. ein Stumpf ist vorhanden,
- Phokomelie: die Hand sitzt unmittelbar an der Schulter,
- Schaltstückphokomelie: zwischen Schulter und Hand ist nur ein kurzer Röhrenknochen vorhanden,
- axiale Fehlbildung: die Gliedmaßen sind in ihrer ganzen Länge fehlgebildet, zum

Beispiel verkürzt,

- Radiusaplasie, Radiushypoplasie: der Radius, der wichtigere der beiden Unterarmknochen, ist unterentwickelt bzw. fehlt,
- Tetraphokomelie: Hände und Füße sitzen unmittelbar an den Schultern bzw. Hüften.

Wichtiger als die formalen Diagnosen sind jedoch die funktionellen Gesichtspunkte (Beugefähigkeit der Arme, Berührungsmöglichkeit der Hände, Notwendigkeit einer Prothesenversorgung), nach denen etwa Sievert (vgl. 1968, 92 u. 103) die vorgefundenen Armfehlbildungen zu schweren, mittelschweren und leichten zusammengefasst hat.

4.7.2 Entwicklung im Vorschulalter

Von den zahlreichen Publikationen, die sich mit der Entwicklung der Dysmeliekinder befassten (z. B. Bläsig u. Schomburg 1966, Strasser et al. 1968, Schönberger 1971, Haupt 1974, v. Pawel 1977), seien nur wenige herausgegriffen und in einigen ihrer Befunde hier wiedergegeben; die detaillierten Berichte der Kölner Forschungsgemeinschaft „Das körperbehinderte Kind“ mussten dabei außer Betracht bleiben.

Bläsig und Schomburg (1966) haben innerhalb kurzer Zeit 285 Interviews mit den Eltern nordwestdeutscher Dysmeliekinder ausgewertet, indem sie die Examensarbeiten von 17 Sonderpädagogen zusammenfassten. Das Fehlen einer Kontrollgruppe, die bei 17 verschiedenen Interviewern entstehenden Reliabilitätsprobleme sowie die ausschließliche Verwendung von bei Eltern erhobenen Daten – die Kinder selbst wurden nicht untersucht – dürften den anfänglichen Wert dieser Studie später deutlich gemindert haben.

Ihr hauptsächlicher Zweck bestand wohl darin, Schulbehörden und Lehrern Richtlinien zur Einschulung der Dysmeliekinder an die Hand zu geben. So werden ein „Leitfaden für Lehrer an öffentlichen Schulen, die Dysmelie-Kinder unterrichten“ (Bläsig/Schomburg 1966, 46 ff.) sowie ein genauer Beschulungsplan für die Region Hannover (a.a.O., 54 ff.) vorgestellt. Während 69 % der Eltern Allgemeine Schulen für ihre Kinder bevorzugten, hielten die beurteilenden Heilpädagogen eine solche nur bei 41 % der Kinder – „nach entsprechender technischer Versorgung“ – für möglich (a.a.O., 40 ff.).

Strasser und seine Mitarbeiter (1968) bezogen zwar ebenfalls keine Kontrollgruppe in ihre Untersuchung mit ein, jedoch wurden von ihnen die 86 Kinder der Stichprobe auch selbst sehr gründlich untersucht. Mit Hilfe der Griffiths-Mental-Development-Scale bei unter 2-Jährigen, der Gesell-Scedules bei über 2-Jährigen wurde der Entwicklungsstand erfasst; zusätzlich fand die Minnesota-Preschool-Scale als Intelligenztest Verwendung.

Die psychische Gesundheit der Kinder („abhängig“, „explorierend“, „ablenkbar“), das Erziehungsverhalten der Mutter („beschützend“, „verstehend“) sowie die Umweltgegebenheiten („Größe der erfahrbaren Welt“, „Alleinspiel“, „Integration“) wurden von Beurteilern eingestuft.

Zwei Fragebögen ergänzten das ausführliche Interview mit der Mutter; das Spiel des Kindes wurde beobachtet; eine Lehrerbefragung und eine repräsentative Bevölkerungsbefragung zu den Einstellungen gegenüber Dysmeliekindern rundeten die Studie schließlich ab.

Während die Reaktionen der Mütter auf die Geburt ihres fehlgebildeten Kindes in einem späteren Kapitel erörtert werden wird (vgl. Kap. 13), soll hier nun die Entwicklung der dysmelen Kinder selbst zur Sprache kommen. Sievert (1968, 99), der Kinder im Altersmittel von 2;2 Jahren untersuchte (allerdings ohne Kontrollgruppe), fand bei den 81 im Elternhaus aufwachsenden Kindern Entwicklungs-Gesamtquotienten zwischen 60 und 129 mit einem Mittelwert von 92, also deutlich unter der Testnorm von 100. Der Intelligenzquotient, soweit er mit der Minnesota-Preschool-Scale bestimmt wurde, lag mit 97 über dem generellen Entwicklungsniveau.

Drei Hypothesen könnten diesen Entwicklungsrückstand erklären:

- Auch das Gehirn der Dysmeliekinder könnte, wie teilweise innere Organe, mitgeschädigt sein (vgl. Sievert 1968, 100). Dagegen spricht allerdings, dass isolierte systematische Ausfälle fehlten sowie, dass kein Unterschied zu den durch andere Noxen als Thalidomid geschädigten Kindern bestand.
- Die Fehlbildung könnte eine so starke motorische Behinderung darstellen, dass die Entwicklung durch sie wesentlich verlangsamt verlief und das Kind weniger Erfahrungen sammeln konnte (schädigungsspezifische Wirkung).
- Besondere Erziehungsbedingungen könnten das behinderte Kind von notwendigen eigenen Erfahrungen abgehalten haben (sekundäre Faktoren).

Schädigungspezifische Wirkungen müssten nun, argumentiert Sievert (1968, 101), mit dem Ausmaß der Schädigung korrelieren; Rückstände, die von der Schwere der Schädigung unabhängig sind, dürften jedoch eher auf einer durch den Behindertenstatus als solchen bedingten Erziehungshaltung beruhen. Hierzu sind die einzelnen erfassten Entwicklungsbereiche gesondert zu betrachten.

Das Ergebnis zeigt für die Sprachentwicklung keinen Rückstand, sie ist altersgemäß. Der Rückstand in der Körper- und Feinmotorik ist mit dem Schweregrad der Schädigung assoziiert, dürfte also zumindest teilweise dessen unmittelbare Folge darstellen. Der Rückstand in praktischer Intelligenz und persönlich-sozialer Selbständigkeit jedoch weist keine solche Korrelation auf; er muss folglich als Ausdruck von erziehungsbedingter Erfahrungseinschränkung angesehen werden.

Tab. 26: Entwicklungsquotienten der Dysmeliekinder in 5 Bereichen sowie Kontingenzkoeffizient zwischen Schädigungsgrad und Entwicklungsquotient (modifiziert aus Sievert 1968, 102 ff.).

Bereich	Entwicklungsquotient	Kontingenzkoeffizient zw. Schädigungsgrad und Entwicklungsquotient	
QA Körpermotorik	81,5	C = 0,32	p < 1 %
QD Feinmotorik	91	C = 0,28	p < 5 %
GQ Gesamtquotient	91,5	C = 0,18	n. s.
QB pers.-soz. Selbständigkeit	91	C = 0,14	n. s.
QE praktische Intelligenz	91,5	C = 0,04	n. s.
QC Sprache	98,5	C = 0,02	n. s.

Ein weiterer Beweis für die Wirksamkeit sekundärer Einflüsse kann in der Entwicklung der fünf Heimkinder gesehen werden, die in Sieverts Stichprobe enthalten waren. Sie wiesen Entwicklungsquotienten von 19 bis 70 auf mit einem Durchschnitt von 42 - gegenüber einem Mittelwert von 92 bei den Familienkindern (vgl. Sievert 1968, 158). Die Retardierung bestand allgemein, in allen fünf Bereichen.

Wie sich herausstellte, unterlagen die Dysmeliekinder im Heim einer weitgehenden Restriktion, einer „Einschränkung jeglicher spontaner Entwicklungsmöglichkeiten" (a.a.O., 159). Unangepasste Kleidung (d. h. die unverändert belassene Babykleidung) verdeckte die verkürzten Arme; auch die Zehen wurden nicht zum Spielen freigelassen. Die Kinder, als Pflegefall betrachtet, lagen im Bett, wo ihnen jeder Kontakt mit den übrigen Kindern wie auch sonstige Entwicklungsanreize fehlten. Entsprechende Vorschläge von Seiten der Untersucher, die einige dieser Heimkinder gezielt betreuten, stießen lange auf Widerstand (a.a.O., 160).

Es ist erstaunlich, wie inadäquat die Dysmeliekinder in den Heimen von pädagogisch ausgebildeten Erziehern oder zumindest pädagogisch vorgebildeten Verantwortlichen behandelt wurden, während die Eltern, Laien in Erziehungsfragen, sich weitaus förderlicher verhielten.

Andererseits passen diese Erfahrungen ins Bild der Hospitalismusforschung von Pfaundler (1925) über Spitz (1945) bis hin zu Meierhofer und Keller (1966), die alle die retardierende Wirkung frühkindlicher Krankenhaus- und Heimaufenthalte nachgewiesen haben.

Dass solche Wirkungen auch längerfristig fortdauern, zeigte Schönberger (1971, 80 ff.) bei der kontrollierten Testung siebenjähriger Dysmeliekinder auf: sowohl ihre sprachliche wie auch ihre nicht-sprachliche Intelligenz als auch ihr gestalterisches Leistungsniveau waren bei längerem Krankenhaus-Aufenthalt im ersten Lebensjahr signifikant erniedrigt.

Schönberger verweist hierzu auf den Heidelberger Dysmelieforscher Marquardt, der ebenfalls mehrfach bezweifelt habe,

> „ob diese (operativen und konservativen) Maßnahmen – gemessen an der Gefahr psychischer Schädigung – wirklich in allen Fällen indiziert waren und ob in den Kliniken wirklich das Mögliche getan wurde, um einem psychischen Hospitalismus entgegenzuwirken" (Schönberger 1971, 100).

4.7.3 Kompensationstechniken

Ohne eine derart massive Restriktion, wie sie die in Kinderheimen untergebrachten Dysmeliekinder erfuhren, bilden sich bald Kompensationstechniken heraus.

> „Auch wenn sie keine Arme haben, können sie greifen, sich hinsetzen, aufstehen usf. Sie verwenden dazu andere Techniken als normalgliedrige Kinder. Sie müssen ihnen nicht gezeigt werden. Sie finden sie selbständig" (Sievert 1968, 116).

Ersatzorgane (z. B. Füße statt Hände), modifizierte Bewegungen (z. B. Aufstehen ohne Zuhilfenahme der Arme) und Ersatzbewegungen (z.B. Rutschen statt Kriechen, Hüpfen statt Laufen) lassen sich dabei unterscheiden.

Der vom Zeige- und Mittelfinger gebildete Pinzettengriff statt des vom Daumen gebildeten Zangengriffs ist für die leichtesten Fehlbildungen - das Fehlen des Daumens - kennzeichnend. Bei den Armverkürzungen stehen die Hände wohl noch für die Feinmotorik zur Verfügung, jedoch muss die Grobmotorik (Fortbewegung, Aufstehen) bereits ohne Zuhilfenahme der Arme geleistet werden.

Bei den schweren Armfehlbildungen schließlich übernehmen die Füße auch feinmotorische Funktionen; interessanterweise wird dort das Laufen - als eine zusätzliche Funktion - erst zum Ende des zweiten Lebensjahrs gelernt. Da die Hände, sofern vorhanden, von den Augen nicht mehr kontrollierbar sind, werden sie erst sehr allmählich für Halteaufgaben herangezogen. Das vorausgehende Schwingen der Hände um die Schultern durch Bewegungen des Brustkorbs bietet ein ungewohntes Bewegungsbild.

Sind außer den Armen auch die Beine geschädigt, so ist zum Teil mit Hilfe des Kopfes noch ein Aufstehen oder Aufsetzen möglich. Zum Laufen müssen jedoch Prothesen oder Schienen verwendet werden (vgl. hierzu SIEVERT 1968, 107-117).

Im Schulalter werden dann Kompensationstechniken insbesondere für das Schreiben wichtig. In SCHÖNBERGERS Stichprobe von Dysmeliekindern bearbeiteten 10,3 % den Schreibtest – die Technik war freigestellt – nicht mit der Hand: „Die meisten (7,4 %) haben den Stift mit einem Fuß, die restlichen mit dem Mund oder im Kinn-Schulter-Griff geführt“ (1971, 92). Das Ergebnis war hierbei nicht signifikant schlechter als bei den Handschreibern.

Allerdings schnitt die Hälfte der Dysmeliekinder im Schreibtest unterdurchschnittlich ab - gegenüber nur etwa 22 % der Kontrollgruppe (vgl. SCHÖNBERGER 1971, 91). Teilweise waren technische Hilfen wie Stiftverlängerungen oder Hilfe beim Umblättern erforderlich, Selbstverständlichkeiten des Schreibvorgangs wie das Festhalten des Blattes wurden zum Problem.

Die Herausbildung körpereigener Kompensationstechniken erwies sich als entschieden wichtiger gegenüber der Versorgung mit körperfremden Prothesen, auf die zunächst vonseiten vieler Orthopäden das Hauptaugenmerk bei der Hilfe für die Dysmeliekinder gerichtet worden war.

Nach SCHÖNBERGER besaßen 58 Kinder seiner Stichprobe (13,5 %) Armprothesen. Nur drei (0,7 %) benutzten sie jedoch, vorwiegend zum Malen und Schreiben. „Insbesondere die kostspieligen pneumatischen Armprothesen werden ... entweder gar nicht oder nur gelegentlich getragen“ (1971, 126).

4.7.4 Entwicklung im Kindes- und Jugendalter

Die Frage, welche Umweltfaktoren neben Restriktion und Kompensation das Entwicklungs- und Leistungsniveau der dysmelen Kinder bestimmten, untersuchte SIEVERT (1968, 123 ff.) ebenfalls, wobei folgende signifikante Zusammenhänge zutage traten:

- Der Entwicklungsstand im Ganzen korrelierte mit der „Größe der erfahrbaren Welt“ ($p < 1\%$); gemeint war damit der „Umfang der dem Kind zugänglichen altersgemäßen Entwicklungsanreize". Ganz besonders die Körpermotorik wurde von diesem Stimulationsangebot beeinflusst ($p < 0{,}01\,\%$); sie war also längst nicht ausschließlich vom Ausmaß der Schädigung abhängig (vgl. SIEVERT 1968, 55).

- Die Möglichkeit zum Alleinspiel – mindestens zwei Stunden täglich – beeinflusste vor allem die Feinmotorik und die praktische Intelligenz ($p = 3\,\%$).
- Die Integration, das gemeinsame Spiel mit einer gleichbleibenden Kindergruppe derselben Altersstufe, wirkte sich auf den allgemeinen Entwicklungsstand ($p = 3\,\%$) und die praktische Intelligenz ($p = 4\,\%$) aus.
- Die praktische Intelligenz des Dysmeliekindes wurde ferner durch eine „verstehende Erziehung" anstelle einer „Schutzhaltung" ($p < 5\,\%$) sowie durch die Anpassungsform der bewussten Auseinandersetzung anstelle derjenigen der Bindung ($p < 1\,\%$) gefördert.

Nachdem das dysmele Kind im zweiten Lebensjahr wie für andere Objekte so auch für seine fehlgebildeten Gliedmaßen Bezeichnungen gelernt hat (wobei Namen wie „wehweh" oder „putt" auf eine entsprechende Induktion seitens der Umwelt zurückgehen), beginnt es „um die Wende des dritten Lebensjahres … sich mit dem körperlichen Unterschied selbst auseinanderzusetzen" (SIEVERT 1968, 145); das Körperschema seiner Umgebung dient ihm dabei als Maßstab.

Der Wunsch, die Mutter möge ihm andere Arme kaufen, Bemerkungen wie „Das kann ich nicht mit meinen kurzen Armen" oder – zur Puppe – „Jetzt kriegst du auch Prothesen" deuten den Beginn dieses Prozesses an. Die Verarbeitung ist dabei vielfach noch illusionär; das Kind hat etwa die Vorstellung, seine Finger würden später noch nachwachsen. SIEVERT kommt zu dem Schluss, „daß die Reaktionen … zunächst hohe Plastizität besitzen und in ihrer Form von den allgemeinen Phantasieinhalten und von der Einstellung, welche die eigene Familie der Behinderung gegenüber hat, bestimmt werden" (1968, 146); zu keiner Zeit könne deshalb auch die Einstellung zur eigenen Behinderung wirkungsvoller gelenkt werden als in der frühen Kindheit.

Die bislang umfangreichste Studie an Dysmeliekindern – 430 Probanden und eine ebenso große Kontrollgruppe – führte SCHÖNBERGER (1971) durch, als diese im Mittel 7;3 Jahre alt waren. Leider lässt die Darstellung der in sieben Testverfahren gewonnenen Ergebnisse - hinzu kamen noch ein Eltern- und ein Lehrer-Fragebogen, Exploration und Verhaltensbeobachtung - an Übersichtlichkeit zu wünschen übrig.

Bei einer Zusammenfassung der Leistungen im Wortschatztest und im sprachfreien Matrizentest nach RAVEN zeigte sich, dass

> „25,6 % der nicht behinderten, aber nur 17,6 % der dysmelen Kinder einen überdurchschnittlichen Gesamt-Intelligenz-Score aufweisen. Dies läuft der vielfach kolportierten Meinung zuwider, daß mehr dysmele als nicht behinderte Kinder den geistigen Anforderungen des Gymnasiums gewachsen seien. Das Gegenteil ist zu befürchten" (SCHÖNBERGER 1971, 99 f.).

17,5 % der Dysmeliekinder (gegenüber nur 3,3 % in der Kontrollgruppe) nässten nachts noch ein, 12,5 % (gegenüber 5,0 %) litten unter Nachtangst, was beides von SCHÖNBERGER (1971, 68) als Symptom unabgelöster infantiler Bindungen diskutiert wird. Auf den Zusammenhang zwischen Leistungsmängeln und frühkindlichen Klinikaufenthalten wurde bereits hingewiesen; 57 % der Dysmeliekinder (gegenüber 1,2 % in der Kontrollgruppe) hatten mehr als ein Vierteljahr ihres Lebens im

Krankenhaus verbracht, 42 % (gegenüber 4,4 %) waren im ersten Lebensjahr länger als einen Monat von ihrer Mutter getrennt (vgl. SCHÖNBERGER 1971, 100).

91 Dysmeliekinder, die in Nordrhein-Westfalen Volksschulen besuchten, untersuchte HAUPT (1974) im Alter von 8;2 Jahren im Durchschnitt. Ihr durchschnittlicher Intelligenzquotient unterschied sich nicht signifikant von dem der Kontrollgruppe, 112,4 gegenüber 115 (vgl. HAUPT 1974, 53, 65); freilich mag dies auch darauf beruhen, dass die in Sondereinrichtungen beschulten Dysmeliekinder (45 % der Grundgesamtheit) und die überhaupt noch nicht eingeschulten (10 %) in die Untersuchung nicht einbezogen waren.

Trotz intelligenzmäßig gleicher Voraussetzungen wiesen die Dysmeliekinder jedoch „häufigere unterdurchschnittliche Leistungen und schlechte Durchschnittszensuren trotz Anwendung von Sondermaßstäben bei der Benotung durch den Klassenlehrer" (HAUPT 1974, 65) auf; 19 % von ihnen (gegenüber 7 % in der Kontrollgruppe) hatten als Durchschnittsnote „ausreichend" oder „mangelhaft".

Die soziale Integration der Dysmeliekinder kann - soweit dies aus dem Soziogramm hervorging - als gut angesehen werden; sie erhielten „fast ebensoviele Stimmen wie ihre nichtbehinderten Mitschüler" (HAUPT 1974, 66) und verteilten sich auch in ungefähr gleicher Weise auf das Einfluss-, Integrations- und Orientierungsfeld der Klasse. Allerdings sprachen sie „häufiger mehr Wahlen aus als der Durchschnitt der Klasse", was wohl auf ein besonders starkes Kontaktbedürfnis von ihrer Seite aus hindeutet. Eine soziometrische Längsschnittstudie an einer kleinen Stichprobe Hamburger Dysmeliekinder – die Erhebungen wurden bei Kindern im Alter von 6; 8 und 11 Jahren durchgeführt – hat v. PAWEL (1977) vorgelegt.

Nach der Thalidomid-Katastrophe von 1960-1962 ist die Anzahl von Dysmalie-Kindern erheblich zurückgegangen. Die sog. Contergan-Kinder sind inzwischen erwachsene Menschen zwischen 38 und 45 Jahren.

5 Langfristige/Chronische Erkrankungen im Kindesalter

5.1 Zur Problematik

Bereits bei der Erörterung des Behinderungsbegriffs wurde langfristige/chronische Krankheit als Grenzsituation charakterisiert, in der sich Krankheit – ein eher zeitlich absehbares, dynamisches Geschehen – und Behinderung – ein eher irreversibler, statischer Endzustand – treffen (vgl. 2.1.4).

Dort wo Krankheit chronisch wird, kann sie bereits die Merkmale einer Behinderung annehmen: Es sind dies Krankheiten, die eine erhebliche Beeinträchtigung der Lebensführung und der Partizipation mit sich bringen, wobei eine Heilung entweder überhaupt nicht möglich ist oder zeitlich in weiter Ferne liegt.

Dabei überlagern sich mehrere Faktoren, die Krankheit hier zur Behinderung machen:

- die Beeinträchtigungen durch den organischen Krankheitsprozess selbst;
- die eventuelle Überforderung durch eine „nicht-wissende" Umwelt, da diese Beeinträchtigungen – im Unterschied zu einer Körperbehinderung – meistens nicht unmittelbar ersichtlich sind;
- die eventuellen Nebenwirkungen einer therapeutisch notwendigen Dauermedikation;
- das meist ebenfalls therapeutisch notwendige Reglement der Lebensführung: Diät, regelmäßige Medikamenteneinnahme, Schonung, Einhaltung eines bestimmten Tagesrhythmus, Vermeidung jeglicher Anstrengungen oder Verletzungen schränken die Bewegungsfreiheit teilweise erheblich ein;
- häufige Krankenhausaufenthalte, die die normalen Sozialkontakte unterbrechen und gefährden, wobei besonders bei Kleinkindern die Gefahr des psychischen Hospitalismus besteht;
- das Schonklima, das die „wissende" Umgebung herstellt und das häufig Einengung und Isolation bedeutet und bei Kindern zu einer Einschränkung ihrer Entwicklungsmöglichkeiten führen kann;
- die Unsicherheit über den weiteren Verlauf und die verbleibende Lebenserwartung: chronische Krankheit ist eben – wiederum im Unterschied zur Körperbehinderung – keine vollkommen statische Gegebenheit und bedeutet teilweise auch eine erhebliche Verkürzung der Lebensperspektive.

Im Erwachsenen- und besonders im höheren Lebensalter nehmen chronische/

langfristige Erkrankungen stark an Häufigkeit zu; andererseits wird das höhere Lebensalter ohnehin landläufig mit einem Abnehmen physischer Kräfte und einer erhöhten Anfälligkeit für Krankheiten assoziiert, so dass auch eine langwierige Erkrankung dann längst nicht mehr so sehr stigmatisiert, bzw. als Abweichung aufgefasst wird, wie dies etwa im Kindesalter der Fall ist.

Im Jahre 1995 wurden bei 5 471 150 als schwerbehindert anerkannten Personen allgemeine Krankheit (einschließlich Impfschädigung) als Ursache angegeben (vgl. Statistisches Bundesamt 1996). Dabei stehen Funktionseinschränkungen der Wirbelsäule mit 9 % an erster, Funktionsbeeinträchtigungen von Herz- und Kreislauf mit 8 % an zweiter, Funktionsbeeinträchtigungen von Herz, Kreislauf und einem oder mehreren anderen Organen mit 7,8 % an dritter Stelle. Die Zahl der Schwerbehinderten, an deren Behinderung Herz- und Kreislauferkrankungen beteiligt sind, beträgt also insgesamt 15,8 % aller als schwerbehindert anerkannten Personen. Bei den aufgrund körperlicher Krankheit oder Beeinträchtigung schwer Behinderten im Alter über 65 Jahre waren im Jahre 1995 9 % zwischen 55 und 60, 7,4 % zwischen 45 und 55 Jahre alt, wobei die Betroffenen mit den psychischen und sozialen Folgen einer Invalidisierung (u.U. Verrentung) weit vor der Altersgrenze oft alleingelassen werden.

5.2 Einzelne Formen

Einige wichtige Formen chronischer Krankheit, die für das Kindesalter besonders relevant sind, sollen im Folgenden aufgeführt werden.

5.2.1 Erkrankungen von Herz und Kreislauf

• **Angeborene Missbildungen des Herzens** oder des Gefäßsystems kommen bei ca. 1 % aller Kinder vor (Haus/Gross 1991, 11.1). Zu den organischen Erbkrankheiten oder -schäden gehören z.B. Herzklappenfehler, Herzscheidewanddefekte, in selteneren Fällen durch Entzündungen (z.B. Rheumatisches Fieber) hervorgerufene Herzerkrankungen und Herzmuskelschwäche. Bei einem Großteil der mannigfaltigen Formen besteht eine fehlerhafte Verbindung zwischen dem linken und rechten Teil des Herzens, die größere Blutmengen zwischen Herz und Lunge pendeln lässt, dem Körperkreislauf entzieht und das Herz dabei zusätzlich belastet. Da eine Operation – sofern sie möglich ist – gewöhnlich erst im Alter von einigen Jahren vorgenommen werden kann, ist einerseits die geringe körperliche Leistungsfähigkeit dieser Kinder zu respektieren, andererseits aber auch eine übertriebene, von notwendigen Umwelterfahrungen ausschließende Schonhaltung zu vermeiden. Belastend für die Kinder sind insbesondere körperliche Anstrengung, Sauerstoffmangel, Hitze, extreme Temperaturwechsel und hohe Luftfeuchtigkeit (vgl. Wienhues 1984, 61).

• Neben den organischen Herzerkrankungen treten in den letzten Jahren **vegetativ-nervöse Herz- und Kreislaufstörungen** häufig bereits im Kindesalter auf. Dabei handelt es sich um primär psychosomatische Störungen.

Charakteristische Beschwerden für dieses Krankheitsbild sind:

- auf das **Herz** bezogene Beschwerden, wie Herzklopfen, Extrasystolen (Herz-

stolpern), Herzrasen, Herzschmerzen;
- **allgemeine** Beschwerden, wie Müdigkeit, Erschöpfung und ohnmachtsähnliche Kurzsequenzen;
- auf die **Atmung** bezogene Beschwerden, wie Beklemmungsgefühle, erschwertes Atmen bis hin zur Atemnot;
- **vegetative** Beschwerden, wie Schlaflosigkeit, Zittern, Schwindelgefühl, nervöses Kältegefühl, Kopfschmerzen;
- **psychische** Beschwerden, wie Reizbarkeit, Angst, innere Unruhe bis hin zur Rastlosigkeit, depressive Verstimmtheit (vgl. SCHONECKE/HERMANN 1990, 93f.).

5.2.2 Erkrankungen der Lunge und der Atemwege

• **Asthma bronchiale** kann als multifaktoriell bedingtes Leiden mit stark psychischer Komponente angesehen werden. Obwohl eine erbliche Disposition meistens vorhanden ist, sind fast immer äußere Faktoren Auslöser der Krankheitsmanifestation. Unterschieden werden können allergisches und nicht-allergisches Asthma. In ersterem Falle führt der Kontakt mit einem (den) entsprechenden Allergen(en) zu Asthmaanfällen und schwerer Atemnot. Bei nichtallergischem Asthma können exogene Reize, z.B. Abgase oder andere beißende Luftgemische, Tabakrauch, kalte Luft, Nebel zu Anfällen führen. In beiden Fällen stellen Infektionen der oberen Atemwege, körperliche Anstrengung oder psychische Belastung Auslösefaktoren dar. Ein akuter Asthmaanfall kann mehrere Stunden dauern und lebensbedrohliche Ausmaße erreichen. Weitere Symptome sind ein hörbares Pfeifen beim Ausatmen, vegetative Störungen, z.B. Unruhe und Angst, sowie Zyanose (bläuliche Verfärbung von Lippen und Fingernägeln/ -spitzen). Chronisches Asthma kann langfristig zu Lungenschäden, Rechtsherzüberlastung und dauerhaft eingeschränkter Leistungsfähigkeit führen (vgl. HAUS/GROSS 1991, 9.4).

• **Pneumonien** (Lungenentzündungen) nehmen in der Häufigkeit mit zunehmendem Alter der Kinder ab. Die Auftretenswahrscheinlichkeit ist im Säuglings- und Vorschulalter besonders hoch. Bei den Todesursachen im Kindesalter stehen Pneumonien an fünfter Stelle (vgl. HAUS/GROSS 1991, 12.6).

5.2.3 Erkrankungen des Verdauungstraktes und des Stoffwechsels

• **Morbus Crohn** und **Colitis ulcerosa** sind chronisch-entzündliche Dickdarmerkrankungen, die bei 25 % aller Fälle bereits im Kindes- und Jugendalter auftreten (vgl. BUNDESARBEITSGEMEINSCHAFT FÜR REHABILITATION (BAGFR) 1994, 138). In beiden Fällen scheint eine familiäre Disposition vorzuliegen. Leitsymptome sind Blutungen und kolikartige Bauchschmerzen, häufige Durchfälle, Gewichtsverlust und Fieber.

Bei Colitis ulcerosa (1: 10 000) kommt es zur Perforation und malignen Entartung des Dickdarms, bei Morbus Crohn (2-4: 100 000) zu Fistel- und Stenosenbildung (vgl. BAGFR 1994, 138). Als Auslöser werden Autoimmunprozesse vermutet.

Durch die Notwendigkeit häufiger Toilettengänge und durch einen oftmals unumgänglichen künstlichen Darmausgang sind die Kinder nicht nur in ihrer Lebensführung eingeschränkt, sondern auch psychisch stark belastet.

• Ein **Anus-praeter** wird auch notwendig, wenn infolge eines tiefsitzenden Dickdarmkarzinoms der gesamte Mastdarm mit der hinteren Körperöffnung entfernt wird. Zur Darmentleerung wird dabei eine künstliche Öffnung im Unterbauchbereich geformt; der zum Verschluss dienende Beutel – alternativ kommen eine „Pelotte" oder ein „Stoma-cap" in Frage – muss regelmäßig entleert werden. Abgesehen von der Notwendigkeit, das Stoma vor der Öffentlichkeit verborgen zu halten, was beispielsweise den Verzicht auf Schwimmbadbesuche mit sich bringt, haben die Betroffenen oftmals unter gelegentlicher unkontrollierbarer Geruchsbelästigung zu leiden, wenn auch neuere Techniken diese zu vermeiden trachten.

Die psychischen Folgen einer solchen Veränderung der körperlichen Integrität sind für die Betroffenen erheblich. GOFFMAN (1967, 115) zeigt in zahlreichen Beispielen auf, welche Rückwirkungen ein Anus-praeter auf das Selbstbild und die Lebensgestaltung der Betroffenen hat.

• Die chronische **Niereninsuffizienz** kommt bei einem weitgehenden Funktionsausfall beider Nieren zustande. Mit salzfreier Diät und Medikamenten ist eine gewisse Überbrückung möglich. Meist muss jedoch zu einem späteren Zeitpunkt zu einer regelmäßigen Dialysebehandlung übergegangen werden, die der Kranke dreimal wöchentlich entweder in einem Dialysezentrum oder zu Hause mit einem Heimdialysegerät vorzunehmen hat. Auch dann wird die Überlebenszeit mit nicht mehr als 16 Jahren angegeben. Mit der psychischen Situation dieser Patienten haben sich RITZ (1971), REINER (1974) sowie GURLAND (1968) befasst.

Die einzige Alternative in der Behandlung ist die Nierentransplantation. Dabei ergeben sich andersgeartete Probleme. Zum einen beträgt die Wartezeit für eine geeignete Spenderniere ca. drei Jahre (vgl. BAGFR 1994, 122). Die Transplantation selbst birgt ein zweifaches Risiko. Trotz vielfältiger Erfahrungen in den letzten Jahrzehnten handelt es sich nicht um eine Routineoperation; in einigen Fällen wird das fremde Organ abgestoßen oder andere Organfunktionen fallen aus. Starke Wachstumsstörungen, Knochenentkalkungen, Anämie können Neben- bzw. Folgeerscheinungen von chronischer Niereninsuffizienz bei Kindern sein.

• **Diabetes mellitus**, die Zuckerkrankheit, besonders ihre bereits im Jugendalter einsetzende (juvenile) Form, kann als Musterbeispiel einer chronischen Erkrankung dienen. Lebenslange kohlehydratarme Diät und Insulinverabreichung bzw. Tabletteneinnahme sind notwendig, um den Blutzuckerspiegel niedrig zu halten. Vielfach stellen sich bereits im frühen Erwachsenenalter die ersten Folgeschädigungen ein, vor allem an den Blutgefäßen, (vgl. v. OLDERSHAUSEN 1977).

Mit einer Häufigkeit von 1: 2000 stellt die juvenile Diabetes die häufigste Stoffwechselerkrankung im Kindesalter dar (vgl. HAUS/GROSS 1991, 7.3). Bei frühzeitiger Erkennung und Behandlung können zusätzliche Schäden und Funktionsstörungen vermieden bzw. minimiert werden. Lebensbedrohliche Stoffwechselentgleisung bei Über- und Unterzuckerung (hyperglykonisches Koma, hypoglykonischer Schock) kommen bei optimaler medikamentöser Einstellung und disziplinierter Lebensführung zwar selten vor. Anzeichen hierfür und Direktmaßnahmen sollten Eltern und Lehrern aber für den Notfall bekannt sein. Einschränkungen der Leistungsfähigkeit oder Entwicklungsabweichungen entstehen i.d.R. nicht.

• **Mucoviscidose** (cystische Fibrose): Für diese in Europa häufigste erbliche Stoffwechselkrankheit ist jeder 22. Einwohner Genträger. Da der Erbgang autosomal-rezessiv ist, besteht jedoch nur bei der Verbindung zweier Genträger, also bei einer von etwa 500 Heiraten, ein Risiko von 25 Prozent für die Nachkommen, so dass jeweils eins von 2 000 Kindern von einer Mucoviscidose betroffen ist (Passarge 1979, 264). Neuere Zahlen schwanken zwischen 1 : 4 000 (vgl. BAGfR 1994, 148) und 1 : 1 000 (vgl. Haus/Gross 1991, 13.13).

Infolge eines Enzymdefekts wird in den Drüsen des Körpers ein zu zähflüssiges Sekret produziert, das über längere Zeit hin die Ausführungsgänge verlegt und zu einer Umwandlung des Drüsengewebes führt, wobei sich besonders in der Bauchspeicheldrüse und der Lunge lebensbedrohliche Schädigungen ergeben, so dass ein Teil der betroffenen Kinder auch heute noch vor der Pubertät stirbt. Neben einer hochkalorischen, eiweiß- und kohlehydratreichen Diät ist die Therapie vielseitig und aufwendig: Medikamente zur Schleimauflösung, Pankreasenzyme, Antibiotika und Schutzimpfungen zur Vermeidung von Infektionen gehören dazu. Die früher übliche Nebelzelttherapie - die Kinder schliefen unter einem Nebelzelt, in dem pro Nacht zwei Liter Wasser versprüht wurden - wird heute nicht mehr für wirkungsvoll gehalten.

Stattdessen wird heute mit Hilfe einer speziellen Physiotherapie die Freihaltung der Atemwege bewirkt (Inhalationsbehandlungen und Klopfmassagen zur Bronchialdrainage). Als Folgeschäden können chronische Lungen- und Bronchialveränderungen, Bluthochdruck, Herzbelastung und Sauerstoffmangelschäden der inneren Organe auftreten. Obwohl die Lebenserwartung und Lebensqualität der betroffenen Kinder durch frühzeitig einsetzende umfängliche Behandlung in den letzten Jahren sehr verbessert werden konnte, führen die schweren Folgeschäden dennoch zu einem frühen Tod, i.d.R. zwischen dem 18. und dem 30. Lebensjahr (vgl. Haus/Gross 1991, 13.14).

• **Zöliakie** ist eine Stoffwechselerkrankung, bei der eine irreversible Gluten-Unverträglichkeit besteht. Gluten ist ein Eiweiß, das in den Getreidesorten Roggen, Hafer, Gerste und Weizen vorkommt. Aufgrund einer dadurch entstehenden chronischen Entzündung der Dünndarmschleimhaut ist die Nahrungsresorption schwer gestört. Nach ersten typischen Symptomen wie Appetitlosigkeit, Erbrechen und fetthaltigen Durchfällen kommt es zu Entwicklungs- und Wachstumsstörungen (Minderwuchs) und fortschreitend zu Wesensveränderungen. Diese rezessiv-autosomal vererbbare Krankheit tritt mit einer Häufigkeit von ca. 1: 1 000 auf (vgl. BAGfR 1994, 152). Bisher ist nicht zweifelsfrei geklärt, ob ein Enzymmangel oder eine allergisch-immunologische Reaktion die Basis für Zöliakie bildet. Bei konsequenter, lebenslang glutenfreier Ernährung bleibt das Kind symptomfrei.

• **Rheumatische Erkrankungen** (akute und chronische Polyarthritis, Oligo-Arthritis, Morbus Still, Morbus Rechteren) gehören zu den Autoimmunerkrankungen.

Bei Kindern ist die geschätzte Häufigkeit 1-3 : 100 000 (vgl. BAGFR 1994, 167). Sowohl genetische Faktoren als auch Bakterien und Viren spielen bei der chronischen Gelenkentzündung eine Rolle. Schleichend treten zunächst Gelenkschwellungen an den Knien, Ellenbogen, Hand- und Sprunggelenken und an den Hüftgelenken auf. Eingeschränkte Beweglichkeit sowie Ängstlichkeit und Gereiztheit kennzeichnet die Kinder. Im weiteren Verlauf können entzündliche Schübe auftreten, die Schwellungen von Leber und Milz hervorrufen. Bei einem Fünftel aller betroffenen Kinder findet sich eine „systemische juvenile chronische Arthritis", auch Morbus Still genannt, die lebensbedrohliche Formen annehmen kann. Hohes, stark schwankendes, sog. septisches Fieber ohne nachweisbaren bakteriellen Infekt steht am Beginn dieser Krankheit, die aufgrund der Verschiedenartigkeit ihrer Symptome häufig nicht früh genug erkannt wird. Milz, Lymphknoten und Leber sind ebenso in Mitleidenschaft gezogen wie das Herz durch Auftreten von Herzmuskel- und Herzbeutelentzündungen.

5.2.4 Erkrankungen des Nervensystems

• Die **Multiple Sklerose** (M.S., Encephalomyelitis disseminata) ist eine neurologische Erkrankung mit herdförmigem Befall einzelner Rückenmarks- und Gehirnteile mit schubartigen Ausfällen verschiedener Nervenleistungen, wodurch sehr unterschiedliche Krankheitsbilder wie Lähmungen, Gefühlsstörungen oder beispielsweise Augensymptome zustande kommen, die episodisch auftreten mit Rückbildung zwischen den einzelnen Schüben; der Verlauf kann sich so über Jahre bis Jahrzehnte erstrecken (vgl. BRONISCH 1975). Pro Jahr erkranken in Deutschland etwa 3 500 Personen an MS. Das Durchschnittsalter liegt bei 30 Jahren. Aber auch Kinder können bereits an MS erkranken (vgl. BAGFR 1994, 80). Die Prognose bei MS ist abhängig zum einen von der Stelle des Befalls, zum anderen von der Art des Verlaufs. Drei Verlaufsformen lassen sich unterscheiden:

1. Schubförmiges Auftreten mit scheinbar folgenlosem Abklingen der akuten Krankheitssymptome nach wenigen Tagen, Wochen oder Monaten. Das Auftreten eines jeweils neuen Schubs erfolgt relativ plötzlich u.U. mit anderer Intensität und neuen Symptomen.
2. Schubförmiger Beginn mit Einmündungen nach wenigen Schüben in einen chronischen progredienten Verlauf. Ständig neue Symptome und die Verstärkung der bereits vorhandenen führen zu immer stärkerer Behinderung des Erkrankten.
3. Primär chronisch progredienter Verlauf, insbesondere in späterem Manifestationsalter sehr langsam fortschreitender Prozess. Diese Form findet sich bei ca. 20 % der Erkrankten (vgl. BAGFR 1994, 81).

Bei Befall des Kleinhirns, ca. 2 % der MS-Erkrankten, insbesondere Personen jüngeren Alters sind davon betroffen, geschieht ein Fortschreiten der Erkrankung sehr rasch und führt relativ früh zu schwersten Behinderungen. Die durchschnittliche Lebenserwartung MS-Kranker liegt geringfügig unter der der Allgemeinbevölkerung.

• Der Begriff **Epilepsie** fasst verschiedene Anfallsleiden zusammen. Epilepsien gehören zu den häufigsten neurologischen Erkrankungen im Kindes- und Jugendalter. Etwa fünf von 1 000 Kindern sind davon betroffen, etwa 0,6 % der Gesamtbevölkerung. Zu unterscheiden sind die angeborenen und die symptomatischen, erworbenen Formen. Zu beschreibende Anfallsformen sind

- Petit-Mal
- Grand-Mal
- Absencen
- Dämmerattacken.

Insbesondere bei den großen Anfällen besteht eine erhebliche Verletzungsgefahr. Ein bevorzugtes Manifestationsalter ist die Zeit der Pubertät. Die medikamentöse „Einstellung" muss oftmals verändert werden, um vollständige Anfallsfreiheit zu erzielen; dabei hat der Arzt zwischen der Gefahr erneuter Krampfanfälle auf der einen und übermäßig ruhig stellenden Nebenwirkungen auf der anderen Seite einen Mittelweg zu finden. Zusätzlich ist zur Anfallsprophylaxe ein striktes Reglement der Lebensführung notwendig (vgl. MATTHES 1976; REUTER 1978; BAGFR 1994).

5.2.5 Erkrankungen des Blutes

• **Hämophilie.** Die Bluterkrankheit folgt einem X-chromosomal-rezessiven Erbgang (wie auch die progressive Muskeldystrophie). In etwa 30 Prozent der Fälle beruht ihr Auftreten allerdings auf einer Neumutation. Dabei liegt im Blutgerinnungssystem des Körpers ein Defekt vor, der Mangel eines für die Blutgerinnung wichtigen Gerinnungsproteins. Im Säuglingsalter bereits fällt die Neigung zu Blutungen in die Haut auf. Später im Kindesalter sind es besonders Gelenk- und Muskelblutungen, die, unzureichend therapiert, schwere Körperbehinderungen zur Folge haben. Die Blutungen treten nach banalen Stößen ohne sichtbare Verletzung auf (vgl. STEINHAUSEN 1975, 10).

Zwei Hämophilieformen werden unterschieden:

- Hämophilie A mit dem Mangel des Gerinnungsfaktors VIII tritt in der Häufigkeit 1 : 10 000 auf;
- Hämophilie B mit dem Mangel des Gerinnungsfaktors IX ist etwa zehnmal seltener, im Verhältnis 1 : 100 000.

Die Insidenz für Hämophilie A beträgt 1:5 000 bis 1:10 000, für Hämophilie B 1:25 000 bis 1:30 000 der männlichen Neugeborenen.

Erst seit dem Ende der 1960er Jahre steht ein anti-hämophiles Globulin zur Verfügung, das bei schwerster Hämophilieform zur Verhinderung körperbehindernder Blutungsfolgen jede Woche verabreicht wird. Aufgrund der hohen Kosten, jährlich zwischen DM 60 000 und DM 200 000, war in den 1970er Jahren die Behandlung eingeschränkt auf besonders gefährdete Zwei- bis Fünfjährige (vgl. STEINHAUSEN 1975, 14f.). Diese Behandlungseinschränkung besteht heute nicht mehr. Inzwischen existieren sowohl gentechnologisch hergestellte Konzentrate für den Gerinnungsfaktor VIII sowie aus menschlichem Plasma gewonnene, hochgereinigte und virusinaktivierte Konzentrate für die Gerinnungsfaktoren VIII und IX. Die Therapie erfolgt, wenn möglich, durch intravenöse Substitution des fehlenden Gerinnungsfaktors.

Die zur Gewinnung des Gerinnungsfaktors dennoch benötigten Mengen an Spenderblut bergen für den Empfänger das Risiko, an Virusinfektionen zu erkranken.

Etwa 90 % der Hämophilen haben aufgrund von Spenderblut eine Hepatitis erlitten (vgl. POHLMANN/SCHRAMM 1989, 203f.). In der Zeit von 1980-1984 erfolgte in vielen Fällen eine Infizierung mit dem HIV. Bis 1989 wurden in der BRD ca. 60 % der substitutionsbedürftigen Bluter durch virushaltige Blutprodukte infiziert (vgl. RODZINSKI/KERN 1989, 26). 1989 waren 5,2 % der an AIDS erkrankten Personen Hämophile, 2,6 % Bluttransfusionsempfänger (vgl. SCHÄFER 1989, 93). AIDS stellte Anfang der 1990er Jahre bei Blutern die Haupttodesursache dar (vgl. POHLMANN/SCHRAMM 1989, 203). Seit 1984 wurden spezielle Hitze-Inaktivierungsverfahren bezogen auf Blutkonserven entwickelt, die heute eine Virusübertragung ausgeschlossen erscheinen lassen, zumal auch die systematische medizinische Voruntersuchung von Spendern außerordentlich umfangreich und gründlich durchgeführt werden muss.

Auf 8400 Geburten etwa kommt ein Bluter; die Lebenserwartung liegt „seit den 1960er Jahren im Bereich blutgesunder Personen" (STEINHAUSEN 1975, 9 und 15; POHLMANN/SCHRAMM 1989, 202). Die Zahl der gemeldeten Hämophiliepatienten betrug 1996 4 236 (vgl. SCHARRER/SCHRAMM 1996).

Die psycho-soziale Situation der Betroffenen ist von STEINHAUSEN (1975) an einer Stichprobe von 52 hämophilen Jungen, 50 erwachsenen Blutern sowie zwei ebenso großen Kontrollgruppen untersucht worden. Zwischen Gesunden und Hämophilen ergaben sich weder bei den Jungen noch bei den Erwachsenen bedeutsame Unterschiede im Persönlichkeitsprofil (183).

Jedoch fiel auf, dass mit zunehmendem Grad der aus der Hämophilie resultierenden Körperbehinderung „die Wahrscheinlichkeit von Persönlichkeitsstörungen bei Hämophilen sowohl des Kindes- und Jugendalters wie auch des Erwachsenenalters" zunahm (184): bei den Jugendlichen stiegen die Introversions- und Neurotizismuswerte, bei den Männern die Nervositäts-, Gehemmtheits- und Neurotizismuswerte bei abnehmender maskuliner Einstellung; kein Zusammenhang wurde jedoch mit Aggressivität festgestellt.

5.2.6 Krebserkrankungen

Das seit 1980 geführte Kinderkrebsregister erfasst alle malignen Krebserkrankungen bei unter 15-Jährigen. Nach neueren Erhebungen (2004) werden jährlich etwa 1 800 Neuerkrankungen diagnostiziert. Die Wahrscheinlichkeit für ein Kind, innerhalb der ersten 15 Lebensjahre an Krebs zu erkranken, liegt bei 0,2 %, „d.h. bei etwa jedem 500. Kind wird bis zu seinem 15. Geburtstag eine bösartige Krebserkrankung diagnostiziert" (AG BEVÖLKERUNGSBEZOGENER KREBSREGISTER IN DEUTSCHLAND 2004, 96). Die prozentualen Anteile der unterschiedlichen Formen verteilen sich folgendermaßen:

Leukämien	33,4 %
Tumoren des Zentralnervensystems (ZNS)	20,8 %
Lymphomen	12,4 %
Neuroplastomen	8,4 %
Weichteilsarkome	6,5 %
Knochentumoren	4,6 %
Nierentumoren	6,1 %
Keimzellentumoren	3,5 %
Sonstige Tumorarten	4,3 %

(vgl. a.a.O., 97 – Stand 2002).

• **Leukosen:** Als Leukosen werden heute die verschiedenen Leukämieformen bezeichnet, von denen die akute Form bevorzugt im Kindesalter auftritt. Früher nahezu immer tödlich – die ungehemmte Vermehrung der weißen Blutzellen entspricht einem bösartigen Tumor – kann sie heute durch langdauernde medikamentöse Behandlung teilweise unter Kontrolle gebracht werden. LANDBECK (1977, 204) gibt an, dass 40-50 % der Kinder um mindestens fünf Jahre überleben, 25-30 % endgültig geheilt werden. Nach neuerem Stand liegen die Rückbildungschancen zwischen 35 und 100 % (vgl. ROOSE 1987, 185). Da Leukämiekinder viel mehr, als ihre Umgebung wahrhaben will, auf die mutmaßliche Hoffnungslosigkeit ihres Zustands schließen können, sollte ihnen psycho-therapeutische Hilfestellung zur Aufarbeitung ihrer Situation gewährt werden (vgl. KÜBLER-ROSS 1976).

Da die heutige Kombinationsbehandlung (Zytostatika und Strahlenbehandlung) einerseits erhebliche Nebenwirkungen hat, andererseits Rezidive nie ganz ausgeschlossen werden können, leben Kinder und Eltern jahrelang mit erheblichen Beeinträchtigungen und in Angst, bis sie nach sechs rückfallfreien Jahren als geheilt gelten können.

Falls ein geeigneter Spender gefunden wird, stellt die Knochenmarkstransplantation oft die letztmögliche Heilungs- bzw. Behandlungschance dar. Für einige Monate nach dieser Behandlung ist das Kind in erhöhtem Maße infektionsgefährdet, da sein Immunsystem medikamentös nahezu ausgeschaltet wird, um Abstoßungsreaktionen zu verhindern.

- **Tumoren des ZNS**. Die sehr unterschiedlichen, gutartigen und bösartigen Geschwülste bilden sich im Gehirn, das durch die Ausdehnungsbegrenzung der Schädelkapsel wenig Raum für die Ausdehnung eines Tumors bietet. Daher steigt der Schädelinnendruck relativ rasch an. Erste Symptome sind Kopfschmerzen, Doppelbilder, frühmorgendliches Erbrechen, später auch verlangsamter Herzschlag, Atmungsveränderung und Bewusstseinsstörungen.

Mittels Computer- oder Kernspintomographie können heute anatomisch genaue Bilder des Gehirns hergestellt werden. Operationen zur Entfernung des Tumors sind je nach Lage der Geschwulst sehr riskant. Bei Gelingen kommt es zur Druckentlastung des Gehirns und möglicherweise zur Heilung. Bei frühzeitiger Erkennung liegen die Heilungschancen (medikamentös, strahlentherapeutisch, operativ) zwischen 40 und 90 %, je nach Art und Lage des Tumors. Manche Tumorarten können noch nach 10 bis 20 Jahren zu Rezidiven führen.

- **Maligne Lymphome** werden unterschieden in
  - Non-Hodgkin-Lymphome (NHL) und
  - Hodgkin-Lymphome, auch Lymphogranulomatose genannt.

Die NHL stellen eine Gruppe hochgradig bösartiger Tumoren des lymphatischen Gewebes dar, die Leukosen vergleichbar sind (vgl. ROOSE 1987, 185ff.). Der Tumor befällt zunächst nur einen Lymphknoten oder ein Organ; wird er nicht im Frühstadium entdeckt und entfernt, breitet er sich rasch durch Metastasenbildung im ganzen Organismus aus. NHL werden ebenfalls mit einer Kombinationstherapie aus Zytostatika und Strahlentherapie behandelt. Auch chirurgische Tumorverkleinerungen sind möglich. Seit ca. 1984 bis heute liegt die Heilungschance bei 70 %, während noch im Jahre 1960 diese nur 5-10 % betrug.

Das Hodgkin-Lymphom ist eine herdförmig beginnende Lymphknotenerkrankung, die unbehandelt alle Lymphbahnen erfasst. Schmerzlose Knoten, später Gewichtsverlust und Fieber sind die Hauptsymptome. Die Behandlungsmethoden sind denen der NHL sehr ähnlich. Die Heilungsrate bei Früherkennung liegt bei ca. 90 %.

• Wegen der besonderen Auswirkungen soll hier noch das **Kehlkopfkarzinom** Erwähnung finden. Fortgeschrittene Kehlkopfkarzinome machen vielfach die Entfernung des Kehlkopfs als letzten Heilungsversuch notwendig. Es entsteht dabei ein Tracheostoma, eine direkte Öffnung der Luftröhre im Halsbereich; die oberen Luftwege entfallen. Der Kehlkopflose muss ständig unmittelbar mit dieser Halsöffnung atmen. Die normale Sprache ist bei Fehlen des Kehlkopfs nicht mehr möglich. Erst durch intensives logopädisches Training gelingt es, eine sogenannte „Speiseröhrensprache" zu erlernen; analog zum Vorgang des Rülpsens wird dabei Luft zunächst in den Magen geschluckt und dann portionsweise abgegeben, wobei der obere Teil der Speiseröhre als tonerzeugendes Organ benutzt wird.

Die Andersartigkeit dieser Speiseröhrensprache bleibt jedoch unverkennbar. Alternativ oder ergänzend kann auch ein „elektrischer Larynx" eingesetzt werden, ein batteriebetriebenes Gerät, das außen am Hals aufgesetzt wird und einen Summton so auf die im Rachen befindliche Luft überträgt, dass mit dem Mund Laute geformt werden können. Diese elektrische Ersatzsprache ist allerdings nicht so tragfähig wie die Speiseröhren-Ersatzsprache (vgl. Zöllner 1974, 299 f.; Matzker 1975).

5.2.7 HIV-Infektion und AIDS-Erkrankung bei Kindern

Seit den 1980er Jahren ist mit AIDS eine Krankheit aufgetaucht, die als langfristig, mit tödlichem Verlauf beschrieben werden kann. Infizierte Schwangere (die Inkubationszeit, bzw. Latenzzeit kann bis zu 15 Jahre betragen) können die Krankheitserreger sowohl pränatal, d.h. intrauterin auf den Embryo übertragen, oder es kann zu einer Infizierung perinatal, also während der Geburt kommen. Aufgrund der Schwere der Infektion bzw. der Erkrankung und angesichts der Aktualität in der Praxis ist eine kurze Erläuterung zum Thema AIDS bei Kindern in einem gesonderten Kapitel notwendig.

„In den USA ist die Prävalenz der kindlichen HIV-Infektion bereits größer als diejenige der zystischen Fibrose, der Hämophilie, der Taubheit, der akuten lymphatischen Leukämie, der chronischen Niereninsuffizienz oder der Muskeldystrophie. Die HIV-Infektion ist zweifellos eine neuartige chronische Erkrankung des Kindesalters, deren Bedeutung nicht unterschätzt werden darf. Neuartig und speziell ist diese Erkrankung, weil sie einige Besonderheiten aufweist, die einzeln und in Kombination bisher bei keiner chronischen kindlichen Erkrankung eine derart gewichtige Rolle spielten" (Rudin 1995, 186).

Seit Beginn der 1980er Jahre beschäftigt die Infektionskrankheit AIDS (aquired immune defiency syndrome) die Medizin, aber auch die Öffentlichkeit. Die Krankheit wird durch den Erreger HIV (human immunodefiency virus) ausgelöst. Zunächst galten Homosexuelle, Drogenabhängige und Prostituierte als Hauptrisikogruppe, später auch Empfänger von Bluttransfusionen und -präparaten. Heute ist AIDS eine weit über die ursprünglich dominierende Risikogruppe hinausgehende Krankheit.

Obwohl die Infektion schon sehr früh auch bei Kindern festgestellt wurde, galt das Forschungsinteresse vor allem den fortgeschrittenen Stadien der Krankheit bzw. den Therapiemöglichkeiten für die zahlenmäßig weit häufigeren 30-40-jährigen Infizierten. Die umfangreiche Literatur zum Thema HIV-Infektion und AIDS stammt zum Teil aus den 1980er Jahren, der Zeit kurz nach dem Bekanntwerden der Krankheit. Veröffentlichungen über die Gruppe der Kinder und Jugendlichen sind dagegen relativ selten. Erst gegen Ende der 1980er Jahre wurde dieser Personenkreis als eigenständige Gruppe von Betroffenen näher beschrieben.

5.2.7.1 Allgemeine Grundlagen zum Verständnis von HIV/AIDS

Bevor auf die eigentliche Problematik eingegangen werden kann, ist es notwendig, etwas zur Entwicklung der Krankheit zu sagen. Durch das gehäufte Auftreten von Pneumocystis carinii - Pneumonien (Lungenerkrankungen) und Kaposi-Sarkomen (pathologische Hautveränderungen) bei Homosexuellen in den USA wurde man 1981 auf die erworbene Immunschwächekrankheit AIDS aufmerksam. Sie ist eine durch Retroviren verursachte Krankheit. In der Folgezeit wurden verschiedene Retroviren als Erreger der Krankheit festgestellt (HIV I-III). Auf Vorschlag der Weltgesundheitsorganisation (WHO) wird das Virus seit 1986 einheitlich als „human immunodeficiency virus" (HIV) bezeichnet (Rudin 1995, 1). Das HIV befällt vorwiegend Zellen mit einem bestimmten Rezeptor. Solche Rezeptoren kommen hauptsächlich auf der Oberfläche von Zellen des Immunsystems (so genannten T-Helferzellen) vor. Das Virus hat die Fähigkeit, in die Erbinformation (DNS) der Wirtszelle einzudringen und sie zu verändern. Der genetische Code wird dahingehend umgeschrieben, dass die Zelle ihre eigentliche Aufgabe nicht mehr vollständig wahrnimmt, sondern Bausteine für neue Viren herstellt und danach abstirbt. „Die Viruspartikelproduktion stellt für den Zellstoffwechsel eine Belastung dar, setzt die normale Zellfunktion herab und lähmt bestimmte Abläufe des Immunsystems" (Kallage 1990, 22). Das Absinken der T-Helferzellenzahl ist ein obligatorischer Befund bei AIDS-Patienten.

Auf die einzelnen Schritte der historischen Entwicklung der HIV-Infektion kann hier nicht näher eingegangen werden. Einen ausführlichen Überblick gibt Rudin (1995). Hier sollen lediglich einige Eckdaten aus der Entwicklung der Krankheit bei Kindern vorgestellt werden. Retrospektiv hat man nach 1981 verschiedene, bisher nicht geklärte Erkrankungen untersucht. Der früheste bekannte Fall eines Kindes mit perinatal erworbener HIV-Infektion wird bereits 1967 festgestellt. Die erste bekannte, retrospektiv diagnostizierte AIDS-Erkrankung im Kindesalter stammt aus dem Jahr 1969. Im November 1982 (18 Monate nach der Erstbeschreibung beim Erwachsenen) wurde das erste AIDS-kranke Kind an die CDC (Center for Disease Control – USA) gemeldet. Der erste kommerziell erhältliche HIV-Antikörpertest erschien 1985. Im Jahr 1990 wurde Azidothymidin (AZT), ein antiretrovirales Medikament auch für die Behandlung von Kindern zugelassen (RUDIN 1995, 1ff.).

Bei einer weltweiten Verbreitung einer Krankheit, wie im Fall von AIDS, spricht man nicht mehr von einer Epidemie, sondern von einer Pandemie. Die globalen Aspekte dieser Krankheit sollen hier nicht näher ausgeführt werden. Die Darstellung der HIV-Infektion beschränkt sich hier auf Deutschland und insbesondere auf Kinder. Bei Betrachtung der verschiedenen Daten muss unbedingt zwischen HIV-Infektion und AIDS-Erkrankung unterschieden werden. Die Zahl der Infektionen liegt weitaus höher und kann teilweise nur geschätzt werden. Die Diagnose einer AIDS-Erkrankung ist an das Auftreten bestimmter Symptome gebunden und daher exakt zu registrieren.

In Deutschland wurden dem AIDS-Fallregister des Bundesgesundheitsamtes in Berlin bis zum 30. September 1993 insgesamt 10 447 AIDS-Fälle gemeldet, von denen 5 792 (55 %) Patienten bereits verstorben waren. In der Gruppe der Kinder unter 13 Jahren wurden 93 Fälle registriert, was etwa ein Prozent der Gesamtzahl ausmacht. Von den betroffenen Kindern waren bereits 47 (51 %) als verstorben gemeldet. Die anfangs befürchtete exponentielle Ausbreitung der HIV-Infektion hat sich bislang nicht bestätigt. Während bis 1990 die Zahl der intravenös drogenabhängigen Frauen zunahm, kam es in der Zeit danach zu einem Anstieg der AIDS-Fälle bei Frauen mit heterosexuellem Übertragungsrisiko. Eine parallele anteilsmäßige Zunahme von Kindern mit prä- bzw. perinatalem Infektionsrisiko wurde bisher nicht nachgewiesen, was darauf hindeutet, dass infizierte Frauen eine Schwangerschaft verhindern oder bei nachgewiesener HIV-Infektion einen Schwangerschaftsabbruch durchführen lassen (BUNIKOWSKI/HAMOUDA 1994, 6).

Bis zum 30. September 1993 waren dem AIDS-Zentrum 1 148 HIV-seropositive Befunde bei Kindern unter 13 Jahren gemeldet. Diese Zahl lässt keinen direkten Rückschluss auf die tatsächliche Zahl der HIV-infizierten Kinder zu, weil die Laborberichtspflicht anonym ist, d.h. dass Doppel- oder Mehrfachmeldungen nur bedingt erkannt werden können. Mehr als die Hälfte der Kinder (663) waren jünger als 24 Monate, wobei deren seropositive Befunde größtenteils auf Antikörper der Mutter zurückzuführen sind. Die tatsächliche Zahl der HIV-Infektionen ist daher erheblich niedriger einzuschätzen (BUNIKOWSKI/HAMOUDA 1994, 6).

Eine etwas neuere Zahl nennt BIALEK (1995) im Vorwort seiner Arbeit. Danach waren dem Bundesgesundheitsamt bis Ende 1994 1 235 Kinder bis 14 Jahre als HIV-seropositiv gemeldet. Im Vergleich mit anderen Ländern ist dieser Wert gering, aber mit steigender Zahl infizierter Frauen im gebärfähigen Alter nimmt die Zahl HIV-exponierter und -infizierter Neugeborener zu, wogegen die horizontale Übertragung durch Blutprodukte unbedeutender wird.

Das für die Erfassung zuständige Robert-Koch-Institut hat bis Ende 1997 bei Kindern unter 13 Jahren etwa 500 HIV-Infektionen erfasst, was 1 % der Infizierten insgesamt entspricht. In der gleichen Altersgruppe sind 114 AIDS-Fälle gemeldet, dies entspricht 0,7 % der Gesamtzahl.

Die Zahlen der Tabelle 27 zeigen deutlich, dass die Infektionen durch Blutübertragungen und Blutprodukte seit der Einführung von Kontrollmaßnahmen deutlich

Tab. 27: Gemeldete AIDS-Fälle bei Kindern unter 13 Jahren nach Infektionsrisiko und Alter. Quelle: Bundesgesundheitsamt. In: BUNIKOWSKI/HAMOUDA 1994, 8. Stand 30. September 1993.

Alter	Hämophilie		Bluttransfusion		perinatale Infektion		Unbekannt		Gesamt
	Anzahl	%	Anzahl	%	Anzahl	%	Anzahl	%	Anzahl
1-3 Jahre	0	0	3	6	51	93	1	2	55
4-7 Jahre	1	4	7	28	16	64	1	4	25
8-12 Jahre	6	46	2	15	4	31	1	8	13
gesamt	7	8	12	13	71	76	3	3	93

Tab. 28: HIV-Erstdiagnosen bei Kindern bis zum Alter von 12 Jahren ab 1993 (vgl. Robert-Koch-Institut 2005).

Alter	männlich		weiblich	
	abs.	%	abs.	%
unter 1 Jahr	17	0,1	12	0,2
1 – 4 Jahre	39	0,2	34	0,7
5 – 9 Jahre	19	0,1	30	0,6
10 – 12 Jahre	12	0,1	11	0,2

Die Prozentangaben beziehen sich auf die Gesamtzahl der HIV-Positiven des jeweiligen Geschlechts.

zurückgegangen sind, im Gegensatz dazu aber die vertikalen Übertragungen auf Neugeborene zugenommen haben.

Eine Übersicht über die Anzahl HIV-infizierter Kinder gibt Tabelle 28 (Stand: 31.12.2004).

Infektion und Erkrankung konzentrieren sich auf die Ballungsgebiete Berlin, München, Hamburg, Frankfurt, Köln und Düsseldorf, in denen etwa die Hälfte der Infektionen bei Kindern zu finden ist. Bezogen auf alle AIDS-Fälle bei Erwachsenen und Kindern stammen aus den Ballungszentren 64 %, aus den übrigen Gebieten der alten Bundesländer 34 % und aus den neuen Bundesländern 2 % der Meldungen.

5.2.7.2 Infektionswege, Inkubationszeit und Verlauf bei Kindern

Für die HIV-Infektion im Kindesalter kommen verschiedene **Infektionswege** in Frage. Das Virus kann in allen Körperflüssigkeiten vorkommen, besonders im Blut, Sperma und Vaginalsekret, aber auch im Speichel, in der Muttermilch, in der Tränenflüssigkeit, im Nasensekret u.a. Während Kinder in den ersten Jahren nach Bekanntwerden der Krankheit vorwiegend durch die Übertragung von Gerinnungsfaktorenkonzentraten und Bluttransfusionen infiziert wurden (horizontale Übertragung), werden Kinder heute vor allem durch ihre Mütter infiziert (vertikale Übertragung). Das geschieht in den meisten Fällen pränatal, aber auch perinatal, seltener postnatal.

Die intrauterine Infektion ist mehrfach durch den Nachweis von HIV im Fruchtwasser und im fetalen Gewebe belegt worden (STÜCK 1989, 35). Dieser Infektionsweg kann nur über eine geringere Infektiösität des mütterlichen Blutes vermieden werden (BIALEK u.a. 1995, 36). Der Verdauungstrakt kommt wegen der nachgewiesenen Infektion durch Muttermilch ebenfalls als Übertragungsort in Betracht.

„Da das HIV-Virus im Cervixsekret nachgewiesen werden kann, besteht die Möglichkeit, daß das Schlucken von Sekret oder Blut beim Durchtritt durch den Geburtskanal zu einer kindlichen Infektion führt" (Bialek u.a. 1995, 36).

Hinweise für diesen Übertragungsweg lieferte die Erfassung von Zwillingsschwangerschaften. Danach waren bei 70 % der Paare beide Kinder nicht infiziert, bei 10 % beide Kinder infiziert, bei 17 % nur Zwilling A und lediglich 3 % nur Zwilling B infiziert. Dieser Umstand deutet darauf hin, dass die Kinder, die zuerst den Geburtskanal passieren, ein signifikant höheres Infektionsrisiko aufweisen. Außerdem führt eine vaginale Geburt häufiger zur Infektion als ein Kaiserschnitt (Rudin 1995, 123).

Das Auftreten von HIV in der Muttermilch wurde bereits angesprochen. Es ist unabhängig vom Krankheitsstadium und kann zu postnataler Infektion führen, was aber sehr selten ist. In Industrieländern wird infizierten Müttern daher vom Stillen abgeraten. Rudin geht davon aus, dass 80-90 % der infizierten Kinder durch vertikale Transmission angesteckt wurden. Die Übertragungswahrscheinlichkeit bei mütterlicher HIV-Infektion während der Schwangerschaft ist von der Gruppe der untersuchten Frauen und deren Herkunft abhängig. Sie beträgt für Europa 15-20 %, für die USA 16-30 % und für Afrika 25-39 % (Rudin 1995, 122). Die Arbeitsgemeinschaft Kinder- und Jugendschutz Hamburg e.V. gibt in ihren Informationen ein Übertragungsrisiko von 12-18 % an und stellt fest:

„Nach neueren, noch nicht vollständig abgesicherten Untersuchungen, ist das Übertragungsrisiko durch Kaiserschnitt vor Einsetzen der Wehen und evtl. Medikamentengabe auf deutlich unter 10% zu senken" (1997, 8).

Der **Verlauf von Infektion und Erkrankung** ist bei Erwachsenen und Kindern unterschiedlich. Zunächst ist es notwendig, die klinische Abfolge der einzelnen Krankheitsstadien bei Erwachsenen zu beschreiben. Etwa 50-70 % der frisch Infizierten erkranken innerhalb von drei bis sechs Wochen an einem dem Pfeiffer-Drüsenfieber ähnlichen Syndrom. In dieser Phase sind auch häufig Viren im Blut nachweisbar. Die primäre Infektion ruft innerhalb von einer Woche bis drei Monaten eine Immunantwort hervor. Sie ist mit einer gleichzeitigen Abnahme der Viren im Blut verbunden und leitet eine bis zu zehn Jahre dauernde Phase scheinbarer klinischer Latenz ein, in der im Allgemeinen klinische Symptome fehlen.

„Nach neueren Erkenntnissen handelt es sich dabei allerdings nur um eine vorgetäuschte Latenz, da die sich entwickelnde Immunität keineswegs in der Lage ist, die Virus-Replikation vollständig zu unterdrücken" (Rudin 1995, 71).

Fast alle Patienten zeigen während dieser Phase eine zunehmende Beeinträchtigung des Immunsystems. Nach jahrelanger asymptomatischer HIV-Infektion kommt es zuerst zu allgemeinen, konstitutionellen Symptomen. Sie werden von opportunistischen (AIDS-definierenden) Erkrankungen abgelöst, „die mit oder ohne Therapie im allgemeinen innerhalb von zwei Jahren mit dem Tod des Betroffenen enden" (Rudin, 1995, 72). Die Zahl der Viren im Blut nimmt mit der Entwicklung der klinischen Symptome in den späteren Stadien der HIV-Infektionen zu.

Bei Kindern liegt die durchschnittliche **Inkubationszeit** bis zum Auftreten von AIDS zwischen zwölf Monaten und fünf Jahren. Neuere Forschungen gehen davon aus, dass es zwei unterschiedliche Populationen HIV-infizierter Kinder gibt. Bei Kindern, die bereits intrauterin angesteckt worden sind, beträgt die mittlere Überlebenszeit nur fünf Monate, bei der anderen Gruppe, den Kindern, die erst bei der Geburt infiziert worden sind, beträgt sie 69 Monate. Während es zahlreiche ältere Kinder gibt, die auch nach zehn Jahren noch asymptomisch sind (außer Lymphadenopathie – Erkrankung der Lymphknoten), traten bei anderen Kindern schon im ersten Lebensmonat opportunistische Krankheiten auf. Dennoch ist festzuhalten, dass 50-80 % der perinatal infizierten Kinder innerhalb des ersten und über 90 % innerhalb der ersten zwei Jahre klinische oder immunologische Symptome entwickeln, die mit HIV-Infektion in Verbindung stehen (Rudin 1995, 189ff.). Bei Kindern, die durch Transfusionen kontaminierter Blutbestandteile infiziert wurden, hängt die Inkubationszeit vom Alter des Empfängers und vom Krankheitsstadium des Spenders ab. In der Regel erkranken aber erwachsene Hämophile mit zunehmendem Alter schneller als Kinder und Jugendliche dieser Gruppe (Rudin 1995, 191). Zusammenfassend ist zu sagen, dass die Inkubationszeiten von AIDS im Kindesalter kürzer sind als im Erwachsenenalter.

„Im allgemeinen sind die Neugeborenen HIV-infizierter Mütter bei der Geburt gesund und durch nichts von anderen gesunden Kindern zu unterscheiden" (Rudin 1995, 192). Von einigen Wissenschaftlern wurde zwar ein HIV-Fötopathie-Sydrom mit verschiedenartigen Missbildungen beschrieben, aber diese Befunde konnten bisher durch andere Untersuchungen nicht bestätigt werden. Einen großen Einfluss auf den Gesundheitszustand des Kindes hat das Verhalten der Mutter während der Schwangerschaft. Ein Großteil der HIV-infizierten Schwangeren sind ehemalige oder aktuell intravenös drogenabhängige Frauen. Die Folgen variieren je nach Menge und Art der konsumierten Drogen. Sie reichen von Wachstumsverzögerungen und Frühgeburten bis zu vermindertem Schädelwachstum. Allerdings werden oft verschiedene Drogen (Rudin spricht in diesem Zusammenhang von Genussmitteln) konsumiert, so dass die Folgen von erheblichem Tabletten-, Nikotin- und Alkoholkonsum noch hinzukommen. Eine neurologisch-psychologische Langzeitprognose der intrauterinen Drogenexposition ist wegen der Vielzahl prä-, peri- und postnataler Risiken nur schwer möglich. Es wird aber von durchschnittlicher Intelligenz, Tonusabweichungen und feinmotorischen Störungen berichtet (Rudin 1995, 193). Die beschriebenen Phänomene erschweren auch den Nachweis des oben erwähnten HIV-Fötopathie-Syndroms.

Der asymptomischen Phase, die einige Wochen aber auch mehrere Jahre betragen kann, folgt eine symptomische Phase, in der zuerst allgemeine, unspezifische Symptome, und später spezifische HIV-assoziierte Krankheitsbilder auftreten. Bei fortgeschrittener HIV-Infektion kommt es zu sogenannten opportunistischen Erkrankungen, die nur bei schwerer Beeinträchtigung des Immunsystems auftreten. Zu den allgemeinen, unspezifischen Symptomen der HIV-Infektion gehören Lymphknotenerkrankungen, Lebervergrößerungen, Milzschwellungen, Pilzinfektionen der Haut, Windeldermatitis, Durchfälle, Fieber, Entwicklungsverzögerungen. Spezifische HIV-assoziierte Krankheiten sind Lymphknotenerkrankungen bakterielle Infektionen, Lungenentzündungen, Hirnerkrankungen u.a. (Rudin 1995, 196ff.).

Die **Prognose** der kindlichen HIV-Infektion wird vor allem durch die Art der HIV-assoziierten Krankheiten und das Alter, in welchem diese auftreten, bestimmt. Die Studien in einzelnen Ländern weisen sehr unterschiedliche Werte aus. Amerikanische Untersuchungen belegen, dass 50 % der vertikal HIV-infizierten Kinder innerhalb von 36-60 Monaten verstarben. In der Schweiz lebten nach 40 Monaten dagegen noch 82 % der Kinder. Italienische Untersuchungen ergaben, dass 49,5 % der perinatal infizierten Kinder nach neun Jahren noch am Leben sind. In einer weiteren Gruppe in den USA sind 23 % der Kinder mittlerweile zwischen neun und 16 Jahren alt. Ein Viertel von ihnen ist bis auf eine Lyphadenopathie (Lymphknotenerkrankung) asymptomisch (Rudin 1995, 313ff.).

Die wichtigsten, mit einer schlechten Prognose verbundenen Faktoren sind das Alter bei der Diagnose und das frühe Auftreten opportunistischer Infektionen, besonders der Pneumocystis carinii Pneumonie (Lungenerkrankung). Es hat sich herausgestellt, dass Kinder mit einer AIDS-Diagnose vor dem sechsten Lebensmonat eine signifikant kürzere Überlebenszeit haben, als ältere Kinder. Außerdem wird der Verlauf der vertikal erworbenen HIV-Infektion offenbar stark vom klinischen immunologischen Zustand der Mutter bei der Geburt bestimmt. Kinder von Müttern in fortgeschrittenerem Stadium erkranken rascher als jene, deren Mütter sich in einem weniger fortgeschrittenen HIV-Stadium befinden (Rudin 1995, 313ff.).

5.2.7.3 Therapiemöglichkeiten

„Wenn die momentane Entwicklung der HIV-Pandemie anhält, werden weltweit bis zur Jahrtausendwende etwa 30-40 Millionen Menschen – über 90% davon allein in Entwicklungsländern- mit HIV infiziert worden sein. Angesichts dieser trüben Aussichten wäre ein effizienter HIV-Impfstoff natürlich von unschätzbarem Wert" (Rudin 1995, 315).

In der Forschung besteht bis heute keine Einigkeit darüber, ob ein solcher Impfstoff überhaupt gefunden werden kann, angesichts der ausgeprägten Heterogenität der Viruspartikel. Hinzu kommt, dass durch die unterschiedlichen Infektionswege die Übertragung durch zellfreie Viren oder durch HIV-infizierte Zellen erfolgen kann. Diese Tatsache erfordert möglicherweise unterschiedliche Immunantworten, um die verschiedenen Übertragungsmechanismen auszuschalten. Derzeit forscht man intensiv bezogen auf notwendige Eigenschaften eines Impfstoffes. Die wichtigste Eigenschaft solcher Antikörper ist die Fähigkeit, virale Erreger zu neutralisieren. Diese neutralisierenden Antikörper können aber allenfalls eine zellfreie Infektion verhindern, während es eher unwahrscheinlich ist, dass auf diesem Wege die Übertragung von Zelle zu Zelle unterbunden werden kann, weil dabei das Virus gar nicht mit dem Serum in Kontakt kommt. Ein potentieller Impfstoff müsste deshalb in der Lage sein, auch eine zelluläre Immunantwort herbeizuführen.

Die Frage, weshalb die bereits stattfindende spezifische Immunantwort nicht ausreicht, eine Ausbreitung der HIV-Infektion und den Ausbruch HIV-assoziierter Krankheiten zu verhindern, konnte bislang nicht eindeutig geklärt werden. Durch Tierversuche an Rhesusaffen und Schimpansen wurden zwar weitere Fortschritte erzielt, die aber nur „kleine, wenn auch außerordentlich wertvolle Schritte auf dem langen Weg" (RUDIN 1995, 318) zu einem Impfstoff darstellen.

Weil eine kurative (heilende) Therapie der HIV-Infektion derzeit nicht bekannt ist, richtet sich die medizinische Betreuung vor allem auf die Behandlung der genannten HIV-assoziierten Krankheiten. Hierzu zählt zum einen die Prophylaxe bakterieller und viraler Infektionen durch verschiedenartige Medikation. Ein weiterer Punkt ist die Vorbeugung von Lungenentzündungen ebenfalls durch eine medikamentöse Behandlung. Eine dritte Therapierichtung beinhaltet den Einsatz von antiretroviralen Substanzen (Azidothymidin – AZT), deren Wirkung allerdings umstritten ist. Der Nutzen beschränkt sich in der symptomischen Phase auf eine zeitlich begrenzte Verzögerung der Krankheitsprogression (FUNK u.a. 1995, 10ff.). Wegen des Immundefektes und der dadurch abgeschwächten und verkürzten Immunantwort bei HIV-infizierten Kindern werden spezielle Impfpläne erstellt. Lebendimpfstoffe können nur bei symptomfreien Patienten, gentechnisch hergestellte und Tot-Impfstoffe bei allen Patienten eingesetzt werden. „Die bisherigen Therapieerfahrungen machen deutlich, dass die zeitlich limitierte Wirksamkeit nur einer Substanz Kombinationstherapien erfordert" (FUNK u.a. 1995, 16). So stehen derzeit einer sehr frühen und intensiven Therapie mit antiretroviralen Substanzen Bedenken entgegen, die auf die begrenzte Wirkung einzelner Medikamente, die Nebenwirkungen und die teilweise langjährigen asymptomischen Krankheitsverläufe ohne Therapie hinweisen. Insgesamt kann man sagen, dass kein starres Therapiekonzept vorgeschrieben werden kann und eine enge Kooperation der beteiligten Einrichtungen notwendig ist.

5.2.7.4 Soziale Situation HIV-infizierter und AIDS-kranker Kinder

Die soziale Situation der betroffenen Kinder ist durch eine Vielzahl sich gegenseitig beeinflussender Faktoren bestimmt. Zwischen den horizontal durch verseuchte Blutpräparate infizierten Kindern und denen, die vertikal über die Mutter infiziert wurden, gibt es beträchtliche Unterschiede. Ebenso ist zwischen infizierten und erkrankten Kindern zu differenzieren.

Kinder, die durch Blutübertragungen infiziert wurden, leben in der Regel in ihren Herkunftsfamilien. Zum Zeitpunkt der Diagnosestellung sind sie zumeist in Kindergärten und Schulen ihres Wohngebietes integriert (ORTMANN 1989, 314). Ähnlich verhält es sich bei Kindern, deren Mütter keiner Risikogruppe angehören. Die Mitteilung über die HIV-Infektion löst bei den betroffenen Familien eine tiefe Krise mit vielfältigen Ängsten, Misstrauen, Verzweiflung und Hoffnungslosigkeit aus (KALLENBACH 1990, 179). Aus Angst vor drohender sozialer Isolierung versuchen viele Familien, die Infektion ihres Kindes geheim zu halten. SCHMIDT (1996, 8) berichtet von einer Mutter, die entsprechende Medikamente zur Behandlung ihres Kindes in auswärtigen Städten kaufte, um das Bekanntwerden der Krankheit ihres Kindes zu verhindern. Gleichzeitig sind Eltern oft gezwungen, die Sozialkontakte ihres Kindes einzuschränken, um andere Kinder nicht zu gefährden. Der Verlust gesellschaftlicher Beziehungen erhöht zusätzlich den Leidensdruck und die Resignation. Problematisch ist auch die Lage der nichtinfizierten Geschwisterkinder. Sie erleben durch den erhöhten Betreuungsaufwand für das kranke Kind eine u.U. starke Zurücksetzung. Ähnliche Phänomene sind von Geschwistern behinderter Kinder bereits bekannt, doch im Zusammenhang mit der HIV-Infektion treten sie deutlicher hervor. Wegen der vermeintlichen Ansteckungsgefahr werden Geschwister HIV-positiver Kinder bei Bekanntwerden der Infektion weit mehr gemieden als dies bei Behinderungen der Fall ist. Durch die intensive medizinische Betreuung und häufigere Klinikaufenthalte werden die Partnerschaft und das Familienleben bei Übernahme der Betreuung durch die Mutter zusätzlich belastet und drohen daran zu scheitern (KALLENBACH 1990, 179).

Für die bereits infizierten Kinder, allein in Deutschland mehrere Hundert, wurde staatliche Unterstützung erst durch das HIV-Hilfegesetz (HIVHG) von 1995 gewährt (SCHMIDT 1996, 185f.). Eine besondere Situation ergibt sich für Kinder mit Hämophilie, die erst aufgrund der medizinischen Hilfsmöglichkeiten in den letzten Jahren ein größeres Selbstbewusstsein entwickelt haben. Das führte zu einem offeneren Umgang mit der Krankheit im sozialen Umfeld. Die Situation hat sich aufgrund der Übertragungsmöglichkeit durch Blutkonserven dahingehend gewandelt, dass Kinder und Jugendliche, die an Hämophilie erkrankt sind, als potentiell HIV-infiziert angesehen werden. Den Betroffenen bleibt somit Zeit, um sich mit der Infektion auseinanderzusetzen. Auch eine freie Entscheidung, wann und mit wem die betroffenen Menschen über ihre Infektion sprechen wollen, ist oft kaum noch möglich. Hinzu kommt, dass „nicht HIV-infizierte Bluterkranke ihre \`Nichtinfektion´ der sozialen Umwelt oft zwanghaft \`beweisen´ müssen" (ARBEITSKREIS ZUR FÖRDERUNG VON PFLEGEKINDERN e.V. 1993, 9).

Erheblich anders stellt sich die Situation der von Geburt an infizierten Kinder dar. In vielen Fällen erfahren die Mütter von der eigenen HIV-Infektion erst durch die Schwangerschaft oder wenn bei den Neugeborenen erste Krankheitszeichen festgestellt wurden. Wenn es um die Frage der Fortführung der Schwangerschaft geht, werden meist nur die medizinischen Fakten in den Vordergrund gestellt, während psychosoziale Faktoren in der Regel kaum Beachtung finden.

„Der vielfach eilig vorgeschlagene Schwangerschaftsabbruch wird ebenso nur selten in seiner ganzen Tragweite gesehen...Hier wird sich noch viel zu selten mit den Ängsten, Skrupeln und Schuldgefühlen der Frauen auseinandergesetzt, wie es generell an einer adäquaten Unterstützung vor, während und besonders nach dem Schwangerschaftsabbruch mangelt" (SCHMALZ 1997, 6).

Die Mütter leben oft nicht in einem familiären Verband, so dass mit der Hilfe von Verwandten und Freunden nicht zu rechnen ist. Die unzureichenden finanziellen und sozialen Verhältnisse und die Diskriminierung durch die Gesellschaft führen dazu, dass die Mütter in der Regel mit der Betreuung des Neugeborenen überfordert sind. Besonders bei dauerhaftem Drogenkonsum kommt es zu Situationen, in denen das Kind nicht ausreichend versorgt oder ganz verlassen wird. Hinzu kommt, dass erkrankte Mütter durch Klinikaufenthalte die Betreuung der Kinder nicht immer gewährleisten können.

„Resultierend muß festgestellt werden, daß HIV-infizierte, drogenabhängige Mütter selbst hilfebedürftig sind oder aber zeitweilig bis dauernd bleiben und aus diesem Grunde nur sehr eingeschränkt die Versorgung ihrer Kinder durchführen können" (RÖHRIG 1989, 61).

Diese Situation wird noch durch den Umstand der sterbenden Familie verschärft, denn „niemand kann sagen, ob zuerst die Mutter, das Kind oder der möglicherweise auch infizierte Partner stirbt“ (Kallenbach 1990, 180). Das Kind muss sich in diesen Fällen von seiner Bezugsperson lösen und in einer fremden Umgebung untergebracht werden, was zu erneuten Problemen führt. Zur Problematik der HIV-Übertragung zwischen Mutter und ungeborenem Kind hat die Deutsche AIDS-Hilfe e.V. (1997) eine Handreichung herausgegeben, die die spezielle Situation dieser Frauen beschreibt.

Aufgrund der ungünstigen Verhältnisse ist es oft erforderlich, für betroffene Kinder Betreuungs- und Versorgungsmöglichkeiten außerhalb der Herkunftsfamilien zu finden. Weil Säuglinge und Kleinkinder feste Bezugspersonen brauchen, werden Pflegefamilien, Tagesmütter oder professionelle Kleinsteinrichtungen, entsprechend dem Modellprojekt „AIDS und Kinder“ bevorzugt. Die oft auch kurzfristig zu ermöglichende Unterbringung gestaltet sich sehr schwierig, weil potentielle Pflege- und Adoptionsfamilien in aller Regel nicht bereit sind, ein HIV-infiziertes Kind aufzunehmen. Es gibt daher Überlegungen, die Hürden für eine Adoption oder Pflegeelternschaft (materielle Sicherheit, Ehe, Alter unter 35 Jahren) zu senken und auch Personen zu akzeptieren, die nicht dem bisherigen Familienbild entsprechen. Gedacht wird dabei an Alleinerziehende, unverheiratete oder gleichgeschlechtliche Paare, die aufgrund ihrer eigenen ungewöhnlichen Situation besonderes Verständnis aufbringen können (Orthmann 1989, 315).

Mittlerweile gibt es mehrere Initiativen, die sich der Betreuung HIV-infizierter Kinder, ihrer Eltern und Pflegepersonen widmen, denn nicht nur die Kinder brauchen Hilfe, sondern auch die Betreuenden sind auf vielfältige Unterstützung angewiesen. Infizierte Kinder werden in den ersten Lebensjahren am besten in Kleingruppen betreut, um sie vor vermeidbarer Infektionsgefährdung in einer Großgruppe zu schützen. Wie geschwächt ihr Immunsystem tatsächlich ist, steht zu diesem Zeitpunkt oft noch nicht fest. Röhrig schreibt hierzu: „Jedes Kind einer HIV-positiven Mutter gilt bis zum Beweis des Gegenteils als infiziertes Kind. Hier ist ein Zeitraum von mitunter 10-15 Jahren zu veranschlagen, selbst bei klinisch vollkommen gesunden Kindern“ (Röhrig 1989, 59). Durch die Initiativen werden verschiedene Betreuungsmöglichkeiten angeboten. Die wichtigsten führt Röhrig anhand der Beschreibung der AIDS-Betreuung e.V. an (1989, 60). An dieser Stelle nennt er Vollzeitpflegestellen mit geeigneten Pflegeeltern. Darunter versteht der Verein Menschen aus pflegerischen oder pädagogischen Berufen, die bereit sind, ihren Beruf aufzugeben und infizierte und erkrankte Kinder in Pflegschaft zu nehmen. Sie betreuen maximal drei Kinder, wobei auch gesunde Kinder in der Familie sind. Die Pflegeeltern erfahren umfassende medizinische und psychologische Betreuung, um die Belastung des Umgangs mit Kindern, die möglicherweise schwer erkranken oder sterben, zu bewältigen.

„Niemandem ist geholfen, wenn Pflegekinder in Krisensituationen aus Hilflosigkeit zurückgegeben werden. Gesunde Kinder in der Familie müssen zusammen mit den Eltern auf den evtl. möglichen Tod von erkrankten Kindern vorbereitet werden“ (Röhrig 1989, 60).

Die zweite Möglichkeit sind Tagespflegestellen für Kinder berufstätiger Eltern. Dabei haben die Kinder Spiel- und Sozialkontakte in Kleingruppen. Sie werden zudem pflegerisch und psychologisch betreut, „was unserer Erfahrung nach einen nicht zu unterschätzenden Einfluss auf den Krankheitsverlauf haben kann" (RÖHRIG 1989, 60). Die Eltern werden durch den Verein in Gruppen oder einzeln betreut. Die von RÖHRIG geforderte soziale Absicherung für pflegende Eltern ist durch die Zahlung von Pflegegeld keinesfalls abgedeckt. Betreut und beraten durch den Verein werden auch schwangere Frauen und Mütter von betroffenen Kindern sowie Kinder- und Elternberater ohne Vereinszugehörigkeit. Das Konzept des Vereins sieht auch Hilfe bei der kurzfristig notwendigen Unterbringung von Kindern vor, z.B. bei plötzlicher Erkrankung drogenabhängiger Mütter. „Es darf nicht dazu kommen, dass Kinder aus Hilflosigkeit in Krankenhäuser aufgenommen werden müssen, obwohl sie nicht krank sind" (RÖHRIG 1989, 62).

Bei der Beschreibung der sozialen Situation betroffener Kinder nennen KONERTZ u.a. als erstes die Aufklärung anderer Personen über die HIV-Infektion des Kindes. Sie raten den Eltern zur Teilnahme an Eltern-Kind-Gruppen, um einer Isolierung entgegenzuwirken. „Eine Information der übrigen Gruppenmitglieder sollte zunächst nicht stattfinden" (1995, 43). Erst wenn sich im Laufe der Zeit ein Vertrauensverhältnis entwickelt hat, kann eine Mitteilung erwogen werden. Häufig besteht die unbegründete Angst, dass die HIV-Infektion übertragen werden könnte. Weil es keinen bekannten Fall gibt, bei dem es durch Spielen, Raufen, Umarmen, gemeinsames Benutzen von Geschirr usf. zu einer Infektion gekommen ist, gilt der alltägliche Umgang als nicht gefährlich. Eine rechtliche Informationspflicht über die HIV-Infektion existiert nicht. Dennoch sollten Erzieher oder Lehrer von der HIV-Infektion unterrichtet werden. Ihre besondere Aufmerksamkeit bezogen auf das Auftreten bestimmter Kinderkrankheiten (Masern, Mumps, Röteln, Scharlach, Windpocken) kann für Eltern und Pflegeeltern sehr hilfreich sein.

5.3 Kinder im Krankenhaus

Bei der Einbeziehung der langfristig Kranken in den Kreis der Behinderten ist zum einen an die sonderpädagogische Aufgabe gedacht worden, auch Kindern, die sich zu einer längeren stationären Behandlung in Kliniken befinden, einen ihrer Situation angemessenen Unterricht zukommen zu lassen. Diesem Zweck dient die „Krankenhausschule". Bei wechselnden Schülern aus unterschiedlichen Klassenstufen muss der dort stattfindende Unterricht in hohem Maß individualisiert werden. Zum anderen verlangt die besondere Problemsituation vieler dieser Kinder eine psychische Betreuung, eine psychologisch-pädagogische Begleitung, auf einem mehr oder weniger belasteten, mehr oder weniger langen Weg. Dabei kann auf die besondere Problematik von Kindern mit begrenzter Lebensdauer (Krebs, AIDS) hier nicht näher eingegangen werden.

Für das Jahr 2001 standen in Deutschland 403 Fachabteilungen (Kinderkliniken, Allgemein- oder Spezialkrankenhäuser mit Kinderstationen) für Kinderheilkunde zur Verfügung mit insgesamt 21 884 Bet-

Tab. 29: Physische, psychische und soziale Auswirkungen langfristiger Krankheit.

Auswirkungen langfristiger bzw. chronischer Krankheit		
physisch	psychisch	sozial
Schmerz	Verunsicherung, Gefühl von Bedrohtsein, Hilflosigkeit	Isolation
Medikamentennebenwirkungen	Angst	Überbehütung
Einschränkung der Motorik, des Bewegungsdrangs	Reaktive depressive Verstimmung	Soziale Einschränkung
evtl. Ernährungsumstellung (Diät)	Hospitalismus	Schulversäumnisse
	Regression	Soziale Randständigkeit
		Leistungsprobleme

ten (vgl. STATISTISCHES JAHRBUCH 2004, 238). 2 988 davon waren Betten mit Intensivpflege. Bei einer Auslastung der Gesamtbettenzahl von 71,2 % befanden sich im Jahr 2001 durchgängig ca. 15 580 bis 16 000 Kinder im Krankenhaus. In Intensivpflege befanden sich durchgängig ca. 2 328 Kinder, bei einer Intensiv-Bettenauslastung von 77,9 %. Die durchschnittliche Verweildauer der Kinder betrug 6,3 Tage. 2 998 Kinder starben 2001 während eines Krankenhausaufenthaltes. Die Gesamtfallzahl der im Jahr 2001 stationär Behandelten betrug 918 426. Davon lag die Anzahl nur stundenweise aufgenommener Kinder bei 52 271 (vgl. STATISTISCHES JAHRBUCH 2004, 238).

Leider ist aus den statistischen Daten nicht zu entnehmen, wie hoch die Fallzahl der langfristig kranken Kinder ist, d.h. der Kinder, die lang dauernder oder wiederholter stationärer Behandlung bedürfen.

Tab. 29 zeigt die Auswirkungen langfristiger Erkrankung für die betroffenen Kinder in unterschiedlichen Bereichen auf.

Insbesondere die psychischen Auswirkungen sollen hier einer näheren Betrachtung unterzogen werden.

Angst entsteht in Situationen, die diffus, nicht durchschaubar und in ihrem prozesshaften Fortbestand nicht vorhersagbar sind, in denen das Individuum von der Einschränkung eigener Kompetenz her keine Möglichkeit der Beeinflussung sieht.

Speziell bezogen auf chronische Erkrankungen heißt das: mangelnde Information, Abhängigkeit von anderen Menschen, Spezialisten und/oder medizinischen Apparaten schränken selbständiges Handeln nicht nur ein, sondern machen es häufig unmöglich, weil für diese Situation (noch) keine Handlungsmöglichkeiten zur Verfügung stehen (vgl. BRODA 1987, 41/VERNOOIJ 1991, 1992).

- Abhängigkeit
- Trennung von vertrauten Personen (zeitweilig)
- Orientierung in fremder Umgebung
- Unvorhersagbarkeit des Krankheitsprozesses
- Zukunftsungewissheit

sind Faktoren, die eine Entwicklung angemessener neuer Verhaltensweisen nicht nur bezogen auf Ängste erschweren. Die Bedrohungen durch chronische Krankheit werden von COHEN & LAZARUS (1979, 229) folgendermaßen unterteilt:

1. Lebensbedrohung und Todesangst
2. Bedrohung körperlicher Integrität und körperlichen Wohlbefindens
3. Bedrohung des Selbstkonzeptes und der Zukunftspläne
4. Bedrohung des emotionalen, psychischen Gleichgewichtes
5. Bedrohung bezogen auf die Erfüllung vertrauter Rollen und Aktivitäten
6. Bedrohung bezogen auf die Notwendigkeit der Anpassung an neue physische und soziale Situationen.

Dabei sind Ausmaß und Intensität des Bedrohungsgefühls abhängig von 4 Kriterien

- „Zeitpunkt des Krankheitsbeginns,
- akuter vs. schleichender Beginn
- progressiver vs. stationärer Krankheitsverlauf
- Heilungschance bzw. Grad der Lebensbeeinträchtigung" (PETERMANN 1987, 18).

Der Grad an allgemeiner Belastung für chronisch kranke Kinder ist generell sehr hoch. Hinsichtlich der krankheitsspezifischen Belastung lassen sich erhebliche Unterschiede ausmachen (vgl. PETERMANN u.a. 1987, 17f.).

Für den Umgang mit chronisch kranken Kindern und Jugendlichen soll der Aspekt der Informationsübermittlung, die für den Umgang mit der Erkrankung sehr bedeutsam ist, die aber häufig in falscher Form oder gar nicht erfolgt, als wichtiger Faktor zur psychischen Stabilisierung herausgegriffen werden. Der mögliche Prozess bis hin zur Entwicklung neuer Verhaltensweisen wird in Abb. 11 verdeutlicht.

Für die pädagogisch-psychologische Begleitung der Kinder ist neben Information, Verständnis, Ermutigung (nicht unbegründeter Optimismus), die konsequente Vorbereitung auf u.U. stark veränderte Lebensbedingungen und -möglichkeiten unabdingbar notwendig.

Am Ende dieses Kapitels erscheint die Betrachtung der heutigen Kliniksituation sinnvoll, zumal in Deutschland jährlich

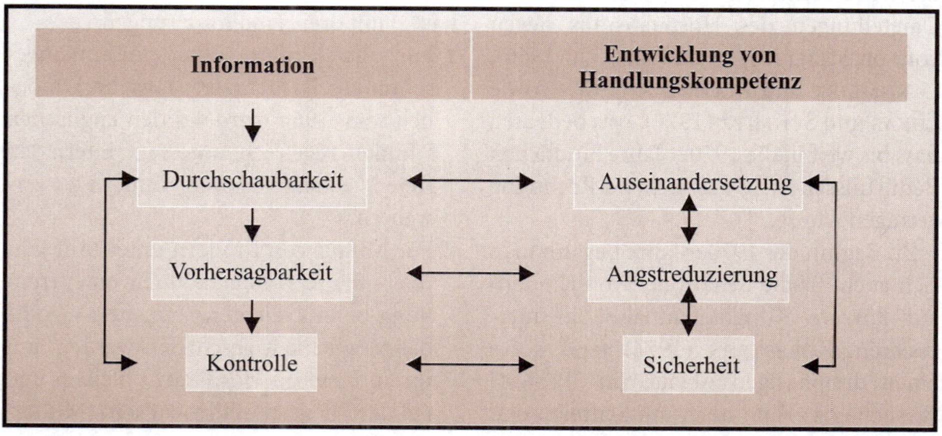

Abb. 11: Prozess psychischer Stabilisierung bei angemessener Informationsübermittlung (idealtypisch).

durchgängig 30 000 Kinder längere oder kürzere Klinikaufenthalte durchleben.

Die Situation in modernen Kinderkliniken ist natürlich nicht mehr mit derjenigen in den Säuglings- und Findelhäusern im 19. Jahrhundert vergleichbar, in denen die hohe Sterblichkeit teilweise als göttliche Vorsehung galt, „weil, wenn sie alle leben blieben, das Haus zu voll werden würde". Der Münchener Kinderarzt PFAUNDLER (um 1900) und der Psychoanalytiker Rene SPITZ (1945) haben das Zustandsbild von Säuglingen in der Langzeit-Massenpflege als „Hospitalismus" und „anaklitische Depression" beschrieben und bekannt gemacht: trotz einwandfreier körperlicher Pflege gedeihen die Säuglinge kaum, sie werden weinerlich und schlafen schlecht, ihre Intelligenz bleibt weit hinter der von Familienkindern zurück, sie sind sehr anfällig für Krankheiten. Weltweite Untersuchungen im Auftrag der Weltgesundheitsorganisation (WHO) durch BOWLBY (1951) haben diese Befunde bestätigt, emotionale Deprivation – Fehlen einer festen Personenbeziehung – und sensorisch-motorische Deprivation scheinen sich in der Verursachung zu überlagern. Spätere Darstellungen des Hospitalismus liegen vor von MEIERHOFER und KELLER (1966), LANGMEIER und MATEICEK (1977) sowie LUKAS und SCHMITZ (1977), was bedeutet, dass bis weit in die 1970er Jahre kindlichen Bedürfnissen nicht ausreichend Rechnung getragen wurde.

Zu Beginn der 1970er Jahre begann man sich auch für die Reaktionen von Kindern auf kürzere Klinikaufenthalte zu interessieren. ROBERTSON (1974) fand dabei einen dreiphasigen Ablauf. Im „Protest" versuche das Kind noch mit Schreien und Weinen die Mutter herbeizurufen. Im Stadium der „Verzweiflung" ziehe es sich in sich selbst zurück und wirke apathisch. In der Phase der „Verleugnung" schließlich zeige der kleine Patient wieder Anteilnahme an seiner Umwelt, aber eigentümlich distanziert, gleichmütig, mehr an Sachen als Personen interessiert; die zu Besuch kommende Mutter werde kaum noch zur Kenntnis genommen – ein Zustand, der vom Pflegepersonal gern als Anpassung und Eingewöhnung **verkannt** wird. Auf Langzeitschäden durch frühkindliche Klinikaufenthalte hat v. TROSCHKE (1974) aufmerksam gemacht.

Als Konsequenz solcher Beobachtungen ergab sich die Forderung nach stabilen Personenbeziehungen auch für Kleinstkinder; wie von PFAUNDLER der Ausspruch überliefert ist: „Noch das siebte Kind am schmutzigen Schürzenzipfel seiner Mutter ist dort besser aufgehoben als im saubersten Säuglingsheim", so formulierte ROBERTSON: „Freundlichkeit von vielen Menschen ist nicht dasselbe wie Liebe und Sicherheit von einem Menschen". In England erschien 1959 der PLATT-Report als offizielle Meinung des Gesundheitsministeriums („Über das Wohlergehen von Kindern im Krankenhaus") mit drei Hauptforderungen:

1. Für alle Kinder sollte eine uneingeschränkte Besuchszeit (tagsüber) möglich sein. 1964 wurde es den englischen Kliniken regelrecht untersagt, Eltern den freien Zugang zu ihren Kindern zu verwehren.
2. Für Mütter von Kindern unter fünf Jahren – ältere Kinder können eine Trennung bereits leichter verkraften – sollte die Möglichkeit geschaffen werden, mit ihrem Kind im Hospital zu bleiben und bei der Pflege behilflich zu sein (Mutter-Kind-Stationen).

3. Kinder sollten nur, wenn es gar nicht zu umgehen ist, ins Krankenhaus eingeliefert werden; von England ausgehend haben sich hierzu klinische Ambulanzdienste, Bagatelloperationen in einer kinderchirurgischen Praxis sowie „Tageskliniken“ (die Patienten sind nachts zu Hause) bewährt.

Freilich sind – insbesondere auch bei bestehenden oder sich abzeichnenden Krankheiten oder Behinderungen – Klinikaufenthalte auch bei unter fünf Jahre alten Kindern oft nicht zu umgehen. Um in einer solchen Situation zusätzliche Hospitalisierungsschäden weitestmöglich zu vermeiden und den Krankenhausaufenthalt für Kinder alters- und bedürfnisgerecht gestalten zu können, sind neben den in fast allen Kliniken selbstverständlichen, offenen Besuchszeiten für Eltern und andere Bezugspersonen in den 1980er Jahren weitere Forderungen formuliert worden, denen heute weitgehend entsprochen wird:

- die Mitaufnahme eines Elternteils (ohne zusätzliche Kosten);
- ein kind- bzw. patientenorientierter Tagesablauf in der Klinik;
- Gruppenpflege statt Funktionspflege, d.h. eine feste Pflegeperson für das Kind;
- kind- und familiengerechte Gestaltung der Klinik bzw. der Kinderstation;
- eine ausreichende personelle Ausstattung, die auch die pädagogisch-psychologische Betreuung der Kinder sicherstellt;
- Ausbau von Fachambulanzen und Tageskliniken um unnötige Klinikaufenthalte zu verhindern (vgl. Bundeszentrale für gesundheitliche Aufklärung 1983, 15; UNESCO 1988).

Die Notwendigkeit der kooperativen Zusammenarbeit aller an der Behandlung und Betreuung der Kinder beteiligten Fachkräfte sowie deren Kooperation mit Eltern und Bezugspersonen muss nicht eigens hervorgehoben werden. In den meisten Kliniken wird heute den Bedürfnissen von Kindern unterschiedlichen Alters und je spezifischer Beeinträchtigung in vorbildlicher Weise Rechnung getragen.

6 Gehörlosigkeit und Schwerhörigkeit – Förderschwerpunkt Hören

In den KMK-Empfehlungen von 1996 werden die bisher relativ getrennt betrachteten Beeinträchtigungen Schwerhörigkeit und Gehörlosigkeit zum Förderschwerpunkt Hören zusammengefasst. Für Günther (2000, 85f.) ist dies mehr als ein „formaler Akt". Aus seiner Sicht wird damit „vielmehr deutlich, dass unabhängig von Ausmaß und spezifischer Ausprägung des Hörverlustes der spezifische Förderbedarf sich eben aus Problemen mit dem Hören und ihren Folgestörungen bei Spracherwerb und Kommunikation aber auch im kognitiven und emotionalen Bereich ergeben."

Insofern erhält die in diesem Buch bereits seit mehreren Auflagen vorgenommene gemeinsame Darstellung der beiden Behinderungsarten – in der Sonderpädagogik bisher als zwei verschiedene Fachrichtungen etabliert – eine zusätzliche Aktualität.

6.1 Definition

Die Behinderung beider Gruppen betrifft die gleiche Sinnesdimension, die des Hörens, wobei allerdings die Quantität der Schädigung große Unterschiede aufweisen kann. In der Praxis sind Institutionen zur Förderung Gehörloser und Schwerhöriger vielfach unter einem gemeinsamen Dach oder in einem gemeinsamen Schulkomplex. Dennoch handelt es sich bisher um zwei verschiedene Sonderschultypen, die sich hinsichtlich ihrer didaktisch-methodischen Vorgehensweise, insbesondere bezogen auf die Sprachentwicklung und -förderung sowie bezogen auf den Einsatz technischer Hilfsmittel sehr unterscheiden.

Als schwerhörig werden

„diejenigen Personen bezeichnet, die infolge eines vorübergehenden oder andauernden Defektes des Gehörs eine verminderte Hörfähigkeit besitzen, aber noch imstande sind, akustische Eindrücke und Sprache – eventuell mit Hilfe von Hörgeräten – über das Ohr wahrzunehmen" (Jussen 1973, 187).

Claussen definiert:

„Von einer Schwerhörigkeit spricht man, wenn der entstehende Höreindruck im üblichen, vom Hörschall durchsetzten Umfeld – insbesondere bei Gruppengesprächen - nur ungenügendes auditives Verstehen von Sprache zuläßt" (1995, 10)

Während Jussen eine mehr oder minder große Hörrestigkeit herausstellt, verweist Claussen eher auf die Hörbeeinträchtigung, auf den Defekt. Hierbei wird deutlich, dass schwerhörige Menschen mehr als solche mit anderer Behinderungsart zwischen zwei Bezugsgruppen stehen: den Gehörlosen bzw. Tauben auf der einen Seite, den uneingeschränkt Hörfähigen auf der anderen Seite. Bezogen auf erstere ist die Hörfähigkeit Schwerhöriger erheblich viel größer, bezogen auf letztere Gruppe ist sie u.U. erheblich viel geringer.

Unter den Gehörlosen können nochmals zwei Gruppen unterschieden werden:

- die prälingual Gehörlosen,
- die postlingual Gehörlosen.

„Ein Kind, das ohne oder nur mit einem rudimentären Hörvermögen geboren wurde oder das sein Hörvermögen vor oder bereits im Frühstadium der Spracherlernung verloren hat, ist prälingual gehörlos zu nennen. Dagegen ist ein Kind, das sein Hörvermögen erst nach der Spracherlernung eingebüßt hat, als postlingual ertaubt zu bezeichnen" (Löwe 1973, 18).

Die erste Gruppe (praelingual) wurde in frühen heilpädagogischen Schriften auch als „Taubstumme" bezeichnet (vgl. Schumann 1929, 3). Die Unterscheidung erhält ihre Bedeutung durch die gravierenden Auswirkungen von unbehandelter Gehörlosigkeit auf den Spracherwerb eines Kindes. Noch heute dürfte die Bezeichnung „taubstumm" in der Bevölkerung gebräuchlicher sein als der Ausdruck „gehörlos"; damit wird eine Koppelung von Taubheit und Sprachlosigkeit impliziert, die ohne Förderung zwangsläufig ist. Die heutige Gehörlosenpädagogik hat, im Zusammenhang mit frühzeitiger Hörgeräteversorgung des Kindes unterschiedliche Förderkonzepte entwickelt, die eine Sprachaneignung ermöglichen sollen. Äußerst präzise Hörgeräte stellen in vielen Fällen die Bedingung der Möglichkeit dar, eine akustische Diskriminationsfähigkeit zu erwerben. Dass diese für das Sprachverstehen unerlässlich ist, steht heute außer Zweifel (vgl. Diller 1988, 124ff.).

Intensive, frühzeitige Hörerziehung, unter Zuhilfenahme aller zur Verfügung stehenden technischen Hilfen scheint ein unumgängliches Gebot für die Gehörlosen- wie für die Schwerhörigenpädagogik. „Die Ausnutzung der noch vorhandenen Hörreste muss Vorrang haben vor der Auswertung aller anderen Sinnesperzeptionen wie der optischen, taktilen, kinästhetischen etc" (Diller 1988, 126).

Die Erkenntnis, dass die Stummheit der Taubstummen eine Sekundärfolge ihrer Taubheit darstellte, wurde erstmals von einem Arzt namens Bulwer im Jahre 1648 formuliert (nach Farrell 1956, 86). Bosshard hingegen, der einen Überblick über die Geschichte der Gehörlosenpädagogik gibt, führt sie auf eine 1664 in Zürich erstellte Dissertation von Johann Heinrich Ott zurück; diese „kommt zu dem Schluß, daß die Taubstummheit lediglich auf dem Gehörmangel beruhe und nicht auf einem Fehlen der Sprechwerkzeuge" (Bosshard 1972, 42).

Um 1700 finden dann die Anatomen getrennte Ursprünge für den Nervus facialis (den motorischen Gesichtsnerv) und den Nervus acusticus (den Gehörnerv). Erst damit war auch für sie die Theorie vom gemeinsamen Ohr-Zungen-Nerv erledigt und „die Taubheit als Ursache der Stummheit erkannt" (Bosshard 1972, 45).

In der Bevölkerung freilich ist dieses Wissen noch heute keineswegs selbstverständlich. Im HAWIK-Intelligenztest (Wechsler 1964, 176) wird es als schwierigstes Item des Subtests „Allgemeines

Verständnis" abgefragt („Warum können Menschen, die von Geburt an taub sind, gewöhnlich nicht sprechen?") – in einer Formulierung, die alle sonderpädagogischen Bemühungen und Erfolge, Gehörlose aus der Sprachlosigkeit herauszuführen, ignoriert.

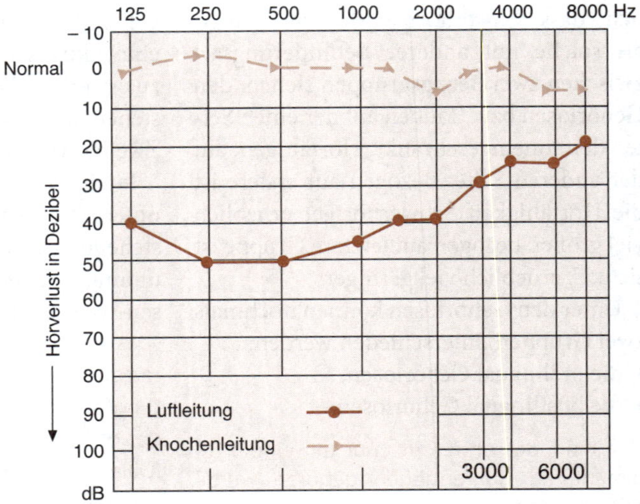

Abb. 12: Typische Schalleitungs- oder Mittelohrschwerhörigkeit im Audiogramm (nach Jussen 1973, 204)

6.2 Diagnostik

Zur Charakterisierung einer Hörschädigung dient das Audiogramm. Dabei wird der Hörverlust (in Dezibel) in Abhängigkeit von der Tonhöhe der Prüftöne (in Hertz) aufgetragen. Selbstverständlich werden beide Ohren einzeln geprüft unter schalldichter Abdeckung des jeweiligen Gegenohrs. Auch muss die Audiometrie in einem Raum erfolgen, in den keine störenden Nebengeräusche eindringen können. Heute verwendet man zur Darbietung der Prüftöne im allgemeinen Kopfhörer.

Außer der üblichen Wahrnehmung über Luftleitung wird auch noch das Hören über Knochenleitung geprüft; eine Stimmgabel wird dabei am Schädel oder an den Zähnen aufgesetzt, so dass die Schallwellen den Schalleitungsapparat des Außen- und Mittelohrs umgehen können; „die Hörschwelle für Knochenleitung gibt daher ein relativ zuverlässiges Bild der Leistung des Innenohrs" (Zöllner 1974, 31).

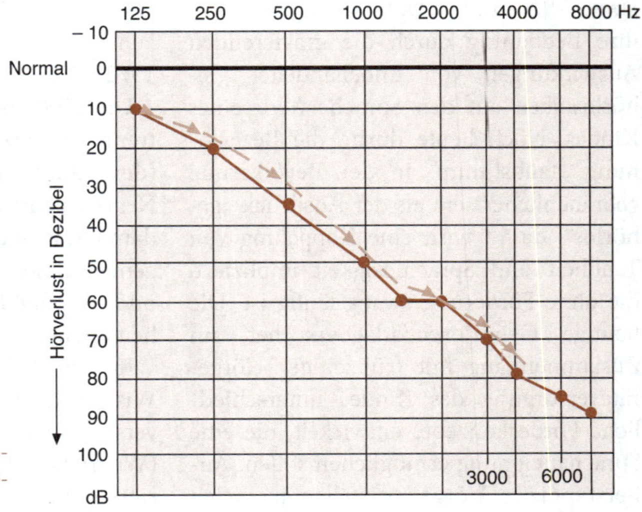

Abb. 13: Typische Schallwahrnehmungs- oder Innenohrschwerhörigkeit (nach Jussen 1973, 205)

Mit Hilfe der Audiometrie kann zwischen Schallleitungs- und Schallwahrnehmungsschwerhörigkeit unterschieden werden. Bei der Schallleitungsschwerhörigkeit ist die Weiterleitung der Schallreize durch das Mittelohr mit seinen Gehörknöchelchen gestört; man spricht deshalb auch von **Mittelohrschwerhörigkeit**. Hierbei fallen eher die unteren Frequenzbereiche (die tieferen Töne) aus, die Wahrnehmung selbst ist jedoch nicht verzerrt oder entstellt. Gewöhnlich kann ein Hörgerät dabei Abhilfe schaffen. Im Audiogramm zeigt sich die Mittelohrschwerhörigkeit durch eine große Differenz zwischen Luft und Knochenleitung; bei letzterer wird das Mittelohr umgangen.

Bei der Schallwahrnehmungsschwerhörigkeit ist die Umwandlung der akustischen Reize in nervöse Impulse im Innenohr, dem cortischen Organ, beeinträchtigt; hier spricht man von **Innenohrschwerhörigkeit**.

In einzelnen Fällen jedoch kann auch die Weiterleitung zum Gehirn über den Nervus acusticus oder die Verarbeitung im Hörzentrum der Gehirnrinde gestört sein; dann spricht man von **zentraler Schwerhörigkeit**.

Bei der Innenohrschwerhörigkeit fehlen der Wahrnehmung eher die hohen Töne. Die Wahrnehmung ist entstellt oder verzerrt, die akustische Unterscheidungsfähigkeit beeinträchtigt (Diskriminationsverlust), Sprache wird schlecht verstanden. Nicht selten werden auch nur schwächere akustische Reize vermindert wahrgenommen, während stärkere sogar intensiver als von Normalhörenden empfunden werden können (recruitment); dies erschwert die Verwendung von Hörgeräten erheblich. Wegen der verzerrenden Wahrnehmung des Innenohrs bringen Geräte teilweise nur eine begrenzte Verbesserung und dies prinzipiell nur dann, wenn überhaupt noch eine rudimentäre Innenohrleistung (ein Restgehör) vorhanden und die Hörbahn intakt ist. Die Entwicklung unterschiedlichster technischer Hörhilfen ist allerdings inzwischen soweit fortgeschritten, dass eine optimale, je spezifische Anpassung an das individuelle Behinderungsbild möglich ist. Bei den technischen Hilfen können fünf Gruppen unterschieden werden:

- Geräte, die den Schall in einer Weise verändern, dass er für den Hörgeschädigten optimal nutzbar wird (Hörgeräte, Höranlagen);
- Geräte, welche die Funktion der Haarzellen (Geräuscherzeugung bei Reizung) imitieren, bzw. verstärken (Cochlea Implantate – Innenohrprothese);
- Geräte, die akustische Signale transponieren in optische oder vibratorische, wodurch sie für den Hörgeschädigten wahrnehmbar werden (Fonatoren, Babywächter);
- Geräte, die elektrische Ströme, welche normalerweise akustische Signale erzeugen, in visuell wahrnehmbare Reize verwandeln (Lichtglocken bei Tür und Telefon);
- Geräte, die für Hörgeschädigte deutlich wahrnehmbare Signale erzeugen aufgrund eingebauter Programme (Licht- oder Rüttelwecker)

(vgl. Claussen 1995, 14).

Im Audiogramm zeigt sich die Innenohrschwerhörigkeit im übereinstimmenden Verlauf von Luft- und Knochenleitung unterhalb der Norm: die Umgehung des Mittelohrs bringt keine Verbesserung. Beispiel einer Innenohrschwerhörigkeit ist die

Lärmschwerhörigkeit, Folge einer längeren Lärmbelastung etwa in der Metallindustrie oder einmaliger extremer Schalldrücke wie während einer Explosion; ihr Merkmal ist die so genannte C5-Senke, der Ausfall der Tönhöhen um etwa 4 000 Hertz bei normaler Hörkurve für die unteren Frequenzbereiche.

Wichtig für die Auswirkungen einer Schwerhörigkeit auf das Sprachverständnis und den Spracherwerb ist es, den Hauptsprachbereich im Audiogramm zu kennen: „Das Hauptsprachverständnis ermöglichen Formatengruppen der Vokale und Geräuschbilder der Konsonanten im mittleren Tonbereich von 500 bis 2 000 Hertz" (Zöllner 1974, 37). Die Obergrenze des Hauptsprachbereichs wird bisweilen auch mit 3 000 Hertz angegeben. Auch die Verschreibung eines Hörgeräts orientiert sich vorrangig am individuellen Hörverlust in diesem Bereich; eine bildliche Faustregel hierzu bietet Zöllner (1974, 124) an.

6.3 Abgrenzung

Im Alter kommt es normalerweise zu einem leichten Hörverlust, besonders im Hochtonbereich von 1500 Hertz an aufwärts. Diese Altersschwerhörigkeit (Presbyakusis) tritt bei Naturvölkern, die weniger Lärm und Toxinen ausgesetzt sind, nicht in gleichem Umfang auf (Zöllner 1974, 116). Allerdings sind die Ursachen für Presbyakusis bis heute nicht genau bekannt. Der Verlauf ist häufig ein progredienter Prozess, an dessen Ende völlige Taubheit stehen kann (vgl. Wisotzki 1995, 35). Neben der Altersschwerhörigkeit ist die Lärmschwerhörigkeit bzw.

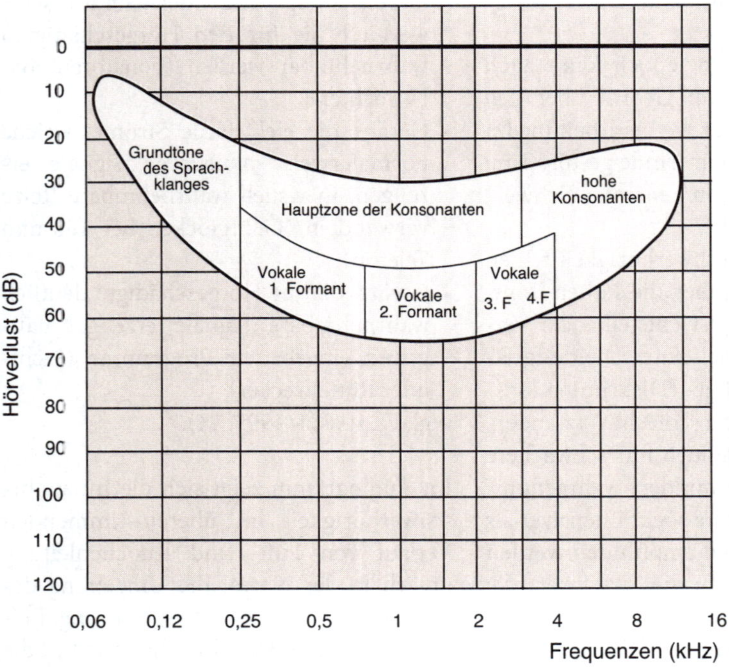

Abb. 14: Frequenz- und Intensitätsbereich der menschlichen Umgangssprache bei mittlerer Lautstärke, eingetragen in das Formblatt eines Tonaudiogramms nach G. Fant. Die Grundtöne der Sprache liegen tief, sie sind für das Verstehen der Sprache weniger bedeutend. (vgl. Zöllner 1974, 37).

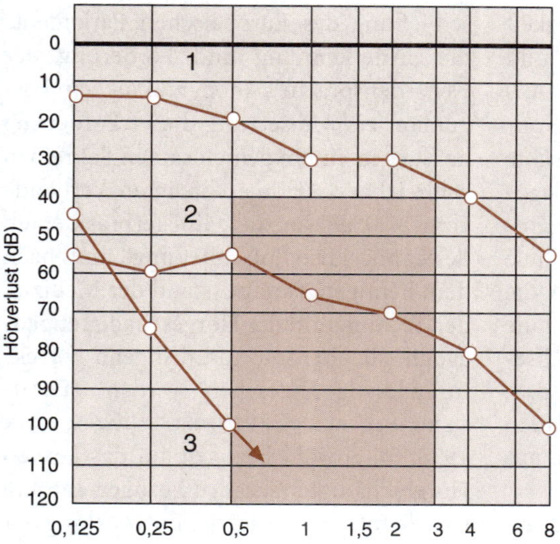

Abb. 15: Hörgeräteindikation: Das dunkle Feld bezeichnet im Hauptsprachbereich das zum Gebrauch eines Hörgerätes nötige Restgehör. Verläuft die Hörschwelle oberhalb dieses (1), wird noch kein Gerät benötigt, durchkreuzt sie das ganze Feld (2), ist ein Hörgerät notwendig und bringt wahrscheinlich Besserung. Erreicht sie das Feld nicht mehr (3), ist mit Hörgerät allein kein Sprachverständnis möglich. (vgl. Zöllner 1974, 124).

Lärmtaubheit zu nennen (vgl. Plath 1993, 159), hervorgerufen durch einmaligen bzw. kurzfristigen extremen Schalldruck (Knalltrauma z.B. nach Explosion) oder durch langandauernden bzw. kontinuierlichen mittelstarken bis starken Lärm. Als mögliche Ursache für bereits im jungen Erwachsenenalter einsetzende Lärmschwerhörigkeit wird die Dauernutzung so genannter Walkmen oder die Lärmbeschallung in Discotheken oder Jugendkonzerten genannt (vgl. Wisotzki 1995, 36).

Kröhnert (1989, 34) stellt Mängel bei der begrifflichen Klärung heraus, die sich sowohl auf Gehörlosigkeit als auch auf den Überschneidungsbereich zwischen gravierender Schwerhörigkeit und Gehörlosigkeit (Taubheit) bezieht. Nicht nur in der Medizin, sondern auch im Bereich der Sozialgesetzgebung und Rechtsprechung ist die präzise Abgrenzung offenbar problematisch. Im BSHG gelten als „körperlich wesentlich Behinderte" u.a. Personen, die „gehörlos sind oder denen eine sprachliche Verständigung über das Gehör nur mit Hörhilfen möglich ist" (Verordnung nach § 39 des BSHG 1999). Solche Differenzierungen werden in §2 (SGB IX) nicht mehr vorgenommen.

In der Gehörlosen- und der Schwerhörigenpädagogik wird allgemein nach folgender Differenzierung vorgegangen:

Nicht nur unter pädagogischem Aspekt ist die Frage, wann eine Schwerhörigkeit so schwerwiegend wird, dass sie in ih-

Abb. 16: Abgrenzungsmöglichkeit bei Hörschädigung (vgl. Wisotzki 1995, 34).

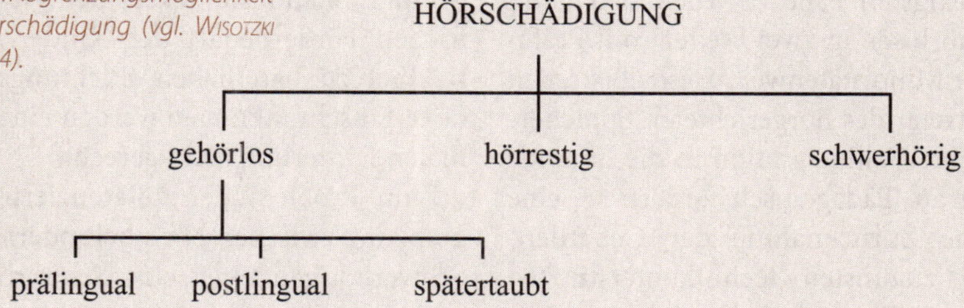

ren Auswirkungen einer Gehörlosigkeit gleichkommt, definitorisch zu klären und für jeden Einzelfall zu präzisieren. Aus dieser Klärung ergeben sich wichtige Konsequenzen für die behinderungsgerechte Förderung bzw. für den sonderpädagogischen Förderbedarf des jeweiligen Kindes. Während die Schwerhörigenschule noch als Hörschule vorgeht, arbeitet die Gehörlosenschule stärker als Sehschule (Löwe 1973, 51) mit den Mitteln des Absehens vom Munde sowie der Gebärdensprache. Auf die Fachdiskussion hinsichtlich konkurrierender Verfahren zur Kommunikationsbefähigung Gehörloser,

- hörgerichteter Spracherwerb auf der einen Seite,
- Bilingualismus (Gebärdensprache plus späterem eventuellem Spracherwerb) auf der anderen Seite

soll hier nur hinsichtlich der Auswirkungen unter soziologischem Aspekt eingegangen werden.

Ähnlich wie im anglo-amerikanischen Raum sind auch in Deutschland bzw. Europa deutliche Emanzipationsbestrebungen der Gruppe der Gehörlosen zu verzeichnen in Richtung einer gesellschaftlichen Minorität mit dem gemeinsamen Merkmal der Gebärdenkommunikation. Diese Tendenzen der Vertreter des Bilingualismus stehen der gesellschaftlichen Integration gehörloser Menschen diametral entgegen. Im günstigsten Falle bewegen sich dann die Gehörlosen in zwei Welten, mit Präferenz der Minoritätenwelt. Deshalb streben die Vertreter des hörgerichteten Spracherwerbs eine Vollintegration in die hörende Umwelt an. Pädagogisch fordern sie eine deutliche Zurücknahme der Gebärdensprache zugunsten technikunterstützten Hörlernens. Bereits 1988 forderte eine Entschließung des Europäischen Parlaments die „Anerkennung und Förderung der Gebärdensprache". In der aktuellen Diskussion zur Umsetzung dieser Forderung heißt es in einem gemeinsamen Schreiben zahlreicher Hörgeschädigten-Verbände vom 27.08.97 an die Ministerpräsidenten der Länder: Die Entschließung „muß nach dem heutigen Kenntnisstand der Medizin, der Technik und der Hörgeschädigtenpädagogik als überholt und dringend korrekturbedürftig angesehen werden" (Fachverband für Behindertenpädagogik 1998, 5). Sowohl bezogen auf das Lernen Hörgeschädigter als auch bezogen auf ihre soziale Integration sei die Entwicklung der Lautsprache eine wichtige Voraussetzung.

Günther (2000, 90) verweist darauf, dass „die Grenzen zwischen hochgradiger Schwerhörigkeit und Gehörlosigkeit fließend sind". Insbesondere deshalb ist eine „traditionelle Methodendogmatik" bezogen auf die Kontroverse Hörgerichteter Spracherwerb/ Bilingualismus bzw. sprachliche Kommunikation/ Gebärdenkommunikation nicht nur nachdrücklich in Frage zu stellen, sondern abzulehnen. Beide Formen der Kommunikation bei schwer hörgeschädigten Menschen sind keine unvereinbaren Gegensätze. Insofern sind auch die Methoden der Erziehung und Bildung hörgeschädigter Kinder im Zusammenhang mit der Anbahnung von Kommunikationsfähigkeit dem je spezifischen Förderbedarf der Kinder gemäß **flexibel** zu handhaben. Richtungsorthodoxe Einschränkungen werden einer optimalen Förderung nicht gerecht.

Zum Problem der differenzierten Abgrenzung zwischen Nichtbehinderten und Schwerhörigen einerseits, Schwerhörigen und Gehörlosen andererseits hat Löwe

(1973, 44 f.) fünf deutsche und vier ausländische Klassifikationen einander gegenübergestellt. Er selbst schließt sich derjenigen des Niederländers VAN UDEN an:

1. „Von einer leichtgradigen Schwerhörigkeit spricht man, wenn der mittlere Hörverlust im besseren Ohr innerhalb des Frequenzbereichs von 500 bis 2 000 Hertz nicht mehr als 30 dB beträgt.

2. Von einer mittelgradigen Schwerhörigkeit spricht man, wenn der mittlere Hörverlust im besseren Ohr innerhalb des angegebenen Frequenzbereichs mehr als 30 dB, aber weniger als 60 dB beträgt.

3. Um eine hochgradige Schwerhörigkeit handelt es sich schließlich bei einem mittleren Hörverlust zwischen 60 und 90 dB im angegebenen Frequenzbereich. Beträgt der mittlere Hörverlust mehr als 75 dB, spricht man auch von einer an Taubheit grenzenden Schwerhörigkeit.

4. Beträgt der Hörverlust eines Kindes im Frequenzbereich von 125 bis 500 Hz mehr als 60 dB und ist der mittlere Hörverlust innerhalb des Frequenzbereichs von 500 bis 2 000 Hz im besseren Ohr größer als 90 dB, spricht man von Gehörlosigkeit oder Taubstummheit, und zwar auch dann, wenn man weiß, daß noch Hörreste vorhanden sind und für die Sprachwahrnehmung nutzbar gemacht werden müssen."

In den bereits erwähnten Schreiben der Hörgeschädigtenverbände wird zu letzterem verdeutlicht, dass ein Hörverlust ab 90 dB nicht mehr ohne weiteres als Definitionsgrenzwert für Gehörlosigkeit gelten kann. „Von Gehörlosigkeit kann nur noch dann gesprochen werden, wenn der Betroffene auch mit technischen Hilfen keinerlei Zugang zur Lautsprache gewinnen kann bzw. dies ablehnt" (FACHVERBAND FÜR BEHINDERTENPÄDAGOGIK 1998, 6).

Der leichtgradige Hörverlust von bis zu 30 Dezibel, in den USA als „not significant" bezeichnet, erfordert im allgemeinen noch keine behinderungsspezifische Förderung. Das Ausmaß der besonderen Förderung wie auch die Prognose für die Qualität des Spracherwerbs sind jedoch nicht allein vom Hörverlust abhängig; auch der Intelligenz des Betroffenen wird hier ein ähnlich großer Einfluss zugesprochen. Veranschaulicht wird diese hier additive Wirkung von Hörverlust und Intelligenzminderung durch ein Schema (Abb. 17) von KLINGHAMMER (vgl. LÖWE 1973, 48, sowie JUSSEN 1973, 209).

Allerdings stellt WISOTZKI (1995, 38) fest, dass die Untersuchungsergebnisse über Zusammenhänge von Intelligenz und Gehörlosigkeit uneinheitlich sind (38). Relativ differenzierte Untersuchungen zu Teilfähigkeiten gehörloser Kinder im Vergleich mit hörenden legten AFFOLTER et al. (1982) vor. Stärker auf Persönlichkeitsmerkmale hebt eine Arbeit von AHRBECK (1993) ab.

6.4 Geschichte

Wie die Pädagogik der Blinden kann auch die Taubstummenpädagogik (heute Pädagogik der Gehörlosen) auf eine lange Tradition zurückblicken. Dass die ersten Taubstummenschulen erst Ende des 18. Jahrhunderts errichtet wurden, liegt zum einen an der mangelhaften und elitären Volksbildung generell, erst 1794 wurde z.B. in Preußen die Verstaatlichung des Schulwesens festgelegt (Allgemeines Landrecht, Friedrich II, 5. Febr. 1794, vgl. VERNOOIJ 1982/84, 35f.), zum anderen galten Taubstumme aufgrund der nichtvorhandenen Sprache als bildungsunfähig. Obwohl

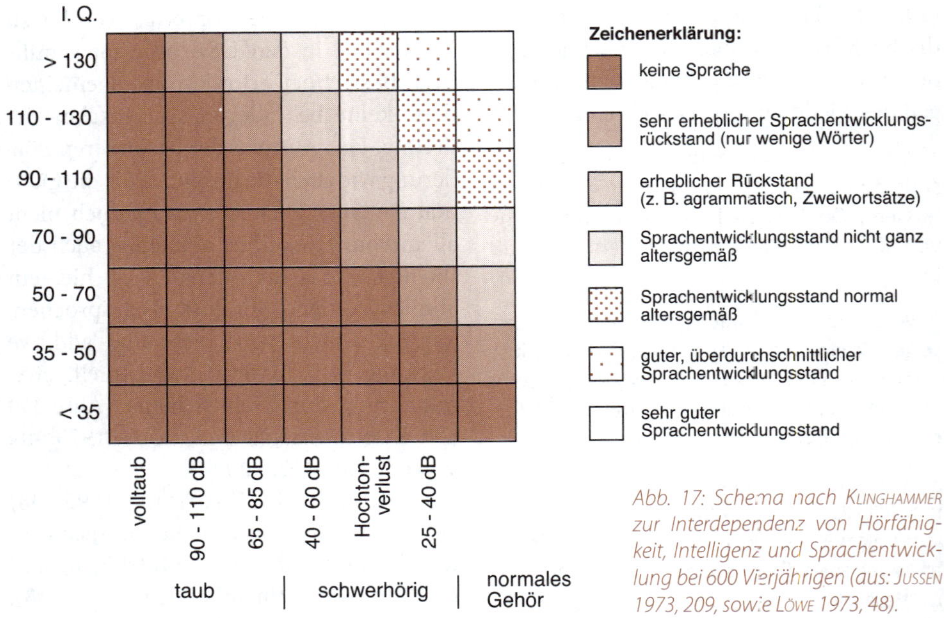

Abb. 17: Schema nach KLINGHAMMER zur Interdependenz von Hörfähigkeit, Intelligenz und Sprachentwicklung bei 600 Vierjährigen (aus: JUSSEN 1973, 209, sowie LÖWE 1973, 48).

CARDANUS (1501-1576) bereits die Taubheit als das primäre Leiden erkannte, wurde der Zusammenhang zwischen Taubheit und Sprachlosigkeit nicht gesehen. Erste Bildungsversuche bei Taubstummen, vornehmlich Angehörigen des Adels, lassen sich bis ins 16. Jahrhundert zurückverfolgen, z.B. stammt das erste Buch über Gehörlosenunterricht von dem Spanier BONET (1620), der eine Art Lautsprache empfahl.

Bereits die frühe Geschichte spiegelt die bis heute andauernde Auseinandersetzung der richtigen Methode der Befähigung Taubstummer bzw. Gehörloser zur Kommunikation. 1770 eröffnete Abbé Charles Michel de l´EPÉE die erste Schule für Taubstumme in Paris. Er entwickelte die Gebärdensprache, das Mundalphabet und förderte die Schrift bei seinen Zöglingen. Der Arzt Johann Conrad HUNNAM (1669-1724) hatte die BONET´sche Lautsprache weiterentwickelt und 1692 einen Abriss seines Verfahrens in Holland veröffentlicht, wo er nach seiner Promotion im Zusammenhang mit einer Studienreise geblieben war. Insbesondere hob er ab auf die mit den Augen wahrnehmbare Verschiedenheit von Mundbildern beim Sprechen. So lehrte er seine Zöglinge die Mund-Abseh-Methode. Obwohl die Zeichensprachmethode l `EPÉE`s in Europa bereits Verbreitung gefunden hatte, favorisierte Samuel HEINICKE (1727-1790) in seiner 1778 gegründeten Taubstummenschule in Leipzig die Lautsprachenmethode. Er verzichtete auf konventionelle Gebärden, da er die Lautsprachmethode unter „sozial-ethischen und formalgeistigen" Gesichtspunkten als höher bewertete (vgl. Blau 1969, 1067f.). Die Kinder lernten je nach Möglichkeit Sprechen, Absehen vom Mund, Lesen und Schreiben. Beide Methoden, Gebärdensprache und Lautsprache, sind bis heute, weiterentwickelt und verfeinert, kontrovers diskutierte Methoden (vgl. Kap. 6.1 und 6.10). J. Vatter (1842-1916) entwickelte einen erweiterten methodischen Ansatz unter dem Aspekt von „verbundenem Sach- und Sprachunterricht" (vgl. Blau 1969, 1070). Die Ablehnung der Gebärdensprache führte bereits im 19. Jahrhundert zu Gegenbewegungen. J. Heidsiek (1855-1942) forderte ebenso die Gebärdensprache wie M. Schneider (1869-1949).

Die ersten Taubstummenschulen in Deutschland waren i.d.R. private Schulen, mehr oder weniger gefördert durch die jeweiligen Landesherren, wobei die Schule Heinickes in Leipzig eine staatliche Schule war. Die Schulpflicht für Taubstumme wurde im dänischen Schleswig-Holstein 1805, in Preußen erst 1911 eingeführt.

Die Unterrichtung Schwerhöriger im deutschsprachigen Raum begann im 19. Jahrhundert, zunächst in privaten Schulen, in denen Kinder mit unterschiedlichen Störungen Aufnahme fanden. Schwachbegabte, Schwachsinnige, Körperbehinderte, Sprachgestörte und Hörgeschädigte waren in einer Klasse versammelt; in den seltensten Fällen war es dort möglich, behinderungsspezifisch zu unterrichten. Vereinzelt gab es auch Versuche mit „Hörklassen" an Taubstummenschulen. 1894 wurde durch K. Brauckmann (1862-1938) in Jena eine private „Lehr- und Erziehungsanstalt für Schwerhörige und Ertaubte" gegründet. Die besondere Unterrichtsmethodik wurde bekannt unter dem Namen „Jenaer Verfahren" (Heese 1969, 3106f.). 1902 entstand die erste staatliche Schwerhörigenklasse in Berlin, die 1907 zur Schwerhörigenschule erweitert wurde. Nach der Gründung der ersten Schwerhörigenauffangschule in Wien entstand 1924 der erste Lehrplan für den Unterricht an Schwerhörigenschulen durch D. Reinfelder (1865-1939). Aufgrund der Tatsache, dass um die Wende vom 19. zum 20. Jahrhundert in vielen Hilfsschulen auch schwerhörige Kinder eingewiesen wurden, forderte der Arzt Hausberg 1908 in Dortmund die Einstellung von Schul-Ohrenärzten, sowie die Einrichtung spezieller Schwerhörigenklassen. 1911 wurden im Ruhrgebiet drei solcher Klassen eingerichtet. Danach entstanden in den größeren Städten Schwerhörigenschulen oder spezielle Klassen für schwerhörige Kinder. 1926 bestanden bereits 145 Klassen mit 1 545 schwerhörigen Schülern. Nach dem 2. Weltkrieg entstanden im Rahmen eines differenzierten Sonderschulwesens sowohl Gehörlosen- als auch Schwerhörigenschulen. Vereinzelt gibt es weiterführende Schulen bzw. Internate, die eine Allgemeinbildung für Hörgeschädigte bis zum Abitur ermöglichen.

6.5 Häufigkeit

Die Gehörlosigkeit ist eine der seltensten Behinderungen, wenngleich sie immer noch erheblich häufiger ist als die Blindheit (zumindest im Kindes- und Jugendalter). Genaue Häufigkeitsangaben sind - wie meist in der Behindertenstatistik - strittig, unter anderem wohl wegen unterschiedlicher Hörgrenzwerte bei der Definition von Gehörlosigkeit, sowie aufgrund unterschiedlicher Erfassungsmethoden.

Das Gutachten Sanders (1973, 60, 66) gibt 0,05 % eines Schülerjahrgangs (das bedeutet eine Frequenz von 1:2000) als gehörlos und 0,3 % als schwerhörig (1:300) an. KRÜGER (1991) gibt bezogen auf Schwerhörigkeit 0,1-0,5 % eines Schülerjahrgangs an. Das entspricht einer Relation von 1 : 1 000 bis 1 : 200. Für Gehörlosigkeit nennt WISOTZKI (1995) eine Häufigkeit von 0,04 %; das entspricht einer Relation von 1 : 2 500. Legt man das Jahr 1994 zugrunde, so hieße dies in absoluten Zahlen: Von 764 000 schulpflichtigen Kindern und Jugendlichen im Alter von 6-15 Jahren waren 3 056 gehörlos, zwischen 7 640 und 38 200 schwerhörig.

Bezogen auf Gehörlosigkeit zeigt sich geschlechtsgebunden eine leicht höhere Zahl bei den Jungen (Verhältnis ♂:♀ = 5:4). Die unteren sozialen Schichten scheinen bei Gehörlosigkeit leicht unterrepräsentiert (vgl. WISOTZKI 1995, 37). Bemerkenswert sind die Zahlen bezogen auf die Ehe- und Familiensituation. Etwa 90 % der Gehörlosen entstammen Familien, in denen Gehörlosigkeit bisher nicht auftrat. Ebenfalls 90 % der Gehörlosen haben gehörlose Ehepartner. Von den Kindern aus Ehen Gehörloser sind wiederum 90 % nicht gehörlos (vgl. WISOTZKI 1995, 37).

Bezogen auf die Gesamtbevölkerung nimmt die Zahl Hörgeschädigter mit zunehmendem Alter zu (Altersschwerhörigkeit). Im Jahre 2003 wurden 6 638 892 Personen als schwerbehindert anerkannt. Davon waren 25 296 aufgrund von Taubheit, 22 202 aufgrund von Taubheit in Kombination mit Störungen der Sprachentwicklung und 202 248 aufgrund von Schwerhörigkeit schwerbehindert. Das sind insgesamt 255 746, d.h. 0,3 % der Gesamtbevölkerung (2003: 82,2 Millionen) und 4,3 % aller als schwerbehindert Anerkannten (absolute Zahlen vgl. STATISTISCHES BUNDESAMT 2003/Abb. 18).

6.6 Ursachen

Der Ursache nach werden Hörschädigungen unterteilt in ererbte und erworbene. Dem Sonderpädagogen JUSSEN (1973, 191) zufolge ist Heredität „nur etwa bei einem

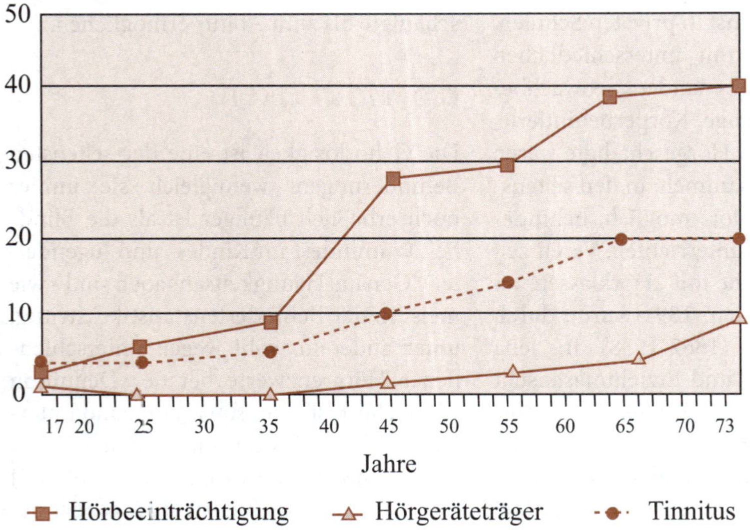

Abb. 18: Anteil Hörgeschädigter an der Gesamtbevölkerung (nach Ifo-Hörtest 1985 in BLEIDICK 1995, 19).

Exkurs: Tinnitus bezeichnet einen Sachverhalt, bei dem die betroffenen Personen mehr oder weniger laute, unstrukturierte Töne oder Geräusche relativ dauerhaft im Ohr haben. Der medizinische Begriff „tinnitus aurium" (lat.) heißt übersetzt „Klingeln im Ohr". Häufig ist der gehörte Ton tatsächlich ein Pfeif- oder Klingelton, aber auch Summ- und Brummtöne sowie Rauschen kommen vor. Oft sind es allerdings komplexere Geräusche, vergleichbar mit Maschinengeräuschen. In extremen Fällen werden die Geräusche beschrieben wie das Hämmern einer Dampfmaschine, das Kreischen einer Kreissäge oder das Startgeräusch eines Düsenflugzeuges. „Das Geräusch kann kontinuierlichen Charakter haben, stakkatoartig sein oder auch pulssynchron an- und abschwellen" (HOCKER 1997, 10).

Etwa 4 % der erwachsenen Bevölkerung leidet an Tinnitus, etwa 1 % erlebt das Geräusch als schwerwiegende Beeinträchtigung (komplexer chronischer Tinnitus – vgl. GOEBEL 1992), das sind ca. 820 000 Personen (DEUTSCHE TINNITUS-LIGA 2005). Einer repräsentativen epidemiologischen Studie der DEUTSCHEN TINNITUS-LIGA von 1999 ist zu entnehmen:

- 25,9 % der Bevölkerung (über 10 Jahre) hatten mindestens einmal Ohrgeräusche
- 13 % der Bevölkerung (über 10 Jahre) hatten Ohrgeräusche von mehr als 5 Minuten Dauer
- von den 4 % der Deutschen, die als Tinnitus-Patienten gelten (2,94 Mill. Menschen über 10 Jahre)
  - litten die meisten (91,7 %) an chronischem Tinnitus
  - war die Beeinträchtigung bei etwa der Hälfte schwer bis zur Unerträglichkeit
- jährlich steigt die Zahl der Patienten mit chronischem Tinnitus um 270 000.

Hinsichtlich der Verursachung des Tinnitus liegen bisher nur Vermutungen, keine gesicherten Ergebnisse vor. Zunächst wurde eine organische Ursache im Innenohr angenommen, die allerdings bisher nicht lokalisiert werden konnte. Neben Störungen des Hörnervs (neurologisch) können Schädigungen bzw. Fehlfunktionen der Halswirbelsäule oder der Kiefergelenke (orthopädisch), sowie Durchblutungsstörungen im Bereich des Ohres (internistisch) als weitere Ursache infrage kommen. Einiges spricht dafür, dass eine multifaktorielle Bedingtheit vorliegt, zumal sicher ist, dass Stress eine entscheidende Rolle für das Auftreten von Ohrgeräuschen spielt.

Nach den Ergebnissen der o.g. Untersuchung

- leiden 52,6 % der Menschen mit chronischem Tinnitus auch an Hörminderung,
- sind 44 % dieser Personen in erhöhtem Maße lärmempfindlich.

Die medizinischen Möglichkeiten, Tinnitus zu heilen oder zumindest dessen beeinträchtigende Wirkung zu mindern, scheinen bisher kaum ausreichend. 61 % der Personen mit chronischem Tinnitus bewerten die medizinische Hilfe als wenig hilfreich bzw. unzureichend (vgl. DEUTSCHE TINNITUS-LIGA 2005).

Fünftel der Fälle anzunehmen", wohingegen der Humangenetiker PASSARGE (1979, 240) angibt, von der schweren angeborenen Schwerhörigkeit sei „rund die Hälfte genetisch bedingt, verteilt auf etwa 20-30 % autosomal dominante Typen, etwa 6-70 % autosomal recessive Typen und etwa 2-3 % X-chromosomale Typen". Ohne Zahlenangaben geht WISOTZKI davon aus, daß pränatale Hörschädigungen entweder ererbt, oder durch Erkrankung der Mutter während der Schwangerschaft (Röteln, Masern, Keuchhusten) oder durch Intoxikation während der Schwangerschaft (Alkohol, Drogen, Antibiotika, Sedativa) entstanden sind (vgl. WISOTZKI 1995, 35). Die prozentuale Verteilung der drei Möglichkeiten bleibt unklar.

Es ist hier nicht der Raum, die verschiedenen erblichen Syndrome aufzuzählen, die Schwerhörigkeit mit sich bringen (vgl. hierzu LÖWE 1973, 28 ff.; PASSARGE 1979, 241 ff.; PLATH 1993). Allerdings sollte man die Bedeutung der genetischen Fragen auch nicht unterschätzen, zumindest solange gilt, was LÖWE (1973, 28) von einer Untersuchung an 1 514 verheirateten gehörlosen Frauen berichtet: 95 % hatten ebenfalls gehörlose Männer, dagegen nur 5 % einen hörenden Gatten. Vorletztere Zahl liegt heute bei 90 % (vgl. WISOTZKI 1995, 37).

Genetische Beratung wird hier in jedem Fall notwendig, wobei bei nachgewiesenermaßen erworbener Gehörlosigkeit selbstverständlich keine Weitergabe an die Nachkommen zu erwarten ist. PASSARGE (1979, 240) gibt hierzu an, „daß rund 70 % ... Elternpaare mit klinisch nicht unterscheidbarer angeborener Taubheit keine Kinder mit Taubheit haben, weil sie homozygot für recessive Gene an verschiedenen Genloci sind" (und ihre Kinder dann symptomlos heterozygot an beiden Genloci sein werden); „bei rund 10-25 % sind alle Kinder gleichfalls taub, ein Zeichen für Homozygotie am gleichen Genlocus ... Bei rund 7-19 % sind Kinder mit und Kinder ohne Taubheit zu erwarten". Allerdings gibt WISOTZKI wie bereits erwähnt an, dass 90 % der Kinder gehörloser Eltern hörend sind.

Unter den erworbenen Hörstörungen stehen an erster Stelle die prä-, peri- und postnatal erworbenen, wobei die Liste der Ursachen (vgl. LÖWE 1973, 224 f.; KRÖHNERT 1989; JUSSEN/KLAUSSEN 1991; WISOTZKI 1995) mit der allgemein für Behinderungen geltenden nahezu übereinstimmt. Hervorzuheben ist vielleicht, dass besonders die Röteln-Embryopathie „Defekte insbesondere der Augen, Ohren und des Herzens" (PASSARGE 1979, 294) umfasst; die Rötelnkinder machen einen Großteil der etwa 250 taubblinden Kinder in der Bundesrepublik (KADEN 1978, 61) aus, d.h. Röteln der Mutter während der Schwangerschaft stellen ein wesentliches Risikopotenzial für eine Hörschädigung der Kinder dar. Auch die Thalidomid-Embryopathie ging gehäuft mit Hörschädigungen einher, wenn das teratogene Medikament (meist „Contergan") zwischen der vierten und zwölften Schwangerschaftswoche, also in der Entwicklungsphase des Ohrs, eingenommen wurde (vgl. LÖWE 1973, 27). Perinatale Schädigungen können entstehen durch Schädelverletzungen oder Sauerstoffmangel während der Geburt sowie durch die im Geburtszusammenhang entstehende Neugeborenengelbsucht (vgl. WISOTZKI 1995, 35).

Nach der Geburt können es außer Hirn- und Hirnhautentzündung insbesondere Komplikationen ‚normaler' Kinderkrankheiten wie Scharlach, Masern, Diphterie und Mumps sein, die vom Mittelohr aufsteigend ins Innenohr eindringen und dort durch eine Labyrinthitis (Entzündung des Innenohrs) das Gehör schädigen oder zerstören. Auch bestimmte Medikamente können das Gehör schädigen; besonders gilt dies für die Antibiotika der Aminoglykosidgruppe, von denen zum Beispiel das Streptomycin lange in der Tuberkulosebehandlung eingesetzt wurde.

Die Otosklerose ist eine Erkrankung, bei der es meist im Alter zwischen 30 und 50 Jahren zu Ohrensausen und Gehörverschlechterung, auch schubweise auftretend, kommt. Zugrunde liegt dem eine Einklemmung des Steigbügel-Köpfchens im Mittelohr, so dass die Schalleitung gestört ist; bei Fortschreiten kann auch die Schallwahrnehmung beeinträchtigt werden. Die Otosklerose scheint durch einen erblichen Faktor mitbedingt zu sein, wenn auch die gleichen anatomischen Veränderungen nicht bei allen Betroffenen zu Schwerhörigkeit führen. Durch eine Operation ist die Mittelohrschwerhörigkeit bei 90 % der Otosklerotiker zu beseitigen; ein Fortschreiten auf das Innenohr kann damit jedoch nicht immer verhindert werden (vgl. ZÖLLNER 1974, 97 f.).

6.7 Soziale Einschätzung

Zur sozialen Einschätzung gehörloser und schwerhöriger Menschen können wir zunächst VON BRACKENS (1976) Ergebnisse heranziehen, der größere Stichproben von Probanden befragte, welche Behinderung sie als die schwerste für die Betroffenen, welche als die schwerste für die Mitmenschen ansähen. In keiner der Stichproben kam dabei die Taubstummheit auf einen der beiden ersten Plätze; es „erklärten nur ein Siebtel die Taubstummheit ... als schwerste Behinderung für das betroffene Kind, als schwerste Behinderung für die Mitmenschen nannten die Taubstummheit ... nur ein Vierzehntel" (VON BRACKEN 1976, 262 f.; 291 f.). Nur bei der Einschätzung durch Allgemein- und Sonderpädagogen wurde die Gehörlosigkeit von 25 bzw. 17 % als schwerste Behinderung für das betroffene Kind genannt und kam damit auf den dritten Platz nach Blindheit und Körperbehinderung. Dies alles „spricht nicht gerade dafür, dass die Gehörlosigkeit von der Bevölkerung richtig gewürdigt wird" (VON BRACKEN 1976, 292). Man könnte in ihr unter den „schweren" Behinderungen eine verkannte Behinderung sehen, ähnlich wie die Sprachbehinderten oft als verkannte Behinderte bezeichnet werden.

Dabei fällt vor allem die grundverschiedene Bewertung von Blindheit und Gehörlosigkeit auf, obgleich bei beiden ein Hauptsinn des Menschen ausgefallen ist, bei der Gehörlosigkeit aber zusätzlich auch noch die Sprache beeinträchtigt wird. Blindheit – könnte man sagen – wird in ihren Auswirkungen eher über-, Gehörlosigkeit eher unterschätzt.

Die Verkennung scheint teilweise zumindest auf Unkenntnis zu beruhen. VON BRACKEN gibt die Ergebnisse einer Befragung von FABRIZ wieder, nach der man über die berufliche Tüchtigkeit der Gehörlosen kaum Bescheid wußte, ihre kommunikativen Fähigkeiten unterschätzte, den Spracherwerb aber nicht der Gehörlosenschule als ihre Hauptaufgabe zuordnen konnte.

Zur Unkenntnis kommt eine emotionale Ablehnung der Gehörlosen hinzu. Sie zeigt sich in von Brackens (1976, 265) Befragungen zur sozialen Distanz gegenüber verschiedenen Behindertengruppen („Welches behinderte Kind würden Sie vorübergehend aufnehmen?"). Das taubstumme Kind findet sich dabei – gemeinsam mit dem schwachsinnigen – durchgängig am Ende der Skala, von nur wenigen Prozent der Befragten akzeptiert.

Klinghammer (1961) fand in einer vielzitierten Studie, dass die Sprechstimmen von Gehörlosen - im Gegensatz zu denen von Blinden - unsympathisch und abstoßend wirkten. In der Literatur wird Gehörlosen vielfach eine negative Rolle zugeschrieben (vgl. Blau 1967); zudem werden sie meist fälschlich als stumm dargestellt. Insgesamt schließt sich von Bracken (1976, 293) dem Urteil Seiferts an, „daß der Gehörlose auf eine neutral-verständnislose oder negativ-abwertende Einstellung der Hörenden trifft". Insgesamt ist das Verhältnis von Nichtbehinderten zu Gehörlosen durch soziale Distanz gekennzeichnet. Die dadurch bedingte gesellschaftliche Isolierung der Gehörlosen wird heute durch die verstärkte bilinguale Förderung und der damit verbundenen Forderung nach einem sprachlichen Minderheitenstatus u.U. verfestigt; die Unsicherheit Nichtbehinderter gegenüber Menschen mit Gebärdensprache trägt zusätzlich zu einer gesellschaftlich nur minimalen Integration bei (vgl. Kap. 6.9).

Die soziale Rolle der Schwerhörigen ist noch weniger zum Gegenstand wissenschaftlicher Forschung geworden als die der Gehörlosen. von Bracken (1976, 239 f.) berichtet, dass sie in der Schulklasse vermehrt isoliert seien, weniger Freunde hätten, also die Rolle des „Mauerblümchens" einnähmen. Stärker und länger als andere Kinder seien sie an die Mutter gebunden und bevorzugten helfende häusliche Tätigkeiten vor dem Spiel im Freien. Etwa die Hälfte ihrer Mütter klagte über fehlende Anteilnahme der Umwelt.

6.8 Leistungsmerkmale

Zur Psychologie der Gehörlosen liegt eine Gesamtdarstellung von Garten (1973) vor. Fragt man – wie es gewöhnlich eines der wesentlichen Anliegen des Psychologen ist – nach ihrer intellektuellen Leistungsfähigkeit, so ergeben sich methodische Probleme, die in der Sprachgebundenheit zahlreicher Intelligenztests begründet sind, wenn auch gerade Intelligenztests wie das LPS, das PSB, der Raven-Test oder der CFT sprachfrei zu bearbeiten sind.

Der Ausdruck „sprachfrei" wird bei Intelligenztests allerdings in einem doppelten Sinn verwendet. Er kann sich auf die Durchführung eines Tests beziehen: dann sind keine sprachlichen Reaktionen vonseiten des Probanden erforderlich, sondern nur Ankreuzungen oder manuelle Handlungen. Er kann sich aber auch auf seinen Inhalt beziehen: dann werden keine sprachlichen Intelligenzfaktoren (wie Wortschatz, Wortflüssigkeit, verbale Abstraktion) geprüft. Für das Testen von Gehörlosen muss ein Verfahren nur sprachfrei im ersten Sinn sein. Dabei darf jedoch nicht übersehen werden, dass auch bei so genannten sprachfreien Tests die Aufgabenkonzeption auf Sprache basiert und i.d.R. ein Minimum an Sprachkompetenz lösungsbegünstigend ist.

In der Vergangenheit wurden mehrere spezielle Gehörlosen-Intelligenztests entwickelt, über die Garten berichtet, anfangend mit Herders „Tests für taube

Kinder" (1920). Eine auch bis heute benutzte Entwicklung stellt die „Nicht-verbale Intelligenzuntersuchung für Hörende und Taube" von SNIJDERS und SNIJDERS-OOMEN (1970) dar. Sie kann bei Drei- bis Sechzehnjährigen verwendet werden und enthält zwei parallele Testserien aus jeweils vier Untertests, die im Einzelversuch und - außer dem Mosaiktest - ohne Zeitbegrenzung zu bearbeiten sind. Im Test wird auf Sprachanwendung verzichtet, auch für die Instruktion steht eine nichtverbale Form zur Verfügung. Die Eichung erfolgte in den Niederlanden an 1 355 hörenden und 1 100 tauben Kindern, woraus auch getrennte Normen berechnet wurden. In fünf der insgesamt acht Untertests erzielen die Hörenden bessere Ergebnisse, nur im Mosaiktest die Tauben (BRICKENKAMP 1975, 180 ff.).

BÄUMLER, SEITZ und KNOP (1968) fanden bei einer Faktorenanalyse des Verfahrens drei Faktoren, nämlich erstens „Erfassen von geometrischen, figuralen (optisch dargebotenen) Regelhaftigkeiten", zweitens „Erkennen von Sinnzusammenhängen auf vorwiegend begrifflich-abstraktem Niveau" sowie drittens „Aufmerksames Beobachten und daraus resultierend besseres unmittelbares Behalten von optischem Reizmaterial". Aufgrund dessen schlagen sie eine Kurzform aus Mosaiktest, Karten-Sortieren und Gedächtnis-für-Karten vor, „so daß sich zeitlich eher die Möglichkeit bietet, den taubstummen Probanden eine möglichst heterogene Testbatterie vorzulegen".

In der sprachfreien Durchführung der BÜHLER-HETZER- sowie der SCHENK-DANZIGER-Entwicklungstests nach BAAR ergab sich für vollsinnige Kleinkinder ein mittlerer Entwicklungsquotient von 100, für Gehörlose von 94, für Schwerhörige von 91, was GARTEN (1973, 37) mit der unausgeglicheneren Persönlichkeitsstruktur und der geringen Leistungsmotivation der Schwerhörigen zu erklären suchte.

Insgesamt, so resümiert sie, hätten die Intelligenzuntersuchungen sowohl mit den speziellen Gehörlosen- wie auch mit den üblichen Vollsinnigentests „erwiesen, daß der mittlere IQ der Gehörlosen kaum die Norm von 100 erreicht, aber in den Bereich des normalen, noch durchschnittlichen Niveaus fällt, wenn sprachfreie Tests angewendet werden" (GARTEN 1973, 47); allerdings bestehe „eine sehr viel niedrigere Korrelation zwischen den Intelligenztestscores der Gehörlosen und ihrer schulischen Leistung als dies bei den Vollsinnigen der Fall ist" (23).

Freilich steht diese Aussage im krassen Widerspruch zu einem von WITTE (1978) mitgeteilten Befund, der bei einer tachistoskopischen Aufgabe (zeichnerische Wiedergabe geometrischer Figuren nach zunehmender Expositionsdauer) eine deutlich schnellere und richtigere Objekterfassung bei den Gehörlosen feststellt:

> „Beim Taubstummen ist die Gestalt nicht nur früher fertig, sondern die Abfolge seiner zeichnerischen Wiedergabe des Gesehenen ist auch fast frei von dem für Hörende so charakteristischen Zug der Entfaltung" (WITTE 1978, 417).

Ähnlich sahen Gehörlose bei der Gesichtsfeldprüfung „bereits in größerer Peripherie objekt-adäquater als die Hörenden" (ebd.). WITTE interpretiert diese Mehrleistung aber nicht ausschließlich positiv; sie sei auch ein Anzeichen für „einen geringeren Besitz an Bildungsgut, auch optischem, ... an das die Eindrücke sonst angeglichen werden könnten" (WITTE 1978, 418).

Bei anderen Versuchen fand WITTE (1978, 419) eine Minderleistung der Gehörlosen dann, „wenn zum Verständnis der Aufgabe größerer sprachlicher Aufwand nötig" war; diese Minderleistung verschwand aber, wenn der Vergleich zwischen gleich lang beschulten Vollsinnigen und Tauben durchgeführt wurde – was die Überlagerung behinderungsbedingter Ausfälle durch sekundäre, aus der Schullaufbahn resultierende Benachteiligung zeigt. Im Kindesalter vorhandene Leistungsrückstände können hier also echte – das heißt später aufholbare – Retardierungen darstellen. Insgesamt kann gesagt werden, dass die genannten und weitere Untersuchungen (MYKLEBUST 1960; FURTH 1966; SEIFERT 1982) relativ alt und in ihren Ergebnissen uneinheitlich sind.

Die Frage nach den kognitiven Fähigkeiten Gehörloser wirft Überlegungen zum Verhältnis von Sprache und Denken auf (vgl. GARTEN 1973, 62): Wenn Denken nur mittels Sprache geschehen kann, müsste der Gehörlose auch im Denken erheblich benachteiligt sein; ist Sprache jedoch sekundärer Ausdruck des Denkens, dürfte ihr Denken nicht wesentlich beeinträchtigt sein. Hierzu ergab sich bei entsprechenden Experimenten, dass „die Fähigkeit, abstraktes Denken auszuüben, ... sich bei den Gehörlosen sehr viel langsamer als bei den Vollsinnigen" entwickelt; „mit 17 Jahren erreichen sie erst das Niveau der 11-jährigen vollsinnigen Kinder. Dieser Retardierungsgrad stimmt genau mit den Ergebnissen für die Beherrschung der geschriebenen Sprache überein" (GARTEN 1973, 89).

Ein Zusammenhang zwischen Sprachentwicklung und Entwicklung des abstrakten Denkens deutet sich damit an, wobei die Gehörlosen auch in einem Alter noch Fortschritte machen, in dem bei Vollsinnigen die Entwicklung kognitiv-sprachlicher Fähigkeiten bereits abgeschlossen ist. Rückstände zwölfjähriger Gehörloser gegenüber hörenden Gleichaltrigen dürfen also nicht unbedingt auf das Erwachsenenalter generalisiert werden. AFFOLTER (1982) berichtet, bezogen auf die Entwicklung der Symbolfähigkeit, dass das Durchlaufen der Entwicklungsstufen bei gehörlosen und bei hörenden Kindern formal und zeitlich in gleicher Weise geschieht (vgl. AFFOLTER 1982, 606).

Die praktischen Fertigkeiten Gehörloser wurden bei Eignungsuntersuchungen überprüft: „In keiner der vorgelegten Arbeitsproben für Manualität und Visualität waren ... die Taubstummen der hörenden Vergleichsgruppe unterlegen" (WITTE 1978, 419 f.); in der Drahtbiegeprobe und im räumlichen Vorstellen zeigten sie sogar signifikant bessere Ergebnisse. Dem entspricht der Rorschachtestbefund: hier neigten die Gehörlosen bei guter Formschärfe stärker als Hörende zur Detailbeachtung.

6.9 Persönlichkeit und Sozialverhalten

Zur Beschreibung von Persönlichkeitsmerkmalen gehörloser Menschen bzw. ihrer psychischen Situation weist WISOTZKI auf das Problem hin, dass ein nicht-gehörloser Untersucher eine solche Beschreibung nicht leisten kann, da er sich „nicht in die Situation Gehörloser hineinversetzen kann" (WISOTZKI 1995, 37). Das ist sicher auch eine Erklärung dafür, dass GARTENS (1973) Sammelreferat von Untersuchungen zur Persönlichkeit und zum Sozialverhalten der Gehörlosen gegenwärtig noch das einzig umfassende dieser Art ist. Leider ist es nicht frei von Mängeln, so wenn sie, kritiklos GROETENHERDTS Sprachgebrauch übernehmend, Gehörlose mit „vorwiegend positiven Persönlichkeitseigenschaften“ von solchen mit „ausgesprochen negativen Merkmalen“ unterscheidet, wobei „die größte Gruppe ... die primitiven derbgearteten Menschen“ umfasse (GARTEN 1973, 100). Allein eine solch diskriminierende sprachliche Umschreibung macht die Abhandlung von GARTEN zu einem nur teilweise akzeptablen und kritisch zu sichtenden Text, wiewohl die referierten Untersuchungen und deren Ergebnisse bis heute, neben FERBER (1968, 1972) und SEIFERT (1982) erstes fundiertes Wissen über die psychosoziale Entwicklung und Situation Gehörloser zugänglich machen.

KRÖHNERT zieht aus den teils in den alten Bundesländern, teils im Ausland durchgeführten Untersuchungen das Fazit, dass der Gehörlose „keineswegs ein ‚normaler Mensch minus Gehör' ist, sondern ein Mensch, dessen Entwicklung in körperlicher, seelischer und geistiger Hinsicht durch die Sinnesschädigung entscheidend beeinflußt wird“ (KRÖHNERT 1989, 37).

Einige der Ergebnisse sollen hier in Ermangelung neuerer Untersuchungen dargestellt werden. Gehörlose zeigen – dies ein Ergebnis von MYKLEBUST (vgl. GARTEN 1973) – in fast allen Skalen des MMPI zum Pathologischen hin erhöhte Werte, insbesondere auf der Schizophrenie-Skala. Diese freilich könne hier auch gesehen werden „als Maß für das Gefühl der Loslösung, des Verlustes von Einfühlungsvermögen und die Unfähigkeit zum Verständnis der Realität, (sie) scheint ein effektives Maß zur Messung der Isolation zu sein, welche sich aus der Gehörlosigkeit ergibt“. Als typische Verhaltensmerkmale von Gehörlosen werden vor allem Konkretheit und Rigidität genannt; „das Wechseln von Kategorien, Deutungen usf. wurde nur ‚intellektuell widerstrebend‘ vollzogen“ (GARTEN 1973, 110); „Affekte und Aggressionen werden ungehemmter geäußert“ (115) .

Letzteres scheint eine Untersuchung von KLINGHAMMER nach einer Versuchsanordnung von DEMBO zu bestätigen, über die WITTE (1978, 421) berichtet. Hörende und taube Kinder von 13 Jahren bekamen die Aufgabe, zehn Ringe hintereinander auf eine zweieinhalb Meter entfernt stehende Flasche zu werfen, eine ziemlich schwierige, zu zahlreichen Frustrationen führende Aufgabe. Während die hörenden Kinder mit ziemlicher Gelassenheit Erfolg und Misserfolg hinnahmen, zeigten die Gehörlosen einerseits eine weitaus deutlichere Freude über ihre ersten Treffer, andererseits aber auch heftigere Äußerungen negativer Affekte (wie Beschimpfungen des Versuchsleiters, Fußaufstampfen, wütendes Schreien) nach sich wiederholenden Misserfolgen.

Bei gehörlosen Männern sollen emotionale Störungen stärker ausgeprägt sein als bei gehörlosen Frauen (GARTEN 1973, 115). In den Maskulinitäts-Feminitäts-Skalen erscheinen bei gehörlosen Menschen die psychischen Geschlechtsunterschiede etwas verwischt, so dass „man schließen kann, daß die Gehörlosigkeit die Männer feminisiert und die Frauen maskulinisiert“, wie GARTEN (1973, 113) folgert. Ähnliches zeigte sich bei den Interessenprofilen (120). Wahrscheinlicher ist als Folgerung allerdings, dass die Entwicklung der Geschlechtsrollenidentität aufgrund einer insgesamt erschwerten Identitätsfindung in einer hör- und kommunikationsfähigen Gesellschaft deutlich beeinträchtigt ist.

Garten gelangt insgesamt zu der Auffassung, eine befriedigende soziale Eingliederung der Gehörlosen in die Gesellschaft der Vollsinnigen werde „nur teilweise den jüngeren gehörlosen Männern an ihrem Arbeitsplatz möglich". Die älteren gehörlosen Arbeiter schildert sie aber bereits wieder als kontaktisoliert und oft von ihren Kollegen verspottet; die Meister hingegen schätzten sie als „Arbeitstiere": „Er fürchtet keine Arbeit, auch wo andere weglaufen" (Garten 1973, 122f.) – was ihre Beliebtheit vielleicht nicht unbedingt erhöht.

Vielfach heiraten Gehörlose untereinander, wobei ihre Kinder aber zumeist Hörende sind (vgl. Kap. 4.3.4), so dass es doch wohl zu denken geben muss, wenn – wie Garten (1973, 123) in Anlehnung an Seifert schreibt – „84 % der gehörlosen Familien ... keine positiven Beziehungen zu den vollsinnigen Familien" unterhalten, „als Grund dafür werden Verständnisschwierigkeiten angegeben".

Aus den Untersuchungen zur Persönlichkeit und zum Sozialverhalten der Gehörlosen ergibt sich für Garten folgendes Fazit:

> „Die Anpassung an ein für Gehörlose typisches Verhalten gelingt besser. Bei einer versuchten Anpassung an die Norm treten stärkere Persönlichkeitsstörungen auf". „Die gehörlosen Kinder und Erwachsenen sind jedoch gut dazu in der Lage, unter sich hochintegrierte Gruppen zu bilden und ein harmonisches Gemeinschaftsleben zu führen" (Garten 1973, 115 und 123).

Dieses Resümee, das nicht zwangsläufig aus allen Einzelbefunden folgt, könnte zur Konsequenz einer bewussten Segregation der Gehörlosen führen, vom Bildungs- über den Arbeits- bis hin zum privaten Bereich. So existiert in den USA eine eigene Gehörlosen-Hochschule, das Gallaudet-College in Washington, an dem in den 1960er Jahren rund 340 gehörlosen Studenten der Bachelor-Grad verliehen wurde (vgl. Garten 1973, 121). Der auch in Deutschland geforderten Anerkennung eines sprachlichen Minoritätenstatus (vgl. Kap. 6.3.) für Bilingualisten käme eine solche Segregation möglicherweise entgegen. Es bleibt allerdings zu fragen, inwieweit diese zur Segregation verleitenden Verhältnisse – emotionale Störungen gegenüber Vollsinnigen, harmonisches Gemeinschaftsleben unter ihresgleichen – tatsächlich essentieller Bestandteil der Gehörlosigkeit sind und nicht vielmehr eine Folge der bestehenden gesellschaftlichen Isolationstendenzen und der von früher Kindheit an segregativen Erziehung: die eigentlichen Behinderungsfolgen überlagern möglicherweise Auswirkungen dieser Erziehung und gesellschaftlicher Vorurteile; durch Früherziehung innerhalb der Familie, integrierte Erziehungsversuche während der Schulzeit und größere gesellschaftliche Aufgeschlossenheit könnte die Situation der Gehörlosen eventuell verbessert werden, wiewohl die Gruppenzugehörigkeit zur eigenen Gruppe der Gehörlosen sicher auch ein identitätsstabilisierender Faktor ist.

6.10 Sprachgebung

Die Sprachgebung als „Zentralproblem der Gehörlosenschule" (Löwe 1976) „das Kommunikations- und Sprachproblem" (Günther 2000, 89) kann nur vom Sonderpädagogen und hier wiederum nur vom speziell ausgebildeten Gehörlosenlehrer gelöst werden. Dennoch seien im beschränkten Rahmen dieser Einführung auch hierzu einige Grundbegriffe genannt.

Die Sprachgebung bei Gehörlosen beginnt heute in der frühesten Kindheit, unmittelbar nach der Erkennung des Hörschadens, möglichst zu dem Zeitpunkt, an dem auch hörende Kinder mit dem Spracherwerb beginnen, also gegen Ende des ersten Lebensjahres. Ziel ist es, die Auswirkungen der Hörschädigung auf die Sprachentwicklung zu minimieren. Eine frühe Form ist die Haus-Spracherziehung, die von der Mutter durchgeführt wird; als Laiin muss sie hierzu von Sonderpädagogen angeleitet werden. Bis heute bleibt die Frühförderung hörgeschädigter Kinder allerdings ein Problem. Aufgrund defizitärer Früherfassung kann nur ein Bruchteil der betroffenen Kinder bereits im 1. Lebensjahr gefördert werden (vgl. KRÖHNERT 1989, 45). Für WISOTZKI muss die Früherfassung „deutlich vor dem 18. bzw. dem 24. Monat liegen" (1995, 42), was trotz medizinischer Möglichkeiten häufig nicht geschieht. Offenbar werden bei den Vorsorgeuntersuchungen (U1–U9) Hörschädigungen häufig erst spät festgestellt.

LÖWE (1976), der die Haus-Spracherziehung in der Bundesrepublik von 1958 an aufgebaut hat, beschreibt die wichtigsten Methoden nach dem Schweden WEDENBERG, dem britischen Ehepaar EWING, dem Niederländer VAN UDEN, der Amerikanerin GRIFFITHS, sowie seine eigene.

Nach VAN UDEN (vgl. LÖWE 1976, 57 ff.) gilt es in der frühesten Kindheit vor allem einer Verstummung, einer Vertaubung sowie einer Gebärdensprache vorzubeugen. Die auch beim gehörlosen Kleinkind auftretende Lallperiode muss mit Hilfe der Antlitzgerichtetheit des Säuglings in ein erstes Absehen, ein erstes imitatives Sprechen überführt werden. Letzte Hörreste müssen durch früheste Anpassung von Hörgeräten (beidseits) verstärkt werden, damit nicht „ein Verhalten, bei dem die Lautwahrnehmung keine Rolle spielt" (eine Vertaubung) entsteht. Schließlich soll eine Gebärdensprache verhindert werden, denn „die Gebärde ist der Tod der Lautsprache" (SCHMIDT-GIOVANNINI 1976, 25). Vielmehr soll eine „innere Sprache" entstehen, auch wenn die Lautsprache selbst zunächst nur in ersten Ansätzen zustande kommt. Dabei soll nach heutiger Methode das Kind frühest möglich einem beständigen akustischen Angebot ausgesetzt werden, mit der grundsätzlichen Maßgabe, Sprache unisensorisch anzubieten, d.h. im Gegensatz zu VAN UDENS früher Methode liegt der Schwerpunkt auf den nur akustischen Sprachanteilen, nicht auf oralogischen (vgl. WISOTZKI 1995, 44). Demgegenüber wird nach dem bilingualen Konzept das schnellstmögliche Erlernen der Gebärdensprache für betroffene Eltern gefordert, um beim gehörlosen Kind möglichst natürlich und früh die Gebärdensprache zu entwickeln. Allerdings weist WISOTZKI darauf hin, dass „durch die Nichtreizung der Hörbahnen in der sensiblen Phase der Zugang zur Sprechsprache über das Hören nicht mehr oder nur schwer ... möglich ist" (WISOTZKI 1995, 42).

Auch wenn die Sprachanbildung bereits in der Familie begonnen wurde, steht sie im Sonderkindergarten deutlich im Mittelpunkt und nimmt auch in der Grundschule noch einen breiten Raum ein - umso mehr, wenn wegen mangelnder Früherkennung „noch immer viele gehörlose Kinder eine längere Phase der Stummheit" durchmachen, was bereits LÖWE (1973, 95) als „pädagogischen Anachronismus" bezeichnet (vgl. auch Kröhnert 1989, 45; Wisotzki 1995, 42).

Zur schulischen Sprachanbildung lagen nach Löwe (1973, 96 ff.) sowohl ein aufbauendes wie auch ein ganzheitliches Verfahren vor, die nach längerem Methodenstreit heute doch eher in Form einer Synthese angewendet würden. Das aufbauende Verfahren vermittelt Sprachinhalte erst dann, wenn die artikulatorischen Voraussetzungen erfüllt sind. Das ganzheitliche Verfahren hingegen räumt „der Sprachvermittlung vor der Artikulationsarbeit Vorrang“ ein. Anstelle der nicht wahrgenommenen Hörgestalt eines Wortes verwendet es die Schriftgestalt (das geschriebene Wort), die Mundbewegungsgestalt (beim Absehen vom Munde), die Tastfühlgestalt (die „vibrativ-taktile Aufnahme des in die Hand gesprochenen Wortes“) sowie – bei Kindern mit Restgehör – die Tastfühlhörgestalt. Hierzu bedient man sich des intensiven Sprechens ad concham, an der Ohrmuschel, wobei allerdings ein gleichzeitiges Absehen vom Mund nicht mehr möglich ist.

Bei Gehörlosen sind Sprache und Sprechen scharf zu trennen. Während ihr Sprechen wohl meist auffällig ist, jedoch mehr oder weniger gut artikuliert sein kann, ist ihr eigentlich fundamentales Problem die Sprache, denn auch Wortschatz und Syntax bleiben bei ihnen im Allgemeinen stark reduziert (vgl. Löwe 1973, 123). Inzwischen sind weitere Verfahren entwickelt worden, die im Folgenden kurz erläutert werden sollen.

Für die Sprachanbahnung der Gehörlosen lassen sich heute vier sprachdidaktische Ansätze unterscheiden, die teilweise kontrovers diskutiert und angewandt werden (vgl. Kap. 6.3), insbesondere die im folgenden erst- und letztgenannten:

1. hörgerichteter Spracherwerb,
2. interaktionaler Spracherwerb,
3. Verfahren der „lautsprachlich begleitenden Gebärde“,
4. Konzept des Bilingualismus.

- Vertreter des ersten Ansatzes sind Löwe 1973; 1976; Schmidt-Giovannini 1976; Diller 1991; van Uden 1994; CSànyi 1991.
  Zentrale Voraussetzung für dieses Verfahren ist der frühe Beginn bei ebenfalls frühestmöglich optimal angepassten Hörgeräten. Auch müssen die Eltern zu einer engagierten, aktiven Mitarbeit bereit sein. Die Sprache wird unisensorisch angeboten. Für Kinder mit Mehrfachbehinderung eignet sich dieses Verfahren weniger.
- Beim interaktionalen Spracherwerb findet eine Verbindung von Sprache und Handling statt. Hauptvertreter sind Schuy 1955; Kreye 1972; Alich 1960; Braun 1969; Jussen 1984; Schulte 1987; 1989.
  Die Voraussetzungen für diese Methode entsprechen im Prinzip denen des vorgenannten Ansatzes, wobei der Beginn dieser Methode auch später erfolgen kann. Eine Selektion im Sprachangebot wird bezogen auf Inhalt und Form der Sprache getroffen. Sprachheilmedien wurden entwickelt für den Vorschul- und Schulbereich (Horsch 1978; Jussen 1983; 1984; 1994). Das Angebot erfolgt polysensorisch, da Wahrnehmung nach Ansicht der Vertreter ein mit allen Sinnen erfolgender, ganzheitlicher Akt ist. Unterstützend werden lautsprachbegleitende und lautsprachunterstützende Gebärden sowie graphem-, phonem- und kinembezogene Hilfssysteme eingesetzt

(Wisotzki 1995, 45f.). Im Zusammenhang mit diesem Verfahren steht die GEMIK-Methode, bei der die natürliche Gestik und Mimik zur Informationsübermittlung bzw. zu deren Verbesserung systematisch genutzt wird (vgl. Breiner 1991, 242f.), wobei die „Natürlichkeit“ dadurch sicher eingeschränkt wird.

- Das Verfahren der „lautsprachlich begleitenden Gebärde“ ist eine Methode, bei der systematisch lautsprachbegleitende Gebärden eingesetzt werden. Wie bei den voraufgehenden handelt es sich auch hier um ein lautsprachliches Konzept, bei dem eine wesentliche Voraussetzung ist, dass die Eltern nicht nur die entsprechenden Gebärden kennen, sondern aktiv und engagiert bei der sprachlichen Förderung mitarbeiten (Rammel 1982; Prillwitz 1986; Wisch 1990; Ringli 1991). Von lautsprachunterstützenden Gebärden spricht man, wenn die Gebärden nur zeitweilig eingesetzt werden.
- Das Konzept des Bilingualismus sieht die Gebärdensprache als Basissprache des gehörlosen Kindes vor (Günther 1991). Voraussetzung ist, dass die Eltern die deutsche Gebärdensprache kennen bzw. bereit sind, sie binnen kürzester Zeit zu lernen. Diese Gebärdensprache ist von der Lautsprache weit entfernt und ist vergleichbar mit dem Erlernen einer für Europäer schwierigen Fremdsprache, z.B. Chinesisch (Schulte 1989, 251). Bei der Frühförderung nach dieser Methode werden gebärdensprachfähige Gehörlose zur Unterstützung der Eltern eingesetzt, bis sie die Gebärdensprachkompetenz erworben haben. Das Konzept sieht vor, dass zu einem späteren Zeitpunkt wenigstens Kompetenz in der Schriftsprache, nach Möglichkeit auch in der Lautsprache erworben wird. Die Probleme dieses Konzeptes wurden bereits ausgeführt (vgl. auch Diller 1994; Jussen 1994).

In allen Konzepten werden inzwischen hoch entwickelte audio-visuelle Medien zur Unterstützung herangezogen, mehr oder weniger dominant.

Dass die Nutzen aller verfügbaren technischen Hörhilfen (vgl. Kap. 6.2) genutzt werden sollten, stellt eine Selbstverständlichkeit dar und bedarf keiner weiteren Hervorhebung.

Der Meinungsstreit hinsichtlich der Verwendung der einen oder anderen Methode rührt vielfach an die übergreifende Zieldiskussion in der Gehörlosenpädagogik: Soll Integration in die Gesamtgesellschaft das oberste Ziel sein, oder soll man Methoden wie Gebärdensprache oder Fingeralphabet tolerieren, die nur von den Gehörlosen untereinander – allenfalls noch ihren Lehrern – verstanden werden, womit einer Minoritätenbildung Vorschub geleistet würde. Diese Diskussion wird seit Jahren hart geführt und befindet sich offenbar noch nicht in einem Endstadium (vgl. 6.3).

Allerdings hat sich der Rahmen, innerhalb dessen die Erziehung und Bildung von hörbeeinträchtigten oder tauben Kindern erfolgen kann, nach den KMK-Empfehlungen (1994/1996) erweitert. Das bedeutet, dass auch diesen Kindern die Möglichkeit des Regelschulbesuchs – zumindest formal – offen steht. Das Resümee Günthers (2000, 91) ist zwar nicht sehr ermutigend. Er führt aus, dass sich integrative Settings „von einigen Einzelprojekten abgesehen beschränkt auf eine Entscheidung zwischen Schulen für Schwerhörige/Gehörlose und eine überwiegend nur

Schwerhörige berücksichtigende Einzelfallintegration".

Dennoch setzt eine verstärkt integrative Beschulung voraus, dass auch gehörlose Kinder frühestmöglich an die gesprochene Sprache herangeführt werden, um eine Kommunikation mit hörenden zu ermöglichen, wobei die Problematik einer gemeinsamen Erziehung und Bildung bei steigendem Hörverlust nicht übersehen werden kann. Nach einer empirischen Studie in Schweden (TRINGSTEDT 1991, 146f.) ist die Gefahr sehr groß, dass schwer hörgeschädigte Schüler in der Allgemeinen Schule aufgrund ihrer Kommunikationsprobleme mit Hörenden in eine Situation „sozialer Gehörlosigkeit" geraten, was dem Grundgedanken der gemeinsamen Erziehung diametral entgegenstünde.

7 Blindheit und Sehbehinderung – Förderschwerpunkt Sehen

Analog zum Förderschwerpunkt Hören werden in den Ergänzungsempfehlungen der KMK von 1998 Sehbehinderung und Blindheit zum „Förderschwerpunkt Sehen“ zusammengefasst. WALTHES spricht im Zusammenhang mit diesem Förderschwerpunkt von „Nicht- oder Anders-Sehen“ (2000, 207), welches bedeutsame Veränderungen in der Art der Umwelterschließung für die betroffenen Personen zur Folge hat.

7.1 Definition und Abgrenzung

Jedermann glaubt zu wissen, was der Ausdruck „blind“ bedeutet: die Unfähigkeit zu sehen. Fragen wir aber genauer, wann diese beginnt, so finden wir mindestens acht qualitative Kriterien, die bereits zur Definition der Blindheit herangezogen wurden (vgl. HUDELMAYER 1975, 7f.); sie seien hier aufgezählt, da sie gleichzeitig die mit der Blindheit verbundenen Einschränkungen vorläufig zu charakterisieren vermögen.

Als blind wird bisweilen bezeichnet, wer

1. seine Sehfähigkeit nicht mehr wirtschaftlich verwerten kann;
2. sein Weltbild nicht mehr optisch aufbauen kann;
3. sich in unbekannter Umgebung nicht ohne fremde Hilfe zurechtfinden kann;
4. seine Vorstellungen überwiegend mittels Gehör und Tastsinn bildet;
5. auf blindentechnische Hilfen, besonders auf die BRAILLE-Schrift angewiesen ist;
6. bestenfalls noch hell und dunkel unterscheiden kann;
7. auf einen Meter Entfernung nicht mehr die Finger des Untersuchers visuell zählen kann;
8. höchstens noch einen Lichtschein wahrnimmt.

Solche qualitativen Kriterien haben sich als unzureichend erwiesen. Als quantitatives Maß der Sehfähigkeit hat sich insbesondere die Sehschärfe – genauer: der Fernzentralvisus – eingebürgert. Die Sehschärfe ist definiert als der Quotient aus dem Abstand, in dem ein Prüfobjekt gerade eben korrekt identifiziert wird, und demjenigen Abstand, aus dem es eigentlich von einem voll sehtüchtigen Menschen identifiziert werden sollte. Ein Kind mit einer Sehschärfe von 1/20 erkennt also die Ziffern einer Prüftafel, die es aus 20 Meter Entfernung erkennen sollte, erst bei Annäherung auf einen Meter. Bisweilen wird die Sehschärfe auch in dezimaler oder sogar prozentualer Schreibweise angegeben; statt 1/20 also 0,05 oder 5 %. Andere Ophthalmologen lehnen diese Schreibung ab, da dabei die Information verloren geht, in welchem Entfernungsbereich die Prüfung vorgenommen wurde; eine Sehschärfe von 0,05 kann eben 1/20 oder 5/100 bedeuten. Bei 1/50 hieße das analog 0,02 oder 2 % bei einem Entfernungsbereich von 1/50 oder 2/100.

Hinzugefügt werden muss noch, dass sich bei der Prüfung des Sehvermögens alle Visusangaben auf das bessere Auge beziehen, und zwar nach optimaler Korrektur mit Brillengläsern oder Haftschalen. Auf die Gefahren einer zu einseitigen Verwendung des Fernzentralvisus als Maß der Sehfähigkeit ist wiederholt hingewiesen worden (vgl. Scott 1969, 41, Hudelmayer 1975, 25). Zum Beispiel kann durch Pigmentdegeneration ein zwar vollständig scharfes, aber winziges „Röhrengesichtsfeld" entstehen, das keinerlei Raumorientierung mehr zulässt. Notwendig ist also neben der Visusprüfung eine Bestimmung des Gesichtsfelds mit Hilfe der Perimetrie. Die „Bewertungsrichtlinien der Deutschen Ophthalmologischen Gesellschaft" (vgl. Kaden 1978, 11f.) und einschlägige Gesetze anderer Staaten tragen dem Rechnung, indem sie bei stark eingeengtem Gesichtsfeld auch eine „bessere" Sehschärfe als 1/50 noch als Blindheit anerkennen.

In Deutschland ist der Anerkennungsgrenzwert 1/50. Dabei muss beachtet werden, dass die Grenzwerte der WHO sehr viel weiter gefasst sind, für Blindheit z.B. 1/20. Aufgrund der unterschiedlichen Definition von Blindheit in verschiedenen Ländern ist eine weltweit gültige Definition äußerst schwierig (vgl. Rath 1995, 12). Eine Umfrage der WHO ergab, dass in 55 Ländern 78 unterschiedliche Definitionen von Blindheit Verwendung fanden (Wilson 1973, 14).

Von Hudelmayer (1975, 25 f.) wird gegen den Fernzentralvisus eingewandt, er stelle keine repräsentative Sehleistung dar; mindestens ebenso wichtig sei die Sehleistung in der Nähe, in etwa 30 Zentimeter Distanz, „die gerade für schulische Sehleistungen von außerordentlicher Relevanz ist", und die Korrelation zwischen Fern- und Nahvisus betrage nur .34. Dieser Nahvisus nun finde keine Berücksichtigung, auch die Tiefenwahrnehmung - mit dem Stereopsis-Test zu ermitteln - und die Farbentüchtigkeit würden vernachlässigt. Allenfalls die zum Beispiel im BSHG (24, vgl. Kaden 1978, 10) enthaltene Formulierung, dass auch der Blindheit „gleichzuachtende" Störungen des Sehvermögens als Blindheit gelten sollen, bietet eine Möglichkeit, den Nahvisus, die Tiefen- oder Farbwahrnehmung in eine Gesamtwürdigung des Sehvermögens mit einzubeziehen. Auch Rath (1995) macht deutlich, dass insbesondere im Hinblick auf die Bedeutung mancher Entscheidung häufig der Fernzentralvisus als einziges Kriterium nicht ausreicht (Rath 1995, 11f.). Nahvisus, Gesichtsfeldausmaß, Farbensehen, Adaptationsvermögen ergeben mit dem Fernvisus zusammen ein fundiertes Sehprofil, das als Grundlage für je spezifische Förder- und Hilfemaßnahmen dienen kann.

Aus seiner Position als primäres Maß der Sehfähigkeit haben diese Einwände den Fernzentralvisus allerdings nicht verdrängen können. Auch die in Deutschland gängige Einteilung der Sehschädigungen nimmt auf ihn Bezug.

Als Sammelbegriff steht Sehschädigung nach Walthes (2000, 208) „für vielfältige Formen des Nicht- und Anders-Sehens". Dabei hebt sie hervor, dass die Begriffe Sehbehinderung und Blindheit analog zum Behinderungsbegriff (vgl. Abs. 2.1.3) einem Bedeutungswandel unterliegen. Es sei davon auszugehen, „daß unterschiedliche Bedeutungen auch im pädagogischen Sprachgebrauch nebeneinander existieren“ (a.a.O.).

Versucht man heute eine Abgrenzung der verschiedenen Grade von Sehbeeinträchtigung, so lassen sich fünf Gruppen (ophthalmologisch und sozialrechtlich relevant) bilden:

1. Höhere **einseitige** Einschränkung des Sehvermögens
2. Mäßige **beidseitige** Einschränkung des Sehvermögens
3. Sehbehinderung → Fern- und Nahvisus 1/3 bis 1/20
4. Hochgradige Sehbehinderung → Fern- und Nahvisus 1/20 bis 1/50
5. Blindheit oder der Blindheit gleichzustellende Beeinträchtigung des Sehvermögens → Fern- und Nahvisus weniger als 1/50

(vgl. Rath 1995, 45).

In der Regel kann bei Personen der ersten beiden Gruppen aufgrund optischer Sehhilfen die Sehfähigkeit erheblich verbessert oder fast normalisiert werden.

Als sehbehindert gelten dieser Einteilung zufolge Personen, deren Sehvermögen zwischen 1/20 und 1/50 beträgt, wobei Fern- und Nahvisus sowie Teilfunktionen des Sehens berücksichtigt werden müssen (vgl. Solarova 1995, 124; Rath 1995, 46f.). Insbesondere im Zusammenhang mit dem sonderpädagogischen Förderbedarf sind hier von Bedeutung:

- das Gesichtsfeldausmaß
- das Farbensehen
- die Lichtempfindlichkeit bzw. die Hell-Dunkel-Anpassung
- das beidäugige Sehen unter dem Aspekt unterschiedlicher Sehfähigkeit beider Augen.

Blindheit (Gruppe 5) kann nach Solarova eingeteilt werden in:

Vollblindheit (Amaurose)	Hier fehlen selbst geringste Lichtempfindungen.
Praktische Blindheit	Hier ist zu unterscheiden zwischen Fern- und Nahvisus von 1/20 bei uneingeschränktem Gesichtsfeld und Fern- und Nahvisus von 1/10 bei eingeschränktem Gesichtsfeld. In beiden Fällen ist ein visuelles Zurechtfinden möglich, die Sehfähigkeit reicht jedoch für eine berufliche Tätigkeit nicht aus.
Sehrestigkeit	Hier sind geringe Sehreste vorhanden, allerdings bei einem Gesamtsehvermögen von weniger als 1/50.
Hochgradige Sehbehinderung	Hier liegt zwar ein Fern- Nahvisus von mehr als 1/50 vor. Dennoch ist aufgrund von Beeinträchtigungen in weiteren Teilen des Sehens eine selbständige Orientierung nicht möglich. Das Verhalten kommt dem bei Blindheit gleich (vgl. Solarova 1995, 80).

Nach diesen Einteilungen liegt der Überschneidungsbereich zwischen Sehbehinderung und Blindheit bei Gruppe 4. Überschneidungskriterien im Beeinträchtigungsbereich von 1/20-1/50 ergeben sich aufgrund der Überprüfung der Teilbereiche des Sehens sowie aus

- der Möglichkeit der selbständigen Orientierung im unbekannten Raum
- und dem Umfang der Fähigkeit, Informationen auf visuellem Wege aus der Umwelt aufzunehmen.

Normalsichtigkeit, um dies ergänzend anzumerken, bewegt sich zwischen einem Visus von 1/1 bis 1/3.

Wie bereits erwähnt, verwenden andere Autoren und andere Staaten andere Sehschärfegrenzen und Blindheitskriterien als die oben genannten (vgl. die Übersichten bei Bolsinger 1973, 110 ff., Hudelmayer 1975, 25). So gibt Bolsinger (1973, 112) für Indien, ein Land mit einer der höchsten Blindenquoten, an: „Nur totale Blindheit ist anerkannt", während in den USA Blindheit im Sinne des Social Security Act von 1935 bereits bei einer Sehschärfe von noch 1/10 sein kann (vgl. Farrell 1956, 205).

Dass eine solch weite Definition einer Behinderung nicht nur als Vorteil zu werten ist, hat Scott (1969, 43f.) deutlich herausgearbeitet; vom Amaurotiker ohne jeden Lichteindruck bis hin zum Sehbehinderten mit einer 1/10-Sehschärfe werden alle gesetzlich Blinden den gleichen Rehabilitationsbemühungen unterzogen, was sich bei Kindern in besonderem Maße auswirkt. Koestler (1976) stellte eine spätere relativ grobe Unterscheidung für die USA vor, die das Endergebnis einer langandauernden Diskussion darstellt:

totale Blindheit	Amaurose
gesetzliche Blindheit	teilweise Gruppe 4, sowie Gruppe 5 in Deutschland
funktionale Blindheit	Praktische Blindheit, sowie Sehrestigkeit in Deutschland

Medizinische oder Sozialrechtliche Definitionen im Zusammenhang mit Sehbeeinträchtigung (z.B. Blindheit: Visus < 0,02/ hochgradige Sehbehinderung: Visus < 0,05/ Sehbehinderung: Visus < 0,3) sind formal zwar bedeutsam, sind aber für die pädagogische Situation unzulänglich (vgl. Rath 1995, 13; Walthes 2000, 210).

Bei gleichen Visuswerten und medizinisch annähernd identischer Schädigungsbeschreibung können

- aufgrund unterschiedlicher Erfahrungen vor dem Hintergrund unterschiedlicher Sozialisationsbedingungen,
- aufgrund unterschiedlicher (Früh-)Förderintensität,
- aufgrund unterschiedlicher Kognitions- und Persönlichkeitsfaktoren

sehr unterschiedliche Wahrnehmungsleistungen erbracht werden, sowohl visuell als auch in Kombination mit anderen Sinnesbereichen (z.B. auditiv, haptisch, olfaktorisch).

7.2 Geschichte

Die Sonderstellung der Blinden gegenüber anderen Behinderten – die sich in ihrer sozialen Einschätzung ausdrückt – lässt sich weit in die Geschichte zurückverfolgen. Während Körperbehinderte („Krüppel", „Bucklige") gewöhnlich abgelehnt, ihnen negative Eigenschaften zugeschrieben wurden, war das Verhältnis zu den Blinden zumindest ambivalent.

Farrell (1956, 4) – er hat die Geschichte der Blindheit ausführlich dargestellt – berichtet, dass die Stadttore und Kirchentreppen als besonders einträgliche Plätze für blinde Bettler reserviert waren, dass blinde Sänger in Antike und Mittelalter eine bekannte und geachtete Erscheinung darstellten. Bereits Homer könnte zu ihnen gezählt werden, und mit ihm beginnt die Reihe der „berühmten" Blinden, die es trotz und mit ihrer Behinderung zu Beruf und Ansehen gebracht haben: Der japanische Prinz

Hitoyasu (geb. 843), der englische Dichter John Milton (1608-1674) und der englische Mathematiker Nicholas Saunderson (geb. 1682) seien beispielhaft genannt (vgl. Farrell 1956, 7 ff.; Garbe 1969, 386).

Zu einer etwas anderen Einschätzung kommt Koestler: Die Blinden „wurden gefürchtet, gemieden, bemitleidet, ignoriert. Zum einen wurde angenommen, daß sie mit magischen Kräften ausgestattet, zum anderen, daß sie für ihre Sünden verflucht worden seien. Sie waren Prinzen und Bettler, Sänger und Wahrsager, Dichter und Possenreißer. Die einen wurden als Kinder getötet, die anderen als Jugendliche toleriert, später jedoch einem Tod am Straßenrand preisgegeben oder gar, wenn sie alt und schwach waren, lebendig begraben. Sie vagabundierten in Gruppen durch die Lande, schlugen sich mehr oder weniger redlich durchs Leben und verständigten sich dabei in einer Art Geheimsprache. Auch gab es solche, die ihr Leben lang den heimischen Herd nicht verließen. Einige erhielten den besonderen Schutz von Kirche und Krone, andere wurden in Pesthäuser, Irrenhäuser, Armenhäuser gesperrt, um sie den Blicken der Öffentlichkeit zu entziehen" (Koestler 1976, 1f.).

Mit großer Wahrscheinlichkeit sahen sich auch die Blinden oft als Objekt caritativer Bemühungen. Das berühmteste Blindenhospiz dürfte lange das „Quinze-Vingts" in Paris gewesen sein, das 1254 nach dem missglückten Ägyptenkreuzzug Ludwigs IX. für diejenigen seiner Soldaten gegründet worden sein soll, die als Geiseln beim Ausbleiben des Lösegeldes geblendet worden waren, 15 Tage lang je 20 Geiseln (vgl. Farrell 1956, 147).

Zur Zeit der Aufklärung weckte die Blindheit philosophisch-erkenntnistheoretisches Interesse. 1690 warf John Locke im „Essay concerning Human Understanding" die Frage auf, ob Sehendgewordene das vormals Gefühlte wiedererkennen könnten (vgl. Farrell 1956, 13). Ein Dreizehnjähriger wurde damals beschrieben, der nach einer gelungenen Augenoperation kaum visuelle Urteile fällen konnte, zum Beispiel Hund und Katze nach wie vor nur mit Hilfe der Hände sicher zu unterscheiden wusste.

Die Fragestellung konnte seinerzeit offenbar nicht endgültig beantwortet werden. Erst 1932 gab von Senden einen vielbeachteten zusammenfassenden Überblick über alle ihm bekannt gewordenen 65 Fälle, in denen Blindgeborene durch eine Operation (meist eine Staroperation, eine Entfernung der Augenlinse) wieder sehend geworden waren. Aus allen Einzelberichten ging hervor,

> „daß das Sehenlernen für den operierten Blindgeborenen eine mit zahllosen Schwierigkeiten verbundene Angelegenheit ist, und daß die landläufige Meinung, der Operierte müsse entzückt sein über das ihm durch die Operation zuteil gewordene Geschenk des Lichtes und der Farben, durchaus nicht den Tatsachen entspricht" (von Senden 1932, 4).

Der starke Lichteinfall nach der Operation wirkte zunächst als unangenehme Blendung. Aus den dann wahrgenommenen bloßen Farbflächen mussten zunächst einmal Sehdinge werden, diese dann durch Lokalisation im Raum, Tiefenwahrnehmung und Figur-Grund-Unterscheidung zur Gestalterfassung führen. Diese notwendigen umfänglichen Lernprozesse ließen Rückschlüsse zu auf den gänzlich verschiedenartigen „Tastraum" des Blindgeborenen, in dem eine Gegenstandserfassung zum Beispiel immer nur sukzessiv und nicht simultan, immer nur in der Nähe und nie aus der Ferne erfolgen konnte (vgl. VON SENDEN 1932, 274). A priori verfüge der Blindgeborene nicht über Raumbewusstsein (VON SENDEN 1932, 278); die Blindenpsychologie schien damit eine negative Stellungnahme zu KANTS Auffassung des Raums als einer reinen, das heißt apriorischen Anschauungsform abgeben zu können.

Doch kehren wir nochmals zur Aufklärungszeit zurück, in der bald nach dem philosophischen auch ein pädagogisches Interesse an den Blinden aufkam. DIDEROT schrieb in seinem Brief über die Blinden, „daß (ihre) Erziehung auf dem aufbauen sollte, was der Blinde hat, statt auf dem, was er verloren hat; und vor allem sollte er alle nur möglichen Kontakte mit der gegenständlichen Welt aufrechterhalten" (FARRELL 1956, 16f.). Die Prinzipien der Kompensation und der Integration waren damit bereits formuliert.

Während Napoleon durch seine Ägyptenexpedition (1798/99) das Trachom als neue Erblindungsursache nach Europa brachte – es sollte noch für Jahrzehnte in den europäischen Armeen grassieren – bemühte sich der 1745 geborene Valentin HAUY als erster Blindenpädagoge um blinde Zöglinge; durch materielle Anreize musste er sie dazu bewegen, ihre einträglichen Bettelplätze aufzugeben. Der Erfolg seines Unterrichts führte zur Gründung der ersten Blindenschule in Paris, die bald, teilweise durch HAUY selbst, Nachahmungen fand: 1791 in Liverpool, 1793 in Edinburgh und Bristol, 1800 in London, 1804 in Wien, 1806 in Berlin-Steglitz, 1807 in Mailand, 1808 in Amsterdam, Prag und Stockholm, 1809 in Petersburg und Zürich, 1811 in Kopenhagen, 1812 in Aberdeen, 1815 in Dublin, 1816 in Brüssel, 1818 in Neapel, 1820 in Barcelona, 1832 in New York, Boston und Philadelphia (vgl. FARRELL 1956, 32; GARBE 1969, 386). Innerhalb zweier Jahrzehnte waren für eine vormals zum Betteln verurteilte Bevölkerungsgruppe Bildungsmöglichkeiten in nahezu allen europäischen Zentren und etwas später in den USA geschaffen worden.

Dort spielte sich nun die weitere Entwicklung der Blindenpädagogik ab. Mit ziemlichen Schwierigkeiten war die Einführung der Punktschrift verbunden, die Louis BRAILLE (1809-1852), selbst blind und Lehrer an der Pariser Blindenschule, 1829 erstmals der Öffentlichkeit vorstellte. Sogar in seiner eigenen Schule konnte sie erst 1854 von den blinden gegen den Widerstand der sehenden Lehrer eingeführt werden, da letztere an dem Analogie-Prinzip festhielten, dass ein für den Finger günstiger Buchstabentyp auch dem Auge gefällig sein müsse (vgl. FARRELL 1956, 96). 1879 wurde die Punktschrift auch in Deutschland übernommen. 1837 war mit der Herstellung von BRAILLE-Drucken begonnen worden; es überrascht kaum, dass als erstes die Heilige Schrift transkribiert wurde.

Die BRAILLE- oder Punktschrift (vgl. KADEN 1978, 90f.) bietet anstelle eines Buchstabens Raum für sechs Punkte, von denen jeder vorhanden oder nicht vorhanden sein kann. Von den dabei theoretisch möglichen 64 Kombinationen sind 36 realisiert für Buchstaben, Zahl- und Satzzeichen. Durch erhabenen Druck werden die Punkte dem Finger lesbar gemacht; BRAILLE-Papier ist deshalb nur einseitig beschreibbar. Da die Punktschrift viel Raum in Anspruch nimmt, entstehen recht um-

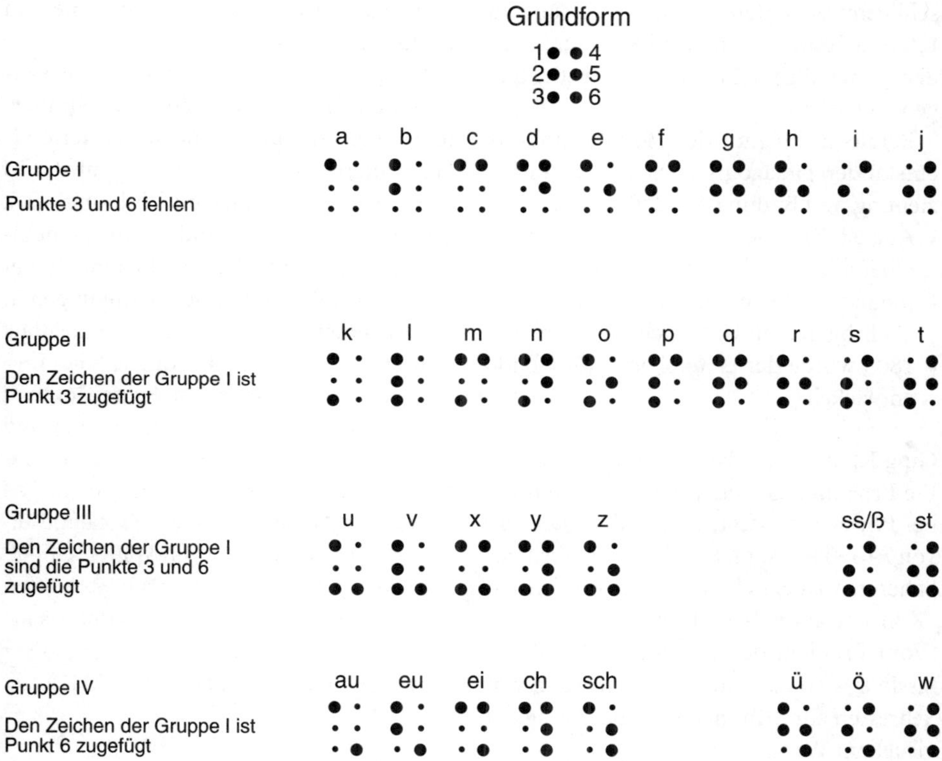

Abb. 19: Die Gruppen I bis IV der Punktschrift; sie enthalten alle Buchstabenzeichen außer dem „ä" und dem „äu", die wie die Satz- und die Zahlzeichen abweichend gebildet werden (aus: Kaden 1978, 90).

fangreiche Bücher. Im privaten Gebrauch wird diesem Nachteil durch die Verwendung von Kurzschriften begegnet.

Allerdings fällt es bisweilen besonders älteren Blinden schwer, dieses spezielle Schriftsystem noch so gut zu erlernen, dass sie davon profitieren können. 1932 wurde aus Daten der Punktschrift-Büchereien in den USA ermittelt, dass „nicht mehr als zehn % der Blinden das Fingerlesen gut genug beherrschen, um Bücher in Punktschrift genießen zu können" (Farrell 1956, 130); dabei wäre freilich zu berücksichtigen, dass auch unter der sehenden Bevölkerung nicht alle eifrige Bücherleser sind.

So bedeutete trotz des Vorhandenseins der Punktschrift das Aufkommen von Tonbändern (1934 die ersten „talking books" in den USA) und später Tonkassetten eine zusätzliche, nicht zu unterschätzende Kommunikationshilfe für die Blinden.

Etwa seit den 1990er Jahren erlebt die Hörbuch-Produktion insbesondere im deutschsprachigen Raum eine Renaissance, die dazu geführt hat, dass neben vielfältiger Belletristik und Lyrik auch Sachbücher und Wissenskompendien als „talking books" in nahezu unübersehbarer Zahl im Handel erhältlich sind. Die Motivation für Hörbuchauflagen war allerdings nicht, sehbeeinträchtigten Menschen Zugang zu Literatur und wissen zu verschaffen, sondern einer allgemeinen Lese-Unlust entgegen zu wirken.

Bereits zu Beginn des 19. Jahrhunderts entstanden pädagogische Schriften zur Erziehung und Bildung blinder Kinder:

- August ZEUME, Berlin (1808) „Belisar. Über allen Unterricht der Blinden."
- Johann Wilhelm KLEIN, Wien (1819) „Lehrbuch zum Unterricht der Blinden"
- 1808 wurde der erste Globus für Blinde entwickelt.

Ging KLEIN noch davon aus, dass die taktile Erfassung Grundlage geistiger Bildung bei Blinden darstellt, war es die Intention von Alfred PETSELT, Blinde für die Welt der Sehenden zu erziehen. In seinen Schriften „Konzentration bei Blinden" (1923) und „Vom Problem der Blindheit" (1933) befasste er sich u.a. mit der Ausnutzung von Sehresten zur Minimal-Wahrnehmung auf visuellem Wege.

Die eigenständige Erziehung und Bildung Sehbehinderter begann zu Beginn des 20. Jahrhunderts, wobei davon ausgegangen werden kann, dass bereits früher mancherorts eine kombinierte Blinden- und Sehbehindertenbildung stattfand. Z.B. wurde bereits 1802 von F. GAHEIS in Wien vorgeschlagen, sehschwache Kinder, „Halbblinde", in besonderen Abteilungen des Blindeninstitutes zu unterrichten (vgl. TEUMER 1969, 315a). Die erste Klasse für Sehschwache entstand angegliedert an die Volksschule 1907 in Mühlhausen/ Elsass, die erste Schule 1919 in Berlin. Bis zur Machtergreifung der Nationalsozialisten 1933 gab es auch kombinierte Formen, wie z.B. die kombinierte Blinden- und Sehbehindertenschule in Hamburg (1923) oder Sonderunterricht für Sehschwache an Blindenanstalten.

Nach dem 2. Weltkrieg entstanden Sonderschulformen sowohl für Sehbehinderte als auch für Blinde, heute teilweise als kombinierte Förderzentren geführt. In wieweit die Erziehung und Bildung stark sehbeeinträchtigter Kinder im gemeinsamen Unterricht effektiv sein kann, hängt stark von äußeren Rahmenbedingungen in der Allgemeinen Schule ab. „Der individuell festgestellte sonderpädagogische Förderbedarf von [...] Schülern mit Sehschädigung kann bei entsprechender Einarbeitung und Unterstützung durch Blinden- und Sehbehindertenpädagogen [...] zum großen Teil im Unterricht realisiert werden. Eine enge Zusammenarbeit zwischen Lehrkräften der allgemeinen Schulen, Sonderschullehrkräften und Eltern im und außerhalb des Unterrichts trägt wesentlich zum Gelingen integrativer Maßnahmen bei" (WALTHES 2000, 217).

7.3 Häufigkeit

Die Zahl der Blinden in der Bundesrepublik Deutschland wurde in den 1970er Jahren mit 70 000 angegeben; das sind etwa 0,12 % der Bevölkerung. Diese Zahl dürfte relativ exakt gewesen sein, da alle Blinden – unabhängig von Erblindungsursache und Einkommenshöhe – Anspruch auf Blindengeld hatten und somit sozialrechtlich erfasst waren (vgl. KADEN 1978, 20).

Neuere Angaben finden sich bei RATH (1995), die allerdings sowohl bezogen auf Häufigkeitsstatistiken für Blinde als auch für Sehbehinderte auf Ungenauigkeiten und Verzerrungen aufgrund der Definitionsproblematik hinweist. Für die Industrienationen, deren Gesundheitswesen Augenkrankheiten erfassen und behandeln können, gibt sie eine Häufigkeit von 0,15-0,25 % an (vgl. Rath 1995, 14). Auf der Basis von 0,15 % ergibt dies für Deutschland 120 000 Blinde, auf der Basis von 0,25 % läge die Zahl bei 200 000. Es ist davon auszugehen, dass der tatsächliche Wert um 150 000 liegt. Selbst wenn man infolge der Wiedervereinigung Deutschlands einen Bevölkerungszuwachs von ca. 17 000 000 einbezieht, ist offenbar ein Ansteigen von Blindheit in den letzten 20 Jahren zu verzeichnen. Proportional zum Anstieg der durchschnittlichen Lebenserwartung ist das Ansteigen der Altersblindheit stetig. Der Anteil der blinden Kinder und Jugendlichen eines Jahrgangs beträgt 0,012 % (vgl. Sander 1973, 52) bzw. zwischen 0,012 und 0,015 % (vgl. Rath 1995, 14). Auf der Basis von 0,012 % hieße dies für das Jahr 1994 bei 7 640 000 schulpflichtigen Kindern und Jugendlichen zwischen 6 und 15 Jahren, dass ca. 920 der Schulpflichtigen eines Jahrganges blind sind. Von der Gruppe der Blinden und hochgradig Sehbehinderten werden zwischen 50 und 70 % als mehrfachbehindert eingestuft (vgl. Hudelmayer 1975, 41ff.; 1985, 9ff.).

Blindheit ist eine der seltensten kindlichen Behinderungen in der westlichen Welt. Wie die o.g. Zahlen zeigen, liegt der Anteil der Erwachsenen in der Gesamtbevölkerung mehr als zehnmal so hoch. Einer Erfassung der Altersverteilung in Bayern zufolge liegt der Anteil der blinden Menschen über 60 Jahre bei 70 %, davon wiederum sind 38 % über 80 Jahre (vgl. Rath 1995, 14). Aufgrund erheblich besserer medizinischer Möglichkeiten ist der Prozentsatz blinder Kinder zwischen 1880 und 1950 in Deutschland von 22 % auf 3 % zurückgegangen (Schöffler 1956, 79), während in weiten Teilen der Welt, insbesondere in bestimmten Gebieten Asiens, Afrikas und Lateinamerikas bis heute mit einem Ansteigen gerechnet werden muss.

Bezogen auf die Weltbevölkerung sind die Zahlen uneinheitlich. Während Hudelmayer (1975, 37) und Kaden (1978, 20) von einer Gesamtzahl von 15 bis 17 Millionen Blinden ausgehen, dürfte die Zahl heute erheblich höher liegen. Laut Angaben der Christoffel Blindenmission (CBM Stand 2002) leben auf der Erde 37 Millionen Blinde und 6,2 Millionen hochgradig Sehbehinderte (nach WHO-Bulletin 2004, 82). Allein bei ca. 3 Millionen Menschen liegt eine Infizierung an Onchozerkose vor, einer von Parasiten verursachten Krankheit. Etwa 300 000 sind dadurch erblindet (CBM 2005). Sicher scheint zu sein, dass in den Notstandsgebieten der Welt nicht nur etwa drei Viertel aller Blinden leben, sondern dass dort auch der Anteil an vermeidbarer Erblindung (bessere Ernährung, frühzeitige Behandlung) sehr hoch eingestuft werden muss, schätzungsweise auf 75 % (CBM 2005). Allein 17 Millionen Menschen sind am Grauen Star erblindet; davon leben ca. 15,3 Millionen, das sind etwa 90 %, in asiatischen Ländern, wobei davon ausgegangen werden kann, dass sie nicht, oder unzureichend behandelt sind und werden (CBM 2005). Vitamin-A-Mangel, meist Folge von Fehl- und Unterernährung, führt zu Xerophthalmia (Austrocknung der Augapfeloberfläche) mit irreversibler Erblindungsfolge im Kindesalter. Etwa 500 000 Kleinkinder in Afrika, Asien und Lateinamerika erblinden dadurch jährlich. Dabei läge der Kostenaufwand für entsprechende Vitaminpräparate zur Präventivbehandlung bei etwa 1 Euro pro Kind im Jahr (CBM 2005). Ca. 3,2 Millionen Kinder in Afrika, Asien, Zentral-Australien und dem Mittleren Osten leiden an der Ägyptischen Körnerkrankheit (Trachom). Ca. 10 % von ihnen ist daran bereits erblindet.

In Anlehnung an die Zahlen der WHO (Stand 2002, veröffentl. 2004) sind weltweit die Ursachen von Blindheit wie folgt verteilt:

Tab. 30: Blindheit weltweit und ihre Ursachen (WHO-Bulletin 2004, Stand 2002)

Blindheitsursache (weltweit)	Häufigkeit in %
Grauer Star (Katarakt)	47,8
Grüner Star (Glaukom)	12,3
Maculadegeneration (altersabhängig)	8,7
Hornhautentzündung	5,1
Retinopathia diabetica	4,8
Vitamin A-Mangel (Kinderblindheit)	3,9
Trachom	3,6
Ouchozerkose	0,8
andere Ursachen	13,0

Für das Jahr 2003 gibt die amtliche Statistik für Deutschland eine Gesamtzahl von 344 367 Personen an, die infolge Blindheit, hochgradiger oder sonstiger Sehbehinderung als schwerbehindert anerkannt waren. In der Verteilung sieht das für 2003 folgendermaßen aus:

Tab. 31: Sehbehinderte und Blinde in Deutschland (abs. und %).

Blindheit oder Verlust beider Augen	1,2 % aller Schwerbehinderten 0,09 % der Gesamtbevölkerung	81.027 Personen
hochgradige Sehbehinderung	0,8 % aller Schwerbehinderten 0,05 % der Gesamtbevölkerung	49.151 Personen
sonstige Sehbehinderung	3,4 % aller Schwerbehinderten 0,3 % der Gesamtbevölkerung	214.189 Personen
Gesamtzahl aller durch Sehschädigung als schwerbehindert Anerkannten	5,1 % aller Schwerbehinderten 0,4 % der Gesamtbevölkerung	344.367 Personen

Altersdifferenzierungen werden in der vorliegenden Statistik bezogen auf Sehschädigungen nicht vorgenommen (absolute Zahlen vgl. Statistisches Bundesamt 2003). Wie bei Blindheit ist es auch bei Sehbehinderung schwierig, exakte statistische Daten zu erhalten.

Die Häufigkeit der Sehbehinderung unter Schulkindern schwankt auch in den Expertenschätzungen „zwischen 0,04 und mehr als 2 %“ (Sander 1973, 58), was vor allem durch die unterschiedlichen Visusgrenzen bedingt ist. Sander wählt in seinem Fazit einen Visus von 1/4 als Grenze der sonderschulbedürftigen Sehbehinderung und nennt hierfür eine Frequenz von 0,3 % (Sander 1973, 58 / Deutscher Bildungsrat 1973, 40). In der „Empfehlung zur Ordnung des Sonderschulwesens“ von 1972 liegt der Schätzwert nur bei 0,1 % (KMK 1972, 10). Eine relativ junge Untersuchung liegt von Drave und Schäfer (1985) vor. Bei einer Reihenuntersuchung von 24 000 schulpflichtigen Kindern an Regel- und Sonderschulen in Unterfranken wurde, bei Zugrundelegung einer geringeren Sehschärfe als 0,3, eine Frequenz von 0,268 % festgestellt. Dieser Wert ist nahezu identisch mit dem o.g. Schätzwert von 0,3 %. Wiederum für das Jahr 1994 entspräche das für Deutschland einer Zahl zwischen 20000 und 23000 sehbehinderter Kinder und Jugendlicher. Für die 2. Gruppe wurde eine Frequenz von 4,17 % ermittelt, d.h., umgerechnet auf die Gesamtzahl der schulpflichtigen Kinder von 1994, dass 318 588 Kinder und Jugendliche eine „mäßige beidseitige Einschränkung des Sehvermögens", bei Zugrundelegung einer Sehschärfe von 0,4-0,7 auf dem besseren Auge aufwiesen. Die KMK-Ergänzungsempfehlungen von 1998 machen keine Häufigkeitsangaben zum Förderschwerpunkt Sehen.

Eine Frequenz von 0,4 % der Gesamtbevölkerung lässt sich aus einem Bericht im Zusammenhang mit dem internationalen Jahr der Behinderten ableiten (BMFAUS 1981). THIMM errechnet einen Prozentsatz für Deutschland von 0,52 % (THIMM 1985, 539), indem er das in den USA verwendete Funktionskriterium zugrunde legt: Lesenkönnen von normalem Zeitungsdruck. Dies würde, bezogen auf die heutige Bevölkerungszahl von ca. 82 000 000 eine Menge von 426 400 ergeben. Die bereits erwähnte Definitionsproblematik erschwert genaue Häufigkeitsangaben zur Altersverteilung. Unzweifelhaft ist allerdings, dass der Anteil bei den alten Menschen erheblich viel höher liegt, als bei den Kindern und Jugendlichen.

In Ermangelung bundesdeutscher Daten sei die Altersverteilung international kurz dargestellt.

Weltweit sind nach diesen Daten 3,7 % der Blinden unter 15, 83,7 % über 50 Jahre alt.

Tab. 32: Altersverteilung von Blindheit weltweit (Zahlen aus WHO-Bulletin, Stand 2002, veröffentl. 2004)

Blindheit bezogen auf Alter	Anzahl abs.
unter 15 Jahren	1.368.000
15-49 Jahre	5.181.000
über 50 Jahre	30.857.000
Gesamt	36.857.000

7.4 Ursachen

Bei der Frage nach den Ursachen von Blindheit oder Sehbehinderung sind zwei Gruppen zu unterscheiden:

- die erblichen Sehschädigungen
- die erworbenen Sehschädigungen.

Für die genaue Bestimmung ist zusätzlich die ophthalmologische Diagnose, d.h. die Feststellung von Sitz und Typ der Schädigung von großer Bedeutung.

Ergebnisse zu den Ursachen der Kinderblindheit hat HUDELMAYER (1975, 30ff.), solche zu den Ursachen der Erwachsenenblindheit KADEN (1978, 22f.) zusammengetragen. Übereinstimmung bezüglich des Rangplatzes und Häufigkeitsanteils einzelner Ursachen lässt sich dabei nicht erzielen, jedoch erscheinen die häufigsten Ursachen in Mitteleuropa folgende fünf zu sein:

- Katarakt/ Grauer Star
- Glaukom/ Grüner Star
- Diabetische Retinopathie,
- Optikusatrophie,
- Tapetoretinale Degeneration.

Bevor im Folgenden die o.g. und einige weitere Schädigungsbilder erklärt werden, zunächst zur Gruppe der

■ Ererbten Sehschädigungen

In der Regel handelt es sich dabei um in der Familie auftretende Schädigungen, degenerative Prozesse oder Besonderheiten, z.B.

- Optikusatrophie (Sehnervenschwund) oder Pigmententartungen der Retina bei Blindheit,
- progressive Myopie (fortschreitende Kurzsichtigkeit),

- Albruismus (angeborener Farbstoffmangel der Augen, evtl. auch der Haare, der Haut), der ebenfalls Sehschädigungen zur Folge hat.

Die Gruppe der erworbenen Sehschädigungen ist außerordentlich vielfältig und wird in der folgenden Darstellung nach Ursachen bzw. Schädigungsbereichen unterteilt.

■ Erworbene Sehschädigungen

- prä- und perinatale Ursachen
  - Viruserkrankungen der Mutter während der Schwangerschaft (z.B. Röteln),
  - Schädigungen während der Geburt (z.B. Hirnhämatom)

- (postnatale) Krankheitsfolgen
  - frühkindliche Infektionen (Meningitis, Encephalitis),
  - Infektions-Kinder-Krankheiten (z.B. Scharlach)
  - Diabetische Retinopathie: Bei über der Hälfte der Diabetiker erkrankt innerhalb von 15 Jahren auch die Netzhaut, es kommt zu Blutungen und Netzhautablösungen. Diese Folgeerscheinung der Zuckerkrankheit kann durch gute Regulierung des Blutzuckerspiegels mittels Diät und Medikamenten hinausgezögert werden.

- Augenerkrankungen mit Sehschädigungsfolgen
  - **Trachom**: Eine ansteckende Krankheit der Augenbindehaut (Körnerkrankheit), die durch Chlamydozoen hervorgerufen wird. In Mitteleuropa tritt sie relativ selten auf.
  - **Uveitis**: Die Uvea besteht aus der Regenbogenhaut (Iris), dem Ziliarkörper und der Aderhaut (Chorioidea); jede dieser Teile kann sich entzünden (Iris, Iridozyklitis, Choriorditis). Medikamentöse Behandlung ist möglich. Heimtückisch ist die „sympathische Ophthalmie", die nach einer Operation oder Verletzung des einen Auges auftreten kann, und die auf die Uvea des anderen übergreift, schlimmstenfalls also beide Augen geschädigt werden.
  - **Retinoblastom**: Dieser bösartige Tumor des Kindesalters tritt meist bei Zwei- und Dreijährigen auf. Er wächst entlang des Sehnervs ins Gehirn fort; das erblindete Auge scheint dabei zu schielen. Etwa ein Viertel der Retinoblastome wächst beidseits; diese Form ist immer erblich mit einem 50 %-Risiko für die Nachkommen (Passarge 1979, 201).
  - **Optikusatrophie**: Ein Zerfall von Sehnervenfasern kann, wenn keine erbliche Disposition besteht, s.o., durch direkte Verletzung, direkten Druck (z.B. vonseiten eines Tumors) ausgelöst werden oder im Zusammenhang mit einem Hydrocephalus oder Arteriosklerose auftreten.

- Augenkrankheiten degenerativer Art
  - **Glaukom**/grüner Star: „Glaukom" ist die zusammenfassende Bezeichnung für verschiedene Erkrankungen, die alle den Innendruck im Auge erhöhen; die normale Schwankungsbreite des Augeninnendrucks von 10 bis 20 mm Hg wird dabei überschritten. Meist kommt dies durch eine Abflussbehin-

derung des Kammerwassers zustande. Sowohl medikamentöse als auch operative Behandlung sind möglich. Zur Glaukomprophylaxe sollte gleichzeitig mit der Verschreibung der ersten Lesebrille der Augeninnendruck überprüft werden (vgl. Kaden 1978, 25).

- **Buphthalmus**/Hydrophthalmie/**kindliches Glaukom**: Dieser Sonderform des Glaukoms liegt meist eine Fehlentwicklung des Auges, jedoch mitunter auch eine pränatale Entzündung zugrunde. Kennzeichnend für die betroffenen Kinder sind Lichtscheu und „schöne große Augen". Medikamentöse Behandlung ist nicht möglich, jedoch operative.
- **Katarakt**/ grauer Star: Hiermit ist eine Trübung der Augenlinse gemeint, die besonders häufig als Altersstar („Cataracta senilis") auftritt, aber auch bereits angeboren sein kann, etwa nach Virusinfektionen im ersten Schwangerschaftsdrittel. Medikamentöse Behandlung ist nicht möglich. Durch operative Entfernung der getrübten Linse und anschließendes Tragen einer Starbrille (beziehungsweise einer gleichwertigen Haftschale) kann im Allgemeinen ein Sehvermögen wieder hergestellt werden.
- **Tapetoretinale Degeneration** (v. a. Pigmentdegeneration, früher „Retinitis pigmentosa"): Der Untergang von Sinneszellen in der Netzhaut beginnt hier oft schon in der Kindheit mit schlechtem Dämmerungssehen (Nachtblindheit). Später entsteht ein Ringskotom (ein ringförmiger Gesichtsfeldausfall), wobei innerhalb und außerhalb des Rings noch scharf gesehen wird; durch nach außen fortschreitende Zellzerstörung wird hieraus ein Röhrengesichtsfeld, das keinerlei Raumorientierung mehr zulässt. Die Krankheit ist meist autosomal-rezessiv ererbt.
- (Senile) **Makuladegeneration**: Hier ist besonders der gelbe Fleck, die Stelle schärfsten Sehens in der Mitte der Netzhaut betroffen. Erstes Anzeichen ist ein Verzerrtsehen genau im Zentrum des Gesichtsfelds; später entstehen zentrale Skotome (Gesichtsfeldausfälle). Oft ist die Krankheit ererbt und betrifft beide Augen; am häufigsten ist die senile, im Alter beginnende Form.
- **Retrolentale Fibroplasie**: Diese 1941 erstmals beschriebene Augenerkrankung frühgeborener Säuglinge (vgl. Farrell 1956, 239ff.) war in der Nachkriegszeit in den USA dermaßen häufig, dass von den blinden Kindern und Jugendlichen Kaliforniens zeitweise 41 Prozent durch sie erblindet waren (Hudelmayer 1975, 32). Erst später erkannte man, dass nicht die Unreife der Kinder selbst, sondern der hohe Sauerstoffgehalt in den Inkubatoren die Ursache war: wenn der Sauerstoffdruck im Blut mehrere Stunden lang 100 mm Hg überschreitet, wachsen die kleinen Blutgefäße der Netzhaut aus und zerstören damit deren Sinneszellen (vgl. hierzu Leydhecker 1976, 139).

Da die Inkubatortechnik in Deutschland seinerzeit noch nicht so weit entwickelt und verbreitet war, kam es hier nicht im gleichen Ausmaß zu solchen ärztlich bedingten Erblindungen. Immerhin wurde 1971 für sieben Prozent der Blindenschüler Baden-Württembergs die Retrolentale Fibroplasie als

Erblindungsursache angegeben (vgl. Hudelmayer 1975, 32).

- Refraktionsanomalien (Brechungsfehler)
  - **Myopie**: Kurzsichtigkeit entsteht bei einem zu langen Augapfel. Eine Myopie kann so stark sein (mehr als 15 Dioptrien), dass sie durch Brillengläser nicht mehr zufrieden stellend korrigiert werden kann. Ferner gibt es eine fortschreitende Form, bei der sich das Sehvermögen stetig verschlechtert („Myopia maligna progressiva"). Insgesamt ist Myopie in großem Ausmaß für Sehbehinderungen, weniger für Blindheit verantwortlich. Mersi (1975, 164) zitiert eine Studie, der zufolge von den Schülern verschiedener Sehbehindertenschulen 40 % Myopie und 18 % andere Brechungsanomalien wie zum Beispiel Weitsichtigkeit (Hyperopie) als Diagnosen aufwiesen.
  - **Hyperometropie/Hyperopie**: Weitsichtigkeit oder Übersichtigkeit entsteht bei einem zu kurzen Augapfel, so dass parallel ankommende Lichtstrahlen erst hinter der Netzhaut vereinigt werden. In der Regel kann die Hyperopie mit Hilfe von Brillengläsern oder Haftschalen weitgehend korrigiert werden.
  - **Astigmatismus** entsteht bei ungleicher Krümmung der brechenden Augenmedien, insbesondere der Hornhaut. Folge ist, dass auf der Netzhaut kein scharfes Bild entsteht. Man spricht hier auch von „Stabsichtigkeit".

- Missbildungen
  - **Mikrophthalmie** bezeichnet die verkleinerte Anlage der Augäpfel, die mehr oder weniger starke Sehbeeinträchtigungen zur Folge hat.
  - **Anolphthalmie** bezeichnet das Fehlen der Augäpfel
  - **Kolobom** bezeichnet eine angeborene Spaltbildung an einem Organ. Es kann an der Iris, der Ader-, der Netzhaut sowie an den Augenlidern vorkommen.

Insgesamt sind Missbildungen an den Augäpfeln relativ selten.

- Unfälle, Verletzungen, Vergiftungen und Verätzungen können ebenfalls mehr oder weniger schwere Sehschädigungen zur Folge haben.

Für die Blindheit in den Ländern der Dritten Welt (vgl. Kap. 7.3) gelten diese Ausführungen nur teilweise. Hier sind es, wie Bolsinger (1973) in seinem internationalen Vergleich ausführlich dargestellt hat, nach wie vor großenteils Entzündungen der Hornhaut und Infektionskrankheiten, die zu Sehschädigung führen. Für Indien etwa wird die Keratomalazie (auch Xerophthalmie) – Einschmelzungsvorgänge in der Hornhaut infolge von Vitamin-A-Mangel in der Nahrung – als häufigste Erblindungsursache genannt (Bolsinger 1973, 52 f.). Hinzu kommen tropische Erblindungsursachen wie das Trachom, eine vor allem für Ägypten typische Bindehautinfektion, die Onchozerkose, eine von Parasiten übertragene, nur in der Nähe warmer fließender Gewässer vorkommende Wurmkrankheit („river blindness", „Sudan-Blindheit"), die epidemisch verläuft, sowie die Lepra, die in etwa 10 Prozent der Fälle auch die Augen zerstört.

Bezogen auf die bei einzelnen Krankheiten angegebenen Behandlungsmöglichkeiten muss noch ergänzt werden, dass eine Behandlung nicht in jedem Fall erfolgreich sein wird, und daher eine Erblindung oder eine hochgradige Sehbehinderung nicht immer zu verhindern ist.

In den hochindustrialisierten Ländern, zu denen auch Deutschland gehört, können heilbare Schäden behandelt, augenentzündliche Prozesse unter Kontrolle gehalten und Refraktionsanomalien korrigiert werden. Die Ursachen für Blindheit liegen daher mit zunehmender Häufigkeit in erblichen oder angeborenen Schädigungen der Augen, in Verletzungen bei Unfällen, Zivilisationsschädigungen und in Altersleiden, also degenerativen Erkrankungen eines oder beider Augen (vgl. RATH 1992, 33). Dabei stehen, etwa ab dem 60. Lebensjahr, der Graue Star und Durchblutungsstörungen, vornehmlich der Netzhaut und des Sehnerv an erster Stelle. Im Erwachsenenalter zwischen 30 und 60 Jahren sind die Schädigung durch Unfall sowie diabetische Retinopathien häufig Ursache von Sehbehinderungen, während bei Kindern und Jugendlichen Grüner Star, Sehnervenschwund, Netzhauterkrankungen, Fehlbildungen sowie mehr oder weniger hochgradige Myopien im Vordergrund stehen.

Der hohe Anteil der erblichen Ursachen lässt – neben unleugbaren Behandlungsfortschritten – die genetische Beratung zu einer der wichtigsten präventiven Maßnahme für Blindheit und Sehschädigung werden. Denn auch Sehschäden, die erst im späteren Leben auftreten, sind vielfach bereits genetisch determiniert.

Bei der Vielzahl der möglichen erblichen Syndrome (vgl. PASSARGE 1979, 234ff.; NEUHÄUSER 1982, 143f.) muss in der Beratung jeder Einzelfall gesondert betrachtet werden. Am vordringlichsten ist sie für die Blinden und Sehbehinderten selbst; daher sollte sie bereits im Jugendalter stattfinden.

Andererseits müsste auch die Bevölkerung allgemein erreicht werden (zum Beispiel wegen der rezessiven Erbgänge) und hier besonders die unteren sozialen Schichten. Denn nicht erst die Schichtzugehörigkeit der Blinden selbst ist „um ein bis zwei Niveaustufen“ nach unten verschoben, wie THIMM (1971, 73ff.) feststellte – dies könnte ja auch eine Folge der Sehschädigung sein –, sondern auch blinde Kinder kommen überproportional aus der oberen Unterschicht (36 % statt 30 %) und der unteren Unterschicht (27 % statt 13 %) (vgl. HUDELMAYER 1975, 47; RATH 1974, 22ff.; SIEBERTS 1974, 1ff.). In der Schichtzugehörigkeit könnte man also sozusagen eine dritte, soziale Ursachenebene der Sehbehinderung sehen, z.B. hinsichtlich der ungünstigen ärztlichen Versorgung in den unteren Schichten. Bezogen auf Verteilung von Blindheit nach dem Geschlecht ergeben sich deutlich höhere Zahlen bei Jungen (vgl. RATH 1973, 233f.; 1995, 15).

7.5 Soziale Einschätzung

Wie bereits im Abschnitt über Hörschädigungen ausgeführt, gilt die Blindheit allgemein als schwerste Behinderung für die Betroffenen (vgl. VON BRACKEN 1976, 262). Fragt man nach der schwersten Behinderung für die Mitmenschen, so wird die Blindheit immer noch an zweiter Stelle genannt (nach der geistigen Behinderung). Bei einer Einschätzung unterschiedlich Behinderter mit

Hilfe des Semantischen Differentials durch angehende Volksschullehrer erhielten die Blinden den ersten Rang hinsichtlich der „Valenz“, womit vorwiegend Sympathie und Akzeptierung gemeint waren, den letzten nach „Erregung“ und „Potenz“, was sich auf Aktivität, Einfluss und Mächtigkeit bezog (VON BRACKEN 1976, 269f.).

Es existiert also ein recht deutlich ausgeprägtes soziales Stereotyp des Blinden, das THIMM (1972b, 253f.; vgl. auch THIMM 1985) folgendermaßen charakterisiert:

„Blindheit ist unter allen körperlichen Gebrechen das schlimmste Übel. Blinde neigen in ihrer stillen, ernsten, gehemmten und zurückhaltenden Art zur Verinnerlichung. Sie sind extrem schutz- und hilfsbedürftig und ihnen gebührt vollstes Mitleid. Sowohl im emotionalen Bereich als auch im Leistungsbereich sind die normalen Normen nicht auf sie anwendbar. Die Bewertung eines Blinden liegt außerhalb der Dimension, in der sich die für das auf gesellschaftlichen Erfolg ausgerichtete Handeln maßgeblichen Beurteilungsprozesse abspielen.“

Hilflosigkeit, Abhängigkeit, Unterwürfigkeit, Melancholie, Ernst sind also Eigenschaften, die zum sozialen Bild des Blinden unabdingbar dazuzugehören scheinen (vgl. SCOTT 1969, 4). Manche dieser Zuschreibungen lassen deutlich ihre Simplizität erkennen, so etwa wenn von der ständigen Dunkelheit, die den Blinden umgibt, auf eine dunkle Stimmungslage, einen melancholischen Charakter oder auf Einsamkeitsgefühle geschlossen wird (vgl. auch RATH 1995, 16f.).

Dass außerdem noch ein geringes Leistungsvermögen zum Blindenstereotyp hinzugehört, hat WEINLÄNDER (1976) mit einem Versuch zur Kausalattribution aufgezeigt: während Erfolge eines Blinden in vorgegebenen Leistungssituationen eher auf die Leichtigkeit der Aufgabe zurückgeführt wurden, nahm man bei ihren Misserfolgen nicht etwa konsequenterweise eine besondere Aufgabenschwierigkeit an, sondern legte sie der vorgeblich geringeren Leistungsfähigkeit des Blinden zur Last.

SCOTT (1969) hat sich ausführlich mit der Herkunft des Blindenstereotyps und seiner Übernahme durch die Blinden befasst. Er trennt dabei scharf zwischen dem Nichtsehen-können einerseits und der Blindheit andererseits und vertritt die Grundthese, dass „Blindheit eine soziale Rolle darstellt, die Menschen mit ernsthaften Sehschwierigkeiten oder ganz ohne Sehvermögen erlernen müssen.“ Ein literarisches Beispiel hierfür stellt der Roman von Max FRISCH „Mein Name sei Gantenbein“ dar (1968). Bezogen auf das Verhalten Blinder scheinen viele ihrer lange als unabdingbar betrachteten Merkmale tatsächlich „das Ergebnis gewöhnlicher Sozialisationsprozesse“ zu sein (SCOTT 1969, 3).

Allerdings sei es nun nicht damit getan, ein solches soziales Bild als Stereotyp zu entlarven, denn

„wie irrig auch die bestehenden Stereotypien über Blindheit sein mögen, sie sind nichtsdestoweniger wirklich. Kein Blinder kann sie ignorieren, und für die meisten Blinden sind sie zentrale Bedingungen ihres Lebens“ (SCOTT 1969, 8).

Auf dreierlei Weise erlernt nach SCOTT (1969, 16ff.) der Blinde die Blindenrolle, eignet sich das Blindenstereotyp an:

- Bereits in der frühen Kindheit hat er Einstellungen und Überzeugungen über

Blinde und andere Stigmatisierte erworben; im späteren Leben selbst erblindet, braucht er nur noch dieses „Wissen" auf sich selbst zu beziehen.

- In der direkten Interaktion mit den Sehenden erfährt der Blinde, welche Eigenschaften man von ihm erwartet. Nur diese werden in aller Regel auch mit sozialer Verstärkung bedacht, wirken sich förderlich auf den sozialen Verkehr aus. Ob der Blinde das Stereotyp als „wahrer Gläubiger" willig und voll übernimmt, oder ob er es ablehnt und dagegen ankämpft: In jedem Fall ist es eine soziale Realität für ihn, die er in Rechnung stellen muss.
- Hinzu kommt der Interaktionsablauf selbst, der sowohl Blinden wie Sehenden augenfällig die Erschwerung des Kontakts und damit die Inferiorität des Blinden demonstriert: die initialen optischen Eindrücke vom jeweiligen Gesprächspartner entfallen, Gestik und Mimik können nicht als Kommunikationsmittel eingesetzt werden, der Blinde benötigt einige technische Hilfen, was SCOTT (1969, 27) am Beispiel eines Bürobesuchs eindrücklich illustriert. Ist der Blinde nicht in der Lage, durch besondere Qualitäten seinen Makel zu kompensieren, soziale Gegenleistungen – im Sinne von HOMANS' (1950, dt. 1960) Austauschtheorie – zu erbringen, so gerät er vollends in die Position des Abhängigen, der Zuwendung erfährt, aber selbst keine soziale Verstärkung gibt.
- Den dritten Kontext, in dem die Blindenrolle erlernt wird, sieht SCOTT (1969, 71ff.) in den speziellen Rehabilitations- und Hilfseinrichtungen für Blinde, die er insgesamt als „blindness system" bezeichnet; es veranlasse seine Klienten dazu, die Blindheit zu akzeptieren, womit auch dort neben dem Nicht-sehenkönnen als solchem ein ganzes Bündel von Persönlichkeitseigenschaften mitgemeint sei.

Sicherlich trifft diese Sichtweise SCOTTS teilweise nur auf die USA mit ihrer weiten Blindheitsdefinition zu, wo offenbar tatsächlich manche Sehbehinderten behandelt und rehabilitiert werden, als seien sie blind (zum Beispiel Punktschrift erlernen statt eine Schwarzschriftvergrößerung zu benutzen, oder umgeschult werden in typische Blindenberufe). Einige seiner Aussagen werfen jedoch auch auf europäische Verhältnisse ein kritisches Streiflicht: auch hier existiert eine typische Blindenrolle; auch hier wird auf Blinde, die von ihr abweichen, aus ihr auszubrechen versuchen, vielfach mit Erstaunen, wenn nicht sogar mit Ablehnung reagiert. Nach RATH (1995, 16f.) bilden die Blinden eine „umschriebene Gruppe ..., deren Mitglieder Blindheit als gemeinsames soziologisches Element aufweisen".

In Deutschland dient der Zusammenschluss in Interessengruppen

- der Emanzipation von Befürsorgungsdenken,
- der demokratischen Mitbestimmung im Staat, im Sinne von Beeinflussung der Legislative.

7.6 Psychosomatische, motorische und perzeptive Auswirkungen

Obwohl ein großer Teil der „typischen" Eigenschaften des Blinden auf die Wirkung sozialer Stereotype und Erwartungshaltungen zurückzuführen ist, gibt es doch einige Besonderheiten, die wohl unabhängig von sozialen Stereotypen den Blinden, vor allem den Geburtsblinden und den Früherblindeten, kennzeichnen. Zum einen sind dies die psychosomatischen Wirkungen der Blindheit. Alle wahrgenommenen Lichtreize werden z.B. nicht nur spezifisch zur Sehrinde fortgeleitet, vielmehr zweigt von der Sehbahn ein energetischer Anteil zum Hypothalamus des Zwischenhirns ab und wirkt dort im Sinne einer allgemeinen Aktivierung („heliotropes Bewirkungssystem", vgl. Hudelmayer 1975, 34); ferner beeinflusst er über die Hypophyse auch die anderen Hormondrüsen des Körpers:

> „Wenn völlige Blindheit ... besteht, dann kommt es zu einer Unterfunktion der Zwischenhirn-Hypophysen-Tätigkeit und damit auch zu einer Unterfunktion von Nebennierenrinde, Schilddrüse und Keimdrüsen" (Kaden 1978, 5).

Rasche Ermüdbarkeit, vorzeitiges Nachlassen der Konzentration, Schlafstörungen, Potenzstörungen beziehungsweise Störungen im Menstruationszyklus sind die möglichen Folgen.

Weiterhin wird beschrieben, dass Blinde im Laufe der Zeit eine typische Körperhaltung, eine „psychomotorische Schablone" annehmen (vgl. Hudelmayer 1975, 63; Kaden 1978, 5): Ihre Bewegungen wirken gleichförmig und steif, beim Gehen bleibt ihr Oberkörper fast unbewegt, insbesondere die Kopfbewegungen sind reduziert, auch in der Ruhe erscheinen sie angespannt. Teilweise läßt sich diese Haltung als ständige Reaktionsbereitschaft gegenüber unerwartet auftauchenden Hindernissen, teilweise als Folge des Fehlens optischer Anreize interpretieren.

Beim blind aufwachsenden Kleinkind ist die Entwicklung der Motorik stark beeinträchtigt: Es bieten sich ihm keine optischen Reize, auf die zuzugehen es sich lohnte. Ohne eine gezielte Förderung der Motorik kommt es bei ihm frühzeitig zu relativer Bewegungsarmut, daneben jedoch zu motorischen Besonderheiten und Bewegungsstereotypien wie „Augenbohren, Hin- und Herschaukeln des Oberkörpers, Hängenlassen des Kopfes, Grimassenschneiden, Drehen auf einer Stelle, Reiben des Kopfes auf der Unterlage" (Kaden 1978, 40).

Diese Bewegungsstereotypien sind so charakteristisch, dass sie geradezu als „Blindismen" bezeichnet werden. Teilweise dem Hospitalismussyndrom ähnlich, werden sie als Folgeerscheinung von Isolation einerseits, Bewegungsdrang andererseits gedeutet. Im Augendrücken und Augenbohren wird eine Stimulation der Augenmuskulatur oder auch eine Erzeugung so genannter entoptischer Lichterscheinungen gesehen. „Die Bewegungsbesonderheiten können selten ganz vermieden werden; sie sind jedoch zu mildern und teilweise abzubauen durch geeignete Anregungen sozialer und gegenständlicher Art" (Hudelmayer 1975, 62); vom vierten Lebensjahr an – in Relation zur verstärkten Kontaktaufnahme mit der Umwelt – verschwinden sie allmählich.

Blindgeborene Kleinkinder müssen ihr gesamtes Weltbild nichtoptisch, also akustisch und taktil, aufbauen. Die Frage, ob sie dabei zu einer adäquaten Raumvorstellung gelangen, ist lange diskutiert worden; von Senden (1932) hat sie mit einer Analyse des Sehenlernens operierter Blindgeborener zu beantworten versucht.

Besonders eindrücklich schienen manchen Untersuchern die Träume der Blinden ihre abweichende Wahrnehmungsweise widerzuspiegeln. von Schumann (1959), der außer eigenen Analysen der Träume Blinder auch historisch überlieferte Blindenträume heranzog, konnte in den Träumen Blindgeborener keine visuellen Vorstellungen, keine Formvorstellungen und nur diffuse Lichteindrücke feststellen; stattdessen nahmen akustische, taktile, kinästhetische und olfaktorische Elemente einen breiten Raum ein.

In den Träumen Früherblindeter kamen noch schemenhaft vermummte Gestalten und nebelhafte Erscheinungen vor, während Späterblindete noch lange nach der Erblindung ihre Träume mit den üblichen visuellen Vorstellungen bestritten, die erst allmählich von den anderen Sinnesmodalitäten zurückgedrängt wurden; von Gegenständen, die vor der Erblindung unbekannt waren, traten stark abstrahierte und schematisierte Bilder auf.

7.7 Ausbildung in Blindentechniken

Bei blinden Kindern entfällt das sonst so ungemein wichtige unmittelbare Imitationslernen. Einfachste Verrichtungen, die ein sehendes Kind durch Abschauen und Nachmachen sozusagen en passant sich aneignet, erfordern beim Blinden eine gezielte Instruktion.

Eine der wichtigsten Aufgaben der Blindenschule ist daher das Selbständigkeitstraining. Blinde Kinder sollen die gleichen Alltagstechniken beherrschen lernen wie sehende Kinder, wenn es ihnen vielleicht auch erst zu einem etwas späteren Zeitpunkt gelingt. Nach Rath (1995, 25) ist dies eine Förderung „im Bereich lebenspraktischer Fertigkeiten". Ein zweiter Bereich umfasst die Fertigkeiten, „die Orientierung und Mobilität ermöglichen".

Das so genannte Mobilitätstraining soll den Blinden zur Orientierung und Beweglichkeit auch außerhalb seiner vertrauten Umgebung befähigen. Unterrichtsmäßig absolviert, erfordert es pro Schüler einen Lehrer und insgesamt etwa 80 Unterrichtsstunden (vgl. Kaden 1978, 105). Einerseits wird dabei das Gehör des Blinden geschult, damit er mit Hilfe der Echolokalisation – er lernt das Echo seiner eigenen Bewegungen wahrzunehmen – im Raum befindliche Gegenstände ausmachen kann. Andererseits hat sich – vor allem für die Fortbewegung in Gebäuden und im Freien – der weiße Langstock bewährt, der beim Gehen schräg vor dem Körper zum Boden geführt oder dort hin- und herbewegt wird. Kooyman (1972) hat ein regelrechtes Lehrbuch zum Gehen mit Stock, nach Gehör, zum Überqueren der Straße und weiteren Übungen publiziert.

Manche Blinde bevorzugen nach wie vor den Blindenhund zur Orientierung außerhalb der Wohnung, der freilich – vom hohen Anschaffungspreis von mehreren tausend Euro einmal abgesehen – täglicher Pflege, regelmäßigen Ausgangs und einer gewissen Tierliebe bedarf.

Als weitere Alternativen zum Langstock werden der Laserblindenstock und die Ultraschallbrille („KAY Sonic Aid") angeboten. Ersterer sendet bei entsprechender Nähe eines Gegenstands Warntöne, letztere – je nach Entfernung des Gegenstands – Signale von unterschiedlicher Tonhöhe aus. Versuche einer Marburger Untersuchergruppe ergaben jedoch, dass „die Gehleistung derselben Testpersonen mit der Ultraschallhilfe schlechter ausfiel als mit dem normalen kurzen Blindenstock" (Kaden 1978, 103). Die Gehleistung mit dem Laserstock entsprach zwar der mit dem normalen Stock, genauere Beobachtungen zeigten aber, dass der Laserstock dabei wie ein Langstock benutzt wurde; es machte keinen Unterschied, ob die Laserelektronik ein- oder ausgeschaltet war. Weitere fünf Bereiche, in denen sonderpädagogischer Förderbedarf besteht, sind:

- der Bereich des kognitiven Lernens, z.B. Anbahnung der Begriffsbildung, Unterweisung in speziellen Lese- und Schreibtechniken, Training der Benutzung spezifisch adaptierter Lehr- und Lernmittel;
- der Bereich der Kommunikation;
- der Bereich sensorischer und motorischer Fertigkeiten;
- der Bereich der Berufsvorbereitung und Berufswahl
- der Bereich emotionaler und sozialer Fähigkeiten.

Letzterer ist im Gegensatz zu den anderen Bereichen in allen Entwicklungsphasen von Bedeutung (vgl. Rath 1995, 25).

Ohne Hilfsmittel kommt der Blinde nicht aus, aber nicht jede technische Neuerung bedeutet auch tatsächlich einen Gewinn für ihn, wie vorgenannte Untersuchung zeigt.

Kaden (1978, 82f.) führt in seiner Zusammenstellung nicht weniger als 60 Hilfsmittel auf, die Blinden und hochgradig Sehbehinderten zur Verfügung stehen, die inzwischen technisch verbessert, elektronisch angereichert und zahlenmäßig vergrößert wurden. Um diese Vielfalt etwas übersichtlicher zu gestalten, werden die Blindenhilfsmittel in vier Gruppen unterteilt. In diese Einteilung sind zwangsläufig auch subjektive Momente eingegangen. Ihr Maßstab war die alltägliche Lebensbewältigung; berufliche Notwendigkeiten mögen bestimmte Hilfsmittel für manche Blinden ungleich wichtiger werden lassen. Auch trivial anmutende Hilfsmittel wurden in der Liste belassen, um die Vielfalt des Angebotenen und teilweise auch Notwendigen aufzuzeigen.

1. Gruppe: für Blinde unerlässliche Hilfsmittel

- die Punkt- oder Braille-Schrift (vgl. Abb. 19) mit dem nötigen Zubehör:
- spezielles Papier, Folien, die große Bogenmaschine und die kleine Stenomaschine, die leiser und schneller bedient werden kann und einen Text in Streifenform ausgibt;
- der Blindenstock;
- der Kassettenrecorder/ CD-Player;
- die (Schwarzschrift-)Schreibmaschine mit Blindeneinrichtung, bzw. der ebenso ausgestattete PC;
- Stadtpläne in Reliefdarstellung;
- verschiedene Blinden-Uhren und Blinden-Waagen;
- ein spezielles Thermometer;
- Spiele für Blinde (z. B. Spielkarten).

2. Gruppe: für Blinde wichtige Hilfsmittel

- Braillex (eine Art elektronisches Lexikon zur Speicherung und Abrufung von Informationen);

- Braillomat (prägt Punktschriftstreifen, kann auch an elektrische Schreibmaschinen, EDV-Geräte, Fernschreiber und – für Taubblinde – ans Telefon angeschlossen werden);
- Relief-Atlanten und -Landkarte;
- Relief-Globen;
- Relief-Kalender;
- Kunststoffboxen zum Versand von Tonkassetten/ CDs;
- Klingelbälle (für Ballspiele);
- Metermaße mit tastbarer Markierung;
- Messlöffel;
- Notizblocks;
- Nadeleinfädler;
- Optacon-Gerät (wandelt normale Texte in Vibrationen um, wobei allerdings maximal ein Viertel der Punktschrift-Lesegeschwindigkeit erreicht und das Tastgefühl der Fingerkuppe beeinträchtigt werden kann);
- Rechenmaschinen mit Brailleschrift- oder Tonausgabe;
- Schreibtafeln für Schwarzschrift (Zeilen- und Randhilfe);
- Verkehrsschutzzeichen (Armbinde);
- Zeichengeräte mit tastbaren Markierungen.

3. Gruppe: für Blinde kaum notwendige, weil ersetzbare Hilfsmittel

- Audiluxgerät (es zeigt akustisch die Helligkeit eines Raumes oder von Gegenständen, z. B. von Kleidungsstücken, oder den Füllstand eines Glases an);
- Briefumschläge mit Aufdruck ‚Blindensendung';
- Briefwaage mit tastbarer Markierung;
- Barometer mit tastbarer Markierung;
- Bügeleisen mit Wählscheibe in Punktschrift;
- Fernsehton-Umwandler (ermöglicht den Empfang des Fernsehtons über Rundfunkgeräte);
- Flaschenausgießer für Spirituosen (ermöglicht das Ausgießen einer begrenzten Flüssigkeitsmenge);
- Glückwunschkarten mit Reliefdarstellung;
- Geldboxen für verschiedene Münzen;
- Geldscheintabelle zur Wertbestimmung deutscher Banknoten;
- gesichertes Küchenmesser;
- Lesemaschinen (sie wandeln normalen Schwarzschrift-Text in Töne und Klangbilder um);
- Vorlese-Automaten bzw. Literaturkassetten;
- LORM-Handschuh (zum Üben des LORM-Alphabets, mit dem man sich mit Taubblinden verständigen kann);
- Münz- und Geldscheinprüfer.

4. Gruppe: für Blinde nutzlose, für hochgradig Sehbehinderte aber unerlässliche Hilfsmittel

- Fernsehlesegerät;
- Fernrohrbrillen;
- Großdruckbücher;
- Lupen und Lupenbrillen.

Den letztgenannten Hilfsmitteln für hochgradig Sehbehinderte ist das Prinzip gemeinsam, dass sie einen kleinen Bildausschnitt sehr stark vergrößern; der Nachteil liegt dann allerdings darin, dass nur noch ein sehr kleiner Bildausschnitt überblickt wird, zum Beispiel nicht einmal mehr die ganze Spalte einer Zeitung.

7.8 Psychologisch-pädagogische Aufgaben in Erziehung und Rehabilitation

Das Blindenschulwesen ist in der Bundesrepublik heute gut organisiert. 32 Schulen, die wegen der notwendigen Zentralisierung Internatsunterbringung anbieten, sind teilweise reine Blindenschulen, teilweise kombinierte Blinden- und Sehbehindertenschulen. Zwei Schulzentren bieten gymnasiale Bildung für Blinde und hochgradig Sehbehinderte an. Zusätzlich gibt es in Deutschland Schulen für Taubblinde, für blinde Mehrfachbehinderte, sowie Berufsbildungswerke für Blinde und hochgradig Sehbehinderte (vgl. Rath 1995, 21, 23). Aufgrund der Trennung von der Familie (wochenweise während der Schulzeit), wurde die Forderung nach Möglichkeiten integrativer Beschulung bereits vor 20 Jahren erhoben. Inzwischen gibt es sowohl im schulischen als auch im berufsbildenden Bereich unterschiedliche integrative Fördermöglichkeiten für Blinde und hochgradig Sehbehinderte. Dabei ist der Anteil an blinden Schülern im gymnasialen Bereich größer als in anderen Regelschulbereichen. Nach Rath (1995, 22f.) werden ca. 10 % der blinden Schüler in Regelschulen unterrichtet und von Fachlehrern der Schulen für Sehbehinderte ambulant betreut.

Auch Blindheit und Sehbehinderung sind häufig mit zusätzlichen Behinderungen wie Lernbehinderung oder Verhaltensstörung verknüpft. Zum Verhaltensaufbau und zur Verhaltensmodifikation werden in den Blindeninternaten heute teilweise schwerpunktmäßig Techniken der Verhaltenstherapie bzw. therapeutische Maßnahmen auf der Basis anderer Grundkonzepte eingesetzt.

Die psychologisch-pädagogische Diagnostik gestaltet sich bei Blinden schwierig. Zum Beispiel sind von den Intelligenztests nur wenige Verfahren möglich, da nahezu alle gängigen – wie das LPS, der RAVEN-Test, der CFT, der Handlungsteil des HAWIK-R – optisch dargeboten werden. Lediglich der Verbalteil des HAWIK-R kann ohne Modifikation auch bei Blinden angewendet werden. Jedoch prüft er fast ausschließlich sprachliche Intelligenzfaktoren, so dass – genau umgekehrt zur Situation bei den Gehörlosen – meist die relativ bildungsnahe Verbale Intelligenz gemeint ist, wenn von der Intelligenz Blinder die Rede ist. Bei im späteren Leben Erblindeten und Erblindenden - in vielen Fällen nimmt die Sehschärfe über Jahre hin langsam ab - stellen sich dem Psychologen oder Sonderpädagogen in erster Linie Beratungsaufgaben. Der Verlust des Augenlichts oder die Gewissheit, es in absehbarer Zeit zu verlieren, bedeutet für fast alle Menschen einen ungeheuren Schock, der Zeit zu seiner Verarbeitung braucht und mit ähnlichen Trauerreaktionen beantwortet wird wie der Verlust eines geliebten Menschen oder die Gewissheit des eigenen Todes: Nicht-wahr-haben-wollen, Auflehnung, Depression kommen vor (vgl. Kübler-Ross 1974, 23).

Doch findet wie Scholtyssek (1948) feststellte, nach einiger Zeit eine Umorientierung statt von der Vergangenheit, der Zeit des Nochsehen-könnens, weg auf die Zukunft hin, von den verlorengegangenen auf die noch verbliebenen Möglichkeiten hin. Die Grundrehabilitation mit ihrer Vermittlung von Blindentechniken, die das ausgefallene Sinnesorgan wenigstens teilweise kompensieren, trägt zu dieser Umorientierung bei.

Die spätere berufliche Rehabilitation (vgl. Kaden 1978, 67ff.) dagegen stellt in der Hauptsache eine mit erheblichem Leistungsdruck verbundene Umschulung beziehungsweise Ausbildung in einem neuen Beruf dar. Obgleich für Blinde inzwischen eine Vielzahl von Berufen möglich ist, zum Teil mit geringfügigen Zusatzeinrichtungen am Arbeitsplatz, stehen auch heute noch eher „typische" Blindenberufe im Vordergrund. Lediglich im Bereich der Kommunikationstechnologien wurden interessante neue Gewerbezweige für Blinde erschlossen.

Neben Diagnostik und individueller Beratung besteht eine weitere psychologische/sonderpädagogische Aufgabe in der Rehabilitation im Angebot von Psychotherapie, Autogenem Training und Entspannungstechniken, womit den oben erwähnten psychosomatischen Auswirkungen der Blindheit und der „psychomotorischen Schablone" entgegengewirkt werden kann.

7.9 Zur Situation der sehbehinderten Kinder und Jugendlichen

Die Sehbehinderten sind in diesem Kapitel immer am Rande miterwähnt worden. Es drückt sich darin gewissermaßen bereits ihre Situation aus: entweder man übersieht ihre Sehbehinderung, erwartet von ihnen Gleiches wie von Nichtbehinderten und überfordert sie damit, bereitet ihnen gehäufte Misserfolgserfahrungen – oder man überschätzt ihre Sehbehinderung, rechnet sie als vermeintlich hochgradig Sehbehinderte schlicht den Blinden zu, unterfordert sie damit oder erwartet von ihnen gar den Gebrauch von Blindentechniken, die sie ja tatsächlich nicht nötig haben.

Ähnlich ist die Lage der nur „leichter" Behinderten meistens; für Schwerhörige im Unterschied zu Gehörlosen, Lernbehinderten im Unterschied zu geistig Behinderten gilt dies ähnlich. Daraus ist die Hypothese entstanden, Sehbehinderte seien emotional gestörter als Blinde, mit dem Grad der Sehbehinderung verbessere sich die sozial-emotionale Anpassung. Nach Mersi (1975, 180) ist diese These allerdings nicht aufrechtzuerhalten.

Hingegen fand Mersi Belege für zwei andere Hypothesen zu Persönlichkeit und Anpassungsniveau der Sehbehinderten. Zum einen schien

> „zwischen Sehbehinderung und sozial-emotionaler Anpassung eine gewisse Beziehung zu bestehen ..., und zwar – zumindest unter bestimmten Bedingungen (z. B. Regelbeschulung ohne Unterstützung) – in bedenklichem Maße zuungunsten der sehbehinderten Schüler" (Mersi 1975, 179).

Die beliebte Hypothese, dass Kurzsichtige eher zur Introversion, Weitsichtige eher zur Extraversion neigen, muss freilich etwas modifiziert werden: sowohl Kurz- wie Weitsichtige scheinen eher zur Introversion zu neigen, beide Gruppen weisen eine ungünstige sozial-emotionale Anpassung auf, wobei die Weitsichtigen eher noch ungünstiger abschneiden (Mersi 1975, 181). Über die Hälfte der sehbehinderten Schüler weisen solche Brechungsanomalien auf (vgl. Kap. 7.4). Auffällige Verhaltensweisen, wie Blinzeln und Zukneifen der Augen, Schräghaltung des Kopfes, häufiges Stolpern, Fehlinterpretation von

Umfeldgegebenheiten und Situationen sowie übermäßige Beschäftigung mit der eigenen Behinderung, oft fehlgedeutet als Egoismus oder Intraversion, sind in vielen Fällen Folge bestimmter Augenschäden, fehlangepasster, verschmutzter oder zerkratzter Brillengläser.

Eine besondere Schwierigkeit für Sehbehinderte ist, dass das Sehvermögen oft nicht stabil ist. Externe Einflüsse, z.B. Lichtveränderungen, können die Situation schlagartig verändern. Bei bestimmten Augenerkrankungen und bei spezifischen Netzhautfehlbildungen trifft häufig ein Nystagnus auf, ein Zittern oder Drehen der Augen, der häufig als Nervosität missgedeutet wird. Grundsätzlich müssen sehbehinderte Personen erheblich mehr Energie aufwenden, um Informationen aufzunehmen, als Sehtüchtige. Diese Anstrengung absorbiert Energien aus dem sozialen Feld. Häufig wirken sie deshalb desorientiert, indifferent, abwesend oder resignativ, was nicht in jedem Fall den Tatsachen entspricht, sondern Erschöpfungsreaktionen darstellen. Spezifische Folgen für die Identitätsentwicklung Sehbehinderter aus sozialpsychologischer und aus psychoanalytischer Sicht werden in einigen Untersuchungen beschrieben (Glofke 1983; Tuttle 1984; Ahrbeck/Rath 1988; Rath 1987; 1994; Walthes 1999, 2000).

8 Geistige Behinderung – Förderschwerpunkt geistige Entwicklung

Im Zusammenhang mit geistiger Behinderung wird ein Dilemma besonders deutlich, welches die Sonderpädagogik seit Jahrzehnten begleitet: die Diskrepanz zwischen wissenschaftlich möglichst exakter Beschreibung einer Schädigung und sozial-ethischer Beachtung menschlicher Würde.

Die Tendenz, Beeinträchtigungen, Behinderungen und Schädigungen nicht defizitorientiert zu beschreiben, führt einerseits zur Euphemisierung von Tatbeständen, andererseits zu weit gefassten, eher allgemein auf den Menschen, seine Entwicklung und sein Verhalten bezogenen Abhandlungen. Auf den ersten Blick scheint letzteres in den Ergänzungsempfehlungen (1998) im Zusammenhang mit geistiger Behinderung der Fall zu sein. Die Begrifflichkeit „Förderschwerpunkt geistige Entwicklung“ ist relativ weit gefasst und damit unspezifisch. Nach Dreher/Heinen/Münch (2000, 290) scheint „eine Sichtweise, die den Menschen in seiner Entwicklung anspricht und hier explizit in seiner geistigen Entwicklung … den Kontext möglicher Beeinträchtigungen in ein neues Licht zu rücken“. Im Empfehlungstext wird allerdings zur näheren Erläuterung auf den traditionellen Begriff der „geistigen Behinderung“ zurückgegriffen, was u.a. deutlich macht, dass zur Spezifizierung eines je individuellen Förderbedarfs auf sachlich-nüchterne Darlegung von physischen, psychischen und sozialen Gegebenheiten nicht verzichtet werden kann (vgl. WHO-Klassifikation, Abs. 2.13).

8.1 Begriffe und Definitionen

Insofern wird die folgende Darstellung sich traditioneller Begriffe und Definitionen bedienen.

Als geistigbehindert bezeichnet Bach

> „Personen, deren Lernverhalten wesentlich hinter der auf das Lebensalter bezogenen Erwartung zurückbleibt und durch ein dauerndes Vorherrschen des anschauend-vollziehenden Aufnehmens, Verarbeitens und Speicherns von Lerninhalten und eine Konzentration des Lernfeldes auf direkte Bedürfnisbefriedigung gekennzeichnet ist, was sich in der Regel bei einem Intelligenzquotienten von unter 55/60 findet“ (1977b, 92).

Entscheidendes Kriterium ist dabei das wesentliche Zurückbleiben hinter dem altersgemäßen Lernverhalten. An anderer Stelle spricht BACH (1968, 130) von einer „Erreichung der seelisch-geistigen Vier- bis Achtjährigkeit" und grenzt damit die geistige Behinderung idealtypisch von der Lernbehinderung ab (vgl. Kap. 10). Vielfach werden auch, besonders im Kleinkindalter, die Ausdrücke „Entwicklungsverzögerung" oder „geistige Entwicklungsstörung" zur Kennzeichnung des gleichen Sachverhalts verwandt.

Im anglo-amerikanischen Sprachraum bezeichnet man Lernbehinderung und geistige Behinderung gemeinsam als „mental deficiency" oder „mental retardation" - was gelegentlich zu Übersetzungsfehlern aufgrund von Verwechslung mit „mental illness" (psychische Krankheit) Anlass gibt. Für Lernbehinderte findet sich auch die Bezeichnung „slow learners".

Innerhalb der geistigen Retardierung werden dabei, so auch von der „American Association of Mental Deficiency" (AAMD – 1959), fünf Stufen unterschieden (vgl. WEGENER 1969, 517; SPREEN 1978, 4; HAGEMEISTER 1995; WENDELER 1993), die jeweils eine Standardabweichung (d. h. 15 Punkte) der Intelligenzverteilung umfassen:

Tab. 33: Grade geistiger Retardierung (NIHIRA 1975).

Grad geistiger Retardierung			IQ – Bereich
Profound	–	sehr schwer	weniger als 25
Severe	–	schwer	26 – 39
Moderate	–	mäßig	40 – 54
Mild	–	leicht	55 – 69
Borderline	–	Grenzfälle	70 – 84

Dabei wird deutlich, dass die beiden letztgenannten Gruppen insbesondere unter Aspekten pädagogischer Förderung, weniger als geistige Behinderung, sondern eher als Lernbehinderung zu betrachten sind, bzw. bei einem IQ zwischen 55 und 69 („mild") im Überschneidungsbereich beider anzusiedeln sind. Aufgrund empirischer Untersuchungen mit dem Standford-Binet-Test kam die AAMD zu der bis heute gebräuchlichen Einteilung:

Tab. 34: Grade geistiger Retardierung.

Grad geistiger Behinderung			IQ -Bereich
Profound	–	sehr schwer	weniger als 20
Severe	–	schwer	20 – 35
Moderate	–	mäßig	36 – 52

Der Grenzwert zu leichteren Formen liegt damit bei einem IQ von 52 (vgl. WENDELER 1993, 11f.).

Zuvor hatte in den USA ein von der Weltgesundheitsorganisation (WHO) aufgestelltes Drei-Stufen-Schema Verwendung gefunden, das sich an die alte medizinisch-psychiatrische Klassifikation des „Schwachsinns" anlehnte (vgl. WEGENER 1963, 13)

Tab. 35: Grade geistiger Unterentwicklung.

Grad geistiger Unterentwicklung	IQ- und EA-Bereich	
schwere Unterentwicklung (idiotisch, ideot, idiot)	IQ EA	0 - 19 max. 2 Jahre
mäßige Unterentwicklung (imbezill, imbecile)	IQ EA	20 – 59 3 – 7 Jahre
leichte Unterentwicklung (debil, debile, moron)	IQ EA	50 – 69 12 Jahre

Das Entwicklungsalter (EA) gibt an, welches Entwicklungsniveau kognitiv-psychisch bei entsprechender Förderung maximal erreicht werden kann, welcher Grad an geistig-seelischer Reife prognostiziert werden kann. Die historisch ältere medizinische Klassifikation fasste Idiotie, Imbezillität und Debilität unter dem Oberbegriff der Oligophrenie, des „Schwachsinns" zusammen:

„Schwachsinn (Oligophrenie) ist ein angeborener - anlagebedingter oder perinatal erworbener - Intelligenzmangel, verbunden mit einer mangelhaften Differenzierung der Persönlichkeit" (SCHULTE/TOLLE 1973, 287). In der Medizin (vgl. HARBAUER 1976, 227) wird damit eine Abgrenzung gegenüber der Demenz vorgenommen, die einen sekundären Abbau intellektueller Funktionen aufgrund hirnorganischer Prozesse im fortgeschrittenen Lebensalter bezeichnet.

In der deutschen Sonderpädagogik hat sich, etwa seitdem die 1958 gegründete Elternvereinigung „Lebenshilfe für das geistig behinderte Kind" diesen Terminus in Abgrenzung zur bisher medizinischen Terminologie wählte, die Bezeichnung „geistige Behinderung" durchgesetzt. Heute nennt sich die Vereinigung „Bundesvereinigung Lebenshilfe für Menschen mit geistiger Behinderung e.V.", was ihrem Engagement für Kinder, Jugendliche und Erwachsene mit geistiger Behinderung entspricht. Unter dem Aspekt, die spezifischen Fördermöglichkeiten bereits begrifflich aufzuzeigen, wurde in einigen Bundesländern von praktisch Bildbaren, motorisch Bildbaren, lebenspraktisch Bildungsfähigen gesprochen. Damit sind allerdings bereits die Grenzen der Förderung im Vorhinein angedeutet oder gar festgelegt; die maximale Ausschöpfung der Bildungsmöglichkeiten könnte dadurch behindert werden.

Den Zielvorstellungen der KMK (1998) stehen diese einengenden Bezeichnungen deutlich entgegen. „Sonderpädagogische Förderung von Schülerinnen und Schülern mit geistiger Behinderung beinhaltet eine alle Entwicklungsbereiche umfassende Erziehung und Unterrichtung unter besonderer Berücksichtigung der praktischen Bewältigung ihres Lebens" (KMK-Empfehlungen 1998, in DRAVE/RUMPLER/WACHTEL 2000, 266).

Zum vorgenannten Begriff des Schwachsinns ist anzumerken, dass, abgesehen davon, dass er sachlich nicht korrekt ist – es handelt sich ja nicht um einen Defekt der Sinne –, die Termini der psychiatrischen Klassifikation zum Teil mit so starken negativen Konnotationen behaftet sind, dass sie heute eher als Diskriminierung aufgefasst werden. Zudem lässt die Angabe des IQ-Bereichs der „Idiotie" von 0 bis 19 auf ein fehlerhaftes Verständnis des Intelligenzquotienten schließen; in Wirklichkeit ist auf dem ihm zugrunde liegenden Intervallskalenniveau gar kein sinnvoller Nullpunkt definiert.

Die Markierung einzelner Grade geistiger Behinderung mit IQ-Grenzwerten hat zwei weitere Schwächen. Zum einen sind von ihrer Konstruktion her kaum Intelligenztests in der Lage, im unteren Intelligenzbereich noch zuverlässig zu diskriminieren; es lässt sich mit ihnen nur das Vorliegen einer geistigen Behinderung einigermaßen zuverlässig feststellen, nicht aber deren genaues Ausmaß, wozu spezielle Verfahren oder eine gründliche Verhaltensbeobachtung herangezogen werden müssten.

Zum anderen suggerieren die IQ-Werte vor allem dem Laien, dass es sich um ein zeitlich invariables und zahlenmäßig bis auf die letzte Stelle abgesichertes Merkmal handelt, das dem Betroffenen dann wie eine Art Etikett auf Lebenszeit angeheftet wird.

Psychologen und Sonderpädagogen hingegen sind sich der zeitlichen Variabilität des IQ (vgl. RÖSLER et al. 1978) und der Messungenauigkeit der verwendeten

Verfahren durchaus bewusst. So liegt der ‚wahre Intelligenzquotient' eines Probanden bei den besten Tests bis zu acht Punkten über oder unter dem gemessenen Wert, was noch nicht einmal eine Kritik an dem betreffenden Verfahren beinhaltet, sondern ganz im Sinne einer korrekten Interpretation des Testergebnisses mit Hilfe des Vertrauensintervalls ist (vgl. LIENERT 1969, 453). In den Ausführungen des DEUTSCHEN BILDUNGSRATES heißt es hierzu:

„Die Ergebnisse von validen Intelligenztests, motorischen Tests und Sozialreifeskalen können Orientierungsdaten für die Abgrenzung ... zur Lernbehinderung liefern. Die Grenze wird in der Regel bei drei Standardabweichungen unterhalb des Mittelwertes zu ziehen sein" (1973, 37).

8.2 Geschichte

Neben der Verhaltensgestörtenpädagogik ist die Geistigbehindertenpädagogik der jüngste Teilbereich der Sonderpädagogik. Das heißt allerdings nicht, dass es bis zur gesetzlichen Verankerung des Schulrechts für Geistigbehinderte in den Schulgesetzen der Länder keine pädagogischen Bemühungen, Erziehungs- und Bildungsversuche um diese Personengruppe gegeben hätte. Bereits im 17. und 18. Jahrhundert entstehen in den westeuropäischen Ländern erste Anstalten für Geistigbehinderte. Obwohl nur wenige zeitgenössische Berichte zur Verfügung stehen, kann davon ausgegangen werden, dass insbesondere die Schriften von PESTALOZZI (1746-1827), ITARD (1774-1838) und SEGUIN (1812-1880) grundlegend waren für die Pädagogen des 19. Jahrhunderts, die sich der Geistigbehinderten annahmen.

Die wohl erste Schule für Schwachsinnige entstand 1816 in Hallstein bei Salzburg, gegründet durch den Lehrer G. GUGGENMOOS. 1841 gründete J.J. GUGGENBÜHL eine „Heilanstalt für Kretinen und blödsinnige Kinder" in Abendberg bei Interlaken. In der Folgezeit entstanden zahlreiche Anstalten dieser Art in kirchlicher Trägerschaft, aber auch staatliche Idiotenanstalten. J.D. GEORGENS und H.M. DEINHARDT veröffentlichten 1861 ihre bis heute vielbeachtete Schrift „Die Heilpädagogik unter besonderer Berücksichtigung der Idiotie und der Idiotenanstalten", nachdem sie bereits 1852 eine solche in Baden bei Wien gegründet hatten. Ihre „Heilpflege- und Erziehanstalt Levana" sollte eine „Musteranstalt für gesunde und abnorme Kinder" sein und kann von ihrer Konzeption her als eine der ersten integrativen Einrichtungen angesehen werden. In den Niederlanden wurde 1910 die gesetzliche Schulpflicht für imbezille Kinder eingeführt. In Deutschland wurden „Sammelklassen" für Geistigbehinderte an den öffentlichen Hilfsschulen eingerichtet, oder die Kinder wurden in Anstalten überwiesen. Nach der Machtübernahme der Nationalsozialisten 1933 erklärte das Reichsschulpflichtgesetz alle geistigbehinderten Kinder, die die Kulturtechniken nicht erlernen konnten, zu Bildungsunfähigen und befreite sie von der Schulpflicht.

„Der Bescheinigung der ‚Bildungsunfähigkeit' folgte kurze Zeit darauf die Verurteilung ‚lebensunwert', und den gesellschaftlichen Wertvorstellungen der nationalsozialistischen Epoche entsprechend folgte die Vernichtung der die Volkswirtschaft belastenden und die Volksgesundheit schädigenden ‚Balastexistenzen'" (HAGEMEISTER 1995, 68).

Auch nach 1945 blieb der Gedanke der Bildungsunfähigkeit erhalten. Die Wende trat erst 1958 ein mit Gründung der „Bundesvereinigung Lebenshilfe für das behinderte Kind". Die großen Anstalten wurden in der Folgezeit weitgehend aufgelöst und stattdessen, in den Bundesländern der ehemaligen BRD uneinheitlich, Sonderkindergärten, Tagesbildungsstätten, Schulen, Wohnheime und beschützende Werkstätten eingerichtet. Die Elternvereinigung erkämpfte, vor diesem Hintergrund nachvollziehbar, das SchulRECHT für ihre Kinder. In der ehemaligen DDR blieben „schwachsinnige" Kinder weiterhin nicht schulpflichtig, sondern sie befanden sich in der Verantwortung des staatlichen Gesundheitswesens. Einige der „förderungsfähigeren" Kinder besuchten einen C-Zug der Hilfsschulen, andere fanden, teilweise unter äußerst schlechten Bedingungen, Versorgung, Pflege und Förderung in nichtstaatlichen Einrichtungen. Nach 1989 fand auch in den neuen Bundesländern eine sonderpädagogische Wende hinsichtlich der Erziehung und Bildung Geistigbehinderter statt, die wesentlich beeinflusst und getragen wurde von den Aktivitäten der „Lebenshilfe für Geistigbehinderte". Der Auf- und Ausbau von vorschulischen, schulischen und nachschulischen Einrichtungen schreitet stetig fort. Die zahlreichen Einrichtungen für Geistigbehinderte in der Bundesrepublik Deutschland dürfen jedoch nicht den Blick dafür verstellen, dass viele Aufgaben noch nicht gelöst bzw. erst in den Lösungsanfängen sind. Integrative Erziehung und Bildung, berufliche Bildung und Eingliederung sowie die Förderung schwerstbehinderter Menschen (vgl. Kap. 9) sind Herausforderungen, denen wir uns zu stellen haben.

8.3 Häufigkeit

Es ist klar, dass eine unterschiedliche Klassifikation sich auch in unterschiedlichen Häufigkeitsangaben niederschlagen muss. Wenn Spreen (1978, 6) in seiner Gesamtdarstellung von 3,0 % Geistigbehinderter in der Bevölkerung spricht, Sander (1973, 90) aber zu einem Fazit von nur 0,6 % unter Kindern und Jugendlichen gelangt, so liegt dies sicherlich nicht an einer unterschiedlichen Frequenz, sondern an dem weiteren (amerikanischen) Begriff der geistigen Behinderung, den Spreen anlegt; die 2,6 % mit leichter geistiger Behinderung (IQ 50-69), die er angibt, würden in Deutschland zum größeren Teil noch zu den Lernbehinderten gerechnet werden. Wendeler (1993, 22) zitiert eine Frequenz von 0, 4 % bei Kindern und Jugendlichen zwischen 7 und 19 Jahren, geht aber bei diesem Wert von einer Unterschätzung aus, aufgrund einseitig erhobener Daten (Schulen und andere Institutionen). Dies scheinen Zahlen aus späteren Untersuchungen, die allerdings ebenso einseitig in Sonderschulen erhoben wurden, zu bestätigen. In der Bundesrepublik Deutschland wurden für 1987 0,644 % geistigbehinderte Kinder, für 1992, nach der Wiedervereinigung, 0,57 % erfasst, jeweils bezogen auf die Bevölkerung im schulpflichtigen Alter von 6-15 Jahren. In der Schwerbehindertenstatistik 1995 für die Bundesrepublik Deutschland werden 3,5 % aller Schwerbehinderten als behindert im Sinne von § 2, 3. Verordnung nach § 47 BSHG genannt. Er umschreibt die geistige Behinderung wie folgt:

„Geistig wesentlich behindert im Sinne des § 39 Abs. 1 Satz 1 des Gesetzes sind Personen, bei denen infolge einer Schwäche ihrer geistigen Kräfte die Fähigkeit zur Eingliederung in die Gesellschaft in erheblichem Umfang beeinträchtigt ist"

Ausgehend von einer Gesamtbevölkerung von 82 Mio. entspräche dies 0,3 % (absolut 225 892, STATISTISCHES BUNDESAMT 1996). Hier liegen möglicherweise Einschränkungen darin,

- dass frühe Behinderungen (Vorschulalter) noch nicht erfasst sind
- dass für spätere Behinderungen (altersbedingt) eine Anerkennung als Schwerbehinderung nicht beantragt wurde.

Von allen Schülern des Jahrganges 2002 waren 0,77 % geistig behindert (vgl. Tab. 13, Kap. 2.3.2).

Eine Aufschlüsselung nach Behinderungsgraden und -ursachen findet sich in offiziellen Statistiken nicht, bzw. nur bezogen auf den Anerkennungsgrad der Behinderung. Danach waren im Jahre 2003 172 731 Personen aufgrund von angeborenen Störungen der geistig-seelischen Entwicklung mit einem Grad von 100 % als schwerbehindert anerkannt. Das entspricht einem Anteil von 15,2 % aller Schwerbehinderten (vgl. Tab. 9, Kap. 2.3.2). WENDELER zitiert hinsichtlich des Schweregrades bei Geistigbehinderten MC QUEEN et. al. (1987). Danach sind

- 9 % sehr schwer
- 33 % schwer und
- 58 % mäßig geistig behindert

(vgl. WENDELER 1993, 23).

Auch bei geistiger Behinderung scheint die Zahl der betroffenen Jungen höher zu liegen, als die der Mädchen. WENDELER nennt eine Häufigkeit von 5,4 Jungen auf 1 000 im Gegensatz zu 2,9 Mädchen auf 1 000, das entspräche einem Prozentsatz von 0,54 zu 0,29 und einem Verhältnis von 3 zu 1,6. Für 1995 sind bei den geistigbehinderten Kindern bis zu 6 Jahren 3 050 Jungen und 2 258 Mädchen erfasst (StBA 1996). Das entspräche etwa einem Verhältnis von 3 zu 2.

8.4 Ursachen

Im Unterschied zur Lernbehinderung, bei der in hohem Ausmaß sozio-kulturelle Ursachen als Bedingungsfaktoren diskutiert werden, stehen bei der geistigen Behinderung eher die organischen Ursachen im Vordergrund, nach WENDELER etwa 71 %. Die größte, relativ homogene Gruppe innerhalb der geistigen Behinderung ist die Gruppe der Chromosomenanomalien. Der Anteil liegt zwischen 20 und 40 %, wobei der überwiegende Teil der Fälle durch Trisomie 21 verursacht ist (vgl. WENDELER 1993, 22). SPREEN (1978, 32-43) stellt ein von der AAMD vorgeschlagenes Einteilungssystem der Ursachen geistiger Behinderung vor. Es umfasst zehn Verursachungsgruppen. Die genannten Einzelursachen sind exemplarisch und gehören zu den wesentlichsten. Die Aufzählung erhebt keinen Anspruch auf Vollständigkeit.

Infektionen und Vergiftungen

- Erkrankungen der Mutter während der Schwangerschaft
  - Zytomegalie (Virusinfektion mit Gelbsucht, Lungenentzündung und Blutungen)
  - Röteln
  - Syphilis
  - Toxoplasmose (Protozoon-Erkrankung, kann übertragen werden durch rohes Hackfleisch)
  - Schwangerschaftstoxikose → Gestose

- (Schwangerschaftsbedingte Störungen, z.B. Hyperemesis – übermäßiges Erbrechen / Eklampsie – mit Bewusstseinsstörungen einhergehende epilepsieartige Krämpfe bei Schwangeren)

- Virus-Encephalitis
- Meningitis

Traumata und physische Schädigungen

- Sauerstoffmangel, perinatal
- Mechanische Verletzungen, peri- oder postnatal

Stoffwechsel- und Ernährungsstörungen

- Galaktosämie (erhöhter Galaktose-Spiegel infolge fehlenden Enzyms – angeboren)
- Phenylketonurie (Störungen des Phenylalaninabbaus – angeboren)
- Kretinismus (angeborene geistige Behinderung infolge von Störungen in der Schilddrüsentätigkeit)

Grobe Hirnerkrankungen, postnatal

- Tumoren

Unbekannte pränatale Einflüsse

- Mikrocephalie – abnorme Kleinheit des Hirnschädels
- Hydrocephalus – Wasserkopf

Chromosomenaberration

- Down-Syndrom (Trisomie des Chromosoms 21)
- Klinefelter-Syndrom (Gonosomen-Anomalie, Polysomie: xxxxy bzw. xxxyy, phänotypisch sind die Betroffenen männlich)
- Turner-Syndrom („sexueller Infantilismus“ durch Gonadenfehlentwicklung bzw. Fehlen der Gonaden/Geschlechtsdrüsen bei Mädchen)
- Katzenschrei-Syndrom,Cri-du-chat-Syndrom (Chromosomendeletion – Verlust eines Chromosomenstücks – erblich)

Störungen während der Schwangerschaft

- Frühgeburt
- Geburtsuntergewicht
- Über-Tragung (d.h. Überschreitung des Geburtstermins um mehr als 14 Tage)

Geistige Behinderung im Zusammenhang mit psychiatrischen Störungen

- Frühkindliche Schizophrenie
- Autismus
- Pseudodebilität (Ganser-Syndrom – akute, halluzinatorische Verwirrtheit, Amnesie, Sensibilitätsstörungen)

Umwelteinflüsse

- Psychosoziale Benachteiligung
- Sinnesdeprivation
- Kasper-Hauser-Syndrom (Verwilderungs- / Verwahrlosungsfolge)

Andere Ursachen

- Schwermehrfachbehinderung
- unklare Ursachen

Diese Ursachen entsprechen großenteils denen, die auch für andere Behinderungen verantwortlich sind. Einige wenige seien hier näher erläutert.

- Bei der **Phenylketonurie**, auch als Föllingsche Krankheit beschrieben, handelt es sich um eine autosomal-rezessiv vererbte Stoffwechselstörung, die sich unbehandelt etwa vom fünften Lebensmonat an in fortschreitendem geistigem Entwicklungsrückstand auswirkt. Der einmal eingetretene Hirnschaden ist nicht mehr reversibel. Obgleich jeder 50.

Einwohner Träger eines entsprechenden Gens ist, kommt es nur bei einem von 10 000 Neugeborenen zur manifesten Erkrankung. Mit einem einfachen Suchtest kann bereits im Alter von etwa acht Tagen aus dem Blut des Neugeborenen ein Verdacht auf Phenylketonurie erhoben werden (Guthrie-Test).

Bestätigt er sich, lässt sich die sonst unvermeidliche Hirnschädigung durch eine phenylalanin-arme Diät mit speziellen Eiweißquellen verhindern. Die Diät soll bis zum 8. bzw. 10. Lebensjahr fortgesetzt werden (vgl. Bickel 1977, 90). Im Falle einer Schwangerschaft ist später nochmals der Phenylalanin-Blutspiegel zu kontrollieren, um eine vorgeburtliche Schädigung des Feten zu verhindern. Die Phenylketonurie gilt als Musterbeispiel dafür, dass auch ein genetischer Defekt durch Umwelteinflüsse korrigiert werden kann.

- Als **Kretinismus** werden die Folgen einer ungenügenden Versorgung mit Schilddrüsenhormonen bezeichnet. Sie zeigen sich in körperlicher und geistiger Retardierung meist in Verbindung mit starker Kropfbildung. Der endemische (regional gehäufte) Kretinismus geht meist auf Jodmangel, gelegentlich auch auf andere Nahrungsbesonderheiten zurück und war früher vor allem in Gebirgsgegenden häufig. Seit Einführung der Jodprophylaxe (Jodtabletten, Jodbeifügung zum Kochsalz) gibt es praktisch keine Kretinen mehr. Leichtere Formen des Mangels an Schilddrüsenhormonen (Hypothyreose) finden sich jedoch nach wie vor; sie können inzwischen aber ebenfalls durch einen Neugeborenen-Suchtest festgestellt und behandelt werden.

- **Hydrocephalus** bezeichnet eine Erweiterung der Liquorräume (Flüssigkeitsräume) innerhalb des Gehirns (Hydrozephalus internus) oder um das Gehirn herum (Hydrozephalus externus). Dabei wird entweder zuviel Liquor gebildet, zuwenig resorbiert, oder es liegt eine Passagestörung vor. Gemeinsame Folge ist ein abnormes Schädelwachstum („Ballon-Schädel"), solange beim Kleinkind die Schädelnähte (Fontanellen) noch nicht verknöchert sind, sowie eine Hirnschädigung. Beim älteren Kind, bei dem der Schädel sich nicht mehr ausdehnen kann, entsteht ein Hirndruck mit neurologischen Ausfällen und eventuell auch Krampfanfällen. Wird die Störung jedoch rechtzeitig erkannt – durch regelmäßige Messungen des Schädelumfangs beim Säugling – kann operativ ein Ventil (Drainage) angelegt und die überschüssige Hirnflüssigkeit in den Blutkreislauf abgeleitet werden (vgl. Doose 1977, 340f.).

- Mit **Mikrocephalie** ist eine abnorme Kleinheit des Hirnschädels gemeint; sie kann anlagebedingt-familiär auftreten, auf einer Schädigung in der Anlagephase des Gehirns beruhen oder durch Hirnschwund infolge perinataler Hirnerkrankungen zustande kommen; diese Formen sind gewöhnlich von Minderbegabung begleitet (vgl. Doose 1977, 330).

- **Als frühkindlicher Autismus** wird eine seltene psychische Störung bei Kleinkindern bezeichnet, bei der die Kinder keine Personenbeziehung aufbauen und zwanghaft auf einer starren Ordnung in ihrer Umwelt bestehen. Obgleich sie häufig in Familien mit höherem Bildungsniveau auftritt, hat dabei das Kanner-Syndrom geistige Retardierung zur Folge (vgl. NISSEN 1976, 1989; KEHRER 1978), während das Asperger-Syndrom eher in den Bereich der Verhaltensstörungen gehört (ASPERGER 1968, 1982). Nach RIMLAND (1971) wird der frühkindliche Autismus jedoch viel zu häufig diagnostiziert. Bei vielen Kindern treten „autistische Züge" auf (vgl. VERNOOIJ 2005a, 245ff.).

Während die möglichen Ursachen geistiger Behinderung damit recht klar bekannt sind, liegen über ihre relative Bedeutung keine eindeutigen Angaben vor. EGGERT (1972 b, 81) sichtete die Krankenblätter von 1 209 geistig behinderten Kindern und fand nur in einem Drittel der Fälle genaue Diagnosen, wobei hierunter folgende die häufigsten waren:

25,1 %: Trisomie 21
19,0 %: vorgeburtliche Hirnschäden
11,0 %: nachgeburtliche Hirnschäden
6,8 %: Geburtsschäden
6,0 %: Encephalitis
5,0 %: Meningitis.

Es ist anzunehmen, dass bei den übrigen zwei Dritteln der Kinder eine genaue Diagnose – Angaben wie „Imbezillität" oder „Schwachsinn" wurden nicht als solche gewertet – deswegen fehlte, weil keine klare Ursache auszumachen war. Solche Fälle geistiger Behinderung werden bisweilen als „kryptogen" bezeichnet (vgl. EGGERT 1972 b, 133).

Vielfach stellt sich jedoch heraus, dass in der Familie des betroffenen Kindes geistige Behinderung bereits vorkam, etwa bei einem Elternteil oder einem Geschwister, so dass dabei von „familiärer geistiger Behinderung" gesprochen wird – eine salomonisch anmutende Bezeichnung, die endogene und exogene, Anlage- wie Umweltfaktoren umschließt: minderbegabte Eltern geben ihren Kindern ein verringertes genetisches Intelligenzpotential mit, ebenso wie sie ihnen auch nur ein vermindertes Maß an Anregung und Förderung angedeihen lassen können.

Hinzu kommt, dass unter den sozialen Bedingungen, wie sie für einen Großteil der Kinder mit geistiger Behinderung zutreffen, auch perinatale – später nicht mehr nachweisbare – Schädigungen gehäuft auftreten können. Vererbung, organische Schädigung und frühe Vernachlässigung dürften gemeinsam für die „familiäre geistige Behinderung" verantwortlich sein, d.h. in einem Großteil der Fälle muss von multifaktorieller Bedingtheit ausgegangen werden.

Damit ist die Frage der Erblichkeit von Intelligenz angesprochen, die sich in diesem Zusammenhang nicht umgehen lässt. Fälschlicherweise wird das Anlage-Umwelt-Problem heute immer noch vielfach als ein Entweder-Oder aufgefasst, obgleich in Wirklichkeit hier ein Sowohl-Als-Auch, eine multiplikative Interaktion zweier Einflussquellen vorliegt (vgl. hierzu z.B. ANASTASI 1973; SKOWRONEK 1973; CATTELL 1976).

ERLENMEYER-KIMLING und JARVIK (1976) haben über einen Korrelationsvergleich nachgewiesen, dass sowohl gemeinsames Aufwachsen nicht-verwandter Kinder als auch Verwandtschaft getrennt aufwachsender Kinder zu einer überzufälligen Ähnlichkeit ihrer jeweiligen Intelligenzausprägung führen. Während die Korrelation getrennt aufgewachsener nicht-verwandter Kinder erwartungsgemäß bei Null liegt, erreicht sie bei getrennt aufgewachsenen eineiigen Zwillingen einen Koeffizienten von 0,75.

Zu welchem Anteil dabei die Unterschiede in der Intelligenz durch genetische beziehungsweise Umweltunterschiede bedingt sind, mag hier dahingestellt bleiben. Ignoriert werden kann der Erbeinfluss jedoch nicht. Er führt allerdings nicht dazu, dass Kinder exakt die gleiche Begabungsdisposition aufweisen wie ihre Eltern. Vielmehr streuen genetisch-polygen (multifaktoriell) determinierte Merkmale durch Neukombination der Gene in erheblichem Maß um den von den Eltern her gesehen wahrscheinlichsten Wert, wobei eine leichte Regression zur Mitte hin auftritt (vgl. Eysenck 1975, 88). Kinder minderbegabter Eltern werden also – aus genetischer Perspektive – im Mittel ein wenig intelligenter sein als ihre Eltern, wobei ein Teil von ihnen aber auch nach unten hin abweicht; das Auftreten geistiger Behinderung lässt sich so auch als Streueffekt bei leichten Intelligenzmängeln in den voraufgegangenen Generationen verstehen. Umwelteinflüsse hingegen wirken gleichmäßiger, da gewöhnlich alle Kinder einer Familie ähnliche Anregungs- und Förderungsbedingungen vorfinden.

8.5 Psychologische Aspekte

In der Entwicklungspsychologie liegen zahlreiche Forschungsergebnisse, sowohl bezogen auf spezielle Bereiche als auch allgemeiner Art zur psychischen Entwicklung von Kindern und Jugendlichen vor. Studien zur psychischen Entwicklung geistigbehinderter Kinder sucht man nahezu vergebens. Offenbar hat die Entwicklungspsychologie der letzten 50 Jahre die Entwicklung geistigbehinderter Kinder außer Acht gelassen. Die wenigen gesicherten empirischen Befunde zur seelischen Entwicklung geistigbehinderter Kinder und Jugendlicher beziehen sich fast ausschließlich auf Kinder mit Trisomie 21 (vgl. Schamberger 1978, Rauh/Rudinger 1987, Rauh/Berry 1989, 1990). Schließlich liegt eine Schwierigkeit in der großen Heterogenität derer, die der Gruppe der Geistigbehinderten zuzurechnen sind. Wie bereits erwähnt, ist die einzige relativ homogene Untergruppe diejenige der Kinder mit Down-Syndrom, wobei auch hier verallgemeinernde Aussagen über „typische Entwicklungsverläufe" eher vermieden werden sollten (vgl. Spreen 1978, 51f.). Eine weitere Schwierigkeit ist zu sehen im unterschiedlichen theoretischen Verständnis von Entwicklung bei geistiger Behinderung, das auch zu unterschiedlichen wissenschaftlichen Zugangsweisen und damit zu divergenten Aussagen führt. Der traditionelle Ansatz ist der defektologische bzw. defektorientierte, der sich folgerichtig aus den Definitionen (z.B. Deutscher Bildungsrat 1974) ergibt. Wesentliche Beschreibungsmerkmale sind:

- Beeinträchtigung der psychischen Gesamtentwicklung,
- Beeinträchtigung im Lernen, in der kognitiven Gesamtentwicklung,
- Beeinträchtigungen in einzelnen Funktionen, wie
  - Sprache
  - Motorik
  - Emotionalität
  - Sozialverhalten.

Die defektologischen Ansätze gehen von der Intelligenzschädigung als dauerhafter und generell auf alle Entwicklungsbereiche einflußnehmender Größe aus. Geistesschwäche wurde bereits in der frühen Heilpädagogik als „Entwicklungshemmung" gesehen (HANSELMANN 1930). Das Erreichen einer höheren Stufe der Persönlichkeitsentwicklung, die für den erwachsenen Menschen das Gegebene sei, werde dadurch verunmöglichst, das Verbleiben auf einer niedrigeren Stufe sei die Regel. Diese Entwicklungsbegrenzung wird umschrieben als „Gesamteindruck eines unfertig modellierten Wesens" (SCHLACK), oder als „bis ans Lebensende unvollkommenes Geschöpf" (GLORIA – beide zitiert in REICHENBACH 1961, 10). ZIGLER (1975) sieht als Gemeinsamkeit der defektorientierten Ansätze,

- dass als wesentliches Merkmal die abweichende Allgemeinintelligenz
- und daraus resultierend spezifische kognitive Eigenarten

als unveränderlich und daher als typisch generalisiert werden (ZIGLER 1975, 310f.).

Determiniert ist die gesamte geistig-seelische Entwicklung bzw. deren mehr oder weniger ausgeprägte Retardierung durch die mangelhafte, stark herabgesetzte intellektuelle Funktionsfähigkeit. ZIGLER (1975) unterscheidet „Defekttheorien" von „Differenztheorien". Erstere gehen davon aus, dass bei Geistigbehinderten bestimmte kognitive Prozesse völlig fehlen, letztere dass die Prozesse lediglich mit weniger Intensität und zeitlich verzögert ablaufen und die kognitiv-psychischen Funktionen schwächer ausgebildet bzw. ausgeprägt sind als bei Regelkindern (vgl. ZIGLER 1975, 370). Demgegenüber steht die Entwicklungstheorie, deren profiliertester Vertreter in den USA ZIGLER ist. Dieser Theorie zufolge

- durchlaufen geistigbehinderte Kinder dieselben Stufen kognitiver Entwicklung, wie nichtbehinderte Kinder;
- haben geistigbehinderte Kinder auf jedem Entwicklungsniveau dieselbe Intelligenzstruktur wie nichtbehinderte Kinder;
- reagieren geistigbehinderte Kinder auf Umweltbedingungen nicht anders als nichtbehinderte Kinder (vgl. ZIGLER/HODAPP 1986).

Diese Aussagen werden auf leichte geistige Retardierung beschränkt, wobei über Intensität und Auswirkung von Prozessen und Reaktionen sowie über Differenziertheit und Fertigung von Strukturen nichts ausgesagt wird. Bei Menschen mit mäßiger bis schwerer geistiger Behinderung hält es auch ZIGLER für möglich, dass einige der regelhaft verlaufenden Entwicklungsprozesse nicht oder in modifizierter Form stattfinden (vgl. WENDELER 1993, 54).

Ob eher die Differenztheorie oder eher die Entwicklungstheorie die psychische Entwicklung geistigbehinderter Kinder zutreffend erfasst, ist nach WENDELER (1993, 58) bisher nicht hinreichend geklärt.

Die stärkere Einbeziehung interaktionaler Entwicklungsbedingungen ohne eine deterministische Defektausgangslage fordert SPECK (1990, 93). Es werden, ähnlich, wie bei der Entwicklungstheorie sich wechselseitig beeinflussende Faktoren neurobiologischer, soziokultureller und individuell-personaler Art einbezogen. Der Ausgangspunkt ist „die Übereinstimmung im Prozeß menschlicher Entwicklung", wobei „das im Detail Abweichende individuell zu bestimmen" ist. Die Vermutung liegt nahe, dass dabei je spezifische Unterschiede deutlich werden, „wie sie sich auch als Entwicklungs- und Persönlichkeitsunterschiede bei Kindern beobachten lassen, die nicht geistigbehindert sind" (SPECK 1990, 93).

8.6 Pädagogische Aspekte

Je nach entwicklungstheoretischer Position gestalten sich pädagogische Förderkonzepte unterschiedlich, eher funktionsausgerichtet oder eher ganzheitlich, wobei sich die Konzeption der weitgehend ganzheitlichen Förderung in den letzten 25 Jahren mehr und mehr durchgesetzt hat.

Den bedeutsamsten Orientierungs- und Handlungsrahmen für die Förderung, Betreuung und Versorgung geistigbehinderter Menschen und für die je individuelle Gestaltung ihres Lebens stellt das Normalisierungsprinzip dar, das, in Skandinavien erstmals formuliert, bereits 1959 auf Betreiben des Dänen BANK-MIKKELSEN in die Dänische Sozialgesetzgebung aufgenommen wurde („Gesetz über die Fürsorge für geistig Behinderte und andere besonders Schwachbegabte").

NIRJE formulierte das zunächst lapidar erscheinende Prinzip folgendermaßen:

„Man sollte geistig Behinderten dazu verhelfen, ein Dasein zu führen, das so normal ist, wie es nur irgendwie ermöglicht werden kann" (1969, 34).

Insbesondere bezog sich die Forderung auf die Veränderung der traditionellen, isolierenden Anstaltsunterbringung geistigbehinderter Menschen und die damit häufig verbundene unzureichende Förderung vorhandener Lern-, Handlungs- und Lebensmöglichkeiten. In den USA wurde das Prinzip frühzeitig aufgegriffen (WOLFENSBERGER 1972; FLYNN/NITSCH 1980). Sichtbarer Ausdruck dafür war u.a. das „Deinstitutionalization-Program" (BLATT 1974), welches in der BRD in den 1980er Jahren in verschiedenen Bundesländern Nachahmung fand als „Enthospitalisierungs"-Bewegung (THEUNISSEN 1982; HÖSS/GOLL 1986; WEDEKIND/BMFG 1994). In den USA setzte sich insbesondere WOLFENSBERGER mit der Präzisierung des Prinzips auseinander (1972, 1980). Für ihn heißt „Normalisierung wesentlich die gesellschaftliche Integration geistigbehinderter Menschen, d.h. die schrittweise Hinführung zu weitgehend normalen Lebensbedingungen und damit die Schaffung vergleichbarer Lebenszusammenhänge" (1980, 80 f.). WENDELER bezeichnet Normalisierung als „ergängungsbedürftige Leitidee", die zwischen ideologischer Forderung und praktischer Umsetzung unter Beachtung der Bedürfnisse und Möglichkeiten je spezifisch behinderter Menschen ein angemessenes Gleichgewicht finden muss (vgl. 1993, 24 ff.).

Hinsichtlich der praktischen Umsetzung hat WOLFENSBERGER eine erweiterte Systematik eingebracht, die sechs mögliche Wege zur Normalisierung auf drei verschiedenen Ebenen, jeweils interaktions- und interpretationsmäßig, umfasst. In einer schematischen Darstellung ließe sich das System wie in Tabelle 36 gestalten.

Rückblickend kann gesagt werden, dass hinsichtlich der Förderung Geistigbehinderter seit den 1960er Jahren eine Fülle an pädagogischen Angeboten entwickelt wurde, die den Normalisierungsprozess unterstützen können. Insbesondere auf der

Ebene \ Pragmatik	Interaktion / Aktion	Interpretation
Person	Aufbau von alltagsgebräuchlichen Fähigkeiten, Fertigkeiten, Gewohnheiten bei Geistigbehinderten (z.B. Begrüßungsregeln, Umgangsformen).	Bei Benennung und Vorstellung Geistigbehinderter NICHT Abweichung, sondern die Normalität betonen; Umgangsformen bei ihnen einhalten (z.B. erwachsene Geistigbehinderte Siezen).
Primäre Sozialisations-systeme	Schaffen bzw. Stabilisieren von Institutionen wie Schule, Familie, Nachbarschaft, Arbeitsplatz unter dem Aspekt des Hineinwachsens in normale Lebensbezüge	Gestaltung und Darstellung von Primärinstiutionen für Geistigbehinderte bedürfnis- UND umfeldgerecht, z.B. Wohnmöglichkeiten innerhalb von Wohngebieten.
Gesellschaft-liche Systeme	Modifizierung der Gesetzgebung bezogen auf Normalisierung-schaffende bzw. –ermöglichende Sozialsysteme; Verbesserung der Finanzierung	Einwirkung auf Wert- und Normsysteme, auf Einstellungen gegenüber Geistigbehinderten in Richtung erhöhter Toleranz, Akzeptanz und Integrationsbereitschaft.

Tab. 36: Wege zur Normalisierung (in Anlehnung an WOLFENSBERGER 1972).

Ebene der gesellschaftlichen Systeme bleibt allerdings bezogen auf die vorgenannten Interpretationen noch viel zu tun (zum Bereich Sexualität und Partnerschaft Geistigbehinderter siehe Kap. 15).

Bezogen auf die lebenspraktische Förderung Geistigbehinderter, die im Zusammenhang mit dem Normalisierungsprinzip stark in den Vordergrund gerückt ist, wurde bereits in den 1970er Jahren das Ziel der Befähigung zu einer mehr oder weniger unabhängigen Lebensführung formuliert (vgl. SPREEN 1978; BACH 1974, 1982; ADAM 1977, 1978; MÜHL 1981, 1983). Ausgehend von der Definition des American Assciation on Mental Deficiency (AAMD) wurde in den USA schon früh der Blick auf „Störungen des Anpassungsverhaltens“ gelenkt. Neben der herabgesetzten intellektuellen Funktion stellt die sehr weit gefasste, über soziale Lernfähigkeit hinausgehende adaptive Fähigkeit bzw. deren Beeinträchtigung ein Erschwernis bei der Erziehung zur selbständigen Lebensführung und damit zur Normalisierung dar, dem besondere Beachtung gebührt. Gemeint ist hier die Fähigkeit, sich in einer mehr oder weniger komplexen Umgebung zu orientieren, sich ihr anzupassen, ihr gerecht zu werden, wobei Normalisierung nicht die selbstverständliche Anpassung des Geistigbehinderten an bestehende Normen meint, sondern u.U. Normenveränderung einschließt (vgl. Tab. 36). Soziale Kompetenz (vgl. GÜNZBURG 1981) als eine wesentliche Grundlage selbständiger Lebensführung, ist ebenso diagnostisch erfassbar wie andere Kompetenzen. Die

AAMD hat hierzu eine „Adaptive Behavior Scale“ vorgestellt (Manual 1977, 20ff.; LIEPMANN 1979, 24ff.; ANSTÖTZ 1989, 35ff.; MÜHL 1991, 27f.).

Als Bereiche sozialer Kompetenz wurden vier herausgestellt:

- Selbstversorgung (Anziehen, Essen usf.),
- motorische Selbständigkeit, Fortbewegungsfähigkeit,
- kommunikative/interaktive Fähigkeiten,
- psycho-physische Selbststeuerung.

Für jeden dieser Bereiche sind skalierte Kompetenzniveaus möglich. Je nach Lebensalter werden auch bei behinderten Menschen unterschiedliche Anpassungsleistungen erwartet. Nach der allgemeinen Reifung und Entwicklung im Vorschulalter stehen im Schulalter Erziehungs- und Bildungsmöglichkeiten im Mittelpunkt. Für das Erwachsenenalter – hier geht es vornehmlich um soziale und berufliche Integration, sowie höchstmögliche Selbständigkeit – werden beispielsweise folgende vier Stufen adaptiven Verhaltens unterschieden:

- Unfähigkeit zur Selbsterhaltung, geringe sprachliche und motorische Entwicklung, hoher Pflegebedarf;
- Teil-Beitrag zum Selbstunterhalt unter Aufsicht, minimale Selbstbehauptung in kontrollierter Umgebung möglich;
- Beitrag zum Selbstunterhalt in ungelerntem oder angelerntem Beruf, Aufsicht und Hilfe bei leichten Stresssituationen (sozial und / oder ökonomisch) notwendig;
- Bei entsprechender Bildung und Ausbildung Fähigkeit zu sozial und beruflich ausreichender Leistung, Aufsicht und Hilfe bei schweren Stresssituationen notwendig (SLOAN/BIRCH 1955).

Betrachtet man die heutigen Lehrpläne und Richtlinien der Schule für Geistigbehinderte, so lassen sich fünf Leitziele für die Erziehung und Förderung der Kinder erkennen, die den bisher referierten Förderzielen Rechnung zu tragen scheinen:

- Erfahren der eigenen Person und Aufbau von Selbst-, Lebensvertrauen,
- Selbstversorgung und Sicherung der eigenen Existenz,
- angemessene Wahrnehmung des Umfeldes und Orientierung in ihm
- aktiv-kreatives Sozialverhalten in der Gemeinschaft,
- Erkennen und Gestalten der Sachumwelt (vgl. HAGEMEISTER 1995, 73; WENDELER 1993, 75).

Für die Praxis wird deutlich, dass unter Berücksichtigung der Heterogenität der Gruppe der Geistigbehinderten vielfältige sowohl allgemeine wie auch spezifisch-individuelle pädagogische Angebote notwendig sind, um eine Förderung mit den Zielen Lebensbewältigung, Lebensqualität, Normalisierung leisten zu können (vgl. auch Kap. 14).

Bezogen auf den Prozess der Normalisierung und der sozialen Integration von Geistigbehinderten mag ein Zitat die Gewichtung der beiden Faktoren der AAMD-Definition

- herabgesetzte Intelligenz
- Störungen im Anpassungsverhalten (vgl. MÜHL 1991, 26)

verdeutlichen:

„Der Jugendliche mit relativ hoher Intelligenz und schlechter Sozialanpassung ist wesentlich schwieriger wiedereinzugliedern und stößt oft auf größere Ablehnung der Mitmenschen als der sozial gut angepaßte geistig Behinderte mit relativ niedriger Intelligenz“ (SPREEN 1978, 28).

Es gibt keine Hinweise dafür, dass dieses fast 30 Jahre alte Zitat heute überholt sei.

8.7 Psychodiagnostik bei Geistigbehinderten

Während es sich bei der **Diagnostik** „vorwiegend um die Feststellung eines momentanen Zustandes im Sinne einer Diagnose“ handelt (Vernooij 1996, 125; vgl. Meili 1980, 1719f.; Bundschuh 1980, 26), wird unter **Psychodiagnostik** „die Feststellung psychologischer Charakteristika eines Individuums mit Hilfe besonderer Methoden“ verstanden (Vernooij 1996, 125). Es geht dabei um eine eher ganzheitliche Bestimmung „überdauernder Eigenschaften“, nicht um die Feststellung des aktuellen Niveaus einer bestimmten Funktion, z.B. der Intelligenz. Psychodiagnostik ist daher im Wesentlichen nicht Diagnose, sondern Prognose (vgl. Vernooij 1996, 125; Meili 1980, 1720). Die Ergebnisse psychodiagnostischer Untersuchungen führen i.d.R. zu pädagogischen Entscheidungen mit dem Ziel, angemessen-optimale Bedingungen für Lern- und Entwicklungsprozesse zu schaffen und deren Verlauf und Effektivität in zeitlichen Abständen zu überprüfen (vgl. Bundschuh 1980, 27f.; Moog 1981, 14ff.; Wohlfahrth 1983, 247; Mühl 1991, 39; Wendeler 1993, 74ff.; Vernooij 1996, 125f.).

Psychodiagnostik in diesem Sinne gilt jeweils dem einzelnen Kind, der hinreichenden Charakterisierung seiner Persönlichkeit, seiner Lern- und Leistungsfähigkeiten, seiner Stärken und Schwächen, seiner Chancen und seiner spezifischen Gefährdungen. Psychodiagnostik, heute häufig Förderdiagnostik genannt, muss alle Bereiche umfassen, in denen Lern- und Entwicklungsziele angestrebt werden. Dazu gehören u.a.

- die intellektuelle/kognitive Entwicklung,
- die psycho-emotionale Entwicklung,
- die körperliche Verfassung, bzw. Symptomatik
- der Bereich des Verhaltens in seiner gesamten Breite (Sprache, Motorik, Wahrnehmung, Arbeits- und Sozialverhalten, Lebensbewältigungsformen)
- psycho-soziale Besonderheiten, Auffälligkeiten.

Zu einer differenzierten Psychodiagnostik gehören bei Geistigbehinderten

- Erhebung einer Anamnese
- Einsichtnahme in vorliegende Entwicklungsberichte und Gutachten
- Beobachtungs- und Beurteilungsverfahren
- Standardisierte oder halbstandardisierte Tests bezogen auf bestimmte Lern- und Verhaltensbereiche
- Intelligenzmessverfahren
- Entwicklungstests.

Grundsätzliche Schwierigkeiten in der Psychodiagnostik bei Geistigbehinderten ergeben sich daraus, dass ein Teil der Testverfahren, Skalen und Fragebögen nicht für die Anwendung bei Geistigbehinderten konstruiert wurden und daher ihre Instruktion an ein bestimmtes Verständnisniveau gebunden ist. Zum Beispiel verlangen Persönlichkeitstests

„ein Minimum an Sprachverständnis, das bei geistig Behinderten nicht immer vorausgesetzt werden kann; das Verständnis der Testanweisung, das bei Probanden im normalen Intelligenzbereich kein Problem ist, kann bei geistig Behinderten sehr erschwert sein; die

Einstellung zu Aufgaben und die Bereitschaft zur Mitarbeit sind nicht immer so optimal, wie es bei der Testdurchführung verlangt wird" (SPREEN 1978, 74).

8.7.1 Die Anamnese

umfasst Informationen über den bisherigen Entwicklungsverlauf, über Sozialisations- und Lebensbedingungen, Verhaltens- und Leistungsbesonderheiten bzw. -beeinträchtigungen sowie über familien- und personspezifische Ereignisse. In der Regel werden Anamnesegespräche mit Eltern und Erziehern/Betreuern geführt, aber auch mit Personen, die aus professioneller Sicht Aussagen zur Person machen können (z.B. Ärzte, Therapeuten, Frühförderer).

8.7.2 Verhaltensbeobachtungen

können gelegentlich unsystematisch oder systematisch durchgeführt werden. Sie werden insbesondere bezogen auf Bereiche eingesetzt, für die keine Testverfahren entwickelt wurden. Ihr Vorteil liegt darin, dass Verhalten in breitem Umfang während des alltäglichen Geschehens registriert und innerhalb dieses Kontextes interpretiert werden kann. Gefahren liegen in der mangelnden Objektivität, in Beobachtungsfehlern aufgrund der Komplexität der Situation oder aufgrund von mehr oder weniger bewussten Voreinstellungen. In der Fachliteratur werden zahlreiche Fehlerquellen genannt, denen ein Beobachter ausgesetzt sein könnte (vgl. BUNDSCHUH 1980, 111f.; 2005).

8.7.3 Beobachtungs- und Beurteilungsverfahren bzw. -bögen

sind systematisch zusammengestellte Listen, die allgemeine oder spezifische Funktions-, Leistungs- und Verhaltensbereiche erfassen. So genannte Einschätzungsskalen enthalten zusätzlich auch differenzierte Ausprägungsgrade des zu beurteilenden Teilbereichs.

Einige der wichtigsten Verfahren für Geistigbehinderte seien hier kurz genannt:

- Der **P-A-C-Bogen** von GÜNZBURG, „Progress Assessment Chart", deutsch „Pädagogische Analyse und Curriculum" (GÜNZBURG 1978, P-A-C-Handbuch 1977, P-A-C-Leitfaden 1980) überprüft im Rahmen der Gesamtentwicklung folgende Bereiche:
  - Eigenständigkeit
  - Verständigungsvermögen
  - Beschäftigungsvermögen (Grob- und Feinmotorik)
  - Sozialverhalten.

Die Ergebnisse ergeben ein „Persönlichkeitsbild" des Behinderten und ein „Sozialbild". Für verschiedene Altersgruppen und Behinderungsschweregrade liegen inzwischen unterschiedliche P-A-C-Versionen vor, u.a. eine Spezialform für Kinder mit Trisomie 21 von 6-15 Jahren.

- Die **Adaptive Behavior Scale** (NIHIRA et al. 1975) stellt ein differenziertes Verfahren zur Überprüfung des Anpassungsverhaltens dar. Aus zwei Teilen bestehend ist es in Teil I auf allgemeine Entwicklung gerichtet, mit Teilbereichen wie
  - Selbständigkeit
  - Physische Entwicklung
  - Sprachentwicklung
  - Aktivität (häuslich-privat / beruflich)
  - Selbstbestimmung
  - Verantwortlichkeit
  - Sozialverhalten / Sozialkompetenz.

Teil II erfasst Formen von Fehlverhalten, von Verhaltensauffälligkeiten mit den Bereichen

- Aggressiv-destruktives Verhalten
- Unzuverlässigkeit
- Zurückgezogenheit / Gehemmtheit
- Psycho-emotionale Auffälligkeit
- Stereotypien
- Autoaggression
- Sexuelle Auffälligkeiten
- Medikamentengebrauch und -missbrauch.

■ Der **Diagnosebogen zur Förderung Schwerstbehinderter** (BEGEMANN/FRÖHLICH/PENNER 1979, 114ff.) ergibt eine knappe Bestandsaufnahme zu Wahrnehmung, Motorik, Selbständigkeit (z.B. beim Essen), Sozialverhalten.

■ Der **Entwicklungsbogen zur Förderdiagnostik bei Schwerstbehinderten** (FRÖHLICH/HAUPT 1982, 145ff.) ist etwas ausführlicher und konzipiert für die allgemeine Entwicklung.

■ Das **Diagnostische Instrumentarium für Kinder mit schwerster geistiger Behinderung** (FRANGER/PFEFFER 1983) enthält

- einen Eltern-, Erzieher- und Therapeutenfragebogen zur Anamneseerhebung,
- einen Fragebogen zu körperlichen und psychischen Merkmalen
- eine Aufgabensammlung zur senso- und psychomotorischen Funktionstüchtigkeit

■ Basierend auf PIAGETS Theorie zur Intelligenzentwicklung entstanden in den 1980er Jahren mehrere **Verfahren zur Überprüfung der sensomotorischen Intelligenz**, die nur kurz genannt werden sollen.

- das TARC-Verfahren (NIEDERMANN/MÜLLER/SIMMEN 1986)
- das Verfahren nach WOHLFAHRT (1986, 1987)
- das Verfahren nach BIGGER (1987)
- das Verfahren nach HENNIGE et al. (1988)

Auf die besondere Problematik der Diagnostik bei Schwerstbehinderten kann an dieser Stelle nicht näher eingegangen werden. Ich verweise in diesem Zusammenhang auf MÜLLER (1985), der grundsätzliche Fragen zu dieser Thematik diskutiert sowie auf Kapitel 9 dieses Buches.

■ Das **Heidelberger Kompetenzinventar** – HKI (HOLTZ u.a. 1982, 1984, 1986) ist ein Instrumentarium, welches die kognitive, praktische und soziale Kompetenz im Schulalter (7-16 Jahre) erfasst. Es kann als lernzielbezogenes Diagnostikum verstanden werden, das für jedes einzelne Lernziel die graduellen Unterscheidungen

– voll und ganz
– größtenteils
– teilweise
– gar nicht vorhanden,

ermöglicht. Überprüft werden u.a. die Bereiche

- Motorik
- Wahrnehmungsdifferenzierung
- Selbstversorgung / Selbständigkeit
- Umweltorientierung
- Kulturtechniken
- Lernverhalten
- Sprache
- Sozialverhalten

Fortlaufende Evaluierungen des HKI haben den Nachweis erbracht, dass es eine hohe Beurteilungsobjektivität besitzt und inhaltsvalide ist, d.h. dass es die Teilbereiche misst, die es messen soll.

- Die Kurzform der **Vineland Social Maturity Scale** – VSMS (Lüer/Cohen/Nauck 1972) überprüft im Wesentlichen die Fähigkeiten und Fertigkeiten des lebenspraktischen Bereichs sowie soziale Kompetenzen bei Kindern zwischen 7 und 12 Jahren.

- Der **Verhaltensfragebogen für geistig- und lernbehinderte Heimkinder** – VFHK (Stahl 1980) überprüft vorrangig den sozialen und emotionalen Bereich. Erfasst sind Dimensionen wie
  - Selbständigkeit und Ausdauer
  - Durchsetzungsvermögen
  - Kommunikations- und Kooperationsbereitschaft (und -fähigkeit) mit Erwachsenen und Kindern
  - Unsicherheit und psychische Labilität

- Der **Fragebogen zu Problemverhalten bei Kindern mit schwerer geistiger Behinderung** (Müller/Kane/Kane 1978, 33ff.) erfasst unerwünschtes bzw. Störverhalten.

- Eine Sonderform der Beobachtungsbogen stellen **Situationstests** dar (Müller/Kane/Kane 1978, 324ff.; Müller 1982, 77ff.). Genauer als in Fragebögen werden hier insbesondere lebenspraktische und soziale Verhaltensweisen erfasst, mit dem Ziel, sonderpädagogische Maßnahmen präziser planen und überprüfen zu können. Die Beobachtung und Protokollierung kann in Alltagssituationen oder in besonders geschaffenen Testsituationen stattfinden. Das Verfahren ist durch die Form der teilnehmenden Beobachtung sehr komplex und aufwendig. Es liegt in deutschsprachiger Fassung nicht vor.

8.7.4 Testverfahren, bezogen auf bestimmte Lern- und Verhaltensbereiche

Zu einzelnen Funktionsbereichen wurden, vorwiegend bereits in den 1970er Jahren, Testverfahren entwickelt.

- Die **Testbatterie für entwicklungsrückständige Schulanfänger** – TES (Kornmann 1977) überprüft neben Bereichen schulischer Reife auch
  - die Handgeschicklichkeit
  - die grobmotorische Fähigkeit
  - die Auge-Hand-Koordination

- Der **Körperkoordinationstest** für Kinder – KTK (Schilling/Kiphard 1974) ist ausgerichtet auf die allgemeine Körperkoordination.

- Die **Checkliste motorischer Verhaltensweisen** – CMV (Schilling 1976) überprüft das allgemeine Bewegungsverhalten in acht Bereichen.

Die genannten Tests sind für Kinder mit geistiger Behinderung nicht normiert, können aber bei vorsichtiger Interpretation doch Verwendung finden (vgl. Irmscher 1980, 40f.; Mühl 1991, 51).

- Der **Trampolin-Körperkoordinations-Test** – TKT (Kiphard 1977) gibt Aufschluss über pathologisches Bewegungsverhalten.

- Der **Hand-Dominanz-Test** - HDT (Steingruber 1971) überprüft die Leistungsunterschiede zwischen rechter und linker Hand.

- Der **Anweisungs- und Sprachverständnistest** - ASVT (Kleber/Fischer 1980) untersucht das Sprachverständnis im Schulalter.

- Der **Landauer-Sprachentwicklungstest für Vorschulkinder** – LSV (Gölle 1976) erfasst neben Sprachentwicklung und Sprechfähigkeit ebenfalls das Sprachverständnis.

- Der **Psycholinguistische Entwicklungstest** – PET (Angermeier 1974) stellt die deutsche Bearbeitung des „Illinois-Test of Psycholinguistic Abilitis" dar. Die Normierung umfasst die ersten vier Lebensjahre.

- Der **Bremer Artikulationstest** – BAT (Niedermeyer 1976 a) überprüft die Artikulationsgenauigkeit, während

- der **Bremer Diskriminationstest** – BDT (Niedermeyer 1976 b) das Lautunterscheidungsvermögen erfasst.

- Die **Prüfung optischer Differenzierungsleistungen** – POD (Sauter 1979) zielt auf die visuelle Unterscheidungsfähigkeit, die u.a. für den Leselernprozess eine wesentliche Voraussetzung darstellt. Erfasst werden
  - Figur-Grund-Wahrnehmung
  - Raumlage-Erkennen
  - Wahrnehmungsgenauigkeit.

8.7.5 Entwicklungstests

Entwicklungstestverfahren finden wesentlich im Alter von 0-6 Jahren Anwendung und erbringen die Grobeinschätzung des Entwicklungsstandes von behinderten Kleinkindern im Vorschulalter. Unter Vorbehalt sind sie auch bei geistigbehinderten Kindern anwendbar, obwohl die theoretische Fundierung Mängel aufweist (vgl. Moog 1981, 80ff.).

- Die **Denver-Entwicklungsskalen** – DES (dt. Flehmig 1973, 1977) dienen der Früherkennung von Behinderungen und Entwicklungsverzögerungen, bei starker Differenzierung für die ersten beiden Lebensjahre. Erfasst sind
  - Grob- und Feinmotorik
  - Sozialbereich und Adaption
  - Sprache.

- Die **Entwicklungsgitter** (Kiphard 1977) sollen Störungen und Behinderungen zwischen 1 und 4 Jahren erfassen.
  Im **sensomotorischen Entwicklungsgitter** werden die Bereiche
  - Visuelle und auditive Wahrnehmung
  - Sprache
  - Handgeschick
  - Körperkontrolle

  erfasst.
  Das **psychosoziale Entwicklungsgitter** erfasst den Gesamteindruck der Sozialkompetenz.

- Stark medizinisch ausgerichtet ist die **Münchner Funktionelle Entwicklungsdiagnostik** (Hellbrügge u.a. 1978) für das 1. Lebensjahr. Sie umfasst die Bereiche

- Krabbeln
- Sitzen
- Laufen
- Greifen
- Perzeption
- Sprechen
- Sprachverständnis
- Sozialverhalten.

■ **Diagnosebögen** für den Bereich der Frühförderung entwickelten STRASSMEIER (1979), OHLMEYER (1979), BONDIZIO/VATER (1980).

■ Der **TES** von KORNMANN wurde bereits genannt. Er ermöglicht eine Einschätzung des Entwicklungsrückstandes bei Schulanfängern.

■ Das **Psychoeducational Profile** – PEP (SCHOPLER/REICHLER 1981) ist besonders geeignet für Kinder mit autistischen Verhaltensweisen (vgl. Kap. 8.9.2) bis zu 7 Jahren. Erfasst werden die Bereiche
- Imitation
- Wahrnehmung
- Grob- und Feinmotorik
- Auge-Hand-Koordination
- Kognitive Möglichkeiten
- Sprache
- Pathologische Verhaltensweisen
  - Affektivität
  - Sozialkontakt
  - Material- und Spielaktivität
  - Sinnesmodalitäten
  - Sprache

8.7.6 Intelligenztests

sind häufig nicht geeignet für die Anwendung bei geistigbehinderten Kindern, da sie in unteren Intelligenzbereichen nur ungenügend differenzieren. Eingeschränkt anwendbar sind folgende Verfahren:

■ Der **CFT1** - Grundintelligenztest Skala 1 (CATTEL/WEISS/OSTERLAND 1978) ist vergleichbar den Intelligenztests im TBGB (s.u) und diesem vorzuziehen, wenn genügend Zeit zur Verfügung steht. Aufgrund der verschiedenen Normierungsgruppen (Kindergarten, Vorschule, Klassen 1-4 Grundschule und Lernbehindertenschule) sind Vergleiche in differenzierter Weise möglich.

■ Der **French-Bilder-Intelligenztest** - FBIT (HELLER/HORN 1976) findet Anwendung für Kinder zwischen 4 und 9 Jahren.

■ Der **Hannover-Wechsler-Intelligenztest** für das Vorschulalter – Hawiva (SCHUCK/EGGERT 1976) ist anwendbar bei Kindern zwischen 4 und 6 ½ Jahren. Überprüft wird die verbale Intelligenz und die Wahrnehmungsorganisation.

■ Die **Snijders-Oomen-non-verbale Intelligenzreihe** – SON (SNIJDERS/SNIJDERS-OOMEN 1977, völlige Überarbeitung 1997) ist normiert für das Alter von 2 ½ bis 7 Jahren. Sie ist geeignet für geistigbehinderte Kinder, weil die Instruktionen auch gestisch möglich sind. Die verschiedenen Subtests sind materialgebunden und differenzieren auch bei sehr niedriger Intelligenz. Das Material motiviert die Probanden zu längerdauernder Mitarbeit (vgl. MOOG 1981, 93f.).

■ Das **Binetarium** (BOBERTAG/NORDEN 1953) bietet eine gute Ergänzung zum TBGB (DITTMANN 1974; DITTMANN/

Metzler 1976). Kindgemäßheit und Handlungsorientierung motivieren auch Kinder mit geistiger Behinderung zur Mitarbeit. Vergleiche mit Kindern im Vorschul- und im Grundschulalter sind aufgrund der Normierung möglich (vgl. Mühl 1991, 48).

Für die Auswertung der nicht für Geistigbehinderte konzipierten Tests ist besondere Vorsicht geboten. Anwendung sollte nur erfolgen, wenn das normierte Lebensalter dem Intelligenzalter Geistigbehinderter in etwa parallel ist (vgl. Mühl 1991, 47).

Um der Mangelsituation bei Intelligenzmessungen geistigbehinderter Kinder zu begegnen, entwickelten Bondy u.a. (1969) die **Testbatterie für geistigbehinderte Kinder** – TBGB (bearbeitet von Eggert 1972b). Die Testbatterie besteht aus sechs Einzeltests, die in ihren Ergebnissen einer Profildiagnose gleichkommen. Einzeltests des TBGB:

1. CMM: die „Columbia Mental Maturity Scale" (ca. 30 Minuten) prüft über das sprachfreie Erkennen von Reihengesetzen schlussfolgerndes Denken und Abstraktionsvermögen; die Differenzierung zwischen Lern- und Geistigbehinderten ist nicht ausreichend (vgl. Liepmann 1979, 58).
2. BM + CM: die „Bunten und Progressiven Matrizen" (ca. 20 Minuten), eine Erweiterung der Bunten Matrizen nach RAVEN, werden zur Erfassung der allgemeinen nonverbalen Intelligenz eingesetzt sowie zur Erfassung von abstrakten Formen in Relation.
   Beide Tests sind sprachfrei und schichtunabhängig.
3. PPVT: mit dem „Peabody Picture Vocabulary Test" (ca. 15 Minuten) wird der passive Wortschatz geprüft, ohne dass eine aktive Sprechleistung erforderlich ist. Er ist weitgehend schichtunabhängig und korreliert hoch mit sprachlichen Intelligenztests.
4. KP: mit dem „Kreise punktieren" (ca. 3 Minuten) soll die feinmotorische Leistung erfasst werden; offenbar wird aber auch die Konzentration geprüft. Für die Praxis ist er daher weniger geeignet.
5. LOS: die „Lincoln-Oseretzky Motor Development Scale" (ca. 45 Minuten) erhebt den allgemeinen motorischen Entwicklungsstand; die heute gebräuchliche Kurzform LOS KF 18 (Eggert 1971) erscheint nach wie vor als zu schwer.
6. VSMS: die „Vineland Social Maturity Scale" dient der Erfassung der sozialen Reife; sie wird nicht unmittelbar beim Probanden angewandt, sondern beim Betreuer in Form eines Fragebogens erhoben.

Die TBGB ist nicht ohne kritische Einwände geblieben. Meyer (1976) meint, die Eichstichprobe (1 209 geistigbehinderte Kinder von 7-12 Jahren im gesamten Gebiet der damaligen BRD, sowie 554 Lernbehindertensonderschüler von 9-12 Jahren) sei wahrscheinlich ein wenig „zu gut" für Geistigbehinderte gewesen. Mit dem „Kreise punktieren" werde wohl nicht nur die Feinmotorik, sondern zum erheblichen Teil auch die Aufmerksamkeitshaltung erfasst. Die von Eggert (1972 c , 135) vorgestellten „typischen" Testprofile einiger Untergruppen geistigbehinderter Kinder – das höchste Niveau wiesen dabei die Kinder mit kryptogenen Behinderungen auf, gefolgt von solchen mit hirnorganischen Schädigungen sowie Down-Syndrom-Kinder – seien kaum haltbar, da beispielsweise das „typische" Profil der nachgeburtlich Geschädigten sich als Artefakt aus der Überlagerung der genau entgegengesetzten Meningitis- und Enzephalitisfälle erweise.

Zuvor bereits hatte MEYER (1974, 83) nachgewiesen, dass die beiden Subtests zur Erfassung des schlussfolgernden Denkens (CMM und BM + CM) sich aus zwei ganz unterschiedlichen Itemtypen zusammensetzen. Im einen Fall können die Aufgaben auf einem assoziativen Niveau gelöst werden. Im anderen ist schlussfolgerndes induktives Denken gefordert. „Typus I und Typus II – Leistungen zeigen nur einen geringen Zusammenhang" (MEYER 1974, 83).

Hingegen standen die auf eher assoziativem Wege erbrachten Typus I-Leistungen in enger Beziehung zu Aufmerksamkeitsindikatoren, wie beispielsweise zur Anzahl der Blickkontakte, die das behinderte Kind mit dem Untersucher wechselte (je mehr Blickkontakte, um so geringer die Konzentration). Im „Kindergartenstil" unterrichtete Probanden ließen sich „weit häufiger durch die Person des Versuchsleiters ablenken als Kinder, die ‚Frontalunterricht' erhielten." MEYER (1974, 101) folgert daraus,

> „daß durch den frontal durchgeführten Unterricht eine Arbeitshaltung aufgebaut und trainiert wird, die LERSCH (1964) als konzentrative Aufmerksamkeit bezeichnet ... Der frontal durchgeführte Unterricht trainiert die Kinder, ihre Aufmerksamkeit auf bestimmte Inhalte zu richten ... Frontalunterricht bedeutet somit Aufmerksamkeitstraining!"

Diese Befunde stehen im Zusammenhang mit einer Überprüfung verschiedener Theorieansätze, mit denen das kognitive Verhalten geistig behinderter Kinder – über die bloße Feststellung einer Defizienz hinaus – spezifischer charakterisiert werden soll. Einen Überblick über sie geben WENDELER (1976) und MEYER (1977). So sind nach LEWIN (1930) und KOUNIN (1940/41) die kognitiven Strukturen geistigbehinderter Menschen strenger voneinander getrennt, weniger permeabel als beim Normalintelligenten (Rigiditäts-Hypothese).

ZIGLER (1962) hat demgegenüber die Motivation als Faktor bei kognitiven Leistungen hervorgehoben; sie resultiert vor allem aus den Erfahrungen mit Erwachsenen, die entweder zur Suche nach Kontakt und Bestätigung oder - aufgrund von enttäuschenden Erfahrungen - zu einer negativen Reaktionstendenz führen. ZEAMAN/HOUSE (1963) sahen die kognitiven Besonderheiten als Folge eines Unvermögens zur Aufmerksamkeitslenkung, der russische Psychologe LURIJA (1973; 1993) betonte die Folgen der sprachlichen Defizienz, da die Sprache als vermittelnde Lernhilfe eine oft übersehene Bedeutung besitze.

Psychologische Forschung über geistigbehinderte Menschen erfordert einige Variationen der gewöhnlich angewandten Strategie. Der Vergleich mit einer Kontrollgruppe nichtbehinderter Gleichaltriger ist hier meist wenig aussagekräftig; welche Fähigkeit auch immer man prüft, die Probanden mit geistiger Behinderung werden dabei schlechter abschneiden. Deshalb wird vielfach eine zusätzliche Kontrollgruppe gebildet, die nicht das gleiche Lebensalter, wohl aber das gleiche Intelligenzalter aufweist, beispielsweise fünfjährige Normalintelligente im Vergleich mit zehnjährigen geistigbehinderten Kindern (vgl. MEYER 1977, 24).

Seit die menschliche Intelligenz weniger als globales Merkmal, sondern eher als Gesamtheit einzelner Faktoren gesehen wird, interessierte auch die Fragestellung, ob sich die vorgefundene Intelligenzstruktur mit steigendem Lebensalter ausdifferenziert (Differenzierungshypothese von GARRETT 1946 und BURT 1954) oder mit zunehmendem Intelligenzniveau aus mehr Faktoren zusammensetzt (Divergenzhypothese von WEWETZER 1959 und WEGENER 1969). LIENERT (³1969) vereinigte beide Modelle zur genetischen Divergenzhypothese die Ausdifferenzierung der Intelligenzstruktur erfolge in Abhängigkeit vom Leistungsniveau und vom Lebensalter.

REINERT, BALTES und SCHMIDT (1965) machten daraus die Leistungsdifferenzierungshypothese, nach der nur das Intelligenzalter (das sich im Testrohwert ausdrückt), nicht aber Lebensalter oder Intelligenzniveau für den Differenzierungsgrad maßgeblich sei (vgl. hierzu MEYER 1977). Je niedriger das Intelligenzalter, umso weniger Faktoren werden bei der Beschreibung des Leistungsprofils gebraucht, was sich beispielsweise darin ausdrückt, dass die TBGB-Ergebnisse in hohem Maße durch einen Generalfaktor erklärbar sind.

Von daher mag es zunächst überraschen, dass vereinzelt Menschen mit geistiger Behinderung über Sonderfähigkeiten verfügen, die weit über das Niveau ihrer sonstigen Fähigkeiten hinausreichen. Ungewöhnliche Gedächtnisleistungen, Rechenleistungen und musikalische Fähigkeiten werden in diesem Zusammenhang genannt. Ein geistigbehinderter Jugendlicher „konnte die Einwohnerzahlen sämtlicher Ortschaften mit über 5 000 Einwohnern in den USA angeben" (SPREEN 1978, 101), ein anderer zu allen möglichen Kalenderdaten des Jahrhunderts den Wochentag angeben, ein weiterer schließlich bei Proben führender Kammerorchester den Klavierpart übernehmen. Doch sind diese „idiots savants" durchaus auch unter geistig Behinderten die Ausnahme. SPREEN bietet folgenden Erklärungsversuch an:

„Extreme Isolierung und Konzentration auf die wenigen, in der Umgebung vorhandenen Stimuli wären somit die Grundfaktoren für die Entwicklung solcher Fähigkeiten. Unter solchen Umständen wäre ein für bestimmte Leistungen begabter Behinderter fähig, ungewöhnlich gute Leistungen zu entwickeln, vor allem wenn er durch solche Leistungen Anerkennung und Förderung […] erwirbt. Zwanghafte Persönlichkeitszüge und besondere Erbfaktoren mögen ebenfalls beteiligt sein" (1978, 101).

Bei als geistigbehindert geltenden Autisten treten solche Spezialbegabungen in besonderem Maße auf.

Zusammenfassend lässt sich sagen:

- Psychodiagnostik bei geistigbehinderten Personen bedarf besonderer Sorgfalt und Vorsicht.
- Die vorhandenen Tests und Fragebögen sind nur teilweise für geistigbehinderte Menschen konzipiert. Ihre Anwendung und Interpretation kann daher nur unter Vorbehalt erfolgen.
- Geistige Behinderung ist weder ein Global- noch ein Stabilzustand. Sonderbegabungen, Entwicklungssprünge oder -rückschritte müssen in besonderer Weise beachtet werden.
- Der sonderpädagogische Förderbedarf muss in regelmäßigen Abständen psychodiagnostisch neu erhoben werden.

8.8 Soziale Einstellung gegenüber Geistigbehinderten

Einstellung und Verhalten gegenüber Behinderten allgemein und gegenüber Geistigbehinderten im Besonderen sind von Vorurteilen geprägt. Geistigbehinderte Menschen haben einen negativen Sozialstatus in unserer Gesellschaft. Daraus resultieren Benachteiligungen, die, obwohl in den letzten 40 Jahren abgeschwächt, noch lange nicht abgebaut sind (vgl. MÜHL 1991, 19). Gerade bezogen auf Menschen mit geistiger Behinderung entstanden und entstehen in unterschiedlichen Epochen und Kulturen aufgrund von Desinformation, Angst und Unsicherheit Vorstellungen unterschiedlichster Art. Im wesentlichen acht Zuschreibungen hat WOLFENSBERGER (1972) herausgearbeitet. Jede dieser Zuschreibungen basiert auf bestimmten Einstellungen.

- Der Geistigbehinderte als **Untermensch** ist eine Vorstellung, die in der christlich geprägten westeuropäischen Geschichte häufig und langanhaltend vorhanden war. Bereits LUTHER sprach von „Wechselbälgen“ (vgl. BACHMANN 1985) und riet zur Ersäufung eines geistigbehinderten Jungen, da er nur „eine Masse Fleisch ohne Seele“ sei (LUTHER 1541, repr. 1919, 8f.). Aufgrund der reduzierten Geistigkeit wurden sie mit den Tieren auf eine Stufe gestellt; deren Schwächen und Stärken (meist im negativen Sinne) wurden auch dem Geistigbehinderten zugesprochen, woraus sich für den Umgang die Notwendigkeit kontrollierender Bedingungen ableiten und der Entzug grundlegender Menschenrechte rechtfertigen ließ (vgl. auch Kap. 16).
- Der Geistigbehinderte als **Bedrohung** ist eine Vorstellung, die, in Unkenntnis tatsächlicher Gegebenheiten, geistigbehinderten Menschen Eigenschaften unterstellt, z.B. Hemmungslosigkeit, Gewalttätigkeit, die sowohl zu einer persönlichen als auch zur allgemeinen gesellschaftlichen Bedrohung werden könnten.
- Der Geistigbehinderte als **Schreckensobjekt** ist eine Zuschreibung, die aus alten magischen Vorstellungen resultiert. Geistige Behinderung wird als Beweis für die Wirkung des Bösen bzw. für dessen Folgen gesehen, d.h. das geistigbehinderte Kind wird als vom Teufel unterschoben oder als Strafe Gottes für die Verfehlungen der Eltern interpretiert.
- Der Geistigbehinderte als **Objekt der Lächerlichkeit** wird deutlich in der Rolle des Dorftrottels, in der Zur-Schau-Stellung Geistigbehinderter auf Jahrmärkten zur Belustigung des Publikums, in teilweise brutalen Witzen über Geistigbehinderte. Zur Belustigung der Herrscher wurden an manchen Höfen Geistigbehinderte und körperlich deformierte Menschen als Hofnarren gehalten.
- Der Geistigbehinderte als **Heiliger** ist eine Vorstellung, die in Asien und bei nordamerikanischen Indianerstämmen verbreitet war. Man schrieb ihnen tiefe religiöse Gedanken und überirdische Kräfte zu. Sie wurden als besondere Kinder des Schöpfers, der Götter, verehrt, zumindest freundlich geduldet.
- Der Geistigbehinderte als **ewiges Kind** ist eine bis heute weit verbreitete Vorstellung, die den Umgang mit und die Förderung von geistigbehinderten Men-

schen bezogen auf Selbständigkeit und Normalisierung häufig erschwert.

- Der Geistigbehinderte als **Kranker** ist eine heute ebenfalls noch stark verbreitete Vorstellung, die den Behinderten u.U. in eine medizinische Behandlungssituation bringt, die einerseits Schonraum, andererseits Zwangsraum bezogen auf die Krankenrolle ist und die eine natürliche Entwicklung zumindest sehr erschweren kann.

Betrachtet man vor diesem Hintergrund die Ergebnisse von deutschsprachigen Untersuchungen, so wundert es nicht, dass „die Einstellungen dieser Personengruppe gegenüber eher negativ sind" (MÜHL 1991, 19; auch THOMAS 1980; BÄCHTOLD 1981; CLOERKES 1985; HORNE 1985).

In einer umfangreichen Studie hat VON BRACKEN bereits 1970/71 die Einstellungen gegenüber geistigbehinderten Kindern erforscht. 1 000 für die Gesamtbevölkerung repräsentative Respondenten, 100 Lehrer allgemeiner Schulen und 100 Eltern geistigbehinderter Kinder wurden befragt.

In den Ergebnissen (1976, 1981) spiegeln sich deutlich die vorgenannten Vorurteile. Die geistige Behinderung gilt durchgängig als die – für die Mitmenschen – schwerste Behinderung. Für den Betroffenen selbst wird der Schweregrad nicht so hoch eingeschätzt; das hängt wohl mit der Auffassung zusammen, geistigbehinderte Menschen seien gutmütig, stumpfsinnig, indolent und empfänden weder ihre Behinderung, noch das ihnen gezeigte abweisende Verhalten. Andererseits traut man ihnen auch Wildheit und Jähzorn, Bösartigkeit und Gefährlichkeit zu.

Der allgemeinen Auffassung nach unterscheiden sich geistigbehinderte Kinder in Körperhaltung, Gang, Gesichtsausdruck, Umgangsformen und Sprache, ja selbst in der Kleidung erheblich von anderen Kindern; sie werden eher als schmutzig und hässlich bezeichnet. Die soziale Distanz ihnen gegenüber muss als sehr groß eingeschätzt werden (vgl. auch THOMAS 1985, 55f.).

„Zwar würde nur ein Drittel der Respondenten nicht gerne sehen bzw. zu verhindern versuchen, daß ein eigenes Kind mit einem geistig behinderten Kind spielt; aber zwei Drittel wären dagegen, ein geistig behindertes Kind für kürzere Zeit aufzunehmen; und fast alle Respondenten lehnten die Adoption eines geistig behinderten Kindes ab" (VON BRACKEN 1981, 279).

Zwei Drittel der Befragten sprachen sich für die Unterbringung geistigbehinderter Kinder in Heimen aus, nur ein Drittel plädierte für die Familie. 80 Prozent meinten, Anstalten sollten in entlegenen, abgeschiedenen Orten errichtet werden. Jedoch wäre nur knapp ein Viertel dagegen, wenn ein Heim in unmittelbarer Nachbarschaft gebaut würde. Der größte Teil der Befragten hielt es „mehr oder weniger für besser, daß geistig behinderte Kinder früh sterben würden" (280). Sie konnten also einem in dieser Form behinderten Leben wenig Positives abgewinnen.

Die Skala der Gefühle, die geistigbehinderte Menschen bei den Befragten auslösen, reicht von Neugier und Mitleid über Angst und Unsicherheit bis hin zu Entsetzen, Grauen, Abscheu und Ekel (VON BRACKEN 1981, 282; auch CLOERKES 1985, 455f.; TRÖSTER 1990b, 24ff.).

Je niedriger der Bildungsstand, desto größer ist das Informationsdefizit in der Bevölkerung. Meist wurde auch die Häufigkeit geistiger Behinderung überschätzt (Mittel 2,5 % statt 0,6 %). Dies könnte aber mit einer allgemein geringen Fähigkeit zum Schätzen seltener Ereignisse zusammenhängen. Bei der Frage nach Ursachen wurden besonders Vererbung, Inzucht, Trunksucht der Eltern und Schwangerschaftsschäden genannt, während Geburtsschäden und Krankheiten (peri- und postnatale Ursachen) erst viel später folgten (362).

Deutlich wurde auch, dass sich die Vorurteile und die soziale Distanz mit zunehmendem Alter verstärken. Unter der Fragestellung, ob Kinder und Jugendliche weniger Vorurteile haben, führten STÜRMER et al. (1977) eine Untersuchung bei jeweils 100 Gymnasiasten, Haupt- und Sonderschülern durch. Das Durchschnittsalter der Befragten war 14 Jahre.

Auch hier zeigten sich deutlich vorurteilsbehaftete Einstellungen. Waren geistigbehinderte Menschen oft im Stadtbild präsent, wurden die Einstellungen etwas ungünstiger. Kannte der Schüler andererseits geistigbehinderte Personen, wurde sein Urteil wohlwollender. Differenzierte man nach dem Schultyp, so zeigten Gymnasiasten die günstigsten Einstellungen. Mädchen gaben bei direkten Fragen günstigere Gefühle und geringere soziale Distanz an. Im Vergleich mit der Erwachsenen-Untersuchung „schätzen die Schüler geistig behinderte Kinder erheblich günstiger ein, geben allerdings bei direkten Fragen eher negative Gefühle zu, was wir durch eine geringere Tendenz zur sozial erwünschten Antwort bei den Schülern interpretiert haben“ (STÜRMER et al. 1977, 48). Eine 1978 in Österreich durchgeführte Befragung erbrachte ähnliche Ergebnisse wie in Deutschland (CHRISTIANSEN-BERNDT 1981). Eine Umfrage der Lebenshilfe in Nordhorn (1983) bei 3 074 Schülern zwischen 10 und 18 Jahren zeigte u.a., dass im Alter von 16-18 Jahren das Desinteresse deutlich wächst, dass Mädchen eher bereit waren, einen geistigbehinderten Menschen kennen zu lernen, dass aber insgesamt die häufigste Reaktion die Kontaktvermeidung war. Gefühle von Mitleid, Hilfsbereitschaft und Sozialengagement fanden sich in allen Altersgruppen, vielfach aber auch Unsicherheit und Hilflosigkeit. Als Gründe für die Vermeidungsreaktion werden Desinteresse, Abscheu und unsoziale Einstellungen genannt (vgl. MÜHL 1987, 82f., 1991, 21). Nach MÜHL decken sich viele dieser Ergebnisse mit denen, die im Zusammenhang mit integrativer Beschulung, insbesondere bei ausländischen Untersuchungen ermittelt wurden. Offenbar reicht das gemeinsame Aufwachsen allein nicht aus, nachhaltige Einstellungsveränderungen zu erreichen (vgl. MÜHL 1991, 21).

8.9 Spezielle Störungsbilder bei geistiger Behinderung

Zwei Störungsbilder sollen hier etwas genauer betrachtet werden. Zum einen die Trisomie 21 (DOWN-Syndrom), zum anderen das Störungsbild des Autismus.

8.9.1 Trisomie 21 – DOWN-Syndrom

Neben denjenigen Kindern, die aufgrund einer prä-, peri- oder postnatalen Hirnschädigung geistigbehindert sind, wird die zahlenmäßig zweitstärkste Gruppe von den Kindern mit DOWN-Syndrom – früher als „Mongoloismus" bezeichnet – gebildet. Vier historische Daten markieren das fortschreitende medizinische Wissen um dieses Störungsbild.

1866 hat der Engländer John LANGDON-DOWN die später nach ihm benannte Merkmalskombination in klassischer Weise beschrieben: rundlicher Minderwuchs, kurzer kleiner Schädel, schräge Augenstellung bei weitem Augenabstand, Hautfalte über dem inneren Lidwinkel (Epikanthus), breite Nasenwurzel, tiefsitzende Ohren, grob gefurchte auffallend große Zunge, kurze Finger bei breiter Hand mit tiefer Vierfingerfurche quer durch die Hohlhand (vgl. GIESEKING/GRUNDMANN 1976, 29). Außer diesen äußerlichen Merkmalen, die dem Erfahrenen die Sofortdiagnose gleich beim Neugeborenen gestatten, kommen bei den DOWN-Kindern angeborene Herz- und Gefäßfehlbildungen gehäuft vor. Neuere Angaben liegen bei 40-60 % (vgl. REICHART 1990, 63).

An erster Stelle stehen hier die angeborenen Herzfehler. Die Häufigkeit klinisch auffälliger Herzfehler bei Kindern mit DOWN-Syndrom wird mit 20-40 % angegeben (vgl. STORM 1995, 29). Allerdings sind die Zahlenangaben nicht einheitlich. ZELLWEGER/SIMPSON (1977, 61) geben 28,5 % an, WILKEN ermittelt bei einer Gruppe von Menschen mit DOWN-Syndrom im Alter von 4 bis 41 Jahren 27 % (1993, 24f.), was darauf hindeutet, dass die Zahlen bei Neugeborenen tatsächlich höher liegen, weil die Behandlungsmöglichkeiten in den letzten 40 Jahren erheblich verbessert werden konnten. Dennoch stellen angeborene Herzfehler bis heute einen gewichtigen Faktor bei der hohen Sterblichkeitsrate von DOWN-Kindern dar (vgl. STORM 1995, 19).

An zweiter Stelle sind Fehlbildungen des Magen-Darm-Traktes, insbesondere Verwachsungen des Zwölffingerdarms zu nennen. Ihre Häufigkeit wird mit 10-18 % angegeben (vgl. SCHMIDT 1990, 91).

Das Risiko, an einer akuten, nicht-lymphoblastischen Leukämie zu erkranken, ist bei Kindern mit DOWN-Syndrom 20-mal höher als bei nichtbehinderten Kindern (vgl. STORM 1995, 171).

Zu erwähnen sind auch vielfältig auftretende Hörschädigungen bei Kindern mit DOWN-Syndrom, deren Häufigkeit bei 50 % bis über 75 % liegt (vgl. STORM 1995, 74). Das Ausmaß der Schädigung ist meistens leicht bis mittelschwer. Auch Schädigungen der Sehfähigkeit, insbesondere Refraktionsanomalien (Brechungsfehler) treten in einer Häufigkeit von 50-75 % auf, wobei die schweren Sehschädigungen ca. 17 % ausmachen (STORM 1995, 223).

Entscheidend für das Störungsbild des DOWN-Syndroms sind jedoch die Fehlbildungen des Gehirns, die zu einer mehr oder weniger ausgeprägten geistigen Retardierung führen, mit stark eingeschränkten Entwicklungsmöglichkeiten.

1909 entdeckte SHUTTLEWORTH – dies der zweite Meilenstein in der Geschichte des DOWN-Syndroms – dass das Syndrom bei Kindern älterer Mütter gehäuft auftritt. Während es insgesamt unter 600 bis 700 Neugeborenen einmal vorkommt, nimmt die Häufigkeit von 1 : 1 600 bei 20- bis 24-jährigen Müttern über 1 : 880 bei 30- bis 35-jährigen auf 1 : 100 bei 40- bis 44-jährigen Müttern und sogar 1 : 46 bei über 45-jährigen zu (CARR 1975, 3). Inwieweit auch ein Zusammenhang zwischen dem Alter des Vaters und einer Trisomie 21 besteht, konnte bisher nicht eindeutig geklärt werden. Bei Untersuchungen zeigte sich erst bei Männern über 55 Jahren ein möglicher Hinweis, wenn das Alter der Mutter für Auswirkungen ausgeschlossen werden konnte (vgl. WEBER/RETT 1991, 16).

Allgemein kann gesagt werden, dass die Zahl der DOWN-Kinder im vergangenen Jahrhundert zugenommen hat (1962 0,144 % der Schulkinder, 1925 nur 0,034 %): der allgemeine Anstieg der Lebenserwartung und die veränderte Lebensplanung von Frauen bewirkten, dass in nennenswertem Ausmaß Frauen fortgeschrittenen Alters noch Kinder gebaren. Ein weiterer Grund liegt in der verbesserten medizinischen Versorgung der DOWN-Kinder selbst: bei einer Untersuchung in den 1940er Jahren starben noch 66 % im ersten Lebensjahr, bei CARRS (1975) Stichprobe in den 1960er Jahren waren es nur noch 16 %. Die mittlere Lebenserwartung (zum Zeitpunkt der Geburt) stieg von neun Jahren (1929) über 12 Jahre (1947) auf 18 Jahre (1963). Heute ist ein deutlicher Anstieg der Lebenserwartung gegenüber derjenigen von vor 35 Jahren zu verzeichnen. Die umfassendere medizinische Versorgung nach der Geburt und stützende Maßnahmen im Kleinkindalter konnte die Frühsterblichkeit erheblich reduzieren. Dennoch bleibt eine gegenüber nichtbehinderten Kindern erhöhte Sterblichkeitsrate in den ersten Lebensjahren. Etwa nach der Pubertät ist die Wahrscheinlichkeit einer normalisierten Lebenserwartung sehr hoch. Dabei muss dem beschleunigten Alterungsprozess bei Menschen mit DOWN-Syndrom (vgl. ZELLWEGER/SIMPSON 1977, 68; WUNDERLICH 1977, 7f.) Rechnung getragen werden.

Das Jahr 1959 brachte die dritte wichtige Erkenntnis in der Geschichte des DOWN-Syndroms: LEJEUNE, GAUTIER und TURPIN fanden als Ursache eine Chromosomenanomalie, und zwar eine Trisomie 21; das Chromosom Nummer 21 ist statt paarweise dreifach vorhanden. In 90 % der Fälle ist es bei den Reifeteilungen der mütterlichen Eizelle zur „non-disjunction" gekommen, und dies augenscheinlich umso häufiger, je älter die mütterlichen Oozyten waren – nur so lässt sich die Abhängigkeit vom mütterlichen Gebäralter erklären.

Als Gegenstück zu den Trisomien wären eigentlich in etwa gleicher Häufigkeit Monosomien zu erwarten. Keime mit dieser Chromosomenkonstellation sind jedoch nicht lebensfähig. Auch die mit dem DOWN-Syndrom verbundenen Missbildungen lassen sich als Einschränkungen der Lebensfähigkeit verstehen, und Chromosomenanalysen nach spontanen Fehlgeburten zeigen, dass dabei 60 % der Feten chromosomale Abnormitäten zeigen, davon etwa die Hälfte Trisomien (ZELLWEGER/SIMPSON 1977, 17). REHDER (1978, 36) berichtet von einer „besonderen Häufung von Herzfehlbildungen beim fetalen DOWN-Syndrom", die noch über das gewöhnliche Maß hinausgeht. Nach PASSARGE (1979, 65) durchläuft „nur eine ... von 4 Zygoten mit Trisomie 21 ... die gesamte Schwangerschaft".

Etwa fünf Prozent der Kinder mit DOWN-Syndrom zeigen nicht die typische Trisomie 21 im Chromosomensatz, sondern abweichende Verhältnisse (ZELLWEGER/SIMPSON 1977, 43; PASSARGE 1979, 282); dort fehlt dann auch die Abhängigkeit vom Alter der Mutter.

- Beim **Mosaizismus** (etwa 2 % der Fälle) hat der Fehler in der Zellteilung erst nach der Befruchtung stattgefunden, und nicht mehr alle Zellen des Kindes weisen deshalb das Zusatzchromosom auf; entsprechend geringer sind auch die Folgen ausgeprägt.

- Bei der **Chromosomen-Translokation** zeigt bereits einer der Eltern eine verdeckte Chromosomenanomalie: z.B. zwei Chromosomen sind verschmolzen, wobei der Genbestand jedoch gewahrt bleibt (balancierte Translokation). Erst infolge der Reifeteilung kommt es dann bei den Kindern - in etwa 5 % der Fälle - zu einem überzähligen und pathogenen Extrachromosom.

Ein viertes Datum der Medizingeschichte bezieht sich auf Möglichkeiten, das DOWN-Syndrom bereits pränatal zu erkennen, was natürlich die Frage nach einer Reduzierung der Geburtenhäufigkeit aufwarf. 1973 haben STEIN und Mitarbeiter die Amniozentese als Screening-Verfahren zur schrittweisen Prävention des DOWN-Syndroms vorgeschlagen. Die Entnahme von Fruchtwasser in der zwölften bis sechzehnten Schwangerschaftswoche ermöglicht bereits die Feststellung des embryonalen Chromosomensatzes; im Fall einer Anomalie wäre dann ein Abbruch der Schwangerschaft noch möglich. Da das Verfahren jedoch relativ aufwendig ist, ist sein Einsatz nur bei älteren Müttern mit erhöhtem Risiko einer Trisomie 21 sinnvoll (vgl. STEIN u.a. 1973, 254 und MURKEN/STENGEL-RUTKOWSKI 1978). Folge dieses Verfahrens ist allerdings, dass es manchmal den Anschein hat, als würde in der medizinischen Beratung aus der Abbruch-Möglichkeit eine Abbruch-Notwendigkeit gemacht. Die Entscheidungsfreiheit der Frauen muss unter allen Umständen gewahrt bleiben, auch dann, wenn die Beratenden sich anders entscheiden würden. Das Lebensrecht für Kinder mit DOWN-Syndrom darf ebenso wenig infrage gestellt werden wie das Entscheidungsrecht der Eltern.

„Wir müssen alle als Gesellschaft dafür sorgen, daß einerseits eine elterliche Entscheidung für die Geburt eines Kindes mit Down-Syndrom nicht als unzumutbare Belastung empfunden wird, und daß andererseits eine elterliche Entscheidung gegen die Geburt eines Kindes mit Down-Syndrom nicht als unzumutbarer Egoismus bewertet wird. Beide Sichtweisen wären einseitig" (STENGEL-RUTKOWSKI 1990, 44).

Hinsichtlich eines Wiederholungsrisikos kann davon ausgegangen werden, dass unabhängig vom Alter der Mutter in ca. 1 % der Fälle eine Wiederholung erfolgt. Allerdings ist zu bedenken, dass dieses Risiko auch andere Chromosomenaberrationen einschließt, z.B. Trisomie 13/18, Klinefelder-Syndrom (vgl. MINKEN 1990, 22, 21).

Zur Entwicklung von Kindern mit DOWN-Syndrom liegen zahlreiche Veröffentlichungen vor (WUNDERLICH 1970; RETT 1977; BERGER/CUNNINGHAM 1981; WOODS u.a. 1984; PÜSCHEL 1987; WENDELER 1988, WILKEN 1989, 1995; RAUH/BERRY 1991). Eine bis heute vielbeachtete Längsschnittstudie, in der sowohl die Entwicklung der Kinder als auch die Reaktionen der Familie erfasst wurden, hat CARR (1975) vorgelegt.

Es zeigte sich dabei ein gegenüber dem normalen deutlich zurückbleibender Entwicklungsverlauf, was sich in einem langsam abfallenden Entwicklungsquotienten ausdrückt. Mit vier Jahren wiesen die in der Familie aufwachsenden DOWN-Kinder ein Intelligenzalter von 1; 10[1] Jahren, die im Heim lebenden ein solches von 1; 5 Jahren auf. Das motorische Entwicklungs-

[1] 1;10 J. = 1 Jahr und 10 Monate, 1;5 J. ≠ 1 ½ Jahre (1,5 J.) sondern 1 Jahr und 5 Monate

alter betrug 2; 0 bzw. 1; 5 Jahre (CARR 1975, 20f.; 26).

Die häufig angenommene Homogenität der Gruppe der DOWN-Syndrom-Kinder lässt sich nur teilweise bestätigen. Insbesondere während der ersten beiden Lebensjahre differieren die Entwicklungsverläufe erheblich, wobei sich die beobachteten Unterschiede nicht ausschließlich mit bestimmten Sozialisations- und Förderbedingungen erklären lassen. Nach dem 2. Lebensjahr scheinen sich die Unterschiede im Entwicklungsniveau zu stabilisieren (vgl. RAUH/BERRY 1991, 213 f.). Charakteristisch für den Entwicklungsverlauf ist, dass etwa ab dem 2. Lebensjahr das Entwicklungstempo ständig abnimmt, „wie bei einem Langstreckenläufer, der seine Laufgeschwindigkeit nicht halten kann, sondern stetig langsamer wird" (WENDELER 1988, 31). Insgesamt sind in allen Bereichen deutliche Entwicklungsverzögerungen festzustellen.

Hinsichtlich der intellektuellen Entwicklung bestimmt der Grad der Behinderung die Grenze des Wachstums. Bei höheren Behinderungsgraden endet die Entwicklung intellektueller Funktionen bereits vor dem 15. Lebensjahr, bei geringerer Behinderung kann das Wachstum bis zum 25. Lebensjahr fortdauern (vgl. WENDELER 1988, 56). Dabei muss allerdings bedacht werden, dass der Gesamt-IQ in jedem Fall reduziert ist und auf einem relativ niedrigen Abschlussniveau endet. ZELLWEGER und SIMPSON (1977, 47) geben Werte von 36 bis 55 als den gewöhnlichen IQ-Bereich der Kinder mit DOWN-Syndrom an. Doch wie unter Personen mit normalem (euploidem) Chromosomensatz findet sich auch hier eine große Streubreite. Geringe Intelligenz wird vor allem bei zusätzlicher exogener Hirnschädigung, höhere Intelligenz auf der Grenze zur Lernbehinderung besonders beim Mosaizismus angetroffen, wenn nur ein Teil der Körperzellen fehlerhaft (aneuploid) ist. Dabei wird manchmal der untere Bereich der Durchschnittsintelligenz erreicht (IQ 85-90).

Außer von den chromosomalen Konstellationen ist dies wohl ganz erheblich auch von der dem Kind zukommenden Förderung abhängig. Eine Ausnahme, aber eine durchaus mögliche Ausnahme, stellt Nigel HUNT dar, der, von seinen Eltern stark gefördert, seine Erlebnisse in einer Art Tagebuch selbst niedergeschrieben hat (HUNT 1976). Der englische DOWN-Experte PENROSE hat die Darstellungsweise in einem Vorwort charakterisiert:

> „... da Nigel über einen erstaunlichen Wortschatz verfügt. Seine Beobachtungsgabe ist scharf und sein Gedächtnis für einzelne Ereignisse ist ausgesprochen gut. Sein Denkstil ist jedoch völlig konkret. Er ist an Tatsachen, nicht an abstrakten Vorstellungen interessiert. Er zieht nie Schlußfolgerungen. Jedes Ereignis wird getrennt erfaßt und die Zeitabfolge ist gewöhnlich korrekt festgehalten; aber Erfahrungen derselben Art werden nicht miteinander verglichen ..." (PENROSE 1974, 9f.).

Kindern mit einem DOWN-Syndrom wird gewöhnlich eine spezifische, zufriedene, kontaktfreudige, freundschaftliche, anhängliche Art zugeschrieben, wobei einige einen ausgeprägten eigenen Willen entwickeln und zeitweise ausgesprochen „bockig" sein können. Auf Musik und Rhythmus sprechen sie gut an, so dass auch Formen von Musiktherapie erfolgversprechend sind.

Häufig zeigen Kinder mit DOWN-Syndrom bereits zu Beginn des Schulalters

Offenheit und Neugier bezogen auf ihre Umwelt und eine relativ hohe Lernbereitschaft. Ein differenziertes Angebot auf der Basis allgemeiner Entwicklungs- und Lernförderung sollte dem je individuellen Entwicklungsniveau entsprechend bereitgestellt werden.

Berufliche Integration ist Menschen mit Down-Syndrom in der Regel nur im Rahmen einer beschützenden Werkstatt möglich.

8.9.2 Der frühkindliche Autismus

Der Begriff Autismus wurde von Bleuler (1911) in der Erwachsenenpsychiatrie zur Kennzeichnung einer Erkrankung des schizophrenen Formenkreises benutzt. Später wurde er in die Kinder- und Jugendpsychiatrie für ein Störungsbild übernommen, das gekennzeichnet war durch Beziehungseigentümlichkeiten wie Selbstbezogenheit und Insichgekehrtsein ohne Kontaktaufnahme nach außen. Aufgrund der unterschiedlichen Erscheinungsweisen sind Kinder mit Autismus-Syndrom weder klar der Gruppe der Geistigbehinderten noch der Gruppe der Verhaltensgestörten zuzuordnen. Kennzeichnend für die Gruppe der frühkindlichen Autisten ist die große Variationsbreite hinsichtlich ihrer intellektuellen Leistungsfähigkeit. Unabhängig voneinander, aber nahezu zeitgleich beschrieben 1943 die Psychiater Asperger (Österreich) und Kanner (USA) das Erscheinungsbild des Autismus. In Tab. 37 werden beide Beschreibungen gegenübergestellt.

Die beiden Syndrome nach Kanner und Asperger sind selten in reiner Form anzutreffen. Mischformen mit Zusatzsymptomatik sind in der Praxis häufig. Daher sind im ICD-10 (International Classification of Deseases) der WHO, ein Klassifikationssystem für geistig-psychische und psychosoziale Störungen, bezogen auf das Störungsbild Autismus Differenzierungen vorgenommen worden.

Allgemein gehören die Autismusformen zu den „tiefgreifenden Entwicklungsstörungen" und werden unterschieden nach

- Frühkindlicher Autismus (Kanner-Syndrom)
- Atypischer Autismus (Krankheitsbeginn später, Fehlen einiger Symptome)
- Rett-Syndrom (nur bei Mädchen, Auftreten zwischen 7. und 24. Monat mit Entwicklungsreversibilität)
- Asperger-Syndrom
- Desintegrative Störung des Kindesalters (Heller-Syndrom, Kompetenzabbau bis zu schwerer Intelligenzreduktion und Retardierung NACH mindestens 2-jähriger Normalentwicklung)
- Überaktive Störung mit Intelligenzminderung und Bewegungsstereotypien (meist Intelligenzreduktion – IQ unter 50 und Bewegungsstereotypien, Überaktivität medikamentös nicht beeeinflussbar/ Umschlagen in verminderte Aktivität im Jugendalter)

  (vgl. ICD 10, 1993, F.84, 281ff.).

Die Häufigkeit des Auftretens lässt sich aufgrund der bei diesem Störungsbild häufig vorkommenden Fehldiagnose (z.B. Hyperkinetisches Syndrom) nur annähernd bestimmen. 1981 befanden sich lt. Weber (1982, 4) ca. 4 000 autistische Kinder in der damaligen BRD. Für 2002 wird ein Prozentsatz von 0,02-0,14 angegeben, wobei die Relation der Geschlechter mit 1(w) : 8(m) eine extrem höhere Anfälligkeit der Jungen deutlich macht (vgl. Myschker 2005, 79).

Tab. 37: Merkmale des Autismus nach ASPERGER und KANNER

Autoren / Beschreibungskategorien	ASPERGER Autistische Psychopathie	KANNER Frühkindlicher Autismus
Hauptsymptome	• Selbstisolation • fehlender Blickkontakt • Selbstbeschau bezogen auf Körperprozesse und Denkvorgänge → in sich lauschen	• schwere Kontaktstörungen zur personellen Umwelt • zwanghaftes Bedürfnis der Gleicherhaltung der Umwelt → Veränderungsangst
Wahrnehmung der Störung	2. – 3. Lebensjahr	erste Lebensmonate, in jedem Fall vor dem 2. Lebensjahr
Sprache	• gutes Sprachvermögen mit frühzeitigen Eigentümlichkeiten in Lautstärke und Melodie; • kreative Sprachschöpfungen, für niemanden spontan verständlich – unnatürlich	• schwere dauerhafte Sprachentwicklungsstörung, • Echolalie • Pronomenverkehrung (ich-du)
Interesse	• eigene Person, funktions- und sprachbezogen • Fixierung auf Bewegungsabläufe	• Objektfixierung – ausgefallene Objekte, z.B. Radiospulen fesseln Aufmerksamkeit langfristig
Motorik	• gestelzt, hölzern • im eigenen Körper „nicht zuhause" (ASPERGER 1968, 192)	• relativ unauffällig
Intelligenz	• durchschnittlich bis überdurchschnittlich • spezielle Begabungen, z.B. mathematisch-physikalisch • gutes Abstraktionsvermögen • selektives Gedächtnis	• emotional blockierte, meist unterdruchschnittliche Intelligenz • umfängliche bzw. partielle Störungen (z.B. mangelndes Symbolverständnis) • Erscheinungsbild: eher analog zu geistiger Behinderung
Sozialkontakt	• ablehnend, abweisend, oft aggressiv; • Verweigerung – offensichtlich, oder durch Paradoxhandlungen	• soziale Umwelt „nicht existent" • Blickkontakt möglich, aber nur kurz • Wahrnehmung von Personen bei Umweltveränderung → Kampf
Leistungsverhalten	• intensives und ausdauerndes Arbeiten in Spezialbereichen → häufig herausragende Leistungen • zu Arbeit in anderen Bereichen nicht motiviert	• eher schlecht, da wenig motiviert → Stereotypien • Objektfixierung und -beschäftigung, scheinbar ohne Lerneffekt
Geschlechterverhältnis	Jungen : Mädchen 8 : 1	Jungen : Mädchen 3 : 1
Prognose	schwere Kontaktstörungen auch im Erwachsenenalter, bei u.U. qualifizierter beruflicher Leistung	Fortbestand der Gesamtsymptomatik bis ins Erwachsenenalter, evtl. WfbM möglich

Bei Untersuchungen in Heimen stellte Mall (1982, 64f.) fest, dass bei 13,3 % der 650 Geistigbehinderten autistische Symptome vorhanden waren. Hauenstein (1982, 138) fand bei ca. 17 % autistische Verhaltensweisen. Hier muss beachtet werden, dass bei vielen Formen geistiger Behinderung autistische Einzelsymptome auftreten, die aber nicht mit dem autistischen Syndrom gleichgesetzt werden dürfen. Eher kann von einem **Verhalten mit autistischen Zügen** gesprochen werden.

Bezogen auf die Ursachen sind unterschiedliche Erklärungsmodelle entwickelt worden. Dennoch herrscht bis heute, 60 Jahre nach den differenzierten Erstbeschreibungen des Störungsbildes, Uneinigkeit hinsichtlich geeigneter Therapieformen.

Während **psychonanalytisch** ausgerichtete Wissenschaftler (Mahler 1952, 1972; Bettelheim 1956, 1959, 1967 – dt. 1977) frühe Störungen in der Individuation annehmen, u.a. basierend auf einer gestörten Mutter-Kind-Beziehung, gehen **ethologisch** ausgerichtete Autoren von einer Grundangst vor Sozialbindungen aus, die das Kind beständig in Konflikt zwischen Annäherung und Rückzug bringt. Auch hier spielt die Störung der Mutter-Kind-Beziehung – vermutet wird eine stark genetisch bedingte psychische Verletzlichkeit des Kindes – eine bedeutsame Rolle (Tinbergen/Tinbergen 1984, 70f.).

Lerntheoretisch ausgerichtete Autoren machen fehlgelaufene frühe Lernprozesse aufgrund beeinträchtigender Lernbedingungen für das autistische Syndrom verantwortlich. Mögliche biologisch bedingte Störvariablen bzw. evtl. frühzeitig einsetzende Entwicklungsstörungen werden im Zusammenhang mit Lernprozessen entweder nicht beachtet oder sogar verstärkt (Wing 1973, [2]1980; O'Gorman 1976; Cordes 1980, 1985).

Neuropsychologische Ansätze gehen von einem Defekt im Wahrnehmungs- und Sinnesbereich aus. Autismus resultiert für Weber aus einer „spezifischen Entwicklungsstörung der sensorischen Integration" (Weber 1985, 287), die als Schutzfunktion die Selbstisolation bedingt, im Sinne einer „Vermeidung von Überforderung im perzeptorisch-kognitiven Bereich" (Weber a.a.O.). Andererseits werden Hirnverletzungen angenommen, die zu Störungen der Sinnesbahnen führen und stereotype Handlungen – Sensorismen – bewirken (Delacato 1975). Drei Störungsformen werden von ihm genannt

- Hypersensibilität, d.h. Überempfindlichkeit auf einer oder mehreren Sinnesbahnen,
- Hyposensibilität, d.h. Unterempfindlichkeit auf einer oder mehreren Sinnesbahnen,
- Das „weiße Geräusch", die übersteigerte Wahrnehmung (nicht nur auditiv) von körpereigenen Prozessen.

Die Sensorismen sind der Versuch der Kinder, mit den durch die Störung entstandenen Problemen fertig zu werden, z.B. Reizabwehr bei Hyper-, Selbststimulierung bei Hyposensibilität.

Seit einigen Jahren legen Untersuchungen nahe, bei der Verursachung des Autistischen Syndroms von einer multifaktoriellen Bedingtheit auszugehen, d.h. genetische, hirnorganisch-physiologische, psycho-soziale und wahrnehmungspsychologische Faktoren spielen bei der Entstehung eine wechselseitig sich verstärkende Rolle, bei je individuell stärkerer

Gewichtung des einen oder des anderen Faktors.

Es würde im Rahmen dieser Abhandlung zu weit führen, die Fülle von therapeutischen Möglichkeiten für Kinder mit Autistischem Syndrom zu besprechen. Es sei hier auf die einschlägige Fachliteratur verwiesen (Tinbergen/Tinbergen 1984; Feuser 1984).

9 Mehrfachbehinderung – Schwerstbehinderung

9.1 Allgemeine Aspekte

9.1.1 Zur Problematik

In der älteren sonderpädagogischen Literatur war es – wenn überhaupt – allenfalls üblich, der Gruppe der Mehrfachbehinderten nach der Darstellung der Körper-, Geistig- und anderen Behinderungen ein zusätzliches Kapitel, einen Anhang sozusagen zu widmen – als einer letzten, anderweitig nicht unterzubringenden Sondergruppe. Nur für die Taubblinden wurde nochmals eine eigene, spezielle Pädagogik entwickelt (vgl. SOLAROVA 1975, 233).

Ansonsten galt der Grundsatz, dass bei mehrfacher Behinderung eine der Behinderungen die dominierende sei; diese bestimme den Ort für die sonderpädagogische Förderung, die Sonderschulform, die das mehrfachbehinderte Kind zu besuchen habe. So trifft man z.B. in einer Blindenschule oder einer Körperbehindertenschule zahlreiche Kinder, die zusätzlich noch geistigbehindert oder zumindest lernbehindert sind. Nach diesem Prinzip waren dann auch die Kinder, deren Mehrfachbehinderung offensichtlich war, in das eindimensionale sonderpädagogische Schulsystem integriert.

Erst vom Beginn der 1970er Jahre an wurde stärker reflektiert, dass das Phänomen der Mehrfachbehinderung damit nicht ausreichend gewürdigt war. Die Häufigkeit mehrfacher Behinderung wurde herausgestellt, insbesondere auch von ärztlich-sozialpädiatrischer Seite. So stützt sich PECHSTEIN (1975, 33) auf einen Befund von KUNTZE und ECKART (1973), nach dem sich unter etwa 600 behinderten Kindern nach eingehender Diagnostik nur zu 30 % isolierte motorische, sprachliche oder mentale Störungen fanden, zu 70 % jedoch kombinierte Funktionseinschränkungen.

Zwei Reaktionen waren auf diese Erkenntnisse hin möglich. Zum einen konnte man das Sonderschulsystem noch weiter differenzieren und spezialisieren, z.B. analog zur Taubblindenschule in Hannover für jede mögliche Kombination von Behinderungen einen eigenen Sonderschultyp schaffen. Geht man von neun Behinderungsarten aus (vgl. Kap. 1), so ergeben sich bereits 45 Möglichkeiten, jeweils zwei davon kombiniert vorzufinden; nur bei drei dieser 45 Möglichkeiten (Blindheit und Sehbehinderung, Gehörlosigkeit und Schwerhörigkeit, geistige und Lernbehinderung) ist von ihrer Definition her eine Kombination nicht möglich.

Dieser Weg ist – wohl zu Recht – nicht beschritten worden. Zum einen hätten sich große organisatorische Probleme ergeben: das seltene Vorkommen einer einzelnen dieser Kombinationen hätte ein riesiges Einzugsgebiet einer solchen Spezialschule erforderlich gemacht, im Extremfall das gesamte Bundesgebiet. Zum anderen hätten weitaus mehr behinderte Kinder als ohnehin von ihren Familien getrennt in Internaten aufwachsen müssen, mit den bekannten, zum Hospitalismussyndrom im weiteren Sinn gehörigen Deprivationserscheinungen.

Die alternative Reaktion war, das Behinderungskonzept insgesamt zu modifizieren, von Mehrfachbehinderungen als dem Regelfall auszugehen, jedwede Behandlung, Förderung und Pädagogik an diesem neuen Konzept auszurichten und grundsätzlich mehrdimensional vorzugehen. Mehrfachbehinderung ist dann auch nicht mehr eine schlichte Addition einzelner Behinderungen, sondern eine spezifische Ganzheit, mehr als die Summe ihrer Teile.

Im deutschen Sprachraum sind es besonders die Veröffentlichungen von Solarova (z.B. 1975), die die Diskussion um das Konzept der Mehrfachbehinderung angeregt haben.

9.1.2 Theoretische Modelle der Mehrfachbehinderung

Die im Folgenden aufgeführten Modelle überschneiden sich inhaltlich relativ stark, lediglich in der Terminologie sind zwischen den verschiedenen Autoren Unterschiede festzustellen. Die Darstellung gibt jedoch einen Einblick in die Diskussion der 1970er Jahre zu diesem Thema.

Von Bracken (1972) unterschied bei der Mehrfachbehinderung zwischen „primärem Defekt“ und „konsekutiven Verbildungen“, zum Beispiel den Bewegungsstereotypien bei Blindheit. Primäre Defekte müsse der Heilpädagoge hinnehmen, konsekutive Verbildungen hingegen seien seiner Einwirkung zugänglich, er könne dabei verhütend oder rückgängig machend eingreifen.

Schönberger (1972) trennte – von der Körperbehinderung ausgehend – die mono-organische von der poly-organischen Mehrfachbehinderung; letztere ist durch die Schädigung mehrerer Organbereiche bedingt, bei ersterer führt die Schädigung eines Organbereichs zu einer primären Behinderung, die ihrerseits konsekutive Behinderungen nach sich ziehen kann.

Bach (1974, 32ff.) ging eher von der geistigen Behinderung aus und gebrauchte „Beeinträchtigung“ als Oberbegriff für langfristige Behinderungen und für eher kurzfristige den Begriff Störungen. Er unterschied:

- essentielle Beeinträchtigungen: sie sind lediglich Ausdruck der geistigen Behinderung;
- konsekutive Beeinträchtigungen: sie sind mehr oder weniger regelmäßige Folgeerscheinungen;
- parallele Beeinträchtigungen: sie treten nur mehr in einer gewissen Häufigkeit gemeinsam mit geistiger Behinderung auf.

Hartmann (1972) betrachtete vor allem das Zustandekommen von Folgebehinderungen und grenzte dabei drei Modelle voneinander ab:

- das **additive Modell**: zwei Ausgangsbehinderungen verstärken sich additiv bei der Auslösung einer dritten; so wird etwa vielfach (z.B. bei Löwe 1973, 48) ein Schema von Klinghammer angeführt, nach dem der Sprachentwicklungsstand eines Hörgeschädigten einerseits von seiner Intelligenz, andererseits vom Restgehör abhängig ist; Hör- und Intelligenzbehinderung wirken also additiv bei der Auslösung einer Sprachbehinderung zusammen.

- das **multiplikative Modell**: dabei gilt die Folgebehinderung als wesentlich verstärkte Beeinträchtigungsreaktion aus einzelnen voneinander unabhängigen Primärschädigungen; sie ist mehr als die Summe der Einzelwirkungen. In diesem Sinn könnte man etwa die Taubblindheit verstehen, bei der Hören und Sehen nicht nur als physiologische Funktionen entfallen, sondern außerdem als Kompensationstechniken für die jeweils andere Behinderung.
- das **Hierarchiemodell**: hier werden nicht gleichwertige auseinander hervorgehende Behinderungen angenommen, sondern Dominanzverhältnisse zwischen den an der Mehrfachbehinderung beteiligten einzelnen Beeinträchtigungen; dies ist das Denkmodell, das lange in der sonderpädagogischen Praxis das vorherrschende war. Es galt, die dominierende Behinderung eines Kindes festzustellen, um den angemessenen sonderpädagogischen Förderort und damit den bestmöglichen pädagogischen Zugang herauszufinden.

Paul (1969) legte eine Klassifikation des Zusammenhangs zwischen Schädigung und Behinderung vor, bei der unterschieden wurden:

- multiple primäre Defekte: eine einmalige Schädigung, zum Beispiel eine perinatale Hirnschädigung, kann mehrere Behinderungen zur Folge haben, etwa eine spastische Lähmung, eine Sprachstörung sowie eine Lernbehinderung. Ähnlich kann eine Thalidomid-Embryopathie sowohl eine Dysmelie als auch eine Gehörlosigkeit zur Folge haben.
- konsekutive Verbildung: es handelt sich hier um die bereits wiederholt genannten Folgebehinderungen; klassisches Beispiel ist die so genannte Taubstummheit, bei der die sprachliche Defizienz aus der Gehörlosigkeit resultiert.
- Sekundärschädigung: hier sind zwei Schädigungen voneinander unabhängig; zum Beispiel kann auch ein Schwerhöriger durch einen Unfall ein Bein verlieren und damit zusätzlich körperbehindert werden.

Solarovas (1975, 242) eigener erster Einteilungsversuch unterscheidet sich von dem Pauls nur noch terminologisch. Sie spricht von:

- Schicksalhafter Kumulierung,
- Schädigungssyndrom, sowie
- Folgebehinderungen (vgl. Abb. 20).

Folgebehinderungen manifestieren sich nach Solarova „in der Regel als Lernbehinderungen, Sprachbehinderungen, Verhaltensstörungen oder Bewegungsstörungen", also vornehmlich in Form von „leichteren" Behinderungen.

Solarova diskutiert weitere Einteilungskriterien für Mehrfachbehinderungen, wie die Zahl der Diagnosen, die Ätiologie der primären Schädigungen, den Zeitpunkt des Eintritts der Schädigung, die pädagogische Beeinflussbarkeit, denen sie freilich keine übermäßige Eignung „zur Erhellung der Situation bei mehrfacher Behinderung" (245) zuspricht.

Lediglich den Kriterien Konsekution und Stringenz spricht sie diesen Wert zu. Konsekution bezieht sich auf die Abhängigkeit der zusätzlichen Beeinträchtigung von der primären Behinderung. Während durch schicksalhafte Kumulierung und Schädigungssyndrome irreversible Verhältnisse geschaffen werden (die natürlich ein indi-

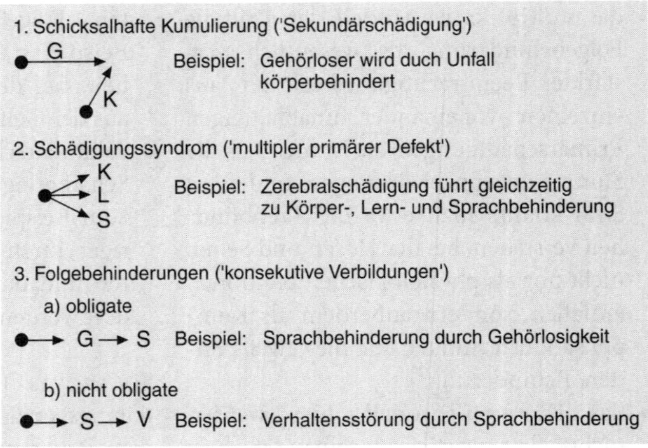

Abb. 20: Drei Möglichkeiten der Mehrfachbehinderung (nach Solarova 1975, 242).

viduell angepasstes Betreuungs- und Förderungssystem erfordern), bleiben dem Sonderpädagogen bei den Folgebehinderungen weitaus mehr Einflussmöglichkeiten, je nach der „Stringenz“ dieser Konsekution.

Der Stringenz nach unterscheidet Solarova

- obligat auftretende Folgebehinderungen, deren Auftreten nicht verhindert werden kann; hier könnte man die bei jedem Gehörlosen mehr oder minder feststellbare Sprachstörung nennen;
- nicht obligat auftretende Folgebehinderungen, deren Auftreten durch frühzeitige Förderung und Stimulation vermindert bzw. minimiert werden könnte, man denke etwa an ein extremitätengeschädigtes Contergankind, das zusätzlich eine Lernbehinderung oder Verhaltensstörung entwickelt.

In dem zuletzt genannten Bereich der nicht obligat auftretenden Folgebehinderungen sind die wesentlichsten Konsequenzen aus dieser doch insgesamt recht theoretisch anmutenden Terminologie-Debatte zu sehen. Hier wird aufgewiesen, mit welchen Folgebehinderungen bei einer bestimmten Schädigung gewöhnlich zu rechnen ist; das sonderpädagogische Handeln kann sich präventiv und korrektiv darauf ausrichten. Dieser Ansatz – ein Grundgedanke der Frühförderung – hat sich seit langem auch in der schulischen Sonderpädagogik durchgesetzt. Jede Sonderschule kann sich nur als Mehrfachbehindertenschule verstehen, in der sowohl spezifisch primärpräventiven Interventionen, bezogen auf mögliche Folgebehinderungen, als auch spezifisch sekundärpräventiven Interventionen im Sinne von bestmöglicher Förderung Rechnung getragen werden muss.

Damit ist eine bereits genannte weitere Konsequenz aus dem Konzept der Mehrfachbehinderung unmittelbar angesprochen:

> Dem Prinzip der Individualisierung in der Förderung muss in verstärktem Maße entsprochen werden, da nur so der Vielfalt möglicher Mehrfachbehinderungen angemessen begegnet werden kann. Auch bezogen auf eine weitestmögliche Normalisierung und Integration ist die individualisierte Förderung behinderter Kinder effektiver.

9.2 Allgemeine Aspekte zur Schwerstbehinderung

9.2.1 Entwicklung der Schwerstbehindertenpädagogik

Ausgehend von den Diskussionen zur Mehrfachbehinderung wurde in den 1970er Jahren die besondere Problematik bei schwerster (Mehrfach-)Behinderung thematisiert, was in der angloamerikanischen Literatur bereits begonnen hatte (vgl. ADAM 1977). Ein umfassender Bildungsbegriff, Diskussionen zur Chancengleichheit sowie Überlegungen zur Verbesserung der Lebensqualität schwerstbehinderter Menschen gemahnten an die gesellschaftliche Pflicht und den pädagogischen Auftrag, die Förderung Schwerstbehinderter ernst zu nehmen, zu intensivieren und zu erweitern. Zahlreiche Publikationen (z.B. THALHAMMER 1974; FISCHER 1976; FRÖHLICH/TUCKERMANN 1977; SPECK 1977b, 1978; SPRENG 1979), auch unter verschiedenen Aspekten, anthropologisch ausgerichtet (BEGEMANN et al. 1979; THALHAMMER 1980), gesellschaftskritisch orientiert (FEUSER 1978) und praxisbezogen (HAUPT/FRÖHLICH 1982a) brachten in der BRD eine Bewegung in Gang, die bereits seit der Gründung der Bundesvereinigung Lebenshilfe für geistig Behinderte e.V. 1958 immer wieder Impulse erhalten hatte. Da die vorhandenen schulischen Einrichtungen Schwierigkeiten hatten, auch schwerstbehinderte Kinder und Jugendliche aufzunehmen und angemessen zu fördern, verblieben diese zumeist in häuslicher oder institutioneller Pflege. Erst zu Beginn der 1980er Jahre, vereinzelt früher, wurden schwerstbehinderte Kinder in Schulen für Körperbehinderte oder Schulen für Geistigbehinderte aufgenommen. In den Empfehlungen der „Lebenshilfe" von 1979 heißt es:

„Die Aufnahme in die Förderung ist nicht an irgendwelche Mindestvoraussetzungen von Seiten des Kindes gebunden" (BUNDESVEREINIGUNG LEBENSHILFE 1983, 32).

Vier Organisationsformen für die Bildung schwerstbehinderter Kinder können in der Anfangszeit unterschieden werden:

- die Schule für Schwer- und Mehrfachbehinderte,
- ihre Integration in übliche Sonderschulklassen,
- die Bildung eigener Klassen innerhalb von Sonderschulen,
- die Bildung von Klassen, die mit schwerer und leichter behinderten Schülern zahlenmäßig gleich besetzt sind

(vgl. MÜHL 1991, 133).

In den KMK-Empfehlungen von 1980 wurde das Integrationsmodell favorisiert. Dort hieß es, dass Schüler „mit besonders hohen Förderbedürfnissen [und Pflegebedarf – M.A.V.] ... nicht auf Dauer in eigenen Klassen zusammengefasst werden" sollten (KMK-Empfehlungen 1980, 15). Als Gründe wurden genannt und durch Untersuchungen untermauert:

- Vermeidung von Isolierung schwerstbehinderter Kinder,
- Anregung der Lernprozesse bei heterogener Zusammensetzung
- Entlastung der Lehrkräfte.

Allgemein durchgesetzt hat sich die Aufnahme in Klassen bzw. in Stufen nach altersgemäßen Erfordernissen, insbesondere ab der Pubertät. Nach Möglichkeit sollen alle Schüler alle Förderstufen durchlaufen (vgl. MÜHL 1991, 133).

9.2.2 Der Personenkreis

Die Definition des Personenkreises gestaltet sich außerordentlich schwierig, will man nicht bei frühen Negativ-Definitionen verharren, z.B.

„Schwerstbehindert nennen wir ein Kind, wenn es absehbar nicht in der Lage sein wird, die vergleichbare Leistung eines gesunden Säuglings von 4 Monaten zu erreichen. ... Es handelt sich um extrem körperlich behinderte, zentral massiv geschädigte Kinder mit entwicklungsmäßig frühesten Aktionsmöglichkeiten" (FRÖHLICH 1977a; modifiziert 1979/1983, 210).

oder institutionsbezogen definieren, wie:

Als schwerstbehindert sind diejenigen Menschen anzusehen,

„die den Anforderungen der etablierten pädagogischen Institutionen nicht oder nicht zureichend genügen und die in unserer Gesellschaft weithin als Pflegefälle eingestuft werden, so daß für sie ausdrücklich keine Erziehungsziele formuliert wurden" (BEGEMANN 1977, 67)

und

„Wir beschränken uns auf die pragmatische Festlegung, als >schwerstbehindert< solche Kinder anzunehmen, denen bislang das Recht zum Besuch einer Sonderschule nicht oder nicht ohne weiteres zugestanden wurde" (SPRENG 1979, 10).

Auch wenn die beiden letztgenannten Definitionen der heutigen Situation nicht mehr entsprechen und deshalb nicht mehr verwendbar wären, mögen die Beispiele hinlänglich die Problematik verdeutlichen. FRÖHLICH versucht die Eingrenzung des Personenkreises durch die Beschreibung elementarer Bedürfnisse bzw. Hilfsbedürftigkeiten des Schwerstbehinderten. Er braucht besondere Hilfe

- bei der Kommunikation,
- bei der Erkundung des eigenen Körpers und der Umwelt,
- bei der Wahrnehmung und Informationsaufnahme in komplexen Situationen,
- bei der Selbstversorgung in fast allen Alltagsbereichen,
- bei der Gestaltung von Aktivität,
- bei der Lebensplanung und -gestaltung

(vgl. FRÖHLICH 1991, 160f.).

BACH (1991, 5ff.) sieht Schwerstbehinderung als Relation von Disposition, Bedingungen und Erwartungen, d.h. mit einer bestimmten psycho-physischen Disposition, der Schädigung, ist der behinderte Mensch Erwartungen in der Welt der Nichtbehinderten ausgesetzt, die eine Belastung, eine Überforderung darstellen, und dies unter benachteiligenden Bedingungen. Es besteht eine Diskrepanz zwischen dem individuellen So-Sein mit seinen Folgen und den Regelerwartungen einer Gesellschaft.

„Von schwerster Behinderung als extremer Diskrepanz zwischen individualer Disposition und Regelerwartung wäre also zu sprechen, sofern und solange extreme soziale Abhängigkeit besteht, d.h. eine selbständige Lebensführung und insbesondere die Selbstversorgung umfänglich, d.h. durchgängig, hinsichtlich vieler Funktionen in vielen Bereichen und Situationen, längerfristig, d.h. nicht nur vorübergehend, und schwerwiegend, d.h. extrem vom Regelbereich abweichend, eingeschränkt ist" (BACH 1991, 8).

Sehr viel offener umschreibt FRÖHLICH (2003, 662) eine „Annäherung" an den Personenkreis, in der sowohl allgemeine Entwicklungen in der Sonderpädagogik als auch neuere Forschungsergebnisse berücksichtigt sind:

„Schwerstbehinderte Menschen sind solche,
- die körperliche Nähe brauchen, um andere Menschen wahrnehmen zu können;
- die andere Menschen brauchen, die ihnen die Umwelt auf einfache Weise näher bringen;
- die andere Menschen brauchen, die ihnen Fortbewegung und Lageveränderung ermöglichen;
- die jemanden brauchen, der sie auch ohne (alternative) Sprache versteht und sie zuverlässig – mit professioneller Sorgfalt – versorgt und pflegt."

Der Schwerpunkt liegt hier auf der mitmenschlichen Hilfe bzw. auf dem außerordentlich hohen Maß an Hilfebedürftigkeit von schwerbehinderten Menschen.

Im Zusammenhang mit der integrativen schulischen Bildung formuliert die Konferenz der Lehrenden der Geistigbehindertenpädagogik (KLGH) in einer Resolution (1999):

„Menschen mit schweren und schwersten Behinderungen sind in fast allen Lebensbereichen von Hilfe und Unterstützung anderer Menschen abhängig. Trotz dieser Abhängigkeit haben sie ein Recht und auch die grundsätzlichen Möglichkeiten, sich zu entwickeln, ihre Fähigkeiten zu entfalten und vor allem am Leben der sozialen Gemeinschaft zu partizipieren" (in FRÖHLICH 2003).

Der Tenor der Resolution folgt der Tendenz der WHO-Klassifikation (1998). Nicht die eher resignative Sichtweise der Schwerstbehinderten als „Dauerpflegefall" sondern deren weitestmögliche Aktivierung und Partizipation wird angemahnt. Dies ist umso wichtiger, als die KMK-Empfehlungen (1994) schwer-mehrfachbehinderte Kinder nur peripher berücksichtigen.

9.2.3 Diagnostik bei Schwerstbehinderung

In der Diagnostik bei schwerster Behinderung geht es nicht darum, Beeinträchtigungen festzustellen. Nicht eine Defizitorientierung sondern eine Feststellung von Fähigkeiten und (verbliebenen) Möglichkeiten muss Ziel der Diagnostik sein, um dem Kind mit schwersten Behinderungen in der Förderung gerecht werden zu können. Dass Sonderpädagogik im Wesentlichen Einzelfallpädagogik ist, wird angesichts schwerster und mehrfacher Behinderungen in besonderem Maße deutlich.

Im Sinne einer auf Möglichkeiten ausgerichteten deskriptiven Diagnostik sind
- Beobachtungsverfahren,
  systematisiert und auf unterschiedliche Entwicklungsbereiche fokussiert,
- Entwicklungsbögen,
  z.B. das „Paderborner Entwicklungsraster für schwerst Mehrfachbehinderte mit Sehschädigung" (PERM-FABER/ROSEN 1997),

sinnvoll einzusetzen.

Im Sinne einer ganzheitlichen Diagnostik sind neben psychologischen und pädagogischen Aspekten immer auch medizinische Fakten, therapeutische Notwendigkeiten und pflegerische Bedürfnisse zu berücksichtigen.

Bezogen auf die Einheit von Körper, Geist und Seele stellt das körperliche Wohlbefinden bei Menschen mit schwerer Mehrfachbehinderung in hohem Maße die

Grundlage für Entwicklung und Lernen dar. „Eine Vernachlässigung der körperlichen Befindlichkeit führt zu einer unmittelbaren Einschränkung des Entwicklungspotenzials" (FRÖHLICH 2003, 670). Ergänzend dazu muss allerdings gesagt werden: Eine Vernachlässigung der emotionalen Befindlichkeit, so schwer diese auch zu diagnostizieren ist, führt trotz möglichen körperlichen Wohlbefindens, zu Entwicklungs- und Lernhemmungen.

Insofern ist dem physio-psychischen Wohlbefinden zunächst die größte Aufmerksamkeit zu schenken, vor den je spezifischen Fördermaßnahmen. In Abwandlung von FRÖHLICH (2003, 670) kann gesagt werden: Der Respekt vor der physiopsychischen Situation schwerstbehinderter Menschen muss in der (Sonder-)Pädagogik vielfach noch gelernt werden!

9.3 Die Cerebralparese

Am Beispiel der Gruppe von prä-, peri- und postnatal Hirngeschädigten soll exemplarisch eine Mehrfach-/Schwerstbehinderung dargestellt und das Ineinandergreifen verschiedener Behinderungen aufgezeigt werden.

9.3.1 Begriff

Unter der (infantilen) Cerebralparese versteht man Zustände,

> „die durch krankhafte Veränderungen oder Fehlentwicklungen des Gehirns bedingt sind; die Alteration des Gehirns ist dabei nicht fortschreitend und besteht seit frühester Kindheit. Die sensumotorischen Ausfälle finden ihren Ausdruck in abnormen Haltungs- und Bewegungsmustern bei gleichzeitig abnormem Muskeltonus" (SCHMIDT 1976, 1).

Im Volksmund spricht man vielfach von „Spastikern", obgleich diese Bezeichnung unkorrekt ist, weil sie nur auf einen (freilich den größten) Teil der Menschen mit Cerebralparese zutrifft; zudem ist sie inzwischen mit negativen Konnotationen behaftet, wie das bei den Begriffen „Idiot" und „Krüppel" bereits früher der Fall war. Sie wird unter Kindern teilweise schon als Schimpfwort gebraucht und sollte vielleicht deshalb eher vermieden werden.

Wissenschaftlich sind folgende synonyme Bezeichnungen zum Terminus „Cerebralparese" gebräuchlich:

- „cerebrale Bewegungsstörungen (im Kindesalter)",
- „cerebrale Lähmungen (im Kindesalter)",
- „cerebrale Kinderlähmung" (im Unterschied zur „spinalen Kinderlähmung", der Poliomyelitis,
- „(infantile) cerebral palsy" im englischen, die Abkürzung „C.P." auch im deutschen Sprachraum,
- „Morbus LITTLE" (nach dem Erstbeschreiber).

Der selbst körperbehinderte englische Chirurg William John LITTLE (1810-1894) hat das Schädigungssyndrom der Cerebralparese im Jahre 1853 erstmals beschrieben (vgl. ASPERGER 1963, 37). Den nächsten wesentlichen Beitrag zu seiner Erforschung leistete kein Geringerer als Sigmund FREUD (1897); es dürften dies seine letzten, noch nach den Hysterie-Studien geschriebenen medizinischen Arbeiten sein, ehe er sich endgültig der Psychoanalyse zuwandte.

Die infantile Cerebralparese geht auf eine frühkindliche Hirnschädigung zurück, aber nicht jede frühkindliche Hirnschädigung führt zu einer Cerebralparese. Bei der Cerebralparese steht eine Körperbehinderung im Vordergrund, zu der Lern- oder Sprach- oder andere Behinderungen hinzutreten können – was dazu berechtigt, sie hier als Beispiel einer Mehrfachbehinderung zu betrachten. Als Folge einer prä-, peri- oder postnatalen Hirnschädigung kann allerdings auch eine geistige Behinderung oder eine Epilepsie zusätzlich auftreten. Will man diese Fälle einbeziehen, so werden gewöhnlich die Ausdrücke „(frühkindlicher) Hirnschaden", „Cerebralschädigung", „Encephalopathie", im englischen Sprachraum „brain damage" oder „brain injury" verwendet.

Schließlich hat LEMPP (1978) darauf aufmerksam gemacht, dass eine leichte frühkindliche Hirnschädigung auch – ohne dass eine nennenswerte geistige oder motorische Behinderung vorläge – zu neurotischen Verhaltensstörungen führen kann, wobei sich vermutlich direkte Symptome – zum Beispiel eine gewisse Distanzlosigkeit – mit indirekten, durch eine Überforderungshaltung seitens der Umgebung zustande kommenden überlagern. Das resultierende Störungsbild bezeichnet LEMPP als „frühkindlich-exogenes Psychosyndrom".

Seit den 1960er Jahren werden auch minimale Bewegungsstörungen und isolierte Leistungsausfälle näher untersucht und auf eine leichte frühkindliche Hirnschädigung zurückgeführt. Es werden dafür folgende Begriffe verwendet: „minimal cerebral palsy" (MCP), „minimal brain dysfunction" (MBD), „minimale zerebrale Dysfunktion" (MCD), „Teilleistungsschwäche", „Teilleistungsstörung".

In einem ähnlichen Sinn wird bisweilen noch vom „Strauss-Syndrom" gesprochen, das Hypermotilität, Impulsivität, schnellen Affektwechsel, kurze Aufmerksamkeitsspanne und geringes Konzentrationsvermögen umfasst (vgl. SCHMIDT 1976, 1).

Im nachfolgenden Schema wird versucht, die wichtigsten Folgen einer frühkindlichen Hirnschädigung gemeinsam darzustellen.

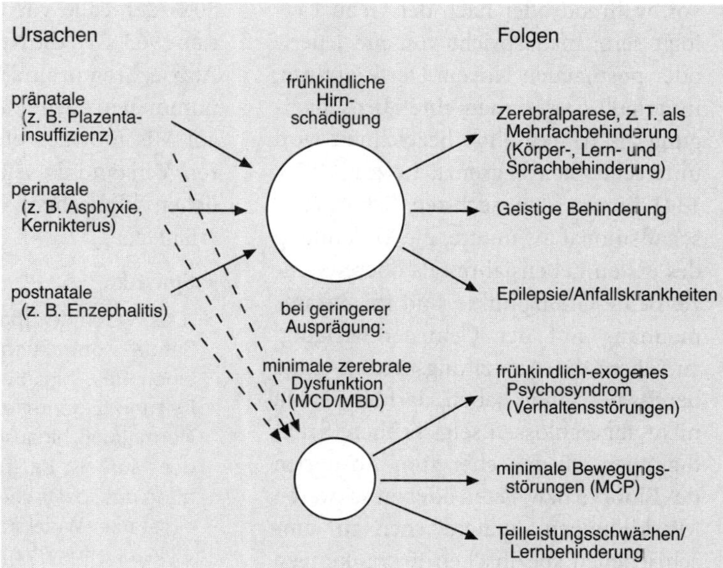

Abb. 21: Ursachen und Folgen einer frühkindlichen Hirnschädigung, schematisch.

9.3.2 Einteilung

Nach Tönnis und Krenkel (1963, 71) ergeben sich fünf Dimensionen, entlang derer eine Einteilung der Cerebralparesen erfolgen kann:

- **Anatomischer Sitz** der Hirnläsion: Bei einer Schädigung der Pyramidenbahn wird die von dieser vermittelte Willkürmotorik betroffen sein, bei einer Schädigung des extrapyramidalen Systems (EPS) die Ausführung automatisierter, sozusagen „unbewusst" ablaufender Bewegungen. Bei einer Schädigung des Kleinhirns werden die dort geleistete Koordination komplexer Bewegungsabfolgen und die Fähigkeit zum Gleichgewichthalten beeinträchtigt. Je mehr graue Substanz im Gehirn zerstört ist, umso mehr wird auch die Intelligenz reduziert sein (vgl. Schmidt 1976, 50).
- **Zeitpunkt der Schädigung**: die frühkindliche Schädigung des Gehirns kann vor, während oder nach der Geburt erfolgt sein; man spricht von prä-, peri- oder postnatalen Noxen. Der Zeitraum, innerhalb dessen man eine Hirnschädigung als frühkindlich bezeichnet, wird unterschiedlich begrenzt; Lempp (1978, 134) nimmt den sechsten Schwangerschaftsmonat als untere, die Vollendung des ersten Lebensjahres als obere Grenze. Beide Grenzpunkte sind im Zusammenhang mit der Gehirnentwicklung zu sehen: der Ausreifungsprozess muss bereits begonnen haben, darf aber noch nicht abgeschlossen sein. Frühere Schädigungen würden eher zum Absterben des Embryo bzw. Feten oder zu schweren Missbildungen, spätere eher zu umschriebenen spezifischen Erkrankungen führen (z. B. Hirnquetschung = Contusio cerebri, Narbenepilepsie, Schlaganfall, Cerebralsklerose).
- **Ätiologie der Schädigung**: die Ursache der Schädigung ist im Zusammenhang mit dem Zeitpunkt zu sehen. Im Grunde kommen alle diejenigen Faktoren in Betracht, die auch andere Behinderungen bedingen können. Während des Geburtsvorganges sind es vor allem Sauerstoffmangel (Asphyxie), aber auch traumatische Blutungen ins Gehirn; unmittelbar nach der Geburt der Kernikterus (bei Rhesus-Unverträglichkeit, schwerer Gelbsucht und manchmal spontan bei Frühgeborenen); nachgeburtlich Enzephalitis und Meningitis, die zu einer Cerebralparese führen können.
- **Klinische Symptome**: diese Einteilung folgt der vorherrschenden motorischen Symptomatik, nicht etwaigen zusätzlichen Behinderungen. Die häufigste Form, die Spastik, kommt in etwa 75 bis 80 % der Fälle vor (vgl. Tönnis/Krenkel 1963, 71), die Athetose in etwa 10 %, Ataxie, Tremor und Rigor zusammengenommen in etwa 5 %; weitere 5 % dürften auf Mischformen entfallen. Zum besseren Verständnis seien diese hauptsächlichen klinischen Symptome zunächst erläutert:
  - **Spastik**:

    „Das Wesen der Spastik ist die überschießende Kontraktion eines Muskels auf einen Reiz hin. Bei der reflektorischen Reizung (Eigenreflex) folgt eine über das Normalmaß hinausgehende Kontraktion des Muskels; bei passiver rascher Dehnung des spastischen Muskels macht sich ein starker Widerstand bemerkbar" (Tönnis/Krenkel 1963, 71).

Wenn sowohl eine agonistische Muskelgruppe als auch der Antagonist, zum Beispiel Beuge- und Streckmuskel, von der Spastik betroffen sind, ist eine geordnete Bewegung kaum möglich; bisweilen gibt auch die Schwerkraft den Ausschlag, welches Bewegungsbild tatsächlich entsteht. Langfristig kommt es zu Kontrakturen (Gelenksteifigkeit), auch bleiben die spastisch gelähmten Gliedmaßen vielfach im Wachstum zurück. Die Mimik bei Menschen mit Spastik wird als ausdrucksarm beschrieben, ihre Intelligenz als häufig reduziert und unterhalb des Durchschnitts liegend.

- **Athetose**:
„Wie der Name besagt, vermögen die Kranken eine bestimmte Stellung nicht längere Zeit beizubehalten. Gleichzeitig finden sich Haltungsstörungen, übersteigerte Ausdrucksbewegungen und vermehrte Mitbewegungen bei der Willkürmotorik. Die Bewegungsabläufe bestehen in langsamen, wurmförmigen Muskelkontraktionen ... Diese Bewegungsabläufe sind nicht unterdrückbar, sie sistieren nur im Schlaf" (TÖNNIS/KRENKEL 1963, 74 f.).

Folgen der unbehandelten Athetose sind ebenfalls wieder Kontrakturen. Während die Intelligenz der Athetotiker als kaum beeinträchtigt beschrieben wird, ist bei ihnen die sprachliche Äußerung sehr erschwert; „die mimischen Ausdrucksbewegungen sind bis zum Grotesken gesteigert" (a.a.O., 75).

BLÄSIG (1967, 94) hat folgende – von SCHMIDT (1976, 50) allerdings kritisierte – Faustregel zum Typus des Kindes mit Spastik und des Kindes mit Athetose genannt:

„Bei Kindern mit ‚Gliederstarre' ist die Sprache fast normal und die Intelligenz herabgesetzt. Bei den Erkrankten mit einer ‚Bewegungsunruhe' besteht eine Sprachstörung bei häufig normaler Intelligenz. Die erste Gruppe kann mit ihrer Sprache nichts anfangen, da ein Intelligenzdefekt vorliegt, während die zweite Gruppe ihre Intelligenz nicht voll zum Ausdruck bringen kann, da oftmals die Sprache gestört ist."

- **Ataxie, Tremor, Rigor**: Im Gegensatz zur generalisierten Bewegungsunruhe der Athetose liegt beim Tremor nur ein feinschlägiges Muskelzittern meist der Hände vor, das bei Erregung und feinen Willkürbewegungen verstärkt ist.

Mit Rigor ist eine Bewegungsverarmung und eine Erhöhung der Ruhespannung der Muskulatur gemeint, die sich bei passiver Muskeldehnung als Widerstand zeigt. Tremor und Rigor bilden auch zwei der drei Hauptsymptome der Parkinsonschen Erkrankung.

Ataxie ist die Folge einer Schädigung des Kleinhirns; sie ist „durch einen Verlust der Kontrolle des Bewegungsausmaßes (Dysmetrie), der Bewegungsrichtung und der automatischen Mitbewegungen (Asynergie) gekennzeichnet" (TÖNNIS/KRENKEL 1963, 76). Auch statische Störungen beim Stehen (Astasie) und Gehen (Abasie) können vorkommen.

- Nach **topographischer Beteiligung**: beschrieben wird eine Cerebralparese vor allem nach den betroffenen Extremitäten. Dabei unterscheidet man folgende Formen:
  - **Hemiplegie**: Halbseitenlähmung, bei der der Arm gewöhnlich stärker beeinträchtigt ist als das Bein; sie soll als häufigste Form der spastischen Lähmung bei 40-50 % der Kinder vorliegen. Bei der Hälfte der Kinder mit Hemiplegie sollen zusätzlich Sensibilitätsstörungen, bei einem Viertel Gesichtsfeldausfälle, bei zwei Dritteln Verkürzung und Atrophie (Verkümmerung) der betroffenen Extremitäten, bei etwa einem Drittel Anfallsleiden vorkommen.
  - **Bilaterale Hemiplegie** (oder Tetraplegie): hier sind alle vier Gliedmaßen betroffen, jedoch wiederum unter stärkerer Betonung der Arme.
  - **Diplegie**: hier sind ebenfalls sowohl Arme als auch Beine betroffen, jedoch unter stärkerer Betonung der Beine. Dies sind die von LITTLE ursprünglich beschriebenen Fälle. Die Sterblichkeitsrate dieser Kinder im ersten Lebensjahr ist hoch. Spätestens beim Gehenlernen zeigen sich die Streckspasmen.
  - **Paraplegie**: hier sind nur die Beine betroffen. Reine Paraplegien sollen bei 10 bis 15 % der Kinder mit Spastik vorkommen.
  - **Monoplegie**: nur eine Extremität ist betroffen. Dies ist die kleinste Gruppe unter den Kindern mit Spastik. Sie bildet den Übergang zu den nicht sofort augenfälligen „minimalen cerebralen Bewegungsstörungen".

Auf jeder dieser fünf Dimensionen kann eine Cerebralparese beschrieben werden; zum Beispiel mag eine linksseitige spastische Hemiplegie infolge einer Schädigung der Pyramidenbahn durch Asphyxie (Atemstillstand) unter der Geburt vorliegen.

9.3.3 Entwicklung und Intelligenz

Die perinatale Schädigung, wiewohl als ätiologischer Faktor unumstritten, ist nicht sofort nach der Geburt bzw. nach der postnatalen Noxe ersichtlich; Klagen von Eltern, die Ärzte hätten sie zu spät über die Behinderung ihres Kindes informiert, sind daher vielfach unberechtigt. Wohl erfordern die perinatalen Risikofaktoren eine besonders gezielte Überwachung des Säuglings (vgl. AEBI 1974, 271), eine sichere Diagnose der cerebralen Behinderung ist jedoch gewöhnlich erst im Lauf der weiteren Entwicklung möglich.

KNUPFER und RATHKE (1979, 20ff.) haben die Entwicklung hirngeschädigter Kinder beschrieben und der Entwicklung des gesunden Kindes gegenübergestellt. So vermag ein vier Monate altes cerebral geschädigtes Kind den Kopf noch nicht selbständig zu heben. Noch mit einem halben Jahr fehlen die Spontanbewegungen, ist der Daumen – ein besonders sensibler Indikator motorischer Entwicklungsstörungen – noch eingeschlagen, besteht eine Trinkschwäche.

Mit sieben Monaten, wenn andere Kinder zu sitzen beginnen, bahnt sich dann ein Wandel an: aus der bisherigen Muskelschlaffheit und Bewegungsarmut werden „eine Erhöhung der Muskelspannung und übermäßige motorische Reaktion so sehr, daß sogar spontane Kloni [klonische Krämpfe] auftreten" (KNUPFER/RATHKE 1979, 23). ZÜLCH (1963, 20ff.) hat beschrieben, wie nach der Zerstörung der Pyramidenbahnen (die für unsere fein abstufbaren isolierten Willkürbewegungen verantwortlich sind) und einer gewissen Phase der schlaffen Lähmung der extrapyramidal-motorische Apparat als Ersatz einspringt.

Jedoch erreichen diese Ersatzbewegungen nicht die Qualität der normalen: sie laufen als synergische Massenbewegungen nach dem Alles-oder-nichts-Gesetz ab; zum Beispiel enthält die Beugesynergie des Armes außer der gewünschten Ellbogenbeugung zwangsläufig und ununterdrückbar auch eine Wegführung des Arms vom Körper, eine Beugung der Hand zum Handrücken hin sowie eine Beugung aller Finger zur Faust. Einzelne isolierte Bewegungen des Daumens oder Zeigefingers etwa sind ganz und gar unmöglich geworden.

Gleichzeitig mit der Massenbewegung kommt es oft zur - ebenfalls ununterdrückbaren - Mitbewegung fernab gelegener motorischer Bezirke; außerdem treten, beim Niesen, Gähnen, Lachen oder Husten zum Beispiel, unwillkürliche reflektorische Mitbewegungen auf. Die Massenbewegungen und die reflektorischen Mitbewegungen sind es, die den abnormen Bewegungsablauf bei spastischer Cerebralparese ausmachen.

Gut beobachtet wurde die Ausbildung synergischer Massenbewegungen nach Kriegsverletzungen Erwachsener, bei denen die Ursprungsareale der Pyramidenbahn im Großhirn oder andere Anteile der Bahn zerstört worden waren. Nach einer Phase der schlaffen Lähmung kehrten die Bewegungen, nunmehr als Massenbewegungen, in folgender Reihenfolge zurück: Hüfte, Knie, Fuß, Schulter, Ellbogen und Hand. Beim Erwachsenen ist dabei die Synergie starr ausgebildet, beim perinatal geschädigten Kind zeigt sich dagegen „eine relative Vielfalt im Aufbau der Synergien" (ZÜLCH 1963, 23) – die Möglichkeiten der Rehabilitation in Form einer krankengymnastischen Frühförderung sind dadurch besser.

Vom zweiten Lebenshalbjahr an kündigen sich die sekundären Folgen des Cerebralschadens an:

„Mit dem fehlenden Drang zum Hantieren werden auch keine Kenntnisse von Gegenständen und deren Bezeichnungen erworben. Die Beziehung zur Umwelt wird verhindert oder sogar unmöglich gemacht. Weil die Nachahmung von Lauten, die Bildung von Vokalen und Konsonanten vornehmlich über die optischen und akustischen Eindrücke erfolgen, findet auch häufig keine ausreichende Sprachentwicklung statt. Eine spastisch gestörte Motorik läßt Schwierigkeiten beim Essen und Sprechen deutlich werden" (KNUPFER/RATHKE 1979, 23).

Nachdem weder Gehen noch Sprechen altersgemäß erlernt wurden, wirkt sich insbesondere die mangelnde bis fehlende Sprachentwicklung in der Folgezeit ungemein nachteilig aus, da sie das Kind isoliert, die Verständigung mit ihm erschwert und seine Begriffsbildung einschränkt oder unmöglich macht.

Der Rückstand in der frühkindlichen Entwicklung – der im Allgemeinen, das heißt ohne spezielle Frühförderung, nicht wieder aufgeholt wird – geht über in ein bei Kindern mit Cerebralparese im Mittel reduziertes intellektuelles Leistungsniveau. SCHMIDT (1976, 12) hat aus der Literatur der Fünfziger und Sechziger Jahre 24 voneinander unabhängige Angaben zum Intelligenzniveau von Kindern mit cerebralen

Bewegungsstörungen zusammengestellt; eine ähnliche Übersicht findet sich auch bei STEINHAUSEN und WEFERS (1977, 18).

Obgleich dabei Stichproben und Testverfahren nicht voll vergleichbar waren, die Ergebnisse auch sehr stark variierten, lag doch insgesamt „das Dichtemittel für die Angaben normalbegabter Kinder mit cerebralen Bewegungsstörungen zwischen 25 und 30 %" (SCHMIDT 1976, 14); demnach weisen also nahezu drei Viertel der cerebralparetischen Kinder eine unterdurchschnittliche Intelligenz auf. Für den Anteil geistig Behinderter mit einem IQ unter 55 lag das Dichtemittel der verfügbaren Angaben bei etwa 25 %.

Bei dieser Verschiebung in Richtung Intelligenzverminderung kam eine breitere Streuung hinzu, was vermuten lässt, dass sich innerhalb der Gruppe der Kinder mit Cerebralparese nochmals unterschiedliche Kollektive überlagern. SCHMIDT suchte diese ihm vorliegenden Befunde zu überprüfen; zu diesem Zweck verglich er die Intelligenzhöhe und Intelligenzstruktur von 52 Kindern mit Cerebralparese mit derjenigen von 53 anderweitig (aber ebenfalls seit dem zweiten Lebensjahr) körperbehinderten und derjenigen von 118 nicht behinderten Normalschülern. Alle Probanden waren 11 bis 13 Jahre alt; 17 zum Teil weniger gebräuchliche Intelligenzverfahren wurden gewählt.

Als Erklärung postulierte SCHMIDT (1976, 64) ein Zwei-Faktoren-Modell der Cerebralparetiker-Intelligenz, nach dem

„die beobachteten Phänomene teils auf die durch Behinderung und Umweltverhalten modifizierten Entwicklungsbedingungen, teils auf die Schädigung des Zentralnervensystems und ihrer direkten Folge zurückgeführt werden."

Nur ein Teil der Minderleistungen ist also direkt hirnorganisch bedingt, der andere Teil kommt sekundär zustande, weil die in ihrer Sensumotorik eingeschränkten Kinder weitaus weniger Umwelterfahrungen machen und machen können als nichtbehinderte Kinder; die Funktionskreise der statischen Entwicklung, der Entwicklung manueller Fähigkeiten und der Sprachentwicklung sind dabei besonders betroffen.

Hinzu kommen unangemessene Reaktionen der Eltern auf die normabweichende Entwicklung ihres Kindes. Eine überbehütende Erziehungshaltung mit Unterschätzung der kindlichen Möglichkeiten kann geeignet sein, das Erfahrungsumfeld weiter einzuengen, während eine überfordernde Erziehungshaltung möglicherweise eine Abwehr aller späteren Leistungsanforderungen bewirkt.

LEYENDECKER (1977, 33ff.) hat dieses Zwei-Faktoren-Modell später als eine Anlage-Umwelt-Interdependenz interpretiert; der Begriff „Anlage" ist dabei nicht im genetischen Sinn zu verstehen, sondern als organisches, durch die Schädigung beeinträchtigtes Potential. Dabei hält LEYENDECKER auch eine Wechselwirkung zwischen so verstandener Anlage und der Umwelt für wahrscheinlich: „Die hirnorganische Schädigung verändert die Funktion, die Funktion modifiziert die hirnorganischen Voraussetzungen" (1977, 35).

Ferner sieht er eine Parallele zur Zwei-Faktoren-Theorie der Intelligenz von CATTELL (1973): der neurophysiologisch-organische Faktor entspreche der „fluid ability", der mehr potentiellen ungegenständlichen Lernkapazität; der entwicklungspsychologisch-funktionelle Faktor hingegen entspreche der „crystallized ability", der bereits aktualisierten durch Umwelterfahrung ausgebildeten Fähigkeit. Weitere psychologische Fragestellungen im Zusammenhang mit der Leistungsfähigkeit von Kindern mit Cerebralparese galten der Struktur ihrer Intelligenz, den bei ihnen auffindbaren Leistungstypen (SCHMIDT 1976) sowie dem Ablauf ihrer Lernvorgänge (LEYENDECKER 1977).

SCHMIDT (1976) suchte durch den Nachweis einer abweichenden Faktorenstruktur der Intelligenz von Kindern mit Cerebralparese den Nachweis zu erbringen, dass sie ihre Intelligenzleistungen nicht nur auf gemindertem Niveau, sondern auch anders – das heißt unter Verwendung anderer zugrunde liegender Dimensionen – erbringen. BERNSTEIN und KÜNZEL (1976) zeigten in einer Nachuntersuchung, dass eine weitgehende Übereinstimmung der Faktorenstrukturen zwischen Kindern mit Cerebralparese und Kindern mit anderen Körperbehinderungen besteht.

Sicherlich ist die Bedeutung dieser Fragestellung vielfach überschätzt worden, wohl im Zuge einer intensiven methodischen Rezeption faktorenanalytischer Verfahren. Das Nichtaufscheinen eines bestimmten Intelligenzfaktors in einem bestimmten Kollektiv bedeutet ja keineswegs, dass diese Fähigkeit dort nicht vorhanden oder minder ausgeprägt wäre, sondern lediglich, dass sie in einem solchen Maß mit anderen Fähigkeiten korreliert, dass sie mit diesen einen gemeinsamen Faktor bildet; dennoch kann sie aber ebenso sehr aktualisiert sein wie in einem anderen Kollektiv, in dem sie einen unabhängig variierenden Faktor darstellt.

Allerdings ermöglichte es die Faktorenanalyse, dass SCHMIDT (1976, 216ff.), unter Zuhilfenahme einer Typenanalyse zu vier typischen Leistungskonstellationen innerhalb der Gruppe der Cerebralparetiker gelangte: die Variante C-III mit dem höchsten Leistungsniveau zeichnet sich besonders durch ihr gutes schlussfolgerndes Denken aus; die Variante C-I mit dem schwächsten Leistungsniveau fällt besonders im Strukturieren optischer Ganzheiten ab. Bestätigt wurden die „Schwierigkeiten der visu-motorischen Koordination“ bei Kindern mit Cerebralparese sowie ihre „Besonderheiten im Sinne eines ‚konkreten' Verhaltens“ (SCHMIDT 1976, 228f.); als neue, durch die Befunde nahegelegte Hypothesen zeigten sich bei ihnen „Schwierigkeiten des simultanen Ablaufs intellektueller Prozesse“ (229f.) – ein Phänomen, das auch von Klinikern berichtet wird als Unfähigkeit cerebral Bewegungsgestörter zur geteilten oder schnell wechselnden Aufmerksamkeit zwischen unterschiedlichen Tätigkeiten.

LEYENDECKER (1977, 252) konnte bei Kindern mit Cerebralparese auch spezifische Besonderheiten im Ablauf der Lernprozesse nachweisen. Zum Beispiel bleiben einmal erworbene bedingte Reflexe bei ihnen länger erhalten; ihr Begriffslernen verläuft wesentlich verlangsamt. Diese Besonderheiten im Lernverhalten waren von der Intelligenzhöhe wie auch vom Grad der motorischen Beeinträchtigung relativ unabhängig.

9.3.4 Mehrdimensionale Förderung Schwerstbehinderter

Die Cerebralparese wurde als Beispiel sowohl für die Mehrfachbehinderung als auch für die Schwerstbehinderung gewählt, wurde allerdings zunächst als eigenständige Behinderung mit relativ einheitlicher Ätiologie und ähnlichem äußerem Erscheinungsbild dargestellt.

Was die Cerebralparese zum Exempel einer Mehrfachbehinderung macht, ist in erster Linie die Interdependenz von motorischer und intellektueller Beeinträchtigung. Drei Viertel der Kinder mit Cerebralparese weisen eine unterdurchschnittliche Intelligenz auf. Diese gehört teilweise mit zum Schädigungssyndrom der Hirnschädigung, teilweise jedoch ist sie als Folgebehinderung durch reduzierte Umwelterfahrung zu verstehen. Die verzögerte Sprachentwicklung und spätere Sprachbehinderung tragen daran einen wesentlichen Anteil.

Intermittierende Krampfanfälle können eine weitere Komplikation bedeuten; in ähnlicher Weise können Seh- und Hörstörungen vorkommen. Viel eher als ein nichtbehindertes Kind reagiert das cerebralparetische zudem mit Verhaltensauffälligkeiten auf Unausgeglichenheit seines Milieus, auf Unter- oder Überforderung. Ulbricht (1977, 78) gibt an, dass „lediglich „etwa 10 % der kindlichen Cerebralparetiker ... ‚nur' motorisch behindert" sind.

Dies bestätigen auch Beschreibungen von Haupt/Fröhlich (1982a, 21f.). Sie unterteilen die Kinder mit schwersten cerebralen Bewegungsstörungen in zwei Gruppen, deren erste sie wie folgt beschreiben: Hier handelt es sich um

„sprechunfähige Kinder mit schwersten cerebralen Bewegungsstörungen bis hin zur Bewegungsunfähigkeit. Diese Kinder können sich verbal nicht mitteilen: Es bestehen aber auch größte Probleme bei der nonverbalen Kommunikation wegen des Schweregrades der Bewegungsbehinderung. In der emotionalen und sozialen Entwicklung finden sich Einschränkungen durch Angst vor fremden Personen und Situationen –auch dies in Zusammenhang mit der extremen Bewegungs- und Kommunikationsbeeinträchtigung, die nicht verbunden ist mit einer entsprechenden Behinderung der kognitiven Entwicklung."

Diese Kinder sind quasi Gefangene ihres Körpers, bei unter anderen Bedingungen möglicherweise annähernd normaler intellektueller Leistungsfähigkeit.

Die zweite Gruppe umfasst Kinder, „die in allen Hauptbereichen der Entwicklung (psychomotorisch, emotional, kommunikativ, sozial, kognitiv) extreme Entwicklungsbeeinträchtigungen aufweisen".

Diese Unterteilung bestätigt, dass das Gemeinsame der Kinder mit Cerebralparese schwere Bewegungsstörungen sind, dass das Ausmaß der Mehrfachbehinderung aber große Unterschiede aufweist. Wulfes-Kunert (1988, 10) fasst diesen Tatbestand zusammen, indem sie deutlich macht,

„daß ein Teil der Kinder ausschließlich oder überwiegend in Hirnregionen und Leistungsbahnen betroffen sind, die für Bewegung zuständig sind. Bei anderen Kindern, dem weitaus größeren Teil, liegt eine ausgedehnte Hirnschädigung vor, die auch sensorische Areale und Leistungsbahnen mitbetroffen hat und in dem Fall die Wahrnehmungsfähigkeit primär mitgeschädigt hat; damit sind immer auch Denken und Intelligenz betroffen" (vgl. auch Jansen u.a. 1983).

Es dürfte nicht schwer fallen, nachzuvollziehen, weshalb die Gruppe der Kinder mit Cerebralparese auch ein Exempel für Schwerstbehinderung darstellt.

Hinsichtlich der Förderung schwerstbehinderter Kinder sind unterschiedliche Konzepte entstanden, die alle durch Mehrdimensionalität gekennzeichnet sind. Zusätzlich zu einer ganzheitlich sonderpädagogischen Gesundheitsförderung, von der am Ende dieses Kapitels die Rede sein wird, sind unterschiedliche Einzelmaßnahmen möglich und sinnvoll.

Die **Krankengymnastik** soll die pathologischen Reflexmuster hemmen und eine maximale Vielfalt an Bewegungsmöglichkeiten herausarbeiten. Die **Beschäftigungstherapie** soll die eingeschränkten Möglichkeiten der Umwelterfahrung kompensieren. **Die logopädische Sprachtherapie** soll die Kommunikation mit der Umwelt verbessern und damit die spätere Integration erleichtern (vgl. auch Kunert 1972).

Hinzu kommen Behandlungsmöglichkeiten aus dem Bereich der Medizin. Orthopädische Hilfsmittel wie Stützapparate, Schienen, Korsetts, Spezialschuhe und Einlagen – sie werden im Unterschied zu Prothesen als „Orthesen" bezeichnet – haben

> „die Aufgabe, statische und dynamische Funktionen zu erleichtern, zu unterstützen oder überhaupt erst zu ermöglichen, das Kräftegleichgewicht wiederherzustellen, Gelenke zu stabilisieren und unzweckmäßige Bewegungen auszuschalten, leichte Fehlstellungen zu korrigieren oder zu verhüten ..., Form- und Längenabweichungen auszugleichen und gelegentlich auch präoperativ im Sinne eines Tests Aussagen über operative Erfolgschancen zu ermöglichen (z.B. bei Arthrodesen = operativen Gelenkversteifungen)" (Ulbricht 1977, 88).

Mit Medikamenten wie Diazepam (‚Valium') kann versucht werden, eine muskelentspannende Wirkung zu erzielen. Als Letzt-Maßnahme zur Verhütung oder Besserung von Spätschäden (z.B. Spitzfüßen) kommt bisweilen auch eine Operation in Betracht, sofern sie einen wirklichen funktionellen Gewinn verspricht (Ulbricht 1977, 89). In der Frühbehandlung jedoch haben Krankengymnastik und Beschäftigungstherapie Vorrang.

Eines der wesentlichen Förderkonzepte für schwerstbehinderte Kinder ist das **Konzept der „basalen Stimulierung"** (Haupt/Fröhlich 1992).

Haupt und Fröhlich (Fröhlich 1991a) gehen von einer ganzheitlichen Förderung aus, die alle Entwicklungs- und Persönlichkeitsbereiche erfasst.

Körpererfahrung, Bewegung, Wahrnehmung, Kommunikation, Sozialerfahrung, Gefühl und Kognition stehen in wechselseitiger Beeinflussung miteinander. Dem muss bei der individuellen Förderung Rechnung getragen werden. Wie bereits deutlich wurde, stellen für das schwerstbehinderte Kind physische, psychische und kognitive Beeinträchtigungen Hemmnisse für eine selbstorganisierte Entwicklung dar. Deshalb ist die fachkompetente und behutsame Unterstützung und Förderung von besonderer Bedeutung. Eine Form ist dabei die Anregung basaler Lebens- und Wahrnehmungsbereiche, die basale Stimulation.

- Die **somatische** Stimulation geht von der Nutzung der Körperoberfläche als Wahrnehmungsorgan aus. Das Lokalisieren von Reizen, z.B. Wärme- und Kälteunterscheidung, das Erkennen und Herbeiführen von motorischen Reaktionen sowie der Aufbau eines Körperschemas sind hier intendiert.
- Die **vibratorische** Stimulation bezieht sich auf das Empfinden von Schwingungen. Ziele sind u.a. die Synchron-Anregung des Hörorgans zur Anbahnung des „reinen" Hörens, sowie das Erkennen des Zusammenhangs von hörbaren Tönen und Körperschwingungen.

- Die **vestibuläre** Stimulation ist auf das Raum-Lage-Empfinden und auf das Gleichgewichtsempfinden ausgerichtet. Die Orientierung der Lage des Kopfes im Raum, die Körperempfindung in unterschiedlichen Lagen, sowie die Wahrnehmung von Beschleunigung, verbunden mit dem Aufbau des entsprechenden Muskeltonus sind hier angestrebt.
- Die **haptisch-taktile** Stimulation ist auf die Hand als Tast- und Greiforgan ausgerichtet. Greifgenauigkeit, Greifdiskrimination und der Aufbau erster einfacher Handlungsschemata stehen hier im Vordergrund.
- Die **akustische** Stimulation ist ausgerichtet auf das Wahrnehmen von nicht unmittelbar körperbezogenen akustischen Reizen und auf das Reagieren darauf. Dabei kommt dem Erkennen der Bedeutung eines akustischen Reizes, z.B. als Orientierungssignal, besondere Bedeutung zu.
- Die **visuelle** Stimulation bezieht sich zunächst auf elementare Funktionen wie Objektfixation, willkürliche Augenkonvergenz, Anbahnung von Augenbewegungen in Zusammenhang mit Kopf- und Blickorientierung; später auf das Erkennen von Menschen und Dingen als visuelle Objekte.
- Die **olfaktorisch-gustatorische** Stimulation (Geruch und Geschmack) zielt auf eine Differenzierung der Wahrnehmung in beiden Bereichen, u.a. auch als Vorbereitung für eine Esstherapie.
- Die **Basiskommunikation** umfasst das Produzieren und Erkennen von Lauten, das Erkennen von Lauten als Bedeutungsträger der Kommunikation, das Äußern von Signallauten, das Erkennen von Face-to-Face-Kontakt, von Gestik und Mimik als Merkmale kommunikativer Situationen.
(in Anlehnung an FRÖHLICH 1991a).

Das ganzheitliche Konzept der „Basalen Stimulation" hat sich in der Praxis relativ flächendeckend durchgesetzt, im Gegensatz zu anderen Konzepten, wie z.B. das Konzept der „Sensumotorischen Kooperation" (PRASCHAK 1993), welches, ausgehend von PIAGET, auf elementarste Aktivitäten ausgerichtet ist. Unter Sensumotorik wird ein grundlegender Erkenntnismodus verstanden, der ausschließlich auf Bewegungs- und Wahrnehmungserfahrungen beschränkt ist. Bei der Weiterentwicklung des Konzeptes wurden auch Aspekte der Handlungstheorie, der Selbstorganisationstheorie und des Konstruktivismus berücksichtigt (vgl. PRASCHAK 2002).

Von großer Bedeutung für Kinder mit schwerster Behinderung sind auch unterschiedliche Möglichkeiten der Sprachanbahnung und der Kommunikationsförderung. Nach ADAM (1991, 173ff.) sind neben der Verbalsprache, die bei schwerster Behinderung häufig nicht erlernt werden kann, Gebärden und Bild- oder Symbolsysteme die Grundlage für zwischenmenschliche Kommunikation. Beides kann in dreifacher Funktion Anwendung finden:

- als Sprachersatz
- als Sprachanbahnungshilfe
- als Sprachunterstützung (vgl. auch Kap. 6, Abs. 6.10).

Eine Zusammenstellung unterschiedlicher Systeme findet sich bei ADAM (1991).

10 Lernbehinderung – Förderschwerpunkt Lernen

10.1 Begriff und Geschichte

Erst Ende der 1950er Jahre ist der Begriff der „Lernbehinderung" an die Stelle der alten Bezeichnung der „Hilfsschulbedürftigkeit" getreten; aus den „Hilfsschülern" wurden „Lernbehinderte", aus der „Hilfsschule" die „Sonderschule für Lernbehinderte", die erstmals im Hessischen Schulgesetz von 1961 als offizieller Terminus erscheint (vgl. BLEIDICK 1968, 449). In den 1970er Jahren erfolgte die Eliminierung der Vorsilben „Sonder-". Die Schule für Lernbehinderte, als Schule für Schulleistungsschwache geriet in den 1980er Jahren erneut in die Kritik, und damit auch wieder in eine Begriffsdiskussion. In den Bundesländern der BRD – uneinheitlich – erfolgte die Umbenennung in „Förderschule", wobei Verwirrung dadurch entstand, dass einige Bundesländer für alle Sonderschultypen die Bezeichnung „Förderschule" gebrauchten. In der ehemaligen DDR wurde der Begriff „Hilfsschule" bis in die 80er Jahre beibehalten (vgl. BAUDISCH/BRÖSE/SAMSKI 1987). Die wissenschaftliche Disziplin „Hilfsschulpädagogik" wurde dann durch die amtliche Bezeichnung „Rehabilitationspädagogik für schulbildungsfähige intellektuell Geschädigte" ersetzt (vgl. SIEPMANN/NEUMÜLLER 1986). Der häufige Namenswechsel macht die Problematik deutlich, die eine Schülergruppe zwischen Nichtbehinderung und schwerer intellektueller Schädigung betrifft, eine Gruppe von Kindern, für die immer wieder die Forderung nach Verbleib in der Regelschule erhoben wird, nach Förderung im Rahmen der Allgemeinen Schulpädagogik, und die doch einen besonderen Förderbedarf aufweisen. In der wechselnden Namensgebung spiegelt sich das über Jahrzehnte erfolglose Bemühen wider, die Negativ-Etikettierung der Hilfsschule als „Dummenschule" und damit die Diskriminierung ihrer Schüler aufzuheben. Dies konnte nicht gelingen, denn

> „das Image des leistungsschwachen Schülers ist negativ, und darum kann allein eine Änderung der Terminologie keinen Wandel bringen" (BLEIDICK 1995, 116).

Ähnlich wie auch bei der sukzessiven Ersetzung des Ausdrucks „Fremdarbeiter" durch „Gastarbeiter" und dann durch „Ausländischer Arbeitnehmer" zu beobachten war, pflegten sich die mit dem alten Begriff verknüpften Konnotationen recht schnell auch an den neu gewählten anzuheften. Die Problematik von Schulleistungsschwäche und die Funktion der in ihrer Folge entstandenen Institutionen ist nur aus der

Geschichte heraus zu verstehen. Leistungsschwache Schüler gibt es seit dem Bestehen organisierter schulischer Bildung als öffentliche Aufgabe, etwa seit unter Karl dem Großen (Krönung im Jahr 800, Gründung der Pfarrschulen mit relativer Schulpflicht und Schulaufsicht 809) erstmals eine allgemeine Volksbildung angestrebt wurde (vgl. Vernooij 1982/84, 22f.). Man kann davon ausgehen, dass mangelnde Leistungsfähigkeit in einer Institution, der man die sittliche und geistige Bildung des Menschen zum Ziel gesetzt hat, immer negativ vermerkt und mehr oder weniger stark sanktioniert wurde. Exemplarisch sei hier eine Verfügung des Preußischen Kultusministers zur körperlichen Züchtigung in Schulen vom 01.05.1899 angeführt. Dort heißt es u.a., „daß Kinder mit geringer Begabung und schlechten Schulleistungen nicht deshalb körperlich gezüchtigt werden dürfen" (Vernooij 1982/84, 37).

Sowohl damals wie heute können lernschwache Kinder und Jugendliche, ähnlich wie Kinder mit Verhaltensauffälligkeiten und teilweise auch Kinder mit Sprachstörungen nicht von gesellschaftlicher Akzeptanz und von sozialem Mitgefühl ausgehen.

Drei Gründe lassen sich hierfür nennen:

- Bezogen auf die WHO-Klassifikation von Behinderung (vgl. Kap. 2.1.3) weisen die Kinder der genannten Gruppen i.d.R. **kein Impairment** auf, d.h. sie haben keine organische Schädigung, und sie unterscheiden sich äußerlich nicht von nichtbehinderten Schülern.
- Sie **erfüllen** – ohne sichtbare Ursache – die gesellschaftlichen **Erwartungen** hinsichtlich Leistung, Verhalten und/ oder Kommunikationsfähigkeit **nicht**, was gesellschaftlich negativ bewertet wird.
- Sie laufen daher immer Gefahr, im Sinne einer individuumzentrierten Sicht, als **selbstverschuldet unzulänglich** eingeschätzt zu werden; d.h. im Fall von leistungsschwachen Schülern als faul, wenig ehrgeizig oder leistungsverweigernd.

Die nahezu 200-jährige Geschichte der Beschulung leistungsschwacher Schüler hier nachzuzeichnen, würde den Rahmen dieses Buches sprengen (vgl. hierzu Möckel 1971, 1976, 1988; U.J. Schröder 2005). Nur einige Meilensteine von wirkungsgeschichtlicher Bedeutung sollen hier dargestellt werden. Bereits Ende des 19. Jahrhunderts wurden in Anstalten, die in der Regel verschiedenartig geschädigte Kinder aufnahmen, auch schwachbegabte Kinder „beschult". Diese Institutionen können allerdings nicht als Vorläufer der Hilfsschulen angesehen werden (vgl. Beschel 1969, 1329 f.). Erste, auf „sinnbeschränkte" Kinder zugeschnittene Institutionen stellten die Nachhilfeklassen an öffentlichen Elementarschulen dar, entstanden aus dem Bestreben, schwachbegabte und im Unterricht zurückbleibende Kinder durch Nachhilfe zu fördern. Die erste Klasse dieser Art entstand 1803 in der Armenfreischule in Zeitz (vgl. Beschel a.a.O.). Bis Mitte des 19. Jahrhunderts entstanden an verschiedenen Orten ähnliche Klassen, teilweise mit dem Ziel einer Rückführung der Kinder in den regulären Unterricht, teilweise mit dem Bestreben, auch diesen Kindern eine „abgeschlossene Bildung" zu vermitteln (vgl. Beschel a.a.O.). Das Problem dieser Klassen bestand in der großen Heterogenität ihrer Schülerschaft: lernschwache, sinnesgeschädigte, körperlich gebrechliche bzw. behinderte, sowie verwahrloste Kinder waren dort zusammengefasst. Ein weiterer Meilenstein in der Geschichte der Hilfsschule ist die Schrift Heinrich Ernst STÖTZNERS „Schulen für schwachbefähigte Kinder. Erster Entwurf zur Begründung derselben." Neben einer ersten graduellen Unterscheidung der Schwere der intellektuellen Beeinträchtigung enthielt die Schrift spezifisch methodisch-didaktische Vorschläge sowie gesellschaftsbezogene Überlegungen zur späteren Lebensgestaltung der Schüler. STÖTZNERS eindeutige Forderung nach Schulen für schwachbefähigte Kinder führte in der Folgezeit zur Einrichtung und Weiterentwicklung von Nachhilfeschulen (Dresden 1867), Hilfsklassen, später Hilfsschulen (Elberfeld 1879) und Schwachsinnigen- respektive Hilfsschulen (Leipzig 1881, Braunschweig 1881). Die von KIEHLHORN in Braunschweig gewählte Bezeichnung „Hilfsschule" setzte sich allgemein durch.

Bis zur Jahrhundertwende entstanden im damaligen Deutschen Reich in 90 Städten Hilfsschulen, 1913 waren es bereits 320 (vgl. BESCHEL 1969, 1332). Mit Gründung des „Verbandes Deutscher Hilfsschulen" (1898) erhielten die Gruppe der Schwachbefähigten und damit auch deren Förderinstitutionen eine organisierte Lobby. Der Verband war u.a. bemüht, die Schülerschaft klarer zu umschreiben und zu homogenisieren. Die Hilfsschule, als „besondere Schule für schulfähige Schwachsinnige" (BESCHEL a.a.O.) sollte nur solche Kinder aufnehmen, die „wegen geringer geistiger Begabung zurückgeblieben waren". Geistigbehinderte, Sinnesgeschädigte, Verhaltensauffällige sollten abgewiesen werden. 1899 legte Arno FUCHS ein erstes Lehrbuch zur Hilfsschulpädagogik vor mit dem bezeichnenden Titel: „Schwachsinnige Kinder, ihre sittlich-religiöse, intellektuelle und wirtschaftliche Rettung. Versuch einer Hilfsschulpädagogik."

Bezogen auf den heute sehr diskriminierend wirkenden Begriff „Schwachsinn" sei angemerkt, dass dies im 19. Jh. der medizinische Fachbegriff für unterschiedliche Grade geistiger Retardierung war, der von den meisten Heilpädagogen der Zeit eher kritiklos übernommen wurde. STÖTZNER (1864) allerdings spricht von „Schwachbefähigten" als einer „intermediären Gruppe" zwischen Normalbegabten und Schwachsinnigen, zwischen Schulfähigen und Schulbildungsunfähigen (vgl. STÖTZNER 1864, 13f.).

Mit dem ersten staatlichen Ausbildungslehrgang für Hilfsschullehrer in München in Verbindung mit der Universität wird der vorläufige Endpunkt einer beispiellos schwierigen Entwicklung, sowohl bildungspolitisch als auch pädagogisch, gesetzt. Sie gilt einer Gruppe von Kindern, deren Schädigung zu gering ist, um sie als im eigentlichen Sinne als behindert einzustufen, deren Beeinträchtigung jedoch bezogen auf den Leistungsmaßstab der Volksschule zu objektivem Misserfolg und damit zu Disability und Handicap (vgl. Kap. 2.1.3) führt, d.h. zu Beeinträchtigung in der subjektiven Befindlichkeit und der individuellen Entwicklung sowie zu gesellschaftlicher Benachteiligung. Die bereits beschriebene schulische Entwicklung nach dem 2. Weltkrieg stellt daher den untauglichen Versuch dar, die Diskrepanz zwischen subjektiv wünschbarer „Normalität" und realer Beeinträchtigung zu überwinden, nicht nur im schulischen Bereich.

10.2 Sichtweisen von Lernbehinderung, Definitionen und Merkmale

Die Sichtweise von Lernbehinderung hat sich in den letzten 25 Jahren nicht grundlegend geändert, obwohl unterschiedliche Ansätze entwickelt und diskutiert wurden. Zwei Phasen können bis heute unterschieden werden:

- die Phase der personorientierten bzw. individuumzentrierten Sichtweise, entsprechend dem individualtheoretischen Paradigma;
- die Phase der umfeldorientierten bzw. gesellschaftsorientierten Sichtweise, entsprechend dem gesellschaftstheoretischen Paradigma.

In zeitlicher Überschneidung verliefen die beiden Phasen teilweise parallel, insbesondere Ende der 1960er/ Anfang der 1970er Jahre. Die wichtigsten Vertreter, ihre Umschreibung des Personenkreises bzw. des Phänomens Lernbehinderung, sowie ihre Folgerungen für den pädagogischen Umgang werden in nachfolgendem Schema dargestellt:

Im Sinne einer Konvergenztheorie stand, auch vor dem Hintergrund der neueren Intelligenzforschung, spätestens seit Mitte der 1970er Jahre für alle Fachvertreter außer Zweifel, dass die menschliche Entwicklung sich in Wechselwirkungen zwischen Anlage und Umwelt vollzieht, und dass dies für alle Bereiche (physisch, psychisch, kognitiv, sozial) gilt.

Tab. 38: Vertreter individuumzentrierter und Vertreter gesellschaftszentrierter Sichtweisen von Lernbehinderung.

Vertreter	Umschreibung des Personenkreises	Folgerung
I. Phase		
Wilhelm Hofmann (1961)	Kinder mit leichten Begabungsmängeln oder geistig-seelischen Hemmungen und Entwicklungsstörungen	Hilfsschulbedürftigkeit
Karl-Josef Klauer (1966)	„...solche Kinder, die aus psychophysischen Gründen nicht in der Lage sind, das Ziel der Normalschule im Bildungsgang der Normalen zu erreichen" (1966, 10)	Sonderschulbedürftig Lernbehindert
Ulrich Bleidick (1968)	Lernbehinderung als eine beschreibbare Bildungsbehinderung aufgrund von Intelligenzschädigung leichten Grades	Sonderschulbedürftigkeit
Heinz Bach (1971)	Kinder mit prinzipiell nicht korrigierbarer Lernbeeinträchtigung	Sonderschulbedürftigkeit
II. Phase		
Ernst Begemann (1970)	Lernbehinderung als soziokulturelle Benachteiligung	Regelschulfähigkeit bei Veränderung der Schule, Lernen als Eigenwelterweiterung
Wolfgang Jantzen (1974)	Die Existenz von Behinderung, das gilt auch für Lernbehinderung, wird erst durch soziokulturelle bzw. ökonomische Bedingungen (Produktionsbedingungen / „Arbeitskraft minderer Güte") in der Gesellschaft konstituiert (vgl. 1974, 99ff.).	Gesellschaftliche Veränderung, was schulische Veränderung impliziert

Insbesondere KANTER (1977, 51) führte beide Sichtweisen in seinem „Modell der bio-sozialen Interaktion und Kumulation" zusammen.

Kurzfristig wurde versucht, die Umschreibung des Personenkreises institutionsgebunden vorzunehmen, im Sinne eines systemtheoretischen Paradigmas: „Lernbehindert ist, wer eine Schule für Lernbehinderte besucht" (KLEIN 1973a, 159), um der inzwischen widersprüchlichen und in der Konvergenz nicht für alle akzeptablen Bestimmung des Personenkreises zu entgehen. Die Verschiebung der Theoriebildung zu einer Sonder**schul**pädagogik nimmt möglicherweise hier ihren Ausgangspunkt.

„Als es noch keine Volksschule gab, gab es auch keine Volksschulversager, und viele Kinder, die heute in der Schule als minderbegabt auffallen, hätten früher in keiner Weise auffällig zu werden brauchen" (KLAUER 1975, 10).

Eine solch verkürzte, dem systemtheoretischen Paradigma verhaftete Sichtweise kann der Gruppe der lernschwachen Kinder, angesiedelt zwischen Nichtbehinderung und schwerer intellektueller Beeinträchtigung, zwischen individual-theoretischer Eigenschaftszuschreibung (Minderbegabung) und gesellschaftstheoretischer Kausal-Analyse nicht gerecht werden.

KANTER unternimmt mit seiner Definition den Versuch, Lernbehinderung zu beschreiben als ein Erscheinungsbild, „dem eine Mehrzahl von Bedingungsfaktoren zugrunde liegen" kann (1977, 35). Demnach ist unter Lernbehinderung in einem übergreifenden Sinne

„weder ein spezifisches psychologisches, medizinisches oder sonst einzelwissenschaftliches Syndrom (oder gar Symptom), noch ein bestimmter kausal-genetischer Faktor zu verstehen, vielmehr in pädagogisch-anthropologischer Sicht ein in Grenzen variables Leistungs- und Verhaltensbild, dem eine Mehrzahl von Verursachungsfaktoren und eine vielfältige Genese zugrunde liegen können. Es ist dadurch charakterisiert, daß hemmende Momente im Lerngeschehen - und kumulativ im Lernaufbau - die psychische Entwicklung eines Menschen, seine Bildungsgenese und letztlich seine Persongenese beeinträchtigen" (KANTER 1977, 46).

Diese weitgefasste, die multifaktorielle Bedingtheit von **Lernbehinderung** berücksichtigende Definition bedurfte für den Gebrauch in der Praxis weiterer Präzisierung. Durchgesetzt hat sich, auch in offiziellen und schulrechtlichen Verlautbarungen folgende Formulierung:

„Als lernbehindert i.e. Sinne werden Personen bezeichnet, die schwerwiegend, umfänglich und langdauernd in ihrem Lernen beeinträchtigt sind und dadurch deutlich normabweichende Leistungs- und Verhaltensformen aufweisen" (KANTER 1974, 126; ähnlich 1977, 47).

Als Kriterien werden von ihm genannt

- ein bezogen auf die Altersnorm deutlicher Rückstand
  - in der psychischen Entwicklung,
  - in der schulischen Leistung (von etwa 2-3 Jahren)
- ein Gesamt-IQ, der nicht wesentlich höher als 75 liegt, gemessen mit einem validen Intelligenzmessverfahren
- ein retardiertes Sozialverhalten.

Von der Lernbehinderung grenzt KANTER die Lernstörung als eine weniger gravierende Beeinträchtigung des Lernens, partiell, temporär und/oder reaktiv ab (KANTER 1974, 126; 1977, 47). Der Übergang der

Formen von Lernbeeinträchtigung bzw. der Gradausprägungen ist fließend, wobei sich Lernstörungen unter ungünstigen Bedingungen, z.B. mangelnde Förderung und Hilfe, negative Umfeldeinflüsse, zu Lernbehinderungen verfestigen können.

Eine Abgrenzung der Personengruppe erfolgt sowohl gegenüber so genannter durchschnittlicher Leistungsfähigkeit als auch gegenüber schwerer geistiger Beeinträchtigung mit psychologischer Testdiagnostik. Die Problematik der Intelligenzmessung wurde bereits in Kap. 8.7 dargelegt. Niedrige IQ-Werte bei testdiagnostischen Untersuchungen können nur Richtwerte darstellen, deren Zustandekommen von unterschiedlichen Variablen beeinflusst wird, z.B. der Tagesform des Probanden, der Genauigkeit der Testdurchführung, der Organisation der Testsituation. Die gängigen Richtwerte für eine Abgrenzung sind nachfolgendem Schema zu entnehmen:

Tab. 39: Abgrenzung der Lernbehinderung/ Lernstörung mit Hilfe des IQ.

Geistige Behinderung	Lernbehinderung/ Lernstörung	Durchschnittliche Leistungsfähigkeit
IQ < 55	IQ 55 – 75 / IQ > 80	IQ 90 - 110

Für die Einordnung eines Schülers als graduell lernbeeinträchtigt steht das Intelligenzmaß erst an zweiter Stelle. Primäres Kriterium für den sonderpädagogischen Förderbedarf ist der deutliche Entwicklungs- und Leistungsrückstand in mehreren Bereichen, unabhängig von deren Verursachung (vgl. auch Abs. 10.4). Ob die besondere Förderung bei Verbleib in der Regelklasse, in einer Integrationsklasse oder in einer Förderschule erfolgt, hängt von den jeweiligen schulorganisatorischen Möglichkeiten sowie von der verantwortungsbewussten Wahl des für das Kind bestmöglichen Lernortes durch die Entscheidungsberechtigten (Eltern, Lehrer, Schulaufsicht) ab.

Zu den besonderen Merkmalen des Lernprozesses, die vor 30 Jahren eher einem Katalog von Negativeigenschaften lernbeeinträchtigter Kinder gleichkamen (vgl. BACH 1968, 130), seien unter dem Aspekt von Lernbehinderung als einem in Grenzen variablen Leistungs- und Verhaltensbild (vgl. KANTER 1977, 46) hier nur einige genannt, welche die kognitiven Prozesse des Aufnehmens, Verarbeitens und Speicherns als nicht-regelhaft kennzeichnen:

- Die Aufnahmekapazität ist sowohl quantitativ als auch qualitativ begrenzt, d.h. es ist eine verstärkte Ausrichtung auf konkrete und lebensfeldbezogene Lerninhalte zu verzeichnen.
- Abstraktionsprozesse bedürfen sorgfältiger inhaltlicher und methodischer Vorbereitung, im Sinne von Elementarisierung und Anschaulichkeit.
- Die Selbstorganisation von Lernprozessen und die Gliederungsfähigkeit von Lernaufgaben ist mit besonderer Unterstützung anzubahnen und einzuüben.
- Die Verarbeitungsdynamik ist unregelhaft und sowohl hinsichtlich des Tempos als auch hinsichtlich der Dauer reduziert.
- Durchgängig verstärkte Motivierung und Anregung stabilisieren den Lernprozess und fördern die kognitiven Akte des Aufnehmens, Verarbeitens und Speicherns ebenso, wie die Möglichkeiten notwendigen Lerntransfers.

10.3 Zur Heterogenität des Personenkreises

Für den Personenkreis der lernbeeinträchtigten Kinder lassen sich heute drei Gruppen unterscheiden:

1. Kinder mit deutlichen intellektuellen Ausfällen aufgrund von Minderbegabung oder aufgrund organischer Schädigung, die Störungen oder Beeinträchtigungen in ihren kognitiven Leistungsmöglichkeiten einerseits, und Entwicklungsrückstände insbesondere bezogen auf ihre soziale Reife andererseits aufweisen. In beiden Bereichen ist die Störung schwerwiegend, dauerhaft und umfänglich. Zusätzliche Beeinträchtigungen durch das sozialisierende Umfeld sind dabei weder bedingend noch ausgeschlossen.
2. Kinder, die aufgrund ihrer Sozialisationsbedingungen als sozio-kulturell und ökonomisch benachteiligt angesehen werden müssen, und die mehr oder weniger ausgeprägt Lernschwächen, Lernstörungen und -behinderungen aufweisen. Infolge unzulänglicher früherer Förderung und Unterstützung im Umfeld ist ein Schulversagen häufig vorprogrammiert in einer Schule, die i.d.R. von förderlichen Sozialisationsbedingungen ausgeht.
3. Kinder, die in ihrer emotionalen und sozialen Entwicklung als gestört angesehen werden müssen, und die weniger durch Leistungsversagen als durch Verhaltensstörungen auffallen. Ihr Schulleistungsdefizit resultiert primär aus der Entwicklungsstörung.

Abzugrenzen sind von diesen Gruppen Kinder mit Teilleistungsstörungen wie Legasthenie und Dyskalkulie, bei denen das allgemeine Schulleistungsniveau i.d.R. mindestens durchschnittlich ist, die Ausfälle treten eng begrenzt in den Bereichen Lese-Rechtschreib- oder Rechen-Leistung auf.

Für die dritte Gruppe sei noch eine Besonderheit erwähnt, nämlich das Konzept des Over- bzw. Underachievements. Dabei wird die gemessene intellektuelle Leistungsfähigkeit in Relation gesetzt zur tatsächlich gezeigten Leistung auf der Basis eines Erwartungswertes. Diejenigen, welche vom Erwartungswert abweichend höhere Leistungen erbringen, gelten als Overachiever; diejenigen, die erwartungswidrige Minderleistung erbringen, werden als Underachiever bezeichnet. Es ist zu vermuten, dass ein Teil der Kinder in der dritten Gruppe ein Underachievement aufweisen.

Es mag auch hier noch einmal deutlich geworden sein,

- dass Kinder mit Lernbeeinträchtigungen weder auf der Basis eines allgemeinen Intelligenzkonzeptes, noch auf der Basis eines allgemeinen Schulleistungsbegriffs zu definieren sind;
- dass sozio-kulturelle und ökonomische Daten unbedingt als Hilfsdaten zur Erfassung der Leistungsgenese eines Kindes je individuell einfließen müssen, dass sie jedoch nicht einseitig isoliert oder linear-kausal zur Definition von Lernbehinderung verwendet werden können;
- dass Kinder mit Lernbeeinträchtigungen als Kinder mit einer je individuell-spezifischen Lernsituation gesehen werden müssen, vor dem Hintergrund ihrer Sozialisationsbedingungen.

10.4 Ursachen für Lernbeeinträchtigungen

Obwohl bei den bisherigen Ausführungen unterschiedliche Verursachungsfaktoren schon mehrfach angeklungen sind, sollen diese im Folgenden doch noch einer genaueren Betrachtung unterzogen werden. Wie bei allen anderen Behinderungsarten spielen Erbfaktoren oder exogen erworbene Schädigungen prä-, peri- und postnatal auch bei Lernbehinderung eine Rolle. Die ererbte Disposition zu unterdurchschnittlicher intellektueller Leistung, auch als Schwachbegabung bezeichnet, sowie Schädigungen durch ererbte Stoffwechselstörungen haben u.U. ebenso schulisches Leistungsversagen zur Folge, wie Schädigungen intrauterin, frühkindliche Hirn- und Hirnhautverletzungen, z.B. durch Unfälle.

Sozio-kulturelle und psycho-soziale Faktoren scheinen allerdings bei der Verursachung von Lernbehinderung von größerer Bedeutung zu sein. Bereits STÖTZNER merkte 1864 an, dass ein Großteil der Kinder der Hilfsschule aus „unteren Volksschichten" stamme. THIMM hat 1975 auf die Häufung von Lernbehinderung in „sozialen Brennpunkten" hingewiesen (1975, 129 / 1977, 588f.), d.h. ca. 80-90% der lernschwachen Kinder gehören der sogenannten Unterschicht an (vgl. KLEIN 1973a; 1977; 1974; BEGEMANN 1972; JANTZEN 1977; THIMM/FUNKE 1977; BLEIDICK 1995). Die von BEGEMANN als „sozio-kulturelle Benachteiligung" (1970) bezeichnete Sozialisationssituation von Kindern aus unteren Sozialschichten führt bei etwa 10% dieser Kinder zu Lernschwächen bzw. Lernbehinderung (CLOERKES 1997, 68). Da das soziologische Konstrukt „Schicht" i.d.R. nur mit wenigen Merkmalen charakterisiert bzw. operationalisiert ist, z.B. Bildung, Einkommen, Berufsprestige, soll hier eher im Sinne von BEGEMANN eine differenzierte Betrachtung von sozio-kultureller Benachteiligung vorgenommen werden, die kulturelle, soziale, ökologische und ökonomische Bedingungen einbezieht (vgl. BEGEMANN 1970, 14). Nachfolgende Faktoren ergeben in ihrer Vernetzung bzw. wechselseitigen Bedingtheit eine Charakterisierung der Sozialisationssituation von Kindern in unteren Sozialschichten:

- **Das Berufsprestige** des Vaters ist **niedrig**. Häufig hat er keine abgeschlossene Berufsausbildung, sondern ist als ungelernter Arbeiter tätig oder, wie heute in Situationen wirtschaftlicher Rezession und Umstrukturierung, arbeitslos.
- Die Familien weisen häufig eine **überdurchschnittlich hohe Kinderzahl** auf.
- Das verfügbare **Einkommen** ist **gering**.
- Die **Wohnverhältnisse** sind **beengt**, die Wohnung liegt häufig in typischen Wohngebieten Sozial-Randständiger, so genannten Sozialen Brennpunkten.
- Die **Familiensituation** ist unterschiedlich. Häufig finden sich Alkoholismus und Gewalt im Umgang miteinander; aufgrund mangelnder Sozialisationskompetenz des Vaters häufig Matriarchat in der Familie. Diese auf die Gesellschaft bezogene atypische Rollenverteilung der Eltern wird u.U. durch in Abständen wiederkehrende Gewaltakte des Vaters ad absurdum geführt. Emotionale Bindungen sind nicht stabil; eine emotionale Deprivation der teilweise unerwünschten Kinder ist nicht selten.
- Die **physische Entwicklung** der Kinder und der **Gesundheitszustand** der Fami-

lienmitglieder ist schlechter als im Bundesdurchschnitt. Dies zeigt sich u.a. in
– höherer Säuglingssterblichkeit
– erhöhter Krankheitsanfälligkeit.
Früherkennungs- und Vorsorgeuntersuchungen während der Schwangerschaft, nachgeburtlich und auch in höherem Alter, werden selten wahrgenommen. Körperpflege und Hygiene sind häufig unzureichend. Die ärztliche Versorgung, wenn sie denn angestrebt wird, ist häufig nicht optimal, da möglicherweise „die Qualität ärztlichen Handelns schichtspezifische Unterschiede aufweist" (CLOERKES 1997, 68). Das Verhältnis von Unterschichtsangehörigen zu Gesundheitsämtern und anderen Behörden ist eher problematisch. Beratungs- und Hilfsangebote werden daher selten in Anspruch genommen.

- **Sozialkontakte** bleiben i.d.R. auf das Wohngebiet bzw. auf die eigene Schicht beschränkt, was andersgeartete Anregung weitgehend ausschließt.
- Bei den **Erziehungspraktiken** finden sich sowohl Formen des Laissez-faire-Stils oder emotionale Gleichgültigkeit als auch Formen autoritär-restriktiver Erziehung, in denen knappe Imperative und oft körperliche Strafen das Verhalten der Kinder kontrollieren. Generell ist die Erziehungssituation gekennzeichnet durch Inkonsistenz des Erzieherverhaltens und Wechselklima.
- **Entwicklungsanregungen fehlen** in fast allen Bereichen (sensorisch, sprachlich, kognitiv, motorisch). Der kindliche Explorations- und Bewegungsdrang wird gebremst bzw. niedergehalten, was deren Verkümmerung zur Folge haben kann.
- Das **Selbstwertgefühl** ist niedrig. Vorherrschend sind Gefühle von Unterlegenheit, Ausgeliefertsein und Ohnmacht, was im Verhaltensbereich zu Passivität und Resignation bis hin zur Apathie führen kann.
- Die **Lebensgestaltung** ist wenig geplant. Dem Augenblick verhaftet, auf der Basis unmittelbarer Bedürfnisbefriedigung, gerät die Zukunft als planbarer Zeitabschnitt gar nicht ins Blickfeld. Entwicklungs- und lebensbezogene Zielorientiertheit ist i.d.R. nicht vorhanden.
- Die **psycho-soziale Situation** ist geprägt durch emotionale Verkümmerung oder Verwahrlosung, durch Stimmungslabilität und -abhängigkeit, durch oberflächliche Sozialbezüge und mangelndes soziales Gespür.
- Die **kognitive Situation** ist gekennzeichnet durch ein geringes Anspruchsniveau, geringe Neugier, reduzierte Lern- und Leistungsmotivation, lediglich bezogen auf Unerlässliches, Lebensnotwendiges.
- Gegenüber **Bildungsinstitutionen** herrschen **Distanziertheit**, Gleichgültigkeit oder Ablehnung vor. Schulbesuch und Hausaufgabenverrichtung werden selten kontrolliert.
- Im **sprachlichen Bereich** sind deutliche Unterschiede zu anderen sozialen Schichten zu verzeichnen. BERNSTEIN (1969) spricht von „restringiertem Code" oder „public language", während er die Sprache der Mittel- und Oberschicht als „elaborierten Code" bezeichnet. Während die Mittel- und Oberschicht sowohl über den restringierten als auch über den elaborierten Code, einschließlich einer dem letzteren nahestehenden Formalsprache im Sinne von Schriftsprache verfügt, bleiben Angehörige der unteren Sozialschichten weitgehend auf den restringierten Code beschränkt (vgl. BERN-

STEIN 1969, 61ff., auch OEVERMANN 1969). Probleme in der Schule entstehen für Unterschichtkinder dadurch, dass im elaborierten Code gesprochen und die Formalsprache zumindest in allen schriftlichen Äußerungen erwartet wird. Gemessen an diesem Maßstab ist der restringierte Code gekennzeichnet durch

- einen geringen Wortschatz,
- eine vereinfachte Syntax,
- die Verwendung weniger Konjunktionen (so, dann, und, oder),
- die begrenzte Verwendung von Adjektiven und Adverbien,
- den wiederholten Gebrauch gleichlautender Wendungen,
- die Schwierigkeit differenzierter sprachlicher Explikation von Sachverhalten und Gefühlen.

Selbst wenn der restringierte Code nicht abwertend als „schlechte Sprachfähigkeit" gesehen wird, sondern als schichtspezifische Sprachkultur der unteren Sozialschicht neben der Sprachkultur in Mittel- und Oberschicht, ändert sich die Schulproblematik der Kinder nicht, solange die Formalsprache Maßstab für die Sprachleistungsbewertung bleibt.

Natürlich ist nicht davon auszugehen, dass alle Kinder, die unter den vorgenannten Sozialisationsbedingungen aufwachsen, in ihrer Entwicklung beeinträchtigt, verzögert und bezogen auf schulische Leistung durch sie negativ geprägt sind. Das macht auch der Umstand deutlich, dass offenbar 90 % der Kinder aus unteren Schichten nicht als förderschulbedürftig lernbehindert eingestuft werden (vgl. CLOERKES 1997, 68). Dennoch rekrutiert sich die Gruppe der Kinder mit sonderpädagogischen Förderbedarf im Förderschwerpunkt Lernen zum überwiegenden Teil aus sozio-ökonomisch schwachen sowie einem steigenden Anteil aus ausländischen Familien (vgl. KORNMANN/KLINGELE/IROBGE-GANNINGER 1997).

Anzumerken ist in diesem Zusammenhang, dass sich die traditionelle schichtspezifische Sozialisationsforschung, der z.B. BEGEMANN oder THIMM ihre Daten entnehmen, in neuerer Zeit als nicht mehr gesellschafts-struktur-adäquat erweist. Neuere Forschungsansätze sind eher sozialstruktureller Art, d.h., sie beziehen neben ökonomischen, bildungs- und verhaltensbezogenen Faktoren, die eine Schicht charakterisieren, subjektive Einstellungs- und Handlungskomponenten mit ein. D.h. neben objektiven Gegebenheiten werden subjektive Komponenten, die bei ähnlichen Ausgangsbedingungen zu sehr verschiedenen **Milieu-** bzw. **Lebensstilformen** führen, in die Forschung einbezogen (vgl. BOURDIEU 1985; MÜLLER 1992; KLEIN 2001; SPELLERBERG 1996; HRADIL 1999; HURRELMANN 1998).

Die soziale Position eines Menschen „ergibt sich nicht mehr aus den klassischen, ‚berufsbedingten' Dimensionen (Einkommen, Bildung, Prestige, Berufsposition), sondern vielmehr aus einem mehrdimensionalen Bedingungsgefüge. Dieses muss ebenso wohlfahrtsstaatliche Leistungen (und die sich daraus ergebenden Veränderungen hinsichtlich der Arbeits- und Freizeitbedingungen sowie der Wohn- und Umweltbedingungen) als auch personale Merkmale (Alter, Generation, Nationalität, Familienverhältnisse, Region, Geschlecht) mit einbeziehen. **Lagemodelle** erfassen neben dem berufstätigen Teil der Bevölkerung auch Gruppen, deren Versorgung hauptsächlich von wohlfahrtsstaatlichen Instanzen abhängt, und sie erlauben es, neben den ‚vertikalen' auch die ‚horizontalen Ungleichheiten' wie Geschlecht, Nationalität etc. zu berücksichtigen" (ELLINGER/KOCH 2001, 284). Untersuchungsergebnisse im Zusammenhang mit lernbeeinträchtigten Kindern stehen noch aus. Intensive Forschungstätigkeit findet momentan an der Universität Würzburg statt (vgl. ELLINGER 1999; ELLINGER 2002; ELLINGER/KOCH 2001). Es ist zu erwarten, dass alle bisherigen Aussagen zu den Sozialisationsbedingungen lernbehinderter Kinder, basierend auf dem traditionellen Schichtenmodell sich differenzieren und teilweise relativieren werden vor dem Hintergrund der Ergebnisse sozialstruktureller Milieu- und Lebensstilforschung. Die Auswirkungen objektiver Lebensbedingungen auf Familien und insbesondere auf Kinder werden erst bestimmbar, wenn die subjektive Bedeutungsseinschätzung dieser Bedingungen durch die Familienmitglieder sowie die je spezifischen Interpretations- und Bewältigungsprozesse objektiv vorhandener ungleicher sozialer Lagen beachtet und erforscht werden (vgl. STEINKAMP 1991). Möglicherweise lässt sich die Tatsache, dass „nur" 10 % der Kinder aus unteren Schichten die Förder-/Sonderschule besuchen, 90 % aber die Regelschule absolvieren, mit Hilfe der neueren Forschungen so analysieren, dass Ansatzpunkte für präventive und/oder kompensierende pädagogisch/sonderpädagogische Interventionen sichtbar werden. Der in Deutschland offenbar gravierende Zusammenhang zwischen Schulerfolg/ Bildung und sozialer Herkunft (vgl. Pisa 2001, 2005) ist weder sozial noch bildungspolitisch hinzunehmen. Chancengleichheit muss auch in Deutschland mehr sein als ein Schlagwort. Zum gegenwärtigen Zeitpunkt (2005) scheint der Weg zu tatsächlicher Chancengleichheit noch relativ weit zu sein. Konzeptionelle Überlegungen und Diskussionen sind durch die 2. Pisa-Studie (2005) verstärkt in Gang gekommen. Es bleibt zu hoffen, dass die Ergebnisse dieser Diskussion nicht nur zu bildungspolitischer „Symptombehandlung" (z.B. Ganztagsschulen), sondern zu effektiven, Chancengleichheit gewährleistenden neuen Konzepten im vorschulischen und im schulischen Bereich führen werden.

10.5 Lernen – Lernbeeinträchtigung

Im Rahmen dieses Kapitels würde es zu weit führen, eine umfängliche lernpsychologische Abhandlung zu erstellen. Es sollen daher nur die wesentlichen Grundlagen kurz vorgestellt werden.

Lernen im weiteren Sinne umfasst die Herausbildung und Ausschöpfung aller geistigen und psychischen Merkmale und Anlagen durch die Auseinandersetzung mit der Umwelt.

In diesem allgemeinen Sinn ist Lernen ein Grundvorgang der Entwicklung (vgl. VERNOOIJ 2005, 55f.; TRAUTNER 1992).

Lernen im engeren Sinne bezieht sich wesentlich auf institutionalisiertes Lernen, d.h. auf systematisch vorbereitetes und zielgerichtetes Lernen, bei dem

- Wissen und Kenntnisse,
- motorische und sprachliche Fertigkeiten,
- personale und pragmatische Fähigkeiten,
- soziale Erfahrungen

erworben werden.

In der institutionalisierten Erziehung und Bildung (Kindergarten, Schule, Universität) sind Lehren und Lernen in einem komplexen Prozess eng miteinander verzahnt.

■ Mit dem Lernen als multiarealem, komplexem Prozess befassen sich die Pädagogische Psychologie und die Kognitionspsychologie, die in den 1960er Jahren eine bis dahin vorherrschende Assoziationspsychologie im Zusammenhang mit Lernen ablöste (Piaget 1947; Gagné 1965; Roth 1963, 1967, 1969; Aebli 1969; Heckhausen 1969; Bergius 1969, 1971; Correll 1961).

Kognitive Modelle verstehen Lernen als Ausdruck von Intelligenzdispositionen, die ihrerseits durch Lernprozesse differenziert und erweitert werden (vgl. Roth 1963).

Nach Seel (2003, 21) kann kognitives Lernen verstanden werden als „Gesamtheit aller Prozesse, die mit der Aufnahme von Informationen, ihrer weiteren Verarbeitung und Speicherung im Gedächtnis sowie ihrer [situationsgerechten – M.A.V.] Anwendung in spezifischen Situationen mit Aufgabencharakter" verbunden sind. Kognitive Prozesse zielen – in Abhebung zu voluntativen und emotionalen Vorgängen – darauf ab, die Umwelt wahrzunehmen und zu verarbeiten, sie (bewusst) zu „erkennen" (kognitiv = lat. erkennend). Dabei bilden u.a. Wahrnehmung, Vorstellung, Beurteilung, Speicherung (Gedächtnis), Erinnerung bzw. Reaktivierung sowie weitere Be- und Verarbeitung die wesentlichen Prozesskomponenten (vgl. Neisser 1967; Aebli 1969; Asubel 1968; Bruner 1964, 1974; Wittrock 1974).

Zusammenfassend können bezogen auf kognitive Theorien des Lernens drei Aspekte herausgestellt werden:

1. Dimensionen kognitiven Lernens sind
   - das Verarbeiten von Informationen im Sinne des Erwerbs von Wissen und der Entwicklung bzw. Differenzierung kognitiver Fähigkeiten und Fertigkeiten,
   - die Produktion neuen Wissens durch schlussfolgerndes Denken,
   - die Reaktivierung, Anwendung und Übertragung vorhandenen (gespeicherten) Wissens auf andere, neuartige Situationen.
2. Das Vorwissen bildet die Basis für die Verarbeitung neuer Informationen und den Erwerb bzw. die Erweiterung des Wissens.
3. Denken wird als ein Prozess des Operierens mit Symbolen gesehen, mit deren Hilfe Vorstellungen, Erfahrungen, Gefühle repräsentiert werden können (vgl. Piaget 1947). Einen besonderen Stellenwert nimmt dabei die Repräsentation mit Hilfe von Begriffen ein. Dementsprechend ist das „Begriffslernen" in kognitiven Lerntheorien von zentraler Bedeutung (vgl. auch Seel 2002).

Letzteres verweist auf die Bedeutung der Sprache bei Lernprozessen, die bei Lernschwachen Kindern und Jugendlichen häufig das Lernen erschweren (vgl. Abs. 10.4).

■ In der aktuellen Diskussion in Zusammenhang mit Lernen nehmen **Konstruktivistische Theorien** breiten Raum ein. Die Fülle an Literatur ist bisher wenig geeignet, eine klare Vorstellung der konstruktivistischen Sicht in der Pädagogik zu vermitteln. Vielfältige Varianten, teils widersprüchlich, diffus und verwirrend, sind für die schulische Praxis wenig hilfreich (Schmidt 1987; Luhmann 1990; Luh-

MANN/MATURANA u.a. 1990), zumal der Konstruktivismus in unterschiedlichen Funktionen neuere wissenschaftliche Arbeiten durchzieht:

- Konstruktivismus als wissenschaftstheoretische Erkenntnisbasis (im Sinne eines „radikalen" Konstruktivismus – vgl. SCHMIDT 1987).
- Konstruktivismus als Erkenntnisdimension in der Soziologie und in der Psychologie (neuer bzw. sozialer Konstruktivismus – vgl. BREDO 1994; BAECKER u.a. 1992).
- Konstruktivismus als handlungsleitende Theorie in der (empirischen) Pädagogik (vgl. RUSCH/SCHMIDT 1994; GERSTENMAER/MANDL 1995, 1999; GRÄSEL u.a. 1997; REINMANN-ROTHMEIER/MANDL 1998; SCHREIER 1998; MEIXNER/MÜLLER 2000).

Im Zusammenhang mit Lernbeeinträchtigungen versucht BENKMANN (2003) den Sozialen Konstruktivismus für die Pädagogik bei Lernbehinderung nutzbar zu machen.

Vier wesentliche Fragen ergeben sich durch die konstruktivistische Perspektive für das Lernen von Individuen:

1. Wie „objektiv" ist Wissen im Verhältnis zur „realen" Wirklichkeit?
2. Wie wird Wissen modelliert/ konstruiert?
3. Welche Rolle spielen die kontextuelle und kulturelle Einbettung des zu erwerbenden Wissens?
4. Wie lässt sich – unter konstruktivistischer Perspektive – der Wissenserwerb fördern?

Anhand der wesentlichen Grundannahmen konstruktivistischer Pädagogik soll versucht werden, sich der Beantwortung dieser Fragen anzunähern.

- **Lernen** ist – im Gegensatz zu anderen Auffassungen – ein **aktiver Konstruktionsprozess**. Das bedeutet: Instruktionen, Informationen, Materialien werden nicht nur rezeptiv verarbeitet sondern vom Lernenden mit je **individuellen Bedeutungen** versehen und situationsspezifisch bearbeitet.

  Vorwissen, individuelle Erfahrungen und Einstellungen sowie das Interesse am Lerngegenstand – intrinsische Motivation – spielen dabei eine wesentliche Rolle.
- **Lernen** ist grundsätzlich **situations- und kontextabhängig**. Gemeint ist damit, dass Wissen in bestimmten Situationen aufgebaut und bezogen auf einen bestimmten Kontext modelliert wird. Situation und Kontext bilden determinierende Bedingungen für den späteren Wissenstransfer in anderen Situationen. Die Vorstellung von situationsunabhängigem, beliebig abrufbarem Wissen scheint unter konstruktivistischer Perspektive ihre Gültigkeit zu verlieren.
- **Lernen** ist immer ein vom Lernenden **selbstgesteuerter Prozess**. Ob und inwieweit vom Lehrenden angebotene Informationen und Materialien zu einer Modifizierung und Erweiterung bereits vorhandenen Wissens führt, oder zu einer Neukonstruktion von Wissen, wird wesentlich vom Lernenden selbst bestimmt und gesteuert.
- **Lernen** ist immer ein **sozialer Prozess** im Sinne kultureller und gesellschaftlicher Beeinflussung. Individuelle Wissenskonstruktion bedeutet Auseinandersetzung mit der Wirklichkeit und mit dem Lehrenden.

Im Zusammenhang mit den eingangs gestellten Fragen können folgende Aspekte des Lehrens herausgestellt werden:

- Lernen als individuell-aktiver Konstruktionsprozess führt zu mehr oder weniger subjektiven Wissensbeständen. Eine „objektive" Information erscheint ebenso unmöglich wie eine systematisch-geplante Wissensvermittlung im herkömmlichen Sinne.
- Für die Konstruktion von Wissen sind sowohl die Lernumgebung als auch der Lernkontext themenadäquat und mit einem hohen Aufforderungscharakter zu selbsttätiger Aktivität zu gestalten. Das Lernen wird unter konstruktivistischem Aspekt umso effektiver, je höher die Selbststeuerungs- und Kontrollkompetenz des Lernenden ist, und je umfänglicher er diese in der Lernsituation nutzen kann.
- Der notwendigen sozialen Komponente kann z.B. durch „Kooperatives Lernen" (vgl. Renkl/Mandl 1995; Benkmann 1999) Rechnung getragen werden. Möglichkeiten zu einer echten Auseinandersetzung (Realsituationen, Alternativüberlegungen, Polarisierungen, kontroverse Diskussionen etc.) fördern das Lernen bzw. die Konstruktion von Wissen ebenso, wie gemeinsame fächerübergreifende Themenkreise und Projekte.

■ Die bisherigen Ausführungen zu den lernpsychologischen Grundlagen lassen vermuten, dass kognitive und konstruktivistische Theorien relativ unvereinbar nebeneinander stehen, wie dies in der Fachliteratur auch gelegentlich suggeriert wird. Bei genauerer Betrachtung ist das allerdings nicht der Fall. Die Weiterentwicklung der kognitiven Theorien verdeutlicht eine Aussage Bruners (1990, 2): „Wir setzen alles daran, **Bedeutung** wieder als das zentrale Konzept der Psychologie zu etablieren". Weiterhin verweist er auf die „symbolischen Aktivitäten" von Menschen, mit denen sie „Bedeutungen ... konstruieren" um „der Welt und sich selbst einen Sinn zu geben" (a.a.O.).

Seel (2003, 24f.) spricht in diesem Zusammenhang vom „kognitiv-konstruktivistischen Modell", welches „gegenwärtig nahezu uneingeschränkt das psychologische Verständnis des menschlichen Lernens" bestimmt.

In Erweiterung der ursprünglichen kognitiven Theorien wird

- der individuellen Bedeutungskonstruktion
- der aktiv-handelnden Form des Lernens
- der Motivation des Lernenden
- den sozial-kulturellen Bedingungen der Lernsituation

erhöhte Bedeutung beigemessen.

Die relativ einseitige Ausrichtung auf (fast mechanisch-kognitive) Prozesse der Informationsverarbeitung wird zugunsten einer kognitiv-konstruktivistischen Sicht, in der individuelle, soziale und emotional-subjektive Aspekte zusätzlich Berücksichtigung finden, modifiziert.

Für die institutionelle Bildung führt das eher ganzheitlich ausgerichtete kognitiv-konstruktivistische Modell – in welchem die einseitigen Sichtweisen beider theoretischen Grundpositionen überwunden werden – zwangsläufig zu gravierenden Veränderungen. Einerseits werden die Erkenntnisse der Lern- und Kognitionspsychologie, andererseits die Annahmen konstruktivistischer Theorien konvergent zusammengeführt. Das so entstandene Verständnis von Lernen lässt neue Ansätze in bestimmten Dimensionen des Lehrens sinnvoll erscheinen.

Insbesondere

- das Lernen in Zusammenhängen
- die Handlungsorientierung und
- die Selbststeuerung des Lernenden

bedürfen verstärkter Beachtung.

Nachfolgende Abbildung stellt interne und externe Variablen des Lernprozesses zusammen, auf der Basis der bisherigen Ausführungen einerseits und mit Blick auf externe Einflussvariablen andererseits.

Zum besseren Verständnis sollen die unterschiedlichen Variablen kurz erläutert werden.

Zunächst die internen Variablen:

- **Intelligenzfaktoren**
  lassen sich unterteilen in
  – theoretische
  – praktisch/ motorische und
  – soziale Befähigung

(vgl. THORNDIKE 1926; RENZULLI 1979; GAGNÉ 1965; WIECZERKOWSKI/WAGNER

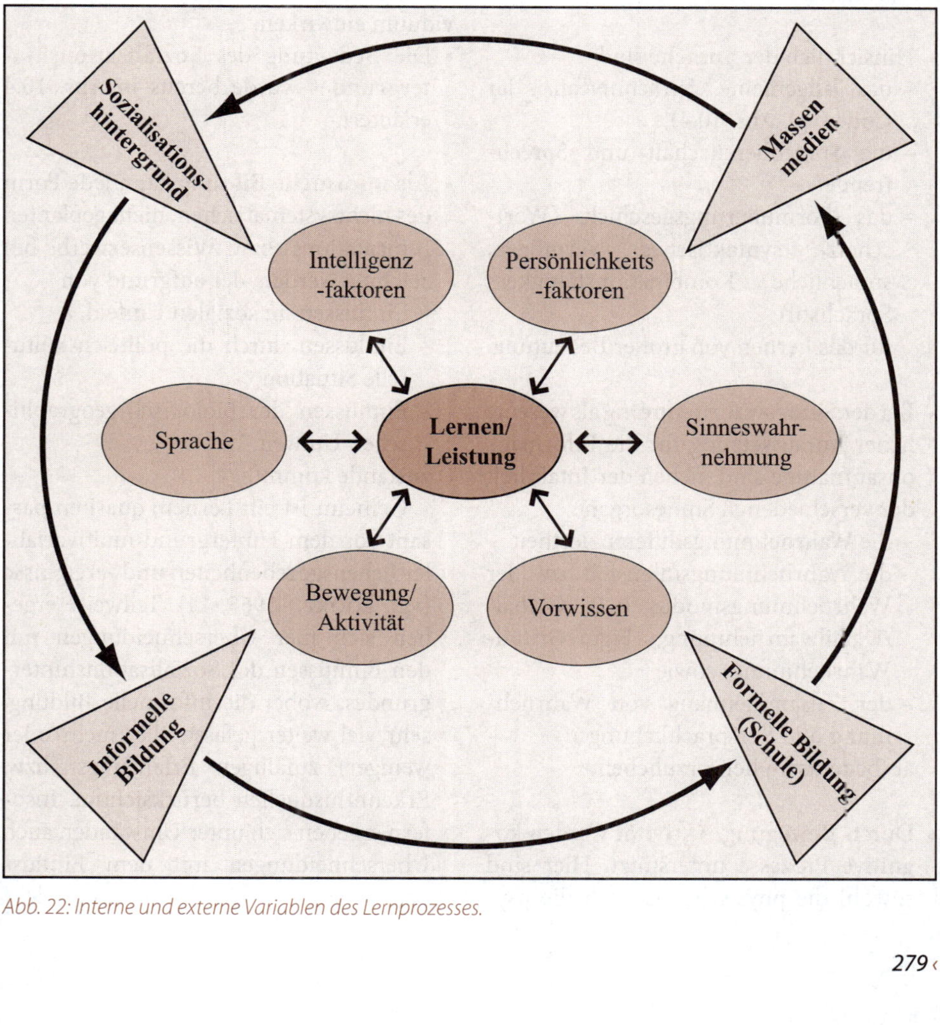

Abb. 22: Interne und externe Variablen des Lernprozesses.

1985; MÖNKS 1990, 1992; VERNOOIJ 1991, 2002).

- **Persönlichkeitsfaktoren**
  im Zusammenhang mit Lernen sind solche, die das Lernen bedingen, unterstützen und seine Intensität bestimmen. Dazu gehören:
  - Motivation/ Antriebsstärke
  - Aufmerksamkeit/ Konzentration
  - Einsatzbereitschaft/ Fleiß
  - Ausdauer/ Belastbarkeit
  - Selbstständigkeit/Selbststeuerungsfähigkeit

- Hinsichtlich der **Sprache** sind
  - das allgemeine Sprachniveau/ der Code (vgl. Abs. 10.4),
  - die Sprechbereitschaft und Sprechfreude
  - das Formulierungsgeschick (Wortschatz, syntaktisches Vermögen, sprachliche Kombinationsfähigkeit, Sprachstil)

  für das Lernen von großer Bedeutung.

- Bei der **Sinneswahrnehmung** als wesentlicher Voraussetzung für die Informationsaufnahme sind, neben der Intaktheit der verschiedenen Sinnesorgane
  - die Wahrnehmungsdifferenziertheit
  - die Wahrnehmungsintensität bzw. der Wahrnehmungsmodus (z.B. Global-/Detailwahrnehmung; Figur-Grund-Wahrnehmung) sowie
  - der Zusammenhang von Wahrnehmung und Versprachlichung

  als bedeutsam hervorzuheben.

- Durch **Bewegung/Aktivität** werden kognitive Prozesse unterstützt. Hier sind sowohl die physische als auch die psychische und geistige Aktivität gemeint. Der Aspekt der Aktivitätskontrolle spielt dabei eine wesentliche Rolle.

- Das **Vorwissen** umfasst alle Erfahrungen, Kenntnisse, Fertigkeiten zum Zeitpunkt des Lernens. Das Vorwissen bildet die Basis für den Erwerb und die Konstruktion neuen Wissens, neuer Vorstellungen, Beurteilungen und Fertigkeiten.

Die externen Variablen stellen Einflussfaktoren dar, die systematisch oder unsystematisch von außen auf das lernende Individuum einwirken.

- Die Bedeutung des **Sozialisationshintergrundes** wurde bereits in Abs. 10.4 erläutert.

- Als **informelle Bildung** kann jede Form des nichtsystematischen, nicht geplanten Informations- bzw. Wissenserwerbs bezeichnet werden, der aufgrund von
  - Einflüssen im sozialen Umfeld,
  - Einflüssen durch die politisch-kulturelle Situation,
  - Einflüssen der biologisch-geographischen Umwelt

  zustande kommt.

  Gemeint ist ein Lernen, quasi en passant vor dem Hintergrund multivariabler Lebensgegebenheiten und -ereignisse (vgl. FOOKEN 1965, 14). Teilweise ergeben sich hier Überschneidungen mit den Einflüssen des Sozialisationshintergrundes, wobei die informelle Bildung, sehr viel weiter gefasst, alle (mehr oder weniger) zufälligen Erfahrungs- bzw. Erkenntnisquellen berücksichtigt. Insofern ergeben sich unter Umständen auch Überschneidungen mit dem Einfluss der

- **Massenmedien**,
  die eingeteilt werden können in
  – Printmedien (z.B. Zeitungen, Zeitschriften)
  – Technische Medien (z.B. Rundfunk, Fernsehen, CD-/DVD-Player)
  – Elektronische Medien (z.B. PC, Internet).

  In diesem Bereich sind die Möglichkeiten heute schier unerschöpflich. Die **Einflussintensität** und damit die Erfahrungs- und Wissenserweiterung im positiven wie im negativen Sinne ist abhängig von den **Zugangsmöglichkeiten**, von der **Häufigkeit** des Gebrauchs sowie von der **Qualität** der jeweiligen Inhalte. (Zur Medienpädagogik vgl. HOFFMANN 1993, 2003; SCHORB 1996; BAACKE 1996.)

- Mit **Formeller Bildung** ist hier die institutionalisierte, systematische und planvolle Bildung und Erziehung gemeint, die sowohl in Kindergarten, Schule und Hochschule geschieht, als auch in zusätzlichen Kursen, Lehrgängen, Fortbildungen für Kinder und Jugendliche (z.B. Musik-, Ballett-, Instrumentalunterricht; Sportarten; Kunstkurse; Computerunterricht etc.).

Während die internen Variablen im weitesten Sinne Voraussetzungen für das Lernen darstellen, bilden die externen Variablen konstituierende Einflussfaktoren bzw. -institutionen für den Lernprozess.

Die Effektivität des Lernens steht also in engem Zusammenhang

- mit dem Ausprägungsgrad bzw. der Qualität der internen Faktoren,
- mit der Qualität, der Art und dem Umfang externer Faktoren

und deren wechselseitiger positiver oder negativer Verschränkung.

Bei Kindern mit wenig förderlichem Sozialisationshintergrund z.B. führt diese wechselseitige Verschränkung häufig zu einer Situation, die das Lernen erheblich erschwert. Trotz unter Umständen durchschnittlicher Intelligenz aber mit möglicherweise restringierter Sprache, geringerem Vorwissen, eingeschränkter Aktivität, z.B. aufgrund mangelnder Anregung und mangelnden Bildungsinteresses im Elternhaus, beeinflusst durch quantitativ und qualitativ unangemessenen, nicht verarbeiteten Medienkonsum, steht das Kind schulischen Lernprozessen überfordert, demotiviert und hilflos gegenüber. Gelingt es nicht, in vielfältiger Weise ausgleichend, unterstützend und fördernd, diese Situation in den ersten Schuljahren zu verändern, läuft das Kind Gefahr, als lernbeeinträchtigt eingestuft zu werden. D.h. schulisch gesehen, es wird unter Umständen dem Förderschwerpunkt Lernen zugeordnet, mit den bereits beschriebenen (vgl. Abs. 3.2.2.1) Konsequenzen für die weitere schulische und darüber hinaus häufig auch für die berufliche Laufbahn, von der im nächsten Abschnitt die Rede sein wird.

10.6 Zur Problematik der beruflichen Eingliederung von Jugendlichen mit Lernbeeinträchtigungen

10.6.1 Zur Situation von Jugendlichen am Ende der Schulzeit

Aufgabe der Allgemeinen sowie der Förderschulen ist es, eine grundlegende allgemeine Bildung zu vermitteln, die jungen Menschen bei der Bewältigung ihrer Lebensplanung und -bewältigung gegenwärtig und zukünftig als Handlungsgrundlage dienen kann. In der Präambel des Bayerischen Lehrplans für die Schule zur Lernförderung heißt es in Abs. 1.1 (Stand Mai 2005):

> „Sie bereiten vor auf eine selbstverantwortete Lebensführung in Familie und Beruf und auf die Wahrnehmung staatsbürgerlicher Pflichten und Rechte. Sie führen zur Berufswahlentscheidung."

Solche hochgesteckten Ziele sind zweifelsohne richtig und notwendig. In einer Gesellschaft mit globalisierter Wirtschaft, in der die Lebensläufe von Individuum nicht mehr nach dem traditionellen Muster

- allgemeine schulische Bildung
- berufliche Ausbildung (Fort- und Weiterbildung)
- Berufstätigkeit in einem gesicherten Berufsfeld
- mehr oder weniger umfängliche berufliche Karriere, d.h.
    - Fortschritt auf der beruflichen Erfolgsleiter, z.B. Facharbeiter → Gruppenleiter → Abteilungsleiter
    - verbesserte Verdienstmöglichkeiten
    - verbesserte Lebensbedingungen und besserer Sozialstatus
- Pensionierung bei gesicherter Rente

zu prognostizieren sind, klingen sie für einen Teil der Schüler (und wohl auch der Lehrer) wie schöne Worte aus einer vergangenen Zeit.

Um in Gegenwart und Zukunft für das heutige Leben gerüstet zu sein, welches aus den drei großen Bereichen

- Familie/soziale Kontakte
- Freizeit
- Beruf

besteht, bedarf es vielfältiger Fähigkeiten, Fertigkeiten und Kenntnisse, mit deren Hilfe eine erfolgreiche und befriedigende Lebensgestaltung ermöglicht werden könnte. Jugendliche mit Beeinträchtigungen in unterschiedlichen Bereichen waren immer in einer besonders schwierigen Situation hinsichtlich ihrer Berufs- und Lebensgestaltung.

In der heutigen wirtschaftlichen Situation haben Jugendliche mit niedrigem Bildungsniveau, dazu zählen Hauptschüler ohne Abschluss ebenso wie Absolventen der Schule zur Lernförderung oder der Schule für Erziehungshilfe, kaum noch Chancen für einen beruflichen Einstieg, weder mit einer Berufsausbildung noch als ungelernte Arbeitskraft.

Erhöhte theoretische Anforderungen bei der Ausbildung, strukturelle Veränderungen in den meisten Wirtschaftsbereichen sowie die Verknappung von Ausbildungsplätzen führt dazu, dass auch bei Berufen, wie Frisörin, Kfz-Mechaniker, Maler und Anstreicher etc. Schulabsolventen am unteren Ende der Bildungshierarchie nicht mehr berücksichtigt werden.

Arbeiten, die zu Zeiten des Wirtschaftsaufschwungs (1960er Jahre) von Personen ohne Berufsausbildung verrichtet werden konnten (z.B. von sog. Hilfsarbeitern),

- haben sich bei zunehmender Technisierung sehr reduziert,
- werden von den Firmen in „Billiglohnländer" verlagert,
- werden an Fremdarbeiter aus Niedriglohnländern zu deren Tarifen in deutschen Firmen vergeben.

Betrachtet man statistische Daten zur Arbeitsmarktsituation, so zeigt sich, dass junge Menschen, ältere Arbeitnehmer, Frauen, Ausländer und (Schwer-) Behinderte die sogenannten „Problemgruppen" bezogen auf den Arbeitsmarkt darstellen (vgl. DATENREPORT 2002, 103).

Im September 2001 waren ca. 3 % der unter 20-Jährigen, ca. 9,5 % der 20-24-Jährigen arbeitslos (vgl. a.a.O., 104).

Zwar zeigen die Zahlen des DATENREPORTS,

- dass die Chancen auf dem Arbeitsmarkt besser sind bei höherer beruflicher Qualifikation;
- dass sich das Risiko des Arbeitsplatzverlustes bei höherer Qualifikation verringert (vgl. a.a.O., 107).

Allerdings ist eine abgeschlossene Berufsausbildung keine Garantie für einen sicheren Arbeitsplatz. 53,1 % der Arbeitslosen (2001) weisen eine abgeschlossene Lehre oder Anlehre auf, 37 % aller Menschen ohne Arbeitsplatz sind ohne Ausbildung. D.h. 2001 waren 90 % aller arbeitslosen Personen ohne oder mit niedriger Berufsausbildung (vgl. DATENREPORT 2002, 107). Da die Daten nicht nach Haupt- und Sonderschulabsolventen unterscheiden, kann nur vermutet werden, dass ein großer Teil dieser Menschen unterschiedlicher Altersstufen zur Gruppe ehemaliger Haupt- und/ oder Sonderschüler gehört.

10.6.2 Schulische Möglichkeiten der Berufsvorbereitung

10.6.2.1 Das Konzept der Schlüsselqualifikationen

Die schulische Vorbereitung auf das Berufsleben und die Unterstützung bei der Berufsfindung erhält bei Jugendlichen mit Lernbeeinträchtigungen in erhöhtem Maße Gewicht.

Dabei ist die Verbesserung und Stärkung der Motivation und der Zuversicht angesichts der in den Medien einseitig negativ interpretierten Daten eine wichtige Aufgabe, um frühzeitiger Resignation entgegenzuwirken. Allerdings erhält in jüngster Zeit ein Aspekt offizielle Beachtung, der Erziehenden und Ausbildenden zwar implizit immer als wesentlich erschien, der aber in den Medien kaum explizit geäußert wurde. Laut einer dpa-Meldung (Die Welt am Sonntag, 6.3.05) sind für die meisten Arbeitgeber

- gutes Benehmen
- angemessene Kleidung
- sicheres, höfliches, nicht arrogantes bzw. provokantes Auftreten

von potentiellen Arbeitnehmern mindestens ebenso wichtig, wie schulische Abschlussnoten.

Damit rückt neben der Leistungsförderung die Erziehung deutlich in den Vordergrund.

Dies bedeutet für die schulische Berufsvorbereitung eine Akzentverschiebung, bei der die Förderung berufsbezogener Kompetenzen gleichwertig neben der Anbahnung und Förderung sozialer, persönlicher Kompetenzen steht.

Allerdings muss man sich hinsichtlich der bereits beschriebenen Arbeitsmarktsituation darüber klar sein, dass für beeinträchtigte Jugendliche die Berufsvorbereitung nur in erweiterter Form als Lebensvorbereitung konzipiert sein kann, unter Umständen als Vorbereitung auf ein Leben ohne gesicherten Arbeitsplatz.

In einer Langzeit-Prognose der Entwicklung stellt STORZ (1997, 399ff.) fest,

- dass ca. 30% der Förderschulabgänger langfristig arbeitslos sein werden,
- dass der Anteil einfacher Tätigkeiten in der Arbeitswelt bis zum Jahr 2010 weiter-

hin deutlich sinken wird (unter 20 %),
- dass die Anzahl an einfachen Ausbildungsberufen bis 2010 ebenfalls weiter sinken wird.

Damit sinken auch die realistischen Chancen für Absolventen der unteren Bildungsgänge, in den Arbeitsprozess eingegliedert zu werden (vgl. VERNOOIJ 2005a, 303).

Bei der Vorbereitung auf Beruf und Leben gewinnen neben berufsspezifischen Fachkompetenzen fach- und berufsübergreifende personale Kompetenzen zunehmend an Bedeutung (VERNOOIJ 2005a, 305f.; 2005b, 35; auch MERZBACHER 2000, 129f.). D.h. funktionale Kompetenzen (mehr oder weniger auf berufliche Tätigkeiten bezogene) und extrafunktionale Kompetenzen (persönlichkeits- und sozialbezogene) müssen im Laufe der Schulzeit angebahnt werden, und zwar nicht erst in der Sekundarstufe unter berufsbezogenem Aspekt, sondern bereits in der Primarstufe bzw. vorschulisch im Elementarbereich im Sinne von systematischer Persönlichkeits- und Sozialerziehung, die in der Sekundarstufe I ausbildungs- und berufsbezogen vervollständigt werden sollte (vgl. VERNOOIJ 2005a, 304ff.).Ein Konzept, welches es gestattet, auf unterschiedlichem Niveau differenzierte Inhaltsangaben für die verschiedenen Kompetenzbereiche zu erstellen, ist das Konzept der Schlüsselqualifikationen.

Ursprünglich von MERTENS (1974) funktional und berufsspezifisch entwickelt, auf der Basis arbeitsmarktpolitischer Überlegungen im Zusammenhang mit der Problematik beruflicher Bildung und Ausbildung, wurde es im Laufe der letzten 30 Jahre vielfältig bearbeitet und weiterentwickelt (vgl. BUNK 1982; REETZ/REICHMANN 1990; BECK 1995; ARNOLD 1999; KELLER & NOVAK 2000; SCHELBEN 2001; VERNOOIJ 2004; 2005a; u.a.m.).

Insbesondere im Bereich der Pädagogik/Sonderpädagogik fand es große Beachtung, wurde allerdings auch sehr kontrovers diskutiert (z.B. BUNK 1982; LAUR-ERNST 1996; KRAFT 1999). Inzwischen ist das Konzept als Grundlage pädagogischen Handelns weitgehend anerkannt. Es hat, weit über berufsspezifische Kompetenzen hinausgehend, eine Ausweitung erfahren, die eine Unterscheidung in

- Schlüsselqualifikationen im engeren Sinne,
- Schlüsselqualifikationen im **weiteren** Sinne

notwendig macht.

Unter **Schlüsselqualifikationen** im **engeren** Sinne wird die „Gesamtheit aller Kenntnisse, Fertigkeiten, Fähigkeiten, Einstellungen und Werthaltungen verstanden, die ein Individuum benötigt, um eine bestimmte berufliche Profession ausüben zu können" (VERNOOIJ 2004, 15; 2005a, 305).

Schlüsselqualifikationen im **weiteren** Sinne umfassen „die Gesamtheit aller Kenntnisse, Fertigkeiten, Fähigkeiten, Einstellungen und Werthaltungen..., die ein Individuum befähigen, fachübergreifend eine gewisse Reife im sozialen und im beruflichen Feld zu erlangen, und sich situativ angemessen, sach- und sozialkompetent sowie individuell authentisch verhalten zu können" (VERNOOIJ 2005a, 305; 2004, 15; 1998d, 186f.).

Es würde hier zu weit führen, das Konzept ausführlich zu besprechen (vgl. VERNOOIJ 2005a, 305ff.). Lediglich die wichtigsten Komponenten seien kurz dargestellt (vgl. Abb. 23):

Sowohl die funktionalen als auch die extrafunktionalen Qualifikationen müssen

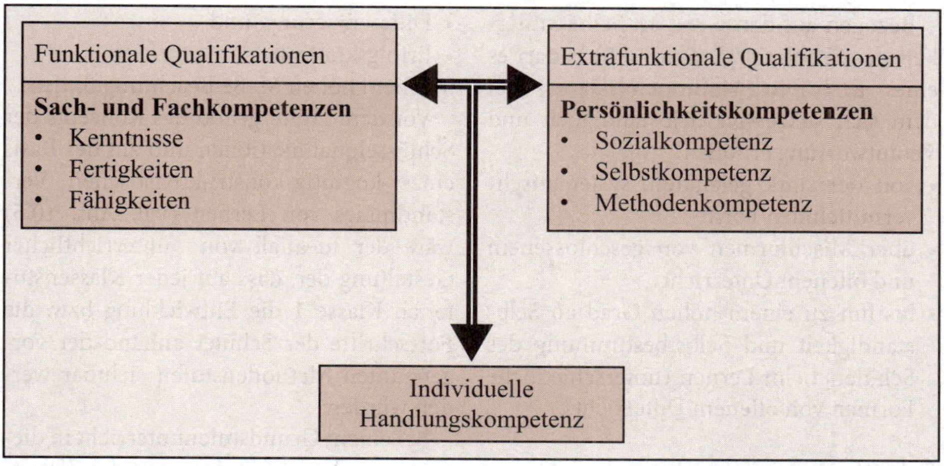

Abb. 23: Umfassendes Konzept der Schlüsselqualifikationen (modifiziert nach Vernooij 2004, 16; 2005a, 306).

bereits frühzeitig angebahnt, entwickelt und gefördert werden. In der Sekundarstufe I erfahren sie eine auf das berufliche Feld ausgerichtete Schwerpunktergänzung zur Berufsvorbereitung (exemplarische Inhalte von Schlüsselqualifikationen finden sich in Vernooij 2005a, 308f.).

Funktionale und extrafunktionale Schlüsselqualifikationen überschneiden und ergänzen sich in dem Sinne, dass Persönlichkeits- und Sachkompetenz nicht voneinander zu trennen sind. **Nur** mit Sachkompetenz oder **nur** mit Persönlichkeitskompetenz sind weder eine gelungene Lebensbewältigung noch berufliche Erfolge gewährleistet.

10.6.2.2 Methodische Aspekte bei der Vermittlung von Schlüsselqualifikationen

Erziehung und Bildung mit dem Ziel, extrafunktionale und funktionale Qualifikationen im Sinne des vorgestellten Konzeptes zu vermitteln, heißt für den schulischen Bereich, von der ersten Klasse an neben der Vermittlung von Kenntnissen (Wissen) und Fertigkeiten (z.B. Kulturtechniken) verstärkt leistungsbegleitende bzw. leistungsnotwendige Fähigkeiten zu vermitteln. Gleichzeitig müssen neben der Sozialkompetenz die Methoden- und Selbstkompetenz gleichrangig und systematisch vermittelt bzw. eingeübt werden.

Ohne Selbstvertrauen und ohne relativ realistische Selbsteinschätzung kann ein Kind weder Selbständigkeit im Denken entwickeln, noch wird es kreativ-künstlerisch tätig werden.

Ohne soziale Sensibilität und Konfliktbereitschaft wird es trotz möglicherweise guter Kommunikationsfähigkeit weder verantwortungsbereit noch teamfähig sein. Klare Regeln und Strukturen bezogen auf Lernen, Arbeiten und Verhalten – verbunden mit Leistungsanreizen (z.B. Tokensysteme, Leistungszertifikate, Wettbewerb und binnendifferenzierende Rankings) – bilden dabei die Orientierungspunkte für die Schüler, sowohl im stärker lehrerzentrierten als auch im sog. schülerzentrierten Unterricht.

Bezogen auf den **Grad an Selbständigkeit** der Schüler (vgl. Abs. 10.5) bedarf es eines **gestuften Methodensystems**, bei dem sich sukzessive Selbständigkeit und Verantwortung erhöhen:

- von der stark gelenkten, systematisch-vermittelnden Form
- über Mischformen von geschlossenem und offenem Unterricht
- bis hin zu einem hohen Grad an Selbständigkeit und Selbstbestimmung des Schülers beim Lernen (unterschiedliche Formen von offenem Unterricht).

Dabei ist anzumerken, dass die in manchen enthusiastischen aber realitätsfernen Veröffentlichungen suggerierte singuläre Präferenz von offenen Unterrichtsformen im schulischen Alltag weder sachgerecht noch wünschenswert ist. Bestimmte Kenntnisse und Fertigkeiten (z.B. in Mathematik, in den Naturwissenschaften) sind nur in einem deutlich lehrergelenkten Unterricht zu vermitteln bzw. anzubahnen. Offenbar wird von vielen angehenden Pädagogen lehrerzentrierter Unterricht mit (altmodischem) Frontalunterricht gleichgesetzt. Deshalb sei einmal deutlich gesagt: ein guter lehrerzentrierter Unterricht zeichnet sich dadurch aus, dass Prinzipien, wie

- Handlungsorientierung
- Motivierung
- Differenzierung und
- Erfolgskontrolle

in einem hohen Maße Beachtung finden!

Vor dem Hintergrund des Konzepts der Schlüsselqualifikationen und auf der Basis eines kognitiv-konstruktivistischen Verständnisses von Lernen (vgl. Abs. 10.5) wäre der Idealfall von unterrichtlicher Gestaltung der, dass auf jeder Klassenstufe, ab Klasse 1 die Entwicklung bzw. die Fortschritte der Schüler anhand der vorgenannten Methodenstufen sichtbar werden würden:

Bei einem Grundstufenunterricht in dieser methodischen Stufung mit der Zielsetzung, individuelle Handlungskompetenz zu vermitteln bzw. anzubahnen wäre es am Ende der Primarstufe eine optimale Situation, wenn die Schüler in allen Kompetenzdimensionen die grundlegenden Lernprozesse durchlaufen hätten, die dann in der Sekundarstufe I ergänzt, gefestigt und erweitert werden könnten.

Jäger (2001, 200ff.) stellt Grundsätze für einen kompetenzorientierten Unterricht auf, die deutlich machen, dass ein Unterricht auf der Basis des Konzepts der Schlüsselqulifikationen im Wesentlichen kompatibel ist mit den methodischen Überlegungen auf der Basis eines kognitiv-konstruktiven Verständnisses von Lernen. Gerade bei Schülern mit Lernschwächen bzw. Lernbeeinträchtigungen sind die-

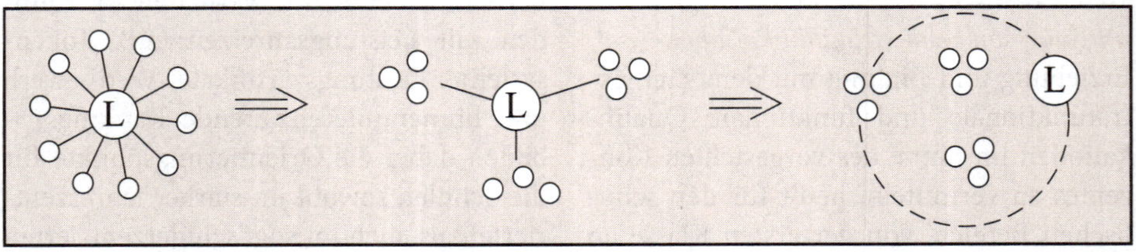

Abb. 24: Gestuftes Methodensystem orientiert an den Entwicklungsfortschritten der Schüler.

se Grundsätze aus meiner Sicht in allen Schulstufen bedeutsam:

- zielgerichtetes und interessenorientertes Lernen,
- mit- bzw. selbstbestimmtes Lernen,
- ganzheitlich fächerübergreifendes Lernen
- handlungsorientiert-anschauliches Lernen,
- problemorientiert-forschendes Lernen,
- kreatives und innovatives Lernen,
- kooperatives soziales Lernen,
- schülergemäß-umfeldbezogenes Lernen.

Für die unterrichtliche Umsetzung können in Anlehnung an JÄGER im Wesentlichen drei Formen ergänzend zu den bereits genannten, vorgestellt werden:

- **Kooperative Lehr- und Lernformen**, bei denen die Mitentscheidung, Mitgestaltung und Mitverantwortung der Schüler ein wesentliches Element darstellt.
- **Exploratives Lernen** trägt den Grundhaltungen von Schülern – Neugier, Beobachtung und Reflexion – Rechnung. Der Lernende kann dabei seiner Entdeckungslust nachgehen und in neue, unbekannte Gebiete vorstoßen. Fragen und Hinterfragen von Phänomenen führt dabei zu neuen Erkenntnissen.
- Das **Helfersystem** sollte ein integrierter Bestandteil aller pädagogischen Bemühungen sein. Die Schüler fungieren dabei sowohl als Berater als auch als Beratene, d.h. die Schüler kooperieren in beratender und helfender Weise miteinander, bezogen auf eine spezifische Problemstellung (vgl. JÄGER 2001, 202ff.).

Auf der Basis eines kognitiv-konstruktivistischen Verständnisses von Lernen und im Zusammenhang mit der Vermittlung von Schlüsselqualifikationen verändert sich die Rolle des Lehrenden grundlegend. Er wird zum

- Initiator von Lernprozessen
- Begleiter und Berater bei Lernprozessen
- zum Organisator oder Moderator von Gruppenprozessen.

Allerdings sind auch hier klare Regeln und Strukturen des unterrichtlichen Geschehens von entscheidender Bedeutung. Selbständiges Lernen und Arbeiten von Schülern heißt nicht, sie sich selbst zu überlassen. Selbständiges Lernen von Schülern kann nur funktionieren, d.h. effektiv sein, wenn den Schülern das WAS, das WOHIN und das WIE in Grundzügen klar ist. Zusätzlich spielt der Zeitaspekt eine Rolle. Die Schüler müssen wissen, innerhalb welcher Zeit sie welche Aufgabe selbständig lösen sollen.

Im Zusammenhang mit der Berufsvorbereitung haben HILLER (1994) und ANGERHOEFER (1998) spezifische Konzepte entwickelt, wobei beide, insbesondere ANGERHOEFER, von der beruflichen Eingliederung als selbstverständlicher Lebensplanung ausgehen.

Ein schulisches Konzept, welches sowohl dem neuen Verständnis von Lernen als auch der Vermittlung von Schlüsselqualifikationen Rechnung trägt, ist das Konzept der Schülerfirmen, welches in vielen Bundesländern mehr oder weniger umfänglich in der Sekundarstufe 1 der Förderschulen, teilweise auch der Hauptschulen, praktiziert wird.

Systematische Untersuchungen zur Effektivität dieser Berufsvorbereitungsform liegen noch nicht vor. Berichte von Lehrern/ Schülern lassen jedoch den Schluss zu,

- dass Jugendliche sehr motiviert in den Firmen mitarbeiten;
- dass sie eine Vielzahl von funktionalen und extrafunktionalen Schlüsselqualifikationen vertiefen, weiterentwickeln oder erwerben können;
- dass Schülerfirmen eine ernstfallorientierte Möglichkeit des Lernens in Zusammenhängen – insbesondere bezogen auf spezifische berufliche Felder – bieten, bei zunehmender Selbständigkeit und Verantwortungsübernahme der beteiligten Jugendlichen.

Es würde den Rahmen sprengen, das Konzept der Schülerfirmen an einem konkreten Beispiel näher zu erläutern, zumal die Konzepte in den einzelnen Schulen relativ verschieden sind.

Sehr allgemein kann man sagen:

„Unter den Prämissen Handlungs- und Realitätsorientierung versucht das Konzept der Schülerfirmen eine reale Arbeitssituation herzustellen, bei der die Schüler in kleinen Gruppen und mit zunehmend mehr Verantwortung und Selbständigkeit in einem bestimmten auf Produktion bzw. Dienstleistung gerichteten Bereich zusammenarbeiten" (Vernooij 2005, 312).

In der Regel arbeiten die Schüler an mindestens einem Tag in der Woche im Rahmen ihrer Schülerfirma, und zwar jeweils in einem spezifischen, den Interessen und Fähigkeiten entsprechenden beruflichen Feld, z.B.

- Holz
- Farbe
- Dienstleistung (z.B. Reinigungs- oder Gartendienste)
- Schülercafé
- Kiosk und Verkauf
- Soziale Dienstleistung

(vgl. auch Förderzentrum 2 – Bad Windsheim).

Dass die Tätigkeit gefächert und vielschichtig ist, soll am Beispiel Farbe verdeutlicht werden:

Farbe (Anstrich-/Tapezierarbeiten)

Tätigkeiten bei Aufträgen:

- Ermittlung der Materialmenge → Ausmessen und Berechnen der Flächen
- Materialbeschaffung
- Raumvorbereitung, z.B. Abdecken von Möbeln, Abkleben von Leisten, Schaltern, etc.
- Ausführung der Arbeiten

An firmenübergreifenden Arbeiten ergeben sich bei allen Schülerfirmen:

- Preis- und Produktvergleiche
- Materialeinkauf
- Material- bzw. Lagerverwaltung (Reinigung und/ oder Reparatur von Werkzeug; regelmäßige Bestandsaufnahme; Neubeschaffung; Sortierung; Entsorgung, z.B. von verderblichem Material etc.)
- Bürotätigkeiten (z.B. Angebotskalkulation/ Kostenvoranschläge; Rechnungserstellung – Weiterleitung – Zahlungskontrolle; Anfertigen von Tages-/ Monatsberichten bzw. -abrechnungen).

Die anfallenden Aufgaben sind nur im Team erfolgreich zu meistern. Ein flexibles, berufs- und fächerübergreifendes Denken und Handeln ist dabei ebenso gefordert, wie bestimmte Basiseigenschaften, z.B. Zuverlässigkeit, Kommunikationsfähigkeit, Anstrengungs- und Verantwortungsbereitschaft.

Schülerfirmen bieten einen „begleiteten und in gewisser Weise geschützten Einblick in die Berufswelt". Je nach Art der Schülerfirma können in unterschiedlicher Gewichtung

- theoretisch-fachliche
- kaufmännisch-mathematische
- handwerklich-motorische
- sozial-kommunikative

Fähigkeiten und Fertigkeiten vertieft bzw. erworben werden. „Für den Bereich der Persönlichkeitskompetenz werden bei dieser Art des Lernens alle Teilbereiche angesprochen und – bei Gelingen – positiv bestärkt, erweitert und/ oder modifiziert" (VERNOOIJ 2005a, 316).

10.6.2.3 Allgemeine Berufsvorbereitung in der (Förder-)Schule

In den Ergänzungsempfehlungen der KMK zu den einzelnen Förderschwerpunkten wird die Notwendigkeit spezifischer Berufsvorbereitender Maßnahmen in der Sekundarstufe 1 (Klassen 7 – 9) betont. Als generell notwendige Maßnahmen werden

- Hilfen bei der allgemeinen Berufsorientierung und Berufs(wahl)vorbereitung,
- die Durchführung von Betriebserkundungen und betrieblichen Praktika,
- die Zusammenarbeit verschiedener schulischer und berufsrelevanter außerschulischer Institutionen

herausgestellt, ergänzt um beeinträchtigungsspezifische Maßnahmen je nach Förderschwerpunkt.

In einem „Handbuch für Schule, Berufsberatung und Ausbildung" der Bundesanstalt für Arbeit (1998) heißt es im Zusammenhang mit lernbeeinträchtigten Schülern:

„Die schulische Berufswahlvorbereitung ist ein zeitlich ausgedehnter, vielschichtiger, in Stufen fortschreitender Klärungs- und Bildungsprozeß. Er umfasst als eigener Unterrichtsgegenstand den Zeitraum von der siebten bis zur neunten bzw. zehnten Klasse. In dieser Zeit sollen im gemeinsamen Bemühen von Schule und Berufsberatung mit Hilfe gezielter Verfahren und Methoden anwendungsbereite Kenntnisse vermittelt werden" (KANTER, a.a.O., 260).

Zwei Zeitpunkte werden für Schüler ohne Hauptschulabschluss als problematisch erachtet während der Zeit von Beendigung der Schule bis zur dauerhaften Eingliederung in die Arbeitswelt. Man spricht hier von 1. und 2. Schwelle (vgl. SCHOPF 1998, 442f.).

Die 1. Schwelle bildet der Zeitpunkt von der Beendigung der Schulzeit zur Berufsausbildung, also der Übergang von der Schule zur beruflichen Tätigkeit. Die 2. Schwelle bezeichnet den Zeitpunkt, an dem offiziell die Eingliederungs- und Rehabilitationsmaßnahmen enden, und eine dauerhafte Arbeit ohne zusätzliche Hilfen aufgenommen werden könnte. Der Förderschule kommt, im Zusammenhang mit der Vorbereitung die 1. Schwelle eine entscheidende Bedeutung zu, ebenso dem BVJ (Berufsvorbereitungsjahr). Dabei haben beide Schultypen sich zu orientieren an den erheblich veränderten Anforderungen der Arbeitswelt.

„Durch Leistungsdefizite, Entwicklungsrückstände, Kenntnis- und Fertigkeitsdefizite, unangepaßte Verhaltensweisen und Einstellungen ist für viele Lernbehinderte die 1. Schwelle sehr hoch und ohne zusätzliche Hilfen nicht zu meistern" (SCHOPF 1998, 442).

Nach BRANDT (1996) sind die Maßnahmen zur Berufsvorbereitung in den Klassen 6-9 der Schule für Lernbehinderte (Förderschule) unzureichend, stärker vergangenheits- als zukunftsorientiert (vgl. Brandt 1996, 218). Mit der Berufsvorbereitung befasst sein sollten die Fächer Arbeitslehre, Sachkunde, Gesellschaftskunde, Deutsch, sowie in einigen Bundesländern spezifische Fächer zur Berufswahlvorbereitung (z.B. in Bayern von 1992 bis 2003 der BWFU – Berufswahlvorbereitender Förderunterricht).

In jedem Einzelfall muss vor Abschluss der Förderschule eine Begutachtung erfolgen mit einer Empfehlung für die zukünftige Berufstätigkeit. Die Daten für diese Begutachtung werden in den letzten drei Schuljahren in unterschiedlichen schulischen und außerschulischen Situationen erhoben.

Sie sollen Aufschluss geben
- über die individuelle Interessen- und Motivationslage,
- über das Lern-/Leistungsprofil eines Schülers,
- über ausbildungserschwerende bzw. -begünstigende Bedingungen des Sozialisationsumfeldes.

Im Rahmen der Schule bilden neben den vorgenannten Unterrichtsfächern
- Betriebserkundungen und Betriebspraktika
- die professionelle Berufsberatung

die Basis für die individuelle Begutachtung. Betriebserkundungen, Betriebspraktika und (Berufs-)projektorientierter Unterricht sind in Haupt- und Förderschule verbindliche Einrichtungen bzw. Maßnahmen, zu denen vereinzelt in einigen Bundesländern auch die vorgenannten Schülerfirmen gehören.

■ **Das Fach Arbeitslehre** ist seit den 1970er Jahren das Unterrichtsfach, welches in allen Haupt- und Förderschulen der Berufs(wahl)vorbereitung dient.

Vermittelt werden sollen den Schülern
- elementares Wissen und grundlegende Einsichten in das Arbeits- und Berufsleben;
- aktuelle Entwicklungen auf dem Arbeitsmarkt, Informationen zur Veränderung von Berufsstrukturen, auch unter dem Aspekt, individuelle Lösungswege bezogen auf Berufsvorstellungen und -wünsche zu finden;
- für den Berufsbereich wesentliche soziale Verhaltensweisen, u.a. die Fähigkeit zur Selbst- und Mitbestimmung;
- die Erkenntnis der Notwendigkeit und der Bereitschaft zu erhöhter Flexibilität und Mobilität in der Arbeitswelt.

Insgesamt sechs Situationsfelder bilden den Mittelpunkt des Arbeitslehreunterrichts, wobei Grundlage und Ausgangspunkt für die inhaltliche Bearbeitung dieser Felder i.d.R. die Betriebserkundungen bilden.

1. **Bereiche beruflicher Tätigkeiten und deren Bedingungen** (Handwerksbetriebe, Industriebetriebe, Dienstleistungsbetriebe):

   Informationen zu verschiedenen beruflichen Tätigkeiten werden gesammelt und ausgewertet unter dem Aspekt je individueller Voraussetzungen, Neigungen und Möglichkeiten.

   In engem Zusammenhang mit diesen Erkundungen stehen die Bereiche
   - Sprache
   - Sozialverhalten
   - Persönlichkeitsentwicklung, die allerdings alle Situationsfelder durchziehen.

2. **Vorbereitung auf die 1. Schwelle, Übergang von der Schule in die Arbeitswelt**:
Hier geht es wesentlich um spezifische Kenntnisse und Fertigkeiten einerseits, um Persönlichkeitskompetenzen andererseits. Für die Arbeitswelt notwendige Persönlichkeitsvariablen sollen gefördert, psychosoziale Kompetenzen herausgestellt, verstärkt oder angebahnt werden.

3. **Individuelle Voraussetzungen für eine Berufswahlentscheidung**:
Dieses Situationsfeld umfasst im wesentlichen die Darstellung und Begründung des Berufswunsches, die Information über theoretische und praktische Anforderungen des Berufes, die kritische Erstellung des eigenen Leistungsprofils auf der Basis von Leistungen in praxisorientierten Fächern (z.B. Technisches Werken) und die Vorbereitung auf Vorstellungsgespräche und evtl. notwendige betriebliche Eignungstests.

4. **Existenzsicherung durch die berufliche Tätigkeit:**
Hier geht es vornehmlich um Erkenntnisse des Zusammenhangs von der Qualität der Arbeitsausführung und dem Verdienst, von Einkommen und Lebenshaltungskosten, d.h. um finanzielle Kalkulation. Gesetzliche Förderungsmaßnahmen bei der Ausbildung, rechtliche Grundlagen im Zusammenhang mit Arbeitsverträgen (z.B. Kündigungsformalitäten, Gefahrenzulagen, Akkordbestimmungen etc.), sowie gesetzliche Bestimmungen bei Arbeitsplatzverlust fallen ebenfalls in diesen Bereich.

5. **Sicherung der mit der beruflichen Tätigkeit verbundenen sozialen Stellung:**
Auch hier geht es um einschlägige Institutionen und Gesetze (Gewerkschaft, Betriebsrat, Kündigungsschutzgesetz, Mutterschutzgesetz etc.) sowie um die Bedeutung unterschiedlicher Verträge, z.B. Berufsausbildungsvertrag, Arbeitsvertrag, Teilzeitvertrag und die darin festgeschriebenen Pflichten und Rechte der Vertragspartner. Im Vorfeld der langfristigen Berufstätigkeit, d.h. während der Ausbildung spielen auch die Ordnungsmaßnahmen in Berufsschule und Betrieb eine Rolle, z.B. Ermahnung, Mitteilung, Verweis, die ebenfalls in diesem Situationsfeld bearbeitet werden.

6. **Berufliche Tätigkeiten und privater Bereich:**
Sowohl obligatorische Maßnahmen zur sozialen Sicherung, wie Kranken-, Unfall-, Renten- und Pflegeversicherung, als auch freiwillige Möglichkeiten zur zusätzlichen Absicherung, wie Hausrat-, Haftpflicht-, Lebensversicherung oder auch Sparverträge, werden mit den Schülern bearbeitet und deren Notwendigkeit verdeutlicht. Unterrichtseinheiten rund um die Lohnabrechnung (Brutto-/Nettolohn, Abzüge etc.), aber auch Unterrichtseinheiten zu Kontenführung, Schulden, Zinsentwicklung haben hier ihren Platz.

Fächerübergreifend sollten im Zusammenhang mit Arbeitslehre Teilbereiche der sechs Situationsfelder kooperativ bearbeitet und gelernt werden.

■ Der Lernbereich Berufs- und Lebensorientierung (BLO) im Freistaat Bayern

Seit dem Schuljahr 2003/04 wurde in Bayern für die 4. Förderstufe der Schule zur

Lernförderung (Kl. 7-9) ein neues Konzept eingeführt. Wie der Begriff „Lernbereich" bereits suggeriert, wird in diesem Konzept die Berufs(wahl)vorbereitung Jugendlicher als fächerübergreifendes Geschehen begriffen, welches sowohl die berufliche als auch die außerberufliche Lebensführung im Blick hat.

Im Sinne einer starken Fächervernetzung gehen inhaltliche Elemente aus den Fächern

- Arbeitslehre
- Berufswahlvorbereitender Förderunterricht
- Hauswirtschaft
- Textilarbeit
- Technisches Werken
- Technisches Zeichnen

in den Lernbereich ein, erweitert um die Anbahnung von Grundlagen

- berufsbezogener Kompetenzen
- informationstechnischer Kompetenzen.

Die Inhalte des BLO sind zusätzlich vernetzt mit den sog. Hauptfächern (Deutsch, Mathematik, evtl. Englisch) sowie mit einer Fülle unterschiedlicher Berufsfelder aus den Bereichen Handwerk, Verwaltung, Dienstleistung und Service.

Der sich über drei Schuljahre erstreckende Lehrplan für den BLO ist unterteilt in

1. **Vorbereitungsphase** (7. Jahrgangsstufe) (Grundlegende Informationen zu beruflichen Feldern und Bedingungen bzw. Voraussetzungen)
2. **Orientierungsphase** (8. Jahrgangsstufe) (Interessen- und kompetenzbezogene Förderung und Ausrichtung)
3. **Individualisierungsphase** (9. Jahrgangsstufe) (Vertiefung von Kenntnissen und Erfahrungen mit Blick auf die konkrete Berufswahlentscheidung)

Die Anzahl der Betriebserkundungen und Betriebspraktika ist im BLO höher und ab der 2. Phase gezielter auf die individuellen Wünsche und Möglichkeiten ausgerichtet. Dass bei einem fächerübergreifenden Konzept wie dem des BLO die Notwendigkeit der Kooperation zwischen Sonderschullehrern, Fachlehrern, Ausbildern und Betriebsleitern sowie Sozialpädagogen, Eltern und anderen außerschulischen Institutionen (z.B. BIZ, Berufsberatung, Jugendamt, Sozialamt) zwingend erforderlich ist, bedarf keiner näheren Erläuterung.

10.6.3 Institutionelle und rechtliche Möglichkeiten zur beruflichen Eingliederung von Schülern ohne Hauptschulabschluss

Angesichts der Eingangs genannten Zahlen (vgl. Abs. 10.6.1) steht die Notwendigkeit zusätzlicher Maßnahmen zur beruflichen Eingliederung von Jugendlichen ohne Hauptschulabschluss außer Frage. Dazu führt Merzbacher (2000, 130f.) aus,

- dass ein hoher Prozentsatz ehemaliger Sonderschüler trotz intensivster Bemühungen um berufliche Ausbildung und Eingliederung langfristig ohne Arbeitsplatz ist;
- dass Förderschulabsolventen im Gegensatz zu Jugendlichen mit Hauptschulabschluss
  - häufiger von Arbeitgebern abgewiesen bzw. nicht berücksichtigt werden,
  - seltener ein Ausbildungsverhältnis eingehen,
  - überproportional häufig von Ausbildungsabbrüchen betroffen sind.

Das nachfolgende Flussdiagramm zeigt Möglichkeiten der Berufsvorbereitung,

Berufsausbildung und der Beruflichen Tätigkeit für Hauptschüler ohne Abschluss und Förderschüler.

Erläuterungen zu den einzelnen Maßnahmen:

1. Der **Förderlehrgang** ist eine i.d.R. 1-jährige Maßnahme der Agentur für Arbeit, die dazu dient, noch nicht berufsreife bzw. beeinträchtigte Jugendliche in speziellen, diagnosegeleiteten Unterrichts- und Fördereinheiten auf eine Berufsausbildung vorzubereiten (F_1), oder auf eine Beschäftigung in der freien Wirtschaft (F_2/F_3). Förderlehrgänge können in der Berufsschule stattfinden, werden aber auch von anderen Ausbildungsträgern, z.B. im BBW durchgeführt. Wird im Anschluss an diese Maßnahme keine Berufsausbildung begonnen, gilt die Berufsschulpflicht als erfüllt.

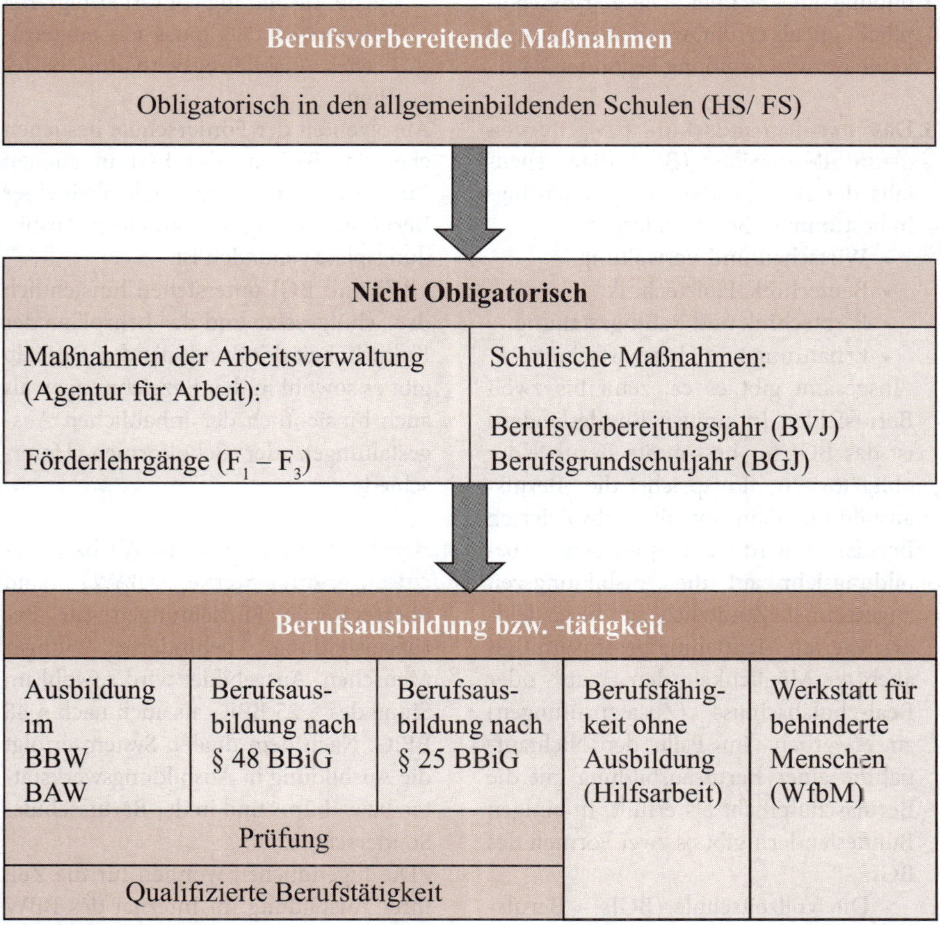

Abb. 25: Maßnahmen zur beruflichen Eingliederung von Schülern ohne Hauptschulabschluss.

2. Das **Berufsvorbereitungsjahr** (BVJ) als schulische Maßnahme zur Berufsvorbereitung wird an Berufsschulen und an Sonderberufsschulen angeboten für Schüler und Schülerinnen ohne Hauptschulabschluss. Es erstreckt sich über ein Jahr und gibt Einblick in unterschiedliche Berufsfelder (z.B. Holz, Metall, Hauswirtschaft, Gestalten). Gleichzeitig werden fachpraktische und fachtheoretische Grundqualifikationen vermittelt. Das BVJ wird nicht auf die Berufsausbildung angerechnet. Die Berufsschulpflicht gilt als erfüllt, wenn anschließend keine Berufsausbildung begonnen wird.

3. Das **Berufsgrundschul- bzw. Berufsgrundbildungsjahr** (BGJ) dient ebenfalls der Berufsvorbereitung, allerdings in bestimmten Berufsfeldern, z.B.
   - Wirtschaft und Verwaltung
   - Bautechnik, Holztechnik
   - Farbtechnik und Raumgestaltung
   - Ernährung und Hauswirtschaft.

   Insgesamt gibt es ca. zehn bis zwölf Berufsfelder. In einigen Bundesländern ist das BGJ für bestimmte Berufsfelder obligatorisch. Entspricht die Berufsausbildung dem im BGJ absolvierten Berufsfeld, wird das BGJ als erstes Ausbildungsjahr auf die Ausbildungszeit angerechnet. Zusätzlich zur berufsfeldorientierten Maßnahme besteht im BGJ auch die Möglichkeit, den Haupt- oder Realschulabschluss (Zusatzprüfungen) zu erwerben. Im Falle der Nichtaufnahme einer Berufsausbildung gilt die Berufsschulpflicht als erfüllt. In einigen Bundesländern gibt es zwei Formen des BGJ:
   - Die Vollzeitschule (BGJs – Berufsgrundschuljahr) mit ca. 38 WoStd. an fünf Tagen in der Woche. Der Abschluss erfolgt in Form einer Abschlussprüfung; ein Ausbildungsvertrag ist nicht Bedingung.
   - Die kooperative Form innerhalb des dualen Systems (BGJk – Berufsgrundbildungsjahr) stellt eine Teilzeitmaßnahme dar, bei der ca. 20 WoStd (2 Tage) in der Schule praktische Fachkunde und theoretische Grundlagen vermittelt werden, an drei Tagen der Woche die betriebliche Ausbildung vor Ort erfolgt. Bei diesem Modell muss ein eingetragenes Ausbildungsverhältnis bestehen.

   Absolventen der Förderschule besuchen eher das BVJ, da das BGJ in einigen Bundesländern an die Möglichkeit einer Berufsausbildung bzw. an einen Ausbildungsplatz gebunden ist.

   BVJ und BGJ unterstehen hinsichtlich der Schulgesetze und der Lehrpläne der Kulturhoheit der Bundesländer. Deshalb gibt es sowohl in den Bezeichnungen als auch hinsichtlich der inhaltlichen Ausgestaltungen der Schulformen Unterschiede.

4. **Berufsbildungswerke** (BBW) bzw. **Berufsausbildungswerke** (BAW) sind überregionale Einrichtungen zur Berufsausbildung behinderter junger Menschen. Ausgebildet wird sowohl im Sinne des § 25 BBiG als auch nach § 48 BBiG. Nach dem dualen System erfolgt die Ausbildung in Ausbildungswerkstätten bzw. -büros und in der Berufsschule/Sonderschule.

   Die Jugendlichen wohnen für die Zeit ihrer Ausbildung im Internat des BBW oder in begrenzten Außenwohngruppen in der Nähe. Für die Freizeit stehen unterschiedliche Einrichtungen in Sport, Musik u.a. zur Verfügung. Außerdem sind die medizinische, psychologische und soziale Betreuung durch entsprechende Reha-Fachdienste im Hause gesichert. Im BBW können auch im Vorfeld der Ausbildung Berufsfindungsaufenthalte (max. 60 Tage) und Arbeitserprobungskurse (max. 20 Tage) absolviert werden. Zurzeit gibt es in der Bundesrepublik Deutschland 47 BBWe mit ca. 14 000 Erstausbildungsplätzen und 2 000 Plätzen für berufsvorbereitende Maßnahmen (vgl. BfA 1998, 103).

5. **§ 25 BBiG** (Berufsbildungsgesetz) enthält die Bestimmungen der Ausbildungsordnung für staatlich anerkannte Ausbildungsberufe, „für eine geordnete und einheitliche Berufsausbildung sowie zu ihrer Anpassung an die technischen, wirtschaftlichen und gesellschaftlichen Erfordernisse (§ 25.1 BBiG). Die Anerkennung von Ausbildungsberufen erfolgt per Rechtsverordnung durch das Bundesministerium für Wirtschaft oder sonst zuständiger Fachministerien (z.B. Landwirtschaftsministerium) im Einvernehmen mit dem Bundesministerium für Bildung und Wissenschaft.

6. **§ 48 BBiG** (Berufsbildungsgesetz) besagt, dass bei der Ausbildung körperlich, geistig oder seelisch behinderter Menschen der Ausschließlichkeitsgrundsatz (§ 28 BBiG) nicht gilt, d.h., es darf auch in anerkannten Ausbildungsberufen abweichend von der Ausbildungsordnung (i.d.R. mit reduzierten inhaltlichen Anforderungen) eine Ausbildung durchgeführt werden.

7. Die **Werkstatt für behinderte Menschen** (WfbM) ist eine Einrichtung, die Menschen mit schwerer Behinderung die Möglichkeit bietet, eine vorübergehende berufliche Tätigkeit – bis zur Eingliederung in den allgemeinen Arbeitsmarkt – oder eine dauerhafte berufliche Tätigkeit auszuüben. 1998 gab es bundesweit 590 anerkannte WfbM mit ca. 160 000 Arbeitsplätzen. Die WfbM sind i.d.R. in privater Trägerschaft (häufig Lebenshilfe für behinderte Menschen). Der Besuch ist freiwillig. Jugendliche mit Lernbeeinträchtigungen sind relativ selten Arbeitnehmer in einer WfbM, da die Einrichtung wesentlich Menschen mit geistiger oder mehrfacher Behinderung aufnimmt. Als Institution der beruflichen Rehabilitation stehen sonderpädagogische Fachkräfte sowie soziale, psychologische, medizinische, pflegerische und therapeutische Fachdienste bei Bedarf zur Verfügung.

Trotz der vielfältigen Maßnahmen zur Berufsvorbereitung und zur beruflichen Eingliederung zeigen die Zahlen zu Beginn dieses Abschnitts, dass es in einer Vielzahl der Fälle nicht gelingt, lernbehinderte Jugendliche einer Berufsausbildung zuzuführen. Hier gehen Leistungs- und Persönlichkeitsvariablen der lernbehinderten Jugendlichen und aktuelle Bedingungen und Entwicklungen auf dem Arbeitsmarkt eine Verschränkung mit negativen Konsequenzen für die betroffenen Jugendlichen ein.

Veränderte Anforderungsprofile u.a. als Folge der technisch-elektronischen Weiterentwicklung, die Neuordnung von Ausbildungsberufen und die verstärkten Anforderungen an Arbeitnehmer hinsichtlich psycho-sozialer und personaler Kompetenzen führt in erhöhtem Maße zur Ausgrenzung von Schülern ohne Hauptschulabschluss auf dem Ausbildungs- und Arbeitsmarkt. Ein wirkungsvolles Konzept, diesen Missstand zu beheben – eingeschlossen ist hier auch das Problem der Arbeitslosigkeit trotz Ausbildung – scheint zum heutigen Zeitpunkt noch nicht in Sicht.

11 Sprachbehinderungen – Förderschwerpunkt Sprache

In den KMK-Ergänzungsempfehlungen zum Förderschwerpunkt Sprache (1998) werden die Bedeutung und Funktion von Sprache an den Anfang der Abhandlung gestellt. Als Funktionen von Sprache nennen die Autoren

- Kulturtradierung,
- Sinn- und Identitätsbildung,
- Soziale Einbindung (durch Kommunikation).

Die vielfältigen Wechselwirkungen der Sprache und der Sprachfähigkeit mit verschiedensten Entwicklungs- und Persönlichkeitsbereichen stehen heute außer Zweifel.

„Die Art der sprachlichen Beeinträchtigung, ihre Entstehungsbedingungen und ihre Bedeutung für das Erleben und das Erkennen sowie die Folgen für die Kommunikation können für das Kind oder den Jugendlichen mit Blick auf dessen soziale Wirklichkeit und seine persönliche Selbstbestimmung zu einer Behinderung werden" (KMK-Empfehlungen 1998 in: Drave/Rumpler/Wachtel 2000, 224).

Der Begriff Sprachbehinderung ist ein Sammelbegriff für unterschiedliche Formen und Ausprägungsgrade der Beeinträchtigung des Sprachverhaltens in verbaler oder schriftlicher Form, innerhalb eines Toleranzspielraums der Altersnorm.

Die Bedeutung der Sprache für den Menschen formulierte Hörmann folgendermaßen: „Der Besitz der Sprache unterscheidet den Menschen vom Tier. In der Sprache liegen alle Möglichkeiten des Menschseins beschlossen" (1970, 1).

Obwohl wir heute, 35 Jahre später, wissen, dass es auch in der Tierwelt leistungsfähige Kommunikationssysteme gibt, ist an der Differenziertheit des menschlichen Kommunikationssystems ebenso wenig zu zweifeln wie an der Bedeutung des Sprachbezirkes für die menschliche Ontogenese. Eine umfänglich gestörte Sprache bzw. Sprachentwicklung beeinträchtigt auch die „Entfaltungs- und Wirkungsmöglichkeiten" des Kindes in zahlreichen anderen Bereichen (Dohse 1992, 69). Der Verlust von Sprache oder deren Einschränkung im Erwachsenenalter (z.B. als Folge einer Apoplexie oder eines Tumors) verändert nicht nur die Sozialbezüge oft radikal, sondern auch die Gestaltung und Reflexion innerer Prozesse sowie die Spontankommunikation (vgl. Mattes 2003, 103).

11.1 Definitions- und Begriffsprobleme

Knura (1974, 105) definiert im Gutachten der deutschen Bildungskommission

Sprachbehinderte als „solche Personen, die vorübergehend oder dauernd in unterschiedlichem Ausmaß unfähig sind, die allgemeine Umgangssprache in Laut und Schrift altersüblich aufzunehmen, zu verarbeiten und zu äußern und die deshalb in ihrer Persönlichkeits- und Sozialentwicklung sowie ihrer seelisch-geistigen und körperlichen Leistungsfähigkeit gefährdet oder beeinträchtigt sind. Die Unfähigkeit kann sich auf eine, mehrere oder alle sprachlichen Teilfunktionen erstrecken."

Der Begriff Sprachbehinderung sollte nur auf solche Personen angewandt werden, deren sprachliche Auffälligkeit nicht als Folge anderer Schädigungen (Hör- oder Intelligenzschäden) anzusehen ist.

Diese konventionelle, wiewohl bis heute grundlegende Definition, bezieht zwar Sekundärerschwernisse im Zusammenhang mit Sprachbehinderung ein. Im Vordergrund steht aber die Störung der sprachlichen (Teil-) Funktionen. HOMBURGS „Pädagogik der Sprachbehinderten" (1978) stellt wohl die erste „gründliche, wissenschaftliche, richtungweisende und bis heute unerreichte Auseinandersetzung mit dieser sonderpädagogischen Teildisziplin dar" (BAUMGARTNER 1994, 140). Sie ist zudem Ausdruck einer Sonderpädagogik, die gemäß der Zeitströmung ihren wissenschaftlichen Standort im Sinne einer „kritisch-rationalistischen, positivistischen, differenzierten und empirisch-analytischen Auffassung von Wissenschaft" bestimmte (BAUMGARTNER 1994, 141).

Er führt aus, dass die Verflechtung des sprachlichen Symptoms mit den Nebenwirkungen einer Sprachbehinderung – den sog. Korrelaten (vgl. HOMBURG 1978, 130ff.) immer zu beachten sei: Kognitive Prozesse, Wahrnehmung, Motorik, Kommunikation, Emotionen usf. hängen eng mit Sprache zusammen und werden bei sprachlichen Auffälligkeiten deshalb häufig ebenfalls betroffen. Man kann sich diese engen Verflechtungsverhältnisse in Form sich überschneidender Kreise vorstellen; im Fall einer Sprachbehinderung rückt das sprachliche Symptom, sowohl beim sprachbehinderten Menschen als auch bei dessen Interaktionspartner, in den Mittelpunkt der Wahrnehmung, erscheint somit auffällig und zieht gleichzeitig auch Störungen in den beschriebenen Korrelaten nach sich (vgl. HOMBURG 1978, 132; BRAUN/HOMBURG/TEUMER 1979, 11). „Kindliche Sprachstörungen dürfen nie isoliert betrachtet werden, da sie in den meisten Fällen in ein Bündel von Begleit- und Folgeerscheinungen eingebettet sind, die sich nicht nur auf den Sprachbereich erstrecken" (KNURA 1973, 129). Vielmehr muss der gesamte Kontext einer Sprachbehinderung zur Beschreibung und Erklärung dieses Phänomens herangezogen werden.

Die ursprünglich versuchte Isolierung der sprachlichen Symptomatik von den „Korrelaten", auf der Basis der begründeten Ausrichtung auf eine spezifische, gezielte Sprachheilbehandlung im Sinne einer Korrektur der Primärstörung, wurde zunehmend fragwürdiger. Bei sehr jungen Kindern z.B. im Zusammenhang mit Früherkennung und Frühförderung ist der Nachweis der Dominanz einer sprachlichen Störung kaum zweifelsfrei möglich; unter dem Aspekt eines „ganzheitlich-interaktionalen" Vorgehens (GROHNFELDT 1989, 22) ist dieser Nachweis allerdings auch unnötig. Im Zusammenhang mit den Zielen von Sprachtherapie wird 1980 formuliert: Der Schwerpunkt der pädagogischen Sprachtherapie liegt „...auf der Förderung und Korrektur nicht entwickelter, verzögerter, verlorengegangener oder fehlerhafter Sprachfunktionen **und** auf der Persönlichkeits- und Sozialerziehung" (KNURA/NEUMANN 1982, 161f. – Hervorhebung M.A.V.).

Hier wird noch einmal deutlich, dass Sprachstörungen weder isolierte Defizite noch statische Konstrukte sind. Sie stellen sich „zumeist als mehrdimensionales, komplexes und dynamisch veränderbares Geschehen" dar, das „vor dem Hintergrund eines Beziehungsnetzes psychischer, sozialer und im Einzelfall auch organischer Determinierungen gedeutet werden muß" (GROHNFELDT 1989, 16).

In der frühen Literatur stehen Begriffe wie Sprachbehinderung, Sprachstörung, Sprachschädigung, Sprachauffälligkeit, Sprachbeeinträchtigung häufig ohne klare Abgrenzung nebeneinander, werden teilweise synonym gebraucht, so dass ORTHMANN (1971, 35) eine „nomenklatorische Flurbereinigung" forderte. Die daraufhin folgende verstärkt kritische Reflexion der Begriffe führte zu einigen untauglichen Abgrenzungsversuchen, so z.B. von PUPPE, der den relativ neutralen Begriff „Sprachauffälligkeit" als „Symptom einer gestörten Sprachentwicklung" verstanden sehen will (1976, 141), oder DOHSE (1977, 70), der „Sprachstörung" als „umschriebene Funktionsbeeinträchtigung" sieht, die „Sprachbehinderung" hingegen als „ein den ganzen Menschen betreffendes Behinderungsgefüge" umschreibt. KNURA gebraucht den Begriff der „Sprachbehinderung" als Oberbegriff und grenzt die häufig gebrauchten Synonyme dagegen ab (1974, 105ff.). Offenbar hat die Begriffsdefinition der 1970er Jahre zur allgemeinen Erhellung wenig beigetragen, denn SCHOLZ beklagt, dass das Symptom der Sprachbehinderung in ätiologischer, phänomenologischer, empirischer oder prognostischer Hinsicht nach wir vor nicht eindeutig geklärt sei (vgl. SCHOLZ 1974, 45f.). 1980 erfolgte eine erneute sprachliche Präzisierung, zumindest hinsichtlich der Begriffe „Sprachstörung" als konkreter sprachlicher Beeinträchtigung und „Sprachbehinderung" als komplexes Gefüge von Sprachstörung im o.g. Sinne und der durch sie bewirkten (oder ihr zugrunde liegenden) je spezifischen personalen und sozialen Gesamtsituation (vgl. KNURA 1980, 3). Diese Unterscheidung stand im Einklang zur Ausdifferenzierung des Sonderschulsystems der BRD in den 1970er Jahren.

Sowohl für die Beschreibung des komplexen Störungsbildes als auch zur Bezeichnung des sonderpädagogischen Teilbereichs blieb der Begriff Sprachbehinderung/ Sprachbehindertenpädagogik unumstritten, zumal die entsprechende Sonderschulform als offizielle Bezeichnung ebenfalls „Schule für Sprachbehinderte" führte. Kritische Überlegungen zum Behinderungsbegriff allgemein – u. a. im Zusammenhang mit integrativen Bestrebungen – führten in der Sprachbehindertenpädagogik zur Reflexion der Diskrepanz von wissenschaftlichem und allgemeinem Sprachgebrauch (vgl. GROHNFELDT 1989, 22). GROHNFELDT plädiert für den Begriff „Sprachstörung", da nur ein äußerst geringer Teil sprachlicher Beeinträchtigungen „in der öffentlichen Einschätzung als Behinderung eingestuft" wird (a.a.O.). Die im Kindesalter häufig auftretenden Sprachentwicklungsstörungen, z.B. Stammeln oder Dysgrammatismus gelten im öffentlichen (vorwissenschaftlichen) Verständnis ebenso wenig als Behinderung wie psychoneurotische Sprachstörungen (z.B. Stottern, Poltern...). Mit Blick auf die Gefahr der Etikettierung von Kindern beim Besuch der Sprachbehindertenschule scheint auch hier eine Umbenennung sinnvoll. Einige Bundesländer greifen auf den ursprünglichen Begriff der „Sprachheilschule" zurück, wobei GROHNFELDT hier die Nähe zum medizinischen Begriff des Heilens als problematisch ansieht (vgl. GROHNFELDT a.a.O.). Dabei darf nicht unbeachtet bleiben, dass der Begriff „Sprachheilpädagogik", der die „erste Hochphase Ende der 20er Jahre" (BAUMGARTNER 1994, 140) prägte, nie völlig eliminiert war. 1968 konstituierte sich die „Deutsche Gesellschaft für Sprachheilpädagogik" (nicht für Sprachbehindertenpädagogik). Die einschlägige Fachzeitschrift „Die Sprachheilarbeit", im Jahr 2000 im 45. Jahrgang, d.h. seit 1955 bestehend, wurde nie umbenannt, denn der Begriff „Sprachheilpädagogik" impliziert „die Verpflichtung auf die Grundwissenschaft Pädagogik" (ORTHMANN 1980, 83). Dessen wieder gewahr zu werden, ist insbesondere im Zusammenhang mit der strukturellen Erneuerung der Sonderpädagogik sinnvoll. Auch im Zusammenhang mit der Wiedervereinigung der beiden deutschen (Teil-)Staaten stellte der Begriff „Sprachheilpädagogik" ein Bindeglied zwischen Ost und West dar, und last but not least steht die Aussage: „Wir sind mit „Sprachheilpädagogik" geistig aufgewachsen, der Terminus ist Teil unserer Identität" (BAUMGARTNER 1994, 144) für einen Großteil der Sprachheilpädagogen in Ost und West.

11.2 Geschichte der Sprachheil-/Sprachbehindertenpädagogik

Von Sprachbehinderten-/Sprachheilpädagogik im heutigen Sinne kann erst seit knapp 100 Jahren gesprochen werden. Allerdings reichen die ersten Berichte über Sprachstörungen, insbesondere über das Stottern, bis ins griechisch/römische Altertum zurück. HIPPOKRATES (460-377 v. Chr.) und CICERO (106-43 v. Chr.) legten Therapievorschläge medizinisch-chirurgischer Art vor, während PLUTARCH (ca. 50-125 n. Chr.) von DEMOSTHENES (384-322 v. Chr.) berichtete, der eine selbstinitiierte Übungstherapie durchführte, indem er, der offenbar stotterte, am Strand deklamierte mit in den Mund gelegten Kieselsteinen, um eine flüssige, nicht unterbrochene Rede zu erreichen.

Im Mittelalter erstellte der Arzt Hieronymus MERCURIALIS (1530-1606) im Jahr 1584 die wohl erste „wissenschaftliche" Gesamtdarstellung über Sprachleiden, unter besonderer Berücksichtigung des Stotterns. Als Therapievorschläge nennt er u.a.

- warme, trockene Luft,
- weniger Schlaf,
- Meidung von Gemütsaffekten, insbesondere des Zorns, (vgl. ORTHMANN 1982, 67ff.).

Im 18. Jh. sind erste Ansätze zum pädagogischen Umgang mit Sprachstörungen zu verzeichnen. 1778 gründete Samuel HEINECKE (1727-1790) die erste Taubstummenschule in Leipzig, für Taubstumme und „andere mit Sprachgebrechen behaftete Personen" (vgl. JÜRGENSEN/SCHNEIDER 1969, 3375; auch Kap. 1), nachdem bereits

1770 die Taubstummenanstalt in Paris von Charles Michel de L'EPPÉE (1712-1789) eröffnet worden war. 1816 gründete Gotthard GUGGENMOOS (1775-1838) eine „Lehranstalt für schwerhörende und schwersprechende Kinder" in Hallstein bei Salzburg. GUGGENMOOS selbst bezeichnete seine Anstalt als Zwischenstufe zwischen Normalschule und Taubstummenanstalt. Nach HEESE (1953) kann man sie als erste „Abnormenschule" mit Ausrichtung auf die Pädagogik der Gehör- und Sprachgeschädigten ansehen.

Die Anfänge theoretischer Sprachheilpädagogik nehmen wohl ihren Ausgangspunkt von dem 1830 erschienenen Buch „Das Stammeln und das Stottern" von Rudolf SCHULTHESS (1802-1833), in dem erstmals eine klare begriffliche Unterscheidung der beiden Störungsformen vorgenommen wurde (vgl. ORTHMANN 1982, 71). In der Folgezeit erschien eine Fülle fachlicher Schriften zu diesen Sprechstörungen, vorwiegend von Taubstummenpädagogen. Zum Zusammenhang von Taubstummenpädagogik und Sprachheilkunde bemerkt Paul SCHUMANN (1870-1943): „Die Sprachheilkunde ist die Tochter der Taubstummenwissenschaft. Ihre erste Anregung hat die Logopädie dem Taubstummenbildungswesen zu verdanken" (1930, zit. nach ORTHMANN 1982, 72).

1879 legte Albert GUTZMANN (1837-1910) ein Buch mit dem Titel „Das Stottern und seine gründliche Beseitigung durch ein methodisch geordnetes und praktisch erprobtes Verfahren" vor, das wegweisend wurde für die institutionelle sprachheilpädagogische Förderung sprachgestörter Kinder am Ende des 19. Jahrhunderts. GUTZMANN stützte sich dabei auf Ausführungen des Internisten Adolf KUSSMAUL (1822-1902), der 1877 die erste umfassende medizinische Sprachheilkunde veröffentlichte: „Die Störungen der Sprache. Versuch einer Pathologie der Sprache."

Die erste eigenständige sprachheilpädagogische Abhandlung wurde 1912 von Hermann GUTZMANN, dem Sohn des Vorgenannten vorgelegt. Sie trägt den Titel: „Sprachheilkunde. Vorlesungen über die Störungen der Sprache mit besonderer Berücksichtigung der Therapie".

Nachdem Albert GUTZMANN 1879 vom Ministerium beauftragt worden war,

- Schulkurse für stammelnde und stotternde Kinder sowie
- Ausbildungslehrgänge für Sprachheillehrer einzurichten,

entstanden in vielen deutschen Städten einerseits Sprachheilkurse für stotternde oder stammelnde Volksschüler, andererseits wurden Lehrer und Ärzte sprachheilpädagogisch ausgebildet durch Vater und Sohn GUTZMANN, Albert - Sprachheil- und Taubstummenlehrer, Hermann - Spracharzt und Phonetiker (vgl. SCHUMANN 1969, 1221; SCHULZE 1969, 1221).

Da die Effektivität der Kurse nicht befriedigend war, wurden um die Jahrhundertwende Sprachheilklassen eingerichtet, 1901 in Barmen (heute ein Teil von Wuppertal), 1902 in Königsberg. 1910 in Halle/S. und 1912 in Hamburg entstanden Sprachheilklassen auf Dauer, was die Institution Sprachheilschule dort traditionell begründete. Die Ausbreitung der Sprachheilschulen erfolgte aber nur zögerlich. HANSEN gibt, nach einer Statistik von 1927, Sprachheilklassen in 14 Sprachheilschulen in vier Städten an (vgl.1929, 16). Dies lag zum einen an der fehlenden gesetzlichen Grundlage für die Sonderbeschulung und Umschulung sprachgestörter Kinder, zum anderen an der nicht geregelten Ausbildung und Prüfung der Sprachheillehrer, wobei ersteres letzteres bedingte.

Zwar hatte sich auch im Zusammenhang mit den Theorien der Tiefenpsychologen Freud (1856-1939) und Adler (1870-1937) die Forschung im Bereich der Störungen der Sprache und des Sprechens ausgeweitet, über Stammeln und Stottern hinaus. Dabei waren insbesondere vielfältige Ansätze zur Therapie, aber auch mechanische Hilfen, wie die „Sprechmaschinen" (die erste bereits 1791 von W. von Kempelen) entwickelt worden. Die pädagogische und schulische Situation für Kinder mit Sprachstörungen blieb aber unbefriedigend, zumal Sprachtherapie bis 1933 vorrangig in medizinischer Kompetenz verblieb (vgl. Grohnfeldt 2000, 15f.; Hansen 1996b, 83). Das heute noch aktuelle Problem der sinnvollen Koordination bzw. Verflechtung von spezifischer Sprachförderung (-therapie) und allgemeiner, lehrplanbezogener Bildung sprachgestörter Kinder wurde bereits in den Anfängen der Sonderbeschulungstendenzen gesehen und formuliert. Aus dem von K.C. Rothe formulierten Begriff der „Umerziehung", den er sehr breit, nicht nur bezogen auf die „Heilung" der Sprachstörung, ausrichtet, war als didaktisches Prinzip zu folgern, daß eine Verbindung von schulischem Unterricht und Therapie hergestellt werden müsse, für die aber in der Praxis der Sprachheillehrer zuständig sei (vgl. Orthmann 1982, 82). Diese Verbindung scheint bis heute nicht zufrieden stellend geglückt zu sein (vgl. Kap. 11.5).

1929 fand der erste deutsche Kongress „Das sprachkranke Kind" in Halle statt, 1927 hatten sich in Hamburg Sprachärzte und Sprachheillehrer zusammengeschlossen in der „Arbeitsgemeinschaft für Sprachheilpädagogik in Deutschland e.V.", die den Kongress ausrichtete. Die erste eigenständige Prüfungsordnung für Sprachheillehrer wurde 1928 in Hamburg erlassen. Die 1900 begonnene Entwicklung der Sprachheilpädagogik fand ihren Höhepunkt in den 1920er Jahren (vgl. Baumgartner 1994). Ab 1933 fand diese positive Entwicklung ein vorübergehendes Ende. Wie überall im Bildungssektor stagnierte die Entwicklung, trotz Fortbestehens vieler Sprachheilinstitutionen. Die Arbeitsgemeinschaft, im Juni 1933 von den NS-Machthabern aufgelöst, konstituierte sich 1953 neu. Ab 1956 erschien ihre Fachzeitschrift „Die Sprachheilarbeit" wieder regelmäßig. Die Sprachheilarbeit in der Praxis knüpfte an die zurückliegenden Entwicklungen an. Die Erneuerung des Sonderschulwesens, begünstigt durch den wirtschaftlichen Aufschwung der 1950er und 1960er Jahre und durch eine umfängliche soziale Bewegung insbesondere bezogen auf behinderte Menschen, brachte auch für die Sprachheilpädagogik eine konstruktive Dynamik. Von 1955 bis 1980 erhöhte sich die Zahl der Sprachheilschulen von 11 auf ca. 70 in der BRD einschließlich Westberlin (vgl. Orthmann 1980, 85). Verschiedene Einrichtungen zur Förderung und Hilfe für sprachgeschädigte Kinder und Jugendliche bieten auf breiter Basis die Möglichkeit individueller Interventionen in verschiedenen Lebensaltern. Das Spektrum reicht von der Frühförderung, über deren Bedeutung Konsens besteht, zu Schulkindergärten, Sonderschulen und Sonderklassen bis hin zu Sprachkurheimen, weiterführenden und Internatsschulen sowie nachschulischer Fürsorge für nicht mehr schulpflichtige sprachgestörte Jugendliche (vgl. ORTHMANN 1980, 86). Neue Strömungen ergaben sich Ende der 1980er und in den 1990er Jahren. Im Zusammenhang mit der Integrationsdiskussion wurde die separierende Förderung sprachgestörter Kinder kritisch hinterfragt. In vielen Bundesländern wurden Sprachheilschulen nur noch auf den Grundschulbereich ausgerichtet. Die Forderung der Nichtaussonderung bestimmt inzwischen deutlich schulpolitische Entscheidungen. Die Sprachheilpädagogik befindet sich in einer Situation, die einerseits gekennzeichnet ist durch eine differenzierte theoretisch-wissenschaftliche Erforschung von Sprachstörungen, die sich andererseits bezogen auf die schulpolitische Entwicklung vermehrt mit integrativen Beschulungsformen in der Regelschule auseinandersetzen muss (vgl. Abs. 11.5; Kap. 3.2.3).

11.3 Die Klassifikation von Sprachstörungen

Auf die – weitgehend störungsfreie – kindliche Sprachentwicklung kann hier nicht ausführlich eingegangen werden. Knapp gefasst beginnt

- das Stadium der **vorsprachlichen** Erscheinungen ab dem 1. Lebensmonat;
- das Stadium der **Sprachanfänge** kann ab dem 6./7. Lebensmonat beobachtet werden;
- das Stadium des eigentlichen **Sprechens** beginnt etwa ab dem 1. Lebensjahr und ist i.d.R. bis zum Ende des 3. Lebensjahres bezogen auf den Gebrauch verschiedener Wortarten und korrekter grammatischer Gefüge ausgebildet.

Leichtere Aussprachefehler regulieren sich häufig – nicht immer – bis zum Ende des 4. Lebensjahres. Die weitere Entwicklung ist gekennzeichnet durch einen differenzierten Gebrauch und eine bewusstere Gestaltung der Sprache. HEESE (1967, 272) weist daraufhin, dass die Zeitangaben nur unter dem Vorbehalt zu werten sind, dass sie sich auf ein günstiges Sprachmilieu beziehen. Die angegebenen Phasen gehen fließend ineinander über. Eine zeitliche Verschiebung, sowohl auf einen früheren als auch auf einen späteren Abschluss der wesentlichen Grundzüge der Sprachbeherrschung ist im Zusammenhang mit den Sozialisationsbedingungen zu sehen. Dabei können Diskrepanzen zwischen dem Sprachverständnis und dem Sprechen entstehen. Unsicherheiten in der Aussprache von Wörtern und/oder bezogen auf grammatische Strukturen bleiben häufig auch über das 3. Lebensjahr hinaus erhalten. Ging man in den 1970er Jahren davon aus, dass sich solche Sprachauffälligkeiten bis zum Schuleintrittsalter reguliert haben sollten, so wird heute empfohlen, bei sprachlichen Abweichungen ab dem 4. Lebensjahr eine Expertenmeinung einzuholen.

Sprachstörungen in ein allgemeingültiges Ordnungsschema einzufügen ist schwierig, da es unterschiedliche Möglichkeiten der Darstellung gibt (vgl. SEEMANN 1969; LUCHSINGER/ARNOLD 1970, BAUER 1973, WURST 1973, BÖHME 1974, KNURA 1974, BECKER/SOVAK 1975, FÜHRING u. a. 1976, WENDLER/SEIDNER 1977, WESTRICH 1978, GROHNFELDT 1989-95/ 2000-2004).

KNURA (1974) und BECKER/SOVAK (1975) unterteilen in zwei Hauptgruppen:

- Störungen der Sprachentwicklung

- Früh- und späterworbene Störungen der Sprache

Nach KNURA (1974) gehören in die erste Gruppe

- verzögerte Sprachentwicklung
- Stammeln
- Dysgrammatismus
- Störungen im Erlernen des Lesens und der Schriftsprache.

Die zweite Gruppe wird in Untergruppen differenziert

- zentrale Störungen der Sprache
- expressive (ausdrucksbezogene) Störungen der Sprache
- reaktive und/oder psychoneurotische Störungen der Sprache.

HOMBURG wählt für seine Klassifikation die Unterscheidung von **Sprachkompetenz** und **Sprachperformanz**.

- Störungen des Sprachsystems (Sprachkompetenz), bei der bereits die Antizipation der sprachlichen Äußerung von der Normerwartung abweicht: z.B. Aphasien, Dysgrammatismus, Artikulations- und Stimmstörungen;
- Störungen der Sprachverwendung (Sprachperformanz), bei der der Zugriff auf das Sprachsystem durch für Sprache unspezifische Faktoren gestört ist: z.B Stottern, Poltern, Mutismus (vgl. HOMBURG 1978, 58).

GROHNFELDT (1989-1995) unterteilt in seinem 8-bändigen Standardwerk „Handbuch der Sprachtherapie" die Bände 2 bis 7 nach Störungsbildern

- Störungen der Aussprache
- Störungen der Semantik
- Störungen der Grammatik
- Störungen der Redefähigkeit
- zentrale Sprach- und Sprechstörungen
- Stimmstörungen.

In einer fünfbändigen Neuerscheinung (GROHNFELDT 2000-2004) ist der 2. Band den „Erscheinungsformen und Störungsbildern" gewidmet.

Das ICD-10, eine internationale Klassifikation psychischer Störungen, fasst unter „Entwicklungsstörungen" folgende Störungen „des Sprechens und der Sprache":

- **Artikulationsstörungen**
  als verzögerter oder abweichender Lauterwerb mit Artikulationsfehlern; wobei die Störung unterhalb des dem Intelligenzalter angemessenen Niveaus bei einer im Normalbereich liegenden Sprachfertigkeit diagnostiziert werden kann.
  In das Störungsbild gehören:
  - entwicklungsbedingte Artikulationsstörungen
  - funktionale Artikulationsstörungen
  - Dyslalie
  - Lallen
  - phonologische Entwicklungsstörungen.
- **Expressive Sprachstörungen**
  als beeinträchtigte Fähigkeit, die expressiv gesprochene Sprache anzuwenden, z.B. bei entwicklungsbedingter Dysphasie oder Aphasie. Artikulationsstörungen können zusätzlich vorhanden sein.
- **Rezeptive Sprachstörungen**
  als gestörtes Sprachverständnis, bei meistens auch deutlicher Störung der expressiven Sprache, z.B. entwicklungsbedingte rezeptive Aphasie oder Dysphasie oder Worttaubheit.
- **Sonstige Entwicklungsstörungen** des Sprechens und der Sprache, z.B. Lispeln (vgl. ICD-10, 1993, F80.0-F80.9, 265 ff.).

Häufigkeitsangaben zu Sprachstörungen sind nur mit Vorbehalt gültig. KNURA sieht, mit Rückbezug auf KLEIN (1974) und SCHOLZ (1974) die wesentliche Schwierigkeit für eine statistische Erfassung von Sprachstörungen in einem grundsätzlichen Klassifizierungsproblem. Für Sprache als dynamisch-komplexes Geschehen existiert keine explizite, deskriptive Normskala, an der die „Normalität" bzw. die „Störung" der Sprachentwicklung zu messen wäre. Eine Beurteilung ist daher häufig vom „subjektiven Sprachgefühl" des Beurteilenden abhängig (vgl. KNURA 1982, 52).

Als zusätzlich einschränkende Schwierigkeiten führt sie auf:

- die unterschiedliche Auftretenshäufigkeit in verschiedenen Lebensaltern mit unterschiedlichen Ursachen und Verläufen;
- die unterschiedliche Wahrnehmung von Sprachstörungen in verschiedenen Institutionen und häufig in Zusammenhang mit unterschiedlichen anderen Krankheitsbildern;
- die Erfassung von Sprachstörungen bezogen auf bestimmte Altersgruppen (z.B. Vorschulalter) oder auf bestimmte Institutionen (z.B. Sprachheilschule);
- die Unzulänglichkeit bzw. mangelnde Vergleichbarkeit der Untersuchungsmethodik;
- fehlende Längsschnittuntersuchungen zur Erfassung von Sprachstörungen bis ins Erwachsenenalter (vgl. KNURA a.a.O.).

Diese Erfassungsproblematik wird von GROHNFELDT (1993b, 62f.) bestätigt. Zu unterscheiden sind zudem, wie bei allen Behinderungsarten, empirische Untersuchungsergebnisse und Expertenschätzungen. Die Ergebnisse vorliegender empirischer Untersuchungen streuen zwischen 0,8 und 3% bezogen auf sonderschulbedürftige Sprachbehinderung. Expertenschätzungen hingegen liegen bei 0,1-2% sonderschulbedürftig sprachbehinderter Kinder und zusätzlich etwa 1% ambulant behandlungsbedürftiger (vgl. SANDER 1973a, 92f.). Die Schulstatistik der KMK (2004) weist für den Förderschwerpunkt Sprache 0,4% der Schüler des Jahrgangs aus. Insgesamt hat sich der Prozentsatz von 1997-2002 kontinuierlich leicht erhöht, wie nachfolgende Tabelle zeigt.

Tab. 40: Prozentualer Anteil von Schülern in der Sprachheilschule von 1997-2002 (Quelle: KMK 2004).

Jahr	1997	1998	1999	2000	2001	2002
Schüler (%)	0,346	0,352	0,376	0,375	0,380	0,394

(Bezugsgröße: Bevölkerung im schulpflichtigen Alter 6-15 J.)

Der Prozentsatz, im Mittel 0,37, liegt niedriger als bisherige Untersuchungen und Expertenschätzungen ausweisen. Allerdings muss beachtet werden, dass zusätzlich ein geringer Prozentsatz von Kindern eines Jahrganges ambulante Sprachförderung/ Sprachtherapie erhält (s.o.).

Nach GROHNFELDT (1993, 62) sind die am häufigsten auftretenden Sprachstörungen Sprachentwicklungsstörungen, bei vorrangigem Auftreten von Sigmatismus. Die Zahlenangaben variieren zwischen 4 und 40% im Vorschulalter 0,7 und 30% im Grundschulalter (vgl. GROHNFELDT a.a.O.). Als allgemeine Angabe leitet er daraus ab, dass ca. 30% der Kinder im Vorschulalter und ca. 10% im Grundschulalter behandlungsbedürftige Sprachstörungen aufweisen. Sprachstörungen bei Jungen sind häufiger als bei Mädchen (vgl. KNURA 1982, 84; GROHNFELDT 1993, 62), insbesondere beim Stottern wird ein Verhältnis von 3 : 1 angegeben (vgl. BUCHTA 1979, 152). In Tabel-

Tab. 41: Klassifikation von Sprachstörungen (in Anlehnung an KNURA 1974, 130f.).

Störungen der Sprachentwicklung			
verzögerte Sprachentwicklung	Stammeln	Dysgrammatismus	Störungen im Erwerb des Lesens und der Schriftsprache
• Ausbleiben oder Behinderung der Sprachentwicklung • nicht altersgemäßer Sprechbeginn • altersgemäßer Sprechbeginn, aber Stagnation oder Beeinträchtigung der Weiterentwicklung	Unfähigkeit, bestimmte Laute/ Lautverbindungen auszusprechen oder gemäß der phonetischen Lautnorm richtig zu sprechen, bezogen auf S-Laute z.B. Sigmatismus	Unfähigkeit, den Gedankenfluss in geregelter Wortfolge auszudrücken; grammatische und syntaktische Probleme	Schwierigkeiten im Erlernen des Lesens und der Rechtschreibung ohne sonstige Leistungsausfälle

Früh- und späterworbene Störungen der Sprache		
Zentrale Störungen der Sprache	Expressive Störungen der Sprache	Reaktive und/oder psychoneurotische Störungen der Sprache
• **früherworbene** Ausbleiben oder Behinderung der Sprachentwicklung infolge prä-, peri-, postnataler Hirnschädigung z.B. Agnosie (kann sich auf das Erlernen der Schriftsprache auswirken) • **späterworbene** Verlust der bereits ausgebildeten Sprache (Aphasie) aufgrund zentraler Schädigung als Folge von Hirnverletzungen, -blutungen, -entzündungen, -tumoren; Symptome: - fehlendes Sprachverstehen bei guter Hörfähigkeit, - Unfähigkeit des Behaltens und Produzierens von Sprachbewegungs-Mustern bei vorhandenem Sinnverständnis; - reduzierte Fähigkeit oder Unfähigkeit, Buchstaben und geschriebene Wörter optisch zu erkennen und zu behalten → häufig Symptomüberlappungen	• **Dysarthrie** Erschwerung oder Verhinderung des äußeren Sprechvorganges aufgrund von Störungen in der Artikulation, Phonation, Respiration, zentral, pyramidal, extrapyramidal oder bulbar bedingt; • **Dysglossien** Störungen der Artikulation durch organische Veränderungen an äußeren Sprechorganen; • **Rhinolalie/Rhinophonie (Näseln)** Veränderung von Stimmklang und Artikulation durch verminderte Nasenresonanz oder erhöhte Nasendurchlässigkeit; • **Stimmstörung** Veränderung der Stimme durch Heiserkeit verschiedener Genese → Kommunikationsbeeinträchtigung unterschiedlicher Ausprägung	• **Stottern** Unterbrechung des Redeflusses durch - krampfartiges Wiederholen einzelner Laute oder Silben - pressendes Verharren in einer Artikulationsstellung → Mitbetroffensein von Respiration und Phonation → Steigerung der Auffälligkeit durch Mimik, Artikulations- und Körpermotorik häufig; • **Poltern** - Formulierungen mit gehetzter, verworrener, schlecht artikulierter Redeweise, - Beschleunigtes Sprechtempo - Verschlucken oder Wiederholen von Silben - unregelmäßige Lautentstellungen; • **Mutismus** psychogene Sprachlosigkeit bei intaktem Sprachvermögen und voll ausgebildeter Sprache; - absoluter Mutismus: psychogene Sprachlosigkeit in allen Situationen - elektiver Mutismus psychogene Sprachlosigkeit in bestimmten Situationen (z.B. in der Schule, nicht zu Hause); • **Aphonie** Stummheit bzw. Verzicht auf den Gebrauch der stimmhaften Sprache aufgrund psychischer Zwänge bei intakten organischen und geistigen Voraussetzungen

le 41 sollen in Anlehnung an KNURA (1974) die wesentlichen Formen von Sprachstörungen kurz dargestellt werden.
Als Verursachung von Sprachstörungen lassen sich drei Ursachengruppen unterscheiden:

Tab. 42: Ursachengruppen für die Entstehung von Sprachstörungen.

Ursachen für Sprachstörungen		
organische	konstitutionelle	psycho-soziale
Schädigung oder Missbildung der Sprechorgane	motorische und sensorische Reifungsverzögerung	mangelhafte oder übermäßig affektive sprachliche Stimulationen
Schädigung der Sprachzentren	körperliche Asthenie (Schwäche)	Fehleinstellungen bezogen auf sprachliches Verhalten
Schädigung oder Erkrankung extrapyramidaler Nervenstränge	dispositionelle Sprachschwäche	unzureichende Sprachmodelle
→ Mitbetroffenheit von Intelligenz, Seh- und Hörorganen möglich	dispositionelle Schwäche in sprachrelevanten Bereichen	erzieherische Fehlhaltungen (z.B. übermäßige Kritik und Missbilligung, Verwöhnung, Wechselklima)
		sozio-kulturelle Deprivation

Im Folgenden sollen einige häufiger auftretende Sprachstörungen näher erläutert werden.

- **Stammeln** (Dyslalie): Stammeln ist eine Entwicklungsstörung der Artikulation. Es können einzelne Laute (partielle Dyslalie), mehrere Laute (multiple Dyslalie – die häufigste Form) oder alle Laute bzw. Lautverbindungen oder -gruppen betroffen sein (universelle Dyslalie). Man unterscheidet Lautstammeln, wenn einzelne Phoneme gestammelt werden (z.B. Dudi statt Susi, Dopf statt Kopf), und Wort- bzw. Silbenstammeln bei Laut- und Silbenauslassungen (z.B. Loketive statt Lokomotive) oder -umstellungen (z.B. Lappwaschen statt Waschlappen). Häufig treten Störungen bei R- und L-Lauten auf. Vokalstörungen sind dagegen selten, da Vokale leichter gelernt werden. Zur Bezeichnung bestimmter fehlerhafter Laute wird die entsprechende Störung durch die Endung -ismus gekennzeichnet, indem man diese an den griechischen Namen des betreffenden Lautes anhängt, z.B. Rhotazismus (R-Störung) oder Sigmatismus (S-Störung). Je nach Art der Lautstörungen gibt es verschiedene Unterscheidungen, z.B. Stigmatismus interdentalis – Lispeln (vgl. BECKER/SOVAK 1975, 124; BAUMGARTNER/FÜSSENICH [3]1997; DANNENBAUER 1993; GRIMM 1989).

Stammeln ist eine der häufigsten Sprachstörungen bei Kindern. Sie tritt im Vorschulalter – entwicklungsbedingt – weitaus häufiger auf als bei Schulkindern. Bereits im Kindergarten sollte auf die Regulierung des Stammelns hingewirkt werden.

- **Dysgrammatismus**: Darunter versteht man die Unfähigkeit, dem Gedankenfluss die gebräuchliche grammatische und syntaktische Ausdrucksform zu geben. Der von BECKER und SOVAK (1975, 132) gebrauchte Begriff des Agrammatismus ist abzulehnen, weil meistens kein absolutes

Unvermögen zur Wort- und Satzbildung vorliegt, sondern nur partielle Ausfälle auftreten. Eine leichtere Form von Dysgrammatismus liegt vor, wenn sich die Fehler in der spontanen Sprache zeigen, die schwerere Form, wenn auch beim Nachsprechen von Sätzen Fehler gemacht werden. Oft ist Dysgrammatismus verbunden mit Stammeln und geringem Wortschatz. Je nach Schweregrad schränkt diese Sprachstörung die Kommunikationsfähigkeit eines Kindes erheblich ein, so dass auch hier eine ganzheitliche Behandlung notwendig ist (vgl. GRIMM 1995; HANSEN 1996b; DANNENBAUER 1998c).

„Dem Dysgrammatismus liegt eine herabgesetzte Fähigkeit des Kindes zu bestimmten Wahrnehmungs- und Verallgemeinerungsprozessen zugrunde" (KNURA 1974, 112). Häufige Ursachen sind außer angeborenen und erworbenen Intelligenzdefekten und einer frühkindlichen Hirnschädigung, Hospitalismus und Aufmerksamkeitsstörungen, Mehrsprachigkeit in der Umgebung, abrupter Milieuwechsel und mangelndes Sprachgefühl. Umfassende Darstellungen der Ursachen des Dysgrammatismus finden sich bei GROHNFELDT (1993, Bd. 6), mit besonderem Schwerpunkt auf Möglichkeiten der Sprachtherapie (vgl. auch GROHNFELDT 2003).

Die Behandlung des Dysgrammatismus ist oft mühevoll und erfordert viel Geduld, vor allem, wenn zusätzlich die Redefreudigkeit angeregt werden muss. Nach neueren Prävalenzstudien sind etwa 6-8 % der Kinder im Vorschulalter von Sprachentwicklungsstörungen betroffen; im Schulalter etwa 4 % (vgl. TOMBLIN et al. 1997, 1249f.). Diese Zahlen machen deutlich, dass bei etwa der Hälfte der betroffenen Kinder die Sprachentwicklungsstörungen bis zum Schuleintrittsalter reguliert, d.h. dass sie nur vorübergehend sind.

Kinder mit verzögerter Sprachentwicklung erwecken oft den Anschein von Minderbegabung, insbesondere dann, wenn die sprachlichen Äußerungen des Kindes nicht verstanden werden. Es kommt vor, dass solche Kinder ihre eigene Sprache entwickeln, die nur von den engsten Bezugspersonen verstanden werden kann. Um Sprachentwicklungsverzögerung infolge Minderbegabung erkennen zu können, sind eine differentialdiagnostische fachärztliche (Phoniater, Neurologe, Augenarzt) und eine psychologische Untersuchung (Intelligenz, Leistungs- und Sozialverhalten, Anamnese) besonders wichtig (vgl. GROHNFELDT 1982). Störungen beim Erwerb der Schriftsprache (Lesen und Schreiben; Rechtschreibung) treten häufig im Kontext von Sprachstörungen auf. Lautsprache und Schrift „stellen lediglich verschiedene Aspekte ein und derselben spezifisch menschlichen Leistung dar: der Kommunikation durch den Gebrauch von Symbolen" (KLASEN 1970, 52). Lesen und Schreiben sind Schritte zur vollendeten Sprachentwicklung, daher wurden bereits frühzeitig bis heute Störungen des Schriftspracherwerbs unter Sprachstörungen subsumiert (vgl. KNURA 1974, 1980; BECKER und SOVAK 1975; ROMONATH et al. 1998).

• **Stottern** (Balbuties, Dysphemie): Beim Stottern wird der Redefluss unterbrochen, entweder durch krampfartige Wiederholungen einzelner Laute oder Silben (klonisches Stottern, z.B. D-D-D-Du) und/oder durch pressendes Verharren in einer Artikulationsstellung (Tonisches Stottern, z.B. - - - -Du). Häufig sind beide Momente vorhanden, so dass man von tonisch-klonischem Stottern spricht. Atmung und Lautbildung sind in der Regel mitbetroffen; die motorischen Hemmungen im Bereich der Sprechwerkzeuge werden häufig von ausfahrenden, bizarren Mitbewegungen der Extremitäten begleitet (KNURA 1974, 131).

Für das Stottern gibt es weder eine allgemeingültige Definition noch stimmen die Auffassungen über die Ätiologie des Stotterns überein. Folgende Theorien werden in der Literatur genannt (KNURA 1974, 119):

- Die *Entwicklungstheorien* vertreten die Auffassung, dass Stottern durch den Einfluss besonderer Umweltsituationen eintritt.
- Die *Dysphemietheorien* sehen im Stottern das Teilsymptom einer Organstörung auf erblicher Grundlage.
- Die *Neurosetheorien* halten das Stottern für den Ausdruck eines psychoneurotischen Zustandes aufgrund von psychischen Konflikten, die je nach der jeweiligen Neurosenlehre unterschiedlich betont werden.
- Die *Lerntheorien* interpretieren Stottern als gelerntes Verhalten, das permanent verstärkt wird und durch entsprechende verhaltensmodifikatorische Techniken wieder verlernt werden kann. WENDLANDT (1977) hat ein ausführliches Programm zur Resozialisierung erwachsener Stotterer auf der Grundlage der Verhaltenstherapie erarbeitet.

Obwohl gerade bezogen auf das Phänomen des Stotterns unverhältnismäßig intensiv geforscht und geschrieben wurde (zwischen 1985 und 1990 wurden 60 Bücher und ca. 8 000 Fachartikel zum Thema veröffentlicht – vgl. BRAUN 1997, 3), lässt sich die Ursache des Stotterns bis heute nicht eindeutig klären. Bereits in den Anfängen der Sprachheilpädagogik bewirkte Stottern Faszination und „missionarische" Herausforderung. Stottern als das „geheimnisvolle Etwas" (DIRNBERGER 1986, 46) blieb der Forschung bis heute nur teilweise zugänglich. BAUMGARTNER bemerkt 1998, dass hinsichtlich der Erforschung des Stotterns „den Altmeistern Respekt" zu zollen sei. „Vieles von dem, was aktuell national und international Lehrmeinung ist, war in erheblichem Maße bereits vor 1930 ... durchdacht und praktiziert worden" (1998b, 234). Einigkeit herrscht heute darin, dass neuromotorische, psycholinguistische und psychosoziale Faktoren bei der Entstehung des Stotterns interagieren (vgl. GROHNFELDT 1992), wobei letztere eher verstärkend bzw. aufrechterhaltend sind (vgl. BAUMGARTNER 1998b, 239).

Stottern als einerseits sehr komplexes, andererseits außerordentlich hartnäckiges Störungsbild von dem ca. 0,8-1,5 % der Kinder im Vorschul- und Schulalter betroffen sind, lässt sich nur schwer „heilen". Im Einzelfall sind unter günstigen Bedingungen und mittels gezielter Therapie und Beratung spontane Remissionen möglich (vgl. RENNER 1995; BAUMGARTNER 1998b). Das Therapieziel „flüssige Kommunikation" als einziges greift aber in jedem Fall zu kurz (vgl. BAUMGARTNER 1998b, 241). Nach eingehender, sorgfältiger Problemanalyse empfiehlt BAUMGARTNER folgende Schritte:

- Veränderung der negativen Wahrnehmung des eigenen und des fremden Stotterns;
- Reduzierung von Angst vor dem Stottern und von Vermeidungsverhalten;

- systematischer Aufbau flüssigen Sprechens mittels je individuell ausgerichteter therapeutischer Intervention;
- Einwirkung auf den Krafteinsatz und die Dauer des Stottergeschehens („flüssiges Stottern“);
- Entwicklung erfolgreicher Kommunikation mit bzw. trotz Stottern („flüssige Kommunikation“);
- Frequenzerhöhung von Sprech- und Interaktionssituationen;
- Abbau der Sprechangst (Desensibilisierung mit Hilfe von Rollen- und Interaktionsspielen);
- gezielte Beratung der Bezugspersonen bezogen auf unterstützende Sprecherziehung (vgl. Baumgartner 1998b, 239f.; Grohnfeldt 1992).

Die Komponente des subjektiven Wahrnehmens, Erlebens und kognitiven Verarbeitens des eigenen Stotterns spielt sowohl für die Erhaltung als auch für die Verbesserung bzw. Rückbildung dieser „Störung der Redefähigkeit“ (Grohnfeldt 1993b, Bd. 5; 2001) eine bedeutsame Rolle.

• **Poltern**: Poltern ist gekennzeichnet durch eine verwirrte, gehetzte und verschliffene Redeweise, die die Folge eines übermäßig beschleunigten Sprechtempos zu sein scheint; es kommt zu Silbenverschlucken und -wiederholen. Als Ursachen können somatische, psychische und habituelle Faktoren in Betracht gezogen werden. Poltern wird manchmal als „funktionelle Variante des Stotterns“ angesehen (Knura 1974, 120). Die Abgrenzung zum Stottern ist nicht immer einfach. Becker und Sovak (1975, 228) geben eine Zusammenstellung der wichtigsten Unterscheidungskriterien zwischen Stottern und Poltern (vgl. auch Grohnfeldt 1992; 2001).

• **Näseln** (Rhinolalie): Das Näseln ist die auffälligste der Artikulationsstörungen infolge pathologischer Veränderungen der Sprechorgane (Dysglossie). Es handelt sich hierbei sowohl um eine Störung des Klanges als auch um eine Störung der Aussprache. Die Resonanz, die an der Gestaltung des Sprechklanges bis zu einem gewissen Grad beteiligt ist (Nasalität), tritt bei einigen Lauten stärker hervor, bei anderen besteht sie überhaupt nicht. Sie ist abhängig von der Stärke des Gaumen-Rachen-Verschlusses, der am stärksten bei den Vokalen, den Zischlaut- und Explosivlautkonsonanten ausgeprägt ist. Kein Nasen-Rachen-Verschluss findet bei den Nasallauten m, n, und ng statt; deshalb tritt bei ihnen die größte Nasalität auf. Eine abnorm veränderte Nasalität bezeichnet man als Rhinolalie oder Näseln (Becker und Sovak 1975, 182); diese kann herabgesetzt (Rhinolalia clausa oder geschlossenes Näseln) oder erhöht sein (Rhinolalia aperta oder offenes Näseln). Beim geschlossenen Näseln kommt als organische Ursache eine eingeschränkte Nasendurchgängigkeit in Betracht. Das offene Näseln ist häufig die Folge von Gaumenspalten oder von Gaumensegelunterfunktion, beides zieht auch zahlreiche Artikulationsstörungen nach sich. Wenn bei unzureichender Durchgängigkeit der Nase der Gaumenrachenverschluss unvollständig ist, kommt es zum Erscheinungsbild des sog. gemischten Näselns (Rhinolalia mixta).

• **Stimmstörungen**: Sie können in allen Lebensaltern auftreten und sind durch eine Heiserkeit unterschiedlicher Ausprägungsform charakterisiert. Außer Kehlkopf-Asymmetrien spielen vor allem die psychogenen Dysphonien – belegte, heisere Stimme – oder Aphonien – der Sprecher vermag nur noch zu flüstern – eine große Rolle. Sie werden durch Stresssituationen oder psychische Belastungen ausgelöst. Die häufigste Stimmstörung ist die hyperkinetische Dysphonie, die vor allem bei Kindern oder in Sprecherberufen vorkommt (30-40 % aller kindlichen und 72 % aller Stimmstörungen in Sprecherberufen; vgl. Knura 1974, 117). Umfangreiche Abhandlungen zu Stimmstörungen finden sich bei Grohnfeldt (1994, Bd. 7; 2001).

Obwohl nicht häufig vorkommend, sei noch kurz erwähnt die **Agnosie**: Nach Knura (1974, 130) zählt sie zu den früherworbenen zentralen Störungen der Sprache und wird vor allem durch Hirnschädigungen verursacht. Die verbale auditive Agnosie verhindert das Verstehen der Sprache, obwohl sie gehört wird (vgl. Luchsinger/Arnold 1970, 432), während die verbale visuelle Agnosie die Fähigkeit beeinträchtigt, Buchstaben und Wörter zu erkennen und zu behalten.

Die verbale **Apraxie** erschwert das Behalten und Wiedergeben von Sprachmustern bei intaktem Sinnverständnis.

Zu den späterworbenen zentralen Störungen z.B. als Folge eines Hirninfarktes zählt vor allem die **Aphasie**, die den Verlust der Sprache bedeutet und die in die Broca-Aphasie (motorische Störung), die Wernicke-Aphasie (sensorische Beeinträchtigung), die globale Aphasie (starke, umfassende Störung) und die amnestische Aphasie (Begriffsfindungsstörung), unterteilt werden kann (vgl. Poeck 1977, 108ff.; Bauer/Kaiser 1988; Grohnfeldt 1993b, Bd. 6; 2001).

Neben primären Sprachstörungen treten Sprech-, Sprach- und Stimmbeeinträchtigungen auch im Zusammenhang mit anderen Störungsbildern auf. Als wesentliche sind hier zu nennen:

- Hörschädigungen,
- geistige Behinderungen,
- Körperbehinderungen sowie
- Lernbehinderungen und
- Verhaltensstörungen.

11.4 Diagnostische Aspekte bei Sprachstörungen

Der Spracherwerb als Teil des frühkindlichen Entwicklungs- und Sozialisationsprozesses und damit als komplexes, nicht isoliert zu betrachtendes Phänomen, bedarf einer sorgfältigen, sowohl die sprachliche als auch die mit Sprache in Zusammenhang stehenden nichtsprachlichen Leistungen erfassenden mehrdimensionalen Diagnostik, die einer multifaktoriellen Bedingtheit der Sprachstörung Rechnung trägt. Neben der Überprüfung des Bereiches der Sprache und des Sprechens sind u.a. unter dem Aspekt der Verursachung von Sprachstörungen nur mittelbar mit Sprache vernetzte Prozesse und Tatbestände (Entwicklungsstand in allen Teilbereichen; Arbeits- und Sozialverhalten; psycho-soziale und soziokulturelle Lebenssituation usf.) zu erheben.

Bezogen auf diesen zweitgenannten Teil wird hinsichtlich diagnostischer Verfahren verwiesen auf Kap. 12.5 „Diagnostik bei Verhaltensstörungen".

In diesem Abschnitt soll es um spezifisch sprach(störungs-)bezogene diagnostische Verfahren und Prozesse gehen, die jedoch *in jedem Einzelfall* ergänzt werden müssen um nichtsprachbezogene Daten.

Unmittelbar mit der Sprachentwicklung in Zusammenhang stehende Bedingungsfaktoren biologischer bzw. neurophysiologischer Art sollten bereits im Vorfeld medizinischer und psychologischer Diagnostik abgeklärt werden:

- neurologische Untersuchungen der Hirnreife, die Aufschluss über mögliche Störungen geben, wobei eine Überprüfung der Hirnoberflächenstrukturen (EEG) i.d.R. nicht ausreicht;
- Untersuchungen der wesentlichen Sinnesorgane (insbesondere die auditive sowie die visuelle Leistungsfähigkeit), die z.B. einen möglichen Zusammenhang von Sprachentwicklungsstörung und Hörschädigung deutlich machen (oder ausschließen);
- Untersuchungen der wesentlichen Sprechorgane müssen deren expressive Funktionstüchtigkeit oder -beeinträchtigung/-schädigung abklären.

Die sprachheilpädagogische Diagnostik ist auf drei Ebenen anzuordnen:

1. Analyse der sprachlichen Leistung,
2. organisch-neurophysiologische Bedingungs- bzw. Erhaltungsfaktoren,
3. nichtsprachliche Bedingungs- bzw. Einflussfaktoren oder Folgephänomene personaler und sozialer Art (vgl. Kap. 12.5).

Die Art und das Ausmaß des Problems ist also differenziert festzustellen und die Bedingungen und Einflussfaktoren sind zu bestimmen. Die daraus zu erstellende Diagnose bildet die Grundlage für Entscheidungen und Prognosen

- hinsichtlich einer zu wählenden Sprachtherapie,
- hinsichtlich der weiteren sprachlichen Entwicklung bzw. des Erfolgs der Maßnahme,
- hinsichtlich der schulischen Laufbahn (vgl. VERNOOIJ 1996, 125f.).

Die differenzierte **Analyse sprachlicher Fähigkeiten** und Beeinträchtigungen umfasst i.d.R. vier sprachliche Bereiche:

- phonetisch-phonologischer Bereich (Lauterzeugung und Lautbedeutung für die Wortbildung),
- semantisch-lexikalischer Bereich (Wortbedeutung und Wortschatz),
- syntaktisch-morphologischer Bereich (Satzbau und Gebrauch grammatischer Formen und Regeln)
- pragmatischer Bereich (expressives Sprach-/Sprechverhalten).

Die Durchführung der Sprachanalyse erfolgt auf der Basis von Beobachtungs- und Gesprächsdiagnostik und der Verwendung informeller Prüfmethoden einerseits und des Einsatzes von standardisierten Testverfahren oder ausgewählter Subtests andererseits (vgl. GROHNFELDT 1993d, 117; 2002). In Kritik am herkömmlichen sprachdiagnostischen Vorgehen und bezogen auf die Schwierigkeiten der Sprachdiagnose, insbesondere bei Vor- und Grundschulkindern (vgl. GROHNFELDT 1993d, 110 ff.; 2002) wird immer wieder die Hinzunahme der Spontansprachanalyse gefordert (vgl. SARIMSKI 1983; HANSEN 1996b; HEIDTMANN 1988). Gemeint ist damit die Untersuchung und Analyse spontansprachlicher Äußerungen in natürlichen Situationen, im Gegensatz zur Testsituation, in der spezifisches Sprachverhalten bzw. gezielt Sprachstörungen untersucht werden. HANSEN (1996b) weist jedoch ausdrücklich

Tab. 43: Diagnostische Verfahren zu Sprachstörungen und zur Sprachentwicklung.

Sprachlicher Bereich	Verfahren	Einsatzalter
phonetisch-phonologisch	Bildersprachtest I (Sulser 1975)	Vorschul- und Grundschulalter
	Bremer Artikulationstest (BAT) (NIEMEYER 1976)	7-8 Jahre (2. Klasse)
	Bremer Lautdiskriminationstest (BLDT) (NIEMEYER 1978)	7-8 Jahre (2. Klasse)
	B-Streifen zur Registrierung des Stotterns (LÜKING 1957)	Schulalter
	Phonetisches Bilder- und Wörterbuch (CERWENKA 1975)	2-6 u.U. bis 9 Jahre
	Prüfmittel für Lautbildung und Phonemgehör (PLP) (STOYKE/ORTMANN 1974)	ab 4 Jahre
	Stammler-Prüfbogen (METZKER 1979)	ab 4 Jahre
	Ravensburger Lautprüfbogen (FRANK/GRZIWOTZ 1983)	ca. ab 4 Jahre
	Pyrmonter Analyse Phonologischer Prozesse (PAPP) (BABBE 1993/94)	Vor- und Grundschulalter
	Lautbildungstest für Vorschulkinder (LBT) (FRIED 1980)	ab ca. 3-4 Jahre
	Lautunterscheidungstest für Vorschulkinder (LUT/DLUT) (FRIED 1980)	ab ca. 3-4 Jahre
	AVAK-Test: Analyseverfahren zu Aussprachestörungen bei Kindern (HACKLER/WILLGERMEIN 1999)	Vorschul- und Grundschulalter
semantisch-lexikalisch	Aktiver Wortschatztest für 3- bis 6-jährige Kinder (AWST3-6) (KIESE/KOZIELSKI 1979)	3-6 Jahre
	Frankfurter Test für Fünfjährige – Wortschatz (FTF-W) (RAATZ/MÖHLING/RUCHTI 1971)	5 Jahre
	Wortschatztest für Schulanfänger (WSS1) (I. & J. KAMRATOWSKI 1970)	6-7 Jahre
	Wortschatzuntersuchung 4-6 (WSU4-6) (RAATZ/SCHWARZ/HAGHAYEGHI 1974)	9-13 Jahre (4.-6. Klasse)
	Wortschatz 5-6 (WSS5-6) (WENDELER 1973)	11-13 Jahre (5./6. Klasse)
	Wortschatztest für 7. und 8. Klassen (WST 7-8) (ANGER/BARGMANN/HYLLA 1969)	12-15 Jahre (7./8. Klasse)
syntaktisch-morphologisch	Bilder-Sprachtest II (SULSER 1975)	Vorschul- und Grundschulalter
	Prüfmaterial für Agrammatiker (FIEGER 1965)	4-8 Jahre
	Satzlehre 6+ (WENDELER 1974)	11-13 Jahre (6. Klasse)
	Profilanalyse (CLAHSEN 1986)	ca. 2-6 Jahre
	Testbatterie Grammatische Kompetenz (TGK) (TEWES/THURNER 1976)	ab ca. 9 Jahre
	Token-Test (TT) (ORGASS 1982)	Jugendliche und Erwachsene
	Ravensburger Dysgrammatiker Prüfmaterial (FRANK/GRZIWOTZ 1984)	ca. ab 8 Jahre

Sprachverhalten/ Sprachentwicklung	Sprachprüfsystem (Meixner 1977)	6-16 Jahre
	Psycholinguistischer Entwicklungstest (PET) (Angermaier 1974)	3;0 - 9;11 Jahre
	Landauer Sprachentwicklungstest für Vorschulkinder (LSV) (Götte 1976)	4;0 - 6;6 Jahre
	Heidelberger Sprachentwicklungstest (HSET) (Grimm/Schöler 1978)	3;6 - 9;11 Jahre
	Sprachentwicklungsskalen (dt. Sarimski 1985)	3-10 Jahre
	Diagnosematerial zur sprachlichen Differenzierung (Holtz o.J.)	ca. 5-12 Jahre
	Psycholinguistischer Sprachverständnis- und Sprachentwicklungstest (PSST) (Wettstein 1991-1994)	4-8 Jahre
	Logopädischer Sprachverständnis-Test (LSVT) (Wettmann 1981)	4-8 Jahre
	Screeningverfahren zur Erfassung von Sprachentwicklungsverzögerungen (SEV) (Heinemann/Höpfner 1982)	3;6 - 4 Jahre
	Peabody Picture Vocabulary Test (PPVT-R) (Dunn/Dunn 1981)	2;6 - 40 Jahre

darauf hin, dass die Spontansprachanalyse nicht als Alternative im Sinne eines „anstatt", sondern eher im Sinne eines „wechselweise" oder „zusätzlich" einzusetzen sei (vgl. 77 und 216).

Anzumerken ist auch, dass eine Unterscheidung von phonetischen und phonologischen Störungsbildern erst seit ca. zehn Jahren erfolgt (vgl. Scholz 1990; Hacker 1990, 1997; Hartmann 1996, Mikovic 1998). In der Praxis treten phonetische und phonologische Störungen in der Regel koexistierend bzw. interdependent auf (vgl. Hartmann 1996, 299), für die theoretische Erforschung und insbesondere bezogen auf die Sprachdiagnostik ist eine Unterscheidung jedoch notwendig und sinnvoll.

In Tabelle 43 wird eine Auswahl von sprachdiagnostischen Verfahren zu einzelnen Bereichen gegeben, wobei ein Teil der Verfahren mehrere Überprüfungsbereiche abdeckt, somit nicht eindeutig zuzuordnen ist.

11.5 Aktuelle Probleme der Sprachheilpädagogik

„Pädagogische Sprachtherapie" (Knura/Neumann 1980; Braun/Homburg/Teumer 1980; Grohnfeldt 1987, 1989) stand von jeher im Spannungsfeld von Sprachheilbehandlung und Logopädie, d.h. im Spannungsfeld von Medizin und Pädagogik.

Seit den 1980er Jahren hat sich, wie in der Pädagogik allgemein, der Aspekt der Interdisziplinarität im Zusammenhang mit der Erziehung, Bildung und speziellen Förderung bzw. Therapie von Kindern auch in der Sprachheilpädagogik durchgesetzt (Grohnfeldt 1989, 14).

Für das diagnostische und therapeutische Handeln bei sprachgestörten Menschen, sind die wissenschaftlichen Erkenntnisse verschiedener Disziplinen mehr oder weniger umfänglich einzubeziehen. Neben der (Sonder-)Pädagogik befassen sich

- Medizin
- Phonetik
- Psychologie und
- Soziologie

in je spezifischer Weise u.a. mit Sprachbehinderungen, so dass insbesondere „die Sprachbehindertenpädagogik/Logopädie sich als Integrations- und Handlungswissenschaft versteht" (GROHNFELDT 1989, 14). Als heute noch gültiger Grundsatz und als Standortbestimmung pädagogischer Sprachtherapie kann gelten: „Die pädagogische Sichtweise erfordert es, Sprachstörungen nie isoliert, sondern nur im Zusammenhang mit ihrer Bedeutung für den betroffenen Menschen und seine sozialen Bezüge zu sehen" (KNURA/NEUMANN 1980, 165). Für GROHNFELDT ergibt sich daraus einerseits „eine umfassende Grundhaltung", andererseits eine pädagogische Sprachtherapie „als Ausschnitt aus einem Gesamtkonzept von Maßnahmen innerhalb der Sprach(re-)habilitation" (GROHNFELDT 1989, 17; auch 2000). Häufig wurde und wird Sprachtherapie als (isolierte) Individualtherapie durchgeführt, wiewohl bereits 1928 von HANSEN das Problem einer Wesensgleichheit von Unterricht und (Sprach-)Therapie aufgeworfen wurde. Im Zusammenhang mit der integrativen Beschulung behinderter Kinder wurden Forderungen nach integrativer Sprachtherapie laut (vgl. FEUSER 1985). Über

- isolierte,
- additive,
- integrierte und
- immanente

Formen von Sprachtherapie wurde diskutiert (BRAUN/HOMBURG/TEUMER 1980), allerdings unter weitgehender Beibehaltung der in der (Sonder-)Schule stattfindenden isolierten Einzeltherapie. BRAUN, der eine Wesensgleichheit von Unterricht und Therapie in der Sprachbehindertenschule leugnet, entwickelte den Begriff des „sprachtherapeutischen Unterrichts" (1980, 1983), bei dem DANNENBAUER eine sinnvolle inhaltliche Füllung bezweifelt (vgl. 1998b, 52). Zwar wurden, auch unter dem Aspekt eines ganzheitlichen Förderanspruchs, psychomotorische, sensorisch-integrative und kinesiologische Förderprogramme in den Unterricht der Sprachheilschule aufgenommen, teilweise bei Zurückstellung gezielter Sprachtherapie, effektive Unterrichtskonzepte für Kinder mit Sprachstörungen ergaben sich daraus jedoch nicht (DANNENBAUER 1993; BREITENBACH 1997). Inzwischen haben die Ergebnisse zwar zu der ernüchternden Erkenntnis geführt, dass basal-stimulierende, ganzheitliche Unterrichtskonzepte eine fachkompetent gestaltete, gezielte Sprachtherapie nicht ersetzen können, eine gelungene Verbindung von Aufgaben der Erziehung und des Unterrichts einerseits und pädagogischer Sprachtherapie andererseits konnte jedoch nicht hergestellt werden. Und doch wird gerade dies aufgrund bildungspolitischer und gesetzlicher Vorgaben gefordert. Die „Empfehlungen zur sonderpädagogischen Förderung in den Schulen der BRD" der KMK von 1994 legen eine stärker personen- und nicht so sehr institutionenbezogene Förderung von Kindern mit besonderem Förderbedarf nahe (vgl. Kap. 3.2.1). Das heißt konkret, dass als Förderort für Kinder mit Behinderungen nicht mehr vorrangig die Sonder-/Förderschule anzusehen ist. Eine gesetzliche Grundlage erhält diese Empfehlung durch das Grundsatzurteil der BverfGs vom 8. Oktober 1997, in dessen Begründung integrative Beschulungsformen präferiert werden. Neben den Schulen für Lernbehinderte und für Verhaltensgestörte gerät in besonderem Maße die Sprachheilschule ins Schussfeld eines möglicherweise sonder(schul-)pädagogischen Kahlschlags. In den „Empfehlungen" heißt es: „Die schulische Förderung von Kindern und Jugendlichen mit sonderpädagogischem Förderbedarf im Bereich sprachlichen Handelns erfordert den Einsatz von fachspezifisch ausgebildeten Lehrkräften". Diese sollen allerdings befähigt sein, „Erziehung und Unterricht [...] an verschiedenen Förderorten und damit in unterschiedlichen pädagogischen Handlungszusammenhängen zu verwirklichen" (KMK 1998, a.a.O., 239f.). Die augenblicklich kontrovers geführte Diskussion bezieht sich zum einen auf die Legitimation der Sprachheilschule: „Sprachtherapeutischer Unterricht ist das Kernstück der Sprachheilschule schlechthin. Er allein legitimiert diesen besonderen Förderort" (BORONUS 1997, 46).

Zum anderen konzentriert sie sich auf die Verankerung von (isolierter) Individualtherapie im schulischen Zusammenhang.

„Eine Person, die bei Kindern mit sprachlichem Interventionsbedarf keine Individualtherapie durchführt, ist kaum in der Lage, dem Ziel eines sprachtherapeutischen Unterrichts näher zu kommen" (DANNENBAUER 1998b, 54).

Die im Zusammenhang mit integrativen Beschulungsformen in der Regelschule geforderte „immanente" bzw. „integrative" Sprachtherapie wird sehr kritisch betrachtet. Es kann festgestellt werden,

„daß der Unterricht nicht nur Möglichkeiten zur Integration sprachtherapeutischer Elemente bietet, die selbstverständlich optimal genutzt werden müssen, sondern daß er auch massive Abstriche von der Verwirklichung anspruchsvoller sprachtherapeutischer Konzeptionen erforderlich macht" (DANNENBAUER 1998b, 54).

Sprachliche Individualtherapie als gleichwertige Förderung neben dem Unterricht in der Sprachheilschule scheint im Schwinden begriffen, einerseits unter dem Druck sich verringernder Ressourcen, andererseits auf der Basis integrierter oder besser gruppenorientierter Förderung. Ungeachtet der Rahmenbedingungen ist der Grad der Effizienz sprachtherapeutischer Förderung abhängig von der Kompetenz, „Sprachtherapie professionell handhaben zu können" (vgl. BAUMGARTNER 1998a, 99). Im Zuge der Diskussion gerät selbst das Prinzip der ganzheitlichen Förderung in die Kritik. Als „unwissenschaftlich" und auf die „von einer sachkundigen Analyse sprachlichen Verhaltens ausgehenden Förderung" verzichtend (BAUMGARTNER 1995; HANSEN 1996a; KOTTEN-SEDERQUIST/DANNENBAUER 1996), bezeichnet BAUMGARTNER bestimmte Formen ganzheitlicher Förderung als „sprachtherapeutische Landstreicherei" (1998, 263). Harte Worte, die zwei Tendenzen deutlich machen:

- Die starke ideologisch befrachtete Integrationsdiskussion fordert ein Umdenken in der Sonderpädagogik allgemein.
- Die sonderpädagogischen Experten tun sich schwer mit konstruktiven neuen Konzepten bei Erhaltung der fachspezifischen Kompetenz und der therapeutischen Effizienz.

In der neueren Literatur (GROHNFELDT 2000; BRAUN 2002; KATZ-BERNSTEIN 2003; HOMBURG/LÜDKE 2003) scheint sich in der Sprachheilpädagogik eine Kompromisslösung zu ergeben, die gekennzeichnet werden kann durch die Begriffe „pädagogische Sprachtherapie" (BRAUN 2002, 262) und „Therapiedidaktik" (v. KNEBEL 1996, 368; PUMP/WEBER 2005, 370ff.). Anstelle der Kontroverse „Sprachtherapeutischer Unterricht" oder „Individual-/ Einzelsprachtherapie" scheint die Tendenz in Richtung therapieorientierter Sprachheilunterricht zu gehen, wobei

- die Gewichtung sprachtherapeutischen Handelns sehr hoch bleibt,
- die qualifizierte Sprachtherapiekompetenz der Lehrkraft außer Frage steht,
- die Möglichkeiten unterrichtsintegrierter Sprachtherapie aber durchaus konstruktiv diskutiert und erprobt werden.

PUMP/WEBER (2005, 376) sprechen daher durchgängig von „Therapiedidaktik", in einem Aufsatz der Überschriebenen ist mit „Didaktik der Sprachheilpädagogik". Diese Begrifflichkeit macht deutlich,

- dass die Didaktik, d.h. die Lehre vom Unterrichten, mit der Sprachtherapie und ihren Möglichkeiten und Methoden verbunden wird, zu einer quasi schulpädagogischen Sprachtherapie;
- dass bei der Vorbereitung von Unterricht in der Sprachheilschule sowohl didaktisch-methodische Aspekte der Unterrichtsgestaltung als auch sprachtherapeutische Aspekte zu einer Einheit verschmolzen werden.

Allerdings bleibt die Notwendigkeit je individueller Förder- und damit auch Therapiepläne vorrangige Aufgabe bei Kindern mit Sprachstörungen. Hier liegen auch die Grenzen einer allgemeinen unterrichtsintegrierten Sprachtherapie in der Schule. Dem je spezifischen Förderbedarf von sprachgestörten Kindern gerecht zu werden, heißt auch immer Einzelförderung. PUMP/WEBER (2005, 381) kennzeichnen die Situation folgendermaßen:

„Auf Grund der aktuellen Umbruchsituation in der Sprachheilpädagogik – Verringerung der spezifischen sprachheilpädagogischen Betreuungsangebote zugunsten einer breitgefächerten Förderung in den Bereichen Lernen/Verhalten/Sprache (Förderzentren) – besteht die Gefahr, dass die fachspezifische sprachheilpädagogische Therapie durch allgemeine Förderung ersetzt wird die dem sprachbehinderten Kind nicht gerecht wird" (vgl. auch GROHNFELDT 2000; 2003; 2004).

Für jeden Einzelfall muss die individuelle, bedarfsbezogene und beste Fördermöglichkeit ausgelotet werden. Im Vordergrund muss dabei das Kind mit seinen besonderen (sprach-) pädagogischen Bedürfnissen stehen. Sicher kann DANNENBAUER (1998b, 55) nicht widersprochen werden, wenn er sagt:

„Sprachliche Individualtherapie bestimmt ganz wesentlich die Identität der Sprachheilpädagogik".

Es müsste jedoch ergänzt werden:
Sprachliche Individualtherapie gewährleistet ganz wesentlich die Reduzierung von Sprachstörungen und Sprachbehinderungen im Kindesalter.

Insofern bleibt die sonderpädagogische Förderung von sprachbehinderten Kindern ein Balanceakt zwischen Entspezialisierungstendenzen in der schulischen Praxis und sonderpädagogischer Verantwortung der Sprachheilexperten. Die Gefahr einer Verflachung bzw. Verschlechterung der Förderung besteht nicht nur im Förderschwerpunkt Sprache sondern auch in den Förderschwerpunkten Lernen und Verhalten

Exkurs zur Legasthenie:

Beim Erlernen des Lesens und Schreibens spielen sich beim Kind ständig Umwandlungsprozesse zwischen gehörtem, gesprochenem und geschriebenem Wort ab; so weist Möckel (1978, 34) darauf hin, dass Schreiben aus gesprochener Sprache erwächst und ein Umwandlungsprozess der gesprochenen Sprache ist. Insofern treten, besonders bei Stammlern und Dysgrammatikern, häufig auch Lese- und Rechtschreibstörungen auf. Klasen (1970) fand bei 22,4 % der von ihr untersuchten Legastheniker eine Sprachbehinderung in Form von Stammeln, Dysgrammatismus und Stottern, bei fast 40 % Sprachentwicklungsverzögerungen. Nach Fries/Hanna (1979) ist bei sprachbehinderten Kindern die quantitative Rechtschreibleistung hochsignifikant schwächer als bei nichtsprachbehinderten Kindern, hauptsächlich bedingt durch Speicherschwächen und Wahrnehmungsfehler im akustischen Bereich. Ob die Subsumierung der Lese-/ Rechtschreibschwäche unter „Sprachstörungen" gerechtfertigt ist, soll hier nicht diskutiert werden. Es besteht jedoch kein Zweifel daran, dass zumindest ein deutlicher Zusammenhang zwischen Sprach-(entwicklungs-)störungen im frühen Kindesalter und späteren Störungen im Erlernen des Lesens und Schreibens bestehen. Breuer/Weuffen bezeichnen Legasthenie als „Störung der sprachbezogenen Wahrnehmungsleistung" (1997, 20). Sie entwickeln zur Feststellung dieser Wahrnehmungsdefizite eine „Differenzierungsprobe", d.h. ein Verfahren mit Prüf- und Trainingsaufgaben für Kinder zwischen 5 und 8 Jahren. Partielle oder globale Schwächen des Wahrnehmungsniveaus können, bei vertretbarem zeitlichen und sachlichen Aufwand, mit Hilfe dieses Verfahrens bereits frühzeitig ermittelt werden. Bei etwa 15 % der Schulanfänger liegen Defizite in der Sprachwahrnehmung vor (vgl. Dummer-Smoch 1998, 20), was allerdings nicht bedeutet, dass ebenso viele in der Schule förderungsbedürftige Defizite aufweisen bzw. bei ihnen eine Legasthenie diagnostiziert werden kann. Die in der Differenzierungsprobe angegebenen fünf Wahrnehmungsbereiche stehen im Zusammenhang mit unterschiedlichen sprachlichen Fähigkeiten bzw. Ebenen und sind bezogen auf das Erlernen des Lesens und Schreibens von grundlegender Bedeutung:

- die phonematisch-akustische Differenzierungsfähigkeit (z.B. Unterscheiden von klangähnlichen, aber bedeutungsunterschiedenen Lauten);
- die sprechmotorisch-kinästhetische Differenzierungsfähigkeit (z.B. normgerechte Artikulation, Vollständigkeit und Folgerichtigkeit von Lauten),
- die intonatorisch-melodische Differenzierungsfähigkeit (z.B. Melodieführung, Betonung und deren Bedeutung),
- die rhythmische Differenzierungsfähigkeit (z.B. Erkennen inhaltslogischer Zusammenhänge mit Hilfe von Strukturierungen der Rede),
- die optisch-graphomotorische Differenzierungsfähigkeit (z.B. Detailunterscheidungen nach Form, Farbe, Rich-

tung usf., sowie deren (grapho-) motorische Reproduktion)
(vgl. Breuer/Weuffen 1995, 67ff./ 1997, 20ff.).

Zur besseren Einordnung nachfolgend die möglichen Schwierigkeiten im Bereich des Lesens und Schreibens in tabellarischer Übersicht:

Tab. 44: Mögliche Schwierigkeiten im Bereich des Lesens und Schreibens

langdauerndes Problem		vorübergehende Schwierigkeiten
umfängliche Lese-/Rechtschreibprobleme bei guten allgemeinen Lernvoraussetzungen (erwartungswidrige Minder- bzw. Fehlleistung in einem spezifischen Bereich) → Legasthenie	mehr oder weniger ausgeprägte Lese-/Rechtschreibprobleme im Kontext von allgemeiner Lernbeeinträchtigung (vgl. Kap. 10)	vorübergehende Lese-/ Rechtschreibprobleme im Zusammenhang mit Krankheit, psychischer Belastung, methodischer Fehler u.a.

12 Verhaltensstörungen – Förderschwerpunkt emotionale und soziale Entwicklung

In den Ergänzungsempfehlungen der KMK (2000) wird bereits in der Bezeichnung des Förderschwerpunktes deutlich, dass es sich

- einerseits um eine sehr heterogene Gruppe von Kindern handelt,
- andererseits in Vermeidung von Etikettierung gestörte Entwicklungsprozesse in den Vordergrund gestellt werden.

Letzteres bezeichnet weniger das Phänomen, den beobachtbaren Tatbestand, sondern hebt ab auf mögliche Verursachungen. Ginge man, wie bei den meisten anderen Förderschwerpunkten, vom Phänomen aus, so wäre die Bezeichnung „Förderschwerpunkt Verhalten" angemessener und eindeutiger.

Zwar werden Verhaltensauffälligkeiten bei Kindern häufig auch als emotionale Störungen oder als Störungen in der psychischen Entwicklung umschrieben; eine Begrifflichkeit zu wählen, die nur darauf abhebt, wird den vielfältigen Erscheinungsbildern von Verhaltensstörungen jedoch kaum annähernd gerecht (vgl. auch Vernooij 2005a, 240f.).

Verhaltensstörungen bei Kindern und Jugendlichen rufen in Familie, Schule und Gesellschaft Unverständnis, Unmut und Ärger hervor. Während bei Kindern mit geistiger, körperlicher oder Sinnesbehinderung neben Unbehagen und Verunsicherung in der Regel auch mitmenschliche Betroffenheit, Mitleid und Hilfeimpulse ausgelöst werden, löst ein mehr oder weniger ausgeprägtes „Fehlverhalten" von Kindern ohne erkennbare körperliche oder situative Ursache eher Bestrafungsimpulse aus. Kinder mit abweichendem, störendem, normwidrigem Verhalten haben in der Öffentlichkeit kaum Fürsprecher, denn sie halten sich nicht an die Spielregeln menschlichen Zusammenlebens. Sie verstoßen gegen gesellschafts- bzw. gruppenimmanente Normen, missachten Konventionen und bringen so bestehende Ordnungen und Machtverhältnisse ins Wanken, gefährden die emotionale und physische Sicherheit der Mitmenschen. Aufgrund ihres erwartungswidrigen, unangemessenen Verhaltens sind sie im sozialen Feld nur noch schwer einschätzbar hinsichtlich ihrer Reaktionen (vgl. Vernooij 1984b).

12.1 Begriffsbestimmung und Definition

Diese negative Bewertung wird auch in der wechselnden Begrifflichkeit im Laufe der Zeit deutlich:

Der gegenwärtig international gültige Begriff „Verhaltensstörung“ wurde 1950 auf dem 1. Weltkongress für Psychiatrie in Paris festgelegt als Sammelbegriff für alle Formen und Ausprägungsgrade von Fehlverhalten, vom pädagogischen Phänomen der „Erziehungsschwierigkeit“ über psychiatrische Syndrome, von Psychopathie bis hin zu schweren Formen von Verwahrlosung und Delinquenz (vgl. WIESENHÜTTER 1964; MYSCHKER 2005; VERNOOIJ 1984a, 1989a; 2000).

Verhaltensstörung ist – wie Devianz allgemein – das Ergebnis sozialer Festlegungs- und Zuschreibungsprozesse. Sie

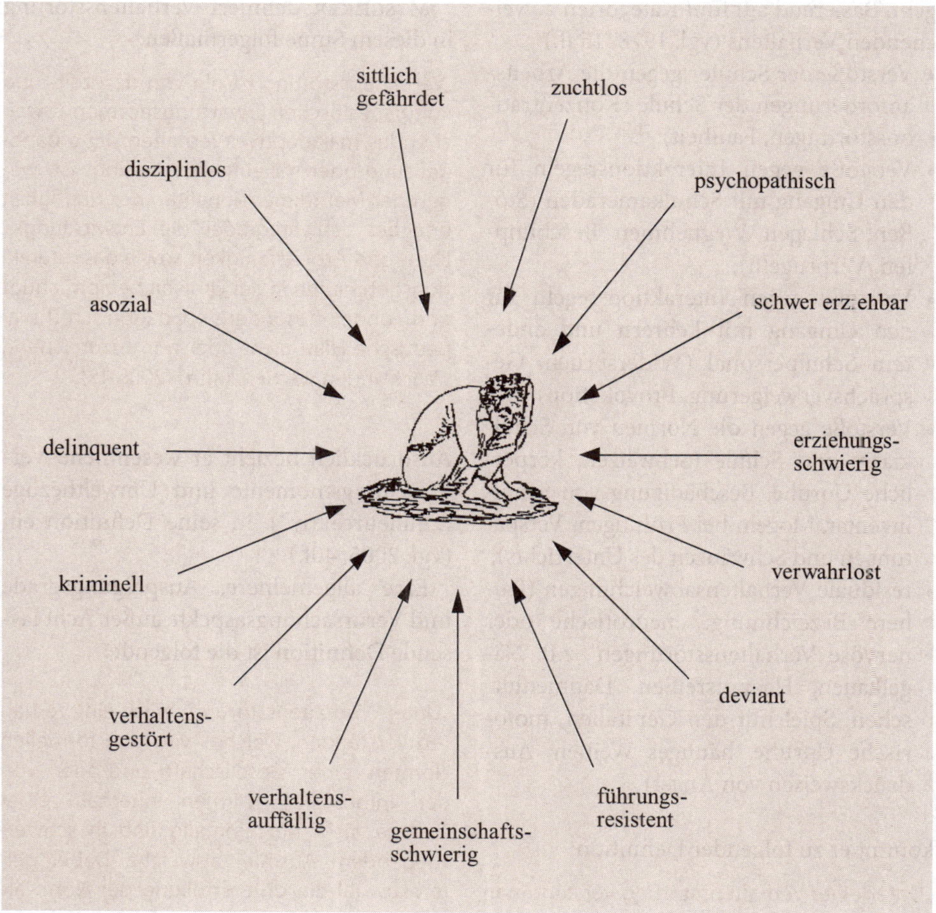

Abb. 26: Die Begrifflichkeit im Wandel der Zeit (Auswahl).

ist keine Verhaltensqualität an sich, sondern Ausdruck gesellschaftlicher Definitionen und unterliegt wie andere soziale Phänomene historisch-kulturellen Veränderungen. Eine Definition von Verhaltensstörung kann nur in Bezug zu geltenden Normen erfolgen.

Havers definiert Verhaltensstörung in Ausrichtung auf die schulische Situation, da er – ähnlich wie bei der Lernbehinderung – von einem vorrangig im Schulalter sich manifestierenden Störungsbild ausgeht. Basierend auf fünf Kategorien abweichenden Verhaltens (vgl. 1978, 15 ff.)

- Verstöße der Schüler gegen die Arbeitsanforderungen der Schule (Konzentrationsstörungen, Faulheit);
- Verstöße gegen Interaktionsregeln für den Umgang mit Schulkameraden (Stoßen, Schlagen, Wegnehmen, Beschimpfen, Verprügeln);
- Verstöße gegen Interaktionsregeln für den Umgang mit Lehrern und anderem Schulpersonal (Widerspruch, Gesprächsverweigerung, Provokation);
- Verstöße gegen die Normen von Schulklasse und Schule (Schwätzen, körperliche Unruhe, Beschädigung von Schulinventar, Mogeln bei Prüfungen, Verspätungen und Schwänzen des Unterrichts);
- residuale Verhaltensabweichungen (frühere Bezeichnung: „neurotische oder nervöse Verhaltensstörungen", z.B. Nägelkauen, Haarausreißen, Daumenlutschen, Spiel mit den Genitalien, motorische Unruhe, häufiges Weinen, Ausdrucksweisen von Angst)

kommt er zu folgender Definition:

„Unter einer Verhaltensstörung versteht man eine Regelübertretung, die vom Handelnden selbst oder von jemandem, der sich ihm gegenüber in einer Machtposition befindet, als störend und unangemessen beurteilt wird" (1978, 24).

Die Beschränkung auf die schulische Situation erfasst allerdings nur einen Teilaspekt von Verhaltensstörung. Angesichts der steigenden Zahl von Kindern und Jugendlichen, die auch außerschulisch durch Aggressivität und Gewalt, durch Vandalismus und Delinquenz auffallen, ist eine weitergefasste Definition angemessen.

Myschker definiert Verhaltensstörung in diesem Sinne folgermaßen:

„Verhaltensstörung ist ein von den zeit- und kulturspezifischen Erwartungsnormen abweichendes, maladaptives Verhalten, das organogen und/oder milieureaktiv bedingt ist, wegen der Mehrdimensionalität, der Häufigkeit und des Schweregrades die Entwicklungs-, Lern- und Arbeitsfähigkeit sowie das Interaktionsgeschehen in der Umwelt beeinträchtigt und ohne besondere pädagogisch-therapeutische Hilfe nicht oder nur unzureichend überwunden werden kann" (2005,45).

Ausdrücklich bezieht er wesentliche Verursachungsmomente und Umweltbezüge („milieureaktiv"), in seine Definition ein (vgl. 2005, 40f.).

Eine allgemeinere, Ausprägungsgrade und Verursachungsaspekte außer Acht lassende Definition ist die folgende:

„Unter Verhaltensstörung wird ein Verhalten verstanden, welches von den formellen Normen einer Gesellschaft und/oder von den informellen Normen innerhalb einer Gruppe nicht nur einmalig und in schwerwiegendem Ausmaß abweicht. Dabei gelten sowohl die Untererfüllung der Norm als auch deren Übererfüllung als Abweichung.
In der Regel werden Verhaltensstörungen

von Autoritäten, von pädagogisch-psychologisch-medizinischen Beurteilungsinstanzen (Eltern, Erzieher, Lehrer, Ärzte) festgestellt. Dabei sind

- entwicklungs- oder krisenbedingte sowie
- situations- oder personenabhängige Verhaltensabweichungen

als vorübergehende, aktuell reaktive Auffälligkeiten nicht über den Begriff Verhaltensstörungen zu fassen" (vgl. Vernooij 1999).

Als Übererfüllung der Norm wird hier ein Verhalten verstanden, welches durch Überangepasstheit gekennzeichnet ist. So genannte Musterkinder (vgl. VERNOOIJ 1986b; 1988; 1992a; 1994d; 2006) sind zwar für Lehrpersonen und Eltern sehr „pflegeleicht", nehmen in ihrer Persönlichkeits- und Identitätsentwicklung jedoch Schaden, da sie – vollkommen fremdbestimmt – i.d.R. nicht lernen, eigene Bedürfnisse, Vorstellungen und Ziele wahrzunehmen bzw. zu entwickeln und selbstständig für deren Befriedigung bzw. Realisierung aktiv zu werden (vgl. VERNOOIJ 1990b).

Bei seiner Festlegung galt der Begriff Verhaltensstörung als neutral und nicht diskriminierend, im Gegensatz zu den meisten der vorgenannten. Als zusammengesetzter Begriff aus

- Verhalten als psychologisch-pädagogischem,
- Störung als medizinisch-technischem Terminus ist er allerdings komplex und mehrdeutig.

Zum besseren Verständnis werden beide Termini unterschiedlich differenziert getrennt betrachtet.

Unter **Verhalten** verstehen wir im weitesten Sinne die Gesamtheit aller beobachtbaren und nicht-beobachtbaren Aktivitäten eines Individuums oder einer Gruppe von Individuen, d.h. der Begriff Verhalten bezieht sich allgemein sowohl auf „äußeres" als auch auf „inneres" Agieren. Je nach wissenschaftstheoretischem Standort erfährt der Begriff Einschränkungen von unterschiedlicher Qualität. Unter klassisch lerntheoretischem Aspekt bezeichnet Verhalten die äußerlich sichtbaren und messbaren Reaktionen eines Individuums auf bestimmte, vorhandene oder gezielt eingesetzte Reize (unabhängig von seinen inneren Prozessen). Aus tiefenpsychologischer Sicht wird äußerlich wahrnehmbares Verhalten als Ausdruck intrapsychischer Aktivitäten gesehen und bezogen darauf in bewusstes und unbewusstes Verhalten unterschieden. Im ersten Falle ist äußerlich wahrnehmbares Verhalten losgelöst von intrapsychischen Vorgängen Gegenstand der Betrachtung, im zweiten Fall gilt äußerlich wahrnehmbares Verhalten als Schlüssel zu intrapsychischen Vorgängen und damit ist beides in untrennbarer Verknüpfung Gegenstand der Betrachtung. Unter pädagogischem Aspekt wird zunächst von äußerlich wahrnehmbarem Verhalten ausgegangen; der Bezug zu intrapsychischen Vorgängen wird mit unterschiedlicher Intensität und je nach Kompetenz und Interesse des Betrachters mehr oder weniger qualifiziert hergestellt (vgl. VERNOOIJ 1989a, 61f.; VERNOOIJ/WITTROCK 2004; VERNOOIJ 2004c).

Betrachtet man Verhalten allgemein und Sozialverhalten im besonderen etwas genauer, so zeigt sich, dass es ein „komplexes Gefüge von emotionalen, kognitiven, motivationalen und personalen bzw. intrapsychischen Prozessen darstellt, wobei die Gewichtung der einzelnen Prozesse bzw. deren Intensität je individuell verschieden und damit […] außerordentlich variationsreich sein kann“ (Vernooij 2003, 9). Es würde hier zu weit führen, diese komplexen Zusammenhänge differenziert darzustellen (ausführlich: Vernooij 2003, 9-29). Es sollen deshalb nur die wesentlichen Aspekte im Zusammenhang mit Sozialverhalten kurz angesprochen werden. Zunächst zum Begriff Sozialverhalten:

- Es ist ausgerichtet auf andere Personen im Zusammenhang mit sich selbst.
- Es ist eingebunden in zeit- und kulturspezifische Normen bezogen auf das jeweilige soziale Feld.
- Rein ego-zentriertes Verhalten ist nichtsozial, unsozial, asozial bzw. es ist ein nicht sozial motiviertes Verhalten (vgl. Vernooij 2003, 23).

Als Motiv kann die Bereitschaft eines Menschen zu einem bestimmten Verhalten verstanden werden. „Ein Motiv ist ein individueller Beweggrund; quasi der richtungsgebende, leitende, antreibende psychische Bestimmungs- oder Hintergrund“ (vgl. Vernooij 2003, 17). Motive entstehen immer aufgrund bestimmter, unterschiedlicher Bedürfnisse, wie Abbildung 27 verdeutlicht.

Unabhängig von der Art der Motivation bedarf es für (soziales) Handeln bestimmter Kompetenzen. Sozialkompetenz ist untrennbar mit Sach- und Selbstkompetenz verbunden (vgl. Vernooij 2001; 2005a, 306f). Geht man gemäß der vorgenannten Definition davon aus, dass kognitive, emotionale, motivationale und aktuell intrapsychische Prozesse auch das soziale Handeln bestimmen, so ergibt sich ein komplexes Wirkungsgefüge, welches weder nur mit Blick auf das Verhalten noch nur mit Blick auf das je individuelle Entwicklungsniveau angemessen zu erfassen ist, sondern nur in einer Gesamtschau analysiert und beeinflusst werden kann.

Das Schaubild verdeutlicht, dass (Sozial-) Verhalten in seiner Komplexität nicht nur anhand äußerlich und objektiv beobachtbaren Handelns zu erfassen ist. Dennoch wird nicht selten genau davon ausgegan-

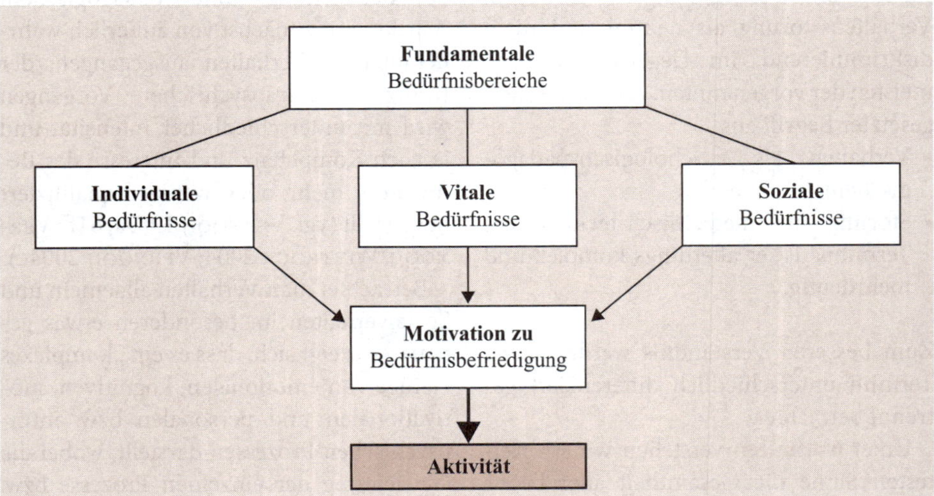

Abb. 27: Fundamentale Bedürfnisbereiche, Motivation und Aktivität (nach Vernooij 2003, 18).

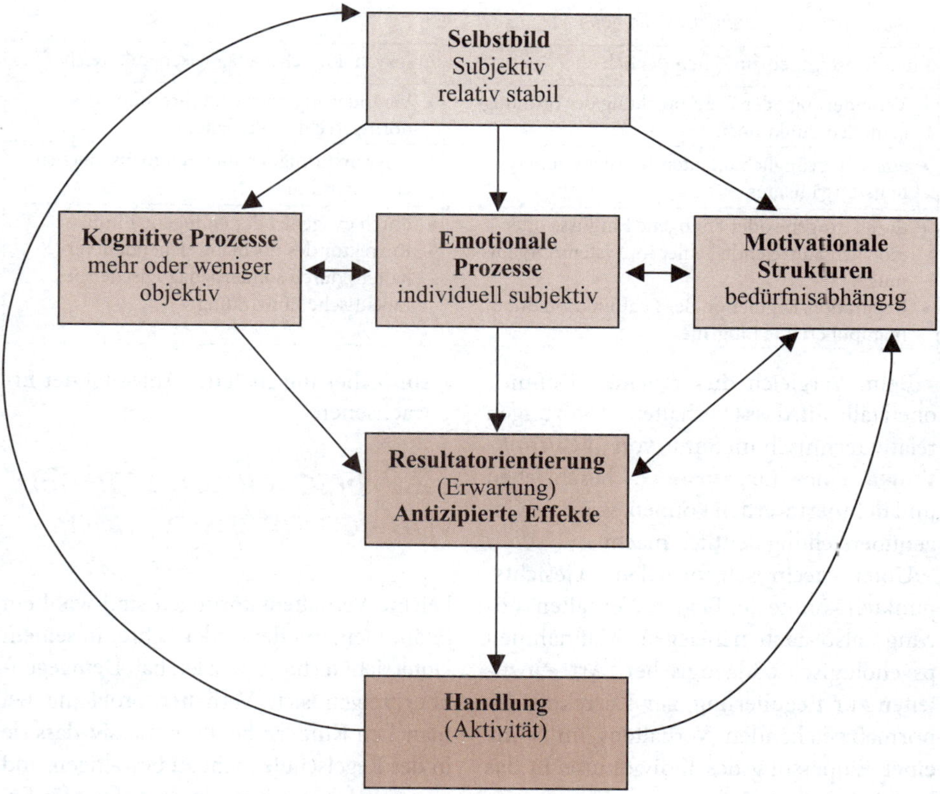

Abb. 28: Komplexität von sozialem Handeln bei Annahme des Zusammenwirkens von kognitiven, emotionalen und motivationalen Faktoren (nach VERNOOIJ 2003, 26).

gen bei der Beurteilung von Fehlverhalten. Ausgangspunkt für diese Überlegungen war der Begriff „Verhaltensstörung" als zusammengesetztem pädagogisch-psychologisch und medizinisch-technischem Terminus. Medizinisch-technisch ist der Begriffsteil „Störung" zu sehen. Aus dieser Perspektive liegt eine **Störung** dann vor, wenn die **ordnungsgemäße Funktion** eines ursprünglich intakten Konstruktionssystems/Organismus' durch Einflüsse von außen oder durch plötzlich auftretende Fehler im System/Organismus verändert bzw. unterbrochen wird, und wenn die dadurch entstehenden Fehlfunktionen ohne regulierende Eingriffe von außen nicht eliminierbar sind.

Pädagogisch-psychologisch gesehen liegt eine Störung (des Verhaltens) dann vor, wenn das innerhalb einer Toleranzgrenze erwartete **normgerechte Verhalten** auf der Basis einer ursprünglich als intakt angenommenen menschlichen Grundstruktur durch Einflüsse von außen oder durch plötzlich auftretende Fehler in der Struktur verändert bzw. unterbrochen wird, und wenn das stattdessen auftretende normabweichende Verhalten ohne sonderpädagogisch/therapeutische Einwirkung nicht reversibel ist.

Tab. 45: Gegenüberstellung der Definitionen des Begriffs „Störung" (vgl. VERNOOIJ 1989a, 65; 1998c, 38).

im technisch-medizinischen Bereich	im psychologisch-pädagogischen Bereich
• Veränderung oder Unterbrechung der ordnungsgemäßen Funktionen	• Veränderung oder Unterbrechung des normgerechten Verhaltens
• eines ursprünglich intakten Konstruktionssystems/Organismus	• einer ursprünglich intakten menschlichen Grundstruktur
• durch exogene oder endogene Einflüsse oder plötzlich auftretende Fehler im System/Organismus • Reparation/Regulation der Fehlfunktion durch manipulierende Eingriffe	• durch exogene oder endogene Einflüsse • Korrektur des normabweichenden Verhaltens durch sonderpädagogische/therapeutische Einwirkung

Beim Vergleich dieser beiden Definitionen fällt auf, dass (Verhaltens-) Störungen relativ technisch im Sinne von **„Fehlfunktionen** eines **Organismus"** beschrieben und definiert werden können, wie eine Gegenüberstellung deutlich macht.

Unter technisch-formalen Gesichtspunkten könnte der Begriff „Verhaltensstörung" also auch nahelegen, Maßnahmen psychologisch-pädagogischer Art einzuleiten zur Regulierung, zur Korrektur des normabweichenden Verhaltens im Sinne einer Einpassung des Individuums in das bestehende System

- zur Sicherung der sozialen Normen,
- zur Sicherung bestehender hierarchischer Verhältnisse,
- zur Sicherung auch der Autorität der Erwachsenen.

12.2 Erscheinungsformen von Verhaltensstörung

Leichte Verhaltensstörungen sind wohl ein Phänomen, mit dem jeder Lehrer in seinem Unterricht fertig zu werden hat. Demgegenüber zeigen sich Verhaltensprobleme bei manchen Kindern heute so massiv, dass sie in der Regelschule nicht zu bewältigen sind und eine Überweisung in die Schule für Erziehungshilfe (für Verhaltensgestörte - die Bezeichnungen sind in den Bundesländern uneinheitlich) erwogen werden muss.

Tab. 46: Klassifikation von Verhaltensstörungen (vgl. auch MYSCHKER 2005, 52).

Klassifikation	Symptomatik
Extroversion, d.h. nach außen gerichtetes Verhalten	Aggressivität (verbal und physisch), Hyperaktivität, Impulsivität, Provokation, Aufsässigkeit, Tyrannei, Machtgebaren, Gewalttätigkeit
Introversion, d.h. nach innen gerichtetes Verhalten	Ängstlichkeit, Gehemmtheit, Überempfindlichkeit, Motivationslosigkeit, Depressivität, psychosomatische Störungen (z.B. Kreislauf-, Magen-Darm-, Schlafprobleme), Selbstwertprobleme
Sozial-Infantilität, d.h. unreifes, altersunangemessenes Verhalten	Entwicklungsverzögerung, Regressivität, Belastbarkeitsstörungen, Konzentrations- und Aufmerksamkeitsprobleme, Sprach-, Sprech-, Stimmstörungen (vgl. Kap. 11)
Sozial-Delinquenz, d.h. sozial-destruktives bis kriminelles Verhalten	hohe Risikobereitschaft, Hemmschwellenveränderung, Personen- und Sachbeschädigung, Eigentumsdelikte, Gewaltverbrechen, Verstoß gegen das Betäubungsmittelgesetz

Unter Außerachtlassung von früheren Symptomkatalogen (z.B. GRAEFE 1969) kann nach HAVERS (vgl. 1978, 36f.) und MYSCHKER (vgl. 2005,52) eine Klassifikation von Verhaltensstörungen in vier Gruppen vorgenommen werden:

Bezogen auf die Symptomatik von Verhaltensstörungen ergeben sich theoretisch und praktisch Überschneidungen von drei Bereichen, wie folgende Tabelle verdeutlicht[1]:

Tab. 47: Bereichsüberschneidungen bei Verhaltensstörungen.

Pädagogik/ Sonderpädagogik	Verhaltensstörung, Erziehungsschwierigkeit, Lernbeeinträchtigung
Medizin/ Psychiatrie	MCD, Neurose, Hyperkinetisches Syndrom, Psychose
Jurisprudenz, Sozialgesetzgebung	Schädliche Neigung/ Schuldhaftigkeit (JGG), Sozialdevianz, soziale Gefährdung (KJHG), seelische Behinderung (SGB IX, AFG, BbiG).

In Abgrenzung zur Lernbehinderung (vgl. Kap. 10) liegt bei Kindern mit Verhaltensstörungen keine Intelligenzminderung vor. Trotz durchschnittlicher bis überdurchschnittlicher Intelligenz zeigen sie jedoch häufig erwartungswidrige Minderleistung (underachievement) infolge der mit ihrer Symptomatik verbundenen psychischen Spannungen und Belastungen.

Hinsichtlich der Verbreitung von Verhaltensstörungen liegen generalisierbare Untersuchungsergebnisse für die Bundesrepublik Deutschland nicht vor. Schätzungen schwanken zwischen 5 % und 30 % (vgl. MYSCHKER 2005, 77f.). Gesichert scheint die Dominanz männlicher Probanden. Einer Untersuchung von STEUBER (1973) zufolge ist das Verhältnis Mädchen : Jungen = 1 : 2. In internationalen Studien wird die Dominanz männlicher Verhaltensstörungen dahingehend bestätigt, dass ca. 60-70 % der Kinder und Jugendlichen mit Lern- und/oder Verhaltensschwierigkeiten männlichen Geschlechtes sind (vgl. Kap. 2.4). Das entspricht einem Verhältnis von etwa 3(m) : 2(w). Das bedeutet, dass offenbar der Anteil von Mädchen mit Verhaltensstörungen in den letzten 30 Jahren kontinuierlich zugenommen hat. Bezogen auf exakte allgemeine Daten wird selbst in der neueren Literatur (z.B. MYSCHKER 2005) auf alte Untersuchungen zurückgegriffen. Danach liegt der Prozentsatz von Kindern mit Verhaltensstörungen im Grundschulbereich bei 20 % (vgl. MYSCHKER 2005, 78ff.).

Während die Verhaltensstörungen aggressiver Art bei Jungen mehr als doppelt so häufig auftreten wie bei Mädchen, sind bei den Störungen gehemmter Art die beiden Geschlechter etwa gleich stark vertreten. Über unreifes Verhalten liegen keine Befunde zur Geschlechtsproportion vor. Delinquentes Verhalten ist – wie auch aus der Jugendkriminalitäts-Statistik hervorgeht – bei Jungen wieder deutlich stärker ausgeprägt (vgl. HAVERS 1978, 61ff.; MYSCHKER 2005, 78f.; zum Delinquenzproblem vgl. SPRINGER 1973; KAISER 1977; SCHÖCH/GEBAUER 1991; KREUZER 1993; KAISER 1996; PFEIFFER 1998).

[1] **Abkürzungen:** MCD: Minimale Cerebrale Dysfunktion; JGG: Jugendgerichtsgesetz; KJHG: Kinder- und Jugendhilfegesetz; SGB IX: Sozialgesetzbuch, 9. Buch; AFG: Arbeitsförderungsgesetz; BbiG: Berufsbildungsgesetz

12.3 Verursachungstheorien bezogen auf Verhaltensstörungen

Eine sehr differenzierte Zusammenstellung von insgesamt sechs Erklärungsansätzen gibt BENKMANN (1989). Er unterscheidet

- den „biophysischen" bzw. medizinischen,
- den „psychodynamischen" bzw. tiefenpsychologischen,
- den „verhaltenstheoretischen" bzw. lerntheoretischen,
- den „soziologischen" bzw. sozialpsychologischen,
- den „polit-ökonomischen" bzw. „gesellschaftskritischen",
- den „ökologischen" bzw. systemischen Ansatz.

Verhaltensstörungen unter **medizinischem** Aspekt sind zurückzuführen auf genetische, somatische oder psychopathologische Gegebenheiten, wie z.B. frühkindlicher Autismus, Minimale cerebrale Dysfunktion, physiologische Dysfunktion. Man spricht hier von „pathogenen" Verhaltensstörungen (vgl. LEMPP 1970; SPECK 1979b; BENKMANN 1989), die medizinischer Behandlung bedürfen. Ausdrücklich auszuschließen sind abweichende Verhaltensweisen, die als Symptome oder in unmittelbarem Zusammenhang einer organischen Erkrankung anzusehen sind (z.B. epileptische Absencen; Aggressionszustände infolge hormoneller oder Stoffwechselerkrankungen).

Tiefenpsychologisch gesehen entstehen Verhaltensstörungen aufgrund intrapsychischer Prozesse in der frühkindlichen Entwicklung, die beeinflusst bzw. geprägt sind durch frühkindliches Konflikterleben, traumatische Ereignisse und deren unzulängliche oder unangemessene Verarbeitung auf der Basis der individuellen psychischen Struktur. Verhaltensstörungen stellen vor diesem Hintergrund Symptome einer gestörten Persönlichkeitsentwicklung dar, die nur durch psychotherapeutische Maßnahmen auf tiefenpsychologischer Basis reduziert, verändert, reguliert werden können.

Aus klassisch **lerntheoretischer** Sicht entstehen Verhaltensstörungen aufgrund falscher Konditionierungs- und Modellernprozesse. Verhaltensänderungen werden mit Hilfe systematischer Modifikationsprogramme auf der Basis einer differenzierten Verhaltensanalyse eingeleitet.

In den umschriebenen drei Erklärungsansätzen ist die **individuumzentrierte** Sichtweise vorherrschend. Verhaltensstörungen entstehen

- aufgrund physischer oder psychischer Dysfunktionen,
- aufgrund intrapsychischer Ungleichgewichte oder
- aufgrund falscher Lernprozesse

als **persönlich-individuelles Merkmal** (vgl. KUPFFER 1978; HUSSLEIN 1983).

Der **sozialpsychologische** Ansatz bezieht die Umwelt als interpretierende Gruppe mit ein. Verhaltensstörungen werden hier als Folge sozialer Interaktions-, Interpretations- und Etikettierungsprozesse verstanden. Insbesondere im Zusammenhang mit jugendlicher Delinquenz entstanden auf dieser Basis eine Fülle von Theorien (Zusammenschau in OPP 1974). Gemeinsam ist ihnen das Moment der Merkmalszuschreibung, der Stigmatisierung, d.h. ein tatsächlich vorhandenes Verhalten wird durch Kontrollinstanzen (öffentlich) als abweichend, gestört, kriminell etikettiert und u.U. generalisiert, was eine Verfestigung des Verhaltens zur Folge hat aufgrund der Unmöglichkeit, einen Prozess der Destigmatisierung im sozialen Feld einzuleiten.

Auch der **gesellschaftskritische** Ansatz geht, auf einem allgemeineren Level als der vorgenannte, von der gesellschaftlichen Bedingtheit von Verhaltensstörungen aus.

Insbesondere aus sozio-ökonomischer und sozio-kultureller Deprivation, aus allgemeiner sozialer Benachteiligung sowie bezogen auf extraindividuelle gesellschaftliche Bedingungen (Produktions- und Machtverhältnisse, Armut, Chancenungleichheit) resultieren Verhaltensweisen, die von gesellschaftskonformen Instanzen als abweichend und in der Regel unerwünscht bewertet werden (vgl. soziologisch/sozialpsychologischer Ansatz).

Auch wenn die beiden letztgenannten Erklärungsansätze einer gesellschaftsorientierten Sichtweise bezogen auf die Entstehung von Verhaltensstörungen den Vorzug geben, ist allen bisher genannten Theorien ein relativ einheitliches Denkmuster eigen:

Fast formelhaft wird ein linear-kausaler Begründungszusammenhang hergestellt, d.h. alle Erklärungen verbleiben im Ursache-Wirkungs-Schema, wobei die Ursache entweder im Individuum oder in gesellschaftlichen Reaktionen bzw. Bedingungen liegt. Die Wirkung dieser jeweils als Ursache angenommenen Faktoren ist das abweichende Verhalten des Kindes als Reaktion auf die je unterschiedlichen intraindividuellen oder extraindividuellen Gegebenheiten.

Unter **systemischen** Aspekten sind personenbezogene Definitionen ebensowenig möglich, wie die vorgenannte technische Beschreibung von (Verhaltens-)Störung im Sinne von Fehlfunktion eines Organismus (vgl. Tab. 45). Eine Verhaltensstörung stellt aus dieser Sicht nicht ein Charakteristikum **eines** Individuums dar, sondern ein Merkmal eines komplex vernetzten, gestörten Ökosystems. In der systemischen Sichtweise gibt es nicht mehr das **Kind** mit psychischen Fehlentwicklungen und darauf basierend mit symptomatischem Fehlverhalten als individueller Patient, sondern es gibt nur ein fehlentwickeltes, gestörtes **System**, in dem das **Kind** als **Symptomträger**, als „identifizierter Patient" **ein Element** darstellt (vgl. von Schlippe/Schweitzer 1997, 109f.; Vernooij/Winkler 1998, 159; Vernooij 1998; 2003). Jedes **Kind** ist Teil eines bzw. mehrerer Systeme (Familie, Schule, Gemeinde oder Wohnbezirk usf.). Die Kenntnis des Systems – insbesondere auf der Mikroebene – ist notwendige Voraussetzung für das Verständnis eines Kindes sowie für die Planung und Durchführung von Interventionen zur Systemveränderung, die nach Möglichkeit die Eliminierung der Symptome zur Folge haben sollten.

Die kurze Skizzierung der pädagogisch-psychologisch relevanten Erklärungsansätze zur Verursachung von Verhaltensstörungen bei Kindern zeigt, dass jede Sichtweise bestimmte Aspekte fokussiert, andere außer Acht lässt (vgl. Benkmann 1989, 111). Weder die individuumzentrierten noch die gesellschaftsorientierten Ursachenzusammenhänge werden, infolge ihres linear-kausalen Denkens, der Komplexität des Phänomens „Verhaltensstörung" und damit den so „etikettierten" Kindern gerecht. Lediglich Teilbereiche dieser Komplexität werden jeweils erklärend herausgehoben. Myschker kommt zu dem Schluss, dass

Verhaltensstörung immer als multifaktoriell bedingt gesehen werden muss (2005, 81).

Bezogen auf die vorgestellten Theorien zur Verursachung ließe sich diese multifaktorielle Bedingtheit in einer Grafik folgendermaßen darstellen

Die systemische Sichtweise ist, im Gegensatz zu den übrigen Theorien eher ganzheitlich ausgerichtet. Sie bezieht die Teilbereichsaspekte – systembezogen – mit ein und kann so Interventionen im größeren Zusammenhang planen und durchführen, unter Entlastung des „Symptomträgers". Im Zusammenhang mit (sonder-)pädagogisch-therapeutischen Möglichkeiten wird hierauf näher eingegangen werden (vgl. Kap. 12.6.3).

12.4 Geschichte der Verhaltensgestörtenpädagogik

12.4.1 Der Umgang mit Verhaltensgestörten bis 1945

Von Verhaltensgestörtenpädagogik im eigentlichen Sinne kann erst nach dem 2. Weltkrieg gesprochen werden. Sie gehört somit neben der Geistigbehindertenpädagogik zu den jüngsten sonderpädagogischen Disziplinen. Das heißt nicht, dass es vorher keine Kinder mit normabweichendem Verhalten in der Schule gegeben hätte. Seit es Schule gibt, d.h. seit der ers-

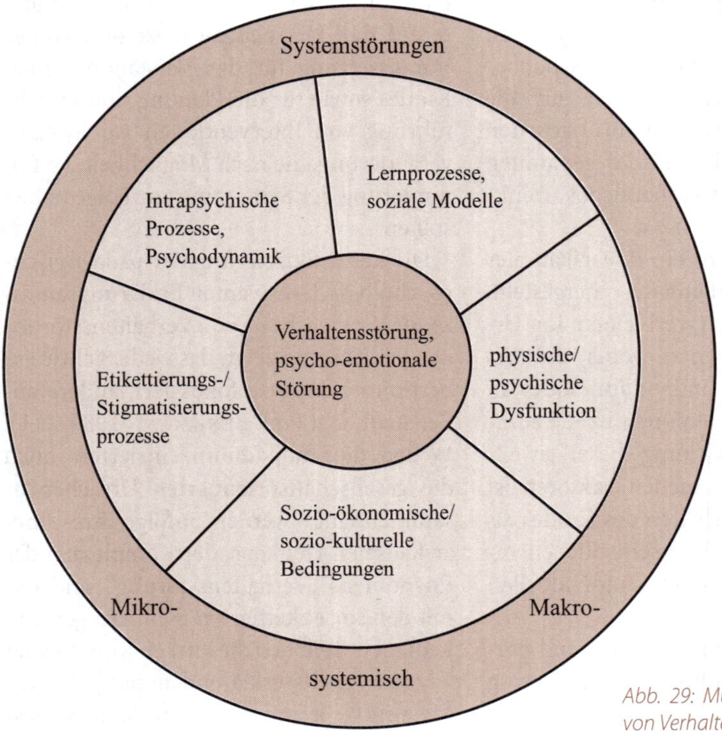

Abb. 29: Multifaktorielle Bedingtheit von Verhaltensstörungen.

ten Klosterschule (Im Jahre 520 gründete BENEDIKT V. NURSIA den Benediktinerorden, bei dem zu jedem Kloster auch eine Klosterschule gehörte.) befinden sich dort auch Kinder, die sich an gegebene Regeln nicht halten können oder wollen. Diesen „zuchtlosen", „sittlich gefährdeten" oder „verwahrlosten" Schülern begegnete die Gesellschaft bis zum Ende des 19. Jahrhunderts mit **Moralisierung**. Bei den Sanktionen war die körperliche Züchtigung das vorherrschende Mittel. Um den Eindruck des Ausmaßes dieser als pädagogisch bezeichneten Maßnahme zu vermitteln, einige Zitate durch die Jahrhunderte:

■ **Um 600.** „Die Zucht wurde mit Strenge gehandhabt. Unart, Unfleiß, Unachtsamkeit wurden ... mit Fasten und Rutenstreichen, schwere Vergehen selbst mit Geißelhieben bestraft" (Aussage über Klosterschulen um 580-600, in KAYSER 1895, 58).

■ **Um 1000.** „In der inneren Klosterschule legte der Hauptlehrer die Rute beinahe niemals aus der Hand. Mit ihr weckte er die schlafenden Knaben nachts, wenn das Zeichen zur Messe rief ... Mit ihr trieb er sie zu den täglichen Arbeiten an, und mit ihr stand er wieder vor ihnen, wenn sie zu Bett gingen, harrend, bis alle sich niedergelegt und wohl zugedeckt hatten" (Aussage über Klosterschulen um 1000, in SPECHT 1885, 206).

■ **Um 1200.** „Schulmeister schlagen manchmal wutblind auf die Kinder los, so daß solche Züchtigungen nicht bloß körperentstellende Leibesverletzungen, sondern sogar den Tod des Zöglings zur Folge hatten" (Aussage über Dom- und Stiftschulen um 1200, in SPECHT 1885, 211).

■ **Um 1280.** „Schlägt einer sein Lehrkind mit Ruten oder mit der Hand, ohne es blutig zu hauen, so ist er von der Verantwortung frei. Und blutet es nur aus der Nase, so kann er auch nicht gebüßet werden. Schlägt er es aber an anderen Körperteilen blutig, und nicht mit der Rute, so muß er es büßen; und schlägt er es tot, so wird er gerichtet" (Schwabenspiegel – privates Rechtsbuch, um 1275 von einem unbekannten Geistlichen in Augsburg auf der Grundlage des Deutschenspiegels verfasst. Verbreitung in Bayern, Schwaben und der Schweiz. Zit. nach SPECHT 1885, 212).

■ **Um 1530.** „Deine Aufgabe ist es, die nachgiebige und vor allem bildsame Materie in die beste Verfassung zu bringen. Unterlässest du es, so hast du eine Bestie; bist du sorgsam, dann hast du sozusagen ein göttliches Wesen" (ERASMUS V. ROTTERDAM, Übers. GAIL 1963, 116).

■ **Um 1800.** „Die Schulzucht darf niemals bis zu Mißhandlungen, welche der Gesundheit der Kinder auch nur auf entfernte Art schädlich werden könnte, ausgedehnt werden" (§ 50 des „Allgemeinen Landrechts" von 1794, zit. nach GIESE 1961, 64).

■ **Um 1830.** „Die Körperliche Züchtigung, welche da einzutreten pflegt, wo Verweise nicht mehr helfen, würde man umsonst ganz zu verbannen suchen; sie müssen aber so selten sein, daß sie mehr aus der Ferne gefürchtet, als wirklich vollzogen werden" (HERBART 1835, Reclam o.J., 31).

Im 18. Jahrhundert wurde die körperliche Sanktionierung in einem kurzen Intermezzo durch die Philanthropen unterbrochen. Sie setzten „Besserungsmittel" an die Stelle der körperlichen Züchtigung, wobei man sich fragen muss, was von beidem für die Schüler wohl schlimmer war: die körperliche Grausamkeit oder die meines Erachtens durch die Philanthropen ungewollt in die Pädagogik eingeführte seelische Grausamkeit, z.B.

- Gefängnis, bis zur Einsperrung bei Nacht,
- eine oder mehrere Stunden auf Erbsen knien,
- die Schildwache, wobei dem Übeltäter ein Tag/eine Woche lang ein Zettel mit Angabe der Tat auf den Rücken geheftet wurde,
- der Schreier, d.h. ein Knabe, ruft morgens, mittags und abends, wenn alle Zöglinge im Speisesaal versammelt sind, den Namen und das Vergehen des Übeltäters laut aus, und alle antworten im Chor mit einem lauten „Pfui!“ (vgl. VERNOOIJ 1982/84, 27; KAYSER 1895, 152).

Die frühe Geschichte der Verhaltensgestörtenpädagogik ist weitgehend eine Geschichte der Heimerziehung, beginnend mit den „Besserungsanstalten“ für verwahrloste und straffällige Kinder und Jugendliche und verknüpft mit Namen bedeutender kirchlicher Initiatoren wie Johann Hinrich WICHERN (1808-1881) und Don Giovanni Bosco (1815-1888) sowie bedeutender einzelner Pädagogen wie August AICHHORN (1878-1949), Anton Semjonowitsch MAKARENKO (1888-1939), Hans ZULLIGER (1881-1965), Bruno BETTELHEIM (1903-1990) oder Fritz REDL (1902).

Erst mit der Einrichtung der „Child Guidance Clinics“ in den USA, den Vorläufern der Erziehungsberatungsstellen im Jahr 1922, und den ersten Sonderklassen für psychopathische beziehungsweise schwererziehbare Kinder (Zürich 1926, Berlin 1928, Wien 1931, Kopenhagen 1937) begannen institutionalisierte ambulante Bemühungen um verhaltensauffällige Kinder. Auf diese Entwicklung soll ein wenig näher eingegangen werden.

Bis zum Ende des 19. Jahrhunderts galt die körperliche Züchtigung als notwendiges Erziehungsmittel zur Aufrechterhaltung schulischer Disziplin. Versuche des preußischen Kultusministers, Ausschreitungen von Lehrern hinsichtlich der körperlichen Züchtigung ihrer Schüler entgegenzuwirken, schlugen fehl. In einer Verfügung vom 01.05.1899 wurde z.B. festgelegt,

- dass die körperliche Züchtigung „disziplinloser“ Schüler auf „äußerste Fälle“ zu beschränken sei und dass dazu die Genehmigung des Rektors oder des Hauptlehrers eingeholt werden müsse;
- dass Schlagen mit Linealen, Zeigestöcken und Büchern verboten sei, ebenso Schläge ins Gesicht, Stöße auf Brust und Rücken sowie Ziehen an Ohren und/oder Haaren;
- dass Kinder mit geringer Begabung oder schlechten Schulleistungen nicht deshalb körperlich gezüchtigt werden dürften (vgl. VERNOOIJ 1982/84, 37).

Nach einer Verfügung vom 01.01.1900 erhielt die Lehrerschaft zwar das direkte Züchtigungsrecht zurück, jedoch mit der Verpflichtung, jede durchgeführte körperliche Bestrafung mit einer kurzen Begründung ihrer Notwendigkeit in ein Strafverzeichnis einzutragen (vgl. BERG 1973, 179).

Mit der Reformpädagogik vollzog sich eine **Humanisierung** und eine **Pädagogisierung** in den Schulen. Die „Pädagogik vom Kinde aus" brachte Begriffe wie Selbstgestaltung, Selbsterziehung, Spontaneität offiziell in die Pädagogik und in die Lehrpläne der Schulen ein. Bezogen auf Schüler, die als sittlich gefährdet, verwahrlost, erziehungsschwierig oder schwer erziehbar galten, vollzog sich allerdings eher eine **Pathologisierung**, d.h. Schüler mit abweichendem Verhalten galten als Psychopathen oder als (sozial) Verwahrloste, die ab 1911 in einem Personalbogen erfasst wurden. Erschien die Störung der Unterrichtssituation und die Belastung für Lehrer und Schüler als zu groß (was von Schule zu Schule uneinheitlich, stark subjektiv entschieden wurde, da der Grad an psychischer Belastbarkeit sowie die Toleranzspanne für abweichendes Verhalten bei Lehrern erhebliche Unterschiede aufweisen), so konnte zwischen vier Verfahrensmöglichkeiten gewählt werden:

- Einweisung in Psychopathenheime,
- Überweisung in die Fürsorgeerziehung,
- Umschulung in die Hilfsschule,
- Ausschulung.

Darauf bezogen kann die Einrichtung von so genannten Erziehungsklassen (E-Klassen) für Schwererziehbare (Berlin 1928) als eine bedeutsame Wende in der sonderpädagogischen Praxis bei Kindern und Jugendlichen mit Verhaltensstörungen angesehen werden.

Seit Beginn der 1920er Jahre befasste sich in Berlin Arno Fuchs, der maßgeblich am Auf- und Ausbau des Sonderschulwesens in Deutschland, insbesondere an der Schaffung einer inneren Struktur der Hilfsschule beteiligt war (vgl. Fuchs 1922), mit dem Problem der Schwererziehbaren, die aus seiner Sicht bei o.g. Maßnahmen nicht angemessen gefördert wurden. Die von Fuchs eingeführte Segregation erfolgte bei Schülern, die keinesfalls als intelligenzgemindert anzusehen waren, sondern die primär durch Schwererziehbarkeit auffielen, und

> „deren Verbleiben im Klassenverband ohne Gefährdung der Mitschüler nicht länger zu ertragen ist, und bei denen angenommen werden kann, daß eine Individualerziehung in einer besonderen Klasse eine Wandlung und u.U. die Bewahrung vor Fürsorgeerziehung bewirken kann" (Seeling 1929, 587).

In Pädagogenkreisen wurde die Errichtung von E-Klassen nicht ohne Bedenken und nicht ohne Gegenstimmen verfolgt. Man befürchtete

- einen negativen Lerneffekt, da positive Vorbilder fehlten,
- die völlige Überforderung des in der „Rüpelklasse" unterrichtenden Lehrers.

Man verwies auf den pädagogischen Widerspruch, Schüler, die zur Gemeinschaftsfähigkeit erzogen werden sollten, aus eben dieser Gemeinschaft herauszureißen, wobei übersehen wurde, dass die Gemeinschaft von „Rüpeln" ja auch eine Gemeinschaft darstellt. Fuchs hatte die E-Klassen geplant als „Zwischeneinrichtungen zwischen Normalschule und Fürsorgeanstalt", die als relativ unauffällige Institutionen, quasi als Parallelklassen der Grundschule eingegliedert sein sollten. Er forderte für diese Klassen eine maximale Schülerzahl von zwölf, was für die damalige Zeit revolutionär war, da die normale Klassenstärke zwischen 50 und 70 Schülern lag. Ebenso forderte er

> „einen auf die Aufgabe innerlich eingestellten und für sie besonders vorbereiteten Lehrer" (vgl. Seeling 1929, 58f.),

nach heutigem Verständnis den postgradual ausgebildeten Sonderschullehrer für die Fachrichtung Verhaltensgestörtenpädagogik. Mittels besonderer Zuwendung sowie mit Hilfe spezifisch angepasster Inhalte und Methoden sollten die Schüler in der E-Klasse

- psychisch stabilisiert und damit zur Gemeinschaftsfähigkeit geführt werden,
- das schulische Leistungsniveau der entsprechenden Grundschul-Parallelklasse erreichen

(vgl. VERNOOIJ 1984a).

Die ersten drei Kleinklassen entstanden 1928 in Berlin. Weitere E-Klassen wurden 1929 eingerichtet, da der Erstversuch als erfolgreich angesehen werden konnte. In einer Verfügung vom 14. Januar 1929 wurden der Charakter, die Zielsetzung und die Richtlinien der E-Klassen festgelegt:

- Besonders vorbereitete Lehrer widmen sich den Kindern eingehend.
- Die Eigenart und Kraft der Kinder sollen erfasst, abgelenkt, geleitet und (ein-) gewöhnt werden.
- Die Klassenstärke beträgt maximal zwölf Kinder. Sie kann evtl. aus zwei Jahrgängen zusammengesetzt werden.
- Die Hälfte der Unterrichtszeit ist für „körperliche Betätigung durch Arbeit und Bewegung" vorgesehen.
- Die andere Hälfte ist in angemessenem Verhältnis auf die Unterrichtsfächer zu verteilen.
- Das Unterrichtsziel der Normalschule soll erreicht werden, so dass eine Rückschulung ohne Schädigung des Kindes möglich ist.
- Jede Klasse hat täglich – abweichend vom Unterricht der Normalschule – sechs Stunden Unterricht und Beschäftigung (sonst vier), wobei die Einrichtung eines Kinderhortes und die Möglichkeit der Schulspeisung vorgesehen sind (vgl. VERNOOIJ 1982/84, 48).

Es wird an dieser Stelle deutlich, dass die Berliner E-Klassen als unmittelbare Vorläufer der Schule für Erziehungshilfe/für Verhaltensgestörte angesehen werden können, und dass sie wohl auch Modell für die in der ehemaligen DDR eingerichteten Ausgleichsklassen waren, denn

- die Konzeption als Durchgangsschule,
- die niedrige Klassenfrequenz,
- die didaktisch-methodische Spezifizierung,
- die sonderpädagogische Ausbildung der dort tätigen Lehrer

sind bis heute feste Bestandteile bei der Beschulung von Kindern und Jugendlichen mit abweichendem Verhalten geblieben.

Erstmals in der Geschichte der Disziplinierung von Schülern wurde mit den E-Klassen eine segregierende pädagogische Maßnahme zur besonderen heilpädagogischen Betreuung schwieriger Schüler geschaffen, die den Gedanken der **Hilfe** für das Kind in den Vordergrund stellte im Gegensatz zur **Strafe** bei früheren schulisch-pädagogischen Maßnahmen.

Hier wird auch der Einfluss der um die Jahrhundertwende entstehenden bahnbrechenden Erkenntnisse der Tiefenpsychologie deutlich, die eine **Psychologisierung** im Umgang mit Verhaltensstörungen bei Kindern einleiten, welche nach dem zweiten Weltkrieg fortgesetzt und intensiviert wird.

Während der Zeit des Nationalsozialismus wurden die Sonderschulen anderen politischen und damit anderen pädagogischen Konzepten unterstellt:

- Nach dem „Gesetz zur Verhütung erbkranken Nachwuchses“ (1933) war eine Sterilisation auch vorgesehen bei Psychotischen und Psychopathischen und bei Alkoholabhängigen.
- Oberster Erziehungsgrundsatz war Erhaltung und Vermittlung von Zucht und Ordnung.
- Erziehungsschwierigkeit galt als „genetisch fixierte Minderwertigkeit“, was die Unveränderbarkeit implizierte und alle heilpädagogischen Interventionen als wirkungslos und damit überflüssig erscheinen ließ.
- Einzige Maßnahme zur Besserung war der nationalsozialistische Arbeitsdienst.
- Eine Belohnung für Besserung war die Aufnahme in die HJ (Hitler-Jugend).

Da kindgemäße Konzepte und eine Demokratisierung der schulischen Struktur nicht gefragt waren, mussten positive Entwicklungen in der pädagogischen und heilpädagogischen Praxis in dieser Zeit abgebrochen, die E-Klassen aufgelöst werden (vgl. Vernooij 1982/84).

12.4.2 Verhaltensgestörtenpädagogik nach dem 2. Weltkrieg

Nach dem 2. Weltkrieg entstanden erneut Sonderklassen für Kinder und Jugendliche mit Verhaltensstörungen. Zunächst wurden in Hamburg und Bremen in den Jahren 1947/48 Sonderklassen für so genannte „kriegsgeschädigte Kinder“ eingerichtet, die den Volksschulen angegliedert waren und in denen von Volksschullehrern ohne besondere heilpädagogische Ausbildung nach den Lehrplänen für die Volksschule unterrichtet wurde.

In Berlin knüpfte Mücke 1949 an die Tradition der E-Klassen an. Nach zwei misslungenen Versuchen wurde 1950 die erste „Beobachtungsklasse“ mit Erfolg eingerichtet. Die beiden vorausgegangenen Versuche scheiterten daran, dass die Klassenzusammensetzung weitgehend zufällig und ungesteuert erfolgt war. Der Dringlichkeit wegen war weder auf das Alter der Schüler und auf ihre Schulstufenzugehörigkeit, noch auf Art und Grad ihrer Störung geachtet worden. Die pädagogische Konzeption der Kleinklassen war bei Mücke differenzierter und weiterreichend als vor dem Kriege bei Fuchs. Ausgehend von der auf tiefenpsychologischen Erkenntnissen basierenden These von „Gemeinschaftsschwierigkeit als struktureller Fehlentwicklung“ (Mücke 1957, 18) sollte in den Beobachtungsklassen im Rahmen einer „Pädagogischen Adoption“ die Umerziehung, die Nach- und Weiterbildung des Kindes ermöglicht werden. Ihm sollte eine „gesunde Persönlichkeitsformung“ zuteil werden, bei der das Erlernen und Erproben angemessenen Sozialverhaltens ein wesentliches Ziel darstellte.

Bis Mitte der 1950er Jahre entstanden in den westlichen Bundesländern, zeitlich und von der Benennung her uneinheitlich, Sonderklassen für Kinder und Jugendliche mit Verhaltensstörungen:

- Kleinklassen in Hamburg,
- Beobachtungsklassen in Berlin,
- Erziehungsklassen in Bremen,
- Klassen für gemeinschaftsschwierige Kinder in Hannover.

Im allgemeinen Sprachgebrauch, in der Tagespresse, in Zeitschriften und Lehrerzeitungen hießen diese Klassen schlicht

Rüpelklassen, was einiges aussagt über ihre Gewichtung und Akzeptanz in der Gesellschaft und in der pädagogischen Fachwelt (vgl. Vernooij 1982/84, 75ff.).

Für das Phänomen abweichenden Verhaltens unterschiedlichster Art und Schwere war inzwischen auf dem 1. Internationalen Kongress für Psychiatrie 1950 in Paris der Begriff **Verhaltensstörung** festgelegt worden, der sich zunächst nur schwer durchsetzte.

Aufgrund der Ergebnisse und Erfahrungen der pädagogischen Arbeit in den Klein- oder Sonderklassen wurde in den 1950er Jahren eine weiterreichende, dauerhafte Separation der Kinder und Jugendlichen mit Verhaltensstörungen angestrebt; denn zumindest für einen Teil dieser Kinder erschien „die Sonderschule als Dauereinrichtung notwendig", bzw. es hatte den Anschein, als würden diese Kinder eine „Schule anderer Prägung für die ganze Schulzeit" brauchen (vgl. Klink 1962, 106; Mücke 1957, 79).

1954 forderte der VDH (Vorgänger des VDS) erstmals die Einrichtung einer eigenständigen Schule für „Gemeinschaftsschwierige", gemäß der allgemeinen Tendenz der 1950er Jahre, ein möglichst differenziertes oder präziser parzelliertes Sonderschulwesen aufzubauen, ganz im Gegensatz zum heutigen Trend einer Verminderung und Auflösung von Sonderschulen zugunsten integrativer Erziehung in der Regelschule. Zwischen 1962-1970 fand in den einzelnen Bundesländern der BRD der langsame Aufbau dieser neuen Sonderschulart statt. Bereits in einem „Gutachten zur Ordnung des Sonderschulwesens" der KMK von 1960 wurde der Sonderschulbesuch für jene Schüler empfohlen,

„die sich den in der allgemeinen Schule anwendbaren Erziehungsmethoden, -mitteln und -maßnahmen so nachhaltig verschließen oder widersetzen, daß ihre eigene Entwicklung und die ihrer Mitschüler erheblich gestört und gefährdet wird, für die jedoch eine Heimunterbringung als nicht erforderlich angesehen wird" (KMK-Gutachten 1960, 35).

1968 existieren in Hamburg *Sonderschulen für verhaltensgestörte Kinder*, in Bremen *Sonderschulen für entwicklungsgestörte Kinder.* Diese **Schulen** bestanden **gleichrangig neben** den **Kleinklassen**, wie es das KMK-Gutachten empfahl.

In Nordrhein-Westfalen gab es zum gleichen Zeitpunkt *Sonderschulen für Erziehungsschwierige*, 1969 umbenannt in *Schulen für Erziehungshilfe*, und in Niedersachsen war die Schule *für gemeinschaftsschwierige Kinder* entstanden.

Die KMK-Empfehlungen von 1972 bestätigen weitgehend die Ausführungen von 1960. Veränderungen erfolgen in zwei Punkten:

- Die offizielle Bezeichnung des neuen Sonderschultyps wird mit Schule für Verhaltensgestörte festgelegt.
- Die Gleichrangigkeit von Sonderschulen und Kleinklassen wird aufgehoben zugunsten der eigenständigen Sonderschulform.

Dennoch bleibt sie eine umstrittene Schulform, zumal in den 1970er Jahren eine **Politisierung** des Phänomens Verhaltensstörung erfolgt. Die bisher weitgehend individuumzentrierte Sichtweise von Schwererziehbarkeit und Verhaltensauffälligkeit wird durch eine ausschließlich auf sozioökonomische, gesellschaftliche und sozialpsychologische Bedingungen zentrierte Betrachtungsweise abgelöst:

- Abweichendes Verhalten wird als gesellschaftlich bedingtes Phänomen gesehen.
- Verhaltensstörung wird als Zuschreibungsprozess begriffen.

Parallel dazu wird Lernbehinderung als soziokulturelle Benachteiligung verstanden. Es mehren sich die kritischen Stimmen, die darauf hinweisen, dass die völlig separate Beschulung von Schülern mit psychosozialen Auffälligkeiten in einer besonderen Schule oder in Heimen nicht befriedigen kann, da sie

- die Stigmatisierung und Desintegration der Schüler bewirke;
- eine mögliche Weichenstellung in Richtung auf soziale Randständigkeit bedeute;
- u.U. verringerte berufliche Chancen und damit verminderte Lebensqualität zur Folge habe.

Mit Klein (1973c, 304) stellt sich auch heute die Frage, „...ob es immer eine totale Aussonderung sein muß", damit Kinder spezielle sonderpädagogische Hilfen erhalten können.

Im Zusammenhang mit integrativer Erziehung stellt sich diese Frage allerdings inzwischen nicht mehr. Eher die Frage, ob es denn *überhaupt* eine *Aussonderung* geben muss. Sie wird von den Befürwortern integrativen Unterrichts verneint.

Eine erste kontroverse Diskussion hinsichtlich einer integrativen Förderung von Kindern und Jugendlichen mit Verhaltensstörungen erfolgt während der Entstehung der Gesamtschule 1972. Allerdings wird diese Diskussion immer unter Einbeziehung der Gruppe von Schülern mit Lernbehinderungen geführt. Außer einigen Versuchen mit Additiven Gesamtschulen ergibt sich für beide Gruppen aber kaum eine Veränderung.

Während der 1970er Jahre entstehen allerdings an einigen Orten, z.B. in Hamburg, Sonderpädagogische Ambulanzen, die – beheimatet an einer Sonderschule für Verhaltensgestörte – Schüler mit psychosozialen Auffälligkeiten an anderen Schulen auf Anfrage betreuen. Inzwischen gibt es in allen Bundesländern mobile/ambulante sonderpädagogische Dienste, die in Grundschul-, Integrations- und teilweise auch in Vorschulklassen tätig werden. Grundgedanke ist die besondere Förderung von Problemkindern (Behinderte und von Behinderung bedrohte) unter präventiven Aspekten. Nach den bisherigen mehr als 30-jährigen Erfahrungen scheint diese Form der ambulanten Betreuung jedoch kaum in der Lage zu sein, Kindern und Jugendlichen mit Verhaltensstörungen wirkungsvoll zu helfen. Für Schüler mit gravierenden Störungen reichen ambulante Maßnahmen nicht aus.

Bezogen auf die integrative Erziehung behinderter und nichtbehinderter Kinder in der Grundschule sehen die Ergebnisse von Modellversuchen in den letzten 20 Jahren für Schüler mit psychosozialen Auffälligkeiten nicht günstig aus. Verhaltensgestörte Kinder sind kaum sozial integriert, eher randständig bis hin zur Ablehnung (vgl. Wocken 1993). Keinesfalls hat sich die integrative Unterrichtung und Förderung verhaltensgestörter Kinder und Jugendlicher bisher als für das betroffene Kind wirkungsvoll erwiesen.

Die Tendenz zur **Egalisierung** zu Beginn der 1980er Jahre scheint ebenso wenig zur Entwicklung effektiver schulorganisatorischer und methodischer Formen für die Erziehung von Kindern mit Verhaltensstörungen geführt zu haben, wie die vorausgegangenen Tendenzen.

Betrachtet man die ständig wachsende Zahl von Kindern, die durch abweichendes Verhalten auffallen, insbesondere durch Aggressivität, Hyperaktivität und Sozialstörungen, so entsteht der Eindruck, Eltern und Lehrer seien ratloser denn je. Einigkeit besteht aber darüber, dass zur Veränderung des kindlichen Verhaltens etwas geschehen muss, dass die Kinder – evtl. auch deren Familien – Hilfe brauchen.

Seit Beginn der 1980er Jahre greifen **Eltern** gerne auf die anatomischen Kenntnisse der Mediziner zurück, d.h. sie haben in verstärktem Maße die Tendenz zur **Medizinisierung** abweichenden Verhaltens (vgl. VERNOOIJ 1990a). Dies wird dadurch erleichtert, dass die pharmazeutische Industrie Tabletten für alle Lebenslagen anbietet: gegen Stress, Angst, Unruhe, Schlaflosigkeit, zur Antriebs- und Leistungssteigerung sowie zur Aufhellung der Lebensgrundstimmung.

Zwei weitere aktuelle Varianten für die Betrachtung von Verhaltensstörungen, in denen die Ratlosigkeit deutlich wird, sind zum einen eine **Medialisierung**, zum anderen eine **Epochalsymbolisierung**. In ersterem Fall werden die Wirkungen vielfältiger Medieneinflüsse für die Fehlentwicklungen von Kindern verantwortlich gemacht, und dies, obwohl diese Wirkungen bis heute nicht hinreichend empirisch erforscht sind, die vorliegenden Untersuchungsergebnisse sehr widersprüchlich sind. Die zweite Variante ist eher eine resignative, im Sinne von „Das Verhalten der Kinder ist Ausdruck unserer hektisch – chaotischen Zeit“, oder „Wie sollen Kinder in einer Welt wie der heutigen psychisch gesund sein? Ihr Verhalten ist typisch für unsere Zeit!“ Die „Welt“ und die „Zeit“ können nicht verändert werden – zumindest nicht kurzzeitig. Den Kindern muss aber geholfen werden; sie müssen für ein Leben in dieser Zeit und in dieser Welt stabilisiert und gerüstet werden. Wirklich effektive Konzepte für die Praxis sind bisher nur ansatzweise entstanden. Dem erschreckenden Ausmaß an aggressivem, destruktivem, brutalem und scheinbar gefühllosem Verhalten von Kindern und Jugendlichen im sozialen Kontext stehen Eltern wie Lehrer häufig hilflos gegenüber. Einerseits wird teilweise auf alte Betrachtungs- und Erklärungsmuster zurückgegriffen. Die **Moralisierung** und damit der Ruf nach strengeren Maßnahmen, nach Bestrafung ist ebenso aktuell wie die **Psychologisierung** kindlichen Verhaltens ohne nennenswerte Auswirkungen auf die pädagogischen Maßnahmen. Auch die Verschiebung des Problems in den medizinischen Bereich ist nach wie vor gängige Praxis.

Die Sichtweisen von Verhaltensabweichungen und damit der (sonder-) pädagogische Umgang mit verhaltensgestörten Kindern haben sich gemäß der epochalen Strömungen gerade im 20. Jahrhundert immer wieder verändert. Mehr als jede andere Art der Behinderung, bei der eine konkrete Schädigung (ein Impairment) vorhanden ist, unterliegt menschliches Verhalten bzw. abweichendes Verhalten und dessen Bewertung epochalen, wissenschaftlich-politischen Tendenzen, Erkenntnissen und Ideologien.

Zusammenfassend sollen in einer Graphik noch einmal die Sichtweisen von Verhaltensstörung im 20. Jahrhundert dargestellt werden:

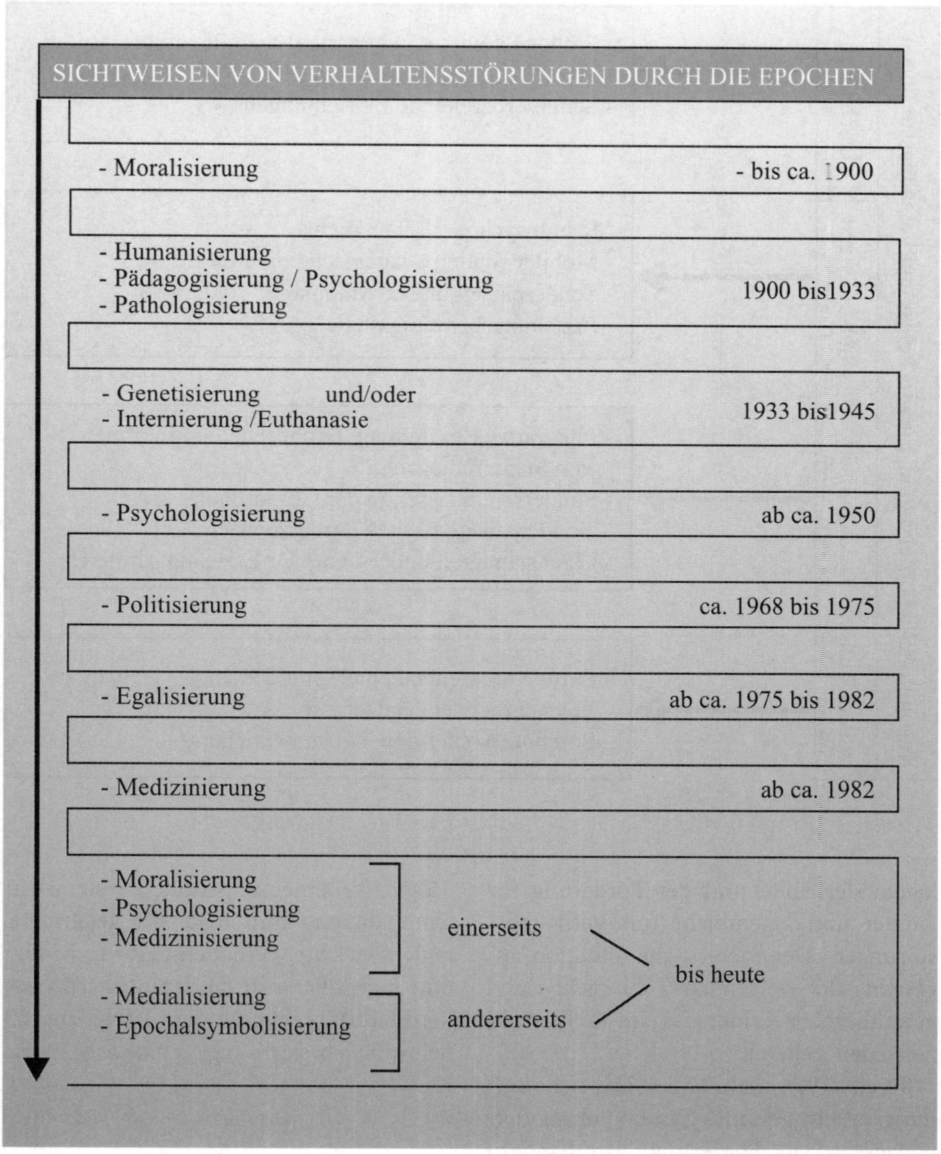

Abb. 30: Epochale Sichtweisen von Verhaltensstörungen (vgl. auch VERNOOIJ *1993; 1999; 2000).*

Die intensiven Bemühungen hinsichtlich wissenschaftlich fundierter Erklärungen von abweichendem, auffälligem Verhalten, sowie deren veränderte Betrachtung führten im letzten Jahrhundert, wie aufgezeigt, zu gravierenden und zweifelsohne als positiv zu bewertenden Entwicklungen hinsichtlich der institutionellen Möglich-

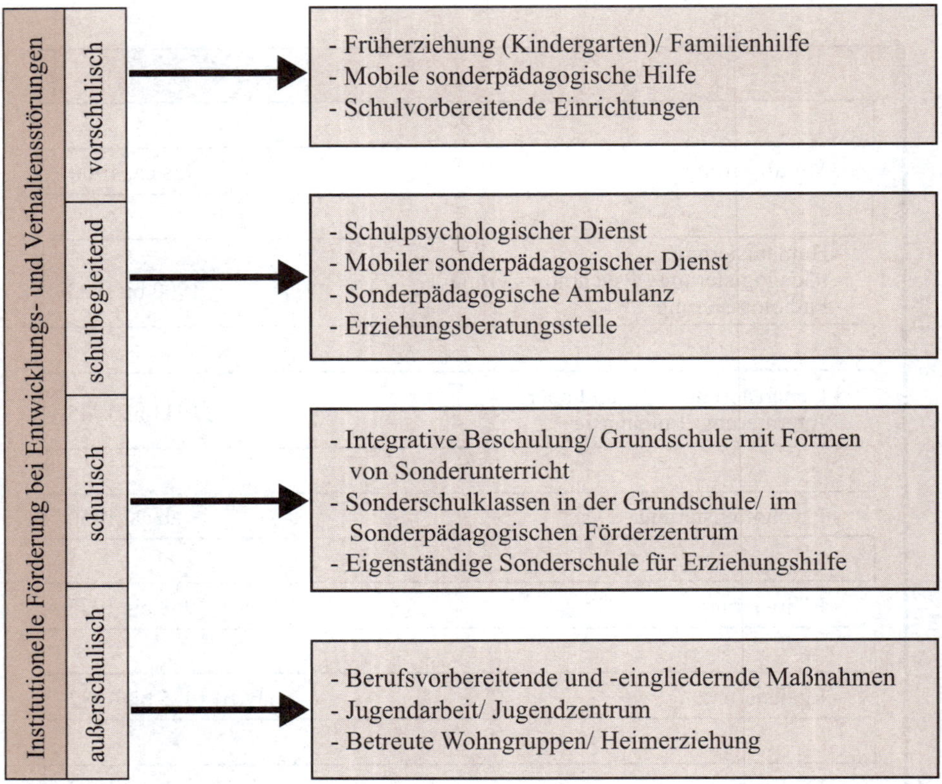

Abb. 31: Institutionelle (sonder-)pädagogische Förderung in einem gestuften System.

keiten der Hilfe und der Förderung für Kinder und Jugendliche mit Verhaltensstörungen. Dennoch ist die Situation angesichts der steigenden Zahl risiko- und gewaltbereiter Kinder auch im 21. Jh. nicht zufrieden stellend.

Bereits 1974 mahnte der Deutsche Bildungsrat ein gestuftes System zur sonderpädagogischen Förderung von Kindern mit Verhaltensstörungen an (vgl. Bittner/Ertle/Schmid 1974, 90f.). Ein gestuftes System pädagogischer Hilfen aus heutiger Sicht müsste sowohl den vorschulischen als auch den außerschulischen Bereich mit erfassen. Obige Abbildung zeigt die Möglichkeiten eines gestuften Systems zur Unterstützung und Hilfe für gefährdete, fehlentwickelte, verhaltensgestörte Kinder und Jugendliche sowie deren Eltern (wobei Maßnahmen nach dem KJHG zusätzlich möglich sind – vgl. Vernooij 2005a, Kap. 4).

12.5 Diagnostik bei Verhaltensstörungen

Verhaltensstörungen als multifaktoriell bedingtes abweichendes („maladaptives“)

Verhalten von hoher Komplexität bedürfen sorgfältiger Diagnostik, will man dem Kind in seiner Situation gerecht werden und erforderliche Hilfemaßnahmen verantwortungsvoll planen. Um ein möglichst umfassendes Bild zu erhalten, sind sowohl die Methoden der Exploration (Anamneseerhebung) und der Verhaltensbeobachtung als auch der Einsatz verschiedener testpsychologischer Verfahren sinnvoll und notwendig.

Die folgende Tabelle stellt eine **Auswahl** möglicher Tests dar. Je nach spezifischer Symptomatik sollte ein Untersuchungs-

Tab. 48: Diagnostische Verfahren nach inhaltlichen (Messbereichs-) Gruppen.

Verfahrensgruppen	Name des Tests (Autor/in)	Anwendungsalter
Projektive Tests	Sceno-Test (von Staabs 1964)	ab 3 Jahre
	Mann-Zeichen-Test (Goodenough 1926/Ziler 1950)	3-17 Jahre
	Familie in Tieren (Brem-Gräser 1995)	7-16 Jahre
Schulleistungstests (Auswahl)	Allgemeiner Schulleistungs-Test (für verschiedene Jahrgangsstufen) AST 2/3/4 (Rieder 1991)	Ende der jeweiligen Jahrgangsstufe
	Diagnostischer Lesetest DLT 2/3 (Geuss/Schleh-voigt 1978)	Beginn der jeweiligen Jahrgangsstufe
	Diagnostischer Rechtschreibtest DRT 3 (Müller, R. 1983)	Ende der 3., Anfang der 4. Jahrgangsstufe
	Diagnostischer Rechentest DER 3 (Samstag/Sander/Schmitt 1971)	Ende der 3., Anfang der 4. Jahrgangsstufe
Intelligenztests (vgl. Kap. 10.5)	Snijders-Oomen nicht-verbale Intelligenzreihe – SON (Snijders/Snijders-Oomen 1964)	3-16 Jahre
	Raven-Matrizen-Test/Standard Progressiv Matrices (SPM) (dt. Fassung: Kratzmeier 1988)	4-11 Jahre
	Leistungsprüfsystem (LPS) (Horn 1983 – Überarbeitung in Vorbereitung)	ab 9 Jahre bis zum Erwachsenenalter
	Culture Fair Intelligence Test, Scale 1 (CFT 1) (dt. Cattel/Weiss/Osterland 1980)	5-9 Jahre
	Columbia Mental Maturity Scale (CMM 1-3) (dt. Schuck/Eggert/Raatz 1994)	6-9 Jahre
Spezielle Leistungstests	Differentieller Leistungstest KE (DL-KE) (Kleber/Kleber/Hans 1975)	Vorschulalter (5;7 – 6;6 Jahre)
	Anstrengungsvermeidungstest (AVT) (Rollett/Baltram 1981)	11-15 Jahre
	Konzentrationstest für das 1. Schuljahr (KT1) (Möhling/Raatz 1974)	Erstklässler
	Aufmerksamkeits-Belastungs-Test d2 (Brickenkamp 1967)	9 bis 59;11 Jahre (Standardisierung nach Geschlechtern getrennt)
	Wiener Entwicklungstest (WET) (Kastner-Koller/Deimann 1998)	Vorschulalter

Fortsetzung Tab. 48.

Verfahrensgruppen	Name des Tests (Autor/in)	Anwendungsalter
Persönlichkeits- / Eigenschaftstests	Hamburger Persönlichkeits-Fragebogen für Kinder (HAPEF-K) (WAGNER/BAUMGÄRTEL 1978)	9-13 Jahre
	Freiburger Persönlichkeitsinventar (FPI) (FAHRENBERG/SELG/HAMEL 1970; revidierte Fassung (FPI-R) 1989)	ab 15 Jahre
	Erfassungsbogen für aggressives Verhalten in konkreten Situationen (EAS) (PETERMANN/PETERMANN 1980)	9-13 Jahre
	Angstfragebogen für Schüler (AFS) (WIECZERKOWSKI et al 1974)	9-15/17 Jahre
	Kinder-Angst-Test (KAT) (THURNER et al 1972)	9-15 Jahre
	Fragebogen zum Selbstkonzept für Klassen 4-6 (FSK – 4-6) (WAGNER/INGENKAMP 1977)	Kinder der Klassen 4-6, ca. 9-13 Jahre
Verfahren zur Gruppensituation	Diagnostisches Soziogramm (DSO) (MÜLLER, R. 1980)	6-15 Jahre
Motodiagnostische Verfahren	Körperkoordinationstest für Kinder (KTK) (KIPHARD/SCHILLING 1974)	5-14 Jahre
	Lincoln Oseretzki Motor Development Scale – Kurzform 18 (LOS – KF 18) (dt. Fassung: EGGERT 1976)	5-13 Jahre
	Hand-Dominanz-Test (HDT) (STEINGRÜBER/LIENERT 1971)	6-10 Jahre

programm unter Einbezug auch anderer Verfahren zusammengestellt werden.

Ein weiteres wesentliches diagnostisches Mittel stellt die systematische Verhaltensbeobachtung dar. Hilfreich können im Zusammenhang damit Beobachtungs- und Verhaltenslisten sein, die Aufschluss geben über Verhaltens- und Problembereiche, teilweise aus der Sicht der Eltern, teilweise aus der Sicht der Kinder bzw. Jugendlichen, oder als Grundlage der (teilnehmenden) Beobachtung. Zu nennen sind hier:

- **Beobachtungsbogen** für Kinder im **Vorschulalter** (BKV) von ALTHAUS/DUHM (1980), geeignet zur Beobachtung von Kindern zwischen 4 und 6 Jahren.
- **Marburger Verhaltensliste** (MVL) – Elternfragebogen bezogen auf Kinder zwischen 6 und 12 Jahren (EHLERS/EHLERS/MAKUS 1978).
- **Diagnostischer Elternfragebogen** (DEF) bezogen auf Kinder zwischen 4 und ca. 13 Jahren im Sinne einer Anamneseerhebung (DEHMELT/KUHNERT/ZINN 1981).
- **Problemfragebogen** für Jugendliche (PfJ) zwischen 14 und 19 Jahren (dt. Fassung des SRA Youth Inventory – SÜLLWOLD/BERG 1967).

Gerade bezogen auf die Diagnostik von Verhaltensstörungen sollte besonderer Wert darauf gelegt werden, sachliche Fakten mosaikartig zusammenzutragen und in der Gesamtschau ein möglichst klares Bild der Lebens- und Lernsituation des Kindes zu erstellen. Subjektive Interpretationen, unzulässige Schlussfolgerungen und Generalisierungen sollten ebenso vermieden werden wie die schlagwortartige Etikettierung des Kindes (vgl. VERNOOIJ 2002, 110.f.).

In den KMK-Empfehlungen (2000) wird im Zusammenhang mit der Ermittlung des besonderen pädagogischen Förderbedarfs darauf verwiesen, dass neben Daten, die sich auf schulische Leistung beziehen, auch Informationen zu sammeln sind

- zum Selbstbild/ Selbstkonzept
- zur Selbststeuerungsfähigkeit
- zur Erlebens- und Wahrnehmungsstruktur
- zum Sozialverhalten
- zur emotionalen Situation und den Möglichkeiten, diese (sprachlich) auszudrücken
- zum Sozialisationshintergrund

des Kindes, je individuell und in interdisziplinärer Zusammenarbeit (vgl. KMK-Empfehlungen 2000, in DRAVE/RUMPLER/WACHTEL 2000, 343ff.; VERNNOIJ 2005a, 238ff.).

12.6 (Sonder-)pädagogisch – therapeutische Interventionen

Je nach wissenschaftlich-theoretischem Standort ergeben sich unterschiedliche Möglichkeiten der Intervention bei Verhaltensstörungen von Kindern (Überblick in VERNOOIJ/WITTROCK 2004).

12.6.1 Lerntheoretische Interventionsmöglichkeiten

Bezogen auf die **lerntheoretische** Position hat HAVERS für den schulischen Bereich Möglichkeiten der Verhaltensmodifikation aufgezeigt (vgl. 1978, 173ff.). Er unterscheidet fünf Maßnahmengruppen:

- **präventive Maßnahmen** des Lehrers (Vermittlung von Verhaltensregeln, Strukturierung des Unterrichtsablaufs, Beachtung positiven Schülerverhaltens),
- **unmittelbare Maßnahmen** des Lehrers beim Auftreten von regelverletzendem Verhalten (individuelle Hilfestellung, Einbeziehen unbeteiligter Schüler, bewusstes Ignorieren, verbale Zurechtweisungen, rasches Eingreifen, Punkteabzug oder kurze Isolation),
- **längerfristige systematische Maßnahmen** des Lehrers im **Unterricht** (Verhaltensmodifikation durch Verstärkung adäquaten Verhaltens),
- **längerfristige Maßnahmen** unter Einbezug von Eltern, Psychologen, Sozialarbeitern oder Ärzten (Erziehungsberatungsstellen, Jugend- oder Sozialamt),
- **schulorganisatorische Maßnahmen** (Ordnungsmaßnahmen, Schulwechsel)

Basierend auf den Lerntheorien (z.B. THORNDIKE, WATSON, SKINNER) und der daraus entwickelten Verhaltenstherapie stehen für Verhaltensmodifikation in der Schule eine Fülle von Techniken zur Anbahnung und Verstärkung erwünschten Verhaltens zur Verfügung (vgl. GRABSKI et al. 1978, REDLICH/SCHLEY 1978, CZERWENKA 1979).

Als Verstärker können unterschieden werden:

- primäre Verstärker (z.B. Süßigkeiten, kleinere Materialien),
- Token (Wertmarken, die gesammelt und später eingelöst werden können),
- Tätigkeitsverstärker (eine beliebte Tätigkeit dient als Belohnung für eine weniger beliebte),

- soziale Verstärker (Lob, aber auch freundlicher Gesichtsausdruck, Beachtung, Körperkontakt) sowie
- informatives Feedback (Rückmeldung über richtige Ansätze und über Fehler im Verlauf einer Aufgabe).

Der Einsatz verhaltensmodifikatorischer Techniken enthebt den Lehrer jedoch nicht der Notwendigkeit, eine positive Beziehung zum Kind aufzubauen! Aufgrund häufiger Kritik am instrumentellen Einsatz der Verhaltensmodifikation als Manipulationsmethode, bei dem der Mensch auf ein Reiz-Reaktions-System reduziert wird, findet seit den 1980er Jahren verstärkt die kognitive Form Anwendung. Im Gegensatz zur **Klassischen Verhaltenstherapie** bezieht die **Kognitive Verhaltenstherapie** die Kognitionen des Menschen in ihrer Bedeutung für die Entstehung von Fehlverhalten bzw. von Problemsituationen mit ein. Werden in der Klassischen Verhaltenstherapie störende oder unerwünschte Verhaltensweisen isoliert behandelt und kontrolliert, im wesentlichen, wie dargelegt, mit Verstärkerprogrammen, so werden die Verhaltenssymptome in der Kognitiven Verhaltenstherapie zumindest in einen komplexen Kognitionszusammenhang gestellt.

Nach Beck stellt die Kognitive Therapie

„ein Bündel von Vorgehensweisen (dar), die sich auf die verbalen oder bildlichen Kognitionen eines Patienten konzentrieren, sowie auf die Prämissen, Annahmen und Verhaltensmuster, die diesen Kognitionen zugrundeliegen" (1970, 197).

Aus diesem „Bündel von Vorgehensweisen" sollen hier zwei Techniken aufgenommen werden, die bei der Förderung von Kindern mit Verhaltensstörungen häufig Anwendung finden:

- das Problemlösetraining und
- die Methode der Selbstinstruktion.

Kindern mit Verhaltensstörungen gelingt es häufig nicht, weder auf der kognitiven noch auf der Verhaltensebene, sich situativen Anforderungen in angemessener Form zu stellen. Offenbar liegen Beeinträchtigungen in der Selbstregulation vor (vgl. Douglas 1984), die in Situationen, in denen die Anforderungen an das Kind sowohl quantitativ als auch qualitativ steigen, verstärkt wirksam sind. Im Rahmen des kindlichen Entwicklungsprozesses haben sie u. a. zur Folge, dass das Kind keine altersadäquate metakognitive Entwicklung durchläuft, d.h. es lernt nicht, oder nur ansatzweise, über sich, sein Umfeld, situative Gegebenheiten und Probleme bzw. Problemlösungen nachzudenken. Diese Mängel stellen die Ansatzpunkte für die beiden o.g. Formen der Kognitiven Verhaltenstherapie dar.

Für das Gelingen dieser Interventionen bei Kindern ist es unerlässlich, sie im Alltagsmilieu der Kinder durchzuführen und sich auf dieses zu beziehen. Insofern erscheint es sinnvoll, die Eltern und gegebenenfalls die Lehrer bei den Interventionsmaßnahmen einzubeziehen, zumal nach lerntheoretischen Vorstellungen beide Institutionen, Familie und Schule, bei der Entstehung der Symptome unmittelbar beteiligt sind aufgrund mehr oder weniger bewusst eingeleiteter Konditionierungsprozesse bzw. mehr oder weniger bewusst gezeigten Modellverhaltens.

Beim **Problemlösetraining** soll das Kind in spielerischer Form lernen, mit Hilfe neuer Strategien Problemsituationen rechtzeitig zu erkennen und sie in erfolgversprechender bzw. angemessener Weise anzugehen und zu bewältigen.

Bei einem systematisierten Problemlöseprozess lassen sich fünf Schritte unterscheiden:

1. **Kontrolle der Einstellung** zur Problemsituation und Kontrolle der Problemwahrnehmung. Hier kommt es zunächst darauf an, eine Problemsituation möglichst wertfrei als solche zu akzeptieren, sie differenziert wahrzunehmen und eine positive Bereitschaft zur Problembewältigung zu entwickeln.
2. **Analyse der Problemsituation,** Definition und Formulierung des Problems. In diesem zweiten Schritt sollte die Situation dahingehend analysiert werden, dass
   - hinführende Bedingungen,
   - auslösende Faktoren und
   - Problemelemente

   erfasst und die Zusammenhänge reflektiert werden. Daraus erwächst die Möglichkeit, die Grundstruktur des Problems herauszuschälen und diese in eine klare sprachliche Form zu bringen. Mit einer so erfolgten Formulierung ist eine sachliche Basis für den nächsten Schritt geschaffen.
3. **Suche nach alternativen Lösungsmöglichkeiten:**
   Für die Problemlösung oder -bewältigung werden in diesem Schritt Lösungsmöglichkeiten gesammelt und, im Sinne von potentiellen Handlungsalternativen, zunächst wertfrei nebeneinander gestellt. Jede dieser Alternativen wird dann – realitätsbezogen –, gedanklich durchgespielt, was zum vierten Prozessschritt führt.
4. **Handlungsentscheidung:**
   Nach gründlicher Überprüfung der Vor- und Nachteile, der Möglichkeiten und Grenzen des jeweiligen Handlungsplanes wird, unter möglichst realistischer Einschätzung der eigenen Einsatzbereitschaft und des eigenen Handlungsvermögens, die Entscheidung für eine der Handlungsalternativen getroffen.
5. **Überprüfung:**
   Nach erfolgter Handlung wird deren Effektivität, bezogen auf die Problemlösung, kritisch bewertet. Gegebenenfalls muss die angewandte Strategie modifiziert oder eine völlig andere ausprobiert werden. Im positiven Falle, d.h. nach erfolgreicher Problembewältigung, wird der Gesamtprozess gedanklich noch einmal nachvollzogen zur Festigung der Einzelschritte, die das Kind später selbständig durchführen und in ähnliche Problemsituationen transferieren soll. Langfristig wird ein solch systematisches Problemlöseverhalten dem Kind mehr Sicherheit und Gelassenheit in kritischen Situationen geben, und mehr Selbstvertrauen im Hinblick auf deren Bewältigung.

Die Methode der **Selbstinstruktion** (vgl. MEICHENBAUM 1973, dt. 1979) stellt eine gute Ergänzung zum Problemlösetraining dar.

Bei der Beobachtung, insbesondere von impulsiven Kindern, fand MEICHENBAUM heraus, dass unangemessenes Problemlöseverhalten wesentlich dadurch zustande kommt, dass die handlungsbegleitenden Kognitionen undifferenziert und/oder fehlerhaft sind. Mit Hilfe eines Trainings der kognitiven Begleitung von Handlungen, dessen Besonderheit die Versprachlichung der Einzelkognitionen und der Handlungssequenzen ist, versucht er, Verbesserungen im Problemlöseverhalten und damit in der Problemlöseeffizienz zu erreichen.

Mit Hilfe des Therapeuten/Trainers als positivem Modell lernt das Kind,

- seine Aufgaben zu zentrieren;
- Schwierigkeiten zu erkennen und einzuschätzen;
- kognitive Abläufe wahrzunehmen und zu verbalisieren;
- kognitive Impulsivität zu kontrollieren;
- mit eigenen Fehlern anders umzugehen, im Sinne einer erhöhten Frustrationstoleranz.

Wesentliches Ziel dieser Methode ist es, dass das Kind lernt, sein Verhalten in Konfliktsituationen mit Hilfe einprägsamer Sätze effektiv zu steuern. Dazu wird gemeinsam mit dem Kind für bestimmte Konfliktfelder oder bezogen auf eine bestimmte Symptomatik (z.B. Konzentrationsstörungen) ein Selbstinstruktionsprogramm erarbeitet, was dann in Beispielsituationen spielerisch eingeübt wird.

Nach MEICHENBAUM erfolgt die konkrete Selbstinstruktion in fünf Schritten:

1. Im Sinne kognitiven Modellverhaltens führt der Erwachsene (Trainer) eine Aufgabe aus. Dabei **kommentiert** er deutlich hörbar sein **Handeln** bzw. gibt sich selbst Handlungsanweisungen.
2. Nun führt das Kind die gleiche Aufgabe aus, **hörbar** angeleitet durch die **Anweisungen** des **Modells**.
3. Bei einer erneuten Bearbeitung der Aufgabe gibt sich das **Kind selbst** deutlich hörbar **Handlungsanweisungen** bzw. kommentiert sein Tun.
4. Beim vierten Schritt wird die **Selbstinstruktion** zur Aufgabendurchführung vom Kind nur noch **geflüstert**.
5. Im letzten Stadium leistet das Kind eine **verdeckte Selbstanleitung**, d.h. es bearbeitet die Aufgabe mit Hilfe einer nur „innerlich gesprochenen" Anleitung bzw. Kommentierung (vgl. MEICHENBAUM 1979, 29).

Inhaltlich betreffen die Anweisungen bzw. die Kommentare im Wesentlichen vier Bereiche:

- das Problem- oder Aufgabenbewusstsein;
- die Annäherung an die Aufgabenlösung, d.h. neben der Vermittlung angemessener Arbeitsstrategien lernt das Kind, durch das „laute Denken" des Trainers, dass alle oder möglichst viele Aspekte beachtet und überdacht werden müssen;
- das Umgehen mit eigenen Fehlern mit dem Ziel, eine Handlungskette nach einem Irrtum **nicht** abzubrechen, z.B. mit Hilfe der Instruktion: „Das war nicht so gut, aber ich kann es noch einmal anders versuchen";
- die Überprüfung der Aufgabenbearbeitung bzw. die Rückmeldung sowohl bei Misserfolg als auch bei Erfolg.

Nach WAGNER müssen Instruktionen umso weniger differenziert sein, je älter und je intelligenter das Kind ist (vgl. 1976, 171). Für jüngere Kinder sollten die Trainingssituationen möglichst spannend gestaltet werden. Durch „Zwischenerfolge" sollten sie zusätzlich motiviert werden (vgl. WAGNER 1976, 172).

Ob und inwieweit kognitiv-funktionale Trainings zu einer ganzheitlichen Veränderung kindlichen Fehlverhaltens führen, mag dahingestellt bleiben. Ein ganzheitliches Förderkonzept bietet die Verhaltenstherapie – ob klassisch oder kognitiv – sicher nicht, sondern sie geht symptom- oder funktionsorientiert vor, d.h. sie setzt an partiellem Fehl- / Störverhalten an.

In Kombination mit umfassenderen Interventionskonzepten, z.B. der Individualpsychologie ADLERS (vgl. VERNOOIJ 2004a, 35ff.), sind verhaltenstherapeutische bzw. kognitive Techniken allerdings sinnvoll und notwendig (vgl. VERNOOIJ 1992a, 78f.).

12.6.2 Möglichkeiten der Spieltherapie bei Kindern mit Verhaltensstörungen

Die wohl häufigste therapeutische Intervention bei Kindern mit Verhaltensstörungen ist die Spieltherapie.

Unterschieden werden hier im Wesentlichen zwei therapeutische Grundkonzepte, aus denen sich Therapieverfahren für Kinder entwickelt haben:

- die Psychoanalyse Sigmund FREUDS,
- die Persönlichkeitstheorie von Karl ROGERS.

Für die psychoanalytisch orientierte Spieltherapie entwickelten Anna FREUD und Melanie KLEIN unterschiedliche Konzepte, für die Nicht-direktive bzw. Klientenzentrierte Spieltherapie sind als Hauptvertreter Virginia AXLINE und Stefan SCHMIDTCHEN zu nennen. Auf die Konzepte der beiden letztgenannten soll hier näher eingegangen werden.

Spieltherapie findet in der Regel einmal wöchentlich im Gesamtumfang von 20 bis 25 Sitzungen statt.

Zum besseren Verständnis vorher ein kleiner **Exkurs zu Spiel** allgemein:

Spiel bezeichnet eine Tätigkeit des Menschen, vornehmlich des jungen Menschen, die wenig absichtsvoll durchgeführt wird, d.h. ohne bewussten Zweck, aus Freude, aus Vergnügen an der Sache oder am Gebrauch der eigenen Kräfte und Fähigkeiten. Dem kindlichen Spiel werden unterschiedliche Funktionen zugeschrieben, z.B.:

- das Trainieren körperlicher Funktionsabläufe,
- die Weiterentwicklung kognitiver Fähigkeiten,
- die Herausbildung und Einübung sowohl bestimmter Verhaltensformen und -regeln als auch spezifischer sozialer Rollen,
- das „experimentelle" Erschließen von Umwelt und Welt,
- der Abbau überschüssiger Energien,
- die Auflösung innerer Spannungen, die Verarbeitung von Erlebnissen und die Bearbeitung und Bewältigung von inneren und äußeren Konflikten

(vgl. VERNOOIJ 2005c, 123ff.).

Insbesondere letztere Funktion macht sich die Spieltherapie zunutze. Das Spiel wird dabei als ein natürliches Mittel zur Selbstdarstellung von Kindern angesehen, bei dem ihre Erlebnisse, Gefühle und Konflikte handelnd Ausdruck finden oder noch einmal durchlebt werden.

Zur Herstellung des wirklichen Spielcharakters innerhalb der Therapie ist es wichtig,

- dass beim Kind Aktivität und Spielfreude entwickelt wird mit Hilfe vielfältigster Anregung durch das dargebotene Spielmaterial und/oder durch Verhaltensmodelle;
- dass das Kind den größtmöglichen Grad an Handlungsautonomie erhält und auch

unabhängig von äußeren Verstärkern tätig sein kann (vgl. JAEDE 1980, 30);

- dass der Bezug zur Realität im Spiel nicht verloren geht;
- dass eine zeitliche und räumliche Abgrenzung des Spiels möglich ist;
- dass das Kind die Erweiterung seiner realen Umwelterfassung erkennt.

Als Richtziel einer Spieltherapie kann die ganzheitliche Behandlung des Kindes angesehen werden, bei der die komplexe Fähigkeit eigenständigen Planens, Entscheidens und Handelns entwickelt und trainiert werden soll. Als Elemente dieser komplexen Fähigkeit können u.a. angesehen werden:

- Stabilität im emotionalen und im pragmatischen Bereich;
- Planungs- und Entscheidungskompetenz;
- die Fähigkeit zur Effektivitätskontrolle und zum antizipierenden Denken;
- unterschiedlichste Handlungsstrategien zur variablen Handhabung in je verschiedenen Situationen;
- eine angemessen hohe Frustrationstoleranz und die Möglichkeit des konstruktiven Umgangs mit eigenen Fehlern und Misserfolgen.

Das Konzept der Nicht-direktiven Spieltherapie nach Virginia AXLINE

Die Nicht-direktive Spieltherapie basiert auf der Annahme, dass das Individuum sich selbst erhalten und entwickeln will, dass es selbst die Verantwortung und die Führung übernehmen kann. Jeder, auch der junge Mensch, das Kind, hat in sich selbst sowohl die Fähigkeit, „seine Probleme auf eine zufriedenstellende Weise zu lösen", als auch die Tendenz, seinem „Wachstumsimpuls" zu folgen, „der ihm ein reifes Verhalten befriedigender erscheinen lässt, als ein unreifes" (vgl. AXLINE 1972, 185).

In der Spieltherapie nach AXLINE erhält das Kind die Möglichkeit,

> „angesammelte Gefühle von Spannungen, Frustration, Unsicherheit, Angst, Aggression und Verwirrung, auszuspielen" (1972, 186),

d.h., es kann ohne Beeinflussung durch den Erwachsenen seine Gefühle an die Oberfläche kommen lassen, und es lernt im Spiel, sich ihnen zu stellen, sie zu beherrschen oder sie zu überdenken und dann zu relativieren oder zu modifizieren.

Das Kind selbst steht im Mittelpunkt des Geschehens, welches, im Gegensatz zur Nicht-direktiven Therapie mit Erwachsenen, mehr durch Handlung geprägt ist als durch Worte. Die Spielstunde stellt für das Kind eine Situation dar, über die es verfügen kann, in der es Ideen entwickeln und ausprobieren kann, in der es sagen kann, was es möchte, und in der Handlungen und Gefühle nicht bewertet und sanktioniert werden. Ob das Kind Hass, Liebe oder Gleichgültigkeit zeigt, es wird kritiklos angenommen. Es ist für eine Stunde in einer Welt, in der es keine Erwartungen von Erwachsenen erfüllen muss und in der es sich mit niemandem messen muss. AXLINE führt dazu aus: Wenn das Kind

> „eine psychische Druckentlastung erreicht hat, beginnt es, seine Fähigkeit zu entdecken, eine Eigenpersönlichkeit zu sein" (1972, 186).

Es lernt, selbst zu denken, zu entscheiden, zu reifen und sich allmählich selbst zu verwirklichen.

Diese neuen Erfahrungen,

- dass ein Erwachsener ihm Interesse, Akzeptanz und Zuneigung entgegenbringt, ohne „Wohlverhalten“ dafür zu erwarten;

- dass Regeln, Verbote, Zurechtweisungen entfallen;
- dass allerdings auch Lenkung, Hilfe und Unterstützung entfallen,

stellen eine Herausforderung für das Kind dar, der es zunächst skeptisch gegenüber steht. Langsam lernt es, die Möglichkeiten dieser neuen Situation zu erforschen und mutig zu nutzen.

Obwohl dem *Therapeuten* eine nicht-direktive Rolle zukommt, ist er nicht passiv. Von ihm sind beständige Sensibilität und Wachsamkeit gefordert, durchgängig eine gewährende und akzeptierende Haltung, sowie die Fähigkeit zum Erkennen und Reflektieren kindlicher Gefühle. Er ist weder Supervisor oder Lehrer noch Elternersatz.

Damit das Kind Zutrauen entwickelt und damit die Bereitschaft, Einblick in sein Innenleben zu gewähren, muss der Therapeut das Kind respektieren, ihm aufrichtig, freundlich und geduldig begegnen und unverkrampft den Spiel- und den Entwicklungsprozess begleiten.

Dabei hat er acht Grundprinzipien zu beachten:

1. Das Prinzip des **freundlichen Beziehungsverhältnisses**, das besagt, dass eine warme, freundliche Beziehung zum Kind und damit ein guter Kontakt aufgebaut werden soll.
2. Das Prinzip des **Akzeptierens und Respektierens**, das besagt, dass das Kind vom Therapeuten so angenommen werden soll, wie es ist.
3. Das Prinzip des **Gewährens** und **Erlaubens**, das besagt, dass die Beziehung zwischen Kind und Therapeut sich gründet auf einer Atmosphäre des Gewährenlassens, in der das Kind seine Gefühle frei und ungehemmt äußern kann.
4. Das Prinzip des **Erkennens** und **Reflektierens** der Gefühle, das besagt, dass der Therapeut wachsam sein muss, um die Gefühle, die das Kind äußert, zu erkennen; und dass er diese reflektiert, um sie dem Kind zurückzuspiegeln, damit es Einsicht in sein eigenes Verhalten gewinnt.
5. Das Prinzip der **Achtung** vor dem Kind, das besagt, dass der Therapeut die Fähigkeit des Kindes achtet, mit seinen Schwierigkeiten selbst fertig zu werden, wenn es Gelegenheit erhält, hinsichtlich seines Verhaltens frei zu wählen. „Der Entschluß zu einer Wandlung, und das In-Gang-Setzen einer Veränderung sind Angelegenheit des Kindes“ (Axline 1972, 73).
6. Das Prinzip des **Nicht-Lenkens**, das besagt, dass der Therapeut nicht versucht, das Handeln und Sprechen des Kindes zu beeinflussen. „Das Kind weist den Weg, der Therapeut folgt ihm“ (a.a.O.).
7. Das Prinzip des **Nicht-Vorantreibens**, das besagt, dass der therapeutische Prozess nicht beschleunigt werden darf durch den Therapeuten. Ein schrittweises Vorangehen, im Tempo des Kindes, ist unerlässlich.
8. Das Prinzip des **Begrenzens**, das besagt, dass der Therapeut nur dort Grenzen setzt, wo es zur Verankerung der Therapie in der Realität notwendig ist und wo dem Kind die Mitverantwortung des Therapeuten für die Beziehung klar werden soll.

Grenzen ergeben sich im Wesentlichen unter drei Aspekten:

- dem **zeitlichen Aspekt**, d.h. die Zeit des therapeutischen Spiels ist begrenzt, aktuell in jeder Therapie-Stunde, generell als therapeutische Intervention,
- dem **emotionalen Aspekt**, d.h. das Kind macht die Erfahrung, dass die Zuwendung des Therapeuten Grenzen hat, dass weitere Kinder auf der gleichen Zuwendungsebene vorhanden sind;
- dem **Destruktionsaspekt**, d.h. das Ausmaß und die Art destruktiver Handlungen hat, bezogen auf die Realität auch innerhalb der therapeutischen Situation, klare Grenzen, z.B.
  - mutwillige Zerstörung von Materialien,
  - Ruinieren des Spielraumes,
  - tätliche Angriffe auf den Therapeuten,
  - Begrenzungen zum Schutz des Kindes.

In der Nicht-direktiven Spieltherapie erhält das Kind mit Verhaltensstörungen, die Gelegenheit, sich ohne dirigistische Eingriffe von außen, aber mit vorbehaltlos akzeptierender Begleitung durch den Therapeuten, mit seinen Problemen auseinander zu setzen.

Durch das verständnisvolle Reflektieren seiner Gefühle lernt das Kind sich selbst besser kennen; die positive Wertschätzung gibt ihm Sicherheit und ermöglicht eine positivere Selbsteinschätzung. Das Kind kann innerlich wachsen und reifen und wird, bei erfolgreicher Therapie, in seinem Verhalten ruhiger und unauffälliger. Das vielfältige, für kreatives Spiel geeignete Spielmaterial stellt das Werkzeug, das handhabbare Medium für den Veränderungsprozess dar.

Der Hauptakzent dieser Form der Spieltherapie liegt auf der Befähigung zu einer konstruktiv-positiven Lebensweise.

■ Das Konzept der Klientenzentrierten Spieltherapie nach Stefan Schmidtchen

Während Axline als erste, basierend auf der Theorie von Rogers, eine Spieltherapie entwickelte, die dessen Persönlichkeitskonzept und seine Prinzipien für die therapeutische Arbeit relativ wenig modifiziert übernimmt (vgl. Vernooij 2004b, 101ff.), kam es ca. 20 Jahre später zu einer erweiterten Form der humanistischen Spieltherapie.

Neben dem Wunsch nach erhöhter Effektivität war auch im Laufe der Jahre das Bedürfnis gewachsen, das therapeutische Vorgehen bei der Nicht-direktiven Therapie mit Kindern und mit Erwachsenen für die empirische Forschung besser handhabbar zu machen.

Das von Schmidtchen vorgelegte Konzept stellt eine Verknüpfung von Verhaltenstherapie, kognitivem Training und Nicht-direktiver Spieltherapie dar.

Er zielt sehr bewusst sowohl auf die Veränderung innerpsychischer Strukturen als auch auf die Verhaltensänderung ab.

Beides, Persönlichkeits- und Verhaltensmodifikation, stellt er auf eine lerntheoretische Basis (vgl. Schmidtchen 1974, 38f.; Schmidtchen 1999).

Dabei bleiben

- die Orientierung an der Gesamtpersönlichkeit des Klienten und
- die wesentlichen Therapeutenmerkmale aus dem Axline-Konzept erhalten.

Die Ziele seiner Klientenzentrierten Spieltherapie formuliert Schmidtchen mit Hilfe eines Drei-Ebenen-Modells. Menschliches Verhalten vollzieht sich nach SCHMIDTCHEN auf diesen drei Ebenen, so dass bei einer angestrebten Verhaltensänderung unter stärker ganzheitlichem Aspekt Ziele für jede dieser Ebenen

- der aktionalen bzw. phänomenologischen Ebene,
- der rationalen bzw. kognitiven Ebene,
- der emotionalen bzw. affektiven Ebene,

angemessene Berücksichtigung finden müssen.

Ob er mit diesem Modell, wie es seine Absicht war, behavioristische, denk- und intelligenzpsychologische sowie triebdynamisch-tiefenpsychologische Aspekte erfasst, mag dahingestellt bleiben. Eine Präzisierung und Erweiterung der Zielformulierung stellt das Drei-Ebenen-Modell in jedem Fall dar.

Auf der **aktionalen** oder phänomenologischen Ebene läge das wesentliche Ziel darin, Fehlverhalten, wie z.B. Hyperaktivität, Impulsivität, Aufmerksamkeits- und Konzentrationsstörungen, unangemessenes Sozialverhalten abzubauen, wobei er wie die Verhaltenstherapeuten davon ausgeht, dass dieses Fehlverhalten durch Außeneinflüsse erlernt wurde.

Auf der **kognitiven** Ebene ist als wesentliches Ziel die Vermittlung von Problemlösetechniken anzusteuern, wobei als „Problem" die Unfähigkeit eines Individuums gesehen wird, zur Erreichung eines Zieles auf bestimmte Verfahren, Techniken und Operationen zurückgreifen zu können.

Dabei ordnet er die Problemlösetechniken inhaltlich vier Bereichen zu, dem abstrakten, dem instrumentellen, dem sozialen und dem emotionalen Bereich. Für diese vier Bereiche lassen sich je spezifische Ziele bestimmen.

Als für alle Bereiche übergreifend anzustreben sind folgende Ziele nach SCHMIDTCHEN (1974, 43f.):

1. Das Erkennen von Problemsituationen und die Fähigkeit, die für diese Situation veränderbaren Anteile gedanklich zu isolieren.
2. Die Fähigkeit, in unterschiedlicher Weise problemlösend zu handeln. Lösungsmethoden können dabei sein
   - Versuch und Irrtum,
   - schlussfolgerndes Denken,
   - Spontan-Ideen,
   - Bitte um Hilfestellung.
3. Die Ausdauer beim Problemlösen, d.h. die Erhöhung der Frustrationstoleranz bezogen auf Misserfolge, verbunden mit der willentlich gesteuerten Aufrechterhaltung der Aktivität im Problemlöseprozess.

Auf der **emotionalen** Ebene rücken die Gefühle und Einstellungen des Individuums, sich selbst und anderen gegenüber, ins Blickfeld.

Wesentliches Ziel für diesen Bereich ist die Veränderung von Vor-Einstellungen, von Werthaltungen und Erwartungen, von Interessen und Wünschen.

Als Einzelziele für diesen Bereich können genannt werden:

- Verbesserung bzw. Erhöhung der emotionalen Erlebnisfähigkeit, durch die Förderung musischer und gestalterischer, aber auch verbaler und aktionaler Fertigkeiten;
- Entwicklung bzw. Verbesserung der Fähigkeit, Gefühle zu beschreiben und situationsangemessen mitzuteilen;
- Aufbau sowohl eines positiven Selbstbildes als auch eines positiven Fremdbildes;

- Abbau von Angst und Unsicherheit;
- Entwicklung der Fähigkeit, eigene Interessen angstfrei und erfolgsorientiert durchzusetzen (vgl. Schmidtchen 1974, 45f.).

Das Therapeutenverhalten in der Klientenzentrierten Spieltherapie lässt sich anhand von fünf Verhaltensmerkmalen beschreiben:

- **Wachheit** und **Momentzentriertheit**, d.h., der Therapeut zeigt interessierte Aufmerksamkeit für das im Moment Wichtige beim Kind.
- **Ruhe** und **Zuversicht**, sowohl bezogen auf die Problematik des Kindes als auch bezogen auf mögliche Aggressionen von Seiten des Kindes in der therapeutischen Situation.
- **Regulierung** der räumlichen und psychischen **Nähe**, d.h. weder körperlich noch psychisch sollte der Therapeut dem Kind zu nahe treten; er sollte aber auch nicht zu fern sein. Volle Akzeptanz, Freundlichkeit und Wärme sind für eine angemessene Distanz Voraussetzungen.
- Das Non-direktive Verhalten bei Schmidtchen deckt sich nicht ganz mit dem von Axline aufgestellten Prinzip des **Nicht-Lenkens**. Schmidtchen spricht von einem Therapeutenverhalten, das „**möglichst wenig lenkend** und führend" sein soll (Schmidtchen 1974, 55). Dazu nennt er zwei einschränkende Maßnahmen:
  - die **indirekte Reizkontrolle** besagt, dass die Situations-Reize (Spielzeug) und die Sozial-Reize (Therapeutenverhalten) so zu arrangieren sind, teilweise im Vorfeld, dass das Kind auf die Therapie- bzw. Eigenziele hingelenkt wird;
  - die **Grenzsetzung** umfasst lediglich das Setzen notwendigster Regeln unter ähnlichen Aspekten, wie in der Nicht-direktiven Therapie.
- Die Reflexion der kindlichen Gefühle und des Problemlöseverhaltens geht über das bei Axline angewandte Verbalisieren von Gefühlen und Handlungen im Sinne eines Widerspiegelns hinaus. Sie lässt verdeckte Handlungs-Instruktionen (bezogen auf das Problemlöseverhalten) wie auch Interpretationen (z.B. von impliziten Zielen und Wünschen) zu. Die Verbalisierung bei Schmidtchen sollte kurz, verständlich, treffend und inhaltlich positiv sein.

In späteren Ausführungen werden dem Therapeuten, je nach situativer Gegebenheit, verschiedene Rollen zugeordnet, nämlich

- die *Helferrolle*, im Sinne von „Hilfe zur Selbsthilfe";
- die *Tröster- oder Schützerrolle*, z.B. beim Umgang mit überwältigenden Gefühlen;
- die *Aktivatorrolle*, bezogen auf die inneren Kräfte und Möglichkeiten des Kindes;
- die *Strukturiererrolle*, im Sinne einer Hilfestellung zur Ordnung und (Er-)Klärung von Gedanken und Gefühlen (vgl. Schmidtchen 1989, 130f.).

Aufgrund der stark lerntheoretischen und kognitiven Ausrichtung wird das Kind in der Klientenzentrierten Spieltherapie, trotz ganzheitlicher Orientierung partiell behandelt. Von der Zielsetzung her scheinen spielerische Funktions- und Verhaltenstrainings methodisch angebrachter zu sein als freie, nicht-gelenkte Spielstunden. Dieser Eindruck wird auch dadurch bestätigt, dass, trotz umfänglicher Überlegungen zur Spielzeugauswahl und zur räumlichen Gestaltung des Spielzimmers, das Spiel als solches im Konzept kaum Beachtung findet. Alle zur Zielerreichung wichtigen Therapeuteninterventionen könnten auch ohne Spiel stattfinden.

Der Hauptakzent dieser Form der Spieltherapie liegt offenbar eher auf der Vermittlung von äußeren Kompetenzen, als auf der Veränderung psychischer Strukturen, wobei ein hoher Freiheitsgrad für das Kind erhalten bleibt, der Therapie- bzw. Veränderungsprozess insgesamt aber stärker systematisiert und gelenkt ist.

12.6.3 Aspekte systemischer Intervention

Bis heute wird Verhaltensstörung wesentlich individuumzentriert betrachtet, d.h. die Störung wird als im Kind liegend gesehen. Infolgedessen wird das Kind sonderpädagogisch, psychotherapeutisch oder medizinisch-pharmakologisch behandelt, obwohl einige Verursachungstheorien andere Sichtweisen und Möglichkeiten nahe legen. Auch die bisher beschriebenen Interventionsformen sind klassisch individuumbezogen.

Auf der Basis einer allgemeinen Systemtheorie (vgl. Watzlawick 1981; Maturana 1982, Capra 1983) entstanden im Zusammenhang mit Verhaltensstörungen bei Kindern unterschiedliche familientherapeutische Konzepte, die statt von einer Individuumzentrierung von der Systemzentrierung ausgehen (vgl. Kap. 12.3).

Eine weitgefasste Definition von dem, was „System" meint, könnte lauten: Ein System besteht aus einer Menge von Elementen und den je spezifischen Relationen zwischen diesen und ihren Merkmalen. Das Verhalten der Elemente (Mitglieder) eines Systems wird als regelkreisförmig verstanden. Zur Erfassung eines Systems als Regelkreis, in seiner Relationalität und Funktionalität ist ein **zirkuläres** Denken erforderlich. Linear-kausale Ursache-Wirkungs-Hypothesen werden damit bedeutungslos. Zu analysieren ist die **Beziehung zwischen**, nicht die **Natur von Phänomenen** (vgl. v. Schlippe 1987, 22; 1997, 54f.).

Die Veränderungen hinsichtlich der kognitiven Betrachtung von (Verhaltens-) Störungen werden in der folgenden schematischen Darstellung im Vergleich verdeutlicht:

Individuumzentrierte Betrachtung	**Systemzentrierte Betrachtung**
Analytisch-linear-kausales Denken	Ganzheitlich-analytisch-zirkuläres Denken
Individuumzentrierte Ursache-Wirkung-Strukturen	Komplexe Vernetzungsstrukturen in Systemen
Individuelle Reiz-Reaktionsfolgen als Grundlage für Verhalten (mechanistisch)	Systemregeln bzw. -muster als Grundlage für Verhalten (relational)

Tab. 49: Vergleich der wesentlichen Aspekte kognitiver Analyse von Störung (vgl. Vernooij/Winkler 1998; Vernooij 1998c, 39; 2004c, 91ff.).

Eine Umsetzung im pädagogisch-psychologischen Feld erfuhr die Systemtheorie durch die psychotherapeutische Forschung in den 1970er Jahren (vgl. STIERLIN 1978; GUNTERN 1980; SELVINI-PALAZZOLI 1977; MINUCHIN 1981; WATZLAWICK 1974; WATZLAWICK/WEAKLAND 1977).

Unterschieden werden können vier familientherapeutische Richtungen mit unterschiedlichen Schwerpunkten hinsichtlich der Erfassung von Strukturelementen und Relationen innerhalb von Systemen:

- die **psychoanalytisch** orientierte Familientherapie
  Schwerpunkte:
  - interfamiliäre (generationenübergreifende) Relationen/Modi,
  - familiäre Kommunikationsprozesse (vgl. RICHTER 1963, 1972; STIERLIN 1975, 1978, 1988);
- die **strukturelle** Familientherapie
  Schwerpunkte:
  - Systemanalyse bezogen auf
  - Subsysteme und deren Funktion (vgl. MINUCHIN 1977, MINUCHIN/FISHMAN 1983);
- die **entwicklungsorientierte** Familientherapie
  Schwerpunkte:
  - interfamiliäre Kommunikationsstruktur,
  - Selbstwert der Einzelelemente und des Gesamtsystems (vgl. SATIR/BALDWIN 1988, SATIR 1979; 1990);
- die **strategische** Familientherapie
  Schwerpunkte:
  - Struktur des familiären Interaktions-„Spiels" (vgl. SELVINI-PALAZZOLI 1977).

Insbesondere die beiden erstgenannten Konzepte enthalten „relationierende Operationen" (LUHMANN 1985, 189ff.), die für das Verständnis eines Kindes als Symptomträger des Systems von Bedeutung sind. Auf sie soll im Folgenden kurz eingegangen werden.

Ausgehend von der Erfahrung, dass familiäre Störungen und Fehlentwicklungen Prozesse darstellen, die bei genauer Analyse häufig mehr als zwei Generationen (Eltern/Kinder) umfassen, wird eine Mehr-Generationen-Relation beschrieben, die unterschiedliche Komponenten oder Modi haben kann.

Der Interaktionsmodus von **Bindung und Ausstoßung/Abstoßung** basiert auf der Annahme, dass die Trennungsdynamik zwischen den Generationen eine wesentliche Rolle in der Entwicklung der Systemmitglieder spielt (vgl. STIERLIN 1980, 209ff.). Bei Vorherrschen des Bindungsmodus findet eine Ablösung von der Elterngeneration sehr spät oder möglicherweise gar nicht statt. In jedem Fall ist der Ablösungsprozess problematisch und zeitlich verzögert.

Bei Dominanz des Ausstoßungsmodus findet eine Trennung von der Elterngeneration frühzeitig bzw. beschleunigt statt, wobei nach STIERLIN als Folge eine „frühreife Autonomie" zu beobachten ist (a.a.O.).

Bindung und Ausstoßung stellen zwei diametrale Kräfte dar, die in dialektischer Weise auf Ausgleich bedacht sind. Allerdings ist die Herstellung dieses Ausgleichs praktisch fast unmöglich.

„Ein gebundenes Kind versucht (oft zeitlebens) aus dieser Gebundenheit auszubrechen und bleibt gleichzeitig in der Regel ein Gefangener der tief verwurzelten und anhaltend fortwirkenden Bindungsstrukturen" (v. SCHLIPPE 1987, 45).

Stierlin definiert „Bindung" als „eine massive Inbesitznahme eines Abhängigen", wobei dies nicht nur zwischen Generationen, sondern in allen hierarchischen Verhältnissen stattfinden kann (vgl. Stierlin 1980, 29ff.). Er spricht hier von „seelischer Ausbeutung" (a.a.O., 30). Emotionale Versklavung, verbunden mit moralischer Verpflichtung, kann auf der Verhaltensebene sowohl in der Musterkind-Rolle (vgl. Vernooij 1988; 1994d) kulminieren (Übererfüllen der Norm), als auch zu verstärktem Widerstands- und Verweigerungsverhalten und im Extremfall zur Rolle des „schwarzen Schafs" führen (Untererfüllung der Norm). Beide Rollen haben systemerhaltende Funktion, wobei das Kind eine relative „Freiheit" der Rollenwahl hat.

Weitere Modi in der psychoanalytisch orientierten Familientherapie sind

- die Delegation
- das Vermächtnis
- der Verdienst.

Hierauf soll jedoch nicht näher eingegangen werden (vgl. Vernooij 1998d; 2004c).

In der von Minuchin (1977; Minuchin/Fishman 1983) entwickelten „strukturellen" Familientherapie spielt ein Aspekt im Zusammenhang mit mindestens zwei Generationen eine besondere Rolle: die **Triangulation**.

Im Gegensatz zu anderen familientherapeutischen Schulen unterteilt Minuchin das System Familie in Subsysteme, z.B.

- das elterliche
- das eheliche
- das geschwisterliche
- das großelterliche.

Die Triangulation stellt einen Prozess dar, in dem ein Element eine bedeutende Funktion erhält für Spannungen oder auch für Entspannungen in einem anderen Subsystem. In der Regel ist dieser Funktionsträger das Kind, welches dem elterlichen oder ehelichen Subsystem und damit dem Gesamtsystem über diese spezifische Funktion relative Stabilität verleiht. Es entsteht eine Dreiecksbeziehung, die deshalb in sich stabil ist, weil sie das systemerhaltende Konstrukt darstellt. Will man ein Wortspiel machen, so könnte man sagen: Triangulation und Strangulation haben bezogen auf den Funktionsträger große Gemeinsamkeiten. Satir spricht in der „entwicklungsorientierten" Familientherapie von der destruktiven Triade. Die Nähe zu Richters „Kind als Helfer bei Konfliktbewältigung" bzw. „Kind als Bundesgenosse" (1963, 75ff.) ist ebenfalls unverkennbar. Haley spricht vom „ewigen Dreieck" bzw. vom „perversen" Dreieck (1980, 68ff.).

Bedingungen für eine Triangulation sind nach Haley (a.a.O.):

- Die aufeinander im Dreieck reagierenden Personen sind nicht gleichgestellt. Eine ist aus einer anderen Generation als die beiden übrigen. Nach v. Schlippe kann sich die Triade auch über drei Generationen erstrecken (z.B. Großmutter, Mutter, Kind).
- Die Person aus der einen Generation bildet eine Koalition mit der Person aus der anderen *gegen* die eher gleichrangige dritte.
- Die Koalition wird von beiden Partnern geleugnet mit Hilfe metakommunikativen Verhaltens (vgl. Haley 1980, 69). Die Struktur der Triangulation ist den Beteiligten i.d.R. nicht oder nur teilbewusst. Insofern wird in einer Triangulation oder einer Triade die Generationentrennung „heimlich durchbrochen" (a.a.O.); in anderen als Familiensyste-

men bezöge sich das Dreieck auf die Hierarchie-Trennung.

In der Familie kann es über mehrere Generationen hinweg mehr als eine Triangulation geben, z.B. Kind und Mutter verbündet gegen den Vater; Großmutter und Kind verbündet gegen die Mutter. Neben der massiven Überforderung gerät das Kind hier unweigerlich in einen permanenten Loyalitätskonflikt, da es in der Regel alle Beteiligten aus den anderen Generationen liebt.

Je nach familientherapeutischem Konzept finden die therapeutischen Sitzungen mit der **ganzen Familie** in zweiwöchigen, nur bei der strategischen Therapie in mehrwöchigen (4-6 Wochen) Abständen statt. Dabei ist das **Kind** mit Verhaltensstörungen als „identifizierter Patient" **ein** Element in einem als Ganzes gestörten System; es bringt mit seiner Symptomatik die Systemstörung zum Ausdruck. Zweck familientherapeutischer Interventionen ist die Aufdeckung störungsinduzierender (Beziehungs-) Strukturen und Kommunikationsmuster im System und deren Veränderung bzw. Neustrukturierung, in dessen Verlauf ein neues, für alle Beteiligten handhabbares Gleichgewicht entsteht, welches das Vorhandensein bzw. die Herausbildung eines Symptomträgers unnötig macht.

Weder spieltherapeutische noch familientherapeutische Maßnahmen können im (sonder-) pädagogischen Feld durchgeführt werden, da Lehrern und Sozialpädagogen die notwendige therapeutische Qualifizierung fehlt. Der pädagogische Umgang mit Verhaltensstörungen bei Kindern kann allerdings durch gute Kenntnisse therapeutischer Grundkonzepte befruchtet und verbessert werden (vgl. Vernooij/Wittrock 2004; Vernooij 2006).

12.6.4 Schlussbetrachtung

Unter systemischem Aspekt lassen sich zusammenfassend folgende Aussagen machen:

- Fehlentwicklungen sind keine individuumzentrierten Prozesse, sondern betreffen ein ganzes System.
- Mindestens zwei Generationen sind an solchen Prozessen - beziehungsmäßig vernetzt - beteiligt.
- Abhilfe kann wirkungsvoll nur geschaffen werden, wenn sich das Familiensystem in seinen Beziehungs- und Kommunikationsstrukturen verändert.
- Ziel dieser Veränderung ist ein neues Systemgleichgewicht, bei dem ein Symptomträger nicht mehr benötigt wird.

Obwohl die Individualbehandlung eines Kindes mit Verhaltensstörungen durchaus effektiv sein kann, dient sie unter systemischem Aspekt auch der Erhaltung von mehr oder weniger intakten Systemen, sowohl auf familiärer als auch auf gesellschaftlicher Ebene.

Kinder mit Verhaltensstörungen sind Kinder in psychischer Not. Abweichendes Verhalten stellt ein Signal für psychisches Ungleichgewicht, für nicht zu bewältigendes Konfliktgeschehen dar. Unabhängig von der Betrachtungsweise – ob individuum-, gesellschafts- oder systemzentriert – brauchen sie psychologisch-pädagogische Hilfe. Die systemische Sichtweise scheint, aufgrund ihrer ganzheitlich-zirkulären Analysemethoden einen erfolgversprechenden Handlungsansatz zu bieten, wobei nicht nur die Familie als System, sondern auch die Schule und die Gesellschaft als Makro-Systeme ins Blickfeld genommen werden müssen.

III Ausgewählte Einzelaspekte der Sonderpädagogik

13

13 Behinderung im Zusammenhang mit Familie und Elternschaft

13.1 Einleitung

Familie ist heute ein Begriff, der viele verschiedene Lebens- und Zusammenlebensformen umfassen kann, der aber in der Regel assoziiert wird mit zwei Funktionen:

- der Reproduktionsfunktion und
- der Sozialisationsfunktion.

Seit dem 16. Jahrhundert, als der Begriff in die deutsche Sprache aufgenommen wurde, hat sich das Bild der Familie erheblich gewandelt.

War ursprünglich das gesamte verwandtschaftliche Netz beim Begriff Familie impliziert, so spricht man heute eher von der Kern- oder Kleinfamilie. Als Kernfamilie beschreibt R. König eine „Gruppe von Mann und Frau mit ihren unmündigen und unverheirateten Kindern" (1969, 206). Besondere Merkmale dieser traditionellen Kern- oder Kleinfamilie sind neben den beiden o.g. Funktionen:

- Der Intimgruppencharakter, mit besonderen Kooperations- und Solidaritätsverhältnissen, sowie mit mehr oder weniger ausgeprägten Rollendefinitionen für die einzelnen Mitglieder (abhängig von der jeweiligen Kultur).
- Die Generationendifferenzierung, d.h. eine Familie umfasst mindestens zwei Generationen (Kernfamilie), manchmal auch drei und mehr. Dabei ist die gemeinsame Haushaltsführung kein Kriterium für die Kleinfamilie, da selbst bei Wohnen im gleichen Haus getrennte Haushaltsführung, z.B. der Großeltern und der Eltern mit Kindern die Regel ist.
- Die i.d.R. auf einer Eheschließung basierende Familiengründung, wobei jedoch zu allen Zeiten und in allen Kulturen infolge Tod oder Trennung die Familien unvollständig werden, oder infolge von Ehelosigkeit (meist Mutter-Kind-Einheiten) unvollständig sein konnten.

Infolge fortschreitender Modernisierung und Enttraditionalisierung ist die Familie heute nicht mehr die stabile, gesellschaftlich notwendige Institution, die zentrale und für die Kinder identitätsstiftende Bedürfnisse abdeckt und als Gegenpol zur durchrationalisierten Arbeits- und Berufswelt gelten kann. Es gibt vielmehr Anzeichen einer beginnenden Auflösung traditioneller Formen familialen Zusammenlebens.

„Ein Ansteigen der Scheidungsraten, vermehrtes Single-Dasein, nichteheliche Partnerschaften, unvollständige Familien, gesunkene Fertilität und Wiederheiratung sind Anzeichen für einen auch die Familien erfassenden Prozeß des gesellschaftlichen Wandels" (HILL/KOPP 1995, 238),

der mit einer „fortschreitenden Entkoppelung von biologischer und sozialer Elternschaft" (VERNOOIJ 2005a, 175; auch PEUKERT 1999, 187ff.), einer Abschwächung familialer Bindungen und einer Veränderung der hierarchischen Strukturen innerhalb der Familie - Unterordnung der Jugend unter das Alter und der Frauen unter die Männer - einher geht (vgl. BOUDON/BOURRICAUD 1992, 146).

13.2 Familien und ihr behindertes Kind

13.2.1 Allgemeine Überlegungen

Was bedeutet vor diesem Hintergrund die Geburt eines behinderten Kindes für die Familie? Sind die Belastungen durch ein behindertes Familienmitglied gleichbedeutend mit der Rückkehr zu traditionellen Familienstrukturen? Nach BECK hätte die Kleinfamilie nur dann eine ernsthafte Chance, wenn man die „Lehren der Modernisierung zurückdrehen" würde (vgl. BECK 1986, 198). Geschieht dies in Familien mit behinderten Kindern zwangsläufig?

Der Forschungsstand zu diesem Thema ist eher unbefriedigend. Unterschiedliche Untersuchungen kommen zu widersprüchlichen Ergebnissen (vgl. THIMM 1974; KERKHOFF 1981; STEGIE 1988; HOHMEIER 1989). Mittels plakativer Etikettierungen wie „Sonderfamilie", „behinderte Familie", „traditionslose" oder „lebenslange Elternschaft" wird die Situation simplifiziert und verfälscht (vgl. CLOERKES 1997, 240).

Die Probleme der heutigen Familie infolge der Doppelbelastung erwerbstätiger Mütter, infolge der Veränderung der traditionellen Geschlechterrolle sowie infolge des allseitigen hohen Erwartungs- und Leistungsdrucks in modernen Industriegesellschaften und der Überforderung vieler Eltern mit der Erziehung ihrer Kinder allgemein, werden bei zusätzlichen Herausforderungen und Belastungen erheblich verschärft, häufig zulasten der Mütter.

13.2.2 Reaktionen der Eltern auf ein behindertes Kind

Es ist ganz natürlich, dass werdende Eltern sich Vorstellungen von ihrem noch ungeborenen Kind machen. Die Erwartungen sind je nach Schichtzugehörigkeit unterschiedlich. Insbesondere in den mittleren und oberen Schichten gehen aber die Hoffnungen und Erwartungen in Richtung eines vollkommenen, in allen Bereichen optimal ausgestatteten Menschleins, intelligent, schön, liebenswert und vielleicht für die Eltern ein wenig pflegeleicht. Ein Mensch, wie am Reißbrett entworfen. Je höher die Erwartungen, desto größer ist der Schock, ist die Enttäuschung, ist die Verzweiflung, denn:

„Der Behinderte ist in der Tat alles andere als ein Reißbrettmensch. An ihm läßt sich am besten ausmachen, was menschliche Individualität bedeutet - die unverwechselbare Einmaligkeit jedes Einzelnen. Aber wünschen wir uns überhaupt menschliche Individualität? Ist uns nicht der Einheitslook viel lieber? So bemühen wir uns nach allen Kräften, ein behindertes Kind durch Therapie um fast jeden Preis akzeptabler zu machen" (SAAL 1984).

Die Enttäuschung der Eltern enthält mindestens zwei Aspekte: Sie beziehen sich zum einen auf die eigenen Zukunftserwartungen und Hoffnungen, die man mit diesem Kind verbunden hat, zum anderen auf die mehr oder weniger eingeschränkten Möglichkeiten der Lebensgestaltung für das Kind. Häufig bezieht sich ein dritter Aspekt auf die Reaktionen der Umwelt, Verwandte, Freunde, Arbeitskollegen. Zu der Enttäuschung gesellt sich die Scham (vgl. VERNOOIJ 1998e).

Der pädagogische Anthropologe BOLLNOW bringt 1956 „die Begegnung" als Alternative zum klassischen Bildungsdenken in die Diskussion. Im Gegensatz zur klassischen Bildung

„bedeutet Begegnung etwas viel Härteres, nämlich, daß eine Wirklichkeit schicksalhaft in sein Leben einbricht, die ihn erbarmungslos aus seinen bisherigen Gewohnheiten herausreißt, die ihn zur Auseinandersetzung zwingt und so in seinen Tiefen erschüttert. Begegnung ist immer ein Appell an seinen letzten menschlichen Kern" (1956, 90).

Ganz sicher hatte BOLLNOW bei dieser Aussage nicht die Geburt eines behinderten Kindes vor Augen. Dennoch umschreibt er absolut treffend die Elternsituation nach der Mitteilung des Faktums. Die Begegnung, die Konfrontation mit einem mehr oder weniger beeinträchtigten Leben in unmittelbarem Bezug zu einem selbst und vor dem Hintergrund der optimistischen Erwartungen, erschüttert die geistig-psychischen Grundfesten eines Menschen. Selbst- und Fremdbild geraten ins Wanken. Nichts ist mehr stabil, weder innerlich noch äußerlich. Ambivalente Gefühle, das Schwanken zwischen Zuneigung und Ablehnung bestimmt die erste emotionale Beziehungsphase zum Kind und unter Umständen auch zum Partner.

In einer Fülle von Literatur werden die Reaktionen von Eltern, insbesondere von Müttern, uneinheitlich beschrieben. Die Situation nach der Geburt eines nicht erwarteten behinderten Kindes ist außerordentlich komplex. Es lassen sich lediglich drei Formen verallgemeinernd nennen:

- das Schockerleben,
- das Auftreten von Schuldgefühlen,
- die Entwicklung von Abwehrverhalten (vgl. CLOERKES 2001, 244ff.; VERNOOIJ 1998e, 34f.).

Dabei kommen im Wesentlichen vier Abwehrmechanismen zum Tragen:

- Die Verleugnung, bei der so getan wird, als existiere die Behinderung nicht.
- Die Projektion, bei der die Schuld außerhalb der eigenen Person lokalisiert wird.
- Die Intellektualisierung, bzw. Rationalisierung, bei der die Behinderung nach allen Regeln der Wissenschaftlichkeit analysiert wird.

- Die Sublimierung, bei der in verstärktem, häufig übersteigertem Maße soziales Engagement für Behinderte, u.a. durch Mitarbeit in entsprechenden Verbänden, gezeigt wird (vgl. VERNOOIJ 1998e).

Alle vier Formen können über das Anfangsstadium hinaus jahrzehnte- bis lebenslang erhalten bleiben. Sie dienen dazu, das gestörte innere Gleichgewicht wiederherzustellen ohne grundlegende Verarbeitung.

Für die elterliche Reaktion spielt die Art der Behinderung des Kindes eine bedeutsame Rolle. Insbesondere die Geburt eines geistigbehinderten Kindes ist für die Eltern schwer konstruktiv zu verarbeiten.

„Tiefeninterviews mit Eltern geistigbehinderter Kinder lassen für mich keinen Zweifel daran, daß Schuldgefühle eine verbreitete Reaktion sind" (CLOERKES 2001, 245).

„Das [geistig] behinderte Kind weckt Fragen nach dem Sinn des Daseins, sowohl des Kindes als auch der Eltern. Nach PETERSEN (1962) ist die Konfrontation mit geistiger Behinderung schmerzlicher, als die mit dem Tod. ... Das Bejahen des Todes erfährt ein Ende, für den Betreffenden beim Tod selbst, für die anderen einige Zeit später. Das Bejahen eines behinderten Kindes hingegen ist eine Aufgabe für´s Leben" (zit. nach SPORKEN 1975, 33f.).

Die Geburt eines nicht erwarteten behinderten Kindes bringt die Eltern, i.d.R. jedes Elternteil für sich, in eine schwere persönliche Krise, auch unabhängig von Außeneinflüssen. Der Prozess der Verarbeitung, der Annahme des Kindes und der mit ihm verbundenen neuen Situation ist schwierig und langwierig (Kap.13.4 ist dieser Thematik gewidmet).

13.2.3 Auswirkungen im familialen Feld

Mit der Geburt eines behinderten Kindes sind in der Regel infolge (anfänglicher) Anpassungsprobleme Veränderungen sowohl der innerfamilialen Sozialbeziehung als auch der außerfamilialen Beziehungsstrukturen verbunden. THIMM wies bereits 1974 (11) darauf hin, dass vorübergehende oder dauerhafte Desorganisationsprozesse (innerfamilial) und Desintegrationserscheinungen (außerfamilial) entstehen können.

Innerfamiliale Beziehungen sind geprägt durch mehr oder weniger gut aufeinander abgestimmtes Rollenverhalten auf der Basis von Rollenerwartungen. Nach der Geburt eines Kindes bzw. nach jeder Veränderung im personellen Familiengefüge muss eine Neudefinition der Rollen erfolgen. Durch die Geburt eines behinderten Kindes ist dies in besonderem Maße erschwert.

„Die Basis der familiären Beziehungen, die auf Reziprozitätsnormen beruht, d.h. auf dem sicheren Gefühl der Entsprechung von Erwartungen und Gegenerwartungen, von physischen, psychischen und sozialen Leistungen und Gegenleistungen ist erschüttert" (THIMM 1974, 15).

Das behinderte Kind übernimmt die erwartete Rolle nicht, die Behinderung wird unter Umständen „zum alles bestimmenden Merkmal" für die Familie (JONAS 1994, 40).

Je höher die mit dem Kind verbundenen Erwartungen waren, je ausgeprägter die Behinderung ist, desto schwieriger wird es, ein neues Rollengleichgewicht herzustellen. Ist das behinderte Kind das erstgeborene, das erhoffte Mädchen, der langersehnte Junge, wird der familiale Umstrukturierungsprozess zusätzlich erschwert.

Für die Partnerbeziehung der Eltern stellt die Geburt eines behinderten Kindes eine besondere Herausforderung dar, die zur Festigung oder zur Gefährdung bis hin zur Auflösung der Beziehung führen kann (vgl. KALLENBACH 1994a, 16f.; ENGELBERT 1999, 227; QUENSTEDT 2002, 19f.).

Hinsichtlich der Situation im Freundes- und Bekanntenkreis sind die Aussagen widersprüchlich. Einerseits scheinen sich Familien mit einem behinderten Kind häufig auf innerfamiliale Kontakte zurückzuziehen (vgl. SCHATZ 1987, 237), andererseits findet eine kritische Überprüfung der Freunde und Bekannten im Zusammenhang mit ihrer Reaktion auf das behinderte Kind statt. Erhalten bleiben in der Regel einige enge Freundschaften, wie HINZE insbesondere bezogen auf die Väter verdeutlicht (vgl. [2]1991, 54). Der Rückzug aus sozialen Bezügen ist in der Anfangszeit sinnvoll und notwendig. Die Wiederherstellung des eigenen psychischen Gleichgewichts ist ein schwieriger Prozess, bei dem die Abschirmung vor Problemen und Zumutungen aus dem Umfeld auch unter energie-ökonomischen Aspekten erfolgt (vgl. BALZER/ROLLI 1975, 74f.; SCHATZ 1987, 244; 1990, 758f.). Eine dauerhafte Isolation der Familie hätte jedoch Auswirkungen auf die psychische Situation sowohl der Eltern als auch des behinderten Kindes. Instrumentelle Außenkontakte im Sinne von Entlastungskreisen und Selbsthilfegruppen z.B., sind zwar insbesondere für die Situation der Mutter unentbehrlich, wichtig wären jedoch unterschiedliche Kontakte, teilweise behinderungsbezogen, teilweise behinderungsunabhängig, die einerseits die Beschäftigung mit problemspezifischen Fragen möglich machen (Elternkreise, Beratungsinstitutionen), andererseits freundschaftliche Kommunikation und Aktivitäten gewährleisten.

13.2.3.1 Die Rolle der Mutter

Die Idealisierung der Mutterrolle hat sich auch in der modernen Industriegesellschaft mit anderen familialen Realitäten erhalten. Das Bild der selbstlosen Mutter, die für das Wohl ihres Kindes alles auf sich nimmt, erhält im Zusammenhang mit einem behinderten Kind besondere Bedeutung.

Die gesellschaftlichen Erwartungen an Mütter allgemein sind hoch. THOMAS hebt den Gestaltungsspielraum bei der Mutterrolle hervor, bei dem im günstigsten Falle Persönlichkeit und Rolle eine kompatible Einheit bilden können.

> „Der Grad der Verinnerlichung einer Rolle hängt von dem Maß ab, in dem es möglich ist, im Rollenverhalten unterschiedlichste Verhaltensweisen, Seinsmöglichkeiten und Talente zu realisieren" (THOMAS 1991, 84).

Dabei sieht er allerdings auch die Diskrepanz zwischen dem Maß an Hilfestellung und Dienstleistung, das Mütter in der modernen Gesellschaft zu erbringen haben, und der in keiner Weise adäquaten Unterstützung, die sie dabei erhalten. JONAS bezeichnet daher die Situation als unzumutbar. Der Mutter wird häufig die alleinige Verantwortung zugeschoben. Sie wird mit der Fürsorge eines oder mehrerer Kinder betraut und damit allein gelassen. „Das gelungene Kind ist die Leistung der Mutter, das misslungene ihr persönliches Versagen" (JONAS 1994, 46). Zudem wird von der „modernen Mutter" erwartet, dass sie an wirtschaftlichen Entwicklungen und produktiven Leistungen der Gesellschaft beteiligt ist.

„Mutterschaft gilt als etwas individuell Machbares und zu Leistendes" (JONAS 1994, 56; auch WOLF-STIEGEMEYER 2000).

Ein behindertes Kind bedeutet für die Mutter eine erhöhte zeitliche, physische und psychische Belastung. Tägliche Pflege und Versorgung, Arztbesuche und Therapietermine sind mit erhöhtem zeitlichem Aufwand verbunden (vgl. BREMER-HÜBLER 1990, 212). Neben dem physischen Kraftaufwand bei der Versorgung älterer behinderter Kinder treten häufig gesundheitliche Probleme wie Nervosität, Erschöpfung, Schlafstörungen und depressive Symptome auf (vgl. FRÖHLICH 1986; JONAS 1994; SCHOLZ 2000; SARIMSKI 2002).

Die größte Belastung ist jedoch psychischer Art. Nach JONAS stellt die Geburt eines behinderten Kindes für die meisten Mütter einen traumatischen Einschnitt in ihr Leben dar, der langdauerndes Verlusterleben zur Folge hat. JONAS unterscheidet zwischen

- kindzentriertem,
- identitätszentriertem und
- sozialzentriertem

Verlusterleben (1994, 73ff.).

Der Identitätswechsel von der Frau zur Mutter ist ein normaler Prozess bei der Geburt eines Kindes. Im Fall einer Behinderung wird diese Veränderung jedoch als Verlust erlebt. Die Mutter ist der Ideologie der guten Mutter und des erwünschten Kindes beraubt (Kindzentrierung). Das Kind, das als ihr „Produkt" gesehen wird, und das mit ihrer Identität verknüpft ist, hat eine Schädigung. Anstelle des erwarteten Prestigezuwachses tritt nun die Kränkung, ein behindertes Kind geboren zu haben (vgl. JONAS 1994, 74).

Die Vorstellung einer „lebenslangen Kindheit" ihres Kindes konfrontiert sie mit der Zukunftsaussicht einer „lebenslangen Mutterschaft", was zunächst Angst und Panik auslöst (vgl. JONAS 1994, 73).

Zudem erfährt die Mutter in dem Bereich, der normalerweise ihrer alleinigen Zuständigkeit obliegt, eine enorme Fremdbestimmung durch medizinische, therapeutische Experten. Sie fühlt sich hilflos, unfähig und inkompetent, ihr eigenes Kind zu versorgen. Sie übernimmt ihre Rolle nicht selbstbestimmt, sondern so, wie es die Fachleute vorschreiben, und mit einem Gefühl der ständigen Überwachung und Kontrolle. Bei den Ratschlägen und Vorschriften durch die Experten wird die Mutter nicht als Person mit eigenen Wünschen wahrgenommen (vgl. JONAS 1994, 76).

Der Aufbau einer Beziehung zum Kind wird auf der psycho-emotionalen Ebene erschwert. Im Zusammenhang mit Untersuchungen und Therapien wird der Entwicklungsfortschritt des Kindes zum Bezugspunkt bzw. zum Maßstab für die mütterliche Qualität (vgl. JONAS 1994, 77). Ein „Gestaltungsspielraum" (THOMAS 1991, 84) für mütterliche Identitätsbildung ist kaum noch gegeben (Identitätszentrierung).

Das sozialzentrierte Verlusterleben bezieht sich auf die Erschwerung bzw. Verunmöglichung eigener Weiterentwicklung und Autonomie im sozialen Feld. Parallel zur wachsenden Selbständigkeit des Kindes gewinnt die Mutter normalerweise Freiräume, bezogen auf Gestaltungsmöglichkeiten jenseits der Mutterrolle. Bei einem behinderten Kind sind diese Freiräume nur in geringem Maße oder gar nicht gegeben. Die Hilfe- und Förderbedürftigkeit des Kindes hält die Versorgungsverpflichtung der Mutter auch bei zunehmendem Alter des Kindes aufrecht.

> „Es ist eindeutig, daß [die Mütter] ihre autonome Entwicklung einem fragwürdigen therapeutischen Wohl des Kindes opfern sollen" (JONAS 1994, 80),

und daß ein eigenes soziales Leben nicht existent ist. Die Mutter sieht sich in einer lebenslangen, ausweg- und traditionslosen Situation als Nur-Mutter, in der ihre Lebensrealität ihren Bedürfnissen und Wünschen nicht oder nur teilweise entspricht und in der sich ihr Leben weitgehend unter Ausschluss sozialer Aktivitäten jenseits von Mutterschaft vollzieht (vgl. JONAS 1994, 80f.; auch PRASCHAK 2003, 35).

Neben dieser von JONAS sehr negativ-feministisch gezeichneten Situation der Mütter zeigt NIPPERT auf, dass Mütter behinderter Kinder häufig ein besseres Selbstbewusstsein im Sinne „kompetente Mütter" entwickeln und aufgrund positiver Rollenerfahrung die Bedürfnisse ihrer Kinder gegenüber Dritten konsequenter vertreten (vgl. NIPPERT 1988, 121). Ähnlich äußert sich auch STEGIE, der den Müttern behinderter Kinder die aktivere Rolle in der Familie zuschreibt, aufgrund ihres im konstruktiven Umgang mit den Problemen erlebten Kompetenzzuwachses (vgl. STEGIE 1988, 125f.).

Ein weiterer Aspekt bei der Betrachtung der Mutterrolle ist die besondere Bedeutung der Pflege, Erziehung und Förderung eines behinderten Kindes, die im Vergleich zur Normal-Mutterrolle zu größerer Anerkennung und damit zu größerer Zufriedenheit bzw. psychischer Stabilität der Mutter führen kann. Allerdings darf nicht verkannt werden, dass es sich dabei häufig um eine „resignative Zufriedenheit" handelt (vgl. BREMER-HÜBLER 1990, 240).

Zur Situation von Müttern (schwer) behinderter Kinder sind in den letzten 15 Jahren zahlreiche Untersuchungen mit unterschiedlicher Schwerpunktsetzung durchgeführt worden (vgl. FRÖHLICH 1986; SARIMSKI 1987; KNIEL 1988; JONAS 1989, 1990 a/b; BREMER-HÜBLER 1990; WACKER 1995; PETERANDER/SPECK 1995; DREYER 1993; FRÖHLICH 1999; LENHARD 2004). Die Ergebnisse zeigen unter anderem,

- dass die Belastungen insbesondere für die Mütter sehr groß und lebensverändernd sind (z.B. Berufsaufgabe),
- dass diesen Belastungen in unterschiedlicher Art begegnet werden kann,
- dass aber in den meisten Fällen eine Rückkehr zur traditionellen Rollenverteilung und damit eine Verstärkung der traditionellen Mutterrolle erfolgt,
- dass die vorhandenen Möglichkeiten zur Entlastung der Familie und insbesondere der Mütter als unzulänglich erlebt werden.

13.2.3.2 Die Rolle des Vaters

Die Rolle der Väter behinderter Kinder hat in der Forschung bisher wenig Beachtung gefunden. Betrachtet man die Entwicklung seit Beginn des 20. Jahrhunderts, so ist dies, unter familiensoziologischem Aspekt durchaus verständlich.

> „Für Familie und Gesellschaft wurde der Vater reduziert auf zwei wirtschaftliche Funktionen und Rollen, nämlich Ernährer und Arbeitskraft zu sein" (SCHULZ 1982, 221).

Die Mutter galt als zentrale Gestalt des Familiensystems. Daher kann angenommen werden, dass sich die traditionelle Vaterrolle, im Vergleich zur Mutterrolle, durch die Existenz eines behinderten Kindes nicht verstärkt hat (vgl. STEGIE 1988, 126).

Die Veränderungen in den letzten Jahrzehnten, sowohl hinsichtlich der Familienstrukturen als auch gesamtgesellschaftlich haben zur weitgehenden Gleichberechtigung von Mann und Frau geführt, die auch innerhalb der Familie neue Vorstellungen und Formen des Zusammenlebens zur Folge hatte. Dabei war insbesondere die Rolle des Mannes und Vaters einem starken Wandel ausgesetzt. Dies darf jedoch nicht darüber hinwegtäuschen, dass in den meisten Familien die traditionelle Rollenverteilung zumindest faktisch nach wie vor gegeben ist, denn:

„Das männliche Selbstverständnis scheint ... geprägt, von einer „Rhetorik der Gleichheit", die jedoch keine praktischen Konsequenzen zeigt" (BECK 1986, 191f.).

Wird die Rolle des Vaters in Familien mit einem behinderten Kind beleuchtet, so sieht man ihn häufig in einer Nebenrolle, in einer Randposition (vgl. HINZE 1991, 169).

Als Reaktion des Vaters auf die Geburt eines behinderten Kindes können genannt werden:

- Gefühle von massiver Enttäuschung hinsichtlich der Ausübung der Vaterrolle im traditionellen Sinne aufgrund der Perspektivlosigkeit einer Lebensplanung für das behinderte Kind (vgl. BALZER/ROLLI 1975, 38f.).
- Gefühle von „Nicht-gebraucht-werden" und damit verbunden
  - eine distanzierte Haltung dem Kind gegenüber
  - ein erhöhtes berufliches Engagement als Kompensation der Frustrationserfahrung und als Flucht vor kognitiver und emotionaler Belastung bzw. Verarbeitung;
- Gefühle von Vernachlässigung und Eifersucht bezogen auf die verstärkte (möglicherweise übertriebene) Zuwendung der Ehefrau zum behinderten Kind.

Wie Untersuchungen zeigen, haben Väter in besonderem Maße Probleme, eine Behinderung ihre Kindes zu verarbeiten und zu akzeptieren (vgl. HINZE 1992; KALLENBACH 1992, 1994; ENGELBERT 1999). Allerdings ist die Auseinandersetzung von Vätern mit der Behinderung ihrer Kinder in mehrfacher Weise erschwert, wie HINZE (1992, 136ff.) aufweist. Zu diesen Erschwernissen gehören:

- Väter sind aufgrund ihrer Berufstätigkeit seltener mit der Behinderung konfrontiert.
- Die berufliche Einbindung erschwert die Auseinandersetzung mit der Problematik bzw. ermöglicht deren Verdrängung.
- Mangelnde Problemkonfrontation erschwert bzw. verhindert die Entwicklung eines Problembewusstseins.
- Die männliche Geschlechtsrolle ist gekennzeichnet durch Sachlichkeit und Selbstkontrolle, d.h.
  - Väter neigen eher zu rationaler Verarbeitung der Behinderung;
  - ihre emotionale Kontrolliertheit verhindert eine emotionale Bewältigung.
- Väter (Männer) neigen dazu, Konfliktsituationen – dazu gehören auch Problemgespräche – zu vermeiden.
- Die eingeschränkte Ausübungsmöglichkeit der Vaterrolle bzw. die geringen und andersartigen Möglichkeiten des praktischen Umgangs mit dem Kind wirken psychisch destabilisierend.

- Die öffentliche Konfrontation bzw. die öffentliche Demonstration der Zugehörigkeit stellt eine große sozial-emotionale Belastung dar.
- Väter fühlen sich an die Ehefrau und damit an die Familie gebunden (Verpflichtungsgefühle).
- Mütter und Experten bewerten die Rolle der Väter als nebensächlich (vgl. Hinze 1992, 136 ff.).

Väter sind offenbar in einer schwierigeren Situation hinsichtlich der Verarbeitung der Geburt eines behinderten Kindes,
- aufgrund ihres geschlechtsspezifischen Verhaltens,
- aufgrund ihrer geschlechtsspezifischen Rolle in der Familie (Berufstätigkeit → Familienernährer),
- aufgrund des Rollenklischees im Denken des Umfeldes (vgl. Hinze 1992, 140f., Kallenbach 1994, 240f.; 1997; 1999, 10f.)

Insgesamt scheint sich die Rolle des Vaters im Zusammenhang mit einem behinderten Kind jedoch verändert zu haben. In älteren Untersuchungen wird der Umgang von Vätern mit behinderten Kindern tendenziell als weniger angemessen, kompetent und effektiv dargestellt. So stellte z.B. Lamb (1983) fest, dass insgesamt mehr Hinweise dafür sprechen, dass Väter auf ein behindertes Kind eher mit Abneigung reagieren, insbesondere dann, wenn es sich um einen Sohn handelt. Dies mag daran liegen, dass Väter mehr als Mütter von ihren Kindern, zumal von den Söhnen, erwarten, dass sie sich beruflich bewähren und sozial anerkannt sind (vgl. Stegie 1988, 126).

Nach neueren Untersuchungen scheint jedoch gesichert, dass das Verhältnis zum Kind positiv gestimmt ist. Herzig stellt bei den meisten der interviewten Väter eine „sehr innige, warme Beziehung" zum behinderten Kind fest (Herzig 1993, 48).

Eine Veränderung hat auch dahingehend stattgefunden, dass die Väter nicht nur bereit sind, sich mit ihrem behinderten Kind zu beschäftigen, sondern dies auch gerne tun. Offenbar hat die Einstellung von Vätern zu ihrem behinderten Kind und ihre Bereitschaft zur Mitverantwortung einen wesentlichen Einfluss auf die Einstellungen der anderen Familienmitglieder zum behinderten Kind. Das daraus resultierende eher positive oder eher negative Familienklima hat entscheidende Bedeutung für den ehelichen und familialen Zusammenhalt (vgl. Stegie 1988, 132).

Nach Kallenbach beteiligen sich die Väter vor allem an Aufgaben, die viel Kraft oder eine intime Beschäftigung erfordern. Aus Befragungen lässt sich schließen, dass sich Väter verstärkt an den sehr persönlichen Pflegeaktivitäten beteiligen, wenn es ihre zeitliche Verfügbarkeit zulässt (vgl. Kallenbach 1997, 49).

Diese Zuwendung lässt auf eine enge, emotionale Beziehung zum Kind schließen, wobei die Quantität der Interaktionen keine Aussagen über deren Qualität zulässt (vgl. Kallenbach 1997, 49f.). Nach Kallenbach befassen sich Väter jeden Tag mit den anfallenden Betreuungs- und Pflegeaufgaben, wobei sich die Zuwendung aufgrund der beruflichen Entlastungen am Wochenende erhöhen (vgl. 1997, 50).

Neben dem Bereich der Betreuungs- und Pflegeaufgaben des Vaters geht Kallenbach in seiner Studie auf die Bereiche Spielen, Lernen und Freizeit ein. Dabei zeigt sich, dass der Freizeitbereich der zweitgrößte Interaktionsbereich zwischen

Vätern und behinderten Kindern ist (vgl. 1997, 54).

BIDDER und GRAY stellten fest, dass die Förderung seitens des Vaters mit der Schwere der Behinderung abnimmt. Allerdings steigt die Interaktionsrate mit der Fähigkeit des Kindes, über Sprache zu kommunizieren (vgl. KALLENBACH 1997, 28). KALLENBACH zufolge werden Väter insbesondere dann entmutigt, Kontakt mit ihrem behinderten Kind aufzunehmen, wenn sie seine nonverbalen Kommunikationsversuche nicht deuten und verstehen können.

Für die Eltern, Väter wie Mütter, eines behinderten Kindes muss sich die Situation nicht dauerhaft als Belastung, als krisenhaft gestalten. Sie kann auch als Chance begriffen und gelebt werden. HINZE nennt drei mögliche Chancen für Väter behinderter Kinder, die sich ebenso bezogen auf Mütter formulieren lassen:

- Die Behinderung eines Kindes können Väter wie Mütter zu verstärktem Elternsein herausfordern.
- Sie kann Gefühls- und Kontaktoffenheit fördern.
- Die Behinderung eines Kindes kann sinngebend für die Eltern sein (vgl. HINZE 1992, 140).
- Mit der Behinderung eines Kindes wird eine andere anthropologische Dimension und damit eine andere Lebensform realisiert, die ein differenziertes Wahrnehmen und Erleben sowie neue Erfahrungen im Umgang mit „Leid“ ermöglicht (vgl. VERNOOIJ 1998e).

13.2.3.3 Die Partnerschaft im Zusammenhang mit einem behinderten Kind

Zu den Auswirkungen auf Ehe und Partnerschaft liegen keine empirisch gesicherten Ergebnisse vor. Unabhängig von der Behinderung eines Kindes sind hohe Scheidungsraten und stark belastete Partnerbeziehungen in unserer Gesellschaft zu beobachten (vgl. QUENSTEDT 2002). Die häufig geäußerte Vermutung, dass die Belastung durch ein behindertes Kind sich zwangsläufig negativ auf die Partnerschaft der Eltern auswirken müsse, kann in dieser Generalisierung nicht aufrechterhalten werden (vgl. STEGIE 1988, 127; ENGELBERT 1989, 105f.; 1999). Man kann allerdings davon ausgehen, dass bereits vor der Geburt des behinderten Kindes bestehende eheliche Spannungen und Probleme verstärkt werden. Durch die Störung des familialen Gleichgewichtes und die notwendig werdenden Veränderungen in der Rollenstruktur ist jedoch eine – zumindest vorübergehende – indirekte Belastung auch bisher positiver Partnerbeziehungen anzunehmen (vgl. SCHATZ 1997, 240). Aufgrund der erheblichen Mehrbelastung im Alltag bleibt weniger Zeit für Interaktionen zwischen den Eltern. Zudem wirkt sich die veränderte Situation stark auf das soziale Erleben der Ehefrau und Mutter aus, im Sinne verminderter sozialer Energie (vgl. JONAS 1994, 66). Einerseits kann das Kind eine stabilisierende Kraft für das eheliche Beziehungsgefüge sein, andererseits kann ein behindertes Kind auch dazu dienen, den Ehemann emotional auszuschließen (vgl. JONAS a.a.O.)

13.2.3.4 Die Rolle der Geschwister

Zu den Auswirkungen eines behinderten Kindes auf die Rolle der Geschwister liegen heterogene Untersuchungsergebnisse vor. Auch werden die Ergebnisse dadurch teilweise zumindest fragwürdig, weil sie ohne Kontrollgruppen erhoben wurden. Problematisch ist außerdem, dass manche Forschungen auf die Bestätigung der Hypothese ausgerichtet sind, dass bei Geschwistern behinderter Kinder ein erhöhtes Risiko hinsichtlich psychosozialer Störungen bestehe.

Als Einflussfaktoren werden gesehen:

- die Schwere der Behinderung,
- die eigene Stellung in der Geschwisterreihe,
- das Erziehungsverhalten der Eltern.

HACKENBERG (1992) stellt fest, dass Jugendliche ihre Beziehung zu einem behinderten Geschwister um so positiver schildern, je schwerer die Behinderung ist.

Jedoch sind Jugendliche, deren Geschwister schwer bis schwer-mehrfach behindert sind, erhöhten Einschränkungen und Belastungen ausgesetzt (z.B. durch besondere Verhaltensweisen des behinderten Geschwisters, Hilflosigkeit im sozialen Umfeld, Einschränkung in der Freizeitgestaltung u.a.). Auch fühlen sie sich vermehrt benachteiligt und empfinden Eifersucht. Häufig erleben sie Probleme in der Öffentlichkeit im Bezug auf die Behinderung des Geschwisters (HACKENBERG 1992, 83). Forschungsergebnisse von SEIFERT deuten darauf hin, dass kein signifikanter Zusammenhang zwischen Art und Schwere der Behinderung und der Einstellung zum behinderten Geschwister besteht (SEIFERT 1989, 19/109; auch 2003, 51f.).

Laut HACKENBERG zeigen ältere oder fast gleichaltrige Geschwister eine positivere Beziehung zu dem behinderten Geschwister, sie sind besser über die Behinderung informiert und sie möchten auch in der Zukunft häufig mit dem Geschwister in Kontakt bleiben. Außerdem fühlen sie sich den Eltern verpflichtet, z.B. sie zu entlasten, sie für Enttäuschungen zu entschädigen oder zu trösten. Ältere Geschwister sind häufiger mitverantwortlich für die Versorgung des behinderten Geschwisters. Dadurch gewinnen sie auch Anerkennung der Eltern und erleben persönliche Befriedigung und Bedeutung in der Geschwisterbeziehung (vgl. HACKENBERG 1992, 81f.). SEIFERT weist darauf hin, dass bisherige Forschungsergebnisse zeigen, dass gerade ältere Schwestern von behinderten Kindern aufgrund traditioneller Rollenerwartungen (in Bezug auf Pflege und Betreuung des Geschwisters) stärkeren Belastungen, verbunden mit größeren Entbehrungen ausgesetzt seien. In ihrer eigenen Untersuchung kann sie diese Annahme allerdings nicht bestätigen (vgl. SEIFERT 1989, 17f./108).

Jüngere Geschwister zeigen zahlreiche Anzeichen höherer Belastung. Zum Beispiel fühlen sie sich durch Konflikte mit ihrem sozialen Umfeld in Bezug auf die Behinderung belastet, erleben sich selbst häufig hilflos im Umgang mit dem behinderten Geschwister und greifen eher zu Abwehrformen. Geschwister, die in der Geschwisterfolge nahe bei dem behinderten Kind liegen, äußern häufig den Wunsch im frühen Erwachsenenalter allein zu leben. Dies kann damit zusammenhängen, dass sie im Kindesalter keinen eigenen Bereich hatten (vgl. HACKENBERG 1992, 82/107).

SEIFERT folgert aus dem Ergebnis ihrer Untersuchung, dass Alter und Geschwisterposition Faktoren sind, die das Risiko psychischer Störungen zwar erhöhen können, aber nicht zwangsläufig negative Auswirkungen haben müssen. Fraglich bleibt, ob die Stellung in der Geschwisterreihe tatsächlich für eine bestehende schwierige Situation in einer Familie mit einem behinderten Kind relevant ist, oder ob dies nicht vielmehr ein generelles Familienproblem ist (vgl. SEIFERT 1989, 17f./108f.).

Im Hinblick auf die Kinderzahl der Familie zeigen sich nur wenige signifikante Zusammenhänge. Jugendliche aus Zwei-Kinder-Familien leiden besonders oft darunter, im behinderten Geschwister keinen adäquaten Spielgefährten zu haben (HACKENBERG 1992, 83). Andere Forschungsergebnisse weisen darauf hin, dass gerade in kleineren Familien der Druck und die Erwartungen (v.a. von Seiten der Eltern) auf das oder die nichtbehinderten Geschwister hoch sind. Oft seien deshalb Überforderungen und Verhaltensauffälligkeiten die Folge (vgl. SEIFERT 1989, 109; auch ACHILLES 2003).

Die Auswirkungen auf Geschwister sind vielschichtig. Mögliche negative Folgen wurden ebenso festgestellt, wie positive Auswirkungen.

Zusammenfassend können mögliche Auswirkungen bei Geschwistern behinderter Kinder folgendermaßen beschrieben werden:

- Die stärkere Belastung der Eltern kann Wirkung auf deren Umgang mit den nichtbehinderten Kindern haben (Nervosität, Ungeduld, Überforderung).
- Bei Geschwistern behinderter Kinder können Deprivationsgefühle und damit Selbstwertprobleme, Eifersucht und Verhaltensauffälligkeiten entstehen.
- Nichtbehinderte Geschwister kommen unter Umständen unter massiven Leistungsdruck, weil sie den Eindruck gewinnen, die Defizite des behinderten Geschwisters kompensieren zu müssen. Sie erleben die Ansprüche der Eltern als zu hoch und fühlen sich überfordert.
- Infolge verstärkter Verantwortung und Übernahme elterlicher Pflichten für das behinderte Geschwister entsteht eine permanente Überlastungssituation (insbesondere für ältere Schwestern).
- Rücksichtnahme auf das behinderte Geschwister und auf die Situation der Familie kann zu Unterdrückung eigener Bedürfnisse führen.
- Die Stigmatisierung des behinderten Kindes im sozialen Umfeld generalisiert sich und betrifft auch die Geschwister (Hänselei, Ablehnung).
- Nichtbehinderte Geschwister können in verstärktem Maße Ängste entwickeln, selbst behindert zu werden bzw. behinderte Nachkommen zu bekommen.
- Ein behindertes Kind trägt zur Förderung des prosozialen Verhaltens und des Verantwortungsbewusstseins bei.
- Die Sozialisation mit einem behinderten Geschwister führt zu Verständnis und Toleranz gegenüber Menschen mit Abweichungen vom „Normalbild“, zu Offenheit für die „anthropologische Differenz“ (vgl. Kap. 16).
- Die Persönlichkeitsentwicklung von Geschwistern behinderter Kinder wird positiv beeinflusst bezogen auf Selbstkritik, Selbstkontrolle, Konfliktverhalten und Frustrationstoleranz.
- Kinder erleben in einer Familie mit einem behinderten Kind ein intensiveres Familienleben mit mehr Emotionalität.

Betont werden muss, dass diese Auswirkungen möglich aber keinesfalls zwangsläufig sind. Die je spezifische Familiensituation, das Verhalten der Eltern, die sozio-kulturellen Bedingungen spielen dabei eine entscheidende Rolle.

13.3 Das behinderte Kind in der Familie

13.3.1 Die Rolle des behinderten Kindes

Das behinderte Kind kann in einer Familie, je nach Familienstruktur und Anpassungsvermögen der Eltern unterschiedliche Rollen haben. Gemäß der systemischen Sichtweise gibt es für Kinder – behindert oder nichtbehindert – problematische Rollenzuschreibungen, die erstmals von RICHTER (1963) beschrieben wurden. Bezogen auf die Rolle des behinderten Kindes lassen sich in Anlehnung an Richter drei mögliche Konstellationen beschreiben:

- das behinderte Kind als gemeinsames **Sorgenkind** der Familie,
- das behinderte Kind als **Partnersubstitut**,
- das behinderte Kind als **Sündenbock**.

Als Sorgenkind steht das behinderte Kind im Mittelpunkt aufgrund einer übertriebenen emotionalen Bindung der Eltern. Es wird von allen Familienmitgliedern umsorgt, geschützt, verwöhnt. Alle Familienaktivitäten werden nach seinen Bedürfnissen und Möglichkeiten ausgerichtet. Auf diese Weise wird es dem behinderten Kind leicht gemacht, die Familiensituation zu dominieren und seinen Willen unter allen Umständen durchzusetzen.

Auswirkungen dieser Rolle sind:

Für das behinderte Kind:	• eine defizitäre Sozialentwicklung aufgrund des in der Familie gebotenen Schonraums, der Auseinandersetzungen im sozialen Feld unnötig, aber auch unmöglich macht; • eine Integration in ein soziales System außerhalb der Familie wird damit erheblich erschwert.
Für die Familie als Ganzes:	• das behinderte Kind „schweißt“ die Familie in der gemeinsamen Sorge zusammen, d.h. die familialen Bindungen sind nicht nur eng, sondern unauflöslich, aufgrund der gemeinsamen Verantwortung.
Für die Geschwister:	• die Dominanz des behinderten Kindes und die dadurch entstehende Familienbindung engt die Geschwister ein; • durch die bestehenden Verpflichtungen werden sie in der Entwicklung eigener Interessen gehemmt, • durch die ihnen auferlegte Verantwortung sind sie in der Regel dauerhaft überfordert.

Auch der Rolle des **Partnersubstituts** liegt eine übermäßige emotionale Bindung zugrunde, allerdings nur eines Elternteils, meistens der Mutter. Sie bildet mit dem behinderten Kind ein Subsystem innerhalb des Familiensystems, übernimmt die wesentliche Fürsorge für das Kind und schließt andere Familienmitglieder, insbesondere den Partner, emotional aus.

Auswirkungen dieser Rolle sind:

Für das behinderte Kind:	• entsteht eine Überforderungssituation, da es der Rolle als Partnerersatz keinesfalls gerecht werden kann; • zusätzlich ergeben sich Probleme emotionaler Art, da das Kind zwiespältig zwischen Vater und Mutter steht.
Für die Geschwister:	• ergibt sich häufig eine Situation der Vernachlässigung.
Für den Vater:	• wird die emotionale Situation auf die Beziehung zu seinen nichtbehinderten Kindern reduziert; • ist das behinderte Kind das einzige, hat er in der Familie keinen emotionalen Bezug, weil er außerhalb des (symbiotischen) Subsystems steht.

Die **Sündenbockrolle** entsteht für das behinderte Kind durch eine schuldzuweisende Ablehnung der Eltern. Die gemeinsame Ablehnung, in die auch die Geschwister eingebunden werden, isoliert das behinderte Kind in der Familie bei gleichzeitiger Konsolidierung des Restsystems.

Auswirkungen dieser Rolle sind:

Für das behinderte Kind:	• entsteht eine Situation emotionaler Isolierung, intra- und extrafamilial, Vernachlässigung oder möglicherweise Heimunterbringung.
Für die Geschwister:	• ergibt sich ein Ungleichgewicht bezogen auf die Zuwendung der Eltern; • damit verbunden wird die Erfahrung der Verantwortungsübernahme für Schwächere konterkariert.
Für die Familie:	• wird der Zusammenhalt der nichtbehinderten Mitglieder gefördert; • im schlimmsten Fall können aufgrund der Existenz des behinderten Kindes entstehende Aggressionen durch Feindseligkeit ihm gegenüber abgebaut werden.

Die Rolle des Sündenbocks ist für ein behindertes Kind den Untersuchungen zufolge äußerst selten. Häufiger gerät das (geistig-)behinderte Kind in eine Dauer-Kind-Rolle (vgl. GUSKI/LANGLOTZ-BRÜMMER 1991; CLOERKES 1997), die den Eltern das Kind als „Besitz" sichert. Einerseits sorgen sich die Eltern um die Situation ihres Kindes bei eigener Erkrankung oder für die Zeit nach ihrem Tod, andererseits verhindern sie Entwicklungs- und Ablösungsprozesse des Kindes sowie Aktivitäten zu deren Zukunftssicherung. Letzteres ist auch deshalb relativ unbemerkt möglich, weil öffentliche Institutionen gerne die „Unentbehrlichkeit" der Eltern als kostensparende Alternative längstmöglich nutzen (vgl. KLAUSS/WERTZ-SCHÖNHAGEN 1993, 65; SEIFERT 2003, 49f.).

Neben den zugeschriebenen problematischen Rollen entstehen für die Entwicklung des behinderten Kindes auch Probleme durch die Erziehungsstile der Eltern sowie im Zusammenhang mit sozio-ökonomischen Bedingungen. Als wesentliche Fehlhaltungen in der Erziehung können genannt werden:

Die **Überbehütung**, die eine Art Verwöhnung für das behinderte Kind darstellt und seine Entwicklung zur Selbständigkeit, seine Identitätsbildung und seine Soziabilität beeinträchtigt.

Die **Überforderung** bezogen auf die angestrebte Erreichung gesellschaftlicher Leistungsstandards, die den Möglichkeiten und Grenzen des behinderten Kindes nicht entsprechen, den Eltern aber die Hoffnung auf Kompensation der Behinderung geben. Überforderungssituationen führen zwangsläufig zu Misserfolgserleben beim Kind, zu Frustration bei den Eltern (insbesondere in höheren Schichten). Folge sind häufig Aggressivität, Destruktivität und/oder Resignation auf beiden Seiten (vgl. Windszus 1972, 125; Cloerkes 1997, 257).

Die **Vernachlässigung** des behinderten Kindes tritt als Erziehungsfehlverhalten relativ selten auf. Sie ist Folge der ursprünglichen Ablehnung des Kindes, die nicht überwunden werden konnte oder Folge mangelnder Einsicht in die besondere Fürsorge- und Erziehungsbedürftigkeit des behinderten Kindes (z.B. in unteren Sozialschichten).

Entwicklungsstörungen bei Kindern aufgrund schlechter sozio-ökonomischer Bedingungen sind nachweislich gegeben (vgl. Kap. 10.4). Bei behinderten Kindern verschärfen sich diese Probleme, insbesondere deshalb,

- weil Frühförderung notwendig, aber als Angebot von Unterschichteltern wenig genutzt wird (vgl. Kap. 3.1);
- weil die vielfältigen Möglichkeiten institutioneller Hilfe entweder nicht bekannt sind oder nicht wahrgenommen werden;
- weil Anregung und Motivation für behinderte Kinder in besonderem Maße bedeutsam sind;
- weil die Wohnverhältnisse einen Einfluss auf die soziale, emotionale und physische Entwicklung von Kindern haben (vgl. Begemann 1970), der bei behinderten Kindern aufgrund fehlender Sozialkontakte verstärkt zum Tragen kommt; die elterliche Wohnung ist häufig der einzige Erfahrungsraum für die Kinder.

Viele Punkte ließen sich in diesem Zusammenhang noch anführen. Zusammenfassend kann gesagt werden, dass schlechte sozio-ökonomische und sozio-kulturelle Rahmenbedingungen die Entwicklung von Kindern in einem erheblichen Maß negativ beeinflussen (vgl. Kap. 10.4). Bezogen auf behinderte Kinder werden durch ungünstige sozio-kulturell-ökonomische Bedingungen deren Entwicklungsmöglichkeiten erheblich beeinträchtigt bzw. reduziert. Unkonventionelle Beratungs- und Hilfsangebote müssten vermehrt entwickelt und angeboten werden, um die Entwicklungschancen der behinderten Kinder zu erhöhen, Entwicklungsstagnationen und -krisen zu verhindern (vgl. Neuhäuser 2003; Thimm 2001; Thimm/Wachtel 2002; 2003).

13.3.2 Aspekte der Heimunterbringung

In den 1970er Jahren verlagerte sich die Erziehung behinderter Kinder zunehmend in die Familien, die aufgrund ihrer Struktur eher in der Lage sind, personenbezogene Leistungen zu erbringen (vgl. Engelbert 1989, 104; 1999, 126f.). Die Probleme und Belastungen der Familien, die durch die intensive Pflege und Dauerbetreuung von behinderten Kindern entstehen, dürfen jedoch nicht gering geschätzt werden. So kann es unter bestimmten Bedingungen angezeigt sein, eine Heimunterbringung des behinderten Kindes zu erwägen und zu befürworten. Bereits 1973 äußert in diesem Zusammenhang der Deutsche Bildungsrat:

„Heimunterbringung sind subsidiäre Maßnahmen. Sie sollen nur dann vorgenommen werden, wenn das Verbleiben in der Familie zum Schaden für den Behinderten bzw. zu einer unerträglichen Belastung für die übrigen Familienmitglieder würde" (1973, 105).

Heimerziehung kann nicht a priori als schlechtere Möglichkeit bewertet werden; insbesondere mit Blick auf neuere Heimkonzeptionen stellt sie, z.B. für jugendliche oder erwachsene Behinderte eine durchaus angemessene Alternative zur Familie dar.

Familieninterne Gründe, die sich sowohl auf das behinderte Kind, als auch auf andere Familienmitglieder beziehen können, bedürfen sorgfältiger Abwägung nach Beratung. Die häufigsten Gründe für eine Heimunterbringung sind:

- die Schwere der Behinderung, die einen erheblichen Pflegeaufwand erfordert;
- das Alter des behinderten Kindes, insbesondere bei schwerster Behinderung, aufgrund dessen die pflegerischen und erzieherischen Probleme in der Familie kaum noch zu bewältigen sind;
- der Gesundheitszustand und/oder das Alter der Eltern bzw. der Mutter;
- die Belastung durch weitere zu versorgende Kinder;
- die Grenzen der Belastbarkeit für die Familie physisch, psychisch und sozial, u.U. auch durch Vorurteile und Diskriminierungen von Seiten des Umfeldes.

Die Entscheidung einer Heimunterbringung wird von den betroffenen Familien i.d.R. sehr verantwortungsvoll getroffen. Die Interessen der Familie einerseits, die optimale Förderung, Pflege und Zukunftssicherung des Kindes andererseits sollten für eine Entscheidung bestimmend sein.

Problemverschärfend ist für viele Familien das Fehlen von erreichbaren Tageseinrichtungen, von mobilen Hilfsdiensten oder sog. familienentlastenden Diensten (vgl. Meyners/Wachtel 1995; Thimm 1991; 2001). Ebenso wenig garantieren die Kommunikationswege zwischen Institutionen und Betroffenen einen guten Kontakt zwischen Helfenden und Hilfebedürftigen (vgl. Thimm 1974, 13), zumal auch die effektive Organisation von Hilfemaßnahmen durch die zuständigen Behörden unzureichend ist (vgl. Wedekind 1985, 245f.; Thimm 2001). Es bleibt eine sozialpolitische Aufgabe für die Zukunft, institutionelle Möglichkeiten der Entlastung für Familien mit einem behinderten Kind nicht nur zu schaffen, sondern sie in der praktischen Handhabung wirkungsvoll zu präsentieren und zu organisieren (vgl. Thimm 2001; Thimm/Wachtel 2002; 2003).

13.4 Der Prozess der Verarbeitung

Der Prozess der Verarbeitung und Akzeptanz eines behinderten Kindes steht in engem Zusammenhang mit der Übernahme und Gestaltung der Elternrolle.

13.4.1 Der Bejahungsprozess nach Sporken

Sporken entwickelte 1975 (in Anlehnung an Kübler-Ross) ein Phasenmodell der Verarbeitung bzw. der Bejahung eines geistigbehinderten Kindes. Dieser Bejahungsprozess bleibt, auch bei Durchschreiten aller Phasen, eine lebenslange Aufgabe. Sporken entscheidet sich für den Begriff „Bejahung", gleichbedeutend mit Annahme, weil der Begriff „verarbeiten" einen zu hohen Anspruch stellt. Verarbeiten heißt für ihn „etwas in sich aufnehmen, sich innerlich zueigen machen, integrieren" (SPORKEN 1975, 16).

„Bejahen" dagegen heißt – ohne moralischen Beigeschmack – ein Schicksal annehmen, sich mit ihm arrangieren, das „Beste" daraus machen (vgl. SPORKEN 1975, 14f.). Dies kann auch geschehen, wenn eine völlige Verarbeitung des Tatbestandes (noch) nicht erfolgt ist. Die Geburt eines geistigbehinderten Kindes z.B. stellt für SPORKEN eine Problemsituation dar, für die es keine wirkliche Lösung im Sinne von Heilung, Verwandlung, Beendigung, gibt. Die „Lösung" liegt in dieser Erkenntnis und deren Bejahung (vgl. SPORKEN 1975, 13f.). Dabei ergeben sich zwei Aspekte, die beachtet werden müssen:

- zum einen geht es um die Bejahung des (geistig-)behinderten Kindes,
- zum anderen um die Bejahung der Elternschaft bei diesem Kind, d.h. nicht nur die Frage: Kann ich dieses Kind so annehmen, wie es ist? sondern auch die Frage: kann ich dieses Kind als mein Kind annehmen? muss gestellt und beantwortet werden. Jedes Elternteil muss sich individuell auseinandersetzen mit der Frage: „Kann ich bejahen, dass ich dieses Leben gezeugt bzw. zur Welt gebracht habe?" (SPORKEN 1975, 45f.).

Die Bejahung des Kindes und der Elternschaft bilden eine Einheit. Die einseitige Bejahung des Kindes ließe dieses unter Umständen zum Objekt caritativer Aktivitäten werden. Eine einseitige Bejahung der Elternschaft bei Nicht-Akzeptanz des Kindes könnte bei den Eltern ein permanentes Leiden am Kind und nicht endende Versuche einer Veränderung desselben (medizinisch, therapeutisch) bewirken.

KÜBLER-ROSS (1971, 1975, 1976, 1979) hat im Zusammenhang mit der Verarbeitung des Wissens um den eigenen nahen Tod den Prozess der letztendlichen Akzeptanz untersucht. In Anlehnung an ihre Forschungsergebnisse legt SPORKEN ein Prozess-Modell mit neun Phasen bzw. Teilschritten vor.

Die ersten drei Phasen beziehen sich auf die Situation von Eltern, deren Kind bei der Geburt noch nicht als behindert wahrgenommen wurde, sondern dessen Entwicklung erst nach einiger Zeit als abweichend erkannt wird.

Diese Phasen sind wie folgt beschrieben:

1. **Unwissenheit** mit der Vermutung: Irgendetwas könnte nicht stimmen.
2. **Unsicherheit** mit der Wahrnehmung der Abweichung, des Ungewöhnlichen, mit Abweisung, Verdrängung der Anzeichen, und mit instabiler Gefühlslage.
3. **Implizite Leugnung,** d.h. man will die beobachteten Fakten nicht wahr haben. Sätze wie „Unsere Wahrnehmung ist falsch" oder „Es wird sich auswachsen" oder „Wir machen uns zuviel Sorgen" sind kennzeichnend für diese Phase.

Näher eingehen möchte ich auf die Phasen vier bis neun.

4. Wahrheitsentdeckung bzw. -mitteilung
5. Explizite Leugnung
6. Auflehnung
7. Schicksalsverhandlung
8. Gram/Verzweiflung
9. Bejahung

Die vierte Phase ist für Eltern, deren Kind bereits bei der Geburt als behindert erkannt wurde, die erste Phase. Es ist die **Phase der Gewissheit**, der Mitteilung des Unabänderlichen, basierend auf klaren

Diagnosen. Es ist die Phase des Schocks, des Krisen-Beginns; die Phase des völligen psychischen Ungleichgewichts. Psychologische Begleitung und klare Informationen können in dieser Phase entlastend wirken und schlimmste Phantasien hinsichtlich der zukünftigen Entwicklung korrigieren, dennoch bleibt diese Phase außerordentlich schmerzhaft und leidvoll (vgl. auch Lenhard 2004).

Die fünfte Phase, die Phase der **expliziten Leugnung**, ist gekennzeichnet durch Enttäuschung, durch absolute emotionale Bestürzung und Verwirrung. Sporken hebt hier besonders auf zwei Gefühlsregungen ab, „Erschütterung" und „Verleugnung".

Dass die Fakten tatsächlich nicht zu leugnen sind, ist den Eltern zwar bewusst. Dennoch sind sie nicht in der Lage, die Wahrheit als gegeben zu nehmen. Aussagen wie: „Das kann doch nicht Realität sein" oder „In unseren Familien gibt es so etwas nicht", zeigen eine Tendenz, die Tatsachen zu verleugnen. In dieser Phase ist es nicht sinnvoll, Eltern von der unabdingbaren Wahrheit überzeugen zu wollen.

Fragen nach dem Sinn einer solchen Situation, nach der zukünftigen Lebensgestaltung, Panik hinsichtlich der eigenen emotionalen und pragmatischen Kompetenz, führen zu einem psychischen Chaos, aus dem sich die Eltern nur mit Hilfe von rationaler Leugnung retten können. Reaktionen von außen werden kaum wahrgenommen. Die Kontrolle der eigenen Reaktionen verbraucht die vorhandene Energie vollständig.

Die sechste Phase, die Phase der **Auflehnung**, beginnt, nachdem die erste Bestürzung abgeklungen ist, und die Ineffektivität der Leugnung erkannt wurde. Die unumstößliche Gewissheit führt zu Fragen nach dem „Warum", unter Umständen zur Suche nach einem Schuldigen. Im Anschluss an die Erschütterung wird nun nach Erklärungen gesucht. Christlich orientierte Eltern entwickeln in besonderem Maße Schuldgefühle, verstärkt durch Reaktionen des Umfeldes, insbesondere der näheren Verwandtschaft (z.B. die Einordnung des behinderten Kindes als „Strafe Gottes"), andere verfluchen „das Schicksal". Da weder Gott noch das so genannte Schicksal (an-)greifbar sind, wird oft, in Konkretisierung der Auflehnung, nach einem real existierenden Sündenbock gesucht. Außerhalb der Familie sind häufig die Ärzte Angriffsobjekte, familienintern sind es die Partner und deren Familien oder, im ungünstigsten Falle, das behinderte Kind selbst. In dieser Phase der Auflehnung gerät auch die Ehe in eine häufig nur schwer oder nicht mehr zu regulierende Krise.

Für begleitende Personen muss insbesondere in dieser Leid-Verarbeitungsphase klar sein: Auch der Christ darf sich gegen seinen Gott auflehnen. Er darf mit seinem Gott hadern, darf sich zeitweilig von ihm abwenden. Jeglicher emotionaler Freiraum muss Eltern in dieser Phase gelassen werden.

Die Phase sieben **Schicksalsverhandlung** ist deshalb sehr bedeutsam, weil einerseits ein gewisses Maß an psychischer Stabilität wiederhergestellt ist, andererseits aber noch keine Möglichkeit besteht, die Situation, das behinderte Kind, zu akzeptieren. Anerkannt werden die „höheren Mächte", und mit ihnen wird verhandelt. Zwei Formen lassen sich hier unterscheiden:

Die erste besteht aus dem so genannten „medical shopping“: d.h. es werden unzählige Ärzte und Sachverständige bis hin zu Quacksalbern und Scharlatanen zurate gezogen. Alles, aber auch wirklich alles, was möglich ist, das „dauerhafte Unheil“ abzuwenden, aus dem behinderten Kind doch noch ein unversehrtes Kind zu machen, wird getan. Die Abwendung des Leids, vom Kind und von den Eltern, von der Familie, ist Ziel in dieser Phase. Die zweite Form besteht in der Verhandlung mit Gott. Spenden, Wundermedaillen, Heiligenreliquien, Wallfahrten werden gemacht bzw. herangezogen in der Hoffnung, das drohende Unheil doch noch abzuwenden. Es ist ein natürliches Verhalten, in Bedrohungssituationen nach dem Prinzip „Wenn du mein Kind genesen lässt, Herr, spende ich ein Kirchenfenster“ oder ähnliches vorzugehen. SPORKEN (vgl. 1975, 39) bezeichnet dies als „urmenschlich“ bei religiösen Menschen.

Im Falle des behinderten Kindes führen allerdings weder das „medical shopping“ noch die Verhandlung mit Gott zum gewünschten Erfolg. Das Kind ist behindert und es bleibt behindert.

Diese Erkenntnis leitet über zur nächsten Phase, der achten Phase von **Gram und Verzweiflung**. Nachdem alles versucht wurde, das unerwünschte Schicksal für sich und das Kind abzuwenden, bleibt nur noch die Verzweiflung. Auf der Basis von Enttäuschung, Ohnmacht, Gefühlen des Ausgeliefertseins durchleben die Eltern eine Phase des Leidens, die zunächst völlig ohne Hoffnung ist. Schuldgefühle, Scham, Vereinsamung – intrafamiliäre und extrafamiliäre – Sorge um bzw. Panik vor der Zukunft führen zu einer psychischen Situation, die im wirklichen Sinne als verzweifelt beschrieben werden kann. Das Leiden am Kind, an der Situation ist nicht mehr zu überspielen oder zu kompensieren. Hilflosigkeit und Depression sind emotional vorherrschend. Die Empfindlichkeit bezogen auf Reaktionen der Umwelt nimmt zu. Unverständnis, Missbilligung oder Abweisung trifft Eltern in dieser Phase besonders hart. Positive, Sympathie signalisierende Reaktionen, insbesondere dem Kind gegenüber, trösten und ermutigen sie (vgl. SPORKEN 1975, 39f.).

Ob eine wirkliche Bejahung erfolgen kann, ist in starkem Maße abhängig von den Außenreaktionen auf das Kind und auf die Familie, sowie von der psychologischen Begleitung der Eltern, die in den wenigsten Fällen in befriedigendem Maße gegeben ist. Der wesentliche Faktor ist allerdings die Fähigkeit der Eltern, ihr psychisches Gleichgewicht unter existentiell bedeutsam veränderten Bedingungen wiederherzustellen.

Dies würde, nach SPORKEN, in der neunten Phase, der Phase der **Bejahung** erfolgen. Bejahung heißt nicht, Freude über die Situation empfinden zu müssen. Es heißt, die Realität als solche zu betrachten, und die Zuversicht zu gewinnen, aus dieser Situation für alle Beteiligten das Beste machen zu wollen und zu können. Für SPORKEN ist der Bejahungsbegriff ein relativer und dynamischer Begriff.

„Die Bejahung unterscheidet sich je nach der Reife, Erwachsenheit, den Möglichkeiten und Fähigkeiten der Eltern sowie der Situation ihres Kindes“ (SPORKEN 1975, 41).

Die Bejahung bildet den Abschluss eines langen Prozesses, der jetzt zuversichtliche Zukunftsorientierung beinhaltet. Mit dem

Zustand der Bejahung ist allerdings kein statischer Gleichgewichtszustand erreicht; vielmehr entsteht in dieser Phase ein labiles, immer wieder zu stabilisierendes und störanfälliges Gleichgewicht. Grundlage dabei ist die Annahme der Verantwortung und die Erkenntnis, dass diese Realität keine dauernde und ernsthafte Bedrohung des Lebensglücks sein muss. Bejahung bedeutet eine Modifizierung des Selbstbildes und der Lebensziele, bedeutet eine Revision der Erwartungen und Wünsche, bedeutet eine Reflexion und Veränderung bisheriger Vorstellungen.

Sehr klar weist SPORKEN darauf hin, dass Eltern diese Endphase nicht immer erreichen, dass sie in früheren Phasen verharren können, z.B. in Phase sieben. Im Gegensatz zu SCHUCHARDT (1980) ist in den Phasen bei SPORKEN keine Wertung enthalten. Der Schock, das erfahrene Leid bei der Geburt eines behinderten Kindes, ist so intensiv, dass es großer individueller Anstrengung bedarf, eine Form für sich zu finden, damit zu leben. Dies muss und kann nicht in jedem Fall die konstruktive Bejahung sein.
Hilfreich bei diesem Prozess können sein:

- klare Einsicht in die Ursachen der Behinderung,
- klare Informationen über Möglichkeiten und Grenzen der kindlichen Entwicklung,
- Fortschritte des Kindes,
- die Erfahrung der Zufriedenheit des Kindes,
- die Gewissheit der Zukunftssicherung für das Kind,
- sowie die vorurteilsfreie mitmenschliche Anwesenheit und stützende Begleitung von Freunden und ggf. professionellen Helfern.

13.4.2 Das Phasenmodell der Trauer nach JONAS

In Anlehnung an Verena KAST (1982) stellt JONAS ein „Phasenmodell der Trauer“ als Prozessmodell für die komplexen psychischen Abläufe bei Müttern nach der Geburt eines behinderten Kindes dar. Unter Hinweis darauf, dass ein Unterschied besteht „zwischen dem konkreten emotionalen Erleben der Mütter und der theoretischen Begrifflichkeit für dieses Erleben“ (JONAS 1994, 85) betont sie, dass Müttern Gelegenheit gegeben werden muss, ihre tatsächlichen Gefühle zuzulassen und zu äußern. Trauer als Reaktion von Menschen auf einen Verlust stellt JONAS auch bei Müttern, nach der anfänglichen Erschütterung, als langanhaltende Gefühlsqualität fest. Dies entspricht ihrer Beschreibung des Erlebens nach der Geburt eines (schwer) behinderten Kindes als „Verlusterleben“ auf drei Ebenen. Die von ihr festgestellte, über lange Zeit in unterschiedlichen Formen immer wieder auftretende Trauer nennt sie „zirkulierende Trauer“ (1994, 87). Sie präzisiert den Begriff dahingehend,

> „daß der mit der Trauer verbundene Gefühlskomplex nicht abgeschlossen ist, sondern zirkulierend immer wieder durchlebt wird. Die Trauer verändert dabei im Laufe der Zeit ihre Ausdrucksform und Intensität, wird über einen neuen (autonomeren) Selbst- und Weltbezug in die Persönlichkeit integriert und von der veränderten Persönlichkeit in neuer Intensität und Ausdrucksform wieder durchlebt“ (a.a.O.).

Die Trauer als Reaktion auf Verlusterleben ist somit – lebensbegleitend – immer wieder Auslöser für Veränderung. Über die

Trennung von Vorhandenem, von Altem, wird eine neue Autonomie mit einem neuen Selbst- und Weltbezug gewonnen.

Das Prozess- bzw. Verlaufsmodell ist gekennzeichnet durch vier Phasen, die nicht klar voneinander abzugrenzende Orientierungspunkte innerhalb eines komplexen und dynamischen Geschehens bilden:

- Nicht-Wahrnehmung und Suche,
- Aufbrechende chaotische Emotionen,
- Suchen, Finden und Sich-Trennen,
- Autonomieentwicklung als neuer Selbst- und Weltbezug (vgl. JONAS 1994, 85ff.).

Nicht-Wahrnehmung und Suche

Kennzeichen dieser Phase sind Schock, Empfindungslosigkeit, Starre, eingefrorene Emotionen, unterbrochen von Schmerz- und Wutphasen.

Die Eltern erfassen die Behinderung nicht in vollem Umfang, wehren die Wahrnehmung ab, um sich vor der daraus resultierenden Erschütterung, die zu diesem Zeitpunkt noch nicht verkraftet werden könnte, zu schützen.

Parallel zu dieser Abwehr der Wahrnehmung erfolgt die Suche nach dem Verlorenen, nach dem nicht behinderten Kind. Sie ist zu verstehen als – erfolgloser – Versuch, die Behinderung rückgängig zu machen. Gleichzeitig lassen die Eltern die Tatsache der Behinderung immer wieder ein wenig an sich heran, um überprüfen zu können, ob sie sich aushalten lässt. Verbunden damit sind Bemühungen um Behandlung, Therapie und Förderung des Kindes, ebenfalls als Versuch, der kaum zu verkraftenden Behinderung entgegenzuwirken, eine „Geschäftigkeit wider den Verlust“ (JONAS 1994, 91). Sie orientiert sich häufig nicht an der Effektivität der Maßnahme, sondern dient der Abwehr der Wahrnehmung.

Aufbrechen chaotischer Emotionen

Kennzeichen dieser Phase sind wechselnde heftige Emotionen, wie Wut, Angst, Schmerz, Schuldgefühl, Verzweiflung, verhinderte Selbstachtung, Depression, ausgelöst durch die allmähliche Wahrnehmung der Behinderung. Die Eltern fühlen sich von den Emotionen überwältigt, fühlen sich ihnen ausgeliefert. JONAS bezeichnet diese Phase als „psychische Schwerstarbeit“ (1994, 103), die sinnvoll und notwendig ist, um die Krise bewältigen zu können. Versuche, eine „Heilung“ des Kindes zu erreichen, werden im Zusammenhang mit der Wahrnehmung der Realität der Behinderung aufgegeben, was zusätzliche Angstgefühle bezogen auf die Zukunft, der eigenen und der des Kindes, auslösen kann. Ablehnende Tendenzen bezogen auf das Kind, mit Wut und Hassgefühlen bis hin zu „subtiler Vernachlässigung“ und Todesphantasien können die Folge sein. Die wütende Verzweiflung hinsichtlich der neuen Lebenssituation wird auf das Kind übertragen.

> „Das Kind wird zum Sündenbock, zum Übel, das das Leben der Mütter verdirbt“ (JONAS 1994, 114).

Die durch die Ablehnung entstehenden Schuldgefühle verstärken die insgesamt „chaotische“ emotionale Situation.

Suchen, Finden und Sich-Trennen

Die Suche in dieser Phase gilt nicht mehr dem gewünschten, nichtbehinderten Kind. Es ist vielmehr die Suche nach der Realität, die, nachdem die Behinderung nicht mehr geleugnet wird, die Trennung von ursprünglichen Vorstellungen und Wünschen, sowie die klare Erkenntnis des Ausmaßes der Behinderung und ihrer Folgen impliziert. Die Trennung von Bisherigem und die Hinwendung zu Neuem kennzeichnet diese Phase. Bemühungen, die Behinderung in das eigene Leben zu integrieren, die Zukunft unter dem Aspekt der Bewältigung strategisch zu entwerfen, sind verbunden mit immer wieder auftretenden starken Emotionen, wie Wut, Angst, Verzweiflung, Schuldgefühle, die jedoch im Erleben der Eltern nicht mehr dominieren. JONAS schreibt mit Hinweis auf KAST:

„Die Aktionszeit des Sich-Trennens bedarf der Aggression im Sinne des entschiedenen Handelns und der Fähigkeit, Distanz zu schaffen, sich abzugrenzen und eigene Bedürfnisse durchzusetzen" (1994, 120)

Autonomieentwicklung als neuer Selbst- und Weltbezug

Auch in dieser Phase können noch heftige Emotionen auftreten. Sie sind aber steuer- und umlenkbar. Der Schmerz kann im Sinne „zirkulierender Trauer" akzeptiert und ins eigene Leben integriert werden. Die „Trauernden" verändern sich, finden sich in ihrer neuen Rolle besser zurecht und können Selbstvertrauen und Selbstachtung (wieder-) gewinnen (neuer Selbstbezug). Sie können sich langsam der Umwelt aktiv zuwenden (neuer Weltbezug) auf der Basis wiedergewonnener bzw. vermehrter Autonomie. Selbst- und Weltbezug müssen in einer dynamischen Balance gehalten werden, die den Prozess lebenslanger Autonomieentwicklung trägt, initiiert bzw. gefördert durch die lebensbegleitende „zirkulierende Trauer". Insbesondere Mütter gewinnen in dieser Phase mehr Distanz zur Situation und zum Geschehen und finden zu mehr selbstbestimmtem Handeln, wobei es jeder Frau selbst überlassen bleiben muss

„... was für sie im derzeitigen sozialen Kontext und in ihrer individuellen Lebenssituation Autonomie bedeutet" (JONAS 1994, 90)

13.4.3 Verarbeitung/Bejahung als individueller Prozess

Sowohl SPORKEN als auch JONAS betonen bei der Beschreibung ihres jeweiligen Prozessmodells

- dass der Prozess der Bejahung, der Akzeptanz der Situation, ein (schwer) behindertes Kind zu haben, am Ende der jeweils letzten Phase nicht abgeschlossen ist, sondern lebenslang mehr oder weniger intensiv wiederbelebt wird;
- dass die Phasenmodelle keinen wertenden, moralisierenden Charakter haben;
- dass es große individuelle Unterschiede und Spielräume hinsichtlich des zeitlichen und inhaltlichen Prozessverlaufs gibt;
- dass die Ebene der ersten Stabilisierung, des ersten Autonomiezuwachses durch die Phasenmodelle nicht festgeschrieben ist;
- dass individuelle Veränderungen im Denken, Fühlen und Handeln aufgrund von Schmerz und Trauer nicht verordnet werden können, sondern verständnisvoller Begleitung bedürfen;
- dass individuelle, situative und gesellschaftliche Faktoren den Verarbeitungs-, Bejahungs- und Autonomieprozess in je spezifischer Weise beeinflussen.

Phasenmodelle stellen Grundmuster zur Strukturierung des Verarbeitungsprozesses dar, die für die Betroffenen und deren Begleiter ein Sinnverstehen ermöglichen. Auf der Basis der Modelle können Handlungskonzepte und Strategien entwickelt werden, die sich an den individuellen Bedingungen orientieren und den Eltern Raum für ihre spezifische Erlebnisweise geben müssen. Auch bei Ähnlichkeiten hinsichtlich der Grundstruktur des Prozessverlaufs ergibt sich eine Vielzahl von möglichen, konkreten Verlaufsformen mit spezifischen Problem- und Faktorenkonstellationen und mit jeweils individuell bestimmten (Zwischen-)Ergebnissen (vgl. VERNOOIJ 1998e).

14 Wohnformen für behinderte/ beeinträchtigte Jugendliche und Erwachsene

14.1 Allgemeine Vorüberlegungen

Während bei **Kindern** mit Beeinträchtigungen bzw. Behinderungen deren **Förderung, Erziehung und Bildung** im Vordergrund institutionalisierter subsidiärer Maßnahmen stehen, verschiebt sich bei **Jugendlichen** und **Erwachsenen** der Schwerpunkt in Richtung **Lebensgestaltung** mit einem Höchstmaß an Selbständigkeit und Selbstbestimmung.

Die Bereiche **Wohnen, Beruf und Freizeit** spielen neben **Partnerschaft** und **Sexualität** (vgl. Kap. 15) eine zunehmend größere Rolle.

Die Unterbringung von Kindern in stationären und teilstationären Einrichtungen wird heute teilweise kontrovers diskutiert, wobei die Vorstellung, eine Heimunterbringung sei in jedem Fall die schlechtere Alternative, dahingehend korrigiert werden muss, dass mit veränderten Einstellungen zu und Sichtweisen von Behinderung (vgl. Kap. 2) Heimerziehungskonzepte entstanden sind, die neben einer ganzheitlichen Betreuung und Förderung den je spezifischen positiven Möglichkeiten der Kinder und Jugendlichen Rechnung tragen mit den Zielen

- vorhandene **Potenziale** zu **fördern**,
- **Beeinträchtigungen** zu reduzieren bzw. zu **kompensieren**,
- ein Höchstmaß an **Selbständigkeit** bei alltäglichen Verrichtungen anzubahnen, und damit
- eine weitgehende **Selbststeuerung** bzw. **Selbstbestimmung** für die Kinder und Jugendlichen zu gewährleisten, sowie
- deren **gesellschaftliche Integration** im Sinne des **„Normalitätsprinzips“** (vgl. Tab. 36, Kap. 8.6) zu erreichen.

Die Verfolgung dieser Ziele und deren Teil- oder Vollerreichung bildet eine Grundlage für die spätere **individuelle Lebensgestaltung** und für das Maß an **Lebensqualität**, welches junge Menschen und Erwachsene mit Behinderungen nicht nur erstreben sondern auch erreichen sollten.

Nach Böhm geht der Begriff Lebensqualität heute über seine ursprünglich ökonomische Bedeutung hinaus (Böhm [15]2000, 332).

Mit **Lebensqualität** sind heute sowohl **materielle** und **normative** als auch **soziale** und **natürliche** Lebensbedingungen als zusammenhängendes Ganzes erfasst, wobei die **subjektive Erlebenskomponente** der entscheidende Faktor für die Bewertung und damit für die Zufriedenheit/ Unzufriedenheit zu sein scheint.

Die psychische Verfassung eines Menschen mit Behinderungen wird nicht so sehr „etwa durch seine Querschnittlähmung, durch seine hirnorganische Schädigung, seine Sehschwäche oder andere Schädigungen bestimmt" sondern stets auch „durch soziale und materielle Entwicklungsbedingungen" (Bach 1995b, 137) und Entwicklungs- bzw. Gestaltungsmöglichkeiten, die ihm eröffnet werden.

Eine wesentliche Rolle bezogen auf Entwicklungsmöglichkeiten und damit auf Lebensqualität spielt die Art des Wohnens, die Möglichkeit, für sich ein Zuhause zu schaffen, welches den je eigenen Bedürfnissen weitgehend entspricht.

Dies gilt für behinderte und für nichtbehinderte Menschen in gleicher Weise, mit dem Unterschied, dass es für den nicht-behinderten Teil der Bevölkerung von jeher als selbstverständlich angesehen wurde, dass junge Menschen dem Elternhaus entwachsen, sich selbständig machen und sich – allein oder mit anderen – ein eigenes Zuhause schaffen.

Menschen mit Behinderungen ab einem gewissen Schweregrad durchlaufen diese selbstverständliche Entwicklung teilweise gar nicht, oder unter erheblich erschwerten Bedingungen,

- einerseits aufgrund ihrer schwerwiegenden Beeinträchtigungen,
- andererseits aufgrund der bis heute deutlichen Ressentiments in der Gesellschaft bezogen auf die Selbständigkeit und Selbstbestimmung behinderter Menschen.

Die **Diskussionen** um selbständiges Wohnen mit mehr oder weniger ausgeprägter Betreuung durch Mitarbeiter sozialer, medizinischer oder pädagogischer Institutionen betrifft im Wesentlichen **drei Gruppen**:

- Jugendliche und Erwachsene mit geistigen Beeinträchtigungen
- Jugendliche und Erwachsene mit Mehrfachbehinderungen
- Jugendliche und Erwachsene mit medizinisch-psychiatrischen Störungsbildern.

14.2 Die Diskussion zum Selbstbestimmungsrecht

Etwa seit den 1990er Jahren und wesentlich als Folge der internationalen und nationalen Entwicklungen in der sonderpädagogischen Theorie und Praxis, wird die Selbstbestimmung von Menschen mit Behinderungen, insbesondere mit Geistiger Behinderung thematisiert und kontrovers diskutiert (vgl. Abs. 2.1.3).

Die Erweiterung des Art. 3 Abs. 3 um einen 2. Satz „Niemand darf wegen seiner Behinderung benachteiligt werden" (GG 1994), verbunden mit veränderten Einstellungen und Sichtweisen hinsichtlich Behinderungen führten allmählich, ausgehend von sonderpädagogischen Experten, zu einer Bewusstseinsänderung in Teilen der Gesellschaft. Die Lebenssituation heranwachsender Jugendlicher mit Behinderungen wird differenzierter und liberaler betrachtet. Behinderte Menschen fordern zudem selbst ihre Rechte ein. In einem Flyer des Projekts „Wir vertreten uns selbst" (1999) heißt es: Wir wollen selbst entscheiden „was wir essen und trinken, was wir anziehen, wo wir wohnen, mit wem wir wohnen, wo wir arbeiten, was wir arbeiten, mit wem wir befreundet sind, was wir in unserer Freizeit machen, für was wir Geld ausgeben".

Für alle Nicht-Behinderten eine Selbstverständlichkeit!

Nachfolgende Umschreibung von **Selbstbestimmung** fasst mehrere Aspekte zusammen:

- ein **Minimum** an **äußerer Beeinflussung** bei der individuellen Selbstverwirklichung,
- **relative Unabhängigkeit** von äußeren Vorgaben bei der Realisierung eigener Wünsche und Bedürfnisse,
- die **freie Wahl** zwischen unterschiedlichen **Alternativen** der Lebensgestaltung

(vgl. auch Klauss 2003, 83ff.).

Dies kann weder bei Menschen mit Behinderungen noch bei nicht-behinderten bedeuten, individuelle Lebensführung sei egozentriert. Klafki ([2]1997) sieht daher **Selbstbestimmung** immer **verknüpft** mit **Solidarität**, d.h. Selbstbestimmung vor dem Hintergrund der sozialen Gegebenheiten und des sozialen Eingebettetseins.

„Die Relativität menschlicher Unabhängigkeit ergibt sich äußerlich aus dem Eingebettetsein in eine Sozietät, der er sich bis zu einem gewissen Grad anpassen muß" (Vernooij 1994d, 96).

Menschen mit schwereren Behinderungen müssen i.d.R. um diese Unabhängigkeit, um ihr Selbstbestimmungsrecht kämpfen,

- einerseits aufgrund der traditionellen Sichtweise, dass bei dieser Personengruppe „ein Mehr an sozialer Abhängigkeit" (Hahn 1981) besteht;
- andererseits aufgrund tatsächlich vorhandener Einschränkungen, denen offenbar weder die theoretische Sonderpädagogik noch die Praktiker bisher angemessen begegnen können.

Es scheint

- als schließe sich Selbstbestimmung bei mehr oder weniger starker (geistiger) Beeinträchtigung aus;
- als bedinge die Abhängigkeit in bestimmten Bereichen eine generelle Fremdbestimmung;
- als rechtfertige die Beeinträchtigung im geistigen Bereich die Ignorierung der Persönlichkeit.

Würde man diese Punkte als Frage formulieren, so müssten alle drei Fragen eindeutig mit „Nein" beantwortet werden.

Das wesentliche Problem ist darin zu sehen, dass **Selbstbestimmung** innerhalb gewisser Grenzen von denjenigen **nicht zugelassen** wird, von denen eine mehr oder weniger starke Abhängigkeit besteht (Eltern, Betreuer, Lehrer), z.B. als Form bevormundender Überbehütung.

Damit verbunden ist häufig eine Hierarchisierung von Bedürfnissen aus der Sicht des Betreuungs- und Pflegepersonals, die mit der Gewichtung von Bedürfnissen durch die Betroffenen selbst nicht übereinstimmen.

„Bezüglich der Befriedigung der Bedürfnisse [geistig behinderter Menschen, M.A.V.] finden sich im Rehabilitationsbereich nicht selten einseitige Positionen: So wird unter biologischem Aspekt häufig die ärztliche Versorgung, die Therapie, die Pflege ganz in den Vordergrund gestellt und darüber der soziologische [...] und der psychologische Aspekt [...] unterschätzt" (Bach 1995b, 135).

Diese Aussage macht deutlich, dass vielfach aus der Sicht der Bezugs- und Betreuungspersonen das „Impairment" zu hoch, personale und soziale Aspekte zu gering eingeschätzt werden (vgl. auch Kap. 2, Abs. 2.1.3).

Nach Bach (1995b) lassen sich vier Bedürfnisbereiche – nicht nur für behinderte Menschen – unter (sonder-)pädagogischem Aspekt herausstellen:

- eine größtmögliche Selbstständigkeit
- eine sinnvolle, befriedigende Tätigkeit
- verschiedene zwischenmenschliche Beziehungen
- erfüllende besondere Erlebnisse

(vgl. a.a.O., 138).

Die Befriedigung von Bedürfnissen in diesen Bereichen ist bei beeinträchtigten Menschen häufig nur mit Hilfe anderer Menschen möglich.

Dies setzt zweierlei voraus:

- Kommunikation, d.h. die Mitteilung der Bedürfnisse und ggf. die Bitte um Hilfe;
- die Bereitschaft und Fähigkeit anderer Menschen, darauf einzugehen und Hilfe oder Unterstützung zu leisten, zu assistieren bzw. zu beraten und zu begleiten

(vgl. Klauss 2003, 90f.).

Diese für alle Menschen geltenden Voraussetzungen erhalten bei Menschen mit Behinderungen besonderes Gewicht, zum einen, weil die kommunikativen Möglichkeiten häufig eingeschränkt sind, zum anderen, weil beim Kommunikationspartner nicht immer die Bereitschaft gegeben ist, auf die Wünsche und Bedürfnisse einzugehen bzw. sich mit ihnen ernsthaft zu befassen.

Obwohl der Bedürfnisbereich „sinnvolle, befriedigende Tätigkeit" ein eigenes Thema darstellt, soll im Zusammenhang mit Lebensqualität und Wohnen zumindest kurz darauf eingegangen werden. Tätigsein, Arbeit, Aufgabenerfüllung spielen im menschlichen Leben eine nicht unerhebliche Rolle. Das Vorhandensein und die Qualität bzw. Akzeptanz der jeweiligen Tätigkeit im Sinne beruflicher Arbeit beeinflussen sowohl das Selbst- und Fremdbild eines Menschen in erheblichem Maße, wie auch seine Zufriedenheit, sein subjektives Wohlbefinden. „Aufgabenlosigkeit, Arbeitslosigkeit, Tätigkeitsentbehrung machen das Leben perspektivlos. Bloßes Versorgtsein füllt kein Leben aus" (Bach 1995b, 139).

Für die Tagesstrukturierung sind sinnvolle Aufgaben und Aktivitätsmöglichkeiten unabdingbar. Insofern muss die Förderung von Selbständigkeit und die Vorbereitung auf eine angemessene Wohnform Arbeits- und Betätigungsmöglichkeiten mit einbeziehen.

Die weitgehend selbstständige Gestaltung des Lebens gelingt nur, wenn behinderte Menschen

- wissen, warum sie am Morgen aufstehen,
- wissen, dass sie gebraucht werden,
- wissen, dass sie etwas Sinnvolles vorhaben

(vgl. Bach 1995b, 139).

Neben den geringen Möglichkeiten für schwerer behinderte Menschen, im sog. 1. Arbeitsmarkt tätig zu sein, und neben der Möglichkeit, in einer Werkstatt für behinderte Menschen zu arbeiten, gilt es, den Jugendlichen und Erwachsenen mit Beeinträchtigungen Tätigkeiten zu eröffnen, die über bloßes Beschäftigtsein hinausgehen.

Gehen wir zusammenfassend davon aus,

- dass ein Recht auf Selbstbestimmung im Zusammenhang mit der Befriedigung von Bedürfnissen für alle Menschen gilt, und
- dass behinderte Menschen häufig in der Wahrnehmung dieses Rechtes eingeschränkt sind, so kann es nur angezeigt sein,
- dass Erziehungs-/ Betreuungspersonen beeinträchtigten Menschen dazu verhelfen sollten, in möglichst vielen Bereichen selbst- oder mitbestimmen zu können.

Der Gedanke der Selbstbestimmung hat sich zumindest teilweise im Umgang mit behinderten Jugendlichen und Erwachsenen durchgesetzt, wobei die Realisierung sicher manchmal einer Gratwanderung zwischen Selbst- und Fremdbestimmung, zwischen Bevormundung und Freiheitsgewährung gleichkommt.

Wie bei allen Leitideen ist eine Verabsolutierung bzw. eine Ideologisierung der Inhalte für alle Beteiligten von Nachteil. Weder kann es um „Selbstbestimmung um jeden Preis" gehen, noch um unterlassene Hilfen mit der Begründung erhöhter Selbstbestimmung für die behinderte Person.

Kritische Einwände im Zusammenhang insbesondere mit geistig beeinträchtigten Menschen, wie

- sie wissen oft nicht, was sie wollen,
- sie überblicken die Konsequenzen bestimmter Wunschrealisierungen nicht,
- ihnen fehlt die geistige Fähigkeit in Zusammenhängen zu denken,
- sie sind in vielen Fällen mit der Selbstbestimmung überfordert,
- häufig fehlt die soziale Orientierung bezogen auf bestimmte Wünsche und Vorstellungen,

müssen sicher ernst genommen und beachtet werden. Allerdings ist dabei zu berücksichtigen, dass auch erwachsene Menschen mit unterschiedlichen Behinderungen eine Erziehungs- bzw. Förderungsbiographie haben, deren Ergebnis (im Erwachsenenalter) auch Folge eines Prozesses ist, in dem pädagogisch-psychologische und soziale Einflüsse und Erfahrungen eine wesentliche Rolle spielen. Der Aspekte des Gewordenseins wird im Zusammenhang mit behinderten Menschen häufig zu wenig beachtet. Bach formuliert dies relativ klar, wenn er sagt: „Hilflosigkeit, Anspruchsarmut, Resignation und ähnliche Gegebenheiten sind [...] nicht als feststehende, behinderungstypische Fakten, sondern nicht zuletzt als Auswirkungen umfeldtypischer Verhaltensweisen gegenüber behinderten Menschen anzusehen" (1995b, 137). Insofern sind Veränderungen bei andersgearteten Umweltbedingungen, insbesondere bei Modifizierung pädagogisch-sozialer Einwirkung nicht nur möglich, sondern, wie bei nichtbehinderten Menschen auch, zu erwarten.

Das **Maß an Selbstbestimmung** ist also nicht normativ für eine oder mehrere Gruppen festzulegen sondern nur **individuell auszuloten**, im Sinne der Leitidee:

Soviel Selbstbestimmung, wie möglich; soviel Einflussnahme und Unterstützung, wie nötig!

14.3 Wohnen und Selbstbestimmung bei Jugendlichen und Erwachsenen mit Behinderungen

Dieser Leitidee, so könnte man meinen, folgen neuere Konzepte des Wohnens für Jugendliche und Erwachsene mit Beeinträchtigungen/ Behinderungen. In den letzten Jahren ist eine Fülle von unterschiedlichen Formen des selbständigen oder teilselbständigen Wohnens für die vorgenannten Gruppen von beeinträchtigten Menschen entstanden (vgl. LEBENSHILFE 1996, 1995; AFB 1991; FISCHER/HAHN u.a. 1996; SEIFERT 1996; FRANKE/WESTECKER 2000).

Neben dem Wohnen im Heim, welches heute ebenfalls höhere Mitbestimmungsmöglichkeiten trotz teilweise ganzheitlicher Betreuung bietet, sind Privat-Wohn-Möglichkeiten außerhalb des Heimes entstanden, die einen zunehmenden Grad an Selbständigkeit und Selbstbestimmung gewährleisten und die Lebensqualität behinderter Menschen erheblich steigern können.

Mit zunehmendem Selbständigkeitsgrad lassen sich folgende Formen benennen:

1. Pflegeheime/ Wohnstätte
2. Wohnheim
3. Trainingswohnung
4. Betreutes Wohnen
5. Selbständiges Wohnen

14.3.1 Pflegeheime und Wohnstätten

Diese Wohnformen werden von Personen mit einem hohen Betreuungs- bzw. Pflegebedarf bevorzugt (z.B. schwere geistige oder Mehrfachbehinderung).

In der Regel leben dort männliche und weibliche Personen mit unterschiedlichen (schweren) Behinderungen unter einem Dach, mit der Option heterosexueller Zimmerteilung.

Nach Möglichkeit hat jede Person ein eigenes Zimmer – auf Wunsch auch Doppelzimmer für Paare – welches weitestgehend selbst- bzw. mitgestaltet werden kann.

Die Tagesstrukturierung ist je nach Heimkonzept unterschiedlich, wobei Fähigkeiten, Interessen und Wünsche der Bewohner einbezogen werden. Häufig werden stundenweise Beschäftigungsangebote innerhalb und außerhalb der Einrichtung gemacht, an denen die Bewohner teilnehmen können, nicht müssen.

In vielen Fällen haben die Bewohner vorher bei den Eltern/ in der eigenen Familie gewohnt. Der Umzug vom Elternhaus in eine Wohnstätte, in ein Pflegeheim führt häufig zu einer Weiterentwicklung der Persönlichkeit, da das Leben in der Wohnstätte mit größerer Selbständigkeit bzw. Eigenständigkeit sowie mit erweiterten Möglichkeiten individueller Interessenberücksichtigung und Bedürfnisrealisierung (d.h. Erkennen und Befriedigen von Bedürfnissen) verbunden ist.

Bei den meist privaten Trägern dieser Einrichtungen (z.B. Lebenshilfe) geht die Tendenz in Richtung kleinere, überschaubare Wohneinheiten (ca. 8-16 Bewohner), die ein Gefühl familiärer Bekanntheit und Betreuung mit erweiterten Freiheitsgraden vermitteln.

14.3.2 Wohnheime

Die Bewohner in Wohnheimen im Alter von 18 Jahren aufwärts weisen keinen Pflegebedarf auf und haben einen deutlich geringeren Betreuungsbedarf als Bewohner von Wohnstätten. Bevorzugt werden kleine Wohneinheiten (ca. 12-16 Personen), oder bei größeren Heimen eine Binnenstruktur mit kleinen Wohngruppen (ca. 4-8 Personen). Einzel- oder Paarzimmer und

Gemeinschaftsräume, z.B. für gemeinsame Freizeitaktivitäten gehören zu jeder Wohngruppe.

Eigenaktivitäten bezogen auf die alltägliche Versorgung werden gefördert durch Mitarbeit der Bewohner bei Frühstück, Abendbrot und Zimmerreinigung. Diese Tätigkeiten sind i.d.R. eingebettet in ein Konzept zur Förderung aller lebenspraktischen Fähigkeiten und Fertigkeiten (z.B. Kochen, Waschen, Bügeln, Ausbessern von Kleidung etc.).

Den meisten Wohnheimen ist eine Werkstatt für behinderte Menschen (WfbM) angegliedert, in der die Bewohner je nach Fähigkeit und Belastbarkeit vollzeit- oder teilzeitbeschäftigt sind.

Aktivitäten, die der Integration ins soziale Lernfeld dienen, werden gefördert und unterstützt, häufig auch im Zusammenhang mit angebotenen Freizeitmaßnahmen.

Bei Bedarf können die Bewohner psychologische Beratung oder therapeutische Maßnahmen in Anspruch nehmen.

Ziel ist es u.a., möglichst diejenigen Bewohner zu fördern, die u.U. nach einer gewissen Vorbereitung in externen Wohngruppen leben können bzw. wollen.

In einigen Bundesländern wird bezogen auf die Mitbestimmung der Bewohner in allen Gruppen ein Sprecher gewählt, der die Gruppenwünsche und Probleme mit den Betreuern oder mit der Heimleitung bespricht und für die Bewohner akzeptable Lösungen herbeiführt. Gruppenversammlungen, bei denen Betreuer und Bewohner gemeinsam die Situation, Probleme, Neuregelungen, Wünsche besprechen werden monatlich durchgeführt (vgl. Harfst 1991, 30).

14.3.3 Trainingswohnung

Als Übergangsmöglichkeit vom Wohnen im Heim zum Wohnen in einer externen Wohnung ist das Training zum selbständigen Wohnen anzusehen.

Häufig werden in einem Wohnheim potentielle „Außenwohner" in einer Wohngruppe zusammengefasst, die als Trainingswohnung firmiert. Geeignet für das „Trainingswohnen" sind Personen

- mit relativ großer Selbständigkeit und
- geringem Betreuungsbedarf,
- die einen Umzug in eine externe Wohnung präferieren würden oder sich diesen zutrauen.

Das Trainingswohnen ist von unterschiedlicher Dauer (12-24 Monate). Die Gruppen bestehen aus maximal 6 Personen.

Voraussetzungen für die Teilnahme am Trainingswohnen sind:

- fehlende Notwendigkeit von Nachtbereitschaft,
- Fähigkeit, in Notfällen (telefonisch) Hilfe anzufordern,
- Fähigkeit, mehrere Stunden ohne Betreuung sein zu können,
- Fähigkeit zu angemessenem Sozialverhalten,
- hohe lebenspraktische Kompetenz,
- hohe selbständige Mobilität (Nutzung öffentlicher Verkehrsmittel),
- Arbeitsfähigkeit (z.B. in WfbM).

Während der Trainingsphase arbeiten die Teilnehmer halbtags (WfbM oder extern). Am Nachmittag werden Trainingssequenzen zu unterschiedlichen Bereichen durchgeführt (vgl. Niermann 1991; Niehoff 1994), die in Tabelle 50 dargestellt

Tab. 50: Trainingssequenzen mit Beispiel-Inhalten

Thema	Beispielinhalt
Körperpflege	Duschen, Eincremen Pediküre/ Maniküre Haarpflege
Sexualhygiene	Pflege der äußeren Sexualorgane, Verhütung
Bekleidung	Wetterangemessenheit bei der Auswahl Regelmäßigkeit des Wäsche-/Kleidungswechsels Kleiderpflege (Sortieren, Waschen, Bügeln, Ausbessern)
Umgang mit Geld	Einteilung von Haushaltsgeld (Woche/ Monat) Sparen für Sonderwünsche
Einkauf	Planung für Nahrungsmittel Mengeneinschätzung Erstellen von Einkaufslisten Preisvergleich
Nahrungsmittelverwendung/ Kochen	Zubereitung von kalten Mahlzeiten Grundwissen zum Kochen/ Herdbenutzung Nutzen einfacher Kochrezepte
Wohnungspflege	Aufräumen Putzen, Staubsaugen Bad- und Küchenreinigung Wechsel von Tisch- und Bettwäsche
Arzt- und Zahnarztbesuche	Regelmäßigkeit bei Kontroll- und Vorsorgeuntersuchungen
Behördengänge	z.B. Einwohnermeldeamt, Sozialamt
Training des Zeitempfindens	Tageszeiten Pünktlichkeit Angemessene Zeiten für Besuche, Telefonate

werden (ohne Anspruch auf Vollständigkeit).

Zusätzlich zu den Bereichen der alltäglichen Verrichtungen werden Trainingssequenzen zur Gestaltung der Freizeit durchgeführt, die individuell auf die Möglichkeiten und Interessen der Teilnehmer bezogen sein sollten (Sport, Kunsthandwerk, Gesellschaftsspiele, Fernsehen/ Video, Restaurantbesuche, Kino, Museum etc.).

14.3.4 Externes Wohnen/ Betreutes Wohnen

Diese Wohnform ist gedacht für Personen, die trotz (mehr oder weniger schwerer) Behinderung in der Lage sind, ihr Leben selbständig alleine oder mit einem Partner/ einer Partnerin zu gestalten, bei entsprechender Stabilität und Mobilität. Allerdings ist eher eine Wohngemeinschaft von maximal vier Personen, die sich gegenseitig gewählt haben, in einer entsprechend großen Wohnung, als Außenwohngruppe die Regel.

Die Betreuung durch pädagogische Mitarbeiter des Wohnheims – das externe Wohnen ist i.d.R. an ein Wohnheim angegliedert – ist in der Intensität unterschiedlich. Sie reicht von regelmäßiger kurzzeitiger Betreuung (z.B. jeden 2. Tag zwischen 18 und 19 Uhr) über wöchentliche Besuche bis hin zu Unterstützung bei Bedarf. Die betreuende Person sollte vertraut sein, d.h. möglichst selten wechseln.

14.4 Zusammenfassende Schlussbemerkungen

„Wohnen heißt zu Hause sein" ist der Titel eines Buches der Lebenshilfe (1995).
Mit „Zuhause" wird i.d.R. assoziiert

- Vertrautheit
- Sicherheit
- Selbständigkeit
- Wohlbefinden.

Dies drückt auch der englische Slogan aus: „My home is my castle."

Das gestufte Wohnangebot für Menschen mit Behinderungen ist darauf ausgerichtet, unter Berücksichtigung der positiven Möglichkeiten und Fähigkeiten der Probanden, die Lebensqualität für Erwachsene mit Behinderungen zu erhöhen.

In Niedersachsen (Landkreise Ammerland, Friesland und kreisfreie Stadt Wilhelmshaven) wurde ein Wohnverbundsystem geschaffen, welches alle Formen des Wohnens enthält und in dem aufgrund erhöhter institutioneller Zusammenarbeit eine Durchlässigkeit gegeben ist, die gewährleistet, dass „den individuellen Ansprüchen Rechnung getragen und eine sog. Wohnkarriere ermöglicht" wird (Niermann 1991, 72). Hinzu kommt, dass innerhalb des Verbundes der Personaleinsatz bzw. die Personalplanung flexibler gehandhabt werden und so notwendige Betreuung umfänglich und angemessen geleistet werden kann.

Lebensqualität setzt sich zusammen aus objektiven Lebensbedingungen und subjektiver Bewertung bezogen auf die eigene Zufriedenheit, das eigene Wohlbefinden.

Nach Beck (vgl. 1992, 27f.) beinhaltet Lebensqualität u.a.

- die Befriedigung der Bedürfnisse nach Selbstbestimmung und Selbstverwirklichung,
- die freie Gestaltung der Beziehungen zur sozialen Umwelt und damit die Befriedigung des Bedürfnisses nach sozialer Zugehörigkeit und Anerkennung,
- die mehr oder weniger selbständige Gestaltung des Lebens, mit allen Hoffnungen, Ängsten, Kompetenzen und Konflikten

(vgl. auch Goode 1994).

Unabhängig davon, wie viel Selbständigkeit und Selbstbestimmung ein beeinträchtigter Mensch leisten kann, muss bei einem gestuften Wohn- und Betreuungssystem ein Höchstmaß an Selbstbestimmungsmöglichkeit gewährleistet werden.

Physische Abhängigkeit und Selbstbestimmung schließen sich nicht aus. Lediglich die Formen von und der Grad an Selbstbestimmung verändern sich. Auch bei eingeschränkter Kommunikationsfähigkeit sollten individuelle Wünsche, Bedürfnisse und Vorstellungen weitestmöglich eruiert und beachtet werden.

Die steigenden Selbstbestimmungs- und Freiheitsgrade in einem gestuften System

Wohnstätte	→	hoher Pflege-/ Betreuungsbedarf
Wohnheim	→	niedrigerer Betreuungsbedarf
Trainingswohnung	→	Übergangsform mit zunehmender Selbständigkeit
Betreutes (externes) Wohnen	→	erhöhte Selbständigkeit bei unterschiedlich intensiver Betreuung
Selbständiges Wohnen	→	Unterstützungsmöglichkeit bei Bedarf

sichern für Menschen mit Behinderungen die Möglichkeit, bedürfnis- und kompetenzangemessen zu leben, ein Zuhause zu haben und zu gestalten, welches ein Höchstmaß an Selbstbestimmung und Lebensqualität gewährleistet, ohne auf notwendige Unterstützung verzichten zu müssen.

Auch wenn die praktische Umsetzung dieses gestuften Wohnsystems noch nicht in allen Bundesländern zufrieden stellend ist, sind doch die Tendenzen in Richtung Selbstbestimmung für Erwachsene mit Behinderungen in allen Konzepten deutlich herausgestellt (z.B. Regionale Hilfe- und Verbundsysteme – vgl. Thimm 1992; Niermann 1991).

Sie enthalten zusätzlich zu unterschiedlichen Formen des Wohnens z.B.

- vielfältige Formen ambulanter Hilfen
- Angebote zur Tagesstrukturierung
- Beratungs- und Kriseninterventionsprogramme.

Nicht eigens betont werden muss, dass die Umsetzung der Konzepte in die Praxis nur gelingen kann, mit Hilfe gut qualifizierter Fachkräfte, die über ein großzügig bemessenes Zeitbudget verfügen, um den je spezifischen Betreuungs- und Unterstützungsbedarf ohne Zeitdruck leisten zu können.

15 Geistige Behinderung und Sexualität

Die Sexualität geistigbehinderter Menschen, ein weitgehend tabuisiertes Thema in unserer Gesellschaft, wurde während der letzten 25 Jahre immer wieder einmal thematisiert, führte allerdings durchgängig zu sehr kontroversen Diskussionen von Vertretern der Extrempositionen: Sexualverbot auf der einen, völlige sexuelle Freiheit auf der anderen Seite.

Stand in der Fachliteratur der 1970er Jahre noch die Frage nach dem grundsätzlichen Recht geistigbehinderter Menschen auf Sexualität im Vordergrund, so sind die heutigen Problempunkte eher bezogen auf die praktische Realisierung der Möglichkeiten für geistigbehinderte Erwachsene, ein Leben unter Einbeziehung von Sexualität zu führen. Vorurteile, Unsicherheiten, ideologische Einseitigkeiten jedoch erschweren sowohl das offene, klärende Gespräch, als auch die Entwicklung angemessener sonderpädagogischer Konzepte zur Sexualerziehung. Eltern sowie Sonder-/Heilpädagogen fühlen sich in der Praxis oft alleingelassen mit ihren Fragen, Sorgen und Ängsten.

Das grundsätzliche Recht auf Sexualität wird der Gruppe geistigbehinderter Menschen heute kaum noch abgesprochen. Form und Ausmaß der Inanspruchnahme dieses Grundrechts scheinen jedoch ungeklärt wie eh und je. Daher erscheint es notwendig, entwicklungspsychologische und ethische Grundfragen, juristische Grundlagen und Praxisansätze im Zusammenhang mit Sexualerziehung und Erwachsenenbetreuung bei Menschen mit geistiger Behinderung an dieser Stelle gesondert zu behandeln. Zunächst einige allgemeine Überlegungen zur Sexualität.

15.1. Allgemeine Überlegungen zur Sexualität

15.1.1 Zum Begriff Sexualität

Der Begriff Sexualität entstand um 1800 im Zusammenhang mit der botanischen Auseinandersetzung um die Entstehung der Pflanzen. Er wurde durch das 1820 von Henschel erschienene Buch „Von der Sexualität der Pflanzen" eingeführt (vgl. Walter 1987, 96). In der Pädagogik wurde der abstrakte und wie es schien wertneutrale Begriff aufgegriffen und im Zusammenhang mit dem Menschen benutzt. Er etablierte sich rasch im europäischen Sprachraum.

Bei der Übertragung des Begriffes Sexualität auf den Menschen erfolgte, aufgrund der biologischen Herkunft und der dadurch bedingten begrifflichen Analogie zu Botanik und Zoologie, folgerichtig eine Fixierung des Begriffs auf die Fortpflanzung. Bis zur so genannten „sexuellen

Befreiung" war Fortpflanzung die in der Gesellschaft anerkannte legitimierte Funktion von Sexualität (KLEIN/ZIMMER 1996, 5), und ist es z.B. im katholischen Denken bis heute (s.u.). Inzwischen hat der Begriff eine inhaltliche Erweiterung erfahren, ist vielschichtig und komplex geworden. Es ist daher schwierig, eine zufrieden stellende Definition von Sexualität zu geben (vgl. HOYLER-HERRMANN/WALTER 1994, 13; WALTER 1987, 96). Das heute weit gefasste Verständnis reicht von einfacher positiv-liebevoller Zuwendung über körperliche Zärtlichkeiten bis hin zur genitalen Sexualität, einschließlich ihrer möglichen Exzesse. Der Aspekt der Fortpflanzung ist im heutigen Denken fast zum Nebenprodukt geworden.

Dieses Sexualverständnis ist nicht zuletzt auf Sigmund FREUD (1856-1939) zurückzuführen, der in seiner Psychoanalyse den Sexualitätsbegriff sehr weit fasste, häufig allerdings durch die Begriffe „Libido" und „Lustgewinn" falsch verstanden wurde. In seinem Aufsatz „Über die wilde Psychoanalyse" wehrt er sich gegen ein eingeengtes Verständnis des „Sexuellen":

> „[...] Der Begriff des Sexuellen umfaßt in der Psychoanalyse weit mehr, [...] wir rechnen zum ‚Sexualleben' auch alle Betätigungen zärtlicher Gefühle [...] wir sprechen darum auch von Psychosexualität, legen so Wert darauf, daß man den seelischen Faktor nicht übersehe. [...] Wir gebrauchen das Wort ‚Sexualität' in demselben umfassenden Sinne wie die deutsche Sprache das Wort lieben" (Freud 1910, 118f.; vgl. auch HOYLER-HERRMANN/WALTER 1994, 13f.).

Im Zusammenhang mit geistigbehinderten Menschen muss auf das ebenfalls umfassende Sexualitätsverständnis von SPORKEN hingewiesen werden. Als einer der ersten hat er sich mit der Thematik „Geistige Behinderung und Sexualität" auseinandergesetzt.

Unter Sexualität versteht er:

> „ [...] alle Aspekte der menschlichen Existenzweise, in denen die Tatsache des Mann- oder Frauseins eine Rolle spielt. Er umfaßt daher das ganze Gebiet von Verhaltensweisen in den allgemein-menschlichen Beziehungen, im Mittelbereich von Zärtlichkeit, Sensualität, Erotik und in der Genitalsexualität" (SPORKEN 1974, 159; 1980, 19).

SPORKEN teilt Sexualität damit in drei Bereiche ein

- die „allgemein-menschlichen Beziehungen"
- den „Mittelbereich" (Zärtlichkeit, Sensualität, Erotik)
- die „Genitalsexualität"

wobei die Reihenfolge nicht wertend gemeint ist (vgl. auch WALTER/HOYLER-HERRMANN 1985, 85). Insbesondere der „Mittelbereich" findet bei der Betrachtung der Sexualität geistigbehinderter Menschen in der Fachliteratur große Beachtung.

SCHMETZ versteht unter Sexualität

> „ein Grundbedürfnis des Menschen nach seelischem Wohlbefinden und dem Erleben körperlicher Lust, deren Höhepunkt mit dem Orgasmus erreicht wird; sie enthält sogleich lebensnotwendige Determinanten wie durch Zärtlichkeit und Liebe geprägte mitmenschliche Interaktion, die Möglichkeit der Fortpflanzung, kultur- und gesellschaftsspezifische Normvorstellungen und sittliche Selbstbestimmung" (SCHMETZ 1982, 20).

Hingewiesen sei noch auf das Verständnis der amerikanischen Sexualtherapeutin OFFIT:

> „Sexualität ist, was wir daraus machen. Eine teure oder billige Ware, Mittel zur Fortpflan-

zung, Abwehr gegen Einsamkeit, eine Form der Kommunikation, ein Werkzeug der Aggression (der Herrschaft, der Macht, der Strafe und der Unterdrückung), ein kurzweiliger Zeitvertreib, Liebe, Kunst, Schönheit, ein idealer Zustand, das Böse oder das Gute, Luxus, oder Entspannung, Belohnung, Flucht, ein Grund der Selbstachtung, eine Form der Zärtlichkeit, eine Art der Rebellion, eine Quelle der Freiheit, Pflicht, Vergnügen, Vereinigung mit dem Universum, mystische Ekstase, Todeswunsch oder Todeserleben, ein Weg zum Frieden, eine juristische Streitsache, eine Form, Neugier und Forschungsdrang zu befriedigen, eine Technik, eine biologische Funktion, Ausdruck psychischer Gesundheit oder Krankheit oder einfach eine sinnliche Erfahrung" (Offit 1979, 16).

Walter verweist zwar darauf, dass diese Beschreibung den Begriff der Sexualität „verwässert"; Dawid-Hapkemeyer macht auf die „vorwissenschaftliche" Form dieser Beschreibung aufmerksam. Einigkeit herrscht jedoch darüber, dass dieses Verständnis von Sexualität die Bedeutungsvielfalt des Begriffes umfassend zum Ausdruck bringt (vgl. Walter 1987, 98; Dawid-Hapkemeyer 1995, 49).

Bei der Betrachtung der Fachliteratur zum Thema „Geistige Behinderung und Sexualität" kann eine auffallende Betonung der weitgefassten Bedeutung von Sexualität festgestellt werden. Dieses Verständnis von Sexualität entschärft die Diskussion zwar erheblich. Auch lässt sie einerseits viele Möglichkeiten sexuellen Verhaltens erkennen, führt aber andererseits u.U. auch zu einer Veränderung des Begriffskerns im Sinne einer Verharmlosung, wie bei Schröder festzustellen. Im Zusammenhang mit geistigbehinderten Menschen formuliert er folgende recht weite Fassung von Sexualität:

„Sexualität ist, wenn man ein Tier liebkost, oder eine Puppe wiegt, ist leidenschaftliches Verlangen, aber auch das ratlose Betrachten eines Menschen, den man gern hat, ist ein verstecktes Lächeln oder ein roter Kopf, wenn man sich ertappt glaubt, ist das Abpflücken einer Blume, das Einatmen von salziger Seeluft, - Sexualität ist Musik oder auch nur ein hübscher, flüchtiger Gedanke" (Schröder 1977, 78).

15.1.2 Erklärungsansätze sexuellen Verhaltens

Uneinigkeit herrscht in der sexualwissenschaftlichen Forschung hinsichtlich der Erklärung für sexuelle Motivation, d.h. hinsichtlich der Frage, wie und aus welchen Motiven sexuelles Verhalten letztlich zustande kommt. Während ältere Theorien, die sexuelles Verhalten als triebgebunden erklären, biologisch festgestellte „innere Kräfte" betonen, gibt es neuere Ansätze, die Bedingungen wie z.B. unterschiedliche Umweltreize, zu denen auch soziale und gesellschaftliche Faktoren zählen, in den Vordergrund stellen und davon ausgehen, dass Sexualität in erster Linie ein Produkt von Lernprozessen sei.

Hauptvertreter der Theorie einer triebdeterminierten Sexualität ist Sigmund Freud. Die Grundlegung seiner Theorie bildet die Annahme von im Menschen angelegten Trieben. Dabei bezeichnet er „Trieb" „ [...] als die psychische Repräsentanz einer kontinuierlich fließenden innersomatischen Reizquelle" (Freud 1905; 1970, 43). Für Freud sind zwei Triebe von Bedeutung:

- der Eros oder Lebenstrieb
- der Destruktions- oder Todestrieb (manchmal auch Thanatos genannt)

Beiden Trieben liegen Energien zugrunde. Die Energie des Eros nennt Freud „Libido" und umschreibt sie als allgemeine Lebensenergie. Grundsätzlich bedeutet Libido das Streben nach Lust bzw. das Reduzieren von Unlust.

Sexuelles Verlangen entsteht nach FREUD durch einen aufgrund eines „physiologischen Mangels“ (ähnlich wie Hunger oder Durst) hervorgerufenen unangenehmen Reizzustand. Diese „inneren Störreize“ summieren sich und führen zum Aufbau einer Spannung (Reizsummierung). Sexuelle Lust und Befriedigung bewirkt eine Reizreduktion, d.h. den Abbau der Spannung und damit die Aufhebung des unangenehmen Reizzustandes.

Während in der ersten Zeit der Entwicklung das Verhalten eines Kindes durch das Lustprinzip bestimmt wird, lernt es im Laufe der Zeit mit zunehmender Fähigkeit der Selbstkontrolle, sein Verhalten an der Realität auszurichten (Realitätsprinzip) und seine sexuellen Bedürfnisse zu kontrollieren. Mit Hilfe der Sublimierung ist es dem Menschen außerdem möglich, „seine sexuelle Energie auf sozial oder kulturell höher bewertete Ziele umzulenken“ (FREUD 1905; 1970, 53; 1930, 438f.). Die Triebtheorien im Zusammenhang mit Sexualität, insbesondere die Psychoanalyse, sind vielfach kritisiert worden. Bezüglich der Vorstellung einer Summierung „innerer Störreize“ infolge eines „physiologischen Mangelzustandes“ kritisiert z.B. KLUGE, dass es für die Sexualität keine körperlichen Mangelsituationen gibt:

„Die sexuelle Motivation ist mit einem Trieb z.B. Hunger und Durst nicht vergleichbar. Während Hunger und Durst durch entsprechende Defizite im menschlichen Körper (Blut bzw. Flüssigkeit) ausgelöst werden, entfällt dieses entscheidende Moment bei der menschlichen Sexualität“ (KLUGE 1978, 20).

Ebenfalls kritisiert wurde die Vorstellung des Erreichens von Lust durch den Abbau von Spannungen (Reizreduktion). MARBURGER weist darauf hin, „daß Menschen gerade durch das Suchen von Spannung und Erregung motiviert werden“ (MARBURGER 1987, 24). SCHMIDT präzisiert diese Aussage:

„Sexuelles Verhalten ist demnach motiviert durch den Wunsch, sexuelle Erregung durch Lust zu erfahren, und nicht durch unangenehme Innenreize, die durch sexuelle Aktivität beruhigt werden müssen. Nicht weil wir sexuell erregt sind, haben wir Sexualität; sondern wir streben sexuelle Erregung an oder suchen sie auf, um Sexualität erleben zu können“ (SCHMIDT 1982, 29).

Entsprechend der Vorstellung des Triebmodells, wonach aufgrund körperlicher Prozesse sexuelle Reize und Spannungen entstehen, ist trotz neuerer Erklärungsansätze die Vorstellung eines „Dampfkesselmodells“ weiterhin verbreitet (vgl. SCHMIDT 1982, 28; vgl. auch KLEIN/ZIMMER 1996, 11). Demnach funktioniert menschliche Sexualität nach dem Prinzip eines Dampfkessels, „der ständig auf dem Feuer steht und der - wenn er nicht platzen soll - periodisch Dampf ablassen muß“ (SCHMIDT 1982, 28).

Die Folgen eines solchen Denkens werden von SCHMIDT drastisch beschrieben:

„Es verführt(e) Psychiater, Chirurgen, Juristen zu dem Versuch, ‚Triebhaften‘ oder ‚Hypersexuellen‘, die straffällig werden oder moralisch unliebsam sind, den Dampf abzudrehen durch martialische Maßnahmen wie Kastration, ‚Triebdämpfung‘ mit Medikamenten oder durch Hirnoperationen ins ‚Triebzentrum‘“ (SCHMIDT 1982, 28).

Diese Angst vor unbeherrschbaren Trieben zeigt sich deutlich auch im Vorurteil gegenüber der Sexualität Geistigbehinderter („Der Wüstling“, vgl. 14.3.1). Nach SCHRÖDER erwartet man von Geistigbehinderten, dass sie

> „[...] wenn die in ihnen lauernde Energie einmal angeregt worden ist, als sexuelle King-Kongs maß- und hemmungslos herumwüten und unsere nichtbehinderten Kinder und Frauen bedrohen und gefährden“ (SCHRÖDER 1977, 78).

Nicht triebgeleitete Ansätze gehen davon aus, dass die Suche nach Lust und Spannung sich vollzieht im Zusammenhang mit früher erlebten Lernprozessen und -erfahrungen sowie mit Einflüssen von Umweltreizen:

> „Gerade die Erinnerung an früher erlebte Erregbarkeit und Lustbefriedigung und die Erwartung und gedankliche Vorwegnahme sexuellen Erlebens motiviert zu immer neuer Suche von Spannung und Reizkumulation. Zudem wird die sexuelle Motivation durch besondere Umweltreize ausgelöst“ (WALTER 1987, 102).

Die Erklärung sexueller Motivation kann so also kurz zusammengefasst werden „[...] als Disposition, auf bestimmte Reize in bestimmter Weise zu reagieren“ (SCHMIDT 1973, 48). Diese Disposition ist sowohl von angeborenen, biologischen Gegebenheiten, z.B. Hormonen, als auch von sozialen Lernprozessen beeinflusst, wobei letzterem eine höhere Bedeutung beigemessen wird. Damit betont SCHMIDT zwar die äußeren Einflüsse bei der Entstehung sexueller Motivation, beachtet jedoch ebenso die angeborenen individuellen biologischen Gegebenheiten. Der wesentliche Unterschied zur triebtheoretischen Position liegt allerdings in der eindeutigen Unterordnung angeborener, biologischer Faktoren unter das Primat der bewussten Steuerung durch Lernen.

KENTLER macht in diesem Zusammenhang auf lerntheoretische Aspekte aufmerksam, wonach z.B. die sexuelle Anregung und der Orgasmus sozusagen als „Verstärker“ dienen bei der Neigung, Reizsituationen aufzusuchen und entsprechende Handlungen auszuführen (vgl. KENTLER 1982, 70f.).

FRICKER und LERCH vertreten die Auffassung, dass sexuelle Motivation und sexuelles Verhalten ausschließlich soziogen bedingt und erlernbar sind. Sie definieren Sexualität als ein Produkt von Lernprozessen:

> „Sexuelle Motivation ist so schließlich das Ergebnis eines individuellen Lernprozesses, in dem sich selbstentdeckte und sozial vermittelte Verhaltensweisen in Form von positiven und negativen Verstärkungen auf sexuelle Reaktionen zu Gewohnheiten stabilisiert haben“ (FRICKER/LERCH 1976, 76).

Zusammenfassend kann mit DAWID-HAPKEMEYER darauf hingewiesen werden, „daß Konzepte, die biogene Betrachtungsweisen (FREUD), wie aber auch Konzepte, die soziogene Erklärungsgrundlagen verabsolutieren (FRICKER/LERCH), eine Verkürzung darstellen“. Sie kommt zu dem wohl einzig möglichen Ergebnis, dass „sich menschliche Sexualität als eine somatische und psychosoziale Realität darstellt“ (DAWID-HAPKEMEYER 1995, 65).

Die Bedeutung dieser Sichtweise ist für die Pädagogik weitreichend. Betrachtet man Sexualität als „Lernphänomen“, so muss die bewusste Handhabung vieler, die

Sexualität positiv wie auch negativ beeinflussender und formender äußerer Faktoren Grundlage von Sexualerziehung sein (vgl. KLEIN/ZIMMER 1996, 13).

15.1.3 Funktionen von Sexualität

Dass die Sexualität eine bedeutsame Rolle im Leben des Menschen spielt, steht außer Zweifel. Insbesondere vier Funktionen lassen sich bei differenzierter Betrachtung extrahieren:

Die Selbstfindungsfunktion

Sexualität leistet einen wichtigen Beitrag zur Selbstfindung, zur Entwicklung eigener Identität (vgl. WALTER 1987, 107; SIELERT/KEIL 1993, 15; DAWID-HAPKEMEYER 1995, 51f.).

> „Der Identitätsaspekt von Sexualität meint in seiner elementarsten Form die Erfahrung des eigenen Ich als eine eigenständige und zur Selbstbestimmung fähige körperliche und seelische Einheit. Sexualität ermöglicht die Gewährung und Entgegennahme von Selbstbestätigung als Bedingung zur Selbstliebe und zur Weiterentwicklung der eigenen Persönlichkeit" (SIELERT/KEIL 1993,15).

Die Selbstannahme eines Menschen, sein Selbstwertgefühl, kann durch Bestätigung, Zuwendung, Zärtlichkeit in positiver Weise gefördert werden. Macht eine Person bereits früh die Erfahrung, liebenswert zu sein, ist sie ihrerseits auch in der Lage, andere zu lieben, zu achten und sie in ihrem Sosein zu akzeptieren. DAWID-HAPKEMEYER macht auf die für den Aufbau einer eigenen ICH-Identität notwendige, ganzheitliche Erfahrung des Körpers aufmerksam. Sie betont,

> „daß durch das Erleben körperlicher Empfindungen sich der Mensch seines Körpers als Ganzheit zunehmend bewußt wird, und daß damit die Grundlage sowohl für die Auseinandersetzung als aktives Subjekt mit der Umwelt als auch für die Abgrenzung gegenüber anderen Menschen gegeben ist" (DAWID-HAPKEMEYER 1995, 52).

Geistigbehinderte Menschen, so DAWID-HAPKEMEYER, bedürften dieser ganzheitlichen Körpererfahrung in besonderem Maße, da sie neben Defiziten hinsichtlich körperlicher Eigenerfahrung häufig auch ein nur mangelhaft ausgeprägtes Körperbewusstsein aufweisen. Deshalb ist die „intensive[n] Förderung im körperlich-sinnlichen Bereich zum Aufbau ihrer Persönlichkeit" (DAWID-HAPKEMEYER 1995, 52) bei geistigbehinderten Menschen eine wichtige (sonder-)pädagogische Aufgabe.

Die soziale Funktion

Die soziale Funktion der Sexualität betont kommunikative und kooperative Aspekte im zwischenmenschlichen Bereich. Nach KENTLER schafft Sexualität Kommunikation und sie drückt ebenso Kommunikation aus (vgl. KENTLER 1982, 255; SCHMIDT 2002). SPORKEN betont die soziale Bedeutung von Sexualität ebenfalls, gemäß seiner Definition (s.o.). Für ihn ist Sexualität „Ausdruck für die Existenzweise des Menschen [...] als soziales Wesen" und „zugleich die Möglichkeit zu und Ausdruck von Kontakt, Beziehung und Liebe" (SPORKEN 1974, 13).

Auch SIELERT/KEIL stellen den Beziehungsaspekt der Sexualität heraus:

> „Der Beziehungsaspekt von Sexualität stellt die Ich-Du-Relation in den Mittelpunkt. In der intimen Bindung an andere Menschen kann

ich Vertrauen, Wärme und Geborgenheit geben und empfangen. Menschliches Leben, auch sexuelles Leben, wächst in Beziehungen" (SIELERT/KEIL 1993, 15).

Die Selbstfindung und die Soziabilität stehen in engem Zusammenhang, auch bezogen auf Sexualität. So ist bei BARTHOLOMÄUS zu lesen:

„Sexualität ist Sprache der Liebe. Sie drückt Sympathie aus, Nähe, Gegenwart, Zuneigung, den Willen zur Gemeinschaft. Darin stiftet sie Identität, unterhält sie Beziehungen" (BARTHOLOMÄUS 1987, 289).

Für den kommunikativen Aspekt der Sexualität spielt die Körpersprache eine große Rolle. Sie kann oft deutlich machen, was mit Worten nur schwer zu vermitteln ist.

„Ich kann manches nicht in Worte fassen, was ich mit meinem Körper ausdrücken kann, und umgekehrt: Was mein Körper nicht sagen kann, dafür habe ich Worte. Philosophie kann ich nicht mit meinem Körper betreiben. Aber der Satz: ‚Ich liebe dich!' bliebe immer inhaltsleer, wenn ich nie durch meine Körpersprache sagen würde, wie er gemeint ist" (KENTLER 1982, 145).

Gerade Menschen mit mehr oder weniger beeinträchtigter Sprachfähigkeit sind im sozialen Feld auf körperliche Formen des Sozialkontaktes angewiesen (vgl. auch 14.3.1 „Vorurteile"). Hier angemessene Formen von Körpersprache zu entwickeln und zu ermöglichen, ist eine wesentliche Aufgabe der Erziehung.

Die Lustfunktion

„Sexuelle Lust kann als Kraftquelle erlebt werden, als tiefe, aktiv ausgeübte Leidenschaft und Hingabe" (SIELERT/KEIL 1993, 15).

Der Lustaspekt ist im Laufe der Zeit ethisch-moralisch sehr unterschiedlich bewertet worden. Heute ist die Lustfunktion weitgehend von der Fortpflanzungsfunktion „entkoppelt"; sie stellt einen eigenständigen Teil der Sexualität dar. Das „Ja" zur Lust ist allgemein akzeptiert. Damit wird der Lustfunktion die ihr lange Zeit anhaftende Anrüchigkeit genommen.

„Das heutige Menschenbild ist unter anderem geprägt durch ein klares Ja zur eigenen Geschlechtlichkeit und zur geschlechtlichen Liebe mit der ihr innewohnenden Lust" (LOOSER 1980, 258).

Ein umfassendes Verständnis des Lustaspektes findet sich bei FREUD, der in seiner Abhandlung „Die Entwicklung der Sexualfunktion" (1938) den Nachweis der von Geburt an vorhandenen Sexualität erbringt. In seinem Phasenmodell zur frühkindlichen Sexualentwicklung weist er auf die Bedeutung der frühen Lusterfahrungen des Kindes hin, wobei in verschiedenen Phasen je unterschiedliche Körperzonen zu erogenen Zonen werden (vgl. FREUD 1905; 1938; 1970, 14ff.).

Die mögliche Einschränkung des Lustaspektes auf die „orgastische Lust", wie es bei den Untersuchungen von KINSEY/POMEROY/MARTIN (vgl. 1970 a/b) und MASTERS/JOHNSON (vgl. 1970) zum Ausdruck kommt, ist sicher kritisch zu sehen (vgl. DAWID-HAPKEMEYER 1995, 56). Ein umfassendes Verständnis von Lust findet sich bei BARTHOLOMÄUS. Er betrachtet Lust als

„Freude am anderen Menschen, an der Schönheit seines Gesichts, an der Attraktivität seines Leibes, an seiner reizvollen Nähe, an der Geborgenheit in seinen Armen, an seiner Zärtlichkeit; sie schließt ein das lustvolle Erleben der Beziehung zu ihm, das Staunen über seinen Erlebnis- und Gedankenreichtum, sie schließt ein die Freude am eigenen Körper, an seiner Geschmeidigkeit und Kraft, an dem Genuß seiner Nacktheit und dem Reiz seiner fantasievollen Kleidung; an Bewegung und Tanz, an der Sensibilität der Sinne und an der Kraft der Sinnlichkeit" (BARTHOLOMÄUS 1987, 223f.).

Bei diesem Verständnis besteht allerdings die Gefahr der Verabsolutierung des „schönen Körpers" (DAWID-HAPKEMEYER 1995, 57), wobei „schön" eine relative Wertung darstellt, die individuell getroffen wird. Als Lusterleben am eigenen Körper wird vielfach die Selbstbefriedigung praktiziert. Sie ist etwas natürliches und nicht a priori minderwertiger als Partnersexualität. Die Konfrontation mit Masturbation ist für Eltern und Betreuer von Geistigbehinderten oft problematisch. Zu beachten ist, dass Masturbation in Zusammenhang gesehen werden kann

- mit Flucht vor sozialen Kontakten;
- mit Abbau von inneren Spannungszuständen, häufig aufgrund unlustbetonter Anlässe, z.B. Ärger, Angst, unschöne Erlebnisse;
- mit Langeweile.

In allen Fällen zieht sich der geistigbehinderte Mensch auf sich selbst zurück mit dem Ziel, als unangenehm erlebte Situationen zu vermeiden bzw. zu beseitigen. Insbesondere im Hinblick auf die Sozialfunktion von Sexualität sind Interventionen sinnvoll

- bezogen auf den Öffentlichkeitsgrad der Masturbation oder
- bezogen auf die Anbahnung zwischenmenschlicher Kontakte und
- bezogen auf attraktive Beschäftigungsangebote in der Gemeinschaft.

Die Fortpflanzungsfunktion

Die Fortpflanzungsfunktion zielt auf die Arterhaltung einer Spezies, in diesem Zusammenhang auf die Erhaltung des Menschengeschlechts. Nach traditioneller religiöser Auffassung war Sexualität nur im Rahmen der Ehe gestattet und hatte ausschließlich der Fortpflanzung zu dienen. Eine absolute Ausrichtung auf die Erzeugung neuen Lebens rückt Sexualität in die Nähe einer notwendigen Verrichtung, eines Produktionsprozesses. Genitalsexualität ohne Zeugungs- bzw. Fortpflanzungswillen wird so je nach ideologischem Hintergrund zur „sündhaften Fleischeslust". Gegen diese enge Auffassung im Zusammenhang mit Fortpflanzung wendet sich BARTHOLOMÄUS:

„Weitergabe von Leben in sexuellen Beziehungen und genitalen Begegnungen, fruchtbare Sexualität also, ist darum mehr als Zeugung und Erziehung von Kindern. Sexuelle Beziehungen und Begegnungen sind überhaupt lebensschöpferisch und lebensspendend. Sie sind in der Schaffung und Ermöglichung, in der Anregung und Inspiration auf viele Weisen und in vielfältigen Formen fruchtbar" (BARTHOLOMÄUS 1987, 233).

Auch SIELERT/KEIL machen darauf aufmerksam, dass Liebe und Sexualität umfassendere „lebensschöpferische" Wirkung haben können, im Sinne einer lebensspendenden Energie und Kraftquelle (vgl. SIELERT/KEIL 1993, 15).

„Sexualität kann Kraftquelle bedeuten, aus der Lebensmut und Energie gespeist werden, wenn sie intensiv erlebt wird. Sexualität kann das Gefühl vermitteln, lebendig zu sein" (a.a.O.).

Zusammenfassend lässt sich sagen: Die Fortpflanzung der Spezies Mensch vollzieht sich im Geschlechtsakt. Insofern ist dies unbestreitbar eine wichtige Funktion von Sexualität. Diese absolut zu setzen, kommt einer Vereinseitigung und Verengung der Sexualität gleich. Selbstfindung im liebevollen sozialen Miteinander auf der Basis wechselseitigen Lustgewinns und im Zusammenhang auch mit dem bewussten Fortpflanzungswillen, machen das Wesen von Sexualität in einem weitgefassten Sinne aus.

15.1.4 Die Vielfalt der Sexualnormen

Sexualität ist in verschiedenen Kulturen unterschiedlichen Normen und Werten unterworfen. Während in einigen Kulturen, z.B. in islamischen Völkern, die Jungfräulichkeit bis zur Ehe so entscheidend ist, dass ein sexuell nicht mehr unberührtes Mädchen von der Heirat ausgeschlossen werden kann, beachten andere Völker diesen Tatbestand gar nicht.

Ebenso gibt es in unterschiedlichen Kulturen verschiedene Formen von Ehen. In islamischen Völkern findet sich z.B. häufig die Form der Polygamie, die in unserer Kultur gesetzlich verboten ist. HAEBERLE verweist darauf, dass, je nach Art der Sexualnormen, die Abweichung von diesen Normen zu unterschiedlichen sozialen Reaktionen führen kann:

„Sie kann als Absonderlichkeit belächelt werden...
Sie kann als Unsittlichkeit verdammt werden...
Sie kann als Verbrechen bestraft werden...
Sie kann als Krankheit behandelt werden" (HAEBERLE 1985, 339).

Als unsittlich kann Sexualität gelten, wenn man ihr z.B. religiöse Normen zugrundelegt:

„Wo die Verletzung sexueller Normen als religiöses oder ethisches Problem definiert ist, erscheinen sexuelle Anpassungen und sexuelle Abweichungen als Tugendhaftigkeit und Sünde. Angepaßtes Sexualverhalten wird als ‚moralisch', ‚sittlich' und ‚natürlich' beschrieben; abweichendes Verhalten bezeichnet man als ‚unmoralisch', ‚unsittlich' oder ‚widernatürlich'" (HAEBERLE 1985, 347).

Legt man der Sexualität medizinische Normen zugrunde, z.B. im Sinne von „gesunder" Sexualität, kann die Abweichung von dieser Norm als „Krankheit" bzw. als Perversion gesehen werden. Menschen mit Abweichungen von einer „gesunden, natürlichen" Sexualform wurden bis in unser Jahrhundert als psychiatrische Fälle deklariert; davon betroffen waren insbesondere Homosexuelle, Nymphomanen, Exhibitionisten etc. Hier ergibt sich ein Überschneidungsbereich mit Abweichungen von gesetzlich verankerten Sexualnormen. Bei der Abweichung von diesen Normen kann Sexualität als Verbrechen eingestuft und bestraft werden. Nach dem Strafgesetzbuch (StGB) gelten z.B. sexuelle Gewaltdelikte wie Sexualmord, Vergewaltigung, sexueller Missbrauch Schutzbefohlener, Inzest, Delikte gegen den öffentlichen Anstand (Exhibitionismus) als strafbare Tatbestände, die mit mehr oder weniger hohen Strafen geahndet werden.

Generell ist bezüglich der Sexualität in unserer Gesellschaft ein Normenwandel festzustellen. Während bis in die 1970er Jahre in Anlehnung an religiöse Normen überwiegend eine strenge Sexualmoral vorherrschte, ist in den letzten Jahren eine sexuelle Liberalisierung zu verzeichnen. Diese ist gekennzeichnet durch den allgemein freizügigeren Umgang mit Sexualität, durch die Lockerung festen geschlechtsspezifischen Rollenverhaltens sowie durch eine allgemein tolerantere Haltung gegenüber Minderheiten wie z.B. Homosexuellen (vgl. SCHMIDT 1988, 48f.). Nach WALTER kann die heutige liberale Sexualmoral auch als „scheinliberal" bezeichnet werden, indem eine „sexualfeindliche Moral durch eine konsumfreudige Liberalisierung der Sexualität ersetzt" wird (WALTER 1987, 248; vgl. auch ROHR 1981, 43).

Im Vordergrund stehen hier vor allem marktwirtschaftliche Interessen. Sexualität wird dabei durch die Medien zur Ware, zum Konsumgut degradiert. Gleichzeitig wird ein „Konkurrenzkampf" um Schönheit, Attraktivität und Begehrtsein ausgelöst. Hinsichtlich der marktwirtschaftlichen Interessen schreibt SCHRÖDER, dass

„die Eros-Industrie ihren Kunden durch ein bestimmtes Warenangebot suggerieren möchte, bei der Entwicklung und dem Gebrauch menschlicher Sexualität käme es eigentlich nur auf eine mechanische Klitoris- oder Penismassage an, weshalb man auch den männlichen, bzw. weiblichen Körper bedenkenlos auf ein vibrierendes Rohr (Massagestab) bzw. eine Handvoll Plastik („Seemannsbraut") zusammenschrumpfen lassen kann. ... wie auch in der Schulbiologie, wo Torsomodelle mit auswechselbaren weiblichen und männlichen Geschlechtsorganen angeboten werden, extreme Reduktionen auf den Genitalbereich festzustellen sind ..." (SCHRÖDER 1996, 135).

Es mag hinlänglich deutlich geworden sein, dass die Normen und Werte der jeweiligen Kultur auch das Sexualleben ihrer Angehörigen regulieren. Dabei bewirken Normen nicht nur die Einengung des Verhaltens, sondern sie schützen das Individuum auch vor Schädigung. Normen als Regulativ für ein sozial verträgliches (Sexual-)Verhalten sind notwendig. Sie verhindern individuumschädigende und gesellschaftssprengende Extreme, auch und gerade bezogen auf den sexuellen Bereich. Dabei ist der aufgezeigte Zusammenhang von biologischen Dispositionen und Lernprozessen bei allen Menschen gleichermaßen vorhanden.

Verschärfte Regulierungen bei geistigbehinderten Menschen müssen besonders kritisch hinterfragt werden. Sie bedürfen im Rahmen der herrschenden gesellschaftlichen Normen vorurteilsfrei sachlicher Abwägung, auf dem Boden unseres Grundgesetzes (vgl. Kap. 14.4), um das Grundrecht auf Sexualität für Geistigbehinderte zu gewährleisten und keine unnötige Einengung zu erzeugen.

15.2 Die sexuelle Entwicklung von Menschen mit geistiger Behinderung

Der Begriff „Pubertät“ kennzeichnet eine Zeitspanne, während der sich die Entwicklung vom Kind zum Erwachsenen vollzieht. Dabei laufen sich ergänzende körperliche, psychische und soziale Reifungsprozesse mehr oder weniger parallel ab, mit dem Ziel
- die Geschlechtsreife
- die psychische Reife
- die Sozialreife

als Kennzeichen für Erwachsensein zu erlangen (vgl. LEMPP 1996, 174).

15.2.1 Die Entwicklung der Geschlechtsreife

Hinsichtlich der körperlich-sexuellen Reifeentwicklung besteht kein Zweifel, dass sie bei geistigbehinderten Jugendlichen, wenn auch manchmal etwas zeitlich verschoben und verlangsamt, ebenso verläuft, wie bei nichtbehinderten. In einigen Fällen wird die volle körperliche Reife nicht erreicht. Abweichungen in der geschlechtsbiologischen Entwicklung treten nur bei solchen Behinderungsformen auf, die auf Chromosomen-Aberrationen (vgl. Kap. 8.4) zurückzuführen sind (vgl. WALTER 1987, 117f.; DAWID-HAPKEMEYER 1995, 97f.; SENCKEL 1998, 176).

Wie bei nichtbehinderten Kindern und Jugendlichen lässt sich hinsichtlich des Lebensalters für Mädchen die Spanne zwischen 8 und 13 Jahren angeben. In dieser Zeit liegt der Beginn der körperlichen Veränderungen (Hüftrundung, Brustentwicklung, Entwicklung von Achsel- und Schambehaarung). Die Menarche erfolgt i.d.R. zwischen 12 und 13 Jahren. Bei den Jungen liegt der Zeitraum etwa zwischen 12 und 15 Jahren (Hoden- und Peniswachstum, Entwicklung von Achsel- und Schambehaarung, Stimmbruch). Die Erstpollution erfolgt i.d.R. mit 14 bis 15 Jahren, ebenso werden erste Anzeichen des beginnenden Bartwuchses sichtbar. Insgesamt ist während der Pubertät eine Zunahme an Körpergröße und Gewicht zu verzeichnen, sowie infolge der hormonellen Umstellung eine mehr oder weniger ausgeprägte Pubertätsakne. Da sich die körperliche Reifeentwicklung offenbar völlig unabhängig vom Intelligenzniveau vollzieht, ist auch bei schwerer geistiger Behinderung ein in etwa altersgemäß verlaufender körperlicher Reifungsprozess zu verzeichnen (vgl. WALTER 1996b, 160f.; 1987, 117; SENCKEL 1998, 175ff.).

15.2.2 Die Entwicklung der psychischen und der Sozialreife

Psychische Reife zeichnet sich u.a. aus durch:
- verantwortungsbewusstes Verhalten,
- kritisches Urteilsvermögen,
- Lockerung der gefühlsmäßigen Bindung an die Eltern,
- Aufbau eines eigenen Wertesystems.

Unter Sozialreife sind im Wesentlichen
- gesellschaftliche Mündigkeit,
- erstrebte und langsam entwickelte finanzielle Unabhängigkeit,
- der Aufbau einer eigenen Existenz

und damit
- die Möglichkeit der Familiengründung zu subsummieren.

Sowohl für nichtbehinderte als auch für behinderte Jugendliche stellt die Pubertät eine Krisenzeit im Lebensverlauf dar. Aufgrund der Diskrepanz zwischen Sexualalter und Intelligenzalter, fällt es dem geistigbehinderten Jugendlichen oft schwer, mit den vielfältigen physischen und psychischen Spannungszuständen während der Pubertät umzugehen. Aufgrund seiner beeinträchtigten Erkenntnis- und Einsichtsfähigkeit ist es ihm weitgehend unmöglich, die stattfindenden Veränderungen zu verstehen und den größeren Entwicklungszusammenhang zu sehen.

Wie bei nichtbehinderten Jugendlichen bildet sich auch beim geistigbehinderten Jugendlichen ein neues Körperbewusstsein aus. Im Zusammenhang mit den körperlichen Vorgängen und Veränderungen intensiviert sich die Beschäftigung mit dem eigenen Körper. Gemäß den in unserer Gesellschaft vorherrschenden ästhetischen Wertvorstellungen, geprägt durch

- das Schönheitsbild der griechischen Antike (Ebenmaß, Harmonie, Erhabenheit)
- das faschistische Schönheitsideal (gesund, weiß, erfolgreich)
- die von der Werbung suggerierten Maßstäbe für „Schönheit"

(vgl. FRISKE 1995, 53f.), versuchen auch geistigbehinderte Jugendliche eine Körperidentität im Einklang mit ihrer sozialen Identität zu entwickeln. Der dabei häufig herangezogene Vergleich mit Nichtbehinderten kann letztlich nur zu einer Schwächung des Selbstwertgefühls der geistigbehinderten Jugendlichen führen, oder auch „.... zur Überidentifikation und zur Idealisierung eines vollkommenen, aber letztlich unerreichbaren Körperschemas" (WALTER 1996b, 167).

Durch die körperlichen Veränderungen und scheinbar unsteuerbaren Vorgänge, z.B. die Menarche, werden bei geistigbehinderten Mädchen häufig Ängste hervorgerufen. Erste Samenergüsse, oft fehlinterpretiert als „Bettnässen", führen ebenfalls zu Ängsten oder peinlichen Schamgefühlen bei den geistigbehinderten Jungen.

Das Erleben der neuen Körperfunktionen führt häufig, auch bei nichtbehinderten Jugendlichen, zu vermehrter masturbatorischer Tätigkeit. Bei geistigbehinderten Jugendlichen ist diese Reaktion um so stärker, als sie beim Sammeln erotischer Erfahrungen mit Gleichaltrigen erheblich stärker eingeschränkt sind, als nichtbehinderte Jugendliche.

Das verhindert für Jugendliche mit geistiger Behinderung u.a. die Erfahrung, von anderen in der Geschlechtsrolle für attraktiv befunden, akzeptiert und bewundert zu werden (vgl. auch WALTER 1996b, 166f.), eine Erfahrung, die für die Geschlechtsrollenidentität von großer Bedeutung ist.

Folgt man WALTER (1996b, 166), so stellt die Pubertät für geistigbehinderte Jugendliche zum einen eine Zeit kaum zu bewältigender physischer und psychischer Spannungen dar; zum anderen wird in dieser Zeit das Anderssein besonders deutlich erfahren. Es ist das schmerzhafte Erleben „einer behinderten Identität" (WALTER 1996b, 166). Die emotionalen und teilweise auch physischen Überforderungen dieser Lebensphase können zu einer infantilen Regression, d.h. zu einem Rückfall in (früh-)kindliche Verhaltensweisen führen, ein Bewältigungsversuch der phasenbedingten Krise mit Hilfe früherer Konfliktlösungsmöglichkeiten. Die bei nichtbehinderten Jugendlichen notwendig auftretende Protesthaltung gegenüber Erwachsenen während der Pubertät zeigt sich bei geistigbehinderten Jugendlichen häufig in Verhaltensweisen, die in der Regel als sexuelle Auffälligkeiten missverstanden werden, z.B. Exhibitionismus oder Masturbation. Diese sind oft nicht so sehr auf sexuelle Triebregungen und Motive zurückzuführen. Sie stellen vielmehr eine während der Pubertät durch körperliche Veränderungen möglich gewordene neue Form der „Rebellion" gegenüber Eltern und Erziehern dar (vgl. WALTER 1996b, 166f.).

SCHMETZ (2001, 387) geht davon aus, dass „exhibitionistische Handlungen bei geistig behinderten Jugendlichen, oder auch Selbstbefriedigung in der Öffentlichkeit [...] zumeist Ausdruck sozialer Kontaktsuche und der Suche nach Selbstwertbestätigung" sind.

Hinsichtlich der Erlangung von psychischer und sozialer Reife lässt sich vor diesem Hintergrund und unter Beachtung der mehr oder weniger starken geistigen Beeinträchtigung folgendes sagen:

15.3 Bedingungsfaktoren der „Sexualisation" geistigbehinderter Jugendlicher

In Analogie zum sozialpädagogischen Begriff „Sozialisation", der „das Hineinwachsen des Individuums in gesellschaftliche Struktur- und Interaktionszusammenhänge" (HEINZE 1982, 412) umschreibt, prägen FRICKER/LERCH den Begriff „Sexualisation". WALTER verweist 1987, ausgehend von Theorien, die Sexualität im Wesentlichen als Ergebnis von sozialen Lernprozessen sehen darauf, dass „der Prozeß der Vergesellschaftung bzw. Sozialisation des Individuums zum ‚Sexualwesen' auch als sexuelle Sozialisation beschrieben werden kann" (1987, 109). Obwohl sehr viel früher geprägt, erscheint der Begriff „Sexualisation" als konsequente Fortführung dieses Gedankens.

- Die **psychische Reife** kann von geistigbehinderten Jugendlichen nur in Ansätzen erreicht werden.
- Das bedingt, dass sie i.d.R. auf eine lebenslange Begleitung in mehr oder weniger starkem Ausmaß angewiesen bleiben.
- Hinsichtlich der **Sozialreife** verbleiben sie in einem präadoleszenten Stadium.
- Das bedingt, je nach Grad der Behinderung, mehr oder weniger abhängige Lebensformen.
- Unter diesen Aspekten bleiben Ehen geistigbehinderter Personen ein Problem, welches ohne dauerhafte, zuverlässige Begleitung weder individuell noch gesellschaftlich zu bewältigen ist.
- Für die Verhütung von Schwangerschaften ist in je individueller Form Sorge zu tragen. Dabei stellt die Durchführung einer Sterilisation sowohl ethisch als auch rechtlich ein Problem dar (vgl. Kap. 15.3.1, Kap. 14.5).
- Trotz eingeschränkter psychischer und sozialer Reife müssen die je individuellen sexuellen Bedürfnisse geistigbehinderter Menschen Berücksichtigung und in angemessenen Lebens- und Wohnformen Realisierung finden.
- Sind keine genital-sexuellen Bedürfnisse wahrnehmbar, so hat der Betreuende nicht das Recht, diese anzuregen (vgl. SPECK 1997, 315f.).

„Wir nennen den sexuellen Lernprozeß in Anlehnung an den Begriff der Sozialisation „Sexualisation", um anzuzeigen, daß Sexualität, Motivation und Verhalten, gelernt und gelehrt wird, wobei das Phänomen der Sexualisation auf sozialen Interaktionsprozessen beruht und daher Teilaspekt der Sozialisation ist" (Fricker/Lerch 1976, 100f.).

Unter Berücksichtigung der generell beeinträchtigten Lernfähigkeit von geistigbehinderten Kindern und Jugendlichen kann unzweifelhaft davon ausgegangen werden, dass auch der (Lern-)Prozess der Sexualisation bei geistigbehinderten Menschen beeinträchtigt ist bzw. unter erschwerten Bedingungen verläuft.

Zur sexuellen Sozialisation gehören u.a.
- die Entwicklung einer geschlechtsrollenbezogenen Identität, die Identität als männliches oder als weibliches sexuelles Wesen;
- das Erlernen von geschlechtsspezifischem Rollenverhalten;
- das Erlernen von Formen des Umgangs mit der eigenen Sexualität, mit sexuellen Bedürfnissen.

Der Lernprozess der Sexualisation beginnt bereits im frühen Kindesalter, beeinflusst von vielfältigen Faktoren innerhalb und außerhalb der Familie, z.B. von den emotionalen Umgangsformen zwischen Eltern und Kind, von den Rollen, welche die Eltern als Mann bzw. als Frau repräsentieren, vom Umgang und der Erfahrung mit Gleichaltrigen und im Vergleich mit diesen, von vermittelten Werten und Normen [u.U. in ihrer Widersprüchlichkeit] etc.

Aufgrund unterschiedlicher Faktoren gestaltet sich der Prozess der Sexualisation für Kinder mit geistiger Behinderung noch schwieriger als für nichtbehinderte Jugendliche. Drei dieser Faktoren möchte ich hier kurz ansprechen, da sie in ihrer weitreichenden Bedeutung häufig unterschätzt werden.

15.3.1 Vorurteile

Im Zusammenhang mit der Sexualität geistigbehinderter Menschen nennt Walter drei Arten von Vorurteilen, drei Alltagstheorien, die sich auf Sexualerziehung bei geistigbehinderten Jugendlichen, und damit auf deren Sexualentwicklung, negativ auswirken.

„Das unschuldige Kind"
kennzeichnet ein Vorurteil, bei dem die Sexualität geistigbehinderter Menschen geleugnet bzw. verdrängt wird. Der geistigbehinderte Mensch wird gesehen als das immer auf der untersten Stufe des Kindseins verbleibende unschuldige Wesen, das keine Sexualität hat und dementsprechend auch keine sexuellen Bedürfnisse (vgl. Walter 1996 a, 32ff.). Der geistigbehinderte Mensch ist kein geschlechtsloses Wesen, soll aber, durch eine auf diesem Vorurteil basierende Erziehung, dazu gemacht werden.

Den entstehenden Konflikt zeigt Feuser deutlich auf.

„Hier stehen dann sexuelle Empfindungen und Wünsche in unauflösbarem Widerspruch zu Forderungen, die an ihn gestellt werden, so daß sich die Klammer der Ausweglosigkeit in dem Sinne um ihn legt, daß er, ganz gleich, wie er handelt, entweder seinen oder den Ansprüchen anderer, die für ihn lebenswichtig sind, nicht entsprechen kann" (Feuser 1980, 204).

„Der Wüstling"
kennzeichnet ein Vorurteil, welches im Gegensatz zum vorhergenannten die Sexuali-

tät Geistigbehinderter überbetont und dramatisiert. Die Vorstellung, der geistigbehinderte Mensch könnte Sexualität entwickeln und praktizieren, ist für viele Menschen mit Angst und Schrecken verbunden, mit der Annahme, es sei dann eine rein animalische Befriedigung (vgl. WALTER 1996 a, 32), ungehemmt und gierig. Aufgrund der Intelligenzminderung wird geschlossen, dass ein angemessener, kontrollierter Umgang mit Sexualität nicht möglich ist. Es wird befürchtet bzw. als wahrscheinlich angenommen, dass sich die Sexualität bei Geistigbehinderten in hemmungsloser Weise verselbständigen und in vielfacher Weise aggressiv entarten könne. SCHRÖDER beschreibt dieses Vorurteil als die Vorstellung vom geistigbehinderten Menschen als „sexuellem King-Kong" (SCHRÖDER 1977, 78).

Als „Fehlurteil" basierend auf alten Ängsten insbesondere der eugenischen Bewegung um 1900, bezeichnet WENDELER diese Vorstellung. Er beschreibt die damalige Ansicht folgendermaßen:

> „Demzufolge sind ´Schwachsinnige´ fast ohne Ausnahme unmoralisch, und wenn die äußere Kontrolle wegfiele, würde ihre niedere Natur zum Vorschein kommen. Wenn die Gesellschaft es zulassen würde, daß diese Menschen Kinder zeugen, dann würden sie es im Übermaß tun […]" (WENDELER 1993, 126).

Die Folgen dieses Vorurteils für die Erziehung sind in den Auswirkungen ähnlich wie beim erstgenannten Vorurteil: Es soll ein triebloses Wesen geschaffen werden. Alle sexuellen Regungen und Betätigungen (z.B. Masturbation) werden, mit teilweise drakonischen Maßnahmen, unterdrückt und bestraft. Da der geistigbehinderte Jugendliche seine Triebe nicht beherrschen kann, ist es besser, „keine schlafenden Hunde zu wecken" (vgl. WALTER 1996a, 32f.; LHZ 1/1996, 2), so wird argumentiert. Damit entfällt in der Regel auch der gesamte Bereich „Beziehung", oftmals sogar alle Formen liebevollen Körperkontaktes.

Der „klebrige Distanzlose"
kennzeichnet ein Vorurteil, welches aus der Fehlinterpretation nichtsprachlicher Kontaktaufnahme von geistigbehinderten Menschen resultiert. Infolge der oft stark beeinträchtigten sprachlichen Ausdrucksfähigkeit ist die Aufnahme von Körperkontakt, auch zu ganz fremden Menschen, der Versuch einer Kontaktaufnahme überhaupt.

„Der zärtliche Ausdruck für Zuwendung und Liebe wird sexuell interpretiert, statt ihn zunächst als Beziehungsanknüpfung zu verstehen" (GÖRRES 1982, 82). In abgeschwächter Form schwingt in diesem Vorurteil natürlich die Befürchtung mit, die teilweise ungestüme, körperliche Kontaktaufnahme könnte sich mit zunehmendem Alter gezielt nur noch auf die äußeren Geschlechtsmerkmale des Gegenüber beziehen. Auch hier wird in der Erziehung häufiger auf Geschlechtslosigkeit als auf angemessene körperliche Ausdrucksformen zur Kontaktherstellung hingewirkt.

Diese Vorurteile zeigen hinlänglich, dass geistigbehinderte Menschen bei ihrer Sexualisation in starkem Maße den Verhinderungstendenzen von Erziehenden ausgesetzt sind, die den Entwicklungsprozess nicht nur erschweren, sondern die geistigbehinderten Jugendlichen in zusätzliche Konflikte stürzen.

15.3.2 Familiale Bedingungen

Für die Entwicklung der Persönlichkeit sind die psychosozialen Bedingungen in frühester Kindheit von großer Bedeutung. Da auch die Sexualisation Teil der Persönlichkeitsentwicklung ist, ein Teil, der mit der emotionalen Entwicklung in engem Zusammenhang steht, haben die Bedingungen der frühen Entwicklungsphasen entscheidende Bedeutung. In der Regel sind diese Phasen gekennzeichnet durch intensive Mutter-Kind-Kontakte, die bei der Geburt eines geistigbehinderten Kindes oft erst verspätet hergestellt werden können.

Zum einen führen notwendige Krankenhausaufenthalte für das Kind häufig zu längeren Trennungsphasen, zum anderen erfährt das Kind, aufgrund des Schocks der Eltern, häufig zunächst Ablehnung (vgl. Kap. 13.2) anstelle liebevoller Zuwendung. Die frühen Mangelerlebnisse hinsichtlich emotionaler Erfahrungen können sich erschwerend auf den Sexualisationsprozess auswirken. Die Entwicklung der Geschlechtsrollenidentität ist insbesondere bei Jungen oft erheblich beeinträchtigt. Die Identifikation mit dem Vater gelingt durch dessen häufige, berufsbedingte Abwesenheit nur schwer. Auch zeigen neue Untersuchungen, dass Väter einerseits erhebliche Probleme haben, mit der Geburt eines behinderten Kindes fertigzuwerden, dass sie andererseits oft von Müttern und Experten in eine Nebenrolle gedrängt werden (vgl. Kap. 13.2). Häufig bringt auch die Behinderung eine Schwerpunktverschiebung in der Beziehung mit sich. Die vorhandene Schädigung steht im Mittelpunkt allen Geschehens. Therapien, Trainings, Fördermaßnahmen werden an einem quasi geschlechtslosen Kind vorgenommen, ohne Erwartungen geschlechtsspezifischer Art.

Römer verweist auf eine amerikanische Studie, bei der zwei Ergebnisse in diesem Zusammenhang bemerkenswert sind:

- Geistigbehinderte Jugendliche weisen im Vergleich zu gleichaltrigen Nichtbehinderten eine verstärkte Mutterbindung auf;
- Geistigbehinderte Männer haben sich eher mit der weiblichen Geschlechtsrolle der Mutter identifiziert und zeigen ein dementsprechendes weiblich getöntes Rollenverhalten (vgl. Römer 1995, 18).

Zur sozialen Auseinandersetzung mit Gleichaltrigen fehlen in den Familien mit einem geistigbehinderten Kind häufig die entsprechenden Kontakte, so dass auch hier Beeinträchtigungen zu verzeichnen sind. Auf die sexuelle Entwicklung von Kindern wirkt sich die Einstellung der Eltern zu Sexualität in starkem Maße aus.

Wie im voraufgegangenen Abschnitt aufgezeigt wurde, bestehen in Zusammenhang mit der Sexualität Geistigbehinderter in besonderem Maße Vorurteile. Darüber hinaus weist Görres darauf hin,

- dass viele Eltern selbst einer „geschlechtsfeindlichen" Erziehung ausgesetzt waren;
- dass Eltern von Geistigbehinderten stark verunsichert sind, hinsichtlich der sexuellen Erziehung ihrer Kinder;
- dass die unbewusste Übertragung eigener Einstellungen zur Sexualität auf das geistigbehinderte Kind verstärkte Wirkung hat, da bis weit ins Erwachsenenalter hinein für diese Kinder gesorgt und entschieden werden muss;
- dass aufgrund des Erwachens sexueller Regungen während der Pubertät, bei Eltern Geistigbehinderter vermehrt Ängste entstehen hinsichtlich zukünftiger Entwicklungen, z.B. ungewollte Schwangerschaften (vgl. Görres 1982, 83ff.).

KLAUSS sieht unter systemischem Aspekt bei einer langsamen Ablösung des behinderten Kindes von der Familie den Erhalt des Familiensystems gefährdet, weil ein behindertes Kind innerhalb des Systems bestimmte Funktionen erfüllt (z.B. die „beziehungskittende" Funktion, die Legitimationsfunktion für die Daseinsberechtigung eines Elternteils oder für die sexuelle Verweigerung dem Partner gegenüber etc.). Der Angst vor dem Ablösungsprozess liegt häufig die unbewusste Angst der Eltern vor Beziehungsveränderung zugrunde (vgl. KLAUSS 1988, 113, auch LHZ 1/1996, 16).

Es mag hinlänglich deutlich geworden sein, dass auch die familialen Bedingungen die Sexualisation geistigbehinderter Jugendlicher erheblich erschweren und beeinträchtigen können. Ein erdrückendes Beispiel für die Folgen sexualfeindlicher Erziehung gibt SPECK. Ein geistigbehinderter junger Mann fiel in eine schwere Depression, weil der Vater jeglichen Kontakt mit seiner Partnerin rigoros unterband.

„Der junge Mann ist verzweifelt: Er schreibt Karten: ‚Liebes Mäuschen! Ich hab dich lieb. Ich kann ohne dich nicht leben!' Diese Liebesbriefe erreichen nie den geliebten Menschen, dem sie zugedacht sind. Er versucht es mit Telefonieren. – Auch dieses weiß der ‚konsequente' Vater zu verhindern. – Er weiß wirklich nicht, was er tut: Er durchschneidet einen Lebensnerv" (SPECK 1996, 19).

15.3.3 Institutionelle Bedingungen

Obwohl in den letzten Jahren vermehrt eine gemeindenahe Versorgung jugendlicher und erwachsener Geistigbehinderter in kleinen Wohneinheiten angestrebt wird (vgl. Kap. 14), lebt die Mehrzahl der behinderten Menschen doch weiterhin in relativ großen Einrichtungen unter persönlichkeits- und sexualfeindlichen Bedingungen.

WALTER nennt insbesondere bauliche und strukturelle Bedingungen, Ghettoisierung und sexualfeindliche Normensysteme.

„Durch diese Beeinträchtigung entsteht für Behinderte ein zusätzliches Handicap, sozusagen eine sekundäre soziale Behinderung, die wesentlich stärker das allgemeine Wohlbefinden bzw. Glück eines einzelnen Menschen tangiert, als es die primäre Behinderung tut" (1996a, 31, vgl. dazu auch KLEIN/ZIMMER 1996, 62).

Im Einzelnen zu nennen sind

- mangelnde Beachtung des Lebensalters der geistigbehinderten Jugendlichen oder Erwachsenen, welche deutlich wird im selbstverständlichen Duzen, in teilweise barschem Umgangston, in selbstverständlicher Beschneidung des Intimraums;
- mangelnde Beachtung des Bedürfnisses nach individueller Gestaltung, sowohl hinsichtlich Kleidung, Frisur, Aufmachung, als auch hinsichtlich der persönlichen Note bei der räumlichen Gestaltung; beides erfolgt eher nach pragmatischen Gesichtspunkten;
- das Fehlen einer Intimsphäre sowohl bei der Körperpflege als auch bei körperlichen Verrichtungen (z.B. Reihenduschen, offene Reihentoiletten).

Nach WALTER wird der behinderte Mensch dabei

„zum verwalteten Objekt reglementierter Routinemaßnahmen. Ein Plan bestimmt alles Handeln und selbst die kleinen Einzelheiten werden für den Behinderten entschieden.

Etwa ob er baden soll, oder wann seine Nägel geschnitten werden müssen. Ganz im Gegensatz zum ureigensten Interesse eines jeden Menschen, für den Kleidung und Privateigentum an persönlichen Gegenständen sozusagen eine Art Identitätsausrüstung sind zur Aufrechterhaltung seines Selbstwertes" (WALTER 1996 a, 31).

Die Unterbringung erfolgt oft in geschlechtsgetrennten Stationen, so dass ein natürlicher Umgang mit dem anderen Geschlecht kaum möglich ist. Bei gemischtgeschlechtlichen Situationen, häufig beschränkt auf den Werkstatt- und Freizeitbereich, entstehen dadurch vermehrt Verhaltensunsicherheiten und Ängste. Ob und inwieweit kleinere Zärtlichkeiten (z.B. Händchenhalten) ausgetauscht werden dürfen, hängt häufig von der Einstellung der jeweiligen Mitarbeiter und Betreuer ab, da institutsinterne Konzeptionen bezogen auf den Bereich Sexualität weitgehend fehlen. Es besteht durchgängig große Unsicherheit hinsichtlich Fragen wie:

- dürfen „feste Pärchen" zusammen übernachten,
- sollte es bei gleichgeschlechtlicher Unterbringung erlaubt sein, über Nacht Partnerbesuch zu haben (z.B. aus der Nachbarabteilung oder dem Nachbarheim).

Eine Befragung von 133 Heimerziehern ergab

- dass eine konservative Einstellung bezüglich der Sexualität Geistigbehinderter insbesondere bei Mitarbeitern zu finden ist,
  - die ein höheres Alter und längere Berufserfahrung haben,
  - die eine krankenpflegerische oder ähnliche Ausbildung haben,
  - die in getrenntgeschlechtlichen Einrichtungen tätig sind;
- eine liberalere Einstellung zeigen Mitarbeiter,
  - die ein jüngeres Alter und weniger Berufserfahrung haben,
  - die eine heilpädagogische oder akademische Ausbildung haben,
  - die im offenen Wohnbereich und in gemischtgeschlechtlichen Gruppen tätig sind

  (vgl. NEUHÄUSER et al. 1986, 186).

Eine Untersuchung von WALTER aus dem Jahre 1977 zeigt, dass offenbar eine erhebliche Diskrepanz besteht zwischen einer toleranten Einstellung von Mitarbeitern gegenüber der Sexualität von geistigbehinderten Menschen und der Institutionenrealität. Die Resultate der Untersuchung im Einzelnen besagen,

- dass 94 % der Befragten Verabredungen zwischen Heimbewohnern tolerieren würden;
- dass 90 % Selbstbefriedigung erlauben;
- dass 87 % geistigbehinderte Menschen gewähren lassen würden, wenn diese sich streicheln und küssen;
- dass 84 % geistigbehinderten Menschen Geschlechtsverkehr zugestehen würden;
- dass 76 % eine eheähnliche Verbindung geistigbehinderter Menschen befürworten würden;
- dass 74 % einem geistigbehinderten Paar die Möglichkeit einräumen würden, sich ungestört in einem Zimmer aufzuhalten;
- dass 39 % grundsätzlich der Meinung sind, jedes Wohnheim solle eine gewisse Anzahl von Ehepaar-Appartements vorsehen (WALTER 1996a, 36/ Untersuchungs-N nicht angegeben).

Natürlich wird hier nicht geleugnet, dass es bereits eine Anzahl von Institutionen gibt, in denen dem Normalisierungsprinzip auch im Bereich der Sexualität weitgehend entsprochen wird. Auch muss betont werden, dass die Gruppe der geistigbehinderten Menschen eine heterogene Gruppe darstellt, die von der Schwerstbehinderung bis hin zur leichten geistigen Behinderung alle Grade geistiger Beeinträchtigung umfasst. Die individuellen Bedürfnislagen differieren gerade auch im Hinblick auf sexuelle Bedürfnisse stark, von relativer Bedürfnislosigkeit, über kurzzeitige Zärtlichkeitsbedürfnisse bis hin zum Wunsch nach gelebter Paarsexualität reicht die Spanne. Es wäre wünschenswert, wenn unter realistischer Beachtung der Fürsorgepflicht diesen Bedürfnissen individuell besser Rechnung getragen werden könnte, auch in großen Institutionen.

15.4 Beziehungsformen bei geistigbehinderten Jugendlichen und Erwachsenen

Betrachtet man die Definition der weitgefassten Sexualität, so lassen sich, je nach Intensitäts- und Verbindlichkeitsgrad mehrere Formen unterscheiden:

- die Freundschaft
- die Partnerschaft
- die Ehe.

Nach der Art und Intensität von sexuellem Verhalten unterscheidet Sporken die Bereiche

- allgemeinmenschliche Beziehungen
- den sexuellen Mittelbereich
- die Genitalsexualität (vgl. Sporken 1974, 159; 1980, 19).

Der Mittelbereich umfasst für ihn Zärtlichkeit, Sensualität, d.h. sinnliche Wahrnehmung, Gefühle von Zuneigung, erotische Spannung. Er umfasst nicht die eigentliche Genitalsexualität. Insofern wäre diesem Mittelbereich die innige Freundschaft zuzuordnen, nicht aber Partnerschaft und Ehe.

Dieser von Sporken postulierte Mittelbereich stellt in der Fachliteratur ebenso wie in der Praxis offenbar eine Kompromisslösung zwischen restriktiver und prospektiver Sexualerziehung, zwischen Sexualitätsverbot und Sexualitätsgewährung dar. Da niemand auf die Idee käme, die Sexualität eines Nichtbehinderten auf einen Mittelbereich festlegen zu wollen, äußern sich auch einige Autoren im Zusammenhang mit der Sexualität geistigbehinderter Menschen kritisch dazu, z.B. Friske:

> „Während fast alle AutorInnen ausführlich darüber schreiben, was sie unter dem Mittelbereich verstehen, wird ‚Genitalsexualität' meist nicht weiter definiert" (1995, 131).

Mit Bezug auf Sporken, der die Anregung geistigbehinderter Jugendlicher zur Genitalsexualität als nicht zulässig erachtet, schreibt Friske:

> „So unnatürlich die Begrenzung der Sexualität auf den Geschlechtsverkehr ist, so unnatürlich ist auch ihre Begrenzung auf einen Mittelbereich" (1995, 134).

Nun täte man Sporken Unrecht mit der Unterstellung, er wolle die Sexualität geistigbehinderter Menschen auf den Mittelbereich festschreiben. Im Gegenteil verwahrt er sich gegen jede Form einseitiger Festlegung sexuellen Verhaltens (vgl. auch WALTER/HOYLER-HERRMANN 1985, 85). Dennoch ist nicht zu übersehen, dass er ein Verbleiben geistigbehinderter Jugendlicher im Mittelbereich befürwortet.

„Ehen geistig behinderter Personen bleiben ein Problem, eine ‚äußerst heikle Sache' und bedürfen eines ‚intensiven Geleits', das nicht beliebig abgebrochen werden darf" (SPORKEN 1974, zitiert nach SPECK 1990, 315).

An dieser Stelle scheint die Frage angebracht, welche Intensität das tatsächliche Bedürfnis nach genitaler Sexualität bei geistigbehinderten Menschen hat.

RÖMER weist darauf hin, dass nur in etwa 10-20 % der Partnerschaften zwischen geistigbehinderten Menschen genitale Sexualität praktiziert wird (vgl. RÖMER 1995, 45).

„Mit Ausnahme leicht Debiler verbleiben Geistigbehinderte in der Regel in diesem Bereich [Mittelbereich – M.A.V.], und nur selten kommt es bei ihnen zu genitalen Kontakten" (SCHMETZ 1982, 55).

Die Furcht von Eltern und Betreuern vor Geschlechtsverkehr und möglicher Schwangerschaft scheint nur bezogen auf eine geringe Zahl geistigbehinderter Jugendlicher und Erwachsener, die ja hinsichtlich Schweregrad und Ausprägungsform der Schädigung keine homogene Gruppe bilden, berechtigt zu sein. Dies wird durch HOYLER-HERRMANN bestätigt:

„Die Sexualität hat ihre Bedeutung für geistig behinderte Menschen darin, daß weniger die genital-sexuelle Betätigung im Vordergrund steht, als vielmehr die Möglichkeit, eine auf Zuneigung und Zärtlichkeit gegründete Beziehung aufzubauen" (1987, 64).

Betrachten wir zunächst die beiden Formen Freundschaft und Partnerschaft. Beide gründen auf Sympathie, Austausch von Zärtlichkeiten. Zärtlichkeit ist bezogen auf SPORKEN wesentlich dem so genannten Mittelbereich zugeordnet. Die bedeutungsvolle Funktion von Zärtlichkeit und Zuneigung für die Entwicklung und Selbstwerdung des Menschen wurde bereits im voraufgegangenen Text betont. Die körperliche Ausdrucksfähigkeit ist eine, auch von Behinderten früh gelernte Verständigungsform.

„Die erste Sprache, die geistig Behinderte zu sprechen lernen, ist die Sprache des Leibes. Ihr Ausdrucksvermögen äußert sich in Blicken, im Betasten mit den Händen, im Greifen, das zum Begreifen wird. Ihre Mitteilungen, daß sie Vater und Mutter lieben, drücken sich lange vor dem Spracherwerb durch Anfassen, Umarmen, Streicheln und Lächeln aus. Wenn wir feinfühlig auf sie einzugehen verstehen, antworten wir darauf mit ähnlichen Körpersignalen, die offenbar angenommen, ja eindeutig verstanden werden von Behinderten. Diese Sprache des Leibes ist keine primitive Form der Verständigung: in der erotisch-sexuellen Beziehung der Erwachsenen wird sie zur beglückenden Ausdrucksmöglichkeit der intimsten Gefühle und Erfahrungen" (GÖRRES 1982, 81).

Das Bedürfnis nach Zärtlichkeit, nach körperlicher Nähe, nach Berührung eines nahestehenden Menschen ist allen Menschen gleichermaßen präsent. Zärtlichkeit steht im Dienst einer Beziehung zwischen zwei Menschen (vgl. V.D.AREND 1980, 88).

Zärtlichkeit umfasst alle Bereiche der Sinneswahrnehmung, nicht nur den haptischen Bereich über Berührung. Zärtlichkeit konkretisiert sich „... sowohl im Hören und Sehen, als auch im Tasten, Riechen und Schmecken" (V.D.AREND 1980, 74).

Wie bereits mehrfach dargestellt, ist die Körpersprache, die „Sprache des Leibes" (GÖRRES 1982, 81), infolge häufig eingeschränkter verbaler Kommunikationsfähigkeit bei geistigbehinderten Menschen von großer Bedeutung.

Abhebend auf den so genannten Mittelbereich, ist bei gegenseitiger Sympathie und Zuneigung eine aufkommende erotische Spannung beim Austausch von Zärtlichkeiten eingeschlossen. Das bedeutet, dass auch Formen des Petting, d.h. gegenseitiges Berühren und Streicheln der Genitalien, i.d.R. ohne Orgasmustendenz, zu einer zärtlich-innigen Freundschaft gehören.

„Allgemeinmenschliche Beziehungen" und sexueller „Mittelbereich" haben bezogen auf Zärtlichkeit deutliche Überschneidungsanteile. Beide gehören zur Beziehungsform „Freundschaft", mit steigender Intensität und Verbindlichkeit. Je höher der Grad an Verbindlichkeit, desto eher ergeben sich Überschneidungsanteile zur Beziehungsform „Partnerschaft". Partnerschaft im sozial-emotionalen Sinne schließt im allgemeinen Sprachgebrauch die genitale Sexualität mit ein. Aufschlussreich bezogen auf das Interesse einerseits, die Vorbehalte und Ängste andererseits ist hierzu die Äußerung eines erwachsenen Geistigbehinderten bei einem Interview:

„Ich habe mir mal selber ein Heft gekauft, ... da steht ja alles drin; wie der Körper aufgebaut ist ... oder in einem Gesundheitsbuch, wie der Körper aussieht innendrin .... und wie der Mann aussieht ... von außen und von innendrin – weiß ich alles Bescheid. Daß der Mann ein Glied hat und sie eine Scheide. Kann ich ihnen alles aufklären. Aber ob man dann das auch mal macht? Aber das braucht man ja noch nicht, oder so; man weiß ja, wie es vor sich geht. Und so Verhütungsmittel. Und ... daß es auch Geschlechtskrankheiten gibt, ... daß man auch, wenn man nicht gereinigt ist vor dem, äh, dem Geschlechtsverkehr. Man muß also vorher sich gründlich waschen und reinigen, immer pflegen ... (Pause, leiser:) Aber das ist halt alles noch nicht so vorgekommen bei mir. Aber ich weiß, wie das vor sich geht" (vgl. WALTER/HOYLER-HERRMANN 1985, 82).

Sieht man einmal von möglichen Schwierigkeiten bei der Schwangerschaftsverhütung ab, so lassen sich beide Beziehungsformen, Freundschaft und Partnerschaft, relativ problemlos realisieren. (Eine entsprechende Sexualerziehung ist nicht nur für geistigbehinderte Jugendliche und junge Erwachsene Voraussetzung).

Die Beziehungsform Ehe basiert u.a. auf einem juristischen Akt, verbunden mit unterschiedlichen Bedingungen. Auf diese Beziehungsform wird im Zusammenhang mit rechtlichen Grundlagen noch einmal eingegangen.

Im Gegensatz zu SPORKENS Forderung, der behinderte Mensch dürfe nicht zur genitalen Sexualität stimuliert werden (1980, 34f.), sind im Hinblick auf die sonderpädagogische Praxis Fragen nach einer aktiven Beihilfe zur Sexualität Behinderter durchaus vorhanden; z.B. in Fällen, in denen die motorische Beeinträchtigung die gewünschte Ausübung genitaler Sexualität verunmöglicht. Dabei sind die wesentlichen Problemaspekte

- Hinterfragen der Helferrolle
- Übertragung – Gegenübertragung
- Kontrollverlust bei eingeleiteten Prozessen

unbedingt zu beachten (vgl. SCHRÖDER 1992, 151ff.; DANK 1993, 129).

Wird die Entscheidung zur aktiven Hilfestellung getroffen, sind folgende Bedingungen zu beachten (vgl. WUNDER 1990, 19; KRENNER 2003; WALTER/ACHILLES 2004):

- Nur qualifizierte, d.h. in Sonderpädagogik ausgebildete Personen dürfen die Hilfemaßnahmen durchführen.
- Kein Betreuer darf zu einer Hilfeleistung dieser Art gezwungen werden, d.h. die Freiwilligkeit muss gewährleistet sein.
- Im Team muss eine kontinuierliche Reflexion (und u.U. Diagnostik) der ablaufenden Prozesse stattfinden.
- Möglichkeiten zur Supervision, zur Fort- und Weiterbildung der Betreuenden müssen gesichert sein.
- Zukunftsorientierte Überlegungen für den je individuellen Einzelfall sind unerlässlich.

Die Intimität des genitalsexuellen Geschehens muss auch bei Hilfestellung unbedingt erhalten bleiben. Das erfordert vom Helfenden ein hohes Maß an Sensibilität und Selbstreflexion. In der neueren Literatur (KRENNER 2003, WALTER/ACHILLES 2004) werden die Möglichkeiten und Bedingungen für Sexualbegleitung oder Sexualassistenz ausführlich erörtert. Dabei wird deutlich, dass die Entwicklung seit 1990 dahingehend fortzuschreiten scheint, die Aufgabe der Sexualbegleitung professionell tätigen Personen zu übertragen. Allerdings ist diese „Dienstleistung im Bereich der Sexualität", die im Zusammenhang mit einer Normalisierung des Lebens von geistigbehinderten Menschen eigentlich selbstverständlich sein müsste, sehr umstritten. Nach KRENNER (2003, 31) ist sie „dreifach tabuisiert", da sie drei Themen

- Behinderung
- Sexualität
- Prostitution

in einen positiven Zusammenhang bringt, der gesellschaftlich nur eingeschränkt akzeptabel ist.

15.5 Rechtliche Grundlagen in Zusammenhang von Sexualität und geistiger Behinderung

15.5.1 Allgemeine Grundrechte

Die allgemeinen Grundrechte, die für alle Bürger Gültigkeit haben, sind im Grundgesetz der Bundesrepublik Deutschland vom 23. Mai 1949 verankert.

Wesentlich in diesem Zusammenhang sind die Artikel 1, 2 und 3 (GG), die sich befassen mit

- dem Schutz der Menschenwürde,
- dem allgemeinen Persönlichkeitsrecht,
- der Gleichheit vor dem Gesetz.

Der näheren Betrachtung dieser Artikel soll Artikel 1 der **„Deklaration der Rechte der geistig Behinderten"**, die 1971 in der Vollversammlung der Vereinten Nationen verabschiedet wurde vorangestellt werden:

„Der geistig Behinderte hat die gleichen Grundrechte, wie jeder andere Bürger seines Alters und seines Landes"

Art.1; Abs. 1 (GG) ist wohl der allgemein bekannteste Teil des Grundgesetzes:

„Die Würde des Menschen ist unantastbar. Sie zu achten und zu schützen ist Verpflichtung aller staatlichen Gewalt".

Die Bekanntheit des Wortlauts dieses Grundrechts darf allerdings nicht automatisch gleichgesetzt werden mit seiner strikten Beachtung im täglichen Umgang. Die bisherigen Ausführungen zeigen, dass gerade im Bereich Sexualität die Gefahr groß ist, die Würde des behinderten Menschen zu verletzen.

Art. 2 (GG) stellt die allgemeinen Persönlichkeitsrechte fest:

Abs. 1: „Jeder hat das Recht auf die freie Entfaltung seiner Persönlichkeit, soweit er nicht die Rechte anderer verletzt und gegen die verfassungsmäßige Ordnung oder das Sittengesetz verstößt."

Zur freien Entfaltung der Persönlichkeit gehört auch die Sexualität, die Möglichkeit der Ehe oder einer eheähnlichen Gemeinschaft, die Möglichkeit Kinder zu zeugen und zu gebären, soweit dabei den Verpflichtungen gegenüber den Rechten anderer Rechnung getragen wird.

Abs. 2: „Jeder hat das Recht auf Leben und körperliche Unversehrtheit. Die Freiheit der Person ist unverletzlich. In diese Rechte darf nur aufgrund eines Gesetzes eingegriffen werden".

Im Zusammenhang mit Sterilisation und Schwangerschaftsabbruch bei Geistigbehinderten erhält dieser Absatz besondere Bedeutung.

Auch der Gleichheits-Artikel 3, bestehend aus drei Teilen, sollte innerhalb dieser Thematik bewusst gemacht werden.

Abs. 1: „Alle Menschen sind vor dem Gesetz gleich."
Abs. 2: „Männer und Frauen sind gleichberechtigt."
Abs. 3: „Niemand darf wegen seiner Behinderung benachteiligt werden."

Bezogen auf Vorurteile gegenüber und Diskriminierungen von behinderten Menschen in der Gesellschaft scheint es in besonderem Maße notwendig, gerade auch im Zusammenhang mit der Sexualität von geistigbehinderten Jugendlichen und Erwachsenen immer wieder kritisch zu überprüfen, ob wir tatsächlich ihre Würde schützen, die freie Entfaltung ihrer Persönlichkeit fördern und sie in ihrer Freiheit nicht unnötig einschränken, was eine Benachteiligung für sie bedeuten würde.

15.5.2 Besondere rechtliche Regelungen

Die nicht nur unter juristischen Gesichtpunkten wesentlichen Problemfelder im Zusammenhang mit Sexualität bei geistigbehinderten Menschen sind

- die Sterilisation
- der Schwangerschaftsabbruch
- die Eheschließung bzw. Ehefähigkeit.

15.5.2.1 Rechtliche Aspekte zur Sterilisation

Seit dem 1. Januar 1992 regelt das **Betreuungsgesetz** die Vormundschaft und Pflegschaft für nicht geschäftsfähige oder teilgeschäftsfähige Personen neu. Die bisherige Regelung einer „Entmündigung" entfällt seitdem bzw. wurde ersetzt durch die gesetzliche Vertreterschaft oder Vormundschaft.

Für die Durchführung einer Sterilisation ist die Einwilligung des oder der Betroffenen erforderlich. Nach dem Betreuungsgesetz ist bei zu betreuenden Personen die Anordnung eines „Einwilligungsvorbehaltes" möglich. Das bedeutet im Einzelfall, dass nach einer solchen Anordnung rechtswirksame Entscheidungen nur noch getroffen werden können mit Hilfe des gesetzlichen Vertreters (Vormund oder benannter Betreuer). Allerdings hat der gesetzliche Vertreter nur noch eine eingeschränkte Zulassung zur ersatzweisen Einwilligung, wie im § 1905 BGB (Fassung vom 2. Jan. 2002) festgelegt ist:

„(1) Besteht der ärztliche Eingriff in einer Sterilisation des Betreuten, in die dieser nicht einwilligen kann, so kann der Betreuer nur einwilligen, wenn

1. die Sterilisation dem Willen des Betreuten nicht widerspricht,
2. der Betreute auf Dauer einwilligungsunfähig bleiben wird,
3. anzunehmen ist, daß es ohne Sterilisation zu einer Schwangerschaft kommen würde,
4. infolge dieser Schwangerschaft eine Gefahr für das Leben oder die Gefahr einer schwerwiegenden Beeinträchtigung des körperlichen oder seelischen Gesundheitszustandes der Schwangeren zu erwarten wäre, die nicht auf zumutbare Weise abgewendet werden könnte, und
5. die Schwangerschaft nicht durch andere zumutbare Mittel verhindert werden kann".

Gegebenenfalls sind diese Punkte durch eine Experten-Begutachtung zu überprüfen.

Zu Punkt 4 wird im Gesetz ausgeführt:

„Als schwerwiegende Gefahr für den seelischen Gesundheitszustand der Schwangeren gilt auch die Gefahr eines schweren und nachhaltigen Leides, das ihr drohen würde, weil vormundschaftliche Maßnahmen, die mit ihrer Trennung vom Kind verbunden wären, gegen sie ergriffen werden müßten" (§ 1905 BGB).

„(2) Die Einwilligung bedarf der Genehmigung des Vormundschaftsgerichts. Die Sterilisation darf erst zwei Wochen nach Wirksamkeit der Genehmigung durchgeführt werden. Bei der Sterilisation ist stets der Methode der Vorzug zu geben, die eine Re-Fertilisierung zuläßt."

Voraussetzung für die Einwilligung der Betroffenen ist nicht die Einsichtsfähigkeit, sondern der „natürliche Wille" der betreuten Person zum Zeitpunkt des Eingriffs (vgl. Palandt-Dietrichsen 1994, § 1905, Rdn 5). Dabei kann sich der natürliche Wille durch jede Art von Gegenwehr äußern. Der zum Ausdruck gebrachte Widerwille gegen die beabsichtigte Maßnahme, z.B. durch Gestik, Mimik, Gefühlsäußerung, muss für eine Nichtdurchführung ausreichen.

15.5.2.2 Rechtliche Aspekte zum Schwangerschaftsabbruch

Die Erwägung eines Schwangerschaftsabbruchs ist im Zusammenhang mit schwangeren geistigbehinderten Frauen nicht selten. Der rechtmäßige Schwangerschaftsabbruch wird geregelt durch den § 218a StGB

„(2) Der mit Einwilligung der Schwangeren von einem Arzt vorgenommene Schwangerschaftsabbruch ist nicht rechtswidrig, wenn der Abbruch der Schwangerschaft unter Berücksichtigung der gegenwärtigen und zukünftigen Lebensverhältnisse der Schwangeren nach ärztlicher Erkenntnis angezeigt ist, um eine Gefahr für das Leben oder die Gefahr einer schwerwiegenden Beeinträchtigung des körperlichen oder seelischen Gesundheitszustandes der Schwangeren abzuwenden und die Gefahr nicht auf eine andere für sie zumutbare Weise abgewendet werden kann" (§ 218a, Abs.2; StGB v. 21. Aug. 1995).

Nach dem Betreuungsgesetz ist die Problematik der Einwilligung in gleicher Weise zu handhaben, wie bei einer Sterilisation, wobei die gesetzlich vorgegebenen Fristen für einen Schwangerschaftsabbruch beachtet werden müssen (maximal zwölf Wochen nach der Empfängnis).

15.5.2.3 Rechtliche Aspekte zur Eheschließung

Die Ehe und die Voraussetzungen zur Eheschließung werden durch das Ehegesetz (EheG) geregelt. Rechtliche Voraussetzung für die Eheschließung ist die **Ehefähigkeit**, welche mit der Volljährigkeit gegeben ist (§ 1, Abs.1, EheG), sofern nicht **Geschäftsunfähigkeit** besteht (§ 2 EheG).

Die Geschäftsfähigkeit bzw. die **Nicht-Geschäftsfähigkeit** einer Person wird in § 104 BGB festgelegt. Demnach ist nicht geschäftsfähig,

„1. wer nicht das siebte Lebensjahr vollendet hat,
2. wer sich in einem die freie Willensbestimmung ausschließenden Zustand krankhafter Störung der Geistesfähigkeit befindet, sofern nicht der Zustand seiner Natur nach vorübergehend ist."

Ob und wann ein Mensch mit geistiger Behinderung als nicht geschäftsfähig einzustufen ist, hängt von unterschiedlichen individuellen Faktoren ab, u.a. vom Grad der geistigen und/oder Mehrfachbehinderung. Geschäftsunfähigkeit muss per Gerichtsbeschluss ausdrücklich festgestellt werden. Das bereits erwähnte Betreuungsgesetz von 1992 erschwert das Verfahren der Feststellung erheblich. Selbst bei Personen mit angeordnetem „Einwilligungsvorbehalt" ist die Ehefähigkeit nicht zwangsläufig eingeschränkt.

Bezogen auf den Kinderwunsch von geistigbehinderten Personen werden i.d.R. zum einen ähnliche rechtliche Aspekte herangezogen, wie im Zusammenhang mit einer Sterilisation, zum anderen kann Art. 6 des Grundgesetzes und hier insbesondere Abs. 2 und 3 bedeutsam sein.

„(2) Pflege und Erziehung der Kinder sind das natürliche Recht der Eltern und die zuvörderst ihnen obliegende Pflicht. Über ihre Betätigung wacht die staatliche Gemeinschaft.

(3) Gegen den Willen der Erziehungsberechtigten dürfen Kinder nur aufgrund eines Gesetzes von der Familie getrennt werden, wenn die Erziehungsberechtigten versagen oder wenn die Kinder aus anderen Gründen zu verwahrlosen drohen."

Das hierfür zuständige Gesetz ist das Kinder- und Jugendhilfegesetz (KJHG), bei dem der Gedanke des „Kindeswohls" die oberste Priorität hat (vgl. VERNOOIJ 2005e).

Hinsichtlich der Fähigkeit, der **Pflicht** der Pflege und Erziehung von Kindern nachkommen zu können, bestehen im Zusammenhang mit geistigbehinderten Eltern berechtigte Zweifel. Etwa seit 1990 finden sich in der Fachliteratur Beiträge und Stellungnahmen zu diesem Thema (spezifisch WENDELER 1993; BETHELER ARBEITSHEFTE 1993; FRISKE 1995; KLEIN/ZIMMER 1996; WALTER 1996c; GRIMM 1996; PIXA-KETTNER u.a. 1996; NEUER-MIEBACH 1995).

Als wesentliche Argumente gegen die Verwirklichung eines Kinderwunsches von Geistigbehinderten werden aufgeführt:

- die Überforderung geistigbehinderter Eltern mit der Pflege und Erziehung von Kindern,
- das Risiko einer genetisch bedingten Behinderung bei Kindern von geistigbehinderten Eltern,
- die Beeinträchtigung nichtbehinderter Nachkommen, geistig und seelisch aufgrund mangelnder Förderung und Anregung, schlechter Sozialisationsbedingungen und einer Familienkonstellation, in der die Identitätsfindung für ein Kind außerordentlich erschwert ist, da sich die natürlichen Rollen bereits frühzeitig umkehren würden, dergestalt, dass z.B. das Grundschulkind bereits seine Eltern versorgen und beschützen müsste.

Eine Untersuchung von PIXA-KETTNER (1995, 13ff.) zeigt, dass die Anzahl geistigbehinderter Eltern seit 1980 relativ kontinuierlich steigt. Die Geburtenzahlen liegen ab 1986 deutlich über 50 (1986 –68 / 1989 –92 / 1992 –89).

Über eine Bereitstellung von Hilfs- und Betreuungsmöglichkeiten, insbesondere zur Sicherstellung des Kindeswohls muss in jedem Fall nachgedacht werden, unter Beachtung der Grundrechte auch für die Eltern. Folgt man allerdings den Ausführungen von PIXA-KETTNER und BARGFREDE, so scheint es in den meisten Fällen aus o.g. Gründen zu einer frühzeitigen Trennung von Mutter (Eltern) und Kind zu kommen. Die Kinder werden dann zumeist in die Obhut von Pflegefamilien gegeben (1995, 19f.; 26ff.).

15.6 Resümee

Aufgrund der Bedeutung von Sexualität im Leben des Menschen einerseits und der Problematik von Sexualität und geistiger Behinderung in der Gesellschaft sowie in der täglichen Praxis andererseits wurde dem Thema in diesem Buch ein eigenes Kapitel gewidmet. Grundlegende Informationen zum Begriff, zum sexuellen Verhalten, zur sexuellen Entwicklung geistigbehinderter Jugendlicher, zu Sexualfunktion und -normen, zu Vorurteilen und erschwerenden Bedingungen bei der Sexualisation Geistigbehinderter stellen zum einen einen Problemaufriss dar, zum anderen dienen sie der besseren praktischen Handhabung des Problembereichs.

Gerade in Deutschland ist das Thema historisch außerordentlich belastet, insbesondere die Frage der Sterilisation. Eugenische Überlegungen nach dem 1. Weltkrieg wurden von den Nationalsozialisten aufgegriffen und in einer heute kaum nachvollziehbaren Weise zugespitzt mit Hilfe des am 14. Juli 1933 erlassenen und am 1. Januar 1934 in Kraft getretenen „Gesetzes zur Verhütung des erbkranken Nachwuchses“ (GzVeN). Nach diesem Gesetz durften alle diejenigen sterilisiert werden, bei denen

> „nach den Erfahrungen der ärztlichen Wissenschaft mit großer Wahrscheinlichkeit zu erwarten ist, daß die Nachkommen an schweren körperlichen oder geistigen Erbschäden leiden müssen...“ (§1, Abs.2, GzVeN).

Die BRD legte von 1945 bis 1992 einen langen Weg zurück, bis den ersten drei Artikeln des Grundgesetzes auch in Bezug auf Geistigbehinderte Rechnung getragen wurde. 1966 stellte ein Urteil des BGH fest, dass eine Sterilisation bei einwilligungsunfähigen Personen eine Körperverletzung darstelle. Bis zum Betreuungsgesetz von 1992, das Eingriffe dieser Art erheblich erschwert, verging noch ein Viertel-Jahrhundert! Heute haben wir zumindest die juristische Basis (vgl. Kap. 15.5) dafür, individuell geistigbehinderten Menschen die Würde zuzusichern, ihnen bei der Entfaltung der Persönlichkeit wirkungsvoll zu helfen und ihre körperliche Unversehrtheit zu gewährleisten.

Eltern, Betreuer, Berater und institutionelle Gremien können, nach Möglichkeit unter Einbeziehung der Betroffenen, eine je spezifische individuelle Lebensplanung, in der auch der Bereich der Sexualität i.w.S. berücksichtigt wird, vorbereiten und fördern, zum Wohle des behinderten Menschen.

16 Anthropologische und ethische Aspekte in der Arbeit mit Behinderten

16.1 Einführung

Die Frage nach einem – im Laufe der eigenen Sozialisation in einem bestimmten soziokulturellen Rahmen entstandenen – impliziten Menschenbild, stellt sich bei medizinisch, psychologisch oder (sonder-)pädagogisch Tätigen in besonderem Maße, denn die implizite Vorstellung von dem, was der Mensch sei bzw. was er zu sein habe, prägt die praktische Arbeit in einem erheblichen Maße. Die Reflexion des eigenen Menschenbildes, der eigenen (Wert-)Vorstellungen im Zusammenhang mit menschlichen Möglichkeiten und Grenzen ist daher zwingend, um auf der Basis einer expliziten, d.h. einer bewussten und differenzierten Vorstellungsstruktur das eigene Handeln besser einschätzen und steuern zu können.

Gerade im Zusammenhang mit behinderten Menschen sind anthropologische und ethische Aspekte von grundlegender Bedeutung, was eine kurze Skizzierung der wesentlichen Grundlagen in einem Buch zum Grundwissen in der Sonderpädagogik unverzichtbar macht.

16.2 Anthropologie als Wissenschaft

In einer weitgefassten Definition stellt Anthropologie die Wissenschaft vom Menschen allgemein dar, die als integrative Wissenschaft Forschungsergebnisse über den Menschen aus verschiedensten Disziplinen übernimmt und Diskussions- bzw. Erkenntniszusammenhänge herstellt. Insbesondere Humanbiologie, Ethologie, Völker- und Rassenkunde stellen wesentliche Teilbereiche der anthropologischen Forschung dar. Forschungsgegenstand ist der Mensch in seinem So-Sein, seiner Struktur, seiner Historizität, seiner Position zu Gott, seiner Abgrenzung zur Seinsform Tier, seiner „Stellung im Kosmos" allgemein (Scheler 1928) vor dem Hintergrund sich wandelnder sozio-kultureller Werte. Der Begriff Anthropologie geht zurück auf Aristoteles (384-322 v. Chr.), der darunter eine Art Naturgeschichte des Menschen verstand. Bis ins 18. Jahrhundert wurde die menschliche Seinsform als klar abgegrenzt vom Tier, als in der hierarchischen Bewertung weit oberhalb des Tieres stehend betrachtet.

Eine bedeutende wissenschaftliche Veränderung stellte die systematische Einordnung des Menschen in das Tierreich dar, erstmals 1766 durch Carl von Linné (1707-1778), der den Menschen den Primaten zuordnete, d.h. ihn in eine Reihe mit den Schimpansen stellte. Jean-Baptiste de Lamarck (1744-1829) erwog 1808 erstmals den Gedanken einer phylogenetischen Verwandtschaft zwischen Menschen und Affen, der in der Entwicklung der Deszendenztheorie (Abstammungslehre) 1871 durch Charles Darwin seine wissenschaftlich-theoretische Fundierung und damit seine Verifizierung fand.

16.2.1 Psychologische Anthropologie – pädagogische Anthropologie

In einer enger gefassten Definition stellt Anthropologie die Lehre vom Wesen und vom Verhalten des Menschen dar, wesentlich unter dem Aspekt erfolgreicher Daseinsgestaltung und -bewältigung.

Dabei liegt der Schwerpunkt in der psychologischen Anthropologie stärker auf der Gesamtheit menschlichen Verhaltens, während die pädagogische Anthropologie eher auf Erziehungs- und Bildungsprozesse ausgerichtet ist. Grundlegende, teilweise bahnbrechend revolutionäre Konzepte zum Verständnis des Menschen, seines So-Seins und seiner Ontogenese wurden im 20. Jahrhundert, basierend auf früheren philosophischen bzw. naturwissenschaftlichen Erkenntnissen entwickelt, so z.B. Helmholtz 1921, Uexküll 1953; Portmann 1944, 1956; Lorenz 1943; Scheler 1928; Plessner 1928; Gehlen 1940, 1961; Bollnow 1941, 1956, 1962; Langeveld 1956 und im psychologischen Bereich insbesondere die Tiefenpsychologen Freud 1916/1917, 1930, 1933; Adler 1912, 1920, 1927, 1933; Jung 1921, 1928, 1934; sowie Wundt 1900-1912; Lersch 1932, 1964; Rothacker 1948. Je nach Konzeption entstanden so unterschiedliche Menschenbilder als Basis für soziales, pädagogisches und therapeutisches Handeln. Menschenbilder stellen einerseits Hilfskonstruktionen zur besseren Erfassung und Einordnung der menschlichen Existenz und zur eigenen wissenschaftlichen bzw. ideologischen Standortbestimmung dar. Sie bergen aber andererseits die Gefahr, den Blick zu verengen auf Teilaspekte des Menschen. Geschlossene praefixierte Menschenbilder können den vielfältigen Möglichkeiten menschlichen Seins nicht gerecht werden. Sie praejudizieren den normativen Rahmen für Erziehung und Bildung, der gleichzeitig geprägt ist durch jeweils gültige kulturelle Normen und Werte.

Trotz kontinuierlich geäußerter Kritik am anthropologischen Anspruch, „das wahre Bild des Menschen" entwerfen zu können unter Vernachlässigung der „anthropologischen Differenz" (Kamper 1973; Sonnemann 1969; Lepenies 1977) blieb die Vorstellung, ein möglichst geschlossenes, allgemeingültiges Bild vom Menschen entwickeln zu können, sehr verlockend. Allen Bemühungen zum Trotz konnte dieses Ziel nie erreicht werden, denn das Potential menschlicher Möglichkeiten ist weit davon entfernt, homogen zu sein. Es zeigt im Gegenteil große individuelle Unterschiede, was die Entwicklung eines auch nur annähernd umfassenden, als statisch anzusehenden, generalisierenden Menschenbildes selbst dann unmöglich macht, wenn Behinderung, Morbidität, „Außerordentlichkeit" (VERNOOIJ 1983, 1989a) gar nicht erst ins Blickfeld genommen werden. Der Mensch ist und bleibt von seinen Voraussetzungen her eine „offene Frage" (PLESSNER 1928), ein „nicht-festgestelltes" (NIETZSCHE 1886), „weltoffenes" (SCHELER 1928) Wesen, unergründlich und nur vordergründig analysierbar, sowohl biologisch als auch psychologisch.

Der Vertreter einer „kritischen Anthropologie" KAMPER kommt denn auch zu dem Schluss, dass damit

„...die Geschlossenheit jeder naturalistischen Anthropologie ein und für allemal als methodologisch naiv decouvriert" (KAMPER 1973, 42) sei.

16.2.2 Anthropologie und Behinderung

Betrachtet man die auf der Basis jahrhundertelanger Tradition in der philosophischen Anthropologie entstandenen Menschenbilder, so wird deutlich, dass eine einseitig positive, d.h. idealisierte Sichtweise des Menschen vorherrschend ist. Neben der bereits genannten Gefahr normativer Erstarrung ermöglichen solche Menschenbilder auch die Frage nach dem „richtigen" oder „falschen", nach dem „lebenswerten" oder „lebensunwerten" Menschsein (VERNOOIJ 2000, 103f.), die im letzten Jahrhundert bereits einmal verheerende Auswirkungen für behindertes Leben hatte.

Die in der Anthropologie häufig genannten Kriterien für das spezifisch Menschliche lassen sich in vier Merkmalskomplexe zusammenfassen (vgl. VERNOOIJ 1983, 1989a, 1995a, 1998e, 25f.)

1. Der Mensch ist in der Lage, ein **Bewusstsein** von sich selbst, von der ihn umgebenden natürlichen, kulturellen und personalen Wirklichkeit, von Raum und Zeit zu entwickeln. Mit diesen sich und seine Welt repräsentierenden Bewusstseinsinhalten kann er kognitiv arbeiten, d.h. er kann – kraft seines geistigen Vermögens – Gedanken und Vorstellungen neu entwickeln, diese mit bereits Vorhandenem kombinieren, andere Zusammenhänge herstellen, Inhalte im Gedächtnis speichern, Vergangenheit, Gegenwart und Zukunft erfassen und in sein Bewusstsein bzw. in sein Denken und Planen einbeziehen.
2. Der Mensch verfügt über ein **Kommunikationssystem**, das gegenüber tierischen Systemen sehr viel differenzierter und damit erheblich leistungsfähiger ist. Sprache und Schrift ermöglichen das „Festhalten" von Gedanken, ermöglichen Informationsübermittlungen, gemeinsame Planung und geistigen Austausch mit anderen Menschen, auch bei räumlicher Distanz.
3. Der Mensch kann seine vorgefundene **Umwelt aktiv verändern** und damit seine Lebensbedingungen verbessern (oder auch verschlechtern). Er ist in der Lage, eine **Kultur aufzubauen**, die von Generation zu Generation weitergegeben, vervollkommnet und sinnvoll modifiziert werden kann.
4. Der Mensch ist in der Lage, den infolge seiner geschichtlichen Entwicklung sich wandelnden **Lebensbedingungen angemessen zu begegnen**. Er verfügt – im Gegensatz zum Tier, das instinktgeleitet handelt – über ein **offenes Verhaltensrepertoire**, d.h. über die Möglichkeit, bezogen auf Umweltgegebenheiten eine Vielzahl neuer Verhaltensweisen zu erlernen bzw. zu entwickeln.

Diese Merkmalskomplexe scheinen bestimmte Behinderungsgruppen nicht zu repräsentieren. Bei den genannten Kriterien drängt sich die Frage auf, ob ein Wesen der Gattung Mensch ohne die Fähigkeit, sich und seine Realität denkend zu erfassen, ohne Sprache, ohne die Möglichkeit, seine Lebensbedingungen aktiv zu verändern, ein Wesen ohne die Fähigkeit, eine Vielzahl situationsadäquater Verhaltensweisen zu lernen, denn kein Mensch sei!?

Rousseau (1712-1778) stellt in seinem Buch „Emil" einerseits fest, dass jedes Alter, jeder Lebenszustand seine ihm gemäße Vollkommenheit habe. Andererseits macht er aber deutlich, dass er den Lebenszustand des Behindertseins bei dieser Aussage ausschließt.

> „Ich werde mich nicht mit einem kränklichen, ungesunden Kinde befassen, und sollte es auch achtzig Jahre leben. Ich will nichts wissen von einem Zögling, der für sich und die anderen unnütz ist, ... Was nützt es, wenn ich meine Sorgfalt nutzlos an ihn verschwende" (1762, Erstes Buch, § 93).

Mehr als 200 Jahre später ist solches Denken offenbar noch nicht völlig überwunden. Auf der Basis anthropologischer Aussagen und vor dem Hintergrund gesellschaftlich-kultureller Norm- und Wertvorstellungen scheint Behindert-Sein nicht gleichwertig zu sein mit Nichtbehindert-Sein.

Dienelt (1970) versucht eine Wesensbestimmung des Menschen mit Hilfe von Strukturmodellen, die abgeleitet werden können von soziologischen, philosophischen und psychologischen Konzepten in der Anthropologie. In Erweiterung seiner drei Strukturmodelle um ein viertes, lassen sich folgende herausstellen:

1. Der Mensch als Mängelwesen
2. Der Mensch als Geistwesen
3. Der Mensch als Triebwesen
4. Der Mensch als Sozialwesen

Ad 1: Der Mensch als Mängelwesen

Dieses Modell basiert auf Beiträgen von Gehlen und Portmann. Gehlen bezeichnet den Menschen, von biologischen Forschungsresultaten ausgehend, als „hoffnungslos unangepaßtes Mängelwesen", welches in seiner „Unspezialisiertheit" und „morphologischen Hilflosigkeit" einen „Ausnahmefall" in der Natur darstellt (1952/Nachdruck 1980, 46 ff.). Zu den besonderen Mängeln des Menschen gehören, dass er

> „'organisch mittellos', ohne natürliche Waffen, ohne Angriffs- oder Schutz- oder Fluchtorgane" ist, „mit Sinnen von nicht besonders bedeutender Leistungsfähigkeit, denn jeder unserer Sinne wird von den 'Spezialisten' im Tierreich weit übertroffen" (a.a.O.).

Auch fehlt ihm eine biologische Ausstattung oder ein natürlicher Mechanismus zur Anpassung an die Witterung und an die Jahreszeiten (z.B. Haarkleid, Winterschlaf) ebenso wie die Instinktsicherheit des Tieres. Das bedeutet u. a.

- dass dem Menschen eine körperliche Ausstattung und Verhaltensweisen, die ihm das Überleben bzw. seine Daseinssicherung und die Befriedigung seiner primären Bedürfnisse garantieren, nicht angeboren sind;
- dass er von der Sinneskapazität her „weltoffen" ist, d. h. seine Wirklichkeit ganzheitlich und nicht unter dem einschränkenden Aspekt biologischer Nützlichkeit wahrnimmt, was eine außergewöhnliche Belastung durch früh-

zeitig entstehende „Reizüberflutung" zur Folge hat;
- dass er in seiner Antriebsstruktur komplexer und nicht für bestimmte Ziele determiniert ist, sondern „plastisch", d. h. formbar auf verschiedene Ziele hin.

Praktische Konsequenzen daraus sind:
- er muss die Mittel zur Daseinssicherung **selbst** schaffen, die Mängel ausgleichen;
- er muss für eine „Entlastung" von Reizüberflutung und für angemessene Formen von Reizbewältigung sorgen;
- er muss auf bestimmte Ziele hin geformt werden, d.h. er bedarf einer realitätsgerechten Verhaltenslenkung.

Dies ist nach GEHLEN nur durch den **handelnden** Umgang mit der natürlichen Umwelt gewährleistet. Dabei ist intelligentes und antizipierendes Handeln „gerade durch bestimmte physische Eigenschaften erzwungen" (GEHLEN 1942, Nachdruck 1961, 48f.). Das „Mängelwesen Mensch" wird damit zum handelnden Wesen, aufgrund der Notwendigkeit, Mängel kompensieren zu müssen.

PORTMANN bezeichnet den Menschen als „physiologische Frühgeburt", verglichen mit dem Entwicklungsstand von Tieren zum Zeitpunkt der Geburt. Etwa um ein Jahr zu früh und eigentlich im fötalen Zustand, wird der Mensch in die Welt gesetzt. Diese Form der „Frühgeburt" stellt jedoch keine „Panne" der Natur im Sinne einer Fehlgeburt dar, bei der das Kind den Gefahren der Welt mit ungenügender Ausrüstung ausgesetzt wird. Sie entspricht eher einem In-Kontakt-Bringen mit der materialen und sozialen Welt. PORTMANN bezeichnet das erste Jahr außerhalb des schützenden mütterlichen Uterus als „extra-uterines Frühjahr" (1956, 346 f.), welches durchaus sinnvoll ist als „Sonderjahr der sozialen Trächtigkeit" (a.a.O.), in dem der Abschluss der Fötalentwicklung verbunden ist mit ersten Erfahrungen hinsichtlich menschlicher Daseinsformen und Reaktionsweisen im sozialen Feld, sowie mit Erfahrungen hinsichtlich der dem Menschen eigenen Form geistiger und praktischer Lebens- und Weltbewältigung.

Im Unterschied zu GEHLEN erfährt der Mangelzustand des Menschen in der PORTMANNschen Sichtweise eine Positiv-Bewertung. Hat für GEHLEN die vom Menschen geschaffene Kultur im wesentlichen Ersatzfunktion, so gehört für PORTMANN die Kultur zur spezifisch menschlichen Form geistiger Daseinsbewältigung; geistiges Vermögen und Handlungsfähigkeit anstelle physischer Schutz- und Wehr-Ausstattung.

Ad 2: Der Mensch als Geistwesen

In der philosophischen Anthropologie hat der Mensch als homo sapiens, als „vernunftbegabtes" Wesen, eine bis in die Antike zurückreichende Tradition (PLATON 428-348 v. Chr.; ARISTOTELES 384-322 v.Chr.). Durch diese Vernunftbegabung unterscheidet er sich wesensmäßig und grundsätzlich von allen tierischen Seinsformen. Er wird zum animal rationale, zum denkenden Wesen, das seine Welt geistig erfassen, strukturieren und antizipierend gestalten kann. Im letzten Jahrhundert knüpfte insbesondere SCHELER an diese Tradition an, indem er von einem „neuen Prinzip" spricht, in welchem die „Sonderstellung des Menschen im Kosmos" begründet liege. Dieses Prinzip nennt er **Geist** (SCHELER 1928, Nachdruck 1947, 34f.). Es ist weder mit Einsicht, noch mit Vernunft oder Intellekt gleichzusetzen. Es konstituiert vielmehr als Zentrum menschlich-geistigen Vermögens spezifisch menschliches Sein.

„Schon die Griechen behaupteten ein solches Prinzip und nannten es ‚Vernunft'. Wir wollen lieber ein umfassenderes Wort für jenes X gebrauchen, ein Wort, das wohl den Begriff ‚Vernunft' mitumfasst, aber neben dem ‚Ideen-denken' auch eine bestimmte Art der ‚Anschauung', die von Urphänomenen oder Wesensgehalten, ferner eine bestimmte Klasse volitiver und emotionaler Akte ... sowie die freie Entscheidung mitumfasst: das Wort ‚Geist' " (SCHELER, a.a.O.).

Die Entwicklung des Geistes vollzieht sich nicht losgelöst von der körperlichen Entwicklung. Beide, Körper und Geist, sind von Beginn an aufeinander abgestimmt. „In unserem Entwicklungsgang läßt sich nirgends ein Stadium finden, in dem spät erst jene Merkmale hervortreten, die wir als ‚geistige' abheben" (PORTMANN 1956, 36). Diese ganzheitliche Entwicklung verweist darauf, dass die potentielle Geistigkeit den Wesensgrund der menschlichen Natur in Einheit mit der Leiblichkeit darstellt.

Ad 3: Der Mensch als Triebwesen

Dieses Strukturmodell wird abgeleitet von der Psychoanalytischen Theorie Sigmund FREUDS. 1915 hatte FREUD das Gegensatzpaar Lebenstrieb-Todestrieb als zwei einander entgegenwirkende Triebkategorien dargestellt. Zu den Lebenstrieben zählen neben den Sexualtrieben auch die Selbsterhaltungstriebe; Ausdruck des Todestriebes sind Aggressions- und Destruktionsformen gegen andere und/oder gegen sich selbst. In seiner letzten Fassung von 1938 geht er von den beiden Grundtrieben Eros und Destruktionstrieb aus. („Thanatos" findet sich in seinem Schrifttum nicht (vgl. JONES 1962, 324)). Während ersterer bestrebt ist, Vorhandenes „zu größeren Einheiten zusammenzufassen", ist letzterer darauf bedacht, „diese Vereinigungen aufzulösen", „Gebilde zu zerstören" (FREUD 1938, 92). Damit steht der Mensch in einem doppelten Spannungsfeld:

- generell im Widerstreit von Selbsterhaltung und Selbstzerstörung, von Lebensgestaltung und Todessehnsucht;
- aktuell im Zwiespalt von Triebbedürfnis und Triebbefriedigung, von erstrebter Lust und gebotener (auferlegter) Unlust.

Triebwünsche und -bedürfnisse sind dem Menschen oft nicht bewusst bzw. das Bewusstwerden wird durch psychische Abwehrmechanismen verhindert. So werden bestimmte Handlungen erst dann verstehbar, wenn ihre unbewussten Anteile aufgedeckt werden können.

Im Gegensatz zum Tier, das seinen Trieben ohnmächtig ausgeliefert ist, hat der Mensch die Möglichkeit, seine Triebbedürfnisse zu steuern. Mehr noch! Er ist fähig zur geistigen Überhöhung derselben durch Sublimierung, d.h. der Mensch kann die auf Befriedigung drängenden libidinösen Kräfte bzw. die damit verbundenen Triebenergien umleiten auf sozial höher bewertete Ziele und Objekte, wie wissenschaftliches und soziales Engagement. FREUD erstellte seine Theorie der Sublimierung im Wesentlichen bezogen auf die sexuellen Triebregungen (1908), die Möglichkeit einer Sublimierung aggressiver Triebe wurde von ihm lediglich erwähnt (vgl. JONES 1962, 535/536). Bei einseitiger analytisch-triebtheoretischer Betrachtung läge der Schluss nahe, menschliche Kultur, d.h. alle Formen geistiger Tätigkeit seien auf elementare „niedere" Triebregungen zurückzuführen, seien mithin nichts anderes als das Ergebnis von Trieb-Sublimierungs-Prozessen (vgl. FREUD 1909, 99f.).

Ad 4: Der Mensch als Sozialwesen

Bereits ARISTOTELES bezeichnete den Menschen als „zoon politicon", als geselliges Wesen, nicht im Sinne eines Herdentriebes, sondern – unter staatspolitischem Aspekt – geht er davon aus, dass der Mensch auf einer höheren Ebene als jedes andere Lebewesen, ein „staatenbildendes Wesen" sei, und dass er „von Natur aus den Drang zu einer solchen Gemeinschaft" habe (ARISTOTELES, Ausg. Hoenn 1955, Bd. 6, 59). Erst in dieser Gemeinschaft kann er zu höchster Vollendung gelangen. Sowohl biologisch (vgl. PORTMANN 1944) als auch und insbesondere psychologisch wurde durch die Untersuchungen von SPITZ (1945/46) und BOWLBY (1952) eindrucksvoll nachgewiesen, wie sehr der Mensch zu seiner Entwicklung der mitmenschlichen Gemeinschaft bedarf. Von tiefenpsychologischer Seite stellte besonders ADLER (1912) die Gemeinschaftsbezogenheit sowohl als Lebensbedingung als auch als Lebensaufgabe für den einzelnen heraus. Er geht davon aus, dass der Mensch als primär soziales Wesen eine genetisch angelegte Disposition zur Soziabilität hat. Die Entfaltung und Ausschöpfung dieser sozialen Anlagen stellt eine **Grundbedingung** für das Gelingen der individuellen Entwicklung dar. Ziel und Aufgabe menschlichen Strebens ist die anerkannte, voll- und gleichwertige sowie die verantwortungsvolle Mitgliedschaft innerhalb eines gesellschaftlichen Systems, die positiv nur erreicht werden kann in der aktiven Auseinandersetzung mit sich selbst und mit der personalen Umwelt. Dabei werden sowohl gesellschaftliche als auch individuelle Bedingungen und Tendenzen in beständigem wechselseitigen Austausch aktualisiert und zu einer mehr oder weniger gelungenen Synthese gebracht. Die Trennung von individuellem und gesellschaftlichem Sein erweist sich hierbei als künstlich, denn Individualität und Sozialität bedingen einander gegenseitig.

Es ist unschwer zu erkennen, dass diese Strukturmodelle nur jeweils Teilaspekte des Menschen erfassen können. Der Versuch, **ein** wesentliches Kriterium für Menschsein als Schwerpunkt modellhaft herauszustellen, führt zwangsläufig zu einer Einengung, zu einer Reduzierung des Spektrums menschlicher Möglichkeiten in der Repräsentation eines solchen Menschenbildes.

- **Mängelhaftigkeit** mit der Konsequenz des Handlungs- und Kompensationszwanges,
- **Geistigkeit** als spezifisch menschliche Möglichkeit der Daseinsgestaltung und -bewältigung,
- **Triebgerichtetheit** mit der Möglichkeit der Triebsteuerung durch Sublimierung,
- **Soziabilität** als Ziel und Aufgabe menschlicher Lebensgestaltung

bilden zwar wechselseitig vernetzte, zentrale Kategorien zur Beschreibung des Wesens Mensch, sind aber in keiner Weise ausreichend zur umfassenden Kennzeichnung des Menschen. Selbst bei einer beliebigen Vergrößerung der Anzahl von Kategorien bliebe für ein Gesamtverständnis des Menschen ein Rest von Unergründlichkeit, zumal, wie bereits eingangs dargelegt, infolge einer Idealisierung mögliche, sich aus den Kategorien ergebende Verhaltensmuster negativer Prägung nicht als dem Menschen wesensimmanent wahrgenommen werden. „Das sogenannte Böse" (Lorenz 1963) wird nur als Abweichung von Ideal-Möglichkeiten menschlichen Verhaltens, die damit zu Ideal-Forderungen werden, registriert (vgl. Vernooij 1989a, 62f.).

Hinsichtlich behinderter Menschen erhebt sich vor dem Hintergrund dieser Strukturmodelle wiederum die Frage:

Was ist mit jenem behinderten Kind,

- das – als Mängelwesen im doppelten Sinne – keine oder nur geringe Handlungs- und Kompensationsmöglichkeiten hat;
- dessen Geistigkeit als „spezifisch menschliche Möglichkeit" der Daseinsbewältigung mehr oder weniger eingeschränkt ist;
- das als Triebwesen, und möglicherweise auf ein solches reduziert, nicht die Fähigkeit zur Triebsteuerung, zu sozial höher bewerteter Sublimierung hat;
- das seine dispositionell angelegte Soziabilität weder als Lebensbedingung wahrnehmen, noch als Lebensaufgabe erfüllen kann?

Repräsentiert es nicht die Seinsform Mensch?

Solange in der Anthropologie auf der Basis von Bildern eines Idealtypus Mensch gedacht und geforscht wird, werden nur jene Mängel akzeptiert sein, die in das Bild des vollkommenen, in allen Bereichen optimal ausgestatteten und funktionalen Menschen passen, die aber seine Erziehungs- und Lenkungsbedürftigkeit bedingen. Menschen mit physischen uand psychischen Erkrankungen, mit Behinderungen und Verhaltensabweichungen werden Minusvarianten bleiben.

16.2.3 Zwischenbilanz

Die Problematik der Entwicklung von Menschenbildern kulminiert angesichts des Faktums der Morbidität, welches offensichtlich bei einer idealisierten Betrachtung der Seinsform Mensch keine Daseinsberechtigung hat. Das Mängelwesen ist „Bedingung der Möglichkeit von Erziehung" (Wulf/Zirfas 1994, 17), von Einwirkung, von Förderung.

Will man aus methodischen Gründen mit wie auch immer gearteten Menschenbildern operieren, so müssen die vorhandenen ergänzt werden, um das Faktum der Variabilität menschlicher Ausstattung, der „anthropologischen Differenz" (Kamper 1973), in der sich qualitative intersubjektive Unterschiede der Seinsform Mensch aufheben. Aus diesem Blickwinkel ist dann „der Schwerstbehinderte nicht eine abwegige Mißbildung der menschlichen Natur, sondern im Gegenteil eine exemplarische Erscheinungsform menschlichen Seins" (Schlaich 1966, 381), der wie alle anderen Varianten menschlichen Seins ein Recht auf wertfreie Akzeptanz und auf soziale Begegnung jenseits von Leistungsbezogenheit und Zweckorientierung hat.

16.3 Ethik als Teilbereich der Philosophie

Unter Ethik wird die Lehre vom „guten und gerechten Handeln", die Lehre von Moral und Sitte als Grundlage menschlichen Handelns verstanden. Heute wird Ethik häufig gleichgesetzt mit Moralphilosophie, was nur teilweise korrekt ist. Ethik ist Teil der praktischen Philosophie und umfasst

- die Untersuchung und Beschreibung von moralisch-sittlichen Werten in unterschiedlichen Kulturen, Religionsgruppen und anderen Institutionen (deskriptive oder empirische Ethik);
- die Überprüfung der jeweils geltenden moralisch-sittlichen Werte sowie die Begründung von Formen und Prinzipien "richtigen" moralischen Handelns in der Zeit (normative Ethik); dabei werden insbesondere epochale Strömungen untersucht und überprüft, z.B. im Zusammenhang mit neuen wissenschaftlichen Erkenntnissen und Möglichkeiten (Schwangerschaftsabbruch, künstliche Befruchtung, Stammzellenforschung, Klonen von Tieren und Menschen usf.);
- die kritische Analyse von sprachlichen Formen, Elementen und Floskeln bei der Formulierung moralischer Aussagen sowie deren Begründung bzw. Rechtfertigung (Metaethik).

Für das pädagogisch-psychologische, für das soziale Handeln überhaupt, spielt die normative Ethik eine große Rolle. Sie versucht, sittlich-moralische Gebote und Verbote in einen systematischen Zusammenhang zu bringen, unter Konstituierung eines höchsten Prinzips, eines obersten Gebotes.

Vier mögliche Positionen können hierbei unterschieden werden:

- In der **theologischen Ethik** ist das höchste Gebot der Wille Gottes, d.h. gutes und gerechtes Handeln ist dann gegeben, wenn es den Geboten Gottes entspricht (z.B. in den christlichen Religionen den 10 Geboten).
- Die **deontologische Ethik** [to deon (griech.) = die Pflicht, das Erforderliche] postuliert als höchstes Prinzip das „in sich Gute", das sich ergibt aus der Vernunft, wobei pragmatisch-empirische Überlegungen ausgeschlossen sind. D.h., das „in sich Gute" ist nicht immer das Wünschbare bzw. das mit den eigenen Wünschen Übereinstimmende. Insbesondere KANT (1786) hat in seiner „Metaphysik der Sitten" die deontologische Ethik begründet mit seinem „kategorischen Imperativ": „Handle nur nach derjenigen Maxime, von der du zugleich wollen kannst, daß sie ein allgemeines Gesetz werde" (Ausgabe Leipzig 1904, 55).
- Die **egoistische** bzw. **individualistische Ethik** setzt als Maßstab für moralisches Handeln das eigene langfristige Wohlergehen. Das höchste Prinzip ist damit im Gegensatz zu den beiden vorgenannten Positionen ein rein egoistisches.
- Die **utilitaristische Ethik** ist eine kollektive Nützlichkeitsmoral. Sie setzt als oberstes Prinzip das größtmögliche Glück, den größtmöglichen Nutzen für die größtmögliche Zahl. Jede Handlung, deren Folgen das Glück aller Betroffenen optimiert, ist sittlich geboten. Die utilitaristische Ethik ist von ihren moralischen Prinzipien her verpflichtet auf das allgemeine Wohlergehen, d.h., das Glück aller soll vermehrt, ihr Leiden vermindert werden.

16.3.1 Ethische Fragen im Zusammenhang mit Behinderung

Insbesondere bezogen auf schwermehrfach und schwergeistigbehinderte Menschen ergeben sich in vielen Bereichen Fragen ethischer Art, häufig im Zusammenhang mit gesetzlichen Bestimmungen. So z.B.

- hinsichtlich der Geschäftsfähigkeit schwerbehinderter Personen;
- hinsichtlich der Sterilisation, oder
- hinsichtlich eines Schwangerschaftsabbruchs bei schwergeistigbehinderten Mädchen;
- hinsichtlich der Eheschließung schwerbehinderter Menschen und dem damit in Zusammenhang stehenden Kinderwunsch;
- hinsichtlich der Sorgerechtsregelung bei schwer (geistig) behinderten Eltern (vgl. Kap. 15.5).

Nach intensiven, kontroversen Diskussionen in den 1960er und 1970er Jahren sind diese Fragen zwar juristisch geregelt. Jede Entscheidung in diesem Bereich erfordert jedoch erneut eine gründliche Reflexion und Diskussion von den Beteiligten, nicht nur unter juristischen, sondern ebenso unter anthropologisch-ethischen Gesichtspunkten (vgl. Kap. 15.5).

Weder eine egozentrische noch eine utilitaristische Ethik kann hier den Rahmen für moralisch „richtiges" Handeln bieten. Die theologische Ethik erfreut sich nicht mehr einer allgemeinen Akzeptanz und die deontologische Ethik scheint zumindest im Alltagshandeln im Schwinden zu sein.

Die Fähigkeit des Menschen, Verantwortung für sich und andere zu übernehmen, hat in demokratischen Staaten zu sozialen Netzwerken geführt. Bezogen auf eine Ethik, in die behinderte Menschen als gleichwertige Ausprägungsformen menschlicher Existenz selbstverständlich eingeschlossen sind, wäre eine Ethik der sozialen Verantwortung – der Begriff Verantwortungsethik ist im Zusammenhang mit Jonas: „Das Prinzip Verantwortung. Versuch einer Ethik für die technologische Zivilisation" (1979) deutlich in Richtung ökologische Verantwortung belegt (vgl. Müller 1992, 103 ff.) – die Orientierung der Gegenwart und Zukunft. Sie würde gewährleisten, dass

- jede Einzelfallentscheidung unter Beachtung der Würde des behinderten Menschen und unter Einbeziehung der personalen, familialen und sozialen Faktoren vor dem Hintergrund der ökonomisch-institutionellen Rahmenbedingungen getroffen würde;
- die Bedürfnisse, Wünsche und Rechte des behinderten Menschen dabei im Vordergrund stünden;
- weniger seine Defizite als seine positiven Möglichkeiten (vgl. Kap. 2.1.3) die Entscheidung beeinflussen und zu realistischen, konstruktiven, für alle Beteiligten akzeptablen Lösungen führen würden.

16.3.2 Utilitaristische Ethik und Behinderung – oder: Peter Singer und die Folgen

Auf den ersten Blick hat das Konzept des Utilitarismus' auf der allgemeinen Ebene eine gewisse Plausibilität. Bei differenzierter Betrachtung wird allerdings schnell deutlich, dass sie bezogen auf spezielle Problemfelder unsere bisherigen moralischen Grundfesten erschüttert, denn im Zusammenhang mit bestimmten Menschenbildern bzw. Kriterien für Menschsein ließe sich andersartiges menschliches Leben z.B. als unzumutbar, als leidvermehrend für alle Beteiligten einstufen.

Diese Erkenntnis führte 1989 in der BRD und insbesondere in der deutschen Sonderpädagogik (vgl. Heinrich 2006) zu einer mehrjährigen, kontroversen Diskussion über den Umgang mit schwerbehinderten Neugeborenen (vgl. VERNOOIJ 1995a; 2000a). Ausgangspunkt war ein Vortrag des australischen Bioethikers Peter SINGER mit dem Thema: „Haben schwerstbehinderte neugeborene Kinder ein Recht auf Leben?" Auf utilitaristischer Basis vertritt er die These, dass solche Kinder innerhalb der ersten Wochen, postnatal, getötet werden sollten. Dabei darf nicht übersehen werden, dass bereits 1989 und bis heute die Tötung ebensolcher Kinder, pränatal, kaum noch Widerspruch auslöst; im Gegenteil: Beispiele zeigen, dass ein Teil der Bevölkerung im Falle behinderter Föten, z.B. bei Trisomie 21, einen Schwangerschaftsabbruch als selbstverständlich erwartet.

Es würde hier zu weit führen, die „Praktische Ethik" SINGERS, ein Buch, das seit 1984 in deutscher Übersetzung vorliegt, darzulegen. An einigen wesentlichen Details soll aber die Grundtendenz seines Konzeptes verdeutlicht werden.

Gemäß der utilitaristischen Prinzipien der Glücksmaximierung für die größtmögliche Zahl einerseits, der Leidensminimierung für die Betroffenen und damit für die Mehrheit andererseits, hält SINGER die Tötung schwerbehinderter Neugeborener für moralisch geboten. Bei schwerbehinderten Kindern setzt er ein Leiden ebenso selbstverständlich voraus, wie bei den Familienangehörigen. Die Eliminierung dieses Leidens wäre aus seiner Sicht moralisch gerechtfertigt, da sich damit das Glück der Eltern und der Gesellschaft erhöht im Sinne von emotionaler und materieller Entlastung, bezogen auf die sonst notwendige lebenslange Pflege und Fürsorge. Auf der Basis der theologischen oder der deontologischen Ethik wäre das Glücksmaximierung bzw. Leidensminimierung durch Mord, wobei dies ebenso für den Schwangerschaftsabbruch gelten würde.

In seinem Kapitel 4 fragt SINGER provokativ: „Warum ist Töten verwerflich?" (1984, 110ff.). Er kommt zu dem Schluss, dass die Ethik Albert SCHWEITZERS mit dem obersten Prinzip „Ehrfurcht vor dem Leben" neu interpretiert werden müsse, und zwar dahingehend, dass mit Leben nur bewusstes, willentliches Leben gemeint sein könne (ebd., 125ff.). In seinem Kapitel 7 führt er dann aus, am Beispiel von Spina-bifida-Kindern, dass „ihr Leben nicht lebenswert ist" wenn Ärzte eine Operation aufgrund der Schwere der Fehlbildungen nicht für sinnvoll halten. „... dann legen utilitaristische Prinzipien den Schluß nahe, daß es richtig ist, solche Kinder zu töten" (ebd., 181).

An anderer Stelle führt er aus, dass die Belastungen für die Eltern groß seien und dass der Wunsch der Eltern, ein behindertes Kind zu töten, moralisch zu rechtfertigen sei (ebd., 180ff.).

Das Gedankengut, welches hier zum Tragen kommt, ist historisch gesehen nicht neu. Bereits in der Antike wurde, nicht auf der Basis einer utilitaristischen Ethik, sondern unter dem Gesichtspunkt der Erhaltung und der Fortentwicklung des Staatsganzen eine Begutachtung von Neugeborenen vorgenommen. In Babylon, Ägypten, Sparta, Athen und Rom wurden behinderte, missgestaltete und schwächliche Säuglinge nach unterschiedlichen Selektionsprozeduren getötet, ausgesetzt oder als potentielle Sklaven verkauft. Ohne Beispiele aus unserer jüngsten Vergangenheit anführen zu müssen - das „Gesetz zur Verhütung erbkranken Nachwuchses" und seine Folgen zwischen 1933 und 1945 sind nicht nur bekannt, sondern wirken bis heute nach - kann gesagt werden, dass Kriterien wie militärische, wirtschaftliche, soziale Nützlichkeit und genetische Qualität, also mehrdimensionale gesellschaftliche Verwendbarkeit, zur Beurteilung von Lebenswert, *keine* Auswüchse einer profitorientierten Industriegesellschaft des 20./21. Jahrhunderts sind, sondern dass sie zu allen Zeiten, in unterschiedlichen Gesellschaftsordnungen, mehr oder weniger ausgeprägt im Denken der Menschen vorhanden waren und sind (vgl. VERNOOIJ 1995a; 1998e; 2000a).

Neu, und damit aktuell epochal ist zum einen die scheinbar wissenschaftlich-rationale Begründung des Bio-Ethikers SINGER, zum anderen die Zielsetzung der Leidensvermeidung bzw. -minimierung.

SINGER setzt in seinem Buch Spina-bifida, DOWN-Syndrom und Hämophilie hinsichtlich des Leidensausmaßes quasi gleich. Dies macht, zumindest für medizinische und sonderpädagogische Experten, erschreckend deutlich, dass hier jemand Leidvermeidungsstrategien entwickelt, für die Betroffenen von existentiell weitreichender Bedeutung, der offenbar nicht sehr genau weiß, von welchen Lebens- und Leidensformen er spricht.

Als Entscheidungskriterien nennt er die „Diagnose und Prognose der Ärzte" und den Willen der Eltern, beides keine justitiablen Kriterien, die im Extremfall Willkürentscheidungen möglich machen, oder zu einer Ethik des „erzwungenen Glücks, der Nötigung zur Leidensvermeidung" führen könnten.

Wesentlich für SINGER ist bei einer solchen Entscheidung nicht die Zugehörigkeit zur biologischen Gattung Mensch (vgl. VERNOOIJ 1995a; 2000c) sondern der Personstatus, der gekennzeichnet ist durch Bewusstheit, Rationalität und Autonomie (vgl. SINGER 1984, 125ff.). Unter dieser Prämisse ließe sich die Aussage

„... die Tötung eines behinderten Säuglings ist nicht moralisch gleichbedeutend mit der Tötung einer Person. Sehr oft ist sie überhaupt kein Unrecht" (1984, 188) durchaus auch auf verwirrte, alte Menschen übertragen, die den Personstatus verloren haben, weil sie sich nicht mehr ihrer selbst bewusst, nicht mehr rational und autonom sind. Wobei dann als Entscheidungsgrundlage vielleicht neben den Aussagen der Ärzte der Wunsch der Kinder zum Tragen käme!

Anzumerken ist hierbei, dass bereits seit einigen Jahren, z.B. in den Niederlanden, in England und in den USA, utilitaristische Aspekte im Zusammenhang mit Sterbehilfe und mit kostenintensiven medizinischen Maßnahmen, sowohl bei neugeborenen behinderten Kindern als auch bei alten Menschen durchaus diskutiert werden (vgl. Kap. 2.4.1.4).

16.4 Bilanz und Ausblick

Die bisherigen Ausführungen haben hinlänglich deutlich gemacht, dass Anthropologie und Ethik, Menschenbild und moralisches Handeln im sozialen Feld eng zusammenhängen. Insbesondere die Kriterien SINGERS zu dem, was menschliches Leben sei, nämlich

- Selbstbewusstheit
- Rationalität
- Autonomie (vgl. 1984, 125ff.)

machen einmal mehr deutlich, dass behinderte Menschen nicht nur Gefahr laufen, aus dem Menschsein herauszufallen, sondern dass ihnen das Lebensrecht auf dieser Basis entzogen werden kann. Ähnlich wie ihnen während der Zeit des Nationalsozialismus` der so genannte „Gnadentod" gegeben wurde, möchte der Utilitarist SINGER bereits frühzeitig ihr „Leiden" beenden.

Allerdings wäre es völlig falsch, SINGER faschistische Tendenzen unterstellen zu wollen, wie es während der mehr emotional als sachlich geführten Diskussionen zu Beginn der 1990er Jahre häufig der Fall war. Überzeugt von der utilitaristischen Idee der Glücksmaximierung für alle möchte er in philosophisch-wissenschaftlicher Weltfremdheit bzw. Lebensfremdheit das Leid auf dieser Welt minimieren, ohne jeglichen politisch-ideologischen Hintergrund. Seine Ideologie ist der Utilitarismus BENTHANscher Prägung (Jeremy BENTHAN: Einführung in die Prinzipien von Moral und Gesetzgebung, 1789).

Ethische Grundsätze haben unterschiedliche Wurzeln, wie Abb. 32 zeigt:

Die gleichen Wissenschaftsbereiche bzw. deren Forschungsergebnisse sind Grundlage für die Anthropologie. Beide, Anthropologie und Ethik, bilden die Grundlagen für bestimmte Vorstellungen von und Einstellungen zu Menschsein, sowie für „richtiges", moralisch als gut bewertetes Handeln im sozialen Feld, sie sind in ihren Auswirkungen auf die Handlungsebene interdependent.

Eine Anthropologie, die der Variabilität menschlicher Seinsformen in ihren Menschenbildern Rechnung trägt, die diese anthropologische Differenz von großer Spannbreite anerkennt, repräsentiert auch den schwerbehinderten Menschen in seinem So-Sein als **eine** Ausprägungsform menschlichen Seins. Sie korrespondiert mit einer Ethik, die menschliches Leben nicht zur Disposition stellt, sondern die den Schutz, die Erhaltung, Entwicklung und positive Ausgestaltung menschlichen Lebens zum Ziel hat unter dem obersten Prinzip der **Verantwortung**; denn die Fähigkeit, Verantwortung zu übernehmen, ist auch **spezifisch menschlich**.

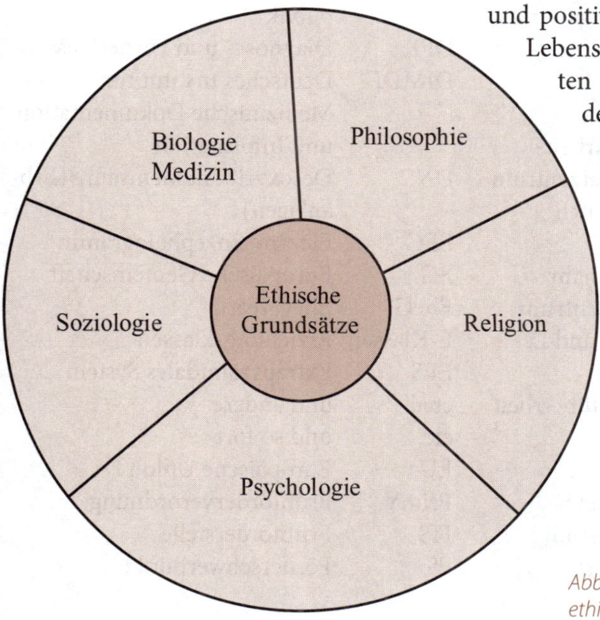

Abb. 32: Interdisziplinarität der Entstehung ethischer Grundsätze.

Abkürzungen

a.a.O.	an angegebenem Ort
AAMD	American Association of Mental Deficiency
Abb.	Abbildung
Abs.	Abschnitt
abs.	absolut
AfG	Arbeitsförderungsgesetz
AIDS	Acquired Immune Deficiency Syndrome
Art.	Artikel
AZT	Azidotymidin
BAGfR	Bundesarbeitsgemeinschaft für Rehabilitation
BAW	Berufsausbildungswerke
BayEUG	Bayerisches Erziehungs- und Unterrichtsgesetz
BBiG	Berufsbildungsgesetz
BBW	Berufsbildungswerke
BfA	Bundesagentur für Arbeit
BFZ	Beratungs- und Förderzentrum
BGB	Bürgerliches Gesetzbuch
BGH	Bundesgerichtshof
BGJ	Berufsgrundbildungsjahr
BIZ	Berufsinformationszentrum
BLO	Lernbereich Berufs- und Lebensorientierung
BMAS	Bundesministerium für Arbeit und Soziales
AWO	Arbeiterwohlfahrt
BPGG	Bundespflegegeldgesetz
EK	Europäische Kommission
BSHG	Bundessozialhilfegesetz
BVG	Bundesverfassungsgericht
BVJ	Berufsvorbereitungsjahr
BWFU	Berufswahlvorbereitender Förderunterricht
bzw.	Beziehungsweise
CBM	Cristoffel Blindenmission
CDC	Center for Disease Control – USA
CFT	Culture fair test
CI	Cochlea Implantat
d.h.	das heißt
dB	Dezibel
DDA	Disability Discrimination Act
DDR	Deutsche Demokratische Republik
DFK	Diagnose- und Förderklassen
DIMDI	Deutsches Institut für Medizinische Dokumentation und Information
DNS	Desoxyribonukleinsäure (Erbanlagen)
EEG	Elektro-Enzephalogramm
EG	Europäische Gemeinschaft
EheG	Ehegesetz
E-Klassen	Erziehungsklassen
EPS	Extrapyramidales System
et al.	und andere
etc.	und so fort
EU	Europäische Union
FrühV	Frühförderverordnung
FfS	Frühförderstelle
FS	Förderschwerpunkt

FSZ	Förderschulzentrum
GdB	Grad der Behinderung
GEMIK-Methode	Verfahren, bei der die natürliche Gestik und Mimik zur Informationsübermittlung bzw. zu deren Verbesserung systematisch genutzt wird
GG	Grundgesetz
GHS	Grund- und Hauptschule
griech.	griechisch
GzVeN	Gesetz zur Verhütung erbkranken Nachwuchses
HAWIK	Hamburg-Wechsler-Intelligenztest für Kinder
HIV	Human Immunodeficiency Virus
HIVHG	HIV-Hilfegesetz
HJ	Hitler-Jugend
HNO	Hals-Nasen-Ohren-Arzt
Hz	Hertz
i.d.R.	in der Regel
ICD-10	Internationale Klassifikation der Krankheiten 10. Revision
ICF	International Classification of Functioning, Disability and Health (Internationale Klassifikation der Funktionsfähigkeit, Behinderung und Gesundheit)
ICIDH	International Classifikation of Impairments, Disabilities, Handicaps
JGG	Jugendgerichtsgesetz
Kap.	Kapitel
KJHG	Kinder- und Jugendhilfegesetz
KLGH	Konferenz der Lehrenden der Geistigbehindertenpädagogik
KMK	Kultusministerkonferenz
KMK-Empfehlungen	Empfehlungen der Kultusministerkonferenz
L	Lernbeeinträchtigung
lat.	lateinisch
LPS	Leistungs-Prüf-System
lt.	laut
MBD	minimal brain dysfunction
MCD	minimal cerebral dysfunction
med.	medizinisch
MMPI-Skalen	Minnesota Multiphasic Personality Inventory
MS	Multiple Sklerose
MSD	Mobiler Sonderpädagogischer Dienst
MSH	Mobile Sonderpädagogische Hilfe
NHL	Non-Hodgkin-Lymphome
OECD	Organisation for Economic Cooperation and Development (Organisation für wirtschaftliche Zusammenarbeit und Entwicklung)
Päd.	Pädagogik
PSB	Prüfsystem für Schul- und Bildungsberatung
REBUS	Regionale Beratungs- und Unterstützungsstellen
S	Sprachbeeinträchtigung
s.o.	siehe oben
s.u.	siehe unten
SbH	Schülerbegleitende Hilfen
SchIVO	Schulintegrationsverordnung
SchoG	Schulordnungsgesetz
SFZ	Sonderpädagogisches Förderzentrum
SGB IX	Sozialgesetzbuch IX
SGB V	Sozialgesetzbuch V
SGB VIII	Sozialgesetzbuch VIII
SPZ	Sozialpädiatrisches Zentrum
StBA	Statistisches Bundesamt
StGB	Strafgesetzbuch
SVE	Schulvorbereitende Einrichtung
Tab.	Tabelle
u.a.	unter anderem
u.U.	unter Umständen

U1–U9/10	Vorsorgeuntersuchungen vom Säuglings- bis zum Kindesalter
UN	United Nations (Vereinte Nationen)
UNESCO	United Nations Educational, Scientific and Cultural Organization (Organisation der Vereinten Nationen für Bildung, Wissenschaft, Kultur und Kommunikation)
V	Verhaltensauffälligkeit
VDH	Verband deutscher Hilfsschulen (Vorgänger des VDS)
VDS	Verband Sonderpädagogik e.V. (früher: Verband deutscher Sonderschulen/ Fachverband für Behindertenpädagogik)
vgl.	vergleiche
WfbM	Werkstätten für behinderte Menschen
WHO	World Health Organization (Weltgesundheitsorganisation)
WHODAS II	World Health Organization Disability Assessment Schedule II
z.B.	zum Beispiel
ZNS	Zentrales Nervensystem

Literaturverzeichnis

ACHILLES, I. (2003): Die Situation der Geschwister – „Wir behandeln alle unsere Kinder gleich." Von solchen und anderen Irrtümern in Familien mit behinderten oder chronisch kranken Kindern. In: WILKEN, U.; JELTSCH-SCHUDEL, B. (Hg): Eltern behinderter Kinder. Empowerment – Kooperation – Beratung. Stuttgart, 60-70.

ACHILLES, I. ([4]2005): Was macht ihr Sohn denn da? Geistige Behinderung und Sexualität. München.

ACKERMANN-BEHRINGER, U. (1979): Kinder mit einem infantilen psychoorganischen Syndrom (POS). Bern.

ADAM, H. (1978): Curriculumkonstruktion für Geistigbehinderte. Untersuchung zur Theorie und Praxis in den USA unter besonderer Berücksichtigung des Normalisierungsprinzips. Marburg.

ADAM, H. (1991): Hilfe bei spezifischen Entwicklungsbedürfnissen - Kommunikationsförderung. In: FRÖHLICH, A. (Hg.): Pädagogik bei schwerster Behinderung. Handbuch der Sonderpädagogik Band 12. Berlin, 169-179.

ADAMEIT, H. et al. (1978): Grundkurs Verhaltensmodifikation. Ein handlungsorientiertes einführendes Arbeitsbuch für Lehrer und Erzieher. Weinheim.

ADAMS, W. C. (Hg.) (1979): A handbook for specific learning disabilities. New York.

ADLER, A. (1907): Studie über Minderwertigkeit von Organen (Nachdruck 1977). Frankfurt a.M.

ADLER, A. (1928): Über den nervösen Charakter. Grundzüge einer vergleichenden Individualpsychologie und Psychotherapie (Neuauflage 1972). Frankfurt a.M.

ADLER, A. (1920): Praxis und Theorie der Individualpsychologie (Nachdruck 2001). Frankfurt a.M.

ADLER, A. (1927): Menschenkenntnis (Nachdruck 2003). Frankfurt a.M.

ADLER, A. (1933): Der Sinn des Lebens. (Nachdruck 1997). Frankfurt a.M.

ADLHOCH, U. (1988): Die neue Schwerbehinderten-Ausgleichsabgabeverordnung. Stuttgart.

ADOLPH, H. (1981): Sport mit geistig Behinderten. Ein didaktisch-methodisches Gesamtkonzept mit praktischen Lehr- und Übungsspielen. Bad Homburg.

ADORNO, T. (1950): The authoritarian personality. New York. (deutsche Teilausgabe: ADORNO, T. (1973): Studien zum autoritären Charakter. Frankfurt a.M.).

AEBI, U. (1974): Das normalbegabte zerebral bewegungsgestörte Kind. Bern.

AEBLI, H. (1969): Die Geistige Entwicklung als Funktion von Anlage, Reifung, Umwelt- und Erziehungsbedingungen. In: DEUTSCHER BILDUNGSRAT (Hg): Begabung und Lernen. Stuttgart, 151-192.

AFFOLTER, F. (1977): Die Fehlentwicklung von Wahrnehmungsprozessen insbesondere im auditiven Bereich. In: BERGER, E. (Hg.): Teilleistungsschwächen bei Kindern. Bern, 63-74.

AFFOLTER, F.; BISCHOFBERGER, B. (1982): Psychologische Aspekte der Gehörlosigkeit. In: JUSSEN, H.; KRÖHNERT, O. (Hg.): Pädagogik der Gehörlosen und Schwerhörigen. Handbuch der Sonderpädagogik Band 3. Berlin, 605-632.

AHRBECK, B. (1993): Psychische Voraussetzungen für die Bewältigung von Aggressivität. In: Hörgeschädigtenpädagogik 5, 273-287.

AHRBECK, B. (2004): Kinder brauchen Erziehung. Die vergessene pädagogische Verantwortung. Stuttgart.

AHRBECK, B.; RATH, W. (1988): Krisen und ihre Bewältigung - nicht nur ein Problem sehgeschädigter Menschen. In: Kongreßbericht, 30. Kongreß für Sehgeschädigtenpädagogik. Hannover-Kirchrode, 32-42.

AICHHORN, A. ([11]2005): Verwahrloste Jugend. Die Psychoanalyse in der Fürsorgeerziehung. Bern.

AISSEN-CREWETT, M. (²2002): Kunst und Therapie mit Gruppen. Dortmund.
ALAHUHTA, E. (1976): On the defects of perception, reasoning and spatial orientation ability in linguistically handicapped children. Diss. Univ. Helsinki.
ALBERT, H. (1986): Traktat über rationale Praxis. Tübingen.
ALICH, G. (1960): Zur Erkennbarkeit von Sprachgestalten beim Ablesen vom Munde. Bonn.
ALLEN, K. E. (Hg.) (1978): Early intervention – a team approach. Baltimore.
ALLPORT, G. W. (1971): Die Natur des Vorurteils. Köln.
ALSTAEDT, I. (1977): Lernbehinderte. Kritische Entwicklungsgeschichte eines Notstands: Sonderpädagogik in Deutschland und Schweden. Reinbek bei Hamburg.
ALVIN, J. (1959): The response of several retarded children to music. In: Journal of Mental Deficiency 63, 988-993.
ALVIN, J. (1973): Die Grundlagen der Musiktherapie. In: PAHLEN, K. (Hg.): Musiktherapie. München.
ALVIN, J. (1988): Musik für das behinderte Kind und Musiktherapie für das autistische Kind. Stuttgart.
ALY, G. (1985): Aussonderung und Tod. Berlin.
ALY, G. (Hg.) (²1989): Aktion T4 1939-1945. Berlin.
AMMANN, W.; PETERS, H. (1981): Stigma Dummheit. Bewältigungsargumentation von Sonderschülern. Rheinstetten.
AMMER, C. et al. (1976): Veränderung von Schülerverhalten. München.
ANASTASI, A. (1973): Vererbung, Umwelt und die Frage ‚Wie?'. In: SKOWRONEK, H. (Hg.): Umwelt und Begabung. Stuttgart, 9-26.
ANDREWS, R. J.; BERRY, P. B. (1978): Die Evaluation der Dienste für Behinderte: Förderung des Lebens in der Gemeinde. In: Int. J. Rehab. Research 1,4, 451-461.
ANGERHOEFER, U. (1998): Zur Entwicklung von Schlüsselqualifikationen im Kontext einer veränderten allgemeinen Grundbildung in der Förderschule. In: ANGERHOEFER, U.; DITTMANN, W. (Hg.): Lernbehindertenpädagogik: Eine institutionalisierte Pädagogik im Wandel. Neuwied/Berlin, 97–115.
ANGERMEIER, M. (1974): Psycholinguistischer Entwicklungstest PET. Manual. Weinheim.
ANGERMEYER, M. C.; DÖHNER, O. (Hg.) (1981): Chronisch kranke Kinder und Jugendliche in der Familie. Stuttgart.
ANSTÖTZ, C. (1987): Grundriß der Behindertenpädagogik. Berlin.
ANSTÖTZ, C. (1989): Ethik der Heilpädagogik und das Recht auf Leben. Darstellung der Position Michael Tooleys. In: Heilpädagogische Forschung 15, 3, 127-132.
ANTOR, G.; BLEIDICK, U. (2000): Behindertenpädagogik als angewandte Ethik. Stuttgart.
ANTOR, G.; BLEIDICK, U. (2000): Handlexikon der Behindertenpädagogik. Schlüsselbegriffe aus Theorie und Praxis. Stuttgart.
ARBEITSGEMEINSCHAFT BEVÖLKERUNGSBEZOGENER KREBSREGISTER IN DEUTSCHLAND (Hg. 2004): Krebs in Deutschland – Häufigkeiten und Trends. Saarbrücken.
ARBEITSGEMEINSCHAFT DER DEUTSCHEN HAUPTFÜRSORGESTELLEN (Hg.) (³1990): Das ABC der Behindertenhilfe. Handbuch für Helfer der Behinderten im Arbeitsleben. Münster.
ARBEITSGEMEINSCHAFT KINDER- UND JUGENDSCHUTZBUND HAMBURG e.V. (1997): HIV-betroffene Kinder im Kindergarten. Informationen für MitarbeiterInnen. Hamburg.
ARBEITSKAMMER DES SAARLANDES (Hg.) (¹²1988): Schwerbehinderte und ihr Recht. Saarbrücken.
ARBEITSKREIS FÜR BEHINDERTENFRAGEN (AFB) (Hg.) (1991): Dokumentation: Wohnen von Menschen mit Behinderungen. Oldenburg.
ARBEITSKREIS ZUR FÖRDERUNG VON PFLEGEKINDERN e.V. (1993): HIV und AIDS bei Kindern. Eine Herausforderung für die Jugendhilfe. Berlin.
AREND, A.v.d. (1980): Die pädagogische Bedeutung der Zärtlichkeit bei Schwachsinn. In: SPORKEN, P. et al.: Die Sexualität im Leben Geistigbehinderter. Düsseldorf, 51-93.
ARENS, C.; DZIKOWSKI, S. (Hg.) (1990): Autismus heute. Dortmund.
Aristoteles, Ausg. Hoenn 1955, Bd. 6.
ARM, B.; FAY, E. (²1979): Die leichte frühkindliche Hirnschädigung. Früherkennung und Behandlung in Schule, Kindergarten und Elternhaus. Bern.
ARNOLD, R. (1999): Schlüsselqualifikationen aus berufspädagogischer Sicht. In: ARNOLD, R.; Müller, H.-J. (Hg.): Kompetenzentwicklung durch Schlüsselqualifizierung. Baltmannsweiler, 17-26.

ARNOLD, W. (1968a): Begabung und Bildungswilligkeit. München.
ARNOLD, W. (1968b): Bildungswilligkeit der Eltern im Hinblick auf ihre Kinder. In: ROTH, H. (Hg.): Begabung und Lernen. Stuttgart, 357-375.
ARNOLD, W. (1972): Ausdrucksdiagnostische Verfahrensweisen. In: ARNOLD, W. (Hg.): Psychologisches Praktikum. Leitfaden für psychologische Übungen. Bd. 2. Stuttgart, 202-233.
ARNOLDY, P. (1977): Achtung aufgepaßt! Ein audio-visuelles Lernprogramm zur Förderung der Hör-, Sprech- und Lesefertigkeit. München-Ismaning.
ARONSON E. et al. (92001): Ausgebrannt. Stuttgart.
ASCHENBRENNER, H.; RIEDER, K. (Hg.) (21990): Sprachheilpädagogische Praxis. Frankfurt a.M.
ASMUSSEN, M. et al. (1981): Heilpädagogische Heimerziehung. Erfahrungen und Reflexionen aus der Praxis. Berlin.
ASPERGER, H. (1963): Klinik der infantilen Zerebralparese. In: LINDEMANN, K. (Hg.): Die infantilen Zerebralparesen. Stuttgart, 33-44.
ASPERGER, H. (51968): Heilpädagogik, Einführung in die Psycholpathologie des Kindes für Ärzte, Lehrer, Psychologe, Richter und Fürsorgerinnen. Wien, New York.
ASPERGER, H. (Hg.) (1988): Psychotherapie und Heilpädagogik bei Kindern. München.
AUCOUTURIER, B.; LAPIERRE, A. (31999): Bruno. Bericht über eine psychomotorische Therapie bei einem zerebralgeschädigten Kind. München.
AUSUBEL, D.P. (1968): Educational psychologie. A cognitive view. New York.
AUSUBEL, D.P. (1974): Psychologie des Unterrichts. Weinheim.
AXLINE, V.M. (1972): Kinder-Spieltherapie im nicht-direktiven Verfahren (10. Aufl. 2002). München, Basel.
AYRES, J. (1984): Bausteine der kindlichen Entwicklung. (4. Aufl. 2002) Berlin, Heidelberg, New York.
Baake, D. (1996): Medienkompetenz – Begrifflichkeit und sozialer Wandel. In: Rein, A. (Hg.): Medienkompetenz als Schlüsselbegriff. Bad Heilbrunn.
BACH, H. (1968): Geistige Behinderung und Lernbehinderung. In: Lebenshilfe 7, 128-131.
BACH, H. (1971/1976): Unterrichtslehre L. Allgemeine Unterrichtslehre der Sonderschule für Lernbehinderte. Berlin.
BACH, H. (1974): Geistigbehinderte unter pädagogischem Aspekt. In: DEUTSCHER BILDUNGSRAT (Hg.): Gutachten und Studien der Bildungskommission. Bd. 34. Stuttgart, 19-115.
BACH, H. (21976): Sonderpädagogik im Grundriß. Berlin.
BACH, H. (41977a): Geistigbehindertenpädagogik. In: BACH, H.: Sonderpädagogik im Grundriß. Berlin, 91-96.
BACH, H. (41977b): Sonderpädagogik im Grundriß. Berlin.
BACH, H. (Hg.) (1979a): Familien mit geistig behinderten Kindern. Untersuchungen zur psychischen, sozialen und ökonomischen Lage. Berlin.
BACH, H. (Hg.) (1979b): Pädagogik der Geistigbehinderten. Handbuch der Sonderpädagogik Band 5. Berlin.
BACH, H. (1985): Grundbegriffe der Behindertenpädagogik. In: BLEIDICK, U. (Hg.): Theorie der Behindertenpädagogik. Handbuch der Sonderpädagogik. Bd. 1. Berlin, 3 – 24.
BACH, H. (Hg.) (41990): Früherziehungsprogramme für geistig behinderte und entwicklungsverzögerte Säuglinge und Kleinkinder. Berlin.
BACH, H. (131991): Geistigbehindertenpädagogik (16. Aufl. 2000). Berlin.
BACH, H. (1993): Zusätzlicher Förderbedarf. Begriff und Begründung von zusätzlichem Förderbedarf eines Kindes in der Schule. In: Vierteljahresschrift für Heilpädagogik und ihre Nachbargebiete (VHN) 2, 137-143.
BACH, H. (1995a): Sonderschule gestern, heute, morgen: Perspektiven schulischer Förderung beeinträchtigter Kinder und Jugendlicher. In: Zeitschrift für Heilpädagogik 46, 1, 4-7.
BACH, H. (1995b): Hauptbedürfnisse behinderter alter Menschen als Herausforderung für die Pädagogik. In: Bundesvereinigung Lebenshilfe für geistig Behinderte (Hg.): Wohnen heißt zu Hause sein. Marburg/Lahn, 135-143.
BACH, H. (1996): Begriffe im Bereich der Sonderpädagogik. Wegweiser und ihre Risiken. In: OPP, G.; PETERANDER, F. (Hg.): Focus Heilpädagogik. München/Basel, 36 – 44.
BACH, H.; PFIRRMANN, F. (1994): Reform schulischer Fördrung beeinträchtigter Kinder. Mainz.
BACHMANN, W. (1985): Das unselige Erbe des Christentums: Die Wechselbälge. Gießen.

Bächthold, A. (1981): Behinderte Jugendliche: Soziale Isolierung oder Partizipation? Ergebnisse einer repräsentativen Umfrage. Mit einem Beitrag von G. Heese. Bern, Stuttgart.

Baecker, J.; Borg-Lauf, M.; Duda, L.; Matthies, E. (1992): Sozialer Konstruktivismus – eine neue Perspektive in der Psychologie. In: Schmidt, S.J. (Hg.): Kognition und Gesellschaft. Der Diskurs des Radikalen Konstruktivismus. Frankfurt/M.

Baeriswyl-Rouiller, I. (1991): Die Situation autistischer Menschen. Bern, Stuttgart.

Baier, H. (1978): Empirische Lernbehindertenpädagogik: Anleitungen zur erfolgreichen Anwendung ausgewählter Forschungstechniken. Berlin.

Baier, H. (1980): Einführung in die Lernbehindertenpädagogik. Stuttgart.

Baier, H.; Bleidick, U. (Hg.) (1983): Handbuch für Lernbehindertenpädagogik. Stuttgart.

Baier, H.; Klein, G. (Hg.) (1980): Die Schule für Lernbehinderte. Organisatorische Fragen pädagogisch gesehen. Berlin.

Baier, H.; Weigert, H. (1980): Schulvorbereitende Einrichtungen an der Schule für Lernbehinderte. In: Zeitschrift für Heilpädagogik 32, 321-329.

Bales, R. F. (1951): Channels of communication in small groups. In: American Sociological Review 16, 461-468.

Balluseck, H. von (1978): Abweichendes Verhalten und abweichendes Handeln. Ein Lehr- und Arbeitsbuch. Frankfurt.

Balzer, B.; Rolli, S. (1975): Sozialtherapie mit Eltern Behinderter. Weinheim.

Banasch, M. (Hg.) (2002): Behinderte Sexualität – Verhinderte Lust? Zum Grundrecht auf Sexualität für Menschen mit Behinderung. Neu-Ulm.

Barker, R. G. (1953): Adjustment to physical handicap and illness: A survey of the social psychology of physique and disability. New York.

Barker, R. G. (1968): Ecological psychology. Stanford.

Bärsch, W. (1973a): Der Behinderte in der Gesellschaft. In: Bärsch, W. et al.: Behinderte - inmitten oder am Rande der Gesellschaft. Berlin, 7-23.

Bärsch, W. et al. (1973b): Behinderte - inmitten oder am Rande der Gesellschaft. Berlin.

Barth, K. (1997): Lernschwächen früh erkennen im Vorschul- und Grundschulalter (4. Aufl. 2003). München.

Bartholomäus, W. (1987): Glut der Begierde. Sprache der Liebe. Unterwegs zur ganzen Sexualität. München.

Bashir, A.; Strominger, A. (1996): Children with developmental language disorders. Outcomoes, persistence, and change. In: Smith, M.; Daminco, J. (Hg.): Childhood language disorders. New York, 119-140.

Bateson, G. et al. ([5]1996): Schizophrenie und Familie. Frankfurt a.M.

Baudisch, W.; Bröse, B.; Samski, C.S. (1987): Hilfsschulpädagogik. Berlin (O).

Bauer, A.; Kaiser, G. (1988): Der Beitrag der Analyse sprachlicher Interaktion zu einer therapieorientierten Aphasiediagnostik. In: Günther, K.-B. (Hg.): Sprachstörungen. Heidelberg, 226-240.

Bauer, H. (1973): Klinik der Sprachstörungen. In: Biesalski, F. et al. (Hg.): Phoniatrie und Pädaudiologie - ein Überblick. Stuttgart, 104-164.

Bauer, H. u.a. (1980): Hilfen für behinderte Kinder. Neuere diagnostische und therapeutische Möglichkeiten bei sprachentwicklungsgestörten Kindern unter besonderer Berücksichtigung von visuellen und auditiven Wahrnehmungsfähigkeiten. Stuttgart.

Baumann, R.; Zinn, H. (1973): Kindergerechte Wohnungen für Familien. Bern.

Baumann-Geldern-Egmond, I. (1990): Der Einsatz des Computers im Unterricht der Primarstufe der Schule für Lernbehinderte. Frankfurt a.M.

Baumberger, W. (1979): Informiertheit und Berufswahlentscheidung Lernbehinderter. Berlin.

Baumeler, B. (1981): Medien zum Thema Behinderung. Filme, Tonbänder, Tonbildschauen. Luzern.

Baumgartner, S. (1978a): Empirische Untersuchungen zum Sozialverhalten sprachauffälliger Vorschulkinder. In: Die Sprachheilarbeit 23, 41-52.

Baumgartner, S. (1978b): Verhaltensauffälligkeiten bei Kindern an Schulen für Sprachbehinderte. Diss., Univ. München.

Baumgartner, S. (1992): Sprechflüssigkeit. In: Baumgartner, S.; Füssenich, I. (Hg.): Sprachtherapie bei Kindern. München, Basel, 204-289.

Baumgartner, S. (1994): Sprachheilpädagogik als Heilpädagogik - ein Versuch. In: Die Sprachheilarbeit, 38, 3, 140-152.

BAUMGARTNER, S. (1995): Sprachheilende Interaktionen in der pädagogischen Moderne. In: Die Sprachheilarbeit 2, 126-136.

BAUMGARTNER, S. (1997): Perspektiven einer veränderten Wissensvermittlung in der Sprachheilpädagogik. In: Die Sprachheilarbeit 41, 6, 260-276.

BAUMGARTNER, S. (1998a): Die Chancen der Sprachheilpädagogik. In: Behindertenpädagogik in Bayern 42, 2, 95- 110.

BAUMGARTNER, S. (1998b): Stottertherapie im Fortschritt? Bemerkungen zu 60 Jahre Stottertherapie. In: Behindertenpädagogik in Bayern 42, 4, 234-243.

BAUMGARTNER, S.; FÜSSENICH, I. (Hg.) (⁵2002): Sprachtherapie mit Kindern. München.

BAUMHAUER, J. (1979): Verhaltenstherapie bei geistig behinderten Kindern. In: PONGRATZ, L.J. (Hg.): Handbuch der Psychologie Band 8/II Klinische Psychologie. Göttingen, 2483-2536.

BÄUMLER, G.; SEITZ, W.; KNOP, G. (1968): Die faktorielle Struktur der nicht-verbalen Intelligenztestreihe von Snijders und Snijders-Oomen bei Taubstummen. In: Diagnostica 14, 87-93.

BAUN, M. (²1982): Förderung sprachlicher Kommunikation bei Geistigbehinderten. Berlin.

BECK, A.T. (1970): Cognitive Therapy: Nature and relation to Behavior Therapy. In: Behavior Therapy, 1, 184-200.

BECK, A.T.; GREENBERG, R.L. (1979): Kognitive Therapie bei der Behandlung von Depressionen. In: HOFFMANN, N. (Hg.): Grundlagen kognitiver Therapie: Theoretische Modelle und praktische Anwendung. Bern, Stuttgart, Wien, 177-203.

BECK, C. (1992): Sozialdarwinismus – Rassenhygiene – Zwangssterilisation und Vernichtung „unwerten" Lebens. Bonn.

BECK, I. (2001): Normalisierung. In: ANTOR, S.; BLEIDICK, U. (Hg.): Handlexikon der Behindertenpädagogik. Stuttgart, 82-85.

BECK, I. (2002): Materialien zum Elften Kinder- und Jugendbericht. 4. Die Lebenslagen von Kindern und Jugendlichen mit Behinderung und ihrer Familien in Deutschland: soziale und strukturelle Dimensionen. In: Gesundheit und Behinderung im Leben von Kindern und Jugendlichen. München, 175-315.

BECK, L.; HINTERMAYER, C. (1990): Mehrdimensionale Förderung in der Sprachklasse. Schwerpunkt-Dysgrammatikertherapie. In: Der Sprachheilpädagoge 22, 50-58.

BECK, M. (Hg.) (1981): Rehabilitations- Studie Baden: Rehabilitation, Gesundheitsbildung, Effektivität, Nachsorge. Karlsruhe.

BECK, U. (1986): Risikogesellschaft. Auf dem Weg in eine andere Moderne. Frankfurt a. Main.

BECKER, A.; NIGGEMEYER, E. (1978): Chancen für behinderte Kinder und Jugendliche. Stuttgart.

BECKER, K.-P.; AUTORENKOLLEKTIV (1979): Rehabilitationspädagogik. Berlin.

BECKER, K.-P.; SOVÁK, M. (²1975): Lehrbuch der Logopädie. Köln.

BECKER, R. (1969): Die Entwicklung der Schriftsprache bei frühbehandelten Sprachgestörten. In: Sonderschule 12, 32-34.

BECKER, R. (⁵1985): Die Lese-Rechtschreib-Schwäche aus logopädischer Sicht. Berlin.

BECKER, W. (1988): Der Schein von Freiheit: Rehabilitation geistig und seelisch Behinderter durch Arbeit. Hamburg.

BECKER, W. (1991): Rehabilitation, Bildung und Computertechnik: Neue Techniken zur beruflichen Qualifizierung Körperbehinderter. Berlin.

BECKLING, B.; KATZ, H. (1985): Berufsfindung in der beruflichen Rehabilitation. München.

BEDNAR, M. J. (1977): Planning and design for normalization in Denmark and Sweden. In: BEDNAR, M. J. (Ed.): Barrier-free environments. Stroudsburg.

BEEF, F. (1977): Therapeutische Betreuung von Kindern mit Teilleistungsschwächen. Konsequenzen für Lehrerausbildung und Schulsystem. In: BERGER, E. (Hg.): Teilleistungsschwächen bei Kindern. Bern, 126-132.

BEGEMANN, E. (1970): Die Erziehung der soziokulturell benachteiligten Schüler. Berlin, Darmstadt, Dortmund.

BEGEMANN, E. (1972): Die Bildungsfähigkeit der Hilfsschüler: Soziokulturelle Benachteiligung und unterrichtliche Förderung (3. Aufl. 1975). Berlin.

BEGEMANN, E. (1984): Schüler und Lern-Behinderung: Zum pädagogischen Auftrag des Lehrers. Bad Heilbrunn/Obb.

BEGEMANN, E.; FRÖHLICH, A.D.; PENNER, H. (1979): Förderung von schwerstkörperbehinderten Kindern in der Primarstufe. Zwischenbericht. Mainz.

BEHÖRDE FÜR SCHULE, JUGEND UND BERUFSBILDUNG DER FREIEN UND HANSESTADT HAMBURG (BSB) (Hg.) (2001): REBUS. Hamburg.

BEHRINGER, L. (2001): Zur Situation von Familien. Reflexion aus der Arbeit mit Elternselbsthilfegruppen. In: Frühförderung interdisziplinär, 20, 4, 157-165

BELL, H. (1988): Arbeit, Orientierung, Rehabilitation. Villingen-Schwenningen.

BENKMANN, K.-H. (1989): Pädagogische Erklärungs- und Handlungsansätze bei Verhaltensstörungen in der Schule. In: GOETZE, H.; NEUKÄTER, H. (Hg.): Pädagogik bei Verhaltensstörungen. Handbuch der Sonderpädagogik Band 6. Berlin, 70-119.

BENKMANN, R. (1994): Dekategorisierung und Heterogenität. Aktuelle Probleme schulischer Integration von Kindern mit Lernschwierigkeiten in den Vereinigten Staaten und der Bundesrepublik. In: Sonderpädagogik 1, 4-13.

BENKMANN, R. (1998a): Konzepte für ein Integratives Schulsystem – Thüringen. In: ROSENBERGER, M. (Hg): Schule ohne Aussonderung. Neuwied, Hamburg, 344-351.

BENKMANN, R. (1998b): Entwicklungspädagogik und Kooperation. Sozial-konstruktivistische Perspektiven der Förderung von Kindern mit gravierenden Lernschwierigkeiten in der allgemeinen Schule. Weinheim.

BENKMANN, R. (1999a): Kooperatives Lernen von Kindern mit und ohne Lernschwierigkeiten in integrativen Schulklassen. Teil 1. In: Die neue Sonderschule 44, 2, 94-100.

BENKMANN, R. (1999b): Kooperatives Lernen von Kindern mit und ohne Lernschwierigkeiten in integrativen Schulklassen. Teil 2. In: Die neue Sonderschule 44, 3, 174-185.

BENKMANN, R. (2000): Probleme und Perspektiven sonderpädagogischer Förderung von Kindern und Jugendlichen mit gravierenden Lernschwierigkeiten am Beispiel von Entwicklungen im neuen Bundesland Thüringen. In: Zeitschrift für Heilpädagogik, 51, 1, 4-12.

BENKMANN, R. (2003): Bedingungen und Prozesse bei Beeinträchtigungen des Lernens – Die Perspektive des sozialen Konstruktivismus. In: LEONHARDT, A.; WEMBER, F.B. (Hg): Grundfragen der Sonderpädagogik. Bildung – Erziehung – Behinderung. Weinheim u.a., 441-464.

BENKMANN, R.; HEIMLICH, U. (1997): Zwischen Aussonderung und Integration. Neuwied.

BENKMANN, R.; PEIRINGER, G. (1991): Gemeinsame Erziehung behinderter und nichtbehinderter Kinder und Jugendlicher in der Allgemeinen Schule. Entwicklungsstand und Forschung im In- und Ausland. Berlin.

BENTON, A.L. (Hg.) (1978): Dyslexia. New York.

BERENTZ, N. ([8]1990): Leitfaden für Behinderte: Handbuch zur Rehabilitation in der Bundesrepublik Deutschland. Bonn.

BERG, C. (1973): Die Okkupation der Schule. Heidelberg.

BERGEEST, H. (1999): Sozialisation körperbehinderter Menschen. In: BERGEEST, H.; HANSEN, G. (Hg.): Theorien der Körperbehindertenpädagogik. Bad Heilbrunn, 215-240.

BERGEEST, H. (2002): Körperbehindertenpädagogik. Studium und Praxis. Bad Heilbrunn.

BERGEEST, H.; HANSEN, G. (Hg.) (1999): Theorien der Körperbehindertenpädagogik. Heilbrunn.

BERGER, E. (1977a): Das Problem der Teilleistungsschwäche in seiner Bedeutung für die Schule. In: BERGER, E. (Hg.): Teilleistungsschwächen bei Kindern. Bern, 12-22.

BERGER, E. (1977b): Minimale cerebrale Dysfunktion bei Kindern - ein kritischer Literaturüberblick. Bern.

BERGER, E.; FRIEDRICH, M.H.; SCHUCH, B. (1985): Verhaltensbeurteilung bei Kindern und Jugendlichen. Stuttgart.

BERGIUS, R. (1969): Analyse der „Begabung“: Die Bedingungen des intelligenten Verhaltens. In: DEUTSCHER BILDUNGSRAT (Hg): Begabung und Lernen. Stuttgart, 229-268.

BERGIUS, R. (1971): Psychologie des Lernens. Stuttgart/ Berlin/ Köln/ Mainz.

BERGIUS, R.; WERBIK, H.; WINTER, G. (1970): Urteile deutscher Arbeitnehmer über Völker in Relation zur Zahl ihrer ausländischen Bekannten. In: Theorie, Methoden der Erhebung und kollektive Stereotypen. Psychologische Beiträge 12, 241-310.

BERGS, J.; FOIT, J.; PROKOP, E. (1987): Berufliche Rehabilitation. München.

BERK, T.J. (1968): An analysis of personality traits in a group of mildly mentally retarded children with a multivariate personality test. In: Journal of mental Subnormality 14, 35-42.

BERKEL, K. (1987): Arbeitsgruppe. In: HOYOS, C. GRAF; KROEBER-RIEL, W.; ROSENSTIEL, L. V.; STRÜMPEL, B. (Hg.): Wirtschaftspsychologie in Grundbegriffen. München, Weinheim, 73-82.

BERLINER LANDESINSTITUT FÜR SCHULE UND MEDIEN (Lisum) (2001): Gemeinsame Erziehung und Sonderpädagogische Förderung in der Berliner Schule. Berlin.

BERNARD-OPITZ, V.; BLESCH, G.; HOLZ, K. ([2]1992): Sprachlos muß keiner bleiben. Handzeichen und andere Kommunikationshilfen für autistische und geistig Behinderte. Freiburg i.Br.

BERNHART, P. (1977): Pädagogische Förderung in der Werkstatt für Behinderte. Ein Beitrag zur Praxis der Arbeit mit geistigbehinderten Erwachsenen. München.

BERNSTEIN, B. (1969): Der Unfug mit der „kompensatorischen" Erziehung. In: BERNSTEIN, B. (Hg.): Familienerziehung, Sozialschicht und Schulerfolg. Weinheim, 21-36.

BERNSTEIN, B. ([5]1980): Studien zur sprachlichen Sozialisation. Düsseldorf.

BERNSTEIN, J.; KÜNZEL, R. (1976): Vergleich der Intelligenz jugendlicher Cerebralparetiker und jugendlicher Körperbehinderter ohne Hirnschädigung. In: Sonderpädagogik 6, 119-130.

BESCHEL, E. ([3]1965): Der Eigencharakter der Hilfsschule. Weinheim.

BESCHEL, E. (1969): Eigenart, Gliederung und Aufgabe der Allgemeinen Heilpädagogik. In: Zeitschrift für Heilpädagogik 6, 327-338.

BETHELER ARBEITSTEXTE (1993): Kinderwunsch und Elternschaft von Menschen mit einer geistigen Behinderung. Bethel.

BETHMANN, H. ([4]1993): Schwerbehindertengesetz: Basiskommentar. Köln.

BETTELHEIM, B. (1977): Die Geburt des Selbst: Erfolgreiche Therapie autistischer Kinder. München.

BETTELHEIM, B. ([3]1991): Liebe allein genügt nicht. Die Erziehung emotional gestörter Kinder. Stuttgart.

BIALEK, R. u.a. (1995): Die peripartale Betreuung HIV-exponierter Früh- und Neugeborener. In: BIALEK, R. (Hg.).: Die medizinische Betreuung HIV-infizierter Kinder und Jugendlicher. Stuttgart, 34-42.

BICKEL, H. (1977): Störungen des Aminosäurenstoffwechsels und Veränderungen der Serumeiweißkörper. In: HARNACK, G.-A. VON (Hg.): Kinderheilkunde (12. Aufl. 2000). Berlin, 88-96.

BIER, A. (1989): Zärtlichkeit und Sexualität autistischer Menschen. Weinheim.

BIERMANN, G. (1985): Kinder und Jugendliche. Frankfurt a.M.

BIERMANN, G. (Hg.) (1978): Mutter und Kind im Krankenhaus. Ein Sozialbericht aus der BRD. München.

BIERMANN, G. (Hg.) (1986): Das ärztliche Gespräch um Kinder und Jugendliche. München.

BIERMANN, G. (Hg.) (1988): Handbuch der Kinderpsychotherapie. Frankfurt a.M.

BIERMANN, G.; BIERMANN, R. (1982): Das kranke Kind und seine Umwelt. München.

BIESALSKI, P. et al. (Hg.) (1973): Phoniatrie und Pädaudiologie - ein Überblick. Stuttgart.

BIGELOW, G. (1976): Der verhaltenstherapeutische Ansatz bei Geistigbehinderten. In: THOMPSON, T.; GRABOWSKI, J. (Hg.): Verhaltensmodifikation bei Geistigbehinderten. München, 22-46.

BIGELOW, G.; GRIFFITHS, R. (1976): Eine Intensivunterrichts-Einheit für schwer- und schwerstbehinderte Frauen. In: THOMPSON, T.; GRABOWSKI, J. (Hg.): Verhaltensmodifikation bei Geistigbehinderten. München, 85-114.

BIGGER, A. (1987): Förderdiagnostik Schwer- und Schwerstbehinderter. Diagnostik und Förderung unter dem Aspekt der Kognition (4. Aufl. 1994). Berlin.

BINTINGER, G.; WILHELM, M. (2001): Inklusiven Unterricht gestalten. Creating Inclusive Education. In: Behinderte in Familie, Schule und Gesellschaft 24, 51 – 60.

BISCHOFF, H.; RATHGEBER, R. (1987): Behinderte in Ausbildung und Beruf: Ein Wegweiser (nicht nur) für Betroffene. München.

BITTNER, G. (1973): „Behinderung" oder „beschädigte Identität"? Überlegungen zum Selbstverständnis der Sonderpädagogik. In: HEESE, G.; REINARTZ, A. (Hg.): Aktuelle Beiträge zur Sozialpädagogik und Verhaltensgestörtenpädagogik. Berlin, 7-16.

BITTNER, G.; ERTLE, CH.; SCHMID, V. (1974): Schule und Unterricht bei verhaltensgestörten Kindern. In: DEUTSCHER BILDUNGSRAT (Hg.): Gutachten und Studien der Bildungskomission. Sonderpädagogik 4. Stuttgart.

BITTNER, G.; THALHAMMER, M. (Hg.) (1989): „Das Ich ist vor allem ein körperliches ..." Zum Selbstwerden des körperbehinderten Kindes. Würzburg.

BLÄSIG, W. (1967): Die Rehabilitation der Körperbehinderten. München.

BLÄSIG, W. ([2]1980): Berufsfindung und berufliche Eingliederung körperbehinderter Jugendlicher. Berlin.

BLÄSIG, W.; JANSEN, G. W.; SCHMIDT, M. H. (Hg.) ([2]1975): Die Körperbehindertenschule. Eine

Darlegung der gegenwärtigen didaktischen und methodischen Konzeption. Berlin.

BLÄSIG, W.; SCHOMBURG, E. (1966): Das Dysmelie-Kind. Auswertung von Interviews mit Eltern geschädigter Kinder. Stuttgart.

BLATT, B. (1974): Fegfeuer. In: KUGEL, R.B.; WOLFENSBERGER, W. (Hg.): Geistig Behinderte – Eingliederung oder Bewahrung? Stuttgart.

BLAU, A. (1967): Taubstumme in der Dichtung. In: Neue Blätter für Taubstummenbildung 21, 125-140.

BLAU, A. (1969): Geschichte des Gehörlosenbildungswesens. In: Enzyklopädisches Handbuch der Sonderpädagogik und ihrer Grenzgebiete. 3. völlig neubearbeitete Auflage des „Enzyklopädischen Handbuchs der Heilpädagogik". Band 1, 1067-1074.

BLECKMANN, U.; KNAUF, T. (1998): Nordrhein-Westfalen. In: ROSENBERGER, M. (Hg): Schule ohne Aussonderung Ideen, Konzepte, Zukunftchancen. Neuwied/Berlin, 269-278.

BLEIDICK, U. (1968): Über Lernbehinderung. Begriffliche und psychodiagnostische Überlegungen. In: Zeitschrift für Heilpädagogik 19, 449-464.

BLEIDICK, U. (1972): Pädagogik der Behinderten (5. Aufl. 1984), Berlin.

BLEIDICK, U. (1974): Sonderpädagogik – Sonderschulwesen. In: WULF, C. (Hg.): Wörterbuch der Erziehung. München, 525-529.

BLEIDICK, U. (1976): Metatheoretische Überlegungen zum Begriff der Behinderung. In: Zeitschrift für Heilpädagogik 27, 408-415.

BLEIDICK, U. (1977): Pädagogische Theorien der Behinderung und ihre Verknüpfung. In: Zeitschrift für Heilpädagogik 28, 207-229.

BLEIDICK, U. (1981): Zum Begriff der Behinderung in der sonderpädagogischen Theorie. In: BÜRLI, A. (Hg.): Sonderpädagogische Theoriebildung. Vergleichende Sonderpädagogik. Luzern, 25-38.

BLEIDICK, U. (1988a): Betrifft Integration: Behinderte Schüler an allg. Schulen. Berlin.

BLEIDICK, U. (1988b): Heilpädagogik, Ökologie, System. Rezension zu: Otto SPECK: System Heilpädagogik. Eine ökologisch reflexive Grundlegung. In: Zeitschrift für Heilpädagogik 39, 827-840.

BLEIDICK, U. (1988c): Behinderung als pädagogisches Problem. Studienbrief des Deutschen Instituts für Fernstudien an der Universität Tübingen. Tübingen.

BLEIDICK, U. (1995a): Das Dilemma mit der Integration. In: Die Sonderschule 40, 329-346.

BLEIDICK, U. (1995b): Einleitung. In: BLEIDICK, U.; HAGEMEISTER, U. (Hg.): Einführung in die Behindertenpädagogik. Bd. 1. Allgemeine Theorie der Behindertenpädagogik. Stuttgart, 7-10.

BLEIDICK, U. (1999): Behinderung als pädagogische Aufgabe. Stuttgart u.a.

BLEIDICK, U. (Hg.) (1982): Berufliche Bildung behinderter Jugendlicher. Stuttgart.

BLEIDICK, U. (Hg.) (1985): Theorie der Behindertenpädagogik (Handbuch der Sonderpädagogik Band 1). Berlin.

BLEIDICK, U. et al. (⁴1995): Einführung in die Behindertenpädagogik II. Blinden-, Gehörlosen-, Geistigbehinderten-, Körperbehinderten- und Lernbehindertenpädagogik. Stuttgart, Berlin, Köln.

BLEIDICK, U. (Hg.) (⁵1998): Einführung in die Behindertenpädagogik. Bd. 1-3. Stuttgart.

BLEIDICK, U.; ELLGER-RÜTTGARDT, S. (Hg.) (1994): Behindertenpädagogik im vereinten Deutschland. Weinheim.

BLEIDICK, U.; HAGEMEISTER, U. (1977): Einführung in die Behindertenpädagogik. Bd. I. Allgemeine Theorie und Bibliographie. Stuttgart.

BLEIDICK, U.; HAGEMEISTER, U. (1992): Einführung in die Behindertenpädagogik. Band 1: Allgemeine Theorie der Behindertenpädagogik. 4., völlig überarbeitete Auflage. Stuttgart, Berlin, Köln.

BLEIDICK, U.; RATH, W.; SCHUCK, K.-D. (1995): Die Empfehlungen der Kultusministerkonferenz zur sonderpädagogischen Förderung in den Schulen der Bundesrepublik Deutschland. In: Zeitschrift für Pädagogik 2, 247-264.

BLESS, G. (²2002): Zur Wirksamkeit der Integration. Forschungsüberblick, praktische Umsetzung einer integrativen Schulform, Untersuchungen zum Lernfortschritt. Bern, Stuttgart, Wien.

BLEULER, E. (1911): Dementia praecox oder die Gruppe der Schizophrenien. In: ASCHAFFENBURG, G. (Hg.): Handbuch der Psychiatrie, Spez. Teil, 4. Abt., 1. Hälfte. Leipzig/Wien.

BLOCH, E.; GOODSTEIN, L. D. (1971): Functional speech disorders and personality: a decade of research. In: Speech and Hearing Disorders 3, 295-314.

BOBATH, B.; BOBATH, K. (⁵1998): Die motorische Entwicklung bei Zerebralparesen. Stuttgart.

BODE, D. DE; BOM, H. (1993): Wer hilft Franz: Beispiel einer Familientherapie in der Heilpädagogik. Stuttgart.

BODENBENDER, E. (1981): Zur psychosozialen Situation der Eltern geistigbehinderter Kinder. In: Geistige Behinderung 20, 1, 5-16.

BOEHLKE, E. (1996): Krisenintervention und andere stützende Hilfen für das urbane Wohnen aus Sicht der Medizin. In: FISCHER, U. et al. (Hg.): Urbanes Wohnen für Erwachsene mit schwerer geistiger Behinderung - Herausforderungen - Realität - Perspektiven. Reutlingen, 173-189.

BOENISCH, J.; DAUT, V. (2002): Didaktik des Unterrichts mit körperbehinderten Kindern. Stuttgart.

BÖHM, O. (2002): Risiken und Nebenwirkunen ... Lernen Fördern. In: LERNEN FÖRDERN (Hg.): 25 Jahre LERNEN FÖRDERN in BadenWürttemberg. Festschrift zum 25-jährigen Bestehen. Stuttgart, 94-105.

BÖHM, W. ([16]2005): Wörterbuch Pädagogik. (16. vollst. überarb. Auflage) Stuttgart.

BÖHME, G. (1974): Stimm-, Sprech- und Sprachstörungen. Ätiologie, Diagnostik und Therapie. Stuttgart.

BÖHME, G. (1980): Therapie der Sprach-, Sprech- und Stimmstörungen. Stuttgart.

BÖKER, W.; BRENNER, H.D. (1990): Geistigbehinderte in Psychiatrischen Kliniken. Bern.

BOLLNOW, O.F. (1941): Existenzphilosophie. Stuttgart.

BOLLNOW, O.F. (1956): Erziehung wozu? Frankfurt a.M.

BOLLNOW, O.F. (1962): Existenzphilosophie und Pädagogik. Stuttgart.

BOLSINGER, A. (1973): Erblindungsursachen im Wandel der Zeit. Bonn.

BOLT, W.; SCHÖLMERICH, P. (1977): Präventivmedizinische Gesichtspunkte bei inneren Krankheiten. In: GROSS, R.; SCHÖLMERICH, P. (Hg.): Lehrbuch der Inneren Medizin. Stuttgart, 1185-1194.

BONDERER, E. (1976): Labeling approach. In: Sonderpädagogik 6, 139-141.

BONDERER, E. (1980): Integrationsbegriffe in der Behindertenpädagogik. In: Vierteljahresschrift für Heilpädagogik und ihre Nachbargebiete, 49, 1, 57–66 / 49, 2, 179–190.

BONDIZIO, M.; VATER, W. (1980): Frühförderung und Entwicklungshilfen für behinderte Kinder. Entwicklungsorientierter Übungsaufbau für behinderte Kinder im Entwicklungsalter von 0-3 Jahren. Bonn.

BONDY, C. et al. (1969): Testbatterie für geistig behinderte Kinder. Weinheim.

BORCHERT, J. (Hg.) (2000): Handbuch der Sonderpädagogischen Psychologie. Göttingen/Bern/Toronto.

BORDEL, R.; NAGEL, N.; STADLER, H. (1987): Schule -und wie weiter? Heidelberg.

BORMANN-KISCHKEL, C. (1990): Erkennen autistische Kinder Personen und Emotionen? Regensburg.

BORONUS, T. (1997): Ist die Sprachheilschule noch zu retten? In: Die Sprachheilarbeit 42, 45-47.

BOSCH, E. (2004): Sexualität und Beziehungen bei Menschen mit einer geistigen Behinderung. Ein Hand- und Arbeitsbuch. Tübingen.

BOSSHARD, P. (1972): Der Taubstumme. Neuburgweier.

BOTERAM, N. (1976): Pygmalions Medium. Lehrererwartungen, Ursachenerklärungen, Interaktionen im Unterricht. Rheinstetten.

BOUDON, R.; BOURRICAUD, F. (1992): Soziologische Stichworte: Ein Handbuch. Opladen.

BOURDIEU, P. (1985): Sozialer "Raum" und Klassen. Frankfurt a.M.

BOWLBY, J. (1951): Maternal care and mental health. Genève. (deutsch: Mütterliche Zuwendung und geistige Gesundheit. München 1973).

BOWLBY, J. (1975): Bindung. Eine Analyse der Mutter-Kind-Beziehung. München.

BRACK, U.B. (Hg.) ([2]1993): Frühdiagnostik und Frühtherapie. Weinheim.

BRACKEN, H. VON (1972): Mehrfachbehinderungen als heilpädagogische Aufgabe. In: SOLAROVÁ, S. (Hg.): Mehrfachbehinderte Kinder und Jugendliche. Berlin-Charlottenburg, 10-40.

BRACKEN, H. VON (1976): Vorurteile gegen behinderte Kinder, ihre Familien und Schulen. Berlin.

BRACKEN, H. VON (Hg.) ([2]1978): Erziehung und Unterricht behinderter Kinder. Wiesbaden.

BRADL, C. (1991): Anfänge der Anstaltsfürsorge für Menschen mit geistiger Behinderung. Frankfurt a.M.

BRAND, I.; BREITENBACH, E.; MAISEL, V. (1985): Integrationsstörungen – Diagnose und Therapie im Erstunterricht (6. Auflage 1997). Würzburg.

BRANDT, M. (1996): Berufschancen von Absolventen der Schule für Lernbehinderte. In: EBERWEIN, H. (Hg.): Handbuch Lernen und Lern-Behinderungen. Weinheim, Basel, 212-227.

BRANDT, R. ([2]1985): Kindliche Störungsgenese und Frühförderung. Köln.

BRAUN, A. (1969): Über das Verhältnis der Hörerziehung zum systematischen Sprachaufbau und der Sprachanbahnung. In: Neue Blätter für Taubstummenbildung 23, 24-30.

BRAUN, O. (1997): Der pädagogisch-therapeutische Umgang mit stotternden Kindern und Jugendlichen. Berlin.

BRAUN. O. (1999): Sprachstörungen bei Kindern und Jugendlichen. Stuttgart.

BRAUN, O. (2002): Sprachstörungen bei Kindern und Jugendlichen. 2., überarbeitete Auflage. Stuttgart

BRAUN, O. et al. (1995): Leitlinien zur spezifisch pädagogischen Förderung von Menschen mit Sprachbehinderungen. In: Die Sprachheilarbeit 3, 315-319.

BRAUN, O.; HOMBURG, G.; TEUMER, J. (1979): Merkmale pädagogischen Handelns bei Sprachbehinderten. Mitteilungsblatt der Landesgruppe Bayern der Deutschen Gesellschaft für Sprachheilpädagogik 3, 10-19.

BRAUN, O.; HOMBURG, G.; TEUMER, J. (1980): Grundlagen pädagogischen Handelns bei Sprachbehinderten. In: Die Sprachheilarbeit 25, 1-17.

BREDO, E. (1994): Reconstructing educational psychology: situated cognition and Dexeyian pragmatism. In: Educational Psychologist 29, 23-35.

BREINER, H.L. (1986): Lautsprache oder Gebärden für Gehörlose? Zum Erhalt der Lautsprachmethoden und deren Weiterentwicklung bei Gehörlosen. Frankenthal.

BREINER, H.L. (1991): Hilfen für Geschädigte in Orientierung an den sensorischen Bedingungen. In: JUSSEN, H.; CLAUSSEN, W.H. (Hg.): Chancen für Hörgeschädigte. Hilfen aus internationaler Perspektive. München, 230-249.

BREITENBACH, E. (1994): Sprachbehinderung als komplexes Störungsbild – Veränderungen in den letzten 10 Jahren. In: Der Sprachheilpädagoge 26, 22-32

BREITENBACH, E. (1997): Diagnose- und Förderklassen - Eine pädagogische Idee und die ernüchternden Erfahrungen bei der Umsetzung in die Praxis. In: Behindertenpädagogik in Bayern 40, 165-181.

BREMER-HÜBLER, U. (1990): Streß und Streßverarbeitung im täglichen Zusammenleben mit geistig behinderten Kindern. Frankfurt a.M.

BREM-GRÄSER, L. ([8]2001): Familie in Tieren. München, Basel.

BRENGELMANN, J.C. (1967): Die Untersuchung der Persönlichkeit des Retardierten. In: MERZ, F. (Hg.): Bericht über den 25. Kongreß der Deutschen Gesellschaft für Psychologie. Göttingen, 474-478.

BREUER, H.; WEUFFEN, M. ([4]1997): Lernschwierigkeiten am Schulanfang: Schuleingangsdiagnostik zur Früherkennung und Frühförderung. Weinheim, Basel.

BRICKENKAMP, R. (1983): Erster Ergänzungsband zum Handbuch psychologischer und pädagogischer Tests. Göttingen.

BRICKENKAMP, R. (Hg.) (1975): Handbuch psychologischer und pädagogischer Tests. Göttingen.

BRICKMAN, P.; CAMPELL, D.T. (1971): Hedonic relativism and planning the good society. In: APPLEY, M.H. (Ed.): Adaptation-level theory. London, 287-304.

BRIEFS, P.J. (1954): Grundfragen einer differentiellen Psychologie der Körperbehinderten. Köln.

BRODA, M. (1987): Wahrnehmung und Bewältigung chronischer Krankheiten. Eine Vergleichsstudie unterschiedlicher Krankheitsbilder. Weinheim.

BRONFENBRENNER, U. (1974): Wie wirksam ist kompensatorische Erziehung? Stuttgart.

BRONISCH, F. W. (Hg.) ([3]1975): Multiple Sklerose. Stuttgart.

BROWN, C. (2003): Mein linker Fuß. Berlin.

BRUNER, J.S. (1964): The course of cognitive groth. In: American Psychologist 19, 1-16.

BRUNER, J.S. (1970): Der Prozeß der Erziehung. Düsseldorf.

BRUNER, J.S. (1974): Entwurf einer Unterrichtstheorie. Düsseldorf.

BRUNKHORST, H. (1978): Auszubildende in der Freizeit. Projekt: Sozialisation in der Lehrlingsausbildung. Universität Konstanz, Arbeitsbericht 17. Konstanz.

BRUSCHEK, B. (1977): Kognitive Leistungsschwächen bei Legasthenikern. Versuch einer Analyse des Syndroms der Lese-Rechtschreibschwäche auf der Basis der Modelle der kognitiven Psychologie. In: Zeitschrift Kinder- Jugendpsychiatrie 5, 61-65.

BRUSTEN, M.; HOHMEIER, J. (1975): Vorwort. In: BRUSTEN, M.; HOHMEIER, J. (Hg.): Stigmatisierung. Bd. 1. Neuwied, 1-4.

BSHG - BUNDESSOZIALHILFEGESETZ (1999). Beck-Texte im dtv. 9. Aufl. München.

Büchel, F. (1978): Gedächtnis und Lernen beim geistig behinderten Kind. Weinheim.

Buchmann, H. (1977): Abschied vom Ghetto. Neue Wege der Leprabekämpfung in Togo. Würzburg.

Buchta, H. (1979): Sprachbehinderte. In: Hensle, U.: Einführung in die Arbeit mit Behinderten. Heidelberg, Wiesbaden, 150-165.

Bühler, C.; Hetzer, H. ([4]1977): Kleinkindertests. Entwicklungstests vom 1. bis 6. Lebensjahr. Berlin.

Bühler-Niederberger, D. (1991): Legasthenie: Geschichte und Folge eine Pathologisierung. Opladen.

Bundesagentur für Arbeit (Hg.) (2002): Teilhabe durch berufliche Rehabilitation. Handbuch für Beratung, Förderung, Aus- und Weiterbildung. Nürnberg.

Bundesanstalt für Arbeit (1998): Arbeitsmarkt in Zahlen, Reihe 1, Aktuelle Daten Bundesrepublik Deutschland Januar 1998. Nürnberg.

Bundesanstalt für Arbeit (Hg.) (1979): Mehr Wissen über die Berufswahl. Informationen für Eltern behinderter Jugendlicher. Wiesbaden.

Bundesanstalt für Arbeit (Hg.) (1989): Behinderte Jugendliche vor der Berufswahl. Handbuch für Schule und Berufsberatung. Nürnberg.

Bundesanstalt für Arbeit (Hg.) (1997): Berufliche Rehabilitation junger Menschen: Handbuch für Schule, Berufsberatung und Ausbildung. Nürnberg.

Bundesarbeitsgemeinschaft für Rehabilitation (Hg.) (1974): Gesamtstatistik der Rehabilitation der Bundesanstalt für Arbeit, der Kriegsopferfürsorge, der Rentenversicherung einschl. der Altershilfe für Landwirte und der Unfallversicherung für das Jahr 1973. Frankfurt.

Bundesinstitut für Berufsbildung (1988): Berufsbildung behinderter Jugendlicher. Berlin.

Bundesminister für Arbeit und Sozialordnung (Hg.) (1981): Bericht und Empfehlungen der Nationalen Kommission zum Internationalen Jahr der Behinderten. Bonn.

Bundesminister für Raumordnung, Bauwesen und Städtebau (Hg.) (1976): Die Wohnsituation der Körperbehinderten in der BRD. Schriftenreihe 04.017. Bonn-Bad Godesberg.

Bundesminister für Raumordnung, Bauwesen und Städtebau (Hg.) (1981): Beispieldokumentation behindertenfreundliche Umwelt. Schriftenreihe 04.070. Bonn-Bad Godesberg.

Bundesministerium für Arbeit und Sozialordnung (Hg.) (1978): Leitfaden für Behinderte. Bonn.

Bundesministerium für Arbeit und Sozialordnung (Hg.) (1998): Die Lage der Behinderten und die Entwicklung der Rehabilitation (Vierter Bericht der Bundesregierung). Bonn.

Bundesministerium für Arbeit und Sozialordnung (Hg.) (2001): Frühförderung – Einrichtungen und Stellen der Frühförderung in der Bundesrepublik Deutschland.

Bundesministerium für Arbeit und Sozialordnung (Hg.) (2002): Frühförderung – Einrichtungen und Stellen der Frühförderung in der Bundesrepublik Deutschland.

Bundesministerium für Gesundheit (Hg.) (1994): Modellprogramm AIDS und Kinder: Medizinische und psychosoziale Aspekte. Baden-Baden.

Bundesministerium für Jugend, Familie und gesundheit (Hg.) (1971): Gesundheitsförderung und Rehabilitationshilfen für Behinderte durch Freizeitprogramme. Bonn-Bad Godesberg.

Bundesverband für spastisch Gelähmte und andere Körperbehinderte e.V. (1972): Die Tagesstätte für cerebral bewegungsgestörte Kinder. Empfehlungen für den Bau. Düsseldorf.

Bundesverband für spastisch Gelähmte und andere Körperbehinderte e.V. (Hg.) (1979): Wohngruppen/Wohngemeinschaften für Behinderte und Nichtbehinderte. Düsseldorf.

Bundesverband für spastisch Gelähmte und andere Körperbehinderte/Fröhlich, A. (Hg.) (1978): Dokumentation zur Situation Schwerstbehinderter. Staufen.

Bundesverband Hilfe für das Autistische Kind (1984). Die Schritte des autistischen Jugendlichen ins Berufsleben. Hamburg.

Bundesvereinigung „Lebenshilfe für geistig Behinderte“ e.V. (1978): Leitfaden zur Errichtung von Wohnstätten geistig Behinderter. Marburg.

Bundesvereinigung „Lebenshilfe für geistig Behinderte“ e.V. (1982): Humanes Wohnen – seine Bedeutung für das Leben gesitig behinderter Erwachsener. Große Schriftenreihe. Marburg.

Bundesvereinigung „Lebenshilfe für geistig Behinderte“ e.V. ([5]1985): Wohnstätten für geistig Behinderte. Marburg.

BUNDESVEREINIGUNG „LEBENSHILFE FÜR GEISTIG BEHINDERTE" e.V. (Hg.) (1995): Offene Hilfen zum selbstbestimmten Leben von Menschen mit (geistiger) Behinderung und ihre Angehörigen. Marburg.

BUNDESVEREINIGUNG „LEBENSHILFE FÜR GEISTIG BEHINDERTE" e.V. (Hg.) (1995a): Wohnen heißt zu Hause sein. Marburg/Lahn.

BUNDESVEREINIGUNG „LEBENSHILFE FÜR GEISTIG BEHINDERTE" e.V. (Hg.) (1996a): Qualität und Wohnen. Ein Reader der Bundesvereinigung Lebenshilfe. Marburg.

BUNDESVEREINIGUNG „LEBENSHILFE FÜR GEISTIG BEHINDERTE" e.V. (Hg.) (1996b): Selbstbestimmung: Kongressbeiträge. Marburg.

BUNDESVEREINIGUNG „LEBENSHILFE FÜR GEISTIG BEHINDERTE" e.V.: Materialien zu Wohnstättenfragen. Nr. 1, 1972; 2, 1972; 3, 1972; 4,1973; 5, 1975. Marburg.

BUNDESZENTRALE FÜR GESUNDHEITLICHE AUFKLÄRUNG (1983): „Es wird schon alles gutgehen..." Kleine Kinder im Krankenhaus. Begleit- und Arbeitsmaterial zum Dokumentarfilm. Köln.

BUNDSCHUH, K. (1975): Der intelligente Schulversager. Rheinstetten.

BUNDSCHUH, K. (1980): Einführung in die sonderpädagogische Diagnostik (6. akt. Auflage 2005). München, Basel.

BUNDSCHUH, K. (1985): Dimensionen der Förderdiagnostik bei Kindern mit Lern-, Verhaltens- und Entwicklungsproblemen. München/Basel.

BUNDSCHUH, K. (1995): Sonderpädagogische Förderzentren – Antwort auf eine heterogene Schülerschaft. In: Zeitschrift für Heilpädagogik 12, 576-581.

BUNDSCHUH, K. (^{3}2002): Heilpädagogische Psychologie. München, Basel

BUNGARD, W.; LÜCK, H.E. (1975): Psychologische Spurensicherung. Wann nicht-reaktive Meßverfahren Fragebogen und Laborexperimente ersetzen können. In: Psychologie heute Aug., 44-46.

BUNIKOWSKI, R.; HAMOUDA, O. (1994): Die nationale und internationale epidemische Situation bei HIV-infizierten Kindern. In: BUNDESMINISTERIUM FÜR GESUNDHEIT (Hg.).: Modellprogramm für AIDS und Kinder: Medizinische und psychosoziale Aspekte. Baden-Baden, 1-18.

BUNK, G. (1982): Einführung in die Arbeits-, Berufs- und Wirtschaftspädagogik. Heidelberg.

BURBAT, C.: Empfehlungen zum Förderschwerpunkt geistige Entwicklung. In: DRAVE, W.; RUMPLER, F.; WACHTEL, P. (2000): Empfehlungen zur sonderpädagogischen Förderung. Allgemeine Grundlagen und Förderschwerpunkte (KMK) mit Kommentaren. Würzburg, 283 – 287.

BURGENER WOEFFRAY, A. (1998): Frühförderung in systemischen Zusammenhängen. Zur Begrenzung von Machbarem und Möglichem. In: VEREINIGUNG F. INTERDISZIPLINÄRE FRÜHFÖRDERUNG (Hg.): Frühförderung und Integration. München / Basel, 106 – 115.

BÜRGERLICHES GESETZBUCH (BGB). Beck-Texte im dtv (2004). München

BÜRGIN, D. (1978): Das Kind, die lebensbedrohende Krankheit und der Tod. Bern.

BURGWINKEL, H.; SCHOLDEI-KLIE, M. (1998): Hessen. In: ROSENBERGER, M. (Hg.): Schule ohne Aussonderung – Ideen, Konzepte, Zukunftchancen. Neuwied/Berlin, 237-241.

BÜRLI, A. (1997a): Internationale Tendenzen in der Sonderpädagogik - Vergleichende Betrachtung mit Schwerpunkt auf den europäischen Raum. Studienbrief der Fernuniversität Hagen.

BÜRLI, A. (1997b): Sonderpädagogik international: Vergleiche, Tendenzen, Perspektiven. Luzern.

BUSEMANN, A. (1954): Angeborene Leseschwäche (Legasthenie). In: Schule u. Psychol., 1, 15-22.

BUSH, W. J.; GILES, M. T. (^{2}1982): Psycholinguistischer Sprachunterricht. Hilfen für Elementar- und Primarstufen. München.

BUTZKE, F. (Hg.) (1989): Leben ohne Beruf? Heidelberg.

CALLAHAN, J. (1992). Don´t worry, weglaufen geht nicht: Autobiographie. Frankfurt a.M. Camphill-Gemeinschaften. Stuttgart.

CANTER, D.; CANTER, S. (Hg.) (1979): Designing for the therapeutic environments. Chichester.

CAPLAN, G. (1964): Principles of preventive psychiatry. New York.

CAPRA, F. (1983): Wendezeit. München.

CARDINAUX, H. (1975): Zur Diagnose der Mehrfachbehinderung. Anamnesebogen zur Ermittlung des Entwicklungsalters und zur Erstellung einer ganzheitlichen Diagnose. Villingen-Schwenningen.

CARR, J. (1975): Young children with Down`s Syndrome. Their development, upbringing and effect on their families. London. (deutsch: Down-Syndrom in früher Kindheit. Entwicklung, Erziehung und Familiensituation. München 1978).

Cassells Wörterbuch (1980): Deutsch - Englisch, Englisch - Deutsch. Hgg. von H.T. Betteridge. München.

Cattell, R. B. (1973): Theorie der fluiden und kristallisierten Intelligenz: Ein kritisches Experiment. In: Skowronek, H. (Hg.): Umwelt und Begabung. Stuttgart, 27-62.

Cattell, R. B. (1976): Die Interaktion von Erb- und Umwelteinflüssen. In: Süllwold, F. (Hg.): Begabung und Leistung. Hamburg, 78-101.

Cattell, R. B.; Weiss, R.; Osterland, J. (1976): Grundintelligenztest (CFT). Skala 1. Braunschweig.

Chapman, E.K. (1978): Visually handicapped children and young people. London.

Chase, R.A. et al. (1974): Design of learning environments for infants. In: Carson, D.H. (Ed.): Manenvironment interactions: Evaluations and applications. Part II. Stroudsburg, 127-152.

Christiansen-Berndt, K. (1981): Vorurteile gegenüber geistig behinderten Kindern. Wien, München.

Christoffel Blindenmission (CBM) (1997): Rettet Augenlicht. Infomappe. Bensheim.

Christoffel Blindenmission (CBM) (2004): Policy and Practice. Global data on visual impairment in the year 2002. Auf: http://www.christoffel-blindenmission.de.

Christoffel Blindenmission (CBM) (2005): Zahlen und Fakten. Wichtige Augenkrankheiten in Entwicklungsländern. Der Graue Star. Jeweils als .pdf bezogen über http://www.christoffel-blindenmission.de.

Christoph, F. (1983): Krüppelschläge. Reinbek bei Hamburg.

Chrystal, D. (1980): Introduction to language pathology. London.

Claussen, W.H. ([4]1995): Schwerhörigenpädagogik. In: Bleidick, U. (Hg.): Einführung in die Behindertenpädagogik. Bd. III. Stuttgart, 9-42.

Cleland, Ch.C. (1978): Mental retardation. A developmental approach. Englewood Cliffs.

Cloerkes, G. (1979): Einstellung und Verhalten gegenüber Körperbehinderten. Eine Bestandsaufnahme der Ergebnisse internationaler Forschung (3. Aufl. 1985). Berlin.

Cloerkes, G. (1997): Soziologie der Behinderten. Eine Einführung (2., neu bearb. und erw. Aufl. 2001). Heidelberg.

Coates, G. (Ed.) (1974): Alternative learning environments. Stroudsburg.

Cohen, F.; Lazarus, R.S. (1979): Coping with the stresses of illness. In: Jones, G.G. (Hg.): Health psychology: a handbook. San Francisco.

Connor, F.P. (1978): Program guide for infants and toddlers with neuromotor and other developmental disabilities. New York.

Cordes, H. (1980): Autistische Kinder in der Schule. Unterricht und Therapie für autistische Kinder nach lerntheoretischen Prinzipien („Bremer Projekt"). „Hilfe für das autistische Kind e.V." Bremen.

Cordes, H. (1985): Früherkennung und Frühförderung bei frühkindlichem Autismus. In: Frühförderung interdisziplinär 4, 17-29.

Cornelsen, E.; Hirscher, E. (1980): Betreuung von Kindern im Krankenhaus. Darstellung und Vergleich von Betreuungsmodellen verschiedener Länder. Rheinstetten.

Correll, W. (1961): Lernpsychologie. Donauwörth.

Cramer, H.H. ([5]1998): Schwerbehindertengesetz. München.

Crickmay, M.C. ([6]1994): Sprachtherapie bei Kindern mit zerebralen Bewegungsstörungen auf der Grundlage der Behandlung nach Bobath. Berlin.

Cruickshank, W. ([2]1981): Schwierige Kinder und Jugendliche in Schule und Elternhaus. Förderung lern- und wahrnehmungsgestörter Kinder und Jugendlicher. Berlin.

Crzeskowiak, U. (1980): Die Einstellung der Gesellschaft zu geistig Behinderten. Untersuchung zur sozialen Distanz in Werkstätten für Behinderte in der BRD. Berlin.

Csànyi, Y. (1991): Sprachentwicklung auf akustischer Grundlage. In: Jussen, H.; Claussen, W.H. (Hg.): Chancen für Hörgeschädigte. Hilfen aus internationaler Perspektive. München, 221-229.

Curic, L. (1980): Musiktheater bei Behinderten. Salzburg.

Cyprian, G. (1978): Sozialisation in Wohngemeinschaften. Stuttgart.

Czerwenka, K. (1979): Probleme im Unterricht. Hilfen aus der Verhaltenspsychologie für die Praxis des Lebens. München.

Dahlke, M. (1999): Lernen unter einem Dach, so ein Irrweg. In: Behindertenpädagogik 38, 82-85.

Dahlke, M.; Lindenberg, G. (1978): Das Braunschweiger Integrationsmodell. Rheinstetten.

Dahms, A.-G.; Jaeger, U. (1978): Motorik und Sprache. Motorisches und sprachliches Training mit sprachretardierten Kindern. Limburg.

Dalbert, C.; Schöler, H. (1989): Wissen dysgrammatisch sprechende Kinder mehr als sie können? Arbeitsberichte aus dem Forschungsprojekt „Dysgrammatismus", Bericht Nr. 10, Pädagogische Hochschule Heidelberg.

Dalferth, M. (2000): Enthospitalisierung konkret. Soziale Eingliederung von langzeithospitalisierten, schwerst geistig behinderten Menschen mit autistischen Verhaltensweisen in eine heilpädagogische Einrichtung. Ein Forschungsbericht zur Praxis der Enthospitalisierung. Heidelberg.

Dalferth, M. ([2]1995): Behinderte Menschen mit Autismussyndrom: Probleme der Perzeption und der Affektivität – ein Beitrag zum Verständnis und zur Genese der Behinderung. Heidelberg.

Daniels, S. von (Hg.) (1983): Krüppel-Tribunal: Menschenrechtsverletzungen im Sozialstaat. Köln.

Dank, S. (1993): Denkanstöße zur Sexualität schwerstbehinderter Menschen. In: Geistige Behinderung, 32, 2, 116-133.

Dank, S. (2001): Vom kombinierten Konzept zum individuellen Förderplan. In: Fröhlich, A.; Heinen, N.; Lamers, W. (Hg.): Schwere Behinderung in Praxis und Theorie – ein Blick zurück nach vorn. Texte zur Körper- und Mehrfachbehindertenpädagogik. Düsseldorf.

Dannenbauer, F.M. (1993): Wie spezifisch sind spezifische Sprachentwicklungsstörungen? In: Deutsche Gesellschaft für Sprachheilpädagogik, LG Bayern (Hg.): Sprache-Verhalten-Lernen. Rimpar, 172-190.

Dannenbauer, F.M. (1994): Zur Praxis entwicklungsproximaler Intervention. In: Grimm, H.; Weinert, S. (Hg.): Intervention mit sprachgestörten Kindern. Voraussetzungen, Möglichkeiten, Grenzen. Stuttgart, 83-104.

Dannenbauer, F.M. (1998a): Das dysgrammatisch sprechende Schulkind: Seine Entwicklung und „Förderung". In: Behindertenpädagogik in Bayern 41, 4, 227-234.

Dannenbauer, F.M. (1998b): Vom Leidensdruck des Ungenügens oder: Wer leistet die sprachtherapeutische Arbeit? In: Behindertenpädagogik in Bayern 41, 1, 46-57.

Dannenbauer, F.M. (1998c): Thesen zum Zusammenhang von sprachheilpädagogischem Unterricht und sprachlicher Individualtherapie. In: Die Sprachheilarbeit 43, 90-94.

Dannenbauer, F.M. (2001): Chancen der Frühintervention bei spezifischen Sprachentwicklungsstörungen. In: Die Sprachheilarbeit 46, 3, 103-111

Dannenbauer, F.M. (2002): Prävention aus pädagogischer Sicht. In: Grohnfeldt, M. (Hg.): Lehrbuch der Sprachheilpädagogik, Band 3, Diagnostik, Prävention und Evaluation. Stuttgart, 100-110.

Dannenbauer, F.M.; Künzig, A. (1991): Aspekte der entwicklungsproximalen Sprachtherapie und des Therapeutenverhaltens bei entwicklungsdysphasischen Kindern. In: Grohnfeldt, M. (Hg.): Handbuch der Sprachtherapie Band 4: Störungen der Grammatik. Berlin, 167-191.

Daoud-Harms, M. (1986): Blindheit: Zur psychischen Entwicklung körpergeschädigter Menschen. Frankfurt a.M.

Datler, W. (1984): Interdisziplinäre Aspekte der Sonder- und Heilpädagogik. München.

Datler, W. (Hg.) (1995): Bilden und Heilen. Auf dem Weg zu einer pädagogischen Theorie psychoanalytischer Praxis. Mainz.

Dawid-Hapkemeyer, H. (1995): Grundlagen und Entwurf für ein personal-interaktives Konzept zur geschlechtlichen Erziehung in der Schule für Geistigbehinderte. Frankfurt a.M.

Day, P. (1981): Ökopsychologische Aspekte des Lebens mit Behinderten. Blätter der Wohlfahrtspflege 12.

De La Cruz, F.F.; La Veck, G.D. (Hg.) (1974): Human sexuality and the mentally retarded. Baltimore. (deutsch: Geistig Retardierte und ihre Sexualität. Sozio-kulturelle und medizinische Aspekte. München 1975).

De Myer, M.K. (1986): Familien mit autistischen Kindern. Stuttgart.

Dechesne, B.; Pons, C.; Schellen, T. (Hg.) (1981): ..... aber nicht aus Stein. Medizinische und psychologische Aspekte von körperlicher Behinderung und Sexualität. Weinheim.

Decker-Voigt, H.-H. (Hg.) (1975): Therapie und Erziehung durch Musik. 1. Texte zur Musiktherapie. Bremen.

Dederich, M. (2000): Behinderung – Medizin – Ethik. Behindertenpädagogische Reflexion zu Grenzsituationen am Anfang und Ende des Lebens. Bad Heilbrunn.

DEDERICH, M. (2001): Menschen mit Behinderung zwischen Ausschluss und Anerkennung. Bad Heilbrunn.

DEDERICH, M. (Hg.) (2003): Bioethik und Behinderung. Bad Heilbrunn.

DELACATO, C. (1975): Der unheimliche Fremdling. Das autistische Kind. Ein neuer Weg zur Behandlung. Freiburg i.Br.

DEMEUSE, M; CRAHAY, M.; MONSEUR, C. (2001): Efficiency and equity. In: HUTMACHER, W.; COCHRANE, D.; BOTTANI, N. (Hg.): In Pursuit of Equity in Education – Using International Indicators to Compare Equity Policies. Dordrecht.

DEPNER, R.; LINDEN, H.; MENZEL, E. (1983): Chaos im System der Behindertenhilfe? Weinheim/Basel.

DEPPE-WOLFINGER, H. (Hg.) (1983): Behindert und abgeschoben. Weinheim.

DEPPE-WOLFINGER, H. (Hg.) (1990): Integrative Pädagogik in der Grundschule. München.

DERBOLOWSKY, U. (1985): Behindert sein: Ärztlicher Ratgeber für den Umgang mit behinderten Menschen. Stuttgart.

DEUSE, A. (1975): Über die ‚soziale Einstellung' Sprachbehinderter. In: Sprachheilarbeit 20, 37-50.

DEUSER, C. von (1978): Die Diagnostik der partiellen akustischen Lautagnosie. In: DEUTSCHE AIDS-HILFE e.V. (1997): HIV-Übertragung zwischen Mutter und ungeborenem Kind. Handreichung zum Symposium. Berlin.

DEUTSCHE FORSCHUNGSGEMEINSCHAFT (1978): Die Sprache als Forschungsobjekt. Mitteilungen der DFG, 1, 29.

DEUTSCHE FORSCHUNGSGEMEINSCHAFT (Hg.) (1976): Zur Lage der Legasthenieforschung. Thesen, Beiträge und Ergebnisse eines Rundgesprächs. Boppard.

DEUTSCHE GESELLSCHAFT FÜR FREIZEIT e.V. (Hg.) (1984): Behinderte Menschen und Freizeit. Düsseldorf.

DEUTSCHE GESELLSCHAFT FÜR SPRACHHEILPÄDAGOGIK (Hg.) (1971): Sprachstörungen und Mehrfachbehinderungen. Hamburg.

DEUTSCHE GESELLSCHAFT FÜR SPRACHHEILPÄDAGOGIK (Hg.) (1977): Störungen der Sprachentwicklung. Hamburg.

DEUTSCHE GESELLSCHAFT FÜR SPRACHHEILPÄDAGOGIK (Hg.) (1979): Psychosoziale Aspekte bei Sprachbehinderten. Hamburg.

DEUTSCHE TINNITUS-LIGA e.V. (Hg.) (1996): Tinnitus! Was tun? Solingen.

DEUTSCHE TINNITUS-LIGA e.V. (Hg.) (1999): Tinnitus - Info. Solingen.

DEUTSCHE TINNITUS-LIGA e.V. (Hg.) (2005): Tinnitus-Forum. Zeitschrift der Deutschen Tinnitus-Liga e.V. (DTL). Wuppertal.

DEUTSCHER BILDUNGSRAT (1973): Empfehlungen der Bildungskommission. Zur pädagogischen Förderung behinderter und von Behinderung bedrohter Kinder und Jugendlicher. Verabschiedet auf der 34.Sitzung der Bildungskommission am 12./13. Oktober 1973. Stuttgart (1974).

DEUTSCHER BILDUNGSRAT (Hg.) (1969): Begabung und Lernen. Stuttgart.

DEUTSCHER BILDUNGSRAT (Hg.) (1974): Gutachten und Studien der Bildungskommission. Bd. 35. Sonderpädagogik 4: Verhaltensgestörte, Sprachbehinderte, Körperbehinderte. Stuttgart.

DEUTSCHER BLINDENVERBAND e.V. (Hg.) (1984): Jahrbuch für Blindenfreunde. Bonn.

DEUTSCHES PISA-KONSORTIUM (Hg.) (2001): Pisa 2000 – Basiskompetenzen von Schülern und Schülerinnen im internationalen Vergleich. Opladen.

DICKMANN, C. et al. (1994): Logopädische Diagnostik von Sprachentwicklungsstörungen: Sprachsystematisch konzipierte Prüfverfahren. Stuttgart/New York.

DIENELT, K. (1970): Pädagogische Anthropologie. München/Wien.

DIEPENBRUCK, H. (1979): Die Berufswahlvorbereitung bei sprachbehinderten Jugendlichen. Berlin.

DIETERICH, M. (1978): Die Berufsausbildung lernbehinderter Jugendlicher. Bestandsaufnahme, Analysen und Tendenzen einer sozialen Randgruppe. Rheinstetten.

DIETERICH, R. ([2]1977): Psychodiagnostik - Grundlagen und Probleme. München.

DILLER, G. (1988): Sprache und Sprachstörungen. Dortmund.

DILLER, G. (1991): Hörgerichtete Spracherziehung in der Frühförderung gehörloser bzw. hochgradig hörgeschädigter Kinder unter Berücksichtigung neurologischer Erkenntnisse. In: JUSSEN, H.; CLAUSSEN, W.H. (Hg.): Chancen für Hörgeschädigte. Hilfen aus internationaler Perspektive. München, 250-257.

DILLER, G. (1994): Bilingualismus. Ein Beitrag zur Diskussion einer zweisprachigen Erziehung

Gehörloser. In: Hörgeschädigtenpädagogik 1, 18-33.

Diller, L. (1971): Cognitive and motor aspects of handicapping conditions in the neurologically impaired. In: Neff, W.S. (Ed.): Rehabilitation psychology. Washington, 1-32.

DIMDI – Deutsches Institut für Medizinische Dokumentation und Information (Hg.) (2004): Internationale Klassifikation der Funktionsfähigkeit, Behinderung und Gesundheit (ICF). WHO. Genf. (http://www.dimdi.de)

Dingman, H.F.; Tarjan, G. (1960): Mental retardation and the normal distribution curve. In: American Journal of mental Deficiency 64, 991-994.

Din-Norm „Wohnungen für Schwerbehinderte – Planungsgrundlagen Wohnungen für Rollstuhlbenutzer". In: Dittrich, G.G. (1972): Wohnen Körperbehinderter. Stuttgart, Anhang.

Dirnaicher, U.; Karl, E. (Hg.) (2000): Förderschulen in Bayern. Sonderpädagogische Förderung. Kommentar der Schulordnungen und Sammlung schulischer Vorschriften mit Erläuterungen. Kronach.

Dirnberger, W. (1977): Die Bedeutung sensomotorischer Fähigkeiten für die Sprachentwicklung des Kindes. In: Deutsche Gesellschaft für Sprachheilpädagogik (Hg.): Störungen der Sprachentwicklung. Hamburg, 106-108.

Dirnberger, W. (1986): Stottern als personale Gefährdung. In: Thalhammer, M. (Hg.): Gefährdungen des behinderten Menschen im Zugriff von Wissenschaft und Praxis: Anfragen an Sondererziehung und Therapie. München, Basel, 38-48.

Dittmann, W. (Hg.) ([3]1998): Zum Problem der pädagogischen Förderung schwerstbehinderter Kinder und Jugendlicher. Rheinstetten.

Dittrich, G.G. (1972): Wohnen Körperbehinderter. Stuttgart.

Dmitriev, V. ([3]1992): Frühförderung für „mongoloide" Kinder. Weinheim.

Doefert, H. (1982): Lernbeeinträchtigte Jugendliche in Schule und Beruf. Frankfurt a.M.

Doise, W. (1976): Groups and individuals: explanations in social psychology. Cambridge.

Dollard, J. et al. (1971): Frustration und Aggression. Weinheim.

Dönhoff-Kracht, D. (1980): Aspekte des Schulkonzepts jugendlicher lernbehinderter Sonderschüler. Frankfurt a.M.

Doose, H. (1977): Erkrankungen des Nervensystems. In: Harnack, G.-A. von (Hg.): Kinderheilkunde (12. Auflage 2000). Berlin, 330-354.

Döpfner, M.; Lehmkuhl, G.; Petermann, G.; Scheithauer, H. (2000): Diagnostik psychischer Störungen. In: Petermann, G. (Hg.): Lehrbuch der Klinischen Kinderpsychologie und -psychotherapie. Göttingen, 95-130.

Dorfmüller, M. (1977): Angewandte Psychologie für das kranke Kind. München.

Dörner, D.; Stäudel, T. (1990): Emotion und Kognition. In: Scherer, K.R. (Hg.): Psychologie der Emotion: Motivation und Emotion (Band 3). Göttingen, Toronto, Zürich, 293-344.

Dörr, A. (1973): Die Bundesarbeitsgemeinschaft ‚Hilfe für Behinderte' und ihre Mitgliedsverbände. Struktur und Aufgabenanalyse. Neuburgweier.

Douglas, V.I. (1984): Attentional and Cognitive Problems. In: Rutter, M. (Hg.): Developmental Neuropsychology. Edinbourg, 280-329.

Drave, W.; Schäfer, W.D. (1985): Ergebnisse einer Augenreihenuntersuchung an 24 000 Schülern in Unterfranken. Reihe „Integration" Band 1. Würzburg.

Drave, W.; Rumpler, F.; Wachtel, P. (2000): Empfehlungen zur sonderpädagogischen Förderung. Allgemeine Grundlagen und Förderschwerpunkte (KMK) mit Kommentaren. Würzburg.

Einzelbeiträge:

- Die Empfehlungen zur sonderpädagogischen Förderung in den Ländern in der Bundesrepublik Deutschland (1994), 25-39.
- Empfehlungen zum Förderschwerpunkt Hören (1996), 55-74.
- Empfehlungen zum Förderschwerpunkt Sehen (1998), 177-198.
- Empfehlungen zum Förderschwerpunkt körperliche und motorische Entwicklung (1998), 97-118.
- Empfehlungen zum Förderschwerpunkt Sprache (1998), 223-240.
- Empfehlungen zum Förderschwerpunkt geistige Entwicklung (1998), 265-282.
- Empfehlungen zum Förderschwerpunkt Lernen (1999), 299-316.
- Empfehlungen zum Förderschwerpunkt emotionale und soziale Entwicklung (2000), 343-366.

- Empfehlungen zu Erziehung und Unterricht von Kindern und Jugendlichen mit autistischem Verhalten (2000), 283-298.
- Empfehlungen zum Förderschwerpunkt Unterricht kranker Schülerinnen und Schüler (1998), 143-152.

DREHER, W. (Hg.) (1987): Geistigbehinderte zwischen Pädagogik und Psychiatrie. Bonn.

DREHER, W.; HEINEN, N.; MÜNCH, J. (2000): Empfehlungen zum Förderschwerpunkt geistige Entwicklung. In: DRAVE, W.; RUMPLER, F.; WACHTEL, P. (Hg.): Empfehlungen zur sonderpädagogischen Förderung. Allgemeine Grundlagen und Förderschwerpunkte (KMK) mit Kommentaren. Würzburg, 289-298.

DREPPER, H.; EHRING, F. (1975): Rehabilitation von Patienten mit Entstellungen. In: JOCHHEIM, K.-A.; SCHOLZ, J.F. (Hg.): Rehabilitation. Bd. II. Stuttgart, 303-320.

DUBS, R. (1995): Konstruktivismus: Einige Überlegungen aus der Sicht der Unterrichtsgestaltung. In: Zeitschrift für Pädagogik, 41/6, 888-899.

DUHM, E.; HUSS, K. (1977): Förderung sprachlicher Kommunikation 4- bis 6jähriger Kinder. Braunschweig.

DUMKE, D. (1989): Schulische Integration in der Beurteilung von Eltern und Lehrern. Weinheim.

DUMMER-SMOCH, L. (1998): Ratgeber Legasthenie für Eltern, Lehrer und alle, die diagnostisch oder therapeutisch für das Kind Verantwortung tragen. Mannheim.

DUMMER-SMOCH, L. (⁴2002): Mit Phantasie und Fehlerpflaster. Hilfe für Eltern und Lehrer legasthenischer Kinder. München.

DUMRESE, C.; STAHR, B. (1975): Einrichtungen der medizinischen Rehabilitation. In: JOCHHEIM, K.-A.; SCHOLZ, J.F. (Hg.): Rehabilitation. Bd. I: Gesetzliche Grundlagen, Methoden und Maßnahmen. Stuttgart, 291-302.

DUPUIS, G.; KERKHOFF, W. (Hg.) (1992): Enzyklopädie der Sonderpädagogik, der Heilpädagogik und ihrer Nachbargebiete. Berlin.

DZIKOWSKI, S.; VOGEL, C. (²1993): Störungen der sensorischen Integration bei autistischen Kindern. Weinheim.

EBBINGHAUS, H.; HESSMANN, J. (1989): Gehörlose, Gebärdensprache, Dolmetschen: Chancen der Integration einer sprachlichen Minderheit. Hamburg.

EBERT, D. (Hg.) (1987): Wer behindert wen? Frankfurt a.M.

EBERWEIN, H. (1984): Zum Stand der Integrationsentwicklung und Integrationsforschung in der Bundesrepublik Deutschland. Dargestellt am Beispiel der Uckermark-Schule in Berlin. In: Zeitschrift für Heilpädagogik, 10, 677-691.

EBERWEIN, H. (Hg.) (1988) : Behinderte und Nichtbehinderte lernen gemeinsam. Handbuch der Integrationspädagogik. Weinheim, Basel.

EBERWEIN, H. (1990): Integrationspädagogik als Weiterentwicklung (sonder-)pädagogischen Denkens und Handelns. In: EBERWEIN, H. (Hg.): Behinderte und Nichtbehinderte lernen gemeinsam. Handbuch der Integrationspädagogik. 2. Auflage. Weinheim, 45-53.

EBERWEIN, H. (1994): Konsequenzen des gemeinsamen Lernens behinderter und nichtbehinderter Kinder für das Selbstverständnis der Sonderpädagogik und der Förderschulen. In: Zeitschrift für Heilpädagogik 45, 6, 289-301.

EBERWEIN, H. (1995): Zur Kritik des sonderpädagogischen Paradigmas und des Behinderteungsbegriffs. In: Zeitschrift für Heilpädagogik 46, 10, 468-476.

EBERWEIN, H. (Hg.) (³1994): Behinderte und Nichtbehinderte lernen gemeinsam. Handbuch der Integrationspädagogik. Weinheim, Basel.

EBERWEIN, H. (Hg.) (1996): Handbuch Lernen und Lern-Behinderungen. Weinheim, Basel.

EGGERT, D. (1972a): Ein Beitrag zur Sozial- und Familienstatistik von geistig behinderten Kindern. In: EGGERT, D. (Hg.): Zur Diagnose der Minderbegabung. Ein Handbuch und Textbuch zur TBGB. Weinheim, 73-90.

EGGERT, D. (1972c): Zur testpsychologischen Differentialdiagnose von Intelligenzdefekten. In: EGGERT, D. (Hg.): Zur Diagnose der Minderbegabung. Ein Handbuch und Textbuch zur TBGB. Weinheim, 131-145.

EGGERT, D. (Hg.) (1971): LOS KF 18 - Lincoln-Oseretzky-Scale - Kurzform zur Messung des motorischen Entwicklungstandes von normalen und behinderten Kindern. Weinheim.

EGGERT, D. (Hg.) (1972b): Entwicklung einer Testbatterie für geistig behinderte Kinder. In: EGGERT, D. (Hg.): Zur Diagnose der Minderbegabung. Ein Handbuch und Textbuch zur TBGB. Weinheim, 39-71.

EGGERT, D. (Hg.) (1980): Familie, Umwelt und Persönlichkeit geistig Behinderter. Bern.

EGGERT, D. (Hg.) ([6]1997): Psychomotorisches Training. Ein Projekt mit lese-rechtschreibschwachen Grundschüler/innen. Weinheim.

EGGERT, D.; SCHUCK, K.-D.; RAATZ, U. (1973): Columbia Mental Maturity Scale (CMM-LB). Sprachfreier Gruppenintelligenztest für die Sonderschule für Lernbehinderte. Weinheim.

EGLI, W. (2000): ICIDH-2. In: http://www.heilpaedagogik.ch$de/service/ICIDH.htm, 30.01.2002.

EIBL-EIBESFELDT, I. ([3]1997): Die Biologie des menschlichen Verhaltens – Grundriß der Humanethologie. München u.a.

EISENHUT, H.-D. (1981): Leistungsvermögen und Leistungsdefizite lese-rechtschreibschwacher Schüler. Weinheim.

EISERT, H. G.; BARKEY, P. (1977): Verhaltensmodifikation im Unterricht. In: SÜLLWOLD, L. (Hg.): Verhaltenstherapie in Klinik, Beratung und Pädagogik. Darmstadt, 390-416.

EISERT, H. G.; BARKEY, P. (1979): Verhaltensmodifikation im Unterricht. Interventionsstrategien in der Schule. Bern.

ELASHOFF, J.D.; SNOW, R.E. (1972): Pygmalion auf dem Prüfstand. München.

ELLGER-RÜTTGART, S. (1990): Behindert und europäisch. Perspektiven einer europäischen Bildungs- und Sozialpolitik für behinderte. In: ELLGER-RÜTTGART, S. (Hg.): Bildungs- und Sozialpolitik für Behinderte. München, Basel, 49-63.

ELLGER-RÜTTGARDT, S. (1994): Deutsche Sonderpädagogen im Gespräch. Versuche des Dialogs, der Selbstvergewisserung, des Neuanfangs. In: BLEIDICK, U.; ELLGER-RÜTTGARDT, S. (Hg): Behindertenpädagogik im vereinten Deutschland. Weinheim, 79-102.

ELLINGER, S. (1999): Plausibilitätsstrukturen als Bedingungsfaktor für wertorientierte Erziehung in der Schule zur individuellen Lernförderung. Ein soziologischer Beitrag. In: Behindertenpädagogik in Bayern 2, 114-121.

ELLINGER, S. (2002): Heterogenität in Jugendhilfe-Kollegien: Zur Bedeutung milieuspezifischer Plausibilitätsstrukturen für professionelle Erziehungsarbeit. In: unsere jugend 3, 127-137.

ELLINGER, S.; KOCH, K. (2001): Milieu- und Lebensstilkonzepte als Grundlage pädagogischer Intervention bei Lernbehinderung: Plädoyer für empirische Feldforschung. In: Die neue Sonderschule 2, 280-295.

ELSTNER, W. (1977): Anamnese, Diagnose, Elterngespräch/Elternberatung. In: DEUTSCHE GESELLSCHAFT FÜR SPRACHHEILPÄDAGOGIK (Hg.): Störungen der Sprachentwicklung. Hamburg, 179-190.

ENGELBERT, A. (1989): Behindertes Kind - „Gefährdete" Familie? Eine kritische Analyse des Forschungsstandes. In: Heilpädagogische Forschung 15, 104-111.

ENGELBERT, A. (1999): Familien im Hilfenetz. Bedingungen und Folgen der Nutzung von Hilfen für behinderte Kinder. Weinheim.

ENKE, H. et al. ([4]1977): Lehrbuch der Medizinischen Psychologie. Unterrichtsbuch für Studierende und Lehrende. München.

ERAT, F.; MATTMÜLLER-FRICK, F. (Hg.) ([5]1994): POS-Kinder in Schule und Familie. Bern.

ERATH, P. (1987): Vergessen und mißbraucht: „Lernbehinderte" als Opfer allgemeinpäd. Ignoranz und sonderpäd. Eigeninteresse. Frankfurt a.M.

ERKELENS-ZWETS, J.H.J. v.; KARS, H. (1992): Medizinische Betreuung beim geistig behinderten Kind. Köln.

ERLENMEYER-KIMLING, L.; JARVIK, L.F. (1976): Genetik und Intelligenz: Ein kritischer Überblick. In: SÜLLWOLD, F. (Hg.): Begabung und Leistung. Hamburg, 73-77.

ERTLE, CH.; SCHMID, V. (Hg.) (1978): Der andere Unterricht. Lernen mit schwierigen Kindern. München.

ESSEN, O. v. ([5]1981): Grundbegriffe der Phonetik. Ein Repititorium für Sprachheilpädagogen. Berlin.

ESSER, F.O. (1975): Soziale Einstellungen von Schulkindern zu körperbehinderten Mitschülern. Eine empirische Situationsanalyse und Folgerungen für die Strukturierung integrativer Gruppen. Neuburgweier.

ESSINGER, H. (1977): Soziale Rand- und Problemgruppen. München.

EULITZ, R.; GEBHARDT, E. (1996): Vermitteln diagnostischer Ergebnisse an die Eltern behinderter Kinder. In: Frühförderung Interdisziplinär, 15, 4, 152 – 159.

EUROPÄISCHE GEMEINSCHAFTEN - KOMMISSION (1992): Behindertenstatistik Band I + II. Luxemburg.

EUROPÄISCHE GEMEINSCHAFTEN – KOMMISSION (1994): Europäische Sozialpolitik. Ein zukunftsweisender Weg für die Union: Weißbuch. Luxemburg.

EUROPÄISCHE KOMMISSION (Hg.) (2002): Sozialschutz & soziale Integration. Definitionen des Begriffs „Behinderung" in Europa: Eine vergleichende Analyse. Auf: http://europa.eu.int/comm/employment_social/index/complete_report_de.pdf, am 24.10.2005, 14.40 Uhr.

EWE, R.; FALK, I.; KASE, G. (²1980): Verhalten ändern in der Familie. Ein Programm für Eltern zur Selbsthilfe bei Erziehungsproblemen. Frankfurt a.M.

EYSENCK, H.-J. (1975): Vererbung, Intelligenz und Erziehung. Zur Kritik der pädagogischen Milieutheorie. Stuttgart.

FACHVERBAND FÜR BEHINDERTENPÄDAGOGIK (1998): Information aus dem Landesverband. In: Sonderpädagogik in Niedersachsen 1, 4-11.

FARRELL, G. (1956): The Story of Blindness. Cambridge/Mass.

FASSNACHT, G. (²1995): Systematische Verhaltensbeobachtung. Eine Einführung in die Methodologie und Praxis. München.

FAUST-SIEHL, G.; GARLICHS, A.; RAMSEGER, J.; SCHWARZ, H.; WARM, K. (1996): Die Zukunft beginnt in der Grundschule. Reinbek bei Hamburg.

FELLSCHES, J. (1978): Disziplin, Konflikt und Gewalt in der Schule. Heidelberg.

FEND, H. (1971): Konformität und Selbstbestimmung. Weinheim.

FENGLER, J.; JANSEN, G.W. (Hg.) (1987): Heilpädagogische Psychologie. Stuttgart.

FERBER, L.A. (1972): Three parameter speech display. In: Conference record, 252-257.

FESTINGER, L. (1978): Theorie der kognitiven Dissonanz. Bern.

FEUERSTEIN, G. u.a. (1979): Behindertenkategorien und Wohngestaltung in der Praxis, Wien, 1976/78. In: Transparent 10, 3/4, 5-84 und 10, 7/8, 85-151.

FEUSER, G. (1978): Zur Realisation des Auftrags der Förderung aller geistig Behinderten in Kindergarten und Schule. In: BV LEBENSHILFE E.V. (Hg.): Hilfen für schwer geistig Behinderte. Marburg, 68-76.

FEUSER, G. (1980a): Sexualität und Sexualerziehung bei geistig Behinderten. In: Geistige Behinderung, 19, 4, 194-208.

FEUSER, G. (1981): Beiträge zur Geistigbehindertenpädagogik. Oberbiel.

FEUSER, G. (1984): Autismus. In: Lernen konkret 1, 26-28.

FEUSER, G. (1985): Gemeinsame Erziehung behinderter und nichtbehinderter Kinder (Integration) als Regelfall?! In: Behindertenpädagogik 24, 354-391.

FEUSER, G. (²1993): Autistische Kinder. Solms-Oberbiel.

FEUSER, G. (Hg.) (1980b): Warum nicht so? Geistigbehinderte in Dänemark. Oberbiel.

FEUSER, G.; MEYER, H. (1987): Integrativer Unterricht in der Grundschule. Solms-Oberbiel.

FEUSER, G.; OSKAMP, U.; RUMPLER, F. (Hg.) (1983): Förderung und schulische Erziehung schwerstbehinderter Kinder und Jugendlicher. Stuttgart.

FIELDING, L. (1976): Erste Verhaltensmodifikations-Programme für geistigbehinderte Kinder in Institutionen. In: THOMPSON, T.; GRABOWSKI, J. (Hg.): Verhaltensmodifikation bei Geistigbehinderten. München, 47-66.

FINKEL, K. (1978): Förderung der Kreativität bei Geistigbehinderten. Weinheim.

FINKEL, K. (Hg.) (1979): Handbuch Musik und Sozialpädagogik. Regensburg.

FINNIE, N.R. (³1978): Hilfe für das cerebral gelähmte Kind. Eine Anleitung zur Förderung des Kindes zu Hause nach der Methode Bobath. Ravensburg.

FIRNHABER, M. (³2005): Legasthenie und andere Wahrnehmungsstörungen. Ratgeber Fischer. Frankfurt a.M.

FISCHER, D. (1976): Die Förderung Intensiv-Geistigbehinderter - eine schulpädagogische Aufgabe. In: BAIER, H. (Hg.): Beiträge zur Behindertenpädagogik in Forschung und Lehre. Rheinstetten, 62-100.

FISCHER, E. (2000): Pädagogik für Kinder und Jugendliche mit mehrfachen Behinderungen. Lernverhalten, Diagnostik, Erziehungsbedürfnisse und Fördermaßnahmen. Dortmund.

FISCHER, E. (2000): Pädagogik für Kinder und Jugendliche mit mehrfachen Behinderungen: Lernverhalten, Diagnostik, Erziehungsbedürfnisse und Fördermaßnahmen. Dortmund.

FISCHER, E. (2003): Pädagogik für Menschen mit geistiger Behinderung. Oberhausen.

FISCHER, E.-M. (1989): Zwangssterilisation geistig Behinderter. Bremen.

FISCHER, J. (1977): Multidimensionale Untersuchungen zum Problem der Lese-Rechtschreibschwäche im Grundschulalter. Diss. Univ. Würzburg.

FISCHER, K. ([4]1977): Neugeborenenikterus und Blutgruppeninkompatibilität. In: VON HARNACK, G.-A. (Hg.): Kinderheilkunde. Berlin, 35-41.

FISCHER, U. (1998): Wohlbefinden und Wohnen von Menschen mit schwerer geistiger Behinderung. Reutlingen.

FISCHER, U.; HAHN, M. Th.; KLINGMÜLLER, B.; SEIFERT, M. (Hg.) (1996): Urbanes Wohnen für Erwachsene mit schwerer geistiger Behinderung – Herausforderungen – Realität – Perspektiven. Reutlingen.

FLATZ, D. (1978): Vergleich von Kosten und Nutzen der Prävention des Down-Syndroms durch pränatale Diagnostik. In: MURKEN, J.-D.; STENGEL-RUTKOWSKI, S. (Hg.): Pränatale Diagnostik. Stuttgart, 208-212.

FLEHMIG, J. (1974): Früherkennung zerebraler Bewegungsstörungen. Wiss. Beiblatt zur Materia Medica Nordmark. Nr. 67. Uetersen.

FLEHMIG, I. (1979): Normale Entwicklung des Säuglings und ihre Abweichungen. Früherkennung und Frühbehandlung. Stuttgart.

FLYNN, R.J.; NITSCH, K.E. (Hg.) (1980): Normalization, Social Integration and Community Services. Baltimore.

FOCUS DEUTSCHLAND (o.J.): Focus-Küche. Die flexible Küche. In: Focus Deutschland. Hoisbüttel.

FOERSTER, H.v. (1992): Einführung in den Konstruktivismus. München.

FOOKEN, E. (1973): Grundprobleme der Sozialpädagogik. Eine Analyse ihrer theoretischen Aufgaben. Heidelberg.

FORNEFELD, B. (2002): Einführung in die Geistigbehindertenpädagogik. München.

FORSCHUNGSGEMEINSCHAFT „DAS BEHINDERTE KIND“ e.V. (Hg.) (1986): Entwicklung und Förderung Körperbehinderter. Heidelberg.

FOUQUET, CH. (1978): Euthanasie und Vernichtung „lebensunwerten“ Lebens unter Berücksichtigung des behinderten Menschen. Oberbiel.

FRAGNER, J. (1983): Grundzüge eines integrativen Förderkonzeptes Behinderter. Wien (VWGÖ).

FRANGER, W.; PFEFFER, W. (1983): Probleme und Möglichkeiten der Diagnostik bei schwerster geistiger Behinderung. In: KORNMANN, R.; MEISTER, H.; SCHLEE, J. (Hg.): Förderungsdiagnostik (3. Aufl. 1994). Heidelberg, 84-101.

FRANK, M. (1977): Bewegungserziehung nach Frostig bei sprachentwicklungsverzögerten Vorschulkindern. In: DEUTSCHE GESELLSCHAFT FÜR SPRACHHEILPÄDAGOGIK (Hg.): Störungen der Sprachentwicklung. Hamburg, 109-114.

FRANKE, H.; WESTECKER, M. (Hg.) (2000): Behindert wohnen. Perspektiven und europäische Modelle für Menschen mit schweren und mehrfachen Behinderungen. Düsseldorf.

FRANKE, U. ([6]2001): Artikulationstherapie bei Vorschulkindern. München.

FRANKE, U. ([6]2001): Logopädisches Handlexikon. München. Frankfurt a.M./Freiburg i.Br.

FRENKIEL, F. N.; GOODALL, D. W. (1978): Simulation modelling of environmental problems. SCOPE 9. Chichester et al.

FRERICHS, H.H.; GÜNTHER, K.B.; NEPPERT, J.M. (1997): Perspektiven in der Schwerhörigenpädagogik. Heidelberg.

FREUD, S. (1897): Die infantilen Cerebrallähmungen. Wien.

FREUD, S. (1905): Drei Abhandlungen zur Sexualtheorie. In: Gesamtwerk Sigmund Freuds in 18 Bänden, Band IX. Frankfurt a.M.

FREUD, S. (1908): Über infantile Sexualtheorien. In: Gesamtwerk Sigmund Freuds in 18 Bänden, Band VII, 3-15.

FREUD, S. (1909): Analyse der Phobie eines fünfjährigen Knaben. In: Gesamtwerk Sigmund Freuds in 18 Bänden, Band VII, 243-383.

FREUD, S. (1910): Die zukünftigen Chancen der Psychotherapie. In: Gesamtwerk Sigmund Freuds in 18 Bänden, Band VIII. Frankfurt a.M.

FREUD, S. (1916): Über Psychoanalyse. Leipzig u.a.

FREUD, S. (1930): Das Unbehagen in der Kultur. In: Gesamtwerk Sigmund Freuds in 18 Bänden, Band XIV. Frankfurt a.M.

FREUD, S. (1933): Vorlesungen zur Einführung in die Psychoanalyse. Berlin.

FREUD, S. (1938): Abriß der Psychoanalyse. In: Gesamtwerk Sigmund Freuds in 18 Bänden, Band XVII. Frankfurt a.M.

FREUD, S. ([9]1970): Drei Abhandlungen zur Sexualtheorie. Frankfurt a.M.

FREY, H.-P. (1974): Theorie der Sozialisation. Stuttgart.

FREYE, H.-A. ([6]1990): Humangenetik. Stuttgart.

FRICKER, R.; LERCH, J. (1976): Zur Theorie der Sexualität und der Sexualerziehung. Weinheim/ Basel.

FRIEDMANN, A.; ZIMRING, C.; ZUBE, E. (1978): Environmental design evaluation. New York et al.

FRIES, A. (1979b): Neurotizismus und Schulunlust bei sprachbehinderten und nichtsprachbehinderten Kindern. In: FRIES, A. (Hg.): Empirische Untersuchungen zum Lern- und Leistungsverhalten und zur Persönlichkeitsstruktur sprachbehinderter Kinder - Konsequenzen für eine Rehabilitation Sprachbehinderter in der Teilstationären Einrichtung ‚Tagesstätte'. Eine Dokumentation. Eigendruck Maria-Stern-Schule. Würzburg, 67- 82.

FRIES, A. (1991): Persönlichkeitsmerkmale, Alter und Geschlecht als Faktoren von Einstellungen gegenüber körperbehinderten Menschen. In: HEILPÄDAGOGISCHE FORSCHUNG, 3/17, 140-154.

FRIES, A. (2005a) Sozialpsychologie und Behinderung. In: ELLINGER, ST.; STEIN, R. (Hg.): Grundstudium Sonderpädagogik. Oberhausen, 157-169.

FRIES, A. (2005b): Einstellungen und Verhalten gegenüber körperbehinderten Menschen – aus der Sicht und im Erleben der Betroffenen. Oberhausen.

FRIES, A. (Hg.) (1979a): Empirische Untersuchungen zum Lern- und Leistungsverhalten und zur Persönlichkeitsstruktur sprachbehinderter Kinder - Konsequenzen für eine Rehabilitation Sprachbehinderter in der teilstationären Einrichtung ‚Tagesstätte'. Eine Dokumentation. Eigendruck Maria-Stern-Schule. Würzburg.

FRIES, A.; HANNA, E. (1979): Untersuchungen zum Rechtschreibverhalten sprachbehinderter Kinder. In: FRIES, A. (Hg.): Empirische Untersuchungen zum Lern- und Leistungsverhalten und zur Persönlichkeitsstruktur sprachbehinderter Kinder - Konsequenzen für eine Rehabilitation Sprachbehinderter in der teilstationären Einrichtung ‚Tagesstätte'. Eine Dokumentation. Eigendruck Maria-Stern-Schule. Würzburg, 49-66.

FRIES, A.; LEBSCHI, R. (1979): Untersuchungen zur visuellen Wahrnehmung sprachbehinderter Kinder in der Tagesstätte und anderen Einrichtungen der Maria-Stern-Schule (Würzburg). In: FRIES, A. (Hg.): Empirische Untersuchungen zum Lern- und Leistungsverhalten und zur Persönlichkeitsstruktur sprachbehinderter Kinder - Konsequenzen für eine Rehabilitation Sprachbehinderter in der Teilstationären Einrichtung ‚Tagesstätte'. Eine Dokumentation. Eigendruck Maria-Stern-Schule. Würzburg, 4-26.

FRISCH, M. (1968): Mein Name sei Gantenbein. Berlin.

FRISKE, A. (1995): Als Frau geistigbehindert sein. Ansätze zu frauenorientiertem heilpädagogischem Handeln. München/Basel.

FRITZE, C.; PROBST, W.; REINARZT, E. et al. (1976): Hören. Auditive Wahrnehmungsförderung. Übungs- und Beobachtungsfolge für den Elementar- und Primarbereich. Dortmund.

FRÖHLICH, A. (1977a): Zur Förderung schwerstbehinderter Kinder. In: FRÖHLICH, A.; TUCKERMANN, U. (Hg.): Schwerstbehinderte. Rheinstetten.

FRÖHLICH, A. (1979): Interdisziplinäre Zusammenarbeit in der Hilfe für geistig Schwerbehinderte. Basale Stimulation - ein interdisziplinärer Ansatz zur Förderung Schwerstbehinderter. In: Zur Orientierung 370-377.

FRÖHLICH, A. (Hg.) (1977b): Wahrnehmungsstörungen und Wahrnehmungstraining bei Körperbehinderten. Rheinstetten.

FRÖHLICH, A. (Hg.) (1981): Die Förderung Schwerstbehinderter. Erfahrungen aus sieben Ländern. Luzern.

FRÖHLICH, A. (Hg.) (1989): Kommunikation und Sprache körperbehinderter Kinder. Dortmund.

FRÖHLICH, A. (Hg.) (1991): Pädagogik bei schwerster Behinderung (Handbuch der Sonderpädagogik Band 12). Berlin.

FRÖHLICH, A. (^{2}1993): Die Mütter schwerstbehinderter Kinder. Heidelberg.

FRÖHLICH, A. (Hg.) (^{3}1995): Lernmöglichkeiten: Aktivierende Förderung für schwer mehrfachbehinderte Menschen. Heidelberg.

FRÖHLICH, A. (1999): Das Ende – ein Anfang? Die Weiterentwicklung der Schule für Geistigbehinderte zum Kompetenzzentrum. In: Zeitschrift für Heilpädagogik, 50, 7, 322-325.

FRÖHLICH, A. (2003): Blick in die Zukunft: Die Einrichtung von Kompetenzzentren für Entwicklungsförderung und Lebensbegleitung bei kognitiver und schwerster Behinderung. In: FISCHER, E. (Hg.): Pädagogik für Menschen mit geistiger Behinderung. Oberhausen, 342-373.

FRÖHLICH, A.; HAUPT, U. (1982): Entwicklungsförderung schwerstbehinderter Kinder. Bericht über einen Schulversuch. Teil I. Mainz.

FRÖHLICH, A.; HAUPT, U. (⁴1991): Förderdiagnostik mit schwerstbehinderten Kindern. Dortmund.

FRÖHLICH, A.; TUCKERMANN, U. (Hg.) (1977): Schwerstbehinderte. Rheinstetten.

FRÖHLICH, A.; HEINEN, N.; LAMERS, W. (Hg.) (2001): Schwere Behinderung in Praxis und Theorie – ein Blick zurück nach vorn. Texte zur Körper- und Mehrfachbehindertenpädagogik. Düsseldorf, 101-125.

FROHNHÖFER, H.; SCHMIDT, I. (1981): Club 86, Sonderschüler, Eltern und Freunde. 10 Jahre Erfahrungen mit außerschulischer Bildungs- und Freizeitarbeit. Rheinstetten.

FROSTIG, M. (1963): Visual perception in the brain-injured child. In: American J. Orthopsychiatry 33, 665-671.

FROSTIG, M. (1973): Bewegungserziehung. Neue Wege der Heilpädagogik. München.

FROSTIG, M. (1974): Bewegen, wachsen, lernen. Bewegungserziehung. Dortmund.

FROSTIG, M. (1978): Lernprobleme in der Schule. Stuttgart.

FUCHS, A. (1899 / [3]1922): Versuch einer Hilfsschulpädagogik. Berlin.

FUCHS, A. (1987): Tendenzen der gegenwärtigen Musiktherapie unter Berücksichtigung der Geistigbehinderten. Gießen.

FUCHS, H. (2004): Einführung [in das SGB IX]. In: SGB IX Rehabilitation und Teilhabe behinderter Menschen. München, IX-XLII.

FÜHMANN, F.; RIEMANN, D. ([2]1988): Was für eine Insel in was für einem Meer. Rostock.

FÜHRING, M. et al. (1976): Die Sprachfehler des Kindes und ihre Beseitigung. (10. Aufl. 1990) Wien.

FUNK, M. et al. (1995): Therapeutisches Vorgehen bei der HIV-Infektion im Kindes- und Jugendalter. In: BIALEK, R. (Hg.): Die medizinische Betreuung HIV-infizierter Kinder und Jugendlicher. Stuttgart, 10-18.

FUNKE, E.H.; HILKER, N.; LINK, V. (1979): Lernbehinderung und Kriminalität. Rheinstetten.

FURTH, G.M. ([2]1992): Heilen durch Malen. Olten.

FURTH, H. (1966): Thinking without language. New York.

FÜSSENICH, I. (1996): Wissenschaftstheoretische Überlegungen zu Untersuchungen über gestörte Kindersprache. In: EHLICH, K. (Hg.): Kindliche Sprachentwicklung. Opladen, 187-204.

GÄBE, I. (1990): Schwere Legasthenie: Einzelbehandlung bei Kindern und Jugendlichen. Freiburg i.Br.

GAGNÉ, R.M. (1965/[4]1985): The Conditions of Learning. New York (Holt, Rinehardt and Winston).

GAIL, A.J. (1963): Erasmus von Rotterdam: Ausgewählte pädagogische Schriften. Paderborn.

GÄNG, M. (Hg.) ([5]2004): Heilpädagogisches Reiten und Voltigieren. München.

GARBE, H. (1965): Die Rehabilitation der Blinden und hochgradig Sehbehinderten. Die Rehabilitation der Entwicklungsgehemmten. Bd. 5. München.

GARBE, H. ([3]1969): Geschichte der Blindenpädagogik. In: HEESE, G.; WEGENER, H. (Hg.): Enzyklopädisches Handbuch der Sonderpädagogik und ihrer Grenzgebiete. Band 1. Berlin, 386-389.

GARDINER, M.D. (1979): Grundlagen der Übungstherapie in Krankengymnastik und Rehabilitation. Stuttgart.

GARTEN, H.-K. (1973): Untersuchungen zur Psychologie der Gehörlosen. Neuburgweier.

GASTEIGER-KLICPERA, B.; JULIUS, H.; KLICPERA, C. (Hg.) (2005): Handbuch zum sonderpädagogischen Schwerpunkt emotionale und soziale Entwicklung. Göttingen.

GATH, A. (1978): Down´s syndrom and family. London.

GAUCH, S. (1986): Besondere Erziehung: Normen und Ziele in der Sonderpädagogik. Mainz.

GEBHARD, P. H. (1974): Sexual behavior of the mentally retarded. In: DE LA CRUZ, F. F.; LA VECK, G. D. (Eds.): Human sexuality and the mentally retarded. Baltimore, 29-49.

GEHLEN, A. (1940): Der Mensch. Seine Natur und seine Stellung in der Welt. Berlin.

GEHLEN, A. (1952): Über die Geburt der Freiheit aus der Entfremdung. Bern

GEHLEN, A. (1961): Anthropologische Forschung. Reinbek bei Hamburg.

GEHRMANN, P.; HÜWE, B. (Hg.) (2003): Kinder und Jugendliche in erschwerten Lernsituationen. Stuttgart.

GEISLER, E. (1974): Architekturpsychologische Planungskriterien für die bauliche Erweiterung der sozialen Heimstätte Dornahof. Hgg. vom Verein für soziale Heimstätten in Baden-Württemberg e. V. Stuttgart.

GEISLER, E. (1978): Psychologie für Architekten. Stuttgart.

GEMSJÄGER, W.; DILL, M. (1977): Arbeits- und Berufsförderung von Behinderten. Stuttgart.

GEORGENS, J.D.; DEINHARDT, H.M. (1861): Die Heilpädagogik mit besonderer Berücksichtigung der Idiotie und der Idiotenanstalten (Nachdruck 1979). Leipzig.

GERBER, E.P. (Hg.) (1984): Behinderten Emanzipation: Körperbehinderte in der Offensive. Gesammelte Aufsätze. Lollar.

GERSTENMAIER, J.; MANDL, H. (1995): Wissenserwerb unter konstruktivistischer Perspektive. In: Zeitschrift für Pädagogik, 41/6, 867-888.

GERSTENMAIER, J.; MANDL, H. ([2]1999): Konstruktivistische Ansätze in der Erwachsenenbildung und Weiterbildung. In: TIPPELT, R. (Hg): Handbuch Erwachsenenbildung/ Weiterbildung. Opladen, 184-192.

GHODSTINAT, M. (1979): Blinde Studenten, ihre Probleme und ihre gesellschaftliche Stellung. Ein Beitrag zur Blindenintegration. Berlin.

GIESE, G. (1961): Quellen zur deutschen Schulgeschichte seit 1800. Göttingen.

GIESEKING, R.; GRUNDMANN, E. (1976): Störungen der Differenzierung und des Wachstums. In: GRUNDMANN, E. (Hg.): Einführung in die Allgemeine Pathologie. Stuttgart.

GIESELMANN, A.-M. (1991): Bedürfnisse und Interessen Behinderter und ihrer Angehörigen. In: ARBEITSKREIS FÜR BEHINDERTENFRAGEN (Hg.): Dokumentation: Wohnen von Menschen mit Behinderungen. Oldenburg, 33-36.

GILL, J. K. (1973): Partner - nicht Ausgestoßene. Die soziale Arbeit mit Leprakranken. Neuburgweier.

GIZYCKI, v. H. (1978): Thesen zur Sozialpsychologie fraternitärer Lebensformen. In: HARLOFF, H. J. (Hg.): Konferenzdokumentation: Bedingungen des Lebens in der Zukunft und die Folgen für die Erziehung. TUB Dokumentation 6/1978. Berlin.

GLASER, B. G.; STRAUSS, A. L. (1974): Interaktion mit Sterbenden. Beobachtungen für Ärzte, Schwestern, Seelsorger und Angehörige. Göttingen.

GLASERSFELD, E. von (1992): Aspekte des Konstruktivismus: Vico, Verkeley, Piaget. In: RUSCH, G.; SCHMIDT, S.J. (Hg.): Konstruktivismus: Geschichte und Anwendung. Frankfurt/ Main, 133-158.

GLASERSFELD, E. VON (1997): Radikaler Konstruktivismus. Ideen, Ergebnisse, Probleme. Frankfurt a.M.

GLOFKE, E.-M. (1983): Sehgeschädigte Menschen zwischen Stigma und Selbstwertung. Koblenz.

GOEBEL, G. (1992a): Interdisziplinäre Diagnostik und Therapie des komplexen chronischen Tinnitus. II. Priener Tinnitus-Symposium. Düsseldorf.

GOEBEL, G. (Hg.) (1992b): Ohrgeräusche. Psychosomatische Aspekte des komplexen chronischen Tinnitus. Vorkommen, Auswirkungen, Diagnostik und Therapie. München.

GOETZE, H. (1995): Life-Space-Intervention. In: Sonderpädagogik 25, 108-112.

GOETZE, H.; NEUKÄTER, H. (Hg.) ([2]1993): Pädagogik bei Verhaltensstörungen (Handbuch der Sonderpädagogik Band 6). Berlin.

GOFFMAN, E. (1967): Stigma. Über Techniken der Bewältigung beschädigter Identität. Frankfurt.

GOFFMAN, E. (1972): Asyle. Frankfurt a.M.

GÖLLNITZ, G.; RÖSLER, H.-D. (Hg.) (1978): Psychologische Untersuchung zur Entwicklung hirngeschädigter Kinder. Berlin.

GOODE, D.A. (1994): Quality of Life for Persons with Disabilities: International Perspectives and Issues. Camebridge.

GÖPPEL, R. (1989): „Der Friederich, der Friederich ..." Das Bild des „schwierigen Kindes" in der Pädagogik des 19. und 20. Jahrhunderts. Würzburg.

GORDON, N. (Hg.) (1985): Das ungeschickte Kind. Stuttgart.

GORDON, S. (1975): Eine Ergänzung zu Warren Johnson. In: DE LA CRUZ, F. F.; LA VECK, G. D. (Hg.): Geistig Retardierte und ihre Sexualität. München u.a

GÖRRES, S. (1982): Partnerschaft und Sexualität – Überlegungen aus der Sicht einer Mutter. In: Geistige Behinderung 21, 2, 80-88.

GÖRRES, S.; HANSEN, G. (Hg.) ([2]1992): Psychotherapie bei Menschen mit geistiger Behinderung. Bad Heilbrunn/Obb.

GOSLIN, D. A. (Hg.) (1969): Handbook of socialization. Chicago.

GÖTTE, R. (1976): Landauer Sprachentwicklungstest für Vorschulkinder LSV. Weinheim.

GÖTTE, R. ([7]1991): Sprache und Spiel im Kindergarten. Handbuch zur Sprach- und Spielförderung. Weinheim.

GOTTLIEB, J. et al. (⁴1980): Behinderte Menschen. Hilfen im Kindes-, Jugend- und Erwachsenenalter. Freiburg i.Br.

GOTTWALD, P.; REDLIN, W. (1972): Verhaltenstherapie bei geistig behinderten Kindern. Göttingen.

GÖTZE, P. (1980): Psychopathologie der Herzoperierten. Stuttgart.

GRABOWSKI, J.; THOMPSON, T. (1976a): Durchführung von Verhaltensmodifikationsprogrammen. In: THOMPSON, T.; GRABOWSKI, J. (Hg.): Verhaltensmodifikation bei Geistigbehinderten. München, 217-226.

GRABOWSKI, J.; THOMPSON, T. (1976b): Ein Verhaltensmodifikations-Programm für geistigbehinderte hospitalisierte Männer. In: THOMPSON, T.; GRABOWSKI, J. (Hg.): Verhaltensmodifikation bei Geistigbehinderten. München, 67-84.

GRABSKI, S. et al. (1978): Strukturierter Unterricht mit verhaltensgestörten Schülern. Rheinstetten.

GRAEFE, O. (1969): Zur Klassifizierung kindlicher Verhaltensstörungen. In: RÖHRS, H. (Hg.): Das schwererziehbare Kind. Frankfurt, 23-31.

GRAF, E. (1987): Zur Einstellung von Eltern gegenüber ihrem geistig behinderten Kind. Berlin.

GRÄF, P.; FUCKS, W.; PELZ, G. (1976): Praxis der Verhaltensmodifikation in Sonder-, Grund- und Hauptschulen. Berlin.

GRAICHEN, J. (1973): Teilleistungsschwächen, dargestellt an Beispielen aus dem Bereich der Sprachbenutzung. In: Zeitschrift Kinder- u. Jugendpsychiatrie, 1, 113-143.

GRAICHEN, J. (1976): Teilleistungsschwächen in der hierarchisch-sequentiellen Regulation von Sprachproduktion und Motorik. In: NISSEN, G.; SPECHT, F. (Hg.): Psychische Gesundheit und Schule. Neuwied, 125-132.

GRAICHEN, J. (1977): Sprachentwicklungsstörungen und ihre Diagnostik unter psycholinguistischem und neuropsychologischem Aspekt. In: DEUTSCHE GESELLSCHAFT FÜR SPRACHHEILPÄDAGOGIK (Hg.): Störungen der Sprachentwicklung. Hamburg, 27-40.

GRAICHEN, J: (1978): Teilleistungsschwächen in den hierarchisch-sequentiellen auditiven, inästhetischen und rhythmischen Regulationssystemen der Sprachproduktion. In: LOTZMANN, G. (Hg.): Aspekte auditiver, rhythmischer und sensomotorischer Diagnostik, Erziehung und Therapie. München, 9-31.

GRAICHEN, J. (1989 / ²1996): Neuropsychologische Perspektiven. In: GROHNFELD, M. (Hg.): Handbuch der Sprachtherapie. Bd. 1: Grundlagen der Sprachtherapie. Berlin, 113 – 132.

GRAMPP, G. (1982): Alternatives Lernen mit geistig behinderten Schülern. Stuttgart.

GRÄSEL, C.; BRUHN, J.; MANDL, H.; FISCHER, F. (1997): Lernen mit Comuternetzen aus konstruktivistischer Perspektive. In: Unterrichtswissenschaft, 25/1, 4-18.

GRAUMANN, S. (Hg.) (2003): Medizin, Ethik und Behinderung. Beiträge aus dem Institut Mensch, Ethik und Wissenschaft (IMEW). Frankfurt a.M.

GRAUMANN, S.; GRÜBER, K. (2005): Anerkennung, Ethik und Behinderung. Beiträge aus dem Institut Mensch, Ethik und Wissenschaft. Münster.

GRAZ, R. (1976): Zur Problematik der Geschwister geistigbehinderter Kinder. Münster.

GREIFFENHAGEN, S. (1991): Tiere als Therapie: Neue Wege in Erziehung und Heilung. München.

GREINKE, K. (1979): Gesundheitserziehung in der Schule für Lernbehinderung. Oberbiel.

GRIFFITHS ENTWICKLUNGSSKALEN zur Beurteilung der Entwicklung in den ersten beiden Lebensjahren. Weinheim.

GRIMM, B. (⁴1996): Elternschaft geistigbehinderter Menschen. In: WALTER, J. (Hg.): Sexualität und geistige Behinderung. Heidelberg, 299-304.

GRIMM, H. (1978): Sprache. In: KLAUER, K. J. (Hg.): Handbuch der pädagogischen Diagnostik. Bd. 2. Düsseldorf, 355-366.

GRIMM, H. (1989): Entwicklungsdysphasie - kein einheitliches Konstrukt. In: Heilpädagogische Forschung 15, 3-14.

GRIMM, H. (1995): Sprachentwicklung - allgemeintheoretisch und differentiell betrachtet. In: OERTER, R.; MONTADA, L. (Hg.): Entwicklungspsychologie. Weinheim, 705-757.

GRIMM, H. (1999): Störungen der Sprachentwicklung. Göttingen.

GRIMM, H. (²2003): Störungen der Sprachentwicklung: Grundlagen - Ursachen - Diagnose - Intervention - Prävention. Göttingen, Bern, Toronto, Seattle.

GRIMM, H.; SCHÖLER, H. (1978): Heidelberger Sprachentwicklungstest H-S-E-T. Braunschweig.

GRIMM, H.; WEINERT, S. (Hg.) (1994): Intervention bei sprachgestörten Kindern. Stuttgart.

GRISSEMANN, H. (1989): Lernbehinderung heute. Bern.

GRISSEMANN, H. (1990): Förderdiagnostik von Lernstörungen. Bern.

GROEBEN, U. (1978): Determinanten der Schulangst. Weinheim.

GROHNFELDT, M. (1975): Die soziale Situation Sprachbehinderter und ihre Auswirkungen auf die Persönlichkeitsentwicklung. In: Sprachheilarbeit 20, 69-76.

GROHNFELDT, M. (1976): Zur Sozialpsychologie sprachbehinderter Schüler. Rheinstetten.

GROHNFELDT, M. (1977): Überlegungen zum Abbau von sozialer Isolation bei Hör- und Sprachbehinderten. In: Sprachheilarbeit 22, 22-29.

GROHNFELDT, M. (1978a): Untersuchungen zur Struktur sprachlicher Behinderung. In: Zeitschrift für Heilpädagogik 29, 593-602.

GROHNFELDT, M. (1978b): Zur Situation der Einschulungsdiagnostik in der Sprachbehindertenschule. In: Sprachheilarbeit 23, 53-61.

GROHNFELDT, M. ([2]1982): Diagnose von Sprachbehinderungen. Theorie und Praxis der Felddiagnostik bei Sprachbehinderten. Berlin.

GROHNFELDT, M. (1987): Menschenbilder in der Sprachbehindertenpädagogik. In: Die Sprachheilarbeit 32, 1-9.

GROHNFELDT, M. (1989): Merkmale der pädagogischen Sprachtherapie. In: GROHNFELDT, M. (Hg.): Grundlagen der Sprachtherapie: Handbuch der Sprachtherapie Band 1. Berlin, 13-31.

GROHNFELDT, M. (1992): Was ist Erfolg in der Stottertherapie? In: Die Sprachheilarbeit 5, 227-240.

GROHNFELDT, M. (1993a) (Hg.): Stimmstörungen. Handbuch der Sprachtherapie Band 7. Berlin.

GROHNFELDT, M. (1993b) (Hg.): Sprachstörungen im Zusammenhang mit anderen Behinderungen. Handbuch der Sprachheiltherapie Band 8. Berlin.

GROHNFELDT, M. (1993c) (Hg.): Störungen der Sprachentwicklung. 6. völlig neu bearbeitete Auflage. Berlin.

GROHNFELDT, M. ([7]1999): Störungen der Sprachentwicklung. Berlin.

GROHNFELDT, M. (2000): Lehrbuch der Sprachheilpädagogik und Logopädie, Band 1, Selbstverständnis und theoretische Grundlagen. Berlin.

GROHNFELDT, M. (2001): Lehrbuch der Sprachheilpädagogik und Logopädie, Band 2, Erscheinungsformen und Störungsbilder. Berlin.

GROHNFELDT, M. (2002): Lehrbuch der Sprachheilpädagogik und Logopädie, Band 3, Diagnostik, Prävention und Evaluation. Berlin.

GROHNFELDT, M. (2003): Lehrbuch der Sprachheilpädagogik und Logopädie, Band 4, Beratung, Therapie und Rehabilitation. Berlin.

GROHNFELDT, M. (2004): Lehrbuch der Sprachheilpädagogik und Logopädie, Band 5, Bildung, Erziehung und Unterricht. Berlin.

GROHNFELDT, M. (Hg.) (1989-1995): Handbuch der Sprachheiltherapie, Bde 1-8. Berlin.

GROHNFELDT, M.; HOMBURG, G.; TEUMER J. (1993): Überlegungen zur sprachheilpädagogischen Arbeit in einem flexiblen System von Grund- und Sonderschule. In: Die Sprachheilarbeit 38, 4, 166-185.

GROMANN, P. (1995): Zur Bedeutung ambulanter Wohnangebote für das Selbst- und Fremdbild geistig behinderter Menschen. In: BUNDESVEREINIGUNG „LEBENSHILFE FÜR GEISTIG BEHINDERTE" e.V. (Hg.): Wohnen heißt zu Hause sein. Marburg/Lahn, 175-179.

GROND, J. (Hg.) (1978): Früherziehung behinderter Kinder. Standpunkte der Heilpädagogik und der Sozialversicherung. Luzern.

GROOTHOFF, H.-H. (1969): Pädagogik. Allgemeine, und Sonderpädagogik. In: HEESE, G.; WEGENER, H. (Hg.): Enzyklopädisches Handbuch der Sonderpädagogik und ihrer Grenzgebiete. Band 2, 3. Auflage. Berlin, 2454-2458.

GRÖSCHKE, D. ([2]1997): Praxiskonzepte der Heilpädagogik: Anthropologische, ethische und pragmatische Dimensionen. München, Basel.

GROSS, H. (1976): Bauen für Behinderte in Nordrhein-Westfalen. Dortmund.

GROSSMANN, G.; FITZNER, D.; GERTH, A. (1980): Das verhaltensgestörte Kind in der Familie, Schule und Beratungsstelle. Berlin.

GRUBITZSCH, S. (1991): Testtheorie, Testpraxis. Psychologische Tests und Prüfungsverfahren im kritischen Überblick. Reinbek bei Hamburg.

GRÜNING, E. (1997): Entwicklungen schulischer Kooperation in Brandenburg. In: MÜHL, H. et al.: Lernen unter einem Dach. Schulische Integration durch Kooperation. Hgg. von der Bundesvereinigung Lebenshilfe. Marburg, 105-116.

GRÜNINGER, W. (Hg.) (1987): Psychologische Aspekte in der Rehabilitation Querschnittsgelähmter. Heidelberg.

GRZESKOWIAK, U. (1980): Die Einstellung der Gesellschaft zu geistig Behinderten. Untersuchung zur sozialen Distanz in Werkstätten für Behinderte in der BRD. Berlin.

GÜNNIGMANN, M. (1979): Montessori-Pädagogik in Deutschland. Bericht über die Entwicklung nach 1945. Freiburg.

GUNTERN, G. (1980): Die kopernikatische Revolution in der Psychotherapie: der Wandel vom psychoanalytischen zum systemischen Paradigma. In: Familiendynamik 5, 1, 2-41.

GÜNTHER, K.-B. (1980): Probleme der sprachlichen Entwicklung bei 5- bis 7jährigen Kindern. Weinheim.

GÜNTHER, K.-B. (1991): Gehörlosenpädagogik zwischen Hörsprecherziehung, Lautsprachbegleitenden Gebärden und Gebärdensprache. In: Hörgeschädigtenpädagogik 6, 321-345.

GÜNTHER, K. B. (2000): Förderschwerpunkt Hören. In: DRAVE, W.; RUMPLER, F.; WACHTEL, P. (Hg.): Empfehlungen zur sonderpädagogischen Förderung. Allgemeine Grundlagen und Förderschwerpunkte (KMK) mit Kommentaren. Würzburg, 85-95.

GÜNZBURG, H.C. (1981): Führung zur Selbständigkeit. In: Geistige Behinderung 20, 97-107; 158-170; 230-243.

GÜNZBURG, H.L. (1978): Die Erstellung eines individuellen Entwicklungsprogramms für schwer geistig Behinderte auf Grundlage einer pädagogischen Bestandsaufnahme: Das P-A-C System. In: BUNDESVEREINIGUNG LEBENSHILFE FÜR GEISTIG BEHINDERE e.V. (Hg.): Hilfen für schwer geistig Behinderte - Eingliederung statt Isolation. Marburg, 139-150.

GURLAND, H. J. (1968): Die psychologischen Probleme bei der Dauerdialyse und Nierentransplantation. Münchner Medizinische Wochenschrift 110, 337-338.

GUSKI, E.; LANGLOTZ-BRUNNER, C. (1991): Die Ablösung von der Familie. Konsequenzen für Einrichtungen. In: Geistige Behinderung 30, 37-43.

GUTBERLET, M. et al. (1983): Integrierte sonderpädagogische Betreuung bei Lern- und Verhaltensstörungen in Grundschulen – Ergebnisse eines Schulversuchs in Frankfurt am Main. In: Sonderpädagogik, 13, 114 – 120 / 165 – 188.

GUTTMANN, L. (1979): Sport für Körperbehinderte. München.

GWERDER, F. (1976): Das Syndrom der leichten frühkindlichen Hirnschädigung. Bern.

HAASER, A. (1975): Behindertenproblematik und Randgruppentheorie. Sozialwissenschaftliche Ansätze zur Erklärung der gesellschaftlichen Benachteiligung von Behinderten. In: Rehabilitation 14, 215-221.

HACKENBERG, W. (1992): Geschwister behinderter Kinder im Jugendalter - Probleme und Verarbeitungsformen. Berlin.

HACKER, D. (1990): Fallbericht phonologische Störung. In: GROHNFELDT, M. (Hg.): Grundlagen der Sprachheiltherapie Band 2. Berlin, 75-88.

HACKER, D. (1997): Phonologie. In: BAUMGARTNER, S.; FÜSSENICH, I. (Hg.): Sprachtherapie bei Kindern. 5. Auflage. München, 15-79.

HADLEY, J. M. (1958): Clinical and Counseling Psychology. New York.

HAEBERLE, E.J. (²1985): Die Sexualität des Menschen. Handbuch und Atlas. Berlin/New York.

HAEBERLIN, U. (⁵1998): Allgemeine Heilpädagogik. Bern, Stuttgart, Wien.

HAEBERLIN, U. (³1999): Die Integration von Lernbehinderten. Bern.

HAEBERLIN, U. (⁵2003): Das Menschenbild für die Heilpädagogik. Bern/Stuttgart.

HAEBERLIN, U.; BLESS, G.; MOSER, U.; KLAGHOFER, R. (1990): Die Integration von Lernbehinderten. Bern.

HAGEMEISTER, U. (1995): Geistigbehindertenpädagogik. In: BLEIDICK, U. et al. (Hg.): Einführung in die Behindertenpädagogik Band II. (5., überarb. Aufl. 1998). Stuttgart, Berlin, Köln, 57-83.

HAGMANN, TH. (Hg.) (1980): Beiträge zur Pädagogik Geistigbehinderter. Luzern.

HAHN, A. (1968): Einstellungen zum Tod und ihre soziale Bedingtheit. Stuttgart.

HAHN, G.P. (⁶1995): Hilfen für das Zusammenleben mit geistig Behinderten. Berlin.

HAHN, M. (1981): Behinderung als soziale Abhängigkeit. Zur Situation schwerbehinderter Menschen. München.

HAHN, M. (Hg.) (2004): Warum sollen sie nicht mit uns leben? Stadtteilintegreirtes Wohnen von Erwachsenen mit schwerer geistiger Behinderung und ihre Situation in Wohnheimen. Reutlingen.

HAIBÖCK, H. (1975): Zur Integration des körperbehinderten Kindes in der Schule. In: HELLBRÜGGE, TH. (Hg.): Integrierte Erziehung. München, 93-107.

HALE, G. (1981): Handbuch für Körperbehinderte. Ein Ratgeber zur Alltagsbewältigung: Hilfsmittel, Anregungen, Adressen. Ravensburg.

HALES, A. (1978): The children of Skylark Ward. Teaching severely handicapped children. Cambridge.

HALEY, J. (1980): Ansätze zu einer Theorie pathologischer Systeme. In: WATZLAWICK, P.; WEAKLAND, J.H.: Interaktion. Bern.

HALL, E. T. (1966): The hidden demension. New York.

HALLAHAN, D.; CRUCKSHANK, W. (1979): Lernstörungen beziehungsweise Lernbehinderung. Pädagogisch-psychologische Grundlagen. München.

HÄMER, A. (1978): Rehabilitation von unten. Der Platz der Körperbehinderung im Aufgabenfeld der Kirche. München/Mainz.

HAMPEL, E. (1978): Die Hemmungsbereitschaft in der Sprache des Stotterers. Erfahrungen mit Stotterern. Berlin.

HAMPEL, R. (1971): Entwicklung einer Skala zur Selbsteinschätzung der aktuellen Stimmung (Skas). Freiburg.

HANDWERK, M. (1978): Der Rechtschreibunterricht in der Schule für Lernbehinderte. Oberbiel.

HANSELMANN, H. (1930): Einführung in die Heilpädagogik (9. Auflage 1976). Zürich.

HANSEN, D. (1996a): Sprachbehindertenpädagogik als empirische Wissenschaft. In: Vierteljahreszeitschrift für Heilpädagogik und ihre Nachbardisziplinen 2, 160-173.

HANSEN, D. (1996b): Spracherwerb und Dysgrammatismus. Grundlagen, Diagnostik und Therapie. München.

HANSEN, F. (1977): Viruskrankheiten mit bevorzugter Beteiligung des Zentralnervensystems. In: HARNACK, G.-A. V. (Hg.): Kinderheilkunde. Berlin, 155-157.

HANSEN, G. (Hg.) (1992): Sonderpädagogische Diagnostik. Pfaffenweiler.

HANSEN, G.; SEITZ, W. (Hg.) (1991): Entstehung und Behandlung von Verhaltensstörungen im Kindes- und Jugendalter. Pfaffenweiler.

HANSEN, G.; STEIN, R. (Hg.) (1994): Sonderpädagogik konkret. Ein Handbuch in Schlüsselbegriffen. Bad Heilbrunn, 148-152.

HANSEN, K. (1929): Die Problematik der Sprachheilschule in ihrer geschichtlichen Entwicklung. Halle.

HARBAUER, H. (1976): Oligophrenien und Demenzzustände. In: HARBAUER, H. et al.: Lehrbuch der speziellen Kinder- und Jugendpsychiatrie (4. Aufl. 1980). Berlin, 226-272.

HARDESTY, F. P.; PRIESTER, J. J. (1956): Handbuch für den Hamburg-Wechsler-Intelligenztest für Kinder (HAWIK). Bern.

HARE, A. P. (1962): Handbook of small group research. New York et al.

HARFF, J.; GROSSMANN, A.; HÄUSERMANN, U. ([2]1977): Übungsbehandlung für Säuglinge und Kleinkinder. Stuttgart.

HARFST, W. (1991): Wohnen im Wohnheim Haus Hohe Heide (Stellungnahmen der MitarbeiterInnen zum Wohnen im Wohnheim Haus Hohe Heide). In: JANSEN, M. (Hg.): Dokumentation Wohnen von Menschen mit Behinderungen. Oldenburg, 27-32.

HARNACK, G.-A. von (1977): Frühgeburt (untergewichtige Neugeborene). In: HARNACK, G.-A. VON (Hg.): Kinderheilkunde. Berlin, 43-48.

HARRER, G. (Hg.) ([2]1982): Grundlagen der Musiktherapie und Musikpsychologie. Stuttgart.

HARTKE, B.; VAN DER KOOIJ, R.; NOELLE, O. (1998): Integration bei Verhaltensstörungen durch regionale Förderzentren in Schleswig-Holstein. In: Sonderpädagogik 28, 68-83.

HARTMANN, N. (1972): Theoretische Konzepte zur Mehrfachbehinderung. In: HARTMANN, N. (Hg.): Beiträge zur Pädagogik der Mehrfachbehinderten. Bd. 1. Neuburgweier, 24-28.

HARTMANN, N. (Hg.) (1978): Sexualpädagogik bei Behinderten. Rheinstetten.

HASSELHORN, M. (2005): Lernen im Altersbereich zwischen 4 und 8 Jahren: Individuelle Voraussetzungen, Entwicklungen, Diagnostik, Förderung. In: GULDIMANN, T.; HAUSER, B. (Hg.): Bildung 4 – 8 jähriger Kinder. Münster, 77-88.

HASSELHORN, M.; GRUBE, D. (2003): Das Arbeitsgedächtnis: Funktionsweise, Entwicklung und Bedeutung für kognitive Leistungsstörungen. In: Sprache – Stimme – Gehör, 27, 31-37.

HAUENSTEIN, W. (1982): Die Zukunft des jugendlichen und erwachsenen Autisten in einer Anstalt. In: Tagungsbericht 5. Bundestagung „Hilfe für das autistische Kind" (Baunatal 1981). Hamburg, 127-144.

HAUPT, U. (1974): Dysmeliekinder am Ende der Grundschulzeit. Eine exemplarische Untersuchung an körperbehinderten Kindern in Normalschulen. Neuburgweier.

HAUPT, U. (1993): Sprachtherapie bei Kindern mit cerebralen Bewegungsstörungen. In: GROHNFELDT, M. (Hg.): Zentrale Sprach- und Sprechstörungen: Handbuch der Sprachtherapie Band 6. Berlin, 371-388.

HAUPT, U. (1997): Körperbehinderte Kinder verstehen lernen. Auf dem Weg zu einer anderen Diagnostik und Förderung. Düsseldorf.

HAUPT, U.; FRÖHLICH, A. (1982a): Entwicklungsförderung schwerstbehinderter Kinder. Mainz.

HAUPT, U.; FRÖHLICH, A. (Hg.) (1982b): Integriertes Lernen mit schwerstbehinderten Kindern. Mainz.

HAUPT, U.; FRÖHLICH, A. ([5]1992): Förderdiagnostik mit schwerstbehinderten Kindern. Dortmund.

HAUPT, U.; GÄRTNER-HESSDÖRFER, U. (1986): Integration körperbehinderter Schüler in das Gymnasium. Mainz.

HAUPT, U.; JANSEN, G.W. ([3]1984): Frühförderung interdisziplinär. München.

HAUPT, U.; JANSEN, G.W. (Hg.) (1983): Pädagogik der Körperbehinderten (Handbuch der Sonderpädagogik Band 8). Berlin.

HAUS, E.; GROSS, S. (1991): Innere Medizin. Weiße Reihe, Band 4. Völklingen.

HAUSER-CRAM, P. (Hg.) (2001): Children with disabilities. A longitudinal study of child development and parent well-being. Boston.

HAVERS, N. (1978): Erziehungsschwierigkeiten in der Schule. Klassifikation, Häufigkeit, Ursachen und pädagogisch-therapeutische Maßnahmen. Weinheim.

HECKHAUSEN, H. (1969): Förderung der Lernmotivierung und der intellektuellen Tüchtigkeiten. In: DEUTSCHER BILDUNGSRAT (Hg.): Begabung und Lernen. Stuttgart, 193-228.

HECKMANN, C. (2004): Die Belastungssituation von Familien mit behinderten Kindern. Soziales Netzwerk und professionelle Dienste als Bedingungen für die Bewältigung. Heidelberg.

HEDDERICH, I. (1991): Schulische Situation und kommunikative Förderung Schwerstkörperbehinderter. Berlin.

HEESE, G. (1953): Kurzer Abriß der geschichtlichen Entwicklung der Schwerhörigenbildung in Deutschland. Halle.

HEESE, G. (1961): Die Rehabilitation der Gehörlosen. Die Rehabilitation der Entwicklungsgehemmten. Bd.1. München.

HEESE, G. (1962): Die Rehabilitation der Schwerhörigen. Die Rehabilitation der Entwicklungsgehemmten. Bd.2. München.

HEESE, G. (1967): Sprachgeschädigtenpädagogik. In: JUSSEN, H. (Hg.): Handbuch der Heilpädagogik.

HEESE, G. (1969): Geschichte der Schwerhörigenbildung. In: HEESE, G.; WEGENER, H. (Hg.): Enzyklopädisches Handbuch der Sonderpädagogik und ihrer Grenzgebiete Band 3. 3. völlig neubearbeitete Auflage des enzyklopädischen Handbuchs der Heilpädagogik. Berlin-Charlottenburg, 3103-3121.

HEESE, G. (1978): Frühförderung behinderter Kinder als pädagogische Aufgabe. In: HEESE, G. (Hg.): Frühförderung behinderter und von Behinderung bedrohter Kinder. Berlin, 3-25.

HEESE, G.; REINARTZ, A. (Hg.) (1981): Aktuelle Beiträge zur Sprachheilpädagogik. Berlin.

HEESE, G.; WEGENER, H. (1969): Enzyklopädisches Handbuch der Sonderpädagogik und ihrer Grenzgebiete. Band 1-3. Berlin.

HEIDE, E.: Empfehlungen zum Förderschwerpunkt Unterricht kranker Schülerinnen und Schüler, 153 – 163.

HEIDEN, H.-G. (1990): Ein Leben ohne Barrieren: Plädoyer für ein Mobilitätssicherungsgesetz. Krautheim.

HEIDTMANN, H. (1979): Lernschwächen sprachentwicklungsgestörter Kinder. Rheinstetten.

HEIDTMANN, H. (1988): Neue Wege in der Sprachdiagnostik. Analyse freier Sprachproben. Berlin.

HEIDTMANN, H.; KNEBEL, U. (2003): Aussprachefähigkeiten spielend fördern. Horneburg.

HEINRICH, P. (2003): Personalismus als Orientierungsprinzip der Sonderpädagogik. In: FISCHER, E. (Hg): Pädagogik für Menschen mit geistiger Behinderung. Oberhausen, 221-228.

HEINRICH, P. (2006): Die wissenschaftliche Auseinandersetzung mit der „Praktischen Ethik" von Peter Singer. Dissertation, Julius-Maximilians-Universität Würzburg.

HEINZE, R.G. (Hg.) (1982): Lebensbedingungen Behinderter im Sozialstaat. Opladen.

HEIPERTZ, W. (Hg.) (1977): Therapeutisches Reiten. Medizin, Pädagogik, Sport. Stuttgart.

HELLBRÜGGE, T. (1971): Prävention und Rehabilitation in der frühen Kindheit. In: Med. Klinik, 66, München, 981-986.

HELLBRÜGGE, TH. (1975b): Sozialpädiatrische Grundlagen für eine integrierte Erziehung behinderter Kinder. In: HELLBRÜGGE, TH. (Hg.): Integrierte Erziehung. München, 71-91.

HELLBRÜGGE, TH. (1977a): Unser Montessori-Modell. Erfahrungen mit einem neuen Kindergarten und einer neuen Schule. München.

HELLBRÜGGE, TH. (1977b): Pädagogik ohne Angst. Erfahrungen aus der Montessori-Modellschule in München als Schulversuch der integrierten Erziehung gesunder mit mehrfach und verschiedenartig behinderten Kindern. In: Heilpädagogische Forschung 7, 1-26.

HELLBRÜGGE, TH. (1979): Untersuchungen über die Entwicklung gliedmaßenfehlgebildeter Kinder, speziell Dysmelie-Kinder. Stuttgart.

HELLBRÜGGE, TH. (Hg.) (1975a): Integrierte Erziehung. 2. Neustifter Gespräche für Sozialpädiatrie. Sept. 1973. München.

HELLBRÜGGE, TH. (Hg.) (1981): Klinische Sozialpädiatrie. Ein Lehrbuch der Entwicklungs-Rehabilitation im Kindesalter. Berlin.

HELLBRÜGGE, TH. et al. (1971): Funktionelle Entwicklungsdiagnostik im 2. Lebensjahr. In: Fortschritte der Medizin 89, 558-562.

HELLBRÜGGE, TH. et al. (1976): Wie gesund sind unsere Vorschulkinder? In: KATZENBERGER, L. F. (Hg.): Hygiene in der Schule. Medizinische. psychologische, pädagogische Aspekte. Ansbach, 93-105.

HELLBRÜGGE, TH. et al. (1978): Münchener Funktionelle Entwicklungsdiagnostik - 1. Lebensjahr. München.

HELLBRÜGGE, TH.; MONTESSORI, M. (Hg.) (1978): Die Montessori-Pädagogik und das behinderte Kind. München.

HELMHOLTZ, H. von (1921): Schriften zur Erkenntnistheorie. Berlin.

HELWIG, G. (1980): Am Rande der Gesellschaft. Alte und Behinderte in beiden deutschen Staaten. Köln.

HENNINGE, U. et al. (1988): Die Erfassung und Förderung der sensomotorischen Kompetenz geistig Schwerstbehinderter. Sickte.

HENSLE, U. (1976): Schuld in der Psychologie und Psychoanalyse. In: DORN, A. M. (Hg.): Schuld - was ist das? Versuch eines Überblicks. Donauwörth, 46-71.

HENSLE, U. (1982): Zur Auswirkung institutioneller und außerinstitutioneller Faktoren auf die Rehabilitation. In: MINSEL, W.-R.; SCHELLER, R. (Hg.): Brennpunkte der klinischen Psychologie. Band 4 Rehabilitation. München, 54-74.

HENSLE, U. (1983): Einstellungen und Vorurteile gegenüber Behinderten. In: MEISSNER, B.; TROLLDENIER, H.-P.; MEISSNER, B. (Hg.): Texte zur Schulpsychologie und Bildungsberatung. Band 4. Braunschweig, 248-253.

HENSLE, U.; VERNOOIJ, M.A. (⁷2002): Einführung in die Arbeit mit behinderten Menschen I. Wiebelsheim.

HENTIG, H. von (1974): Vorwort. In: BRONFENBRENNER, U. (Hg.): Wie wirksam ist kompensatorische Erziehung? Stuttgart, 7-16.

HENTIG, H. von (²1976): Erbliche Umwelt - oder Begabung zwischen Wissenschaft und Politik. In: SKOWRONEK, H. (Hg.): Umwelt und Begabung. Stuttgart, 156-178.

HERBART, J.F. (1823): Bruchstücke „über die allgemeine Form einer Lehranstalt". Nachdruck (1919). In: WITTMANN, V. O.; FRITSCH, TH. (Hg.): Johann Friedrich Herbarts Pädagogische Schriften. Bd. 3. Osterwieck.

HERBERT, J.F. (o.J.): Umriß pädagogischer Vorlesungen. Hrsg. von H. WENDT. Leipzig.

HERRMANN, TH. (⁶1991): Lehrbuch der empirischen Persönlichkeitsforschung. Göttingen.

HERTL, M.; HERTL, R. (1979): Kranke und behinderte Kinder in Schule und Kindergarten. Stuttgart.

HERTL, M.; HERTL, R. (1981): Das kranke Kind. Ratgeber für die Pflege zu Hause und bei Krankenhausaufnahme. Stuttgart.

HERTZOG, G.; BARNEA-BRAUNSTEIN, R. (1980): „Beroschim" eine Schule für seelisch gestörte Kinder. München.

HERZIG, J. (1993): Zur Lebenssituation von Vätern körperbehinderter Kinder. Die Auseinandersetzung des Mannes mit der Behinderung seines Kindes. In: Behinderte in Familie, Schule und Gesellschaft 16, 43-50.

HESLINGA, K. (²1981): Über die lebenspraktische Erziehung blinder Kinder. Berlin.

HESS, E. H. (1975): Prägung. München.

HESSISCHER SOZIALMINISTER (Hg.) (1982): Behinderte in Hessen. Wiesbaden.

HEWETT, F. M. (1973): Conceptual models for viewing MBD: developmental psychology and behavior modification. In: Annals New York, Acad. Sc. 205, 38-45.

HEYER, P.; PREUSS-LAUSITZ, U.; ZIELKE, G. (1990): Wohnortnahe Integration. Weinheim.

HIERSCHE, H.-D. (Hg.) (1987): Grenzen ärztlicher Behandlungspflicht bei schwerstbehinderten Neugeborenen. Heidelberg.

HILDA-HEINEMANN-STIFTUNG (Hg.) (1976): Leitfaden zur Errichtung von Wohnstätten für erwachsene geistig Behinderte. Kurzfassung eines Forschungsberichtes des Instituts für Sozialrecht der Ruhr-Universität Bochum.

HILL, P.B.; KOPP, J. (1995): Familiensoziologie: Grundlagen und theoretische Perspektiven (3. Aufl. 2004). Wiesbaden.

HILLENBRAND (1999): Paradigmenwechsel in der Sonderpädagogik? In: Zeitschrift für Heilpädagogik, 50, 240-246.

HILLER, G. G.; (1994): Ausbruch aus dem Bildungskeller – Pädagogische Provokationen. Langenau.

HILLER, G. G.; SCHÖNBERGER, F. (1977): Erziehung zur Geschäftsfähigkeit. Entwurf einer handlungsorientierten Sonderpädagogik. Essen.

HINZ, A. (1998): Konzepte für ein Integratives Schulsystem – Hamburg. In: ROSENBERGER, M. (Hg.): Schule ohne Aussonderung - Ideen, Konzepte, Zukunftchancen. Neuwied/Berlin.

HINZ, A. (2000): Vom halbvollen und halbleeren Glas der Integration – Gemeinsame Erziehung in der Bundesrepublik Deutschland. In: HANS, M.; GINNOLD, A. (Hg.): Integration von Menschen mit Behinderung – Entwicklungen in Europa. Neuwied, 230 – 237.

HINZE, D. (²1991): Väter und Mütter behinderter Kinder. Berlin.

HINZE, D. (1992): Väter behinderter Kinder. Ihre besonderen Schwierigkeiten und Chancen. In: Geistige Behinderung 31, 135-142.

HÖCK, S.; THURMAIR, M. (1999): Eine Basisdokumentation für die Frühförderung. In: ARBEITSSTELLE FRÜHFÖRDERUNG BAYERN (Hg.): Kind sein und behindert. München / Eigendruck, 123-139.

HOCKER, K.M. (1997): Tinnitus – Ursachen und Behandlung von Ohrgeräuschen (2. akt. Auflage 2002). München.

HOFFMANN, B. (1993): Medienpädagogik im kirchlichen Feld: Entwicklungen, Konturen, Probleme, Perspektiven. München.

HOFFMANN, B. (2003): Ästhetik und Kommunikation. Grundlagen und Praxis der Gestaltungspädagogik für soziale und pädagogische Berufe. Paderborn.

HOFMANN, TH. (Hg.) (²1981): Beiträge zur Geistigbehindertenpädagogik. Rheinstetten.

HOFMANN, R. (1981): Selbstkonzept und Selbsteinschätzung Körperbehinderter. Ein Beitrag zur Relevanz selbstbezogener Kognitionen. Weinheim.

HOFSTÄTTER, P. R. (1957): Gruppendynamik. Die Kritik der Massenpsychologie. Hamburg.

HOHMEIER, J. (1975): Stigmatisierung als sozialer Definitionsprozeß. In: BRUSTEN, M.; HOHMEIER, J. (Hg.): Stigmatisierung. Bd. 1. Neuwied, 5-24.

HOHMEIER, J. (1989): Pädagogische Arbeit mit Eltern behinderter Kinder. In: HOHMEIER, J.; MAIR, H. (Hg.): Eltern und Familienarbeit. Familien zwischen Selbsthilfe und professioneller Hilfe. Freiburg i.Br.

HOLLWICH, F. (⁸1976): Augenheilkunde. Ein kurzgefaßtes Lehrbuch. Stuttgart.

HÖLTER, G. (Hg.) (1988): Bewegung und Therapie – interdisziplinär betrachtet. Dortmund.

HOLTMANN-VERSCHUUREN, H.; KLUGE, K.-J. (1979): Außergewöhnliche Erziehung für Problemschüler. Eine niederländische Unterrichtslehre für Verhaltensauffällige. Rheinstetten.

HOLTSTIEGE, H. (¹²2000): Modell Montessori. Grundsätze und aktuelle Geltung. Freiburg.

HOLTZ, K.L. et al. (1982): Soziale Kompetenz als diagnostische und pädagogische Kategorie bei geistig Behinderten. Theoretische Überlegungen und empirische Befunde bei der Konstruktion eines förderdiagnostischen Verhaltensinventars. In: Geistige Behinderung 21, 97-108.

HOLTZ, K.L. et al. (1984): Heidelberger Kompetenz-Inventar für geistig Behinderte. Handbuch. Heidelberg.

HOLTZ, K.L.; KRETSCHMANN, R. (1989): Psychologische Grundlagen der Pädagogik bei Verhaltensstörungen. In: GOETZE, H.; NEUKÄTER, H. (Hg.): Handbuch der Sonderpädagogik, Band 6: Pädagogik bei Verhaltensstörungen. Berlin. 924-958.

HOLTZAPFEL, W. (1976-78): Seelenpflegebedürftige Kinder. Zur Heilpädagogik Rudolf Steiners. 2 Bände. Dornach.

HOMANS, G.C. (1960): Theorie der sozialen Gruppe. Köln

HOMANS, G.C. (⁴1969). Theorie der sozialen Gruppe. Köln.

HOMBURG, G. (1978): Die Pädagogik der Sprachbehinderten - grundlegende Überlegungen. Rheinstetten.

HOMBURG, G. (1993): Konvergenz von grundschul- und sprachheilpädagogischer Arbeit - ein Ansatzpunkt zu einer veränderten Grundschul- und Sprachheilpädagogik. In: Die Sprachheilarbeit 38, 279-296.

HOMBURG, G.; LÜDKE, U. (2003): Zur Komplexität sprachtherapeutischen Handelns. In: GROHNFELDT, M. (Hg.): Lehrbuch der Sprachheilpädagogik und Logopädie, Band 4, Beratung, Therapie und Rehabilitation. Berlin, 114-133.

HÖRMANN, H. (1970): Psychologie der Sprache. Berlin, Heidelberg.

HORN, H.; SCHWARZ, E.; VIEWEGER, G. (1967): Bildertest 1-2 (BT 1-2). Intelligenztest für 1. und 2. Klassen. Weinheim.

HORN, S. (1982): Ein Leben im Rollstuhl. Hannover.

HORN, W. (1962): Leistungs-Prüf-System (LPS). Göttingen.

HORN, W. (1969): Prüfsystem für Schul- und Bildungsberatung (PSB). Göttingen.

HORN, W. ([2]1972): Begabungs-Test-System (BTS) (1956) Göttingen.

HORNE, M.D. (1985): Attitudes Toward Handicapped Stdents: Profesional, Peer and Parent Reactions. Hillsdale, N.J., London.

HORSCH, U. (1978): Sensomotorisches Vorschulprogramm für behinderte Kinder. Hgg. von H. JUSSEN. Heidelberg.

HORSTMANN, T. (1982): Frühförderung bei Kindern mit cerebralen Bewegungsstörungen unter sonderpädagogischem Aspekt. Heidelberg.

HÖSS, H.; GOLL, H. (1986): Wege nach draußen. Reaktivierung und Revitalisierung in der Psychiatrie. Heidelberg.

HÖTSCH, B. (1979): Die Bedeutung des Landauer Sprachentwicklungstests bei der Diagnose sprachbehinderter Vorschulkinder. In: Die Sprachheilarbeit 24, 19-26.

HOYLER-HERRMANN, A. (1987): Sexualität – Geistigbehinderte Erwachsene als Frau und Mann. In: JACOBS, H.; KÖNIG, A.; THEUNISSEN, G. (Hg.), Lebensräume – Lebensperspektiven. Frankfurt a.M., 62-88.

HOYLER-HERRMANN, A.; WALTER, J. (Hg.) ([3]1994): Sexualpädagogische Arbeitshilfe für geistigbehinderte Erwachsene und ihre Bezugspersonen. Heidelberg.

HRADIL, S. (1999): Soziale Ungleichheit in Deutschland. Opladen.

HUBER, F. (1997): Das Sonderpädagogische Förderzentrum auf dem Prüfstand. Donauwörth.

HUBER, G. (Hg.) (1990): Psychomotorik in Therapie und Pädagogik. Dortmund.

HUBER, N.; STRIEBEL, M. (Hg.) (1978): Aggressivität und Hyperaktivität bei geistig Behinderten. Freiburg i.Br.

HUDELMAYER, D. (1975): Die Erziehung Blinder. In: DEUTSCHER BILDUNGSRAT (Hg.): Gutachten und Studien der Bildungskommision. Bd. 52. Stuttgart, 17-137.

HUDELMAYER, D. (1985): Demographische Angaben zur Sehschädigung im Kindes- und Jugendalter. In: RATH, W.; HUDELMAYER, D. (Hg.): Pädagogik der Blinden und Sehbehinderten. Handbuch der Sonderpädagogik Band 2. Berlin, 8-17.

HULL, J.M. (1992). Im Dunkeln sehen: Erfahrungen eines Blinden. München.

HÜNNEKENS, H.; KIPHARD, E.J. ([7]1985): Bewegung heilt. Gütersloh.

HUNT, N. (1974): Die Welt des Nigel Hunt. Tagebuch eines mongoloiden Jungen. München.

HUNT, N. ([2]1976): The world of Nigel Hunt. The Diary of a Mongoloid Youth. (1967) Beaconsfield.

HUPPERTZ, H.; KIPHARD, E.J. (1987): Erziehung durch Bewegung. Dortmund.

HURRELMANN, K. ([5]1998): Einführung in die Sozialisationstheorie. Über den Zusammenhang von Sozialstruktur und Persönlichkeit. Weinheim, Basel.

HUSCHENBETH, W. CH. J. (1976): Behinderte Kinder in der Bundesrepublik Deutschland In: Rehabilitation 15, 12-20.

HUSSLEIN, E. (1983): Schule und Unterricht für Kinder und Jugendliche mit Verhaltensstörungen. Würzburg.

IBEN, G. (1971): Kompensatorische Erziehung. Analyse amerikanischer Programme. München.

IBEN, G. (Hg.) (1988): Das Dialogische in der Heilpädagogik. Mainz.

ICD 10 (1991): WELTGESUNDHEITSORGANISATION: Internationale Klassifikation psychischer Störungen (2. Aufl. 1993). Bern, Göttingen, Toronto, Seattle.

IHSSEN, W. (1978): Der Psycholinguistische Entwicklungstest (PET) aus linguistischer Sicht. In: PEUSER, G. (Hg.): Brennpunkte der Patholinguistik. München, 95-114.

INGENKAMP, K. (1966): Bildertest 2-3 (BT 2-3). Intelligenztest für 2. und 3. Klassen. Weinheim.

INGENKAMP, K. ([4]1997): Lehrbuch der pädagogischen Diagnostik. Weinheim/Basel.

INNERHOFER, P. (1977): Das Münchner Trainingsmodell. Beobachtung, Interaktionsanalyse, Verhaltensänderung. Berlin.

Innerhofer, P. (1978): Elternmitarbeit bei der Frühförderung behinderter Kinder. In: Heese, G. (Hg.): Frühförderung behinderter und von Behinderung bedrohter Kinder. Berlin, 26-37.

Innerhofer, P.; Klicpera, C. (1988): Die Welt des frühkindlichen Autismus. München.

Innerhofer, P.; Warnke, A. (1978): Eltern als Co-Therapeuten. Analyse der Bereitschaft von Müttern zur Mitarbeit bei der Durchführung therapeutischer Programme ihrer Kinder. Berlin.

Institut für Sozialrecht der Ruhr-Universität Bochum (Hg.) (1972): Die Werkstatt für Behinderte. Ein interdisziplinärer Beitrag. Bochum.

Irblich, D.; Stahl, B. (Hg.) (2003): Menschen mit geistiger Behinderung. Psychologische Grundlagen, Konzepte und Tätigkeitsfelder. Göttingen.

Jacobs, B.; Strittmatter, P. (1979): Der schulängstliche Schüler. München.

Jacobs, K. (1979): Berufsvorbereitung in der Sonderschule. Ein didaktischer Beitrag zur Existenzsicherung Lernbehinderter. Berlin.

Jacobs, K. (1984a): Autismus – Schulische Förderung und ambulante Therapie. Bonn-Bad Godesberg.

Jacobs, K. (1984b): Autistische Jugendliche, berufliche Bildung und Integration. Bonn-Bad Godesberg.

Jaede, W. (1980): Möglichkeiten und Grenzen des Spiels als therapeutisches Medium. In: Schmidtchen, S.; Baumgärtel, F. (Hg.): Methoden der Kinderpsychotherapie. Stuttgart, Berlin, Köln, Mainz.

Jaffe, B. (Hg.) (1977): Hearing loss in children. Baltimore.

Jäger, P. (2001): Der Erwerb von Kompetenzen als Konkretisierung der Schlüsselqualifikationen. Eine Herausforderung für Schule und Unterricht. Passau, auf: http://deposit.ddb.de/cgi-bin/dokserv?idn=963958623, am 30. Oktober 2005.

Jakobs, H. (1997): Heilpädagogik zwischen Anthropologie und Ethik: Eine Grundlagenreflexion aus kritisch-theoretischer Sicht. Bern, Stuttgart, Wien.

Janetzke, H.R. ([3]1997): Stichwort Autismus. München.

Jann, P.A. (1991): Die Erziehung und Bildung des gehörlosen Kindes. Heidelberg.

Jann, P.A. (1995): Aspekte der Lautspracherziehung Hörgeschädigter. Heidelberg.

Jansen, D.A. (1975): Die Persönlichkeitsstruktur von Körperbehinderten. Psychodiagnostische Untersuchungen zur Persönlichkeitsstruktur von Körperbehinderten in der beruflichen Rehabilitation und Nichtbehinderten. Weinheim.

Jansen, G.W. (1964): Kieler Vierjährigenuntersuchung. In: Schleswig-Holsteinisches Ärzteblatt 132.

Jansen, G. W. (1972): Die Einstellung der Gesellschaft zu Körperbehinderten. Eine psychologische Analyse zwischenmenschlicher Beziehungen aufgrund emprischer Untersuchungen. Neuburgweier.

Jansen, G.W. (1983): Besonderheiten der emotional-sozialen Entwicklung körperbehinderter Kindern. In: Haupt, K.; Jansen, G.W. (Hg.): Pädagogik der Körperbehinderten. Handbuch der Sonderpädagogik, Bd. 8, Berlin, 394-409.

Jansen, G.W.; Kunert, S.; Sevenig, H. (1983): Aspekte der Persönlichkeitserziehung bei körperbehinderten Kindern. In: Haupt, K.; Jansen, G.W. (Hg.): Pädagogik der Körperbehinderten. Handbuch der Sonderpädagogik, Bd. 8, Berlin, 27-51.

Jantzen, W. (1973): Theorien zur Heilpädagogik. In: Das Argument. Sonderband Nr. 80, 152-169.

Jantzen, W. (1974): Sozialisation und Behinderung. Studien zu sozialwissenschaftlichen Grundfragen der Behindertenpädagogik. Gießen.

Jantzen, W. (1977): Konstitutionsprobleme materialistischer Behindertenpädagogik. Achenbach.

Jantzen, W. (1978): Behindertenpädagogik, Persönlichkeitstheorie, Therapie. Köln.

Jantzen, W. (1980a): Geistig behinderte Menschen und gesellschaftliche Integration. Bern.

Jantzen, W. (1980b): Menschliche Entwicklung, allgemeine Therapie und allgemeine Pädagogik. Studien zur Entwicklung einer allgemeinen materialistischen Pädagogik. Oberbiel.

Jantzen, W. (1982): Sozialgeschichte des Behindertenbetreuungswesens. München.

Jantzen, W. (1990): Allgemeine Behindertenpädagogik: Ein Lehrbuch, Band 2. Weinheim.

Jantzen, W. ([2]1992): Allgemeine Behindertenpädagogik: Ein Lehrbuch, Band 1.

Jantzen, W. (1993): Das Ganze muß verändert werden: Zum Verhältnis von Behinderung, Ethik und Gewalt. Berlin.

Jantzen, W. (1995): Bestandsaufnahme und Perspektiven der Sonderpädagogik als Wissenschaft. In: Zeitschrift für Heilpädagogik 46 / 8, 368-377.

Jantzen, W. (Hg.) (1981): Soziologie der Sonderschule. Analyse einer Institution. Weinheim.

Jantzen, W.; Kammel, C.; Zeiser, M. (1976): Zur sozialen Herkunft sprachgeschädigter Kinder. In: Heilpädagogische Forschung 6, 289-298.

Jauch, S. (1983): Behinderte und Nichtbehinderte in einer Freizeitgruppe: Die Analyse von stigmatisierendem und prosozialem Verhalten. Frankfurt a.M.

Jaworek, F.; Zaborsky, E. (1981): Die Behandlung von Stammelfehlern. Sprachheilpädagogisches Übungsbuch. Berlin.

Jegge, J. (1980): Dummheit ist lernbar. Erfahrungen mit „Schulversagern". München.

Jensen, A. ([2]1976): Wie sehr können wir Intelligensquotient und schulische Leistung steigern? In: Skowronek, H. (Hg.): Umwelt und Begabung. Stuttgart, 63-155.

Jerusalem, F. (1979): Muskelerkrankungen. Klinik, Therapie, Pathologie. Stuttgart.

Jetter, K. H. (1995): Vision Frühförderung. In: Frühförderung interdisziplinär, 14, 97 - 107.

Jetter, K.-H. (1984): Leben und Arbeiten mit behinderten und gefährdeten Säuglingen und Kleinkindern. Stadthagen.

Jetter, K.-H.; Schönberger, F. (Hg.) (1979): Verhaltensstörung als Handlungsveränderung. Beitrag zu einem Förderkonzept Behinderter. Bern.

Jochheim, K.-A. (1975): Medizinische Maßnahmen. In: Jochheim, K.-A.; Scholz, J.F. (Hg.): Rehabilitation. Bd. 1. Stuttgart, 135-139.

Jochheim, K.-A.; Scholz, J.F (Hg.) (1975): Rehabilitation. 3. Bde. Stuttgart.

Jochmus, J. et al. (1979): Die Adoleszenz dysmeler Jugendlicher. Rheinstetten.

Johnson, D.J.; Myklebust, H.R. (1971): Lernschwächen. Ihre Formen und ihre Behandlung. Stuttgart. (Orig. amerik.: Learning disabilities. New York 1967).

Jonas, M. (1989): Trauer und Autonomie bei Müttern behinderter Kinder. In: Geistige Behinderung 28, 285-294.

Jonas, M. (1994): Behinderte Kinder - behinderte Mütter? Die Unzumutbarkeit einer sozial arrangierten Abhängigkeit. Frankfurt a.M.

Jonas, M. ([5]1996): Trauer und Autonomie bei Müttern schwerstbehinderter Kinder. Mainz.

Jones, E. (1962): Sigmund Freud: Life and Work. 3 Bände. London Hogarth Press, 1953, 1955, 1957 (dtsch: Das Leben und Werk von Sigmund Freud. Stuttgart, Bern.).

Jöns-Hetschold, I.; Thiess, J.; Noll, H.W. (1977): Verhaltenstherapeutische Möglichkeiten in der Therapie mit stotternden Schülern. In: Deutsche Gesellschaft für Sprachheilpädagogik (Hg.): Störungen der Sprachentwicklung. Hamburg, 213-224.

Jordan, S. (1963): The disadvantaged group. A concept applicable to the handicapped. In: Journal of Psychology 55, 313-322.

Josef, K. (1974): Musik als Hilfe in der Erziehung geistig Behinderter. Berlin.

Josef, K.; Böckmann, G. ([5]1986): Spracherziehungshilfen bei geistig behinderten und sprachentwicklungsgestörten Kindern. Berlin.

Josef, K.; Josef, K. (1975): Früherziehung bei geistig behinderten entwicklungsverzögerten Kindern. Berlin.

Jugendrecht ([21]1997). Beck-Texte im dtv. München.

Jülich, M. (1996): Schulische Integration in den USA. Bisherige Erfahrungen bei der Umsetzung des Bundesgesetzes „Public Law 94 - 142" - dargestellt anhand einer Analyse der „Annual Reprts to Congress". Bad Heilbrunn.

Jun, G. (1989): Kinder, die anders sind. Bonn.

Jung, C.G. (1921): Psychologische Typen. Gesamtwerk Band 6, Olten (1964).

Jung, C.G. (1928): Die Beziehungen zwischen dem Ich und dem Unbewußten. Über die Energetik der Seele. Gesamtwerk Band 7, Olten (1964).

Jung, C.G. (1934): Wirklichkeit der Seele. Gesamtwerk Band 7, Olten (1964).

Jung, K.; Preuss, B. (Hg.) (1974): Rechtsgrundlagen der Rehabilitation. Sammlung des gesamten Rehabilitationsrechts. Starnberg.

Jurgeleit, M.; Stürmer, R. (1975): Was Schüler von geistig behinderten Kindern denken. In: Psychologie heute Aug., 13-17.

Jürgs, M. (Hg.) (o.J.): AIDS bei Kindern. Hamburg.

Jussen, H. (1973): Schwerhörige und ihre Rehabilitation. In: Deutscher Bildungsrat (Hg.): Gutachten und Studien der Bildungskommission. Bd. 30. Stuttgart, 185-316.

Jussen, H. (Hg.) (1982): Pädagogik der Gehörlosen und Schwerhörigen (Handbuch der Sonderpädagogik Band 3). Berlin.

Jussen, H. et al. (1983): Arbeitsbuch Sprache. Düsseldorf.

Jussen, H.; Claussen, W.H. (Hg.) (1991): Chancen für Hörgeschädigte. Hilfen aus internationaler Perspektive. München.

Jussen, H.; Kloster-Jensen, M.; Wisotzki, K.H. ([3]1994): Lautbildung bei Hörgeschädigten. Abriss einer deutschen Sprachlautlehre. Berlin.

Jussen, H.; Neumann, H. (Hg.) (1984): Gesprächssituationen im Alltag. Berlin.

Kaden, R. (1978): Sehbehindert - blind. Medizinische, soziale und pädagogische Informationen für Betreuer und Betroffene. Stuttgart.

Kagelmann, H.; Zimmermann, R. (Hg.) (1982): Massenmedien und Behinderte: Im besten Falle Mitleid? Weinheim.

Kaiser, G. (1969): Körperbehinderte, Körperbehindertenpädagogik. In: Enzyklopädisches Handbuch der Sonderpädagogik und ihrer Grenzgebiete. 3., völlig neubearbeitete Auflage des „Enzyklopädischen Handbuchs der Heilpädagogik". Band 2, 1771-1774.

Kaiser, G. (1977): Jugendkriminalität. Rechtsbrüche, Rechtsbrecher und Opfersituationen im Jugendalter. Weinheim.

Kaiser, G. ([3]1996): Kriminologie. Heidelberg.

Kalbe, U. (1981): Die Cerebral-Parese im Kindesalter. Stuttgart.

Kallage, J. (1990): AIDS-Kompendium. Stuttgart/New York.

Kallenbach, J. (1990): HIV-infizierte und AIDS-erkrankte Kinder in der Schule. In: Sonderpädagogik 20/4, 177-191.

Kallenbach, K. (1992): Zur psycho-sozialen Situation von Vätern körperlich und/oder geistig behinderter Kinder. In: Behindertenpädagogik 31, 264-277.

Kallenbach, K. (1994a): Elternarbeit in Familien mit einem schwerstkörperbehinderten Kind auf der Grundlage von Erhebungen über die besondere psycho-soziale Situation der Väter dieser Kinder. In: Zeitschrift für Heilpädagogik 45, 238-242.

Kallenbach, K. (Hg.) (1994b): Väter behinderter Kinder. Geschichten aus dem Alltag. Hamburg.

Kallenbach, K. (1997): Väter schwerstbehinderter Kinder. Münster.

Kallenbach, K. (1999): Väter behinderter Kinder – „behinderte" Väter? In: Zusammen 19, 1, 10-11.

Kaminski, G. (1978c): Ökopsychologie und Klinische Psychologie. In: Baumann, U.; Berbalk, H.; Seidensticker, G. (Hg.): Klinische Psychologie. Trends in Forschung und Praxis. Bern u.a.

Kaminski, G. (1978a): Interessenartikulation und politischer Planungsprozess. In: Molt, W.; Bievert, B. (Hg.): Bedarfsdeckung oder Bedürfnissteuerung. Berlin, 117-132.

Kaminski, G. (1978b): Entscheidungsprozesse in ökologisch-psychologischer Praxis. In: Brandstätter, H.; Gahlen, B. (Hg.): Entscheidungsforschung. Tübingen, 161-181.

Kaminski, H.; Kast, W.; Spellenberg, A.D. (1978): Das Leben Geistigbehinderter im Heim. Stuttgart.

Kamper, D. (1973): Geschichte und menschliche Natur. Die Tragweite gegenwärtiger Anthropologiekritik. München.

Kamper, D. (2001): Der versehrte Maßstab der Anthropologie: menschliche Identität – anthropologische Differenz – exzentrische Paradoxie. In: Behinderte in Familie, Schule und Gesellschaft, 24 (2001) 1, S. 13-18

Kant, J. (1786): Die Metaphysik der Sitten. Ausgabe 1904, Leipzig.

Kanter, G. (2000): Die KMK-Empfehlungen von 1994 zur sonderpädagogischen Förderung. In: Drave, W.; Rumpler, F.; Wachtel, P.: Empfehlungen zur sonderpädagogischen Förderung. Allgemeine Grundlagen und Förderschwerpunkte (KMK) mit Kommentaren. Würzburg, 45-54.

Kanter, G.O. (1974): Lernbehinderungen, Lernbehinderte, deren Erziehung und Rehabilitation. In: Deutscher Bildungsrat (Hg.): Gutachten und Studien der Bildungskommission. Bd. 34. Stuttgart, 117-234.

Kanter, G.O. (1977): Lernbehinderungen und die Personengruppe der Lernbehinderten. In: Kanter, G.O.; Speck, O. (Hg.): Pädagogik der Lernbehinderten. Handbuch der Sonderpädagogik Band 4. Berlin, 34-64.

Kanter, G.O. (2002): Von der Hilfsschule zum flexiblen sonderpädagogischen Fördersystem – Wege zur Neubestimmung der Lernbehindertenpädagogik. In: Die neue Sonderschule 47, 1, 38-50.

KANTER, G.O.; SPECK, O. (Hg.) (1977): Pädagogik der Lernbehinderten. Handbuch der Sonderpädagogik Band 4. Berlin.

KAPLAN, K. (1993): Gemeinsame Förderung behinderter und nichtbehinderter Kinder. Handbuch für den Kindergarten. Weinheim/Basel.

KARL, E.; GRAF, S. (2003): Das neue BayEUG und seine Aussagen zur sonderpädagogischen Förderung. In: SchulVerwaltung BY 26, 4, 148-152.

KAST, V. ([12]1991): Trauern - Phasen und Chancen eines psychischen Prozesses. Stuttgart.

KASZTANTOWICZ, U. ([2]1986): Wege aus der Isolation. Konzepte und Analysen der Integration Behinderter in Dänemark, Norwegen, Italien und Frankreich. Heidelberg.

KASZTANTOWICZ, U. ([2]1986): Zum Problem der sozialen und gesellschaftlichen Integration Behinderter, insbesondere geistig behinderter Kinder und Jugendlicher. In: KASZTANTOWICZ, U. (Hg.): Wege aus der Isolation. Konzepte und Analysen der Integration Behinderter in Dänemark, Norwegen, Italien und Frankreich. Heidelberg, 11 – 26.

KATZ, D. (1960): The functional approach to the study of attitudes. In: Public Opinion Quarterly 24, 163-204.

KATZ-BERNSTEIN, N. (2003): Therapie aus pädagogisch-psychologischer Sicht. In: GROHNFELDT, M. (Hg.): Lehrbuch der Sprachheilpädagogik und Logopädie, Band 4, Beratung, Therapie und Rehabilitation. Berlin, 66-90.

KAUTTER, H.; MUNZ, W. (1974): Verfahren der Aufnahme und Überweisung in die Sonderschule - schwerpunktmäßig dargestellt an der Schule für Lernbehinderte. In: DEUTSCHER BILDUNGSRAT (Hg.): Gutachten und Studien der Bildungskommission. d. 34. Stuttgart, 235-385.

KAUTTER, H.; STORZ, L. (1972): Schulleistungstestbatterie für Lernbehinderte und für schulleistungsschwache Grundschüler (SBL I und SBL II). Weinheim.

KAYSER, J. ([10]1895): Kehreins Überblick der Geschichte der Erziehung und des Unterrichts für Zöglinge der Lehrerseminare. Hgg. von B.SCHULZ. Bern.

KEESE, A. (1972): Selbst- und Fremdbild des stotternden Kindes. In: Sonderpädagogik 1, 14-21.

KEHRER, H. (1982): Diagnose des frühkindlichen Autismus. In: Tagungsbericht 5. Bundestagung „Hilfe für das autistische Kind“ (Baunatal 1981). Hamburg, 185-198.

KEHRER, H. (Hg.) (1978): Kindlicher Autismus. Basel.

KEHRER, H.E. ([6]2000): Autismus. Diagnostische, therapeutische und soziale Aspekte. Heidelberg.

KELLER, J.; NOVAK, F. (Hg.) (2000): Kleines pädagogisches Handbuch. Freiburg i. Br.

KELLY, P. (Hg.) (1986): Viel Liebe gegen Schmerzen. Reinbek bei Hamburg.

KEMMLER, L. (1967): Erfolg und Versagen in der Grundschule. Göttingen.

KENMORE, J.R. (1975): Integrierte Erziehung blinder Kinder. In: HELLBRÜGGE, TH. (Hg.): Integrierte Erziehung. München, 109-117.

KENTLER, H. (1982): Taschenlexikon Sexualität. Düsseldorf.

KEPHART, N.G. (1960): The slow learner in the classroom. Columbus/Ohio.

KERKHOFF, W. (1976): Entwurf eines differenzierten Ausbildungsgangs zum staatlich geprüften Sonderpädagogen (Behindertenerzieher). In: Sonderpädagogik 6, 72-80.

KERKHOFF, W. (1980): Behinderte in Sonderschulen. Ein statistischer Überblick. In: Sonderpädagogik 10, 20-33.

KERKHOFF, W. (1981): Paradigmen des wissenschaftlichen Zugangs zum Problemkreis „Familie mit behindertem Kind“. In: Heilpädagogische Forschung 9, 38-55.

KERKHOFF, W. (Hg.) (1979): Eltern und Lernbehindertenschule. Berlin.

KERSCHER, I. (1977): Sozialwissenschaftliche Kriminalitätstheorien. Eine Einführung. Weinheim.

KEUPP, H. (1972): Psychische Störungen als abweichendes Verhalten. München.

KINSEY, A.C.; POMEROY, W.B.; MARTIN, C.E. (1970a): Das sexuelle Verhalten der Frau. Frankfurt a.M.

KINSEY, A.C.; POMEROY, W.B.; MARTIN, C.E. (1970b): Das sexuelle Verhalten des Mannes. Frankfurt a.M.

KIPHARD, E. J. ([11]2002): Wie weit ist ein Kind entwickelt? Eine Anleitung zur Entwicklungsüberprüfung. Dortmund.

KIPHARD, E. J. (1977): Testanalysen zum Trampolin-Körperkoordinations-Test(TKT).Psychomotorik 2.

KIPHARD, E. J. (1979): Psychomotorische Entwicklungsförderung. Band 1: Motopädagogik. Dortmund.

KIPHARD, E. J. (²1976): Wie weit ist mein Kind entwickelt? Dortmund.

KIPHARD, E. J. (³1986): Psychomotorische Entwicklungsförderung. Bände 1-3. Dortmund.

KIPHARD, E. J. (Hg.) (³1980): Leibesübung als Therapie. Bewegungspädagogische und heilpädagogische Grundlagen. Gütersloh.

KIRA, A. (1966): The bath-room: criteria for design. Research report Nr. 7. Center for housing and environmental studies. Ithaca.

KIRK, S.M.; KIRK, W.D. (1976): Psycholinguistische Lernstörungen. Diagnose und Behandlung. Weinheim.

KIRK, S.M.; MCCARTHY, J.J. (1971): The Illinois test of psycholinguistic abilities - anapproach to differential diagnosis. In: Americ. J. Ment. Deficiency 66, 399-412.

KJELL, A. (²1981): Das allergische Kind. Stuttgart.

KLÄGER, M.; JANE, C. (1978): Symbolisches Denken in Bildern und Sprache. Das Werk eines Mädchens mit Down-Syndrom in Le Fil d` Ariane. München.

KLAFKI, W. (1997): Perspektiven einer humanen und demokratischen Schule. In: HESSISCHES INSTITUT FÜR BILDUNGSPLANUNG UND SCHULENTWICKLUNG (Hg.): Schulentwicklung im Umbruch. Beiträge aus dem Arbeitskreis „Qualität von Schule" Heft 5. Wiesbaden, 31-43.

KLASEN, E. (1970): Das Syndrom der Legasthenie. Unter besonderer Berücksichtigung physiologischer, psychopathologischer und sozialer Korrelate. Bern.

KLASEN, E. (³1999): Legasthenie. Umschriebene Lese-Rechtschreibstörung. Informationen und Ratschläge. Weinheim.

KLAUER, K.J. (1966): Lernbehindertenpädagogik. Berlin.

KLAUER, K.J. (⁴1975): Lernbehindertenpädagogik. Berlin.

KLAUER, K.J. (Hg.) (1978): Handbuch der pädagogischen Diagnostik. Band 2. Düsseldorf.

KLAUER, K.J. (Hg.) (1987): Vergleichende Sonderpädagogik (Handbuch der Sonderpädagogik Band 11). Berlin.

KLAUER, K.J. (Hg.) (1992): Grundriß der Sonderpädagogik. Berlin.

KLAUER, K.J.; MITTER, W. (1987): Grundfragen einer vergleichenden Sonderpädagogik. In: KLAUER, K.J.; MITTER, W. (Hg.): Vergleichende Sonderpädagogik. Handbuch der Sonderpädagogik Band 11. Berlin, 3-22.

KLAUER, K.J.; REINARTZ, A. (Hg.) (1978): Sonderpädagogik in allgemeinen Schulen (Handbuch der Sonderpädagogik Band 9). Berlin.

KLAUSS, T. (1988): Probleme der Loslösung bei geistig Behinderten und ihren Familien. In: Geistige Behinderung, 28, 2, 111-120.

KLAUSS, T. (2003): Selbstbestimmung als Leitidee der Pädagogik für Menschen mit geistiger Behinderung. In: FISCHER, E. (Hg.): Pädagogik für Menschen mit geistiger Behinderung. Oberhausen, 83-127.

KLAUSS, T.; WERTZ-SCHÖNHAGEN, P. (1993): Behinderte Menschen in Familie und Heim. Grundlagen der Verständigung und Möglichkeiten der Kooperation zwischen Eltern und Betreuern. Weinheim, München.

KLEBER, E.W. (³1978): Lehrbuch der sonderpädagogischen Diagnostik. Berlin.

KLEBER, E.W. (1979): Tests in der Schule. München.

KLEBER, E.W. (1980): Grundkonzeption einer Lernbehindertenpädagogik. München.

KLEE, E. (1974): Behinderten-Report. Frankfurt a.M.

KLEE, E. (1979): Behinderten-Report II. ‚Wir lassen uns nicht abschieben'. Bewußtwerdung und Befreiung der Behinderten. Frankfurt a.M.

KLEE, E. (1980): Behindert. Über die Enteignung von Körper und Bewußtsein. Ein kritisches Handbuch (überarb. Ausgabe 1987). Frankfurt a.M.

KLEE, E. (1987): Querschnittgelähmt – kein Leben vor dem Tod? Hilfen für eine positive Antwort. Heidelberg.

KLEE, E. (1992): Dokumente zur Euthanasie. Frankfurt a.M.

KLEE, E. (¹¹2004): Euthanasie im NS-Staat. Frankfurt a.M.

KLEIN, F. (1979): Die häusliche Früherziehung des entwicklungsbehinderten Kindes. Ein Beitrag zur pädagogischen Praxis. Bad Heilbrunn.

KLEIN, G. (1973a): Die soziale Benachteiligung von Lernbehinderten im Vergleich zu den Hauptschülern. In: HEESE, G.; REINARTZ, A. (Hg.): Aktuelle Probleme der Lernbehindertenpädagogik. Berlin, 7-21.

KLEIN, G. (1973b): Die Frühförderung potentiell lernbehinderter Kinder. In: DEUTSCHER BILDUNGSRAT (Hg.): Gutachten und Studien der Bildungskommission. Bd. 25. Stuttgart, 151-186.

KLEIN, G. (1973c): Kritische Analyse gegenwärtiger Konzeptionen der Sonderschule für Lernbehinderte. In: BAIER, H.; KLEIN, G.: Aspekte der Lernbehindertenpädagogik. Berlin, 286-306.

KLEIN, G. (1984): Frühförderung von Kindern, die möglicherweise später die Schule für Lernbehinderte besuchen werden. In: BAIER, H.; KLEIN, G. (Hg.): Spektrum der Lernbehindertenpädagogik. Donauwörth, 36-64.

KLEIN, G. (1985a): Impulse für die Sonderschule. In: Bewegen, Erleben, Lernen. Beiheft 12 der Zeitschrift für Heilpädagogik, 35.

KLEIN, G. (1985b): Lernbehinderte Kinder und Jugendliche. Stuttgart.

KLEIN, G. (1993): Ökologische und interaktionale Aspekte pädagogischer Früherkennung. In: VEREINIGUNG F. INTERDISZIPLINÄRE FRÜHFÖRDERUNG E. V. (Hg.): Früherkennung von Entwicklungsrisiken. München / Basel, 23-32.

KLEIN, G. (1996): Soziale Benachteiligung: Zur Aktualität eines verdrängten Begriffs. In: OPP, G.; PETERANDER, F. (Hg.): Focus Heilpädagogik. Projekt Zukunft. München, 140-149.

KLEIN, G. (2001): Sozialer Hintergrund und Schullaufbahn von Lernbehinderten/Förderschülern 1969 und 1997. In: Zeitschrift für Heilpädagogik 2, 51-61.

KLEIN, G. (2002): Frühförderung für Kinder mit psychosozialen Risiken. Stuttgart.

KLEIN, M.; ZIMMER, D. (1996): Sexualität und geistige Behinderung. Sexualerziehung in der Schule für Praktisch Bildbare als Beitrag zur Persönlichkeitsentwicklung. Unveröffentlichte Diplomarbeit. Johann-Wolfgang-Goethe-Universität. Frankfurt a.M.

KLEINERT-MOLITOR, B. (1996): Zum Anspruch der Ganzheitlichkeit in der Sprachheilpädagogik. In: DEUTSCHE GESELLSCHAFT FÜR SPRACHHEILPÄDAGOGIK (Hg.): Interdisziplinäre Zusammenarbeit: Illusion oder Vision? Münster, 785-798.

KLEINERT-MOLITOR, B. (1998): Konzepte für ein Integratives Schulsystem – Bremen. In: ROSENBERGER, M. (Hg): Schule ohne Aussonderung – Ideen, Konzepte, Zukunftchancen. Neuwied/Berlin, 201-212.

KLEIN-JÄGER, W. (1978): Fröbel-Material zur Förderung des entwicklungsgestörten und des behinderten Kindes. Ravensburg.

KLINGHAMMER, H.-D. (1961): Ausdrucksgehalt, Beschaffenheit und Struktur in den Sprechweisen von blinden und taubstummen Schülern. Diss. Münster.

KLINK, J.-G. (1962): Schwererziehbarkeit und Erziehungsschwierigkeit in der Schule. Hamburg.

KLOSTERKÖTTER, B.-S. (1980): Spielendes Lernen und Rollenspiel zwischen Sinnlichkeit und Vernunft. Ein Beitrag zur Entwicklung einer Interaktionspädagogik der „Lernbehinderten". Rheinstetten.

KLUGE, K.-J. (Hg.) (1971): Entwicklungsphänomene, Pubertätsprobleme und sexualpädagogische Aufklärung behinderter Kinder und Jugendlicher. Gutachterliche Äußerungen. Neuburgweier.

KLUGE, K.-J.; SCHEUERT, T.M. (1984): Elternarbeit in der Sonderschule. München.

KLUGE, K.-J.; SCHRAMM, R.; STOPP, J. (1982): „Mit ein bißchen Hilfe meiner Freunde". München.

KLUGE, N. (1978): Einführung in die Sexualpädagogik. Darmstadt.

KMIECIAK, P. (1976): Wertstrukturen und Wertwandel in der Bundesrepublik Deutschland. Göttingen.

KMK (1960) (Sekretariat der ständigen Konferenz der Kultusminister der Länder in der Bundesrepublik Deutschland): Gutachten zur Reform des Sonderschulwesens.

KMK (1972) (Sekretariat der ständigen Konferenz der Kultusminister der Länder in der Bundesrepublik Deutschland): Empfehlungen zur Ordnung des Sonderschulwesens.

KMK (1991) (Sekretariat der Ständigen Konferenz der Kultusminister der Länder in der Bundesrepublik Deutschland): Schüler, Klassen, Lehrer und Absolventen der Schulen 1981 – 1990. Statistische Veröffentlichungen der Kultusministerkonferenz. Dokumentation Nr. 119. Bonn.

KMK (1994) (Sekretariat der ständigen Konferenz der Kultusminister der Länder in der Bundesrepublik Deutschland): Empfehlungen zur sonderpädagogischen Förderung in den Schulen in der Bundesrepublik Deutschland. Beschluß der Kultusministerkonferenz vom 06.05.1994. In: Zeitschrift für Heilpädagogik 7, 484-494.

KMK (1995) (Sekretariat der ständigen Konferenz der Kultusminister der Länder in der Bundesrepublik Deutschland): Schüler, Klassen, Lehrer und Absolventen der Schulen 1985 bis 1994. Dokumentation Nr. 134. Bonn.

KMK (Hg.) (2005a): Schüler, Klassen, Lehrer und Absolventen der Schulen 1994 bis 2003. Bonn. Auf: http://www.kultusministerkonferenz.de/statist/Dokumentation_174.xls#B.I.12.IIef!A1, am 27.07.2005, 08.45 Uhr.

KMK (Hg.) (2005b): Sonderpädagogische Förderung in Schulen 1994 bis 2003. Bonn. Auf: http://www.kultusministerkonferenz.de/statist/Dokumentation177.pdf, am 27.07.2005, 09.15 Uhr.

Knab, E. (Hg.) (1984): Motopädagogik in der Heimerziehung. Frankfurt a.M./Bern.

Knebel, U. v. (1996): Therapiedidaktische Ansatzpunkte: Entscheidungsfelder in der Sprachtherapie mit aussprachegestörten Kindern. In: Die Sprachheilarbeit, 41 (6), 366-375.

Kniel, A. (1979): Die Schule für Lernbehinderte und ihre Alternativen. Eine Analyse empirischer Untersuchungen. Rheinstetten.

Kniel, A. (1988): Bedingungsfaktoren emotionaler Belastungen von Müttern behinderter Kinder im Vorschulalter. Eine empirische Untersuchung. In: Behindertenpädagogik 27, 28-39.

Knupfer, H.; Rathke, F.W. ([2]1979): Spastisch gelähmte Kinder im Alltag. Leitfaden für Eltern, Pädagogen und Ergotherapeuten. Stuttgart.

Knupfer, H.; Rathke, F.W. (1981): Praxis der Diagnostik und Therapie bei spastischen Lähmungen: Teamarbeit zwischen Arzt und Krankengymnast. Stuttgart.

Knupfer, H.; Rathke, F.W. (1982): Diagnostische und therapeutische Praxis bei spastischen Lähmungen: Teamarbeit zwischen Arzt und Krankengymnast. Stuttgart.

Knura, G. (1969): Das Vorurteil gegenüber stotternden Kindern bei angehenden Kindergärtnerinnen und Volksschullehrern. Diss. Köln.

Knura, G. (1971): Einige Besonderheiten des schulischen Verhaltens sprachbehinderter Kinder. In: Sprachheilarbeit 16, 111-123.

Knura, G. (1972): Zur Motivierung des sozialen Verhaltens sprachbehinderter Schüler. In: Orthmann, W. (Hg.): Schulische Betreuung sprachbehinderter Kinder. Berlin, 9-34.

Knura, G. (1973): Sprachstörung als Lernstörung - Hemmnisse in der Schullaufbahn sprachbehinderter Kinder. In: Sprachheilarbeit 18, 129-138.

Knura, G. (1974): Sprachbehinderte und ihre sonderpädagogische Rehabilitation. In: Deutscher Bildungsrat (Hg.): Gutachten und Studien der Bildungskommission. Bd. 35. Stuttgart, 103-198.

Knura, G. ([4]1977): Sprachbehindertenpädagogik. In: Bach, H. (Hg.): Sonderpädagogik im Grundriß. Berlin, 129-138.

Knura, G. (1980): Grundfragen der Erziehung, des Unterrichts und der Therapie in der Schule für Sprachbehinderte. In: Knura, G.; Neumann, B. (Hg.): Pädagogik der Sprachbehinderten. Handbuch Sonderpädagogik Band 7. Berlin, 413-421.

Knura, G. (1982): Grundfragen der Sprachbehindertenpädagogik. In: Knura, G.; Neumann, B. (Hg.): Pädagogik der Sprachbehinderten (Handbuch der Sonderpädagogik Band 7). 2., durchgesehene Auflage. Berlin, 3-64.

Knura, G.; Neumann, B. (1980): Methoden der Sprachtherapie. In: Knura, G.; Neumann, B. (Hg.): Pädagogik der Sprachbehinderten. Handbuch Sonderpädagogik Band 7. Berlin, 161- 173.

Knura, G.; Neumann, B. (Hg.) (1982): Pädagogik der Sprachbehinderten. Handbuch der Sonderpädagogik. Band 7. 2., durchgesehene Auflage. Berlin.

Kobi, E.E. (1975): Die Rehabilitation der Lernbehinderten. München.

Kobi, E.E. (1977): Modelle und Paradigmen in der heilpädagogischen Theoriebildung. In: Bürli, A. (Hg.): Sonderpädagogische Theoriebildung – Vergleichende Sonderpädagogik. Luzern (SZH), 11-24.

Kobi, E.E. (1979a): Heilpädagogik als Herausforderung. Luzern.

Kobi, E.E. (1981): Modelle und Paradigmen in der heilpädagogischen Theoriebildung. In: Bürli, A. (Hg.): Sonderpädagogische Theoriebildung. Vergleichende Sonderpädagogik: Referate der 13. Arbeitstagung der Dozenten für Sonderpädagogik in deutschsprachigen Ländern in Zürich. Luzern, 11-24.

Kobi, E.E. ([5]1993): Grundfragen der Heilpädagogik: Eine Einführung in heilpädagogisches Denken. (6. bearb. und erg. Aufl. 2004). Stuttgart.

Kobi, E.E. (Hg.) (1979b): Kinder zwischen Medizin und Pädagogik. Ärztlich-pädagogische Zusammenarbeit im Interesse des kranken und behinderten Kindes. Luzern.

Kobi, E.E.; Bonderer, E. ([5]2003): Diagnostik in der heilpädagogischen Arbeit. Luzern.

Koch, K. (1999): Frühfördersystem – Überblick, Analyse und perspektivischer Ausblick. Neuwied / Kriftel / Berlin.

Koch, U.; Lucius-Hoene, G. (1988): Handbuch der Rehabilitationspsychologie. Berlin.

Koestler, F.A. (1976): The Unseen Minority - A Social History of Blindness in the United States. New York.

Kohler, C. (Hg.) (1971): Musiktherapie. Theorie und Methodik. Jena.

Kommission der Europäischen Gemeinschaften (1986): Stand der schulischen Eingliederung der Behinderten (1986). Arbeitsunterlagen der Dienststellen der Kommission. Brüssel.

Kommission der Europäischen Gemeinschaften (1992): Bericht der Kommission über die Durchführung und die Ergebnisse des Programms der schulischen Eingliederung von Behinderten in den Mitgliedstaaten. (1988-1991). Brüssel.

Konertz, G. et al. (1995): Soziale Aspekte HIV-betroffener Kinder. In: Bialek, R. (Hg.): Die medizinische Betreuung HIV-infizierter Kinder und Jugendlicher. Stuttgart, 43-49.

Konietzko, Ch. ([2]1980): Sing-, Kreis-, Finger- und Bewegungsspiele zur Förderung des entwicklungsgestörten und behinderten Kindes. Ravensburg.

König, A. (1983): Geistig Behinderte und populäre Musik. Bonn.

König, K. (1969): Musiktherapie in der Heilpädagogik. In: Pietzner, C. (Hg.): Aspekte der Heilpädagogik. Stuttgart, 258-271.

König, R. (1969): Soziologie der Familie. In: König, R. (Hg.): Handbuch der empirischen Sozialforschung Band II. Stuttgart, 172-305.

Kooyman, W.J.J. (1972): Das Gehen mit dem Langstock. Neuburgweier.

Korczak, D. (1979): Neue Formen des Zusammenlebens. Frankfurt a. M.

Kornmann, R. ([3]1983): Diagnose von Lernbehinderungen. Strategie und Methoden im Überweisungsverfahren zur Sonderschule für Lernbehinderte. Weinheim.

Kornmann, R. (Hg.) (1975): Diagnostik bei Lernbehinderten. Heidelberger Symposium 1974. Neuburgweier.

Kornmann, R. (Hg.) ([2]1986): Förderdiagnostik. Konzept und Realisierungsmöglichkeit. Heidelberg.

Kornmann, R.; Klingele, C.; Iriogbe-Ganninger, J. (1997): Zur Überrepräsentation ausländischer Kinder und Jugendlicher in Schulen für Lernbehinderte: Der alarmierende Trend hält an! In: Zeitschrift für Heilpädagogik 48, 5, 203-207.

Kornmann, R.; Ramisch, B. (1984): Lernen im Abseits. Heidelberg.

Korporal, J.; Zink, A. (1978): Epidemiologie der Säuglingssterblichkeit. Stuttgart.

Korte, K. (1977): Aufbau der pädagogischen Frühförderung in Bayern. In: Speck, O. (Hg.): Frühförderung entwicklungsgefährdeter Kinder. München / Basel, 105-131.

Kosenow, W. (1977): Erkrankungen der Luftwege, der Lungen und der Ohren. In: Harnack, A. von (Hg.): Kinderheilkunde. Berlin, 234-260.

Kossow, M. (1995): Grundlegende Gedanken zur Entwicklung des Sonderpädagogischen Förderzentrums in Stralsund. In: Die Sonderschule 40, 5, 347-354.

Kotten-Sederquist, A.; Dannenbauer, F.M. (1996): Der ökologische Ansatz: Entwicklungsimpulse für die Sprachheilpädagogik? In: Opp, G.; Peterander, F. (Hg.): Focus Heilpädagogik. München, 280-294.

Kounin, J.S. (1940/41): Experimental studies of rigidity I. The measurement of rigidity in normal and feeble-minded persons. In: Character and Personality 9, 251-272.

Kozielski, P.M.; Kiese, C.; Chilla, R. (1976): Über die Beziehung von Artikulationsstörungen und sozialen Milieubedingungen im Vorschulalter. In: Praxis Kinderpsychol. Kinderpsychiat. 25, 190-196.

Krähenbühl, P. (1977): Der Blinde in gemischten sozialen Situationen. Rheinstetten.

Kramer, J. ([4]1972): Intelligenztest. Mit einer Einführung in Theorie und Praxis der Intelligenzprüfung. Solothurn.

Kramer, E. (1991): Kunst als Therapie mit Kindern. München.

Kratzmeier, H. (1985): Leben – mit der Behinderung. Heidelberg.

Kratzmeier, H. (Hg.) (1980): Behinderte aus eigener und fremder Sicht. Rheinstetten.

Krawitz, R. ([3]1997): Pädagogik statt Therapie. Vom Sinn individualpädagogischen Sehens, Denkens und Handelns. Bad Heilbrunn/Obb.

Krenner, M. (2003): Sexualbegleitung bei Menschen mit geistiger Behinderung. Marburg.

KREUZER, A. (1993): Jugenddelinquenz in Ost und West. Bonn.

KREYE, H. (1972): Grundstrukturen der deutschen Sprache und ihr didaktischer Aufbau an Sonderschulen. In: JUSSEN, H. (Hg.): Schriften zur Hörgeschädigtenpädagogik. Heft 9.

KRIMM-VON FISCHER, C. (1979): Rhythmik und Sprachanbahnung zur Förderung des entwicklungsgestörten und des behinderten Kindes. Ravensburg.

KRIZ, J. (Hg.) (1984): Sprachentwicklungsstörungen. München.

KRÖHNERT, O. (1971): Zur sozialstrukturellen Bedingtheit von Sprachbehinderungen. In: DEUTSCHE GESELLSCHAFT FÜR SPRACHHEILPÄDAGOGIK (Hg.).: Sprachstörungen und Mehrfachbehinderungen. Hamburg, 219-222.

KRÖHNERT, O. (1989): Gehörlosenpädagogik. In: BLEIDICK, U. et al. (Hg.): Einführung in die Behindertenpädagogik Band II. 3. Auflage. Stuttgart.

KRON, M. (²1994): Kindliche Entwicklung und die Erfahrung von Behinderung. Eine Analyse der Fremdwahrnehmung von Behinderung und ihre psychische Verarbeitung bei Kindergartenkindern. Frankfurt a.M.

KRÜGER, M. (1991): Häufigkeitsstatistische und demographische Angaben zum Personenkreis hörgeschädigter Menschen. In: JUSSEN, H.; CLAUSSEN, W.H. (Hg.): Chancen für Hörgeschädigte. Hilfen aus internationaler Perspektive. München.

KRUSCHAT, A. (Hg.) (2001): Tabu und ZuMutung. Dokumentation. Fachtagung zu Sexualität und Behinderung 23. und 24. November 2000 im Bildungszentrum Erkner bei Berlin. Berlin.

KRUSE, M.; KIEFER-PAEHLKE, H. (1988): Schwerhörigkeit, Probleme der Identität. Heidelberg.

KÜBLER-ROSS, E. (1969): Interviews mit Sterbenden. Stuttgart.

KÜBLER-ROSS, E. (1971): Interviews mit Sterbenden. Berlin.

KÜBLER-ROSS, E. (1974): Was können wir noch tun? Antworten auf Fragen nach Sterben und Tod. Stuttgart.

KÜBLER-ROSS, E. (1975): Was können wir noch tun? Berlin.

KÜBLER-ROSS, E. (1976): Reif werden zum Tode. Berlin.

KÜBLER-ROSS, E. (1979): Leben bis wir Abschied nehmen. Stuttgart, Berlin.

KÜBLER-ROSS, E. (1982): Verstehen was Sterbende sagen wollen. Stuttgart.

KÜBLER-ROSS, E. (1988): AIDS. Stuttgart.

KUCKHERMANN, R.; NITSCHE, E.; MUELLER, G. von (1991): Intelligenz, Handlungs- und Lebensorientierung: Eine Untersuchung zur Entwicklung behinderter und nichtbehinderter Jugendlicher. Opladen.

KUHL, J.; HECKHAUSEN, H. (Hg.) (1996): Enzyklopädie der Psychologie. Motivation, Volition und Handlung: Motivation und Emotion (Band 4). Göttingen, Bern, Toronto, Seattle.

KUHN, T.S. (1988): Die Struktur wissenschaftlicher Revolutionen. Frankfurt a.M.

KUHN, W. (1977): Die Einstellungen der Gesellschaft zu Behinderten im Laufe der Geschichte. In: JANSEN, G.W. (Hg.): Sozialwissenschaftliche Aspekte der Rahabilitation. Ein Überblick über empirische Untersuchungen und theoretische Ansätze. Rheinstetten, 73-87.

KULDSCHUN, H.; ROSSMANN, E. (1974): Planen und Bauen für Behinderte. Stuttgart.

KUNDERT, J.G. (1982): Wir haben ein Kind mit Spina bifida. Basel.

KUNERT, S. (1972): Frühbehandlung und Früherziehung von Kindern mit angeborerer Körperbehinderungen, insbesondere mit cerebralen Bewegungsstörungen. In: BLÄSIG, G.W.; JANSEN, G.W.; SCHMIDT, M.H. (Hg.): Die Körperbehindertenschule. Berlin, 61-74.

KUNTZE, W.; ECKART, W. (1973): Ätiologische Auswertung der Vorgeschichte bei 700 behinderten Kindern. In: Monatsschrift für Kinderheilkunde 121, 296.

KÜNTZEL-HANSEN, M. (1978): Musik und Sprache als Therapie. 27 Stunden mit sprachgestörten Kindern. Wolfenbüttel.

KUPFFER, H. (Hg.) (1978): Erziehung verhaltensgestörter Kinder. Heidelberg.

KÜPPER, G.; KROHN, W. (1992): Selbstorganisation. Zum Stand einer Theorie in den Wissenschaften. In: KÜPPER, G.; KROHN, W. (Hg): Emergenz: Die Entstehung von Ordnung, Organisation und Bedeutung. Frankfurt, 7-26.

KUSCH, M.; PETERMANN, F. (³2001): Entwicklung autistischer Störungen. Bern.

KUSCHINSKY, G.; LÜLLMANN, H. (⁷1976): Kurzes Lehrbuch der Pharmakologie und Toxikologie. Stuttgart.

KÜSPERT, P.; SCHNEIDER, W. (2000): Hören, lauschen, lernen. Sprachspiele für Kinder im Vorschulalter. Würzburger Trainingsprogramm zur Vorbereitung auf den Erwerb der Schriftsprache. Göttingen.

LAMB, M.E. (1983): Father of exceptional children. In: SELIGMAN, M. (Ed.): The family with a handicapped child. Orlando, 125-146.

LAMNEK, S. (71999): Theorien abweichenden Verhaltens. München.

LANDBECK, G. (41977): Pathologie der Leukozyten. In: HARNACK, G.-A. von (Hg.): Kinderheilkunde. Berlin, 200-205.

LANDSCHAFTSVERBAND RHEINLAND-HAUPTFÜRSORGESTELLE KÖLN (Hg.) (1983): Die Situation der Behinderten im Arbeitsleben. Köln.

LANDWEHR, R. (1975): Zieloperationalisierung als semantisches Problem. In: Angewandte Sozialforschung 1, 47-56.

LANE, H. (1988): Mit der Seele hören: Die Geschichte der Taubheit. München.

LANGEVELD, M.J. (1956): Studien zur Anthropologie. Tübingen.

LANGMEIER, J.; MATEICEK, Z. (1977): Psychische Deprivation im Kindesalter. München.

LAUR-ERNST, U. (1996): Schlüsselqualifikationen kontrovers. Eine Bilanz aus kontroverser Sicht. Aarau.

LAUTMANN, R. (1975): Staatliche Gesetze als Mittel der Entstigmatisierung. In: BRUSTEN, M.; HOHMEIER, J. (Hg.): Stigmatisierung. Bd. 2. Neuwied, 173-190.

LEBER, A. (1980): Heilpädagogik. Darmstadt.

LEHMANN, D. (1988): Dagmar: Der Reife- und Lernprozeß einer Mutter und ihres mongoloiden Kindes. Bern.

LEICHNER, R. (1979): Psychologische Diagnostik. Grundlagen, Kontroversen, Praxisprobleme. Weinheim.

LEISCHNER, A. (1979): Aphasien und Sprachentwicklungsstörungen. Klinik und Behandlung. Stuttgart.

LEISTEN, L. (1989): Die rechtliche Stellung der Behinderten in der Werkstatt für Behinderte. Aachen.

LEMPP, R. (1970): Frühkindliche Hirnstörung und Neurose (3. Aufl. 1978). Bern, Stuttgart, Wien.

LEMPP, R. (31976): Organische Psychosyndrome. In: HARBAUER, H. et al.: Lehrbuch der speziellen Kinder- und Jugendpsychiatrie. Berlin, 273-332.

LEMPP, R. (41996): Pubertät und Adoleszenz beim geistigbehinderten Menschen. In: WALTER, J. (Hg.): Sexualität und geistige Behinderung. Heidelberg, 174-186.

LEMPP, R. (Hg.) (1979): Teilleistungsstörungen im Kindesalter. Bern.

LENHARD, W. (2004): Die psychosoziale Stellung von Eltern behinderter Kinder im Zeitalter der Pränataldiagnostik. Würzburg, Univ., Diss.

LENHARD, W. u.a. (2005): Der Januskopf der Diagnostik. Eltern von Kindern mit Behinderung im Spannungsfeld zwischen Unsicherheit und Ausgrenzung. In: Geistige Behinderung 44, 2, 99-114.

LEONHARDT, A. (1996): Didaktik des Unterrichts für Gehörlose und Schwerhörige Neuwied/Kriftel/Berlin.

LEONHARDT, A. (2002): Einführung in die Hörgeschädigtenpädagogik. München, Basel.

LEONHARDT, A.; DAELE, W. VAN DEN (Hg.) (2004): Wie perfekt muss der Mensch sein? Behinderung, molekulare Medizin und Ethik. München.

LEPENIES, W. (1977): Soziologische Anthropologie. Materialien. Frankfurt a.M., Berlin, Wien.

LERNER, R.M.; SPANIER, G.B. (1978): Child influences on marital and family interaction. New York.

LERSCH, P. (1932): Lebensphilosophie der Gegenwart. Berlin.

LERSCH, P. (1964): Der Mensch als Sozialwesen. München.

LERSCH, R.; VERNOOIJ, M.A. (Hg) (1992a): Behinderte Kinder und Jugendliche in der Schule. Herausforderungen an Schul- und Sonderpädagogik. Bad Heilbrunn.

LERSCH, R.; VERNOOIJ, M.A. (1992b): Einführung: Integration Behinderter in die Schule - Neue Herausforderungen an Schul- und Sonderpädagogik. In: LERSCH, R.; VERNOOIJ, M.A. (Hg.): Behinderte Kinder und Jugendliche in der Schule. Herausforderungen an Schul- und Sonderpädagogik. Bad Heilbrunn, 9-19.

LESIGANG, C. (1973): Minimale cerebrale Bewegungsstörungen. I. Motoskopische Untersuchung. Pädiat. Prax. 12, 461.

LESIGANG, C. (1977): Der Beitrag der Motoskopie zur Diagnostik von Teilleistungsschwächen. In: BERGER, E. (Hg.): Teilleistungsschwächen bei Kindern. Bern, 111-125.

LEUE-KÄDING, S. (2004): Sexualität und Partnerschaft bei Jugendlichen mit einer geistigen Behinderung. Probleme und Möglichkeiten einer Enttabuisierung. Heidelberg.

LEWIN, K. (1930): Die Auswirkung von Umweltkräften. In: Proceedings of the 9th International Congress of Psychology, 286-288. Ebenfalls in: KLW Band 4: Feldtheorie. Stuttgart 1982, 327-329.

LEYDHECKER, W. (1976): Grundriß der Augenheilkunde. Berlin.

LEYDHECKER, W. (1978): Alles über grünen Star. Fragen und Antworten für Kranke mit Glaukom. Stuttgart.

LEYENDECKER, C. (1977): Lernverhalten behinderter Kinder. Eine vergleichende experimentelle Untersuchung zum Lernverhalten bei Kindern mit zerebraler Bewegungsstörung. Rheinstetten.

LEYENDECKER, C. (1992): Die Behinderung akzeptieren – oder ausblenden? In: Psychologie heute, 1/19, 52-56.

LEYENDECKER, C.; NEUMANN, K. (1983): Besonderheiten der Entwicklung von Wahrnehmung, Lernen, Gedächtnis und Intelligenz bei Körperbehinderten. In: HAUPT, U.; JANSEN, G.W. (Hg.): Handbuch Sonderpädagogik. Band 8: Pädagogik der Körperbehinderten. Berlin, 410-438.

LEZINE, I. (1963): Dévelopment psycho-moteur de l'enfant. In: Bull. Psychol. Paris 16, 221.

LHZ (Lebenshilfezeitung) (1996): Bundesvereinigung Lebenshilfe für Menschen mit geistiger Behinderung (Hg.). Nr. 6. Marburg.

LICHARZ, W. (Hg.) (1985): Mit geistig behinderten Menschen zusammenleben. Frankfurt a.M.

LIENERT, G.A. (1969): Testaufbau und Testanalyse. 3., durch einen Anhang über Faktorenanalyse ergänzte Auflage (6. Auflage 1998). Weinheim, Berlin, Basel.

LIEPMANN, M.C. (1979): Geistig behinderte Kinder und Jugendliche. Eine epidemiologische, klinische und sozialpsychologische Studie in Mannheim. Bern.

LINDENMEYER, J. (1983): Behindert-Werden: Zur Psychologie einer Bewältigung einer traumatischen Körperbehinderung. Heidelberg.

LINDMEIER, B. (1998): Rezension: HÄHNER, U.; NIEHOFF, U.; SACK, R.; WALTHER, H. (1997): Vom Betreuer zum Begleiter. Eine Neuorientierung unter dem Paradigma der Selbstbestimmung. Hgg. von Bundesvereinigung Lebenshilfe, Marburg/L. In: Behindertenpädagogik in Bayern 41, 1, 45.

LINK, M.; WIECZOREK, E. (1987): Wenn Kinder Probleme haben. Psychische Störungen verstehen und wirkungsvoll helfen. Reinbek bei Hamburg.

LINN, M.; HOLTZ, R. (³2002): Übungsbehandlung bei psychomotorischen Entwicklungsstörungen. München.

LIPINSKY, C.G.; BECKER, G. (Hg.) (1983): Behinderte Kinder im Heim. München.

LOCKOWANDT, O. (²1976): Frostigs Entwicklungstest der visuellen Wahrnehmung. Manual. Weinheim.

LÖFFLER, M. (1989): Zwischen System und Lebenswelt. Frankfurt a.M.

LOHMANN, B. (1997): Müssen Legastheniker Schulversager sein? München.

LOOSER, G. (1980): Homosexualität – Menschlich – Christlich – Moralisch. Das Problem sittlich verantworteter Homotropie als Anfrage an die normative Ethik. Bern, Frankfurt a.M.

LORENZ, K. (1943): Die angeborenen Formen möglicher Erfahrungen. In: Tiefenpsychologie 5, 235-409.

LORENZ, K. (1963): Das sogenannte Böse. München.

LORF, M. (1964): Die Entwicklung analytisch-synthetischer Operationen im Wahrnehmen und Denken des Kleinkindes. In: Probl. Ergebn. Psychol. 11, 43-50.

LOTZ, R. (1977): Störungen von Wahrnehmungsprozessen als mögliche Erklärung für fehlende oder verzögerte Sprachentwicklung. In: DEUTSCHE GESELLSCHAFT FÜR SPRACHHEILPÄDAGOGIK (Hg.): Störungen der Sprachentwicklung. Hamburg, 42-48.

LOTZMANN, G. (Hg.) (1974): Sprach- und Sprechnormen. Heidelberg.

LOTZMANN, G. (Hg.) (1978): Aspekte auditiver, rhythmischer und sensomotorischer Diagnostik, Erziehung und Therapie. München.

LOTZMANN, G. (Hg.) (1979): Psychologie in der Stimm-, Sprech- und Sprachrehabilitation. Stuttgart.

LOTZMANN, G. (Hg.) (1989): Verbale und nonverbale Kommunikationsstörungen. Weinheim.

LÖWE, A. (1965, ²1976): Früherfassung, Früherkennung, Frühbetreuung hörgeschädigter Kinder. Berlin.

LÖWE, A. (1973): Gehörlose, ihre Bildung und Rehabilitation. In: DEUTSCHER BILDUNGSRAT (Hg.): Gutachten und Studien der Bildungskommission. Bd. 30. Stuttgart, 15-183.

LÖWE, A. (1975): Für und wider die schulische Integration gehörloser und schwerhöriger Kinder und Jugendlicher. In: HELLBRÜGGE, TH. (Hg.): Integrierte Erziehung. München, 119-131.

LÖWE, A. ([6]1997): Hörenlernen im Spiel. Praktische Anleitungen für Hörübungen mit hörgeschädigten und wahrnehmungsgestörten Kindern im Vorschulalter. Berlin.

LUCAS, CH. (1979): Silke, ein blindes Kind. Anregungen für Elternhaus und Kindergarten. München.

LUCHSINGER, R.; ARNOLD, G.E. ([3]1970): Handbuch der Stimm- und Sprachheilkunde. Bd. 2: Die Sprache und ihre Störungen (Arnold G. E.).Wien.

LÜCKERT, H.-R. (1965): Stanford-Binet-Intelligenz-Test (SIT). Göttingen.

LÜDTKE, H. (1972): Jugendliche in organisierter Freizeit. Weinheim u.a.

LÜER, G.; COHEN, R.; NAUCK, W. (1972): Eine Kurzform der „Vineland Social Maturity Scale" für minderbegabte Kinder. In: EGGERT, D. (Hg.): Zur Diagnose der Minderbegabung. Weinheim, 281-292.

LUHMANN, N. (1987): Soziale Systeme. Grundriss einer allgemeinen Theorie. Frankfurt a.M.

LUHMANN, N. (1990): Konstruktivistische Perspektiven. Opladen.

LUHMANN, N.; MATURANA, H.R.; NAMIKI, M.; REDDER, V.; VARELA, F. (1990): Beobachter. Konvergenz der Erkenntnistheorien? München.

LUKAS, H.; SCHMITZ, I. (1977): Heimunterbringung von Kleinkindern. Berlin.

LURIJA, A.R. (1961): The Role of Speech in the Regulation of Normal and Abnormal Behaviour. Oxford.

LURIJA, A. R. (1970): Die höheren kortikalen Funktionen des Menschen und ihre Störungen bei örtlichen Hirnschädigungen. Berlin.

LURIJA, A.R. (1973): Osnowy nejropsichologii. Moskau. Deutsche Erstausgabe: Das Gehirn in Aktion: Einführung in die Neuropsychologie. Reinbek bei Hamburg 1993.

LURIJA, A.R. (1993): Romantische Wissenschaft. Reinbek bei Hamburg.

LUTHER, M. (1919): Nachschrift von J. Mathesius 1540. In: MARTIN LUTHERS WERKE: Kritische Gesamtausgabe, Tischreden Band 5, 1540-44. Weimar.

LUTTER, H.; SCHRÖDER, H. (1972): Ein Testverfahren zur Beurteilung der körperlichen Leistungsfähigkeit. In: Die Leibeserziehung 21, 42-52.

MADENA, L. (1971): Orff-Schulwerk in der Erziehungsarbeit bei behinderten Kindern. In: WOLFGART, H. (Hg.): Das Orff-Schulwerk im Dienste der Erziehung und Therapie behinderter Kinder. Berlin.

MAGER, R. F. ([2]1977): Lernziele und Unterricht. Weinheim/Basel.

MAGNUS-FINGER, U. (1979): Rhythmisiertes Lernen in der Schule – unter Berücksichtigung des lernbehinderten Schülers. Oberbiel.

MAHLER, M.S. (1952): On childhood psychosis and schizophrenia. Autistic and symbiotic infantile psychoses. In: Psychoanal. Stud. Child 7, 286-305.

MAHLER, M.S. (1972): Symbiose und Individuation. Bd. I: Psychosen im frühen Kindesalter. Stuttgart.

MAHNKE, U. (2003): Rechtliche Situation in Sachsen. Auf: http://www.integrationsnetz.de, am 30.06.2003, 1-6.

MAHNKE, U. (2004): Länderbericht Sachsen 2004 – Zur 18. Jahrestagung der IntegrationsforscherInnen in deutschsprachigen Ländern. Auf: http://www.uibk.ac.at/biodok/library/itagung/html.

MALL, W. (1982): Personen mit autistischem Verhalten im Heim für geistig Behinderte. In: Tagungsbericht 5 Bundestagung „Hilfe für das autistische Kind" (Baunatal 1981). Hamburg, 64-81.

MALL, W. (1997): Sensomotorische Lebensweisen: Wie erleben Menschen mit geistiger Behinderung sich und ihre Umwelt? Heidelberg.

MANEKE, M. (1972): Ärztliche Aufgaben im Vorschulalter. In: BLÄSIG, W.; JANSEN, G.W.; SCHMIDT, M.H. (Hg.): Die Körperbehindertenschule. Berlin, 75-82.

MANEKE, M. (Hg.) (1979): Sozialpädiatrie. München.

MARBURGER, H. (1987): Schulische Sexualerziehung bei türkischen Migrantenkindern. Eine Sondierung des sozio-kulturellen Bedingungsfeldes. Frankfurt a.M./Bern/New York/Paris.

MARKOWETZ, R. ([2]2001): Soziale Integration von Menschen mit Behinderungen. In: CLOERKES, G.: Soziologie der Behinderten. Heidelberg, 171-232.

Martikke, H.-J. (1978): Die Rehabilitation der Verhaltensgestörten. München.

Martius, G. (1977): Lehrbuch der Geburtshilfe. Stuttgart.

Marx, R. (Hg.) (1992): Integrieren oder Aussondern. Weinheim/Basel.

Masters, W.H.; Johnson, V.E. (1970): Die sexuelle Reaktion. Frankfurt a.M.

Masur, R.; Tiesler, J.A. (1982): Eingliederung behinderter Kinder in Pflegefamilien. München.

Mattes, K. (2003): Fallbeschreibungen. In: Grohnfeldt, M. (Hg.): Handbuch der Sprachtherapie, Bd. 6: Zentrale Sprach- und Sprechstörungen. Berlin, 85-105.

Matthes, A. (1976): Ärztlicher Rat für Anfallkranke. Stuttgart.

Matthesius, R.-G.; Jochheim, K.-A. (1995): Zum Konzept der ICIDH und zum Stand ihrer internationalen Diskussion. In: Matthesius, R.-G.; Jochheim, K.-A.; Barolin, G.S.; Heinz, C. (Hg.): ICIDH Teil 1: Die ICIDH – Bedeutung und Perspektiven. Berlin, Wiesbaden.

Maturana, H.R. (1982): Erkennen: Die Organisation und Verkörperung von Wirklichkeit. Ausgewählte Arbeiten zur biologischen Epistemologie. Braunschweig.

Matza, D. (1973): Abweichendes Verhalten. Untersuchungen zur Genese abweichender Identität. Heidelberg.

Matzker, J. (1975): Ärztlicher Rat für Kehlkopflose. Stuttgart.

Maydell, B.; Schnapp, F.E. (Hg.) (1992): Die Auswirkungen des EG-Rechts auf das Arbeits- und Sozialrecht der Bundesrepublik: Unter besonderer Berücksichtigung der neuen Bundesländer. Berlin.

Mechling, H.; Rieder, H. (1977): Ein Testverfahren zur Erfassung der großmotorischen Bewegungsgeschicklichkeit im Sport bei 9- bis 13jährigen Kindern. Psychomotorik 2.

Mees, U.; Selg, H. (Hg.) (1977): Verhaltensbeobachtung und Verhaltensmodifikation. Anwendungsmöglichkeiten im pädagogischen Bereich. Stuttgart.

Mehringer, A. ([11]2001): Eine kleine Heilpädagogik: Vom Umgang mit schwierigen Kindern. München.

Meichenbaum, D. (1979): Kognitive Verhaltensmodifikation. München.

Meierhofer, M.; Keller, W. (1966): Frustration im frühen Kindesalter. Ergebnisse von Entwicklungsstudien in Kleinkinderheimen. Bern.

Meijer, C.J.W.; Pijl, S.J.; Hegarty, S. (1944): New perspectives in special education: a six-country study of integration. London, New York.

Meili, R. (1980): Psychodiagnostik. In: Lexikon der Psychologie Band 2. Freiburg, Basel, Wien, 1719-1723.

Meili, R.; Steingrüber, H.J. ([6]1978): Lehrbuch der psychologischen Diagnostik. Bern.

Meinertz, F.; Kausen, R.; Klein, F. ([8]1992): Heilpädagogik. Eine Einführung in pädagogisches Sehen und Verstehen. Bad Heilbrunn.

Meixner, J.K; Müller, Kl. (2000): Lernumgebungen gestalten – Elemente einer konstruktivistischen Lernkultur. In: Kohlert, J.; Inckemann, E.K; Speck-Hamdan, A. (Hg.): Grundschule: Sich Lernen leisten. Theorie und Praxis. Neuwied/ Kriftel, 101-109.

Merkens, L. (1977): Nicht-direktive Problemlösungsverfahren nach Rogers und Tausch in ihren Anwendungsmöglichkeiten in der Körperbehinderten-Schule und bei der Beratung der Eltern körperbehinderter Kinder. In: Sonderpädagogik 7, 13-24.

Merkens, L. (1988): Einführung in die historische Entwicklung der Behindertenpädagogik in Deutschland unter integrativen Aspekten. München.

Merker, H. (Hg.) (1993): Beratung von Tageseinrichtungen mit behinderten Kindern. Köln.

Mersi, F. (1975): Die Erziehung Sehbehinderter. In: Deutscher Bildungsrat (Hg.): Gutachten und Studien der Bildungskommission. Bd. 52. Stuttgart, 139-223.

Mertens, D. (1974): Die Schlüsselqualifikationen – Thesen zur Schulung für eine moderne Gesellschaft. In: Mitteilungen aus der Arbeitsmarkt- und Berufsforschung, 7, 36-43.

Mertens, K. (1979): Zur Neuorientierung des Sportunterrichts an Schulen für Lernbehinderte. Oberbiel.

Mertens, K. ([5]1999): Körperwahrnehmung und Körpergeschick. Dortmund.

Mertens, K. ([7]2004): Lernprogramm zur Wahrnehmungsförderung. Dortmund.

Merton, R.K. ([2]1967): The self-fulfilling prophecy. In: Merton, R.K.: Social theory and social structure. New York, 421-436.

Merzbacher, G. (2000): Was leistet die Schule zur individuellen Lernförderung im Hinblick auf die zukünftige Lebensbewältigung? In: Behindertenpädagogik in Bayern, VDS, 2, 107-119.

Meyer, H. (1974): Experimentelle Untersuchung von kognitiven und Aufmerksamkeitsfunktionen bei geistig behinderten Kindern. Dortmund.

Meyer, H. (1976): Zur Interpretation von TBGB-Ergebnissen. In: Zeitschrift für Heilpädagogik 27, 226-230.

Meyer, H. (1977): Zur Psychologie der Geistigbehinderten. Ein kritischer Beitrag zur Theorienbildung. Berlin.

Meyer, H. (1978): Elternarbeit in Geistigbehinderteneinrichtungen. Ein Erziehungskursus. Berlin.

Meyer, K.H. (1991): Gegliedertes Betreuungssystem vom Pflegeheim bis zum betreuten Wohnen. In: Arbeitskreis für Behindertenfragen (Hg.): Dokumentation: Wohnen von Menschen mit Behinderungen. Oldenburg, 56-59.

Meyners, C.; Wachtel, G. (1997): „Wir nehmen also wirklich nur in Anspruch, wenn es wirklich nicht anders geht, …und dann ist es eben schön, wenn jemand da ist". (Familienstudie Ost). In: Bundesministerium für Gesundheit (Hg.): Quantitativer und qualitativer Ausbau ambulanter Familienentlastender Dienste (FED). Abschlußbericht. Schriftenreihe Band 80. Baden-Baden, 389-455.

Michaelis, R.; Niemann, G. (1996): Pädagogische und medizinische Paradigma in der Frühförderung. In: Opp, G.; Peterander, F. (Hg.): Focus Heilpädagogik – Projekt Zukunft. München, 272 - 279.

Mickeleit, B. ([4]1994): Ein Aphasiker erlebt seine Rehabilitation. Bonn.

Miedzinski, K. ([8]1998): Die Bewegungsbaustelle. Dortmund.

Mierke, C.; Wachtel, P. (Hg) (1996): Sonderpädagogische Förderzentren im internationalen Vergleich. Würzburg.

Mierke, K. ([2]1978): Die Überforderung von Letztgrenzen der seelisch-geistigen Leistungs-und Belastungsfähigkeit. In: Bracken, H. von (Hg.): Erziehung und Unterricht behinderter Kinder. Wiesbaden, 84-91.

Miessler, M.; Bauer, L.; Thalmeier, K. ([7]1990): Das bin ich: Beiträge zu einer persönlichkeitsorientierten Erziehung. Rheinbreitbach.

Ministerium für Bildung, Frauen und Jugend in Rheinland-Pfalz (2001): Bildungswege in Rheinland-Pfalz. Mainz.

Ministerium für Bildung, Frauen und Jugend in Rheinland-Pfalz (2002): Handreichung für Integrierte Fördermaßnahmen.

Ministerium für Bildung, Jugend und Sport des Landes Brandenburg (2000): Das Brandenburgische Schulgesetz – was steckt dahinter… Integration. Potsdam.

Ministerium für Bildung, Jugend und Sport des Landes Brandenburg (2003a): Förderschulen. Auf: http://www.mbjs.brandenburg.de/schule31integr.htm, am 12.10.2003.

Ministerium für Bildung, Jugend und Sport des Landes Brandenburg (2003b): 6 Jahre: Gemeinsam viel neues, 4. überarb. Auflage. Potsdam.

Ministerium für Bildung, Jugend und Sport des Landes Brandenburg (2003c): Pressemitteilung zu FLEX vom 26.09.2003.

Ministerium für Bildung, Jugend und Sport des Landes Brandenburg (2003d): Rundschreiben 14/03 vom 31.07.2003.

Ministerium für Bildung, Kultur und Wissenschaft im Saarland (2001): Welche besondere Schule für mein behindertes Kind? Saarbrücken.

Ministerium für Bildung, Kultur und Wissenschaft im Saarland (2002): Bildungswege im Saarland. Saarbrücken.

Ministerium für Bildung, Wissenschaft und Kultur des Landes Mecklenburg-Vorpommern (2002): Schule M-V – Gemeinsam entwickeln wir unsere Schule weiter. Schwerin.

Ministerium für Bildung, Wissenschaft und Kultur des Landes Mecklenburg-Vorpommern (2003): Handreichung – Gemeinsamer Unterricht in Mecklenburg-Vorpommern. Ohne Ort.

Ministerium für Bildung, Wissenschaft und Kultur des Landes Mecklenburg-Vorpommern (2004): Förderschule. Auf: http://www.kultus-mv.de/sites/schule/foerderschule.htm, am 12.02.2004.

Ministerium für Bildung, Wissenschaft und Weitrbildung Rheinland-Pfalz (1992): Hinweise zur Förderschule (Förderzentrum) im Rahmen des Modellversuchs. Mainz.

Ministerium für Bildung, Wissenschaft und Weitrbildung Rheinland-Pfalz (1994): Reform schulischer Förderung von Kindern mit Beeinträchtigungen. Mainz.
Ministerium für Schule und Weiterbildung, Wissenschaft und Forschung des Landes Nordrhein-Westfalen (1998a): Gesetz zur Weiterentwicklung der sonderpädagogischen Förderung – Erfahrungsbericht. Düsseldorf.
Ministerium für Schule und Weiterbildung, Wissenschaft und Forschung des Landes Nordrhein-Westfalen (1998b): Alle Kinder wollen lernen. Düsseldorf.
Ministerium für Schule und Weiterbildung, Wissenschaft und Forschung des Landes Nordrhein-Westfalen (2001): Schulversuch Förderschule – Abschlussbericht. Düsseldorf.
Ministerium für Schule und Weiterbildung, Wissenschaft und Forschung des Landes Nordrhein-Westfalen (2002): Das pädagogische Gutachten – Sonderpädagogischer Förderbedarf und schulischer Förderort. Düsseldorf.
Minsel, W. R.; Lohmann, J.; Bente, G. (1980): Krisenintervention. In: Wiltling, W. (Hg.): Psychotherapeutische Interventionsmethoden. Hdb. der Klin. Psychologie. Bd. 2. Hamburg, 78-101.
Minsel, W.-R.; Ondarza, G. v.; Hümme, E. (1979): Schulversagen. In: Pongratz, L.R. (Hg.): Handbuch der Psychologie. Band 8/II. Klinische Psychologie. Göttingen, 2537-2590.
Minuchin, S. (1981): Psychosomatische Krankheiten in der Familie. Stuttgart.
Minuchin, S. ([6]1984): Familie und Familientherapie. Theorie und Praxis struktureller Familientherapie. Freiburg i.Br.
Minuchin, S.; Fishman, C.H. (1983): Praxis der strukturellen Familientherapie. Freiburg i.Br.
Mittler, P.; Brouillette, R.; Harris, D. (Hg.) (1993): World yearbook of education 1993. Special needs education. London.
Mittler, P.; Daunt, P. (Hg.) (1995): Teacher education für special needs in Europe. London.
Möckel, A. (1971): Von der Hilfsschule zur Sonderschule für Lernbehinderte. Zum Strukturwandel in der Hilfsschule. In: Möckel, A. (Hg.): Sonderschule im Wandel. Pädagogik - Psychologie - Didaktik. Festschrift für Wilhelm Hofmann. Neuburgweier, 203-216.
Möckel, A. (1976): Die besondere Grund- und Hauptschule. Von der Hilfsschule zum kooperativen Schulzentrum. Rheinstetten.
Möckel, A. (1978): Die Hinführung zum Lesenlernen. Sonderschule in Niedersachsen. Mitteilungen des Landesverbandes Niedersachsen 21, 33-44.
Möckel, A. (1988): Geschichte der Heilpädagogik. Stuttgart.
Möckel, A.; Adam, H.; Adam, G. (Hg.) (1997): Quellen zur Erziehung von Kindern mit geistiger Behinderung. Band 1: 19. Jahrhundert. Würzburg.
Möckel, A.; Adam, H.; Adam, G. (Hg.) (1999): Quellen zur Erziehung von Kindern mit geistiger Behinderung. Band 2: 20. Jahrhundert. Würzburg.
Moeller, M.L. (1981): Anders helfen. Selbsthilfegruppen und Fachleute arbeiten zusammen. Stuttgart.
Mohr, H. (Hg.) (1993). Integration verändert Schule. Hamburg.
Mollenhauer, K. (1973): Bewertung und Kontrolle abweichenden Verhaltens. Aporien bürgerlich-liberaler Pädagogik. In: Offensive Sozialpädagogik. Göttingen.
Möller, U.; Zimmermann, R.; Pfalzgraff, R. (1979): Sprachförderung die Spaß macht. Grundlagen und spielerische Anleitungen für Kinder von 5-7. München.
Mönks, F.J. (1990): Hochbegabtenförderung als Aufgabe der Pädagogischen Psychologie. In: Psychologie in Erziehung und Unterricht, 37, 243-250.
Mönks, F.J. (1992): Ein interaktionelles Modell der Hochbegabung. In: Hany, E.A.; Nickel, H. (Hg.): Hochbegabung – Theoretische Konzepte, empirische Befunde, praktische Konsequenzen. Bern, 17-22.
Moog, A. (1981): Anamnese, Beobachtung und Beschreibung sowie psychologische Tests. Kurseinheit der Fernuniversität Hagen.
Mooney, T.O.; Cole, T.M.; Chilgren, R.A. (1984): Möglichkeiten körperlicher Liebe für Paraplegiker, Quadriplegiker und Stomaträger. Bonn.
Moor, P. (1958): Heilpädagogische Psychologie. Band II: Pädagogische Psychologie der Entwicklungshemmungen. Bern.
Moor, P. (1965): Heilpädagogik. Ein pädagogisches Lehrbuch. Bern.
Moore, T. (1969): Stress in normal childhood. In: Human Relations 22, 235-250.

Moos, R.; Brownstein, R. (1977): Environment and Utopia. New York.

Morris, E.W.; Winter, M. (1978): Housing, family and society. New York et al.

Moser, V. (1997): Sonderpädagogik zwischen Erziehung und Bildung. In: Zeitschrift für Heilpädagogik 48 / 1, 4-13.

Moth, B. (1991): Erfahrungen mit der Frühförderung. In: Vereinigung für Interdisziplinäre Frühförderung e. V. (Hg.): Familienorientierte Frühförderung: Dokumentation des 6. Symposions Frühförderung. Hannover / München / Basel, 51 – 59.

Motsch, H.-J. (1979): Problemkreis Stottern. Theoretische und therapeutische Neuorientierung. Berlin.

Motsch, H.-J. (1981): Theorien des Stotterns am Ende? In: Die Sprachheilarbeit 26, 282-288.

Mronzynski, P. (³1992): Rehabilitationsrecht. München.

Mücke, R. (1957): Das gemeinschaftsschwierige Kind in der Schule. In: Mücke, R.; Steinbrecher, W.: Das gemeinschaftsschwierige Kind in Schule und Heim unter besonderer berücksichtigung der Situation der Schulen in Erziehungsheimen. Berlin, Neuwied, 1-88.

Mueller, E.F.; Thomas, A. (1974): Einführung in die Sozialpsychologie. Göttingen.

Mühl, H. (1983): Handlungsbezogener Unterricht mit Geistigbehinderten. Materialien zur Planung und Organisation des Unterrichts. Bonn-Bad Godesberg.

Mühl, H. (1987): Integration von Kinder und Jugendlichen mit geistiger Behinderung. Gemeinsame Erziehung mit Nichtbehinderten in Kindergarten und Schule. Berlin.

Mühl, H. (⁴2000): Einführung in die Geistigbehindertenpädagogik. Stuttgart/Berlin/Köln.

Mühl, H. (1999): Integrative Pädagogik bei Kindern und Jugendlichen mit geistiger Behinderung. In: Myschker, H.; Ortmann, M.; Georg, A. (Hg.): Integrative Schulpädagogik: Grundlagen, Theorie und Praxis. Stuttgart, 150-181.

Mühl, H. (2003): Kommunikationsförderung. In: Neuhäuser, G.; Steinhausen, H.Ch. (Hg.): Geistige Behinderung. 3. überarb. und erw. Aufl. Stuttgart, 262-270.

Mühl, H.; Neukäter, H.; Schulz, K. (1996): Selbstverletzendes Verhalten bei Menschen mit geistiger Behinderung. Bern/Stuttgart/Wien.

Mühlan, A. (Hg.) (1992): Handbuch zur Rehabilitation. Neuwied.

Müller, F. et al. (1970-1979): Heilpädagogische Abschlußarbeiten. Luzern.

Müller, G.von.; Nitsche, E. (1987). Funktionelle Beeinträchtigung und Bewältigung: Kinder mit funktionellen Beeinträchtigungen (Cerebrale Dysfunktion) in der Grundschule. Heidelberg.

Müller, H.P. (1992): Sozialstruktur und Lebensstile. Der neue theoretische Diskurs über soziale Ungleichheit. Frankfurt a.M.

Müller, M. (1982): Heilpädagogische Diagnostik bei schwer- und schwerstbehinderten Kindern. Berlin.

Müller, M. (1985): Grundfragen der Diagnostik in der Erziehung geistig schwerstbehinderter Kinder. In: Zur Orientierung 9, 16-29.

Müller, M.; Kane, J.F.; Kane, C. (1978): Psychodiagnostische Verfahren zur Einschätzung der Fertigkeiten und Verhaltensweisen geistig schwer und schwerst- behinderter Kinder. In: Vierteljahresschrift für Heilpädagogik und ihre Nachbargebiete 47, 318-336.

Müller, R. et al. (1980): Verhaltensmodifikation in der Praxis. Ein Kursprogramm zur Aus- und Weiterbildung. München.

Müller, U. (1981): Hören und Verstehen gestörter Sprache. Determinanten des Verstehens und Beurteilens der Sprache Sprachgestörter durch Sprachgesunde. Berlin.

Müller-Küppers, M. (1976): Das leicht hirngeschädigte Kind. Stuttgart.

Munk, K. (1968): Ergänzende Erhebungen. In: Strasser, H.; Sievert, G.; Munk, K.: Das körperbehinderte Kind. Entwicklung - Erziehung - Umwelt. Bericht über eine Untersuchung an Kindern mit Fehlbildungen der Gliedmaßen. Berlin, 169-218.

Murken, J.-D.; Stengel-Rutkowski, S. (Hg.) (1978): Pränatale Diagnostik. Stuttgart.

Mürner, C. (1982): Normalität und Behinderung. Weinheim.

Mussen, P.A. (Ed.) (1970): Carmichael's manual of child psychology. New York.

Muth, J. (1975a): Einführung. In: Pechstein, J.: Sozialpädiatrische Zentren. Stuttgart, 6-8.

Muth, J. (1975b): Vorschläge zur integrierten Erziehung des Deutschen Bildungsrats. In: Hellbrügge, Th. (Hg.): Integrierte Erziehung. München, 15-23.

Muth, J. (1986): Integration von Behinderten. Essen.

Muth, J. (1988 / 41997): Zur bildungspolitischen Dimension der Integration. In: Eberwein, H. (Hg.): Behinderte und Nichtbehinderte lernen gemeinsam. Handbuch der Integrationspädagogik. Weinheim/Basel, 17 – 24.

Muth, J. (1991): Zehn Thesen zur Integration von behinderten Kindern. In: Vierteljahresschrift für Heilpädagogik und ihre Nachbargebiete (VHN) 1, 1-5.

Mutzeck, W.; Pallasch, W. (Hg.) (1992): Integration von Schülern mit Verhaltensstörungen. Weinheim.

Mutzek, W. (Hg.) (1998): Förderdiagnostik bei Lern- und Verhaltensstörungen. Konzepte und Methoden. Weinheim.

Myklebust, H.R. (1960): The Psychology of Deafness. New York.

Myschker, N. (1999): Integrative Pädagogik bei Kindern und Jugendlichen mit Verhaltensstörungen. In: Myschker, H.; Ortmann, M.; Georg, A. (Hg.): Integrative Schulpädagogik: Grundlagen, Theorie und Praxis. Stuttgart, 238-284.

Myschker, N. (52005): Verhaltensstörungen bei Kindern und Jugendlichen. Erscheinungsformen - Ursachen - hilfreiche Maßnahmen. Stuttgart.

Myschker, N.; Ortmann, M. (1999): Gemeinsame Erziehung und Unterricht von Kindern und Jugendlichen mit und ohne Behinderung – Ein Überblick. In: Myschker, H.; Ortmann, M.; Georg, A. (Hg.): Integrative Schulpädagogik: Grundlagen, Theorie und Praxis. Stuttgart, 3-25.

Myschker, H.; Ortmann, M.; Georg, A. (Hg.) (1999): Integrative Schulpädagogik: Grundlagen, Theorie und Praxis. Stuttgart.

Naseef, R. A. (2001): Special children, challenged parents. The struggles and rewards of raising a child with a disability. London.

Nash, R. (1978): Lehrererwartung und Schülerleistung. Ravensburg.

Neidhardt, F. (1975): Systemtheoretische Analysen zur Sozialisationsfähigkeit der Familie. In: Neidhardt, F. (Hg.): Frühkindliche Sozialisation. Stuttgart, 162-187.

Neubert, D.; Cloerkes, G. (32001): Behinderung und Behinderte in verschiedenen Kulturen. Eine vergleichende Analyse ethnologischer Studien verschiedenen neuen Bundesländer. Heidelberg.

Neuer-Miebach, Th. (1995): Elternschaft von Menschen mit geistiger Behinderung – Sozialpolitische Bedeutung und Perspektiven des Themas. In: Pixa-Kettner, U; Bargfrede, S.; Blanken, J. (Hg.): Elternschaft von Menschen mit geistiger Behinderung. Bremen, 98-114.

Neuhäuser, G. (1982): Genetische Aspekte der Behinderung: Einführung für pädagogische, medizinische und verwandte Berufe. Berlin.

Neuhäuser, G. (1996): Vom Wandel ärztlicher Aufgaben in der Frühförderung – Entwicklungen und Perspektiven. In: Peterander, F.; Speck, O. (Hg.): Frühförderung in Europa. München / Basel, 61-67.

Neuhäuser, G. (1999): Geistige Behinderung. Grundlagen, klinische Syndrome, Behandlung und Rehabilitation. Stuttgart.

Neuhäuser, G. (2001): Entwicklung und Entwicklungsstörungen. In: Hessisches Sozialministerium / Bundesvereinigung Lebenshilfe für Menschen mit geistiger Behinderung e. V. (Hg.): An-Sichten über Frühförderung. Marburg, 299 – 310.

Neuhäuser, G. (2003): Diagnose von Entwicklungsstörungen und Coping-Prozesse in der Familie als ärztliche Aufgabe. In: Wilken, U.; Jeltsch-Schudel, B. (Hg.): Eltern behinderter Kinder. Empowerment – Kooperation – Beratung. Stuttgart, 73-89.

Neuhäuser, G. et al. (1986): Geistige Behinderung und Sexualität. In: Geistige Behinderung, 26, 3, 184-193.

Neuhäuser, G.; Steinhausen, H.-C. (Hg.) (32003): Geistige Behinderung. Grundlagen klinische Syndrome, Behandlung und Rehabilitation. Stuttgart.

Neukäter, H.; Goetze, H. (1978): Hyperaktives Verhalten im Unterricht. München.

Neumann, B. (1982): Sprachbehindertenpädagogische Diagnostik. In: Knura, G.; Neumann, B. (Hg.): Pädagogik der Sprachbehinderten (Handbuch der Sonderpädagogik Band 7). 2., durchgesehene Auflage. Berlin, 125-158.

Neumann, K. (1977): Intelligenzleistungen behinderter Kinder. Weinheim.

Neumann, K. (1981): Intelligenztest für Körperbehinderte. Weinheim.

Neumann, V. (1992): Reform des Rehabilitationsrechts (Sozialgesetzbuch IX). Freiburg i.Br.

Newcomb, Th.M. (1943): Personality and social change. New York.

Newson, E.; Hipgrave, T. (1984): Wie erziehe ich mein behindertes Kind? Weinheim.

Nickel, H. (1969): Untersuchungen über den Einfluß eines besonderen Trainings auf die visuelle Differenzierungsfähigkeit 4-5jähriger Kinder. Göttingen.

Nickel, H. (1977): Der normale Entwicklungsverlauf von Wahrnehmungsprozessen im Kindesalter. In: Berger, E. (Hg.): Teilleistungsschwächen bei Kindern. Bern, 23-42.

Niedermann, A.; Müller, M.; Simmen, R. (Hg.) (1986): Die TARC-Methode von W. Sailor und B.J. Mix. Bern.

Niedersächsisches Kultusministerium (2003): Lernen unter einem Dach – Niedersachsen macht Schule. Hannover.

Niehoff, U. (1994): Wege zur Selbstbestimmung. In: Geistige Behinderung, 33, 186-201.

Niermann, G. (1991): Wohnverbundsystem – Interpretation des Begriffs Wohnverbund. In: Arbeitskreis für Behinderungsfragen (Hg.): Dokumentation: Wohnen von Menschen mit Behinderungen. Oldenburg, 71-75.

Nietzsche, F. (1886): Jenseits von Gut und Böse. Leipzig.

Nihira, K. et al. (1975): AAMD Adaptive Behavior Scale. 1975 Revision. Washington D.C.

Nippert, I. (1988): Die Geburt eines behinderten Kindes. Stuttgart.

Nirje, B. (1974): Das Normalisierungsprinzip und seine Auswirkungen in der fürsorglichen Betreuung. In: Kugel, R.B.; Wolfensberger, W. (Hg.): Geistig Behinderte - Eingliederung oder Bewahrung? Stuttgart, 33-46.

Nirje, B. (1994): Das Normalisierungsprinzip – 25 Jahre danach. In: Vierteljahresschrift für Heilpädagogik und ihre Nachbargebiete (VHN) 12-32.

Nissen, G. (1975): Mengenlehre - und eine neue Lernschwäche? In: Praxis Kinderpsychol. Kinderpsychiat. 24, 113-119.

Nissen, G. ([3]1976): Autistische Syndrome. In: Harbauer, H. et al.: Lehrbuch der speziellen Kinder- und Jugendpsychiatrie (5. völlig neubearb. und erhebl. erw. Auflage 1989). Berlin, 380-392.

Nissen, G.; Specht, F. (Hg.) (1976): Psychische Gesundheit und Schule. Neuwied.

Nitsch, K. (1976): Pädiatrie für Pädagogen und verwandte Berufe. Mit einer kurzen Krankheitslehre des Kindes. Berlin.

Norden, I. (1953): Das Binetarium. Intelligenzprüfung nach Binet-Bobertag. Göttingen.

Nordoff, P.; Robbins, C. (1975): Musik als Therapie für behinderte Kinder. Stuttgart.

Nussbeck, S. (2000): Gestützte Kommunikation. Ein Audrucksmittel für Menschen mit geistiger Behinderung. Göttingen.

O´Gorman, G. (1976): Der Autismus in früher Kindheit. In: Beiträge zur Kinderpsychotherapie Band 19. München.

Oberacker, P. (Hg.) (1983): Selbstverwirklichung in sozialer Integration. Stuttgart/Oberbiel.

OECD (1993): Active life for disabled youth. Integration and special educational needs: Ambitions, theories and practices (Drafted August 1992). Reort prepared for the OECD / Ministry of Education, Netherlands International Conerence, Kasteel, Vaalsbrock, The Netherlands, 1-3 December, 1993. Paris.

OECD (1995): Integrating students with special needs into mainstream schools. Paris.

OECD (1996a): Bildung auf einen Blick. OECD Indikatoren. Paris.

OECD (1996b): Successful services for our children and families at risk. Paris.

OECD (2003): Bildungspolitische Analyse 2003. Paris.

OECD (2005): Students with Disabilities, Learning Difficulties and Disadvantages. Paris.

Oevermann, U. (1969): Schichtenspezifische Formen des Sprachverhaltens und ihr Einfluß auf kognitive Prozesse. In: Roth, H. (Hg.): Begabung und Lernen. Deutscher Bildungsrat. Gutachten und Studien der Bildungskomission. Bd. 4. Stuttgart, 297-356.

Oevermann, U. (1972): Sprache und soziale Herkunft. Ein Beitrag zur Analyse schichtenspezifischer Sozialisationsprozesse und ihre Bedeutung für den Schulerfolg. Frankfurt.

Offit, A. (1979): Das sexuelle Ich. Stuttgart.

Ohlmeier, G. (1979): Frühförderungsprogramme für behinderte Kinder. Dortmund.

Ohlmeier, G. ([2]1994): Frühförderung behinderter Kinder. Dortmund.

Oldershausen, H.-F. von (1977): Diabetes mellitus. In: Gross, R.; Schölmerich, P. (Hg.): Lehrbuch der Inneren Medizin. Stuttgart, 773-807.

OPP, G.; PETERANDER, F. (Hg.) (1996): Focus Heilpädagogik. München.

OPP, K.-D. (1974): Abweichendes Verhalten und Gesellschaftsstruktur. Darmstadt, Neuwied.

ORFF, G. (1971): Orff-Schulwerks spezifische Heilkomponenten - Formulierungen aus der Arbeit mit dem behinderten Kind. In: WOLFGART, H. (Hg.): Das Orff-Schulwerk im Dienste der Erziehung und Therapie behinderter Kinder. Berlin.

ORFF, G. (1974): Die Orff-Musiktherapie. Aktive Förderung der Entwicklung des Kindes. München.

ORLICK, T. (⁴1991): Kooperative Spiele. Herausforderung ohne Konkurrenz. Weinheim.

ORPET, R.E. (1972): Frostig movement skills test battery. Experimental Education. Palo Alto.

ORTHMANN, W. (1971): Sprachheilpädagogik - Sprachbehindertenpädagogik - Sprachsonderpädagogik. In: Rehabilitation 1, 33-39.

ORTHMANN, W. (Hg.) (1972): Schulische Betreuung sprachbehinderter Kinder. Berlin.

ORTHMANN, W.. (1980): Geschichte der Sprachbehindertenpädagogik. In: KNURA, G.; NEUMANN, B. (Hg.): Pädagogik der Sprachbehinderten. Handbuch Sonderpädagogik Band 7. Berlin, 67-91.

ORTHMANN, W. (1982): Geschichte der Sprachbehindertenpädagogik. In: KNURA, G.; NEUMANN, B. (Hg.): Pädagogik der Sprachbehinderten (Handbuch der Sonderpädagogik Band 7). 2., durchgesehene Auflage. Berlin, 67-91.

ORTMANN, M. (1989): Kinder und Aids – eine pädagogische Herausforderung. In: Zeitschrift für Heilpädagogik 40, 5, 310-322.

ORTMANN, M. (1997): Qualifizierung für den schulpädagogischen Umgang mit progredient erkrankten Schülern im Grundschulalter. In: Sonderpädagogik, 27 (1), 30-39.

OSERETZKY, N.J. (1931): Psychomotorik. Methoden zur Untersuchung der Motorik. Zeitschrift für Angewandte Psychologie. Beiheft 57.

OSKAMP, I. (1986): Erziehung zu prosozialem Handeln. Würzburg.

OSKAMP, U. (1994): Körperbehinderung und chronische Erkrankung. In: Zeitschrift für Heilpädagogik, 45, 10, 678-684.

OTTE, G. (1989): Von der Sonderschule zum Förderzentrum. In: Zeitschrift für Heilpädagogik, 47, 217-221.

OTTE, G. (1996): Weiterentwicklung kleiner Förderschulen zu Förderzentren ohne eigene Schülerschaft. In: Zeitschrift für Heilpädagogik, 10, 420-422.

OVERSBERG, M.P. (1984): Stichwort Erziehen. Berlin.

OY, C.M. VON; SAGI, A. (¹²2002): Lehrbuch der heilpädagogischen Übungsbehandlung. Hilfe für das behinderte und entwicklungsgestörte Kind. Heidelberg.

P-A-C- HANDBUCH (1977): 1. Band. Die 3 Grundformen. Marburg.

P-A-C LEITFADEN. Stratford upon Avon. 1980.

PACHARZINA, K. (Hg.) (1986): AIDS und unsere Angst. Reinbek bei Hamburg.

PADDEN, C.; HUMPHRIES, T. (1991): Gehörlose. Eine Kultur bringt sich zur Sprache.

PAESLACK, V. (Hg.) (1983): Sexualität und körperliche Behinderung. Heidelberg.

PAHLEN, K. (Hg.) (1973): Musiktherapie. München.

PAMPUS, I. (1978): Ärztlicher Rat für Querschnittgelähmte. Stuttgart.

PAPOUSEK, H. (1977): Entwicklung der Lernfähigkeit im Säuglingsalter. In: NISSEN, G. (Hg.): Intelligenz, Lernen und Lernstörungen. Theorie, Praxis und Therapie. Berlin, 89-107.

PARKER, M.; MAUGER, D. (1982): Das krebskranke Kind. Ravensburg.

PASSARGE, G. (1979): Elemente der klinischen Genetik. Grundlagen und Anwendung der Humangenetik in Studium und Praxis. Stuttgart.

PAUL UND CHARLOTTE KNIESE-STIFTUNG (Hg.) (1983): Dein Weh geht weiter: Ratgeber für Neuerblindete und ihre Angehörigen. Berlin.

PAUL, H.A. (1970): Mehrfach behinderte Kinder und Jugendliche als Aufgabe der medizinischen Rehabilitation. In: Praxis der Kinderpsychologie und Kinderpsychiatrie 19, 199-206.

PAULSEN, S. (1977): Lernstörungen bei Kindern. Sozial- und lebensgeschichtliche Ursachen. Frankfurt.

PAUSEWANG, E. (⁴1979): 100 Spiele zur Förderung der Kreativität im Vorschulalter. München.

PAWEL, B. von (1977): Körperbehinderte in Regelschulen. Untersuchungen zur sozialen Integration dysmeler Schulkinder. Rheinstetten.

PAWEL, B. von (1984): Körperbehindertenpädagogik. Stuttgart.

PAWEL, B. v. (1989): Die Aussage qualitativnarrativer Interviews zur Berufsund Lebenssituation koerperbehinderter junger Erwachsener. In: Sonderpädagogik, 19, 4, 149-156.

Pechstein, J. (1975): Sozialpädiatrische Zentren für behinderte und entwicklungsgefährdete Kinder. In: Deutscher Bildungsrat (Hg.): Gutachten und Studien der Bildungskommission. Bd. 53. Stuttgart.

Pechstein, J. (1981): Sozialpädiatrische Aufgaben der Frühbetreuung bei behinderten und von Behinderung bedrohten Kindern und deren Familien. In: Siepmann, D.; Blum, F. (Hg.): Behinderte zwischen Anspruch und Wirklichkeit. Stuttgart / Bonn.

Pelkofer, K. (1980): Lehren und Lernen bei Kindern mit Hörproblemen. Integration von Hörerziehung, Sprachausbau und Medieneinsatz im Schwerhörigenunterricht. München.

Penrose, L.S. (1974): Vorwort. In: Hunt, N.: Die Welt des Nigel Hunt. Tagebuch eines mongoloiden Jungen. München, 9-11.

Peterander, F.; Giardina, F. (1996): Kooperation zwischen Fachleuten und Eltern. In: Peterander, F. (Ed.): Helios II Final Report. Thematic Group I of the Helios II programme with the support of the European Commission DG V. Social Affairs and Employment and DG XXII Education, Training and Youth. Brussels, 75 – 78.

Peterander, F.; Speck, O. (Hg. – 1996): Frühförderung in Europa. München / Basel.

Peterander, F.; Opp, G. (1996): Brennpunkte der Heilpädagogik - Perspektiven für die Zukunft. In: Opp, G.; Peterander, F. (Hg.): Focus Heilpädagogik. München, 17-28.

Peterander, F.; Speck, O. (1995): Subjektive Belastungen Mütter schwerbehinderter Kinder in der Frühförderung. In: Geistige Behinderung 34, 95-107.

Petermann, F. (1987a): Psychologie chronischer Krankheiten im Kindes- und Jugendalter. München.

Petermann, F. (Hg.): (1987b): Verhaltensgestörtenpädagogik. Berlin.

Petermann, F. (Hg.) (2002): Lehrbuch der Klinischen Kinderpsychologie und -psychotherapie. Göttingen.

Petermann, F.; Petermann, U. ([11]2005): Training mit aggressiven Kindern. München.

Peters, G. (1982): Lebensfreude im Schulalltag geistig behinderter Kinder. Ein Bildband. München.

Peters, G. (1983): Tierhaltung und Tierpflege mit und für geistig behinderte Kinder und Jugendliche. Bonn.

Peuser, G. (1979): Studien zur Sprachtherapie. München.

Peuser, G. (2000): Sprachstörungen. München.

Peuser, G. (Hg.) (1978): Brennpunkte der Patholinguistik. Patholinguistica 2. München.

Peuser, G.; Winter, S. (2000): Lexikon zur Sprachtherapie. München.

Pfaundler, M. von (1925): Klinik und Fürsorge: Gesundheitsfürsorge für das Kinderalter.

Pfeifer, G. et al. (1981): Lippen-Kiefer-Gaumenspalten. Chirurgische, otologische und sprachliche Behandlung. München.

Pfeiffer, Chr. (1998): Ausgrenzung, Gewalt und Kriminalität im Leben junger Menschen. Hannover.

Piaget, J. (1947): Psychologie der Intelligenz. Zürich.

Pieper, M. (1993): „Seit Geburt körperbehindert..." Behinderung als kontinuierliche Erfahrung aus der Sicht Betroffener und deren Familien. Opladen.

Pietzner, C. (Hg.) (1969): Aspekte der Heilpädagogik. Stuttgart.

Pijl, S.J.; Meijer, C.J.W. (1991): Does integration count for much? An analysis of the practices of integration in eight countries (Italy, Denmark, Sweden, United States, Germany, England, Belgium, Netherlands). In: European Journal of Special Needs Education 2, 100-111.

Pilz, D.; Schubenz, S. (Hg.) (1979) Schulversagen und Kindergruppentherapie. Köln.

Pixa-Kettner, U. (1995): Das Forschungsprojekt Elternschaft von Menschen mit geistiger Behinderung. Darstellung des Forschungsprojekts und Hauptergebnisse einer bundesweiten schriftlichen Befragung. In: Pixa-Kettner, U.; Bargfrede, S.; Blanken, I. (Hg.): Elternschaft von Menschen mit geistiger Behinderung. Fachbereich Erziehungs- und Gesellschaftswissenschaften. Universität Bremen, 13-23.

Pixa-Kettner, U.; Bargfrede, S.; Blanken, I. (1996): Elternschaft von Menschen mit geistiger Behinderung. In: Walter, J. (Hg.) ([4]1996), Sexualität und geistige Behinderung. Heidelberg, 305-317.

Plank, E. (1973): Hilfen für Kinder im Krankenhaus. München.

Plath, P. (1981): Das Hörorgan und seine Funktion. Einführung in die Audiometrie. Berlin.

Plath, P. (Hg.) (1992): Frühkindliche Hör-Spracherziehung. Materialsammlung vom 6. Multidiziplinären Kolloquium der Geers-Stiftung am 16. und 17. März 1992. (Schriftenreihe Geers-Stiftung Band 9). Essen.

PLATH, P. (1993): Lexikon der Hörschäden. Heidelberg.

PLESSNER, H. (1928): Die Stufen des Organischen und der Menschen. Berlin, Leipzig.

PLUHAR, C. (1995): Erfahrungen mit der Weiterentwicklugn der Sonderschulen zu Förderzentren in Schleswig-Holstein. In: Die Sonderschule 40, 130-142.

PLUHAR, C. (1998): Schleswig-Holstein. In: Rosenberger, M. (Hg.): Schule ohne Aussonderung – Ideen, Konzepte, Zukunftchancen. Neuwied/ Berlin.

POECK, K. (1977): Neurologie. Ein Lehrbuch für Studierende und Ärzte. Berlin.

POHL, M. (1977): Zum Problem einer schulischen Integration von Körperbehinderten. Eine Literaturanalyse. Rheinstetten.

POHLMANN, H.; SCHRAMM, W. (1989): Erfahrungen in der psycho-sozialen Betreuung von Hämophilen. In: ZENZ, H.; MANOK, G. (Hg.): AIDS-Handbuch für die psychosoziale Praxis. Bern, Stuttgart, Toronto, 202-211.

PONGRATZ, L. (1973): Lehrbuch der Klinischen Psychologie. Psychologische Grundlagen der Psychotherapie. Göttingen.

PONGRATZ, L. (Hg.) (1978): Handbuch der Psychologie. Bd. 8, 2. Halbband. Klinische Psychologie. Göttingen.

PORTMANN, A. (1944): Biologische Fragmente zu einer Lehre vom Menschen. Basel. (2.Auflage 1951 unter dem Titel: Zoologie und das neue Bild vom Menschen.) Reinbek bei Hamburg.

PORTMANN, A. (1956): Biologie und Geist. Zürich.

PORTMANN, A. (1967): Zoologie aus vier Jahrzehnten. Gesammelte Abhandlungen. München.

PRASCHAK, W. (1993): Kooperative Pädagogik schwerstbehinderter Menschen. In: Jahrbuch des Arbeitskreises Kooperative Pädagogik (Hg.). Frankfurt et al.

PRASCHAK, W. (1999): Frühförderung schwerstgeschädigter Säuglinge und Kleinkinder. In: WILKEN, E. (Hg.): Frühförderung von Kindern mit Behinderung. Eine Einführung in Theorie und Praxis. Stuttgart.

PRASCHAK, W. (2003): Das schwerstbehinderte Kind in seiner Familie. In: WILKEN, U.; JELTSCH-SCHUDEL, B. (Hg): Eltern behinderter Kinder. Empowerment – Kooperation – Beratung. Stuttgart, 31-42.

PREKOP, J. (1999): Hättest Du mich festgehalten. Grundlagen und Anwendung der Festhalte-Therapie. München.

PREKOP, J. (Hg.) (1979): Wir haben ein behindertes Kind. Eltern geistig behinderter Kinder berichten. Stuttgart.

PRENGEL, A. (1988): Zur Dialektik von Gleichheit und Differenz in der Integrationspädagogik. In: EBERWEIN, H. (Hg.): Behinderte und Nichtbehinderte lernen gemeinsam. Weinheim/Basel, 70 – 74 / [4]1997, 93 – 98.

PRETIS, M. (1999): Krisenintervention in der interdisziplinären Frühförderung und Familienbegleitung. In: Frühförderung interdisziplinär, 18, 4, 145 – 155.

PRETIS, M. (2001): Frühförderung planen, durchführen, evaluieren. Beiträge zur Frühförderung interdisziplinär. Bd. 8. München / Basel.

PREUSS-LAUSITZ, U. (1981): Fördern ohne Sonderschule. Konzepte und Erfahrungen zur integrativen Förderung in der Regelschule. Weinheim.

PREUSS-LAUSITZ, U. (1992): Diskussionsbeitrag. In: LERSCH, R.; VERNOOIJ, M. A. (Hg.): Behinderte Kinder und Jugendliche in der Schule. Bad Heilbrunn / Obb., 5.

PRILLWITZ, S. (1982): Zum Zusammenhang von Kognition, Kommunikation und Sprache mit Bezug auf die Gehörlosenproblematik. Stuttgart.

PRILLWITZ, S. (1986): Die Gebärde in Erziehung und Bildung Gehörloser. Internationaler Kongreß am 9. und 10. November 1985 im Kongreßzentrum Hamburg. Tagungsbericht. Hamburg.

PRO FAMILIA, Deutsche Gesellschaft für Sexualberatung und Familienplanung/ Landesverband Niedersachsen (Hg.) (2002): Sieh mal an(ders)! Sexualität und Behinderung. Anregungen zur sexualpädagogischen Praxis und Beratung. Ein Leitfaden. Praxisergebnisse des Projektes Sexualität und Behinderung des Pro Familia Landesverbandes Niedersachsen e.V. vom 1.5.2000 - 30.4.2002. Hannover

PROBST, H. (1973): Die scheinbare und wirkliche Funktion des Intelligenztests im Sonderschulüberweisungsverfahren. In: ABE, I. et al.: Kritik der Sonderpädagogik. Gießen, 107-183.

PROBST, H. (1976): Lernbehinderte und Normalschüler. Persönlichkeitseigenschaften und sozioökonomischer Hintergrund. Bern.

Probst, H. (Hg.) (1979): Kritische Behindertenpädagogik in Theorie und Praxis. Beiträge zum Studentenkongreß Marburg 1978. Oberbiel.

Projekt: Wir vertreten uns selbst (Hg.) (1999): Flyer. Kassel.

Proshansky, H.M.; Ittelson, W.H.; Rivlin, L.G. (Hg.) (1976): Environmental psychology: man and his physical setting. New York.

Pschyrembel ([257]1994): Medizinisches Wörterbuch. Sonderausgabe, Hamburg.

Pump, M.; Weber, F. (2005): Didaktik der Sprachheilpädagogik. In: Ellinger, St.; Stein, R. (Hg.): Grundstudium Sonderpädagogik. Oberhausen, 370-383.

Puppe, P. (1976): Sprachauffälligkeit im Vorschulalter - der neue Schwerpunkt einer zeitgemäßen Sprachbehindertenpädagogik. In: Sprachheilarbeit 21, 141-152 und 169-184.

Püschel, S.M. (1987): Kinder mit Down-Syndrom. Wachsen und Lernen. Marburg/Lahn.

Quambusch, E. (1987): Das Haftungsrecht in der Arbeit mit geistig Behinderten. Freiburg i.Br.

Quenstedt, F. (2002): Warum scheitern viele Ehen mit einem behinderten Kind? In: Deutsche Behinderten-Zeitschrift, 39, 6, 19-20.

Rachman, S.J.; Philips, C. (1976): Arzt und Psychologe. Ein Programm zur Partnerschaft. München.

Rahn, L. (1993): Für die Frühförderung ist Interdisziplinarität, Beteiligung aller am Kind wirkenden, ohne Alternative. In: Vereinigung Interdisziplinärer Frühförderung e. V. (Hg.): Früherkennung von Entwicklungsrisiken: Dokumentation des 7. Symposiums Frühförderung in Tübingen. München / Basel, 46 – 49.

Rammel, G. (1982): Gebärden. In: Jussen, H.; Kröhnert, O. (Hg.): Pädagogik der Gehörlosen und Schwerhörigen. Handbuch der Sonderpädagogik Band 3. Berlin, 164-171.

Rasper, H. (1989): Von der Schule für Lernbehinderte zum Sonderpädagogischen Förderzentrum. In: Zeitschrift für Heilpädagogik, 40, 868-870.

Rasper, H. (1996): Das Sonderpädagogische Förderzentrum. In: Schmidt, H.-F.; Wachtel, P. (Hg): Sonderpädagogische Förderzentren. Würzburg, 22-29.

Rasper, H. (1997): Abschluss der Aufbauphase des Sonderpädagogischen Förderzentrums. In: Zeitschrift für Heilpädagogik, 48, 105-108.

Rath, W. (1974): Empirische Untersuchungen zur Organisation von Sonderschulen. Aufgezeigt am Beispiel der Schulen für Blinde und Sehbehinderte. Berlin.

Rath, W. (Hg.) (1985): Pädagogik der Blinden und Sehbehinderten. Handbuch der Sonderpädagogik Band 2. Berlin.

Rath, W. (1987): Sehbehindertenpädagogik. Stuttgart/Berlin/Mainz/Köln.

Rath, W. (1992): Das duale Curriculum. In: Sonderpädagogik 22, 50-53.

Rath, W. (1995): Sehbehindertenpädagogik. In: Bleidick, U. et al. (Hg.): Einführung in die Behindertenpädagogik Band III. 4., überarbeitete Auflage. Stuttgart/Berlin/Köln, 43-69.

Rauchfleisch, U. ([4]2005): Testpsychologie. Göttingen.

Rauh, H.; Berry, P.B. (1989/90): Differenzielle Entwicklungsverläufe bei Kleinkindern mit Down-Syndrom. In: Risikobewältigung in der lebenslangen psychischen Entwicklung. -Verlaufsstudien im Kindes-, Jugend- und Entwicklungsalter. (Vorabdruck) Leipzig.

Rauh, H.; Rudinger, G. (1987): Early Development od Down Syndrome Children as Assessed by the Bayley Scales. Berlin

Raven, J.C. ([11]1973): Coloured Progressive Matrices. London.

Reble, A. ([20]2002): Geschichte der Pädagogik. Stuttgart.

Redl, F. (1974): Erziehung schwieriger Kinder. Beiträge zu einer psychotherapeutisch orientierten Pädagogik. München.

Redl, F.; Wineman, D. ([2]1978): Steuerung des aggressiven Verhaltens beim Kind. München.

Redlich, A.; Schley, W. (1978): Kooperative Verhaltensmodifikation im Unterricht. München.

Reez, L; Reitmann, T. (1990): Schlüsselqualifikationen. Hamburg.

Rehder, H. (1978): Embryopathologie bei Chromosomenaberration. In: Murken, J.-D.; Stengel-Rutkowski, S. (Hg.): Pränatale Diagnostik. Stuttgart, 31-49.

Reichart, B. (1990): Angeborene Herz- und Gefäßfehlbildungen bei Kindern mit Down-Syndrom. In: Murken, J.(Hg.): Down-Syndrom, aktuelle Bezeichnung für Mongolismus, 62-89.

Reichenbach, P. (1961): Die Erziehung des mongoloiden Kindes. Heidelberg.

REINARTZ, A. ([3]1971): Schulleistungstest lernbehinderter Schüler (SLS). Berlin.

REINARTZ, A.; REINARTZ, E. ([2]1977): Visuelle Wahrnehmungsförderung nach Frostig. Anweisungsheft. Dortmund.

REINARTZ, A.; REINARTZ, E.; REISER, H. (1979): Wahrnehmungsförderung behinderter und schulschwacher Kinder. Berlin.

REINER, A. (1974): Ich sehe keinen Ausweg mehr. München.

REINERT, G.; BALTES, P.B.; SCHMIDT, L.R. (1965): Faktorenanalytische Untersuchungen zur Differenzierungshypothese. In: Psychologische Forschung 28, 246-300.

REINHARDT, H.-G.; WEISSENBORN, M. (1989): Körperbehinderung und psychische Störung. Düsseldorf.

REINHOLD, E. (1981): Schule im Krankenhaus. Konzeption und Legitimation einer besonderen pädagogischen Betreuung erkrankter Schulkinder in stationärer Behandlung. Berlin.

REINMANN-ROTHMEIER, G.; MANDL, H. (1998): Auf dem Weg zur Entwicklung einer neuen Lernkultur. In: KUBICEK, H. (Hg.): Lernort Multimedia. Heidelberg, 55-61.

REISER, H. (Hg.) (1981): Sonderschulen –Schulen für Ausländerkinder? Berlin.

REISER, H. (1987): Integrative Prozesse in Kindergartengruppen. München.

REISER, H. (1997): Lern- und Verhaltensstörungen als gemeinsame Aufgabe von Grundschul- und Sonderpädagogik unter dem Aspekt der pädagogischen Selektion. In: Zeitschrift für Heilpädagogik 48, 266-275.

RENKL, A.; MANDL, H. (1995): Kooperatives Lernen: Die Frage nach dem Notwendigen und dem Ersetzbaren. In: Unterrichtswissenschaft 23, 292-300.

RENNER, J. (1995): Erfolg in der Stottertherapie. Berlin.

RENZULLI, J. (1979): What makes giftedness? Reexaminig a definition. In: Phi Delta Kappan, 261, 180-184.

RETT, A. (1977): Mongolismus. Biologische, erzieherische und soziale Aspekte. Bern.

RETT, A.; WESETZKY, A. (1975): Musiktherapie bei hirngeschädigten, entwicklungsgestörten Kindern. In: HARRER, G. (Hg.): Grundlagen der Musiktherapie und Musikpsychologie. Stuttgart.

REUTER, E. (1978): Das anfallskranke Kind in der Schule. Berlin.

REUTER, I. (1996): Regionales Sonderpädagogisches Förderzentrum Neubrandenburg. In: SCHMIDT, H.-F.; WACHTEL, P. (Hg): Sonderpädagogische Förderzentren. Würzburg, 75-79.

REVERS, W.J.; HARRER, G.; SIMON, W.C.M. (Hg.) (1974): Neue Wege der Musiktherapie. Düsseldorf.

REYNELL, J.K. (1985): Sprachentwicklungsskalen. München.

RHEINWEILER, R.; SCHÖNBERGER, F. (Hg.) (1979): Die Rolle der Eltern in der Rehabilitation körperbehinderter Kinder und Jugendlicher. Rheinstetten.

RICHARDSON, S.A. (1967): Kulturelle Übereinstimmung in der Reaktion auf Körperbehinderte. In: MITSCHERLICH, A. (Hg.): Der Kranke in der modernen Gesellschaft. Köln, 234-242.

RICHARZ, B. (1987): Heilen – Pflegen – Töten. Zur Alltagsgeschichte einer Heil- und Pflegeanstalt bis zum Ende des Nationalsozialismus. Göttingen.

RICHTER, E. (1981): Wenn ein Kind anfängt zu stottern. Ratgeber für Eltern und Erzieher. München.

RICHTER, H.-E. (1963): Eltern, Kind und Neurose. Psychoanalyse der kindlichen Rolle. Reinbek bei Hamburg.

RICHTER, H.-E. (1990): Patient Familie. Entstehung, Struktur und Therapie von Konflikten in Ehe und Familie. Reinbek bei Hamburg.

RICHTER, J. (1980): Schwer mehrfach Behinderte lernen Selbständigkeit. Bern.

RIEDER, H.; BUTTENDORF, TH.; HÖSS, H. (Hg.) (1981): Förderung der Motorik geistig Behinderter. Berlin.

RIEGEL, U. (1984): Sexualität bei geistigbehinderten Erwachsenen. Bonn-Bad Godesberg.

RIMLAND, B. (1971): Autismus. In: ARNOLD, W.; EYSENCK, H.J.; MEILI, R. (Hg.): Lexikon der Psychologie. Bd. I. Freiburg, 207-210.

RINGLI, G. (1991): Gebärdenkommunikation. In: JUSSEN, H.; CLAUSSEN, W.H. (Hg.): Chancen für Hörgeschädigte. Hilfen aus internationaler Perspektive. München, 273-278.

RITTER, H. (1977): Humangenetik. Freiburg.

RITTER, G. (Hg.) (1992): Handbuch für Behinderte und Helfer. Sankt Augustin.

RITZ, E. (1971): Die Kunst, das menschliche Leben sinnvoll zu verlängern. In: Medizinische Monatsschrift 25, 59-60.

Robert-Koch-Institut; AG Bevölkerungsbezogener Krebsregister in Deutschland (Hg.) (2004): Krebs in Deutschland. Häufigkeiten und Trends. Saarbrücken, auf: http://www.rki.de/cln_011/nn_527010/sid_CCAF319EFCB17CACB1F2AC62BA157893/DE/Content/GBE/DachdokKrebs/Broschuere/broschuere__inhalt.html__nnn=true, am 13.07.2005.

Robert-Koch-Institut (Hg.) (2005): Aktuelle Daten und Informationen zu Infektionskrankheiten und Public Health. Epidemiologisches Bulletin. Sonderausgabe A: HIV-Infektionen/AIDS. Halbjahresbericht II/2004. Berlin, auf: http://www.rki.de/cln_011/nn_338366/DE/Content/Infekt/EpidBull/Archiv/2005/Sonderausgaben/A__2005,templateId=raw,property=publicationFile.pdf/A_2005, 13.07.2005.

Robertson, J. (1974): Kinder im Krankenhaus. München.

Robertson, J. ([2]1982): Kinder im Krankenhaus: Mit einer Dokumentation von 50 Elternbriefen. München.

Robins, L.N. (1966): Deviant children grown up. A sociological and psychiatric study of psychopathic personality. Baltimore.

Rödler, P. (1983): Diagnose: Autismus. Ein Problem aus der Sonderpädagogik. Grundlagen zum Umgang mit dem Problem autistischen Verhaltens. Frankfurt a.M.

Rodzinski, E.; Kern, W. (1989): Das AIDS-Virus: Übertragung, Pathogenese, Nachweismethoden und Epidemiologie. In: Zenz, H.; Manok, G. (Hg.): AIDS-Handbuch für die psychosoziale Praxis. Bern, Stuttgart, Toronto, 21-30.

Roemheld, R. (2000): Das schwedische Modell „Bürgerrechte für Behinderte" - Vorbild für Deutschland? In: Theorie und Praxis der sozialen Arbeit, 51, 1, 27-33.

Rogers, C.R. (1951): Client-centered therapy. Boston.

Rohmann, U. (1985): Informationsverarbeitung autistischer Kinder. Münster.

Rohmann, U.; Elbing, U. (1990): Festhaltetherapie und Körpertherapie. Dortmund.

Rohmann, U.; Hartmann, H. (1988): Autoaggression. Dortmund.

Rohr, B. (1981): Lernbehindertendidaktik. Biologie/Sexualerziehung bei Lernbehinderten. Kurseinheit 3. Studienbrief der Fernuniversität Hagen.

Rohwer, W.D. (1970): Implications of cognitive development for education. In: Mussen, P. A. (Ed.): Carmichael's manual of child psychology. New York, 1379-1454.

Römer, B. (1995): Streicheln ist schön. Sexuelle Erziehung von geistig behinderten Menschen. Mainz.

Romonath, R. et al. (1998): Empfehlungen für die Neuordnung des Studiengangs Lehramt für Sonderpädagogik. Hier: Sprachbehindertenpädagogik als vertieft studierte Fachrichtung. In: Die Sprachheilarbeit 4, 177-183.

Romonath, R.; Prüser, E. (1995): Zur integrativen sprachtherapeutischen Förderung kommunikationsgestörter Kinder und Jugendlicher im Schulsystem der USA. In: Giesecke, T. (Hg.): Integrative Sprachtherapie. Berlin, 65-93.

Roob, I. (1980): Motorische Adaptionsleistungen bei geistig behinderten Kindern. Weinheim.

Roose, H.-J. (1987): Die Krankheitsbilder: Diagnose, Therapie, Prognose. In: Blume, A. (Hg.): Den Umständen entsprechend optimistisch. Reinbek bei Hamburg, 152-266.

Rosenberger, M. (Hg.) (1998): Schule ohne Aussonderung – Ideen, Konzepte, Zukunftchancen. Neuwied/Berlin.

Rosenstiel, L. v. (1996): Das "gute" Team: Spannungsfeld zwischen Autonomie, Kooperation und Führung. In: Opp, G.; Peterander, F. (Hg.): Focus Heilpädagogik – Projekt Zukunft. München / Basel, 380 – 391.

Rosenthal, R. (1975): Der Pygmalion-Effekt lebt. Psychologie heute Juni, 18-21, 76-79.

Rosenthal, R.; Jacobson, L. ([3]1976): Pygmalion im Unterricht. Weinheim.

Rösler, H.-D.; Günther, G.; Thaut, Ch. (1978): Zur psychischen Entwicklung hirngeschädigter Kinder - Nachuntersuchung an Erwachsenen. Vortrag auf dem XIX. Intern. Kongreß für Angewandte Psychologie. München. (unveröffentlicht).

Rösner, H.-U. (2002): Jenseits normalisierender Anerkennung. Reflexion zum Verhältnis von Macht und Behindertsein. Frankfurt a.M./New York.

Ross, A. (1987): Verhaltenstherapie mit Kindern und Jugendlichen. Stuttgart.

Ross, A. ([2]1977): Das Sonderkind. Problemkinder in ihrer Umgebung. Stuttgart.

Rossi, E. (Hg.) (1982): Zerebrale Bewegungsstörungen – aktuelle Fragen. Basel.

Rost, D.H.; Grunow, P.; Oechsle, D. (Hg.) (1975): Pädagogische Verhaltensmodifikation. Probleme, Übersichten und Beispiele zur Theorie und Praxis der Verhaltensmodifikation in Vorschule , Schule, Hochschule, im Elternhaus und bei jugendlicher Delinquenz. Weinheim.

Roth, E.; Oswald, W.D.; Daumenlang, K. (⁴1980): Intelligenz. Aspekte – Probleme – Perspektiven. Stuttgart.

Roth, H. (1963): Pädagogische Psychologie des Lehrens und Lernens. Hannover.

Roth, H. (Hg.) (1969): Begabung und Lernen. Ergebnisse und Folgerungen neuer Forschungen. Deutscher Bildungsrat. Gutachten und Studien der Bildungskommision. Bd. 4. Stuttgart.

Roth, H. (1969): Einleitung und Überblick. In: Deutscher Bildungsrat (Hg.): Begabung und Lernen. Stuttgart, 17-67.

Roth, V.M. (1989): Kommunikation trotz gestörter Sprache. Tübingen.

Rothacker, E. (1948): Probleme der Kulturanthropologie. Bonn.

Rouault, G.Y. (1978): Die Behinderten und ihre Beschäftigung. Eine statistische Untersuchung der Lage in den Mitgliedstaaten der Europäischen Gemeinschaften. Luxembourg-Kirchberg.

Rousseau, J.J. (1762): Emile oder Über die Erziehung. (Nachdruck 131998. Stuttgart.)

Rudin, C. (1995): HIV-Infektion im Kindesalter. Stuttgart.

Rudnick, M. (1990): Aussondern – Sterilisieren – Liquidieren. Die Verfolgung Behinderter im Nationalsozialismus. Göttingen.

Rusch, G.; Schmidt, S. (1994): Piaget und der Radikale Konstruktivismus. Frankfurt.

Rutter, M. (1981): Hilfen für milieugeschädigte Kinder. München.

Saal, F. (1984): Die Normalität des Behinderten. Ein Plädoyer für die Würde des Menschen. Manuskript des Rundfunkbeitrags für den WDR in der Sendung „Ruhe-Störung" am 11.03.1984.

Saal, F. (1992): Warum sollte ich jemand anders sein wollen? Erfahrungen eines Behinderten: Biographischer Essay. Gütersloh.

Saarinen, Th. F. (1976): Environmental planning. Boston.

Sacher, S. (⁴2004): Leistungen entwickeln, überprüfen und beurteilen. Bad Heilbrunn.

Sacher, W.; Jürgens, E. (2000): Leistungserziehung und Leistungsbeurteilung. Neuwied u.a.

Sacks, O. (1990): Stumme Stimmen: Reise in die Welt der Gehörlosen. Reinbek bei Hamburg.

Sadowski, D. (Hg.) (1989): Neue Zielgruppen in der Schwerstbehindertenpolitik. Frankfurt a.M.

Saerberg, S.-H.-X. (1990): Blinde auf Reisen: Über eine „andere" Lebenswelt. Wien.

Sander, A. (1973): Die statistische Erfassung von Behinderten in der Bundesrepublik Deutschland. In: Deutscher Bildungsrat (Hg.): Gutachten und Studien der Bildungskommission. Bd. 25. Stuttgart, 13-109.

Sander, A. (1973a): Untersuchungen zur Häufigkeit der sonderschulbedürftigen Behinderten. In: Muth, J. (Hg.): Sonderpädagogik 1. Stuttgart, 16-28.

Sander, A. (1982): Die Befreiung der Sonderpädagogik von der Sonderschulpädagogik. In: Sonderpädagogik, 12, 3, 124-130.

Sander, A. (1985): Zum Problem der Klassifikationen in der Sonderpädagogik: Ein ökologischer Ansatz. In: Vierteljahresschrift für Heilpädagogik und ihre Nachbargebiete, 54, 15 – 38.

Sander, A. (1988): Behinderte Kinder und Jugendliche in Regelschulen. Köln.

Sander, A. (1990a): Gemeinsame Schule für behinderte und nichtbehinderte Kinder und Jugendliche. St. Ingbert.

Sander, A. (1990b): Überlegungen zu Konzeptionen von Sonderpädagogischen Förderzentren. Saarbrücken.

Sander, A. (1992): Selektion bei der Integration? – Der Beitrag der Sonderpädagogischen Förderzentren. In: Lersch, R.; Vernooij, M.A. (Hg.): Behinderte Kinder und Jugendliche in der Schule. Bad Heilbrunn, 106-117.

Sander, A. (1995): Modellversuch Sonderpädagogische Förderzentren: Was hat sich bewegt? In: Die Sonderschule 40, 94-107.

Sander, A. (1995a): Integration in Deutschlands Schulen – Entwicklungen und Widerstände. In: Schweizerische Zeitschrift für Heilpädagogik, 1, 8-20.

Sander, A. (2000): Kind-Umfeld-Analyse: Diagnose bei Schülern und Schülerinnen mit besonderem Förderbedarf. In: Mutzek, W. (Hg.): Förderdiagnostik bei Lern- und Verhaltensstörungen. Konzepte und Methoden. Weinheim, 6-24.

Sander, A. (2002): Internationaler Stand und Konsequenzen für die sonderpädagogische Förderung in Deutschland. In: Hausolter, A.; Boppel, W.; Meschenmoser, H. (Hg.): Perspektiven sonderpädagogischer Förderung in Deutschland. European Agency, 143-164.

SARIMSKI, K. (1983): Analyse von Spontansprache als diagnostisches Verfahren im Frühbereich. In: Sprache - Stimme - Gehör 7, 32-35.

SARIMSKI, K. (1986): Interaktion mit behinderten Kleinkindern. München.

SARIMSKI, K. (1987): Familien mit behinderten Kindern: Hilfen zur Bewältigung einer dauerhaften Belastung. In: Zeitschrift für Psychologie und Psychotherapie 3, 279-291.

SARIMSKI, K. (1997): Prävention von sozialen Entwicklungsauffälligkeiten bei frühgeborenen Kindern durch frühe, interaktionsorientierte Elternberatung. In: LEYENDECKER, C.; HORSTMANN, T. (Hg.): Frühförderung und Frühbehandlung: wissenschaftliche Grundlagen, praxisorientierte Ansätze und Perspektiven interdisziplinärer Zusammenarbeit. Heidelberg, 250 – 279.

SARIMSKI, K. (2001): Kinder und Jugendliche mit geistiger Behinderung. Göttingen.

SARIMSKI, K. (2002): Möglichkeiten der Zusammenarbeit mit Eltern schwerbehinderter Kinder. In: LEYENDECKER, CH.; HORSTMANN, T. (Hg.): Große Pläne für kleine Leute. Beiträge zur Frühförderung interdisziplinär. Bd. 6. München/Basel, 78-83.

SASSENROTH, E.M. (1990): Intelligenz und Elternhaus. München.

SATIR, V. (1979): Familienbehandlung. Freiburg i.Br.

SATIR, V. (³1992): Kommunikation, Selbstwert, Kongruenz. Paderborn.

SATIR, V.; BALDWIN, M. (1988): Familientherapie in Aktion. Paderborn.

SAUER, H. (Hg.) (1984): Das verletzte Kind. Lehrbuch der Kindertraumatologie. Stuttgart.

SCHAAR, E. (1978): Lernziele zum Training mit Eltern stotternder Kinder. Würzburg (unveröffentlicht).

SCHAAR, E.; SCHOR, B. (1991): Das Sonderpädagogische Förderzentrum - ein wirklichkeitsnahes Integrationsmodell. In: Zeitschrift für Heilpädagogik, 42, 779-787.

SCHAAR, E.; WAPPES, O. (1979): Rehabilitation Sprachbehinderter in der teilstationären Einrichtung der ‚Tagesstätte'. In: FRIES, A. (Hg.): Empirische Untersuchungen zum Lern- und Leistungsverhalten und zur Persönlichkeitsstruktur sprachbehinderter Kinder - Konsequenzen für eine Rehabilitation Sprachbehinderter in der teilstationären Einrichtung „Tagesstätte". Eine Dokumentation. Eigendruck Maria-Stern-Schule. Würzburg, 84-88.

SCHACHTNER, H.U. (1972): Ein semantisches Sprachförderungsprogramm. In: Schule Psychol., 11-31.

SCHÄFER, B. (1989): AIDS aus gesundheitspolitischer Sicht. In: ZENZ, H.; MANOK, G. (Hg.): AIDS-Handbuch für die psychosoziale Praxis. Bern, Stuttgart, Toronto, 92-103.

SCHÄFER, H. (1973): Bildwortserie zur Lautagnosieprüfung und zur Schulung des phonematischen Gehörs. In: Die Sprachheilarbeit 18, 83-89.

SCHAMBERGER, R. (1978): Frühtherapie bei geistig behinderten Säuglingen und Kleinkindern. Untersuchungen bei Kindern mit Down-Syndrom. Weinheim.

SCHÄRLI-GRAF (1971): Zur Anwendung des Orff-Schulwerks in der Therapie psychisch geschädigter Kinder. In: WOLFGART, H. (Hg.): Das Orff-Schulwerk im Dienste der Erziehung und Therapie behinderter Kinder. Berlin.

SCHARR, E. (1979): Vom Stotterer zum Redner. Darstellung des Elternprogramms für stotternde Kinder in der Fernsehsendung des BR (III) ‚Die Sprechstunde - Ratschläge für die Gesundheit' am 6.6.79.

SCHARRER, J.; SCHRAMM, W. (Hg.) (1996): Kongressband „27. Hämophilie Symposion, Hamburg 1996". Göttingen.

SCHATZ, E. (1983): Erwachsenenpädagogik in der Schule für Geistigbehinderte. Bonn.

SCHATZ, G. (1987): Wie verändern sich Beziehungen zur Umwelt durch die Existenz eines geistig behinderten Kindes? In: Geistige Behinderung 26, 237-246.

SCHATZ, G. (1990): Fmilien mit geistig behinderten Kindern. Zusammenfassende Ergebnisse einer Untersuchung zur „Sonderfamilie". In: Zeitschrift für Heilpädagogik 41, 753-761.

SCHEEL, K. (1984): Leben und Lernen mit einem behinderten Kind. Bonn.

SCHEID, P.; WEIDLICH, H. (Hg.) (1977): Beiträge zur Montessori-Pädagogik. Stuttgart.

SCHELER, M. (1928): Die Stellung des Menschen im Kosmos. Nachdruck 1947. München.

SCHENK-DANZINGER, L. (1979): Legasthenie. In: PONGRATZ, L.J. (Hg.): Handbuch der Psychologie. Band 8/II. Klinische Psychologie. Göttingen, 2591-2625.

SCHILDMANN, U. (1977): Zur politischen und ökonomischen Funktion der beruflichen Rehabilitation Behinderter in der BRD und West-Berlin. Rheinstetten.

SCHILLING, F. (1973): Motodiagnostik des Kindesalters. Berlin.

SCHILLING, F. (1975): Checkliste motorischer Verhaltensweisen (CMV). Braunschweig.

SCHILLING, F. (1977): Entwicklung und Fehlentwicklung motorischer Funktionen. In: BERGER, E. (Hg.): Teilleistungsschwächen bei Kindern. Bern, 99-110.

SCHILLING, F. (1978): Psychomotorische Determinanten. In: KLAUER, K.J. (Hg.): Handbuch der pädagogischen Diagnostik. Band 2. Düsseldorf, 515-523.

SCHILLING, F. ([11]1996): Spielen-Malen-Schreiben. Marburger graphomotorische Übungen. Dortmund.

SCHILLING, F.; KIPHARD, E.J. (1974): Körperkoordinationstest für Kinder KTK. Weinheim.

SCHINDELE, R. (1974): Behinderte Kinder in verschiedenen Unterrichts- und Erziehungsprogrammen. Neuburgweier.

SCHINDELE, R. (Hg.) (1977): Unterricht und Erziehung Behinderter in Regelschulen. Rheinstetten.

SCHIRMER, G. (1989): Das körperbehinderte Kind in der sonderpädagogischen Forschung. In: BITTNER, G.; THALHAMMER, M. (Hg.): „Das Ich ist vor allem ein körperliches....“ Würzburg, 9-19.

SCHLACK, H. G. (1989): Paradigmenwechsel in der Frühförderung. In: Frühförderung Interdisziplinär, 8, 13-18.

SCHLACK, H. G. (1991): Familie im System der Hilfen. In: VEREINIGUNG INTERDISZIPLINÄRER FRÜHFÖRDERUNG E. V. (Hg.): Familienorientierte Frühförderung. Hannover/München/Basel, 17-26.

SCHLACK, H.-G. (1996): Kinder mit Behinderungen. Veränderungen des Spektrums, Veränderungen der Aufgaben. In: OPP, G.; PETERANDER, F. (Hg.): Focus Heilpädagogik - Projekt Zukunft. München, 186-193.

SCHLACK, H.-G. (1997): Neue Konzepte in der Frühbehandlung und Frühförderung. In: LEYENDECKER, C.; HORSTMANN, T. (Hg.): Frühförderung und Frühbehandlung: wissenschaftliche Grundlagen, praxisorientierte Ansätze und Perspektiven interdisziplinärer Zusammenarbeit. Heidelberg, 15-22.

SCHLAICH, L. (1966): Rehabilitation und Menschenwürde des Behinderten. In: Die Innere Mission 56, 376-381.

SCHLEY, W. (1991): Braucht die Pädagogik einen Behinderungsbegriff? In: Zeitschrift für Heilpädagogik 42, 124-127.

SCHLICHTIG, H.; SCHULZ, P.: Empfehlungen zu den Förderschwerpunkten im Bereich des Lern- und Leistungsverhaltens, insbesondere des schulischen Lernens und des Umgehen-könnens mit Beeinträchtigungen im Lernen, 317 - 322.

SCHLIPPE, A. VON (1987): Familientherapie im Überblick. Paderborn.

SCHLIPPE, A. VON; SCHWEITZER, J. (1997): Lehrbuch der systemischen Therapie und Beratung (9. Auflage 2003). Göttingen.

SCHMAUCH, U. ([3]1981): Ist Autismus heilbar? Zur Psychoanalyse des frühkindlichen Autismus. Frankfurt a.M.

SCHMEICHEL, M. (1978): Schüler mit begrenzter Lebenserwartung und das Bildungsziel der Körperbehindertenschule. In: FACHBEREICH SONDERPÄDAGOGIK DER PÄDAGOGISCHEN HOCHSCHULE REUTLINGEN (Hg.): Handlungsorientierte Sonderpädagogik. 25 Jahre Studium der Sonderpädagogik in Baden-Württemberg. Rheinstetten, 82-97.

SCHMEICHEL, M.; SCHMEICHEL, B. (1978): Hilfe für körperbehinderte Kinder. Stuttgart.

SCHMETZ, D. (1982): Sexualerziehung bei Geistigbehinderten. Studienbrief der Fernuniversität Hagen.

SCHMETZ, D. (2001): Sexualerziehung. In: ANTOR, G.; BLEIDICK, U. (Hg.): Handlexikon der Behindertenpädagogik. Stuttgart, Berlin, Köln, 386-389.

SCHMIDT, G. (1973): Sexuelle Motivation und Kontrolle. In: FISCHER, W. et al. (Hg.): Inhaltsprobleme in der Sexualpädagogik. Heidelberg, 45-61.

SCHMIDT, G. (1982): Jenseits des Triebprinzips. Überlegungen zur sexuellen Motivation. In: SCARBATH, H.; TEWES, B. (Hg.): Sexualerziehung und Persönlichkeitsentfaltung. München, Wien, Baltimore, 27-39.

SCHMIDT, G. (1993): Das große Der Die Das. Über das Sexuelle. Reinbek bei Hamburg.

SCHMIDT, H.F.; WACHTEL, P. (Hg) (1996): Sonderpädagogische Förderzentren. Würzburg.

SCHMIDT, M. H. ([2]1976): Kinder mit zerebralen Bewegungsstörungen in ihrem intelligenten Verhalten. Berlin.

SCHMIDT, M. H. (1977): Verhaltensstörungen bei Kindern mit sehr hoher Intelligenz. Bern.

SCHMIDT, P. (1996): Ein kurzes Leben lang. Kinder und Aids. Düsseldorf.

SCHMIDT, S.J. (1987): Der radikale Konstruktivismus. Ein neues Paradigma im interdisziplinären Denken. In: SCHMIDT, S.J. (Hg.): Der Diskurs des radikalen Konstruktivismus. Frankfurt/Main. 11-88.

SCHMIDT, U. (2002): Sexualität ohne Scham. Ethische Fragen zum Menschenrecht auf Sexualität. In: BANASCH, M. (Hg.): Behinderte Sexualität – Verhinderte Lust? Zum Grundrecht auf Sexualität für Menschen mit Behinderung. Neu-Ulm.

SCHMIDTCHEN, S. (1974): Klientenzentrierte Spieltherapie. Beschreibung und Kontrolle ihrer Wirkweise. Weinheim, Basel.

SCHMIDTCHEN, S. (1989): Kinderpsychotherapie. Stuttgart, Berlin, Köln.

SCHMIDTCHEN, S. (1999): Klientenzentrierte Spiel- und Familientherapie. Weinheim, Basel.

SCHMIDT-GIOVANNINI, S. (1976): Sprich mit mir. Eine ganzheitliche Lautsprachmethode für Kleinkinder von 0 – 7 Jahren. Für Eltern und Erzieher hörgeschädigter Kleinkinder. Berlin.

SCHMIDTKE, H.-P. (1981): Frühförderung behinderter Kinder. Stuttgart.

SCHMIDTKE, H.-P. (Hg.) (1982): Sonderpädagogik und Sozialarbeit. Heidelberg.

SCHMIDT-OHLEMANN, M. (Hg.) (1990): Soziale Netzwerke und Regionalisierung – Perspektiven für Behinderte. Frankfurt a.M.

SCHMITT, G.M. (1983): Die psychologische Betreuung des krebskranken Kindes. Göttingen.

SCHMITZ, G. (1978): Wahrnehmungstraining mit dem Pertra-Spielsatz nach Marianne Frostig. Marburg.

SCHMUHL, H.-W. ([2]1992): Rassenhygiene, Nationalsozialismus, Euthanasie. Göttingen.

SCHNEIDER, K.; SCHMALT, H.D. (1994): Motivation. Stuttgart.

SCHNEIDER, R. (1978): Hirnfunktionsstörungen im Kindesalter. Stuttgart.

SCHÖCH, H.; GEBAUER, M. (1991): Ausländerkriminalität in der Bundesrepublik Deutschland. Baden-Baden.

SCHOENECKE, O.W.; HERRMANN, J.M. (1990): Das funktionelle kardiovaskuläre Syndrom. In: ADLER, R. (Hg.): Psychosomatische Medizin. 4., neuberabeitete und erweiterte Auflage. München, Wien, Baltimore, 492-510.

SCHÖFFLER, M. (1956): Der Blinde im Leben des Volkes. Leipzig, Jena.

SCHÖLER, L.; LINDENMEYER, J.; SCHÖLER, H. (1981): Das alles soll ich nicht mehr können? Sozialtraining für Rollstuhlabhängige. Weinheim.

SCHOLTYSSEK, H. (1948): Späterblindete. Stuttgart.

SCHOLZ, H.-J. (1974): Normbegriffe und Begriffsnormierung in der Sprachbehindertenpädagogik. In: LOTZMANN, G. (Hg.): Sprach- und Sprechnormen. Heidelberg, 43-53.

SCHOLZ, H.-J. (1990): Die phonologischen Störungen - Konzept, Analyse und Therapie. In: GROHNFELDT, M. (Hg.): Grundlagen der Sprachheiltherapie Band 2. Berlin, 62-73.

SCHOLZ, H.-J.; ECKERT, R. (1981): Sachwörterbuch Stottern und Poltern. München.

SCHOLZ, M. (2000): BIB e.V. – Ein ambulanter familienunterstützender Dienst. Die Erfolge und Schwierigkeiten bei der Verwirklichung des Integrationsgedankens. In: MARKOWETZ, R.; CLOERKES, G. (Hg.): Freizeit im Leben behinderter Menschen. Theoretische Grundlagen und soziaIintegrative Praxis. Heidelberg, 151-210.

SCHÖNBERGER, F. (1971): Die sogenannten Contergankinder. Erster Bericht über eine Längsschnittuntersuchung der „Stiftung für das behinderte Kind“ an dysmelen Kindern. München.

SCHÖNBERGER, F. (1972): Mehrfachbehinderungen bei Körperbehinderungen. In: SOLAROVA, S. (Hg.): Mehrfachbehinderte Kinder und Jugendliche. Berlin, 136-137.

SCHÖNBERGER, F. (1977): Sozialpsychologie im Kontext einer handlungsorientierten Pädagogik der Körperbehinderten - Ein Grundriß. In: Inter. J. Rehab. Research 1, 0, 35-50.

SCHÖNBERGER, F. (1979): Befreiung durch Handeln. In: JETTER, K.-H.; SCHÖNBERGER, F. (Hg.): Verhaltensstörungen als Handlungsveränderung. Bern et al., 67-151.

SCHOPF, P. (1998): Lernschwäche, Lernbeeinträchtigung, Lernbehinderung - Aspekte zur Klärung. Informationen für die Beratungs- und Vermittlungsdienste der Bundesanstalt für Arbeit 6/98.

SCHOPLER, E. ([2]1990): Strategien der Entwicklungsförderung. Dortmund.

SCHOR, B. (1994): Die Schulvorbereitende Einrichtung für sprach- und Entwicklungsverzögerte Kinder. Arbeitsbericht. Staatsinstitut für Schulpädagogik und Bildungsforschung / München. Druck: Würzburg.

SCHOR, B. (2001): Das Sonderpädagogische Förderzentrum. Donauwörth.

SCHORB, B. (1996): Multi-Media-Pädagogik?! In: Merz, 40, 199-200.

SCHREIER, H. (1998): Aufgaben des Sachunterrichts im Lichte konstruktivistischen Denkens. In: KAHLERT, J. (Hg): Wissenserwerb in der Grundschule. Perspektiven erfahren, vergleichen, gestalten. Bad Heilbrunn, 29-46.

SCHRÖCKENFUCHS, H. (1973): Sport in der Heimerziehung. Beiträge zu aktuellen Erziehungsproblemen 3. Innsbruck u.a.

SCHRÖDER, S. (1977): „Das tut man nicht"! In: Zeitschrift für Heilerziehung und Rehabilitationshilfen, 2, 71-78.

SCHRÖDER, S. (1992): Schwerstbehinderte Menschen und ihre Sexualität. In: LEBENSHILFE FÜR GEISTIG BEHINDERTE LANDESVERBAND NRW E.V. (Hg.): Annehmen und Verstehen – Förderung von Menschen mit sehr schweren Behinderungen Bd. 2. Hürth, 140-157.

SCHRÖDER, S. (⁴1996): Sonderpädagogische Aspekte zur Sexualität geistigbehinderter Kinder und Jugendlicher. In: WALTER, J. (Hg.): Sexualität und geistige Behinderung. Heidelberg, 128-147.

SCHRÖDER, U. (1998): Metakognition bei Kindern mit Lernbeeinträchtigungen. In: GREISBACH, M; KULLIK, U.; SOUVIGNIER, E. (Hg.): Von der Lernbehindertenpädagogik zur Praxis der schulischen Lernförderung. Lengerich, 55-67.

SCHRÖDER, U. (³1998): Grundriß der Lernbehindertenpädagogik. Berlin.

SCHRÖDER, U. (1999): Integrative Pädagogik bei Kindern und Jugendlichen mit Lernbehinderung. In: MYSCHKER, H.; ORTMANN, M.; GEORG, A. (Hg.): Integrative Schulpädagogik: Grundlagen, Theorie und Praxis. Stuttgart, 182-215.

SCHRÖDER, U. (1999): Schulische Integration in Italien und die Förderung der Lernbehinderten. In: Die neue Sonderschule 44, 2, 138-155.

Schröder, U. (²2005): Lernbehindertenpädagogik. Grundlagen und Perspektiven sonderpädagogischer Lernhilfe. Stuttgart et al.

SCHUBERT, M.T. (1987): System Familie und geistige Behinderung. Wien.

SCHUCHARDT, E. (1980): Soziale Integration Behinderter. 2 Bände. Braunschweig.

SCHUCK, K.D. (Hg.) (1990): Beiträge zur Integrativen Pädagogik. Hamburg.

SCHULGESETZ FÜR BADEN-WÜRTTEMBERG. 1983 (geändert 2002).

SCHULGESETZ FÜR DAS LAND BERLIN. 1980.

SCHULGESETZ FÜR DAS LAND BERLIN; Entwurf. 2003.

SCHULGESETZ FÜR MECKLENBURG-VORPOMMERN. 1996.

SCHULKE-VANDRE, I. (1982): Grundlagen psychomotorischer Erziehung. Köln.

SCHULORDNUNG FÜR ÖFFENTLICHE SONDERSCHULEN (SSchO) des Landes Rheinland-Pfalz. 2002.

SCHULORDNUNG ÜBER DIE GEMEINSAME UNTERRICHTUNG VON BEHINDERTEN UND NICHTBEHINDERTEN IN SCHULEN DER REGELFORM. Saarland. 2000.

SCHULORDNUNGSGESETZ (SchoG) des Landes Saarland. 2000.

SCHULTE, K. (1989): Gebärdetes Chinesisch? Zum Problem ein- oder zweisprachiger Bildung Gehörloser. In: Hörgeschädigtenpädagogik 5, 251-262.

SCHULTE, K.; DING, H. (²1987): Initialer Sprachaufbau. Frühe Sprechgliederung mit Fonatoren. Bild-Arbeitsmaterial von Roger Folmer. Villingen-Schwenningen.

SCHULTE, K.; STRAUSS, H.C.; LEHMANN-TREMMEL, G. (1997): Verbesserung der beruflichen Weiterbildung für gehörlose und schwerhörige Erwachsene. Villingen-Schwenningen

SCHULTE, W.; TÖLLE, R. (⁵1979): Psychiatrie. Berlin.

SCHULTZ, R. (1979): Das Problem der Rücküberweisung von Lernbehinderten in die Hauptschule. Oberbiel.

SCHULVERWALTUNGSGESETZ FÜR NORDRHEIN-WESTFALEN.

SCHULZ, H. (1982): Vater sein. Stuttgart.

SCHULZ, P. (1995): Schulen für Behinderte auf dem Wegzu schulverbundenen sonderpädagogischen Förderzentren im Land Berlin. In: Die Sonderschule, 40, 143ff.

SCHULZE, A. (1969). In: HEESE, G.; WEGENER, H. (Hg.) (³1969): Enzyklopädisches Handbuch der Sonderpädagogik und ihrer Grenzgebiete, Bd. 1-3. Berlin, 1221/1222.

SCHULZE, A.; TEUMER, J. (1973): Untersuchungen über Vorkommen und Häufigkeit von Sprachschädigungen im Vorschul- und Schulalter. In: Sprachheilarbeit 18, 161-174.

SCHULZE, G. (2000): Die Profilierung der Barlach-Schule zum Sonderpädagogischen Förderzentrum. In: Die neue Sonderschule 45, 459-462.

SCHULZ-LINKHOLT, F. (Hg.) (1975): Berufsausbildung behinderter Erwachsener: Gutachten und Studien der Bildungskommission. Bd. 37. Stuttgart.

SCHUMANN, H.-J. von (1959): Träume der Blinden. Psychologische Praxis, Heft 25. Basel.

SCHUMANN, P. (1929): Das taubstumme Kind. In: BUND DEUTSCHER TAUBSTUMMENLEHRER: Handbuch des Taubstummenwesens. Osterwieck/Harz, 1-57.

SCHUMANN, P. (1969). In: HEESE, G.; WEGENER, H. (Hg.) ([3]1969): Enzyklopädisches Handbuch der Sonderpädagogik und ihrer Grenzgebiete, Bd. 1-3. Berlin, 1221.

SCHUNTERMANN, M.F. (1999/2001): Behinderung und Rehabilitation: Die Konzepte der WHO und des deutschen Sozialrechts. In: Die neue Sonderschule, 44, 342-363. Auch auf: http://www.bidok.uibk.ac.at/texte/schuntermann-who.html, 01.02.2002.

SCHUNTERMANN, M.F. (2002): Internationale Klassifikation der Funktionsfähigkeit, Behinderung und Gesundheit (ICF). Frankfurt.

SCHÜTTLER-JANIKULLA, K. (1968): Sprachtraining und Intelligenzförderung im Vorschulalter. Arbeitsmappe und Begleitheft. Oberursel/Taunus.

SCHUY, C. (1955): Ganzheit oder Aufbau im ersten Sprechunterricht? In: Neue Blätter für Taubstummenbildung 9, 245-256.

SCHWABE, C. (1972): Musiktherapie bei Neurosen und funktionellen Störungen. Stuttgart.

SCHWABE, C. (1979): Regulative Musiktherapie. Stuttgart.

SCHWÄMMLEIN, D. (1975): Alternativen zur Heimerziehung von Körperbehinderten. Hgg. vom Verein zur Förderung spastisch gelähmter Kinder und anderer Körperbehinderter e. V. Nürnberg.

SCHWARTE, N. VON; GREBE, K.; SCHÄDLER, J. et al. (Hg.) (2002): Qualitätsentwicklung im unterstützten Wohnen von Menschen mitgeistiger Behinderung. Dokumentation der Fachtagung zur Qualitätssicherung in Offenen Hilfen vom 24. und 25. Januar 2002. Siegen.

SCHWARTING, J. (1979): Musik und Musikinstrumente zur Förderung des entwicklungsgestörten und des behinderten Kindes. Ravensburg.

SCHWARZBACH, B.; WALTER, U. (1977): Das Kind mit cerebralen Bewegungsstörungen in der Familie. Berlin.

SCHWARZER, C. (1979): Einführung in die Pädagogische Diagnostik. München.

SCHWARZER, C. (1980): Gestörte Lernprozesse. München, Wien, Baltimore.

SCHWARZMANN, F.K. (1977): Therapeutische Betreuung von Kindern mit Teilleistungsschwächen. In: BERGER, E. (Hg.): Teilleistungsschwächen bei Kindern. Bern, 133-153.

SCHWEER, U. (1978): Musiktherapie unter Berücksichtigung des praktisch bildbaren Kindes und Jugendlichen. Oberbiel.

SCHWEIGER, F. (1977): Körperbehinderung und Sexualität: Eine Untersuchung zur Problematik heterosexueller Kontakte und Beziehungen Körperbehinderter mit Darstellung der sexuellen Entwicklung und des Sexualverhaltens der Befragten. Salzburg.

SCHWEIZER INVALIDENVERBAND (Hg.) (1976): Leitfaden zur Vermeidung der architektonischen Barrieren und Hindernisse. Olten.

SCHWITZGABEL, R.K.; KOLB, D.A. (1978): Systematische Verhaltensänderung. Theorie, Prinzipien und Methoden. Stuttgart.

SCHWORM, E. (1975): Behinderung, Störung, Beeinträchtigung als sonderpädagogische Begriffe. In: Heilpädagogische Forschung 6, 66-105.

SCOTT, R. A. (1969): The making of blind men. A study of adult socialization. New York.

SEEBAUM, K. (1979): Rehabilitation und Kosmetik. Heilpädagogische Reflexion und empirische Untersuchungen zum Selbstbild Körperbehinderter. Berlin.

SEEBERGER, J. (2003): Sonderpädagogische Beratungs- und Förderzentren in Hessen. Wiesbaden.

SEEL, N.M. (2003): Psychologie des Lernens. München/ Basel.

SEELEMANN, K.; STICKL, H. (1977a): Prophylaxe, Schutzimpfungen. In: HARNACK, G.-A. v. (Hg.): Kinderheilkunde. Berlin, 128-135.

SEELEMANN, K.; STICKL, H. (1977b): Virus-Krankheiten. In: HARNACK, G.-A. v. (Hg.): Kinderheilkunde. Berlin, 137-155.

SEELING, O. (1929): Zum Problem der Beschulung und erzieherischen Versorgung Schwererziehbarer. In: Die Hilfsschule. 22, 10, 577-588.

SEEMANN, M. (1969): Sprachstörungen bei Kindern. Berlin.

Seibert, N. (Hg.) (1997): Anspruch Schulkultur. Bad Heilbrunn.

Seidel, C.; Kiefner, B.; Lessel, D. u.a. (1978): Zur Untersuchung der Intelligenz, der visuellen Perzeption und des Auftretens von Lernschwächen und Verhaltensauffälligkeiten bei Erstklässlern der Sonderschulen für Sprachbehinderte in Heidelberg und Mannheim. (Schuljahr 1974/75). In: Lotzmann, G. (Hg.): Aspekte auditiver, rhythmischer und sensomotorischer Diagnostik, Erziehung und Therapie. München, 40-53.

Seidler, G.-H. (1986): Beobachtungen zur psychosozialen Verarbeitung einer Querschnittslähmung. In: Zeitschrift für Psychosomatische Medizin und Psychoanalyse, 32, 4, 337–348.

Seifert, H. (1982): Soziologische Aspekte der Gehörlosigkeit und der Schwerhörigkeit. In: Jussen, H.; Kröhnert, O. (Hg.): Pädagogik der Gehörlosen und der Schwerhörigen. Handbuch der Sonderpädagogik Band 3. Berlin, 633-662.

Seifert, M. (1989): Geschwister in Familien mit geistig behinderten Kindern. Bad Heilbrunn/Obb.

Seifert, M. (1996): Lebensqualität und Wohnen bei schwerer geistiger Behinderung. Theorie und Praxis. Reutlingen.

Seifert, M. (2001): Zur Rolle der Familie im Kontext von Autonomie und Abhängigkeit geistig behinderter Menschen. In: Dasen, V. (Hg): Geburt und frühe Kindheit: interdisziplinäre Aspekte. Beiträge der Vortragsreihe „Geboren im Jahr 2001". Freiburg/Schweiz, 89-106.

Seifert, M. (2002a): Lebensqualität und Wohnen bei schwerer geistiger Behinderung. Theorie und Praxis. Reutlingen.

Seifert, M. (2002b): Menschen mit schwerer Behinderung in Heimen. Ergebnisse der Kölner Lebensqualität-Studie. In: Geistige Behinderung, 41, 3, 203-222.

Seifert, M. (2003): Mütter und Väter von Kindern mit Behinderung. Herausforderungen – Erfahrungen – Perspektiven. In: Wilken, U.; Jeltsch-Schudel, B. (Hg.): Eltern behinderter Kinder. Empowerment – Kooperation – Beratung. Stuttgart, 43-59.

Seifert, M; Fornefeld, B.; Koenig, P. (2001): Zielperspektive Lebensqualität. Eine Studie zur Lebenssituation von Menschen mit schwerer Behinderung im Heim. Bielefeld.

Seiffge-Krenke, I. (1986): Psychoanalytische Therapie Jugendlicher. Stuttgart.

Seiss, R. (1976): Beratung und Therapie im Raum der Schule. Praxis der Einzelfallhilfe im Bereich der Lern- und Verhaltensstörungen. Bad Heilbrunn.

Seitelberger, F. (1976): Neuropathologie der kindlichen cerebralen Bewegungsstörungen. In: Kinderarzt 7, 377-389.

Selbmann, H. K. (1977): Münchner Perinatal-Studie 1975. Köln-Lövenich.

Sellin, D.F. (1979): Mental retardation. Boston.

Selvini Palazzoli, M. et al. (1977): Paradoxon und Gegenparadoxon. Stuttgart.

Senckel. B. (1998): Mit geistiger Behinderung leben und arbeiten. Eine Entwicklungspsychologische Einführung. München.

Senden, M. von (1932): Raum- und Gestaltauffassung bei operierten Blindgeborenen vor und nach der Operation. Leipzig.

Seyfried, E. (1990): Neue Wege zur beruflichen Integration: Europäisches Modell teilgeschützter Beschäftigung und ihre Bedeutung für die Rehabilitationspsychologie. Heidelberg.

Seywald, A. (1976): Physische Abweichung und soziale Stigmatisierung. Zur sozialen Isolation und gestörten Rollenbeziehung physisch Behinderter und Entstellter. Rheinstetten.

Seywald, A. (1977): Körperliche Behinderung. Grundfragen einer Soziologie der Benachteiligten. Frankfurt.

Seywald, A. (1980): Anstoßnahme an sichtbar Behinderten. Soziologische und psychologische Ansätze zur Erklärung der Stigmatisierung physisch Abweichender. Rheinstetten.

Shaw, M.E. (1971): Group dynamics. New York et al.

Siebertz, M. (1974): Die soziale Herkunft der Schüler an Blinden- und Sehbehindertenschulen. In: Sehgeschädigte 6, 1-21.

Siegel, E.V. (1988): Tanztherapie. Stuttgart.

Siegenthaler, H. (Hg.) (1984): Andauernde Fortbildung des erwachsenen Geistigbehinderten. Luzern.

Siek, K. (1979): Zur Entwicklungsförderung junger Kinder in der Familie. Eine Anleitung für Spielbeschäftigungen. Berlin.

Sielert, U.; Keil, S. (Hg.) (1993): Sexualpädagogische Materialien für die Jugendarbeit in Freizeit und Schule. Weinheim/Basel.

SIEPMANN, E.; JANCKE, E. (Hg.) (1979): Sonderschüler zwischen Bildungs- und Beschäftigungssystem. Starthilfen für Schulabbrecher und Lernschwache. München.

SIEPMANN, G.; NEUMÜLLER, H.; Autorenkollektiv (1986): Rehabilitationspädagogik für schulbildungsfähige intellektuell Geschädigte. Berlin (O).

SIEVERT, G. (1968): Die Entwicklung der Kinder. In: STRASSER, H.; SIEVERT, G.; MUNK, K.: Das körperbehinderte Kind. Entwicklung - Erziehung - Umwelt. Bericht über eine Untersuchung an Kindern mit Fehlbildungen der Gliedmaßen. Berlin, 89-167.

SINGER, P. (1984): Praktische Ethik. Stuttgart.

SINNHUBER, H. ([2]1990): Psychomotorische Entwicklungsförderung. Dortmund.

SINNHUBER, H. ([6]2005): Spielmaterial zur Entwicklungsförderung – von der Geburt bis zur Schulreife. Dortmund.

SKEELS, H.M.; DYE, H.B. (1939): A study of the effects of different stimulation on mentally retarded children. Proceedings of the American Association on Mental Deficiency 44, 114-136.

SKOWRONEK, H. (1973): Nach Jensen: Ist "Begabung" neu zu bewerten? In: SKOWRONEK, H. (Hg.): Umwelt und Begabung, 227-239.

SLATER, P.E. (1958): Contrasting correlates of group size. In: Sociometry 21, 129-139.

SLOAN, W.; BIRCH, J.W. (1955): A rationale for degrees of retardation. American Journal of mental Deficiency 60, 258-264.

SNIJDERS, J.T.; SNIJDERS-OOMEN, N. (1959): Nonverbal Intelligence Tests for Deaf and Hearing Subjects. Groningen.

SNIJDERS, J.T.; SNIJDERS-OOMEN, N. ([4]1970): Nichtverbale Intelligenzuntersuchung für Hörende und Taube. Groningen.

SÖHL, K. (1979): Sprachbehinderung und Motorik. In: FRIES, A. (Hg.): Empirische Untersuchungen zum Lern- und Leistungsverhalten und zur Persönlichkeitsstruktur sprachbehinderter Kinder – Konsequenzen für eine Rehabilitation Sprachbehinderter in der teilstationären Einrichtung „Tagesstätte". Eine Dokumentation. Eigendruck Maria-Stern-Schule. Würzburg, 27-45.

SOHNS, A. (2000): Frühförderung entwicklungsauffälliger Kinder in Deutschland. Weinheim / Basel.

SOLAROVA, S. (1975): Mehrfachbehinderte - Ursachen, Erscheinungsformen und Auswirkungen. In: DEUTSCHER BILDUNGSRAT (Hg.): Gutachten und Studien der Bildungskommission. Bd. 52. Stuttgart, 225-272.

SOLAROVA, S. (Hg.) (1983): Geschichte der Sonderpädagogik. Stuttgart.

SOLAROVA, S. (1995): Blindenpädagogik. In: BACH, H. (Hg.): Sonderpädagogik im Grundriß. 15.Auflage. Berlin, 79-84.

SOMMER, R. (1969): Personal space: The behavioral basis of design. Englewood Cliffs.

SONNEMANN, U. (1969): Negative Anthropologie. Reinbek bei Hamburg.

SPANDL, O.P. (1980): Konzentrationstraining mit Schulkindern. Diagnose und Therapie von Aufmerksamkeitsstörungen. Freiburg i.Br.

SPECHT, F.-A. (1885): Geschichte des Unterrichtswesens in Deutschland von den ältesten Zeiten bis zur Mitte des 13.Jhs. Stuttgart.

SPECK, O. (1973): Früherkennung und Frühförderung behinderter Kinder. In: DEUTSCHER BILDUNGSRAT (Hg.): Gutachten und Studien der Bildungskommission. Bd. 25. Sonderpädagogik I. Behindertenstatistik – Früherkennung – Frühförderung. Stuttgart, 11-150.

SPECK, O. (1974): Die Rehabilitation der Geistigbehinderten. Ein Beitrag zur sozialen Integration. München.

SPECK, O. (1977): Pädagogische Aufgabenstellung. In: KANTER, G. O.; SPECK, O. (Hg.): Pädagogik der Lernbehinderten. Berlin, 90 – 110.

SPECK, O. (1977a): Daten zur Geschichte der Sonderpädagogik. In: BACH, H.: Sonderpädagogik im Grundriß. Berlin, 149-157.

SPECK, O. (1977b): Frühförderung entwicklungsgefährdeter Kinder. Der pädagogische Beitrag. München.

SPECK, O. (Hg.) (1978): Schulische Integration lern- und verhaltensgestörter Kinder. Bericht über ein Forschungsprogramm. München.

SPECK, O. (Hg.) (1979a): Pädagogische Modelle für Kinder mit Verhaltensstörungen. Berichte aus dem Ausland. München.

SPECK, O. (1979b): Verhaltensstörungen, Psychopathologie und Erziehung. Grundlagen einer Verhaltensgestörtenpädagogik. Berlin.

SPECK, O. (Hg.) (1982): Erwachsenenbildung bei geistiger Behinderung. München.

SPECK, O. (1987): Kindertherapie. München.

SPECK, O. (1988): System Heilpädagogik. Eine ökologisch reflexive Grundlegung (5. neu bearb. Aufl. 2003). München.

Speck, O. (1989): Entwicklungen im System der Frühförderung. In: Speck, O.; Thurmair, M. (Hg.): Fortschritte der Frühförderung entwicklungsgefährdeter Kinder. München / Basel, 11-27.

Speck, O. (1990): Menschen mit geistiger Behinderung und ihre Erziehung (10. überarb. Aufl. 2005). München, Basel.

Speck, O. (1993): Interview vom 03.06.1993. In: Portmann, T.: Heilpädagogische Förderung entwicklungsauffälliger Kinder: eine Bestandsaufnahme mit besonderem Augenmerk auf die Aus- und Weiterbildung von Pädagogen im deutschsprachigen Raum. Frankfurt/M., 127-144.

Speck, O. (1995a): Wandel der Konzepte in der Frühförderung. In: Frühförderung Interdisziplinär, 14, 3, 116 – 130.

Speck, O. (1995b): Werte und Moral unter pädagogischem Aspekt. München.

Speck, O. ([4]1996): Viele Eltern haben Angst. In: Walter, J. (Hg.), Sexualität und geistige Behinderung. Heidelberg, 17-21.

Speck, O. ([2]1997): Chaos und Autonomie in der Erziehung. München.

Speck, O.; Thurmair, M. (Hg.) (1989): Fortschritte der Frühförderung entwicklungsgefährdeter Kinder. München/Basel.

Speck, O.; Warncke, A. (Hg.) (1983): Frühförderung mit den Eltern. München.

Spellerberg, A. (1996): Soziale Differenzierung durch Lebensstile: Eine empirische Untersuchung zur Lebensqualität in West- und Ostdeutschland. Berlin.

Speth, L.; Hoven, M. v.d. (1986): Geplantes Verhalten. Heidelberg.

Spiess, W.; Motsch, H.-J. (1986): Heilpädagogische Handlungsfelder I: Umgang mit Verhaltensauffälligen, Arbeiten mit Sprachbehinderten. Bern, Stuttgart.

Spitz, R. (1945): Hospitalism. In: The Psychoanalytical Study of the Child 1, 53 ff. (deutsch in: Bittner, G.; Schmid-Cords, E. (Hg.): Erziehung in früher Kindheit. München 1968).

Sporken, P. (1974): Sexualethik und geistig Behinderte. In: Sporken, P. (Hg.): Geistig Behinderte, Erotik und Sexualität. Düsseldorf, 157-188.

Sporken, P. (1975): Eltern und ihr geistig behindertes Kind. Das Bejahrungsproblem. Düsseldorf.

Sporken, P. (1980): Sexualerziehung geistig behinderter Menschen. Pädagogisch-ethische Überlegungen. In: Sporken, P.; Jacobi, V.; Arend, A.v.d.: Die Sexualität im Leben Geistigbehinderter. Düsseldorf, 11-49.

Sporken, P.; Jacobi, V.; Arend, A. v.d. (1980): Die Sexualität im Leben geistig Behinderter. Düsseldorf.

Spörri-Schönle, C. L. (1987): Die Geschichte der Eltern mit einem behinderten Kind. In: Frühförderung Interdisziplinär, 4, 142-149.

Spreen, O. ([4]1972): Der Benton-Test. Bern.

Spreen, O. (1978): Geistige Behinderung. Berlin.

Spreng, H. (1979): Schwerstbehinderte Kinder – eine Herausforderung für die Schule. München, Basel.

Springer, M. (1981): Was bringt eine „Mini-Sonderschule an der Grundschule? Ergebnisse und Erfahrungen aus einem Schulversuch „Pädagogische Stationen in der Grundschule". In: Zeitschrift für Heilpädagogik, 32, 241-244.

Springer, W. (1973): Kriminalitätstheorien und ihr Realitätsgehalt. Stuttgart.

Staatsinstitut für Schulpädagogik und Bildungsforschung München (Hg.) (1998): Diagnose und Förderung von blinden und hochgradig sehbehinderten Schülern mit Teilleistungsschwächen. Würzburg.

Stadler, H. (Hg.) (1976a): Sonderschullehrer. Informationen zum Studium der Sonderpädagogik und zum Sonderschullehrerberuf. Rheinstetten.

Stadler, H. (1976b): Zum pädagogischen Selbstverständnis von Sonderschullehrern. Ergebnisse aus einer Einstellungsuntersuchung. In: Sonderpädagogik 6, 108-118.

Stadler, H. (1995): Schule und wie weiter? Zur Beruflichen Integration schwerkörperbehinderter Jugendlicher. Versuch einer Standortbestimmung. In: Die Rehabilitation 34, 2, 81-90.

Stadler, H. (1998): Rehabilitation bei Körperbehinderung. Eine Einführung in schul-, sozial- und berufspädagogische Aufgaben. Stuttgart.

Stapf, K. H. (1972): Psychologie des elterlichen Erziehungsstils. Bern.

Stapf, K. H. (1978): Ökopsychologie und Systemwissenschaft. In: Graumann, C. F. (Hg.): Ökologische Perspektiven in der Psychologie. Bern u.a., 251-273.

Statistisches Bundesamt (Hg.) (1977): Statistisches Jahrbuch 1977 für die Bundesrepublik Deutschland. Stuttgart.

Statistisches Bundesamt (Hg.) (1981a): Statistisches Jahrbuch 1981 für die Bundesrepublik Deutschland. Stuttgart.

Statistisches Bundesamt (Hg.) (1981b): Zur Situation der Behinderten in der Bundesrepublik Deutschland. Stuttgart.

Statistisches Bundesamt (Hg.) (1996): Auszüge aus der Statistik der Schwerbehinderten - Stand 31. Dezember - Angaben für Deutschland nach dem Gebietsstand seit dem 03. Oktober 1990. Reutlingen.

Statistisches Bundesamt (Hg.) (1997): Statistisches Jahrbuch für die Bundesrepublik Deutschland. Stuttgart.

Statistisches Bundesamt (Hg.) (2004): Statistisches Jahrbuch für die Bundesrepublik Deutschland. Wiesbaden.

Statistisches Bundesamt (Hg.) (2005): Statistik der schwerbehinderten Menschen 2003. Wiesbaden. Auf: http://www.destatis.de/download/d/solei/schwerbbehinderte03.pdf, am 27.07.2005, 09.00 Uhr.

Statistisches Landesamt Baden-Württemberg (Hg.) (1995): Statistik von Baden-Württemberg. Das Bildungswesen 1995. Band 495. Stuttgart.

Steffen, H. et al. (1978): Die perzeptive und kognitive Entwicklung sprachlich retardierter und sprechgestörter Kinder. In: Lotzmann, G. (Hg.): Aspekte auditiver, rhythmischer und sensomotorischer Diagnostik, Erziehung und Therapie. München, 32-39.

Stegie, R. (1988): Familien mit behinderten Kindern. In: Koch, U.; Lucius-Hoene, G.; Stegie, R. (Hg.): Handbuch der Rehabilitationspsychologie. Berlin u.a., 120-139.

Stegmüller, W. ([5]1975): Hauptströmungen der Gegenwartphilosophie. Eine kritische Einführung. Bd. I. Stuttgart.

Stein, R.; Faas, A. (1999): Unterricht bei Verhaltensstörungen. Berlin.

Steinebach, C. (1997): Familienberatung in der Frühförderung: Bedingungen und Wirkungen aus der Sicht der Mütter. In: Praxis der Kinderpsychologie und Kinderpsychiatrie, 1, 15 – 35.

Steiner, E. (1961): Meditativ erarbeitete Menschenkunde. Basel.

Steiner, G. (Hg.) (1988): Hand- und Fußbuch für Behinderte. Frankfurt a.M.

Steiner, R. (1955): Eurhythmie als sichtbarer Gesang. Dornach.

Steingrüber, H.-J. (1971): Hand-Dominanz-Test (2. Aufl. 1976). Göttingen/Toronto/Zürich.

Steinhausen, H.-C. (1975): Zur Psychologie der chronischen Krankheit: Untersuchungen an Hämophilen. Diss. Hamburg.

Steinhausen, H.-C. (1988): Psychologische und psychopathologische Probleme des chronisch kranken Kindes. In: Kisker, K.P. et al.: Psychiatrie der Gegenwart. Band 7: Kinder- und Jugendpsychiatrie. Berlin u.a., 267-288.

Steinhausen, H.-C. (1998): Psychische Störungen bei Kindern und Jugendlichen. München.

Steinhausen, H.-C. (Hg.) ([2]1999): Handbuch Verhaltenstherapie und Verhaltensmedizin bei Kindern und Jugendlichen. Weinheim.

Steinhausen, H.-C.; Wefers, D. (1977): Körperbehinderte Kinder und Jugendliche. Empirische Untersuchung zur Psychologie der Körperbehinderung. Weinheim.

Steinkamp, G. (1991): Sozialstruktur und Sozialisation. In: Hurrelmann, K.; Ulich, D. (Hg.): Neues Handbuch der Sozialisationsforschung. Weinheim/Basel.

Steinke, B. (1995): Geleitwort zur Herausgabe einer Neuauflage zur deutschsprachigen Version der „International Classification of Impairments, Disabilities and Handicaps (ICIDH)“ der WHO. In: Matthesius, R.-G.; Jochheim, K.-A.; Barolin, G.S.; Henz, C. (Hg.): ICIDH. Teil 1: Die ICIDH-Bedeutung und Perspektiven. Berlin/Wiesbaden, 1-3.

Stemshorn, H. (Hg.) ([2]1979): Bauen für Behinderte und Betagte. Stuttgart.

Stengel-Rutkowski, S. (1978): Aktueller Stand der pränatalen Diagnose in der BRD. In: Murken, J.-D.; Stengel-Rutkowski, S. (Hg.): Pränatale Diagnostik. Stuttgart, 173-191.

Stengel-Rutkowski, S. (1990): Das Symptomenspektrum des Down-Syndroms. In: Murken, J.-D.; Dietrich-Reichard, E. (Hg.): Down-Syndrom aktuelle Bezeichnung für Mongolismus, R.S. Schulz Verlag, 30-61.

Steuber, H. (1973): Zur Häufigkeit von Verhaltensstörungen im Grundschulalter. In: Praxis der Kinderpsychologie und Kinderpsychiatrie 22, 264-250.

Stierlin, H. (1975): Von der Psychoanalyse zur Familientherapie. Stuttgart.

Stierlin, H. (1978): Delegation und Familie. Frankfurt a.M.

Stierlin, H. (1980): Eltern und Kinder. Frankfurt a.M.

Stiftung Rehabilitation Heidelberg (Hg.) (1975): Grundsätze zur Planung von behindertengerechten Studentenwohnheimen und Erschließung von Hochschulanlagen für Rollstuhlfahrer. Heidelberg.

Stinkes, U. (2000): Selbstbestimmung – Vorüberlegungen zur Kritik einer modernen Idee. In: Bundschuh, K. (Hg): Wahrnehmen, Verstehen, Handeln. Perspektiven für die Sonder- und Heilpädagogik im 21. Jh. Bad Heilbrunn.

Stöber, Th.; Zatautas-Damijonaitis, R. (1995): Aufbau eines Kriseninterventionsdienstes. In: Bundesvereinigung „Lebenshilfe für geistig Behinderte" e.V. (Hg): Wohnen heißt zu Hause sein. Marburg/Lahn, 123-134.

Stocksmeier, U. (Hg.) (1980): Psychologie in der Rehabilitation. Rheinstetten.

Stoellger, N. (1992): Von der Sonderschule zum Sonderpädagogischen Förderzentrum. In: Zeitschrift für Heilpädagogik, 43, 7, 445-458.

Stoellger, N. (1997): Das Sonderpädagogische Förderzentrum. In: Zeitschrift für Heilpädagogik, 48, 3, 100-104.

Stoellger, N. (2000): Lernbehinderung – Geschmacksfrage oder Ansichtssache? In: Sonderpädagogik in Berlin, 1, 4 – 13.

Stolleis, M. (1988): Behinderte und nichtbehinderte Kinder im Kindergarten. Köln.

Storm, W. (1995): Das Down-Syndrom: Medizinische Betreuung vom Kindes- bis zum Erwachsenenalter. Stuttgart.

Storz, M. (1997): Schöne neue Arbeitswelt. In: Zeitschrift für Heilpädagogik, 48, 10, 398 – 405.

Stotz, S. (1992): Körper- und Mehrfachbehinderungen: Sachverhalte und Prognosen; Erlebensweisen von Angehörigen; Erfahrungen mit den Erlebnissen von Kindern. In: Frühförderung interdisziplinär, 2/11, 49-61.

Stötzner, H.E. (1864): Schulen für schwachbefähigte Kinder. Erster Entwurf zur Begründung derselben. Nachdruck Berlin 1963.

Strasser, H. (1968): Die Familie. In: Strasser, H.; Sievert, G.; Munk, K.: Das körperbehinderte Kind. Berlin, 9-87.

Strasser, H.; Sievert, G.; Munk, K. (1968): Das körperbehinderte Kind. Entwicklung - Erziehung - Umwelt. Bericht über eine Untersuchung an Kindern mit Fehlbildungen der Gliedmaßen. Berlin.

Strassmeier, W. (1981): Frühförderung konkret. 260 lebenspraktische Übungen für entwicklungsverzögerte und behinderte Kinder. München.

Strassmeier, W. (2000): Didaktik für den Unterricht mit geistig behinderten Schülern. Stuttgart.

Strobel, W.; Huppmann, G. (1978): Musiktherapie. Grundlagen, Formen, Möglichkeiten. Göttingen.

Strümpell, L. (1890): Pädagogische Pathologie. Leipzig.

Stück, B. (1989): AIDS bei Frauen und Kindern: Leben mit der Krankheit. Stuttgart.

Stück, B.; Röhrig, B.; Richard, R. (Hg.) (1989): AIDS bei Frauen und Kindern. Stuttgart.

Sturm, E. (1979): Rehabilitation von Querschnittgelähmten. Eine medizinpsychologische Studie. Bern.

Stürmer, R. (1977): Einstellungen von Schülern gegenüber geistig behinderten Kindern. In: Heilpädagogische Forschung 7, 27-55.

Stüssi, R. (1982). Aufzeichnungen aus dem Leben mit einem blinden Kind. Bern, Stuttgart.

Süllwold, F. (Hg.) (1976): Begabung und Leistung. Hamburg.

Süllwold, F.; Berg, M. (1967): Problemfragebogen für Jugendliche - Deutsche Fassung des SRA Youth Inventory von H.H. Remmers und B. Shimberg. Göttingen.

Sulser, H. (o.J.): Die Förderung der Sprachentwicklung - Satzbauspiele 1, 2, 3 (Begleitheft). Rielasingen.

Tajfel, H. (1972): Vorurteil. In: Arnold, W.; Eysenck, H.J.; Meili, R. (Hg.): Lexikon der Psychologie. Bd. III. Freiburg, 738-742.

Tarnopol, L. (Hg.) (1981). Neurogene Lernstörungen. Medizinische, psychologische und soziale Aspekte der Behandlung. München.

Tausch, A.-M.; Tausch, R. (1985) Sanftes Sterben. Reinbek bei Hamburg.

Tausch, R. (1970): Gesprächspsychotherapie. Göttingen.

Tayler, Ch. (1992): Negative Freiheit – Zur Kritik des neuzeitlichen Individualismus. Frankfurt/Main.

Taylor, E. (1986): Das hyperaktive Kind. Stuttgart.

Taylor, M.L. (1981): Mit Aphasikern leben. Informationen und Hilfen. München.

Teumer, E. (1969). In: Heese, G.; Wegener, H. (Hg.) ([3]1969): Enzyklopädisches Handbuch der Sonderpädagogik und ihrer Grenzgebiete, Bd. 1 – 3. Berlin, 3159-3164.

TEWS, H.-P. (1976): Freizeit und Behinderung. Stuttgart.

THALHAMMER, M. (1974): Geistige Behinderung. In: SPECK, O.; THALHAMMER, M. (Hg.): Die Rehabilitation der Geistigbehinderten. München, Basel.

THALHAMMER, M. (1980): Fragmente zur Erziehungswirklichkeit körperlich- und geistigbehinderter Kinder. In: Zeitschrift für Heilpädagogik 31, 547-556.

THAU-PÄTZ, C. (1995): Entwicklung von Sonderschulen zu Beratungs- und Förderzentren – Stand der Entwicklung und Perspektiven in Hessen. In: Die Sonderschule, 40, 152-158.

THEILE, R. (1974): Frühförderung geistigbehinderter Kinder. Psychomotorische Übungsbehandlung und rhythmische Erziehung. Berlin.

THEILE, U. (1977): Genetische Beratung. Motivationsanalyse. München.

THEINER, CH.; KÜHNE, E.; BECKER, K.-P. (1977): Zur Theorie und Praxis der Erziehung und Bildung Geschädigter in sozialistischen Ländern. Berlin.

THEUNISSEN, G. (1982): Abgeschoben, isoliert, vergessen – Schwerstgeistigbehinderte und mehrfachbehinderte Erwachsene in Anstalten. Frankfurt a.M.

THEUNISSEN, G. (1986): Der Schule entwachsen – Wege zur Rehabilitation Geistigbehinderter im Erwachsenenalter. Frankfurt a.M.

THEUNISSEN, G. (1991): Heilpädagogik im Umbruch. Freiburg i.Br.

THEUNISSEN, G. ([5]1994): Abgeschoben, isoliert, vergessen. Frankfurt a.M.

THEUNISSEN, G. (Hg.) (2000): Verhaltensauffälligkeiten – Ausdruck von Selbstbestimmung? Bad Heilbrunn.

THEUNISSEN, G.; PLAUTE, W. (2002): Handbuch Empowerment und Heilpädagogik. Freiburg.

THIMM, W. (1971): Blinde in der Gesellschaft von heute. Berlin.

THIMM, W. (1972a): Die amtliche Behindertenstatistik in der Bundesrepublik Deutschland. In: THIMM, W. (Hg.): Soziologie der Behinderten. Materialien. Neuburgweier, 42-60.

THIMM, W. (1972b): Sehschädigung als Ursache für die divergente Strukturierung sozialer Situationen. In: THIMM, W. (Hg.): Soziologie der Behinderten. Materialien. Neuburgweier, 246-260.

THIMM, W. (1974): Zur sozialen Situation der Familien mit behinderten Kindern. In: Vierteljahresschrift für Heilpädagogik 43, 11-18.

THIMM, W. (1975): Lernbehinderung als Stigma. In: BRUSTEN, M.; HOHMEIER, J. (Hg.): Stigmatisierung. Bd. 1. Neuwied, 125-144.

THIMM, W. (1977): Mit Behinderten leben. Hilfe durch Kommunikation und Partnerschaft. Freiburg i.Br.

THIMM, W. (1985): Soziologische Aspekte von Sehschädigungen. In: RATH, W.; HUDELMAYER, D. (Hg.): Pädagogik der Blinden und Sehbehinderten. Handbuch der Sonderpädagogik Band 2. Berlin, 535-568.

THIMM, W. (1992): Normalisierung in der Bundesrepublik. Versuch einer Bestandsaufnahme. In: Geistige Behinderung, 31, 283-291.

THIMM, W. (1997): Kritische Anmerkungen zur Selbstbestimmungsdiskussion in der Behindertenhilfe oder: Es muß ja immer wieder einmal etwas Neues sein.... In: Zeitschrift für Heilpädagogik 48, 6, 222-232.

THIMM, W. (2001): Leben in Nachbarschaften. Struktur und Konzeption eines gemeindenahen Systems besonderer pädagogischer Förderung. In: Zeitschrift für Heilpädagogik, 52, 9, 354-359.

THIMM, W.; FUNKE, E.H. (1977): Soziologische Aspekte der Lernbehinderung. In: KANTER, G.O.; SPECK, O. (Hg.): Pädagogik der Lernbehinderten. Handbuch der Sonderpädagogik Band 4. Berlin, 581-611.

THIMM, W.; SEYWALD, A.; WIELAND, H. (Hg.) (1980): Soziologie der Behinderten. Rheinstetten.

THIMM, W.; WACHTEL, G. (2002): Familien mit behinderten Kindern. Wege der Unterstützung und Impulse zur Weiterentwicklung regionaler Hilfesysteme. Weinheim.

THIMM, W.; WACHTEL, G. (2003): Unterstützungsnetzwerke für Familien mit behinderten Kindern. Regionale Perspektiven. In: CLOERKES, G. (Hg.): Wie man behindert wird. Texte zur Konstruktion einer sozialen Rolle und zur Lebenssituation betroffener Menschen. Heidelberg, 225-247.

THOM, H. (Hg.) (1982): Die infantilen Zerebralparesen. Stuttgart.

THOMAS, A. (1991): Grundriß der Sozialpsychologie. Band 1. Göttingen.

Thomas, D. (1980): Sozialpsychologie des behinderten Kindes. München.

Thompson, T. (1976): Geschichte der Behandlung Geistigbehinderter und der Fehlannahmen über die Ursachen der Behinderung. In: Thompson, T.; Grabowski, J. (Hg.): Verhaltensmodifikation bei Geistigbehinderten. München, 11-21.

Thompson, T.; Grabowski, J. (Hg.) (1976): Verhaltensmodifikation bei Geistigbehinderten. München.

Thorndike, E.L. (1926): The Measurement of Intelligence. New York.

Thrasher, F. (1927): The gang. Chicago.

Thurmair, M.; Naggl, M. (2000): Praxis der Frühförderung. München / Basel.

Thust, W. (1980): Recht der Behinderten: Eine systematische Darstellung für Studium und Praxis. Weinheim.

Thust, W.; Trenk-Hinterberger, P. (1989): Recht der Behinderten. Weinheim.

Tietze-Fritz, P. (1980): Zur Frühförderung des cerebralbewegungsgestörten Säuglings und Kleinkindes mit Darstellung einer praktizierten Entwicklungsbehandlung. Frankfurt a.M.

Tietze-Fritz, P. (1988): Wahrnehmungs- und Bewegungsentfaltung: Heilpädagogische Förderung des Kindes in seinen ersten 24 Monaten. Heidelberg.

Tietze-Fritz, P. (1992): Handbuch der heilpädagogischen Diagnostik. Konzepte zum Erkennen senso- und psychomotorischer Auffälligkeiten in der interdisziplinären Frühförderung. Dortmund.

Tinbergen, N.; Tinbergen, E.A. (1984): Autismus bei Kindern. Berlin.

Tjoa, A.M. (Hg.) (1989): Computers for the handicapped persons. Wien.

Tobler, H.R. (1985): Früherkennung und Früherziehung behinderter Kinder. Bern.

Tomblin, J. et al. (1997): Prevalence of specific language impairment in kindergarten children. In: Journal of Speech, Language and Hearing Research 40, 1245-1260.

Tönnis, W.; Krenkel, W. (1963): Neurologie und Neurochirurgie. In: Lindemann, K.: Die infantilen Zerbralparesen. Stuttgart, 70-103.

Topsch, W. (1975): Grundschulversagen und Lernbehinderung. Essen.

Tornow, H. (1978): Verhaltensauffällige Schüler aus der Sicht des Lehrers. Empirische Untersuchung zum Labeling-Ansatz. Weinheim.

Török, M. (1973): Cerebralparetische Kinder in Hessen - Ergebnisse einer Elternbefragung. In: Bundesminister für Jugend, Familie und Gesundheit (Hg.): Voraussetzungen zur Rehabilitation von CP-Kindern. Bonn-Bad Godesberg, 107-176.

Török, M. (1977): Methoden zur Feststellung der Zahl körperbehinderter Kinder und Jugendlicher. Stuttgart.

Trabandt, H. (1979): Wem hilft die Sonderschule? Untersuchung über die Herstellung und Verwaltung von Dummheit. Königstein.

Trautner, H. M. ([2]1992): Lehrbuch der Entwicklungspsychologie. Bd. I. Göttingen/Toronto/Zürich.

Treess, H.; Treess, U.; Müller, M. (1990): Soziale Kommunikation und Integration. Dortmund.

Trommsdorff, G. (1987): Behinderte in der Sicht verschiedener Kulturen. In: Klauer, K.J.; Mitter, W. (Hg.): Vergleichende Sonderpädagogik. Handbuch der Sonderpädagogik Band 11. Berlin, 23-47.

Troschke, J. von (1974): Das Kind als Patient im Krankenhaus. München.

Trossbach-Neuner, E. (1997): Schwerpunkte der Unterrichtsbarkeit bei Kindern mit Förderbedarf im Bereich der Sprache. In: Zeitschrift für Heilpädagogik 48, 5, 184-189.

Trost, R. (Hg.) (1991): Frühe Hilfen für entwicklungsgefährdete Kinder. Frankfurt a.M.

Tröster, H. (1988): Interaktionsspannungen zwischen Körperbehinderten und Nichtbehinderten. Göttingen.

Tröster, H. (1990a): Wird die Selbstenthüllung eines körperbehinderten Interaktionspartners erwidert? In: Zeitschrift für Experimentelle und Angewandte Psychologie 37, 3, 519-540.

Tröster, H. (1990b): Einstellungen und Verhalten gegenüber Behinderten. Konzepte, Ergebnisse und Perspektiven sozialpsychologischer Forschung. Bern, Stuttgart, Toronto.

Tschinkel, I. (1971): Intelligenz-, Sprach-, Schreibtraining. Arbeitsblätter und Begleitheft. Wien.

Tuckermann, A. (1981): Down-Kind Andreas. Der Weg eines Heimkindes. München.

Tustin, F. (1989): Autistische Zustände bei Kindern. Stuttgart.

Tuttle, D.W. (1984): Self-Esteem and Adjusting with Blindness - The Process of Responding to Life´s Demands. Springfield.

UDEN, A.M. von ([4]1994): Das gehörlose Kind. Heidelberg.
UEXKÜLL, T. VON (1953): Der Mensch und die Natur. München.
ULBRICHT, W. (1977): Neurologie des Kindesalters für Sonder-, Heil- und Sozialpädagogen. Berlin.
ULLMANN, E. (2005): Psychologie der Sprache. In: ELLINGER, ST.; STEIN, R. (Hg.): Grundstudium Sonderpädagogik. Oberhausen, 370-383.
UNESCO (1994): The Salamanca Statement and Framework for Action on Special Needs Education. Adopted by the World Conference on Special Needs Education: Access an Quality. Salamanca, Spain, 7.-10. June 1994. Paris.
UNESCO (1995): Final Report: World Conference on Special Needs Education. Access and Quality. Salamanca, Spain, 7-10. June 1994. Paris.
UNESCO (1995): Statistical Yearbook. New York.
VALTIN, R. (Hg.) (1984): Gemeinsam leben – gemeinsam lernen. Frankfurt a.M.
VDS-NRW (Hg.) (2003): Körperbehindertenpädagogik: Praxis und Perspektiven. Meckenheim.
VENN, E. (1979): Audiometrische Reihenuntersuchungen als Voraussetzung für die Erfassung sonderschulbedürftiger hörgeschädigter Kinder. Berlin.
VERBAND DEUTSCHER SONDERSCHULEN, Referat für Lernbehindertenpädagogik (1989): Von der Schule für Lernbehinderte zum Sonderpädagogischen Förderzentrum. In: Zeitschrift für Heilpädagogik, 40, 868-872.
VEREIN FÜR ERWEITERTES HEILWESEN BAD LIEBENZELL (Hg.) (1989): Helfen und Heilen durch Kunst. Stuttgart.
VERNOOIJ, M.A. (1982): Schulische Einrichtungen für Verhaltensgestörte. Studienbrief der Fernuniversität Hagen.
VERNOOIJ, M.A. (1983): Pädagogische Anthropologie - Sonderpädagogische Anthropologie, oder wie man die Absonderung Behinderter perfekt macht. In: Behinderte in Familie, Schule und Gesellschaft 6 /4, 17-26.
VERNOOIJ, M.A. (1984a): Behinderung und Verhaltensstörung. In: Behinderte in Familie, Schule und Gesellschaft, 7 / 4, 2-6.
VERNOOIJ, M.A. (1984b): Helfen oder Strafen? In: Behinderte in Familie, Schule und Gesellschaft 7 / 4, 3.
VERNOOIJ, M.A. (1984c): Pädagogische Anthropologie - Sonderpädagogische Anthropologie, oder wie man die Absonderung Behinderter perfekt macht. In: KOBI, E. et al. (Hg.): Zum Verhältnis von Pädagogik und Sonderpädagogik. Luzern, 57-65.
VERNOOIJ, M.A. (1984d): Schulische Einrichtungen für Verhaltensgestörte. Studienbrief der Fernuniversität Hagen. 2.Auflage.
VERNOOIJ, M. A. (1986): Verhaltensstörung und Behinderung. In: Zeitschrift für Heilpädagogik, 37, 4, 233 – 236.
VERNOOIJ, M.A. (1986a): Disziplinprobleme in individualpsychologischer Sicht. In: AMMANN, W.; KLATTENHOFF, K.; NEUKÄTER, H. (Hg.): Pädagogik: Theorie und Menschlichkeit. Festschrift für Enno Fooken zum 60. Geburtstag. Oldenburg, 488-499.
VERNOOIJ, M.A. (1986b): Überangepaßtheit und Magersucht - Zur möglichen Prävention einer lebensbedrohlichen Störung. In: GOETZE, H. (Hg.): Fördern von Schülern mit Verhaltensstörungen. Bericht über die Fachtagung in Hamburg vom 17.-19. Nov. 1986, Beiheft 13 zur Zeitschrift für Heilpädagogik, 69-78.
VERNOOIJ, M.A. (1986c): Verhaltensstörung und Behinderung. In: Zeitschrift für Heilpädagogik 37, 4, 233-236.
VERNOOIJ, M. A. (1987): Therapie oder sonderpädagogisches Handeln bei Kindern und Jugendlichen mit Verhaltensstörungen. In: Zeitschrift für Individualpsychologie, 12, 1, 12 – 21.
VERNOOIJ, M.A. (1987a): Praktikum in der Schule für Verhaltensgestörte - Vermittlung von Schulunwirklichkeit? In: DATLER, W. (Hg.): Verhaltensauffälligkeiten in der Schule. Frankfurt, Bern, New York, Paris, 315-337.
VERNOOIJ, M.A. (1987b): Therapie oder sonderpädagogisches Handeln bei Kindern und Jugendlichen mit Verhaltensstörungen. In: Zeitschrift für Individualpsychologie 12/1, 12-21.
VERNOOIJ, M.A. (1987c): Überangepasstheit und Magersucht. In: GOETZE, H. (Hg.): Fördern von Schülern mit Verhaltensstörungen; Beiheft 13 zur ZfH, 69-78.
VERNOOIJ, M.A. (1988): „Musterkinder“ als sonderpädagogisches Problem. In: GOETZE, H.; NEUKÄTER, H. (Hg.): Disziplinkonflikte und Verhaltenstörungen in der Schule. Bericht über die Fachtagung in Hamburg vom 12.-14. Mai 1988, Oldenburg, 61-69.
VERNOOIJ, M.A. (1989a): Anthropologische Grundfragen. In: GOETZE, H.; NEUKÄTER, H. (Hg.): Pädagogik bei Verhaltensstörungen. Handbuch

der Sonderpädagogik Band 6. Berlin, 50-70.

VERNOOIJ, M.A. (1989b): Vergleichende Aspekte der Unterrichtung von Kindern und Jugendlichen mit Verhaltensstörungen. In: GOETZE, H.; NEUKÄTER, H. (Hg.): Pädagogik bei Verhaltensstörungen. Handbuch der Sonderpädagogik Band 6. Berlin, 1061-1085.

VERNOOIJ, M.A. (1990a): Der neue Terminus: MEDIZINISIERUNG abweichenden Verhaltens. In: Sonderpädagogik 20, 2, 87-89.

VERNOOIJ, M.A. (1990b): Leben als Risikofeld - Kompetenzen zur Orientierung und Gestaltung. In: MÖCKEL, A.; MÜLLER, A. (Hg.): Erziehung zur rechten Zeit. Festschrift für Erich Hußlein. Würzburg, 197-206.

VERNOOIJ, M.A. (1991): Prävention von Verhaltensstörungen - Verhindern psychischer Fehlentwicklungen? In: GOETZE, H.; NEUKÄTER, H. (Hg.): Verhaltensstörungen verhindern - Prävention als pädagogische Aufgabe. Bericht über die Fachtagung vom 15.-17. März 1990 in Oldenburg. Oldenburg, 118-127.

VERNOOIJ, M.A. (1992a): Hampelliese - Zappelhans. Problemkinder mit hyperkinetischem Syndrom Bern, Stuttgart.

VERNOOIJ, M.A. (1992b): Integrative Erziehung behinderter und nichtbehinderter Kinder im Kindergarten. „Kontaktkindergarten Weberstraße" - Ein Projekt in Hannover. In: „Zusammen", 12, 3, 18-22.

VERNOOIJ, M.A. (1992c): Von der Sonderschule für Lernbehinderte zum Sonderpädagogischen Förderzentrum - Weiterentwicklung oder Täuschungsmanöver. In: Sonderpädagogik 22, 10, 148-156.

VERNOOIJ, M.A. (1993a): Anmerkungen zum Beitrag von Christoph Anstötz über Grenzfragen der Euthanasie und der Frühförderung bei schwerstgeschädigten Neugeborenen - andere Anworten aus sonderpädagogischer und ethischer Sicht. In: Sonderpädagogik 23, 2, 88-93.

VERNOOIJ, M.A. (1993b): Verhaltensgestörtenpädagogik - gestern - heute - morgen. In: Die Sonderschule 38, 4, 200-210.

VERNOOIJ, M.A. (1994a): Das ängstliche Kind oder: Zwei ganz verschiedene Fälle. In: WINKEL, R. (Hg.): Schwierige Kinder - Problematische Schüler. Hohengehren, 126-151.

VERNOOIJ, M.A. (1994b): Das Sonderpädagogische Förderzentrum - eine neue Möglichkeit der institutionalisierten Hilfe für Schüler mit Verhaltensauffälligkeiten? In: GOETZE, H. (Hg.): Pädagogik bei Verhaltensstörungen - Innovationen. Bad Heilbrunn, 41-57.

VERNOOIJ, M.A. (1994c): Unterricht in der Schule für Erziehungshilfe nach dem Prinzip TOS. In: Die Sonderschule, 39, 1, 38-49.

VERNOOIJ, M.A. (1994d): Das überangepaßte Kind oder: Wie eine Käthe-Kruse-Puppe. In: WINKEL, R. (Hg.): Schwierige Kinder - Problematische Schüler. Hohengehren, 89-102.

VERNOOIJ, M.A. (1995a): Der Begriff „Erziehung" in der Vorstellung von Studierenden der Erziehungswissenschaft. In: BUNK, G.P.; LASSAHN, R. (Hg): Pädagogische Varia. Gießen, 147-161.

VERNOOIJ, M.A. (1995b): Anthropologische Aspekte der Utilitaristischen Ethik. In: UHER, J. (Hg.): Pädagogische Anthropologie und Evolution. Erlangen, 275-290.

VERNOOIJ, M.A. (1995c): Training Needs of Teachers Working with Emotionally Disturbed children. In: MITTLER, P.; DAUNT, P. (Hg.): Teacher Education für special Needs in Europe, London, 87-93.

VERNOOIJ, M.A. (1996): Diagnostik - Förderdiagnostik - und was dann? In: NEUKÄTER, H. (Hg.): Erziehungshilfe bei Verhaltensstörungen. Oldenburg, 123-139.

VERNOOIJ, M.A. (1997a): Schulkultur aus Sicht der Sonderschule. In: SEIBERT, N. (Hg.): Anspruch Schulkultur. Bad Heilbrunn, 45-65.

VERNOOIJ, M.A. (1997b): Das Lehramt für Sonderpädagogik und seine universitäre Ausbildung in der Zukunft. In: WITTROCK, M. (Hg.): Sonderpädagogischer Förderbedarf und sonderpädagogische Förderung in der Zukunft. Neuwied, Kriftel, Berlin, 43-61.

VERNOOIJ, M.A. (1998a): Individualpsychologischer Ansatz. In: WITTROCK, M. (Hg.): Verhaltensstörungen als Herausforderung: Pädagogisch-therapeutische Erklärungs- und Handlungsansätze. Oldenburg, 39-61.

VERNOOIJ, M. A. (1998b): Heilpädagogik 2000 – ein Auslaufmodell? In: MERZ, H. P.; HERZOG, F. (Hg.): Wende statt Ende. Blickwinkel sozial- und heilpädagogischer Haltungen um die Jahrtausendwende. Luzern, 41-59.

VERNOOIJ, M.A. (1998c): Systemische Aspekte in der Lernbehindertenpädagogik. In: ANGERHOEFER, U.; DITTMANN, W. (Hg): Lernbehindertenpädagogik: Eine institutionalisierte Pädagogik im Wandel. Neuwied/ Kriftel/Berlin, 33-50.

VERNOOIJ, M.A. (1998d): Aspekte von Schulkultur aus sonderpädagogischer Sicht: Herausforderung für die Ausbildung von Sonderpädagogen. In: Behindertenpädagogik in Bayern 41, 3, 179-189.

VERNOOIJ, M.A. (1998e): Im Leiden begegnet uns Gott - aber wollte ich ihm denn begegnen? Überlegungen im Zusammenhang mit dem „Leid", ein behindertes Kind zu haben. In: ADAM, G.; KOLLMANN, R.; PITHAN, A. (Hg.): Mit Leid umgehen. Dokumentation des Sechsten Würzburger Religionspädagogischen Symposiums. Münster, 23-45.

VERNOOIJ, M. A. (1999): Beratung und Krise. In: ROLUS-BORGWARD, S.; TÄNZER, U. (Hg.): Erziehungshilfe bei Verhaltensstörungen. Oldenburg, 455-466.

VERNOOIJ, M.A. (1999a): Verhaltensstörungen unter psychologischem Aspekt. In: BORCHERT, J. (Hg.): Handbuch der sonderpädagogischen Psychologie. Göttingen, Kap. 2.2.

VERNOOIJ, M.A. (2000) Verhaltensstörungen unter psychologischem Aspekt. In: BORCHERT, J. (Hg.): Handbuch der sonderpädagogischen Psychologie. Göttingen, 32-45.

VERNOOIJ, M.A. (2000a): Gedanken zum Paradigmenwechsel in der Sonderpädagogik. In: Vierteljahresschrift für Heilpädagogik und ihre Nachbargebiete, 69, 249-253.

VERNOOIJ, M.A. (2000b): Sonderschule zwischen Bildungsauftrag und Rassenhygiene. In: Sonderpädagogik, 30, 2, 102-110.

VERNOOIJ, M.A. (2000c): Anthropologische Grundlagen. In: BORCHERT, J. (Hg.): Handbuch der sonderpädagogischen Psychologie. Göttingen, 32-45.

VERNOOIJ, M.A. (2000d): Lernbehinderung – Hochbegabung und Verhaltensstörung. In: ROHLUS-BORGWARD, S.; TÄNZER, U.; WITTROCK, M. (Hg): Beeinträchtigungen des Lernens und/ oder des Verhaltens. Oldenburg, 39-54.

VERNOOIJ, M.A. (2001): Begriff : Sozialerziehung. In: KOLLER, P. (Hg.): Lexikon Sozialarbeit, Sozialpädagogik, Sozialrecht. Wiebelsheim, 370-372.

VERNOOIJ, M.A. (2002): Verhaltensstörungen im Kontext individueller kognitiver Möglichkeiten. In: SCHRÖDER, U.; WITTROCK, M. et al. (Hg.): Lernbeeinträchtigung und Verhaltensstörung: Konvergenzen in Theorie und Praxis. Stuttgart/ Berlin/Köln, 65-79.

VERNOOIJ, M.A. (2002a): Die Förderortentscheidung bei besonderen Förderbedarf – Folgerungen aus dem Beschluss des Bundesverfassungsgerichts vom 8. Oktober 1997. In: Die neue Sonderschule, 47, 103-112.

VERNOOIJ, M.A. (2002b): Kinder mit besonderen Begabungsressourcen in der Grundschule. In: APEL, H.J.; SACHER, W. (Hg): Studienbuch Schulpädagogik. Bad Heilbrunn/Obb., 352-383.

VERNOOIJ, M.A. (2002c): Cognition and emotion as action-controlling systems. In: OTT, W.; RINK, K. (Ed.): Youngsters between freedom and social limits. Volume IV. Maastricht (Shaker), 69-83.

VERNOOIJ, M.A. (2003): Verhalten und Beziehung als multifaktorielle Handlungsgestalten. In: VERNOOIJ, M.A.; WITTROCK, M. (Hg.): Beziehung(-s) Gestalten. Oldenburg, 9-30.

VERNOOIJ, M.A. (2004): Hochbegabte Kinder – Kinder mit besonderem pädagogischen Förderbedarf?! In: GÖTZ, M. (Hg.): Auffällige Kinder in der Grundschule. Donauwörth 2004, 94-109.

VERNOOIJ, M.A. (2004a): Hochbegabte Kinder – Kinder mit besonderem pädagogischen Förderbedarf?! In: Götz, M. (Hg.): Auffällige Kinder in der Grundschule. Donauwörth.

VERNOOIJ, M.A. (2004b): Individualpsychologischer Ansatz. In: VERNOOIJ, M.A.; WITTROCK, M. (Hg.): Verhaltensgestört. Paderborn, 35-60.

VERNOOIJ, M.A. (2004c): Der Personenzentrierte Ansatz im Rahmen der Humanistischen Psychologie. In: VERNOOIJ, M.A.; WITTROCK, M. (Hg.): Verhaltensgestört. Paderborn, 101-108.

VERNOOIJ, M.A. (2004d): Systemische Aspekte der Verhaltensgestörtenpädagogik. In: KANNEWISCHER, S.; WAGNER, M.; WINKLER, CH.; DWORSCHAK, W.; WEGLER, H. (Hg.): Verhalten als subjektiv-sinnhafte Ausdrucksform. Bad Heilbrunn, 90-101.

VERNOOIJ, M.A. (2005a): Erziehung und Bildung beeinträchtigter Kinder und Jugendlicher. Paderborn.

VERNOOIJ, M.A. (2005b): Grundlagen einer allgemeinen Heil- und Sonderpädagogik. In: ELLINGER, ST.; STEIN, R. (Hg.): Grundstudium Sonderpädagogik. Oberhausen, 76-113.

VERNOOIJ, M.A. (2005c): Die Bedeutung des Spiels. In: GULDIMAN, T.; HAUSER, B. (Hg.): Bildung 4-8jähriger Kinder. Münster, New York, München, Berlin, 123-142.

VERNOOIJ, M.A. (2005d): Neue Perspektiven schulischer Bildung für beeinträchtigte Kinder. In:

Ellinger, St.; Wittrock, M. (Hg.): Sonderpädagogik in der Regelschule. Stuttgart, 317-332.

Vernooij, M.A. (2006a): Essstörungen. In: Klicpera, C.; Julius, H.; Glocke, H. (Hg.): Handbuch Förderschwerpunkt emotionale und soziale Entwicklung. Göttingen / Toronto

Vernooij, M.A. (2006b): Therapeutisch orientierter Sonderunterricht (TOS). In: Klicpera, C.; Julius, H.; Gocke, H. (Hg.)

Vernooij, M.A.; Winkler, U. (1998): Systemische Therapie. In: Wittrock, M. (Hg.): Verhaltensstörungen als Herausforderung: Pädagogisch-therapeutische Erklärungs- und Handlungsansätze. Oldenburg, 157-176.

Vernooij, M.A.; Wittrock, M. (2004): Verhaltensgestört. Paderborn.

Verordnung des Sächsischen Staatsministeriums für Kultus über Förderschulen im Freistaat Sachsen. 2002.

Verordnung nach § 47 des Bundessozialhilfegesetzes (Eingliederungshilfe-Verordnung) (1975), Bundesgesetzbl. I, S. 434, § 1 Abs. 5.

Verordnung über die sonderpädagogische Förderung an öffentlichen Schulen. Bremen.

Verordnung über die sonderpädagogische Förderung. Hessen.

Verordnung über Unterricht und Erziehung für junge Menschen mit sonderpädagogischem Förderbedarf. Brandenburg. 1999.

Verordnung zur Ausgestaltung der sonderpädagogischen Förderung. Mecklenburg-Vorpommern. Stand: 1996, geändert 2000.

Verordnung zur Entscheidung zum zum Verfahren über den Besuch von Vorklassen und Diagnoseförderklassen an Grundschulen. Mecklenburg-Vorpommern. 1996.

Vogel, D. (1990): Therapieangebote für behinderte Kinder. Berlin.

Vogt, Ch. (1978): MCD als Ursache von Leistungs- und Verhaltensstörungen bei Kindern und Jugendlichen. Oberbiel.

Vojta, V. (1981): Die zerebralen Bewegungsstörungen im Säuglingsalter. Frühdiagnose und Frühtherapie. Stuttgart.

Volkamer, M.; Zimmer, R. (1984): Mot 4-6. Motoriktest für vier- bis sechsjährige Kinder. Weinheim.

Voss, R. (Hg.) (1984): Helfen – aber nicht auf Rezept. Hamm.

Voth, D.; Gless, P. (1986): Spina bifida-neutral tube defects. Berlin.

Wache, M.; Kessler, J.; Saathoff, Ch. (ohne Jahr): Überblick über die derzeitigen Formen der Förderung beeinträchtigter Kinder in Rheinland-Pfalz. Bezug über: Landeselternbeirat Rheinland-Pfalz. Ohne Ort.

Wacker, E. (Hg.) (1985): Geistige Behinderung und soziales Leben. Frankfurt a.M.

Wacker, E. (1995): Familie als Ort der Pflege. Leben mit einem behinderten Kind in bundesdeutschen Haushalten. In: Geistige Behinderung 34, 19-35.

Wacker, E.; Metzler, H. (Hg.) (1989): Familie oder Heim: Unzulängliche Alternativen für das Leben behinderter Menschen. Frankfurt a.M.

Wagner, H. V. (1997): Aufbau der Frühförderung in Deutschland. Vielfalt und aktuelle Perspektiven. Vereinigung f. Interdisziplinäre Frühförderung e. V. LVB Hessen. Gießen / Marburg.

Wagner, I. (1976): Aufmerksamkeitstrainig mit impulsiven Kindern. Stuttgart (2.Auflage 1981).

Wagner-Stolp, W. (1999): Aufbau und Organisation der interdisziplinären Frühförderung in der Bundesrepublik Deutschland – Sozialrechtlicher, sozialpolitischer und institutioneller Handlungsrahmen. In: Wilken, E. (Hg.): Frühförderung von Kindern mit Behinderung. Stuttgart/Berlin/Köln, 13 – 33.

Wahmhoef, S. (1980): Inneres Sprechen. Psycholinguistische Untersuchung an aphasischen Patienten. Weinheim.

Walberg, H.J. (1969): Class size and the social environment of learning. In: Human relations 22, 5, 465-475.

Waldner, J.H. (1997): Mögliche Zielsetzungen der Förderschulen in der heutigen Förderzentrumsarbeit – am Beispiel des sonderpädagogischen Angebots der Kieler Schule am Rondeel. In: Die neue Sonderschule, 42, 50-59.

Walter, J. (1980): Zur Sexualität Geistigbehinderter. Die Einstellung der Mitarbeiter als Bedingungsrahmen zur Unterdrückung oder Normalisierung in Behinderteneinrichtungen. Rheinstetten.

Walter, J. (1987): Erwachsensein und Sexualität in der Lebenswirklichkeit geistigbehinderter Menschen. Heidelberg.

Walter, J. (^{4}1996a): Grundrecht auf Sexualität? Einführende Überlegungen zum Thema „Sexualität und geistige Behinderung". In: Walter,

J. (Hg.): Sexualität und geistige Behinderung. Heidelberg, 29-37.
Walter, J. (41996b): Pubertätsprobleme bei Jugendlichen mit geistiger Behinderung. In: Walter, J. (Hg.): Sexualität und geistige Behinderung. Heidelberg, 160-173.
Walter, J. (41996c): Sexuelle Partnerschaft, Kinderwunsch und Elternschaft geistigbehinderter Menschen. In: Walter, J. (Hg.): Sexualität und geistige Behinderung. Heidelberg, 290-296.
Walter, J.; Achilles, I. (Hg.) (2004): Sexualbegleitung und Sexualassistenz bei Menschen mit Behinderungen. Heidelberg.
Walter, J.; Hoyler-Herrmann, A. (1985): Hinführung geistig behinderter Erwachsener zur Sexualität. In: Geistige Behinderung, 25, 2, 82-102.
Walter, J.; Hoyler-Herrmann, A. (1987): Erwachsensein und Sexualität in der Lebenswirklichkeit geistigbehinderter Menschen. Heidelberg.
Walter, J.; Wember, F.B. (Hg.) (2006 i.Dr.): Handbuch der Pädagogik und Psychologie bei Behinderungen. Förderschwerpunkt Lernen. Göttingen.
Walthes, R. (1999): Förderschwerpunkt Sehen. In: Zeitschrift für Heilpädagogik, 50, 4, 165-170.
Walthes, R. (1999a): Ich sehe dich – ich bin hier. Überlegungen zu Blindheit und Sicht. In: Schmetz, D.; Wachtel, P.: Entwicklungen, Standorte, Perspektiven. Sonderpädagogischer Kongress 1998. Würzburg, 69 – 79. [www.vds-bundesverband. de/Material/kongress98/walthes.htm].
Walthes, R. (2000): Förderschwerpunkt Sehen, visuelle Wahrnehmung und Umgehen-können mit einer Sehschädigung. In: Drave, W.; Rumpler, F.; Wachtel, P. (Hg.): Empfehlungen zur sonderpädagogischen Förderung. Allgemeine Grundlagen und Förderschwerpunkte (KMK) mit Kommentaren. Würzburg, 207 – 219.
Walthes, R. (2003): Einführung in die Blinden- und Sehbehindertenpädagogik. München.
Warnke, A. (1992): Legasthenie und Hirnfunktion: Neuropsychologische Befunde zur visuellen Informationverarbeitung. Bern.
Warzecha, B. (1990): Ausländische verhaltensgestörte Mädchen im Grundschulalter. Frankfurt a.M.
Watzlawick, P. et al. (1974): Lösungen. Stuttgart.
Watzlawick, P. (Hg.) (1981): Die erfundene Wirklichkeit. München.
Watzlawick, P.; Beavin, J.H.; Jackson, D.D. (1974): Menschliche Kommunikation. Bern.
Watzlawick, P.; Weakland, J.H. (1977): Interaktion. Bern, Stuttgart, Wien.
Waugh, R P. (1975): The ITPA: ballast or bonanza for the school psychologist. In: J. School Psychol. 13, 201-208.
Weber, D. (1982): Kritische Anmerkungen zu Feuser, G.: Grundlagen zur Pädagogik autistischer Kinder. Gesellschaftswissenschaftlich - erziehungswissenschaftliches Verständnis des „frühkindlichen Autismus“. In: Zeitschrift für Kinder- und Jugendpsychiatrie 10, 161-167.
Weber, D. (1983): Fremde in dieser Welt. Frühkindlicher Autismus. In: Medizinische Klinik 12-19.
Weber, G.; Rett, A. (1991): Down-Syndrom im Erwachsenenalter. Klinische, psychologische und soziale Aspekte beim Mongolismus. Bern u.a.
Wechsler, D. (31964): Die Messung der Intelligenz Erwachsener. Textband zum HAWIE. Bern.
Wedekind, R. (1985): Geistig behinderte Menschen und ihre Familien in Dänemark und der Bundesrepublik Deutschland. Weinsberg.
Wedekind, R.; BMfG (1994): Wege der Eingliederung geistig behinderter Menschen aus Psychiatrischen Kliniken in ein Leben so normal wie möglich: Abschlußbericht der Begleitforschung zur Eingliederung geistg behinderter Menschen aus Psychiatrischen Kliniken, Heilpädagogischen Heimen und Einrichtungen in Hessen und im Rheinland. Schriftenreihe des Bundesministeriums für Gesundheit Band 32. Baden-Baden.
Wedekind, R.; Conradt, B.; Muth, T. (1994): Wege der Eingliederung geistig behinderter Menschen aus Psychiatrischen Kliniken in ein Leben so normal wie möglich. Baden-Baden.
Wegener, H. (1963): Die Rehabilitation der Schwachbegabten. München.
Wegener, H. (1969): Die Minderbegabten und ihre sonderpädagogische Förderung -Sondergutachten. In: Roth, H. (Hg.): Begabung und Lernen: Gutachten und Studien der Bildungskommission. Bd. 4. Stuttgart, 505-549.
Weidner, J.; Kilb, R.; Kreft, D. (Hg.) (1997): Gewalt im Griff: Neue Formen des Anti-Aggressivitäts-Trainings. Weinheim, Basel.
Weigt, M. (Hg.) (1977): Schulische Integration von Behinderten. Beiträge zum Verhältnis von Sonderschulen zum Regelschulsystem. Weinheim.

WEIHS, TH.J. (³1991): Das entwicklungsgestörte Kind. Heilpädagogische Erfahrungen in der therapeutischen Gemeinschaft. Stuttgart.

WEIKERT, K. (1996): Stottern - Belastung und Bewältigung im Lebenslauf. Köln.

WEINERT, H. (⁸1978): Die Bekämpfung von Sprechfehlern. Berlin.

WEINERT, S. (1994): Interventionsforschung und Interventionspraxis bei dyshasisch-sprachgestörten Kindern: Psychologische Perspektiven. In: GRIMM, H.; WEINERT, S. (Hg.): Intervention bei sprachgestörten Kindern. Voraussetzungen, Möglichkeiten und Grenzen. Stuttgart, 33-37.

WEINERT, S. et al. (1989): Was macht sprachgestörten Kindern das Textverstehen so schwer? In: Heilpädagogische Forschung 15, 25-37.

WEINLÄNDER, H.G. (1976): Leistungen Behinderter im Urteil Nichtbehinderter. Empirische Untersuchung zur Kausalinterpretation von Handlungsergebnissen Blinder. Rheinstetten.

WEINWURM-KRAUS, E.M. (1990): Soziale Integration und sexuelle Entwicklung Körperbehinderter. Heidelberg.

WEISER, P.; WEISER, M. (Hg.) (²1991): Eine Schule für alle. St. Ingbert.

WEISMÜLLER, B. (2003): Länderbericht Saarland zur Jahrestagung der Integrationsforscher/innen in deutschsprachigen Ländern. Auf: http://bidok.uibk.ac.at/bib/itagung/weißmüller-laenderbericht-03.html, am 17.02.2003.

WEISS, H. (1993): Kontinuität und Wandel in der Frühförderung – zu Erfahrungen und Perspektiven der "frühen Hilfen". In: Frühförderung Interdisziplinär, 21-36.

WEISS, H. (1996): Armut als gesellschaftliche Normalität: Implikationen für die kindliche Entwicklung. In: OPP, G; PETERANDER, F. (Hg.): Focus Heilpädagogik. Porjekt Zukunft. München, 150-162.

WEITZEL, H. (Hg.) (1990): Praxis der Vorsorge. Frankfurt a.M.

WELLHÖFER, P.R. (1974): Der behinderte Mensch: Psychologische Erklärungsmodelle als Grundlage rehabilitativer Maßnahmen. In: Rehabilitation 13, 163-171.

WELTER, H.; KOHLER, K. (Hg.) (1992): Gehörlose Menschen mit psychosozialen Problemen. Freiburg i.Br.

WELTER, R. (1978): Adaptives Bauen für Langzeitpatienten. Diss. ETH Nr. 6309. Zürich.

WEMBER, F.B. (1986): Piagets Bedeutung für die Lernbehindertenpädagogik. Heidelberg.

WENDELER, J. (1976): Psychologische Analysen geistiger Behinderung. Weinheim, Basel.

WENDELER, J. (1984): Autistische Jugendliche und Erwachsene. Weinheim/Basel.

WENDELER, J. (1988): Psychologie des Down Syndroms. Bern/Stuttgart/Toronto.

WENDELER, J. (1992): Geistige Behinderung. Heidelberg.

WENDELER, J. (1993): Geistige Behinderung. Pädagogische und psychologische Aufgaben. Weinheim, Basel.

WENDLANDT, W. (1975): Resozialisierung erwachsener Stotternder. Ein lernpsychologischer und verhaltenstherapeutischer Beitrag zur Behandlung des Stotterns. Berlin.

WENDLANDT, W. (1977): Verhaltenstherapie des Stotterns - unter besonderer Berücksichtigung ihrer Anwendungsmöglichkeiten in der Schule für Sprachbehinderte. Diss. TU Berlin.

WENDLANDT, W. (1979): Verhaltenstherapeutisches Sprechtrainingsprogramm für stotternde Kinder und Jugendliche. Diagnostik, individuelle therapeutische Maßnahmen, Veränderungsprogramm für die Gruppe. Berlin.

WENDLER, J.; SEIDNER, W. (1977): Lehrbuch der Phoniatrie. Leipzig.

WENDT, G.G. (Hg.) (1984): Praxis der Vorsorge: Ein Leitfaden der Stiftung für das behinderte Kind zur Förderung von Früherkennung und Vorsorge. Marburg.

WENZEL, H. (1970): Fürsorgeheim in pädagogischer Kritik. Stuttgart.

WERNING, R. (1996): Kinder mit Lernschwierigkeiten. Systemisch-konstruktivistische Perspektiven in ihrer Bedeutung für die pädagogische Förderung. In: Vierteljahresschrift für Heilpädagogik und ihre Nachbardisziplinen 4, 451-461.

WERTENBROCH, W. (1980): Die ambulante Behandlung stotternder Kinder und Jugendlicher auf der Grundlage der positiven Verstärkung. Anleitung zur Therapieplanung und –durchführung. Hamburg.

WESTRICH, E. (1974): Der Stammler - Der Erlebnisaspekt in der Sprachheilarbeit. Bonn.

WESTRICH, E. (1978): Sprach- und Sprechstörungen (Sprachbehinderungen). In: PONGRATZ, L.J. (Hg.): Handbuch der Psychologie. Bd. 8. Göttingen, 2372-2418.

Westrich, E. (1979): Sprach- und Sprechstörungen (Sprachbehinderungen). In: Pongratz, L. J. (Hg.): Handbuch der Psychologie Band 8/II. Klinische Psychologie. Göttingen, 2372-2418.

Wetjen, R. (1973): Die Bedeutung des Spiels in Kinderdörfern und Heimen. Beiträge zu aktuellen Erziehungsproblemen 2. Insbruck u.a.

Wewetzer, K.H. (1959): Das hirngeschädigte Kind. Stuttgart.

Weyerer, S. (1990): Relationship between physical and psychological disorders. In: Sartorius, N. et al. (Hg.): Psychological disorders in general medical settings.

WHO (1974): Chronicle. Verhütung der Blindheit. Bericht einer WHO-Studiengruppe, Serie der technischen Berichte der WHO Nr. 518. Genf 1973. In: Umschau des europäischen Blindenwesens 3, 13-16.

WHO ([2]1993): Internationale Klassifikation psychischer Störungen ICD-10, Kapitel V (F), Klinisch-diagnostische Leitlinien. Bern, Göttingen, Toronto, Seattle.

WHO (2001): ICF – International Classification of Functioning. Genf.

Wicker, A.W. ([2]1976): Undermanning theory and research: Implications for the study of psychological and behavioral effects of excess human populations. In: Proshansky, M. et al. (Hg.): Environmental psychology. New York, 83-99.

Widmer, K. (1966): Vom Sinn der „Heil"pädagogik. In: Zeitschrift für Heilpädagogik 17, 553-565.

Wiechmann, J. ([5]1978): Einrichtung des Sprachheilwesens in der Bundesrepublik Deutschland und West-Berlin. Stand: 1.1.78. Hamburg.

Wieland, H. (1978): Lernbehinderung durch Fehlernährung? Biosoziale Aspekte der Verursachung von Intelligenzdefiziten und Schulversagen. Weinheim.

Wieland, H. (1983): Pädagogik der Lernbehinderten. München.

Wienhues, J. (1979): Die Schule für Kranke, ihre Aufgabe in der pädagogischen und psychosozialen Betreuung kranker Kinder. Rheinstetten.

Wienhues, J. ([2]1983): Das Kind im Krankenhaus. Bonn-Bad Godesberg.

Wienhues, J. (1984): Unterricht und Ausbildung für Kranke: Möglichkeiten zur Schul- und Berufsbildung kranker Kinder und Jugendlicher in Klinik und Elternhaus. Bonn-Bad Godesberg.

Wienhues, J. (1988): Behinderte Frauen: Einführung in ein wenig beachtetes soziales Problemfeld. Bonn.

Wienhues, J.; Kirchhoff, H. (1985): Werken und Gestalten mit geistigbehinderten Jugendlichen. Bonn.

Wiesenhütter, E. (1964): Erscheinungswesen und Ursachen der Verhaltensstörungen. In: Lückert, H.-R. (Hg.): Handbuch der Erziehungsberatung Band 1. München, 138-169.

Wiesmann, E. ([3]1974): Medizinische Mikrobiologie. Ein kurzgefaßtes Lehrbuch. Stuttgart.

Wieczerkowski, W.; Wagner, H. (1985): Diagnostik und Hochbegabung. In: Jäger, R.S.; Horn, R.; Ingenkamp, K. (Hg.): Tests und Trends 4 – Jahrbuch der Pädagogischen Diagnostik. Basel, 109-134.

Wigglesworth, R. (1961): Minimal cerebral palsy. In: Cerebral Palsy Bull. 3, 293.

Wilken, E. (1976): Fazilitation. In: Sonderpädagogik 6, 93-94.

Wilken, E. (1978): Mehrdimensionale Sprachförderung geistig behinderter Kleinkinder. In: Heese, G. (Hg.): Frühförderung behinderter und von Behinderung bedrohter Kinder. Berlin, 49-63.

Wilken, E. ([6]1993): Sprachförderung bei Kindern mit Down-Syndrom. Berlin.

Wilken, E. (1996): Förderung der Kommunikationsfähigkeit bei nicht oder noch nicht sprechenden Kindern und Jugendlichen mit geistiger Behinderung. In: Geistige Behinderung, 41, 137-148.

Wilken, E. (1999): Therapie in der Frühförderung. In: Wilken, E. (Hg.): Frühförderung von Kindern mit Behinderung. Stuttgart / Berlin / Köln, 100 – 113.

Wilken, U.; Jeltsch-Schudel, B. (Hg.) (2003): Eltern behinderter Kinder. Empowerment, Kooperation, Beratung. Stuttgart.

Willms, H. (1975): Musiktherapie bei psychotischen Erkrankungen. Musiktherapie 1. Stuttgart.

Wilms, W.R. (Hg.) (1979): Lernen mit „Behinderten". Anregungen zur Kooperation von Lernbehinderten- und Sozialpädagogik. Ravensburg.

Wilson, J.F. (1973): Die Blindheit in den Entwicklungsländern. In: horus - Marburger Beiträge zum Blind-Sehen 37, 13-16.

Windzus, B. (1972): Situation von Familien mit behinderten Kindern und Jugendlichen. Köln

(unveröffentlichter Forschungsbericht Institut für Sozialpolitik der Universität).
WING, L. (²1980): Das autistische Kind. Merkmale einer Behinderung und Hilfen für deren Überwindung. Ravensburg.
WINTER, F. (1999): Eine neue Lernkultur braucht neue Formen der Leistungsbewertung! In: BÖTTCHER, W.; BROSCH, U.; SCHNEIDER-PETRI, H. (Hg.): Leistungsbewertung in der Grundschule. Weinheim/Basel, 68-79.
WINTER, F. (2002): Leistung sehen, fördern werten – neue Wege für die Schule. Bad Heilbrunn.
WIRSCHING, M.; STIERLIN, H. (1982): Krankheit und Familie. Stuttgart.
WIRTH, G. (1994): Sprachstörungen – Sprechstörungen – Kindliche Hörstörungen. Köln.
WISCH, F.-H. (1990): Lautsprache und Gebärdensprache. Die Wende zur Zweisprachigkeit in Erziehung und Bildung Gehörloser. Hamburg (Internationale Arbeiten zur Gebärdensprache und Kommunikation Gehörloser Band 17).
WISHIK, S.M. (1956): Handicapped children in Georgia: a study of prevalence, disability, needs, and resources. In: American Journal of Public Health 46, 195 ff.
WISOTZKI, K.H. (1980): Aspekte des Spracherwerbs. Untersuchungen zum Wortschatz Behinderter. Berlin.
WISOTZKI, K.H. (1995): Gehörlosenpädagogik. In: BLEIDICK, U. et al. (Hg.): Einführung in die Behindertenpädagogik Band II. 4., überarbeitete Auflage. Stuttgart, Berlin, Köln, 31-56.
WISOTZKI, K.H. (2001): Gehörlosigkeit, Gehörlose, Gehörlosenpädagogik. In: ANTOR, G; BLEIDICK, U. (Hg.): Handlexikon der Behindertenpädagogik. Stuttgart, 106-109.
WISWEDE, G. (1973): Soziologie abweichenden Verhaltens. Stuttgart.
WITTE, W. (²1978): Zur Psychologie der Taubstummen. In: BRACKEN, H. von (Hg.): Erziehung und Unterricht behinderter Kinder. Wiesbaden, 416-422.
WITTIG, M. (1978): Problemschüler als Schulprobleme. Fallstudie zu Ettikettierungsprozessen in einer amerikanischen Schule. Weinheim.
WITTROCK, M. C. (1974): Learning as a generativ process. In: Educational Psychologist, 24, 345-376.
WITTROCK, M. (1998) (Hg.): Verhaltensstörungen als Herausforderung: Pädagogisch-therapeutische Erklärungs- und Handlungsansätze. Oldenburg.
WOCKEN, H. (1982): Didaktische Leitideen der SfL. In: Zeitschrift für Heilpädagogik 9, 637-647.
WOCKEN, H. (1983): Am Rande der Normalität. Untersuchungen zum Selbst- und Gesellschaftsbild von Sonderschülern. Heidelberg.
WOCKEN, H. (1987): Schulleistungen in Integrationsklassen. In: WOCKEN, H.; ANTOR, G. (Hg.): Integrationsklassen in Hamburg. Erfahrungen, Untersuchungen, Anregungen. Solms-Oberbiel, 65-87.
WOCKEN, H. (1988 / ⁴1997): Schulleistungen in heterogenen Lerngruppen. In: EBERWEIN, H. (Hg.): Behinderte und Nichtbehinderte lernen gemeinsam. Handbuch der Integrationspädagogik. Weinheim / Basel, 255 – 260 / 315 – 320.
WOCKEN, H. (1988): Kooperation von Pädagogen in integrativen Grundschulen. In: WOCKEN, H. et al. (Hg): Integrationsklassen in Hamburger Grundschulen. Bilanz eines Modellversuchs. Hamburg, 199-274.
WOCKEN, H. (1993): Bewältigung von Andersartigkeit. Untersuchungen zur sozialen Distanz in verschiedenen Schulen. In: GEHRMANN, P.; HÜWE, B. (Hg.): Forschungsprofile der Integration von Behinderten. Bochumer Symposion 1992. Essen.
WOCKEN, H. (1995): Sind Förderzentren der richtige Weg zur Integration? In: Die Sonderschule 40, 2, 84-93.
WOCKEN, H. (1996a): Sonderpädagogischer Förderbedarf als systemischer Begriff. In: Sonderpädagogik 26, 1, 34-38.
WOCKEN, H. (1996b): Hilfsschule – Schule für Lernbehinderte – Förderschule. Der Wandel einer Schule im Spiegel der Aufnahmeverfahren. In: Zeitschrift für Heilpädagogik 47, 266-276.
WOCKEN, H. (1998): Merkmale und Profile von Fördrzentren. In: Die neue Sonderschule 43, 1, 41-50.
WOHLFAHRT, R. (1983): Spielarten der Diagnostik. In: Behindertenpädagogik 22, 247-266.
WOHLFAHRT, R. (1986): Diagnostik im Dienste eines übergreifenden Konzepts zur Förderung der sensomotorischen Entwicklung. In: Frühförderung interdisziplinär 5, 14-23.
WOHLFAHRT, R. (1987): Prüfung der sensomotorischen Intelligenz. In: Frühförderung interdisziplinär 6, 73-79.

WOHLFAHRT, R. (2001): Trauern um das versagte Wunschkind. Psychodrama mit Eltern behinderter Kinder. In: Geistige Behinderung 40, 1, 35-45.

WOLFE, M. (1977): Environmental stimulation and design. In: BEDNAR, M.J. (Hg.): Barrierfree environments. Stroudsburg, 170-181.

WOLFE, M. (1978): Childhood and privacy. In: ALTMAN, I.; WOHLWILL, J.F. (Hg.): Children and the environment. New York et al., 175-222.

WOLFE, M.; PROSHANSKY, H. (1974): The physical setting as a factor in group function and process. In: LANG, J. (Ed.): Designing for human behavior: Architecture and the behavioral sciences. Stroudsburg, 194-201.

WOLFENSBERGER, W. (1972): The Principle of Normalization in Human Services. Toronto.

WOLFENSBERGER, W. (1977): The normalization principle and some implications to architektural environment design. In: BEDNAR, M.J. (Hg.): Barrier-free environment. Stroudsburg, 135-169.

WOLFENSBERGER, W. (1980): A Brief Overview of the Principle of Normalization. In: FLYNN, R.J.; NITSCH, K.E. (Hg.): Normalization, Social Integration and Community Services. Baltimore.

WÖLFERT, E. (1981): Spiele körperbehinderter Kinder. Untersuchungen des Spielverhaltens im Schulanfangsalter. Berlin.

WOLFGART, H. (Hg.) (1971): Das Orff-Schulwerk im Dienste der Erziehung und Therapie behinderter Kinder. Berlin.

WOLFGART, H. (Hg.) (1977): Körperbehinderte und Sexualität. Geschlechtserziehung als Gegenstand einer Pädagogik der Körperbehinderten. Berlin.

WOLFGART, H.; LUIG, TH. (1976): Soziale Dienste für Körperbehinderte in Schule und Beruf. Bonn.

WOLF-STIEGEMEYER, D. (2000): Ein Leben so normal wie möglich? Plädoyer für ein Normalisierungsprinzip für Mütter schwerbehinderter Kinder. In: Geistige Behinderung 40, 2, 145-155.

WULF, CHR.; ZIRFAS, J. (Hg.): Theorien und Konzepte der pädagogischen Anthropologie. Donauwörth.

WULFF, H. (1981): Diagnose von Sprach- und Stimmstörungen. München.

WULFF, J. (Hg.) (1964): Gebißanomalien und Sprechfehler. Zusammenhänge und logopädische Maßnahmen. München.

WÜLLENWEBER, W.; LUX, B.; WACHE, F. (2003): Das Märchen von der Chancengleichheit. Stern, 30, Hamburg, 30-40.

WUNDER, M. (1990): Sexualität und Sexualverhalten von Menschen mit geistiger Behinderung. In: Zur Orientierung 14, 3, 17-19.

WUNDERLICH, CH. ([2]1977): Das mongoloide Kind. Möglichkeiten der Erkennung und Betreuung. Stuttgart.

WUNDT, W. (1900→1920): Völkerpsychologie (10 Bände). Leipzig.

WURST, F. (1973): Sprachentwicklungsstörungen und ihre Behandlung. Wien.

WÜRTZ, H. (1921): Das Leben des Krüppels. Leipzig.

WURZBACHER, G. (Hg.) (1977): Die Familie als Sozialisationsfaktor. Stuttgart.

WYGOTSKI, L. S. (1978): Mind in Society: The Development of Higher Psychological Processes. Cambridge.

ZELLWEGER, H.; SIMPSON, J. (1977): Chromosomes of man. London.

ZEMKE, C. (1996): Überlegungen zur bildungspolitischen Standortbestimmung des Sonderpädagogischen Förderzentrums. In: Zeitschrift für Heilpädagogik 46, 5, 196-200.

ZIELNICK, W. ([2]1978): Anstöße zum Selbst. Die Gestaltung von Funktionstrainingsprogrammen für geistig Behinderte im Freizeitbereich. Freiburg i.Br.

ZIELNICK, W.; SCHMIDT-THIMME, D. (Hg.) ([3]1983): Gestaltete Freizeit mit geistig Behinderten. Heidelberg.

ZIEMEN, K. (2003): Kompetenzen von Eltern behinderter Kinder. In: Frühförderung interdisziplinär 22, 1, 28-37.

ZIGLER, E. (1962): Rigidity in the feebleminded. In: TRAPP, E.D.; HIMMELSTEIN, P. (Hg.): Readings in the exceptional child. New York.

ZIGLER, E. (1975): Cognitive-Developmenatl and Personality Factors in Behavior. In: KAUFFMAN, J.M.; PAYNE, J.S. (Hg.): Mental Retardation. Introduction and Personal Perspectives. Columbus, Ohio, 360-387.

ZIGLER, E.; HODAPP, R.M. (1986): Understanding mental retardation. Cambridge: Cambridge University Press.

ZILLMANN, CH. (1981): Begabte Schulversager. München.

ZIMMER, D.E. (1988): So kommt der Mensch zur Sprache. Zürich.

ZIMMERMANN, K. (²1974): Psychodiagnostische Verfahren zur Untersuchung von Lernbehinderten. Berlin.

ZIMMERMANN, R. (1977): Immer wieder strahlende Kinderaugen. Das Bild des Behinderten in der Presse. In: Psychologie heute Jan., 26-31.

ZIMMERMANN, R. (1982): Behinderte in der Kinder- und Jugendliteratur. Berlin.

ZIRFAS, J. (2003): Das Recht auf Unvollkommenheit. In: European studies in education. 20. Erziehungswissenschaftliche Zeitdiagnosen: Deutschland und Frankreich. Waxmann, S. 209-223

ZÖLLNER, F. (1974): Hals-Nasen-Ohren-Heilkunde. Ein kurzgefaßtes Lehrbuch. Stuttgart.

ZUCKRIGL, A. (1964): Sprachschwächen. Der Dysgrammatismus als heilpädagogisches Problem. Villingen.

ZUCKRIGL, A. (²1981): Linkshändige Kinder in Familie und Schule. München.

ZUCKRIGL, H.; ZUCKRIGL, A.; HELBING, H. (1976): Rhythmik hilft behinderten Kindern. Ziele und Realisationsbeispiele der rhythmischen Erziehung. München.

ZÜLCH, K.J. (1963): Morphologische und klinische Typen. In: LINDEMANN, K. (Hg.): Die infantilen Zerebralparesen. Stuttgart, 1-28.

ZULLIGER, H. (⁵1963): Schwierige Kinder. Bern.

Anschriften

Allgemeiner Behindertenverband in Deutschland e.V. ABiD,, Friedrichstr. 95, 10117 Berlin

Arbeitsgemeinschaft **Allergiekrankes Kind** – Hilfen für Kinder mit Asthma, Ekzem oder Heuschnupfen e.V., Postfach 1141, 35721 Herborn, http://www.aak.de

Arbeitsgemeinschaft **Spina bifida und Hydrocephalus** e.V., Münsterstraße 13, 44145 Dortmund, http://www.asbh.de

Arbeitskreis **Kunstfehler in der Geburtshilfe** e.V. Münsterstraße 261, 44145 Dortmund

Arbeitskreis **überaktives Kind** e.V., Poschingerstraße 16, 12157 Berlin, http://www. bv-auek.de

Bayerische Gesellschaft für **psychische Gesundheit** e.V., Preysingstraße 30, 81667 München, http://www.bgfpg.de

Bayerischer Verband **Schlaganfallbetroffener und Schädel-Hirn-Verletzter** e.V. (BVSS e.V.), Bischof-Neuhäusler-Weg 3, 85221 Dachau

Bund der **Kriegsblinden** Deutschlands e.V. –Landesverband Bayern, Rosenweg 14, 95447 Bayreuth, http://www.kriegsblindenbund.de

Bund der **Späterblindeten,** Halenseestraße 9, 10711 Berlin

Bund Deutscher **Hirnbeschädigter** e.V., c/o Rolf-Werner Fürst, Pumpenstraße 6, 28759 Bremen

Bund Deutscher **Kriegsopfer, Körperbehinderter und Sozialrentner** e.V. (BDKK) – Landesverband Bayern, Wagnerstraße 4, 97080 Würzburg

Bundesarbeitsgemeinschaft der Integrationsämter und **Hauptfürsorgestellen (BIH)**, Ernst-Frey-Straße 9, 76135 Karlsruhe

Bundesarbeitsgemeinschaft für **hörgeschädigte Studenten und Absolventen** (BHSA) e.V., c/o Andreas Kammerbauer, Hinter der Hochstätte 2a, 65239 Hochheim/Main

Bundesarbeitsgemeinschaft **„Hilfe für Behinderte“** e.V., Kirchfeldstraße 149, 40215 Düsseldorf, http://www.bagh-selbsthilfe.de

Bundesarbeitsgemeinschaft für **Rehabilitation,** Walter-Kolb-Straße 9-11, 60594 Frankfurt am Main

Bundesinteressengemeinschaft **Geburtshilfegeschädigter** e.V., Nordsehler Straße 30, 31655 Stadthagen

Bundesministerium für Arbeit und Sozialordnung, Postfach 14 02 80, 53107 Bonn

Bundesselbsthilfeverband für **Osteoporose** e.V., Kirchfeldstraße 149, 40215 Düsseldorf, http://www.bfo-aktuell.de

Bundesverband **Contergangeschädigter** e.V., Hilfswerk vorgeburtlich Geschädigter, Schwimmbadweg 33, 89604 Allmendingen, http://www.contergan.de

Bundesverband der Angehörigen **psychisch Kranker** e.V. (BAPK e.V.), Am Michaelshof 4b, 53177 Bonn – Bad Godesberg, http://www.bapk.de

Bundesverband der **Kehlkopflosen** e.V., Obererle 65, 45897 Gelsenkirchen

Bundesverband der **Organtransplantierten** e.V. (BDO), Unter den Ulmen 98, 47137 Duisburg

Bundesverband für **Körper- und Mehrfachbehinderte** e.V., Brehmstraße 5-7, 40239 Düsseldorf, http://www.bvkm.de

Bundesverband für Rehabilitation der **Aphasiker** e. V., Wenzelstraße 19, 97084 Würzburg, http://www.aphasiker.de

Bundesverband für Rehabilitation und **Interessenvertretung Behinderter** e.V. BDH, Eifelstraße 7, 53119 Bonn

Bundesverband „Hilfe für das **autistische Kind**“ – Vereinigung zur Förderung autistischer Menschen e.V., Bebelallee 141, 22297 Hamburg

Bundesverband **Kleinwüchsige Menschen** und ihre Familien e.V., Hillmannplatz 6, 28195 Bremen

Bundesverband **Legasthenie und Dyskalkulie** e.V., Postfach 1107, 30011 Hannover, http://www.bvl-legasthenie.de

Bundesverband **Polio** e.V., Haerstraße 27, 35392 Gießen

Bundesverband **Selbsthilfe Körperbehinderter** e. V., Altkrautheimer Straße 20, 74238 Krautheim/Jagst, http://www.bsk-ev.org

Bundesverband **Skoliose Selbsthilfe** e.V., Mühlweg 12, 74838 Limbach, http://www.bundesverband-skoliose.de

Bundesvereinigung der **Eltern blinder und sehbehinderter Kinder**, c/o Marion Böttcher, Eibenweg 4, 52353 Düren, http://www.bebsk.org

Bundesvereinigung Lebenshilfe für Menschen mit **geistiger Behinderung** e.V., Raiffeisenstraße 18, 35043 Marburg, http://www.lebenshilfe.de

Bundesvereinigung **Stotterer Selbsthilfe** e. V., Zülpicher Straße58, 50674 Köln, http://www.bvss.de

Bund zur Förderung **Sehbehinderter** e.V., Angelika Höhne, Am Bahnhof 3a, 86497 Horgau, http://www.medizin-forum.de/bfs/

CF-Selbsthilfe Bremen e.V., Vorstraße 30b, 28359 Bremen, http://www.cf-bremen.de

Club Behinderter und ihrer Freunde e.V. (CeBeeF München), Johann-Fichte-Str. 12, 80805 München, http://www.cbf-muenchen.de

Dachverband **Psychosozialer Hilfsvereinigungen** e.V., Thomas-Mann-Straße 49a, 53111 Bonn, http://www.psychiatrie.de/dachverband/wir/

Deutsche **Aids**-Hilfe, Dieffenbachstraße 33, 10967 Berlin, http://www.aidshilfe.de

Deutsche **Alzheimer** Gesellschaft e.V., Friedrichstraße 236, 10969 Berlin, http://deutsche-alzheimer.de

Deutsche **Epilepsievereinigung** e.V., Zillestraße 102, 10585 Berlin, http://www.epilepsie.sh

Deutsche Gesellschaft für Ernährung e.V., Godesberger Allee 18, 53175 Bonn, http://www.dge.de

Deutsche Gesellschaft für **Muskelkranke** e.V., c/o Horst Ganter, Im Moos 4, 79112 Freiburg, http://www.dgm.org

Deutsche Gesellschaft für **Osteogenesis imperfecta** - Betroffene e.V., Postfach 100 546, 63005 Offenbach, http://www.oi-gesellschaft.de

Deutsche Gesellschaft für **Sprachheilpädagogik** e.V. Landesgruppe Bremen, Goldammerstraße 34, 12351 Berlin, http://www.dgs-ev.de

Deutsche Gesellschaft zur Bekämpfung der **Mukoviszidose** e.V., Bendenweg 101, 53121 Bonn

Deutsche Gesellschaft zur Förderung der **Gehörlosen und Schwerhörigen** e.V., Paradeplatz 3, 24768 Rendsburg, http://www.deutsche-gesellschaft.de

Deutsche Hämophiliegesellschaft zur Bekämpfung von **Blutungskrankheiten** e.V., Neumann-Reichardt-Straße 34, 22041 Hamburg

Deutsche **Heredo Ataxie** Gesellschaft Bundesverband e.V., Hofener Straße 76, 70372 Stuttgart, http://www.ataxie.de

Deutsche-**Huntington**-Hilfe e.V., Börsenstraße 10, 47051 Duisburg

Deutsche-**Ileostemie-Urostomie** Vereinigung e.V. (ILCO), Landshuter Straße 30, 85356 Freising, http://www.ilco.de

Deutsche Interessengemeinschaft **Phenylketonurie** (PKU) und verwandte angeborene **Stoffwechselstörungen** e.V., c/o Hansjörg Schmidt, Adlerstraße 6, 91077 Kleinsendelbach, http://www.dig-pku.de

Deutsche Interessengemeinschaft für **Verkehrsunfallopfer** e.V. Dignitas, c/o Angelika Oitmann, Friedlandstraße 6, 41747 Viersen

Deutsche **Krebsgesellschaft** e.V., Steinlestraße 6, 60596 Frankfurt/M., http://www.krebsgesellschaft.de

Deutsche **Leberhilfe** e.V., Luxemburger Straße 150, 50937 Köln, http://www.leberhilfe.org

Deutsche **Leukämie** Forschungshilfe, Aktion für **krebskranke Kinder** e.V., Joachimstraße 20, 53113 Bonn

Deutsche **Morbus Crohn/Colitis ulcerosa** Vereinigung (DCCV) e.V., Bundesverband für entzündliche Erkrankungen des Verdauungstracktes, Paracelsusstraße 15, 51375 Leverkusen, http://www.dccv.de

Deutsche **Multiple Sklerose** Gesellschaft e.V., Bundesverband, Küsterstraße 8, 30519 Hannover, http://www.dmsg.de

Deutsche **Narkolepsie**-Gesellschaft, Günther Baus, Postfach 1107, 42755 Haan

Deutsche **Parkinson** Vereinigung-Bundesverband e.V., Moselstraße 31, 41464 Neuss, http://www.parkinson-vereinigung.de

Deutsche **Retinitis Pigmentosa** Vereinigung e.V., c/o Frau Fritze, Vaalser Straße 6, 52074 Aachen

Deutsche **Rheuma**-Liga Bundesverband e.V., c/o Ursula Faubel, Maximilianstraße 14, 53111 Bonn, http://www.rheuma-liga.de

Deutsche **Thrombophilie**-Gesellschaft e.V. Med. Uniklinik München, Ziemssenstraße 1, 80538 München

Deutsche **Tinnitus**-Liga e.V. (DTL), Lohsiepen 18, 42369 Wuppertal, http://www.tinnitus-liga.de
Deutsche **Sarkoidose**-Vereinigung e.V., Renate Braune, Postfach 3043, 40650 Meerbusch, http://www.sarkoidose.de
Deutsche **Schmerzhilfe** e.V., c/o Herr Fabian Woldsenweg 3, 20248 Hamburg
Deutsche **Schmerzliga** e.V., Adenauerallee 18, 61440 Oberursel, http://www.schmerzliga.de
Deutscher **Allergie und Asthmabund** e.V. (DAAB), Fliethstraße 114, 41061 Mönchengladbach, http://www.daab.de
Deutscher **Behinderten-Sportverband,** Friedrich-Alfred-Straße 10, 47055 Duisburg, http://www.dbs-npc.de
Deutscher **Blinden- und Sehbehindertenverband** e.V., Rungestraße 19, 10179 Berlin, http://www.dbsv.org
Deutscher **Diabetiker**-Bund e.V., Goethestraße 27, 34119 Kassel, http://www.diabetikerbund.de
Deutscher **Gehörlosen**-Bund e.V., Hasseer Straße 47, 24113 Kiel, http://www.gehoerlosen-bund.de
Deutscher **Gehörlosen**-Sportverband, Tenderweg 9, 45141 Essen, http://www.dg-sv.de
Deutscher **Neurodermitiker** Bund e.V., Spaldingstraße 210, 20097 Hamburg, http://www.dub-ev.de
Deutscher **Psoriasisbund** e.V., Seewartenstraße 10, 20459 Hamburg, http://www.psoriasis-bund.de
Deutscher **Rollstuhlsport** Verband, Friedrich-Alfred Straße 10, 47055 Duisburg, http://www.drs.org
Deutscher **Schwerhörigenbund** e.V. (DSB), Breite Straße 23, 13187 Berlin, http://www.schwerhoerigen-netz/DSB
Deutscher Verein des **Blinden und Sehbehinderten im Studium und Beruf** e.V. – DVBS, Frauenbergstraße 8, 35039 Marburg, http://www.dvbs-online.de
Deutsches Zentralinstitut für soziale Fragen, Bernadottestraße 94, 14195 Berlin, http://www.dzi.de
Deutsche Vereinigung **Morbus Bechterew** e.V. (DVMB), Metzgergasse 16, 97421 Schweinfurt, http://www.bechterew.de
Deutsche **Zöliakie**-Gesellschaft e.V., Filderhauptstraße 61, 70599 Stuttgart, http://www.dzg-online.de
Dialysepatienten Deutschlands e.V., Weberstraße 2, 55130 Mainz, http://www.Dialysepatienten-Deuschlands.de
Eltern für Integration e.V., c/o Nachbarschaftshaus am Lietzensee Herbartstraße 25, 14057 Berlin, http://www.efiberlin.de
Frauenselbsthilfe nach **Krebs** – Bundesverband e.V., B6, 10/11, 68159 Mannheim, http://www.frauenselbsthilfe.de
Freundeskreis **Camphill** e.V., Argentinische Allee 25, 14163 Berlin, http://www.freundeskreis-camphill.de
Fördergemeinschaft der **Querschnittgelähmten** in Deutschland e.V., Silcherstraße 15, 67591 Mölsheim, http://www.fgg.de
Fördergemeinschaft für **Taubblinde** e.V., Katteweg 15a, 14129 Berlin, http://www.lagh-bayern.de/Taubblind.htm
Gaucher Gesellschaft Deutschland e.V., An der Ausschacht 9, 59556 Lippstadt, http://www.ggd-ev.de
Interessengemeinschaft von **Geburt an Behinderter** e.V., Wilhelm-Hauf-Straße 1, 12159 Berlin
ISAAC „International Society for Augmentative and Alternative Communication", c/o Susanne Bünk, Am Blümlingspfad 98, 53359 Rheinbach, http://www.isaac-online.de
Lernen fördern – Bundesverband zur Förderung **Lernbehinderter** e.V., Rolandstraße 61, 50677 Köln
NCL-Gruppe Deutschland e.V., Wilhelm Rüter, Am Waldbach 23, 32339 Espelkamp, http://www.ncl-deutschland.de
PANAP (**Psoriasis-Allergien-Neurodermitis-Asthma-Pilze**) Selbshilfe e.V., c/o Peter Biel, Narzissenweg 18, 26209 Hallen, http://www.panap.de
Pro Retina Deutschland e.V.- Selbsthilfevereinigung von Menschen mit **Netzhautdegenerationen**, Vaalser Straße 108, 52074 Aachen, http://www.pro-retina.org
Reichsbund der **Kriegs- und Wehrdienstopfer, Behinderten, Sozialrentner und Hinterbliebenen** e.V. –Landesverband Bayern – , Thalkirchner Straße 76/II, 80337 München
Schädel-Hirn-Patienten in Not e.V., Bayreuther Straße 33, 92224 Amberg, http://www.schaedel-hirn.de

Schutzverband für **Impfgeschädigte** e.V., Postfach 5228, 58829 Plettenberg, http://www.impfschutzverband.de

Scleroderma Liga e.V., Kelterstraße 23, 76227 Karlsruhe, http://www.scleroliga.de

Selbsthilfe **Sklerodermie** in Deutschland e.V., Jagdstraße 1, 90559 Burgthann

Stiftung Bayerische Landesschule für **Gehörlose,** Fürstenrieder Straße 155, 81377 München

Stiftung der Pfennigparade für die Betreuung und Rehabilitation **Kindergelähmter** und anderer Körperbehinderter, Barlachstraße 24-38, 80804 München, http://www.pfennigparade.de

Verein **Erholungshilfe für Schwerbehinderte** e.V., Berliner Allee 47, 30175 Hannover

Vereinigung Integrationsförderung e.V., Klenzestraße 57, 80469 München http://www.vif-selbstbestimmt-leben.de

Verein **kleinwüchsige Menschen** e.V., Harald Berndt, Hauptstraße 14, 56587 Oberhonnefeld-Gierend

Verein zur Rehabilitation **spastisch Gelähmter** und anderer Körperbehinderter e.V., Landesverband Saarland, Duweilerstraße 70, 66111 Saarbrücken

Wolfgang Rosenthal Gesellschaft e.V. – Selbsthilfevereinigung für Menschen mit **Lippen-, Kiefer-, Gaumen-, Segel-Fehlbildungen** und deren Familien, Hauptstraße 184, 35625 Hüttenberg, http://www.lkg-selbsthilfe.de

Personenverzeichnis

Sachverzeichnis

C

H

I

Notizen

Notizen

Notizen

Standardwerk der Gerontologie

Bereits in 11. Auflage

Ursula Lehr

Psychologie des Alterns

An diesem Buch, das mit über 40.000 verkauften Exemplaren längst ein Standardwerk ist, kommt niemand, der sich mit dem aktuellen und brisanten Thema „Altern" beschäftigt, vorbei. Kein Aspekt der Psychologischen Gerontologie bleibt unberücksichtigt: demographische Veränderung, das geschlechtsspezifische Altern, Veränderung der Gedächtnisleistung, Kreativität, sexuelles Verhalten, Fremdeinschätzung und Selbsterleben, Leistungsfähigkeit älterer Arbeitnehmer, ältere Menschen und Medien und viele weitere Themen.

Eine wichtige, ja unverzichtbare Informationsquelle für Gerontologen, Psychologen, Angehörige älterer Menschen, Ärzte, Pflegepersonal – und für alle, die sich mit dem eigenen Altern konstruktiv und offensiv auseinandersetzen wollen.

11., korr. u. aktual. Auflage 2007.
407 S., 26 Abb., 26 Tab., kt.,
ISBN-10: 3-494-01432-9,
ISBN-13: 978-3-494-01432-6
Best.Nr. 494-01432

€ 24,95

Zur Autorin:

Ursula M. Lehr war bis 1998 Inhaberin des Lehrstuhls für Gerontologie und Direktorin des Instituts für Gerontologie an der Universität Heidelberg. Im Jahr 2000 wurde sie auf den Marie-Curie-Lehrstuhl der Europa-Universität in Yuste/Spanien berufen.

Preisänderungen vorbehalten

www.verlagsgemeinschaft.com